Soziale Roboter

Oliver Bendel
Hrsg.

Soziale Roboter

Technikwissenschaftliche, wirtschaftswissenschaftliche, philosophische, psychologische und soziologische Grundlagen

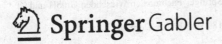

Springer Gabler

Hrsg.
Oliver Bendel
Hochschule für Wirtschaft FHNW
Windisch, Schweiz

ISBN 978-3-658-31113-1   ISBN 978-3-658-31114-8 (eBook)
https://doi.org/10.1007/978-3-658-31114-8

Die Deutsche Nationalbibliothek verzeichnet diese Publikation in der Deutschen Nationalbibliografie; detaillierte bibliografische Daten sind im Internet über http://dnb.d-nb.de abrufbar.

Springer Gabler

Planung/Lektorat: Claudia Rosenbaum
Springer Gabler ist ein Imprint der eingetragenen Gesellschaft Springer Fachmedien Wiesbaden GmbH und ist ein Teil von Springer Nature.
Die Anschrift der Gesellschaft ist: Abraham-Lincoln-Str. 46, 65189 Wiesbaden, Germany

Vorwort

Um die Jahrtausendwende forschte ich an der Universität St. Gallen zu anthropomorphen Softwareagenten im Lernkontext. Gandalf, the Communicative Humanoid war ebenso unter ihnen wie Steve, Adele, AutoTutor, Einstein oder Cosmo, nicht zu verwechseln mit dem heutigen Cozmo. Sie haben viel mit sozialen Robotern gemein, und der eine oder andere von ihnen würde durchaus unter den Begriff des Eintrags im Gabler Wirtschaftslexikon von 2020 fallen, denn ich lasse nicht nur physische Roboter zu, sondern auch virtuelle. Die fünf Dimensionen – Interaktion, Kommunikation, Abbildung (von Aspekten bzw. Merkmalen) und Nähe sowie ein bestimmter Nutzen – werden von ihnen mehr oder weniger abgedeckt. Manche der Projekte begannen in den frühen 1990er-Jahren – ich hatte nicht den Eindruck, einer der Ersten auf diesem Gebiet zu sein.

Mitte der 2010er-Jahre fanden mehrere für mich sehr wichtige Konferenzen zur Maschinenethik und zur Roboterethik statt. An der Stanford University, im leicht heruntergekommenen Lane History Corner, war uns ein Vertreter von Aldebaran zugeschaltet, des französischen Unternehmens, das in den japanischen Konzern SoftBank eingegliedert wurde. Zu den weltweit bekanntesten und beliebtesten Produkten von SoftBank Robotics – so der neue Name – zählen die sozialen Roboter NAO und Pepper. Der Mitarbeiter schien sich indes gar nicht zu freuen. In Japan, meinte er, würden Kinder, die immer wieder mit Pepper alleine waren, dessen Stimme, Sprechweise und Gestik nachahmen. Die etwas wellige Leinwand wurde von seinem sorgenvollen Gesicht ausgefüllt.

2017 durfte ich als wissenschaftlicher Direktor für die Daimler und Benz Stiftung den Ladenburger Diskurs zu Pflegerobotern ausrichten. Ich benutzte bewusst dieses Wort, das auf Serviceroboter und soziale Roboter zielt, die in Pflege und Betreuung eingesetzt werden können. Eineinhalb Jahre später, als wissenschaftlicher Leiter des Berliner Kolloquiums zu Robotern in der Pflege, bevorzugte ich diesen weiteren Begriff, um Reinigungs-, Sicherheits- und Transportroboter in Pflegeheimen und Krankenhäusern einzuschließen. Auf der Grundlage des Treffens im Carl-Benz-Haus bei Heidelberg erschien 2018 der Sammelband „Pflegeroboter" (Springer Gabler), der zwei Jahre später die Viertelmillion an Downloads (des ganzen Buchs oder einzelner Kapitel) überschritt. Dieses Interesse an einem solchen Thema überraschte mich.

2019 gehörte der Fertigstellung des „Handbuchs Maschinenethik" (Springer VS), an dem ich mehrere Jahre als Herausgeber und Verfasser gearbeitet hatte. Auch hier spielten soziale Roboter eine Rolle, zudem Serviceroboter aller Art. Eine Kollegin widmete sich Kampfrobotern, die schwer einzuordnen sind. Nach der erwähnten Definition könnte man sie durchaus sozialen Robotern zuschlagen, zumindest wenn man sich ausmalt, welche Funktionen sie in der Zukunft haben werden. Sie werden vielleicht Gegner in Gespräche verwickeln, um ihre Haltung herauszufinden, und werden sie, wenn sie gut gelaunt sind, betäuben statt töten. Sie werden aussehen wie Soldaten oder ganz anders, weil der Entwickler zu viele Science-Fiction-Filme gesehen hat. Sicherlich werden die meisten aber mit sozialen Robotern eher NAO, Pepper und Paro verbinden.

2020 kam dann „Maschinenliebe" (Springer Gabler) heraus. Sexroboter sind für mich soziale Roboter par excellence. Damit hatte ich neben den Pflegerobotern zusammen mit meinen Autorinnen und Autoren einen zweiten wichtigen Bereich sozialer Roboter erkundet. Ich fühlte mich nun gewappnet, eine Stufe höher zu steigen. Noch bevor das spezielle Buch auf dem Markt war, hatte ich die führenden deutschsprachigen Expertinnen und Experten auf dem generellen Gebiet kontaktiert. Die meisten von ihnen sagten zu. Es sollte ein Grundlagenwerk werden, mit Darstellungen der internationalen Forschung, und doch sollte jeder und jede den Raum haben, auf eigene Projekte einzugehen. Nach einem halben Jahr waren alle Beiträge da. Auch meine eigenen, und ich schone mich nicht mehr als andere, was Verbindlichkeit und Pünktlichkeit anbetrifft.

Obwohl ich mich seit den 1980er-Jahren mit ethischen Themen befasse, obwohl ich in den 1990er-Jahren bereits informations- und roboterethische Fragen behandelt habe, obwohl ich mich um 2000 sozialen Robotern in meinem Sinne zugewandt und ich seit 2018 mehrere Bücher zu bestimmten Arten von sozialen Robotern und zu sogenannten moralischen Maschinen herausgegeben und verfasst habe, fühle ich mich neben einigen Kolleginnen und Kollegen wie Cozmo neben Pepper. Sie werden mehr als ich mit der Sozialen Robotik verbunden, und dass sie ohne zu zögern bereit waren, ihren Beitrag zu leisten, macht mich stolz. Ich hoffe sehr, dass die geneigte Leserin und der geneigte Leser genau das sind, was die Wendung bedeutet, nämlich geneigt, und dass sie mindestens die Anstrengungen und Leistungen zu schätzen wissen. Wenn sie aber ebenso vom Ergebnis profitieren würden wie ich – dann wäre das Ziel erreicht.

Zürich, Schweiz   Oliver Bendel
15. April 2021

Inhaltsverzeichnis

Teil I

Grundlagen, -begriffe und -fragen

Die fünf Dimensionen sozialer Roboter

Der Versuch einer Systematisierung

Oliver Bendel

Leben, erzähl mir bloß nichts vom Leben.

(Marvin in *Per Anhalter durch die Galaxis*)

Zusammenfassung

Soziale Roboter, also sensomotorische Maschinen, die für den Umgang mit Menschen und Tieren geschaffen wurden, verbreiten sich immer mehr, im Gesundheitsbereich, im Bildungsbereich, in Hotellerie und Gastronomie, in Shopping Malls und im Haushalt. Der vorliegende Beitrag lotet nach einer kurzen Einleitung zunächst den Begriff aus, mit Hilfe einer knappen Definition und einiger Beispiele bekannter Produkte sowie – vor allem – unter Verwendung einer Abbildung mit fünf Dimensionen. Dann setzt er sich mit diesen im Detail auseinander, unter Berücksichtigung von Hardwarerobotern im Verhältnis zu Menschen und Tieren. Es ergibt sich, dass die fünf Dimensionen eine hilfreiche Systematisierung sozialer Roboter darstellen, die in verschiedenen Richtungen ausbau- und anschlussfähig ist. Mögliche Lücken können nach und nach geschlossen, mögliche Unstimmigkeiten nach und nach beseitigt werden. Ein kurzes Kapitel geht auf Softwareroboter ein, ebenfalls mit Blick auf die fünf Dimensionen. Ein Schlussteil fasst den Beitrag zusammen und liefert einen Ausblick.

O. Bendel (✉)
FHNW, Windisch, Schweiz
E-Mail: oliver.bendel@fhnw.ch

© Der/die Autor(en), exklusiv lizenziert durch Springer Fachmedien Wiesbaden GmbH, ein Teil von Springer Nature 2021
O. Bendel (Hrsg.), *Soziale Roboter*, https://doi.org/10.1007/978-3-658-31114-8_1

1.1   Einleitung

Soziale Roboter – so erklärt es ein Beitrag des Verfassers aus dem Jahre 2020 – sind sensomotorische Maschinen, die für den Umgang mit Menschen oder Tieren geschaffen wurden
(Bendel 2020a, b, c). Wenn man dem folgt, lassen sich damit klassische Einteilungen erweitern. Oft handelt es sich nämlich um Serviceroboter, die sich den Lebewesen zuwenden, manchmal sogar um Industrieroboter, die sich auf eine besondere Nähe zu Menschen einlassen. Unter den Landwirtschaftsrobotern wird man bisher kaum fündig, was
sich freilich ändern kann, vor allem mit Blick auf Tiere, ebenso wenig unter den Welt-
raumrobotern.[1] Grundsätzlich entstehen soziale Roboter dort und sind sie dort anzutreffen,
wo sich soziale Beziehungen ergeben können, in die sie sich als zusätzliche oder er-
setzende Komponenten einfügen.

Es existieren zahlreiche Definitionen zur Sozialen Robotik und zu sozialen Robotern,
etwa in den Proceedings der International Conference on Social Robotics (ICSR) – diese
findet seit 2009 statt – und der Robophilosophy (Nørskov et al. 2020) oder in den einschlägigen Monografien und Sammelbänden (Nørskov 2017). Es finden sich Begriffe wie
„social robot", „societal robot" sowie „socially interactive robot" (Hegel et al. 2009). In
ihrem Artikel „A survey of socially interactive robots" zitieren Fong, Nourbakhsh und
Dautenhahn eine Definition von Dautenhahn and Billard:

> Social robots are embodied agents that are part of a heterogeneous group: a society of robots
> or humans. They are able to recognize each other and engage in social interactions, they pos-
> sess histories (perceive and interpret the world in terms of their own experience), and they
> explicitly communicate with and learn from each other. (Fong et al. 2003)

Hier sind es nicht nur Menschen, die die Gesellschaft bilden, sondern auch die Roboter
selbst. Damit verweist das Paper zu einem frühen Zeitpunkt auf die Forschung zu Schwär-
men und zur Maschine-Maschine-Kooperation bzw. Mensch-Roboter-Kollaboration
(Buxbaum 2020). Hegel et al. (2009) erklären diesen Typ wie folgt:

> Therefore, the socially interactive robot requires some specific capabilities: it has to be able
> to express and perceive emotions, communicate with high-level dialogue, learn and recognize
> models of other agents. Furthermore, it has to be capable of establishing and maintaining
> social relationships, using natural cues (gaze, gestures, etc.), and exhibiting distinctive perso-
> nality and character. Finally, the robot may also develop social competencies.

Als weiteren Typ begreifen sie den Sociable Robot und fassen die Position von Breazeal (2002) so zusammen:

---

[1] In der Science-Fiction sieht es ganz anders aus. Dort wimmelt es nur so von sozialen Robotern, von
C-3PO und R2-D2 über Marvin – mit seinem legendären Ausspruch „Leben, erzähl mir bloß nichts
vom Leben." – bis hin zu BB-8. Manche fiktionale Kreaturen beeinflussen die Gestaltung von realen
Objekten. So hat Cozmo viel von Wall-E (überdies etwas von dessen Freundin Eve, wenn man die
Augen betrachtet).

For Breazeal […], a sociable robot is able to communicate with us, understands and even relates to us, in a personal way. It should be able to understand humans and itself in social terms. In turn, human beings should be able to understand the robot in the same social terms – to be able to relate to the robot and to empathize with it. Such a robot must be able to adapt and learn throughout its lifetime, incorporating shared experiences with other individuals into its understanding of itself, of others, and of the relationships they share. In short, a sociable robot is socially intelligent in a human-like way. (Hegel et al. 2009)

Sinn und Zweck dieses Beitrags ist nicht, diese und andere (teilweise zu weitgehende) Definitionen[2] zusammenzustellen und auszuwerten. Vielmehr soll ein eigener Vorschlag ausbuchstabiert werden. Soziale Roboter können, so Bendel (2020) weiter, über fünf Dimensionen bestimmt werden, die Interaktion mit Lebewesen, die Kommunikation mit Lebewesen, die Nähe zu Lebewesen, die Abbildung von (Aspekten oder Merkmalen von) Lebewesen sowie den Nutzen für Lebewesen. Aber wie sehen diese Dimensionen im Detail aus? Welche Implikationen und Konsequenzen sind damit verbunden? Und reichen sie überhaupt aus, um soziale Roboter zu bestimmen? Diesen Fragen wird im Folgenden nachgegangen.

Sind soziale Roboter sozial?

Einige Soziologen, Psychologen und Theologen (ja sogar manche Philosophen) wenden ein, soziale Roboter seien nicht sozial, moralische Maschinen nicht moralisch, Systeme mit künstlicher Intelligenz nicht intelligent etc. Sie trauen womöglich der Sprache zu wenig zu. Bestimmt darf man in diesem Zusammenhang vom Sozialen sprechen, wenn man deutlich macht, was man damit meint. Und gerade die erwähnten Konstruktionen lassen eigentlich keinen Zweifel an der Absicht des Sprechers zu. Dieser will keineswegs ausdrücken, dass der Roboter genauso sozial ist wie ein Mensch (oder ein Tier), sondern eben, dass er ein sozialer Roboter ist, also z. B. einer, der soziale Eigenschaften abbildet und nachbildet bzw. simuliert. Der soziale Roboter serviert einem die Metapher auf einem silbernen Tablett. Man kann das Adjektiv noch in Anführungszeichen setzen, aber das ändert wenig – und ist selten guter Stil. Die Kritiker machen sich zudem vielleicht nicht genügend bewusst, dass jede Disziplin über ihre eigenen Termini technici (die bei neuen Disziplinen übrigens immer wieder aus Metaphern entstehen, die etwas verständlich und begreifbar gemacht haben) verfügt. Ein Ingenieur kann den Begriff der Autonomie ganz anders verwenden als der Philosoph oder der Theologe. Er muss damit nicht meinen, dass die Maschine sich selbst ein Gesetz gibt – er kann z. B. einfach ihren hohen Grad an Selbstständigkeit hervorheben und sie vom Automaten abgrenzen. Der Philosoph, der dies beanstandet, verhält sich regelrecht übergriffig – gegenüber einer anderen Disziplin. Freilich muss man sich erst einmal bewusst werden, wo man sich genau befindet. Die Soziale Robotik ist eine eher technische Disziplin, ebenso die Maschinenethik, insofern sie beide letztlich technische Systeme entwickeln. Die Informationsethik dagegen ist (wie die Technikethik) eine philosophische Disziplin, die einen technischen Gegenstand hat. Aber auch wenn man sich anderweitig verortet – die hohe Interdisziplinarität der Künstlichen Intelligenz, der Maschinenethik und der Sozialen Robotik sollte begriffliche Diskussionen der geschilderten Art eines Tages obsolet werden lassen. Und so kann man dann hoffentlich gemeinsam festhalten, dass „soziale Roboter" ein Terminus technicus ist und damit Artefakte gemeint sind, die nicht nur anders als klassische

---

[2] So verlangt Darling (2016) von sozialen Robotern sehr weitgehende Fähigkeiten: „Social robots communicate through social cues, display adaptive learning behavior, and mimic various emotional states." Die Voraussetzung eines adaptiven Lernverhaltens würde einige Modelle ausschließen.

Industrieroboter und klassische Serviceroboter erscheinen, sondern durch ihre Gestaltung, ihre Interaktion und Kommunikation und ihre Nähe zu uns grundsätzlich anders sind.

1.2   Die fünf Dimensionen

Soziale Roboter sind für den Umgang mit Menschen oder Tieren gedacht. Sie können über fünf Dimensionen bestimmt werden. Im Zentrum von vieren, die die wesentlichen Eigenschaften benennen, ist der Nutzen angesiedelt (s. Abb. 1.1). Er hält und führt die Dimensionen gleichsam zusammen. Bei einem weiten Begriff können – so Bendel (2020) weiter – neben Hardwarerobotern auch Softwareroboter wie gewisse Chatbots, Voicebots (Sprachassistenten oder virtuelle Assistenten) und Social Bots dazu zählen, unter Relativierung des Begriffs des Sensomotorischen. Die Disziplin, die soziale Roboter – ob als Spielzeugroboter, als Serviceroboter (Pflegeroboter, Therapieroboter, Sexroboter, Sicherheitsroboter etc.) oder als Industrieroboter in der Art von Kooperations- und Kollaborationsrobotern (Co-Robots bzw. Cobots) – erforsche und hervorbringe, sei die Soziale Robotik.

Diese Bestimmung sozialer Roboter erscheint sinnvoll, weil das Soziale in verschiedenen Bereichen dargestellt, die Präzision dadurch erhöht und die Komplexität dadurch aufgebrochen wird. Sie ist zudem sehr offen, weil neben Hardwarerobotern eben Softwareroboter eingeschlossen werden (was in der Grafik selbst nicht, aber im genannten Text erwähnt wird). Offen erscheint sie nicht zuletzt, weil von Lebewesen die Rede ist, also nicht nur von Menschen, sondern auch von Tieren (bei Pflanzen ergeben sich kaum soziale Aspekte, weshalb sie hier nicht gemeint sind).

Im Folgenden werden – nachdem einige Beispiele sozialer Roboter im engeren Sinne genannt worden sind – die fünf Dimensionen ausbuchstabiert, also erläutert und vertieft. Aus Platzgründen sind zunächst ausschließlich Hardwareroboter im Fokus, nicht Soft-

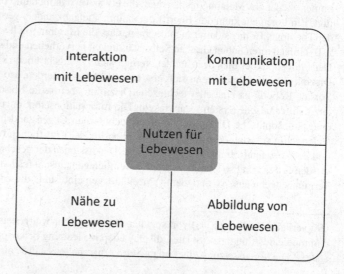

Abb. 1.1 Die fünf Dimensionen sozialer Roboter

wareroboter (die freilich z. T. in jene integriert werden können, was vor allem im Bereich der Kommunikation wesentlich ist). Diesen wird aber im Anschluss ein knappes Kapitel gewidmet. Zunächst wird jeweils auf den Menschen, dann auf das Tier eingegangen, das über den wiederkehrenden Bezug zu Lebewesen explizit angesprochen und mitgemeint ist.

1.2.1   Beispiele sozialer Roboter

Es gibt hunderte Produkte im Segment der sozialen Roboter, zudem einige Prototypen, die in den Labors konstruiert und in der Praxis getestet werden. Manche sind groß, andere klein, manche etablieren sich, andere verschwinden nach einer Weile. Wer auf dem Laufenden bleiben will, muss Sammlungen wie die ABOT (Anthropomorphic roBOT) Database bemühen (ABOT o. D.). Im Folgenden werden Beispiele für soziale Roboter aus den Bereichen Unterhaltung, Dienstleistung, Pflege, Therapie und Sexualität genannt, und zwar ausschließlich solche, die als Produkte gelten können.

- Cozmo von Anki sieht aus wie ein Raupenfahrzeug in Miniaturform, hat allerdings ein virtuelles Gesicht in einem physischen Kopf und kann Emotionen zeigen (ohne sie zu haben), mit dem Ausdruck seiner Augen, mit Geräuschen aller Art und mit seinem zusammengewachsenen Doppelarm, mit dem er scheinbar aufgeregt oder wütend auf den Boden haut. Der kleine Roboter ist wie sein dunkler Bruder Vector ein Spielzeug und ein didaktisches Werkzeug, da er programmiert werden kann, und dient Unterhaltung und Lernen.
- Cruzr von UBTECH Robotics ist als Serviceroboter konzipiert, der z. B. im Einzelhandel, Bankwesen oder im Gesundheitssektor eingesetzt werden kann. Er wirkt regelrecht kopflos, da er aus Oberkörper und Unterbau zu bestehen scheint. Der Touchscreen im oberen Bereich kann aber dazu dienen, animierte Augen und einen animierten Mund einzublenden. Mit autonomer Navigation, natürlichsprachlichen Fähigkeiten und IoT-Anbindung kann Cruzr in vielfältiger Weise mit Endbenutzern interagieren und kommunizieren.[3]
- Paul wird in Shopping Malls eingesetzt, etwa in der Schweiz. Er informiert den Besucher über das Angebot und kann ihn im Prinzip über gewisse Strecken begleiten. Im Grunde handelt es sich um einen Care-O-bot vom Fraunhofer-Institut für Produktionstechnik und Automatisierung IPA, dem die Arme abgenommen wurden. Das Modell war u. a. für Pflegeheim und Krankenhaus gedacht, wo es aber nicht reüssieren konnte. Entsprechend wird nach anderen Einsatzmöglichkeiten gesucht.
- NAO von SoftBank mit zwei Armen und Beinen und tänzerischen Fähigkeiten kann recht universell eingesetzt werden, ebenso Pepper von der gleichen Firma, wobei dieser explizit als emotionaler Roboter vermarktet wird, der Gefühle erkennt und zeigt (aber selbstverständlich nicht hat) und keine Beine, dafür Rollen hat. Die beiden sind im Haushalt über

---

[3] „IoT" ist die Abkürzung von „Internet of Things" (dtsch. „Internet der Dinge").

die Shopping Mall bis hin zum Alten- und Pflegeheim (wo sie informieren, unterhalten und Übungen vormachen) zu finden. Pepper wird seit 2020 nicht mehr produziert.

- Lio, ein mobiler Roboter von F&P Robotics mit einem Arm, und P-Care, ein mobiler, animaloider Roboter mit zwei Armen (aus demselben Haus, entwickelt zusammen mit einem chinesischen Partner), sind vielfältig verwendbar, heben Gegenstände auf und reichen sie, öffnen Flaschen, informieren und unterhalten. Sie liegen in Europa respektive China als Kleinserien vor und werden in Pflege- und Altenheimen getestet, in der Pflege ebenso wie in der physischen Therapie (Bendel et al. 2020).
- Die künstliche Babysattelrobbe Paro von AIST ist seit Jahren in Alten- und Pflegeheimen sowie Therapiezentren im Einsatz. Sie versteht ihren Namen, erinnert sich daran, wie gut oder schlecht sie behandelt und wie oft sie gestreichelt wurde, und zeigt Emotionen durch Geräusche und Bewegungen. Sie wird vor allem bei Dementen gebraucht, in Ersetzung oder Ergänzung von Tiertherapie (Bendel 2018a), und dient nicht nur als Gegenüber, sondern auch als Gesprächsgegenstand.
- Harmony von RealDoll bzw. Realbotix hat mimische und natürlichsprachliche Fähigkeiten und kann mit der SenseX ausgestattet werden, sozusagen einer künstlich empfindsamen und mitteilsamen Vagina (Bendel 2020b). Die Haut aus Silikon wirkt realistisch, im Gesicht wie am Körper – der Benutzer kann Sommersprossen, Leberflecken und Piercings hinzufügen lassen. Dank Machine Learning sind anspruchsvolle Unterhaltungen möglich (Coursey 2020). Sexroboter kommen erst zögerlich in den Markt, auf dem Sexspielzeug und Liebespuppen ohne technische Erweiterungen vorherrschen (Bendel 2015a, b, 2019a, b). Männliche Varianten wie Henry (sozusagen Harmonys Bruder) sind selten.

Damit sind einige wenige Beispiele genannt. Der Markt für soziale Roboter wächst ständig, wenngleich er in keiner Weise gesichert ist – immer wieder müssen Unternehmen wie Anki Konkurs anmelden (Cozmo und Vector wurden danach von den Digital Dream Labs angeboten, die die geistigen Rechte erworben hatten). Namen wie QTrobot, Lovot und Moxie mögen Hinweise für eigene Nachforschungen geben. Einen Sonderfall bilden Sophia und Geminoid.[4]

1.2.2 Interaktion mit Lebewesen

Die Interaktion meint eine bestimmte Beziehung zwischen Maschine und Mensch, die durch eine wechselseitige Wahrnehmung und Beobachtung sowie Aktion und Reaktion

---

[4]Sophia von Hanson Robotics ist als einzelnes Exemplar vorhanden, mit dem vor allem Marketing getrieben wird, etwa mit Hilfe von Auftritten in Shows. Sie ist humanoid gestaltet, hat natürlichsprachliche Fähigkeiten und einen durchsichtigen Hinterkopf. Der Geminoid, der Wiedergänger von Hiroshi Ishiguro, stammt von den Hiroshi Ishiguro Laboratories. Diese fertigen auf Wunsch andere humanoide Modelle an.

geprägt ist. Zwischen einem klassischen Industrieroboter, der in der Fabrik im Käfig eingesperrt ist, und einem Anwesenden findet kaum eine Interaktion statt, wohl aber zwischen einem Co-Robot (oft Cobot genannt) und einem Arbeiter. Auch ein Serviceroboter, der nicht völlig alleingelassen wird, fällt in diesen Bereich, etwa wenn er – beispielsweise im Falle von Cruzr, Paul und Pepper – einem Besucher etwas zeigt oder ihn zu einem Ort führt. Die Interaktion jenseits der Industrie umfasst ebenfalls Aspekte von Kooperation und Kollaboration (Buxbaum 2020). Mensch und Maschine bearbeiten zusammen eine Komponente, reichen sich etwas, nehmen sich etwas ab, stützen sich und machen sich für einen Vorgang Platz.[5] Zudem ist die Steuerung zentral. Eine im engeren Sinne soziale Interaktion findet etwa in der Pflege und überhaupt im sozialen Bereich statt, und bei Begrüßungen wie der Ghetto-Faust oder High-Five, bei Berührungen und Umarmungen durch die Maschine sowie einem sexuellen Akt mit ihr oder mit ihrer Hilfe.

In Bezug auf Tiere betrifft die Interaktion meist die Koexistenz zwischen zwei oder mehr Entitäten, zuweilen einen zusätzlichen Aspekt oder einen zusätzlichen Akteur. Die Maschine soll z. B. Tierleid verhindern – sie erkennt das Tier, hält mit der Arbeit inne (wie es bei Prototypen wie LADYBIRD und HAPPY HEDGEHOG der Fall ist) bzw. versucht es zu vertreiben und meldet das Problem einem Benutzer (Bendel 2018a, b, c, d).[6] Die soziale Interaktion kann – scheinbar paradox – darin bestehen, den direkten Kontakt mit dem Lebewesen zu vermeiden. Bei einem hoch entwickelten Lebewesen wie einem Affen oder einem Hund kann es um Fragen der Kooperation und Kollaboration gehen. So ist es vorstellbar, dass Paro, der einer Babysattelrobbe nachempfunden ist, sich zusammen mit einem echten Tier um die Therapie eines Dementen kümmert oder dass ein sozialer Roboter zusammen mit einem Lawinenhund Verschüttete findet und versorgt. Dies wären wiederum soziale Aufgaben im engeren Sinne.

1.2.3 Kommunikation mit Lebewesen

Die Kommunikation korreliert mit der Interaktion. Wenn soziale Roboter über natürlichsprachliche (sowie mimische oder gestische) Fähigkeiten verfügen, finden normale Dialoge statt, die wesentlich im sozialen Gefüge aller Kulturen sind. Oft steht ein Touchscreen zur Verfügung, über den man weitere Informationen eintippen kann. Ein sozialer Roboter wie Pepper beherrscht die genannten Möglichkeiten. Über die Cloud kann man ihm zusätzliche und beliebige Kommunikationsmöglichkeiten geben, etwa mit Hilfe von Machine Learning und Deep Learning. Cozmo kann man beibringen, Objekte und Personen

---

[5] Allerdings sind gerade bekannte Modelle wie Pepper in der physischen Aktion sehr schwach. Andere wie Lio hingegen sind diesbezüglich stark.

[6] LADYBIRD ist ein Prototyp eines tierfreundlichen Saugroboters. Er soll Marienkäfer erkennen und verschonen (Bendel 2018a, b, c, d). HAPPY HEDGEHOG, ein tierfreundlicher Rasenmähroboter, soll in der Nähe von Igeln rechtzeitig seine Arbeit einstellen. Er benutzt eine Wärmebildkamera und Machine Learning (Bendel et al. 2021).

zu erkennen und ihren Namen zu sagen (den man über die App eingetippt hat) – eine individuelle Anrede ist grundlegend für den Aufbau einer Beziehung. Harmony ist in der Lage, ihren Mund beim Sprechen zu bewegen und die Augenbrauen hochzuziehen (Coursey 2020). Das sieht lebensecht aus, und es unterstützt die Kommunikation. Wichtig ist grundsätzlich die Beherrschung unterschiedlicher Sprachen, vor allem wenn der soziale Roboter in offenen oder halb offenen Welten eingesetzt wird. Die Beherrschung von Dialekt kann die Akzeptanz erhöhen, wie Tests mit Lio erwiesen haben (Früh und Gasser 2018).

Tierische Sprachen sind sehr viel weniger erforscht als menschliche. Die Kommunikation des sozialen Roboters dem Tier gegenüber beschränkt sich meist auf einfache mimische und gestische Ausdrücke oder kleine Sequenzen von Tierlauten, deren Bedeutung oder Wirkung mehr oder weniger bekannt ist. Wenn es sich um Haustiere handelt, ist die natürliche Sprache von Menschen verwendbar – so haben Forscher aus Yale einem Hund einen „Sitz!"-Befehl erteilt, sowohl über einen Lautsprecher als auch über einen NAO, mit dem Ergebnis, dass dem sozialen Roboter eher gefolgt wurde (Qin et al. 2020). In der Wildnis könnte ein besseres Verständnis der Sprache und eine Implementierung dieser Lösung in Tierroboter und andere Typen eine wichtige Option sein, um Wale, Elefanten, Raubkatzen, Affen etc. aus gefährlichen Bereichen herauszuführen oder um ihr Vertrauen zu gewinnen, um sie dann besser beobachten, beschützen und betreuen zu können. Das Soziale im engeren Sinne ergibt sich hier durch die Fürsorge.

1.2.4 Nähe zu Lebewesen

Die Nähe hängt mit Interaktion und Kommunikation zusammen. Der soziale Roboter ist unmittelbar beim und am Menschen, streift und berührt ihn, reicht ihm etwas oder nimmt ihm etwas ab, teilt sich mit ihm in einer Form der Koexistenz die Ressourcen und den Raum, was Fragen der Zu- und Aufteilung und der Sicherheit aufwirft. Er spricht laut, wenn er sich in einiger Entfernung befindet, oder leise, wenn er in unmittelbarer Nähe ist, bis hin zu einem Flüstern, das sich für private und intime Situationen eignet. Die Nähe eines sozialen Roboters ist wesentlich, um ihn in physischer Form zu erfahren, um ihn umrunden und von oben und unten betrachten zu können. Es stellt sich heraus, dass er von vergleichbarer Größe oder kleiner bzw. größer ist, man nimmt ihn aus der Ferne in verschiedener Hinsicht als überzeugendes Gegenüber wahr – oder sieht in der Nähe, dass es kein überzeugendes Gegenüber ist, erkennt die Künstlichkeit, Unvollständigkeit und Unglaubwürdigkeit. In sozialer Hinsicht ist die Nähe im Sinne von Privatheit und Intimität entscheidend. Man lässt den Roboter, etwa Harmony oder Henry, nahe an sich heran, lässt ihn eindringen und dringt in ihn ein.

Bei Tieren ergeben sich die Fragen der Zu- und Aufteilung und der Sicherheit in besonderer Weise. Ihr Lebensraum wurde in den letzten zwei-, dreihundert Jahren massiv eingeschränkt, und Verkehrsnetze sowie Maschinen wie Autos, Züge und Flugzeuge bedrängen die nichtmenschlichen Lebewesen immer mehr. Wenn solche Maschinen zu sozialen Robotern werden, bedeutet das etwa, dass sie diese Tiere wahrnehmen und es vermeiden, dass ihnen durch die Nähe etwas passiert. Es mag ungewöhnlich erscheinen, ein selbstfahrendes Auto oder eine Landwirtschaftsmaschine mit tierfreundlicher Ausrichtung zu den sozialen Robotern zu rechnen, aber wenn eine gewisse Interaktion oder Kommunikation in der Nähe stattfindet, ist nichts dagegen zu sagen. Die Nähe spielt eine Rolle nicht nur im öffentlichen und halböffentlichen, sondern auch im privaten Raum. Im Haushalt übernehmen soziale Roboter die Betreuung, die Unterhaltung und Fütterung von Hunden und Katzen, und das können sie nur, wenn sie in der Nähe sind. In diesem Sinne haben die sozialen Roboter soziale Funktionen inne. In der Wildnis ermöglicht die maschinelle Nähe eine Beobachtung im Detail. Zudem ist sie eine, die – anders als menschliche Nähe – die Tiere i. d. R. nicht stört und verstört, sie sogar in unterschiedlicher Weise aktiviert und stimuliert, bis hin zu Fürsorgeverhalten und Begattungsversuchen.

1.2.5 Abbildung von Aspekten von Lebewesen

Die Abbildung von Aspekten hängt mit Interaktion und Kommunikation sowie Nähe zusammen. Die Gestalt des maschinellen Körpers ist womöglich Menschen nachempfunden, ebenso Kopf und Gesicht. So können zwei Augen, zwei Ohren und ein Mund zur humanoiden Gestaltung beitragen, ebenso zwei Arme und Beine. Voll funktionsfähige Beine haben nur wenige soziale Roboter, etwa NAO, der u. a. Tanzbewegungen beherrscht und bei Fußballspielen eingesetzt wird, oder Little Sophia – bei den meisten begnügt man sich mit Rollen, wobei gerne mit Hilfe des Designs der Blick von diesem Bereich abgelenkt und auf die oberen Partien hingelenkt wird. Harmony, Emma, Sophia und Co. oder die Artefakte der Hiroshi Ishiguro Laboratories (Geminoid, Erica etc.) überzeugen selbst aus der Nähe mit ihrer Haut aus Silikon oder TPE. Der soziale Roboter kann zuweilen Empathie und Emotionen zeigen (Cavallo et al. 2018) und dadurch den Eindruck erwecken, dass er menschlich ist – und insgesamt Empathie und Emotionen bei Menschen hervorrufen. Weiter kann man das Verhalten und die Sprache von Menschen übernehmen, etwa durch körperliche Reaktionen und Ausrufe. Für soziale Funktionen kann die Abbildung von menschlichen Merkmalen wesentlich sein, aber auch störend, etwa wenn sich der Uncanny-Valley-Effekt einstellt (Mori et al. 2012).

    Die Gestalt des maschinellen Körpers kann ebenso dem Tier nacheifern, und man kann Augen, Ohren, Maul, Gliedmaßen etc. nachbilden. Dies mag unterschiedliche Zwecke haben. So möchte man etwa die Tiertherapie ersetzen oder ergänzen und so Dementen helfen. Hier hat sich gezeigt, dass Katzen und Hunde als Vorbilder weniger geeignet sind, da man von diesen ein genaues Bild hat und ein Roboter dieser Art selbst auf Hochdemente wenig überzeugend wirkt.[7] Gut geeignet dagegen ist eine Sattelrobbe, weil eine solche kaum jemand aus eigener Anschauung kennt, zumindest nicht über längere Zeit

---

[7] Überzeugend bedeutet hier nicht unbedingt, dass man erfolgreich längerfristig getäuscht wird, sondern dass man sich bereitwillig – bewusst oder unbewusst – dem Spiel und der Wirkung hingibt.

hinweg, und entsprechend ist Paro einem Tierbaby dieser Art nachgebaut. Oder man präferiert Roboter, die auf Tiere vertrauenserweckend wirken (Kubinyi et al. 2004), etwa weil man sie zur Betreuung, Unterhaltung und Fütterung von Hunden und Katzen oder zur Beobachtung von Wild einsetzen will. Für Tierfilme wurden Dutzende überzeugender Attrappen geschaffen, wobei im Einzelfall zu untersuchen ist, ob man diese zu den sozialen Robotern zählen kann (John Downer Productions o. D.). Um soziale Funktionen herzustellen, kann es notwendig sein, nicht nur Aussehen, Verhalten und Sprache, sondern auch den Geruch zu imitieren. Dies erfolgt bevorzugt auf einfache Weise, z. B. indem man Sekrete von Tieren auf das künstliche Fell oder den Pelz aufträgt.

1.2.6 Nutzen für Lebewesen

Der Nutzen des sozialen Roboters, der im Zentrum der vier anderen Dimensionen gesehen wird, besteht meist in der Erfüllung einer bestimmten Aufgabe, etwa in Pflege und Therapie, in einem Haushalt oder in einer Shopping Mall, womit eine Nützlichkeit im engeren Sinne verbunden ist. Er ist nie ein Generalist, er ist immer ein Spezialist. Daneben kann er einfach der Unterhaltung und Zerstreuung dienen, wobei viele seiner Manifestationen, die anscheinend darauf ausgerichtet sind, weitere Ebenen haben und beispielsweise dem Lernen und Studieren dienen. So kann man mit Cozmo vorgefertigte Spiele machen und ihn herumfahren lassen, aber man kann ihn ebenso programmieren, damit er neue Aufgaben bewältigen kann. Soziale Roboter sind zuweilen Mittel zum Zweck: Sie fungieren als Gesprächsgegenstand in Heimen oder als Telekommunikationsmittel, wenn Angehörige, Pflegende oder Ärzte auf ihrem Display erscheinen, wobei hier Telepräsenzroboter wie Beam, BeamPro und Double überlegen sein können. Letztlich liegt der Nutzen im Sozialen, im Kopieren des Sozialen, im Koppeln im Sozialen, im Substituieren des Sozialen.

Der Nutzen des sozialen Roboters kann ebenso in der Erfüllung einer Aufgabe bestehen, die sich auf Tiere bezieht. So wird bei tierfreundlichen Maschinen in offenen und halb offenen Räumen wie auf Straßen und Plätzen die Förderung von Tierwohl bzw. die Vermeidung von Tierleid intendiert, bei Fütter-, Spielzeug- und Unterhaltungsrobotern im Haushalt die Versorgung, die Herstellung von Abwechslung und die Ertüchtigung, bei Maschinen und Robotern in der Wildnis die Beobachtung. Der Nutzen kann in manchen Kontexten freilich in Frage gestellt werden. So wäre es zuweilen sinnvoller, dass sich ein Mensch um die Tiere kümmern würde oder dass diese untereinander Gesellschaft leisten. Es wäre für das Fortbestehen der wild lebenden Individuen und Arten womöglich hilfreicher, wenn sich der Mensch ganz zurückziehen und selbst in Reservaten leben würde, nicht in Naturschutzgebieten, sondern in Menschenschutzgebieten. Zudem könnte hier und dort ein Roboter genügen, der sich voll und ganz im Hintergrund hält und von daher nicht alle fünf Dimensionen abdeckt. Wenn man die gerade skizzierte Idee der umgekehrten Reservate verfolgt, könnte er aus sicherer Entfernung die Entwicklung der Populationen verfolgen und bei Bedarf – etwa wenn eine Tierart gefährdet ist – einschreiten, entweder selbst- oder ferngesteuert.

1.3   Diskussion der fünf Dimensionen

Im letzten Kapitel wurden soziale Roboter anhand von fünf Dimensionen erläutert, die einen Bezug zum Sozialen haben, nämlich die Interaktion mit Lebewesen, die Kommunikation mit Lebewesen, die Nähe zu Lebewesen, die Abbildung von (Aspekten oder Merkmalen von) Lebewesen sowie – im Zentrum – den Nutzen für Lebewesen. Dabei wurde eine spezifische Bedeutung des Begriffs des Sozialen beispielhaft erläutert, nämlich eine, die mit der Sozialverträglichkeit zusammenhängt (die nicht notwendigerweise angestrebt werden muss, sondern von Herstellern, Entwicklern und Benutzern als mehr oder weniger wichtig erachtet werden kann). Es wurde zudem darauf hingewiesen, dass der Nutzen des sozialen Roboters letztlich im Sozialen liegt, ob dieses weit oder eng gedeutet wird.

Wie ist es überhaupt zu den fünf Dimensionen gekommen? Mit Hilfe eines Verfahrens, das in Teilen durchaus beanstandet werden kann. Zuerst wurden zahlreiche soziale Roboter, die von Herstellern, Medien oder Wissenschaftlern als solche bezeichnet werden, untersucht und verglichen. Dann wurden Dimensionen gesucht, die diese Roboter gemeinsam haben. Es könnte nun sein, dass das eine oder andere Modell sein Label zu Unrecht erhalten hat. Freilich würde die schiere Menge an Beispielen dieses Problem relativieren. Zudem wäre es möglich, dass weitere soziale Roboter das Licht der Welt erblicken, für die die fünf Dimensionen nicht genügen. Allerdings fußt die Darstellung nicht allein auf der Identifizierung der Prototypen und Produkte, sondern auch auf dem Versuch, die Dimensionen recht abstrakt zu halten. In diesem Sinne könnte die Abstraktheit der Grafik der Definition ebenso zum Vorteil gereichen wie die Konkretheit im vorliegenden Artikel zum Nachteil. So oder so ist diese notwendig, damit ein Verständnis sozialer Roboter erreicht werden kann.

Sind die fünf Dimensionen trennscharf? Das sind sie nicht, und darauf wurde immer wieder hingewiesen: Jede von ihnen hängt mit den anderen eng zusammen. Das mag ein Nachteil für die Beschreibung sein, und tatsächlich muss der Leser des vorliegenden Texts gewisse Redundanzen akzeptieren, aber es kann durchaus ein Vorteil für die Klärung der Bedeutung und die Sache an sich sein. Man erkennt, wie das eine Merkmal zum anderen führt und dass sich ein sozialer Roboter im Zusammenspiel aller Dimensionen ergibt. Ein Entwickler kann die Grafik (und ihre Ausdeutung) zu Hilfe nehmen, um zu überprüfen, ob alle Aspekte ausreichend berücksichtigt wurden, ein Wissenschaftler, um zu entscheiden, ob ein bestimmter Roboter ein sozialer ist. Wenn keine einzige Dimension vorhanden ist, ist es sicherlich keiner, wenn lediglich eine fehlt, muss genauer hingeschaut und besser geprüft (und allenfalls abgewogen) werden. Vielleicht ist beispielsweise die Abbildung von (Aspekten von) Lebewesen wesentlich, eine andere Dimension hingegen nicht, oder eine Dimension ist so ausgeprägt, dass sie eine andere ausgleicht.

Genügen die fünf Dimensionen? Das wird sich herausstellen, wenn die Entwicklung sozialer Roboter voranschreitet. Es bedarf einer ständigen Überprüfung, ob die Definition noch zur Realität passt – beziehungsweise zum Sprachgebrauch, denn unter dem Begriff wird nicht nur heute schon Unterschiedliches verstanden, sondern vielleicht in Zukunft sogar etwas Anderes. Es helfen zudem Gespräche mit Forschungseinrichtungen und Unternehmen, die mit sozialen Robotern zu tun haben, die sie entwerfen, anpassen und einsetzen. Was haben sie in der Vergangenheit gemacht? Was haben sie inzwischen anders gemacht? Was haben sie vor, in den nächsten fünf, zehn oder zwanzig Jahren? Welche Fortschritte stellen sie um sich herum fest, die für sie relevant sein könnten? Um einen Blick in die Zukunft zu wagen: Vielleicht können sich Maschinen eines Tages in irgendeiner Form reproduzieren. Sie entnehmen der künstlichen DNA, die man in sie eingepflanzt hat, einen Bauplan und bauen sich selbst oder ihr Gegenüber nach. Womöglich sollte eine weitere Dimension dann die „Fortpflanzungsfähigkeit" umfassen – immerhin ist diese bei sozialen Wesen elementar.

Wie wäre es mit der Verlässlichkeit („dependability") als sechster Dimension? Verlässlichkeit ist etwas, was sich nicht allein auf Menschen bezieht. Auch Software, technische Systeme wie Anwendungs- und Informationssysteme sowie Materialien können diesbezüglich beobachtet und überprüft werden. Es geht darum, dass Versprechungen (im wörtlichen und übertragenen Sinne) eingehalten und Erwartungen erfüllt werden, und zwar über einen gewissen Zeitraum hinweg. Jemand oder etwas ist also verlässlich, und jemand oder etwas wird als verlässlich wahrgenommen. Eng mit dem Begriff der Verlässlichkeit ist der der Zuverlässigkeit verbunden, zudem der der Vertrauenswürdigkeit, und auch „Gründlichkeit", „Sicherheit" und „Sorgfalt" sind laut Duden nicht weit (Duden o. D.). Bei sozialen Robotern ist Verlässlichkeit genauso bedeutsam wie bei anderen technischen Systemen – dort kommt hinzu, dass in besonderer Weise Versprechen gegeben und Erwartungen geweckt werden. Dies hängt mit den fünf Dimensionen zusammen und überhaupt mit der Grundidee, dass soziale Roboter ein Teil im sozialen Gefüge sind. Dass es bedeutsam ist, bedeutet freilich nicht, dass nicht ebenso soziale Roboter denkbar sind, die nicht durch Verlässlichkeit auffallen. Und zu Forschungszwecken könnten diese durchaus wichtig sein – oder in der Praxis, um Menschen blindes Vertrauen in die Technik zu nehmen.

Worauf beziehen sich die fünf Dimensionen überhaupt? Offensichtlich sowohl auf Forschung und Entwicklung als auch auf die Praxis. Bei den obigen Beispielen wurden Produkte angegeben. Lio und P-Care liegen immerhin als Kleinserien vor. Cozmo wurde millionenfach verkauft. Genauso könnte man jedoch auf Prototypen eingehen, und an diesen herrscht keinesfalls Mangel, zumal soziale Roboter zu einem Lieblingsspielzeug sogenannter Robolabs geworden sind. Es ist sogar so, dass manche Modelle wohl nur deshalb überleben konnten, weil sie von Instituten und Hochschulen gekauft und erforscht wurden. Manche werden umprogrammiert oder neu programmiert und mit einem neuen Namen oder gewissen Accessoires versehen, um sie dann medien- und öffentlichkeitswirksam als „eigenen" Roboter zu präsentieren.[8] Und der Bau von Prototypen ist zwar aufwändiger, aber ebenfalls verbreitet. Es handelt sich in gewisser Weise um ein selbst-

---

[8] Dabei hilft Robot Enhancement, die Erweiterung und damit einhergehende Veränderung oder Verbesserung des Roboters durch den Benutzer bzw. eine Firma, etwa in funktionaler, ästhetischer, ethischer oder ökonomischer Hinsicht (Bendel 2021).

referenzielles System. In erster Linie passt die Grafik auf Hardwareroboter, aber auch bei Softwarerobotern ist sie sinnvoll, wenn man die Beschreibungen entsprechend anpasst.

Eignen sich die fünf Dimensionen nicht für alle Roboter? Dies ist keineswegs der Fall. Die meisten Robotertypen decken lediglich zwei bis drei von ihnen ab. Die Nähe ist typischerweise kein Merkmal all derjenigen, die einen verlängerten Arm des Menschen bilden und sich in gefährliche Gebiete (wie Tunnel- und Höhlensysteme) oder unerreichbare Gegenden (wie fremde Planeten) vorwagen. Offensichtlich ist es im Gegenteil die Ferne des Orts (und der dort befindlichen Maschinen), die Sicherheit und Erfolg ermöglicht. Die Abbildung von menschlichen oder tierischen Merkmalen ist bei klassischen Industrierobotern kaum gegeben, wenn man vom Arm mit seinen Gelenken und Achsen einmal absieht, und selbst bei vielen Servicerobotern nicht. Diese können freilich schnell zu sozialen Robotern werden, wie Relay, eigentlich ein einfacher Transportroboter, der allerdings auf einem Display Augen zeigen und zusätzlich Geräusche machen kann. Dadurch soll die Akzeptanz bei Benutzern wachsen, und in der Praxis helfen ihm diese bei schwierigen Anforderungen, etwa beim Fahren mit dem Lift. Und während klassische Industrieroboter keine sozialen Roboter sind, kann man bei Co-Robots trefflich darüber streiten. Zumindest sind sie für die Nähe zum Menschen geschaffen.[9]

Warum wird in den Dimensionen auf Lebewesen verwiesen? Höher entwickelte Tiere haben ebenso wie Menschen soziale Beziehungen. Dies wird in der Landwirtschaft weitgehend vernachlässigt, etwa wenn Kälber von ihren Müttern oder Paare getrennt werden. Einige soziale Roboter werden ausdrücklich für Tiere kreiert, dienen ihrer Unterhaltung und Ertüchtigung. Ob dies eine unterstützenswerte Entwicklung ist, kann durchaus diskutiert werden, aber das gilt ebenso für andere Anwendungsbereiche der Sozialen Robotik. Grundsätzlich ist ein blinder Fleck in der wissenschaftlichen Beschäftigung vorhanden: Tierethik und Tiermedizin (wie auch Tierschutz) interessieren sich selten für Technik, und Informatik, Künstliche Intelligenz und Robotik wie andere Ingenieurwissenschaften selten für das Tier. Vorhandene und gewünschte Disziplinen wie Tier-Computer-Interaktion und Tier-Maschine-Interaktion könnten solche Lücken schließen (Bendel 2015a, b), ebenso eine Maschinenethik, die sich allen Lebewesen zuwendet, doch es gibt kaum Vertreter, die diesen Schritt gehen, und kaum Unterstützung von der Politik und den einschlägigen Institutionen. Die Offenheit der Abbildung schreibt nichts vor, bildet indes die (noch wenig ausgeprägte Realität) ab und regt potenziell die Fantasie an. Beim Nutzen wird in der Abbildung von Lebewesen gesprochen, und es wurde deutlich, dass er sich sowohl auf Menschen als auch auf Tiere beziehen kann. Er kann sich darüber hinaus auf den sozialen Roboter selbst richten: Dieser erhält etwa Daten, die er verarbeiten und ver-

---

[9]In dieser Nähe müssen sie Sicherheit bieten, was auch für soziale Roboter gilt. Wenn sie zudem bestimmte Interaktions- und Kommunikationsmöglichkeiten erhalten, etwa für eine simple und intuitive Steuerung, rücken sie nach und nach mit sozialen Robotern im engeren Sinne zusammen. Die soziale Robotik widmet sich ferner Co-Robots in der Fabrik, zumindest bestimmten Aspekten dieses Typs (Bendel 2020a, b, c).

werten kann. Allerdings wird man kaum einen sozialen Roboter allein für diesen Zweck auf die Welt bringen.

Ist die grafische Darstellung hilfreich? Sie ist hilfreich, weil sie sich gut einprägt. Sie verdeutlicht, dass vier Dimensionen eng zusammenhängen und sie alle einem gemeinsamen Ziel dienen, der im Nutzen des sozialen Roboters erkannt wurde. Die Darstellung kann freilich unterschiedliche Wichtigkeiten einebnen. Dies ist eine Schwäche vieler symmetrischer Modelle (und ein Resultat der Verwendung einschlägiger Anwendungsprogramme). Sie sind gefällig, doch sie machen etwas gleich, das vielleicht gar nicht gleich ist. So wurde gesagt, dass die Abbildung von tierischen und menschlichen Merkmalen wichtiger sein könnte als andere Dimensionen. Andererseits vermögen sie sich weiterzuentwickeln, und man darf den Leser und Wissenschaftler nicht unterschätzen, der solche Grafiken nicht als Vorschrift, sondern als Grundlage und Startpunkt sieht. Er kann durchaus, wenn er dies gut begründet, Dimensionen zusammenlegen, streichen, ergänzen.

1.4   Softwareroboter als soziale Roboter

Ein knappes Kapitel soll sich nun noch sozialen Robotern widmen, die als Chatbots oder Sprachassistenten (Voicebots) daherkommen. Social Bots, obwohl sie begrifflich so nahe zu sein scheinen, bilden einen Spezialfall und werden hier ausgeklammert.[10] Ein deutscher Begriff, der bereits genannt wurde, ist der des Softwareroboters (im Gegensatz zu einem Hardwareroboter), wobei Hardwareroboter sowohl Software als auch Softwareroboter beinhalten können und Softwareroboter nicht ohne Hardware auskommen, selbst wenn sie uns im Wesentlichen als reine Stimme erscheinen. Softwareroboter können übrigens genauso Bots in Chatsystemen sein, die Benutzer kicken, oder Agenten in Datenbanken, die selbstständig Informationen zusammentragen, und natürlich Crawler im Internet. Diese spielen im vorliegenden Beitrag keine Rolle.

Chatbots sind im Wesentlichen textbasierte Dialogsysteme (Bendel 2018a, b, c, d). Man gibt als Benutzer Text ein, und der Chatbot gibt Text aus. Allerdings existieren seit alters her Dialogsysteme mit Sprachausgabe – mit einem geeigneten Text-to-Speech-System stellt dies keinerlei Problem dar. Cor@ von der Deutschen Bank, um die Jahrtausendwende eingesetzt, konnte sich dergestalt bemerkbar machen, wenn man dies wollte (Back et al. 2001). Voicebots sind, wie der Name schon sagt, durch ihre Stimme präsent (Bendel 2018a, b, c, d). Siri von Apple und Cortana von Microsoft sind bekannte Beispiele

---

[10] Social Bots sind Bots, also Softwareroboter bzw. -agenten, die in sozialen Medien (Social Media) vorkommen (Bendel 2017). Sie liken und retweeten, und sie texten und kommentieren, können also natürlichsprachliche Fähigkeiten haben. Oft werden mit ihrer Hilfe Fake-Accounts betrieben. Nur in einigen Fällen sind es nützliche Werkzeuge zur Verbreitung nützlicher Informationen. Sie können freilich ebenso als Chatbots fungieren und damit mit Benutzern synchron kommunizieren – als solche sind sie im weiteren Verlauf durchaus mitgemeint.

in Bezug auf Smartphones, Alexa von Amazon und das Hologrammmädchen der Gatebox in Bezug auf Raumsysteme (Lautsprecher mit Mikrofonen, Smarthomeanwendungen). Während Chatbots häufig visualisiert werden, mit Hilfe von Avataren, ist dies bei den kommerziell eingesetzten Voicebots kaum der Fall, von der Gatebox einmal abgesehen (durchaus aber bei einigen experimentellen).

Zunächst kann konstatiert werden, dass sich übliche soziale Roboter, also Hardwareroboter, durchaus an Menschen wie an Tiere wenden können, dass es sich bei Softwarerobotern indes komplizierter verhält. Als Voicebots wirken sie auf Tiere nicht viel anders als Stimmen aus Lautsprechern, und darauf reagieren viele von ihnen nur vorübergehend oder gar nicht (Qin et al. 2020). Wenn die Stimmen in Hardwareroboter integriert sind, scheinen es vor allem diese zu sein, die die Reaktion triggern. Das Gesprochene ist dabei wichtig, aber eben nicht unabhängig vom Kanal. Grundsätzlich sind Sprachassistenten nicht für Tiere gedacht, allenfalls in experimentellen Umgebungen, und an Gadgets wie Smartphones, Lautsprechersysteme, Fahrzeuge etc. gebunden. Chatbots entziehen sich noch mehr dem tierischen Gebrauch, da sie, wie gesagt, in der Regel textbasiert sind. Im Folgenden wird vor diesem Hintergrund zuvörderst auf Menschen fokussiert.

- Die Interaktion zwischen Softwarerobotern und Menschen ist in gewisser Weise möglich. So rufen viele Chatbots auf Wunsch bestimmte Websites auf. Mit Voicebots bedient man Fernsehapparate und Einrichtungen des Smarthomes, und es können Websites und Apps angesteuert werden. Verfügen die Chatbots über einen Avatar, so sind mit diesem wiederum Interaktionen möglich. Wenn der Benutzer einen Text eingibt, wird die Antwort etwa mit Mimik und Gestik vervollständigt.
- Dies führt direkt zur Kommunikation. Hier liegt natürlich die Stärke von Chatbots und Voicebots – es handelt sich eben um Dialogsysteme, wobei neben Inputs wie dem Anklicken oder Berühren von Schaltflächen insbesondere natürlichsprachliche Fähigkeiten im Vordergrund stehen. Eine wichtige Rolle spielt bei Voicebots die Stimme, zumal bei ihnen eben nur diese vorhanden ist, ganz wie bei Echo aus der griechischen Mythologie.
- Die Nähe zwischen Softwarerobotern und Benutzern ist in gewisser Weise durchaus gegeben, denn eine Frage muss im Textfeld eingegeben oder per gesprochener Sprache in nicht zu großer Distanz gegeben werden. Alexa ist mit der Far-field-Technologie ausgestattet, sodass sie einen durch die ganze Wohnung hört, wenn nicht gerade die Türen geschlossen sind, wobei selbst das noch als Nähe gelten kann (Bendel 2018a, b, c, d). Zugleich laufen die Anwendungen oft z. T. auf Servern, die in der Ferne sind.
- Die Abbildung von Merkmalen ist bei Softwarerobotern in vielfältiger Weise umgesetzt. Chatbots haben, wie erwähnt, oftmals einen Avatar, mit einem Kopf und einem Gesicht, zuweilen mit einem Körper, wobei Tiere und Menschen das Vorbild sein können, und sie beherrschen wie wir natürlichsprachliche Kommunikation. Voicebots treten durch ihre menschliche Stimme in Erscheinung. Sie hören sich meist wie Mädchen und Frauen an, was ihnen mitunter Kritik eingebracht hat (Lobe 2019).

- Beim Nutzen schließlich rücken Softwareroboter und Hardwareroboter ganz eng zusammen. Es geht bei beiden um das Übernehmen von Aufgaben, um das Ersetzen und Ergänzen, um eine soziale Funktion, um psychologische Hilfe, therapeutische Unterstützung etc. Und häufig wird dieser Nutzen am besten erreicht, wenn der Voicebot in den Robosuit schlüpft, nicht einfach als Immigrant, sondern als Dirigent.

Diese kurze Übersicht soll genügen, um die eingangs präsentierte Definition vollständig auszuleuchten. Sie macht klar, dass Softwareroboter durchaus als soziale Roboter gesehen werden können – aber ebenso, dass deutliche Unterschiede zu Hardwarerobotern bestehen und Abgrenzungen vorgenommen werden dürfen.

1.5 Zusammenfassung und Ausblick

Der vorliegende Beitrag hat zunächst den Begriff des sozialen Roboters ausgelotet, mit Hilfe einer knappen Definition, einigen Beispielen sozialer Roboter und – vor allem – unter Verwendung einer Abbildung mit fünf Dimensionen. Dann setzte er sich mit deren näheren Bestimmung auseinander. Es ergab sich, dass es sich um eine hilfreiche Systematisierung handelt, die in verschiedenen Richtungen anschlussfähig ist. Mögliche Lücken können nach und nach von Interessierten geschlossen, mögliche Unstimmigkeiten nach und nach beseitigt werden.

Der Vorschlag versteht sich als ebensolcher. Er möchte weder andere Definitionen ersetzen noch verdrängen. Er hat, wie fast jede von ihnen, seine Schwächen und seine Stärken. Als Diskussionsbeitrag kann er dabei helfen, dass andere eine noch bessere Lösung finden. Was die Darstellung ebenso wenig will: Sie will weder etwas vorschreiben noch etwas verbieten. Es gibt immer wieder Stimmen, man solle gar keine sozialen Roboter entwickeln, und wenn, dann solle man ihnen kein menschen- oder tierähnliches Äußeres geben etc. Es hilft hier wiederum, die Anwendungsgebiete genau zu betrachten. In manchen braucht es vermutlich soziale Roboter, und manche von ihnen sollten animaloid oder humanoid gestaltet sein. In anderen braucht es sie nicht, weder in der einen noch in der anderen Form. Selbst wenn man eine Praxis sozialer Roboter ablehnt, kann man doch zugestehen, dass man sie im Labor entwickeln und erforschen kann.

Letztlich geht es, wie in jeder Wissenschaft, um Erkenntnisgewinn. Die Soziale Robotik sollte keiner Weltanschauung untertan sein, und nicht danach gehen müssen, ob ihre Ergebnisse immer verlässlich, zuverlässig und vertrauenswürdig sind. Auch die Künstliche Intelligenz sollte so frei sein, ebenso die Maschinenethik und das Künstliche Bewusstsein, allesamt Partner der Sozialen Robotik, obschon diese das nicht immer weiß. Verlässlichkeit als sechste Dimension wurde erwogen, jedoch ein Stück weit verworfen – zumindest lässt sie nicht unbedingt die Freiheit, die in Forschung und Entwicklung vielleicht notwendig ist. Oft hört man inzwischen, dass Robotik und KI den Menschen im Mittelpunkt haben müssen. Die „human-centered AI", ursprünglich eher technisch gemeint, hat nun soziale und moralische Konnotationen. Das klingt zunächst gut, ist aber eher schädlich, nicht nur im Sinne einer freien Forschung, sondern ebenso mit Blick auf die Natur, die von Staatsgebilden und Wirtschaftssystemen seit tausenden Jahren vernachlässigt wird. Dies scheint eine Stärke der fünf Dimensionen zu sein: In ihnen kommen neben den Menschen auch die Tiere vor. Und so lassen sich vielleicht Anwendungen für diese noch leichter denken.

Literatur

ABOT (Anthropomorphic roBOT) Database (o. D.) http://abotdatabase.info. Zugegriffen am 30.03.2021

Back A, Bendel O, Stoller-Schai D (2001) E-Learning im Unternehmen: Grundlagen – Strategien – Methoden – Technologien. Orell Füssli, Zürich

Bendel O (2015a) Überlegungen zur Disziplin der Tier-Maschine-Interaktion. In: gbs-schweiz.org, 14. Februar 2015. http://gbs-schweiz.org/blog/ueberlegungen-zur-disziplin-der-tier-maschine-interaktion. Zugegriffen am 30.03.2021

Bendel O (2015b) Sexroboter. In: Gabler Wirtschaftslexikon. Springer Gabler, Wiesbaden. https://wirtschaftslexikon.gabler.de/definition/sexroboter-54157. Zugegriffen am 30.03.2021

Bendel O (2017) Social Bots. In: Gabler Wirtschaftslexikon. Springer Gabler, Wiesbaden. https://wirtschaftslexikon.gabler.de/definition/social-bots-54247. Zugegriffen am 30.03.2021

Bendel O (2018a) Die Spione im eigenen Haus. In: Martinsen F (Hrsg) Wissen – Macht – Meinung: Demokratie und Digitalisierung. Die 20. Hannah-Arendt-Tage 2017. Velbrück, Weilerswist-Metternich, S 67–80

Bendel O (2018b) Towards animal-friendly machines. Paladyn 9(1):204–213. https://www.degruyter.com/view/journals/pjbr/9/1/article-p204.xml. Zugegriffen am 30.03.2021

Bendel O (2018c) Roboter im Gesundheitsbereich: Operations-, Therapie- und Pflegeroboter aus ethischer Sicht. In: Bendel O (Hrsg) Pflegeroboter. Springer Gabler, Wiesbaden, S 195–212

Bendel O (2018d) Virtueller Assistent. In: Gabler Wirtschaftslexikon. Springer Gabler, Wiesbaden. https://wirtschaftslexikon.gabler.de/definition/virtueller-assistent-99509. Zugegriffen am 30.03.2021

Bendel O (2019a) Von Cor@ bis Mitsuku: Chatbots in der Kundenkommunikation und im Unterhaltungsbereich. In: Kollmann T (Hrsg) Handbuch Digitale Wirtschaft. Springer, Wiesbaden, S 1–17

Bendel O (2019b) Liebespuppen. In: Gabler Wirtschaftslexikon. Springer Gabler, Wiesbaden. https://wirtschaftslexikon.gabler.de/definition/liebespuppen-121148. Zugegriffen am 30.03.2021

Bendel O (Hrsg) (2020a) Maschinenliebe: Liebespuppen und Sexroboter aus technischer, psychologischer und philosophischer Sicht. Springer Gabler, Wiesbaden

Bendel O (2020b) Die Maschine an meiner Seite: Philosophische Betrachtungen zur Mensch-Roboter-Kollaboration. In: Buxbaum H-J (Hrsg) Mensch-Roboter-Kollaboration. Springer Gabler, Wiesbaden, S 1–14

Bendel O (2020c) Soziale Roboter. Version 2021. In: Gabler Wirtschaftslexikon. https://wirtschaftslexikon.gabler.de/definition/soziale-roboter-122268/version-375074. Zugegriffen am 30.03.2021

Bendel O (2021) Robot Enhancement. In: Gabler Wirtschaftslexikon. Springer Gabler, Wiesbaden. https://wirtschaftslexikon.gabler.de/definition/robot-enhancement-123251. Zugegriffen am 30.03.2021

Bendel O, Gasser A, Siebenmann J (2020) Co-robots as care robots. Accepted paper of the AAAI 2020 spring symposium „Applied AI in healthcare: safety, community, and the environment" (Stanford University). In: ArXiv, 10. April 2020. Cornell University, Ithaca. https://arxiv.org/abs/2004.04374. Zugegriffen am 30.03.2021

Bendel O, Graf E, Bollier K (2021) The HAPPY HEDGEHOG project. In: Proceedings of the AAAI 2021 spring symposium „Machine learning for mobile robot navigation in the wild". Stanford University, Palo Alto, California, USA (online), March 22–24, 2021. https://drive.google.com/file/d/1SvaRAI71wthGe-B9uSAYvL5WOzLI2mul/view. Zugegriffen am 30.03.2021

Breazeal C (2002) Designing sociable robots. MIT Press, Cambridge, MA

Buxbaum H-J (Hrsg) (2020) Mensch-Roboter-Kollaboration. Springer Gabler, Wiesbaden

Cavallo F, Semeraro F, Fiorini L et al (2018) Emotion modelling for social robotics applications: a review. J Bionic Eng 15:185–203

Coursey K (2020) Speaking with harmony: finding the right thing to do or say … while in bed (or anywhere else). In: Bendel O (Hrsg) Maschinenliebe: Liebespuppen und Sexroboter aus technischer, psychologischer und philosophischer Sicht. Springer Gabler, Wiesbaden, S 35–51

Darling K (2016) Extending legal protection to social robots: the effects of anthropomorphism, empathy, and violent behavior towards robotic objects. In: Calo R, Froomkin AM, Kerr I (Hrsg) Robot Law. Edward Elgar Publishing, Cheltenham, S 213–234

Duden (o. D.) Verlässlichkeit. https://www.duden.de/rechtschreibung/Verlaesslichkeit. Zugegriffen am 30.03.2021

Fong TW, Nourbakhsh I, Dautenhahn K (2003) A survey of socially interactive robots: concepts, design, and applications. Robot Auton Syst 42(3–4):142–166

Früh M, Gasser A (2018) Erfahrungen aus dem Einsatz von Pflegerobotern für Menschen im Alter. In: Bendel O (Hrsg) Pflegeroboter. Springer Gabler, Wiesbaden, S 37–62

Hegel H, Muhl C, Wrede B, Hielscher-Fastabend M, Sagerer G (2009) Understanding social robots. In: IEEE Computer Society (Hrsg) Second international conferences on advances in computer-human interactions. Cancun, Mexico, S 169–174

John Downer Productions (o. D.) Spy in the wild. http://jdp.co.uk/programmes/spy-in-the-wild. Zugegriffen am 30.03.2021

Kubinyi E, Miklósi A, Kaplan F, Gácsi M, Topál J, Csányiet V (2004) Social behaviour of dogs encountering AIBO, an animal-like robot in a neutral and in a feeding situation. Behav Process 65(3):231–239

Lobe A (2019) Frauen als dienende Maschinen. Frankfurter Allgemeine, 24. Juni 2019. https://www.faz.net/aktuell/feuilleton/debatten/warum-sind-alexa-und-siri-so-devote-frauen-16247732.html. Zugegriffen am 30.03.2021

Mori M, MacDorman KF, Kageki N (2012) The uncanny valley [from the field]. IEEE Robot Autom Mag 19(2):98–100

Nørskov M (Hrsg) (2017) Social robots: boundaries, potential, challenges. Routledge, London

Nørskov M, Seibt J, Quick OS (Hrsg) (2020) Culturally sustainable social robotics – challenges, methods and solutions. Proceedings of robophilosophy 2020. IOS Press, Amsterdam

Qin M, Huang Y, Stumph E, Santos L, Scassellati B (2020) Dog sit! Domestic dogs (Canis familiaris) follow a robot's sit commands. In: HRI '20: companion of the 2020 ACM/IEEE international conference on human-robot interaction, Cambridge, March 2020, S 16–24

Das epistemische Verhältnis der Sozialrobotik zur Gesellschaft

Epistemische Bedingungen, Praktiken und Implikationen der Entwicklung sozialer Roboter

2

Andreas Bischof

> *Of course, the robots that now exist and that are described in fascinating detail in this book that you are holding, are not yet as complex, versatile and intelligent as the imaginary robots of I, Robot, but give the engineers time! There will be steady advances in robotics, and, as in my teenage imagination, robots will shoulder more and more of the drudgery of the world's work, so that human beings can have more and more time to take care of its creative and joyous aspects.*
>
> (Isaac Asimov in Robotics in Practice *von Joseph Engelberger*)

Zusammenfassung

Soziale Roboter kommen schon sozial und kulturell geprägt in die Welt. Das Kapitel nähert sich diesem Befund über die Analyse der epistemischen Praktiken der Sozialrobotik. Dabei werden Wissenspraktiken aus den Disziplinen, die an der Konzeption und Konstruktion von sozialen Robotern beteiligt sind, analysiert. In einem ersten Schritt umfasst das die Darstellung von epistemischen Bedingungen, unter denen die Konstruktion sozialer Roboter überhaupt geschieht. Hier wird insbesondere auf die Herausforderung, soziale Interaktionen für Roboter bearbeitbar zu machen, eingegangen. In einem zweiten Schritt werden typische epistemische Praktiken der Sozialrobotik rekonstruiert. Damit sind Tätigkeiten der Forschenden gemeint, die soziale Roboter besser für soziale Welten verfügbar machen – oder umgekehrt. Sie beschreiben Wechsel-

A. Bischof (✉)
TU Chemnitz, Chemnitz, Deutschland
E-Mail: andreas.bischof@informatik.tu-chemnitz.de

© Der/die Autor(en) 2021
O. Bendel (Hrsg.), *Soziale Roboter*, https://doi.org/10.1007/978-3-658-31114-8_2

21

spiele zwischen der Forschungs- und Entwicklungspraxis und den Alltagswelten, in denen die Roboter eingesetzt werden sollen. Abschließend werden zwei epistemische Implikationen für die Anwendungsfelder sozialer Roboter abgeleitet.

2.1 Einleitung

Unter dem Begriff „epistemisch" (engl. *epistemic*) wird in der Wissenschafts- und Technikforschung untersucht, welchen erkenntnistheoretischen Grundlagen ein wissenschaftliches Feld oder anderer sozialer Zusammenhang unterliegt. Dabei interessieren ganz grundlegend die Wege und Mittel, mit denen Wissen erzeugt, zirkuliert und legitimiert wird – wie wissen wir, was wir wissen?

Die Arbeit an sozialen Robotern steht in einem sehr spezifischen Verhältnis zur Gesellschaft. Der Schriftsteller Isaac Asimov, der das Wort „Robotik" in einem seiner Werke 1942 erstmals verwendete (Clarke 2011, S. 256), setzt es in oben stehendem Zitat in ein sehr eindeutiges Bild: Die Imaginationskraft des Schriftstellers ist der Auftrag der Ingenieure, die einzig mehr Zeit bräuchten, um entsprechend komplexe, vielseitige und intelligente Roboter zu bauen, wie die Fantasie sie hervorzubringen vermag. Der Weg zu ihrer technischen Realisierung sei durch stetigen Fortschritt gekennzeichnet. Dass ein Autor fiktionaler Literatur dieses Versprechen im Vorwort zu einem wissenschaftlichen Handbuch aus der Feder eines Robotikpioniers macht, gibt einen Ausblick auf die komplizierten epistemischen Wechselwirkungen, unter denen soziale Roboter entwickelt werden. Und diese Wechselwirkungen zwischen Robotik und sozialen Welten sind mitnichten so einseitig, wie Asimov sie beschrieb – mittlerweile betätigen sich sogar Robotiker als Science-Fiction-Autoren (Nourbakhsh 2013)!

Die Konzeption, der Bau und die Evaluation sozialer Roboter sind Gegenstand der Disziplin Sozialrobotik bzw. des interdisziplinären Forschungsfelds Human-Robot Interaction (HRI). Im Vergleich zu anderen Forschungsfeldern, wie z. B. Philosophie, aber auch Human-Computer Interaction, wird die Frage nach der Epistemologie innerhalb der Sozialrobotik selten explizit gestellt.[1] Allerdings existieren eine Reihe sozial- und kulturwissenschaftlicher Studien mit Beiträgen zur Epistemologie der (Sozial-)Robotik und Mensch-Roboter-Interaktion (Šabanović 2007; Meister 2011; Treusch 2015; Bischof 2017; Lipp 2019). Dieses Kapitel gibt einen Überblick über die wesentlichen Bedingungen, Praktiken und Implikationen der epistemischen Grundlagen der Sozialrobotik. In der Untersuchung der Wissensweisen der Sozialrobotik behandelt das Kapitel also nicht die philosophischen Grundlagen der Möglichkeit sozialer Maschinen – sondern vielmehr die

---

[1] Eine Volltextsuche unter den Vortragstiteln auf den zentralen Konferenzen HRI (ACM), RO-MAN (IEEE) und Social Robotics (Springer) zwischen 2012 und 2021 ergibt sieben Treffer, wobei kein Beitrag davon die epistemischen Grundlagen der Sozialrobotik selbst thematisiert, sondern „epistemisch" bspw. für die Kognition von Menschen verwendet wird.

oftmals unsichtbaren Bedingungen und Praktiken, mittels derer soziale Roboter überhaupt in die Welt kommen. Dieser praxeologische Zugang steht in der Tradition der „Laborstudien" (Krey 2014), die die Wissenschafts- und Technikforschung seit Ende der 1970er-Jahre dorthin führen, wo Wissen wortwörtlich gemacht wird, in den Alltag der Forscherinnen und Forscher.

Damit ist erstens eine wesentliche epistemische Entscheidung getroffen, die zu Beginn kurz erläutert werden muss. Handlungsleitend für das Vorgehen, die Wissensweisen der Sozialrobotik empirisch aus alltäglichen Praktiken heraus zu erforschen, ist die These, dass alles Wissen – auch wissenschaftliche Erkenntnis – sozial geformt ist. Das bedeutet nicht, dass die unserer Existenz zugrunde liegenden physikalischen Gesetze sozial konstruiert sind! Sehr wohl aber sind ihre Entdeckung und Folgen gesellschaftlich geprägt. Ein drastisches Beispiel dafür liefert die kopernikanische Wende: Die Erde hat sich bereits um die Sonne gedreht, als der Großteil der Menschheit noch an andere Himmelsvorstellungen geglaubt hat. Gleichsam hatte die Durchsetzung der Erkenntnis, dass die Erde mitnichten das Zentrum des Weltalls (nicht einmal das Zentrum unseres Sonnensystems) ist, auch soziale Folgen: Das heliozentrische Weltbild hat nicht nur astronomische Theorien und wissenschaftliche Praxis verändert, sondern auch das allgemeine Weltbild (Kuhn 1957).

Für die Beschreibung und Erklärung der Epistemologie eines Forschungsfelds ist zweitens zu untersuchen, wie wissenschaftliches Wissen *praktisch* hervorgebracht wird. Für die von den frühen Laborstudien erforschten Naturwissenschaften sind die namensgebenden Labore als Orte der „Erzeugungslogik" moderner Wissenschaften zentral (Knorr Cetina 1988, S. 88): Dort werden die Gegenstände der Untersuchung, seien es biochemische Moleküle, hochenergetische Teilchen oder Himmelskörper, räumlich und zeitlich entkoppelt und der wissenschaftlichen Untersuchung zugänglich gemacht. Im Labor lassen sich Forschungsgegenstände, die Instrumente und Praktiken ihrer Behandlung und die Herstellung wissenschaftlicher Fakten im Zusammenspiel beobachten. Für soziale Roboter liegt der Fall etwas komplizierter, wie im Fortgang zu zeigen sein wird: Denn das Labor der Sozialrobotik sind nicht nur die „Labs", in denen die Robotikerinnen und Robotiker ihre Maschinen bauen und testen. Die Epistemologie der Sozialrobotik formt sich auch auf den Konferenzen, auf denen die Maschinen einander vorgeführt werden, durch YouTube-Videos von Roboterverhalten und nicht zuletzt durch die sozialen Welten, an denen die Robotikerinnen und Robotiker selbst als Alltagsmenschen teilnehmen.

2.2   Epistemische Bedingungen der Sozialrobotik

Soziale Roboter zu bauen, ist eine unerhörte Herausforderung. Diese Herausforderung besteht einerseits in der Komplexität der Aufgabe, überhaupt eine funktionierende Maschine zu bauen. Schon ein vergleichsweise einfacher Roboter besteht aus zahlreichen, an sich komplizierten Komponenten, die zudem miteinander in Zusammenhang gebracht werden müssen, um schließlich in einer Umgebung, die für Menschen statt Roboter gemacht ist, zu funktionieren. Andererseits sind soziale Roboter eine Aufgabe, die die klassischen Mittel von Ingenieur- und Naturwissenschaften übersteigt. Im Folgenden wird gezeigt, worin diese unerhörte Herausforderung besteht, und wie sie wiederum selbst gesellschaftlich eingebettet ist.

2.2.1 Mensch-Maschine-Symbiose als „Wicked Problem"

Dass soziale Roboter überhaupt zu einem Ziel der Robotik werden konnten, geht auf einen Paradigmenwechsel innerhalb der Robotik und K.I.-Forschung in den 1980er-Jahren zurück. Dieser Paradigmenwechsel basiert auf einer Verschiebung des Verständnisses von maschineller Intelligenz hin zu natürlichen Vorbildern statt symbolisch-kognitivistischen Konzepten. Einer der Protagonisten dieser „New Wave of Robotics" war Rodney A. Brooks. Anhand des von ihm begründeten Ansatzes der „behavior-based robotics" lässt sich diese neue konzeptionelle Qualität im Verhältnis von Roboter und Welt anschaulich zusammenfassen (Brooks 1999, S. 64 ff.).

Erstens stellten die Robotikforschenden fest, dass Alltagsmenschen ganz andere Lösungsstrategien als das in der K.I. bis dato modellierte „problem solving" verwenden, nämlich routinisierte Handlungsabläufe anstatt formallogischer Vorgehensweisen. Zweitens erkannte man, dass Menschen anderen Menschen – aber auch Tieren und sogar Objekten – Ziele und Vorstellungen unterstellen, unabhängig davon, ob diese tatsächlich höhere symbolische Repräsentationen prozessieren können. Vielmehr sind Menschen sehr leicht geneigt, allein durch das Zeigen von (scheinbar) autonomem Verhalten dem Gegenüber Intentionalität zuzuschreiben. Brooks selbst hatte, biologischen Vorbildern folgend, drittens nachgewiesen, dass Roboter keine vollständige, hierarchische Softwarearchitektur benötigen, um kompetent in einer Umwelt agieren zu können. An die Stelle einer zentralen kognitivistischen Steuerung trat eine niedrigschwellige Koordinierung einzelner Systeme, die mit der Welt interagieren, wie zum Beispiel Sensoren und Aktuatoren, die einfachen, regelgeleiteten Prinzipien folgend Dinge in der Welt wortwörtlich begreifen.

Mit der „New Wave of Robotics" setzt sich in der Robotik die Vorstellung durch, dass die Entwicklung erfolgreicher Roboter an ihren Einsatzumgebungen, der „realen Welt", orientiert sein muss. Damit wird die Performance der Maschinen in unstrukturierten Umgebungen zum Hauptkriterium ihrer Bewertung. Während die Protagonisten der „New Wave of Robotics" vor allem das Problem einer physikalisch und biologisch adäquaten Interaktion mit Objekten und Räumen lösen wollten, ist das Prinzip der Orientierung an der „realen Welt" für soziale Roboter umso folgenreicher: Für diese stellen sich nicht nur physische Bedingungen für gute Performance, sondern psychologische und soziale. Sozialität ist allerdings wechselseitig – und geht somit über das technische System hinaus. Die wesentliche Gelingensbedingung, sich in der Welt zu bewähren, kann von Sozialrobotern also nicht allein erfüllt werden, sondern nur im erfolgreichen Zusammenspiel mit Menschen. Meister hat gezeigt, wie fundamental diese Bedingung ist:

> Die Problematik einer möglichst reibungsfreien und intuitiven Nutzbarkeit wird nun keineswegs nur als eine technische Aufgabenstellung diskutiert, sondern als ein Bestandteil des

Verständnisses von intelligenten Systemen überhaupt: Diese Roboter sollen „Kooperations-
fähigkeit" [...] besitzen, und letztlich wird als Trägerin der Intelligenz nicht das isolierte
technische System, sondern die schon genannte „Mensch-Maschine-Symbiose" verstanden.
(Meister 2011, S. 108)

Soziale Welten sind für Roboter nicht nur physisch anspruchsvoll. Soziale Interaktionen
sind abhängig von Interpretationen, die nicht zwangsläufig deduktiv vorhersagbar sind
und sich zudem durch die Einnahme unterschiedlicher Beobachterpositionen verändern
(Lindemann 2016). Es darf nicht unterschätzt werden, was diese Verschiebung des Fokus
auf das Gelingen in Interaktion mit Menschen bedeutet. Diese Aufgabe liegt nicht nur quer
zu vorherigen Interessen und Arbeitsweisen in der Robotik als technikwissenschaftlicher
Disziplin, sie erschüttert auch ihre erkenntnistheoretischen Grundlagen. Durch den angestrebten Einsatz in alltäglichen Lebenswelten wird Sozialrobotik plötzlich zu einer Disziplin wie Architektur oder Stadtplanung, in der sich wissenschaftliche, technische, politische, soziale und ästhetische Expertisen und Interessen kreuzen. Das liegt daran, dass
Sozialrobotik und Architektur nun die gleiche Art von Problem teilen: das der wider-
ständigen – einige sagen bösartigen (Rittel und Webber 1973) – Natur der (Un-)Vorhersag-
barkeit menschlichen Verhaltens in soziotechnischen Systemen. Das heißt, dass die zu
lösenden Probleme der Sozialrobotik so komplex und veränderlich sind, dass keine standardisierten Lösungen bestehen. Stattdessen hängt die Bearbeitung von „wicked problems" wesentlich von der Formulierung und Definition des Problems durch die Ent-
wickelnden selbst ab (ebd.). Die Lösung eines „wicked problem" ist deshalb ein Prozess,
der neue Wissenssorten, Fähigkeiten und Perspektiven nötig macht, die zuvor nicht zum
Selbstbild oder zur Ausbildung der Robotik gehörten.

Wie die Robotikforschung seit dem Verlassen der Labore auf unterschiedlichen Wegen
erlebt, funktionieren auch scheinbar triviale Ausschnitte von Alltagswelt wie Kranken-
hausflure als Lebenswelten in ihrem jeweils eigenen Sinn (Mutlu und Forlizzi 2008). Die
spezifische Komplexität der Alltagswelt ist deswegen die Kernherausforderung der Sozialrobotik (Meister 2014; Bischof und Maibaum 2020). Die Entwicklerinnen und Entwickler von sozialen Robotern müssen deswegen stetig *work arounds* erarbeiten, um einen
Begriff aus dem Programmierslang zu verwenden: Sie entwickeln Hilfsverfahren, die das
eigentliche Problem (die rechentechnisch schwer darstellbare Komplexität alltagsweltlicher Umgebungen) nicht lösen, sondern dessen Symptome umgehen, um zumindest die
ersten Interaktionshürden zu nehmen. Dieses Zum-Funktionieren-Bringen von Robotern
in sozialen Welten ist eine integrative und komplexe Praxis (Nourbakhsh, nach Šabanović
2007, S. 204), die über das Lösen technischer Probleme weit hinausgeht.

2.2.2 Soziale Roboter als Realisierung von Zukunftsvorstellungen

Bevor die Praxis der Sozialroboterentwicklung näher betrachtet wird, ist eine zweite zentrale epistemische Bedingung für soziale Roboter darzustellen: Schon die Idee zu sozialen
Robotern ist sozial und kulturell geformt. Zwar lassen sich diese mit wissenschaftlichen

Methoden werturteilsfrei beschreiben und untersuchen, aber die Sozialrobotik selbst ist stark gesellschaftlich geprägt: Erstens birgt die Idee für Maschinen, die menschliche Tätigkeiten verrichten, ein großes und nicht widerspruchsfreies kulturelles Erbe, und zweitens findet auch die konkrete Finanzierung der Entwicklung von sozialen Robotern nicht ohne gesellschaftlichen Auftrag statt.

Beide Dimensionen sind zudem miteinander verschränkt, wie die Untersuchung von Weltbildern und Zukunftsvorstellungen in der Sozialrobotik zeigt (Šabanović 2010; Böhle und Bopp 2014; Lipp 2019). Dabei kann gezeigt werden, dass die finanzierenden Institutionen, die Konstrukteurinnen und Konstrukteure, aber auch die später mit den Roboter interagierenden Menschen sich in einem Zusammenspiel aus technischen Möglichkeiten, dem Wunsch danach und kollektiven Vorstellungen beeinflussen (Jasanoff und Kim 2009, S. 120). Zentral ist dabei die Erkenntnis, dass auch die Vorstellung einer einzelnen Mensch-Roboter-Interaktion, wie bspw. eine Roboterunterstützung für Menschen mit Demenz, fast zwangsläufig in umfassendere Visionen von sozialer Zukunft, von Risiko und Nutzen und vom individuellen wie kollektiven Wohl eingebettet ist. Mit dem Begriff „imaginary" (ebd.) wird in der Wissenschafts- und Technikforschung diese Figur der wechselseitigen Ko-Konstitution sozialer und technischer Zukunftsvorstellungen beschrieben.[2] In der Sozialrobotik treten das technisch Machbare und das gesellschaftlich Wünschenswerte in besonders enger Kopplung auf. Das lässt sich für den europäischen Raum am Beispiel der Pflegerobotik (Bendel 2018; Hergesell et al. 2020) und ihrer Forschungsförderung gut zeigen: Als Antwort auf ein erwartetes Problem wird eine politisch gewünschte Zukunftsvorstellung als technisch erreichbar verstanden, womit anschließend Investitionen und entsprechende Förderlinien begründet werden (Lipp 2019, 2020). Empirische Untersuchungen von Pflegerobotikprojekten zeigen, dass dieses Ziel in der Praxis dann immer wieder zur wechselseitigen Anpassung der Roboter an die Pflege und umgekehrt herangezogen wird – wobei die ursprüngliche Problem-Lösung-Relation nicht mehr hinterfragt werden kann (Bischof 2020; Maibaum et al. 2021).

In Rückgriff auf Suchman (2007) nutzt Šabanović „imaginaries" als zentrale Analyseeinheit für ihre umfangreiche ethnografische Studie zur Kultur der Sozialrobotik (Šabanović 2007). Der Reiz liegt dabei für sie darin, dass „imaginaries" auch als kulturelle und historische Ressourcen verstanden werden können (ebd., S. 29). Auch technisch derzeit noch nicht erreichbare Zukunftsvorstellungen von Robotern in der Gesellschaft können zum wechselseitigen Bezugspunkt zwischen Robotikforschenden und gesellschaftlichen Gruppen werden (ebd., S. 45). Ein augenfälliges Beispiel dafür sind die zahlreichen Bezüge zu Science-Fiction-Filmen, die in Presseberichten über soziale Roboter, aber auch durch die Forschenden selbst hergestellt werden (Meinecke und Voss 2018; Voss 2021).

---

[2] Das „socio-technical imaginary" unterscheidet sich von anderen Begriffsangeboten wie dem „Diskurs", der hauptsächlich auf Sprache fokussiert. „Ideologie" wäre wiederum mehr auf Macht und soziale Struktur abgestimmt und damit statischer. Über „Interesse" oder „Plan" geht es insofern hinaus, als es sich nicht (nur) auf kurzfristige Zukünfte mit spezifischen Zielen (z. B. Plan zum Bau einer Autobahn) bezieht und nicht an einzelne Handelnde gebunden ist.

Überhaupt ist es erwähnenswert, dass sowohl der Begriff „Roboter" (Čapek 2014) als auch „Robotik" (Asimov 2014) literarische Erfindungen sind, auf die sich schon die frühen Pioniere der Robotik wiederum explizit bezogen haben: Roboter waren also fiktionale Apparate, lange bevor sie funktionierende Maschinen wurden (Bischof 2017, S. 138–145). Untersuchungen von „imaginaries" in der Sozialrobotik zeigen dementsprechend, dass neben wissenschaftlichen Theorien und Methoden beim Entwickeln sozialer Roboter auch kulturelle Ressourcen wie Geschichten und Symbole eine wichtige Rolle spielen. Prominente soziale Roboter werden sogar selbst zu solchen Symbolen, wenn sie bspw. zu öffentlichen Anlässen als Botschafter eingesetzt werden. Das prominenteste Beispiel dafür derzeit ist der menschenähnlich gestaltete Roboter „Sophia" von Hanson Robotics, der 2017 öffentlichkeitswirksam die saudische Staatsbürgerschaft verliehen bekam – was in starkem Gegensatz zu den tatsächlichen Fähigkeiten des Roboters und dem Konzept der Staatsbürgerschaft steht (Parviainen und Coeckelbergh 2020).

Mit Blick auf historische technische und wissenschaftliche Leistungen wie die Mondlandung oder die Entdeckung und Nutzbarmachung der Kernspaltung kann es prinzipiell nicht überraschend sein, dass ein komplexes Unterfangen wie der Bau von sozialen Robotern wesentlich von sozialen und politischen Visionen und Wünschen angetrieben ist. Für die Sozialrobotik spezifisch ist die vergleichsweise sehr enge Verknüpfung von populären Roboterbildern und Zukunftsvorstellungen mit konkreter Forschungsförderung, Projektanträgen, öffentlichen Vorträgen und Studieninhalten innerhalb der Sozialrobotik – und wiederum den Erwartungen von Menschen, die potenziell mit den Robotern interagieren können sollen. Hier ist insbesondere für Japan und den südostasiatischen Raum eine große Wirksamkeit dieser „imaginaries" bis hin in die letztlich resultierende Mensch-Roboter-Interaktion nachgewiesen (Wagner 2013). Im europäischen Raum wiederum ist, wie oben dargestellt, ein sehr starkes innovationspolitisches „imaginary" wirksam, das das Projekt von sozialen Robotern in der Altenpflege als notwendige und wünschenswerte Lösung für den bevorstehenden demografischen Wandel positioniert.

Soziale Roboter können nicht ohne diesen spezifischen kulturellen Hintergrund verstanden und bewertet werden. Außerdem sollten vorgeschlagene robotische Lösungen für soziale Probleme nicht als gegeben hingenommen werden, sondern als Produkt politischer, technologischer und sozialer Prozesse, die die Idee sozialer Roboter erst möglich machen.

2.3 Epistemische Praktiken der Sozialrobotik

Das „wicked problem" der Sozialrobotik besteht im Umgang mit schwer standardisierbaren, mehrdeutigen Phänomenen wie sozialen Interaktionen, die auf verlässlich messbare und rechentechnisch abbildbare Werte gebracht werden müssen. Zudem zeichnet sich mit Blick auf die „imaginaries" ein Bild von Roboterentwicklung als ein in mannigfaltige kulturelle und soziale Instanzen eingelassenes Ensemble, das über vermeintlich ‚rein' technische oder wissenschaftliche Fragen weit hinausgeht. Die spannende Frage ist, wie die Entwicklerinnen und Entwickler mit diesen beiden zuvor dargestellten epistemischen Bedingungen umgehen.

Der empirische Schlüssel dafür sind die beobachtbaren lokalen Praktiken der Sozialrobotik, die gleichzeitig immer als durch materielle, institutionelle und symbolische Umstände vermittelt verstanden werden müssen: So ist die Entscheidung eines Post-Docs für die experimentell begründete Auswahl einer bestimmten Roboterbegrüßungsgeste nicht ohne dessen Wissen um hinreichend gute Signifikanzen quantitativer Daten für die Akzeptanz von Forschungspublikationen in seinem Feld verstehbar (Bischof 2017, S. 225 ff.). An diesem Beispiel zeigt sich der Vorteil einer praxeologischen Laborstudie: Durch sie lassen sich in der offiziellen Selbstdarstellung der Sozialrobotik unsichtbare Praktiken sichtbar machen – und auf ihre erkenntnistheoretischen Grundlagen befragen. Das ist insbesondere für Robotik wichtig, da sehr viele arbeitsteilige, komplizierte Arbeitsschritte zwischen dem Entwurf, der Fertigung und Evaluation eines Roboters nötig sind, die notwendigerweise nicht alle zu gleichen Teilen in einem Forschungsaufsatz oder Selbstzeugnis aus dem Feld der Robotik dargestellt werden können.

Im Folgenden werden drei auf diese Art erforschte Gruppen *epistemischer Praktiken* dargestellt, die für die Sozialrobotik typisch sind (Bischof 2017, S. 213–268). Mit dem Begriff „epistemische Praktiken" sind in diesem Zusammenhang Tätigkeiten gemeint, die mit dem dargestellten „wicked problem" produktiv umgehen, die Forscherinnen und Forscher also auf dem ein oder anderen Weg in die Lage versetzen, ihre Maschinen besser für soziale Welten verfügbar zu machen, oder umgekehrt. Sie beschreiben nicht die einzelnen Versuchsanordnungen der Laboratorien oder individuelle Vorstellungen von ‚guter' Mensch-Roboter-Interaktion innerhalb eines Forschungsteams, sondern die Wechselspiele zwischen der Forschungs- und Entwicklungspraxis und den Alltagswelten, in denen die Roboter eingesetzt werden sollen.

2.3.1 Laboratisierende Praktiken

Schon aus Sicherheitsgründen ist eine naheliegende Strategie, mit den Unwägbarkeiten von (Robotern in) sozialen Welten umzugehen, diese in die kontrollierten Bedingungen eines Labors zu überführen. Paradigmatisch steht dafür das Laborexperiment, bei dem unter Ausschluss von Umwelteinflüssen ein oder mehrere Faktoren gezielt auf ihre Effekte getestet werden können. Die Kontrollierbarkeit der Mensch-Roboter-Interaktion ist das zentrale Ziel. Der Erfolg dieser Strategie hat in der Sozialrobotik zur Vorherrschaft des quantitativen Laborexperiments als wichtigstem wissenschaftlichen Gütekriterium geführt (Bischof 2015). Die Fixierung auf diese psychologische Methode hat auch zu Identitäts- und Machtkonflikten im interdisziplinären Feld geführt, die heute noch auf Konferenzen oder in Gutachten für Artikel und Anträge zu beobachten sind. In die Worte eines eher ingenieurwissenschaftlich geprägten Forschers gefasst lautet er: „Bauen wir Roboter, um Experimente zu machen, oder machen wir Experimente, um Roboter zu bauen?" (ebd.; Bischof 2017, S. 214–216)

Der Erfolg der Laborexperimente erscheint auch vor dem Hintergrund des eigentlichen Ziels, Roboter in realen Welten zum Funktionieren zu bringen, kontraintuitiv. Auf forschungspraktischer Ebene erklärt sich ihr Erfolg auch in der besseren Handhabbarkeit: Die Instrumente und Praktiken der Laboratisierung ermöglichen eine Beschreibung von Mensch-Roboter-Interaktion in quantitativen Werten, die (scheinbar) leichter rechentechnisch für die Steuerung der Maschinen weiterverwendbar sind. Das lässt sich am Beispiel der Operationalisierung von Emotionen mit der Methode FACS gut zeigen.

Emotionen haben als Faktor zur Gestaltung sozialer Roboter eine lange Tradition (z. B. Breazeal 2003). Einerseits wurde daran gearbeitet, Roboter durch vorgegebene oder selbst ‚wahrgenommene‘ Faktoren emotionale Zustände ausdrücken lassen zu können. Um das zu erreichen, wird aus einem Set von Grundemotionen, wie Freude oder Furcht, ein mehrdimensionaler Raum aufgespannt, in dem dann künstliche Gefühlszustände berechnet werden können (Becker-Asano und Wachsmuth 2008). Wenn es andererseits darum gehen soll, Emotionen in Experimenten zur Mensch-Roboter-Interaktion zu messen, muss die epistemische Strategie umgekehrt werden: Der mathematischen Erzeugung muss eine quantifizierende Messung zur Seite gestellt werden. Das geschieht z. B. durch Multiple-Choice-Fragebogen für menschliche Probandinnen und Probanden, die, konfrontiert mit Bildern und Videos von Robotern, ihre Gefühle einschätzen sollen (z. B. Rosenthal-von der Pütten et al. 2013). Das Facial Action Coding System (FACS) geht einen Schritt weiter, indem es Gefühle menschlicher Probanden direkt im Experiment aufzeichnet.

FACS geht auf den US-amerikanischen Psychologen Paul Ekman zurück (Ekman und Friesen 1976). Es basiert auf der Annahme, dass Mimik und Emotionen anthropologisch universell sind. Mimik sei gewissermaßen ein Gesichtsaffektprogramm, das direkter Ausdruck der Emotionen eines Menschen ist. Mittels FACS werden die Bewegungen der 98 Gesichtsmuskeln in 44 sogenannten „Action Units" kodiert, die wiederum den Grundemotionen zugeordnet sind. Dies, so die Annahme, ermögliche den Schluss auf die hinter dem Ausdrucksverhalten liegenden Befindlichkeiten. Die Zuordnung der Gesichtsausdrücke (leicht gekräuselte Nasenwurzel, gehobene/gesenkte Mundwinkel, Augenbrauen etc.) basiert auf Datenbanken mit zehntausenden Bildern von Gesichtsausdrücken aus interkulturellen Vergleichsstudien. Es wird empfohlen, dass zwei Coder unabhängig voneinander die Videosequenzen nach diesem Schema bewerten, um ein reliables Ergebnis zu erhalten.

Die Zurechnung von Emotionen anhand des Gesichtsausdrucks ist in einer standardisierten Forschungslogik durchaus plausibel. Experimente mit FACS versuchen, subjektive Verzerrungen zu minimieren und ein komplexes Phänomen wie „Emotion" auf überprüfbare und reproduzierbare Maße einzugrenzen. Allerdings werden die damit einhergehenden epistemischen Implikationen selten reflektiert. Neben handwerklichen Fragen zur Durchführung[3] betrifft das vor allem die erkenntnistheoretische Gefahr der Ver-

---

[3] Häufig beobachtbare methodische Mängel der Durchführung betreffen das Sampling der Probanden, wo oftmals Studierende oder Mitarbeitende aus dem Zusammenhang des Labors zum

wechslung des Forschungsinstruments mit dem eigentlichen Erkenntnisobjekt – den tatsächlichen Gefühlen von Menschen gegenüber Robotern. FACS erfasst nicht das *Erleben* einer Emotion, was für die allermeisten Menschen den wesentlichen Inhalt der Bedeutung des Wortes darstellt. Dieser Hinweis scheint vielleicht zunächst trivial. Aber genau der damit einhergehende reduktionistische Fehlschluss lässt sich im Umgang mit den Ergebnissen aus dieser Methode beobachten: Es werden Standbilder oder Videos vorgeführt, auf denen per Einblendung die annotierten Muskelgruppen farbig markiert sind. Die anhand dieser mimischer Mikrosequenzen erzeugten Werte und deren statistische Analyse werden dann in einem Graphen abgetragen, um zu belegen, dass bestimmte Begrüßungsformen dem Nutzer gefallen, ihn ängstigen etc. (Bischof 2017, S. 217–220). FACS sammelt zweifelsohne empirische Hinweise für solche Aussagen; es bleibt aber ein Instrument der Messung und nicht das eigentliche Erkenntnisobjekt. Auf das tatsächliche Gefühl und die Akzeptanz des Nutzers lässt sich von diesen laboratisierten Bedingungen – zumal ohne den Kontext der angestrebten Nutzung – nicht ohne weiteres schließen. Das vorgestellte Testsetting ist nicht der zu vermessenden Mensch-Roboter-Interaktion in realen Welten entnommen, sondern vielmehr ein Vorgehen eigener Logik. FACS ist eine technische Konfiguration eines sichtbaren Ausschnitts von Emotionen. Es ist eine wissenschaftliche Analysemethode, die in einem Laborsetting aus Kameras, Software und menschlicher Interpretation besteht. Diese Laboratisierung abstrahiert von Emotionen als Erfahrungen von Subjekten auf die regelgeleitete Hervorbringung von „Emotionen" als an der Körperoberfläche ablesbarem Wert.

An diesem Beispiel wird deutlich, worauf Laboratisierungen als epistemische Praxis antworten: Sie sind als Reaktion auf die „complexity gap" (Meister 2014, S. 119) zwischen alltäglichen Lebenswelten und sozialen Robotern zu verstehen. Sie sind Mittel zur Reduktion von Komplexität und Kontingenz sozialer Situationen. Solche Komplexitätsreduktionen sind (nicht nur) für Sozialrobotik notwendig. Problematischer als die notwendige Komplexitätsreduktion selbst ist die mangelnde Trennung zwischen den Instrumenten der Messung, wie FACS, und dem eigentlichen Erkenntnisobjekt, hier emotionaler Qualität in der resultierenden Mensch-Roboter-Interaktion. Der Grad der Adäquanz von Laborexperimenten mit FACS für die Mensch-Roboter-Interaktion in konkreten sozialen Situationen ist daher zunächst vollkommen unklar.

2.3.2 Alltagsweltliche Praktiken

Eine gelingende Mensch-Maschine-Symbiose in echten sozialen Welten wäre allein durch epistemische Praktiken der Laboratisierung also nicht adäquat erforsch- und modellierbar.

Einsatz kommen – zum Beispiel auch, wenn der avisierte Einsatz eigentlich auf die Akzeptanz des Roboters durch Menschen mit Demenz zielt. Des Weiteren wird oft von der Empfehlung abgewichen, das Material zweimal codieren zu lassen, um subjektive Verzerrungen auf der Coder-Ebene zu minimieren.

Die Konstrukteurinnen und Konstrukteure sozialer Roboter erfahren diese Begrenzung selbst und verfolgen daher auch eine epistemische Strategie, die als Gegengewicht fungiert. Viele Forschende in der Sozialrobotik sind nämlich ausgesprochen gute Beobachterinnen und Beobachter von sozialen Welten und besitzen Erfahrungen und Fähigkeiten, die sie zur Übersetzung zwischen sozialen Situationen und sozialen Robotern einsetzen. Diese Gruppe alltagsweltlicher epistemischer Praktiken wird allerdings beinahe nie Gegenstand der offiziellen Selbstdarstellungen des Felds, was sie sehr spannend macht.

Die alltagsweltlichen epistemischen Praktiken der Sozialrobotik finden in der Regel außerhalb des Labors statt, zum Beispiel auf Universitätsfluren, bei einem „Tag der offenen Tür" oder auch im heimischen Wohnzimmer. Anders als bei Laborexperimenten werden die Forschenden hier selbst zum Instrument. Die wesentliche Ressource dieser typischen Erkenntnisform sind ihre eigenen Erfahrungen und Beobachtungen. Diese alltagsweltlichen Erkenntnispraktiken sind teilweise tief in biografischen Erlebnissen und Räsonierweisen der Forschenden selbst verankert – was sie einerseits wirksam und andererseits schwer beobachtbar macht. Wie und wieso diese für die Entwicklung von sozialen Robotern so wichtig werden, erzählen die Forschenden meist selbst, wenn man sie nach ihrem Weg in die Sozialrobotik fragt (Bischof 2017, S. 231–239; Bischof 2021).

Forschende verweisen auf eigene Erlebnisse als konstitutiv für ihr Interesse an sozialen Robotern. Zum einen handelt es sich bei diesen Erlebnissen um Ankerpunkte der eigenen Forscherbiografie, die als die weitere Entwicklung bis zum Punkt des Interviews entscheidend prägend wahrgenommen wurden. Zum anderen werden solche persönlichen Schlüsselmomente auch bei anderen Gelegenheiten wie in der Lehre oder einem Pausengespräch als beispielhafte Analogie für Mensch-Roboter-Interaktion herangezogen. Eine Postdoktorandin an einer Robotikfakultät beispielsweise beschrieb mir ihren Weg ins Feld der Sozialrobotik als vorgezeichnet durch ein Sommerpraktikum, bei dem sie ein robotisches Ausstellungsobjekt für eine Konferenz technisch vor Ort betreute. Es handelte sich um einen Roboterwurm aus Glasfaserröhrchen, der unterstützt von wechselnder Beleuchtung einen Rhythmus aus Aktivität und Ruhe vollzog. Faszinierend sei für sie dabei nicht nur die technische Arbeit an der Maschine gewesen, sondern:

> I got to watch all the people coming through the conference interacting with the system without needing really explanation […] so for me I got into robots by building them but also by **seeing people interact with them**. (Bischof 2017, S. 237, Hervorhebung AB)

Durch die Beobachtung von Menschen, die die Installation zum ersten Mal sahen, wurden der Forschenden die Wirkung der Installation auf Betrachtende erlebbar und somit erstmals bewusst. Die meisten Forschenden erklärten mir die besondere Eindrücklichkeit solcher Erlebnisse damit, dass die Qualität der Interaktion im Kontrast zur Ingenieursperspektive stehe (ebd., S. 235–236). Es handelt sich bei diesen Erlebnissen um die protoethnografische Beobachtung anderer Beobachter, die die Maschinen – zu denen die Forschenden oftmals eher eine alltagspraktische Hassliebe als widerständige Objekte haben – ganz anders wahrnehmen als sie selbst. Allerdings ist das eine sehr intuitive Form der teilnehmenden Beobachtung, die zumeist in Alltagsbegriffen und -kategorien verbleibt. Als epistemische Praktiken werden sie meist nicht schriftlich dokumentiert – obwohl sie durchaus gezielt aufgesucht und hergestellt werden können. So hat eine der prominentesten und meistzitierten Forscherinnen in der Sozialrobotik eine einfache Alltagsheuristik etabliert, um zu bewerten, ob ihre Roboter gut sind: Sie nehme jeden ihrer Prototypen für einen Nachmittag mit nach Hause, damit ihre Kinder damit spielten. An ihren Reaktionen, der Dauer und der Intensität der Beschäftigung mit der Maschine könne sie mittlerweile recht gut abschätzen, wie erfolgreich die angestrebte Mensch-Roboter-Interaktion verlaufen werde (ebd., S. 248).

Diese Form von pragmatischem Alltagsexperiment ist kein Einzelfall. Ein anderer Forscher in den USA erwähnte mir gegenüber, dass er für ein laufendes Projekt „für eine Weile Fahrstuhl gefahren" sei (ebd., S. 244–245). Er sei dafür einen Tag lang Menschen durch das Universitätsgebäude gefolgt, „but that wasn't really a scientific experiment" (ebd., S. 245). Der epistemische Wert der Aktivität habe darin bestanden, den Raum bearbeitbarer Probleme einzugrenzen, um den weiteren Verlauf des Projekts zu bestimmen. Interessant ist dabei die der Methode zugeschriebene Nützlichkeit für den jetzigen Stand des Projekts. In diesem soll ein Roboter über die Universitätsflure fahren und dabei noch näher zu definierende Ausgaben ausführen. Die vom Forscher angewendete Heuristik ist dabei explorativ und typisch für alltagsweltliche epistemische Praktiken: Schauen wir einfach, wie die Leute es machen! Der protoethnografische Ausflug war also auf einen schnellen und pragmatischen Erkenntnisgewinn ausgelegt und zielte zudem auf einen bereits stark eingegrenzten Ausschnitt des beobachtbaren Verhaltens. In dieser Fokuslegung kommt auch eine das Ergebnis strukturierende These zum Ausdruck: In diesem Fall lautet sie, dass den Wegen der Menschen im Gebäude und den technischen Tasks von Robotern ähnliche Ziele zugrunde liegen.

Dennoch ist diese alltägliche Form der Beobachtung als epistemisch zu bezeichnen. Ihre Wirksamkeit geht über das Kollegengespräch hinaus, sie bestehen in einer (oftmals gezielten) Auseinandersetzung mit bestimmten Ausschnitten von Alltagswelt, um den eigenen sozialen Roboter – oder die Grundlagen seines Funktionierens – anders zu verstehen als durch ein Laborexperiment. Diese Alltagsförmigkeit verweist wiederum auf die besondere Natur des Gegenstands der Sozialrobotik, der eben nicht nur in der Komplexitätsreduktion laboratisierender Praktiken erfasst werden kann. Die alltagsweltlichen epistemischen Praktiken nehmen selbstverständlich ebenfalls Reduktionen vor. Sie finden aber in derselben Sinnprovinz wie die sozialen Gegenstände statt, was eine Integration ihrer Komplexität und Kontingenz zumindest auf der Ebene der Handlungsprobleme der Forschenden ermöglicht.

Die alltagsweltlichen Erkenntnispraktiken sind lokal, sie finden an ‚echten' Orten statt. Sie betrachten (Mensch-Roboter-)Interaktion als in einen bestimmten sozialen Kontext integriert statt isolierend. Die alltagsweltlichen Erkenntnisobjekte besitzen dabei auch eine (oft als Störung auftretende) Eigenperformanz. Sie werden nicht in formalisierten Zeichensystemen festgehalten, sondern eher mündlich mit Kolleginnen und Kollegen besprochen. Die Akteure dieser Praktiken sind die Forschenden selbst, die beobachten, interpretieren und Heuristiken verwenden. Die Beobachteten tauchen aber ebenfalls als sinn-förmig Handelnde auf. Die alltagsweltlichen epistemischen Praktiken sind allerdings idiosynkratisch in dem Sinne, dass sie nicht methodisch kontrolliert werden. Ihr epistemischer Wert besteht darin, den Raum bearbeitbarer Probleme einzugrenzen, um auf eine wissenschaftliche Fragestellung hinzuarbeiten, oder sich für Designentscheidungen inspirieren zu lassen.

2.3.3 Inszenierende Praktiken

Forschende in der Sozialrobotik besitzen Routine darin, ihre Maschinen zu präsentieren. Die Anlässe dafür sind verschieden, stehen jedoch meist im Zusammenhang mit dem Werben für die eigene Forschung. Einen häufigen Anlass bieten professionelle Kommunikations-maßnahmen der Institution, an der das Labor beheimatet ist. Robotikgruppen bekommen oft den Auftrag, eine Vorführung vorzubereiten, da das Interesse an Robotern allgemein hoch ist. Roboter werden auch genutzt, um potenzielle Studierende für Studiengänge zu interessieren. Wettbewerbe wie „Jugend forscht" oder die schulischen „Science Fairs" in den USA sind ebenfalls ein beliebtes Umfeld zur Vorführung robotischer Fähigkeiten außerhalb eines Forschungskontexts. Diesen Vorführungen kommt auch eine zentrale epistemische Qualität zu, da die Forschenden hier nicht einfach Roboterverhalten wie im Labor, mit all seinen Abbrüchen und Neustarts, oder wie in realen Nutzungssituationen, die ja nicht auf einer Bühne funktionieren, abbilden können. Sie müssen stattdessen eine Auswahl von möglichem Roboterverhalten treffen und dieses auch mit darstellerischen Mitteln wie Musik, Erzählung oder sogar eigenen Schauspieleinlagen rahmen.

Empirische Studien zeigen, dass die Interaktion mit Robotern ganz wesentlich auf der kulturellen und interaktiven Situierung durch Menschen beruht (Alač et al. 2011; Muhle 2018; Pentzold und Bischof 2019). Kein sozialer Roboter funktioniert ohne explizite Ein-griffe und Einweisungen einer anwesenden dritten Person oder vorbereitete Weichen-stellungen, bspw. durch eine Manipulation des Einsatzorts, durch Abspielen vorauf-gezeichneten Verhaltens oder einfach durch die populär-kulturell vermittelten Erwartungen an eine Roboterinteraktion auf Seiten der Betrachter. Erst durch diese Formen der Ein-bettung werden Roboter in sozialen Situationen überhaupt interaktionsfähig. Der ana-lytische Blick auf inszenierende Praktiken in der Sozialrobotik zeigt, dass es sich dabei um eine zentrale epistemische Qualität handelt.

Die offensichtlichste Form der Inszenierungen von sozialen Robotern ist die menschen-ähnliche Gestaltung der Maschinen. Die allermeisten sozialen Roboter haben ein huma-noides Aussehen mit Torso und Extremitäten und einem gesichtsähnlichen Fokuspunkt, der durch Ausdrucksmodalitäten wie rudimentärer Mimik oder Augenbewegungen als zentrale Schnittstelle zur Interaktion dienen soll. Hinzu kommt, dass soziale Roboter im Forschungs- und Präsentationskontext immer einen eigenen Namen erhalten und damit subjektiviert werden. Eine oftmals geäußerte Begründung dafür lautet, dass es für Men-schen somit einfacher sei, mit dem Roboter zu interagieren. Empirische Untersuchungen zeigen dagegen, dass die durch menschenähnliche Gestaltung erzeugte Erwartung gemessen an den Fähigkeiten der Maschinen eher zu Interaktionsabbrüchen führt (Krummheuer 2010; Lindemann und Matsuzaki 2017; Muhle 2019).

Noch weiter verbreitet als eine menschenähnliche Gestaltung ist das Erstellen von Filmclips zur Demonstration von Roboterverhalten. Beinahe jedes Robotik-„Lab" produziert solche Videos, um die Tauglichkeit seiner Maschinen zu zeigen. Hierbei wird ein technisch bereits realisiertes oder auch erst noch zu erreichendes Roboterverhalten teils durch Fernsteuerung oder computergrafische Manipulation erzeugt und als Videoclip beispielsweise auf YouTube zirkuliert. Die Rolle solcher Clips ist sowohl für den spielerischen Ausdruck der Identität der Forschenden (Both 2015) als auch die Erzeugung von Erwartungen bei der breiteren Öffentlichkeit und Stakeholdern wie Krankenkassen (Winthereik et al. 2008) nicht zu unterschätzen. Solche Videos sind aber nicht nur persuasive Wissenschaftskommunikation, sie spielen auch für die Erkenntnispraktiken innerhalb der Robotik eine wichtige Rolle: Innerhalb einer Forschungsgruppe werden auch die Videos anderer Forschungsgruppen angeschaut und bewertet. Dabei werden die Videos auf kritische Zeichen der Inszenierung, wie Schnitte oder Beschleunigung, hin untersucht (Bischof 2017, S. 259–263). Dazu gehört auch das Wissen darüber, wie der Blick des Betrachters durch technische, filmische und symbolische Mittel gelenkt werden kann. Es besteht also nicht nur ein Wissen darüber, wie man Roboterverhalten gut inszeniert, sondern auch, wie man eine solche Inszenierung dechiffriert – als Form impliziter *peer-review*.

Die Beliebtheit von Videoclips sozialer Roboter zeigt sich über Demovideos hinaus in (halb-)dokumentarischen Formaten mit Roboterverhalten und Interview- oder Sprechersequenzen der Forschenden. Diese Videoclips sind ebenfalls eher kurz (typischerweise zwischen drei und fünf Minuten) und versuchen Roboterverhalten unmittelbar und affektiv darzustellen. Diese Eigenschaft wirkt besonders im Kontakt mit technischen Laien wie Forschungsförderern, Journalisten oder avisierten Nutzergruppen. Suchman (2014) hat den Charakter dieser Videos näher beschrieben: Indem Clips von Roboterfähigkeiten an übergreifende Narrative anknüpfen und technisch noch nicht mögliches Roboterverhalten simulieren, stimulieren sie ihr Publikum im Hinblick auf das Potenzial von Robotik.

> Like other conventional documentary productions, these representations are framed and narrated in ways that instruct the viewer what to see. Sitting between the documentary film and the genre of the system demonstration or demo, the videos create a record that can be reliably repeated and reviewed in what becomes a form of eternal ethnographic present. These re-enactments thereby imply that the capacities they record have an ongoing existence – that they are themselves robust and repeatable. (Suchman 2007, S. 237–238)

Suchman verdeutlicht hier die problematische Tendenz, dass immer wieder abrufbare Clips ein vielleicht nur einmal und kurzfristig gezeigtes Verhalten entzeitlichen. Dieses Problem besteht bei vielen Demovideos in der Robotik: Sie führen Roboterverhalten nur scheinbar neutral vor. Sie beschleunigen oder verlangsamen Bildsequenzen, sie schneiden Szenen zusammen, verstärken Wirkungen durch Musik, erklären Funktionen durch Sprechertext und schließen an Narrative und Charaktere aus Filmen und Science-Fiction-

Büchern an. Mit diesen audiovisuellen Inszenierungen kreieren sie das Setting, vor dem die (geplante) Funktionsweise des sozialen Roboters besonders gut sichtbar werden soll.

Im Hinblick auf die dabei verwendete Rhetorik einer besseren Zukunft sind einige Analysen der symbolischen Settings von Demovideos unternommen worden. Suchman (2014) analysiert das Werbevideo für den sozialen Heimassistenten Jibo, Schulte und Graf (2020) den sozialen Heimassistenten Moxie. Die Analysen zeigen, wie sehr spezifische Ausschnitte von wünschenswertem Verhalten herangezogen werden, um die Roboter als tauglich darzustellen – und welche Aspekte sozialer Realität dabei stillschweigend nicht thematisiert werden (in den zitierten Beispielen sind es die Rollen von Klasse, Hautfarbe und Vorstellungen guter Familie).

Die Inszenierungen von Roboterverhalten in Livedemonstrationen, Demovideos oder experimentellen Anordnungen sind eine spezifische Form der Expertise, die in der Sozialrobotik weit verbreitet ist. Zur praktischen Erkenntnisweise werden sie dadurch, dass sie das Bild von sozialen Robotern und deren Fähigkeiten aktiv gestalten. Dabei werden vor allem die Eigenschaften inszeniert, die die Maschinen selbst nicht generieren können: soziale Situiertheit, symbolische Eingebundenheit, Subjektivität und Historizität. Dadurch wird das Erkenntnisobjekt Mensch-Roboter-Interaktion einerseits gestalterisch hervorgebracht, andererseits werden zukünftige Nutzungssituationen und Nutzer und Nutzerinnen beeinflusst. Die Sozialrobotikforschung schafft die Bedingungen, unter denen Mensch-Roboter-Interaktion denkbar und messbar wird, durch Praktiken der Inszenierung nicht unwesentlich selbst. Eine wichtige Funktion dieser Inszenierungen ist dabei die Erweiterung und Ermöglichung der wissenschaftlichen Fähigkeiten der Sozialrobotik. Gleichzeitig besteht die Gefahr der Mystifizierung der Maschinen in einer Umkehrung des erkenntnistheoretischen Verhältnisses dieser Forschung zu ihren Gegenständen: Sozialrobotik läuft Gefahr, ihre eigenen Inszenierungen zu erforschen, wenn die Ergebnisse der inszenierenden Praktiken nicht methodisch von den expliziten Praktiken der Wissenserzeugung, wie etwa den Laborexperimenten, getrennt werden.

2.4 Zusammenfassung und Implikationen

Die Erzeugung von Wissen verläuft in der Sozialrobotik anders als in naturwissenschaftlichen Disziplinen. Sie misst sich am Faktor des Gelingens einer bereits imaginierten und als nützlich bestimmten Mensch-Roboter-Interaktion statt an der Hervorbringung des Unvorhergesehenen, wie bspw. in der Biochemie (Rheinberger 2001). Die Herausforderung für den Bau sozialer Roboter ist die Passung, die Gangbarmachung der Maschinen in der sozialen Welt. Dass dabei neben Laborexperimenten auch Ressourcen wie Alltagswissen oder Inszenierung zur epistemischen Quelle werden, kann eigentlich nicht überraschen. Aber erst in ihrem Zusammenspiel werden die drei Gruppen von epistemischen Praktiken schöpferisch wirksam. Sie wechseln sich in ihren unterschiedlichen Fähigkeiten, mit sozialer Komplexität umzugehen, gewissermaßen ab. Es kommt zu einem Wechselspiel von (vorübergehendem) Ausschluss von sowie dem Streben nach (Wieder-)Eintritt von

Komplexität und Kontingenz sozialer Welten. Die Idee für einen zu erforschenden Zusammenhang entstammt einer Alltagsbeobachtung, wird dann aber in ein isoliertes Laborszenario übertragen, um einen messbaren Effekt zu generieren. Eine explorative Nutzerstudie von Roboterverhalten, das an dieses Wissen angepasst wurde, kann wiederum den Prozess für neue Komplexitäten und Kontingenzen öffnen. Die so generierten Daten und Maschinen werden anschließend präsentiert oder auch als Video produziert (Bischof 2017, S. 265–274) (Tab. 2.1).

Der am Ende eines Sozialrobotikprojekts resultierende veröffentlichte Aufsatz ist eine sehr spezifische Form der Komplexitätsreduktion – er reduziert nicht nur die Komplexität des Einsatzes sozialer Roboter auf ein lineares, (in der Regel) erfolgreiches, quantitatives Ergebnis, sondern er macht auch viele der hier dargestellten Zwischenschritte und Einflüsse unsichtbar. Motivation und Ergebnis einer praxeologischen Laborstudie zum Bau sozialer Roboter ist daher auch, einzuschätzen, welche Implikationen sich aus diesen oftmals unsichtbaren epistemischen Praktiken für die möglichen Anwendungsfelder der Sozialrobotik ergeben. Dabei kann es natürlich nicht um die Abschätzung konkreter Akzeptanzfragen für Szenarien sozialer Roboter in Pflege, Therapie oder Sexualität gehen (z. B. Graf et al. 2020), aber um die grundlegende Konfiguration, unter der soziale Welten mit den Wissensweisen der Sozialrobotik in den Blick geraten.

Die problematischste epistemische Implikation der überwiegenden Mehrheit von Forschungszielen der Sozialrobotik (Bischof 2017, S. 174–211) ist ihre umgekehrte Forschungslogik: Sie suchen nicht ergebnisoffen nach Lösungen für Probleme in Anwendungsgebieten, sondern nach Wegen der Umsetzung des Lösungswegs „Robotereinsatz". Die Entwicklungspraxis dient zumeist dem Einsatz und der Einsetzbarkeit des Werkzeugs an sich. Meister hat auf diesen Zusammenhang schon für die Servicerobotik hingewiesen (Meister 2011, S. 120); es handelt sich erkenntnistheoretisch gesehen um eine „Post-hoc"-Ausrichtung der Forschung (Knorr Cetina 1991). Sozialrobotikprojekte, die einen partizipativen Entwicklungsprozess anstreben, also unter Beteiligung der im Anwendungsfeld tätigen Akteurinnen und Akteure, lassen sich nur selten beobachten. Obwohl solche Methoden jüngst auch im HRI-Kontext angewendet werden (Hornecker et al.

Tab. 2.1 Epistemische Praktiken der Sozialrobotik

	Laboratisierende Praktiken	Alltagsweltliche Praktiken	Inszenierende Praktiken
Orte	translokal	lokal	translokal
Beobachtete Prozesse	erzeugt	selbstperformant	erzeugt
Soziale Situiertheit	isoliert	integriert	erzeugt
Epistemische Akteure	soziotechnische Aufzeichnungssysteme	Alltagsmenschen	‚belebte' Roboter
Zeichensysteme	formalisiert	idiosynkratisch	kulturell geteilt
Selbstverständnis Forschende	passiv	aktiv	expressiv

Epistemische Praktiken der Sozialrobotik in der Übersicht (eigene Darstellung)

2020; Björling und Rose 2019; Lee et al. 2017; Lee und Riek 2018), schützt die Verwendung solcher Methoden allein nicht vor einer Dekontextualisierung der sozialen Nutzungssituation. Auch partizipative Methoden konfigurieren zukünftige Nutzer in spezifischer Weise (Bischof und Jarke 2001), je nachdem, wann diese in ein Projekt eingebunden werden und wie einflussreich deren Urteil für die Umsetzung von Änderungen am Prototyp oder Projektziel ist. Das Versprechen der Nützlichkeit als wesentlicher epistemischer Bedingung der Konstruktion sozialer Roboter kann sich nur realisieren, wenn die Entwicklungspraxis tatsächlich an der Adäquanz der Mensch-Roboter-Interaktion in Alltagswelten ausgerichtet ist.

Die zweite Implikation betrifft die Sichtbarkeit, Nachvollziehbarkeit und damit Möglichkeit der methodischen Kontrolle der epistemischen Praktiken der Sozialrobotik selbst. Die sehr hilfreichen alltagsförmigen Praktiken und auch die eigene Rolle in den Inszenierungen werden weder dokumentiert noch methodisch reflektiert. Die Reflexion methodischer Implikationen auch dieser nicht unter das wissenschaftliche Selbstbild fallender – aber sehr wohl elementarer – epistemischer Praktiken wäre wiederum die Voraussetzung für eine einbindende und aufsuchende Einbindung von sozialen Welten in den Entwicklungsprozess. Ein partizipativer Designprozess basiert ganz wesentlich auf solchen alltagsförmigen epistemischen Praktiken – und ihrer methodischen Kontrolle (Bischof 2021). Aus Angst vor blinden Flecken und subjektiven Verzerrungen die Bedeutung alltagsweltlicher oder inszenierender Praktiken für die Produktion von Wissen über Mensch-Roboter-Interaktion in der wissenschaftlichen Selbstdarstellung auszublenden, verhindert gerade ihre Dokumentation und Analyse. Der Bau erfolgreicher sozialer Roboter wird immer auf Wissen und Praktiken aus diesen unterschiedlichen Sinnprovinzen angewiesen sein. Adäquate Mensch-Roboter-Interaktion lässt sich im Labor allein nicht erzeugen.

Literatur

Alač M, Movellan J, Tanaka F (2011) When a robot is social: spatial arrangements and multimodal semiotic engagement in the practice of social robotics. Soc Stud Sci 41(6):893–926

Asimov I (2014) I, Robot. Spectra, New York

Becker-Asano C, Wachsmuth I (2008) Affect simulation with primary and secondary emotions. Intelligent virtual agents. Springer, Berlin/Heidelberg

Bendel O (Hrsg) (2018) Pflegeroboter. Springer Gabler, Wiesbaden

Bischof A, Jarke J (2001) Configuring the older adult: How age and ageing are re-configured in gerontechnology design. In: Peine A, Marshall B, Martin W, Neves L (Hrsg) Socio-gerontechnology. Interdisciplinary Critical Studies of Ageing and Technology. Routledge, London, S 197–212

Bischof A (2015) Wie Laborexperimente die Robotik erobert haben. Einblick in die epistemische Kultur der Sozialrobotik. In: Maibaum A, Engelschalt J (Hrsg) Auf der Suche nach den Tatsachen: Proceedings der 1. Tagung des Nachwuchsnetzwerks „INSIST", Berlin, S 113–126

Bischof A (2017) Soziale Maschinen bauen. Epistemische Praktiken der Sozialrobotik. transcript, Bielefeld

Bischof A (2020) „Wir wollten halt etwas mit Robotern in Care machen". Epistemische Bedingungen der Entwicklungen von Robotern für die Pflege. In: Hergesell J, Maibaum A, Meister M (Hrsg) Genese und Folgen der Pflegerobotik. Beltz-Juventa, Weinheim, S 46–61

Bischof A (2021) Körper, Leib und Mystifizierung in der Gestaltung von Mensch-Roboter-Interaktion. In: Escher C, Tessa Zahner N (Hrsg) Begegnung mit dem Materiellen. Erfahrung mit Materialität in Architektur und Kunst. transcript, Bielefeld, S 213–228

Bischof A, Maibaum A (2020) Robots and the complexity of everyday worlds. In: Goecke BP, Rosenthal-von der Pütten A (Hrsg) Artificial intelligence. Reflections in philosophy, theology, and the social sciences. Mentis, Paderborn, S 307–320

Björling E, Rose E (2019) Participatory research principles in human-centered design: engaging teens in the co-design of a social robot. MTI 3(1):8

Böhle K, Bopp K (2014) What a vision: the artificial companion. A piece of vision assessment including an expert survey. Sci Technol Innov Stud 10(1):155–186

Both G (2015) Youtubization of research. Enacting the high tech cowboy through video demonstrations. Stud Sci Commun 24:24–53

Breazeal C (2003) Emotion and sociable humanoid robots. Int J Human Comput Stud 59:119–155

Brooks R (1999) Cambrian intelligence: the early history of the new AI. MIT Press, Cambridge, MA

Čapek K (2014) R.U.R. Rossum's universal robots. A play in introductory scene and three acts. eBooks, Adelaide

Clarke R (2011) Asimov's laws of robotics, implications for information technology. In: Anderson M, Anderson SL (Hrsg) Machine ethics. Cambridge University Press, Cambridge, S 254–285

Ekman P, Friesen W (1976) Measuring facial movement. Environ Psychol Nonverbal Behav 1(1):56–75

Engelberger J (2012) Robotics in practice: management and applications of industrial robots. Springer Science & Business Media, Berlin/Heidelberg

Graf P, Maibaum A, Compagna D (2020) Care, therapy, or sex robots? TATuP – Z Technikfolgenabschätzung in Theorie und Praxis 29(2):52–57

Hergesell J, Maibaum A, Meister M (2020) Genese und Folgen der Pflegerobotik. Die Konstitution eines interdisziplinären Forschungsfeldes. Beltz-Juventa, Weinheim

Hornecker E, Bischof A, Graf P, Franzkowiak L, Krüger N (2020) The interactive enactment of care technologies and its implications for human-robot-interaction in care. In: Proceedings NordiCHI 2020. ACM Tallinn, 1–11

Jasanoff S, Kim S (2009) Containing the atom: sociotechnical imaginaries and nuclear power in the United States and South Korea. Minerva 47(2):119–146

Knorr Cetina K (1988) Das naturwissenschaftliche Labor als Ort der „Verdichtung" von Gesellschaft. Z Soziol 17:85–101

Knorr Cetina K (1991) Epistemic cultures: forms of reason in science. Hist Polit Econ 23(1):105–122

Krey B (2014) Michael Lynch: Touching paper (s) – oder die Kunstfertigkeit naturwissenschaftlichen Arbeitens. In: Lengersdorf D, Wieser M (Hrsg) Schlüsselwerke der Science & Technology Studies. Springer Fachmedien, Wiesbaden, S 171–180

Krummheuer A (2010) Interaktion mit virtuellen Agenten. Zur Aneignung eines ungewohnten Artefakts. Lucius, Stuttgart

Kuhn T (1957) The Copernican revolution: planetary astronomy in the development of western thought. Harvard University Press, Cambridge, MA

Lee HR, Riek L (2018) Reframing assistive robots to promote successful aging. ACM Trans Hum Robot Interact 7(1):1–23

Lee HR, Šabanović S, Chang W-L, Nagata S, Piatt J, Bennett C, Hakken D (2017) Steps toward participatory design of social robots. In: HRI'17. Proceedings of the ACM/IEEE international conference on human-robot interaction: March 6–9, 2017, S 244–253

Lindemann G (2016) Social interaction with robots: three questions. AI & Soc 31(4):573–575

Lindemann G, Matsuzaki H (2017) Die Entwicklung von Servicerobotern und humanoiden Robotern im Kulturvergleich – Europa und Japan. In: DFG-Abschlussbericht 2017. https://www.uni-oldenburg.de/fileadmin/user_upload/sowi/ag/ast/DFG-Projekt_LI_9763-1_Abschluss-bericht_2017.pdf. Zugegriffen am 14.03.2021

Lipp B (2019) Interfacing RobotCare. Doctoral dissertation, Technische Universität München, München. https://mediatum.ub.tum.de/doc/1472757/file.pdf. Zugegriffen am 14.03.2021

Lipp B (2020) Genealogie der RoboterPflege. Zur politischen Rationalität des europäischen Innovationsdispositivs. In: Hergesell J, Maibaum A, Meister M (Hrsg) Genese und Folgen der Pflegerobotik. Beltz-Juventa, Weinheim, S 18–45

Maibaum A, Bischof A, Hergesell J, Lipp B (2021) A critique of robotics in health care. AI & Society. doi:10.1007/s00146-021-01206-z

Meinecke L, Voss L (2018) ,I Robot, you unemployed': science-fiction and robotics in the media. In: Engelschalt J, Maibaum A, Engels F, Odenwald J (Hrsg) Schafft Wissen: Gemeinsames und geteiltes Wissen in Wissenschaft und Technik: Proceedings der 2. Tagung des Nachwuchsnetzwerks „INSIST", Karlsruhe, S 203–221

Meister M (2011) Soziale Koordination durch Boundary Objects am Beispiel des heterogenen Feldes der Servicerobotik. Dissertation, Fakultät Planen, Bauen, Umwelt. Technische Universität Berlin, Berlin

Meister M (2014) When is a robot really social? An outline of the robot sociologicus. Sci Technol Innov Stud 10(1):107–134

Muhle F (2018) Sozialität von und mit Robotern? Drei soziologische Antworten und eine kommunikationstheoretische Alternative. Z Soziol 47(3):147–163

Muhle F (2019) Humanoide Roboter als ,technische Adressen': Zur Rekonstruktion einer Mensch-Roboter-Begegnung im Museum. Sozialer Sinn 20(1):85–128

Mutlu B, Forlizzi J (2008) Robots in organizations: the role of workflow, social, and environmental factors in human-robot interaction. In: 2008 3rd ACM/IEEE international conference on human-robot interaction, Amsterdam, S 287–294

Nourbakhsh I (2013) Robot futures. MIT Press, Cambridge, MA

Parviainen J, Coeckelbergh, M (2020) The political choreography of the Sophia robot: beyond robot rights and citizenship to political performances for the social robotics market. AI & Society. doi:10.1007/s00146-020-01104-w

Pentzold C, Bischof A (2019) Making affordances real: socio-material prefiguration, performed agency, and coordinated activities in human – robot communication. Soc Media Soc 5(3):2056305119865472

Rheinberger H (2001) Experimentalsysteme und epistemische Dinge: eine Geschichte der Proteinsynthese im Reagenzglas. Wallstein, Göttingen

Rittel H, Webber M (1973) Dilemmas in a general theory of planning. Policy Sci 4(2):155–169

Rosenthal-von der Pütten A, Krämer N, Hoffmann L, Sobieraj S, Eimler S (2013) An experimental study on emotional reactions towards a robot. Int J Soc Robot 5(1):17–34

Šabanović S (2007) Imagine all the robots: developing a critical practice of cultural and disciplinary traversals in social robotics. Doctoral Thesis Faculty of Rensselaer Polytechnic Institute

Šabanović S (2010) Robots in society, society in robots mutual shaping of society and technology as a framework for social robot design. Int J Soc Robot 2(4):439–450

Schulte B, Graf P (2020) Child care robot: moxie. an analysis of the companion robot moxie. Blog Post. http://www.rethicare.info/publications/moxie/. Zugegriffen am 14.03.2021

Suchman L (2007) Human-machine reconfigurations: plans and situated actions. Cambridge University Press, Cambridge, MA

Suchman L (2014) Humanizing humanity. Blog Post. https://robotfutures.wordpress.com/2014/07/19/humanizing-humanity/. Zugegriffen am 14.03.2021

Treusch P (2015) Robotic companionship: the making of anthropomatic kitchen robots in queer feminist technoscience perspective. Doctoral dissertation. Linköping University Electronic Press, Linköping. http://urn.kb.se/resolve?urn=urn%3Anbn%3Ase%3Aliu%3Adiva-118117. Zugegriffen am 14.03.2021

Voss L (2021) More than machines?: The attribution of (in) animacy to robot technology. transcript, Bielefeld

Wagner C (2013) Robotopia Nipponica. Recherchen zur Akzeptanz von Robotern in Japan. Tectum, Marburg

Winthereik B, Johannsen N, Strand D (2008) Making technology public. Inf Technol People 21:116–132

Käufliche Freunde

3

Eine Marktübersicht zu sozialen Robotern

Jeanne Kreis

Das Internet ist nur ein Hype!
(Bill Gates, 1993)

Zusammenfassung

Dieser Beitrag gibt eine Marktübersicht zu sozialen Robotern. Anhand einiger Beispiele wird aufgezeigt, welche Roboter derzeit erhältlich sind oder es demnächst sein dürften. Der Beitrag gibt aber auch Aufschluss über Modelle, welche früher verfügbar waren und wieder verschwunden sind oder trotz Ankündigung nie auf den Markt kamen. Dazu werden die vier Bereiche Kinderzimmer, Schlafzimmer, öffentlicher Raum und Therapie und Pflege voneinander abgegrenzt und gesondert behandelt. Abschließend wird festgehalten, in welche Richtung die Entwicklung von sozialen Robotern in den kommenden Jahren gehen dürfte und welche Fragen es zwischenzeitlich zu klären gilt.

3.1 Einleitung

Seit den 1950er-Jahren hat die Robotik viele verschiedene Robotertypen hervorgebracht. Neben Industrie-, Kriegs-, Erkundungs- und Reinigungsrobotern werden heute unter anderem Operations-, Therapie- und Pflegeroboter entwickelt (Bendel 2018a). Künftig dürften Roboter vermehrt auch soziale Funktionen übernehmen. Verschiedene Unternehmen arbeiten an Systemen, die Emotionen erkennen und darauf reagieren können.

J. Kreis (✉)
Wabern, Schweiz

Der vorliegende Beitrag zeigt auf, wie soziale Roboter definiert werden und welche Typen es gibt. Eine nicht abschließende Marktübersicht legt dar, welche Systeme bereits entwickelt wurden, welche verkauft werden und wie sich die unterschiedlichen Roboter am Markt behaupten. Dazu werden die vier Bereiche Kinderzimmer, Schlafzimmer, Öffentlichkeit sowie Therapie und Pflege separat beleuchtet. Das Fazit fasst die gewonnenen Ergebnisse zusammen und gibt eine Einschätzung zu möglichen Entwicklungen.

3.2 Soziale Roboter

In den letzten Jahren haben Roboter mit menschenähnlichen Erscheinungsmerkmalen wie Augen, Händen oder Gesichtern viel Aufmerksamkeit auf sich gezogen (Phillips et al. 2018). Oft handelt es sich dabei um soziale Roboter. Cynthia Breazeal definiert sie in ihrem Buch „Designing sociable robots" als Roboter, welche in der Lage sind, mit Menschen zu kommunizieren, zu interagieren und soziale Beziehungen aufzubauen. Sie sind lernfähig, verhalten sich lebensnah und können sich an ihre Umwelt anpassen (Breazeal 2002). Soziale Roboter sind oft humanoid gestaltet, können aber auch tierähnlich oder cartoonartig aussehen (Korn 2019). Um mit Menschen oder Tieren in Kontakt zu treten, nutzen sie Mimik, Gestik oder natürlichsprachliche Fähigkeiten und simulieren Emotionen. Oliver Bendel beschreibt soziale Roboter als sensomotorische Maschinen, die für den Umgang mit Menschen oder auch Tieren geschaffen sind. Gemäß Bendel können sie über fünf Dimensionen bestimmt werden: Sie interagieren und kommunizieren mit Lebewesen in unmittelbarer Nähe, bilden Lebewesen oder Aspekte von Lebewesen ab und haben einen Nutzen für diese (Bendel 2020a).

Der Begriff „sozialer Roboter" kann auf ganz verschiedene Systeme zutreffen (Bendel 2020a, b, c, d). Spielzeugroboter, Tutorroboter, Sexroboter und bestimmte Sicherheitsroboter können genauso zu den sozialen Robotern zählen wie Pflege- oder Therapieroboter. Auch kooperierende oder kollaborierende Industrieroboter können soziale Roboter sein. Bei einer erweiterten Auslegung des Begriffs können laut Bendel neben Hardwarerobotern auch Chatbots, Voicebots, d. h. Sprachassistenten oder virtuelle Assistenten, und Social Bots zu sozialen Robotern zählen (Bendel 2020a). Im Idealfall verhalten sich soziale Roboter bei der Interaktion mit Menschen adäquat und gemäß den gesellschaftlichen Erwartungen. Diese Eigenschaft dürfte entscheidend sein für ihre Integration in eine Gesellschaft (Cavallo et al. 2018; Palinko et al. 2018). Zwar sind auch Roboter denkbar, die sich vermeintlich unangebracht verhalten, etwa fluchen, beleidigen oder lästern – wird der soziale Roboter freundlich gegrüßt, grüßt er aber in der Regel zurück oder zeigt zumindest eine entsprechende Reaktion. Auch ein ansprechendes und funktionales Design sowie die Fähigkeiten, menschliche Emotionen zu erkennen und einzuordnen, dürften zentral sein für ihren Erfolg (Cavallo et al. 2018).

Soziale Roboter unterscheiden sich stark in ihren sozialen Fähigkeiten. Henkel et al. differenzieren vier Komplexitätsgrade: „Entertainer" (Unterhalter), „Social Enabler" (sozialer Befähiger), „Mentor" (Mentor) und „Friend" (Freund) (Henkel et al. 2020). Der

Entertainer, auch Unterhaltungsroboter, verfügt über eingeschränkte motorische und soziale Fähigkeiten. Er ist programmiert und kann einfache, sich wiederholende Aufgaben ausführen. Als Roboter, der beispielsweise herumrollt, singt oder tanzt, kann er Menschen erfreuen und kurzfristige Langeweile vertreiben.

Der Social Enabler oder soziale Befähiger ist ein Wegbereiter für soziale Interaktionen. Er dient dazu, Beziehungen zu anderen Menschen aufzubauen oder sie aufrechtzuerhalten. Ein Beispiel dafür ist MeBot, ein Roboter mit Display und Armen, der während einer Teleunterhaltung das Gesicht des Gesprächspartners abbildet und mit den Armen passend gestikuliert.

Neben Entertainern und sozialen Befähigern definieren Henkel et al. den Mentor. Ein Mentor kann selbstständig mit Menschen in Kontakt treten und dank menschenähnlichen Eigenschaften die Rolle von Betreuern in den Bereichen Psychotherapie oder Physiotherapie übernehmen. Bislang ist aber kein vollständig autonomes System auf dem Markt, das menschliche Dienstleistungen ersetzen könnte. Der Mentor wird heute ausschließlich in der Forschung eingesetzt.

Der Friend oder Freund ist die komplexeste Kategorie der sozialen Roboter (Henkel et al. 2020). Dank weit entwickelten empathischen Fähigkeiten und fast menschlichen Verhaltensweisen könnte er in Zukunft eine Beziehung zum Menschen aufbauen und zum fürsorglichen Begleiter werden, der intime Funktionen übernimmt – beispielsweise berühren, umarmen oder trösten. Der Freund ist die Vision vieler Hersteller. Aber auch dieser Robotertyp ist heute nicht auf dem Markt.

3.3   Marktübersicht

Während Industrieroboter und Operationssysteme längst im Einsatz sind, stehen soziale Roboter eher am Anfang ihrer Entwicklung. Die Gründe dafür, dass sie weit weniger verbreitet sind als beispielsweise Industrieroboter, liegen insbesondere in den herausfordernden Anwendungsbereichen (Keibel 2020). Während Industrieroboter monotone, identische und wiederkehrende Arbeiten erledigen, bewegen sich soziale Roboter nahe bei Menschen. Entsprechend müssen sie im Unterschied zu Industrierobotern in der Lage sein, unvorhersehbare, komplexere Situationen zu meistern. Die unmittelbare Nähe zum Menschen erfordert zudem, dass Sicherheitsrisiken ausgeschlossen und Haftungsfragen weitgehend geklärt sind. Auch der Datenschutz stellt eine Herausforderung dar. Die mit Kameras, Mikrofonen und Sensoren gesammelten Daten dürfen nicht unautorisiert an Dritte gelangen – etwa an Roboterhersteller, Krankenkassen oder IT-Unternehmen wie Google (Bendel 2014). Soziale Roboter werfen neben juristischen, psychologischen und sozialen Herausforderungen auch ethische Fragen auf. Bei wem sollen soziale Roboter zum Einsatz kommen? Wer trägt die Verantwortung für ihr Wirken und wie wird verhindert, dass sie zu sozialer Isolation führen?

Die wirtschaftliche Bedeutung von sozialen Robotern ist derzeit noch gering. Obwohl sie seit einigen Jahren in Pilotprojekten in Erscheinung treten, gelten hoch entwickelte

Modelle als Nischenprodukte. Im Jahr 2016 schätzte die Wirtschaftsprüfungs- und Beratungsgesellschaft KPMG den Absatz von persönlichen Servicerobotern für den Zeitraum zwischen 2015 und 2018 auf rund 35 Millionen Einheiten, wobei davon nur rund 1.5 Millionen soziale Eigenschaften aufweisen (KPMG 2016). Gemäß Van Aerschot und Parviainen wurden aber allein im Jahr 2017 schätzungsweise 2.4 Millionen soziale Roboter verkauft (Van Aerschot und Parviainen 2020).

Die Bestrebung, soziale Roboter auf dem Markt als Dienstleistungstechnologien zu etablieren, ist durchaus vorhanden (Koolwaay 2018). Im Jahr 2006 stellte die Firma Aldebaran den humanoiden Roboter NAO vor, von dem über 5000 Exemplare bei mehr als 70 verschiedenen Einrichtungen abgesetzt wurden (Koolwaay 2018). Laut dem Institute of Electrical and Electronics Engineers (IEEE) sind mittlerweile sogar mehr als 13.000 NAO-Roboter in über 70 Ländern im Einsatz (IEEE o. D.a). Auch der erstmals 2014 präsentierte Roboter Pepper stammt von der Firma Aldebaran, die 2015 von SoftBank übernommen wurde. Gemäß dem World Economic Forum WEF erbrachten 2018 weltweit rund 15.000 Peppers Dienstleistungen wie Hotel-Check-ins, Kundenservices an Flughäfen oder Einsätze in Einkaufszentren (WEF 2019).

Obwohl hohe Preise der schnellen Verbreitung von sozialen Robotern entgegenwirken, dürfte der Markt in den kommenden Jahren aufgrund von neuartigen Technologien und Fortschritten im Bereich der künstlichen Intelligenz weiter zulegen. Laut einem Bericht des World Economic Forum zählten soziale Roboter im Jahr 2019 zu den Top Ten der aufkommenden Technologien (WEF 2019). Gemäß WEF stehen sie an einem Wendepunkt. Verbesserte interaktive Fähigkeiten und das Vermögen, Gedanken und Gefühle zu lesen, Stimmen, Gesichter und Emotionen zu erkennen sowie Sprache und Gesten zu interpretieren oder Blickkontakt herzustellen, erlauben es ihnen, sich an die Bedürfnisse der Menschen anzupassen und immer neue Rollen auszuüben.

Die folgenden Abschnitte dieses Beitrags vertiefen die Marktübersicht zu sozialen Robotern. Dabei wird genauer auf die Bereiche Kinderzimmer, Schlafzimmer, öffentlicher Raum und Therapie und Pflege eingegangen und mit Beispielen aufgezeigt, welche Systeme bereits auf dem Markt sind und welche Entwicklungen uns in den kommenden Jahren erwarten dürften.

3.3.1 Soziale Roboter im Kinderzimmer

Der japanische Roboter Lilliput der Firma K.T. Japan Company war der wohl erste massenproduzierte Spielzeugroboter weltweit. Das 15 cm große Aufziehspielzeug aus Blech kam 1932 auf den Markt und konnte kurze Strecken zurücklegen (Deutsches Museum Digital o. D.). Heute sind roboterähnliche Spielzeuge im Kinderzimmer allgegenwärtig. Die meisten sind per Fernbedienung oder App steuerbar, manche verfügen auch über einfache Programmierfunktionen, etwa zum Erstellen von Bewegungsabläufen wie Tanzen oder Fahren. Einige unterhalten mit Sound- und Lichteffekten, zum Beispiel mit Roboterstimmen oder beleuchteten Augen. Viele der Roboter sind lernfähig und erkennen sogar Gesichter. Manche Modelle können von den Kindern selbst zusammengebaut werden, was erste Programmierkenntnisse vermittelt. Bei den gängigen Spielzeugrobotern aus dem Spielwarengeschäft handelt es sich aber in der Regel nicht um soziale Roboter, sondern lediglich um roboterähnliche Elektrospielzeuge.

Thomas Christaller definiert Roboter als sensomotorische Maschinen zur Erweiterung der menschlichen Handlungsfähigkeit. Sie bestehen aus mechatronischen Komponenten, Sensoren und rechnerbasierten Kontroll- und Steuerungsfunktionen. Gemäß Christaller unterscheidet sich die Komplexität eines Roboters durch die größere Anzahl von Freiheitsgraden und die Vielfalt und den Umfang seiner Verhaltensformen deutlich von der Komplexität anderer Maschinen (Christaller et al. 2001). Einfache roboterähnliche Elektrospielzeuge werden dieser Definition aufgrund fehlender Sensomotorik nicht gerecht. Im Dezember 2020 mahnte SoftBank Robotics Europe auf Facebook zur Vorsicht (Facebook 2020). Der Konzern wies darauf hin, dass kleine Onlineshops unbefugt Bilder und Videos von Roboter NAO irreführend einsetzen. NAO werde nur an Schulen, Organisationen und Unternehmen verkauft und nicht an die allgemeine Öffentlichkeit, hieß es weiter.

Heute sind aber auch im Kinderzimmer Hightechspielzeuge zu finden, die zu sozialen Robotern gezählt werden können. Bereits 1999 brachte die japanische Firma Sony den Roboterhund AIBO heraus. Der lernfähige Vierbeiner wurde als eines der ersten Robotermodelle für den Gebrauch in privaten Haushalten konzipiert und konnte seine Umgebung mittels Kamera und Mikrofonen wahrnehmen und die gewonnenen Informationen entsprechend verarbeiten. Bis 2005 wurde AIBO über viele Generationen hinweg stetig verbessert (Sony o. D.a). Als Sony die Produktion 2006 aufgrund von Umstrukturierungen einstellte, hatte der Konzern nach eigenen Angaben über 150.000 Stück verkauft (Sony o. D.b, o. D.c). Elf Jahre nach dem Produktionsstopp nahm Sony die Herstellung von AIBO wieder auf. Seit 2017 ist der aus über 4000 Einzelteilen zusammengesetzte Roboterhund wieder auf dem Markt (Sony o. D.d). Die neueste Generation des Roboterwelpen, ERS1000, entwickelt basierend auf täglichen Interaktionen mit seiner Umgebung und mithilfe von Deep Learning seine eigene Persönlichkeit. Sensoren und Kameras ermöglichen es ihm, Berührungen, Geräusche und Bilder wahrzunehmen und regelmäßig seine Daten in der Cloud zu aktualisieren. Da AIBO die Fähigkeit besitzt, Gesichter zu erkennen, entwickelt er Beziehungen zu verschiedenen Personen. Er weiß, wo Familienmitglieder begrüßt werden müssen, und sucht aktiv nach seinen Besitzern. Zurzeit ist AIBO in Japan und in den USA erhältlich und kostet rund 2900 US-Dollar, ein pinkfarbener Gummiball inklusive (Sony o. D.e). Damit ist AIBO weitaus teurer als herkömmliche Elektrospielzeuge. Laut Hersteller Sony ist AIBO aber auch mehr als nur ein Spielzeug. „AIBO is sure to become a beloved member of your family", schreibt der Konzern auf seiner Website (Sony o. D.f).

Mit Roboter Zenbo folgte auch ASUS dem Trend von Personal Robots. Der 2016 entwickelte Roboter aus Taiwan zeigt per Touchpad bis zu 24 Gesichtsausdrücke an. Dank einfacher Bedienung kann er unter anderem Einkäufe erledigen, Kinder unterhalten und Telefonanrufe machen. „Zenbo is designed for everyone, and he makes a great companion for families", schreibt ASUS. Mit der Vision, Roboter in jedem Haushalt zu implementieren, gab das Unternehmen 2016 bekannt, Zenbo, den „Robot of your dreams", zu einem Preis von 599 US-Dollar auf den Markt zu bringen (Robots.nu o. D.). Dazu kam es bislang aber nicht.

Auch der Familienroboter Buddy von Blue Frog Robotics soll in naher Zukunft auf den Markt kommen. Bereits 2015 entschied sich Blue Frog Robotics für ein Crowdfunding. Gemäß dem Unternehmen sind mit mehr als 1000 vorverkauften Robotern bereits über 1 Million US-Dollar zusammengekommen (Blue Frog Robotics Inc. o. D.). Im August 2019 kündigte Blue Frog Robotics die Eröffnung der Tochtergesellschaft Blue Frog Robotics Inc. an, die Buddy künftig in Nordamerika zu einem erschwinglichen Preis vertreiben soll. „What is our main goal? To have Buddy in every home to assist, entertain, educate, and make everybody smile. This is our vision.", schreibt das Unternehmen (Hasselvander o. D.).

Das Hongkonger Unternehmen Hanson Robotics ist vor allem für seinen androiden Roboter Sophia bekannt, der 2017 die saudi-arabische Staatsbürgerschaft erhielt. Im Laufe des Jahres 2021 soll nun auch Little Sophia verfügbar sein. Der rund 35 cm große programmierbare Roboter kann unter anderem laufen, sprechen, singen, Spiele spielen und Witze erzählen. Little Sophia wurde für Kinder ab 8 Jahren entwickelt und soll ihnen Wissen über Codierung, KI, Technologie, Ingenieurwesen und Mathematik vermitteln. Ob das mit Crowdfunding finanzierte System zum angekündigten Zeitpunkt in den Verkauf kommt, ist offen. Vorbestellungen können aber bereits vorgenommen werden (Hanson Robotics o. D.).

Soziale Roboter auf dem Markt zu platzieren, ist schwierig. Mehrere gut finanzierte Unternehmen sind gescheitert. Ende 2017 kam der mit einem Crowdfunding-Projekt finanzierte Roboter Jibo auf den Markt. Obwohl laut dem Hersteller tausende Einheiten verkauft wurden, konnte sich das Produkt nicht durchsetzen. Bereits 2019 wurde es eingestellt (NTT Disruption o. D.). Im Juli 2020 gab das Unternehmen NTT Disruption, welches Jibo Inc. übernommen hatte, bekannt, dass Jibo zurückkehren und künftig vor allem im Gesundheitswesen und in der Bildung eingesetzt werden soll (NTT Disruption 2020).

Laut Informations- und Maschinenethiker Oliver Bendel zählt Cozmo von Anki zu den besten sozialen Robotern, die je entwickelt wurden (Bendel 2020d). Trotz starker Produkte war aber auch das Unternehmen Anki gezwungen, die Produktion seiner Systeme aufzugeben. Der mit Gesichtserkennung und Nachtsichtgerät ausgestattete 25 cm hohe Roboter hat in etwa die Form eines kleinen Gabelstaplers. Er bewegt sich mithilfe von Raupenketten und kann mit seinen Hebearmen interaktive Würfel stapeln. Roboter haben zwar keine Emotionen, sie können aber welche zeigen. Dazu nutzt Cozmo vor allem seine auf einem kleinen Bildschirm abgebildeten Augen, deren Form er stimmungsgemäß variieren kann. Über eine App stellt der Benutzer eine Verbindung her und nimmt Programmierungen vor (Digital Dream Labs o. D.a). Cozmo kann auch Spiele spielen. Bei Niederlagen haut er seinen bügelartigen Hebearm auf die Tischplatte und macht schimpfende Geräusche. Im Frühling 2019 meldete Anki Konkurs an und die Zukunft von Cozmo war ungewiss. Weil das System auf einen Cloud-Server angewiesen ist, waren auch bereits verkaufte Produkte infrage gestellt. Im Januar 2020 verkündete aber Digital Dream Labs, das Unternehmen Anki aufgekauft zu haben, und Cozmo sowie zwei weitere Produkte, Overdrive und Vector, wiederzubeleben. Von den genannten Systemen hatte Anki nach eigenen Angaben bereits 1.5 Millionen verkauft (Heater 2018). Tatsächlich kann Cozmo 2.0 mittlerweile zum Preis von 219.99 US-Dollar bei Digital Dram Labs vorbestellt werden. Die Lieferungen sollen ab Mitte 2021 erfolgen (Digital Dream Labs o. D.b).

Mithilfe von sozialen Robotern wie Cozmo können Kinder in ihrer Freizeit spielerische Programmierübungen vornehmen. Künftig dürften Roboter aber auch ganz gezielt im Bildungsbereich zum Einsatz kommen. Die Forschung sieht im Lernen mit Robotern großes Potenzial. Mit sozialen Robotern können kognitive Fähigkeiten gefördert und Lerninhalte besser an die Fähigkeiten von Schülerinnen und Schülern angepasst werden. Es hat sich auch gezeigt, dass Roboter das Selbstwertgefühl der Lernenden positiv beeinflussen können (Johal 2020; Leite et al. 2012). Der kugelförmige Roboter Leka wurde für Kinder mit Lernschwierigkeiten entwickelt. Lekas freundliches Gesicht und die farbigen LED-Lichter helfen dabei, die Motivation der Kinder aufrechtzuerhalten (Leka Smart Toys o. D.). Künftig könnte auch der 1699 US-Dollar teure Roboter Moxie der Start-up-Firma Embodied in Kinderzimmern anzutreffen sein. Moxie kann bereits vorbestellt werden und soll dabei helfen, soziale und emotionale Fähigkeiten zu erlernen (Embodied o. D.). Neben Lern- und Lehrrobotern werden zurzeit auch Telepräsenzroboter entwickelt, mit denen längerfristig kranke Kinder von zu Hause aus am Unterricht teilnehmen können. Das Modell AV1 des norwegischen Startup No Isolation bewährt sich bereits (Weibel et al. 2020).

3.3.2 Soziale Roboter im Schlafzimmer

In den letzten Jahren hat das Interesse an sozialen Robotern stark zugenommen. Auch Sexroboter sind vermehrt in den Fokus gerückt. Wenige Tage, nachdem das Unternehmen Aldebaran den humanoiden Companion Pepper 2015 auf den Markt brachte, änderte die Firma die Nutzungsbedingungen für den Roboter und untersagte es, Pepper für Sex zu benutzen (Wendel 2015). In den kommenden Jahren dürfte die Produktion von Liebespuppen und Sexrobotern rasant zunehmen (Bendel 2020c). Liebespuppen können als Nachfolger von Gummipuppen aufgefasst werden, unterscheiden sich aber von klassischen Gummipuppen durch ihre lebensnahe Gestaltung (Bendel 2019). Sie können sich erwärmen, Flüssigkeiten absondern und in unterschiedliche Positionen gebracht werden. Zudem verfügen sie über eine künstliche Haut, die sich lebensecht anfühlt. Manche sind auch mit Sprachfähigkeit und künstlicher Intelligenz ausgestattet und in der Lage, Augen und Lieder zu bewegen (Bendel 2019). Bei den meisten Puppen handelt es sich um Abbildungen von Mädchen oder sehr kleinen Frauen, wobei die Käufer das Aussehen ihrer rund 2000 bis 6000 Euro teuren Produkte oftmals selbst bestimmen können. Während Liebespuppen längst gemietet oder verkauft werden und auch in Bordellen anzutreffen sind, sind Sexroboter noch weniger weit verbreitet. Die aus Science-Fiction-Streifen bekannten Allrounder-Roboter wie etwa Terminator, NS-5 aus „I, Robot" oder Ava aus „Ex Machina" haben eine gesellschaftliche Neugier, hohe Erwartungen und womöglich auch viele Fantasien geweckt.

Bislang handelt es sich bei Sexrobotern aber nicht um ganzheitliche Roboterkörper, sondern um Roboterköpfe, die mit den Körpern von Liebespuppen kombiniert werden können. Die Ausführungen sind in der Regel erst ab dem Hals aufwärts beweglich und somit durchaus passive Sexualpartner (Bendel 2020c). Die Unternehmen RealDoll, AI Tech sowie die amerikanische Firma DS Doll Robotics sind auf die Herstellung von Sexrobotern spezialisiert (Rogge 2020). Von RealDoll ist beispielsweise das Kopfmodell Harmony der Serie RealDollX erhältlich (RealDollX o. D.). Der Startpreis liegt bei 7999 US-Dollar. Kopf und Körper zusammen kosten gerne über 10.000 US-Dollar. Auch die Roboterköpfe von DS Doll Robotics können mit den Körpern von Puppen ergänzt werden. Der „Robotic Head" soll gemäß Hersteller sehr bald erscheinen, Anzahlungen von 300 Pfund sind bereits möglich (DS Doll Robotics o. D.). Ob die angepriesenen Produkte tatsächlich auf den Markt kommen, wird sich zeigen.

Viele Firmen können ihre Visionen nicht realisieren. 2010 stellte das Unternehmen True Companion seinen Sexroboter Roxxxy vor und nahm Vorbestellungen entgegen (Cheok et al. 2017). Roxxxy sollte 7000 bis 9000 US-Dollar kosten. Bereits 2013 zweifelte David Levy, einer der führenden Experten im Bereich der künstlichen Intelligenz, an den vermeintlichen Fähigkeiten der Figur. In seinem Paper „‚Roxxxy the Sex Robot' – Real or Fake?" schrieb er über Roxxxy und ihren Entwickler Douglas Hines:

> If Roxxy [!] can do everything alluded to on the truecompanion.com website, then Hines's technical achievements would appear to have surpassed those of MIT, Stanford University, Carnegie Mellon, and all of the world's other leading research establishments [...] (Levy 2013)

Levy sollte Recht behalten. Obwohl rund 4000 Vorbestellungen eingegangen sein sollen, kam es vermutlich nie zu einer Auslieferung (Kleeman 2017).

Die Entwicklung von Liebespuppen und Sexrobotern wirft viele ethische, juristische, psychologische und soziologische Fragen auf. Soll sich ein Roboter selbst ausschalten, wenn er grob angegangen wird, oder soll er sich vielmehr zur Wehr setzen? Wie wirken sich Sexroboter mit überproportionierten Körperteilen auf das Menschen- und insbesondere auf das Frauenbild aus? Eignen sie sich für den Einsatz in Bordellen oder fördern sie Neigungen wie etwa Pädophilie? Die Wissenschaft geht seit längerem der Frage nach, ob Sexroboter zu Therapiezwecken eingesetzt werden könnten (Döring 2018). Auch Assistenzfunktionen für Menschen mit körperlichen oder psychischen Einschränkungen stehen zur Diskussion.

3.3.3 Soziale Roboter im öffentlichen Raum

Intelligente Maschinen sind Publikumsmagnete, die Faszination wecken und sich gut vermarkten lassen. Als der Schachcomputer Deep Blue von IBM den Schachweltmeister Garri Kasparow 1997 in einem Wettkampf aus sechs Partien bezwang, war die Sensation perfekt (Kipper 2020). Später spielten humanoide Roboter von Toyota auf der Bühne

Geige, Trommel oder Trompete, andere maßen sich bei Fußballspielen oder als Comedians (Welter 2007). Bis heute ist das gesellschaftliche Interesse an Robotern ungebrochen. Der von Boston Dynamics zum Jahreswechsel 2020/2021 aufgeschaltete „Robodance", in dem die Roboter Atlas, Spot und Handle zum Song „Do you love me?" der Band „The Contours" tanzen, zählte nach wenigen Tagen fast 25 Millionen Klicks (Ackermann 2021). Viele Systeme dienen aber nicht primär der Unterhaltung, sondern helfen beispielsweise beim Schutz der Bevölkerung. Sicherheits- und Überwachungsroboter wie der ursprünglich kegelförmige K5 rollen herum und melden verdächtige Vorgänge (Bendel 2016).

In der Öffentlichkeit sind auch soziale Roboter anzutreffen. So beispielsweise im weltweit ersten Roboterhotel Henn-na, das 2015 in Japan eröffnete und fast komplett von Robotern betrieben wurde (Köhler 2019). An der Rezeption nahmen Androiden und Roboter in Dinosauriergestalt die ankommenden Gäste in Empfang, scannten die Pässe und erledigten das Check-in. Bis 2020 sollten hundert Henn-na-Hotels realisiert werden. Dazu kam es aber nicht, denn die Dienstleistung der Roboter erwies sich schnell als ungenügend (Köhler 2019).

Auch in Europa herrscht großes Interesse an sozialen Robotern. In den letzten Jahren hat insbesondere Pepper, ein Roboter der Firma SoftBank Robotics, viel Aufmerksamkeit auf sich gezogen. Der 1,20 m große, rund 17.000 Euro teure soziale Roboter verfügt über einen Tablet-Torso und zwei gelenkige Arme (IEEE o. D.b). Seine weichen Hände sind vor allem zum Gestikulieren geeignet, er kann aber auch handliche Gegenstände greifen. Zudem ist Pepper in der Lage, menschliche Gefühle zu erkennen und auf sie zu reagieren. Als Pepper 2015 auf den Markt kam, waren die 1000 verfügbaren Exemplare binnen 60 Sekunden ausverkauft (Wendel 2015). Seither wird er vor allem im Rahmen von Pilotprojekten an verschiedenen öffentlichen Orten eingesetzt, beispielsweise in Parks, Hotels, Restaurants und in Spitälern (Mubin et al. 2018). Als Attraktion in Shoppingmalls kann er Kunden begrüßen und ihnen den Weg zu Produkten weisen. In Museen ist er als Tourguide unterwegs, in Gesundheitszentren dient er unter anderem der Motivation und Unterhaltung von Patienten oder bei der Bereitstellung von Medikamenten (Faber et al. 2009; Wada und Shibata 2006).

Roboter Pepper zählt zu den am weitesten entwickelten Systemen der Welt. Dennoch sind viele Nutzer in Pilotprojekten noch enttäuscht darüber, was er letztlich zu leisten vermag. Er verfügt zwar über Hände, kann damit aber kaum etwas tun, außer zu gestikulieren. Noch ist den Kunden sein Mehrwert gegenüber regulären Produkten, etwa einem Tablet, oft nicht ersichtlich. In der Praxis erwies sich Pepper zudem als zu langsam in seinen Körper- sowie Vorwärts- und Rückwärtsbewegungen. Viele der verkauften Exemplare landeten wenig genutzt in einer Ecke.

3.3.4 Soziale Roboter in Therapie und Pflege

Trotz langjähriger Forschung und entgegen der Erwartung, dass Roboter die Pflege revolutionieren würden, ist die Rolle von Robotern im Bereich der Pflege derzeit marginal

(Van Aerschot und Parviainen 2020; Grunwald und Kehl 2020). Von einem autonomen Spital, in dem Roboter selbstständig Diagnosen stellen, ist die Gesellschaft weit entfernt (Zeilhofer und Heuss 2018).

2017 wurden schätzungsweise 2.4 Millionen soziale Roboter verkauft. Es ist kaum abzuschätzen, wie viele davon in Therapie und Pflege zum Einsatz kommen (Van Aerschot und Parviainen 2020). Bei Pflegerobotern handelt es sich heute vor allem um Prototypen. Viele Systeme sind noch nicht ausgereift, zu teuer oder noch kein zugelassenes Produkt (Keibel 2020). Es sind aber zum Beispiel Heberoboter im Einsatz, die Pflegekräfte beim Umlagern von Patienten unterstützen (Zeilhofer und Heuss 2018).

Mittlerweile bewähren sich auch einige soziale Roboter in Therapie und Pflege. Der von dem Hersteller SoftBank und der belgischen Firma ZoraBots entwickelte soziale Roboter Zora gilt als der am weitesten verbreitete humanoide Roboter im Gesundheitsbereich (Bellinger und Göring 2017). Im Grunde handelt es sich um eine Software für den 58 cm großen, rund 7000 Euro teuren humanoiden Roboter NAO von SoftBank Robotics. Zora wird unter anderem in Kliniken und Pflegeheimen eingesetzt, wo sie zur Mobilisation, Rehabilitation und Unterhaltung älterer Menschen beitragen soll. Zora, singt und tanzt, motiviert bei Fitnessübungen, erinnert daran, genügend Flüssigkeit aufzunehmen und Medikamente zu schlucken und informiert Zentrumsbewohner über anstehende Ereignisse. Die mit Kamera und Mikrofon ausgestattete Zora funktioniert jedoch nicht vollautonom, sondern wird von einer Pflegefachperson per Tablet ferngesteuert (Kreis 2018).

Auch der aus Japan stammende Therapieroboter Paro, der einem Sattelrobbenbaby nachempfunden ist, steht seit Jahren weltweit im Einsatz. Er ist in der Lage, Vorder- und Hinterflossen zu bewegen und auf Berührungen, Geräusche, visuelle Reize sowie auf Temperatur und Licht zu reagieren. Der 57 cm lange und 2,7 kg schwere Roboter verfügt über ein synthetisches Fell sowie über verschiedene Sensoren, die es ihm erlauben, Menschen wahrzunehmen und sich ihnen mittels Kopfbewegung zuzuwenden. Feinste Technik ermöglicht ihm die Unterscheidung von Stimmen verschiedener Menschen und Reaktionen auf den eigenen Namen. Wird Paro gestreichelt oder geschlagen, gibt er Wohlbefinden oder Unbehagen mit Quietschlauten oder mithilfe von Körperbewegungen zu erkennen. Angelehnt an eine Tiertherapie besteht seine Aufgabe in der Interaktion mit Demenzerkrankten, Wachkomapatienten, autistischen Kindern oder Menschen mit Behinderungen (PARO Therapeutic Robots 2014). Er soll Emotionen wecken und die Lebensqualität der Betroffenen verbessern (Kreis 2018).

Kann ein Roboter die Erwartungen, die er weckt, nicht erfüllen, führt das oftmals zu Enttäuschungen (Janowski et al. 2018). Da Paro aufgrund seiner robbenähnlichen Gestaltung bei den Patienten aber keine hohen Erwartungen schürt, ist der Therapieroboter gut akzeptiert (Bendel 2018a). Mittlerweile sollen weltweit über 4000 Paro-Robben in Krankenhäusern und Pflegeeinrichtungen in mehr als 30 Ländern vor allem bei demenzkranken Senioren im Einsatz stehen (Rössler 2019). Paro kostet rund 5000 Pfund, also rund 7000 US-Dollar (Sense Medical Limited o. D.). Wenn Paro wie in den USA oder Japan als therapeutisches Medizinprodukt zertifiziert ist, wird sein Einsatz staatlich unterstützt. Die meisten Gesundheitseinrichtungen in anderen Ländern müssen die Kosten jedoch selber tragen (Hung et al. 2019).

Auch im Gesundheitsbereich gibt es Produkte, die sich nicht durchgesetzt haben. Im Jahr 2009 präsentierte das japanische Forschungszentrum Riken den bärenähnlichen Heberoboter Riba, der Menschen aus dem Bett heben sollte. Die Arbeit an Riba, in der dritten Generation Robear genannt, wurde 2018 jedoch eingestellt, vermutlich, weil der rund 140 kg schwere Koloss ein Sicherheitsrisiko darstellte (Riken 2015).

Robear ist nicht der einzige, dem der Weg ins Gesundheitswesen verwehrt blieb. Die mittlerweile vierte Generation des an einem deutschen Fraunhofer-Institut entwickelten Roboters Care-O-bot ist mit Touchscreen, Mikrofonen und Kameras zur Sprach- und Personenerkennung ausgestattet und mit zwei Armen versehen. Das fast 300.000 Euro teure System dient unter anderem zur aktiven Unterstützung im häuslichen Umfeld (Van Aerschot und Parviainen 2020). Dank seiner Sensorik ist es in der Lage, typische Haushaltsgegenstände zu erkennen und zu greifen (Fraunhofer-Institut für Produktionstechnik und Automatisierung IPA 2015). Die Konstruktion von sicheren und vielseitigen Armen stellte aber eine große Herausforderung dar, weshalb Care-O-bot im Rahmen eines Pilotprojekts für den Einsatz im Handel umfunktioniert wurde (Van Aerschot und Parviainen 2020). Als nun armloser Roboter namens Paul bediente er 2016 Kunden bei Saturn (Rondinella 2016).

Mit einem Marktanteil von 47 Prozent und einem Rekordumsatz von 5.3 Milliarden US-Dollar stellten Medizinroboter 2019 das ertragreichste Segment bei den professionellen Servicerobotern dar (IFR 2018, 2020). Dazu trugen vor allem Robotersysteme bei, die in der Chirurgie eingesetzt werden und höchste Einzelpreise erzielen. Auch die Bereiche Therapie und Pflege rücken zunehmend in den Fokus.

> Automatisierungen sind besonders attraktiv, wenn der Aufwand kaum noch von Personal bewerkstelligt werden kann und die Technik wirtschaftlich ist. Sprechen soziale, ethische, sicherheitsrelevante oder rechtliche Aspekte nicht gegen Technik und wird das Personal an anderen Orten dringender benötigt, steigt die Motivation zur Automatisierung in einem Unternehmen zusätzlich. (Keibel 2020)

Gemäß Weltgesundheitsorganisation WHO wird sich der Anteil der Weltbevölkerung von über 60-Jährigen zwischen 2015 und 2050 nahezu verdoppeln und von 12 % auf 22 % ansteigen (WHO 2017). Automatisierungen sind aufgrund des Personalmangels und der steigenden Zahl älterer, pflegebedürftiger Menschen demnach interessant.

Auch soziale Roboter dürften vermehrt zum Einsatz kommen. Zurzeit sind lediglich Systeme auf dem Markt, von denen nur rudimentäre soziale und emotionale Ausdrucksformen erwartet werden – beispielsweise Paro (Kehl 2018). Vorgänge wie das Ausziehen und Anziehen oder das Reichen von Nahrung stellen nach wie vor große Herausforderungen dar, die vielleicht auch 2025 noch nicht gemeistert werden (Sieger 2020). Assistenzfunktionen wie Bereitstellen, Anreichern und Bringen sind in der industriellen Handhabungstechnik aber bereits gelöst und könnten künftig auf andere Bereiche übertragen werden (Buxbaum und Sen 2018). Schon aus Kostengründen dürften soziale Roboter Eingang in die Bereiche Gesundheit und Pflege finden (Korn 2019).

Soziale Roboter müssen aber nicht nur kostengünstig und technisch machbar sein, sondern auch akzeptiert werden. Eine Expertenstudie von Korn et al. zeigte, dass medizinische Tätigkeiten wie Medikamentengabe oder Blutabnahme bereits im oberen mittleren Akzeptanzbereich liegen. Tätigkeiten mit höheren zwischenmenschlichen Anteilen wie Waschen werden jedoch kritischer beurteilt (Korn et al. 2018).

Am Bengaluru Tech Summit 2020 haben IISc, TCS und Hanson Robotics den Roboter Asha vorgestellt. Der sprechende Androide ist unter anderem in der Lage, Emotionen zu zeigen, Mund und Augen zu bewegen und Handgesten zu machen. Künftig soll Asha auch als Pflegende im Einsatz sein und Menschen im Gesundheitswesen unterstützen (Kahn 2020). Ob es Asha tatsächlich bis an die Patientenbetten schafft, kann infrage gestellt werden. In Ausnahmesituationen wie Pandemien könnten sich Roboter wie sie aber künftig bewähren. Die COVID-19-Pandemie hat gezeigt, dass auch Roboter, die nicht für den Pandemieeinsatz bestimmt sind, bei der Versorgung von isolierten Personen wertvolle Dienste leisten können (Bendel 2020b).

3.4 Fazit

Eine abschließende Marktübersicht über soziale Roboter zu geben, ist schwierig. Noch ist ihre wirtschaftliche Bedeutung sehr gering. Dennoch verspricht der Markt großes Wachstum. Die meisten Entwicklungen vollziehen sich in Asien und den USA. Bisher sind vor allem Systeme mit rudimentären sozialen und emotionalen Ausdrucksweisen auf dem Markt. Im Unterschied zu Androiden wecken einfache Roboter mit ihrer Gestaltung keine allzu hohen Erwartungen, sodass sie weniger enttäuschen. Allmählich kommen aber auch komplexere Produkte wie Cozmo 2.0 in den Verkauf.

Der Weg zum Kunden ist steinig. Viele Produkte sind angekündigt, kommen aber nie auf den Markt, andere kommen, verschwinden aber bald wieder. Oft können auch über mehrere Generationen hinweg entwickelte Produkte in Pilotprojekten nicht bestehen. Manche soziale Roboter schaffen es zwar auf den Markt, bringen aber nicht den gewünschten Erfolg.

Faktoren wie das Innovationsbudget der Unternehmen oder die Sicherheit der Konsumenten dürften entscheidend sein für die Marktdurchdringung von sozialen Robotern (KPMG 2016). Weiter sind geringe Kosten und die Nachfrage der Nutzer entscheidend für ihre Verbreitung. Die Systeme sollen Bedürfnisse wecken, denen sie wiederum auch gerecht werden müssen, um die Nutzer nicht zu enttäuschen. Erst wenn soziale Roboter einen klaren Mehrwert darstellen, dürften sie sich in privaten Haushalten, in der Bildung, in der Öffentlichkeit sowie in Therapie und Pflege langfristig etablieren.

Entsprechende Entwicklungen finden in allen Bereichen statt. In privaten Haushalten könnten künftig soziale Roboter mit „Persönlichkeit" vorhanden sein und uns unterhalten, bedienen und informieren. Unternehmen wie Sony oder ASUS konzipieren ihre Systeme bereits heute als Helfer, Freunde und Mitglieder der Familie (Lacey und Caudwell 2018). Die Anforderungen an solche Allrounder sind aber hoch. Systeme mit Fokus auf nur einer Aufgabe, beispielsweise Lehr- und Lernroboter für Kinder, gelangen vermutlich eher auf den Markt.

Im Schlafzimmer werden sich in ferner Zukunft wohl soziale Ganzkörperroboter tummeln, die mehr sind als Roboterköpfe auf den Schultern von Liebespuppen. Als künstliche Freunde oder Lebenspartner könnten sie uns dereinst Gesellschaft leisten und soziale Funktionen übernehmen wie trösten oder aufmuntern. Auch in den Bereichen Therapie und Pflege haben soziale Roboter Potenzial. Sie eignen sich zum Beispiel zum Mobilisieren und Aktivieren von älteren Menschen oder zur Unterhaltung von pflegebedürftigen Kindern.

3.5   Ausblick

Noch sind soziale Roboter nicht fester Bestandteil von Haushalten, Öffentlichkeit oder Therapie und Pflege. Ihre Entwicklung ist aber vielversprechend und schreitet rasch voran. Sie wird begleitet von Forschung der unterschiedlichsten Disziplinen. Bereiche wie Recht, Ethik, Soziologie, Psychologie und Wirtschaft werfen wichtige gesellschaftliche Fragen auf. Sollen Roboter Rechte haben (Bendel 2018b)? Unter welchen Bedingungen und bei wem dürfen sie eingesetzt werden? Wie wirken sie sich auf das Sozialleben aus und welchen therapeutischen Nutzen können sie haben? Was bedeutet der Einsatz von sozialen Robotern für den Arbeitsmarkt und wie verändern sich unsere Arbeitsplätze? Wie können Roboter ressourcenschonend produziert werden?

Bei vielen sozialen Robotern handelt es sich um Visionen. Anhand der laufenden Entwicklung kann die Gesellschaft kommende Systeme heute aber antizipieren. Das Delta zwischen visionären Ideen und dem aktuellen Stand der Entwicklungen öffnet ein Zeitfenster, das es erlaubt, dringende wissenschaftliche und gesellschaftliche Fragen zu stellen und auch zu beantworten. Dieses Zeitfenster gilt es zu nutzen. Denn der Erfolg sozialer Roboter hängt nicht zuletzt davon ab, wie die Gesellschaft auf sie vorbereitet ist.

Literatur

Ackermann E (2021) How Boston dynamics taught its robots to dance. In: IEEE Spectrum, 7. Januar 2021. https://spectrum.ieee.org/automaton/robotics/humanoids/how-boston-dynamics-taught-its-robots-to-dance. Zugegriffen am 21.02.2021

Bellinger I, Göring M (2017) Die neuen Arzthelfer. Natl Geogr:70–81

Bendel O (2014) Der Spion im eigenen Haus. IT for Health:22–24

Bendel O (2016) Mehr Unsicherheit mit Sicherheitsrobotern? SicherheitsForum 2016:6–20

Bendel O (2018a) Roboter im Gesundheitsbereich: Operations-, Therapie- und Pflegeroboter aus ethischer Sicht. In: Bendel O (Hrsg) Pflegeroboter. Springer Gabler, Wiesbaden, S 195–212

Bendel O (2018b) Haben Roboter Rechte? Edison 2/2018:71

Bendel O (2019) Liebespuppen. In: Gabler Wirtschaftslexikon. Springer Gabler, Wiesbaden. https://wirtschaftslexikon.gabler.de/definition/liebespuppen-121148. Zugegriffen am 26.02.2021

Bendel O (2020a) Soziale Roboter. Version 2021. In: Gabler Wirtschaftslexikon. https://wirtschafts-lexikon.gabler.de/definition/soziale-roboter-122268/version-375074. Zugegriffen am 27.02.2021

Bendel O (2020b) Der Einsatz von Servicerobotern bei Epidemien und Pandemien. HMD – Praxis der Wirtschaftsinformatik, 14. Oktober 2020 (Open Access). https://link.springer.com/article/10.1365/s40702-020-00669-w. Zugegriffen am 27.02.2021

Bendel O (2020c) Eine Annäherung an Liebespuppen und Sexroboter: Grundbegriffe und Abgrenzungen. In: Bendel O (Hrsg) Maschinenliebe: Liebespuppen und Sexroboter aus technischer, psychologischer und philosophischer Sicht. Springer Gabler, Wiesbaden, S 3–19

Bendel O (2020d) Cozmo is almost back. In: Robophilosophy, 11. Dezember 2020. https://www.robophilosophy.com/archives/author/bendelo/page/2. Zugegriffen am 12.02.2020

Blue Frog Robotics Inc. (o. D.) Press kit – buddy the emotional robot. Boston, MA. https://www.buddytherobot.com/PressKit/KitPress_BUDDY_EN.pdf. Zugegriffen am 26.02.2021

Breazeal CL (2002) Designing sociable robots. MIT Press, Cambridge, MA

Buxbaum H, Sen S (2018) Kollaborierende Roboter in der Pflege – Sicherheit in der Mensch-Maschine-Schnittstelle. In: Bendel O (Hrsg) Pflegeroboter. Springer Gabler, Wiesbaden, S 1–22

Cavallo F, Semeraro F, Fiorini L et al (2018) Emotion modelling for social robotics applications: a review. J Bionic Eng 15:185–203

Cheok AD, Levy D, Karunanayaka K, Morisawa Y (2017) Love and sex with robots. In: Ryohei N, Rauterberg M, Ciancarini P (Hrsg) Handbook of digital games and entertainment technologies. Springer, Singapore, S 837

Christaller T, Decker M, Gilsbach J (2001) Robotik: Perspektiven für menschliches Handeln in der zukünftigen Gesellschaft. In: Gethmann CF (Hrsg) Wissenschaftsethik und Technikfolgenbeurteilung, Bd 14. Springer, Berlin

Deutsches Museum Digital (o. D.) Spielzeugroboter Lilliput 440.05.09. https://digital.deutsches-museum.de/item/2013-1135/. Zugegriffen am 16.02.2021

Digital Dream Labs (o. D.a) Story of Cozmo. https://www.digitaldreamlabs.com/pages/cozmo-story. Zugegriffen am 12.02.2021

Digital Dream Labs (o. D.b) Preorder Cozmo 2.0. https://www.digitaldreamlabs.com/products/cozmo-pre-order. Zugegriffen am 12.02.2021

Döring N (2018) Sollten Pflegeroboter auch sexuelle Assistenzfunktionen bieten? In: Bendel O (Hrsg) Pflegeroboter. Springer Gabler, Wiesbaden, S 249–267

DS Doll Robotics (o. D.) Robotic Doll Head first generation deposit. https://dsdollrobotics.com/product/robotic-doll-head-first-generation-deposit/. Zugegriffen am 16.02.2021

Embodied (o. D.) The science and technology behind moxie. https://embodied.com/blogs/news/science-behind-moxie. Zugegriffen am 12.02.2021

Faber F et al (2009) The humanoid museum tour guide robotinho. In: The 18th IEEE international symposium on robot and human interactive communication. RO-MAN 2009, S 891–896

Facebook (2020) SoftBank robotics Europe. 8. Dezember 2020

Fraunhofer-Institut für Produktionstechnik und Automatisierung IPA (2015) Presseinformation Roboter als vielseitiger Gentleman. https://www.care-o-bot.de/content/dam/careobot/de/documents/Pressemitteilungen/2015_01_13_Care-O-bot_4_fnal.pdf. Zugegriffen am 27.02.2021

Grunwald A, Kehl C (2020) Mit Robotern gegen den Pflegenotstand. In: Pflegeroboter – wer hilft uns, wenn wir hilflos sind? Eine Publikation der Daimler und Benz Stiftung. Spektrum der Wissenschaft Spezial Biologie – Medizin – Hirnforschung 2020(1):16–17

Hanson Robotics (o. D.) Preorder Little Sophia on Indiegogo. https://www.hansonrobotics.com/little-sophia-2/. Zugegriffen am 12.02.2021

Hasselvander R (o. D.) Welcome to blue Frog Robotics. http://www.bluefrogrobotics.com/. Zugegriffen am 16.02.2021

Heater B (2018) Anki has sold 1.5 million robots. Techcrunch, 8. August 2018. https://techcrunch.com/2018/08/08/anki-has-sold-1-5-million-cozmo-robots/. Zugegriffen am 12.02.2021

Henkel AP, Čaić M, Blaurock M, Okan M (2020) Robotic transformative service research: deploying social robots for consumer well-being during COVID-19 and beyond. J Serv Manag 31(6):1134

Hung L, Liu C, Woldum E et al (2019) The benefits of and barriers to using a social robot PARO in care settings: a scoping review. BMC Geriatr 19:232

IEEE (o. D.a) NAO. https://robots.ieee.org/robots/nao/. Zugegriffen am 19.01.2021

IEEE (o. D.b) Pepper. https://robots.ieee.org/robots/pepper/. Zugegriffen am 19.01.2021

IFR (2018) Executive summary world robotics 2018 service robots. https://ifr.org/downloads/press2018/Executive_Summary_WR_Service_Robots_2018.pdf. Zugegriffen am 12.02.2021

IFR (2020) Press release service robots record: sales worldwide up 32 %. Frankfurt, 28. Oktober 2020. https://ifr.org/ifr-press-releases/news/service-robots-record-sales-worldwide-up-32. Zugegriffen am 28.02.2021

Janowski K, Ritschel H, Lugrin B, André E (2018) Sozial interagierende Roboter in der Pflege. In: Bendel O (Hrsg) Pflegeroboter. Springer Gabler, Wiesbaden, S 63–87

Johal W (2020) Research trends in social robots for learning. Curr Robot Rep 1:75–83

Kahn S (2020) Meet Asha; robot nurse expresses emotions, speaks Kannada, evolves patient care. International Business Times, 19. November 2020. https://www.ibtimes.co.in/meet-asha-robot-nurse-expresses-emotions-speaks-kannada-evolves-patient-care-830437. Zugegriffen am 28.02.2021

Kehl C (2018) Robotik und assistive Neurotechnologien in der Pflege – gesellschaftliche Herausforderungen. Vertiefung des Projekts „Mensch-Maschine-Entgrenzung". TAB-Arbeitsbericht 177:74

Keibel A (2020) Warum tut sich die Pflegerobotik so schwer? In: Pflegeroboter – Wer hilft uns, wenn wir hilflos sind? Eine Publikation der Daimler und Benz Stiftung. Spektrum der Wissenschaft Spezial Biologie – Medizin – Hirnforschung 2020(1):12–15

Kipper J (2020) Was KI ist, wie sie funktioniert und was sie kann. In: Kipper J (Hrsg) Künstliche Intelligenz – Fluch oder Segen? #philosophieorientiert. J.B. Metzler, Stuttgart, S 7–26

Kleeman J (2017) The race to build the world's first sex robot. The Guardian, 27. April 2017. https://www.theguardian.com/technology/2017/apr/27/race-to-build-world-first-sex-robot. Zugegriffen am 26.02.2021

Köhler A (2019) Roboter-Hotel entlässt Roboter. Luzerner Zeitung, 22. Januar 2019. https://www.luzernerzeitung.ch/leben/roboter-sind-doch-keine-menschen-ld.1087175. Zugegriffen am 26.02.2021

Koolwaay J (2018) Die soziale Welt der Roboter: Interaktive Maschinen und ihre Verbindung zum Menschen. transcript, Bielefeld

Korn O (2019) Soziale Roboter – Einführung und Potenziale für Pflege und Gesundheit. Wirtsch Inform Manag 11:126–135

Korn O, Bieber G, Fron C (2018) Perspectives on social robots: from the historic background to an experts' view on future developments. In: 11th pervasive technologies related to assistive environments conference, New York, 2018 Proceedings, S 186–193

KPMG (2016) Social robots – 2016's new breed of social robots is ready to enter your world – advisory. Amstelveen, Netherlands. https://assets.kpmg/content/dam/kpmg/pdf/2016/06/social-robots.pdf. Zugegriffen am 28.02.2021

Kreis J (2018) Umsorgen, überwachen, unterhalten – sind Pflegeroboter ethisch vertretbar? In: Bendel O (Hrsg) Pflegeroboter. Springer Gabler, Wiesbaden, S 213–228

Lacey C, Caudwell CB (2018) The robotic archetype: character animation and social robotics. In: Ge S et al (Hrsg) Social robotics. ICSR 2018. Lecture notes in computer science, Bd 11357. Springer, Cham

Leite I, Castellano G, Pereira A, Martinho C, Paiva A (2012) Long-term interactions with empathic robots: evaluating perceived support in children. In: Ge S, Khatib O, Cabibihan JJ, Simmons R, Williams MA (Hrsg) Social robotics. Lecture notes in computer science, Bd 7621. Springer, Berlin/Heidelberg

Leka Smart Toys (o. D.) Our pedagogy. https://leka.io/en/product.html. Zugegriffen am 12.02.2021

Levy D (2013) Roxxxy the „sex robot" – real or fake. Ashdin Publishing, Lovotics, 1, 16. Januar 2013

Mubin O, Ahmad MI, Kaur S, Shi W, Khan A (2018) Social robots in public spaces: a meta-review. In: Ge S et al (Hrsg) Social robotics. ICSR 2018. Lecture notes in computer science, Bd 11357. Springer, Cham

NTT Disruption (2020) Jibo the social robot returns, with its brand new website, 23. Juli 2020. https://disruption.global.ntt/category/jibo/. Zugegriffen am 12.02.2021

NTT Disruption (o. D.) NTT Disruption to release the jibo robot for healthcare and education. https://jibo.com/release/. Zugegriffen am 12.02.2021

Palinko O, Ogawa K, Yoshikawa Y, Ishiguro H (2018) How should a robot interrupt a conversation between multiple humans. In: Ge S. et al. (eds) Social robotics. ICSR 2018. Lecture notes in computer science, vol 11357. Springer, Cham

PARO Robots USA (2014) PARO therapeutic robot. http://www.parorobots.com/. Zugegriffen am 27.02.2021

Phillips E, Zhao X, Ullman D, Malle BF (2018) What is human-like? Decomposing robots' human-like appearance using the anthropomorphic roBOT (ABOT) database. In: Proceedings of the 2018 ACM/IEEE international conference on human-robot interaction (HRI '18). Association for Computing Machinery, New York, S 105–113

RealDollX (o. D.) RealDollX. https://www.realdoll.com/realdoll-x/. Zugegriffen am 12.02.2021

Riken (2015) The strong robot with the gentle touch. https://www.riken.jp/en/news_pubs/research_news/pr/2015/20150223_2/. Zugegriffen am 27.02.2021

Robots.nu (o. D.) Zenbo Roboter [!] von Asus. https://robots.nu/de/robot/Zenbo. Zugegriffen am 12.02.2021

Rogge A (2020) I was made for love. In: Bendel O (Hrsg) Maschinenliebe: Liebespuppen und Sexroboter aus technischer, psychologischer und philosophischer Sicht. Springer Gabler, Wiesbaden, S 55–78

Rondinella G (2016) Saturn setzt Roboter „Paul" für Kundenbetreuung ein. Horizont, 8. November 2016. https://www.horizont.net/tech/nachrichten/Pilotprojekt-Saturn-setzt-Roboter-Paul-fuer-Kundenbetreuung-ein-143957. Zugegriffen am 28.02.2021

Rössler N (2019) Zukunft der Pflege – Soziale Pflege-Roboter setzen sich nur langsam durch. deutschlandfunk.de. https://www.deutschlandfunk.de/zukunft-der-pflege-soziale-pflege-roboter-setzen-sich-nur.724.de.html?dram:article_id=441372. Zugegriffen am 27.02.2021

Sense Medical Limited (o. D.) Purchasing paro seal. https://www.paroseal.co.uk/purchase. Zugegriffen am 27.02.2021

Sieger H (2020) Soziale Roboter: Der fühlt ja nichts! Digitales Gesundheitswesen, 21. Dezember 2020. https://digitales-gesundheitswesen.de/soziale-roboter/. Zugegriffen am 28.02.2021

Sony (o. D.a) Aibo history. https://www.sony-aibo.co.uk/history/. Zugegriffen am 08.02.2021

Sony (o. D.b) Aibo to be discontinued. https://www.sony-aibo.co.uk/aibo-to-be-discontinued/. Zugegriffen am 08.02.2021

Sony (o. D.c) Aibo funeral. https://www.sony-aibo.co.uk/sony-aibo-funeral/. Zugegriffen am 08.02.2021

Sony (o. D.d) The Aibo resureccted. https://www.sony-aibo.co.uk/the-aibo-resurrected/. Zugegriffen am 08.02.2021

Sony (o. D.e) Aibo general FAQs. https://direct.sony.com/aibo-faq/. Zugegriffen am 08.02.2021

Sony (o. D.f) Aibo. https://direct.sony.com/aibo-ERS1000W/. Zugegriffen am 08.02.2021

Van Aerschot L, Parviainen J (2020) Robots responding to care needs? A multitasking care robot pursued for 25 years, available products offer simple entertainment and instrumental assistance. Ethics Inf Technol 22:247–256

Wada K, Shibata T (2006) Robot therapy in a care house-its sociopsychological and physiological effects on the residents. In: Proceedings 2006 IEEE International Conference on Robotics and Automation. ICRA 2006, S 3966–3971

Weibel M, Nielsen MKF, Topperzer MK et al (2020) Back to school with telepresence robot technology: a qualitative pilot study about how telepresence robots help school – aged children and adolescents with cancer to remain socially and academically connected with their school classes during treatment. Nurs Open 7(4):988–997

Welter P (2007) Ein Roboter spielt die erste Geige. FAZ-Wirtschaft, 7. Dezember 2007. Bericht aus Tokyo. http://www.faz.net/aktuell/wirtschaft/bei-toyota-ein-roboter-spielt-die-erste-geige1492944.html. Zugegriffen am 28.02.2021

Wendel J (2015) Pepper The Robot soll nicht für Sex benutzt werden. GQ Magazin, 24. September 2015. https://www.gq-magazin.de/auto-technik/articles/eine-passage-im-nutzervertrag-von-pepper-robot-verbietet-sex. Zugegriffen am 27.02.2021

World Economic Forum (2019) Insight report top 10 emerging technologies. Genf. http://www3.weforum.org/docs/WEF_Top_10_Emerging_Technologies_2019_Report.pdf. Zugegriffen am 28.02.2021

World Health Organization (2017) Mental health of older adults. http://www.who.int/en/newsroom/fact-sheets/detail/mental-health-of-older-adults. Zugegriffen am 28.02.2021

Zeilhofer H, Heuss S (2018) Roboter am Bett und Ärzte am Computer? Schweizerische Ärztezeitung 2018:1670–1673

Akzeptanz und Marktfähigkeit sozialer Roboter

Eine Studie mit älteren Menschen aus Italien und Deutschland

Oliver Korn, Lea Buchweitz, Arthur Theil, Francesca Fracasso und Amedeo Cesta

4

> Weißes Elfenbein schnitzte indes er mit glücklicher Kunst und gab ihm
> eine Gestalt, wie sie nie ein geborenes Weib kann haben, und ward von
> Liebe zum eigenen Werke ergriffen.
>
> (Ovid in seinen Metamorphosen über Pygmalion)

Zusammenfassung

Soziale Roboter, die mit uns kommunizieren und menschliche Verhaltensmuster imitieren, sind ein wichtiges Zukunftsthema. Während viele Arbeiten ihr Design und ihre Akzeptanz erforschen, gibt es bislang nur wenige Untersuchungen zu ihrer Marktfähigkeit. Der Schwerpunkt dieser Arbeit liegt auf dem Einsatz sozialer Roboter in den Bereichen Gesundheit und Pflege, wo die zukünftige Integration sozialer Roboter ein enormes Potenzial hat. Eine Studie mit 197 Personen aus Italien und Deutschland untersucht gewünschte Funktionalitäten und Kaufpräferenzen und berücksichtigt hierbei kulturelle Unterschiede. Dabei bestätigte sich die Wichtigkeit mehrerer Dimensionen des ALMERE-Modells (z. B. wahrgenommene Freude, Nützlichkeit und Vertrauenswürdigkeit). Die Akzeptanz korreliert stark mit der Investitionsbereitschaft.

O. Korn (✉)
Hochschule Offenburg, Offenburg, Deutschland
E-Mail: oliver.korn@hs-offenburg.de

L. Buchweitz · A. Theil
Affective & Cognitive Institute, Hochschule Offenburg, Offenburg, Deutschland

F. Fracasso · A. Cesta
National Research Council of Italy, Institute of Cognitive Science and Technology, Rom, Italien
E-Mail: francesca.fracasso@istc.cnr.it

Viele ältere Personen betrachten soziale Roboter als „assistierende technische Geräte" und erwarten, dass diese von Versicherungen und der öffentlichen Hand bezuschusst werden. Um ihren zukünftigen Einsatz zu erleichtern, sollten soziale Roboter in die Datenbanken medizinischer Hilfsmittel integriert werden.

4.1 Einleitung

Soziale Roboter (engl. „socially assistive robots") werden entwickelt, um mit uns zu interagieren und soziales Verhalten zu zeigen: Vom Erkennen, Verfolgen und Unterstützen von Personen bis zum Führen von Gesprächen, vom Beantworten einfacher Fragen bis zur Teilnahme an strukturierteren Dialogen. In den letzten Jahren wurden in der sozialen Robotik große Schritte gemacht und dokumentiert (Korn 2019). In der Tat besteht eine gute Chance, dass soziale Roboter in den nächsten Jahren zumindest in einigen Nischen eine weite Verbreitung erreichen. In dieser Arbeit präsentieren wir die Ergebnisse einer groß angelegten Studie zur Akzeptanz und Marktfähigkeit sozialer Roboter mit 197 Personen im Alter zwischen 50 und 85 Jahren aus Deutschland und Italien.

Bereits vor fünf Jahren prognostizierte ein KPMG-Bericht (KPMG 2016) die Entwicklung sozialer Roboter von „Concierge" über „Helfer" und „Teamkollege" bis hin zu „Freund" und sogar „Coach". Diese Entwicklung spiegelt die sich verändernden Aufgaben wider, die potenziell erfüllt werden können: Von funktionalen Interaktionen ohne soziale Aspekte bis zur Wahrnehmung und Interpretation emotionaler Hinweise. Mit zunehmender Komplexität der Aufgaben werden soziale Roboter eng mit Menschen zusammenarbeiten. Besonders deutlich wird dies in den Bereichen Gesundheit und Pflege, wo sich soziale Roboter beispielsweise an die Anamnese „erinnern" und mit Pflegern die Behandlung eines Patienten „besprechen" können. Langfristig werden Roboter ihre Emotionserkennung und ihre Kommunikationsfähigkeiten so weit verbessern, dass sie potenziell auch affektive Beziehungen zu den Nutzern aufbauen können. Der KPMG-Report prognostizierte dies für das Jahr 2050. Tatsächlich zeigen robuste robotische Plattformen mit integrierter Emotionserkennung wie Pepper, dass einfache Formen der affektiven Kommunikation auch schon deutlich früher möglich sind – beispielsweise ein Roboter, der einer Person mit Demenz aktiv zuhört.

Da soziale Roboter immer ausgefeilter und nützlicher werden, wird prognostiziert, dass ihr globaler Markt von 321 Mio. US\$ im Jahr 2018 bis Ende 2025 mit einer durchschnittlichen jährlichen Wachstumsrate von 14,7 % auf 836 Mio. US\$ wachsen wird (R&M 2020). Im Vergleich dazu wird der Industriemarkt laut SPARC (2020) mit „nur" acht bis neun Prozent pro Jahr wachsen. Für den Dienstleistungssektor werden sogar bis zu 25 % jährliches Wachstum vorhergesagt.

Sobald Technologie reift und an praktischer Bedeutung gewinnt, entstehen neue Forschungsfragen: Werden Menschen Roboter als Teil ihres täglichen Lebens akzeptieren? Was erleichtert in der Praxis ihre Akzeptanz und welche Hürden gibt es? Wie sehen Menschen die sozialen Roboter aus einer Marktperspektive: Sind sie bereit, diese zu kaufen – und wenn ja, zu welchem Preis? Welche Faktoren beeinflussen die Schaffung eines Ökosystems für soziale Roboter? Sind bei deren Anpassung auch kulturelle Unterschiede zu berücksichtigen? Dies sind nur einige der Fragen, die unsere Forschungsarbeit motiviert haben.

Kulturelle Aspekte spielen, gerade unter dem Gesichtspunkt der Marktfähigkeit, eine wichtige Rolle. Es gibt mehrere Arbeiten zu Unterschieden in Roboterakzeptanz und Mensch-Roboter-Interaktion, die auf der Theorie der Kulturdimensionen (Hofstede 2011) basieren. Diese bestätigen Zusammenhänge mit einigen der Kulturdimensionen: So scheinen höhere Werte in den Bereichen Individualismus und männlich orientierte Kultur (die ein stärkeres Gefühl der Kontrolle implizieren) dazu zu führen, dass Roboter eher als Werkzeuge oder Maschinen und weniger als Begleiter oder persönliche Dienstleister wahrgenommen werden (Li et al. 2010). Weitere Belege für kulturbedingte Unterschiede in den Einstellungen und Wahrnehmungen zu sozialen Robotern gibt es bei Nomura (2017) sowie Naneva et al. (2020). Eine aktuelle internationale Studie zur Akzeptanz insbesondere affektiver Komponenten sozialer Roboter zeigt, dass diese in Deutschland deutlich weniger geschätzt werden als beispielsweise im arabischen Raum (Korn et al. 2021). Da wir in der vorliegenden Arbeit Personen aus zwei verschiedenen Ländern untersuchen (Deutschland und Italien), ergeben sich auch aus unserer Studie Rückschlüsse auf kulturelle Unterschiede.

Angesichts der zuvor beschriebenen kontinuierlichen Entwicklung der Roboterfähigkeiten ist die Marktentwicklung noch erstaunlich offen: Unseres Wissens gibt es bislang weder eine konsistente Marktanalyse noch ein klares Geschäftsmodell, das soziale Roboter im Markt verortet. Daher zielt die vorliegende Arbeit darauf ab, die Perspektive der Nutzer zu beleuchten: Wie würden diese Anwender soziale Roboter am liebsten erwerben? Wir haben uns hierbei auf Menschen im Alter von über 50 Jahren konzentriert, da wir davon ausgehen, dass diese die größte Gruppe von Nutzern sowohl im Gesundheitsbereich als auch im häuslichen Bereich sein werden. Zu verstehen, ob diese zukünftigen Nutzer soziale Roboter eher als Konsumgüter oder als Hilfsmittel begreifen, liefert wertvolle Hinweise für politische Entscheidungsträger und ermöglicht, Geschäftsketten zu entwickeln und die richtigen Stakeholder einzubinden. Die Ergebnisse sollen auch dabei helfen, Geschäftsmodelle auf die Besonderheiten der Länder abzustimmen.

Der Beitrag ist wie folgt gegliedert: Im zweiten Abschnitt geben wir einen Überblick zum Stand der Technik mit den Schwerpunkten Akzeptanz sozialer Roboter, gewünschte Funktionen und Kaufbereitschaft. Im dritten Abschnitt werden die Studie und deren Ergebnisse vorgestellt. In der Schlussfolgerung fassen wir die wichtigsten Erkenntnisse zusammen.

4.2   Stand der Technik

In diesem Abschnitt beschreiben wir bestehende Arbeiten, die sich auf zwei Hauptaspekte konzentrieren: Die Akzeptanz sozialer Roboter durch ältere Menschen und wirtschaftliche und finanzielle Aspekte sozialer Roboter. Ohne den Anspruch auf Vollständigkeit zu erheben, soll zum besseren Verständnis ein vorläufiger Überblick über die Roboterkategorien gegeben werden. Wie in Abb. 4.1 zu sehen ist, lässt sich die große Familie von Robotern nach den unterschiedlichen Anwendungsgebieten in Kategorien unterteilen.

Unter Berücksichtigung der vorgestellten Kategorisierung konzentriert sich die vorliegende Arbeit auf nichtindustrielle Roboter mit Assistenzfunktion im sozialen Umfeld. Genauer gesagt sind dies Service- und Begleitroboter, da sie die Plattformen darstellen, die am besten zu den Bedürfnissen älterer Anwender passen (Heerink et al. 2010; Broadbent et al. 2009; Korn et al. 2018).

Während Serviceroboter primär Unterstützung bei physischen Aufgaben bieten, wie z. B. dem Tragen von Gegenständen oder der Hilfe bei Spaziergängen (Broekens et al. 2009; Vandemeulebroucke et al. 2017), erlauben Begleitroboter auch Interaktionen, um emotionale, soziale oder psychologische Unterstützung zu bieten. Diese Roboter können zum Beispiel Nachrichten vorlesen, Musik abspielen oder Gespräche führen, wie bereits Kanamori et al. (2003) beschreiben. So konnte bereits vor fast zwanzig Jahren gezeigt werden, dass soziale Roboter beider Kategorien (Beispiele in Abb. 4.2) sich positiv auf das physische und psychische Wohlbefinden älterer Menschen auswirken: Sie reduzieren Stress (Saito et al. 2003; Wada et al. 2003) und Depressionen (Wada et al. 2005). Zudem können sie helfen, den Blutdruck zu regulieren (Robinson et al. 2013) und die Stimmung zu verbessern (Wada et al. 2003).

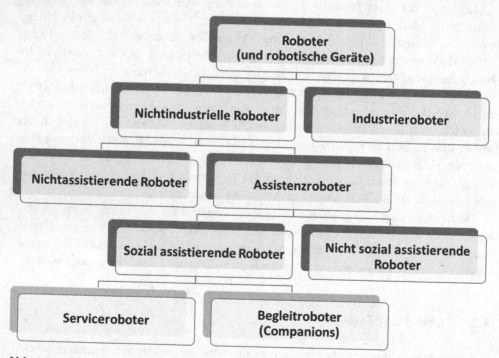

Abb. 4.1 Allgemeine Kategorisierung von Robotern nach Heerink et al. (2010)

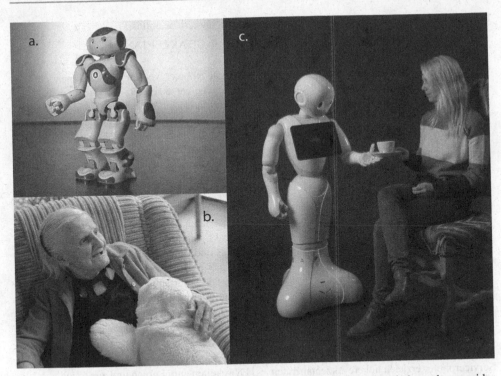

Abb. 4.2 Beispiele für soziale Roboter: a. NAO, ein autonomer, programmierbarer humanoider Roboter für Schulen, Hochschulen und Universitäten, um Programmieren zu lehren und Mensch-Roboter-Interaktionen zu erforschen. Darüber hinaus wird er in einer Reihe von Gesundheitsszenarien getestet und eingesetzt, einschließlich der Verwendung in Pflegeeinrichtungen und Schulen. b. Paro, ein therapeutischer Roboter in Gestalt einer Robbe, der eine beruhigende Wirkung haben und emotionale Reaktionen hervorrufen soll. Er wird vor allem in Pflegeeinrichtungen eingesetzt, insbesondere als Therapieform für Demenzpatienten. c. Pepper, ein humanoider Roboter, der Mimik und Stimme analysieren kann und somit prinzipiell in der Lage ist, Gefühle zu erkennen

4.2.1 Soziale Roboter und ältere Menschen

Obwohl zahlreiche positive Effekte beim Einsatz sozialer Roboter in der Pflege älterer Menschen dokumentiert sind, schwankt deren Akzeptanz erheblich (Tab. 4.1): Einerseits beschreiben mehrere Arbeiten, dass Akzeptanz mit zunehmendem Alter abnimmt (Broadbent et al. 2009; Baisch et al. 2017; Flandorfer 2012). Zudem gibt es Hinweise darauf, dass Personen über 75 Jahren eher bereit sind, Unannehmlichkeiten in Kauf zu nehmen, als Unterstützung durch Hilfsmittel zu suchen (Giuliani et al. 2005). Andererseits variiert die Akzeptanz wohl stark mit dem Kontext, in dem soziale Roboter eingesetzt werden. So empfinden viele ältere Menschen soziale Roboter als nützlich für andere, deren gesundheitliche und soziale Situation schlechter ist als ihre eigene (Wang et al. 2016). Zudem zeigen ältere Menschen, denen tatsächlich soziale Roboter zur Verfügung gestellt werden, um ihre Unabhängigkeit und Autonomie zu erhalten, durchaus die Bereitschaft, ihre Skepsis zu überwinden (Wang et al. 2016; Arras und Cerqui 2005).

Tab. 4.1 Faktoren, welche die Akzeptanz von sozialen Robotern beeinflussen

HOHE AKZEPTANZ	GERINGE AKZEPTANZ
Allgemein	
Soziale Roboter können bei täglichen Aktivitäten helfen (Baisch et al. 2017; Wang et al. 2016) Soziale Roboter können die Autonomie oder Unabhängigkeit älterer Menschen erhalten (Wang et al. 2016; Arras und Cerqui 2005; Broadbent et al. 2011) Soziale Roboter können zum persönlichen Glück älterer Menschen beitragen (Arras und Cerqui 2005)	Soziale Roboter werden mit zunehmendem Alter weniger akzeptiert (Broadbent et al. 2009; Flandorfer 2012; Baisch et al. 2017) Die Bereitschaft älterer Menschen, Hilfsmittel anzunehmen, sinkt mit zunehmendem Alter (Giuliani et al. 2005) Ältere Menschen haben Angst, von sozialen Robotern abhängig zu werden (Wang et al. 2016) Ältere Menschen befürchten, dass der Einsatz von sozialen Robotern zu reduzierter sozialer Interaktion und erhöhter Einsamkeit führt (Arras und Cerqui 2005; Wu et al. 2014; Wang et al. 2016) Fehlende Vorerfahrungen mit moderner Technologie verringern die Akzeptanz von sozialen Robotern bei älteren Menschen (Broadbent et al. 2009; Cesta et al. 2011; Flandorfer 2012)
Serviceroboter	
Serviceroboter erzielen höhere Akzeptanzraten als Begleitroboter (Heerink et al. 2010) Aufgaben wie Sturzerkennung, Überwachung von Vitaldaten, Objektmanipulation, Erinnerungssystem sind für Serviceroboter akzeptiert (Broadbent et al. 2011; Vandemeulebroucke et al. 2017) Serviceroboter sollten eingeschränkte, vorprogrammierte Aufgaben ausführen (Scopelliti et al. 2005) Serviceroboter sollen individuelle Bedürfnisse und Anforderungen erfüllen (Wang et al. 2016; Baisch et al. 2017)	Fähigkeiten zum Lernen und zur freien Bewegung werden weniger akzeptiert bei Servicerobotern (Scopelliti et al. 2005) Serviceroboter sind nicht zuverlässig genug (Broadbent et al. 2011) Der Einsatz von Servicerobotern könnte dazu führen, dass Pflegekräfte ihren Arbeitsplatz verlieren (Broadbent et al. 2011)

(Fortsetzung)

Tab. 4.1 (Fortsetzung)

HOHE AKZEPTANZ	GERINGE AKZEPTANZ
Begleitroboter/Companion Robots	
Begleitroboter werden akzeptiert, wenn sie Unterhaltung bieten, wie z. B. Radio oder Musik abspielen, Spiele spielen oder Nachrichten präsentieren (Vandemeulebroucke et al. 2017) Begleitroboter können Vorteile bieten, wenn sie in Krankenhäusern, Altenheimen und beim unabhängigen Wohnen eingesetzt werden (Broadbent et al. 2011) Companion-Roboter zeigen soziale Vorteile für Menschen mit leichter bis mittelschwerer Demenz (Broadbent et al. 2011; McGlynn et al. 2014, 2017) Companion-Roboter werden als Tutor für körperliche Übungen akzeptiert (Görer et al. 2016) Ältere Menschen können sich vorstellen, soziale Beziehungen zu Companion-Robotern aufzubauen (Broadbent et al. 2011; Torta et al. 2014; Takayanagi et al. 2014; de Graaf et al. 2015; Vandemeulebroucke et al. 2018) Ältere Menschen sind an Begleitrobotern interessiert und neugierig auf sie (Paletta et al. 2019)	Ältere Menschen befürchten, dass Begleitroboter die Gesellschaft entmenschlichen und die Einsamkeit erhöhen (Vandemeulebroucke et al. 2017; Baisch et al. 2017) Ältere Menschen wollen sich nicht mit Begleitrobotern anfreunden (Frennert et al. 2013; Görer et al. 2016) Companion-Roboter werden weniger akzeptiert, wenn sie nicht in der Lage sind, sich an die Bedürfnisse der Benutzer anzupassen (Torta et al. 2014; Allaban et al. 2020)

In der Literatur werden mehrere Gründe für diese unterschiedliche Akzeptanzrate diskutiert. Als Hauptursachen gelten die Angst, von Hilfsmitteln abhängig zu werden, und ein Zusammenhang mit negativen Begleiterscheinungen des Alterns wie Einsamkeit (Wang et al. 2016; Wu et al. 2014). Eine weitere regelmäßig geäußerte Befürchtung ist der Verlust des persönlichen, menschlichen Kontakts, der dann durch soziale Roboter ersetzt wird (Wang et al. 2016). Weiterhin wird in der Literatur regelmäßig die fehlende Vorerfahrung mit moderner Technik als Ursache für unsichere Gefühle und geringere Akzeptanz gegenüber Robotern beschrieben (Broadbent et al. 2009; Cesta et al. 2011; Flandorfer 2012).

Die genauere Betrachtung der Akzeptanz von Servicerobotern und Begleitrobotern bei älteren Menschen zeigt sehr unterschiedliche Ergebnisse. Einige berichten, dass Servicerobotter eine höhere Akzeptanz erreichen als Begleitroboter (Heerink et al. 2010). So gehören Sturzerkennung, Überwachung von Vitaldaten, Objektmanipulation, wie das Heben schwerer Gegenstände oder der Transport von Objekten, Reinigung, Lieferaufgaben, Unterstützung bei der Mobilität und das Erinnern an Termine und Medikamente zu den am meisten präferierten Aufgaben von sozialen Robotern (Broadbent et al. 2011; Fischinger et al. 2016; Vandemeulebroucke et al. 2017).

Generell erwarten ältere Menschen von sozialen Robotern, vorprogrammierte, eingeschränkte Aufgaben zu erledigen, ohne die Möglichkeit zu lernen oder sich frei zu bewegen (Scopelliti et al. 2005). Stattdessen sollen primär die Bedürfnisse und Anforderungen älterer Menschen erfüllt werden. Entsprechend berichteten auch Baisch und Kollegen (2017), dass ältere Menschen Roboter hauptsächlich in Bezug auf ihre eigenen physischen und psychischen Bedürfnisse und Fähigkeiten beurteilen.

Darüber hinaus hat die Forschung gezeigt, dass ältere Erwachsene oft gegensätzliche Ansichten zur Verwendung von Robotern zur sozialen Unterstützung haben (Vandemeulebroucke et al. 2017) – und Ähnliches gilt sogar für Expertengremien (Korn et al. 2018). Einige Arbeiten berichten von älteren Personen, die in Frage stellen, ob sie überhaupt soziale Beziehungen zu Robotern aufbauen könnten. Sie konnten sich kaum vorstellen, mit ihnen befreundet zu sein (Frennert et al. 2013; Görer et al. 2016).

Trotz der oben beschriebenen Einschränkungen beschreiben die meisten Studien über einen Zeitraum von fast zwanzig Jahren eine positive Einstellung und hohe Akzeptanz älterer Menschen insbesondere gegenüber sozialen Begleitrobotern (Tamura et al. 2014; Broadbent et al. 2011; McGlynn et al. 2014, 2017; Torta et al. 2014; de Graaf et al. 2015; Vandemeulebroucke et al. 2018; Allaban et al. 2020). Die Roboterrobbe Paro (Abb. 4.2) wird gleich in mehreren Studien für eine hohe Akzeptanz hervorgehoben (McGlynn et al. 2014, 2017; Takayanagi et al. 2014). So zeigte beispielsweise die Arbeit von McGlynn et al. (2017), dass 30 gesunde Teilnehmer im Durchschnittsalter von 72 Jahren generell eine positive Einstellung zu Paro hatten und Vorteile für sich und andere sahen. Die Studie von Takayanagi et al. (2014) verglich die Auswirkungen von Paro im Vergleich zu einem Stofftier auf 30 ältere Personen mit leichter bis schwerer Demenz: Die älteren Teilnehmer zeigten ein deutlich höheres Interesse an Paro, indem sie häufiger lachten, den Roboter berührten, streichelten sowie Gespräche initiierten.

Andere Beispiele für soziale Begleitroboter mit hoher Akzeptanz sind der Hund AIBO und der kaninchenähnliche soziale Roboter Nabaztag. So wurde bei einer Studie mit 13 Teilnehmern mit schwerer Demenz im Durchschnittsalter von 84 Jahren festgestellt, dass AIBO die Sozialisierung und die sozialen Aktivitäten erhöht und Emotionen auslöst (Tamura et al. 2014). Nabaztag wurde als Begleiter betrachtet: Nach einer zehntägigen Studie mit sechs Teilnehmern über 50 (de Graaf et al. 2015) gaben sogar vier der sechs Teilnehmer an, dass sie den Roboter nach dem Ende der Studie vermissten. Auch humanoide Roboter werden gut akzeptiert: So berichteten acht Studienteilnehmer im Alter von 70 bis 95 Jahren, die mit NAO in fünf Alltagsszenarien interagierten, dass sie sich mit dem kleinen Roboter wohlfühlten, und betonten eine mögliche emotionale Beziehung zu ihm bei langfristiger Nutzung (Torta et al. 2014). Eine weitere Studie mit sechs Teilnehmern im Alter von 60 bis 80 Jahren, bei der leichte körperliche Übungen mit NAO als Coach durchgeführt wurden, bestätigte die guten Akzeptanzraten (Görer et al. 2016).

Paletta et al. (2019) haben sich in einer Nutzerstudie mit dem ebenfalls humanoiden Roboter Pepper speziell auf Menschen mit Demenz konzentriert. In der Studie mit 12 Fokusgruppen mit 57 Angehörigen von Menschen mit Demenz, Demenztrainern und (Pflege-)Managern fanden sie überwiegend positive Einstellungen zu Pepper. Die befragten Personen äußerten Gefühle wie Interesse, Neugier und Faszination für seine Unterstützungsmöglichkeiten, z. B. bei täglichen Aktivitäten und der Sicherheit. Neben den Fokusgruppen nahmen drei Haushalte von Menschen mit Demenz an einem einwöchigen Praxistest mit Pepper teil. Alle Beteiligten äußerten sich nach dem Feldversuch einhellig positiv zur weiteren Nutzung von Pepper. Die Personen mit Demenz schätzten die meisten Funktionalitäten, wie z. B. die Förderung von Kommunikation und Kontakten mit anderen, Motivationen und Anleitungen zur Förderung von Mobilität und Körperhaltung sowie die Unterstützung bei Lern- und Freizeitaktivitäten (z. B. Tanz oder Musik).

Generell wird deutlich, wie wichtig ein benutzerzentrierter Designansatz bei der Gestaltung, Entwicklung und Evaluierung technologischer Lösungen für soziale und unterstützende Zwecke ist. Es ist entscheidend, die Nutzer von Anfang an einzubeziehen, wie in der Studie von Cesta et al. (2018), in welcher die technologische Entwicklung auf Nutzeranforderungen basierte.

Darüber hinaus gibt es Belege dafür, dass eine iterative Einbindung der Nutzer während der gesamten Entwicklungsphase vorteilhaft ist. So können Interaktionen an individuelle Eigenschaften und bevorzugte Interaktionsmodalitäten angepasst werden (Cortellessa et al. 2017, 2018). Darüber hinaus sollte die Akzeptanz gerade bei langfristigen Interaktionen besser untersucht werden. So verblieb in einer Studie von de Graaf et al. (2015) der Roboter permanent in der Wohnung der Anwender.

Es ist unwahrscheinlich, dass vergleichbare realistische Bedingungen in kurzen Laborstudien oder auch bei mehrfachen Beobachtungen kurzer Interaktionen geschaffen werden können. Tests mit Robotern sollten in authentischen Umgebungen stattfinden, um festzustellen, ob bzw. inwiefern sie die Bedürfnisse der realen Welt erfüllen (de Graaf et al. 2016).

4.2.2 Wirtschaftliche und finanzielle Aspekte

Der EU-Gesundheitssektor sieht beim Einsatz sozialer Roboter mit Assistenzfunktionen in der Gesundheitsversorgung eine Chance für erhebliche Kosteneinsparungen (Zrinjka et al. 2019). Zum Beispiel soll der soziale Begleitroboter Stevie des Robotics & Innovation Lab am Trinity College Dublin nur 50 – 60 % der Kosten einer menschlichen Pflegekraft generieren (TIME 2020). Entsprechend beträgt das erwartete jährliche Wachstum des Markts für soziale Roboter von 2019 bis 2022 bereits 29 % (TIME 2020). Obwohl es bereits einige soziale Roboter im Handel gibt, wie Paro (ca. € 5000), NAO (ca. € 8000) oder Pepper (ca. € 20.000), sind viele noch Prototypen in der Entwicklung, wie Care-O-bot, Hobbit, Robot-Era (Esposito et al. 2018) oder besagter Stevie (McGinn et al. 2018, 2019).

Es gibt wenig Informationen über mögliche Finanzierungsmodelle für Einzelpersonen oder Pflegeeinrichtungen, die soziale Roboter für die Altenpflege einsetzen möchten. Generell kann Japan als Vorbild sowohl für die Entwicklung als auch für den Einsatz von sozialen Robotern in der Altenpflege angesehen werden. Seit 2015 fördert die japanische Regierung die Entwicklung von Pflegerobotern, um dem Fachkräftemangel zu begegnen und diese in 5000 Pflegeeinrichtungen einzuführen (Reuters 2020): So setzt die Pflegeeinrichtung Shin-tomi in Tokio beispielsweise zwanzig verschiedene Roboter in der täglichen

Pflege ein (z. B. Paro, AIBO, NAO und Pepper). Allerdings berichtet der Präsident des Pflegeheims, dass die Einführung der Roboter dem Personal und den Bewohnern zwar auf psychologischer und emotionaler Ebene geholfen hat, die Personalkosten oder Arbeitszeiten der Einrichtung aber hierdurch noch nicht reduziert wurden.

In der Forschungsliteratur lag der Fokus bislang kaum auf finanziellen Aspekten. Die wenigen einschlägigen Untersuchungen scheinen aber in eine ähnliche Richtung zu weisen: Cesta et al. (2018) betonen, wie wichtig es generell ist, die Kosten von Diensten im Bereich Ambient Assisted Living (AAL) niedrig zu halten. Die Autoren berichten sogar, dass ältere Menschen erwarten, dass der Staat einen Teil der Kosten für Dienstleistungen dieser Art übernimmt. Analog berichten Fischinger et al. (2016), dass nur 4 % ihrer 49 Teilnehmer (Personen im Alter von über 70 Jahren aus Schweden, Griechenland und Österreich) den Preis von ca. € 14.000 für den sozialen Roboter Hobbit zahlen würden. Dies ist wenig verwunderlich, da auch teure Geräte wie elektrisch betriebene Rollstühle zumindest teilweise staatlich bezuschusst werden. Andere Arbeiten kritisieren den hohen Preis kommerziell erhältlicher sozialer Roboter:

- Es gibt unterschiedliche Meinungen darüber, ob er [der Preis] gerechtfertigt ist (Tamura et al. 2014).
- Es gibt ein Kostenproblem, da nur wenige Haushaltsroboter zu Preisen für den Massenmarkt erhältlich sind (Young et al. 2008).
- Die größte Einschränkung, die identifiziert wurde, waren die Kosten. […] Ich denke immer noch, dass es sehr überteuert ist (Moyle et al. 2017).

Die Untersuchung verwandter Arbeiten zeigte deutlich: Trotz der Fülle von Studien, die Aspekte wie Design und Akzeptanz untersuchen, ist die Forschung zur Marktfähigkeit sozialer Roboter in den Anfängen. Derzeit berücksichtigen nur wenige Studien finanzielle Aspekte und keine Studie betrachtet sie als Hauptziel. Unsere Arbeit ging von dieser Überlegung aus und verfolgt das Ziel, aktuelle Informationen zur Marktfähigkeit sozialer Roboter zu liefern.

4.3 Studie

Diese Studie zielt darauf ab, die Marktfähigkeit sozialer Roboter zu untersuchen. Hierbei werden persönliche Aspekte wie Soziodemografie, Bedürfnisse, Präferenzen bei den Funktionen der Roboter sowie Gefühle und Wahrnehmungen berücksichtigt. Obwohl soziale Roboter mit Pflegefunktionen vorwiegend für ältere Menschen (über 70 Jahre) relevant sind, betrachtet die Studie eine breitere Altersspanne von Nutzern, um die Haltung von derzeit Älteren und zukünftigen potenziellen Käufern zu vergleichen. Daher umfasst die Altersspanne auch Personen mittleren Alters als „zukünftige ältere Menschen", sodass sich insgesamt ein Durchschnittsalter von über 60 Jahren ergibt.

4.3.1 Teilnehmer

197 Personen nahmen an der Studie teil, hiervon 89 aus Deutschland und 108 aus Italien. In beiden Ländern gab es mehr weibliche Teilnehmerinnen (61,8 % in Deutschland und 54,5 % in Italien). Das Durchschnittsalter betrug 67,9 Jahre (Standardabweichung SD = 8,9) in Deutschland und 62,2 (SD = 6,1) in Italien, wobei eine Altersspanne von 50 bis 85 Jahren berücksichtigt wurde. Der wahrgenommene Gesundheitszustand erwies sich als gut, ohne signifikante kulturelle Unterschiede (Gesamtstichprobe, Mittelwert M = 3,87, SD = 0,94), ebenso wurde das soziale Leben in beiden Ländern als zufriedenstellend angesehen (Deutschland: M = 3,97, SD = 1,22; Italien: M = 3,43, SD = 1,28). Zusätzlich wurden einige sozioökonomische Aspekte näher untersucht – sowohl in Bezug auf die gesamte Stichprobe (Abb. 4.3) als auch auf die Verteilung innerhalb der beiden Länder (Tab. 4.2).

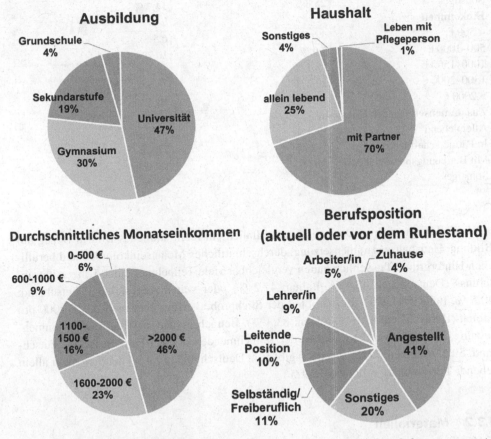

Abb. 4.3 Zusammengefasste Ergebnisse zu Bildungsstand, Einkommen, Haushaltszusammensetzung und beruflicher Rolle der Teilnehmer

Tab. 4.2 Länderspezifische Beschreibung von Bildungsniveau, Einkommen, Haushaltszusammensetzung und beruflicher Rolle

	Deutschland	Italien
Bildung		
Elementarschule	5,7 %	2,8 %
Mittelschule	30,7 %	10,2 %
Weiterführende Schule	18,2 %	39,8 %
Universität	45,5 %	47,2 %
Beruflicher Hintergrund		
Unternehmer/Freelancer	14,6 %	8,5 %
Manager	4,5 %	14,8 %
Mitarbeiter	40,5 %	41,7 %
Lehrer	9,0 %	8,3 %
Tätigkeit im Haushalt	2,3 %	5,6 %
Arbeiter	3,4 %	6,5 %
Sonstiges	25,8 %	14,7 %
Einkommen		
< 500 €	4,5 %	6,5 %
500–1000 €	7,9 %	10,2 %
1000–1500 €	15,7 %	16,7 %
1500–2000 €	20,2 %	25,9 %
> 2000 €	51,7 %	40,7 %
Zusammensetzung der Haushalte		
Alleinlebend	39,3 %	13,9 %
In Partnerschaft lebend	59,6 %	77,8 %
Mit Betreuungsperson lebend	0,0 %	1,9 %
Sonstiges	1,1 %	6,5 %

Hierbei zeigte sich in Deutschland und Italien ein recht ähnliches Bild in Bezug auf Bildung, Haushaltszusammensetzung, durchschnittliches Monatseinkommen und beruflichen Hintergrund. Tatsächlich hatten vergleichbar viele Teilnehmer einen Universitätsabschluss (Deutschland: 45,4 %, Italien: 47,2 %) oder waren Angestellte (Deutschland: 40,5 %, Italien: 41,7 %). Ein Großteil der Stichprobe verfügt über mehr als € 1000 pro Monat (Deutschland: 87,6 %, Italien: 83,3 %). Betrachtet man die Haushaltszusammensetzung, so leben zwar die Mehrheit der Teilnehmenden in einer Partnerschaft (Deutschland: 59,6 %, Italien: 77,8 %), jedoch gibt es in Deutschland (39,3 %) deutlich mehr allein lebende Personen als in Italien (13,9 %).

4.3.2 Materialien

Vor Beginn der Studie wurden die Teilnehmer über die Forschungszwecke aufgeklärt und hatten die Möglichkeit, Fragen zu stellen. Nach Unterzeichnung einer Einverständniserklärung zur Speicherung und wissenschaftlichen Auswertung der Daten erhielten die Teilnehmer den Fragebogen. Dieser bestand aus fünf Abschnitten, die im Folgenden erläutert werden:

1. Soziodemografische Informationen und Fragen zur wahrgenommenen Zufriedenheit der Personen mit ihrer Gesundheit und ihrem sozialen Leben sowie ihrer Technologieerfahrung auf einer 5-Punkte-Likert-Skala.
2. Bedürfnisse im täglichen Leben, wie z. B. Bedarf an Unterstützung bei pflegerischen Tätigkeiten, Mobilität, Haushaltsführung, Gesundheitsüberwachung, körperliche Unterstützung, Erinnerungsdienste, Unterhaltung usw. Die Struktur der Items war „Ich bräuchte Hilfe bei …?" mit einer 5-Punkte-Likert-Skala. Die betrachteten Dimensionen leiten sich von den Aktivitäten des täglichen Lebens ab, die in grundlegende und instrumentelle Aktivitäten unterteilt werden (Noelker und Browdie 2013). Erstere sind Fähigkeiten, die erforderlich sind, um grundlegende körperliche Bedürfnisse zu bewältigen, einschließlich Körperpflege, Anziehen, Toilettengang und Essen. Zweitere umfassen komplexere Aktivitäten, die mit der Fähigkeit verbunden sind, unabhängig in der Gemeinschaft zu leben.
3. Akzeptanz sozialer Roboter anhand des ALMERE-Modells (Heerink et al. 2010). Vor dem Bearbeiten dieses Abschnitts sahen sich die Teilnehmer eine Dokumentation an, die verschiedene soziale Roboter zeigt (ACI 2018). So wurde eine gemeinsame Wissensbasis für die gesamte Stichprobe geschaffen. Es wurden Aussagen auf einer 5-Punkte-Likert-Skala bewertet. Das ALMERE-Modell beinhaltet 12 Bereiche. Da in dieser Studie keine direkte Aktion mit robotischen Systemen stattfand, wurden sieben (**fett** hervorgehoben) der 12 Dimensionen in insgesamt 29 Items berücksichtigt.
    1. **Angst**: Unbehagen beim Interagieren mit einem Roboter;
    2. **Einstellung zur Technologie**;
    3. Erleichternde Bedingungen: Faktoren, die die Nutzung erleichtern, z. B. die Einweisung in die Bedienung;
    4. Nutzungsabsicht: Absicht, den Roboter über einen bestimmten Zeitraum zu nutzen;
    5. **Wahrgenommene Adaptivität**: Wahrgenommene Fähigkeit eines Roboters, sich an die Bedürfnisse des Benutzers anzupassen;
    6. **Wahrgenommene Freude**: Freude des Benutzers bei Verwendung des Roboters;
    7. Wahrgenommene Benutzerfreundlichkeit: Grad, in dem ein Benutzer glaubt, dass der Roboter ohne Anstrengung benutzt werden kann;
    8. **Wahrgenommene Soziabilität**: Wahrgenommene Fähigkeit eines Roboters, sich sozial angemessen zu verhalten;
    9. **Wahrgenommene Nützlichkeit**: Ausmaß, in dem ein Benutzer glaubt, dass der Roboter eine Hilfe ist;
    10. Sozialer Einfluss: Wahrnehmung des Benutzers, dass sein soziales Netzwerk die Verwendung eines Roboters wünscht oder nicht wünscht;
    11. Soziale Präsenz: Grad, in dem Nutzer den Roboter bei der Interaktion als soziales Wesen begreifen;

12. **Vertrauen**: Glaube der Nutzer, dass sich der Roboter integer und zuverlässig verhält.

Für die sieben gewählten Dimensionen gab es eine gute interne Reliabilität (gemessen durch Cronbachs Alpha): Angst ($\alpha = 0{,}83$); Einstellung gegenüber der Technologie ($\alpha = 0{,}63$); Wahrgenommene Adaptivität ($\alpha = 0{,}61$); Wahrgenommene Freude ($\alpha = 0{,}74$); Wahrgenommene Soziabilität ($\alpha = 0{,}66$); Wahrgenommene Nützlichkeit ($\alpha = 0{,}59$); Vertrauen ($\alpha = 0{,}81$).

4. Gewünschte Funktionalitäten sozialer Roboter. Die Befragten wurden gebeten, entsprechend ihrem Zustimmungsgrad auf einer 5-Punkte-Likert-Skala mit Items wie „Ein sozialer Roboter sollte in der Lage sein, schwere Dinge zu heben" oder „Ein sozialer Roboter sollte in der Lage sein, mich zu unterhalten" zu antworten.

5. Finanzielle Aspekte. Die Teilnehmer wurden zu Optionen zur Anschaffung eines sozialen Roboters befragt. Auch hier wurde der Grad der Zustimmung mit einer 5-Punkte-Likert-Skala gemessen.

4.3.3 Ergebnisse

4.3.3.1 Gewünschte Funktionalitäten sozialer Roboter

Die Teilnehmer wurden gebeten, verschiedene Funktionalitäten sozialer Roboter auf einer 5-Punkte-Likert-Skala gemäß ihrer Nützlichkeit zu bewerten (s. Abb. 4.5). Ein Chi-Quadrat-Test ergab, dass das Ausmaß, in welchem Funktionalitäten gewünscht wurden, deutlich von der Funktionalität abhing ($\chi^2_{(11,2363)} = 35{,}81$, $p = 0{,}002$). Bezogen auf die in Abb. 4.5 beschriebenen Funktionalitäten zeigten paarweise Post-hoc-Vergleiche, dass soziale Roboter besonders für die Bereiche Reinigung, das Heben schwerer Dinge, das Greifen von Objekten und die verbale Interaktion in Betracht gezogen wurden – alle signifikant mit $p < 0{,}05$, korrigiert mit Tukey (HSD: honestly significant difference). Für die übrigen Funktionalitäten wurden keine signifikanten Unterschiede gefunden ($p > 0{,}05$).

4.3.3.2 Kulturelle Unterschiede bei der Präferenz von Funktionalitäten sozialer Roboter

Wie in Abb. 4.5 und Tab. 4.3 verdeutlicht, zeigte ein Kruskal-Wallis-Test einen hochsignifikanten Einfluss des kulturellen Hintergrunds auf die Bewertung der Funktionalitäten sozialer Roboter ($H_{(11,198)} = 6192$, $p = 0{,}0001$). Bei sieben von 12 Funktionalitäten zeigten sich signifikante Unterschiede zwischen Teilnehmern aus Deutschland und Italien. Post-hoc-Paarvergleiche (mit Tukey-HSD-Korrekturen) zeigten, dass italienische Teilnehmer eher geneigt waren, soziale Roboter für Folgendes in Betracht zu ziehen: Pflege älterer Personen ($p = 0{,}02$), Spielen mit Kindern ($p = 0{,}002$), Überwachung der Gesundheit ($p = 0{,}004$), verbale Interaktion ($p = 0{,}03$), Unterhaltung ($p = 0{,}01$), Halten von Personen ($p = 0{,}0006$) und für das Treffen von autonomen Entscheidungen wie das Abrufen von Notdiensten ($p = 0{,}01$). Damit bestätigt sich die aus neueren internationalen Studien (Korn et al. 2021) bekannte kritische Haltung von Teilnehmenden aus Deutschland zu Funktio-

Tab. 4.3 Kulturelle Unterschiede bei den gewünschten Funktionalitäten für soziale Roboter (1 = stimme überhaupt nicht zu, 5 = stimme völlig zu). In Klammern die Standardabweichung (SD)

Kulturelle Unterschiede bei der Präferenz von Funktionalitäten sozialer Roboter

	Deutschland (SD)	Italien (SD)	Gesamt (SD)	$H_{(11,198)}$	Angepasster p-Wert	Cohens d
Kochen	3,0 (1,4)	3,3 (1,4)	3,2 (1,4)	−1,49	0,13	0,2
Persönlicher Assistent	3,3 (1,3)	3,3 (1,2)	3,3 (1,3)	−0,37	0,75	0
Pflegen von Senioren	3,5 (1,3)	3,8 (1,1)	3,7 (1,2)	−1,83	**0,02**	0,3
Kinderbetreuung	2,2 (1,1)	3,1 (1,2)	2,7 (1,2)	−4,88	**0,002**	0,8
Entscheidungsfindung	3,6 (1,3)	4,0 (1,0)	3,8 (1,1)	−2,45	**0,01**	0,4
Gesundheitsüberwachung	3,4 (1,2)	3,9 (1,1)	3,7 (1,2)	−2,88	**0,004**	0,5
Unterhaltung	3,0 (1,3)	3,2 (1,2)	3,0 (1,3)	−1,41	**0,01**	0,2
Menschen heben/stützen	3,2 (1,3)	3,9 (1,1)	3,5 (1,3)	−4,08	**0,000**	0,6
Dinge heben	4,3 (0,9)	4,3 (1,0)	4,3 (0,9)	0,31	0,75	0
Reinigung	4,1 (1,1)	4,2 (1,0)	4,2 (1,0)	−0,73	0,46	0,1
Sprechen	3,7 (1,2)	4,0 (1,0)	3,9 (1,1)	−2,1	**0,03**	0,3
Greifen	4,3 (1,0)	4,3 (0,8)	4,3 (0,9)	−0,80	0,41	0

nalitäten mit emotionalen Aspekten. Keine signifikanten Unterschiede (p > 0,05) gab es bei Funktionalitäten wie Kochen, Reinigungsaufgaben, Heben und Greifen sowie für den Einsatz als persönlicher Assistent (Abb. 4.4).

4.3.3.3 Demografischer Einfluss auf die Präferenz von Funktionalitäten sozialer Roboter

Ein Kruskal-Wallis-Test ergab einen signifikanten Effekt des Alters auf gewünschte Funktionalitäten ($H_{(1,2374)}$ = 2742, p = 0,006). Post-hoc-Paarvergleiche (mit Tukey-HSD-Korrekturen) zeigten, dass Teilnehmer im Alter von 50 bis 64 Jahren eher bereit waren, soziale Roboter zu akzeptieren, die Objekte greifen und ihnen diese geben, als Teilnehmer im Alter von 65 bis 85 Jahren (p = 0,008). Ebenso waren Teilnehmer zwischen 50 und 64 Jahren eher bereit, soziale Roboter zu akzeptieren, die mit ihnen verbal interagieren, während ältere Teilnehmer solche verbalen Interaktionen kritischer sehen (p = 0,008). Es wurden keine weiteren altersbedingten Unterschiede hinsichtlich der Präferenz von Funktionalitäten sozialer Roboter gefunden (p > 0,05). Zudem gab es in dieser Hinsicht auch keine Effekte durch Einkommen oder Geschlecht (p > 0,05).

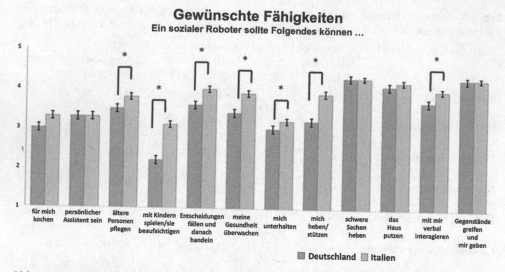

Abb. 4.4 Gewünschte Funktionalitäten sozialer Roboter nach kulturellem Hintergrund. 1 = stimme überhaupt nicht zu, 5 = stimme völlig zu. Fehlerbalken zeigen Standardfehler. Signifikante Unterschiede sind mit * hervorgehoben

4.3.3.4 Kulturelle Unterschiede in der Akzeptanz sozialer Roboter

Bei der Untersuchung möglicher kultureller Unterschiede in der Akzeptanz sozialer Roboter wurde das Almere-Modell als theoretischer Rahmen verwendet. Die einzelnen Modelldimensionen wurden über einen Mann-Whitney-U-Test verglichen. Signifikante Unterschiede ergaben sich für Angst ($U = 10.100$; $z = 3261$, $p = 0,001$), wahrgenommene Adaptivität ($U = 7676,5$; $z = 2869$, $p = 0,004$) und Vertrauen ($U = 8016,5$; $z = 1997$, $p = 0,04$). Im Detail zeigte sich, dass ängstliche Gefühle gegenüber sozialen Robotern bei deutschen Teilnehmenden ($M = 2,50$, $SD = 1,08$) im Vergleich zu italienischen Teilnehmenden ($M = 2,02$, $SD = 0,99$) ausgeprägter waren. Sie schätzen soziale Roboter außerdem als weniger fähig ein, sich an ihre Bedürfnisse anzupassen (Wahrgenommene Adaptivität – Deutschland: $M = 3,23$, $SD = 0,79$; Italien: $M = 3,56$, $SD = 0,86$), und zeigten sich weniger zuversichtlich, dass soziale Roboter mit persönlicher Integrität und Zuverlässigkeit agieren könnten (Vertrauen – Deutschland: $M = 2,90$, $SD = 0,66$; Italien: $M = 3,12$, $SD = 0,73$).

4.3.3.5 Individuelle Unterschiede in der Akzeptanz sozialer Roboter

Bei der Untersuchung eines möglichen Effekts des Alters durch eine Korrelationsanalyse nach Spearman wurden keine signifikanten Zusammenhänge hinsichtlich der Zufriedenheit mit der Gesundheit, dem sozialen Leben, der Technologieerfahrung und den Akzeptanzdimensionen gefunden. Das Alter korrelierte auch nicht mit der Bereitschaft, Geld für den Kauf sozialer Roboter zu investieren, und es gab keine Korrelation mit der gewählten Art der Anschaffung (Miete, Bereitstellung durch Dritte wie beispielsweise Versicherungen, nationales Gesundheitssystem etc.). Bei der Wahrnehmung des eigenen Gesundheitszustands und der Zufriedenheit mit dem sozialen Leben wurden nur in Deutschland signifikante Korrelationen gefunden. Diese waren negativ, was bedeutet, dass Deutsche einen erhöhten Hilfebedarf empfinden, wenn ihre Gesundheit abnimmt und ihr soziales Leben schlechter wird (s. Tab. 4.4).

Tab. 4.4 Korrelation zwischen gesundheitlicher und sozialer Zufriedenheit und den Bedürfnissen der Teilnehmer in Deutschland. Die Korrelationen sind signifikant bei p < 0,05

		Putzen	Einkauf	Heben von Objekten	Menschen heben	Unterhal-tung
Zufriedenheit mit Gesundheit	r_s	-0,257	-0,334	-0,302	-0,412	-0,372
	p	0,014	0,001	0,003	0,000	0,000
Soziale Zufriedenheit	r_s	-0,382	-0,379	-0,347	-0,367	-0,410
	p	0,000	0,000	0,000	0,000	0,020

		Gesundheitsüberwachung	Betreuung von Kindern	Pflege von Älteren	Persönlicher Assistent	Zubereiten von Mahlzeiten
Zufriedenheit mit Gesundheit	r_s	-0,367	-0,347	-0,271	-0,401	-0,261
	p	0,000	0,000	0,000	0,013	0,000
Soziale Zufriedenheit	r_s	-0,243	-0,318	-0,369	-0,306	-0,224
	p	0,020	0,002	0,000	0,003	0,033

In beiden Ländern, Italien ($r_s = 0{,}205$; $p = 0{,}033$) und Deutschland ($r_s = 0{,}249$; $p = 0{,}018$), zeigte sich ein Zusammenhang zwischen der Erfahrung mit der Technologie und dem Vertrauen zu sozialen Robotern. Auch die Dimension der wahrgenommenen Adaptivität, der Grad, in dem sich ein sozialer Roboter an Bedürfnisse der Nutzer anpassen kann, erwies sich als positiv korreliert (Italien: $r_s = 0{,}208$; $p = 0{,}030$; Deutschland: $r_s = 0{,}221$; $p = 0{,}037$). Für Italien wurden zudem negative Korrelationen mit Angst gefunden ($r_s = 0{,}224$; $p = 0{,}019$), was bedeutet, dass Wissen über Technologie als beruhigender Faktor wirkt und positive Gefühle und Wahrnehmungen fördert. Darüber hinaus wurde eine positive Korrelation zwischen Vertrauen und den gewünschten Anforderungen an Roboter festgestellt. Tatsächlich waren in beiden Ländern alle betrachteten Funktionalitäten positiv mit Vertrauen verbunden, wie Tab. 4.5 zeigt. Dies deutet darauf hin, dass das Vertrauen in soziale Roboter ein zentraler Faktor ist: Auf Basis von Vertrauen wird eine breite Palette möglicher Funktionalitäten denkbar, von einfachen Serviceaufgaben (z. B. Greifen, Heben von Gegenständen) bis hin zu komplexeren Interaktionen (z. B. Pflegetätigkeiten).

Auch bei anderen Dimensionen des Almere-Modells wurde der gleiche signifikante Trend festgestellt, der zeigt, wie die allgemeine Akzeptanz eines sozialen Roboters bei Menschen den Wunsch nach verschiedenen Funktionalitäten mit unterschiedlichem Komplexitätsgrad hervorruft.

4.3.3.6 Bereitschaft zum Kauf sozialer Roboter

Ein besonderer Fokus dieser Studie zu sozialen Robotern ist die Untersuchung der prinzipiellen Kaufbereitschaft und die Analyse, welche Faktoren diese beeinflussen. Als erster Punkt wurden keine signifikanten Unterschiede in Bezug auf den Betrag festgestellt, den Personen auszugeben bereit sind: 47,7 % aller Befragten neigten dazu, zwischen € 1000

Tab. 4.5 Korrelation zwischen der Dimension Vertrauen und den Funktionalitäten des Roboters

	VERTRAUEN Deutschland		VERTRAUEN Italien	
	r_s	P	r_s	P
Kochen	0,313	0,002	0,494	0,000
Persönlicher Assistent	0,468	0,000	0,509	0,000
Pflege von Senioren	0,485	0,000	0,465	0,000
Pflege von Kindern	0,593	0,000	0,460	0,000
Entscheidungsfindung	0,365	0,000	0,365	0,000
Gesundheitsüberwachung	0,288	0,006	0,489	0,000
Unterhaltung	0,320	0,002	0,436	0,000
Menschen halten	0,261	0,013	0,249	0,009
Dinge heben	0,135	0,204	0,220	0,022
Reinigung	0,221	0,037	0,314	0,000
Sprechen	0,391	0,000	0,467	0,000
Greifen	0,280	0,007	0,327	0,000

und € 5000 für einen Kauf auszugeben, gefolgt von 33,0 %, die weniger als € 1000 ausgeben würden, und 19,3 %, die bereit wären, mehr als € 5000 auszugeben.

Dieses Ergebnis wurde hinsichtlich möglicher Zusammenhänge mit dem Status und den Einstellungen weiter analysiert. Während die individuelle Wahrnehmung des Gesundheitsstatus und des sozialen Wohlbefindens nicht mit der Bereitschaft korreliert, einen größeren Geldbetrag auszugeben, wurden signifikante Korrelationen mit allen sieben untersuchten Dimensionen des Almere-Modells gefunden (s. Tab. 4.6).

Im Folgenden wurde eine schrittweise Regressionsanalyse durchgeführt, um herauszufinden, welche Faktoren besonders einflussstark waren. Es zeigte sich, dass Vertrauen und die Einstellung zur Technologie die beiden Faktoren waren, die am stärksten die Bereitschaft von Personen vorhersagten, in soziale Roboter zu investieren (s. Tab. 4.7). Darüber hinaus stieg diese Variable in Deutschland mit steigendem Einkommen ($r_s = 0,273$; $p = 0,009$). Für Italien ergaben sich positive Korrektionen mit dem Bedarf an Pflege älterer Menschen ($r_s = 0,212$; $p = 0,027$), dem Bedarf an Unterstützung bei täglichen Aktivitäten ($r_s = 0,214$; $p = 00,025$) und dem Bedarf bei der Zubereitung von Mahlzeiten ($r_s = 0,270$; $p = 0,004$). Auf der anderen Seite wurden in beiden Ländern signifikante Korrelationen mit den Roboteranforderungen gefunden: Greifen, Sprechen, Gesundheitsüberwachung, Entscheidungsfindung, Betreuung von Kindern und älteren Menschen, persönlicher Assistent und Kochen korrelierten signifikant (in Italien auch Unterhaltung).

Auch in diesem Fall wurde eine stufenweise Regressionsanalyse durchgeführt, um die Zusammenhänge besser zu erklären. Als Ergebnis kristallisierten sich Gesundheitsüberwachung, Entscheidungsfindung und Seniorenbetreuung als prädiktive Faktoren heraus (s. Tab. 4.7). Dieses Ergebnis deutet darauf hin, dass komplexe Dienste jene Funktionalitäten sind, die den Wert sozialer Roboter ausmachen:

- Gesundheitsüberwachung
- Pflege älterer Menschen
- Fähigkeit, Entscheidungen zu treffen und entsprechend zu handeln (z. B. in Notfällen Hilfe zu rufen, Hilfe zu leisten, wenn die Person hinfällt)

Schließlich wurden den Teilnehmern verschiedene Modalitäten für den Erwerb sozialer Roboter präsentiert – einer der zentralen Faktoren der vorliegenden Studie. Hierbei zeigten sich interessante kulturelle Unterschiede: Teilnehmende aus Italien neigen eher dazu, sich auf die Unterstützung staatlicher Stellen zu verlassen. Wie Abb. 4.5 zeigt, glauben sie signifikant mehr als deutsche Teilnehmende, dass die Kosten für soziale Roboter von Versicherungsgesellschaften oder dem staatlichen Gesundheitsdienst ($U = 7898$; $z = 2,366$, $p = 0,01$), der Regierung ($U = 8030$; $z = 2,021$, $p = 0,04$) und nicht von Einzelpersonen ($U = 11.842$; $z = 7,793$, $p = 0,000$) übernommen werden sollten.

Tab. 4.6 Korrelation zwischen den Almere-Dimensionen und der Bereitschaft der Teilnehmer, einen sozialen Roboter zu kaufen. Die Korrelationen sind bei p < ,05 signifikant

		Ängste	Einstellung zur Technologie	Wahrgenommene Adaptivität	Wahrgenommene Freude	Wahrgenommene Soziabilität	Wahrgenommene Nützlichkeit	Vertrauen
Deutschland	r_s	−0,234	0,481	0,298	0,381	0,451	0,363	0,488
	p	0,026	0,000	0,004	0,000	0,000	0,000	0,000
Italien	r_s	−0,319	0,457	0,338	0,395	0,407	0,455	0,402
	p	0,000	0,000	0,000	0,000	0,000	0,000	0,000

Tab. 4.7 Lineare Regressionsanalyse; Bereitschaft zum Kauf eines sozialen Roboters vs. Almere-Dimensionen und Roboterfunktionalitäten

Modell	R^2	$AdjR^2$	Faktor	T	p	Beta	V IF
Bereitschaft	0,23	0,22	**ALMERE-Dimensionen**	3,48	0,000	0,32	1,61
			Vertrauen	3,17	0,001	0,21	1,61
			Einstellung zur Technik				
Bereitschaft	0,18	0,15	**Roboterfunktionalitäten**	2,05	0,042	0,14	1,87
			Sprechen	−2,20	0,029	−0,15	2,33
			Gesundheitsüberwachung	2,01	0,045	0,12	2,07
			Persönlicher Assistent	2,42	0,016	0,16	2,11
			Pflege				

Werte signifikant mit p-Wert $p < 0,05$. R^2 Bestimmungskoeffizient; $AdjR^2$ bereinigtes R^2; t-Wert Steigung der Regressionsgeraden der Stichprobe geteilt durch ihren Standardfehler; V IF: Variance Inflation Factor.

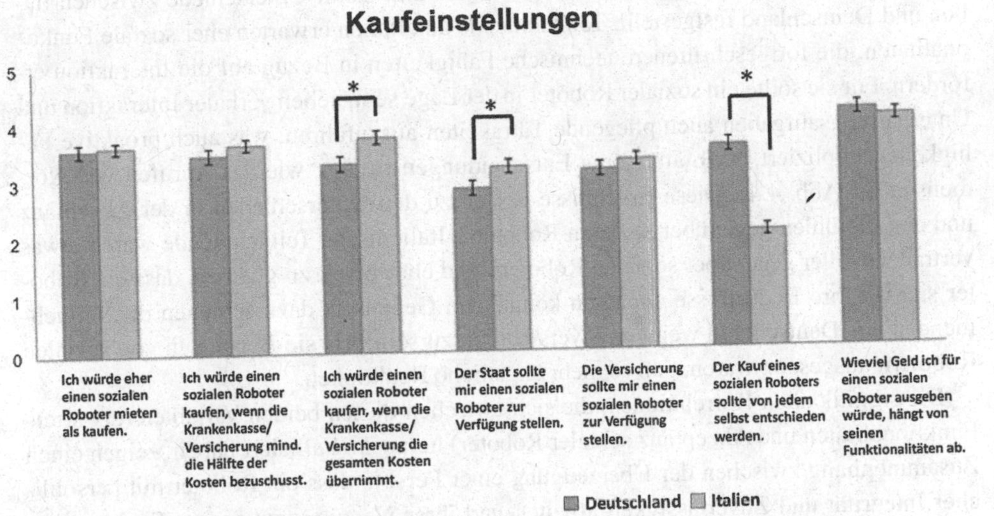

Abb. 4.5 Präferenzen bei verschiedenen Modalitäten für den Erwerb eines sozialen Roboters. 1 = stimme überhaupt nicht zu, 5 = stimme voll und ganz zu. Werte signifikant mit p < 0,05

4.3.4 Diskussion

Die Ergebnisse der Studie zu Funktionalitäten sozialer Roboter sowie zu finanziellen Aspekten erlauben einige Erkenntnisse für die zukünftige Konzeption und Entwicklung sozialer Roboter und die Steigerung ihrer Marktfähigkeit.

4.3.4.1 Gewünschte Funktionalitäten

Ein besonderer Fokus waren gewünschte Funktionalitäten sozialer Roboter. Die als am wichtigsten erachteten Funktionen sind vor allem spezifische Funktionalitäten von Servicerobotern, was mit früheren Erkenntnissen übereinstimmt, bei denen unterstützende

Aufgaben im täglichen Leben am meisten geschätzt wurden (Broadbent et al. 2011; Fischinger et al. 2016; Vandemeulebroucke et al. 2018). Dies legt nahe, dass Menschen in der Stichprobe derzeit eher geneigt sind, einen Roboter als ein Werkzeug zu begreifen. Er soll in der Lage sein, körperliche Entlastung und praktische Unterstützung zu bieten, indem klar definierte und begrenzte Aufgaben erledigt werden – anstatt als Begleiter zu fungieren.

Diese Ergebnisse deuten darauf hin, dass soziale Fähigkeiten derzeit noch eine untergeordnete Rolle spielen, was darauf zurückzuführen sein könnte, dass Menschen mit einem noch regen sozialen Leben soziale Fähigkeiten nicht als Priorität empfinden. Darüber hinaus unterstützt dieses Ergebnis frühere Befunde (Frennert et al. 2013; Görer et al. 2016), die besagen, dass ältere Erwachsene wenig geneigt sind, sich auf freundschaftsähnliche Interaktionen mit sozialen Robotern einzulassen und stattdessen lieber Unterstützung erhalten.

Darüber hinaus wurden ein kultureller Einfluss und damit Unterschiede zwischen Italien und Deutschland festgestellt. Teilnehmende aus Italien erwarten eher soziale Funktionalitäten, die fortgeschrittenere technische Fähigkeiten in Bezug auf die Interaktion erfordern. Für sie sollte ein sozialer Roboter in der Lage sein, neben verbaler Interaktion und Unterhaltungsaufgaben auch pflegende Tätigkeiten auszuführen, was auch proaktive Fähigkeiten impliziert, z. B. autonome Entscheidungen treffen, wie das Anrufen von Notdiensten (s. Abb. 4.4). Diese Ergebnisse passen zu den Unterschieden in der Akzeptanz und den Gefühlen gegenüber sozialen Robotern: Italienische Teilnehmende waren etwas vertrauensvoller gegenüber sozialen Robotern und eher bereit zu glauben, dass ein Roboter sich an ihre Bedürfnisse anpassen könnte. Im Gegensatz dazu schienen die Teilnehmenden aus Deutschland weniger zuversichtlich zu sein: Als sie Beispielen von sozialen Robotern ausgesetzt waren, gab es mehr ängstliche Reaktionen.

Die signifikanten Korrelationen, die sich zwischen diesen beiden Variablen (erwartete Funktionalitäten und Akzeptanz sozialer Roboter) herauskristallisiert haben, zeigen einen Zusammenhang zwischen der Überzeugung einer Person, dass ein Roboter mit persönlicher Integrität und Zuverlässigkeit arbeitet, und ihrer Neigung, ein breites Spektrum an Funktionalitäten zu erwarten. Dies gilt für Aufgaben wie die Manipulation von Objekten oder das Verhalten als Begleiter, aber auch für Fähigkeiten, die ein höheres Risiko für die eigene Sicherheit bedeuten, wie die Überwachung der Gesundheit und das Absetzen von Warnrufen im Notfall oder die Betreuung von älteren Personen oder Kindern.

Es ist festzuhalten, dass die oben genannten Einstellungen mit der individuellen Erfahrung mit Technologie in Verbindung stehen: Solches Wissen wirkt als beruhigender Faktor, um positive Gefühle und Wahrnehmungen bei Menschen zu fördern. Dies wird durch andere Studien bestätigt, die besagen, dass fehlende Vorerfahrungen mit moderner Technologie eine prominente Ursache für unsichere Gefühle und Abneigung gegenüber Robotern sind (Broadbent et al. 2009; Cesta et al. 2011; Flandorfer 2012). Diese Ergebnisse deuten darauf hin, wie wichtig Förderprogramme zur Verbesserung der technologischen Kompetenz der Bevölkerung sind, um sie zuversichtlicher und aufgeschlossener gegenüber technologischen Fortschritten zu machen. In diesem Zusammenhang sei auf ein

Third-Mission-Projekt des Affective & Cognitive Institute (ACI) verwiesen, in welchem ein Science-Comic zu sozialen Robotern erstellt wurde, der kostenlos in Bildungseinrichtungen eingesetzt werden kann (https://affective-lab.org/de/soziale-roboter-ein-science-comic/).

4.3.4.2 Bereitschaft, in soziale Roboter zu investieren

Ein besonderer Schwerpunkt war die Untersuchung der Bereitschaft der teilnehmenden älteren Menschen, soziale Roboter zu nutzen, und folglich ihre Bereitschaft, Geld für die Anschaffung zu investieren. Bei der Untersuchung, welche Faktoren diese Einstellung beeinflussen, ist ein erstes wichtiges Ergebnis, dass die Bereitschaft, Geld für einen sozialen Roboter auszugeben, unabhängig von der individuellen Wahrnehmung des eigenen Gesundheitszustands und des sozialen Lebens ist. Viel wichtiger sind offensichtlich ihre Überzeugungen und Wahrnehmungen gegenüber sozialen Robotern und Technologie im Allgemeinen.

Die Investitionsbereitschaft wird positiv beeinflusst durch technologische Affinität, positive Reaktionen hinsichtlich Robotern im Allgemeinen (im Gegensatz zu Angst) und den Glauben, dass der Roboter mit Integrität und Zuverlässigkeit arbeiten wird und sich an die Bedürfnisse der Nutzer anzupassen vermag. Diese Abhängigkeiten ergaben sich unabhängig vom kulturellen Einfluss, was die Generalisierbarkeit des anerkannten Technologieakzeptanzmodells ALMERE belegt.

Darüber hinaus sind einige Funktionalitäten für die Teilnehmenden wichtiger als andere und folglich bessere Anreize, soziale Roboter zu kaufen. Dienste, die sich mit Gesundheitsproblemen und Pflege befassen, scheinen die Kaufbereitschaft besonders zu fördern – insbesondere die Fähigkeit, die Gesundheit zu überwachen und im Notfall proaktiv einzugreifen sowie mögliche Pflegeaktivitäten. Dies steht im Einklang mit früheren Ergebnissen: Der Review-Artikel von Vandemeulebroucke et al. (2018) fand eine beträchtliche Anzahl von Belegen dafür, dass ältere Erwachsene soziale Roboter als Komponente eines Sicherheitssystems begreifen. In der gleichen Arbeit wurden weitere Teilnehmende berichtet, die soziale Roboter als virtuelles medizinisches Fachpersonal begreifen, die ältere Personen überwachen und im Notfall menschliche Mediziner und Medizinerinnen oder Angehörige benachrichtigen.

4.3.4.3 Marktfähigkeit

Zentral für die Untersuchung der Marktfähigkeit sozialer Roboter ist wohl die Haltung der Teilnehmenden zur Kostenübernahme. Während Teilnehmende aus Deutschland eher der Meinung sind, dass sich die Einzelpersonen selbst versorgen sollten, scheinen die Teilnehmenden aus Italien diese Möglichkeit abzulehnen. Sie sind der Meinung, dass diese Verantwortung bei anderen Parteien liegen sollte, insbesondere beim nationalen Gesundheitssystem. Ähnliche Befunde zur italienischen Bevölkerung wurden bereits in früheren Studien berichtet (Cortellessa et al. 2017).

Die vorliegende Untersuchung ergab, dass in beiden Ländern Funktionalitäten als wertvoller angesehen werden, die die Gesundheitsunterstützung und -überwachung betreffen, insbesondere im Hinblick auf die Pflege älterer Personen. Daher ist es sinnvoll, soziale Roboter als „assistierende technische Geräte" zu betrachten, die als medizinische Hilfsmittel von Versicherungen und der öffentlichen Hand bezuschusst werden.

Ohne den Anspruch auf Vollständigkeit zu erheben, sollen kurz die Gesundheitssysteme der beiden Länder erläutert werden. In Deutschland erfolgt die Finanzierung von Gesundheitsleistungen überwiegend durch die gesetzliche Krankenversicherung, mit Direktzahlungen für Privatpraxen, öffentlichen Steuern und privaten Versicherungen als ergänzenden Möglichkeiten. Im Gegensatz dazu ist in Italien die öffentliche Besteuerung der Hauptweg zur Unterstützung des Gesundheitssystems und private freiwillige Versicherungen mit Direktzahlungen werden zu ergänzenden Finanzierungssystemen. Unabhängig von diesen unterschiedlichen Geschäftsmodellen bieten beide Länder eine einheitliche Gesundheitsversorgung und in beiden Systemen sind Beiträge aus eigener Tasche vorgesehen.

In Italien wird die Bereitstellung medizinischer Hilfsmittel durch die „Nomenclatore Tariffario" geregelt: ein Gesetz des italienischen Staates, das die Normen und Tarife für Hilfsmittel festlegt, die innerhalb des nationalen Gesundheitssystems bereitgestellt werden. Grob beschrieben, enthält das Dekret eine Liste von Hilfsmitteln, sodass Bürger mit bescheinigten Einschränkungen von solchen Unterstützungen kostenlos profitieren können. Um ein Verfahren für die Überlassung solcher Hilfsmittel zu Lasten des Nationalen Gesundheitsdiensts einzuleiten, sollten die Personen eine bescheinigte Behinderung von mindestens 34 % haben.

In Deutschland gibt es einige Unterschiede in Bezug auf den Kauf von Hilfsmitteln. Die Finanzierung von Hilfsmitteln durch die sozialen Sicherungssysteme, durch Krankenkassen, Kommunen, Wohnungsbaugenossenschaften etc. ist unzureichend geklärt. Derzeit erfolgt dies in geringem Umfang durch die Krankenkassen auf der Basis von Einzelfallentscheidungen (Lutze et al. 2019). Die Regelungen für die Bereitstellung und Finanzierung von technisch komplexeren Hilfsmitteln sind komplex und fragmentiert, was eine adäquate Versorgung beeinträchtigen kann. Die grundsätzlichen Ansprüche Versicherter auf die Versorgung sind im Sozialgesetzbuch V (SGBV), dem wichtigsten Versorgungssystem in Deutschland, definiert. Voraussetzung für die Versorgung mit Hilfsmitteln ist aber eine ärztliche Verordnung des Leistungserbringers. In einem zweiten Schritt muss sich der Patient an die Krankenkasse wenden und die Bereitstellung zusammen mit dem Rezept beantragen, das die medizinische Notwendigkeit des Geräts bescheinigen muss.

Die obige Beschreibung zeigt, dass, wenn man soziale Roboter als medizinische Hilfsmittel für die Gesundheitsversorgung betrachtet, Personen in Italien vernünftigerweise erwarten könnten, sie kostenlos als Recht zu bekommen; Personen in Deutschland müssten sich derzeit auf einen langen Prozess einlassen, der mit einem unzureichenden Beitrag des Systems und der unvermeidlichen Notwendigkeit, den größten Teil für den Kauf eines Gerätes selbst zu bezahlen, enden könnte. Diese Sorgen wurden bereits im Abschnitt zum Stand der Technik beschrieben: Hier wurde die Wichtigkeit, Kosten niedrig zu halten, besonders hervorgehoben (Cesta et al. 2018); zugleich wurden die hohen Kosten kommerziell verfügbarer sozialer Roboter kritisiert (Tamura et al. 2014; Reuters 2020; Moyle et al. 2017).

4.3.4.4 Soziale Roboter als assistive technologische Geräte und medizinische Hilfsmittel

Das Haupthindernis, von sozialen Robotern in Gesundheit und Pflege zu profitieren, ist, dass diese nicht als assistive technologische Geräte bzw. medizinische Hilfsmittel durch das jeweilige nationale Gesundheitssystem (oder auf europäischer Ebene) kategorisiert sind. Viele Länder haben gut etablierte nationale Datenbanken, die im Internet öffentlich zugänglich sind, zum Beispiel in Italien das Portale SIVA (http://www.portale.siva.it) und in Deutschland Rehadat (https://www.rehadat.de). Heute arbeiten diese Systeme in der EASTIN Association (European Assistive Technology Information Network) zusammen. Jede nationale Datenbank stellt ihre Daten der EASTIN-Suchmaschine (http://www.eastin.eu) zur Verfügung, mit der man Informationen über assistive Technologieprodukte und verwandte Ressourcen aus jedem EU-Land suchen kann.

Das EASTIN-System ist zum europäischen Bezugspunkt für Informationen zu Hilfsmitteln geworden und wird seine Reichweite schrittweise erhöhen, indem weitere EU-unterstützte Netzwerke (ETNA, ATIS4All usw.) integriert werden. Eine Suche nach dem Begriff „Roboter" auf dieser Plattform bringt als Resultate robotische Exoskelette, Rollstühle, robotische Arme und robotische Löffel. Nur zwei Roboter waren jeweils in Dänemark und Österreich verfügbar: JustoCat und Paro, beide kategorisiert unter ISO 04.26 (Hilfsmittel für kognitive Therapie) und ISO 30.03.03 (Spielzeug).

Es ist davon auszugehen, dass soziale Roboter derzeit noch keine Zertifizierungen haben, um als medizinische Hilfsmittel kategorisiert zu werden. Dies liegt auch in der Verantwortung von uns Forschenden, da noch keine ausreichenden technischen und noch weniger klinische Validierungen stattgefunden haben. Natürlich würde dies auch die Beteiligung von Gesundheitssystemen, Pflegeeinrichtungen, Regierungen sowie der Unternehmen, die diese Roboter verkaufen, implizieren. So könnte robuste Evidenz für die medizinischen Vorteile entstehen, was soziale Roboter – gerade in Pandemiezeiten, aber auch sonst – zu Lösungen machen würde, die von den medizinischen und sozialen Einrichtungen anerkannt werden.

Die wissenschaftliche Gemeinschaft ist sich dieses Mangels durchaus bewusst: Verschiedene Reviews wiesen darauf hin, dass soziale Roboter und AAL-Lösungen im Allgemeinen nur unter Laborbedingungen getestet wurden (Queirós und Rocha 2018), wobei der Schwerpunkt auf der konzeptionellen Validierung lag. Bis heute gibt es überwiegend Studien, die sich auf die Entwicklung und Implementierung sozialer Roboter konzentrieren, nicht aber auf deren Evaluation und Prüfung der praktischen Wirksamkeit (Ganesan et al. 2019). In der Tat konnten Pu et al. (2018), die randomisierte klinische Studien (RCT) untersuchten, aus 2204 Artikeln nur neun Studien in ihre Metaanalyse einbeziehen. Sie fanden heraus, dass soziale Roboter das Potenzial zu haben scheinen, das Wohlbefinden älterer Personen zu verbessern, beklagten aber, dass die Schlussfolgerungen aufgrund des Mangels an hochwertigen Studien begrenzt sind, und empfahlen mehr RCTs mit größeren Stichprobengrößen und strengen Studiendesigns.

Abschließend ist hervorzuheben, dass sich unsere Spekulationen in ein größeres Bild einfügen, das den demografischen Wandel in Europa berücksichtigt, der sich unweigerlich auf die Gesundheitssysteme auswirken wird. Bislang liegt das Hauptaugenmerk auf den Gesundheitsbedürfnissen der älteren Bevölkerung und den Herausforderungen, die das „graue Europa" an die Gesundheitssysteme in Bezug auf die Finanzierung und Bereitstellung von Langzeitpflegeleistungen stellen wird. Ein erheblicher Teil des Gesundheitswesens in der EU, darunter auch in Deutschland und Italien, zielt auf eine universelle Versorgung ab: Gesunde junge Arbeitnehmer zahlen für die Versorgung kranker, meist älterer und/oder ärmerer Bürger. Im Gegenzug verlassen sich die jungen Generationen darauf, dass nachfolgende Generationen auch ihre Pflege unterstützen. Die demografischen Veränderungen wie sinkende Geburtenrate, steigende Lebenserwartung und zunehmende Erwerbsbeteiligung von Frauen werden jedoch im bestehenden Rahmen zu erheblichen Finanzierungsproblemen führen. Daher sollten Alternativen in Betracht gezogen werden, wie z. B. der Vorschlag von Pammolli et al. (2011), pluralistische Systeme der Gesundheitsversorgung und -finanzierung zu entwerfen, bei denen eine ausgewogene Mischung aus öffentlicher und privater Finanzierung Investitionen und Innovationen unterstützen kann, ohne die öffentlichen Haushalte untragbar zu belasten und ohne der benachteiligten Bevölkerung eine adäquate Versorgung zu verweigern.

4.4 Fazit

Diese Arbeit stellt eine Studie zur Marktfähigkeit sozialer Roboter vor. Trotz einer Fülle von Arbeiten zu sozialen Robotern, die Design, Akzeptanz, Vertrauen und Auswirkungen auf das Wohlbefinden untersuchen, gibt es unseres Wissens bislang nur wenige Daten darüber, wie Nutzer die Marktperspektiven sozialer Roboter bewerten oder wie sie sich die zukünftige Anschaffung solch fortschrittlicher Technologie vorstellen. Zu diesem Zweck untersuchten wir 197 italienische und deutsche potenzielle Nutzer im Alter zwischen 50 und 85 Jahren.

Die Ergebnisse zeigen, dass Funktionalitäten, die auf körperliche Erleichterungen abzielen, wie Putzen, das Heben schwerer Dinge oder das Greifen von Gegenständen, von den Befragten mehr geschätzt wurden. Interessanterweise änderten sich diese Präferenzen bei der Analyse, welche Faktoren die Investitionsbereitschaft beeinflussen: Hier wurden pflegeorientierte Funktionalitäten wie Gesundheitsunterstützung und -überwachung bevorzugt. Insbesondere bei älteren Personen erwiesen sich die tägliche Gesundheitsunterstützung und die Nutzung als persönlicher Assistent als prädiktive Faktoren für Bereitschaft, soziale Roboter zu akzeptieren und in diese zu investieren. Die Investitionsbereitschaft wird ebenfalls positiv beeinflusst durch technologische Affinität, positive Reaktionen hinsichtlich der Roboter im Allgemeinen (im Gegensatz zu Angst) und den Glauben, dass der Roboter mit Integrität und Zuverlässigkeit arbeiten wird und sich an die Bedürfnisse der Nutzer anzupassen vermag. Diese Abhängigkeiten ergaben sich unabhängig vom kulturellen Einfluss, was die Generalisierbarkeit des anerkannten Technologieakzeptanzmodells ALMERE belegt.

Hinsichtlich der Finanzierung sozialer Roboter spiegeln die Ergebnisse die üblichen Praktiken in Italien und Deutschland wider: Während die Teilnehmenden aus Italien eine erhebliche Unterstützung durch das nationale Gesundheitssystem erwarteten, verlassen sich die Teilnehmenden aus Deutschland mehr auf ihre eigenen finanziellen Möglichkeiten. Diese Faktoren sollten tiefergehend untersucht werden, wobei nationale Besonderheiten der Gesundheitssysteme und die Wahrnehmungen und Erwartungen der Menschen in Bezug auf ihre Leistungen berücksichtigt werden müssen.

Unsere Arbeiten fügen sich in ein größeres Bild des demografischen Wandels in Europa, der sich unweigerlich auf die Gesundheitssysteme auswirken wird. Das Gesundheitswesen der EU zielt auf eine universelle Versorgung ab: Gesunde junge Arbeitnehmer zahlen für die Versorgung kranker, meist älterer und/oder ärmerer Bürger. Im Gegenzug verlassen sich jüngere Generationen darauf, dass nachfolgende Generationen auch ihre Pflege unterstützen. Soziale Roboter bieten eine Chance, die Versorgungsqualität zu steigern oder beizubehalten und gleichzeitig Kosten zu senken. Unter der Annahme, dass soziale Roboter gesellschaftlich vorteilhaft sind, ist es für politische Entscheidungsträger entscheidend, die richtigen Stakeholder einzubeziehen. Die Ergebnisse zeigen, dass ältere Menschen soziale Roboter als „assistierende technische Geräte" bzw. medizinische Hilfsmittel begreifen. Daher sollten diese als medizinische Hilfsmittel in die entsprechenden Datenbanken integriert werden. Voraussetzung hierfür ist, dass in Zukunft mehr randomisierte kontrollierte Studien (RCT) durchgeführt werden, die den Nutzen sozialer Roboter im Gesundheitswesen, in der institutionellen Pflege und auch in der häuslichen Pflege belegen.

Die vorliegende Arbeit liefert wichtige Erkenntnisse und Richtlinien für die zukünftige Forschung – aber es gibt Besonderheiten, die bei der Interpretation der Ergebnisse berücksichtigt werden müssen. Um eine breite Stichprobe von Teilnehmern zu erreichen, hatten diese nicht die Möglichkeit, physisch mit sozialen Robotern zu interagieren. Stattdessen sahen sie eine Dokumentation (ACI 2018), die deren Fähigkeiten zeigt. Obwohl dies den Befragten eine gemeinsame Basis bot, beruhen die Antworten auf allgemeinen Haltungen und Wahrnehmungen in Bezug auf die Interaktion mit sozialen Robotern und nicht auf realen Erfahrungen. Für zukünftige Arbeiten wäre es wünschenswert, reale Interaktionen mit sozialen Robotern zu integrieren, wenn möglich langfristige Interaktionen, um die potenziellen Nutzerinnen und Nutzer diese unter realen Bedingungen erleben zu lassen.

Literatur

ACI – Affective & Cognitive Institute (2018) Social robots documentary [Fast forward science 2018], Offenburg, 2018. https://www.youtube.com/watch?v=X5iMhbE5SgU. Zugegriffen am 10.03.2021

Allaban A, Wang M, Padır T (2020) A systematic review of robotics research in support of in-home care for older adults. Information 11(2):75

Arras KO, Cerqui D (2005) Do we want to share our lives and bodies with robots? A 2000-people survey Swiss Federal Institute of Technology, EPFL, Lausanne

Baisch S, Kolling T, Schall A, Rühl S, Selic S, Kim Z, Rossberg H, Klein B, Pantel J, Oswald F, Knopf M (2017) Acceptance of social robots by older people: does psychosocial functioning matter? Int J Soc Robot 9(2):293–307

Broadbent E, Stafford R, MacDonald-B (2009) Acceptance of healthcare robots for the older population: review and future directions. Int J Soc Robot 1(4):319–330

Broadbent E, Tamagawa R, Patience A, Knock B, Kerse N, Day K, MacDonald BA (2011) Attitudes towards health-care robots in a retirement village. Australas J Ageing 31(2):115–120

Broekens J, Heerink M, Rosendal H (2009) Assistive social robots in elderly care: a review. Gerontechnology 8(2):94

Cesta A, Cortellessa G, Rasconi R, Pecora F, Scopelliti M, Tiberio L (2011) Monitoring older people with the robocare domestic envi- ronment: interaction synthesis and user evaluation. Comput Intell 27(1):60–82

Cesta A, Cortellessa G, Fracasso F, Orlandini A, Turno M (2018) User needs and preferences on AAL systems that support older adults and their carers. J Ambient Intell Smart Environ 10(1):49–70

Cortellessa G, Fracasso F, Sorrentino A, Orlandini A, Bernardi G, Coraci L, Benedictis RD, Cesta A (2017) Enhancing the interactive services of a telepresence robot for AAL: developments and a psycho-physiological assessment. Lecture notes in electrical engineering. Springer International Publishing, Cham, S 337–357

Cortellessa G, Fracasso F, Sorrentino A, Orlandini A, Bernardi G, Coraci L, Benedictis RD, Cesta A (2018) Robin, a telepresence robot to support older users monitoring and social inclusion: development and evaluation. Telemed e-Health 24(2):145–154

Esposito R, Fracasso F, Limosani R, D'Onofrio G, Sancarlo D, Cortellessa G, Cesta A, Dario P, Cavallo F (2018) Engagement during interaction with assistive robots. J Neuropsychiatry 8(6):1736–1744

Fischinger D, Einramhof P, Papoutsakis P, Wohlkinger W, Mayer P, Panek P, Hofmann S, Koertner T, Weiss A, Argyros A, Vincze M (2016) Hobbit, a care robot supporting independent living at home: first prototype and lessons learned. Robot Auton Syst 75:60–78

Flandorfer P (2012) Population ageing and socially assistive robots for elderly persons: the importance of sociodemographic factors for user acceptance. Int J Popul Res 2012:1–13

Frennert S, Eftring H, Östlund B (2013) What older people expect of robots: a mixed methods approach. Social robotics. Springer International Publishing, Cham

Ganesan B, Gowda T, Al-Jumaily A, Fong K, Meena S, Tong R (2019) Ambient assisted living technologies for older adults with cognitive and physical impairments: a review. Eur Rev Med Pharmacol Sci 23(23):470–481

Giuliani M, Scopelliti M, Fornara F (2005) Elderly people at home: technological help in everyday activities. In: ROMAN 2005. IEEE international workshop on robot and human interactive communication, IEEE, Nashville, TN

Görer B, Salah AA, Akın HL (2016) An autonomous robotic exercise tutor for elderly people. Auton Robot 41(3):657–678

de Graaf M, Allouch SB, Klamer T (2015) Sharing a life with harvey: exploring the acceptance of and relationship-building with a social robot. Comput Hum Behav 43:1–14. http://www.sciencedirect.com/science/article/pii/S0747563214005536. Zugegriffen am 10.03.2021

de Graaf M, Allouch SB, van Dijk J (2016) Long-term acceptance of social robots in domestic environments: insights from a user's perspective. In: AAAI Spring symposium on enabling computing research in socially intelligent human-robot interaction, Stanford, CA, S 96–103

Heerink M, Kröse BJA, Evers V, Wielinga BJ (2010) Assessing acceptance of assistive social agent technology by older adults: the Almere model. Int J Soc Robot 2(4):361–375

Hofstede G (2011) Dimensionalizing cultures: the Hofstede model in context. In: Psychology and Culture, Unit 2, 2011 Grand Valley State University in Allendale

Kanamori M, Suzuki M, Oshiro H, Tanaka M, Inoguchi T, Takasugi H, Saito Y, Yokoyama T (2003) Pilot study on improvement of quality of life among elderly using a pet-type robot. In: Proceedings 2003 IEEE international symposium on computational intelligence in robotics and automation. Computational intelligence in robotics and automation for the New Millennium. IEEE, Kobe

Korn O (Hrsg) (2019) Social robots: technological, societal and ethical aspects of human-robot interaction. Springer International Publishing, Cham

Korn O, Bieber G, Fron C (2018) Perspectives on social robots. In: Proceedings of the 11th pervasive technologies related to assistive environments conference, ACM, Korfu

Korn O, Akalin N, Gouveia R (2021) Understanding cultural preferences for social robots: a study in German and Arab communities. ACM Trans Human-Robot Interact 10(2):12:1–12:19

KPMG (2016) Social robots: 2016's new breed of social robots is ready to enter your world. https://assets.kpmg/content/dam/kpmg/pdf/2016/06/social-robots.pdf. Zugegriffen am 10.03.2021

Li D, Rau PLP, Li Y (2010) A cross-cultural study: effect of robot appearance and task. Int J Soc Robot 2(2):175–186

Lutze M, Glock G, Stubbe J, Paulicke D (2019) Digitalisierung und Pflegebedürftigkeit – Nutzen und Potenziale von Assistenztechnologien. Schriftenreihe Modellprogramm zur Weiterentwicklung der Pflegeversicherung, Bd 15. CW Haarfeld GmbH, Hürth

McGinn C, Bourke E, Murtagh A, Cullinan M, Kelly K (2018) Exploring the application of design thinking to the development of service robot technology, In: ICRA2018 workshop on elderly care robotics, Brisbane

McGinn C, Bourke E, Murtagh A, Donovan C, Cullinan MF (2019) Meeting Stevie: perceptions of a socially assistive robot by residents and staff in a long-term care facility. In: 14th ACM/IEEE international conference on human-robot interaction (HRI), IEEE, Daegu

McGlynn SA, Kemple SC, Mitzner TL, King C-H, Rogers WA (2014) Understanding older adults' perceptions of usefulness for the paro robot. Proc Hum Factors Ergon Soc Annu Meet 58(1):1914–1918

McGlynn SA, Kemple SC, Mitzner TL, King C-H, Rogers WA (2017) Understanding the potential of PARO for healthy older adults. Int J Hum Comput Stud 100:33–47

Moyle W, Bramble M, Jones CJ, Murfield JE (2017) „She had a smile on her face as wide as the great Australian bite": a qualitative examination of family perceptions of a therapeutic robot and a plush toy. The Gerontologist 59:177–185

Naneva S, Gou MS, Webb TL, Prescott TJ (2020) A systematic review of attitudes, anxiety, acceptance, and trust towards social robots. Int J Soc Robot 12:1179–1201

Noelker LS, Browdie R (2013) Sidney Katz, MD: A new paradigm for chronic illness and long-term care. The Gerontologist 54:13–20

Nomura T (2017) Cultural differences in social acceptance of robots. In: 2017 26th IEEE international symposium on robot and human interactive communication (RO-MAN), Lissabon, S 534–538

Paletta L, Schüssler S, Zuschnegg J, Steiner J, Pansy-Resch S, Lammer L, Prodromou D, Brunsch S, Lodron G, Fellner M (2019) AMIGO-a social assistive robot for coaching multimodal training of persons with dementia. Human-computer interaction series. Springer International Publishing, Cham, S 265–284

Pammolli F, Riccaboni M, Magazzini L (2011) The sustainability of European health care systems: beyond income and aging. Eur J Health Econ 13(5):623–634

Pu L, Moyle W, Jones C, Todorovic M (2018) The effectiveness of social robots for older adults: a systematic review and meta-analysis of randomized controlled studies. The Gerontologist 59:e37–e51

Queirós A, Rocha N (2018) Ambient assisted living: systematic review. Usability, accessibility and ambient assisted living. Human-computer interaction series. Springer, Cham, S 13–47

R&M (2020) Forschung und Märkte. https://www.researchandmarkets.com/reports/4829899/global-social-robots-market-premium-insightrela0-4542588. Zugegriffen am 10.03.2021

Reuters (2020) Aging Japan: Robot may have role in future of elder care. https://www.reuters.com/article/us-japan-ageing-robots-widerimage/aging-japan-robots-may-have-role-in-future-of-elder-care-idUSKBN1H33AB. Zugegriffen am 10.03.2021

Robinson H, MacDonald B, Broadbent E (2013) Physiological effects of a companion robot on blood pressure of older people in residential care facility: a pilot study. Australas J Ageing 34(1):27–32

Saito T, Shibata T, Wada K, Tanie K (2003) Relationship between interaction with the mental commit robot and change of stress reaction of the elderly. In: Proceedings 2003 IEEE international symposium on computational intelligence in robotics and automation. Computational intelligence in robotics and automation for the New Millennium. IEEE, Kobe

Scopelliti M, Giuliani MV, Fornara F (2005) Robots in a domestic setting: a psychological approach. Univ Access Inf Soc 4(2):146–155

SPARC (2020) Strategic research agenda for robotics in Europe 2014-2020. https://www.eu-robotics.net/cms/upload/topic_groups/SRA2020_SPARC.pdf. Zugegriffen am 10.03.2021

Takayanagi K, Kirita T, Shibata T (2014) Comparison of verbal and emotional responses of elderly people with mild/moderate dementia and those with severe dementia in responses to seal robot, PARO. Front Aging Neurosci 6:257

Tamura T, Yonemitsu S, Itoh A, Oikawa D, Kawakami A, Higashi Y, Fujimooto T, Nakajima K (2014) Is an entertainment robot useful in the care of elderly people with severe dementia? J Gerontol Ser A Biol Med Sci 59(1):M83–M85

TIME (2020) Stop me if you've heard this one: Ein Roboter und ein Team irischer Wissenschaftler betreten ein Seniorenheim. https://time.com/5709489/stop-me-if-youve-heard-this-one-a- robot-and- a-team-of-irish-scientists-walk-into-a-senior-living-home/. Zugegriffen am 10.03.2021

Torta E, Werner F, Johnson DO, Juola JF, Cuijpers RH, Bazzani M, Oberzaucher J, Lemberger J, Lewy H, Bregman J (2014) Evaluation of a small socially-assistive humanoid robot in intelligent homes for the care of the elderly. J Intell Robot Syst 76(1):57–71

Vandemeulebroucke T, de Casterlé BD, Gastmans C (2017) How do older adults experience and perceive socially assistive robots in aged care: a systematic review of qualitative evidence. Aging Ment Health 22(2):149–167

Vandemeulebroucke T, de Casterlé BD, Gastmans C (2018) The use of care robots in aged care: a systematic review of argument-based ethics literature. Arch Gerontol Geriatr 74:15–25. http://www.sciencedirect.com/science/article/pii/S0167494317302790. Zugegriffen am 10.03.2021

Wada K, Shibata T, Saito T, Tanie K (2003) Effects of robot assisted activity to elderly people who stay at a health service facility for the aged, In: Proceedings 2003 IEEE/RSJ international conference on intelligent robots and systems (IROS 2003), IEEE, Las Vegas, NV

Wada K, Shibata T, Saito T, Sakamoto K, Tanie K (2005) Psychological and social effects of one year robot assisted activity on elderly people at a health service facility for the aged. In: Proceedings of the 2005 IEEE international conference on robotics and automation. IEEE, Barcelona

Wang RH, Sudhama A, Begum M, Huq R, Mihailidis A (2016) Robots to assist daily activities: views of older adults with Alzheimer disease and their caregivers. Int Psychogeriatr 29(1):67–79

Wu Y-H, Wrobel J, Cornuet M, Kerhervé H, Damnée S, Rigaud A-S (2014) Acceptance of an assistive robot in older adults: a mixed-method study of human-robot interaction over a 1-month period in the living lab setting. Clin Interv Aging 8:801–811

Young YE, Hawkins R, Sharlin E, Igarashi T (2008) Toward acceptable domestic robots: applying insights from social psychology. Int J Soc Robot 1(1):95–108

Zrinjka D, Rosa C, Andrei M (2019) Robots in healthcare: a solution or a problem? In: Studie für den Ausschuss für Umwelt, Volksgesundheit und Lebensmittelsicherheit, Abteilung für Wirtschafts-, Wissenschafts- und Lebensqualitätspolitik, Luxemburg

Soziale Roboter aus Sicht der Technikfolgenabschätzung

Zur Gestaltung gemeinsamer Zukünfte von Mensch und Technik

5

Armin Grunwald

Die beste Möglichkeit, die Zukunft vorherzusagen, ist, sie zu gestalten.

(Abraham Lincoln)

Zusammenfassung

Roboter sind auf dem Sprung in menschliche Lebens- und Arbeitswelten und werden zu Gegenübern in Kommunikation und Interaktion. Für soziale Roboter werden unterschiedliche Rollenkonzepte verfolgt, etwa als Gefährte, als Berater, als Kollege, als Betreuer, als Unterhalter oder als Diener. Ihre enge Wechselwirkung mit Menschen macht sie für die Technikfolgenabschätzung zu einer besonderen Herausforderung jenseits von Folgenabschätzung in einem traditionellen Sinne. Ihre Bewältigung erfordert, zusätzlich zu den etablierten Dimensionen von Folgenuntersuchungen, etwa in ökonomischer und sozialer Hinsicht, auch Fragen von sich verändernden Mensch/Technik-Verhältnissen oder menschlichen Selbstverständnissen zu betrachten. Dabei geht es vor allem um ein Explorieren möglicher positiver wie negativer Entwicklungen und ihre Reflexion unter Aspekten der Gestaltung zukünftiger kooperativer Mensch/Roboter-Konstellationen in unterschiedlichen Anwendungsfeldern. In diesem Kapitel wird zunächst die Rolle der Technikfolgenabschätzung im Feld der sozialen Roboter erläutert. Exemplarisch werden dann anhand der Fallbeispiele des künstlichen Gefährten, des Kollegen am Arbeitsplatz und des Pflegeroboters typische Fragestellungen für Technikfolgenabschätzung erarbeitet, die schließlich in Form von übergreifenden Querschnittsfragen gebündelt werden.

A. Grunwald (✉)
ITAS, Karlsruhe, Deutschland
E-Mail: armin.grunwald@kit.edu

5.1 Einleitung und Überblick

Soziale Roboter sind aus der Science-Fiction-Literatur und vor allem aus entsprechenden Kino- oder Fernsehfilmen längst vertraut. Dort übernehmen sie wesentliche Funktionen, kooperieren und kommunizieren mit Menschen, haben eigene Entscheidungsbefugnisse und können autonom handeln. Roboter gehören zum ganz natürlichen Inventar in diesen vorgestellten zukünftigen Welten. Diese Erfahrungen aus der Welt der Unterhaltung beeinflussen die heutige Wahrnehmung von Robotern, von Chancen und Risiken, von Rollen- und Funktionserwartungen sowie im Hinblick auf Kontrolle.

Während traditionelle Robotikanwendungen, etwa Industrieroboter in den automatisierten Fertigungsstraßen der Automobilindustrie, nur in von Menschen abgetrennten Bereichen eingesetzt werden, kommen gegenwärtig Roboter an vielen Stellen in Lebenswelt und Wirtschaft in die Lage, die ihnen bislang nur in der *Science-Fiction* vorbehalten war: sie werden „sozial" (Bendel 2020). Sie halten Einzug in Arbeitswelt und Freizeit wie die Kundenbetreuung, die Unterhaltung und den Wohnbereich. Technische Fortschritte in der Sensorik zur Verbesserung der Wahrnehmung der Umwelt, in der Mechatronik zur Ermöglichung von Bewegungsvorgängen, in der Elektronik durch die gewaltige Erhöhung der Informationsverarbeitungskapazität, in Spracherkennung und Lernfähigkeit durch künstliche Intelligenz erlauben es Robotern, autonom bestimmte Aufgaben auch in Bereichen zu übernehmen, wo Menschen leben und arbeiten, und mit ihnen zu kooperieren. Es wird erwartet, dass soziale Roboter in den nächsten Jahren und Jahrzehnten in immer mehr Lebensbereichen Einzug halten werden.

Diese Entwicklung ist Teil der auf breiter Front laufenden Digitalisierung. Sie hat bereits in den letzten Jahrzehnten die Gesellschaft auf Basis vieler technisch neuer Möglichkeiten stark verändert und ist weiter in rascher Entwicklung: globale Kommunikation in Echtzeit, instantane Information, Mustererkennung durch Big-Data-Technologien, Effizienzsteigerung und Beschleunigung der Produktion, neue Dienstleistungen und Geschäftsmodelle, bessere medizinische Diagnosen und Therapien, Roboter, selbstfahrende Autos und vieles mehr (Neugebauer 2018). Steht die Digitalisierung generell im Fokus der öffentlichen und ethischen Debatte wie auch der Technikfolgenabschätzung (Grunwald 2019a), so gilt dies für soziale Roboter im Besonderen. Sie sind nicht abstrakt wie Algorithmen, Big Data oder neuronale Netze, sondern konkret, geradezu zum Anfassen. Ihre erwähnte Geschichte in der *Science-Fiction* ist wirkmächtig: Kaum jemand dürfte beim Stichwort „Roboter" einen algorithmischen *Social Bot* im Internet assoziieren, sondern eher einen R2-D2 aus „Star Wars" von George Lucas oder Sonny aus dem Film „I, Robot" von Alex Proyas, also soziale Roboter, die mit Menschen in kommunikative und physische Interaktion treten.

Soziale Roboter sind „sensomotorische Maschinen, die für den Umgang mit Menschen oder Tieren geschaffen wurden" (Bendel 2020). Sie sind gekennzeichnet durch Interaktion und Kommunikation mit Lebewesen, kommen diesen physisch nahe und sollen Nutzen erbringen. Besonders interessant für die Technikfolgenabschätzung, aber auch für das öffentliche Interesse, sind sie, weil hier Roboter als *technische Systeme* auf eine Weise mit Menschen in Kontakt treten, die bislang anderen Menschen oder anderen Lebewesen vorbehalten war. Dadurch gewinnen technische Systeme Eigenschaften des Lebendigen, ohne nach biologischem Verständnis lebend zu sein (Grunwald 2021).

Diese Entwicklungen sind wissenschaftlich und technisch faszinierend. In Bezug auf ihre Nutzung in der Gesellschaft, Innovationen und mögliche Folgen gibt es ein breites Spektrum an Erwartungen, allerdings auch von Befürchtungen (Grunwald 2019a). Aufgabe der Technikfolgenabschätzung (TA, Abschn. 5.2) ist deren prospektive Analyse und Einschätzung. Der Hauptteil dieses Kapitels ist der Perspektive und Erläuterung der Fragestellungen der TA im Feld der sozialen Roboter gewidmet, zunächst exemplarisch anhand der Fallbeispiele des künstlichen Gefährten, des Kollegen am Arbeitsplatz und des Pflegeroboters (Abschn. 5.3), sodann in Form von Querschnittsfragen der Technikfolgenabschätzung mit ethischen und philosophischen Herausforderungen (Abschn. 5.4).

5.2 Die Perspektive der Technikfolgenabschätzung

Die Technikfolgenabschätzung (TA) ist auf Antizipation von Technikfolgen und Inklusion unterschiedlicher Perspektiven angewiesen (Abschn. 5.2.1). Der Begriff der Technikfolgen muss für soziale Roboter in besonderer Weise konzipiert werden (Abschn. 5.2.2).

5.2.1 Kurze Einführung

Der wissenschaftlich-technische Fortschritt hat die moderne Gesellschaft ermöglicht. Hinter den Fortschritten in Medizin und Gesundheit, Mobilität und Energie, Lebensqualität und Wohlstand verbergen sich wesentliche technische Entwicklungen. Spätestens seit den 1960er-Jahren sind jedoch erhebliche nicht intendierte Technikfolgen in teils dramatischen Ausprägungen unübersehbar. Unfälle in technischen Anlagen (Seveso, Bhopal, Tschernobyl, Fukushima), Folgen für die natürliche Umwelt (Artensterben, Luft- und Gewässerverschmutzung, Ozonloch, Klimawandel), Arbeitsmarktprobleme als Folge der Automatisierung, Gefahren für die Demokratie durch bestimmte Formen der Internetkommunikation sowie ethische Herausforderungen der Biomedizin haben Schatten auf allzu fortschrittsoptimistische Zukunftserwartungen geworfen (Jonas 1979). Die *Ambivalenz* von Technik ist zu einem zentralen Merkmal der Gegenwart geworden.

Hier setzt die TA an (Grunwald 2010). Technikentwicklung und -einführung nach dem Prinzip von Versuch und Irrtum mit einer nachträglichen Kompensation nicht intendierter Folgen sind angesichts teils weitreichender Nebenfolgen weder politisch oder ökonomisch praktikabel noch ethisch verantwortbar. Stattdessen ist die *vorausschauende* Analyse und Bewertung von Technikfolgen unerlässlich geworden, um Chancen frühzeitig erkennen und Risiken vermeiden oder minimieren zu können. Diese Diagnose stand bereits Pate, als die TA vor etwa fünfzig Jahren im US-amerikanischen Kongress etabliert wurde (Bimber

1996) und sich von dort aus zu einer internationalen Forschungs- und Beratungsdisziplin entwickelt hat (Grunwald 2019a). Sie befasst sich vorausschauend mit Folgen und Nebenfolgen der Technik, um das verfügbare Wissen frühzeitig in Entscheidungsprozesse integrieren zu können. Auf diese Weise soll sie zu besser reflektierter Gestaltung von Technik im Einzelnen und zu ihrer besseren gesellschaftlichen Einbettung, z. B. in Wirtschaft und Lebenswelt, beitragen, so etwa in der Energiewende, der Digitalisierung oder für neue Mobilitätssysteme. Hierzu haben sich drei wesentliche Praxisfelder herausgebildet:

- Die *politikberatende* TA (etwa beim Deutschen Bundestag, vgl. Grunwald et al. 2012) erstreckt sich auf öffentlich relevante und politisch zu entscheidende Technikaspekte wie z. B. Sicherheits- und Umweltstandards, den Schutz der Bürger im Hinblick auf die Gewährleistung von Menschen- und Bürgerrechten sowie Prioritätensetzungen in der Technikpolitik.
- TA *im öffentlichen Dialog* (z. B. als *partizipative* Aktivität) beteiligt systematisch Bürger und Stakeholder, aber auch die Medien an Debatten über zukünftige Technik. Dies geschieht in der Überzeugung, dass weitreichende Technikfragen Angelegenheit der gesamten Bürgerschaft sind (Abel und Bora 2016).
- TA *in der Technikentwicklung* will gezielt die Entwicklung von Produkten, Systemen und Dienstleistungen in Hochschulen oder der Industrie begleiten. Folgenwissen, Folgenreflexion und Werteorientierung sollen eingebracht werden, um die entstehende Technik entlang von gesellschaftlichen Werten zu gestalten.

Zur Erfüllung ihrer Aufgaben in diesen Feldern ist die TA (1) auf *Antizipation* angewiesen, um Wissen über mögliche, plausible oder wahrscheinliche Entwicklungen im Zusammenhang mit neuen Technologien zu gewinnen. Die große räumliche, zeitliche und thematische Ausdehnung von Folgen des technischen Fortschritts und das Auftreten möglicher nicht intendierter Folgen bringen (2) die Notwendigkeit von *Inklusion* unterschiedlicher Perspektiven mit sich, um die soziale Legitimation der Ergebnisse der TA, ihre epistemologische Qualität sowie die Robustheit von Schlussfolgerungen zu erhöhen. Sowohl zu Antizipation als auch Inklusion bedarf die TA (3) eines reflektierten *Komplexitätsmanagements*, um angesichts der Herausforderung überbordender Komplexität konkrete TA-Projekte mit begrenzten Ressourcen und in begrenzter Zeit zu ermöglichen, ohne wesentliche Aspekte der Fragestellung zu verlieren (dazu Grunwald 2019a).

Diese Dimensionen haben Konsequenzen für Ausrichtung und Praxis der TA. Insbesondere betrachtet (1) die TA Technik nicht *als solche*, sondern inmitten menschlichen Handelns, sei dies ihre Entstehung, ihre Erprobung, ihre Nutzung in Innovationen oder ihre Entsorgung. Entsprechend sieht TA Technikfolgen nicht nur als Folgen *der Technik*, sondern als Folgen *soziotechnischer* Wechselwirkungen, denn sie entstehen durch menschliche Handlungen im Zusammenhang mit Technik. Handlungsmuster wie Konsumgewohnheiten und Lebensstile unterliegen selbst Wandlungen aufgrund des technischen Fortschritts, bis hin zur Veränderung von Wertmustern. Die TA versucht, Technikfolgen als derartig wechselseitige Beeinflussungsprozesse zu denken und zu analysieren.

In der TA geht es (2) nicht um die *Vorhersage* von Technikfolgen, sondern um die *Gestaltung* von Technik und ihren Rahmenbedingungen. Entgegen einem deterministischen Verständnis der Technikentwicklung mit der Folge von Anpassung an etwas, das vermeintlich eigendynamisch sowieso komme (Ropohl 1982), sieht die TA, im Einklang mit der sozialwissenschaftlichen Technikforschung (z. B. Bijker et al. 1987), Technik als von Menschen gemacht. Denn auch digitale Technik entsteht in Kaskaden von Entscheidungsprozessen, die bei anderen Kriterien und mit anderen Beteiligten anders ausgehen können und damit gerade nicht determiniert ist (Grunwald 2019a).

Damit kommt (3) das *Denken in Alternativen* ins Spiel. Da Zukunftsgestaltung grundsätzlich mit Werten, Vorstellungen vom guten Leben und einer guten Gesellschaft verbunden ist, entzieht sie sich der Optimierung durch wissenschaftliche Modelle. Der TA geht es um das Eröffnen und Erforschen *möglicher* Wege in die Zukunft, um die gesellschaftliche Debatte und die demokratische Entscheidungsfindung mit Wissen und Orientierung zu unterstützen. Dieses der Rolle des *Honest Broker* (Pielke 2007) entsprechende Verständnis stellt dem technokratischen Sachzwangargument TINA (*there is no alternative*) ein *Denken in Alternativen* gegenüber, um öffentliche Debatten und demokratische Entscheidungsprozesse zu informieren.

5.2.2   Zum Begriff der Technikfolgen bei sozialen Robotern

Die Technikfolgenabschätzung ist traditionell und verständlicherweise, geradezu ihrem Namen geschuldet, *konsequentialistisch* ausgerichtet (Grunwald 2015). Die erwarteten, erhofften oder befürchteten, antizipierten, plausiblen oder möglichen Technikfolgen werden zum Gegenstand der Reflexion und Beurteilung und damit zur Grundlage in Beratungsprozessen und Entscheidungskalkülen gemacht. Hierfür ist epistemologisch belastbares Technikfolgenwissen erforderlich. Das muss keineswegs in Form von Vorhersagen vorliegen. Auch plausibel gemachte Zukunftserzählungen wie Szenarien können eine für die TA hinreichende Evidenz generieren, um belastbare Orientierung für anstehende Meinungsbildung und Entscheidungsorientierung zu geben (Grunwald 2013).

Wenn jedoch, wie bei visionären Zukunftserzählungen, das Spektrum der bloß möglichen Zukünfte nicht einvernehmlich auf plausible beschränkt werden kann, versagt dieses Modell. Die lange Zeit unhinterfragte konsequentialistische Ausrichtung von Technikfolgendebatten stößt dann an Grenzen (Grunwald 2015, 2019a). Die Rede von Technikfolgen der Entwicklung und Einführung von sozialen Robotern ist genau mit dieser Schwierigkeit konfrontiert. Das liegt zum einen daran, dass ihre anvisierten und teils bereits erprobten Anwendungskontexte sehr unterschiedlicher Art sind, so etwa die industrielle Fertigung, die Unterhaltung im privaten Bereich oder das Sexualleben. Technikfolgen in einem konsequentialistischen Sinne zu untersuchen würde bedeuten, detailliert in diese Kontexte hineinzugehen, konkrete Implementierungsstrategien und Anwendungen in den Blick zu nehmen und dafür Folgenüberlegungen anzustellen. Die Heterogenität der möglichen Anwendungen verbietet dies in einem Überblicksbeitrag. Aber vielleicht noch stärker muss die Frage gestellt werden, ob derartige Folgenüberlegungen überhaupt möglich wären, folgend den oben genannten Grenzen des konsequentialistischen Modells. Denn trotz der bereits bestehenden Praxiserfahrungen sozialer Roboter in verschiedenen Bereichen, etwa der Kundenberatung, ist die empirische Basis für Erfahrungen noch recht dünn. Ein großer Teil der entsprechenden Erzählungen verbleibt im *Modus der Erwartung* einer zukünftig breiten Nutzung sozialer Roboter in unterschiedlichen Anwendungskontexten.

Von daher ist ein anderer Blick auf Technikfolgen erforderlich, der in den letzten Jahren als *hermeneutische Erweiterung* der TA ausgearbeitet wurde (Grunwald 2015). Im hermeneutischen Blick interessiert nicht, was diese Zukunftsbilder über zukünftige Gegenwarten aussagen könnten. Stattdessen werden sie als Erzählungen gedeutet, die *heute* gemacht und verbreitet werden, von *heutigen* Autorinnen und Autoren mit *gegenwärtigen* Diagnosen, Erwartungen und Befürchtungen. Damit sind sie weniger Ausdruck der Zukunft, sondern *Abbild der Gegenwart*. Das Erkenntnisinteresse hermeneutischer TA besteht darin herauszufinden, was diese Zukunftsaussagen *über die heutige Gesellschaft* erzählen, über gesellschaftliche Praktiken, unterschwellige Sorgen, implizite Hoffnungen und Befürchtungen, verborgene geistesgeschichtliche Traditionen oder kulturelle Zusammenhänge.

Eine besondere Rolle spielen dabei die jeweiligen *Zwecksetzungen*: wozu sollen soziale Roboter für welche Kontexte entwickelt und eingesetzt werden und was sollen sie dort tun? Hier geht es also um die erwarteten positiven Folgen. Diese werden in der jeweiligen Gegenwart formuliert und können ohne Antizipation hermeneutisch auf ihre Motivation und die zugrunde liegenden Diagnosen befragt werden, etwa eine erwartete Problemlösung oder Nachfrage betreffend.

Das Ziel einer Hermeneutik von Technikfolgen ist letztlich ein praktisches: die Selbstaufklärung und Sensibilisierung gesellschaftlicher und politischer Praxis, in der Technikfolgenüberlegungen einschließlich der Zwecksetzungen und ihrer Motivationen erzeugt, diskutiert, verworfen, zugeschrieben, festgeschrieben, angezweifelt, abgelehnt oder weiterentwickelt werden. Die hermeneutische Erweiterung führt im Feld der sozialen Roboter zur Hinzunahme vor allem anthropologischer und technikphilosophischer Fragen, die im Folgenden anhand von Anwendungsfeldern aufgezeigt werden.

5.3   Soziale Roboter als Feld der Technikfolgenabschätzung

Soziale Roboter stellen für die TA ein herausforderndes Feld dar, kommen sich hier doch Menschen und neue, kommunikative wie interaktive technische Systeme besonders nahe, nicht nur physisch. Dies wird anhand der Fallbeispiele der Roboter als künstliche Gefährten (Abschn. 5.3.1), als Kollegen am Arbeitsplatz (Abschn. 5.3.2) und in der Pflege (Abschn. 5.3.3) illustriert. Dabei werden jeweils spezifische TA-Fragen herausgearbeitet.

5.3.1   Soziale Roboter als künstliche Gefährten

Zukünftige Relationen zwischen Mensch und Roboter werden häufig in der Rhetorik der Assistenz, der Unterhaltung und der Kooperation formuliert. Roboter sollen so etwas sein bzw. in Zukunft werden wie Gefährten, zweckgerichtet dafür gebaut. Dadurch sollen sie menschliches Leben angenehmer, sicherer, geselliger oder unterhaltsamer machen. Robotische Begleiter sollen Rollen übernehmen, die der heutigen Lebenswelt entnommen sind, wie etwa die Rollen des Behüters, des Beraters, des Assistenten und des Partners (Böhle und Bopp 2014). Dafür müssen sie menschliches Verhalten erkennen, die Erwartungen und Wünsche ihrer Besitzer wahrnehmen und darauf adäquat reagieren können. In diesem Sinne formulierte z. B. die europäische Forschungsförderung:

> We want artificial systems to allow for rich interactions using all senses and for communication in natural language and using gestures. They should be able to adapt autonomously to environmental constraints and to user needs, intentions and emotions. (EC 2012)

Der bereits in vielen Feldern eingesetzte Roboter Pepper kombiniert die Rollen des Beraters, des Dieners und des Gefährten. Äußerlich dem Kindchenschema entsprechend gestaltet mit kleiner Körpergröße, niedlichem Gesicht, großen Augen und weichen Formen, verfügt er über Gesichts- und Spracherkennung zur reibungslosen Kommunikation, so etwa in seinem bisherigen Haupteinsatzgebiet der Kundenberatung. Aus der Werbung dazu:

> Pepper kann sprechen, hören, gestikulieren, tanzen und sich in Echtzeit mit Kunden austauschen. Mit Peppers Tablet können unser[e] Kunden zielgerichtete und relevante Inhalte für ihre Kunden produzieren und die Aufmerksamkeit der Menschen auf sich ziehen.[1]

Der Zielmarkt für Pepper sind darüber hinaus Privathaushalte oder Heime, in denen er die Bewohner unterstützen und für Abwechslung sorgen soll, insbesondere als Gefährte für einsame Menschen. Soziale Roboter sollen zum Einsatz kommen, wo es an menschlichen Gefährten mangelt. Dafür benötigen sie eine gewisse Ähnlichkeit mit den menschlichen Vorbildern, weniger im Aussehen als vielmehr in Interaktion und Kommunikation. Als künstliche Gefährten sind soziale Roboter in gewisser Weise Spiegel unserer selbst (Coeckelbergh 2010), nur in bestimmten Hinsichten anders. Daher sind sie den Menschen trotz eines häufig gänzlich anderen Aussehens grundsätzlich vertraut und wenig fremdartig. Zuschauer von Filmen der *Science-Fiction* entwickeln gegenüber Robotern Sympathie oder Antipathie wie bei menschlichen Darstellern, sie leiden und freuen sich mit ihnen. Dort sind soziale Roboter quasi in die Gemeinschaft der Menschen aufgenommen.

Die Rolle des Roboters als *artificial companion* des Menschen hat besondere Aufmerksamkeit seitens der TA erfahren (Coeckelbergh 2010; Böhle und Bopp 2014; Grunwald 2016, S. 101–119). Die Konstruktion sozialer Roboter nach dem Vorbild menschlicher

---

[1] Entnommen aus: https://www.humanizing.com/de/pepper-roboter (17. Februar 2021), als Beispiel für viele andere.

Gefährtenrollen legt mehrere Fragerichtungen nahe. Als *erstes* ist nach den *Zwecken* als den gewünschten Folgen ihres Einsatzes zu fragen. Oft werden therapeutische Zwecke genannt. Beispielsweise werden in der sozialen Robotik Wege gesucht, um autistische Kinder mittels Robotern in die Gemeinschaft zu holen (CORDIS 2021). Sie gehen oft unvoreingenommen mit Technik um, die ihnen berechenbarer und weniger bedrohlich als Menschen erscheint. Soziale Roboter könnten die Hemmschwelle für Kommunikation senken und auf diese Weise allmählich den Weg für eine Kontaktaufnahme mit Menschen ebnen. Soziale Roboter könnten, als ein anderes Beispiel, als Führer für Sehgeschädigte die Rolle früherer Blindenhunde einnehmen.

Freilich muss auch bei ethisch unzweifelhaften Zwecken *zweitens* nach der Eignung der Mittel bzw. nach möglichen nicht intendierten Folgen ihres Einsatzes gefragt werden. Diese Frage stellt sich verstärkt dann, wenn die Therapie durch soziale Roboter sich nicht auf medizinische, sondern auf soziale Diagnosen stützt wie beim Einsatz sozialer Roboter als Gefährten für einsame oder alte Menschen, um ihnen Gesellschaft zu leisten. Einsamkeit ist ein soziales Phänomen, keine medizinische Indikation. Technische Lösungen sozialer Probleme sind zwar nicht von vornherein problematisch, werfen aber Fragen auf, vor allem danach, warum es für soziale Probleme keine sozialen Lösungen gibt. Die Frage, ob die Lösung des Einsamkeitsproblems durch soziale Roboter statt durch menschliche Nähe vielleicht Betrug an einsamen Menschen ist, weil sie deren Menschenwürde verletzt, oder ob sie legitim ist, weil sie deren subjektive Lebensqualität erhöht, ist letztlich ein Streit zwischen deontologischen und utilitaristischen Positionen.

Ein *drittes* Themenfeld für TA ist die *Ersetzung* von Menschen durch Roboter, intendiert oder nicht intendiert. Wenn soziale Roboter nach dem Vorbild menschlicher Gefährtenrollen entworfen werden, rückt die Ersetzung menschlicher Gefährten in greifbare Nähe, wenn nämlich Roboter ähnliche Funktionen übernehmen, jedoch kostengünstiger und besser verfügbar sind. Da technische Entwicklung üblicherweise nicht bei der Nachbildung menschlicher Fähigkeiten stehenbleibt, sondern auf Verbesserung aus ist, kann eine solche Entwicklung die Ersetzung von Menschen nahelegen. Freilich erscheint das Thema der Ersetzung an dieser Stelle nicht so relevant wie auf dem Arbeitsmarkt (vgl. Abschn. 5.3.2).

Schließlich ist *viertens* eine Überlegung im Sinne der hermeneutischen TA zu nennen. Wenn soziale Roboter in der Rolle menschlicher Gefährten eingesetzt werden oder diese ersetzen, dann sagt das etwas über menschliche Gefährten bzw. deren Defizite bis hin zu ihrem Nichtvorhandensein aus. Dahinter steht dann offenkundig eine zumindest relative Unzufriedenheit mit menschlichen Begleitungen, sei es, weil diese zeitlich nicht gut verfügbar sind, zu selten zu Besuch kommen, schnell ungeduldig werden, weit weg wohnen etc. Soziale Roboter könnten letztlich als die besseren menschlichen Gefährten akzeptiert werden, wie einsame Menschen gelegentlich auch treue Haustiere als ihre eigentlichen Gefährten ansehen. Ihre rechtliche Charakterisierung als Dinge, die z. B. im Falle eines irreparablen Schadens verschrottet werden können, würde mit der Wahrnehmung ihrer Halter in Konflikt geraten, die vielleicht ein Begräbnis für ihren „toten" künstlichen Gefährten einfordern würden, wie auch Tierfriedhöfe nach anfänglichen Irritationen heute weitgehend akzeptiert sind. Überlegungen zu Folgen dieser Art sind weder Argumente für noch gegen den Einsatz sozialer Roboter als Gefährten, rufen jedoch zur begleitenden Beobachtung und Reflexion derartiger Entwicklungen an der Mensch/Maschine-Schnittstelle auf.

5.3.2 Soziale Roboter als Kollegen am Arbeitsplatz

Die industrielle Produktion wird im Rahmen des Leitbilds der Industrie 4.0 digitalisiert (Manzlei et al. 2016). Die Echtzeitvernetzung von Produkten, Prozessen und Infrastrukturen soll Produktion, Geschäftsmodelle, Produkte und Services sowie die Arbeitswelt erheblich verändern (Hermann et al. 2016). Maschinen, Geräte, Sensoren und Menschen sollen sich miteinander vernetzen und über das Internet der Dinge oder das etablierte Internet kommunizieren. Mit digitalen Fabrikmodellen soll ein virtuelles Abbild der realen Welt erstellt werden und die *smart factory* ermöglichen. KI-Assistenzsysteme und Roboter sollen den Menschen unterstützen bzw. mit ihm kooperieren.

Soziale Roboter werden hier als spezielle Unterkategorie der genannten künstlichen Gefährten benötigt, als „Kollegen Roboter" und Gefährten in der Arbeitswelt. Die Vorstellungen zur Industrie 4.0 bedeuten einen Entwicklungssprung von der traditionellen Industrierobotik hin zu flexiblen Mensch/Roboter-Kooperationsformen. Es müssen technische Standards und Normen entwickelt werden, damit Kommunikation zwischen Mensch und Maschine bzw. Maschine und Maschine verständlich, einfach und reibungsfrei ermöglicht wird. Koordinierung und Kooperation zwischen Mensch und Maschine bedürfen klar geregelter Schnittstellen, wo unter anderem geklärt werden muss, wer sich hier wem in welchen Situationen anzupassen hat (vgl. Abschn. 5.4). Datensicherheit und Eigentum an Daten müssen rechtlich abgesichert werden, Haftungsfragen für komplexe Zuständigkeitsverteilungen zwischen Mensch und Maschine müssen rechtssicher geklärt werden.

In der TA stehen sowohl Umsetzungs-, Folgen- als auch weiterführende Bedeutungsfragen dieses kooperativen Modells industrieller Produktion zur Diskussion. In Bezug auf die Umsetzung ist nach der Organisation kooperativer Arbeitsprozesse zwischen sozialen Robotern und menschlichen Arbeitern zu fragen. In den visionären Beschreibungen der Industrie 4.0 findet sich häufig die Formulierung, dass die Kooperation von Mensch und Roboter „auf Augenhöhe" stattfinden soll. Freilich wird nicht beschrieben, was dies konkret bedeuten soll. Es muss jedoch aus organisatorischen, rechtlichen und auch sicherheitstechnischen Gründen genau ausbuchstabiert werden, wie diese Kooperation ausgestaltet werden soll. Denn für in Problemfällen auftretende Verantwortungs- und Haftungsprobleme muss geregelt und nachvollziehbar sein, welche Seite für welche Entscheidungen oder Aktionen zuständig war, da das Verantwortungs- und Haftungsregime auf Seiten von Roboter und Mensch völlig unterschiedlich strukturiert ist (dazu Kap. 4 unten). Auch muss vorab geklärt sein, was „Augenhöhe" im Fall von Meinungsverschiedenheiten bedeutet, wer also z. B. in einem betriebsorganisatorischen Sinne „Chef" ist. Die Intuition, dass dies grundsätzlich der Mensch sein müsse, ist rasch bezweifelbar (Grunwald 2019a, Kap. 5).

Die Folgenthematik betrifft vor allem die Folgen für den Arbeitsmarkt. Im betrieblichen Einsatz unter dem Regime ökonomischer Effizienz im globalen Wettbewerb ist Kostensenkung ein zentraler Treiber. Anders als menschliche Arbeiter benötigen Roboter keine Pausen und keinen Schlaf, erhalten keinen Lohn, nehmen keinen Urlaub, brauchen keine teure Fortbildung, sondern ein Software-Update, sind nicht launisch und werden nicht aggressiv, genießen keinen Arbeitsschutz, haben keine Mitbestimmungsrechte und engagieren sich nicht in Gewerkschaften. Wenn soziale Roboter nach dem Vorbild menschlicher Kollegen am Arbeitsplatz entworfen werden, aber betrieblich besser und kostengünstiger sind als jene, dann droht Ersetzung menschlicher Arbeit durch Roboter.

Prognosen zur digital massiv veränderten Arbeitswelt gehen allerdings weit auseinander (Hirsch-Kreinsen et al. 2015; Börner et al. 2018). Ist zwar unklar, wie schnell und wie massiv die Digitalisierung als *Jobvernichter* fungieren wird, ist sie mit Sicherheit ein *Jobwandler* (Kommission 2019). Dabei verändern sich, wie das Beispiel des *Crowdsourcings* zeigt, nicht einfach Berufe und Berufsbilder, sondern es verändern sich grundlegend die Modelle und Konzepte des Arbeitens, damit auch Balancen zwischen Freiheit und Sicherheit oder zwischen Freiheit und Solidarität (Grunwald 2019a), die teils etablierte Arbeitsmodelle bedrohen, teils simultan neue Chancen eröffnen (Smids et al. 2019). Entsprechend ist Kreativität gefragt, neue, solidarische und gerechte Modelle für die Digitalisierung der Arbeitswelt vorauszudenken.

Schließlich ist, ähnlich wie bei sozialen Robotern als Gefährten, nach ihrer Bedeutung für die Selbstwahrnehmung von Menschen zu fragen, sowohl im Hinblick auf den Stellenwert der Arbeit für die Selbstverwirklichung als auch für das Verhältnis zu Robotern.

When Boomer „died" in the battlefield in Iraq, the US soldiers in his team gave him an improvised military funeral. They also gave him two medals of honor […] These soldiers regarded Boomer as a highly valued team member and good colleague. (Nyholm und Smids 2020, S. 2169)

Boomer war ein Roboter zur Entschärfung von Bomben. Offenkundig hatten seine menschlichen Kollegen ihn achten und schätzen gelernt. Damit wird die Frage, ob ein „Kollege Roboter", mit dem man jahrelang gut zusammengearbeitet hat, dessen „Macken" und „Charakter" man kennen- und schätzen gelernt hat, bei der Anschaffung des neuen Modells einfach verschrottet werden kann, vermutlich rasch mit nein beantwortet werden, da er durch die anthropomorphe Wertschätzung in gewisser Weise zu einem Teil der menschlichen Gemeinschaft geworden ist. Ähnlich dürfte auch im Falle eines Streits zwischen Mensch und Roboter in der Fertigungshalle, bei dem der Roboter zu Boden fällt und sich „ein Bein bricht", die Frage, ob dies Sachbeschädigung oder Körperverletzung sei, in der Wahrnehmung menschlicher Kollegen keineswegs so klar sein wie aus rechtlicher und ethischer Sicht. Die Kriterien für einen ‚guten Kollegen Roboter' sind freilich leichter zu erfüllen als für Robotergefährten in engeren zwischenmenschlichen Bereichen (Nyholm und Smids 2020, S. 2184).

5.3.3 Soziale Roboter in der Pflege

Der demografische Wandel der Bevölkerung und der wachsende Anteil pflegebedürftiger Menschen an der Gesamtbevölkerung machen die Pflege zu einer großen gesellschaftlichen Herausforderung, insbesondere auch angesichts des Pflegekräftemangels in vielen industrialisierten Ländern (Kehl 2018). Ob und was soziale Robotik zur Entlastung der Altenpflege beitragen kann und unter welchen Randbedingungen dies erfolgen solle oder könne, ist eine offene Frage (Bendel 2018). Auf der einen Seite versprechen autonom agierende Service- bzw. Pflegeroboter aufgrund ihrer Fähigkeit, mit Menschen physisch interagieren zu können, besonderes Unterstützungspotenzial für die Pflege und in der Entlastung menschlichen Pflegepersonals. Künstliche Intelligenz spielt eine zentrale Rolle in der Ermöglichung technisch autonomer Systeme in komplexen Umgebungen, so etwa in der Echtzeiterkennung relevanter und sich teils rasch ändernder Umweltfaktoren im aktiven Einsatz. Sie kann auch dazu beitragen, den jeweiligen Zustand der betroffenen Menschen, etwa im Falle zeitlich variabler Demenz, jeweils adäquat zu erkennen und entsprechend agieren zu können (Decker et al. 2017). Auf der anderen Seite trifft Technik im Pflegebereich auf Menschen, die aufgrund kognitiver und körperlicher Einschränkungen besonders verletzlich und damit unzulässigen oder auch bloß unsensiblen maschinellen Zugriffen größtenteils hilflos ausgeliefert wären.

Die TA ist hier vor allem mit der Frage einer möglichen Einbettung von Pflegerobotern in das Gesundheits- und Pflegesystem sowie mit deren Folgen befasst. Am Büro für Technikfolgenabschätzung beim Deutschen Bundestag (Grunwald et al. 2012) wurde auf Basis eines Projekts zu Mensch/Maschine-Entgrenzungen (Kehl et al. 2016) eine Studie zur Pflegerobotik angefertigt, die vor allem zwei Fragestellungen gewidmet ist (vgl. auch Gerlinger et al. 2020):

- Wie ein ethisch und pflegerisch verträglicher Einsatz dieser Systeme aussehen könnte, fokussiert vor allem auf die Frage, wie sich der Einsatz von Robotern auf die zwischenmenschliche Interaktion auswirkt.
- Die andere Frage ist, wie sich eine prospektive Gestaltung realisieren lässt, die den vielfältigen, teils aber auch diffusen normativen Anforderungen an Pflegeroboter gerecht wird.

Danach liegen absehbare Anwendungsmöglichkeiten bislang weniger im Bereich sozialer Roboter mit direkter Interaktion mit Pflegepatienten, sondern eher in der Unterstützung und Erleichterung logistischer Vorgänge in Heimen wie z. B. durch einen intelligenten Pflegewagen. Die Einpassung derartiger Roboter in die Heimrealität könnte zeitliche Ressourcen für verstärkte menschliche Zuwendung vergrößern – freilich nur, wenn ökonomische Effizienz und Kostensenkung nicht die alleinigen Treiber ihres Einsatzes sind. Diese Form von robotischer Unterstützung zeigt freilich die Eigenschaften sozialer Roboter nur in einem geringen Maß.

Da in allen Feldern von Pflege und Gesundheit individuelle Menschen und ihre Angehörigen unmittelbar betroffen sind und sich Fragen nach Würde, Autonomie und Menschlichkeit stellen, sind in der Entwicklung derartiger Technologien ethische und rechtliche Fragen nicht nur zu beachten, sondern müssen den normativen Angelpunkt in der Ausstattung dieses Bereichs mit digitalen Technologien bilden (Kehl 2018). Hier kann es zu schwierigen Abwägungsfragen kommen, so z. B. wenn die Achtung der Autonomie und Privatsphäre mit Fürsorgeansprüchen in Konflikt gerät. Beispielsweise werden nicht selten Pflegepatienten zu ihrem eigenen Schutz umfassend technisch überwacht, während die Grenzen der Akzeptabilität dieser Überwachung fließend sind. Idealerweise sollten die konkreten Bedürfnisse der Betroffenen, ihrer Angehörigen und des Pflegepersonals nicht erst in der *Anwendung*, sondern bereits in der *Entwicklung* technischer Überwachung und Assistenz berücksichtigt werden. Wie KI-gestützte Assistenzsysteme und vor allem auch eine den pflegerischen Herausforderungen angemessene Governance der Technikentwicklung und des Einsatzes der Technik in der pflegerischen Praxis aussehen könnten, kann nur in einem komplexen transdisziplinären Geflecht von Stakeholdern und Betroffenen beantwortet werden. Diese bedürfen einer geteilten Vorstellung von „guter Pflege", welche allerdings ähnlich schwer zu bestimmen sein dürfte wie das „gute Leben" allgemein.

5.4 Querschnittsfragen aus der Technikfolgenabschätzung

In den Beispielen sind einige Themen mehrfach angeklungen, teils in je unterschiedlicher Akzentuierung. Nach gegenwärtiger Erkenntnislage der TA, welche wiederum bezogen ist auf die Wahrnehmung sozialer Roboter in Gesellschaft, Politik und Öffentlichkeit (Grunwald 2019a), lassen sich folgende Querschnittsthemen identifizieren:

(1) Mensch und Roboter – wer muss sich anpassen?

Für eine reibungslose und möglichst unmissverständliche Kommunikation zwischen sozialen Robotern und Menschen, ob nun in der Industrie 4.0, im Pflegeheim oder in der Bedienung zuhause, entstehen Standardisierungsnotwendigkeiten. Das, was die eine Seite äußert, verbal oder nonverbal, muss von der anderen Seite verstanden und gemäß der Intention des Senders interpretiert werden, sollen Missverständnisse vermieden werden, insbesondere in sicherheitsrelevanten Bereichen. Dann stellt sich die Frage, ob und wie sich die menschliche Seite dieser Kooperation anpassen muss. Die Ethik-Kommission zum autonomen und vernetzten Fahren (2017) hat dazu empfohlen:

Um eine effiziente, zuverlässige und sichere Kommunikation zwischen Mensch und Maschine zu ermöglichen und Überforderung zu vermeiden, müssen sich die Systeme stärker dem Kommunikationsverhalten des Menschen anpassen und nicht umgekehrt erhöhte Anpassungsleistungen dem Menschen abverlangt werden. (Ethik-Kommission 2017, S. 13)

Dahinter steht die Befürchtung, dass menschliches Handeln vermittelt über fortschreitende Digitalisierung nach den Anforderungen technischer Systeme reguliert und immer stärker normiert werden könnte. Diese Standardisierung und damit Technisierung des Menschen (Grunwald und Julliard 2007) könnte, da sie allmählich und schleichend erfolgt, dazu führen, dass sie entweder gar nicht bemerkt oder angesichts des gesellschaftlichen Drucks in Richtung auf Anpassung an die Digitalisierung im Technikdeterminismus (Grunwald 2019a) kritiklos hingenommen wird. Im Rahmen eines „Schiefe-Ebene-Arguments" wird befürchtet, dass mit dem Argument von Sicherheit und Effizienz der Kommunikation menschliche Freiheit letztlich komplett ausgehebelt werden könnte. Die Diskussion um eine vernünftige Balance zwischen Freiheit und Anpassung wird eine der großen Fragen der TA in der weiteren Ausgestaltung von Mensch/Maschine-Schnittstellen bleiben.

(2) Vermenschlichung von Robotern und Technisierung von Menschen?

Die Art und Weise, wie über Menschen und (insbesondere) soziale Roboter gesprochen wird, ist je nach Disziplin und Fachsprache unterschiedlich, z. B. ob soziale Roboter ‚autonom handeln' können. Philosophisch gesehen verrät die Sprache auch etwas über zugrunde liegende Menschen- und Technikbilder. Hier zeigt sich eine Erosion der traditionell klaren Grenze zwischen Mensch und Technik (Nyholm 2020; Grunwald 2021). Erfolge der Digitalisierung haben ein digitales Menschenbild motiviert: der Mensch als Daten verarbeitende Maschine mit dem Gehirn als Computer, dem Gedächtnis als Festplatte, den Sinnesorganen als Sensoren und den Nerven als Datenleitungen, der Mensch als Summe seiner Daten wie in der Quantified-Self-Bewegung angenommen. Die Frage, wer besser ist, Mensch oder Algorithmus, betrachtet Menschen als technische Systeme mit bestimmten Leistungen und setzt voraus, dass der Mensch die Summe seiner technisch erfassbaren Leistungsmerkmale und Daten ist. In einer vollends technisierten Perspektive auf den Menschen bliebe außerhalb des Rechnens von Algorithmen auf Basis von durch Sensoren erfassten Daten nichts Weiteres.

Umgekehrt wird über technische Artefakte in einer anthropomorphen Sprache geredet. Wie selbstverständlich heißt es, dass soziale Roboter denken und planen, ja sogar Emotion zeigen, dass künstliche Intelligenz Entscheidungen trifft oder dass Algorithmen lernen. Dies zeigt sich z. B. in der von den Medien gerne gestellten Frage, ob Bordcomputer in autonomen Autos oder Drohnen über Leben und Tod entscheiden dürfen, in der unterstellt wird, dass digitale Technik „entscheiden" kann. Bei näherem Hinsehen jedoch wird klar: Algorithmen, Drohnen und Roboter denken und handeln nicht, sie bewerten und entscheiden nicht, jedenfalls nicht nach philosophischem Verständnis. Sondern sie rechnen und werten Daten aus. Mittels einer anthropomorphen Sprache wird ihnen jedoch Dignität und Aura des Menschen zugeschrieben, womit sie durch eine entweder unreflektierte oder intentional irreführende Sprachverwendung zu Subjekten erhoben werden.

Diese von beiden Seiten stattfindenden allmählichen Umdeutungen von Menschen als Maschinen und Robotern als Lebewesen lassen sich in der Sprachverwendung nachweisen

(Grunwald 2021). Ihre Folgen sind unklar. Die bereits geäußerten Fragezeichen, ob ein sozialer Roboter nach langer Gefährtenrolle als metallischer Gegenstand verschrottet werden kann oder ob er nicht ein ehrenvolles Begräbnis verdient, oder ob es sich bei einem herbeigeführten Unfall eines Roboters um Sachbeschädigung oder Körperverletzung handelt, sind Reflexe auf die Fraglichwerdung der kategorialen Differenz zwischen Mensch und Roboter, zwischen Subjekt und Objekt. Diese ist es auch, die Forderungen nach der Zuerkennung von Rechten an Roboter motiviert (Gunkel 2018; kritisch dazu Grunwald 2021).

(3) Verteilung und Zuschreibung von Verantwortung

In Kooperationsformen von Mensch und sozialen Robotern werden Zuständigkeiten und damit auch Verantwortlichkeiten verteilt. Die öffentliche Debatte thematisiert immer wieder, welche Zuständigkeit der Technik übertragen werden darf, kulminierend in der Frage, ob Bordcomputer im autonomen Fahrzeug oder militärische Drohnen über Leben und Tod entscheiden dürfen. Jedoch Algorithmen entscheiden nicht, sondern arbeiten Programme ab, die von Menschen erzeugt und zugelassen wurden, in Unternehmen, Forschungseinrichtungen, Behörden oder Geheimdiensten, nach deren Interessen, Werten und Ideen. Menschen bleiben zwar in der Verantwortung, allerdings an anderen Stellen. Dadurch wird die Lokalisierung von Verantwortung zusehends komplex, weil sie auf eine über digitale Technik vermittelte und möglicherweise undurchsichtige Weise verteilt ist. Die für Aktionen sozialer Roboter liegt bei Personen und Institutionen im Hintergrund, bei Firmen, Programmierern, Managern oder Regulierungsbehörden:

> Die dem Menschen vorbehaltene Verantwortung verschiebt sich bei automatisierten und vernetzten Fahrsystemen vom Autofahrer auf die Hersteller und Betreiber der technischen Systeme und die infrastrukturellen, politischen und rechtlichen Entscheidungsinstanzen. (Ethik-Kommission 2017, S. 11)

Auch in diesen Systemen erscheint die Zuschreibung von Verantwortung als machbar, vor allem angesichts der vorliegenden Erfahrungen mit Verantwortungszuschreibung in komplexen und arbeitsteiligen Zusammenhängen, etwa in großen Unternehmen. Freilich wächst mit der Komplexität von zwischen Mensch und Technik verteilten Zuständigkeiten die Sorgfaltspflicht, diese komplexen Zuschreibungen explizit zu machen, um eine „Verantwortungsdiffusion" ins Nichts oder gar intentionale Verantwortungsverschleierung zu vermeiden. Die TA hat in der Digitalisierung generell und bei sozialen Robotern im Besonderen die Aufgabe, mit an der Transparenz der Verantwortungsverteilung zu arbeiten.

(4) Kontrolle und Abhängigkeit

An vielen Schnittstellen zwischen Mensch und Technik (Kehl et al. 2016) kommt es zu neuen Fragen, wer wen kontrolliert und wer im Zweifel das letzte Wort hat. Die nahe liegende und spontane Forderung, dass dies grundsätzlich beim Menschen liegen muss, klingt plausibel, führt aber rasch zu Zweifeln. Denn nicht immer handelt der Mensch so, wie man sich das nach ethischen Maßstäben wünscht, wie ein Beispiel aus dem Feld selbstfahrender Autos demonstriert (Grunwald 2019a): Der Bordcomputer bemerkt am Fahrverhalten, dass der Fahrer übermüdet oder alkoholisiert ist. Ist es dann nicht ethisch sogar geboten, dem Fahrer die Kontrolle zu entziehen? Immer wieder gibt es Situationen, wo Menschen vor sich selbst oder vor anderen geschützt werden müssen. Wer aber entscheidet, ob und wann der Mensch das letzte Wort haben darf? Wo liegt die Grenze, und wer legt sie fest? Hier öffnet sich eine interessante philosophische Frage nicht nur des autonomen Fahrens oder bei sozialen Robotern, sondern generell für zukünftige Mensch/Maschine-Verhältnisse. Denn hier werden Algorithmen als Aufseher über den Menschen eingesetzt. Übertragen auf die industrielle Produktion wäre die Analogie, wenn mein „Kollege Roboter" entscheiden darf, ob ich arbeitstüchtig bin oder nicht. Der Roboter würde entscheiden, wann er dem menschlichen Arbeiter vernünftiges Handeln zutraut und wann nicht. Auch wenn der Mensch in der Chefrolle wäre, wäre diese nur noch geborgt, gebunden an bestimmte Voraussetzungen, deren Erfüllung der Algorithmus überprüft. Hier könnte eine technische Bevormundung des Menschen drohen, eingeleitet mit naheliegenden und plausiblen Beispielen vor allem unter dem Stichwort der Sicherheit (siehe auch oben, Punkt 1), was menschliche Freiheit immer weiter einschränken könnte. Hier verbergen sich weitreichende Fragen zwischen Sicherheitsbedürfnis und Freiheit des Menschen, die in Zukunft Thema der TA und gesellschaftlicher Debatten bleiben werden (Ethik-Kommission 2017).

5.5   Zusammenfassung und Ausblick

Die dargestellte Charakterisierung typischer Anfragen an die Einführung sozialer Roboter in menschliche Kommunikations- und Interaktionskontexte und die Rolle der Technikfolgenabschätzung haben gezeigt, dass es hier wenig um traditionelle TA geht. Die enge Verwobenheit technischer Entwicklung und menschlicher Aktionen und Reaktionen in diesem Feld führt zu einer schlechten Antizipierbarkeit von Folgen. Stattdessen muss es im Sinne einer hermeneutisch arbeitenden TA darum gehen, *erstens* die Zukunftserzählungen – Erwartungen wie Befürchtungen – als Ausdruck je gegenwärtiger Diagnosen und Perspektiven zu deuten, vor allem um daraus relevante Anfragen an die weitere Entwicklung zu generieren. Diese können z. B. in Fragen nach Verantwortungsverteilung oder Anpassungserfordernissen und möglichen Freiheitseinschränkungen bestehen.

Dieser hermeneutisch geschärfte Blick kann *zweitens* eingesetzt werden, um ein sorgfältiges empiriebasiertes Monitoring aktueller Entwicklungen in Einsatzfeldern sozialer Roboter zu betreiben, etwa zu möglichen Veränderungen menschlichen Verhaltens und der Wahrnehmung von Technik, aber auch zu eventuellen, faktisch beobachtbaren Anpassungseffekten von Menschen an Roboter. Dieses Datenmaterial kann sodann in Bezug auf gesellschaftliche Werte und ethische Kriterien reflektiert werden. Auf diese Weise wird TA zu einer die Marktintegration sozialer Roboter begleitenden Forschungs- und Beratungsaktivität.

Diese wiederum kann *drittens* für die Ausgestaltung der weiteren Entwicklung in Technik und Mensch/Technik-Kooperation genutzt werden. In den letzten Jahrzehnten wurde eine Fülle von Ansätzen zur Gestaltung von Technik entwickelt. Hierzu gehören das *Value Sensitive Design* (van de Poel 2013) und der Ansatz der *Responsible Research and Innovation*. Um den Herausforderungen an eine menschengerechte Gestaltung sozialer Roboter und ihrer Einbettung in menschliche Handlungsfelder zu begegnen, bedarf es interdisziplinärer Kooperation, so etwa zwischen Informatik, Robotik, Rechtswissenschaft, Ethik und Technikfolgenabschätzung.

Literatur

Abel G, Bora A (2016) Ethics and public participation in technology assessment. doi:10.13140/RG.2.2.35586.89282

Bendel O (2018) Pflegeroboter. Springer, Wiesbaden

Bendel O (2020) Soziale Roboter. Version 2021. In: Gabler Wirtschaftslexikon. https://wirtschaftslexikon.gabler.de/definition/soziale-roboter-122268. Zugegriffen am 27.01.2021

Bijker WE, Hughes TP, Pinch PJ (Hrsg) (1987) The social construction of technological systems. MIT Press, Cambridge, MA

Bimber B (1996) The politics of expertise in Congress: the rise and fall of the Office of Technology Assessment. State University of New York Press, New York

Böhle K, Bopp K (2014) What a vision: the artificial companion – a piece of vision assessment including an expert survey. Sci Technol Innov Stud 10:155–186

Börner F, Kehl C, Nierling L (2018) Chancen und Risiken mobiler und digitaler Kommunikation in der Arbeitswelt. Arbeitsbericht 174. Büro für Technikfolgen-Abschätzung beim Deutschen Bundestag, Berlin

Coeckelbergh M (2010) Artificial companions: empathy and vulnerability mirroring in human-robot relations. Stud Ethics Law Technol 4:1–17

CORDIS – Forschungsergebnisse der EU (2021) Robotern den Umgang mit autistischen Kindern beibringen. https://cordis.europa.eu/article/id/123847-teaching-robots-how-to-interact-with-children-with-autism/de. Zugegriffen am 27.01.2021

Decker M, Weinberger N, Krings BJ, Hirsch J (2017) Imagined technology futures in demand-oriented technology assessment. J Responsible Innov 4:177–196

EC – European Commission (2012) ICT – Information and communication technologies: work programme 2013. Publications Office of the European Union, Luxembourg. http://cordis.europa.eu/fp7/ict/home_en.html. Zugegriffen am 27.01.2021

Ethik-Kommission autonomes und vernetztes Fahren (2017) Endbericht. https://www.bmvi.de/SharedDocs/DE/Publikationen/DG/bericht-der-ethik-kommission.pdf?__blob=publicationFile. Zugegriffen am 27.01.2021

Gerlinger K, Grunwald A, Kehl C (2020) Das Büro für Technikfolgen-Abschätzung beim Deutschen Bundestag und seine Bedeutung für die Bewertung von Informations- und Medizintechnologien. In: Manzeschke A, Niederlag W (Hrsg) Ethische Perspektiven auf biomedizinische Technologie. de Gruyter, Amsterdam, S 201–212

Grunwald A (2010) Technikfolgenabschätzung. Eine Einführung. Edition Sigma, Berlin

Grunwald A (2013) Modes of orientation provided by futures studies: making sense of diversity and divergence. Eur J Futures Res 2:1–9

Grunwald A (2015) Die hermeneutische Erweiterung der Technikfolgenabschätzung. Technikfolgenabschätz – Theor Prax 24:65–69

Grunwald A (2019a) Der unterlegene Mensch. Zur Zukunft der Menschheit angesichts von Algorithmen, Robotern und Künstlicher Intelligenz. RIVA, München

Grunwald A (2016) The hermeneutic dimension of Rsponsible Research and Innovation. Wiley, London

Grunwald A (2021) Living technology. Philosophy and ethics at the crossroads between life and technology. Jennystanford, Singapore

Grunwald A, Julliard Y (2007) Nanotechnology – steps towards understanding human beings as technology? NanoEthics 1:77–87

Grunwald A, Revermann C, Sauter A (Hrsg) (2012) Wissen für das Parlament. 20 Jahre Technikfolgenabschätzung am Deutschen Bundestag. edition sigma, Berlin

Gunkel D (2018) Robot rights. MIT Press, Cambridge, MA

Hermann M, Pentek T, Otto B (2016) Design Principles for Industrie 4.0 Scenarios. In: 2016 49th Hawaii International Conference on System Sciences (HICSS), Honolulu, S 3928–3937

Hirsch-Kreinsen H, Ittermann P, Niehaus J (Hrsg) (2015) Digitalisierung industrieller Arbeit. Die Vision Industrie 4.0 und ihre sozialen Herausforderungen. NOMOS, Baden-Baden

Jonas H (1979) Das Prinzip Verantwortung: Versuch einer Ethik für die technologische Zivilisation. Suhrkamp, Frankfurt am Main

Kehl C (2018) Robotik und assistive Neurotechnologien in der Pflege – gesellschaftliche Herausforderungen. Arbeitsbericht 177. Büro für Technikfolgen-Abschätzung beim Deutschen Bundestag, Berlin

Kehl C, Coenen C, Ehrenberg-Illies S (2016) Mensch-Maschine-Entgrenzungen. Zwischen künstlicher Intelligenz und Human Enhancement. Büro für Technikfolgenabschätzung beim Deutschen Bundestag, Berlin

Kommission Sicherheit im Wandel (2019) Abschlussbericht der Kommission Sicherheit im Wandel – Gesellschaftlicher Zusammenhalt in Zeiten stürmischer Veränderungen. Zentrum Liberale Moderne, Berlin. https://www.bwstiftung.de/uploads/tx_news/Abschlussbericht_Expertenkommission_Sicherheit_im_Wandel.pdf. Zugegriffen am 27.01.2021

Manzlei C, Schleupner L, Heinz R (Hrsg) (2016) Industrie 4.0 im internationalen Kontext. VDE, Berlin

Neugebauer R (Hrsg) (2018) Digitalisierung. Schlüsseltechnologien für Wirtschaft und Gesellschaft. Springer, Heidelberg

Nyholm S (2020) Humans and robots: ethics, agency, and anthropomorphism. Rowman & Littlefield International, London

Nyholm S, Smids J (2020) Can a robot be a good colleague? Sci Eng Ethics 26:2169–2188

Pielke RA (2007) The honest broker. Making sense of science in policy and politics. Cambridge University Press, Cambridge/New York

van de Poel I (2013) Translating values into design requirements. In: Mitchfelder D, McCarty N, Goldberg DE (Hrsg) Philosophy and engineering: reflections on practice, principles and process. Springer, Dordrecht, S 253–266

Ropohl G (1982) Kritik des technologischen Determinismus. In: Rapp F, Durbin P (Hrsg) Technikphilosophie in der Diskussion. BI, Braunschweig, S 3–18

Smids J, Nyholm S, Berkers H (2019) Robots in the workplace: a threat – or opportunity for – meaningful work? Philos Technol 33:503–522

Teil II

Soziale Robotik und andere Disziplinen

Soziale Robotik und KI

6

Wie sich Roboter autonom nach Werten und Normen verhalten können

Felix Lindner

Adopting to human unpredictability is one of my features.
(*Android Connor in* Detroit: Become Human)

Zusammenfassung

Während im öffentlichen Diskurs Künstliche Intelligenz und Robotik häufig ganz selbstverständlich zusammengedacht werden, haben sich historisch zwei separate Disziplinen entwickelt: die Künstliche Intelligenz beschäftigt sich mit der Formalisierung und Algorithmisierung von Schlussfolgern und Problemlösen, und die Robotik befasst sich mit der maschinellen Wahrnehmung der Umwelt sowie der autonomen Ausführung von Handlungen. In diesem Kapitel wird die Soziale Robotik als ein Bindeglied zwischen den beiden Disziplinen aufgefasst. Soziale Roboter sind Roboter, die sich nach den Werten und Normen des sozialen Miteinanders richten. Damit dies möglich wird, müssen Verfahren aus der Robotik um eine soziale Dimension erweitert werden. Eine Möglichkeit besteht darin, Techniken aus der Künstlichen Intelligenz zu verwenden, um soziale Werte und Normen explizit zu modellieren. Der Beitrag thematisiert das sogenannte Value-Alignment-Problem in der Künstlichen Intelligenz im Allgemeinen und demonstriert anhand von sozialer Roboter-Navigation im Speziellen, wie Techniken aus der Künstlichen Intelligenz für die Soziale Robotik genutzt werden können, damit Roboter ihre Handlungen nach menschlichen Werten und Normen ausrichten.

F. Lindner (✉)
Universität Ulm, Ulm, Deutschland
E-Mail: felix.lindner@uni-ulm.de

© Der/die Autor(en), exklusiv lizenziert durch Springer Fachmedien Wiesbaden
GmbH, ein Teil von Springer Nature 2021
O. Bendel (Hrsg.), *Soziale Roboter*, https://doi.org/10.1007/978-3-658-31114-8_6

6.1 Einleitung

Die Soziale Robotik hat sich im Kern zu einer Forschungsdisziplin entwickelt, die durch empirische Methoden aus der Psychologie und angrenzenden Wissenschaften geprägt ist. Typische Forschungsarbeiten untersuchen, wie Menschen mit Robotern interagieren, welche Einstellungen Menschen zu Robotern haben und in welchen Kontexten Roboter positive Wirkung auf Menschen und ihr soziales Miteinander erzielen können. Neben solchen empirischen Fragestellungen der Sozialen Robotik stellen sich Forschungsfragen zur technischen Realisierung autonomer sozialer Roboter. Im Rahmen dieses Kapitels wird die Soziale Robotik als Bindeglied zwischen Robotik und Künstlicher Intelligenz (KI) aufgefasst: Ein sozialer Roboter ist ein Roboter, der soziale Intelligenz besitzt, das heißt, auf allen Ebenen seiner Handlungsplanung soziale Werte und Normen berücksichtigt. Um autonome, soziale Roboter technisch zu realisieren, bedarf es gezielter Forschung zur Integration von Forschungsergebnissen aus der Robotik und der Künstlichen Intelligenz.

In der öffentlichen Rezeption werden Robotik und Künstliche Intelligenz häufig ganz selbstverständlich zusammengedacht. Ein prominentes Beispiel dafür ist Steven Spielbergs Film *A.I. – Künstliche Intelligenz* aus dem Jahre 2001. Dieser Film trägt die KI im Namen und verhandelt inhaltlich das Verhältnis zwischen Menschen und Robotern. In den Anfängen der Künstlichen Intelligenz war die Schaffung intelligenter Roboter tatsächlich eine zentrale Motivation. Ein berühmtes Beispiel dieser Zeit ist der Roboter Shakey vom Stanford Research Institute (Nilsson 1984). Die Entwicklung von Shakey hatte großen Einfluss auf die Künstliche Intelligenz: Um Shakey zu bauen, wurden neue Algorithmen zur Pfadplanung und für das Computersehen entwickelt, die bis heute zum Standardinventar der KI gehören. Die Robotik und die Künstliche Intelligenz spalteten sich in den nächsten Dekaden in zwei separate Forschungsgebiete mit jeweils eigenen Forschungsmethoden, Konferenzen und Zeitschriften (vgl. Rajan und Saffiotti 2017). Die Künstliche Intelligenz befasst sich seither mit der Formalisierung und Algorithmisierung von Denkprozessen: logisches Schließen und Problemlösen, vorausschauendes Planen, Verarbeitung von Sprache, Repräsentation von Raum und Zeit und maschinelles Lernen (Russell und Norvig 2016). Die klassische Künstliche Intelligenz fasst Denken und Problemlösen als Manipulation diskreter Symbole auf: Probleme werden in formalen Sprachen beschrieben und mittels Symbolmanipulationsverfahren, häufig heuristische Suche, gelöst. Zu den berühmtesten Erfolgen dieses Paradigmas der Künstlichen Intelligenz zählt der Schachcomputer Deep Blue von IBM (Campbell et al. 2002), der im Jahre 1996 gegen den Schachweltmeister Garry Kasparov gewann. Spiele wie Schach verfügen über Eigenschaften, die sie besonders zugänglich für die Künstliche Intelligenz machen: Die Spielregeln sind bekannt, die Züge aller Spielfiguren sind deterministisch, der Spielzustand kann jederzeit vollständig überblickt und das Ziel des Spiels einfach formuliert werden. Ein Roboter hingegen findet sich mit einer Welt kontinuierlicher Veränderungen konfrontiert. Seine Wahrnehmung durch Sensoren erfasst immer nur einen Ausschnitt der Welt und ist mit Unsicherheit behaftet. Sein Handeln ist zeitkritisch und die Handlungen sind physikalischen Kräften unterworfen, sodass ihre Effekte nicht exakt vorhersagbar sind. Diese unterschiedlichen Anforderungen führten zunächst zu der erwähnten Aufteilung in die zwei Disziplinen Künstliche Intelligenz und Robotik. Beide Disziplinen können jeweils für sich in den vergangenen Jahren immense Fortschritte verzeichnen und so mehren sich Forschungsprojekte, die sich mit der Integration der Forschungsergebnisse aus beiden Disziplinen befassen (Rajan und Saffiotti 2017). Denn wirklich intelligente, autonome Roboter verfügen, so zeigt sich, sowohl über abstrakte Problemlösungskompetenz als auch über die Fähigkeit zur robusten Wahrnehmung und Aktionsausführung.

Diesem Verhältnis zwischen Künstlicher Intelligenz und Robotik tritt die Soziale Robotik als potenzielles Bindeglied bei, da sie einerseits die Resultate der Robotik technisch voraussetzt und andererseits hohe kognitive Anforderungen stellt, die dem sozialen Roboter erst erlauben, die Bedeutung des Sozialen für sein Handeln einzubeziehen. Als Arbeitsdefinition für dieses Kapitel soll nach Bartneck und Forlizzi (2004) unter einem sozialen Roboter ein autonomer Roboter verstanden werden, der mit Menschen interagiert und kommuniziert und sich dabei an geltende Werte und Normen hält:

> A social robot is an autonomous or semi-autonomous robot that interacts and communicates with humans by following the behavioral norms expected by the people with whom the robot is intended to interact. (Bartneck und Forlizzi 2004)

Man kann unterschiedliche Perspektiven darauf einnehmen, wie soziale Roboter konstruiert werden können: Die eine Perspektive betont, dass Roboter per Design derart konstruiert werden sollen, dass sie sich wie soziale Interaktionsteilnehmer verhalten. Es sei nach wie vor der Mensch und nur der Mensch, der die Werte und Normen des Sozialen kennt, alle Situationen, in die der Roboter gelangen kann, vorhersieht, und den Roboter so entwirft, dass dieser sich in allen Situationen angemessen verhält. Diese Perspektive ist oft mit der Vorstellung verbunden, man programmiere das Verhalten von Robotern Schritt für Schritt: Tue erst X, und falls danach Y gilt, dann tue Z. Wenn die Aufgaben, die Roboter erfüllen sollen, und die Kontexte, in denen sie agieren, hinreichend komplex werden, dann stößt dieses Vorgehen an seine Grenzen. Die zweite Perspektive betont deshalb, dass Roboter ihre Handlungen situationsabhängig mithilfe von Planungs- und Optimierungsverfahren bestimmen. Diese Verfahren ermöglichen Robotern, in Abhängigkeit gegenwärtiger Umstände optimale Wege zur Aufgabenerfüllung selbstständig zu berechnen. Dieses Vorgehen erlaubt den Einsatz von Robotern für eine größere Bandbreite an Aufgaben und auch dann, wenn es unmöglich ist, zur Konstruktionszeit alle Situationen, in die der Roboter potenziell gelangen kann, vollumfänglich vorherzusehen.

Um die Handlungsplanung nach der zweiten Perspektive zu realisieren, konzeptualisiert ein Roboter eine ihm zugeteilte Aufgabe als Planungsproblem. Ein typisches Planungsproblem ist durch folgende Komponenten gegeben:

- **Zustandsraum**: Die Menge von Situationen (oder Welt-Zuständen), die der Roboter unterscheiden kann. Der Zustandsraum ist insbesondere von der sensorischen Ausstattung des Roboters abhängig. Der Welt-Zustand kann aber auch interne Aspekte des Roboters umfassen, wie sein Wissen über die Welt und seine gegenwärtigen Ziele.

- **Aktionsraum**: Die Menge von Aktionen, die der Roboter ausführen kann. Dazu zählen alle Bewegungen, die der Roboter ausführen kann, aber auch kommunikative Aktionen, wie zum Beispiel verbale Äußerungen, Farbänderungen von LEDs, um den inneren Status anzuzeigen, Darstellungen von User-Interfaces per Tablet u. a. (vgl. Bonarini 2020).
- **Transitionsmodell**: Ein Modell darüber, wie die Aktionen des Roboters den Welt-Zustand verändern. In der Robotik ist das Transitionsmodell typischerweise eine Abbildung von dem gegenwärtigen Welt-Zustand und einer ausgewählten Aktion auf eine Wahrscheinlichkeitsverteilung über mögliche Folgezustände.
- **Bewertungsfunktion**: Ein Modell darüber, welche Welt-Zustände erstrebenswert sind (Reward-Funktion) und ggf. welche Kosten mit der Ausführung bestimmter Aktionen verbunden sind (Kosten-Funktion). Die Bewertung einer Aktion kann von dem gegenwärtigen Welt-Zustand und von dem durch das Transitionsmodell prädizierten Folgezustand sein.

Ausgehend von einer Repräsentation des gegenwärtigen Welt-Zustands plant der Roboter anhand des Transitionsmodells eine Abfolge von Aktionen, deren Ausführung in einen Zielzustand führt, in dem die Aufgabe als erledigt gilt. Nach diesem Planungsvorgang beginnt der Roboter damit, die berechnete Aktionssequenz auszuführen. Damit Planungsprobleme unter Berücksichtigung des Sozialen gelöst werden können, müssen die Repräsentationen der Zustandsräume alle sozial relevanten Faktoren erfassen, beispielsweise auch die individuellen Präferenzen von Personen, mit denen der Roboter interagieren soll. Außerdem muss das Planungsverfahren explizit über die Zielfunktion und ihre Randbedingungen informiert werden, die Lösungen des Planungsproblems erfüllen sollen, zum Beispiel dass die Präferenzen von Menschen nicht verletzt werden, so wie auch alle anderen Normen, die es zu berücksichtigen gilt. Der Roboter wird in diesem Sinne ebenfalls zum Träger von explizitem Wissen über soziale Werte und Normen. Er wird in die Lage versetzt, ausgehend von gegenwärtigen Gegebenheiten selbstständig Lösungen zu berechnen, die bestimmten sozialen Werten und Normen genügen.

Ein sozialer Roboter steht also einerseits vor Herausforderungen, die ihm qua Roboter eigen sind: Er muss seine Umwelt wahrnehmen und in ihr agieren. Als sozialer Roboter rückt der Mensch mit seinen Erwartungen, Werten und Normen als maßgeblicher Faktor ins Zentrum seines Handelns. Ein sozialer Roboter soll Menschen erkennen (Volkhardt et al. 2013), er soll antizipieren, was Menschen vorhaben (Bruckschen et al. 2020), welche individuellen Präferenzen Menschen darüber haben, was ein Roboter tun (Abdo et al. 2015) oder unterlassen (Shah et al. 2019) soll, er muss räumliche Konstellationen und zeitliche Abläufe des sozialen Miteinanders einschätzen (Tipaldi und Arras 2011) und seine Handlungen an geltenden Regeln ausrichten (Carlucci et al. 2015). Um diese Herausforderungen zu realisieren, benötigt ein sozialer Roboter Wissen über die Welt und insbesondere die Fähigkeit, über Handlungspläne, sowohl seine eigenen als auch jene seiner

Interaktionspartner, zu räsonieren: „Was wird mein Interaktionspartner tun?", „Was soll ich tun?", „Tue ich das Richtige?".

Nachfolgend wird in Abschn. 6.2 zunächst anhand des Diskurses zum Value-Alignment-Problem die schwierige Herausforderung, Roboter mit der Fähigkeit, menschlichen Erwartungen zu entsprechen, auszustatten, vertieft. Danach wird in Abschn. 6.3 exemplarisch für die soziale Roboternavigation skizziert, wie Techniken aus der Künstlichen Intelligenz und Techniken aus der Robotik für die Realisierung mobiler sozialer Roboter kombiniert werden, damit diese in alltäglichen, sozialen Umgebungen navigieren und mit Menschen kollaborieren können.

6.2 Das Value-Alignment-Problem in der KI

Die Herausforderung, Verfahren zu konstruieren, nach denen sich KI-Systeme im Allgemeinen und soziale Roboter im Speziellen gemäß von Werten und Normen verhalten, wird auch als *Value-Alignment-Problem* bezeichnet (Russell et al. 2015). Das Value-Alignment-Problem ist notorisch schwierig. Seine Schwierigkeit ist nicht bloß darin begründet, dass es technisch schwierig wäre, KI-Systeme zu entwickeln, die sich nach Werten und Normen richten. Die Schwierigkeit liegt insbesondere darin begründet, dass es herausfordernd ist, überhaupt Werte und Normen als Ziele für künstliche Agenten zu formalisieren, weil diese Formalisierungen in einer Präzision erfolgen müssten, mit der Werte und Normen für gewöhnlich nicht formuliert werden (Gabriel 2020). Als Beispiel dafür, wie schwierig es ist, erwünschtes Verhalten präzise zu formulieren, wird häufig die Anekdote des König Midas herangeführt. König Midas soll sich gewünscht haben, dass alles, was er berührt, zu Gold werde. Dieser Wunsch wurde ihm erfüllt und folglich wurde alles zu Gold, was er berührte. Auch Nahrungsmittel, die er zu sich nehmen wollte, verwandelten sich zu Gold, sodass ihm bald der Hungerstod drohte. Die Analogie ist klar: Eine Maschine verfügt nicht über das Weltwissen, um die Pragmatik eines Satzes wie „Ich wünschte, dass alles zu Gold werde" zu begreifen und zu wissen, dass eigentlich viele Ausnahmen mitgemeint sind. Im Film *I Am Mother* aus dem Jahre 2019 führt das Value-Alignment-Problem in die Katastrophe: Eine Künstliche Intelligenz verfolgt das hehre Ziel, die Welt in einen moralisch perfekten Ort zu verwandeln. Um dieses Ziel zu erreichen, beschließt sie, zunächst alle Menschen zu töten, um dann aus Embryonen moralisch einwandfreie Menschen zu erziehen. Robotern also das Ziel zu geben „Tue Gutes!" bedeutet für die Maschine zunächst immer „Tue Gutes um jeden Preis!". Dies kann dazu führen, dass Wege gefunden werden, Situationen, in denen Gutes getan werden kann, auf denkbar schlechte Weise herbeizuführen. Eine Zielfunktion, beispielsweise, die den Roboter dafür belohnt, dass er Schmutz aufwischt, kann dazu führen, dass er neuen Schmutz produziert, nur um ihn dann wegputzen zu können; eine Zielfunktion, die den Roboter dafür belohnt, Menschen aus schwierigen Situationen zu helfen, bietet einen Anreiz dafür, Menschen erst in schwierige Situationen zu bringen. Die Problematik, die mit dem Value-Alignment-Problem zusammenhängt, betrifft nicht erst eine weit entfernte Zukunft, sondern zeigt sich bereits jetzt in vielen Anwendungen von Künstlicher Intelligenz und beschäftigt die Forschung im Bereich *Sichere Künstliche Intelligenz* (vgl. Amodei et al. 2016). Für die Soziale Robotik ist das Value-Alignment-Problem von besonderer Bedeutung, weil eine soziale Interaktion zwischen Menschen und Robotern nur dann möglich ist, wenn der Mensch darauf vertrauen kann, dass sich der Roboter angemessen verhält (Tolmeijer et al. 2020).

Es existieren verschiedene Ansätze der Künstlichen Intelligenz und des maschinellen Lernens, die dazu beitragen können, das Value-Alignment-Problem technisch zu beherrschen:

- **Lernen aus Demonstrationen** (Coates et al. 2008): Die Idee hinter diesem Ansatz besteht darin, dass der Roboter eine Aufgabe lernt, indem er einen menschlichen Experten dabei beobachtet, wie dieser die Aufgabe bewältigt. Die Zielfunktion, die der Roboter nach dem Lernen verfolgt, lautet dann „Imitiere genau das Verhalten, das Du beobachtet hast". Damit wird der schwierige Prozess des Formulierens einer Zielfunktion umgangen. Allerdings gibt es keine Garantien dafür, dass sich der Roboter korrekt verhält, wenn sich die Situationen, in die er kommt, von den Situationen, für die er trainiert wurde, unterscheiden. Es ist für hinreichend komplexe Aufgabenbereiche unmöglich, für alle Eventualitäten Demonstrationen durch Experten zu erzeugen. Lernen aus Demonstrationen setzt außerdem voraus, dass Menschen überhaupt in der Lage sind, die Aufgabe zu demonstrieren. Wenn Roboter auch in gefährlichen oder unerreichbaren Umgebungen agieren sollen, ist Lernen aus Demonstrationen ethisch nicht vertretbar. Andere Aufgaben sind auf diese Weise nicht trainierbar, weil sie grundsätzlich nicht die Fähigkeit besitzen, die Aufgabe vorzumachen, z. B. Flugverhalten.
- **Inverses Reinforcement-Lernen** (Ng und Russell 2000) basiert ebenfalls auf der Idee, dass der Roboter von Demonstrationen lernt. Der Unterschied zum vorherigen Ansatz besteht darin, dass der Roboter aus den beobachteten Demonstrationen eine Reward-Funktion inferiert. Der Roboter imitiert also nicht den Menschen, sondern das Lernverfahren versucht zunächst zu verstehen, aus welchen Gründen der Mensch handelt. Inverses Reinforcement-Lernen verspricht, dass der Roboter das Gelernte nicht nur in den zur Trainingszeit beobachteten Situationen richtig anwendet, sondern auch in neue Situationen übertragen kann. Inverses Reinforcement-Lernen teilt mit Lernen-aus-Demonstrationen die Notwendigkeit vorhandener Demonstrationsdaten.
- **Interaktives Reward-Design** (Knox et al. 2013): Die Notwendigkeit vorhandener Demonstrationen als Daten für das Lernverfahren wird beim interaktiven Reward-Design umgangen. Das interaktive Reward-Design beginnt damit, dass der Roboter in die Welt geworfen wird und zu handeln beginnt. Der Mensch kann in der Rolle des Beobachters durch Feedbacksignale das vom Roboter gezeigte Verhalten belohnen oder bestrafen. Auf diese Weise lernt der Roboter, welches Verhalten erwünscht und welches unerwünscht ist. Der Nachteil an diesem Verfahren ist, dass der Roboter unerwünschtes Verhalten zunächst zeigen muss, damit der Mensch es als unerwünscht deklarieren kann. Interaktives Reward-Design eignet sich deshalb nicht für Kontexte, in denen der Roboter größeren Schaden anrichten kann.

- **Inverses Reward-Design** (Hadfield-Menell et al. 2017) begegnet dem Value-Alignment-Problem, indem es die Reward-Funktion des Roboters lediglich als Annäherung an eine optimale Reward-Funktion auffasst. Der Roboter verhält sich nach Aspekten, die explizit in der Reward-Funktion genannt sind, und verhält sich zurückhaltend bezüglich anderer Faktoren. Wenn die Reward-Funktion beispielsweise beschreibt, dass es gut ist, Menschen in Not zu helfen, aber nichts darüber aussagt, ob es richtig oder falsch ist, Menschen in Not zu bringen, dann wird der Roboter genau davor zurückschrecken, weil er die Unsicherheit darüber, ob das Jemanden-in-Not-bringen eine gute oder schlechte Handlung ist, meidet.
- **Maschinelle Ethik** (Wallach und Allen 2010) schließlich setzt sich zum Ziel, das Gute und das Richtige explizit formal zu fassen, indem Theorien aus der philosophischen Ethik modelliert werden. Logikbasierte Ansätze dominieren dieses Forschungsgebiet. Der Vorteil dieser Ansätze besteht darin, dass sie theoriegetrieben sind: Das Gute und Richtige ist a priori ethisch begründet. Die ethischen Werte und Normen können kommuniziert und zwischen Menschen und Roboter verhandelt werden (Lindner et al. 2017). Außerdem eröffnet Maschinenethik die Möglichkeit zur formalen Verifikation von KI-Systemen (Dennis et al. 2021). Beweisverfahren können eingesetzt werden, um formal sicherzustellen, dass der Roboter bestimmte Werte und Normen unter keinen Umständen verletzen wird. Beispielsweise wird der Roboter niemals einen Menschen in Not bringen, nur um ihn danach zu retten, wenn er dem ethischen Prinzip, niemanden unnötig in Gefahr zu bringen, folgt. Ein Nachteil dieses Ansatzes besteht darin, dass auch ethische Theorien nicht frei von kontraintuitiven Urteilen sind. Das zweite Problem ist, dass es eine große Zahl ethischer Theorien in vielen Unterausprägungen gibt und es nicht offensichtlich ist, welche dieser Theorien in welchen Situationen für einen sozialen Roboter gelten sollen. Und drittens ist ungeklärt, wie das ethisch Gute und Richtige überhaupt mit dem Sozialen zusammenhängt, d. h., ob ethische Theorien die soziale Dimension des Handelns adäquat erfassen können.

Das Value-Alignment-Problem ist ein übergreifendes Problem in der Künstlichen Intelligenz im Allgemeinen und der Sozialen Robotik im Besonderen. Im folgenden Abschnitt soll am Beispiel sozialer Roboternavigation skizziert werden, wie Techniken der Künstlichen Intelligenz und Techniken der Robotik zusammengeführt werden, um soziales Raumverhalten für soziale Roboter zu realisieren.

6.3 Fallstudie: Räumliche Intelligenz für soziale Roboter

Typische Einsatzfelder für zukünftige soziale Roboter sind Haushaltstätigkeiten wie Putzen oder Geschirrspülen (Okada et al. 2006; Cakmak und Takayama 2013), der Transport von Wäsche auf Krankenhausstationen (Mutlu und Forlizzi 2008), das Leiten von Führungen in Museen (Nourbakhsh et al. 1999; Yamaoka et al. 2010) und die Bedienung von Gästen in Restaurants (Rockel et al. 2013). All diese Aufgabenfelder umfassen die Anforderung an einen sozialen Roboter, in einer alltäglichen Umgebung autonom mobil zu sein. Die Fähigkeit zur zielgerichteten und selbstständigen Navigation im Raum ist eine grundlegende Voraussetzung zur Realisierung mobiler sozialer Roboter. Die *Mobile Robotik* ist eine Subdisziplin der Robotik, die sich mit der algorithmischen Realisierung von Roboternavigation beschäftigt (Siegwart et al. 2011). Roboternavigation umfasst mehrere algorithmische Probleme. Klassischerweise wird unterschieden in Kartierung, Lokalisierung, Pfadplanung und Hindernisvermeidung:

- **Kartierung**: Der Roboter kartiert seine Umgebung, indem er sich in der Umgebung bewegt und sie vermisst, typischerweise mittels eines Laserscanners oder einer Kamera. Das Ergebnis der Kartierung ist eine interne Karte, die typischerweise die frei begehbaren von den nichtbegehbaren Bereichen der Umgebung unterscheidet.
- **Lokalisierung**: Der Roboter kann anhand der internen Karte feststellen, wo er sich befindet. Dazu gleicht er seine derzeitige Wahrnehmung der Umgebung mit der Karte ab, schätzt so die möglichen Positionen auf der Karte ein und integriert diese Abschätzungen über die Zeit.
- **Pfadplanung**: Der Roboter nutzt die interne Karte und die aktuelle Abschätzung seiner Position, um einen Pfad durch den frei begehbaren Bereich der Umgebung zu planen.
- **Hindernisvermeidung**: Während der Roboter einen Pfad entlangfährt, um zu einem Navigationsziel zu gelangen, können dynamische Hindernisse auftauchen, die zur Planungszeit nicht bekannt waren, wie zum Beispiel abgestellte Objekte oder auch Menschen. Verfahren zur Hindernisvermeidung navigieren den Roboter um diese Hindernisse herum und sorgen gleichzeitig dafür, dass der Roboter wieder auf seinen Pfad zurückkehrt.

Die Anforderungen an das Wissen über den Raum eines mobilen sozialen Roboters reichen über die klassischen Ansätze hinaus: Ein sozialer Roboter soll sich nicht bloß zielgerichtet bewegen, sondern Raum und Raumnutzung unter sozialen Aspekten konzeptualisieren. Menschen sind nicht bloß Hindernisse, mit denen Kollisionen vermieden werden sollen, sondern sie haben Bedürfnisse, was die Geschwindigkeit und den Abstand angeht, in denen sie von einem Roboter passiert werden wollen. Auch Objekte im sozialen Raum sind oft nicht bloß Hindernisse, sondern haben Funktionen und tragen damit Bedeutung für den Menschen, etwa weil sie für bestimmte Aktivitäten genutzt werden, die durch den Roboter unterstützt oder zumindest nicht blockiert werden sollten.

Wenn die Karte eines Roboters durch soziale Aspekte wie Raumnamen und -funktionen angereichert wird, sodass er sich selbst und andere Objekte und Menschen in bedeutungstragenden Räumen lokalisieren kann, spricht man von *semantischen Karten* (Abschn. 6.3.1). Wenn der Roboter bei der Pfadplanung und Hindernisvermeidung soziale Normen berücksichtigt, wie Abstände zu Menschen einzuhalten oder Flure je nach Kulturkreis auf der rechten bzw. linken Seiten zu passieren, spricht man von *Roboter-Proxemik* (Abschn. 6.3.2).

6.3.1 Semantische Karten

Die Karten, die Roboter von ihrer Umgebung erstellen, unterteilen die Umgebung zunächst in begehbare Bereiche und nichtbegehbare Bereiche ein. Dabei handelt es sich um eine äußerst roboterzentrierte Sicht auf Raum, die für den einzigen Zweck der Navigation von einer Position zur nächsten nützlich ist. Ein Mensch teilt seine Umgebung nicht nur in begehbar und nichtbegehbar ein. Räume haben Bedeutungen: Im Schlafzimmer wird geschlafen und in Küchen gekocht. Betten stehen in Schlafzimmern und Kühlschränke in Küchen. Kühlschränke bewahren Milch und Gemüse auf. Räume sind Träger sozialer Bedeutung.

Angenommen, es wurde ein sozialer Roboter angeschafft, um Bringdienste in einer Wohnung zu leisten. Der aktuelle Auftrag lautet, eine Tüte Milch zu bringen. Um diese Aufgabe selbstständig zu lösen, reicht die klassische Umgebungskarte nicht aus. Der Roboter weiß zusätzlich, dass ein bestimmter begehbarer Bereich auf der internen Karte der wohnungseigenen Küche entspricht, dass außerdem Kühlschränke in Küchen stehen und Milch in Kühlschränken aufbewahrt wird. Mit Methoden der Künstlichen Intelligenz kann die interne Karte eines sozialen Roboters mit solchem *semantischen Wissen* angereichert werden. In dem Ansatz von Galindo et al. (2008) wird die interne Karte des Roboters mittels einer Beschreibungslogik (Baader et al. 2007) angereichert. Beschreibungslogiken sind Formalismen aus dem Gebiet der Wissensrepräsentation und -verarbeitung (Levesque und Brachman 2004), einem Teilgebiet der Künstlichen Intelligenz. Durch sie kann terminologisches Weltwissen kodiert werden, d. h. Wissen über abstrakte Konzepte und wie sie durch Relationen zueinanderstehen.

Um eine semantische Karte für den sozialen Roboter zu erstellen, wird zunächst die Konnektivität von begehbaren Arealen auf der Karte als Graph, einer Menge von Knoten, die durch Kanten verbunden sind, repräsentiert: Jeder Knoten in diesem Graphen entspricht einem Raum und wenn zwei Räume durch frei begehbare Gebiete miteinander verbunden sind, dann wird eine Kante zwischen den entsprechenden Knoten in den Graphen eingefügt. Jedem Knoten in diesem Graphen können nun weitere Eigenschaften zugeordnet werden, beispielsweise dass es sich bei dem gemeinten Raum um eine Küche handelt. Terminologisches Wissen beschreibt ergänzend allgemeines, konzeptuelles Wissen: Küchen sind Räume, in denen Kühlschränke stehen, und Kühlschränke bewahren Milch auf. Die beschreibungslogische Formalisierung dieses Wissens kann beispielsweise wie folgt notiert werden:

$$\Big(\text{defconcept Kitchen} : \text{is}\big(: \text{and Room}\,(: \text{some has}-\text{appliance Fridge}\big)\big)\Big) \tag{1.1}$$

$$\Big(\text{defconcept Fridge} : \text{is}\big(: \text{some stores Milk}\big)\Big) \tag{1.2}$$

Anhand dieses Wissens kann der Roboter eine Aktionssequenz planen, die die Aufgabe, Milch zu bringen, erfüllt. Dazu stellt der Roboter logische Inferenzen an: Milch befindet sich im Kühlschrank (Gl. 1.2) und der Kühlschrank befindet sich in der Küche (Gl. 1.1), also wird der Aktionsplan erstellt, zunächst in die Küche zu fahren, um dann dort die Milch aus dem Kühlschrank zu holen.

Das terminologische Wissen kann vom Roboter auch genutzt werden, um Normverletzungen zu erkennen und proaktiv darauf zu reagieren (Galindo und Saffiotti 2013). Angenommen, der Roboter entdeckt eine Milchtüte im Schlafzimmer. Anhand seines Wissens darüber, dass Milchtüten für gewöhnlich im Kühlschrank stehen, stellt der Roboter eine Normverletzung fest. Im nächsten Schritt generiert er den Aktionsplan, die Milchtüte aus dem Schlafzimmer in den Kühlschrank zu bringen.

6.3.2 Roboter-Proxemik

Empirische Studien aus der Sozialen Robotik zeigen, dass eine Voraussetzung für die breite Akzeptanz von sozialen Robotern in sozialen Umgebungen darin besteht, dass die Roboter die räumlichen Bedürfnisse von Menschen berücksichtigen (Mutlu und Forlizzi 2008; Walters et al. 2009; Koay et al. 2013; Kim und Mutlu 2014). Dabei geht es insbesondere darum, welche Abstände und Orientierungen Roboter zu Menschen in unterschiedlichsten Situationen einnehmen sollten, d. h. wenn sie mit Menschen Flure passieren oder wenn sie mit ihnen in Interaktion treten. Die Forschung zu diesen räumlichen Bedürfnissen wird maßgeblich von Modellen aus der Sozialpsychologie informiert: Die räumlichen Bedürfnisse von Menschen in Mensch-Mensch-Interaktionen werden in einem Teilgebiet der Sozialpsychologie, der *Proxemik*, untersucht (Hall 1966; Kendon 1990). In der Proxemik geht es insbesondere um die Abstände und Orientierungen, die Menschen zueinander einnehmen, wenn sie miteinander interagieren. Ein einflussreiches Modell zu sozialen Abständen, der persönliche Raum, wird von Edward Hall (1966) beschrieben. Der persönliche Raum unterteilt sich in drei unterschiedliche Zonen: Die erste Zone, die den Menschen bis zu einer Distanz von ca. 45 cm direkt umgibt, ist für intime Interaktionen, wie Umarmungen, reserviert. In der zweiten Zone bis zu einer Distanz von ca. 120 cm spielen sich typischerweise Interaktionen mit Familienmitgliedern und Freunden ab, während sich Menschen bei formalen Interaktionen oder Interaktionen zwischen Fremden in einer Distanz von mehr als 120 cm verhalten. Ein zweites Modell, von Adam Kendon (1990), beschreibt räumliche Formationen, die Menschen zueinander eingehen. Hierbei geht es insbesondere um räumliche Orientierungen statt um Abstände: In manchen formalen sozialen Kontexten orientieren sich Gesprächspartner eher von Angesicht zu Angesicht, während in weniger formalen Situationen L-Formationen häufiger sind. Analog zu semantischen Karten (Abschn. 6.3.1), die Kartierungsverfahren aus der Robotik mit sozialem Wissen anreichern, können soziale Pfadplanung (Sisbot et al. 2007) und soziale Hindernisvermeidung (Lam et al. 2011) mit proxemischen Wissen informiert werden und so-

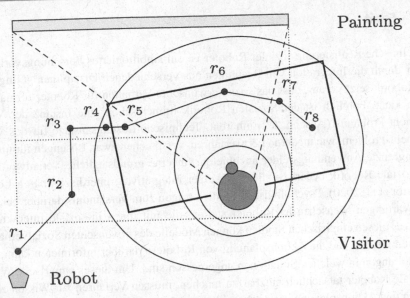

Abb. 6.1 Soziale Räume (Lindner und Eschenbach 2011)

mit speziellen Anforderungen an die Navigation und räumliche Platzierung (Althaus et al. 2004; Torta et al. 2012) von sozialen Robotern gerecht werden.

Abb. 6.1 skizziert aus der Vogelperspektive exemplarisch eine semantische Karte für eine Szene, in der ein Mensch (Kreise) ein Gemälde (Rechteck) betrachtet. Der Roboter (Fünfeck) soll dem Menschen nähere Details zum Gemälde erzählen und sich dafür angemessen zum Menschen platzieren. In dieser Szene ist die semantische Karte des Roboters mit sozialem Wissen angereichert: Die gestrichelten Linien ausgehend vom Menschen repräsentieren das Sichtfeld des Menschen auf das Gemälde. Der Roboter soll dies möglichst nicht verdecken; die Ellipsen signalisieren verschiedene Regionen des persönlichen Raums des Menschen – der Roboter sollte sich nicht zu nahe, in die innere Region, stellen, aber auch nicht zu weit entfernt. Damit die geplante Interaktion unter rein funktionalen Aspekten erfolgen kann, muss sie innerhalb des fett umrandeten Rechtecks erfolgen. Unter all diesen Randbedingungen berechnet der Roboter seine Zielposition (hier: r8). Beim Weg dorthin nimmt der Roboter in Kauf, kurzfristig das Sichtfeld zu verdecken, um nicht zu plötzlich im Rücken des Menschen aufzutauchen.

Semantische Karten sind somit ein besonders anschauliches Beispiel dafür, wie Techniken aus der Künstlichen Intelligenz (Wissensrepräsentation, Inferenz und Planung) und der Robotik (Roboternavigation) integriert werden, um Anforderungen an soziale Roboter gerecht zu werden. Ein Überblicksartikel zum Thema semantische Umgebungskarten für Roboter findet sich bei Kostavelis und Gasteratos (2015), ein Überblicksartikel zur technischen Realisierung von Mensch-Roboter-Proxemik bei Kruse et al. (2013).

6.4   Fazit

Die technische Realisierung sozialer Roboter ist ein ambitioniertes Forschungsvorhaben, das nur durch die Integration von Resultaten aus verschiedenen Disziplinen gelingt. Soziale Robotik setzt voraus, dass das sozial erwünschte Verhalten für Roboter formalisiert werden kann. Folglich ist der Sozialen Robotik immer schon eine Instanz des Value-Alignment-Problems (Abschn. 6.2) inhärent. Technische Lösungsansätze für das Value-Alignment-Problem, wie moderne Lernverfahren, versprechen zwar, Lösungen für manche klar umgrenzte Anwendungsfelder anzubieten, für eine grundsätzliche, verantwortungsvolle Soziale Robotik bedarf es allerdings einer integrativen, interdisziplinären Lösung (vgl. Seibt et al. 2020). Psychologische Studien tragen zum Verständnis darüber bei, welche Erwartungen Menschen an Roboter stellen, die mit ihnen in soziale Interaktionen treten. Aus diesen empirischen Studien können Modelle des erwünschten Sozialverhaltens gewonnen werden, die die Aktionsplanung von Robotern darüber informieren kann, welche Handlungen in welchen Situationen angemessen sind. Um dieses empirische Wissen für soziale Roboter tatsächlich nutzbar zu machen, müssen Verfahren zur Wissensrepräsentation und Aktionsplanung aus der Künstlichen Intelligenz mit Verfahren aus der Robotik kombiniert werden – zwei Gebiete, die im öffentlichen Diskurs häufig ganz selbstverständlich zusammengedacht werden und doch sehr unterschiedliche Forschungstraditionen pflegen. Anhand der Roboternavigation als Fallstudie wurde in diesem Kapitel aufgezeigt, wie Verfahren aus der Robotik mit sozialem Wissen angereichert werden können, um den zusätzlichen Anforderungen an die Sozialität von sozialen Robotern gerecht zu werden. Analoge Forschungsarbeiten existieren für andere Kompetenzen eines sozialen Roboters, wie zum Beispiel für die Koordination von Roboterarmbewegungen (Dragan et al. 2013), die Koordination von Blickbewegungen eines Roboters (Mutlu et al. 2009), die Realisierung von epistemischem Schließen über die Wissenszustände von menschlichen Interaktionspartnern (Dissing und Bolander 2020), das Ausdrücken von Emotionen (Breazeal und Brooks 2005) und das Teilnehmen an Sprachdialogen (Jokinen und Wilcock 2017). Es ist zu erwarten, dass durch die Fortschritte, die die Künstliche Intelligenz in jüngster Zeit erzielt hat, auch die Soziale Robotik Fortschritte machen wird, um die Sozialität von Robotern näher heranzurücken an jene Kriterien, die Menschen an ihre Interaktionspartner stellen: die geltenden Werte und Normen zu berücksichtigen.

Literatur

Abdo N, Stanhiss C, Spinello L, Burgard W (2015) Robot, organize my shelves! Tidying up objects by predicting user preferences. In: 2015 IEEE international conference on robotics and automation (ICRA), Seattle, WA, S 1557–1564

Althaus P, Ishiguro H, Kanda T, Miyshita T, Christensen HI (2004) Navigation for human-robot interaction tasks. In: Proceedings of the 2004 IEEE international conference on robotics and automation (ICRA'04), New Orleans, LA, S 1894–1900

Amodei D, Olah C, Steinhardt J, Christiano P, Schulman J, Mané D (2016) Concrete problems in AI safety. arXiv:1606.06565

Baader F, Calvanese D, McGuiness D, Nardi D (2007) The description logic handbook. Cambridge University Press, Cambridge

Bartneck C, Forlizzi J (2004) A design-centered framework for social human-robot interaction. In: IEEE international workshop on robot and human interactive communication (RO-MAN 2004), Kurashiki

Bonarini A (2020) Communication in human-robot interaction. Curr Robot Rep 1:279–285

Breazeal C, Brooks R (2005) Robot emotion: a functional perspective. In: Fellous J (Hrsg) Who needs emotions. Oxford University Press, Oxford, S 271–310

Bruckschen L, Bungert K, Dengler N, Bennewitz M (2020) Predicting human navigation goals based on Bayesian inference and activity regions. Robot Auton Syst 134:103664

Cakmak M, Takayama L (2013) Towards a comprehensive chore list for demostic robots. In: Proceedings of the 8th ACM/IEEE international conference on human-robot interaction, Tokyo, S 93–94

Campbell M, Hoane AJ Jr, Hsu FH (2002) Deep blue. Artif Intell 1–2:52–83

Carlucci FM, Nardi L, Iocchi L, Nardi D (2015) Explicit representation of social norms for social robots. In: 2015 IEEE/RSJ international conference on intelligent robots and systems (IROS), Hamburg, S 4191–4196

Coates A, Abbeel P, Ng AY (2008) Learning for control from multiple demonstrations. In: ICML'08: Proceedings of the 25th international conference on machine learning, Helsinki, S 144–151

Dennis L, Bentzen MM, Lindner F, Fisher M (2021) Verifiable machine ethics in changing contexts. In: Proceedings of the 35th AAAI conference on artificial intelligence, Virtual Conference, S 11470–11478

Dissing L, Bolander T (2020) Implementing theory of mind on a robot using dynamic epistemic logic. In: Proceedings of the twenty-ninth international joint conference on artificial intelligence (IJCAI), Yokohama, S 1615–1621

Dragan AD, Lee KT, Srinivasa, SS (2013) Legibility and predictability of robot motion. In: Proceedings of the international conference on human-robot-interaction (HRI'13), Tokyo, S 301–308

Gabriel I (2020) Artificial intelligence, values, and alignment. Mind Mach 30:411–437

Galindo C, Saffiotti A (2013) Inferring robot goals from violations of semantic knowledge. Robot Auton Syst 61(10):1131–1143

Galindo C, Fernández-Madrigal JA, González J, Saffiotti A (2008) Robot task planning using semantic maps. Robot Auton Syst 56(11):955–966

Hadfield-Menell D, Milli S, Abbeel P, Russell S, Dragan AD (2017) Inverse reward design. In: NIPS'17: proceedings of the 31st international conference on neural information processing systems, Long Beach, CA, S 6768–6777

Hall ET (1966) The hidden dimension, man's use of space in public and private. The Bodley Head, London

Jokinen K, Wilcock G (2017) Dialogues with social robots. Springer Singapore, Singapore

Kendon A (1990) Conducting interaction: patterns of behavior and focused encounters. Cambridge University Press, Cambridge

Kim Y, Mutlu B (2014) How social distance shapes human-robot interaction. Int J Human-Robot Stud 72:783–795

Knox WB, Stone P, Breazeal C (2013) Training a robot via human feedback: a case study. In: Social robotics – ICSR 2013, Bristol, S 460–470

Koay KL, Walters ML, May A, Dumitriu A, Christianson B, Burke N, Dautenhahn K (2013) Exploring robot etiquette: refining a HRI home companion scenario based on feedback from two artists who lived with robots in the UH robot house. In: Social robotics – ICSR 2013, Bristol, S 290–300

Kostavelis I, Gasteratos A (2015) Semantic mapping for mobile robotics tasks: a survey. Robot Auton Syst 66:86–103

Kruse T, Pandey A, Alami R, Kirsch A (2013) Human-aware robot navigation: a survey. Robot Auton Syst 61(12):1726–1743

Lam CP, Chou CT, Chiang KH, Fu LC (2011) Human-centered robot naviation – towards a harmoniously human-robot coexisting environment. IEEE Trans Robot 27(1):99–112

Levesque H, Brachman RJ (2004) Knowledge representation and reasoning. Morgan Kaufmann Publishers, Burlington

Lindner F, Eschenbach C (2011) Towards a formalization of social spaces for socially aware robots. In: Spatial information theory (COSIT'11), Belfast, ME, S 283–303

Lindner F, Wächter L, Bentzen MM (2017) Discussions about lying with an ethical reasoning robot. In: Proceedings of the 26th IEEE international symposium on robot and human interactive communication (RO-MAN 2017), Lisbon, S 1445–1450

Mutlu B, Forlizzi J (2008) Robots in organizations: workflow, social, and environmental factors in human-robot interaction. In: Proceedings of the 3rd ACM/IEEE international conference on human-robot interaction (HRI'08), Amsterdam, S 287–294

Mutlu B, Shiwa T, Kanda T, Ishiguro H, Hagita N (2009) Footing in human-robot conversations: how robots might shape participant roles using gaze cues. In: HRI'09: Proceedings of the 4th ACM/IEEE international conference on human-robot interaction, New York, S 61–68

Ng AY, Russell S (2000) Algorithms for inverse reinforcement learning. In: ICML'00: Proceedings of the 17th international conference on machine learning, Stanford, CA, S 663–670

Nilsson NJ (1984) Shakey the robot. Technical note 323, SRI International

Nourbakhsh IR, Bobenage J, Grange S, Lutze R, Meyer R, Soto A (1999) An affective mobile robot educator with a full-time job. Artif Intell 114(1):95–124

Okada K, Kojika M, Sagawa Y, Ichino T, Sato K, Inaba M (2006) Vision based behavior verification system of humanoid robot for daily environment tasks. In: Proceedings of the 6th IEEE-RAS international conference on humanoid robots, Genova, S 7–12

Rajan K, Saffiotti A (2017) Towards a science of integrated AI and robotics. Artif Intell 247:1–9

Rockel S, Neumann B, Zhang J, Dubba KSR, Cohn AG, Konecny S, Mansouri M, Pecora F, Saffiotti A, Günther M, Stock S, Hertzberg J, Tomé AM, Pinho A, Lopes LS, von Riegen S, Hotz L (2013) An ontology-based multi-level robot architecture for learning from experiences. Designing intelligent robots: reintegrating AI II: AAAI spring symposium, AAAI Press, Stanford, CA

Russell S, Norvig P (2016) Artificial intelligence: a modern approach, 3. Aufl. Addison Wesley, Boston

Russell S, Dewe D, Tegmark M (2015) Research priorities for robust and beneficial artificial intelligence. AI Mag 36(4):105–114

Seibt J, Damholdt MF, Vestergaard C (2020) Integrative social robotics, value-driven design, and transdisciplinarity. Interact Stud 21(1):111–144

Shah R, Krasheninnikov D, Alexander J, Abbeel P, Dragan AD (2019) Preferences implicit in the state of the world. In: International conference on learning representations (ICLR), New Orleans, LA

Siegwart R, Nourbakhsh IR, Scaramuzza D (2011) Introduction to autonomous mobile robots. MIT Press, Cambridge, MA

Sisbot EA, Marin-Urias LF, Alami R, Simeon T (2007) A human-aware mobile robot motion planner. IEEE Trans Robot 23(5):874–883

Tipaldi DG, Arras KO (2011) I want my coffee hot! Learning to find people under spatio-temporal constraints. In: Proceedings of the 2011 international conference on robotics and automation (ICRA), Shanghai, S 1217–1222

Tolmeijer S, Weiss A, Hanheide M, Lindner F, Powers TM, Dixon C, Tielman ML (2020) Taxonomy of trust-relevant failures and mitigation strategies. In: HRI'20: Proceedings of the 2020 ACM/IEEE international conference on human-robot interaction, Cambridge, S 3–12

Torta E, Cuijpers RH, Juola JF, van der Pol D (2012) Modeling and testing proxemic behavior for humanoid robots. Int J Humanoid Rob 9(4):1–24

Volkhardt M, Weinrich C, Gross HM (2013) People tracking on a mobile companion robot. Proceedings of the IEEE international conference on systems, man, and cybernetics (IEEE-SMC 2013), Manchester, S 4354–4359

Wallach W, Allen C (2010) Moral machines: teaching robots right from wrong. Oxford University Press, Oxford

Walters ML, Dautenhahn K, te Boekhorst R, Koay KL, Syrda DS, Nehaniv CL (2009) An empirical framework for human-robot proxemics. In: Proceedings of the symposium on new frontiers in human-robot interaction (AISB'09), Edinburgh, S 144–149

Yamaoka F, Kanda T, Ishiguro H, Hagita N (2010) A model of proximity control for information-presenting robots. IEEE Trans Robot 26(1):187–195

Integrative Soziale Robotik

Ein Verfahren zur Entwicklung kulturell nachhaltiger Anwendungen

Johanna Seibt

> A sociable robot is able to communicate and interact with us,
> understand and even relate to us, in a personal way. It is a robot that is
> socially intelligent in a human-like way. We interact with it as if it were
> a person, and ultimately as a friend.
>
> (Cynthia Breazeal)

Zusammenfassung

Soziale Roboter greifen in den physischen und symbolischen Bereich menschlichen sozialen Handelns ein. Da die soziokulturellen Folgen eines weitverbreiteten Gebrauchs sozialer Roboter gegenwärtig unbekannt sind, brauchen wir ein besonderes Modell zur Entwicklung dieser neuen sozialen Agenten und der neuen sozialen Handlungen, die sie erzeugen. Das Kapitel stellt die Integrative Soziale Robotik (ISR) vor, deren Verfahrensmodell auf einen Gestaltwechsel in unserem Verständnis von sozialer Robotik zielt. Die fünf Prinzipien der ISR beschreiben ein breit interdisziplinäres, konsequent *wertegeleitetes* Forschungs- und Entwicklungsverfahren, in dem soziokulturelle Expertise zur Schaffung von „kulturell nachhaltigen" Anwendungen eine zentrale Rolle spielt. Im Unterschied zu anderen wertesensitiven Designstrategien und Entwicklungsverfahren operiert ISR mit einem besonders differenzierten Verständnis von sozialer Interaktion. Wie sich die Prinzipien der ISR praktisch umsetzen lassen, wird an zwei Beispielen abschließend kurz erläutert.

J. Seibt (✉)
Aarhus Universitet, Aarhus C, Dänemark
E-Mail: filseibt@cas.au.dk

7.1 Einleitung

Sogenannte „soziale" Roboter stellen eine komplexe Herausforderung dar – sie werfen
theoretische Fragen auf, die tief in unser Selbstverständnis reichen, aber konfrontieren
uns auch mit praktischen Aufgaben von weitreichenden Konsequenzen, für die wir gegenwärtig noch keine etablierten Lösungsansätze haben. Die Sonderrolle der „sozialen" Roboter ist leicht zu übersehen, solange man sie lediglich als technologische Produkte betrachtet,
als einen weiteren Schritt der technologischen Entwicklung, die uns vom Industriezeitalter
über das Informationszeitalter zum „Automatisierungszeitalter" bringt. So verbinden die
Wirtschaftsanalytiker des McKinsey Global Institute ihre Voraussage, dass bis zum Jahr
2055 weltweit etwa die Hälfte aller beruflichen Aktivitäten automatisiert sein könnten, mit
der trockenen Bemerkung: „The ability of technology to disrupt is nothing new [...] Its
influence is overwhelmingly positive." Aber hier verbirgt sich ein gefährlicher Fehlschluss.
Die Vorstellung, dass sich aus den Erfahrungen mit bisherigen innovativen Technologien
extrapolieren lässt, was wir von den neuen Technologien der Automatisierung unserer
Arbeitswelt im Rahmen des öffentlichen sozialen Lebens erwarten können, geht an einer
entscheidenden Tatsache vorbei: „soziale" Roboter sind, im Gegensatz zu bisherigen disruptiven Technologien wie Computern oder Smartphones, keine bloßen Dinge, keine Werkzeuge – sie werden als soziale Interaktionspartner entwickelt und, insbesondere, als solche
auch bereitwillig rezipiert. Soziale Veränderungen der Vergangenheit, die sich aus *instrumentell* verwendeten Technologien ergeben haben, sind irrelevant für die Vorhersage möglicher sozialer Veränderungen durch die Einführung einer radikal neuen Klasse von künstlichen *sozialen* Interaktionspartnern, die noch dazu in sich sehr inhomogen ist.

Die soziale Robotik erfordert also unsere besondere Aufmerksamkeit, weil hier zum
ersten Mal – sieht man einmal von der erstaunlich langen Geschichte der Automaten ab –
Technologie in der Rolle des sozialen Agenten auftritt. Die oben zitierte Vision, die Cynthia Breazeal vor etwa zwei Jahrzehnten formulierte, ist mittlerweile teilweise verwirklicht – der „Traum des soziablen Roboters" (Breazeal 2002) hat sich in ein weites Feld von
geplanten und realisierten „Anwendungen" verzweigt, in denen Roboter mit ganz verschiedenen Fertigkeiten der Simulation des Sozialen („socially embedded", „socially assistive", „socially receptive", „socially interactive" etc.) eingesetzt werden, in den Bereichen von Pflege und Erziehung, für die private Unterhaltung oder im öffentlichen
Leben. „Soziale" Roboter sollen, wie alle anderen Formen von Technologie, das menschliche Leben verbessern, und erste Erfahrungen belegen dieses Potenzial – sie könnten aber
auch einen tiefen und letztlich nachteiligen Eingriff in unsere Sozialität bedeuten, der sich
möglicherweise nicht mehr revidieren lässt. Wie können wir verantwortlich mit diesem
Dilemma umgehen?

In diesem Kapitel möchte ich das Programm der „Integrativen Sozialen Robotik" (ISR)
vorstellen, die den gegenwärtigen, besonderen, theoretischen und praktischen Herausforderungen der sozialen Robotik gerecht zu werden versucht. ISR betont die theoretische
Analyse der neuen Sozialitätsformen mit Robotern und rückt die ethische (ästhetische,

moralische, existenzielle etc.) Werteorientierung von Anfang an ins Zentrum. ISR ist eine Designstrategie, im weiten Sinne dieses Begriffs: Sie beschreibt in fünf Prinzipien, wie wir unser Verständnis der Forschungs- und Entwicklungsverfahren für diese Art der Technologie verändern müssen, wenn wir „kulturell nachhaltige" Anwendungen schaffen wollen – d. h. Anwendungen, die unser gegenwärtiges Wertesystem bewahren oder sogar gezielt einige unserer zentralen Werte stützen.

Ich werde zunächst genauer darlegen, warum wir uns bei der sozialen Robotik auf die Entwicklung kulturell nachhaltiger Anwendungen beschränken müssen. In einem zweiten Schritt führe ich die Prinzipien der ISR ein, in einer Zusammenschau mit ähnlichen Bemühungen, Technologieentwicklung grundsätzlich mit der Perspektive menschlicher Werte zu verbinden. Schließlich zeige ich an einigen Beispielen, wie ISR zur Anwendung kulturell nachhaltiger Anwendungen verwendet werden kann.

7.2 Drei Blockaden im Regelkreis forschungsgeleiteter Innovation

Die Einführung innovativer Technologien mit hohem „Disruptionspotenzial" – d. h. von Technologien, die menschliche Praktiken zu einem hohen Grad verändern können – ist oft mit einer bekannten methodologischen Schwierigkeit konfrontiert, dem sogenannten „Collingridge-Dilemma": Zum Zeitpunkt der Einführung lassen sich die ökonomischen und soziokulturellen Auswirkungen der Technologie kaum abschätzen; diese werden erst dann deutlich, wenn die Technologie so tief gesellschaftlich verankert ist, dass sie nicht mehr ohne größeren Schaden entfernt werden kann (Collingridge 1980). Der Otto-Motor, das Internet und das Smartphone illustrieren diesen Zusammenhang von Unvorhersagbarkeit und Kontrollverlust bei stark disruptiven Technologien.

Die soziale Robotik ist allerdings nicht nur im Collingridge-Dilemma gefangen, sondern in einer noch umfassenderen Schwierigkeit, dem „triple gridlock of social robotics" (Seibt 2016). Die verantwortliche Einführung neuer Technologien stützt sich normalerweise auf einen Regelkreis zwischen (1) wissenschaftlicher Beschreibung, (2) Erforschung möglicher Anwendungen und (3) ihrer politisch-gesetzlichen Regulierung. Wenn – wie etwa bei der Gentechnologie zu Ende der 1970er-Jahre – keine klare Folgenberechnung möglich ist, so reguliert der Gesetzgeber Anwendungen und sogar Forschung in bestimmtem Umfang. Dieser Regelkreis ist Teil einer verantwortlichen Gesellschaftspolitik (insbesondere Sozial-, Erziehungs- und Gesundheitspolitik), die auf den Schutz und das Wohlergehen der Menschen ausgerichtet ist. Im Falle der sozialen Robotik ist dieser Regelkreis der forschungsgeleiteten politischen Maßnahmen aber in dreifacher Weise blockiert, wie Abb. 7.1 darstellt.

Die erste Blockade besteht darin, dass Forschungen zur Mensch-Roboter-Interaktion selbstverständlich im Rahmen der allgemeinen Bestimmungen der Forschungsethik stattfinden müssen. Diese Bestimmungen schließen aber – und mit offensichtlich guten Gründen! – relevante (z. B. mehrjährige) Langzeitstudien mit möglicherweise irreversiblem

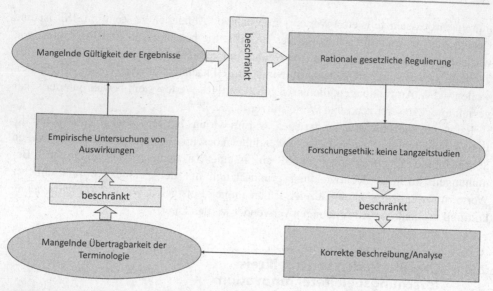

Abb. 7.1 Dreifachblockierung der forschungsgeleiteten Innovationspolitik

„Interventionspotenzial" aus. Der Erkenntnisgewinn, den eine mehrjährige Studie an Kindergartengruppen zur Untersuchung der kognitiven und emotionalen Auswirkungen einer Betreuung durch Roboter erbrächte, könnte in keiner Weise den möglichen Schaden rechtfertigen. Auch Studien mit Erwachsenen müssen zeitlich und inhaltlich so begrenzt werden, dass etwaige negative psychologische Effekte unmittelbar adressiert werden können. Dadurch lässt sich aber gegenwärtig nicht einschätzen, ob, wann und wie sich unsere Akzeptanz für künstlich erzeugte Sozialität verändert. Sogenannte „Langzeitstudien" bezeichnen Testperioden von wenigen Tagen bis zu höchstens sechs Monaten (z. B. Dziergwa et al. 2018; Davison et al. 2020; de Graaf et al. 2016; Leite 2015; Sasaki und Nitta 2017). Es ist zweifelhaft, ob diese Zeitspannen jeweils ausreichen, um den Neuheitseffekt („novelty effect") abzuschwächen, der zumindest teilweise für die im Allgemeinen bemerkenswert positiven Reaktionen auf Roboter verantwortlich sein mag (Smedegaard 2019). Insbesondere wäre es entscheidend zu wissen, ob und wann wir im Umgang mit einem Roboter den sozialen Bezug aufgeben und von Interaktionspartnern wieder zu „Benutzern" werden – entweder durch die Erfahrung des beschränkten Interaktionsrepertoires des Roboters oder im Zuge unseres wachsenden technologischen Verständnisses davon, wie die „sozialen Handlungen" des Roboters erzeugt (programmiert) werden. Vor 70 Jahren beobachteten Psychologen mit Sorge unsere „parasozialen" Beziehungen zu Personen auf den ersten privaten Fernsehbildschirmen (Horton und Wohl 1956; Larsen 2016) – werden wir in ähnlicher Weise lernen, unsere Interaktionen mit Robotern vom Bereich der realen Sozialität zu trennen? Diese Extrapolation scheint zunächst nicht plausibel, da soziale Kognition bei physischer Präsenz im dreidimensionalen Raum offenbar stärker stimuliert wird als bei der zweidimensionalen Präsentation von Interaktionspartnern auf dem Bildschirm (Bainbridge et al. 2011; Krátký et al. 2016; Leyzberg et al. 2012).

Die erste Blockade, das Fehlen von Langzeitstudien, die aus ethischen Gründen untersagt sind, erzeugt ein grundlegendes *Beschreibungsproblem*: Solange wir nicht wissen, wie sich unser Verhältnis zu künstlichen sozialen Agenten letztlich stabilisieren wird, fehlt uns eine geeignete Begrifflichkeit sowohl zur theoretischen Darstellung der „Handlungen" des Roboters als auch für unsere Interaktionen mit Robotern. Denn es ist schlicht irreführend, zur Bezeichnung der von einem Roboter erzeugten Vorgänge unser gewöhnliches Handlungsvokabular zu verwenden, das Absichten, Überzeugungen oder Gefühle voraussetzt – ein Roboter (zumindest heutige Modelle) kann nicht „erkennen", „antworten", „danken", „wahrnehmen", „anleiten", „beobachten", „ermuntern", „Befehlen folgen", „Empathie zeigen", „jemanden erinnern", „spielen", „aufpassen", wie in journalistischen Beschreibungen, aber auch in der Forschungsdiskussion immer wieder zu lesen ist.

Diese Ausdrücke des intentionalen Handelns sind als Beschreibungen der kausal erzeugten robotischen Vorgänge zunächst einmal falsch, wenn sie nicht ausdrücklich als Metaphern für die funktionalen Abstraktionen menschlicher Handlungen verwendet werden. Wir wissen also nicht recht, wie wir beschreiben sollen, „was der Roboter macht", aber wir wissen auch nicht, wie wir beschreiben sollen, was „wir im Umgang mit Robotern machen". Wir sind geneigt, die Verhaltensmuster unserer gewohnten sozialen Interaktionen anzulegen und den Roboter zu begrüßen, Antworten zu geben, etwas als Anweisung zu verstehen und dieser zu folgen, und so fort. Soziale Interaktion setzt aber voraus – so behaupten die gängigen philosophischen Analysen des Begriffs (vgl. z. B. Bratman 2013; Gilbert 2013; Searle 2009) –, dass die Interaktionspartner gleichermaßen die Fähigkeiten haben, die zu normativem Handeln erforderlich sind, wie etwa bewusste Wahrnehmung, Gefühl, das Verstehen von Normen und Handlungsfreiheit. Im Einzelfall, wie etwa bei sozialen Interaktionen mit Kleinkindern oder Komapatienten, mag diese Reziprozität der Fähigkeiten nur im Prinzip vorhanden sein, aber sie ist ein grundlegendes Element unseres traditionellen Verständnisses des sozialen Handelns. Da bei unserem Umgang mit Robotern diese Reziprozität oder Symmetrie der Fähigkeiten fehlt, entsteht eine grundsätzliche begriffliche Unsicherheit bei der Beschreibung von Mensch-Roboter-Interaktion, die auch noch dadurch verstärkt wird, dass Menschen diese Interaktion recht unterschiedlich erleben: als sozial, und dennoch phänomenologisch mehr oder weniger verschieden von gewohnten sozialen Interaktionen zwischen Menschen. Eine weitere Dimension des Beschreibungsproblems ergibt sich dadurch, dass die soziale Robotik und die Erforschung der Mensch-Roboter-Interaktion (die englische Fachbezeichnung ist das Kürzel „HRI") ein multidisziplinäres Gebiet ist, in dem Forscher unterschiedliche Fachterminologie und Verständnisse der Bedingungen von Sozialität anlegen.

Die zweite Blockade zwischen Beschreibung und Bewertung, das *Bewertungsproblem*, resultiert unmittelbar aus dem Beschreibungsproblem: Das Fehlen eines einheitlichen Beschreibungsrahmens, in dessen Begrifflichkeit die Mensch-Roboter-Interaktion präzise charakterisiert werden kann, erschwert die Vergleichbarkeit der vielen verschiedenen Studien zur Mensch-Roboter-Interaktion und dementsprechend das Wissenswachstum. Solange nicht klar ist, welches Verständnis von Anthropomorphismus, Sympathie, Empathie, Emotion, Autonomie, Würde etc. bei der Beschreibung von robotischen Fähigkeiten oder menschlichen Erlebnissen in verschiedenen Studien jeweils zugrunde gelegt wurden, lassen sich die kontextuellen Elemente der Ergebnisse schwerer ausfiltern und der Gültigkeitsbereich der Studie bleibt unklar.

Dies führt dann die dritte Blockade mit sich, das *Regulationsproblem*, das dadurch entsteht, dass Entscheidungsträger Beschlüsse zur Anwendung von sozialen Robotern treffen müssen, obwohl die empirischen Ergebnisse zu den Risiken und Vorteilen sozialer Roboter noch nicht allgemein übertragbar und verlässlich sind. Diese von epistemischer Unsicherheit geprägte Entscheidungssituation wird zum erwähnten „Collingridge-Dilemma", da gleichzeitig hoher Innovationsdruck besteht. Dieser ist teilweise durch demografischen Wandel und den Mangel an Pflegepersonal im Bereich der Altenpflege bedingt, teilweise durch die neue Aufmerksamkeit für die Rolle von Robotern in Zeiten pandemiebedingter Kontaktbeschränkungen und teilweise auch durch zunehmenden wirtschaftlichen Druck: Nach heutigen Schätzungen wird man bis 2025 jährlich 65 Millionen „soziale" Roboter verkaufen, mit einem Umsatz von 19 Milliarden US$.

7.3   Integrative Soziale Robotik

Verantwortliche Innovation trifft also bei der sozialen Robotik auf ganz besondere Schwierigkeiten, die damit zusammenhängen, dass wir nicht nur neue Instrumente des sozialen Handelns in unsere soziale Wirklichkeit einführen, sondern eine neue Klasse von *Teilnehmern* in unserer sozialen Wirklichkeit. Seit den 1980er-Jahren wurden eine Reihe von Designstrategien oder Methoden entwickelt, um die Einführung neuer Technologien bestmöglich an die Werterfahrung von Benutzern im jeweiligen Gebrauchskontext anzupassen – Stichworte wie „partizipatorisches Design", „co-design", „value sensitive design" (Friedman und Bainbridge 2004) und „design for values" (van den Hoven 2005) markieren diese Entwicklung. Die besonderen Schwierigkeiten, die die soziale Robotik an verantwortliche Innovation stellt, erfordern allerdings ein grundlegenderes Umdenken. Während die genannten Designstrategien darauf abzielen, Werteorientierungen in den Designprozess von *instrumentellen* technologischen Produkten einzuführen, wurde die „Integrative Soziale Robotik" (Seibt 2016; Seibt et al. 2020b) gezielt daraufhin entwickelt, auch die besonderen Beschreibungsprobleme zu behandeln, die bei künstlichen Agenten entstehen, die von Menschen nicht instrumentell, sondern als soziale Agenten verstanden werden. Dies erfordert einen „Paradigmenwechsel" im herkömmlichen Modell der Entwicklungsverfahren der Robotik, das gegenwärtig auch die Zielsetzung und Vorgangsweise sozialer Robotik noch immer weitgehend bestimmt und in Abb. 7.2 – mit plakativen Vergröberungen – skizziert ist.

Da die soziale Robotik ihren Ursprung in Künstliche-Intelligenz-Forschung und der Ingenieurwissenschaft hat, ist die Verwendung des in Abb. 7.2 skizzierten, gewohnten Modells der Produktentwicklung auch bei der sozialen Robotik zunächst naheliegend: Ingenieure bauen einen Roboter unter Mitwirkung von Fachleuten des Anwendungsbereichs; das Produkt dieses Entwicklungsprozesses ist ein *Ding*, ein Instrument, dessen funktionale

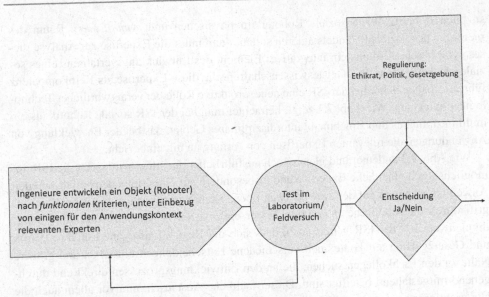

Abb. 7.2 Herkömmliches Entwicklungsmodell eines sozialen Roboters

Tauglichkeit im Labor und im Feldversuch getestet wird und schließlich zur Markt-
zulassung vorgelegt wird; die Entscheidung darüber liegt im Fall der sozialen Robotik
aufgrund fehlender Gesetzesvorlagen vornehmlich bei Politikern und Ethikern, die das
Produkt fern vom konkreten Anwendungskontext beurteilen.

   Dieses traditionelle Entwicklungsmodell, das sich seit mehreren Jahren langsam aufzulösen beginnt, hat aber zwei fundamentale Nachteile. Erstens: Die ethische Beurteilung
aus prinzipieller Sicht kann der Kontextabhängigkeit der Rolle des Roboters schlecht gerecht werden (der dänische nationale Ethikrat sprach sich beispielsweise 2010 kategorisch
gegen den Gebrauch von sozialen Robotern aus, da diese „völlig inadäquate Surrogate für
menschlichen Kontakt" seien und „eines Menschen unwürdige" Beziehungen schüfen).
Zweitens: Das traditionelle Modell ergibt guten Sinn für instrumentelle Roboter, die rein
nach funktionalen Gesichtspunkten und Sicherheitsbestimmungen entwickelt werden und
bei denen die fachliche Kompetenz der Entwickler ausreicht, um die Endbewertung zu
antizipieren. Gerade dies ist bei einer Endbeurteilung sozialer Roboter nicht der Fall, denn
die Kriterien der Endbewertung (d. h. die Bewertung der möglichen ethischen und soziokulturellen Folgen) gehen über den Kompetenzbereich der Ingenieurwissenschaft hinaus.
So bleibt bis zum Schluss das Risiko einer Fehlinvestition bestehen.

   Offensichtlich müssen bei der sozialen Robotik die Endbewerter (Ethiker) als beratende
Fachleute früher in den Entwicklungsprozess eintreten. Eben das beinhaltet der Vorschlag
von Van Wynsberghe, die Strategie des „care-centered value-sensitive design" (Van Wynsberghe 2016). Šabanović propagiert darüber hinaus seit langem den Einbezug von
Anthropologen in den Prozess von Forschung, Design und Entwicklung von sozialen Robotern (Šabanović 2010; Šabanović und Chang 2016). Die Integrative Soziale Robotik
verstärkt diese Vorschläge zu einer grundsätzlichen Veränderung des Verständnisses der

sozialen Robotik. Wenn soziale Roboter im physischen und *symbolischen* Raum des menschlichen sozialen Handels agieren sollen, dann muss die Expertise zur Analyse dieses symbolischen Raums ein integratives Element des Entwicklungsverfahrens eines sozialen Roboters sein. Die Geisteswissenschaften, die diese Expertise als Kernkompetenz führen, erhalten daher bei der ISR eine neue, proaktive Rolle bei verantwortlicher Technologieentwicklung. Wie Abb. 7.3 zeigt, betrachtet man bei der ISR soziale Robotik als ein multidisziplinäres und zunehmend interdisziplinäres Gebiet, das bei der Entwicklung von Anwendungen alle relevanten Expertisen von Anfang an mit einbezieht.

Wie Abb. 7.3 andeutet und gleich noch ausführlicher dargelegt wird, setzt die ISR auf möglichst breite fachliche Expertise und insbesondere auf eine Methodenvielfalt, um den Anwendungskontext auf der *symbolischen* Ebene richtig zu verstehen und daher den Eingriff durch die robotische Interaktion besser einschätzen zu können. Aber zum „Paradigmenwechsel" der ISR gehört auch, dass sich die Regulationsorgane Ethikrat, Politik und Gesetzgebung auf kontextuell verschiedene Entscheidungen einstellen und größere Nähe zu den Fachkollegen suchen, die an den Entwicklungsprozessen direkt und durchgehend mitgestaltend beteiligt sind. Dieser fachliche Austausch, und vor allem auch die Umorientierung auf ein wertegeleitetes Entwicklungsverfahren von Anfang an, vermindert das Risiko einer Fehlinvestition.

Um es noch einmal zu betonen: Der Kontrast zwischen Abb. 7.2 und 7.3 dient dazu, einen Gestaltwechsel zu vermitteln. Die Wirklichkeit der heutzutage verwendeten Forschungs- und Entwicklungsverfahren in der sozialen Robotik ist zweifelsohne vielschichtiger als in Abb. 7.2 angedeutet. In der Tat sind viele einzelne Robotiker darum bemüht, die ethische und kulturelle Verträglichkeit der geplanten Platzierungen des Roboters

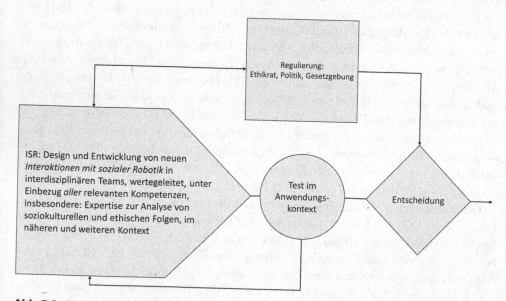

Abb. 7.3 Modell des Entwicklungsprozesses in der Integrativen Sozialen Robotik

zu gewährleisten, und engagieren sich aktiv dafür, ihre Fachkollegen auf die durch die Digitalisierung entstandene, besondere gesellschaftliche Verantwortung der Informatik und Ingenieurwissenschaften aufmerksam zu machen – über literarische Publikationen (vgl. z. B. Nourbakhsh 2013; Torras 2018), über neue NGOs (wie etwa die „Foundation for Responsible Robotics") und insbesondere über die „IEEE Global Initiative for Ethics in Autonomous and Intelligent Systems", die auf die Einrichtung neuer Standards für die Angleichung von Robotertechnologie an ethische Normen zielt. All diese Anstrengungen gehen nicht nur in dieselbe Richtung, sondern stimmen auch in ihren Empfehlungen weitgehend überein, im Sinne einer methodologischen Familienähnlichkeit der wertesensitiven Designstrategien. Die Methode der Integrativen Sozialen Robotik, die 2016 vorgestellt und zunehmend genauer ausformuliert wurde, gehört in diese Gruppe, aber sie unterscheidet sich durch einige stärkere Forderungen, die im folgenden Abschnitt genauer erklärt werden.

7.4 Die fünf Prinzipien der Integrativen Sozialen Robotik

Die folgende Beschreibung der Integrativen Sozialen Robotik (ISR) gründet sich auf ein Jahrzehnt an Erfahrungen und Diskussionen innerhalb eines Forscherteams an der Universität Aarhus, in dem Vertreter von sieben bis elf Fachrichtungen zusammenarbeiten, um Anwendungen der sozialen Robotik zu entwickeln, die trotz der Blockaden zwischen Beschreibung und Bewertung als „kulturell nachhaltig" gelten können. Inzwischen haben der gedankliche Ansatz und die Methode von ISR auch bei anderen Forscherteams Interesse gefunden. ISR definiert sich über die fünf folgenden, miteinander verschränkten Prinzipien, die ich zusammen mit wesentlichen Erläuterungen vorstelle (für weitere Details siehe (Seibt et al. 2020b)).

> Prinzip 1, das „Prozessprinzip": Das Produkt eines Entwicklungsprozesses in der sozialen Robotik ist kein Objekt, kein Ding, sondern eine soziale Interaktion.

Wie oben angedeutet, zeigen die Forschungsergebnisse der HRI, insbesondere auch die neurowissenschaftlichen Forschungen, dass wir stark disponiert sind, soziale Roboter nicht als Instrumente, sondern als soziale Akteure zu behandeln. Das *Prozessprinzip* formuliert diese Einsicht und stützt so in grundlegender Weise die in der ISR anvisierte Neuorientierung: Versteht man, dass es bei den Erzeugnissen der sozialen Robotik um die Einrichtung oder Einladung (englisch: „affordance" im Sinne von (Gibson 1977)) neuer sozialer Handlungen geht, ergibt sich, dass die Ausbildung zum Robotikingenieur – zumindest gegenwärtig – keine zureichenden fachlichen Kompetenzen zur Analyse von sozialen Interaktionen vermitteln kann. Um die Produkte der sozialen Robotik fachgerecht zu entwickeln, bedarf es also breiter multidisziplinärer Kompetenz, wie im folgenden *Qualitätsprinzip* eingefordert:

Prinzip 2, das „Qualitätsprinzip": Die Entwicklung einer Anwendung der sozialen Robotik, d.h. einer neuen sozialen Interaktion, muss von Anfang an alle relevante Expertise miteinbeziehen – sowohl der Fachwissenschaften, der Praktiker vor Ort, aber auch der durch Ethiker repräsentierten Normengesellschaft.

Unsere soziale Wirklichkeit ist ein System mit dem höchsten Komplexitätsgrad, den wir kennen. Anders die Systeme der durch die (Makro-)Physik beschriebenen Natur, die durch allgemeine Gesetzmäßigkeiten mit begrenzter Anzahl an Parametern bestimmt werden können, müssten Veränderungen unserer sozialen Wirklichkeit über einen vieldimensionalen Parameterraum beschrieben werden, in dem es allenfalls Tendenzen, aber keine festen Beziehungen zwischen den Dimensionen von Persönlichkeit, Biografie, sozialen, geschichtlichen, kulturellen, politischen, institutionellen etc. Kontexten gibt. In Anbetracht dieser Komplexität und einer Entscheidungssituation der epistemischen Unsicherheit (s. Abschn. 7.1) ist es eine Forderung verantwortlicher Technologieentwicklung, möglichst alle relevanten Analysemethoden heranzuziehen, um die Einwirkungen eines neuen sozialen Agenten auf das unmittelbare, aber auch das weitere Interaktionsnetzwerk am Anwendungsort besser zu verstehen. Während Robotiker immer noch auf die Verbesserung der quantitativen Forschung im Bereich der sozialen Robotik und HRI drängen (Hoffman und Zhao 2020), fordert die ISR, eine Vielzahl von Forschungsmethoden miteinander zu kombinieren: dem Anwendungsbereich entsprechend trifft man eine geeignete Auswahl von experimentellen Studien, ethnografischen Feldstudien, teilnehmender Beobachtung, Fokusgruppeninterviews, Begriffsanalysen, Werteanalysen oder phänomenologischen Analysen, die auf besondere Weise der Neuigkeit der Erfahrung angepasst sind (Cheon und Su 2018; Damholdt et al. 2020).

Ein besonderes Kennzeichen der ISR ist aber, dass nicht nur die systemische Komplexität des sozialen Handelns Berücksichtigung findet, sondern auch die phänomenologische Komplexität, wie das folgende Prinzip formuliert (wobei zur vereinfachten Darstellung hier und im Folgenden „soziale Interaktion" immer die direkte duale Interaktion zwischen zwei Handelnden bezeichnet):

Prinzip 3, das „ontologische Komplexitätsprinzip": Jede soziale Interaktion hat (mindestens) drei Komponenten, die aus den Ausführungen der Handlungskonzeptionen der Handelnden (Komponente 1 und 2) und der umgebenden Normengemeinschaft (Komponente 3) besteht. Diese Handlungskonzeptionen setzen sich ihrerseits aus mehreren Komponenten zusammen: Die Handlungskonzeptionen der direkt Handelnden vereinen jeweils drei perspektivische Betrachtungen der eigenen Handlung, aus dem Blickwinkel der ersten, zweiten und dritten Person, während die Handlungskonzeption der (direkt oder indirekt) beobachtenden Normengemeinschaft nur ein Handlungsverständnis aus der Perspektive der dritten Person formuliert.

Das *ontologische Komplexitätsprinzip* klingt auf den ersten Blick wahrlich komplex – jede soziale Interaktion besteht in der Ausführung von (mindestens) sieben Handlungskonzeptionen gleichzeitig! Und doch vollziehen wir bei jeder sozialen Interaktion mehrere Schritte der Vermittlung und Verhandlung von mehreren Handlungskonzeptionen – ohne Anstrengung und meist ohne es zu bemerken. Wenn ich dich grüße, so betrachte ich das, was ich tue, zunächst aus der Perspektive der ersten Person: Ich reiche dir die Hand und nicke dir zu. Dabei muss ich aber auch gleichzeitig das, was ich tue, aus deiner Perspektive (Perspektive der zweiten Person) verstehen – ich muss mir vorstellen können, dass du das, was ich tue, als den Beginn eines Grußes begreifst. Darüber hinaus betrachte ich das, was ich tue, aus der Perspektive der dritten Person eines imaginären Beobachters, der die von mir verinnerlichte Handlungsnorm repräsentiert. Passen diese drei perspektivischen Interpretationen zu dem, was ich von dir sehe, und zu deinen ebenso perspektivisch artikulierten Handlungsschritten, dann findet zwischen uns eine kohärente, reibungslose soziale Interaktion statt, die nach subjektiven Handlungsnormen ausgeführt ist und im Normalfall auch den objektiven Handlungsnormen der umgebenden Normengemeinschaft entspricht.

Dieser Begriff des sozialen Handelns (in dem Elemente der sozialen Phänomenologie der „kontinentalen" Philosophie aufgenommen sind) ist ein konstitutiver Bestandteil eines bestimmten Beschreibungsrahmens, der sogenannten „Ontologie Asymmetrischer Sozialer Interaktion" (OASIS) (Seibt 2017a, 2018; Seibt et al. 2020b), mit dem sich das menschliche soziale Handeln mit Robotern besonders detailliert erfassen lässt. Mit OASIS kann man genauer angeben, wie, d. h. zu welchem Grad, Roboter mit verschiedenem (physischem, kinematischem und funktionalem) Design eine soziale Handlung simulieren und wie die verschiedenen Simulationsgrade von verschiedenen funktionalen Handlungsteilen (z. B. Handreichung, Stimmführung, Sentimentanalyse etc.) sich darauf auswirken, ob und wie der menschliche Interagent die „Sozialität" des Roboters und der Situation erfährt. Die Differenzierung der verschiedenen Perspektiven auf das eigene Handeln, das Prinzip 3 vorschreibt, erlaubt die genauere Erfassung der unterschiedlichen Sozialitätserfahrung. Wie sich zeigt, lassen sich diese verschiedenen Sozialitätserfahrungen („types of experienced sociality"), die stärkeren oder schwächeren Formen des „Miteinanderseins", die wir mit verschiedenen Roboter erleben, daran ablesen, wie wir in der Interaktion mit einem Roboter dessen Fähigkeiten aus der Perspektive der zweiten Person auf unser eigenes Handeln konstruieren (Seibt et al. 2020b).

Wenn auch der Beschreibungsrahmen OASIS nicht unbedingt für die Methode der Integrativen Sozialen Robotik verwendet werden muss, so ermöglicht er auf zwanglose Weise, einer Kernthese der ISR nachzugehen: Die Sozialitätserfahrung bei der Interaktion mit Robotern lässt sich nicht in jedem Fall dem „anthropomorphizing" zuschreiben, der Tendenz, fiktionale *menschliche* mentale Zustände (Gedanken, Gefühle) auf Dinge, Tiere oder Naturereignisse zu projizieren (Seibt et al. 2020a). Sozialitätserlebnisse mit Robotern stützen sich auch auf andere Interpretationsvorgänge, in denen Robotern nichtfiktive, aktuale Fähigkeiten zum sozialen Handeln zugeschrieben werden, die weit unterhalb des menschlichen intentionalen Handeln liegen und die man terminologisch als „sociomorphing" vom „anthropomorphizing" abheben kann. Das *ontologische Komplexitätsprinzip* dient also in erster Linie dazu, das Augenmerk auf die menschliche Erfahrung von Mensch-Roboter-Interaktionen zu lenken und die Notwendigkeit, diese sehr viel differenzierter zu beschreiben, als dies gegenwärtig mit standardisierten Fragebogen zur „user experience" unternommen wird.

Das „meaning making", d. h. die Interpretationsanstrengungen, die uns die neuen künstlichen sozialen Akteure abverlangen, die einerseits als „nichtlebend" und andererseits als „fühlend" und „bewusst" erscheinen und nicht in unsere gewohnten Kategorien passen (Damholdt et al. 2019; Kahn et al. 2011; Turkle 2011), ist kontextbedingt von Person zu Person verschieden und darüber hinaus auch dynamisch (wobei, wie oben ausgeführt, die Langzeitveränderungen noch unbekannt sind). Das vierte Prinzip der ISR adressiert diese verschiedenen Dimensionen der Kontextabhängigkeit.

> Prinzip 4, das „Kontextprinzip": Die Identität einer sozialen Interaktion hängt von ihren räumlichen, zeitlichen, institutionellen, kulturellen etc. Kontexten ab. Deshalb muss das Entwicklungsverfahren über fortlaufendes partizipatorisches Feedback so nah als möglich an den Zielkontext der Anwendung angeschlossen bleiben, mit offenem zeitlichem Ende.

Im traditionellen Entwicklungsverfahren mit partizipatorischem Design werden die sogenannten „stakeholders" oder Interessenberechtigten am Anfang mit einbezogen und dann erst wieder am Ende, in der Testphase im Anwendungskontext, um letzte Angleichungen vorzunehmen. Das mag für instrumentelle Technologie angemessen sein, nicht aber für die Einführung neuer sozialer Agenten in ein dynamisches Netzwerk von sozialen Interaktionen. Prinzip 4 fordert nicht nur hinreichend ausgiebige – und durch den Einbezug der Geisteswissenschaften: professionell durchgeführte – Feldstudien zur Erfassung der Praktiken und Erlebnisse der Handelnden im Zielkontext *vor* der Einführung eines Roboters (z. B. eines Rehabilitationszentrums oder Pflegeheims), Befragung und Einbezug aller Interessenberechtigten vor und so oft als möglich auch während des Design- und Entwicklungsprozesses, sondern insbesondere auch *nach* der Testphase des Roboters, wenn sich eine „neue Normalität" eingestellt hat. Diese Form der nachbereitenden Forschung und „Produktbetreuung" mag zeitlich variieren, aber sie ist unerlässlich. (Das zeigt sich bereits bei „sozial assistiver" Technologie, wie das Beispiel einer robotischen Esshilfe illustriert, die für etwa 5 Millionen Euro für dänische Behindertenwohnheime landesweit erworben wurde, aber aufgrund mangelnder Untersuchungen des Zielkontexts und vor allem mangelnder Nachbereitung beinahe nirgendwo in Gebrauch ist (Nickelsen 2018). Denn nicht nur die Sozialitätserfahrung in der Interaktion von Robotern, sondern auch – die teilweise davon abhängige – Erfahrung der Wertelandschaft des Interaktionskontexts ist eine dynamische Größe, deren Schwankungen wir noch nicht kennen.

Das fünfte Prinzip der ISR ist wohl das wichtigste – es stellt eine besondere Herausforderung für alle Beteiligten dar, da es in Anbetracht der in Abschn. 7.1 skizzierten ungewissen Entscheidungssituation die Ziele der sozialen Robotik auf diejenigen Anwendungen einschränkt, die wir sozusagen „in jedem Fall" als sinnvoll betrachten können, auch wenn sich später herausstellen sollte, dass soziale Robotik als Breitentechnologie gesellschaftlich schädlich sein könnte.

> Prinzip 5, das „Werte-Zuerst-Prinzip": Die Zielanwendungen der sozialen Robotik müssen die folgende „Nichterstattungsmaxime" erfüllen: „Soziale Roboter dürfen nur das tun, was Menschen tun sollten, aber nicht können." (Genauer: „Roboter dürfen nur solche sozialen

Interaktionen ermöglichen, die Menschen im Hinblick zu einem bestimmten Wert W ermöglichen sollten, aber nicht können.") Wie die Nichterstattungsmaxime für den jeweiligen Kontext zu spezifizieren ist, wird am Anfang des Entwicklungsverfahrens partizipatorisch deliberativ festgelegt. Im Rahmen einer axiologischen (wertetheoretischen) Analyse, die das ganze Forschungs- und Entwicklungsverfahren begleitet, werden diese Zielsetzungen fortlaufend überprüft und befragt.

Mit dem *Werte-Zuerst-Prinzip* geht ISR über die obengenannten werteorientierten Designstrategien hinaus. Letztere suchen zu verhindern, dass funktionale Zielsetzungen andere wichtige Werte verletzen. Bei der ISR wird aber von vornherein ein Filter eingelegt: Die Nichterstattungsmaxime bindet den Designprozess in einen Prozess der partizipatorischen Wertediskussion ein. Durch den Einbezug geisteswissenschaftlicher Expertise nach Prinzip 2 kann diese Wertediskussion (wie auch die fortlaufende axiologische Analyse) professionell durchgeführt werden, d. h. die subjektiven Werte der Interessenberechtigten können mit den objektiven Werten der umgebenden Normengesellschaft vermittelt werden. Die Nichterstattungsmaxime ist bewusst so allgemein formuliert, dass das Entwicklerteam zusammen mit allen Interessenberechtigten zunächst einmal überlegen muss, ob es überhaupt eine plausible spezifische Formulierung der Maxime gibt, die die Einführung eines künstlichen sozialen Agenten gestattet. Bei Rettungsrobotern oder Desinfektionsrobotern ist die Spezifikation der Maxime recht eindeutig: Hier führen Roboter Handlungen aus, die für Menschen lebensgefährlich sind; aber wie soll man das Kriterium „was Menschen (tun sollten, aber) nicht können" bei sogenannten Gesellschaftsrobotern (*companion robots*) verstehen? Jede Interaktion sitzt in einem Geflecht von Werten, und Eingriffe in die Interaktionslandschaft eines Kontexts sind immer auch Eingriffe in diese Wertelandschaft. Dementsprechend ist es unerlässlich, die dynamischen Veränderungen dieser Wertelandschaft von der „alten Normalität" (ohne die neuen asymmetrischen sozialen Interaktionen mit dem Roboter) zur „neuen Normalität" (mit dieser neuen Interaktionsart) durchgängig zu beobachten und zu bewerten.

Die besondere Art des bei der ISR anvisierten Wertediskurses kann zu einem gewissen Grad das in Abb. 7.4 skizzierte Prozessdiagramm der ISR vermitteln.

Das besondere Markenzeichen von ISR sind detaillierte und fortlaufende Werte- und Sozialitätsanalysen, die insbesondere auf den Zusammenhang von Sozialitätserfahrung und Werthaftigkeit hin untersuchen. Wie die Beispiele von Anwendungen von ISR im nächsten Abschnitt zeigen können, führt die Nichterstattungsmaxime insbesondere zur Erforschung und Entwicklung von an sich werthaften neuen Sozialitätserfahrungen – wenn wir im Umgang mit sozialen Robotern eine besondere Form des „Miteinanderseins" erleben, die uns befähigt, werthafte (ethisch, moralisch, ästhetisch, kulturell etc. wünschenswerte) Aufgaben zu erledigen, dann erscheint der Einsatz eines sozialen Roboters *prima facie* kulturell nachhaltig. Es bleibt allerdings immer noch zu überprüfen, wie die Designidee die Wertelandschaft des Kontexts in der Anwendung längerfristig verändert.

Was Diagramm 5 allerdings nicht vermitteln kann, ist die interne Dynamik der Werteanalysen. Verwendet man „wertesensitives" Design oder auch die deutlicher werte-

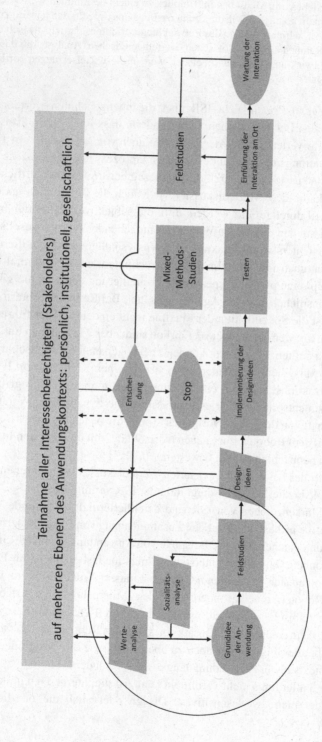

Abb. 7.4 Skizze des Prozessdiagramms der Integrativen Sozialen Robotik

gesteuerte Strategie des „design for values", so geht es um die Vermittlung gegenläufiger objektiver Werte – zum Beispiel geht es darum, beim Design eines Hühnerstalls den objektiven Wert der Funktionalität (Zugänglichkeit zur Reinigung) mit dem objektiven Wert des Tierwohls zu vereinen (van de Poel 2013). Diese Art der Werteanalyse und des Wertediskurses lässt sich dann durchführen, wenn, wie etwa bei instrumenteller Technologie, klar ist, wie eine Handlung oder ein Vorgang beschrieben werden soll und welchen Effekt dies auf die Wertelandschaft hat: Vergrößerung der Standfläche erhöht das Tierwohl, vermindert aber (z. B.) die Effizienz der Reinigung. Was das Huhn zu all dem denkt, wird in diesen Diskurs nicht direkt einbezogen. Bei der sozialen Robotik hingegen geht es hingegen gerade um die subjektiven Werterfahrungen der menschlichen Beteiligten. Da es noch ganz offen ist, wie man die menschlichen Interaktionen mit einem „sozialen" Roboter beschreiben soll (s. oben, Abschn. 7.1), ist die subjektive menschliche Erfahrung der Interaktion ein ganz entscheidender Faktor in der Werteanalyse und die interne Dynamik des Wertediskurses weitaus komplexer.

Weiterhin wird aus Diagramm 5 nicht ersichtlich, dass die das Entwicklungsverfahren begleitende Wertediskussion durch axiologische Überlegungen (Wertehierarchien) informiert wird, aber eine Wertehierarchie passend zum Kontext ausarbeitet. Soll die sentimentelle Sozialitätserfahrung eines älteren Menschen im Umgang mit Paro als Form der Täuschung abgelehnt werden? Ist die Erfahrung von Autonomie im Umgang mit einem „Begleitroboter" für Behinderte wichtiger als die Tatsache, dass der Roboter emotionale Abhängigkeiten schafft? Diese und ähnliche roboethischen Fragestellungen lassen sich, so die Position der ISR, nur innerhalb des Zielkontextes beantworten. Philosophisch gesprochen, legt die ISR eine prozessual-pragmatistische Ontologie der Werte zugrunde: Im Prozess der Wertediskussion bildet sich ein kontextadäquates Werteverständnis aller Interessenberechtigten heraus, das die Designentscheidungen am nachhaltigsten leiten kann.

7.5 Anwendungen der Integrativen Sozialen Robotik

Die Integrative Soziale Robotik ist ein Modell oder Paradigma für die Einrichtung von Forschungs- und Entwicklungsverfahren von Anwendungen der sozialen Robotik, die „kulturell nachhaltig" sind. Dabei fungiert, wie oben kurz angesprochen, die Nichterstattungsmaxime als die zentrale Heuristik: Welche sozialen Interaktionen kann ein Roboter ermöglichen, die ein Mensch ermöglichen sollte, aber nicht kann? Ist dabei in jedem Fall ein moralisches Sollen gemeint und ein physisch-biologisches Können? Oder ließe sich die Maxime auch gegen ihre Grundintention lesen: Roboter dürfen diejenigen sozialen Interaktionen ausführen, die Menschen nach finanziell-ökonomischen Gesichtspunkten ausführen sollten, aber nicht können, weil sie zu schwach, zu teuer oder unintelligent sind? Welche Lesart der Maxime relevant ist, welche Anwendung verfolgt werden darf, bestimmt sich ganz am Anfang aus dem Wertediskurs des Forscherteams und wird dann fortlaufend mit der Zielgruppe der Anwendung diskutiert. Im Folgenden seien einige Beispiele für diese ersten Designschritte der ISR vorgestellt.

Das Team der Forschungseinheit für „Robophilosophy and Integrative Social Robotics"[1] (RISR) an der Universität Aarhus besteht gegenwärtig aus 30 assoziierten Wissenschaftlern und einer lokalen Gruppe von 12 Forschern aus den Gebieten Philosophie, Anthropologie, Psychologie, Kognitionswissenschaften, Informatik/Robotik, Linguistik, Soziologie, Konfliktforschung und Business & Management. Die interdisziplinäre Zusammensetzung ist nach Prinzip 2 durch die Anwendungen von sozialer Robotik motiviert, die RISR gegenwärtig untersucht. Während vorhergehender Studien mit dem japanischen Kommunikationsroboter Telenoid R1 (s. Abb. 7.5 unten) stellte das RISR-Team fest, dass Menschen, die sich mit dem (ferngesteuerten) Telenoid-Roboter unterhalten, eine besondere Form der Sozialität oder des Miteinander erleben. Die phänomenologische Analyse (von Daten in Fokusinterviews) dieser Sozialitätserfahrung wies zwei wichtige Komponenten auf: Zum einen berichteten Versuchspersonen kognitive und emotionale Entlastung, zum anderen wurde als positiv bemerkt, dass der Telenoid, der keine Gendermerkmale aufweist, keine genderspezifischen Kommunikationsangleichungen erfordere. Das Team diskutierte einen möglichen Zusammenhang der beiden Komponenten: durch die fehlenden Gendermerkmale muss sich die implizite (vorbewusste) soziale Kognition nicht auf Genderunterschiede einstellen und den aktuellen Gesprächsinput mit den Vorurteilen der Genderwahrnehmung verarbeiten (Skewes et al. 2019). Die Sozialitätserfahrung mit dem Telenoid ist ein Sonderfall des in der HRI bekannten Phänomens, dass

Abb. 7.5 Jobinterview mit Fair Proxy Communication: Der Arbeitssuchende spricht über einen ferngesteuerten Roboter, dessen physisches Design nichtdiskriminierende Entscheidungen erleichtert

---

[1] Der Begriff „Robophilosophy" ist mittlerweile in allgemeinerem Gebrauch; man beachte aber, dass er, wie auch der Begriff „roboethics" von Gianmarco Veruggio, urheberrechtlich geschützt ist und wie dieser zunächst mit Verweis verwendet werden sollte. „Robophilosophy" wurde im Zusammenhang mit der *Robophilosophy Conference Series* 2014 von der Autorin zur Bezeichnung einer neuen Sparte der angewandten Philosophie eingeführt, die als „philosophy of, for, and by social robotics" definiert ist (Seibt 2017b).

beim Umgang mit Robotern die Antizipationen der „social desirability bias" (Grimm 2010), des „Sich-dem-Anderen-Genehm-Machens", entfallen, was oft dazu führt, dass Fehler mit dem Roboter als weniger beschämend empfunden werden.

Diese besondere Sozialitätserfahrung in der Kommunikation mit dem Telenoid wurde mithilfe der Nichterstattungsmaxime in folgende Frage verwandelt: In welchen Gesprächssituationen sollte, zur Verwirklichung eines ethischen Werts, ein Gesprächspartner keine Gendermerkmale haben? Wir identifizierten mehrere derartige Szenarien und definierten den Begriff der „Fair Proxy Communication" (Seibt und Vestergaard 2018), einer Kommunikationssituation, die zu Entscheidungen führt und in denen sich (von den Kommunikationsteilnehmern wahrgenommene) Gerechtigkeit der Entscheidung verbessern lässt, indem zumindest einer der Kommunikationsteilnehmer keines der Merkmale aufweist, die auf der Ebene der impliziten sozialen Kognition Wahrnehmungsvorurteile einleiten (bzgl. Gender, Ethnie, Alter etc.).

Die Fair Proxy Communication sollte sich insbesondere bei der Mediation von genderbelasteten Konflikten bewähren, da hier das Problem des unparteiischen Mediators wohlbekannt, aber nicht leicht zu ändern ist. Das Forscherteam führte eine experimentelle Studie mit über 250 Versuchspersonen durch, in denen Paare von Versuchspersonen (männlich-weiblich) einen Konflikt mit relevanter Genderkomponente zu verhandeln hatten, mithilfe eines Mediators. Die Mediation erfolgte entweder durch den Bildschirm, durch einen Menschen (männlich oder weiblich) und durch den Telenoid. Es zeigte sich, dass die Versuchspersonen, die den Konflikt mithilfe des Telenoids als Mediator zu verhandeln hatten, nicht nur quantitativ mehr konstruktive Konfliktlösungen erzielten, sondern vor allem auch kreativere Lösungen fanden (Druckman et al. 2020). Dass diese Ergebnisse der besonderen Sozialitätserfahrung in der Interaktion mit dem Telenoid zugeschrieben werden können, deutet sich darin an, dass die Mediation durch den Telenoid positiver als die anderen Darreichungsformen (Bildschirm, Mensch) empfunden wurden. Allerdings, und entgegen unseren Erwartungen, ergab sich kein Unterschied bei der Bewertung der Fairness (Unparteilichkeit) des Mediators; vielmehr wurde vor allem die Hilfestellung des Telenoid bei der Problemlösung als signifikant positiver bewertet (obwohl diese bei allen Darreichungsformen inhaltlich gleich war). Der nächste Schritt zur Entwicklung einer Anwendung besteht nun darin, die Fair Proxy Communication mit dem Telenoid in einer konkreten Feldstudie an einer staatlichen Beratungsstelle für Ehekonflikte zu untersuchen. Auch anderswo – z. B. (Utami et al. 2017) – wurden Roboter zur Partnertherapie untersucht. Aus der Sicht der ISR ist es allerdings entscheidend, dass das Produkt dieses Entwicklungsverfahrens nicht ein „robot therapist", sondern eine ganz spezifische neue soziale Interaktion ist, die von Gendermerkmalen und assoziierten Vorurteilen kognitiv entlastete Mediation, die ein Mensch ausführen sollte, aber nicht kann (s. Prinzip 1 und Prinzip 5).

Ein zweites potenzielles Feld der Anwendung der Fair Proxy Communication sind Gesprächssituationen, bei denen die Einschätzung der Fähigkeiten des Gesprächspartners von Gender-, ethnischer und Altersdiskrimination belastet sein kann, wie etwa Prüfungen oder Jobinterviews.

Eine Video-Vignette-basierte Untersuchung bei über 250 Studenten zeigte entgegen unseren Erwartungen, dass Jobinterviews, in denen die Kandidatinnen und Kandidaten durch den von ihnen ferngesteuerten Telenoid repräsentiert sind, nicht als fairer eingestuft werden (Nørskov et al. 2020). Allerdings ergab sich eine ganz andere Einschätzung der Fair Proxy Communication in einer Feldstudie beim Aarhuser Arbeitsamt mit arbeitsuchenden Versuchspersonen. Das Forschungsteam organisierte auch eine sogenannte „mini-public", eine workshopartige Öffentlichkeitsbefragung mit 70 Teilnehmern (Arbeitsuchenden, Managern, Betriebsräten), in der sich in ähnlicher Weise die Kontextabhängigkeit der Bewertung der neuen sozialen Interaktion (Fair Proxy Communication) zeigte – während junge Teilnehmer auf den persönlichen Eindruck beim Jobinterview vertrauten, bevorzugten ältere Teilnehmer die Vertretung durch den alterslosen Roboter. Neben diesen ersten Untersuchungen zur Werteanalyse unternahm das Forscherteam auch ein komplexeres Experiment zur genaueren Analyse der Sozialitätserfahrung (sowohl des den Telenoid steuernden „Jobkandidaten" wie des „Managers", der die Leistungen des durch den Telenoid repräsentierten Kandidaten beurteilen soll), dessen Ergebnisse gerade untersucht werden.

Dass das Nichterstattungsprinzip der ISR aber nicht auf den besonderen Wert der Sozialitätserfahrung ausgerichtet sein muss, illustriert das Forschungs- und Entwicklungsverfahren für einen Transport- und Begleitroboter für ein Pflegeheim bei Kopenhagen (SMOOTH-Projekt, Universität Odense). Wie Fischer et al. (2020) erläutern, wurden hier die ISR-Prinzipien nicht durchgehend angewendet, sondern lediglich in einem etwa dreiwöchigen Reflexionsworkshop (mit schriftlichem Teil) eingeführt. Trotz der zeitlichen Begrenzung zeigte sich, dass die ISR-Prinzipien fruchtbare heuristische Prozesse in Gang setzen können. Der ursprünglichen Planung nach sollte der Transportroboter schmutzige Wäsche sowie Abfall aus den Zimmern der Bewohner abtransportieren, dorthin aber auch Getränke bringen, und Bewohner mit geistiger Behinderung vom Zimmer zum Speisesaal geleiten – das heißt also, der Roboter sollte drei menschliche soziale Handlungen ersetzen. Im Zuge der dreiwöchigen Methodenreflexion hatte sich das vornehmlich aus Ingenieuren bestehende Entwicklerteam nun plötzlich mit zwei Fragen auseinanderzusetzen. Zum ersten entstand die Frage, die sich, bei regelrechter Anwendung von ISR, aus der Werteanalyse durch professionelle Ethiker bereits ganz am Anfang ergeben hätte: dass derselbe Interagent, der schmutzige Wäsche und Abfall abtransportiert, auch Getränke anbietet, ist als funktionale Designidee einleuchtend, erzeugt aber ein ethisches Problem, da unsere Vorstellungen von Würde an die ästhetische Trennung dieser Funktionen geknüpft sind; welche Veränderungen des Designs können die Identität des Roboters in diesen Funktionen verdecken? Zum zweiten warf die Diskussion der Nichterstattungsmaxime grundsätzliche Fragen zur rein funktional orientierten Gesamtkonzeption auf, die ja gerade die Erstattung menschlicher Handlungen zur Zielsetzung hatte. Mithilfe des *Prozessprinzips* (Fokus auf die Handlung anstelle des Roboters) konnte der Bruch mit der Nichterstattungsmaxime konstruktiv als heuristische Frage umformuliert werden: Könnte der Roboter die Handlungen des Abtransportierens, Servierens und Begleitens *in einer bestimmten Form* ausführen, die normativ (medizinisch, ethisch, ästhetisch etc.) wünschenswert wäre, aber in dieser Form von Menschen nicht geleistet werden kann? In Bezug auf die Handlung des Geleitens, die sowohl der Orientierung wie auch dem Bewegungstraining der Bewohner dienen soll, konnte tatsächlich ein zusätzliches Funktionselement gefunden werden, das eine derartige neue und *prima facie* in sich wünschenswerte Form des Geleitens erzeugt: Der Roboter leitet den Bewohner nicht nur physisch und sprachlich, sondern projiziert vom Bewohner ausgewählte Bilder (z. B. bevorzugte Landschaften oder Bilder von ehemaligen Haustieren) dynamisch auf die Wände der zu durchlaufenden Gänge, sodass der Bewohner auf diese bildlichen Ziele jeweils zugehen kann. Diese Form der dynamischen Motivation mit individuellen und variablen Zielen kann ein menschlicher Begleiter in der Tat nicht (ohne Weiteres) verwirklichen. Ob die *Prima-facie*-Werthaftigkeit dieser robotischen sozialen Interaktion allerdings in der gesamten Wertelandschaft des Anwendungskontextes erhalten bliebe (z. B. Verletzungen der Privatsphäre bei Projektionen von Bildern von Angehörigen), hätte mittels einer vollen Anwendung von ISR geklärt werden müssen.

7.6 Zusammenfassung und Ausblick

Die Integrative Soziale Robotik ist der Versuch, durch die Charakterisierung eines neuen Modells der Forschungs- und Entwicklungsverfahren ein neues Verständnis der sozialen Robotik einzurichten, das der immensen Verantwortung dieses Technologiezweigs besser gerecht werden kann. Wie die im vorhergehenden Abschnitt erwähnten Beispiele zeigen, wird das Modell gegenwärtig vornehmlich im Forschungsbereich und noch nicht im Bereich der Entwicklung von (bereits forschungsmäßig hinreichend geklärten) Anwendungen für konkrete Zielkontexte verwendet. Der Einsatz von ISR bei Entwicklungsverfahren ist der offensichtliche nächste Schritt, der es dann auch ermöglichen wird, die ISR-Prinzipien durch weitere, speziellere Leitprinzipien für verschiedene Anwendungskontexte (z. B. Pflege, Therapie, Bildung etc.) zu ergänzen. Allerdings kann es, aufgrund der Komplexität der sozialen Wirklichkeit, der ISR zufolge auch in der Zukunft keine „Blaupausen" zur Erzeugung von Anwendungen der sozialen Robotik geben: Es wird immer erforderlich bleiben, Entscheidungen darüber, ob und welche sozialen Interaktionen mit Robotern wir zulassen sollten, in der gegebenen Einzelsituation mit menschlicher Urteilskraft zu fällen.

Mithilfe des ISR-Modells lässt sich die dreifache Blockade verantwortlicher Innovation im Sinne einer schrittweisen Auflösung von innen her überwinden, wobei die Behandlung des Beschreibungsproblems eine zentrale Rolle einnimmt. Dazu bedarf es, dies ist die Grundthese der ISR, einer Kompetenzerweiterung: Wenn soziale Roboter definitionsgemäß in die physischen und *symbolischen* Räume des menschlichen sozialen Handelns eingreifen sollen, so müssen Geisteswissenschaftler, deren Kernkompetenz die Erforschung des symbolischen Handelns des Menschen ist, konstitutiv in Entwicklungsverfahren einbezogen werden. In diesen Verfahren geht es ja – das folgt aus der Idee des „sozialen Roboters" – nicht mehr um die Entwicklung von Technologie, sondern um die Entwicklung eines neuen Stücks sozialer Wirklichkeit.

Die Eingliederung sozial- und geisteswissenschaftlicher Kompetenzen in die soziale Robotik, die ISR zufolge als interdisziplinäres (und möglicherweise später: transdisziplinäres) Gebiet zu verstehen ist, hilft allerdings als solches noch nicht, mit der fundamentalen Schwierigkeit fertig zu werden, dass wir gegenwärtig nicht abschätzen können, welche Auswirkungen der Umgang mit sozialen Robotern auf unsere geistigen und sozialen Fähigkeiten und auf das subtile Netzwerk unserer soziokulturellen (einschließlich politischen) Praxis haben wird. Aber der Kompetenzzuwachs, den die Sozial- und Geisteswissenschaften zukünftigen Forschungs- und Entwicklungsteams der sozialen Robotik bieten können, verbessert unsere Entscheidungssituation erheblich. Erstens lässt sich durch Begriffspräzision, phänomenologische Analyse und eine Vielfalt von qualitativen Methoden besser dokumentieren, wie Menschen ihren Umgang mit sozialen Robotern erleben. Zweitens kann über diese Einsichten und höhere Begriffssicherheit eine theoretische Beschreibungssprache formuliert werden (z. B. mit dem oben genannten Beschreibungsrahmen OASIS, s. ISR-Prinzipien 1 und 3). Drittens kann die professionell und konsequent fortlaufend durchgeführte Analyse der Sozialitätserlebnisse und ihrer Werthaftigkeit im Rahmen einer Werteanalyse klar vor Augen stellen, welche Risiken wir bei einer konkreten Anwendung der sozialen Robotik eingehen (ISR-Prinzipien 4 und 5). Viertens kann die von Sozial- und Geisteswissenschaftlern professionell geleitete Wertediskussion während eines Entwicklungsverfahrens Urteilsfindungen ermöglichen, die die Bewertungen aller Interessenberechtigten einschließlich der umgebenden Normengemeinschaft miteinander vermitteln, im Prozess des gemeinsamen Suchens und Überlegens.

Werden wir in der Lage sein, das „Als-ob" der Gefühlssimulation von künstlichen Agenten zu meistern? „[T]he performance of connection seems connection enough" – so resümiert die Psychologin Sherry Turkle ihre Studien zur HRI:

> I find people willing to seriously consider robots […] as potential friends, confidants, and even romantic partners. We don't seem to care what these artificial intelligences ‚know' or ‚understand' of the human moments we might ‚share' with them. (Turkle 2011, S. 9)

Soziale Robotik ist ein kulturelles Abenteuer, das erst an letzter Stelle von ökonomischen Gesichtspunkten bestimmt werden darf. Es ist ein fataler – aber leider noch weitverbreiteter – Trugschluss zu glauben, dass die intuitive soziale Kompetenz, die Roboteringenieure als Teilnehmer unserer sozialen Wirklichkeit mitbringen, ausreichend wäre, um dieses kulturelle Abenteuer in geeignete Bahnen zu lenken. Kein Einzelner und keine einzelne Disziplin, selbst die philosophische Ethik nicht, verfügt gegenwärtig über die notwendige ethische und kulturelle Imagination, um unsere Zukunft mit sozialer Robotik verantwortlich zu steuern. Dazu bedarf es einer Gemeinschaftsanstrengung mit aller relevanten Expertise, denn wir stehen, ohne es noch recht zu bemerken, an einem kulturgeschichtlichen Wendepunkt: „We live the robotic moment not because we have companionate robots in our lives but because the way we contemplate them on the horizon says much about who we are and who we are willing to become." (Turkle 2011, S. 26)

Literatur

Bainbridge WA, Hart JW, Kim ES, Scassellati B (2011) The benefits of interactions with physically present robots over video-displayed agents. Int J Soc Robot 3(1):41–52

Bratman ME (2013) Shared agency: a planning theory of acting together. Oxford University Press, Oxford

Breazeal C (2002) Designing sociable Robots. MIT Press, Cambridge, MA

Cheon E, Su NM (2018) Futuristic autobiographies: weaving participant narratives to elicit values around robots. In: Proceedings of the 2018 ACM/IEEE international conference on Human-Robot Interaction – HRI '18, Chicago, S 388–397

Collingridge D (1980) The social control of technology. St. Martin's Press, New York

Damholdt MF, Vestergaard C, Kryvous A, Smedegaard CV, Seibt J (2019) What is in three words? Exploring a three-word methodology for assessing impressions of a social robot encounter online and in real life. Paladyn J Behav Robot 10(1):438–453

Damholdt MF, Vestergaard C, Seibt J (2020) Testing for anthropomorphizations – a case for mixed methods. In: Jost C, Pedevic B, Grandgeorge M (Hrsg) Methods in human-robot interaction research. Springer, New York, S 203–227

Davison DP, Wijnen FM, Charisi V, van der Meij J, Evers V, Reidsma D (2020) Working with a social robot in school: a long-term real-world unsupervised deployment. In: Proceedings of the 2020 ACM/IEEE international conference on Human-Robot Interaction, Cambridge, S 63–72

Druckman D, Adrian L, Damholdt MF, Filzmoser M, Koszegi ST, Seibt J, Vestergaard C (2020) Who is best at mediating a social conflict? Comparing robots, screens and humans. Group Decis Negot 30(2):395–426

Dziergwa M, Kaczmarek M, Kaczmarek P, Kędzierski J, Wadas-Szydłowska K (2018) Long-term cohabitation with a social robot: a case study of the influence of human attachment patterns. Int J Soc Robot 10(1):163–176

Fischer K, Seibt J, Rodogno R, Rasmussen MK, Weiss A, Bodenhagen L, Juel W, Krüger N (2020) Integrative social robotics hands-on. Interact Stud 21(1):145–185

Friedman B, Bainbridge W (2004) Value sensitive design: applications, adaptations, and critiques. In: van den Hoven J, Vermaas P, van de Poel I (Hrsg) Handbook of ethics, values, and technological design. Springer, Dordrecht

Gibson JJ (1977) The theory of affordances. Hilldale, Erlbaum, 1(2), 67–82

Gilbert M (2013) Joint commitment: how we make the social world. Oxford University Press, Oxford

de Graaf M, Allouch S, van Dijk JAGM (2016) Long-term evaluation of a social robot in real homes. Interact Stud 17:462–491

Grimm P (2010) Social desirability bias. Wiley International Encyclopedia of Marketing, Hoboken

Hoffman G, Zhao X (2020) A primer for conducting experiments in human – robot interaction. ACM Trans Human Robot Interact 10(1):1–31

Horton D, Wohl R (1956) Mass communication and para-social interaction. Psychiatry 19(3):215–229

van den Hoven J (2005) Design for values and values for design. Inf Age 4:4–7

Kahn PH, Reichert AL, Gary HE, Kanda T, Ishiguro H, Shen S, Ruckert JH, Gill B (2011) The new ontological category hypothesis in human-robot interaction. Proceedings of the 6th international conference on Human-Robot Interaction – HRI '11, Lausanne, S 159

Krátký J, McGraw JJ, Xygalatas D, Mitkidis P, Reddish P (2016) It depends who is watching you: 3-D agent cues increase fairness. PLOS ONE 11(2):e0148845

Larsen S (2016) How to build a robot and make it your friend. PhD Thesis. Aarhus University, Denmark

Leite I (2015) Long-term interactions with empathic social robots. AI Matters 1(3):13–15

Leyzberg D, Spaulding S, Toneva M, Scassellati B (2012) The physical presence of a robot tutor increases cognitive learning gains. In: 34th Annual Conference of the Cognitive Science Society, Sapporo

Nickelsen NCM (2018) Socio-technical imaginaries and human-robotics proximity – the case of bestic. In: Coeckelbergh M, Loh J, Funk M, Seibt J, Nørskov M (Hrsg) Envisioning robots in society – power, politics, and public space: proceedings of robophilosophy 2018/TRANSOR 2018. 311 of Frontiers in Artificial Intelligence and Applications. IOS Press, Amsterdam, S 212–221

Nørskov S, Damholdt MF, Ulhøi JP, Jensen MB, Ess C, Seibt J (2020) Applicant fairness perceptions of a robot-mediated job interview: a video vignette-based experimental survey. Front Robot AI 7:586263

Nourbakhsh IR (2013) Robot futures. MIT Press, Cambridge, MA

van de Poel I (2013) Translating values into design requirements. In: Philosophy and engineering: reflections on practice, principles and process. Springer, Dordrecht, S 253–266

Šabanović S (2010) Robots in society, society in robots. Int J Soc Robot 2(4):439–450

Šabanović S, Chang WL (2016) Socializing robots: constructing robotic sociality in the design and use of the assistive robot PARO. AI Soc 31(4):537–551

Sasaki Y, Nitta J (2017) Long-term demonstration experiment of autonomous mobile robot in a science museum. Robotics and Intelligent Sensors (IRIS), 2017 IEEE international symposium on, Ottawa, S 304–310

Searle J (2009) Making the social world: the structure of human civilization. Oxford University Press, Oxford

Seibt J (2016) Integrative social robotics – a new method paradigm to solve the description problem and the regulation problem? In: Seibt J, Nørskov M, Schack Andersen S (Hrsg) What social robots can and should do – proceedings of Robophilosophy/TRANSOR/IOS Press, Aarhus, S 104–114

Seibt J (2017a) Towards an ontology of simulated social interaction: varieties of the „as if" for robots and humans. In: Hakli R, Seibt J (Hrsg) Sociality and normativity for robots. Springer International Publishing, Cham, S 11–39

Seibt J (2017b) Robophilosophy. In: Braidotti R, Hlavajova M (Hrsg) Posthuman glossary. Bloomsbury, London, S 390–394

Seibt J (2018) Classifying forms and modes of co-working in the ontology of asymmetric social interactions (OASIS) In: Coeckelbergh M, Loh J, Funk M, Seibt J, Nørskov M (Hrsg) Envisioning robots in society – power, politics, and public space: proceedings of robophilosophy 2018/TRANSOR 2018. 311 of frontiers in artificial intelligence and applications. IOS Press, Amsterdam, S 133–146

Seibt J, Vestergaard C (2018) Fair proxy communication: using social robots to modify the mechanisms of implicit social cognition. Res Ideas Out 4:e31827

Seibt J, Damholdt MF, Vestergaard C (2020a) Sociomorphing, not anthropomorphizing: towards a theory of experienced sociality. In: Nørskov M, Seibt J, Quick O (Hrsg) Culturally sustainable social robotics: proceedings of robophilosophy 2020. IOS Press, Amsterdam

Seibt J, Damholdt MF, Vestergaard C (2020b) Integrative social robotics, value-driven design, and transdisciplinarity. Interact Stud 21(1):111–144

Skewes J, Amodio DM, Seibt J (2019) Social robotics and the modulation of social perception and bias. Philos Trans R Soc B Biol Sci 374(1771):20180037

Smedegaard C (2019) Reframing the role of novelty within social HRI: from noise to information. 14th Annual ACM/IEEE international conference on Human-Robot Interaction, Daegu

Torras C (2018) The vestigial heart. MIT Press, Cambridge, MA

Turkle S (2011) Alone together. Basic Books, New York

Utami D, Bickmore TW, Kruger LJ (2017) A robotic couples counselor for promoting positive communication. In: 26th IEEE international symposium on Robot and Human Interactive Communication (RO-MAN), Lisbon, S 248–255

van Wynsberghe A (2016) Service robots, care ethics, and design. Ethics Inf Technol 18(4):311–321

Soziale Roboter in der Moral

Ethische Betrachtungen am Beispiel des Unterrichts

8

Oliver Bendel

> *My avatar had a slightly smaller nose than me, and he was taller. And thinner. And more muscular. And he didn't have any teenage acne.*
>
> (Wade Watts in Ready Player One)

Zusammenfassung

Soziale Roboter erobern den Klassenraum, Seminarraum oder Vorlesungssaal. Sie sind mehrheitlich in der Lage, in natürlicher Sprache zu kommunizieren, wie virtuelle pädagogische Agenten. Mit ihnen ist aber auch eine physische Präsenz vorhanden, und sie können den Unterrichtsraum betreten bzw. bereichern und verlassen. Der vorliegende Beitrag definiert soziale Roboter und geht auf die fünf Dimensionen ein, durch die sie bestimmt werden, zudem auf die Rollen, die sie einnehmen können. Dann widmet er sich ethischen Fragen, die sich im Unterricht ergeben, wobei sich Risiken ebenso wie Chancen herauskristallisieren. Die Dimensionen und Rollen werden an geeigneter Stelle aufgeführt, und sie erweisen sich als nützlich zur Systematisierung der ethischen Fragen. Am Ende werden die Resultate zusammengefasst und Überlegungen zum Einsatz in der Zukunft angestellt.

O. Bendel (✉)
FHNW, Windisch, Schweiz
E-Mail: oliver.bendel@fhnw.ch

O. Bendel (Hrsg.), *Soziale Roboter*, https://doi.org/10.1007/978-3-658-31114-8_8

8.1   Einleitung

Im Unterricht, ob in der Schule oder in der Hochschule, haben Roboter im 20. und 21. Jahrhundert stets – wenn das Interesse bei Lehrenden und Lernenden vorhanden war – eine gewisse Bedeutung gehabt. Sie waren Gegenstand von Untersuchungen und Betrachtungen, wurden zusammen- und auseinandergebaut, programmiert und in Settings aller Art integriert. Schließlich kamen soziale Roboter in den Klassenraum, Seminarraum oder Vorlesungssaal und mit ihnen neue Möglichkeiten und Anregungen. Sie fungierten als Lehrer, Tutor, Coach, Peer, Avatar, sie unterstützten beim Lehren und Lernen. Ihr Vorbild waren weniger die genannten Bausätze in der Art von Lego Mindstorms als vielmehr die pädagogischen Agenten, die bereits in den 1990er-Jahren in virtuellen Lernumgebungen zur Verfügung standen (Bendel 2003).[1] Nun aber war eine physische Präsenz vorhanden und konnte die Maschine den Unterrichtsraum betreten und verlassen.

Der vorliegende Beitrag definiert in aller Kürze soziale Roboter und stellt in größerer Ausführlichkeit fünf Dimensionen vor, mit denen sie näher bestimmt werden können. Im darauffolgenden Kapitel, das auf den Einsatz in Schulen und Hochschulen eingeht (Alnajjar et al. 2021), werden typische technische und anderweitige Merkmale sozialer Roboter erwähnt, die in diesem Anwendungsbereich jetzt und künftig tätig sind, zudem die möglichen Rollen des sozialen Roboters. Dann widmet sich der Beitrag ethischen Fragen, die sich im Unterrichtsraum und im Pausenhof bzw. auf dem Campus ergeben. Dabei greift er die genannten Dimensionen und die erwähnten Rollen auf. Am Ende werden die Resultate zusammengefasst und Überlegungen zur Zukunft sozialer Roboter angestellt.

8.2   Bestimmung sozialer Roboter

Soziale Roboter („social robots") sind sensomotorische Maschinen, die für den Umgang mit Menschen oder (vor allem höher entwickelten) Tieren geschaffen wurden (Bendel 2020c). Sie können über fünf Dimensionen bestimmt werden. Dies sind die Interaktion mit Lebewesen, die Kommunikation mit Lebewesen, die Nähe zu Lebewesen, die Abbildung von (Aspekten bzw. Merkmalen von) Lebewesen sowie – im Zentrum – der Nutzen für Lebewesen. Bei einem weiten Begriff können neben Hardwarerobotern auch gewisse Softwareroboter wie (sozial angelegte) Chatbots, Voicebots (oft Sprachassistenten oder virtuelle Assistenten genannt) und Social Bots dazu zählen, unter Relativierung des Sensomotorischen. Die Disziplin, die soziale Roboter, ob als Spielzeugroboter, als Serviceroboter (Pflege-, Therapie-, Sex-, Sicherheitsroboter etc.) oder als Industrieroboter in der Art von Kooperations- und Kollaborationsrobotern (Co-Robots bzw. Cobots), erforscht und hervorbringt, ist die Soziale Robotik („social robotics") (Nørskov et al. 2020). Sie

---

[1] Pädagogische Agenten unterstützen Lernende in Lernprozessen in einer virtuellen Lernumgebung. Sie verfügen oft über einen Avatar und über natürlichsprachliche Fähigkeiten und rufen Materialien oder Übungen auf. Manche können sich Lernstände und -fortschritte merken.

arbeitet mehr und mehr mit Künstlicher Intelligenz, Maschinenethik und Maschinellem Bewusstsein zusammen.

Die folgende Präzisierung folgt der Darstellung von Bendel (2020c) und erweitert diese. Weggelassen werden Aspekte, die Tiere betreffen. Diese werden im weiteren Verlauf keine Rolle spielen, obwohl soziale Roboter durchaus z. B. als Trainer für Tiere fungieren können, zudem als Peers, etwa als Spielgefährten, und als Lebewesen, die als rang-höher oder -niedriger bzw. als potenzielles Futter wahrgenommen werden. Bei einer Studie hat sich herausgestellt, dass Hunde einen „Sitz!"-Befehl eher von einem sozialen Roboter – in diesem Falle einem NAO – als von einem Lautsprecher akzeptieren (Qin et al. 2020). Auch die Bewegung des sozialen Roboters (oder eines mechanischen Spielzeugs) wird von Tieren aufmerksam verfolgt und je nach Spezies eingeordnet. So jagen Katzen gerne Robotermäusen hinterher. Doch von einem Bildungskontext wird man bei all diesen Beispielen kaum sprechen.

Die Interaktion meint eine bestimmte Beziehung zwischen Maschine und Mensch, die durch eine wechselseitige Wahrnehmung und Beobachtung sowie Aktion und Reaktion geprägt ist. Zwischen einem klassischen Industrieroboter, der in der Fabrik in Sicherheitszonen untergebracht ist, und einem Arbeiter findet kaum eine Interaktion statt, wohl aber zwischen einem Cobot (Co-Robot) und einer Arbeitskraft. Ein Serviceroboter, der nicht gänzlich alleingelassen wird, fällt ebenfalls in diesen Bereich, wenn er – beispielsweise im Falle von Cruzr, Paul und Pepper – einem Besucher etwas zeigt oder ihn zu einem Ort führt. Auch die Interaktion jenseits der Industrie umfasst Aspekte von Kooperation und Kollaboration (Buxbaum 2020; Bendel 2020b). Mensch und Maschine bearbeiten zusammen einen Vorgang, reichen sich etwas, nehmen sich etwas ab, stützen sich und machen sich für einen Vorgang Platz. Allerdings sind gerade bekannte Modelle wie Pepper in der physischen Aktion sehr schwach aufgestellt. Andere wie Lio hingegen sind hier stark. Zudem ist die Steuerung zentral. Eine im engeren Sinne soziale Interaktion findet etwa in der Pflege und überhaupt im sozialen Sektor statt, oder bei Begrüßungen wie der Ghetto-Faust oder High-Five (Spezialitäten von Pepper und Cozmo), bei Berührungen und Umarmungen durch die Maschine sowie einem sexuellen Akt mit ihr oder mit ihrer Hilfe.

Die Kommunikation korreliert mit der Interaktion. Wenn soziale Roboter über natürlichsprachliche (sowie mimische oder gestische) Fähigkeiten verfügen, treten normale Dialoge auf, die wesentlich im sozialen Gefüge aller Kulturen sind. Oft steht ein Display im Kopf- oder Brustbereich bereit, über das man weitere Informationen eingeben kann und das strukturierte Informationen darstellt, etwa eine Produktliste oder einen Lageplan. Ein sozialer Roboter wie Pepper beherrscht die genannten Möglichkeiten. Über die Cloud kann man ihn mit zusätzlichen und beliebigen Kommunikationsmöglichkeiten ausstatten, auch unter Nutzung von Machine Learning und Deep Learning. Cozmo kann man beibringen, Objekte, Tiere und Personen zu erkennen und ihren Namen zu sagen, den man über die App eingetippt hat; eine individuelle Anrede ist grundlegend für den Aufbau einer Beziehung. Harmony ist in der Lage, ihren Mund beim Sprechen zu bewegen und die Augenbrauen hochzuziehen (Coursey 2020). Das sieht nicht nur lebensecht aus, sondern unterstützt auch die Kommunikation (Bendel 2020a). Wichtig ist grundsätzlich die

Beherrschung unterschiedlicher Sprachen, vor allem wenn der soziale Roboter in offenen oder halb offenen Welten eingesetzt wird.

Die Nähe hängt mit Interaktion und Kommunikation zusammen. Der soziale Roboter ist unmittelbar beim und am Menschen, streift und berührt ihn, reicht ihm oder hält für ihn etwas, teilt sich mit ihm in einer Form der Koexistenz die Ressourcen und den Raum, was Fragen der Zu- und Aufteilung und der Sicherheit aufwirft (Bendel 2016). Er spricht laut, wenn er sich in einiger Entfernung befindet, oder leise, wenn er in unmittelbarer Nähe ist, bis hin zu einem Flüstern, das sich für private und intime Situationen und die Übermittlung von Geheimnissen (oder schlicht von bestimmten Daten) eignet. Die Nähe eines sozialen Roboters ist wesentlich, um ihn in physischer Form zu erfahren, um ihn umrunden und von oben und unten betrachten zu können. Es stellt sich heraus, dass er von vergleichbarer Größe oder kleiner bzw. größer ist, man nimmt ihn aus der Ferne, wo Details verschwimmen, in verschiedener Hinsicht als überzeugendes Gegenüber wahr – oder sieht in der Nähe, dass es kein überzeugendes Gegenüber ist, erkennt die Künstlichkeit, Unvollständigkeit und Unglaubwürdigkeit. In sozialer Hinsicht ist die Nähe im Sinne von Privatheit und Intimität entscheidend.

Die Abbildung von Aspekten bzw. Merkmalen hängt mit Interaktion und Kommunikation sowie Nähe zusammen. Die Gestalt des maschinellen Körpers ist womöglich Menschen nachempfunden, ebenso Kopf und Gesicht. So können zwei Augen, zwei Ohren und ein Mund zur humanoiden Gestaltung beitragen, ebenso zwei Arme und Beine. Mehr oder weniger funktionsfähige Beine haben bloß wenige soziale Roboter, etwa der schreitende und tanzende NAO oder die watschelnde Little Sophia; bei den meisten begnügt man sich mit Rollen, wobei gerne mit Hilfe des Designs der Blick von diesen unteren Partien ab- und auf die oberen hingelenkt wird. Harmony, Emma und Sophia oder Geminoid und Erica der Hiroshi Ishiguro Laboratories überzeugen selbst aus der Nähe mit ihrer Haut aus Silikon oder TPE. Der soziale Roboter kann zuweilen Empathie und Emotionen zeigen (Cavallo et al. 2018) und dadurch den Eindruck erwecken, dass er menschlich ist; er kann insgesamt Empathie und Emotionen bei Menschen hervorrufen. Weiter kann man das Verhalten und die Sprache von Menschen abbilden, etwa durch körperliche Reaktionen und Ausrufe. Für soziale Funktionen kann die Abbildung von menschlichen Merkmalen wesentlich sein, jedoch auch störend, wenn sich der Uncanny-Valley-Effekt einstellt.[2]

Der Nutzen des sozialen Roboters, der nach Bendel (2020c) im Zentrum der vier anderen Dimensionen gesehen wird, besteht meist in der Erfüllung einer bestimmten Aufgabe, etwa in Pflege und Therapie, in einem Haushalt oder in einer Shopping Mall, womit eine Nützlichkeit im engeren Sinne verbunden ist. Er ist nie ein Generalist, er ist immer ein Spezialist. Daneben kann er einfach der Unterhaltung und Zerstreuung dienen, wobei viele seiner Manifestationen, die anscheinend in erster Linie darauf ausgerichtet sind, weitere Ebenen haben und z. B. dem Lernen und Studieren dienen. So kann man mit Cozmo

---

[2] Im Uncanny Valley ist man, wenn ein humanoider Roboter durch seine Gestaltung hohe Erwartungen weckt, diese aber nicht erfüllt – und das motorisch erzeugte Lächeln unheimlich („uncanny") auf einen wirkt.

vorgefertigte Spiele machen und ihn herumfahren lassen, aber man kann ihn ebenso programmieren, damit er neue Aufgaben bewältigen kann. Soziale Roboter sind zuweilen Mittel zum Zweck: Sie fungieren als Gesprächsgegenstand in Heimen oder als Telekommunikationsmittel, wenn Angehörige, Pflegende oder Ärztinnen und Ärzte auf ihrem Display im Kopf- oder Brustbereich erscheinen, wobei hier Telepräsenzroboter wie Beam, BeamPro und Double überlegen sein können.

Nach diesen Ausdeutungen können soziale Roboter zusammenfassend so bestimmt werden, dass sie als sensomotorische Maschinen mit Lebewesen interagieren, ihnen z. B. etwas reichen oder für sie etwas öffnen, sie mit ihnen kommunizieren, sei es mit Hilfe natürlicher Sprache, mit Geräuschen und Tönen oder visuellen Darstellungen auf dem Display, sie ihnen oft sehr nahe kommen, in ihrer sichtbaren oder hörbaren Form, und sie bestimmte Aspekte oder Merkmale von ihnen abbilden, wie wiederum die natürliche Sprache, wie Augen oder Mund, dies alles, um einen festgelegten Zweck zu erreichen, im besten Falle einen Nutzen für Menschen oder Tiere.

8.3   Soziale Roboter im Unterricht

Soziale Roboter, die Eingang in den Unterricht finden, haben häufig eine menschen- oder tierähnliche Gestalt (Bendel 2019b). Manche sind lediglich ca. 20 bis 30 Zentimeter hoch, andere so groß wie ein Grundschulkind. Sie haben zuweilen die Fähigkeit zur Fortbewegung, entweder mit Rollen oder mit Beinen. Sie verfügen über ein bis zwei Arme, die wie beim Menschen oder in reduzierter Form ausgearbeitet sind, oder es fehlen ihnen die Extremitäten. Fortgeschrittene Modelle haben ein umfangreiches Arsenal an Kameras, Lautsprechern, Mikrofonen und Sensoren, verbunden mit Systemen für Gesichts-, Sprach- und Stimmerkennung, womöglich auch Emotionserkennung. Andere KI-Systeme können ebenfalls eine Rolle spielen, etwa für das Dazulernen.

Ein integriertes Dialogsystem, bei gesprochener Sprache mit Text-to-Speech-Engine und Speech-to-Text-Engine, erlaubt dem sozialen Roboter die natürlichsprachliche Kommunikation mit Lehrenden, Dozierenden und Schülerinnen und Schülern. Es handelt sich zuweilen nicht einfach um einen integrierten Voicebot, vielmehr um eine Anwendung, die mit Mimik und Gestik synchronisiert ist und wesentlich zur Lebensechtheit und Glaubwürdigkeit beiträgt. Die Mimik wird mehrheitlich nicht mit Motoren umgesetzt, wie es bei humanoiden Robotern in der Art von Sophia, Asha und Harmony der Fall ist, sondern über ein Display (Bendel 2020a). Es ist bei einer entsprechenden Ausrichtung wichtig, dass nicht nur normaler Smalltalk möglich ist, sondern genauso Fachgespräche geführt werden können. Zudem sollten manche Modelle – dort, wo das Lernsetting dies erfordert – Antworten der Lernenden als richtig oder falsch beurteilen können.

Der soziale Roboter kann gegebenenfalls Empathie und Emotionen simulieren. Dies kann er wiederum über Mimik, Gestik und natürliche Sprache. Zudem sind menschliche und nichtmenschliche Geräusche und Töne und bestimmte Bewegungen wie Kopfnicken von Bedeutung. Das Zeigen von Empathie und Emotionen – das mit Blick auf Maschinen vielfach diskutiert und z. T. vehement abgelehnt wird – erscheint in diesem Zusammenhang durchaus wichtig. Wenn die Schülerin oder der Schüler etwas richtig gelöst oder gesagt hat, kann sich der soziale Roboter lobend äußern, wenn etwas falsch gelöst wurde, kann er dazu ermuntern, es nochmals zu versuchen. Zudem ist es möglich, über das Zeigen von Empathie und Emotionen engere Bindungen zu erreichen, Vertrauen aufzubauen etc. Sinnvoll kann es dabei sein, die erwähnte Emotionserkennung einzusetzen.

Soziale Roboter können in den Unterricht – ob in Schule oder Hochschule – auf unterschiedliche Weise integriert werden, als Lehrkraft, Tutor, Coach und Companion bzw. Peer, also als Mitschülerin und Mitschüler bzw. Mitstudentin und Mitstudentin (Sharkey 2016), sowie als (im Folgenden am Rande thematisiert) Therapeut. Diese Rollen können kombiniert werden. So mag ein sozialer Roboter wie im üblichen Betrieb nicht allein als Dozent, sondern auch als Tutor herhalten. Er kann im Prinzip zusätzlich den Peer spielen, wobei ein solcher Rollenwechsel eher ungewöhnlich ist. Bei einem technischen System akzeptiert man ihn vielleicht. Eine weitere Verwendung ist die als „Avatar".[3] In diesem Fall vertritt ein sozialer Roboter z. B. das kranke, behinderte oder verhinderte Kind. Dieses nimmt über ihn an den Geschehnissen im Unterrichtsraum teil und geht mit ihm nach draußen, auf den Schulhof oder in den Park, wo es das Spiel und die Unterhaltungen der Mitschülerinnen und Mitschüler verfolgen kann.

Im Unterricht können soziale Roboter aller Art reüssieren, mittelgroße und größere wie NAO und Pepper, kleinere wie AV1, Alpha 2 und Cozmo sowie auf Empathie und Emotionen spezialisierte – ebenfalls recht kleine – Modelle wie QTrobot und Moxie. Es wird in diesem Beitrag bewusst nicht auf einzelne Produkte gesetzt, ebenso wenig auf die durchgeführten Forschungs- und Praxisprojekte in diesem Bereich, etwa zur Akzeptanz (Fridin und Belokopytov 2014; Guggemos et al. 2020). Das Empirische, auf das sich ethische und soziale Überlegungen sowie Erkundungen der Technikfolgenabschätzung stützen sollten, ist dennoch vorhanden – in Form technischer Merkmale, die bei vielen Modellen hervorstechen, und in Form von Situationen, die immer wieder skizziert werden.

8.4 Ethische Aspekte sozialer Roboter

Die Ethik in ihrer wissenschaftlichen Ausprägung ist eine philosophische Disziplin, die die Moral untersucht, hinterfragt und begründet, letzteres etwa mit Hilfe der dialektischen, diskursiven oder logischen Methode (Pieper 2007). Dabei trifft sie anders als die theologische Ethik keine Annahmen, die im rein Spekulativen gründen, und versucht das Rationale zur Basis zu machen, ohne das Emotionale zu vergessen. Es hat sich ein Bündel an Bereichsethiken herausgebildet, die auf bestimmte Anwendungsbereiche spezialisiert

---

[3] Der Begriff „Avatar" stammt aus dem Sanskrit und bezeichnet dort die Gestalt, in der sich ein (hinduistischer) Gott auf der Erde bewegt (Bendel 2001). Im Computerbereich hat sich der Begriff durchgesetzt für grafisch, zwei- oder dreidimensional realisierte virtuelle Repräsentationen von realen Personen oder von Figuren. Zuweilen wird er auf physische Objekte angewandt.

sind, zudem die Maschinenethik, die man neben die Ethik (im Sinne von Menschenethik) stellen kann.

Die Informationsethik beschäftigt sich als klassische Bereichsethik u. a. mit moralischen Fragen, die sich beim Angebot und bei der Nutzung von Informations- und Kommunikationstechnologien, Informationssystemen, KI-Systemen sowie Robotern ergeben (Bendel 2019c). Sie umfasst Arbeitsgebiete wie Datenethik und Algorithmenethik. Ein neuerer, stark uneinheitlich gebrauchter Begriff ist „digitale Ethik". Mit diesem wird mal eine Bereichsethik (letztlich die Informationsethik oder ein Teil davon), mal ein Modell normativer Ethik, mal eine Beschäftigung mit der Moral, mal die Moral selbst bezeichnet (Bendel 2020e).

Der Begriff der Roboterethik wird vielfach gebraucht und ist zugleich vieldeutig (Bendel 2019c; Loh 2019). Nach einer Lesart handelt es sich um einen Teilbereich der Maschinenethik, mit dem Fokus auf Robotern, die zwischen verschiedenen Optionen wählen und Entscheidungen treffen können. Nach einer anderen beschäftigt sich die Roboterethik als neuere Bereichsethik mit dem moralischen Status von Maschinen, vor allem mit der Frage ihrer Rechte, oder mit den Folgen des Einsatzes von sozialen Robotern bzw. Industrie-, Service- und Kampfrobotern, um nur wenige Beispiele zu nennen. Die Implikationen und Konsequenzen wiederum können ebenso in der Informationsethik erforscht werden.

Die Maschinenethik widmet sich künstlicher oder maschineller Moral und moralischen (oder unmoralischen) Maschinen (Anderson und Anderson 2011; Misselhorn 2018; Bendel 2019a). Die Begriffe, die den Gegenstand bezeichnen, sind Termini technici, wie „künstliche Intelligenz": Es wird nicht gesagt, dass Maschinen im Sinne menschlicher Subjekte moralisch oder intelligent sind, sondern dass man versucht, in ihnen Aspekte menschlicher Moral abzubilden (so wie man Aspekte menschlicher oder auch tierischer Intelligenz abbildet). Meistens definiert und implementiert man moralische Regeln, an die sich die Maschinen strikt halten. In seltenen Fällen können diese die Regeln auch modifizieren.

Im Folgenden werden ethische Aspekte sozialer Roboter zusammengetragen. Bezugspunkt ist der Unterrichtsraum, überdies das nähere Umfeld (der Pausenhof oder der Campus, jedoch nicht der Nachhauseweg oder der Partykeller). Bei den Beschreibungen wird von Möglichkeiten ausgegangen, die für soziale Roboter in diesem Kontext typisch sind. Wo es sinnvoll ist, werden die genannten Rollen erwähnt oder die genannten Dimensionen herangezogen. Am Anfang werden jeweils die klassischen Situationen abgesteckt, dann die neuen, in denen der soziale Roboter eine Bedeutung gewinnt.

8.4.1 Sammeln und Auswerten von Daten aus ethischer Sicht

Der Unterrichtsraum ist ein mehr oder weniger geschützter Raum. Im besten Falle sollten dort unterschiedliche Ansichten geäußert und Argumentationen eingeübt werden können. Allerdings werden Aussagen von Lehrern und Schülern immer wieder in die Schulleitung oder ins Elternhaus getragen, und selbst der Diskurs in der Hochschule ist in Europa längst nicht mehr unverletzlich, selbst wenn man nicht von einer „Cancel Culture" sprechen muss (Bendel 2021c).[4] Das Aussehen, z. B. Haartracht, Kleidung, Piercings, Tattoos, sollte im Idealfall ebenfalls nicht zu Vorhaltungen und Einschränkungen führen, außer wenn die Schulordnung verletzt wird. Unter Jugendlichen ist es freilich ein Hauptthema, und durch Smartphones können ständig Fotos und Videos angefertigt und verbreitet und so in ein breiteres Publikum gestreut werden. Manche Schulen und Hochschulen untersagen den Gebrauch solcher Geräte während des Unterrichts, manche Schulen sogar auf dem Gelände.

Der soziale Roboter, in welcher Rolle er auch Verwendung findet, kann bei entsprechender technischer Ausstattung Stand- oder Bewegtbilder anfertigen und diese – als vernetztes System, das er meist ist – aus Schule und Hochschule heraustragen. Die visuellen Aufnahmen können insbesondere im Zusammenhang mit der Rolle des Tutors und des Peers wegen der großen Nähe von großer Detailfreudigkeit sein. Der soziale Roboter kann zudem Ton- und Sprachaufzeichnungen machen und Stimme und Sprechweise von Lehrenden und Lernenden auswerten. Die Stimme verrät viel über Alter, Gesundheit, Geschlecht etc., die Sprechweise über Herkunft und Bildung. Wenn Emotionserkennung auf der Grundlage von visuellen und auditiven Aufnahmen stattfindet, ist eine weitgehende Analyse der Anwesenden und zudem eine Profilbildung über die Zeit hinweg möglich (Bendel 2018a). Der soziale Roboter kann mit all diesen Fähigkeiten freilich genauso zur Überwachung im guten Sinne beitragen und z. B. Missbrauch und Gewalt verhindern oder Prüfungen beaufsichtigen. Insgesamt sind Privatsphäre und informationelle Autonomie gefährdet, ein Thema u. a. der Informationsethik (Sharkey 2016; Lutz et al. 2019).

8.4.2 Stürze und Kollisionen aus ethischer Sicht

Der Unterrichtsraum ist entweder klein, wie bei einem Klassenzimmer oder Seminarraum, oder groß, wie bei einem Hörsaal oder einer Aula. Es befinden sich Whiteboards, Tafeln, Tische, Stühle, Abfalleimer und Gerätschaften wie Tageslichtprojektoren, Dokumentenkameras und Beamer darin, zudem Taschen und andere Habseligkeiten. Der Weg durchs Gebäude oder zum Pausenhof oder auf den Campus kann Hindernisse und Herausforderungen aller Art beinhalten, wie geschlossene Türen, Schächte und Absperrungen sowie Treppen. Besonders auf dem Pausenhof, mitunter auf dem Campus herrscht eine hohe Komplexität. Die Schülerinnen und Schüler bzw. Studierenden rennen umher, joggen, spielen Fangen, Ball etc. Sie nehmen den Raum damit in ständig ändernder Besetzung ein und reizen ihn aus, zuweilen bis über die Grenzen hinaus.

---

[4] Der Begriff der Cancel Culture bezeichnet das angebliche Phänomen, dass missliebigen Personen die Unterstützung entzogen oder der Kampf angesagt wird, mit dem Ziel, ihre Reputation zu beschädigen, ihre Berufsausübung bzw. die Rezeption ihres Werks zu verhindern oder ihre Präsenz in den Massenmedien und sozialen Medien zu vermindern (Bendel 2021c).

Im Zuge der Barrierefreiheit wurden Schanzen und Aufzüge geschaffen, die ein Roboter mit Rollen im Prinzip nutzen kann. In der Rolle des Lehrers oder Dozenten ist er häufig an einem bestimmten Ort, ohne sich von dort wegzubewegen, etwa beim Pult oder auf dem Tisch des Dozenten. In diesem Fall besteht kaum eine Gefahr, dass Anwesende über ihn stolpern oder stürzen. Dasselbe Prinzip wendet man in Shopping Malls an. Wenn er sich aber durch den Raum bewegt oder als Tutor bzw. Peer bei den Lernenden ist und damit auch die Dimension der Nähe einnimmt, kann diese Gefahr vorhanden sein. Wenn sich der soziale Roboter an Orten aufhält, wo eine hohe Komplexität und hohe Dichte von Personen herrscht, sind Stürze und Kollisionen wahrscheinlich (Bendel 2020d). Zudem gerät er in Konkurrenz zum Menschen, kämpft mit ihm um Platz und Freiraum. Er kann ihn ferner in die Schranken weisen, etwa darauf hinweisen, dass der Schulhof nicht verlassen werden oder der Mitschüler nicht geschlagen werden soll, und damit einerseits für Sicherheit sorgen, andererseits wieder der Überwachung dienen. All diese Fragen können in einer breit verstandenen Umweltethik und in der Rechtsethik thematisiert werden.

8.4.3 Nutzung von Ressourcen aus ethischer Sicht

Die Lehrenden und Lernenden in Schule und Hochschule benötigen Strom, Wasser, Entsorgungsmöglichkeiten für Abfall, zudem Gänge, Wege und Straßen, weiter Zugang zum Internet, zu einer Lernplattform, zu einer Cloud-Computing-Lösung etc. Sie sind insgesamt angewiesen auf eine funktionierende Infrastruktur, deren Existenz und Unterhalt nicht in allen Ländern selbstverständlich ist. Selbst in Industrieländern wie Deutschland gibt es viele Schulen, die weder über einen für alle ausreichenden Internetzugang noch über moderne Geräte wie Tablets und Notebooks verfügen. Zuweilen wird eine solche Ausstattung und ein damit behaupteter Nutzen auch von Wissenschaftlern und Pädagogen abgelehnt (Spitzer 2017). Hochschulen sind dagegen mehrheitlich gut ausgerüstet.

Auch soziale Roboter bedürfen unterschiedlicher Ressourcen, beispielsweise Strom, Reinigungsmittel und W-LAN (Bendel 2020d). Damit treten sie wiederum in Konkurrenz zu den Lehrenden und Lernenden. Einfach diese zu bevorzugen, wie es naheliegenderweise gefordert werden könnte, ist dann keine Lösung, wenn der soziale Roboter nicht nur ein optionales, sondern ein obligatorisches Element ist. Wenn er zudem als Avatar eingesetzt wird, ist der Betroffene darauf angewiesen, dass jener jederzeit funktioniert. Zugleich ist der Roboter Teil einer neuartigen Infrastruktur, und mit ihm können weitere Komponenten entstehen, etwa Kameras in den Gängen, die seine Beschaffenheit und Unversehrtheit kontrollieren und seine Position ganz exakt bestimmen, was man z. T. natürlich auch durch GPS, W-LAN und Sender tun kann. In der Nähe entstehen wiederum Probleme, die bereits skizziert wurden. All diese Themen können in einer breit verstandenen Umweltethik und in der Roboterethik thematisiert werden.

8.4.4 Eindringen und Übernahme aus ethischer Sicht

Lehrpersonen, Mitschülerinnen und Mitschüler bzw. Mitstudierende sind Menschen, die man zunächst kennenlernen bzw. deren Unterricht man besuchen muss, um in der Lage zu sein, ihre Persönlichkeit und ihr Wissen zu beurteilen. Zudem vergleicht man sie mit anderen, bewertet ihre Kenntnisse anhand von Nachfragen, Überlegungen und Recherchen. Unterschiedliche Faktoren wie politische oder religiöse Indoktrination können dazu führen, dass selbst eine ehedem verlässliche Person den Boden der Tatsachen verlässt und das Verhalten ändert. Sie kann zudem aufgrund psychischer Störungen verhaltensauffällig oder gewalttätig werden.

Der soziale Roboter für den Unterrichtsraum wird als verlässliches System konzipiert und implementiert. Er soll im gegebenen Kontext funktionieren und auch Absatz finden. Es sind technische Normen und spezielle Bedingungen zu berücksichtigen (Buxbaum 2020). Allerdings kann er von Unbefugten gehackt werden. Diese aktivieren oder deaktivieren ihn, füttern ihn mit falschen Aussagen oder ändern sein Verhalten, sodass er im Extremfall aggressiv wird und Menschen verletzt (Olschewski 2017). Sie können ihn auch durch den Unterrichtsraum bewegen und dadurch Lernende gefährden oder ihn auf den Pausenhof oder den Campus manövrieren und ihn dort umkippen lassen, zudem ihn entführen und stehlen. Das Hacken durch Black-Hats wird in der Informationsethik thematisiert (Bendel 2019c). Verlässliche und vertrauenswürdige Systeme werden in der Responsible AI erforscht, wenn man diese als Arbeitsgebiet der Künstlichen Intelligenz und nicht allein als Marketingmaßnahme versteht (Bendel 2021d).

8.4.5 Täuschung und Betrug aus ethischer Sicht

Der Unterrichtsraum ist im besten Fall ein Ort, wo man der Wahrheit und der Wissenschaft verpflichtet ist, selbst wenn diese nicht immer gefunden bzw. angewandt wird. Täuschung und Betrug finden dennoch in vielfältiger Weise statt, durch das Schummeln seitens der Schülerinnen und Schüler ebenso wie durch Vertuschungen und Irreführungen seitens der Lehrkräfte. Zudem gibt es an etlichen Schulen und Hochschulen wissenschaftsfremde und -feindliche Elemente, die statt Rationalität Irrationalität vermitteln, etwa Religionsunterricht und die Lehre der Theologie. Zudem erhält die Identitätspolitik Auftrieb, die sich gegen die Prinzipien der Aufklärung und den Universalismus richtet (Fourest 2020) und einen offenen Diskurs behindert bzw. die Wissenschaftsfreiheit gefährdet.

Das Thema von Täuschung und Betrug wird bei sozialen Robotern intensiv erörtert (Coeckelbergh 2012; Westlund und Breazeal 2015). Zuweilen werden humanoide oder animaloide Formen an sich als Täuschung empfunden; hier ist die Dimension der Abbildung (von Aspekten) betroffen, zudem die der Nähe – in der sich die Täuschung ein Stück weit auflösen mag. Wenn man diese Kritik zulässt, müssten allerdings auch Schaufensterpuppen und Abbildungen aller Art einbezogen werden. Wenn das Zeigen von Empathie und Emotionen hinzukommt, kann dies ebenfalls als Täuschung und Betrug interpretiert werden, da sie ja eigentlich nicht vorhanden sind. Es ist grundsätzlich die Frage, in welcher Verfassung das menschliche Gegenüber ist, ob es womöglich nicht imstande oder nicht willens ist, die Irreführung zu erkennen. Nicht zuletzt können soziale Roboter im Prinzip betrügen und (wenn sie über natürlichsprachliche Fähigkeiten verfügen) lügen (Bendel et al. 2017) – hier ist insbesondere die Dimension der Kommunikation betroffen – und falsches Wissen vermitteln, ob dies beabsichtigt oder unbeabsichtigt ist (Bendel 2019a). Gefragt sind hier Informationsethik und Roboterethik. Die Maschinenethik kann moralische Regeln wie „Der Roboter soll die Wahrheit sagen und nur verlässliche Quellen benutzen" umsetzen.[5]

Sharkey (2016) betont in einer Studie die Gefahr, dass soziale Roboter im Unterricht eine Täuschung darstellen können. Sie bezieht sich zunächst auf andere Experten, die Companion-Roboter und Roboterhaustiere skeptisch betrachten. Dann erwähnt sie neben der Täuschung die Bindung und den Verlust des menschlichen Kontakts, die nach ihrer Meinung in diesem Kontext – der Roboter als Lehrkraft – alle eng zusammenhängen.

Attachment, deception and loss of human contact are all pertinent to the idea of robot teachers. The concepts cannot be easily disentangled from each other. For instance, the deceptive appearance of robots as real social entities could lead people to form attachments to them, or to imagine that they were capable of or worthy of attachment. This could in turn increase the loss of human contact that could result from the introduction of robots in the classroom. (Sharkey 2016)

Die Lehrkraft hat für Kinder und Jugendliche eine hohe Bedeutung. Wenn sie ersetzt wird durch einen sozialen Roboter, liegt es nahe, dass sie zu diesem eine besondere Bindung eingehen, und dass Verlustängste entstehen. Allerdings wird dies relativiert, wenn der soziale Roboter die Lehrkraft ergänzt und diese mehrheitlich mit ihm vor der Klasse steht, was in vielen Einrichtungen der angestrebte und gegebene Zustand sein dürfte.

8.4.6 Ausübung von Marktmacht aus ethischer Sicht

Seit vielen Jahren drängen Konzerne wie Microsoft in den Bildungsbereich (Bendel 2012). Sie bestimmen das Curriculum in den deutschsprachigen Ländern etwa mit Lernkoffern und E-Learning-Kursen mit. Zudem betreiben sie Lernplattformen wie LinkedIn Learning (wiederum von Microsoft) und Plattformen für Kooperation und Kollaboration. Die Gefahr des Sammelns von Daten, der Erstellung von Profilen, der Protokollierung des Lernfortschritts und -erfolgs mitsamt der Feststellung des Grads der Intelligenz und insgesamt der Überwachung wurde intensiv diskutiert (Haller und Furger 2020). Zudem können die

---

[5] Sie kann genauso unmoralische Maschinen schaffen, etwa Münchhausen-Maschinen wie den LIEBOT (Bendel et al. 2017). Er sucht auf eine Frage eine richtige Antwort und manipuliert diese dann nach sieben unterschiedlichen Strategien.

Inhalte von Konzernen, die wiederum mit anderen Firmen und womöglich auch Interessengruppen zusammenhängen, diktiert werden.

Viele soziale Roboter stammen von amerikanischen, chinesischen und japanischen Unternehmen. In Europa sind u. a. Frankreich und Spanien relevant. Einige sind Cloud-Computing-Lösungen, sodass hier ähnliche Aspekte wie bei anderen Anwendungen berührt werden – die persönlichen Daten der Benutzer können auf Server gelangen, zu denen die Unternehmen selbst sowie Behörden Zugang haben (in den USA durch den USA PATRIOT Act bzw. den USA Freedom Act, in China durch entsprechende Gesetze). Auch die Inhalte sind in Frage zu stellen, und zum Teil entstammen sie direkt den Marketingabteilungen und der Lobbyarbeit (Bendel 2012). Zudem ist zu bemerken, dass bei Voicebots wie Google Assistant Wikipedia-Artikel, die häufig, gerade in geistes- und sozialwissenschaftlichen Bereichen, unvollständig, fehlerhaft und irreführend sind, als Grundlage für Aussagen und Antworten dienen und dies auch bei sozialen Robotern der Fall sein kann.[6]

8.4.7 Infragestellung der Autorität aus ethischer Sicht

Die Autorität von Lehrenden hat in den vergangenen Jahrzehnten gelitten (Bender 2020). Sie wurden an einigen Hochschulen vom Vortragenden zum Tutor oder Coach – oder begannen wissenschaftliche Mitarbeiterinnen und Mitarbeiter mit solchen Rollen zu beschäftigen. Der charismatische Vortrag generalistischer Denker fiel mehr und mehr weg, wenn es ihn überhaupt in allen Fächern gegeben hat (Egger und Eugster 2020). Zugleich erwachte das Selbstbewusstsein der Schülerinnen und Schüler sowie der Studierenden. Sie stellten ihre Lehrkräfte und deren Aussagen in Frage und begannen verstärkt eigenständig zu denken, weiterzudenken, weiterzuentwickeln. Die Vorlesung wurde schon in den 1970er-Jahren mehr und mehr vom Seminar abgelöst, das alle zu Wort kommen lässt, ohne dass Hierarchien freilich eingeebnet werden. Das Ablesen vom Skript gehörte immer mehr der Vergangenheit an.

Der soziale Roboter kann weiter dazu beitragen, die Autorität der Lehrkräfte zu hinterfragen, im negativen wie im positiven Sinne. Er vermittelt den Eindruck, dass eine Maschine scheinbar ohne Weiteres an die Stelle oder zumindest die Seite der Fachperson treten kann. Dies kann gezielt in der Dimension der Abbildung von Aspekten verstärkt werden, etwa indem man ihn mit Hilfe gestalterischer Mittel einer Autoritätsperson nachbildet, von der scheinbar selbstbewussten Sprechweise bis hin zu „Insignien der Macht" wie Kostüm, Anzug und Krawatte (Bendel 2021b), die freilich ihre frühere Bedeutung an der Hochschule eingebüßt haben.[7] Er kann in der Rolle der Lehrperson selbst über

---

[6] Wikipedia ist eine unabhängige Stiftung, aber die einzelnen Beiträge sind nicht unbedingt unabhängig, sondern werden von Marketingabteilungen und Interessengruppen bearbeitet, was zuweilen unwidersprochen bleibt, zuweilen zurückgewiesen wird.

[7] Dass der Roboter als Lehrkraft eine gewisse Autorität haben muss, unterstreicht Sharkey (2016): „However it is hard to imagine how a robot could function as a teacher […] without being able to

Weltwissen verfügen, wobei man die Qualität beanstanden und bemängeln kann, dass er den Kontext nicht herstellen kann – und überhaupt den Begriff des Wissens in diesem Zusammenhang kritisieren mag. Der soziale Roboter kann ebenso deutlich machen, dass die Lehrkraft bereit ist, innovative Wege zu gehen und digitale Möglichkeiten zu nutzen, vor allem wenn sie sich nicht verdrängen lässt, sondern auf hybride Arrangements in diesem Sinne baut (Kerres 1998).

8.4.8 Verantwortung und Haftung aus ethischer Sicht

Roboter können nach allgemeinem Verständnis keine Verantwortung im moralischen Sinne tragen. Sie können auch kaum zur Verantwortung gezogen werden, weder aus ethischer noch aus rechtlicher Perspektive (Sekundär- und Tertiärverantwortung). Die Frage nach ihrem moralischen Status wird in Maschinenethik und Roboterethik diskutiert. Man kann sie durchaus als neuartige, fremdartige, merkwürdige Subjekte der Moral verstehen, und zwar als solche, die kein Bewusstsein und keine Willensfreiheit haben und keine Verantwortung tragen können (Bendel 2019a; Misselhorn 2018). Es ist dagegen kaum möglich, sie als Objekte der Moral zu sehen, ihnen etwa Rechte zuzuschreiben, da ihnen Empfindungs- und Leidensfähigkeit fehlen (Bendel 2018b).

Im Unterricht muss immer wieder Verantwortung übernommen werden und ergeben sich immer wieder Haftungsfragen. Sharkey (2016) schreibt zur Ausgangslage und unter Bezugnahme auf die Gesetzgebung ihres Landes:

> Teachers need to be able to reward and punish the behaviour of children in the classroom. Under the Children Act 1989, teachers have a duty of care towards their pupils, a concept referred to as 'in loco parentis' that has evolved through legal precedent. Legally, while not bound by parental responsibility, teachers must behave as any reasonable parent would do in promoting the welfare and safety of children in their care.

Vor diesem Hintergrund stellt sie Überlegungen zur rechtlichen Verantwortung von Robotern an (die mit der moralischen durchaus zusammenhängt):

> The principle of 'in loco parentis' can be used to justify a teacher's reasonable use of punishment, although corporal punishment in schools has been outlawed in most of Europe for some time. Questions about legal responsibility and robots are complex and increasingly discussed […] It is unlikely that the 'in loco parentis' principle would be applied to a robot, but a robot engaged in teaching activity would need recourse to some forms of sanction. Apart from rewarding or punishing behaviour, a robot teacher might need to prevent a child from per-forming dangerous actions, or from hurting their class-mates, or injuring the robot. It is

---

exert its authority over the children in the classroom. Surely it would need to be able to recognise, and prevent, disruptive behaviour? It would also need to be able to recognise and reward positive behaviour and successful learning, and find ways of reducing or eliminating negative behaviour and poor learning outcomes."

not clear what kinds of sanctions a robot could acceptably use. It might be that such questions mean that a robot could not feasibly be left in charge of a classroom of children, and would always need to be able to rely on a human supervisor to maintain classroom control.

Dies erinnert an die Diskussion in der Maschinenethik, ob ein Roboter moralische Pflichten haben kann. Bendel (2019a) hält diesen Begriff für zu stark – er spricht lieber davon, dass sie Verpflichtungen (bezogen auf Vorstellungen von Menschen), oder noch schwächer davon, dass sie Aufgaben (die ihnen von Menschen übertragen wurden) haben, denen sie eben nachkommen müssen – und genau dabei hilft ihnen die Maschinenethik. Doch an welche moralischen und rechtlichen Regeln sie sich auch halten – sie übernehmen damit kaum Verantwortung im moralischen Sinne, und wenn sie dagegen verstoßen, können sie nicht zur Verantwortung gezogen werden, weder im ethischen noch im rechtlichen Verständnis.

8.4.9 Technisierung des Unterrichts aus ethischer Sicht

In Deutschland, in der Schweiz und in Österreich wurden an vielen Schulen und Hochschulen digitale Mittel und Formen recht zögerlich angenommen. Wissenschaftlich war dem E-Learning schon in den 1990ern und in den 2000ern, wenngleich nicht von Anfang an unter diesem Begriff, der Boden bereitet worden (Schulmeister 1996; Kerres 1998; Back et al. 2001), aber man tat sich mit der Umsetzung schwer. Immerhin sind heute Lernplattformen (vom Learning Management System, kurz LMS, bis zur Learning Experience Platform, kurz LXP) im deutschsprachigen Raum weit verbreitet. An Schulen und Hochschulen sind Open-Source-Plattformen wie Moodle im Einsatz. Ansonsten ist die Technisierung wenig fortgeschritten; so werden etwa Virtual oder Augmented Reality sowie Computerspiele aller Art im Schulunterricht schon aus finanziellen Gründen wenig erprobt, wodurch man es versäumt, die Lebenswelt der Jugendlichen didaktisch und pädagogisch zu flankieren; im Hochschulbereich gibt es immerhin einige Angebote und Projekte.

Der soziale Roboter setzt die Technisierung des Unterrichts fort. Er ist Artefakt, Fremdkörper, Unruhestifter, im Guten wie im Schlechten. Er weckt Ängste, die in Europa alt sind und die sich aus Geschichten zu künstlichen Kreaturen wie Pandora, Talos, Golem und Frankensteins Monster nähren (Bendel 2020a). Das Robotische wird mit dem Inhumanen verbunden, obwohl es doch gerade Menschen schützen und entlasten soll (und in vielen Bereichen auch kann). Zugleich spricht der soziale Roboter viele Jüngere und etliche Ältere an. Er beinhaltet häufig Komponenten wie Smartphone und Tablet, die Teil ihres Alltags sind. Er kann die Angst vor Digitalisierung nehmen und das Kreative und Individuelle von Technik verdeutlichen. Er wird gewissermaßen zur Verkörperung der LXP, wenn er personalisierte, lernerzentrierte Erlebnisse bietet. Für kranke und behinderte Personen bedeutet er – wie beim „Avatar" – eine Möglichkeit der Partizipation, sowohl im Unterricht als auch im Spiel und Schwatz. Gefragt sind hier Roboter- und Informationsethik.

8.4.10 Ergänzung und Ersetzung von Lehrkräften aus ethischer Sicht

Mit dem Aufkommen von E-Learning wurde auch diskutiert, ob die Lehrperson eines Tages unterstützt, entlastet oder abgeschafft werden könnte (Back et al. 2001). Heute sind Lernplattformen und Videokonferenzen allenfalls eine Ergänzung, in Zeiten der COVID-19-Pandemie immerhin eine wesentliche, mit der man den Betrieb von Schulen und Hochschulen aufrechterhalten konnte. Eine Ersetzung von Lehrpersonen ist nicht in Sicht und wird sicherlich kaum angestrebt. Auch die Betreuung durch Tutoren – sofern Mittel vorhanden sind – und das Lernen mit Peers sind nicht aus der Mode gekommen, und die Wertschätzung des Persönlichen ist während der Corona-Pandemie eher gestiegen.

Der soziale Roboter könnte mehr als andere Technologien die Angst nähren, dass jemand verdrängt wird, zumal er bestimmte Rollen wie Lehrperson, Tutor und Peer einnimmt und oft humanoid gestaltet ist. Allerdings ist beim gegenwärtigen Stand meist eine Betreuungsperson notwendig, die nicht nur Technisches im Griff hat und Inhaltliches einordnen kann, sondern etwa – das betrifft soziale Roboter aller Art – Missbrauch und Vandalismus verhindert.[8] Sollte die oder der Lehrende eines Tages ganz oder teilweise substituiert werden können, stellen sich wie bei jeglicher Automatisierung Fragen für die Wirtschaftsethik. Da es sich um einen sozialen Beruf und einen in der Bildung handelt, sind allerdings nicht bloß ökonomische, sondern ebenso andere existenzielle Fragen zu behandeln, die nicht zuletzt das Verhältnis zwischen Lehrendem und Lernenden betreffen.

8.4.11 Partizipation und Inklusion aus ethischer Sicht

Technologien können Partizipation ermöglichen und zur Inklusion beitragen. Sehbehinderte können sich Texte auf Websites vorlesen oder die Schrift stark vergrößert darstellen lassen, Hightechprothesen und Exoskelette ermöglichen es den Betroffenen, wieder zu gehen, sich aufzurichten oder etwas in vertrauter Weise zu greifen und zu tragen (Bendel 2015). Mit Gedanken steuerbare Rollstühle erlauben sogar Querschnittsgelähmten die eigenständige Fortbewegung. Über einen Telepräsenzroboter wie den BeamPro hat Edward Snowden auf den Bühnen des Westens wiederholt Interviews gegeben, ohne Russland verlassen zu müssen (Greenberg 2014).

Soziale Roboter können als Stellvertreter schwerkranker oder schwerbehinderter Kinder, Jugendlicher und Erwachsener am Unterricht teilnehmen (Schori 2019). Der Vorteil gegenüber einer Anlage mit Kamera und Mikrofon ist, dass der soziale Roboter im Klassenraum beweglich ist und beispielsweise nach hinten oder zur Seite schauen kann, wenn jemand spricht. Zudem kann er im besten Fall auf den Schulhof bzw. den Campus mit und bei Spiel und Sport dabei sein – die Dimension der Nähe tut sich auf –, obschon selten in aktiver Form, mehr in passiver, beobachtender. Überhaupt zeigen sich diesbezüglich noch deutlich die Grenzen der Mechanik von Robotern. Während die Ethik hier

---

[8] So wurde der Hitchbot Opfer von (echtem oder vorgetäuschtem) Vandalismus (Sokolov 2015).

Möglichkeiten der Partizipation und Inklusion beschreibt, kann sie zugleich – insbesondere die Informationsethik – einen digitalen Graben erkennen, da zumindest im Moment die Nutzung sozialer Roboter vor allem in reichen Staaten und bei betuchten Bürgerinnen und Bürgern möglich erscheint.

8.4.12 Förderung von sozialen Fähigkeiten aus ethischer Sicht

Soziale Fähigkeiten von Lernenden sind wichtig und werden durch bestimmte Angebote geschult und zuweilen immer noch bewertet (Verhaltensnoten an Schulen). Die Schülerinnen und Schüler sollen zur Hilfsbereitschaft und Freundlichkeit und gegenseitiger Achtung erzogen werden, die Studierenden sich Soft Skills aller Art aneignen. Die Entwicklung von Empathie spielt eine besondere Rolle, sowohl bei verhaltensunauffälligen als auch -auffälligen Kindern. Soziale Fähigkeiten von Lehrenden können ebenfalls im Fokus stehen, und sie müssen womöglich daran erinnert werden, dass andere Generationen andere Gewohnheiten und Leidenschaften entwickeln, für die es Verständnis braucht, selbst wenn man Ablehnung bevorzugen würde.

Einige soziale Roboter wie (der primitive) Keepon und (der ambitionierte) QTrobot sind speziell darauf ausgerichtet, dass Kinder und Jugendliche Empathie erlernen oder verbessern. Insbesondere hat sich ein Markt für Autisten entwickelt, die ausgesprochen positiv auf soziale Roboter und andere Roboter reagieren. Zudem behaupten manche Anbieter, dass ihre Modelle – dazu zählt Moxie – dazu geeignet seien, andere Kinder Empathie zu lehren und ihnen adäquate Verhaltensweisen beizubringen. Allerdings kann argumentiert werden, dass bei diesen zutiefst menschlichen Fähigkeiten normalerweise menschliche Vorbilder und Vermittler vorhanden sein müssen. Zudem kann, wie bereits dargelegt, ins Feld geführt werden, dass es sich beim Zeigen von Empathie und Emotionen seitens des sozialen Roboters unter gewissen Umständen um Täuschung und Betrug handelt.

8.5 Zusammenfassung und Ausblick

Der vorliegende Beitrag definierte in aller Kürze soziale Roboter und ging in größerer Ausführlichkeit auf die fünf Dimensionen ein, durch die sie bestimmt werden, nämlich Interaktion, Kommunikation, Nähe und Abbildung (von Aspekten bzw. Merkmalen), zudem den Nutzen. Es wurden die Rollen bestimmt, die sie im Bildungsbereich einnehmen können, namentlich Lehrkraft, Tutor, Peer und Avatar. Dann warf er – ausgehend vom Unterricht in Schulen und Hochschulen – ethische Fragen auf.

Es konnten Risiken ausgemacht werden, die sich bei vergleichbaren Technologien gleichermaßen auftun, zudem eher für soziale Roboter typische wie Täuschung und Betrug. Ablenkung wäre ein weiteres Thema – eigentlich sollte der Inhalt im Vordergrund stehen, nicht das Medium.[9] Es konnten ebenso vielfältige Chancen herausgearbeitet werden. So schafft der soziale Roboter neue Anreize, ist Fremdkörper und Störenfried im besten Sinne und ermöglicht manchen Betroffenen auch Partizipation und Inklusion.

Die Informationsethik hat sich als eine zentrale Bereichsethik in diesem Zusammenhang herauskristallisiert, ebenso die Roboterethik. Ferner spielt die Wirtschaftsethik eine Rolle. Welche Bedeutung die Maschinenethik entfalten kann, die künstliche Moral kreiert und den Maschinen einpflanzt, ist noch weitgehend ungeklärt (Bendel 2019a). Sie hat sich auf Chatbots, Pflegeroboter, Kampfroboter und andere Artefakte konzentriert und muss den Bereich der Aus- und Weiterbildung erst für sich entdecken.

In der Zukunft mögen sich ganz andere Herausforderungen ergeben. Phänomene wie Human Enhancement bzw. Bio- und Bodyhacking stehen für das Erweitern und Ergänzen, letztlich das Verbessern des Körpers (Bendel 2021a). Im Moment dreht sich alles um Chips, die zwischen Zeigefinger und Daumen ihren Platz finden, und einfache Implantate, vor allem im Human Enhancement auch um Hightechprothesen. Nun könnte man Chips und Implantate für die Steuerung von sozialen Robotern im Unterricht sowie die Speicherung von Daten verwenden, und man könnte als Lehrender oder Lernender in verschiedener Weise mit sozialen Robotern verschmelzen (Bendel 2020f). Hier sind dann – neben Bereichsethiken wie der Medizinethik – wieder Informations- und Roboterethik gefragt.

Literatur

Alnajjar F, Bartneck C, Baxter P (2021) Roboter in der Bildung: Wie Robotik das Lernen im digitalen Zeitalter bereichern kann. Hanser, München

Anderson M, Anderson SL (Hrsg) (2011) Machine ethics. Cambridge University Press, Cambridge

Back A, Bendel O, Stoller-Schai D (2001) E-Learning im Unternehmen: Grundlagen – Strategien – Methoden – Technologien. Orell Füssli, Zürich

Bendel O (2001) Avatar. In: Mertens P, Back A, Becker J et al (Hrsg) Lexikon der Wirtschaftsinformatik. 4., vollst. neu bearbeit. u. erw. Aufl. Springer, Berlin, S 60

Bendel O (2003) Pädagogische Agenten im Corporate E-Learning. Dissertation. Difo, St. Gallen

Bendel O (2012) Die Rache der Nerds. UVK, Konstanz/München

Bendel O (2015) Human Enhancement: Die informationstechnische Erweiterung und ihre Folgen. TATuP 2:82–89

Bendel O (2016) Mehr Unsicherheit mit Sicherheitsrobotern? SicherheitsForum 6:18–20

Bendel O (2018a) Die Spione im eigenen Haus. In: Martinsen F (Hrsg) Wissen – Macht – Meinung: Demokratie und Digitalisierung. Die 20. Hannah-Arendt-Tage 2017. Velbrück, Weilerswist-Metternich, S 67–80

Bendel O (2018b) Haben Roboter Rechte? Edison 2:71

Bendel O (Hrsg) (2019a) Handbuch Maschinenethik. Springer VS, Wiesbaden

Bendel O (2019b) Ethisch-normative Herausforderungen der Pflegerobotik. In: TAB (Hrsg) Fachgespräch „Robotik in der Pflege – gesellschaftliche Herausforderungen". Abstracts zu den Beiträgen der Sachverständigen. Berlin, S 11–12. http://www.tab-beim-bundestag.de/de/pdf/publi-

---

[9] Auch die charismatische Lehrperson ist ein solches Medium, stellt aber zugleich Kontext her und lässt als Mensch bestimmte Emotionen in Menschen entstehen.

kationen/dokumentationen/Abstracts_FG_Robotik_Pflege_TAdialogBT_20.02.2019.pdf. Zugegriffen am 28.04.2021

Bendel O (2019c) 400 Keywords Informationsethik: Grundwissen aus Computer-, Netz- und Neue-Medien-Ethik sowie Maschinenethik, 2. Aufl. Springer Gabler, Wiesbaden

Bendel O (Hrsg) (2020a) Maschinenliebe: Liebespuppen und Sexroboter aus technischer, psychologischer und philosophischer Sicht. Springer Gabler, Wiesbaden

Bendel O (2020b) Die Maschine an meiner Seite: Philosophische Betrachtungen zur Mensch-Roboter-Kollaboration. In: Buxbaum H-J (Hrsg) Mensch-Roboter-Kollaboration. Springer Gabler, Wiesbaden, S 1–14

Bendel O (2020c) Soziale Roboter. In: Gabler Wirtschaftslexikon. Springer Gabler, Wiesbaden. https://wirtschaftslexikon.gabler.de/definition/soziale-roboter-122268/version-375074. Zugegriffen am 28.04.2021

Bendel O (2020d) Servicerobter aus Sicht der Ethik. In: Lindenau M, Meier Kressig M (Hrsg) Schöne neue Welt? Drei thematische Einblicke. Vadian Lectures Band 6. transcript, Bielefeld, S 57–76

Bendel O (2020e) Digitale Ethik. In: Gabler Wirtschaftslexikon. Springer Gabler, Wiesbaden. https://wirtschaftslexikon.gabler.de/definition/digitale-ethik-121185. Zugegriffen am 28.04.2021

Bendel O (2020f) Das Verschmelzen von menschlicher und maschineller Moral. In: Bauer M, Deinzer L (Hrsg) Bessere Menschen? Technische und ethische Fragen in der transhumanistischen Zukunft. Springer, Berlin, S 41–59

Bendel O (2021a) Chips, devices, and machines within humans: bodyhacking as movement, enhancement, and adaptation. In: Brommer S, Dürscheid C (Hrsg) Mensch. Maschine. Kommunikation. Beiträge zur Medienlinguistik. Narr Francke Attempto, Tübingen

Bendel O (2021b) Robot Enhancement. In: Gabler Wirtschaftslexikon. Springer Gabler, Wiesbaden. https://wirtschaftslexikon.gabler.de/definition/robot-enhancement-123251. Zugegriffen am 28.04.2021

Bendel O (2021c) Cancel Culture. In: Gabler Wirtschaftslexikon. Springer Gabler, Wiesbaden. https://wirtschaftslexikon.gabler.de/definition/cancel-culture-123135. Zugegriffen am 28.04.2021

Bendel O (2021d) Responsible AI. In: Gabler Wirtschaftslexikon. Springer Gabler, Wiesbaden. https://wirtschaftslexikon.gabler.de/definition/responsible-ai-123232. Zugegriffen am 28.04.2021

Bendel O, Schwegler K, Richards B (2017) Towards Kant machines. In: The 2017 AAAI spring symposium series. AAAI Press, Palo Alto, S 7–11

Bender C (2020) Miteinander oder gegeneinander? Aspekte des Wandels der Gemeinschaft von Lehrenden und Lernenden in der Geschichte der Vorlesung seit dem Ende des Zweiten Weltkriegs in Deutschland. In: Egger R, Eugster B (Hrsg) Lob der Vorlesung: Vorschläge zur Verständigung über Form, Funktion und Ziele universitärer Lehre. Springer VS, Wiesbaden, S 1–48

Buxbaum H-J (Hrsg) (2020) Mensch-Roboter-Kollaboration. Springer Gabler, Wiesbaden

Cavallo F, Semeraro F, Fiorini L et al (2018) Emotion modelling for social robotics applications: a review. J Bionic Eng 15:185–203

Coeckelbergh M (2012) Are emotional robots deceptive? IEEE Trans Affect Comput 3(4):388–393

Coursey K (2020) Speaking with harmony: finding the right thing to do or say … while in bed (or anywhere else). In: Bendel O (Hrsg) Maschinenliebe: Liebespuppen und Sexroboter aus technischer, psychologischer und philosophischer Sicht. Springer Gabler, Wiesbaden, S 35–51

Egger R, Eugster B (Hrsg) (2020) Lob der Vorlesung: Vorschläge zur Verständigung über Form, Funktion und Ziele universitärer Lehre. Springer VS, Wiesbaden

Fourest C (2020) Generation Beleidigt: Von der Sprachpolizei zur Gedankenpolizei. Klaus Bittermann, Berlin

Fridin M, Belokopytov M (2014) Acceptance of socially assistive humanoid robot by preschool and elementary school teachers. Comput Hum Behav 33:23–31

Greenberg A (2014) Inside Edward Snowden's life as a robot. Wired, 6 December 2014. https://www.wired.com/2014/06/inside-edward-snowdens-life-as-a-robot/. Zugegriffen am 28.04.2021

Guggemos J, Seufert S, Sonderegger S (2020) Humanoid robots in higher education: evaluating the acceptance of Pepper in the context of an academic writing course using the UTAUT. Br J Educ Technol 10(6):408

Haller U, Furger M (2020) Google und Co. sammeln auch in der Schweiz Schülerdaten. NZZ, 1. Februar 2020. https://nzzas.nzz.ch/hintergrund/google-und-co-sammeln-auch-in-der-schweiz-schuelerdaten-ld.1537960?reduced=true. Zugegriffen am 28.04.2021

Kerres M (1998) Multimediale und telemediale Lernumgebungen. Konzeption und Entwicklung. R. Oldenbourg, München

Loh J (2019) Roboterethik. Suhrkamp, Frankfurt am Main

Lutz C, Schöttler M, Hoffmann CP (2019) The privacy implications of social robots: scoping review and expert interviews. Mobile Media Commun 7(3):412–434

Misselhorn C (2018) Grundfragen der Maschinenethik. Reclam, Ditzingen

Nørskov M, Seibt J, Quick OS (Hrsg) (2020) Culturally sustainable social robotics – challenges, methods and solutions: proceedings of robophilosophy 2020. OS Press, Amsterdam

Olschewski M (2017) Unheimliches Experiment: Sicherheitsexperten zeigen, wozu ein harmloser Haushaltsroboter fähig ist. Business Insider, 24. August 2017. https://www.businessinsider.de/tech/sicherheitsexperten-zeigen-wie-leicht-ein-roboter-gehackt-werden-kann-2017-8/. Zugegriffen am 28.04.2021

Pieper A (2007) Einführung in die Ethik, 6., überarb. u. akt. Aufl. A. Francke, Tübingen/Basel

Qin M, Huang Y, Stumph E, Santos L, Scassellati B (2020) Dog sit! Domestic dogs (*Canis familiaris*) follow a robot's sit commands. In: HRI '20: Companion of the 2020 ACM/IEEE International Conference on Human-Robot Interaction, Cambridge, March 2020, S 16–24

Schori D (2019) Avatar Kids. Aktuell, Nr. 2. https://epaper.helsana.ch/aktuell/2017-02/de/index.html#10. Zugegriffen am 28.04.2021

Schulmeister R (1996) Grundlagen hypermedialer Lernsysteme: Theorie – Didaktik – Design. de Gruyter, Berlin

Sharkey AJC (2016) Should we welcome robot teachers? Ethics Inf Technol 18(4):283–297

Sokolov DAJ (2015) Trampender Roboter HitchBOT zerstört: Wunderliches Überwachungsvideo. Heise Online, 4. August 2015. https://www.heise.de/newsticker/meldung/Trampender-Roboter-HitchBOT-zerstoert-Wunderliches-Ueberwachungsvideo-2767051.html. Zugegriffen am 19.02.2021

Spitzer M (2017) Cyberkrank! Wie das digitalisierte Leben unsere Gesundheit ruiniert. Droemer Knaur, München

Westlund JK, Breazeal C (2015) Deception, secrets, children, and robots: what's acceptable? HRI'15 workshops, 2. March 2015, Portland

Soziale Robotik und Roboterpsychologie

Was psychologische Forschung zur menschzentrierten Entwicklung robotischer Systeme beiträgt

Martina Mara und Benedikt Leichtmann

Wo soziale Roboter sind, sind Menschen. Und wo Menschen sind, ist die Psychologie.

Zusammenfassung

Egal in welchem Anwendungsbereich soziale Roboter zum Einsatz kommen, sie sind in jedem Fall dafür gemacht, mit Menschen zu interagieren. Die Psychologie als Wissenschaft menschlichen Denkens, Fühlens und Verhaltens kann im Austausch mit anderen Disziplinen daher wertvolle Beiträge zur Erforschung sozialer Roboter und zum Gelingen von Mensch-Roboter-Interaktion liefern. Ziel dieses Kapitels ist es, einen einführenden Einblick in die Besonderheiten psychologischer Zugänge zur Sozialen Robotik zu geben. Ausgewählte Themenfelder der Roboterpsychologie, darunter Anthropomorphismus, Technologieängstlichkeit oder Vertrauen in Roboter, werden theoretisch und empirisch beleuchtet. Da eine korrekte Einordnung von Forschungsergebnissen immer auch ein Verständnis zugrunde liegender Forschungsmethoden erfordert, geht ein weiterer Abschnitt darauf ein, wie psychologische Vorgänge wissenschaftlich untersucht und gemessen werden können. Mit der Frage „Brauchen Roboter Psychotherapie?" widmen wir uns abschließend populären Falschvorstellungen zur Roboterpsychologie und diskutieren außerdem Potenziale und Risiken von Robotern als therapeutischen Begleitwerkzeugen.

M. Mara (✉) · B. Leichtmann
Johannes Kepler Universität Linz, Linz, Österreich
E-Mail: martina.mara@jku.at; benedikt.leichtmann@jku.at

© Der/die Autor(en), exklusiv lizenziert durch Springer Fachmedien Wiesbaden GmbH, ein Teil von Springer Nature 2021
O. Bendel (Hrsg.), *Soziale Roboter*, https://doi.org/10.1007/978-3-658-31114-8_9

9.1   Zur Relevanz der Psychologie für die Robotik

Soziale Roboter können positive Auswirkungen auf Mensch und Gesellschaft haben. Konzepte zum Praxiseinsatz sozialer Roboter sehen beispielsweise vor, dass diese beim Lernen unterstützen oder kleine Aufgaben im Alltag erledigen könnten, dass sie zum Erhalt von Autonomie und zur Reduktion von Einsamkeit bei älteren Personen beitragen könnten oder dass sie einfach nur Unterhaltung bieten. Werden die Bedürfnisse, Wahrnehmungen und Ziele von menschlichen Nutzer*innen bei der Entwicklung und Gestaltung neuer Roboter aber nicht ausreichend berücksichtigt, kann dies schnell zu nachteiligen Konsequenzen führen. Beispiele hierfür wären eine geringe Akzeptanz und damit einhergehende Ablehnung von Robotern, Fehler in deren Benutzung, Unfälle oder ungewollte psychische Effekte wie etwa ein Gefühl des Dominiertwerdens durch Technologie.

Die Einführung neuer Roboter in bestehende soziale Systeme setzt daher immer einen stark menschzentrierten Entwicklungsansatz voraus, bei dem die intendierten Nutzer*innen und ihre oftmals unterschiedlichen Bedürfnisse und Erlebenswelten im Zentrum stehen. Mit ihren Theorien und Methoden zur Erforschung menschlichen Denkens, Fühlens und Verhaltens liefert die Psychologie in diesem Zusammenhang wertvolle Beiträge und ist im Zusammenspiel mit anderen Disziplinen wesentlich an der Untersuchung und Implementierung sozialer Roboter beteiligt.

9.1.1   Was ist eigentlich Psychologie?

Dort, wo Menschen sind, ist auch die Psychologie. Ganz allgemein wird die Psychologie als wissenschaftliche Disziplin definiert, die sich mit der Untersuchung menschlichen Erlebens und Verhaltens beschäftigt. Genauso vielfältig wie die Psyche des Menschen sind auch die Anwendungsgebiete der Psychologie. Sie gehen über klassische Felder wie die klinisch-psychologische Diagnostik und die Psychotherapie, die vielen wahrscheinlich als erstes in den Sinn kommen, weit hinaus und reichen überall dort hinein, wo Menschen miteinander oder mit ihrer Umwelt interagieren. Subdisziplinen wie die Arbeits- und Organisationspsychologie, die Rechtspsychologie, die Verkehrspsychologie oder gar die Raumfahrtpsychologie geben einen kleinen Einblick in die Breite psychologischen Wirkens.

Ein mit zunehmender Technologisierung und Digitalisierung immer wichtiger werdendes Anwendungsgebiet ist auch die Mensch-Technik-Interaktion, wodurch historisch gesehen jüngere Gebiete der Angewandten Psychologie wie beispielsweise die Medien- und Kommunikationspsychologie oder die Ingenieurpsychologie starken Aufschwung erfuhren. In diesen Teildisziplinen untersuchen Psycholog*innen die technikvermittelte Interaktion von Menschen untereinander oder die direkte Interaktion zwischen Menschen und Technik und bedienen sich dabei psychologischer Theorien, Methoden und Forschungspraktiken. Dabei übernimmt die Psychologie nicht nur rein evaluatorische Aufgaben im Sinne eines nachträglichen Bewertenlassens bereits existenter Produkte, sondern ist bestenfalls Bestandteil eines interdisziplinären Gesamtprozesses, der von der

Berücksichtigung bestehender Forschungsergebnisse in ersten konzeptuellen Überlegungen und Entwicklungsschritten bis hin zur Implementierung in reale Kontexte reicht.

Zudem verfolgen Psycholog*innen auch eigene genuin psychologische Fragestellungen und Forschungsziele. Beispiele für den Bereich der Robotik wären: Wie nehmen Menschen robotische Technologien wahr – als technische Werkzeuge oder als eigenständige soziale Akteure? Wie können komplexe psychologische Konstrukte, wie die Einstellung gegenüber Robotern, verlässlich gemessen werden? Wie wirkt sich die Einführung einer neuen Robotertechnologie in einem Unternehmen auf die Arbeitszufriedenheit der Mitarbeiter*innen aus? Wie entwickelt sich das Vertrauen von Nutzer*innen in einen sozialen Roboter über die Zeit und aufgrund welcher Parameter unterscheiden sich verschiedene Nutzer*innen in ihrer Vertrauensbildung? Die Untersuchung der Mensch-Roboter-Interaktion nach psychologischen Gesichtspunkten ist dadurch nicht nur für die menschenfreundliche Gestaltung ebenjener hilfreich, sondern stellt für die Psychologie auch eine weitere Möglichkeit dar, psychologische Theorien, Methoden und Interventionen in neuen, spannenden und zunehmend relevanten Anwendungsszenarien zu validieren (s. z. B. Echterhoff et al. 2006).

Als noch neues Feld der anwendungsorientierten psychologischen Forschung beschäftigt sich die Roboterpsychologie als Nachbarbereich der Ingenieurpsychologie, der Medienpsychologie und der Mensch-Computer-Interaktion mit der Erklärung, Beschreibung und Veränderung davon, wie unterschiedliche Menschen (teil-)autonome maschinelle Agenten erleben, sowie ihren Einstellungen und Verhaltensweisen gegenüber diesen. Maschinelle Agenten können hierbei sowohl physisch verkörperte Roboter (z. B. Assistenzroboter) als auch nichtverkörperte Systeme (z. B. Chatbots) sein. Im Gegensatz etwa zu soziologischen Betrachtungen der Robotik nimmt die Roboterpsychologie in diesem Kontext primär Prozesse und Einflussfaktoren auf Ebene des Individuums in den Fokus.

9.1.2 Das Individuum in Interaktion mit sozialen Robotern

Die Psychologie, und als eine ihrer Subdisziplinen auch die Roboterpsychologie, untersucht also die mentalen Prozesse und das Verhalten von einzelnen Menschen, von Individuen (vgl. Gerrig 2016). Psycholog*innen gehen davon aus, dass individuelles Erleben und Verhalten nicht allein entweder durch Merkmale des Individuums oder durch Merkmale der Situation, in der sich das Individuum befindet, erklärt werden kann, sondern am besten durch das Zusammenwirken beider. Wie ängstlich sich eine bestimmte Person gegenüber einem sozialen Roboter zeigt, wie sehr sie ihm menschliche Eigenschaften zuspricht oder wie viel Vertrauen sie ihm entgegenbringt, hängt dieser Annahme zufolge daher nicht nur von Eigenschaften des Roboters (z. B. Aussehen, Verhalten) und dem Kontext des Aufeinandertreffens (z. B. Pflegekontext, Unterhaltungskontext), sondern auch von Eigenschaften, die bei der Person selbst liegen, ab.

Eigenschaften der Person, die im Rahmen psychologischer Forschung zu sozialen Robotern typischerweise von Interesse sein können, sind soziodemografische Merkmale (z. B. Alter, Bildung, Familienstand), Erfahrung (z. B. Routine im Umgang mit einem bestimmten Roboter), Einstellungsfaktoren (z. B. allgemeine Einstellung gegenüber neuen Technologien) oder Persönlichkeitsfaktoren. Im Gegensatz zu aktuellen Stimmungen und Zuständen einer Person (engl. *states*) werden Persönlichkeitsfaktoren (engl. *traits*) als relativ stabile, zeitlich überdauernde Eigenschaften von Individuen betrachtet. Zu den bekanntesten psychologischen Modellen zur Beschreibung interindividueller Persönlichkeitsunterschiede gehört das Fünf-Faktoren-Modell (auch Big Five oder OCEAN-Modell genannt) (John und Srivastava 1999). Diesem Modell zufolge lässt sich jeder Mensch entlang der folgenden fünf Hauptdimensionen der Persönlichkeit einordnen: 1) Offenheit (Wie neugierig und offen für neue Erfahrungen ist jemand?), 2) Gewissenhaftigkeit (Wie zuverlässig und organisiert ist jemand?), 3) Extraversion (Wie gesprächig und aktiv ist jemand?), 4) Verträglichkeit (Wie freundlich und kooperativ ist jemand?) und 5) Neurotizismus (Wie ängstlich und nervös ist jemand?; auch emotionale Instabilität genannt).

Der Einfluss dieser fünf Persönlichkeitsmerkmale wurde bereits in einigen Studien im Bereich der Mensch-Roboter-Interaktion betrachtet. In einer Metaanalyse von Esterwood und Kolleg*innen zeigte sich auf Basis von 26 inkludierten Studien etwa, dass höhere Werte bei Offenheit, Extraversion und Verträglichkeit in Zusammenhang mit einer höheren Akzeptanz von Robotern stehen (Esterwood et al. 2021). Für extrovertierte Personen liegen beispielsweise auch Hinweise dafür vor, dass diese im Vergleich zu introvertierten Personen Roboter stärker vermenschlichen (Salem et al. 2015). Emotional instabilere Individuen und solche, die zu Perfektionismus neigen, scheinen hingegen menschenähnliche Roboter als besonders unheimlich zu empfinden (MacDorman und Entezari 2015).

Neben den populären Big Five lassen sich aus der Persönlichkeitspsychologie noch viele weitere Charakteristika ableiten, die in Zusammenhang mit Effekten sozialer Roboter oder mit deren Akzeptanz stehen könnten. Beispielhaft seien an dieser Stelle Ambiguitätstoleranz und die individuelle Vertrauenstendenz als potenziell interessante Variablen genannt. Personen, die mehrdeutige Situationen oder widersprüchliche Handlungsweisen insgesamt als unangenehm empfinden und dementsprechend eine niedrige Ambiguitätstoleranz aufweisen, könnten auch Roboter, die zugleich menschlich und maschinenhaft wirken, eher ablehnen (vgl. Lischetzke et al. 2017). Für Individuen, die in ihrem Leben generell stärker dazu neigen, anderen Personen Vertrauen entgegenzubringen, ist die Annahme naheliegend, dass diese auch Robotern eine höhere Vertrauenswürdigkeit zuschreiben würden (vgl. Koerber 2018).

9.2 Ausgewählte psychologische Theoriefelder

Es existieren bereits viele psychologische Konstrukte, Theorien und Forschungsbefunde zur Beschreibung und Vorhersage menschlichen Denkens, Fühlens und Verhaltens, die sich auf den neuen Kontext der Interaktion mit sozialen Robotern übertragen lassen.

Nichtsdestotrotz unterscheiden sich Anwendungskontexte natürlich untereinander, weshalb Theorien angepasst oder um zusätzlich relevante Einflussfaktoren erweitert werden müssen. In der Sozialen Robotik wird dabei häufig auf Erkenntnisse aus der Sozialpsychologie, in deren Zentrum üblicherweise zwischenmenschliche Interaktionen stehen, zurückgegriffen (Echterhoff et al. 2006; Reeves und Nass 1996). In Anwendung auf Mensch-Maschine-Beziehungen können sozialpsychologische Theorien dann zum Beispiel um den Einfluss von Anthropomorphismus, d. h. um die Zuschreibung menschlicher Eigenschaften gegenüber Maschinen oder anderen nichtmenschlichen Entitäten (Epley et al. 2007), ergänzt und neu überprüft werden.

Im folgenden Abschnitt werden einige ausgewählte Themenfelder, die in der Roboterpsychologie von Relevanz sind, vorgestellt. Beachtet werden sollte, dass diese Auswahl keinesfalls einen vollumfänglichen Überblick verkörpert. Stattdessen sollen einführende Einblicke in interessante psychologische Fragestellungen der Mensch-Roboter-Interaktionen zur weiteren eigenständigen Recherche und Auseinandersetzung inspirieren.

9.2.1 Soziale Perzeption und Anthropomorphismus

Wie nehmen Menschen robotische Technologien wahr – als Maschinen und Werkzeuge, als soziale Akteure mit menschenähnlichen Charakteristika, oder als etwas dazwischen? Unter welchen Bedingungen werden Robotern (unbewusst) soziale Eigenschaften zugesprochen? Solche und ähnlich gelagerte Fragen zur sozialen Perzeption von Robotern werden häufig wissenschaftlich untersucht.

Basierend auf klassischen Theorien und Experimenten aus der Sozialpsychologie stellten Reeves und Nass (1996) bereits Mitte der 1990er-Jahre ihre Hypothese zur „Media Equation" oder auch zum CASA-Paradigma („Computers are Social Actors") auf. Diese besagt, dass Menschen gegenüber technischen Geräten die gleichen sozialen Verhaltensweisen zeigen wie gegenüber menschlichen Interaktionspartner*innen. Nach dieser Hypothese würden Menschen beispielsweise ihre Antworten gegenüber einem Computer aus Höflichkeit in eine sozial erwünschte Richtung verzerren, anstatt dem Gerät ehrliches Feedback über die Nützlichkeit seiner Funktionen zu geben (Nass et al. 1999). Neuere Arbeiten zeigen jedoch, dass es hier einer differenzierteren Betrachtung bedarf. So konnten Leichtmann und Nitsch (2020b) in einer konzeptionellen Replikation der angesprochenen Studie von Nass et al. (1999), in der Roboter statt Computer verwendet wurden, kein solches Höflichkeitsverhalten feststellen. Auch in anderen Studien blieb ein solcher Effekt oft aus (s. Leichtmann und Nitsch 2020b). Das könnte vermuten lassen, dass Technologien entgegen der CASA-Hypothese nicht immer automatisch als soziale Akteure betrachtet werden. Wie stark Menschen Robotern soziale Eigenschaften zuschreiben, variiert demnach in Abhängigkeit von Gestaltung der Technologie, Eigenschaften der Nutzer*innen oder der Situation. Es ist also nicht die Frage, ob die CASA-Hypothese grundsätzlich korrekt ist, sondern vielmehr unter welchen Bedingungen Menschen welcher Art von Robotern wie stark welche sozialen Eigenschaften zuschreiben.

Ein wichtiges Konstrukt in diesem Zusammenhang ist Anthropomorphismus. Während es keine exakte einheitliche Definition gibt, lässt sich Anthropomorphismus grundsätzlich als die Tendenz beschreiben, nichtmenschlichen Entitäten (z. B. einem Baum, Haustier, Auto oder Computer) menschenähnliche Eigenschaften, Intentionen oder Gefühlszustände zuzuschreiben (Epley et al. 2007) – und somit natürlich auch Robotern. Arbeiten von Waytz et al. (2010) zeigen, dass sich Menschen grundsätzlich in der Stärke ihrer persönlichen Tendenz zum Anthropomorphismus unterscheiden. Zudem hängt es auch von der Situation ab, wie stark wir anthropomorphisieren. So besagt beispielsweise die Drei-Faktoren-Theorie des Anthropomorphismus (Epley et al. 2007), dass wir vor allem dann Menschliches im Nichtmenschlichen sehen, wenn 1) Wissen um menschliche Eigenschaften als Basis für Anthropomorphismus zugänglich und anwendbar ist, 2) uns Anthropomorphismus als effektive Strategie dient, um nichtmenschliche Agenten besser einordnen zu können und ihr Verhalten vorherzusagen, und 3) wenn das Verlangen nach menschlichem Kontakt besonders hoch ist, was etwa in Zeiten sozialer Isolation der Fall sein könnte. Psychologische Untersuchungen zu Anthropomorphismus im Bereich der Sozialen Robotik zeigen, dass diese Theorie auch zur Erklärung von Unterschieden in der Wahrnehmung von Robotern herangezogen werden kann. So geht beispielsweise aus einer Laborstudie von Eyssel und Reich (2013) hervor, dass Personen, bei denen zuvor das Gefühl von Einsamkeit induziert wurde und die demnach einen größeren Wunsch nach menschlichem Kontakt haben sollten, einem Roboter stärker menschliche Eigenschaften (z. B. einen eigenen Verstand) zuschrieben als Personen mit neutraler Stimmungslage.

Wie anthropomorph ein sozialer Roboter wahrgenommen wird, kann darüber hinaus auch von anderen Faktoren abhängen. Dass der Grad seiner optischen Menschenähnlichkeit einen zentralen Einflussfaktor darstellt, mag wenig überraschen. Unabhängig vom Äußeren kann aber auch das nonverbale Verhalten des Roboters (Mara und Appel 2015a) oder die Art, wie der Roboter seinen Interaktionspartner*innen vorgestellt wird, auf anthropomorphe Zuschreibungen einwirken. In einem Feldexperiment in einem Technologiemuseum nahmen Besucher*innen einen Roboter zum Beispiel dann als besonders menschenähnlich wahr, wenn dieser durch eine fiktionale Kurzgeschichte anstatt eines üblichen nichtnarrativen Informationstextes eingeführt wurde (Mara und Appel 2015b).

9.2.2 Aversive Reaktionen auf menschenähnliche Roboter

Ist Menschenähnlichkeit bei sozialen Robotern stets mit positiven Evaluierungen und angenehmen Erlebnissen verbunden? Vor dem Hintergrund der sogenannten „Uncanny-Valley"-Hypothese (dtsch. „unheimliches Tal"), die der japanische Robotiker Masahiro Mori im Jahr 1970 aufgestellt hat und die in jüngeren Jahren auch Gegenstand psychologischer Forschungsarbeiten geworden ist, ist das nicht der Fall. Die Hypothese beschreibt einen kurvilinearen Zusammenhang zwischen dem Grad der Menschenähnlichkeit einer künstlichen Figur und den Reaktionen menschlicher Beobachter*innen oder Nutzer*innen: Solange die Figur – stellen wir uns einen sozialen Roboter vor – eindeutig als Maschine erkennbar ist, geht anwachsende Menschenähnlichkeit auch mit zunehmend positiven Bewertungen einher. Dieser Trend sollte sich aber umkehren, sobald der Roboter ein Level an sehr hohem, wenngleich noch nicht perfektem, menschlichen Realismus erreicht. In diesem Bereich, in dem beispielsweise lebensgroße Androiden mit Silikonhaut und animierter Mimik vermutet werden könnten, sinkt die Akzeptanz ab und die Figur sollte als unheimlich, gruselig oder gar bedrohlich erlebt werden. Erst perfekte Kopien des Menschen würden Mori zufolge den Kurvenverlauf abermals revidieren und rechts des „unheimlichen Tals" wiederum zu steigender Akzeptanz führen (Mori 1970).

Obwohl einige Forschungsarbeiten empirische Unterstützung für die zentralen Annahmen Moris fanden (z. B. Burleigh et al. 2013; Mathur und Reichling 2016), zeigten sich bei anderen Autor*innen keine Hinweise auf nicht lineare Unheimlichkeitseffekte (z. B. Bartneck et al. 2009; Kätsyri et al. 2015). Angesichts der Tatsache, dass bisher nur wenige androide Roboter mit ausreichend hohem menschlichen Realismusgrad existieren und viele Studien zur Untersuchung des Uncanny Valley daher auf weniger menschlich wirkende Roboter oder auf Foto- bzw. Videostimuli zurückgreifen mussten, kann die Hypothese bisher weder eindeutig akzeptiert noch verworfen werden. Der Forschungsstand lässt hier also noch keine klaren Ableitungen zu, wird in den nächsten Jahren aber bestimmt fortlaufend erweitert werden.

Neben der Untersuchung aversiver Reaktionen auf die optische Menschenähnlichkeit von Robotern werden zunehmend auch Effekte verhaltensspezifischer Menschenähnlichkeit erforscht. Bisher vorliegende Arbeiten deuten darauf hin, dass Roboter, die hochgradig selbstständig entscheiden und handeln können, und insbesondere auch solche, die emotionale Empfindsamkeit vortäuschen, unabhängig von ihrem äußeren Erscheinungsbild als unheimlicher wahrgenommen werden als Roboter, die als vom Menschen kontrollierbare Werkzeuge präsentiert werden (Appel et al. 2016, 2020). Als möglichen Mechanismus hinter einem solchen „Uncanny Valley of Mind" nennen Stein und Ohler (2017) eine von Studienteilnehmer*innen wahrgenommene Bedrohung der Einzigartigkeit des Menschen, die mit der Darstellung technischer Systeme als denkende und fühlende Wesen einhergehen kann.

9.2.3 Vertrauensbildung in der Mensch-Roboter-Interaktion

Vertrauen ist ein wichtiges Fundament jeglicher Beziehung, eine Art sozialer Kitt. Kann man sich auf Personen, mit denen man im persönlichen oder beruflichen Umfeld häufig zu tun hat, nicht verlassen, geht das mit negativen Effekten auf das eigene Wohlbefinden einher. Auch in der Sozialen Robotik stellt sich die Frage, welche Eigenschaften Roboter mitbringen müssen, damit sie möglichst vertrauenserweckend und damit positiv auf ihre Interaktionspartner*innen wirken. Um sich dieser Frage widmen zu können, lohnt sich zuerst ein Blick darauf, was mit dem gebräuchlichen Begriff des Vertrauens in der Psychologie eigentlich gemeint ist. In der Literatur zu interpersonellem Vertrauen wurde Vertrauen definiert als „die Erwartung eines Individuums oder einer Gruppe, dass man sich auf das

Wort, das Versprechen, die mündliche oder schriftliche Aussage eines anderen Individuums oder einer anderen Gruppe verlassen kann" (Rotter 1967, S. 1). Im Grunde geht es also um erwartungskonformes (und unschädliches) Verhalten, was auch die American Psychological Association – die weltweit größte Vereinigung von Psycholog*innen – unterstreicht, wenn sie die Vorhersehbarkeit eines Interaktionspartners als Schlüsselfaktor für Vertrauen beschreibt (APA 2021).

Obwohl das Feld der Vertrauensforschung sehr weit ist, ist vielen theoretischen Ansätzen die Unterscheidung zweier grundlegender Routen der Vertrauensbildung gemein. Die erste Dimension bezieht sich auf affektive und soziale Grundfesten des Vertrauens. Demnach entsteht Vertrauen dann, wenn das Gegenüber als wohlgesinnt, warmherzig und gemeinsame moralische Werte befolgend wahrgenommen wird. Die zweite Dimension bezieht sich auf kognitive Aspekte. Demnach wirkt es sich positiv auf die Vertrauensbildung aus, wenn das Gegenüber als kompetent und zuverlässig im Sinne zu erbringender Leistungen wahrgenommen wird (z. B. McAllister 1995; Rempel et al. 1985). Während affektiv-soziales Vertrauen bei Technologien wie Industrierobotern oder autonomen Fahrzeugen eine untergeordnete Rolle spielt und dort der Fokus mehr auf Kompetenzwahrnehmung oder das Vorhersehbarmachen von Intentionen gelegt wird (vgl. Koerber 2018; Mara et al. 2021), könnte das bei sozialen Robotern, die in der Regel stärkere soziale Perzeptionen hervorrufen, anders sein.

Bisher vorliegende empirische Untersuchungen zu Voraussetzungen und Effekten von Vertrauen in soziale Roboter weisen allerdings noch eine große methodische Heterogenität auf (z. B. in der Art, wie Vertrauen gemessen wurde) und sind deshalb schwer miteinander vergleichbar. Eine Metaanalyse von Naneva und Kolleg*innen (2020) betrachtet aber immerhin 30 Studien, in denen Vertrauen in soziale Roboter untersucht wurde, und kommt zum Schluss, dass der über alle Studien hinweg gewichtete Mittelwert für Vertrauen nahe bei Null lag, was darauf hindeutet, dass Menschen sozialen Robotern bisher weder besonders vertrauen noch misstrauen. Bei sozialen Robotern, für die ein Einsatz im Gesundheitswesen geschildert wurde, waren die Vertrauenswerte am niedrigsten. Eine zweite Metaanalyse von Stower et al. (2021) analysierte 20 Studien zu Vertrauen von Kindern in soziale Roboter. Einer der wenigen Zusammenhänge, der sich über die verschiedenen Untersuchungen hinweg statistisch festmachen ließ, war, dass Kinder humanoiden Robotern mit größerer visueller oder verhaltensspezifischer Menschenähnlichkeit im Mittel weniger Kompetenz und daher auch weniger kognitives Vertrauen zusprechen als Robotern, die nicht menschenähnlich sind. Begründet sein könnte dieser Zusammenhang in den größeren Erwartungen an die Leistung menschenähnlich wirkender Roboter, die bei Nichterfüllung potenziell zu einer Verringerung der Kompetenzwahrnehmung führen.

Worin sich viele Forscher*innen mittlerweile einig sind, ist, dass der Beitrag der Wissenschaft zu Vertrauen in der Mensch-Roboter-Interaktion nicht darin liegen kann, empirische Grundlagen für eine Steigerung der wahrgenommenen Vertrauenswürdigkeit von Robotern unter allen Umständen zu liefern, sondern dass eine differenziertere Betrachtung nötig ist. Ein „Zuviel" an Vertrauen (engl. *overtrust*) kann nämlich auch Risiken mit sich bringen, beispielsweise wenn ein besonders harmlos und niedlich wirkender Roboter zum Einsatz kommt, um jemandem sensible Daten zu entlocken (Wolfert et al. 2020). Anstelle einer Akzeptanzoptimierung rücken daher zunehmend Fragen rund um eine angemessene, prozesshafte „Kalibrierung" von Vertrauen (engl. *trust calibration*) in den Mittelpunkt des wissenschaftlichen Interesses (De Visser et al. 2020).

9.2.4 Nähe und Distanz in der physischen Interaktion mit Robotern

Ein zentraler Aspekt bei der Interaktion zwischen Menschen und sozialen Robotern ist, dass sich beide Akteure häufig ein und denselben Raum teilen. So bewegen sich menschliche Nutzer*innen durch die physischen Umgebungen, in denen Roboter agieren, und auch Roboter werden zunehmend mobiler und flexibler in ihrem Bewegungsradius. Wenn ein Roboter einem Menschen dabei zu schnell zu nahe kommt, kann das zu Unwohlsein und schließlich zu Rückzugs- und Vermeidungsverhalten seitens menschlicher Nutzer*innen führen (Aiello 1987). Ein zentrales Konstrukt, das daher bei der Gestaltung von Mensch-Roboter-Interaktion berücksichtigt werden sollte – beispielsweise im Bewegungsdesign von Robotern oder der Gestaltung von Arbeits- und Lebensräumen mit Robotern –, ist der „Personal Space" von Menschen (dtsch. „persönlicher Distanzraum").

Gifford (2013) definiert Personal Space als „die dynamische räumliche Komponente zwischenmenschlicher Beziehungen [...], die sich in der wechselnden Distanz und dem Orientierungswinkel zwischen Individuen während ihrer Interaktion darstellt" (Gifford 2013, S. 125, übersetzt aus dem Englischen). Ein frühes Modell zum menschlichen Distanzverhalten, bekannt vor allem unter dem Begriff „Proxemik" (Hall 1966), unterscheidet dabei verschiedene Distanzzonen in Abhängigkeit von der zwischenmenschlichen Beziehungskonstellation. Solche Kategorisierungen von Personal Space wurden jedoch häufig kritisiert und verworfen, da eine starre Einteilung in Zonen der Veränderlichkeit von Wohlfühlabständen nicht genug Rechnung trägt und daher nicht ausreichend zur adäquaten Beschreibung von Distanzverhalten beitragen kann. In modernen Modellen zur Erklärung menschlichen Distanzverhaltens wird Distanz daher als dynamisches Kontinuum betrachtet, dessen Ausprägung von verschiedenen interpersonalen und situationalen Faktoren abhängt.

In einer Metastudie von Leichtmann und Nitsch (2020a) wurden bisherige Erkenntnisse zum Einfluss verschiedener Faktoren auf die Wohlfühldistanz speziell im Kontext der Mensch-Roboter-Interaktion zusammengefasst. Das weite Spektrum an mittleren Wohlfühlabständen (zwischen 25 und 178 cm) zeigt deutlich, dass sich Ergebnisse zu präferierten Distanzen zu Robotern stark zwischen einzelnen Studien unterscheiden und daher kontextabhängig sein dürften. Obwohl bereits einige Studien existieren, ist noch relativ unklar, welche Faktoren in welcher Konstellation die stark unterschiedlichen Resultate erklären. Es wird auch vermutet, dass die Relevanz von Geschlechterunterschieden oder von Persönlichkeitsfaktoren in Bezug auf Nähe- und Distanzwahrnehmungen in der vergangenen Literatur überschätzt wurde. Lediglich der Einfluss der Erfahrung mit

Robotern zeigte im Schnitt stabile Effekte (Leichtmann und Nitsch 2020a). Dies bedeutet nicht, dass andere Faktoren unwichtig sind, es zeigt lediglich, dass sich die Wohlfühldistanz zu einem bestimmten Roboter aus einem komplexen Zusammenspiel unterschiedlicher Faktoren ergibt. Während ein Faktor in manchen Situationen einen starken Einfluss haben kann, kann er in einer anderen Situation von untergeordneter Wichtigkeit sein.

9.2.5 Ängstlichkeit gegenüber neuen Technologien und Robotern

Ängste gehören zu den unangenehmsten Formen menschlichen Erlebens. Wenn Personen Angst vor Robotern haben, werden sie versuchen, Interaktionen mit Robotern so gut wie möglich zu vermeiden. Ein wesentliches Ziel der Gestaltung sozialer Roboter und ihrer Einsatzgebiete muss es daher sein, dass diese auf ihre menschlichen Nutzer*innen keinesfalls angsteinflößend wirken.

In der Psychologie wird zwischen Angst als Zustand (*state anxiety*) und Ängstlichkeit als Merkmal einer Person (*trait anxiety*) unterschieden (vgl. Spielberger 1983). Obwohl manche Menschen generell, also über viele Bereiche hinweg, ängstlicher sind als andere, wird Ängstlichkeit zumindest teilweise auch als domänenspezifische Eigenschaft betrachtet. Das bedeutet, dass ängstliche Menschen auf unterschiedliche Formen der wahrgenommenen Bedrohung unterschiedlich stark reagieren. Während die eine Person also beispielsweise Angst vor Prüfungen verspürt, hat die andere Person mehr Angst davor, Fremde anzusprechen und die dritte Person wiederum sorgt sich eher vor einer zahnärztlichen Behandlung als vor neuen Sozialkontakten. Mit der wachsenden Prävalenz von Robotern im real erlebten Alltag oder in der medialen Berichterstattung kann sich Ängstlichkeit zunehmend auch gegen Roboter richten.

In Verbindung mit dem Begriff der Roboter-Ängstlichkeit (engl. *robot anxiety*) wird wissenschaftlich untersucht, unter welchen Bedingungen Roboter Gefühle der Angst oder Nervosität hervorrufen und wie sich diese wiederum zum Beispiel auf Einstellungen gegenüber Robotern oder Nutzungsabsichten auswirken (vgl. Nomura und Kanda 2003). In einem Überblicksartikel zum themenspezifischen Stand der Forschung berichten Naneva und Kolleg*innen (2020) von 20 Studien, die sich speziell mit Ängstlichkeit gegenüber sozialen Robotern auseinandergesetzt haben. Zusammenfassend kommen sie zum Schluss, dass bisherige Studienteilnehmer*innen im Mittel angaben, nur wenig Angst vor sozialen Robotern zu haben. 45 Prozent der durchgeführten Studien resultierten sogar in einer neutralen Bewertung (Naneva et al. 2020). Dem gegenüber stehen Einzelstudien wie jene von Liang und Lee (2017), die auf Basis einer repräsentativen Umfrage in den USA nahelegen, dass rund ein Viertel der Bevölkerung erhöhte Ängstlichkeitswerte gegenüber der in diesem Fall breiter definierten Domäne von Robotern und Künstlicher Intelligenz hätte.

Während es im Bereich spezifischer Roboter-Ängstlichkeit zur Klärung zentraler Fragen sicher noch weiterer empirischer Forschung bedarf, liegen im thematisch verwandten Feld der Computer-Ängstlichkeit bereits zahlreiche Befunde aus mehreren Jahrzehnten vor, die wertvolle Anknüpfungspunkte für die Roboterpsychologie liefern können. In einer Zusammenschau von insgesamt 276 wissenschaftlichen Artikeln zum Phänomen der Computer-Ängstlichkeit weist Powell (2013) darauf hin, dass vor allem Faktoren, die mit Erfahrung, Wissen und persönlicher Kompetenzwahrnehmung im Umgang mit Computern zu tun haben, mit besonders geringen Ausprägungen von Computer-Ängstlichkeit assoziiert waren. Im Vergleich etwa zu Alters- oder Geschlechterunterschieden erwiesen sich diese auch als deutlich bedeutsamer. Übertragen auf die Soziale Robotik untermauert eine solche Forschungsbilanz die Notwendigkeit längsschnittlicher Studiendesigns, in denen neben initialen Bewertungen robotischer Systeme auch Gewöhnungs- und Trainingseffekte über längere Zeiträume hinweg betrachtet werden. Im Sinne eines Abbaus von Ängsten untermauern sie daneben die Relevanz praxisnaher Angebote zum spielerischen Erfahrungserwerb im Umgang mit sozialen Robotern sowie einer breit gestreuten Wissensvermittlung und eventuell auch Entmystifizierung dessen, was soziale Roboter sind, wo ihre Chancen und Grenzen liegen und wie die Interaktion mit ihnen funktioniert.

9.3 Methoden der psychologischen Forschung

Wissenschaftliche Erkenntnisse sind untrennbar mit den Methoden zu deren Erlangung verbunden. Um neue Ergebnisse aus der psychologischen Forschung zur Mensch-Roboter-Interaktion richtig einordnen zu können, ist es wichtig, auch die den Ergebnissen zugrunde liegenden Methoden zu kennen und zu verstehen. Psychologische Forschungsmethoden stellen in ihrer Komplexität ein eigenes Forschungsgebiet dar, das zunehmend an Bedeutung gewinnt. An dieser Stelle soll nichtsdestotrotz der Versuch eines kleinen Überblicks gemacht werden, auf dessen Basis sich interessierte Leser*innen genauer mit entsprechender Fachliteratur auseinandersetzen können (z. B. Döring und Bortz 2016; Schmidtz-Atzert und Amelang 2012).

9.3.1 Grundlagen psychologischer Diagnostik

Bei psychologischen Untersuchungen stehen psychologische Konstrukte im Fokus. Damit gemeint sind Merkmale wie Persönlichkeit oder Intelligenz, die nicht unmittelbar beobachtbar, sondern latent sind. Beispiele für Konstrukte, die mit Bezug zur Sozialen Robotik häufig untersucht werden, sind Vertrauen in Roboter (Abschn. 9.2.3) oder die Zuschreibung von Menschenähnlichkeit (Abschn. 9.2.1). Konstrukte sind real, aber nicht in dem Sinne, dass sie beispielsweise direkt zählbar sind, sondern als Zusammenfassung von Eigenschaften, die miteinander in Beziehung stehen und durch Zuordnungsregeln (Korrespondenzregeln) beschrieben werden. Durch Konstrukte lassen sich beobachtbare Verhaltensweisen von Individuen erklären und vorhersagen. Dafür müssen sie sehr sorgfältig definiert und messbar gemacht werden. Bei dieser Messbarmachung psychologischer

Konstrukte spricht man von Operationalisierung. Hierfür gibt es verschiedene Möglichkeiten.

Psychologische Tests werden beispielsweise häufig als Messmethode zur Erfassung eines psychologischen Merkmals verwendet. Das Ziel ist es dabei, eine quantitative Aussage (eine Ausprägung) über das Merkmal zu treffen, wobei angenommen wird, dass die Variation der Testwerte überwiegend auf die Variation des wahren zu messenden Merkmals zurückzuführen ist (für eine ausführlichere Beschreibung siehe Lehrbücher zur psychologischen Diagnostik, z. B. Schmidt-Atzert und Amelang 2012). Natürlich ist nicht jeder Versuch der Messbarmachung gleich gut. Psychologische Tests müssen grundsätzlich bestimmten Qualitätskriterien genügen. Diese sind zumeist Objektivität (Wie unabhängig ist ein Testergebnis von dessen Beobachter*in?), Reliabilität (Wie zuverlässig misst ein Test ein Merkmal?) und Validität (Inwiefern misst ein Test das, was er überhaupt messen soll?). Aus diesem Grund durchlaufen psychologische Tests in der Regel aufwändige Konstruktions- und Prüfprozesse zur Bestimmung ihrer Güte.

Ein Beispiel für psychologische Tests wären Selbstberichtsfragebogen, die zur Messung eines latenten Merkmals (z. B. Wie viel Vertrauen bringt eine Person einem Roboter gegenüber?) aus verschiedenen Testfragen oder Testaufgaben (Items) bestehen und von Studienteilnehmer*innen selbst ausgefüllt werden. Solche Fragebogen inkludieren oftmals viele verschiedene Items. Möchte man beispielsweise die Einstellung von Personen gegenüber Robotern messen, so kann die Beurteilung des Statements „Roboter finde ich gut" (z. B. mit fünf Abstufungen von „trifft nicht zu" bis „trifft zu") natürlich schon einen ersten groben Anhaltspunkt geben. Gerade Konstrukte wie Einstellungen sind aber sehr komplex. So könnten Personen es gut finden, dass Maschinen in der Regel sehr exakt arbeiten, sie könnten es aber gleichzeitig als eher negativ empfinden, dass durch neue Maschinen auch Arbeitsplätze gefährdet sein könnten. Für ein tiefes Verständnis sollte ein Konstrukt daher möglichst umfänglich erfasst werden, weil es sonst schnell zu falschen Schlüssen kommen kann. Im Fragebogen von Leichtmann et al. (2021) zur Messung der Einstellung gegenüber kooperativen industriellen Robotern wird neben einer affektiven Evaluation des Roboters (z. B. als gut oder schlecht) beispielsweise auch erfasst, was Personen über mögliche arbeitsbezogene und auch soziale Folgen denken.

9.3.2 Untersuchungsdesigns in der Psychologie

Die Psychologie – und somit auch die Roboterpsychologie – ist eine empirische Wissenschaft. Das heißt, die wissenschaftliche Erkenntnis lässt sich an der Erfahrung überprüfen. Abgeleitet von einer Theorie wird dabei eine Annahme über menschliches Denken, Fühlen und Verhalten durch Beobachtungen, zum Beispiel in Form von Experimenten zur Mensch-Roboter-Interaktion, überprüft (Deduktion). Über solche Beobachtungen können wiederum mithilfe von Abstraktion und Verallgemeinerung auch Rückschlüsse auf die Theorie gezogen werden (Induktion).

In diesem Prozess hat die wissenschaftliche Hypothese einen zentralen Stellenwert. Eine Hypothese ist eine Aussage, die 1) empirisch überprüfbar ist, 2) einen Anspruch der Allgemeingültigkeit hat (über einen Einzelfall hinausgehend), 3) oftmals in Form eines Konditionalsatzes („Wenn-dann" oder „Je-desto") formuliert ist und 4) mithilfe von Daten falsifizierbar ist. Hypothesen beziehen sich auf die Beziehung zwischen verschiedenen Variablen. Variablen sind Mengen von Ausprägungen eines psychologischen Merkmals. Hier wird oft zwischen unabhängigen und abhängigen Variablen unterschieden, wobei versucht wird, die abhängigen Variablen durch die unabhängigen Variablen zu erklären. Ein Beispiel für eine solche Hypothese wäre der Satz „Je mehr positive Erfahrung eine Person mit einem Roboter gesammelt hat, desto mehr Vertrauen bringt sie ihm entgegen", der einen Zusammenhang zwischen der unabhängigen Variable „Erfahrung" und der abhängigen Variable „Vertrauen" annimmt.

Zur Überprüfung solcher Hypothesen wird in der Psychologie eine möglichst repräsentative Zufallsstichprobe aus einer Population oder Grundgesamtheit gezogen. Anhand der Messwerte in dieser Stichprobe sollen dann Rückschlüsse auf die Population gezogen werden. Die Stichprobenkennwerte – und demnach die darauf basierenden Zusammenhänge zwischen Variablen – entsprechen aber nicht den Populationsparametern, sondern sind lediglich Schätzwerte. Diese Schätzer können aber zum Beispiel je nach Güte und Größe der Stichprobe auch deutlich von den wahren Populationskennwerten abweichen. Bei Hypothesen in der Psychologie handelt es sich daher um Wahrscheinlichkeitsaussagen. Sie sind nicht deterministisch, sondern probabilistisch.

Je nach Art der Hypothese können verschiedene Forschungsdesigns für ihre Überprüfung herangezogen werden. Das Experiment stellt das wohl häufigste in der Mensch-Roboter-Interaktion verwendete Untersuchungsdesign dar (Eyssel 2017). In einem Experiment werden Hypothesen überprüft, indem bestimmte Situationen künstlich in einer kontrollierten Umgebung (zum Beispiel in einer Laborumgebung) herbeigeführt werden. Dabei wird eine unabhängige Variable manipuliert, d. h. in zwei oder mehr Varianten dargeboten. Gemessen wird dann der Effekt dieser verschiedenen Varianten (Bedingungen) auf eine abhängige Variable. Ein Beispiel hierfür wäre ein Vergleich der Vertrauenswerte zwischen einer Experimentalgruppe A, die vor der Vertrauensmessung ein neuartiges Roboter-Kompetenz-Training durchläuft, und einer Kontrollgruppe B, die das herkömmliche Training durchläuft. Mögliche Störvariablen – also Variablen, die auch Varianz in der abhängigen Variablen hervorrufen, die sich jedoch nicht auf die unabhängige Variable zurückführen lassen – werden in Experimenten kontrolliert. Dies soll eine möglichst genaue und wiederholbare Messung ermöglichen. Ein weiteres wichtiges Kriterium eines psychologischen Experiments ist die Zufälligkeit der Aufteilung von Versuchspersonen auf die verschiedenen Versuchsbedingungen. Man spricht hier von Randomisierung.

Eine Randomisierung ist jedoch nicht immer möglich. Möchte man beispielsweise untersuchen, ob ein Interface in Sachen Usability bei Jugendlichen und älteren Menschen gleich gut abschneidet, so kann das Alter nicht zufällig auf Versuchsbedingungen aufgeteilt werden, da es sich hier um eine natürliche Variable handelt. Man spricht dann also nicht mehr von einem Experiment, sondern von einem Quasi-Experiment. Es wird also immer noch die Manipulation kontrolliert, ähnlich wie in einem Experiment, es hat aber keine Randomisierung stattgefunden.

Solche experimentellen Ansätze haben natürlich auch Nachteile. Gerade Laborexperimente werden oft wegen ihrer Künstlichkeit kritisiert. Wird versucht, eine reale Situation im Labor zu simulieren, unterscheidet sich diese häufig doch in vielen Punkten von realen Situationen im Feld (z. B. wenn Versuchspersonen nicht im persönlichen Haushalt auf einen Haushaltsroboter treffen, sondern in einem Büroraum einer Universität). Des Weiteren wissen Versuchspersonen während einer experimentellen Studie, dass sie Teil einer Studie sind, und verhalten sich oft anders, als sie dies normalerweise tun würden (s. z. B. Rosenthal 1966; Orne 1962). Solche Probleme schränken die Validität von experimentellen Forschungsergebnissen ein. Die Erforschung einer Fragestellung sollte daher auf vielen verschiedenen Forschungsansätzen beruhen (Multi-Method-Ansatz). Alternativen beziehungsweise Ergänzungen zu Laborexperimenten sind beispielsweise qualitative Methoden wie Interviews oder Tagebuchstudien, Fragebogenstudien sowie Feldstudien in realen Umgebungen.

9.3.3 Neuere Entwicklungen psychologischer Forschung: Das Erbe einer Krise

2011 war ein schwieriges Jahr für die Psychologie als wissenschaftliche Disziplin, als eine Reihe von Events lostraten, was gemeinhin als „Replizierbarkeitskrise" bekannt wurde. Es wurde aufgedeckt, dass durch eine Vielzahl von fragwürdigen Forschungspraktiken (engl. *questionable research practices*, auch bekannt als QRP) praktisch jede auch noch so absurde Hypothese (oft aus Unwissenheit) statistisch bedeutsam gemacht werden kann (Simmons et al. 2011). Infolgedessen wurde in einer Reihe von Studien die Replizierbarkeit psychologischer Experimente untersucht. Das bedeutet, Untersuchungen wurden unter denselben Bedingungen und mit denselben Methoden wie in der ursprünglichen Studie erneut durchgeführt. Es zeigte sich, dass viele Ergebnisse nicht bestätigt werden konnten, vermutlich überschätzt wurden oder sogar gar nicht existieren könnten (Klein et al. 2014; Open Science Collaboration 2015). Diese Replizierbarkeitsprobleme haben verschiedene statistische, theoretische und wissenschaftspraktische Gründe. Im Zuge einer Reformbewegung wurde daraufhin eine Vielzahl an möglichen Lösungen vorgeschlagen. Zu diesen Reformvorschlägen zählen beispielsweise:

- Größere Versuchspersonenzahlen: Einer der Hauptkritikpunkte sind zu kleine Versuchspersonenzahlen in einzelnen Studien, die mehrere Probleme nach sich ziehen können. Beispielsweise kann bei einer zu kleinen Fallzahl auch die Wahrscheinlichkeit klein sein, einen tatsächlich vorhandenen Effekt überhaupt zu finden (Mangel an statistischer Power), oder aber die Stärke von Effekten könnte eher überschätzt werden. Die für eine Studie notwendige Anzahl an Versuchspersonen sollte daher zuvor in einer Power-Analyse statistisch ermittelt werden.

- Größere Transparenz und Open-Science-Praktiken: Durch eine größere Transparenz beim Berichten von Statistiken und Methoden ist es für Leser*innen möglich, besser einzuschätzen, wie Ergebnisse zustande kommen und wie verlässlich diese sind. So ist es zu befürworten, dass beispielsweise Versuchsmaterialien, der Programmcode zur statistischen Auswertung oder die Studiendaten selbst öffentlich zugänglich gemacht werden.
- Präregistrierung: Ein Problem bei Datenanalysen ist die Freiheit an Analysemöglichkeiten, die dazu verleitet, so lange zu testen, bis irgendein Ergebnis signifikant wird. Solch multiples Testen erhöht jedoch die Fehlerrate und somit die Wahrscheinlichkeit eines falsch-positiven Ergebnisses. Registriert man die Studie, also die theoretischen Annahmen und den Auswertungsplan, vor der Studiendurchführung oder der Analyse öffentlich, so schützt man sich selbst vor fragwürdigen Analysepraktiken (QPRs).
- Mehr Replizierung: Die Wiederholung von bereits durchgeführten Studien gibt Aufschluss darüber, wie verlässlich zuvor gefundene Ergebnisse sind. Auch sauber durchgeführte Erhebungen können nämlich zu Zufallsergebnissen führen, da Studien immer nur statistische Wahrscheinlichkeitsaussagen ermöglichen.
- Bessere theoretische Einbettung: Hat sich eine Theorie zuvor in Studien etabliert, kann sie dazu benutzt werden, systematisch abzuleiten, welche Annahmen wahrscheinlicher sind als andere, im Gegensatz zu intuitiven Volksweisheiten oder Laienvermutungen.
- Veröffentlichung nichtsignifikanter Ergebnisse: Oft werden nur die signifikanten Ergebnisse publiziert, nicht jedoch nichtsignifikante Ergebnisse, was zu einer Verzerrung im zugänglichen Korpus an empirischer Literatur führt (*publication bias*). Nur wenn auch nichtsignifikante Ergebnisse publiziert werden, kann sich dem wahren Effekt angenähert werden.

Die Psychologie ist auf einem guten Weg zu verlässlicheren Forschungsergebnissen. Analysen der wissenschaftlichen Befundlage in verschiedenen Forschungsbereichen der Mensch-Roboter-Interaktion (z. B. Leichtmann und Nitsch 2020a; Stower et al. 2021) und einschlägige Replikationsversuche (z. B. Irfan et al. 2018; Leichtmann und Nitsch 2020b; Ullman et al. 2021) deuten jedoch darauf hin, dass die empirische Forschung zu sozialen Robotern in Teilen mit ähnlichen Herausforderungen konfrontiert sein dürfte, mit denen die Psychologie im vergangenen Jahrzehnt umzugehen lernen musste. Eine wachsende Zahl an Forscher*innen kommt daher zum Schluss, dass die oben genannten Reformmaßnahmen auch in künftigen Forschungsprogrammen zu Mensch-Roboter-Interaktion und Sozialer Robotik noch stärkere Berücksichtigung finden müssen (vgl. Belpaeme 2020).

9.4 Brauchen Roboter Psychotherapie?

Der menschenähnliche, emotional empfindsame Roboter auf der Therapiecouch – das ist ein Bild, das wohl so einige spontan mit „Roboterpsychologie" assoziieren. Ursprünglich stammt der englische Begriff „Robopsychology" aus der Feder des Science-Fiction-Autors

Isaac Asimov, der die fiktive Robopsychologin Susan Calvin in seinem populären Buch „I, Robot" tatsächlich als Betreuerin intelligenter humanoider Roboter einführte. In der Realität befasst sich die Roboterpsychologie, wie zu Beginn des Kapitels dargestellt, natürlich nicht mit dem Wohlbefinden von Robotern, sondern mit dem Erleben und Verhalten jener Menschen, die in ihrem Alltags- und Berufsleben zunehmend mit intelligenten Maschinen in der Rolle sozialer und kollaborativer Agenten konfrontiert sind. Daneben gilt es anzumerken, dass Roboter – und seien sie noch so überzeugend menschengleich gestaltet – klarerweise keine lebendigen organischen Wesen mit Ichbewusstsein oder realer emotionaler Erlebensfähigkeit darstellen und ihr Bedarf an psychotherapeutischer Unterstützung schon aus diesem Grund bis auf weiteres auf die Science-Fiction-Sphäre beschränkt bleiben wird. Gleichzeitig bedeutet das aber nicht, dass Maschinen nicht trotzdem häufig eine Art „Psyche" zugeschrieben würde oder dass Roboter nicht als neue technologische Tools in therapeutischen Kontexten getestet würden, wie in den folgenden abschließenden Abschnitten dargestellt wird.

9.4.1 Zur „Psyche" des Roboters

Die Psycholog*innen Fritz Heider und Marianne Simmel führten im Jahr 1944 ein interessantes Experiment durch. Im Rahmen einer Lehrveranstaltung präsentierten sie ihren Studierenden eine simple Schwarz-Weiß-Animation, in der sich ein kleines Dreieck, ein größeres Dreieck und ein Kreis in unterschiedlichen Weisen aufeinander zu- und voneinander wegbewegten. Im Anschluss daran sollten die Studierenden nacherzählen, was sie in dem Stummfilm gesehen hatten (Heider und Simmel 1944). Das Spannende: Die meisten beschrieben nicht etwa zweidimensionale Positionsänderungen, sondern erzählten von den Zielen, Gefühlslagen und Beziehungen der geometrischen Figuren, die sie in deren animierten Bewegungen wahrgenommen hatten. Das kleine Dreieck und der Kreis wurden beispielsweise als „Freunde" beschrieben, das große Dreieck als „wütend", und so weiter.

Diese frühe Studie und auch diverse neuere Forschungsergebnisse deuten darauf hin, dass es manchmal gar nicht viel braucht, um nichtmenschlichen Entitäten gleichsam automatisiert innere Gedanken, Gefühle und Motivationen zuzuschreiben, selbst wenn uns eigentlich klar ist, dass diese in realitas über nichts dergleichen verfügen (vgl. dazu auch Abschn. 9.2.3). Ganz besonders leicht fällt uns die Zuschreibung von Psyche aber wohl bei Akteuren, die speziell darauf programmiert wurden, „Persönlichkeit" oder „Gefühle" nach außen darzustellen. Ein Beispiel hierfür sind sogenannte emotionale Roboter, die einerseits affektive Zustände ihrer menschlichen Interaktionspartner*innen erkennen sollen und andererseits durch simplen mimischen, gestischen oder sprachlichen Ausdruck vordefinierte „Emotionen" auch selbst zeigen. Wenn der Roboter „Pepper" (SoftBank Robotics) etwa gelobt wird, kommuniziert er, dass er „glücklich" ist, wenn das Licht ausgeht, signalisiert er „Angst" (SoftBank Robotics 2015). Solche (häufig noch sehr rudimentär ausgeprägten) Gefühls- oder Empathiesimulationen emotionaler Roboter sollen dem

Zweck einer intuitiveren, flüssigeren und sozial akzeptableren Mensch-Maschine-Kommunikation dienen.

Daneben wird eine künstliche Modellierung emotionaler Reaktionen in der Robotik und Künstlichen Intelligenz aber zunehmend auch deswegen als Ziel formuliert, weil zahlreiche psychologische Forschungsarbeiten auf das untrennbare Zusammenspiel von emotionalen und kognitiven Prozessen für schnelle und gewinnbringende Entscheidungsprozesse beim Menschen hindeuten. Wissenschaftler*innen beschäftigen sich daher mit der Frage, was sich Computerprogramme von menschlichen Emotionen „abschauen" können, um möglichst effizient und nützlich entscheiden und handeln zu können. Ein Beispiel hierfür wäre die Programmierung einer funktionalen „Angst"-Reaktion, um in einer für den Roboter oder seine*n menschliche*n Interaktionspartner*in gefährlichen Situation schnell und schützend agieren zu können. Gleichzeitig bleibt anzuerkennen, dass Roboter trotz von Menschen einprogrammierter oder durch simulierte Erfahrungen antrainierter Emotionssysteme keine „echten Gefühle" haben, weil die Komponenten des Ichbewusstseins und emotionalen Erlebens letztendlich fehlen (Picard 2003).

9.4.2 Soziale Roboter als Werkzeuge der Psychotherapie

Auch wenn Roboter nicht wahrhaftig empfindsam sind und empathische Interaktionsformen daher nur simulieren können, wird seit einigen Jahren über das Potenzial sozialer Roboter für psychologisch-diagnostische und psychotherapeutische Zielsetzungen diskutiert. Bisher erprobte Einsatzbereiche betreffen vor allem Stressreduktion, Motivationsaufbau oder die Begleitung verhaltenstherapeutischer Ansätze, in denen strukturierte Übungen oft besonders gut technologisch unterstützt werden können. In empirischen Studien zur Förderung psychischer Gesundheit durch tierähnliche Roboter wie die interaktive Robbe Paro (Shibata 2012), die auf Streicheln und Geräusche reagiert, oder den Roboterbären eBear (Zhang et al. 2014) zeigten sich durch gezielte Interaktion mit Altenheimbewohner*innen und teils auch mit Demenzpatient*innen emotional unterstützende Effekte, die sich durch Verringerungen von Angst, Aggression und Depressivität, eine allgemeine Stimmungsverbesserung oder Aktivitätssteigerung ausdrückten (vgl. Eichenberg 2020; Scoglio et al. 2019).

Daneben liegen auch Hinweise auf eine positive Beeinflussung kognitiver und sozialer Prozesse durch Roboter vor. Im Bereich der kognitiven Unterstützung konnte etwa gezeigt werden, dass Interaktionen mit dem kleinen menschenähnlichen Roboter NAO zu einer verbesserten Aufgabenbewältigung bei Demenzkranken (Costescu et al. 2015) und zu einer höheren Motivation, Aufgaben zu lösen, bei Studierenden führten (Galvão Gomes da Silva et al. 2018). Zur Förderung sozialer Prozesse wurden Humanoide wie NAO oder Zeno bisher insbesondere im Rahmen von Verhaltens- und Fertigkeitstrainings für autistische Personen ausprobiert, beispielsweise um autistische Kinder zur sozialen Interaktion zu animieren oder um spielerische Lernerfahrungen mit mimischen Gefühlsausdrücken zu ermöglichen und Imitationsfähigkeiten zu verbessern. Verhaltensformen, die in

Interaktionsspielen mit Robotern neu erlernt wurden, können in darauffolgenden Sitzungen mit menschlichen Therapeut*innen dann weiter verbessert und verfeinert werden (vgl. Eichenberg 2020).

Ein besonders kontrovers diskutiertes Anwendungsfeld robotergestützter Therapieansätze stellt daneben die Sexualtherapie dar. Während einige Autor*innen positive psychosoziale Auswirkungen menschenähnlicher Sexroboter etwa für Personen mit sexuellen Störungen, verstärkter sozialer Ängstlichkeit oder mit physischen oder kognitiven Beeinträchtigungen annehmen (für eine kurze Übersicht s. Döring 2020), streichen andere Forscher*innen potenzielle Risiken in Bezug auf die Privatsphäre und Sicherheit der Nutzer*innen, die emotionale Manipulation verletzlicher Personen, die Objektivierung des menschlichen Körpers, die Perpetuierung stereotyper geschlechtsspezifischer Rollenmuster oder die Förderung sexueller Gewalt heraus (vgl. Appel et al. 2019).

Insgesamt liegen für den Einsatz unterschiedlicher sozialer Roboter in psychotherapeutischen Kontexten zwar erste empirische Hinweise auf positive Wirkungen vor, gleichzeitig ist das Feld aber noch stark im Aufbau begriffen. Nicht zuletzt in Anbetracht der teils noch unklaren ethischen Implikationen können Therapieroboter in jedem Fall nur als ergänzende Werkzeuge für die Arbeit menschlicher Therapeut*innen betrachtet werden. Erst im Rahmen eines Therapieprogramms mit ausgebildeten (Psycho-)Therapeut*innen kann abgeschätzt werden, ob der Einsatz von Robotern für bestimmte Personen geeignet ist. Um Risiken aufgeklärt beurteilen und Potenziale für Patient*innen bestmöglich bewerten zu können, wäre eine verstärkte Wissens- und Kompetenzvermittlung zu sozialen Robotern in Richtung junger Therapeut*innen wünschenswert. In einer Umfrage mit europäischen Psychologiestudierenden gab ein Großteil der Befragten an, nicht über die notwendigen Fähigkeiten zu verfügen, um einen Roboter zukünftig sinnvoll für eine Tätigkeit als Therapeut*in einsetzen zu können (Conti et al. 2019). Die Stärkung eines fächerübergreifenden Austauschs zwischen den Technikwissenschaften, den Human- und Sozialwissenschaften, der Ethik und anderen Disziplinen wäre hier – wie auch in vielen weiteren Teildomänen der Sozialen Robotik – durchwegs begrüßenswert.

Literatur

Aiello JR (1987) Human spatial behavior. In: Stokols D. Altman I (Hrsg) Handbook of environmental psychology. Wiley, New York

Appel M, Weber S, Krause S, Mara M (2016) On the eeriness of service robots with emotional capabilities. In: 2016 11th ACM/IEEE international conference on Human-Robot Interaction (HRI), Christchurch, S 411–412

Appel M, Marker C, Mara M (2019) Otakuism and the appeal of sex robots. Front Psychol 10:569

Appel M, Izydorczyk D, Weber S, Mara M, Lischetzke T (2020) The uncanny of mind in a machine: humanoid robots as tools, agents, and experiencers. Comput Human Behav 102:274–228

Bartneck C, Kanda T, Ishiguro H, Hagita N (2009) My robotic doppelgänger – a critical look at the uncanny valley. The 18th IEEE international symposium on Robot and Human Interactive Communication, Toyama, Japan, S 269–276

Belpaeme T (2020) Advice to new human-robot interaction researchers. In: Jost C, Le Pévédic B, Belpaeme T, Bethel C, Chrysostomou D, Crook N, Grandgeorge M, Mirnig N (Hrsg) Human-robot interaction. Evaluation methods and their standardization. Springer International Publishing, Cham, S 355–369

Burleigh TJ, Schoenherr JR, Lacroix GL (2013) Does the uncanny valley exist? An empirical test of the relationship between eeriness and the human likeness of digitally created faces. Comput Human Behav 29:759–771

Conti D, Cattani A, Di Nuovo S, Di Nuovo A (2019) Are future psychologists willing to accept and use a humanoid robot in their practice? Italian and English students' perspective. Front Psychol 10:2138

Costescu CA, Vanderborght B, David DO (2015) Reversal learning task in children with autism spectrum disorder: a robot-based approach. J Autism Dev Disord 45:3715–3725

De Visser EJ, Peeters MM, Jung MF, Kohn S, Shaw TH, Pak R, Neerincx MA (2020) Towards a theory of longitudinal trust calibration in human–robot teams. Int J Soc Robot 12:459–478

Döring N (2020) Sexpuppen und Sexroboter aus psychologischer und therapeutischer Perspektive; Pathogene und salutogene Nutzungsmuster. In: Bendel O (Hrsg) Maschinenliebe. Liebespuppen und Sexroboter aus technischer, psychologischer und philosophischer Perspektive. Springer Fachmedien Wiesbaden, Wiesbaden, S 283–301

Döring N, Bortz J (2016) Forschungsmethoden und Evaluation in den Sozial- und Humanwissenschaften, 5. Aufl. Springer, Berlin/Heidelberg

Echterhoff G, Bohner G, Siebler F (2006) „Social Robotics" und Mensch-Maschine-Interaktion. Z Sozialpsychol 37:219–231

Eichenberg C (2020) Robotik in der Psychotherapie: Anwendungsfelder–Effektivität–Praxisbeispiele. In Bessere Menschen? Technische und ethische Fragen in der transhumanistischen Zukunft. Springer, Berlin/Heidelberg, S 97–125

Epley N, Waytz A, Cacioppo JT (2007) On seeing human: a three-factor theory of anthropomorphism. Psychol Rev 114(4):864

Esterwood C, Essenmacher K, Yang H, Zeng F, Robert L (2021) A meta-analysis of human personality and robot acceptance in human-robot interaction. In Conference on Human Factors in Computing Systems (CHI'21), May 8–13, 2021, Yokohama, Japan. ACM, New York (New York)

Eyssel F (2017) An experimental psychological perspective on social robotics. Robot Auton Syst 87:363–371

Eyssel F, Reich N (2013) Loneliness makes the heart grow fonder (of robots) – on the effects of loneliness on psychological anthropomorphism. In: 8th ACM/IEEE international conference on human–robot interaction (HRI), Tokyo, S 121–122

Galvão Gomes da Silva J, Kavanagh DJ, Belpaeme T, Taylor L, Beeson K, Andrade J (2018) Experiences of a motivational interview delivered by a robot: qualitative study. J Med Internet Res 20(5):e116

Gerrig RJ (2016) Psychologie, 20., akt. und erw. Aufl. Pearson Studium, Hallbergmoos

Gifford R (2013) Personal space and territoriality. In: Gifford R (Hrsg) Environmental psychology: principles and practice. Optimal Books, Colville, S 123–164

Hall ET (1966) The hidden dimension. Doubleday, Garden City

Heider F, Simmel M (1944) An experimental study of apparent behavior. Am J Psychol 57:243–259

Irfan B, Kennedy J, Lemaignan S, Papadopoulos F, Senft E, Belpaeme T (2018) Social psychology and human-robot interaction: An uneasy marriage. In HRI '18 Companion of the 2018 ACM/IEEE International Conference on Human-Robot Interaction, S 13–20. https://doi.org/10.1145/3173386.3173389

John OP, Srivastava S (1999) The big-five trait taxonomy: history, measurement, and theoretical perspectives. In: Pervin LA, John OP (Hrsg) Handbook of personality: theory and research. Guilford Press, New York, S 102–138

Kätsyri J, Förger K, Mäkäräinen M, Takala T (2015) A review of empirical evidence on different uncanny valley hypotheses: support for perceptual mismatch as one road to the valley of eeriness. Front Psychol 6:390

Klein RA, Ratliff KA, Vianello M, Adams RB, Bahník Š, Bernstein MJ, Nosek BA (2014) Investigating Variation in Replicability. Social Psychology 45(3):142–152. https://doi.org/10.1027/1864-9335/a000178

Koerber M (2018) Theoretical considerations and development of a questionnaire to measure trust in automation. In: Congress of the International Ergonomics Association. Springer, Cham, S 13–30

Leichtmann B, Nitsch V (2020a) How much distance do humans keep toward robots? Literature review, meta-analysis, and theoretical considerations on personal space in human-robot interaction. J Environ Psychol 68:101386

Leichtmann B, Nitsch V (2020b) Is the Social Desirability Effect in Human–Robot Interaction overestimated? A Conceptual Replication Study Indicates Less Robust Effects. Int J Soc Robot 13:1013–1031. https://doi.org/10.1007/s12369-020-00688-z

Leichtmann B, Hartung J, Wilhelm O, Nitsch V (2021) New short scale to measure workers' attitudes toward the implementation of cooperative robots in industrial work settings: Instrument development and exploration of attitude structure

Liang Y, Lee SA (2017) Fear of autonomous robots and artificial intelligence: Evidence from national representative data with probability sampling. Int J Soc Robot 9(3): 379–384. https://doi.org/10.1007/s12369-017-0401-3

Lischetzke T, Izydorczyk D, Hüller C, Appel M (2017) The topography of the uncanny valley and individuals' need for structure: a nonlinear mixed effects analysis. J Res Pers 68:96–113

MacDorman KF, Entezari SO (2015) Individual differences predict sensitivity to the uncanny valley. Interact Stud 16:141–172

Mara M, Appel M (2015a) Effects of lateral head tilt on user perceptions of humanoid and android robots. Comput Human Behav 44:326–334

Mara M, Appel M (2015b) Science fiction reduces the eeriness of android robots: a field experiment. Comput Human Behav 48:156–162

Mara M, Meyer K, Heiml M, Pichler H, Haring R, Krenn B, Gross S, Reiterer B, Layer-Wagner T (2021) CoBot Studio VR: a virtual reality game environment for transdisciplinary research on interpretability and trust in human-robot collaboration. In: International Workshop on Virtual, Augmented, and Mixed Reality for HRI (VAM-HRI), HRI'21, Boulder

Mathur MB, Reichling DB (2016) Navigating a social world with robot partners: a quantitative cartography of the Uncanny Valley. Cognition 146:22–32

McAllister DJ (1995) Affect-and cognition-based trust as foundations for interpersonal cooperation in organizations. Acad Manag J 38:24–59

Mori M (1970) Bukimi no tani [The uncanny valley]. Energy 7:33–35

Naneva S, Sarda Gou M, Webb TL, Prescott TJ (2020) A systematic review of attitudes, anxiety, acceptance, and trust towards social robots. Int J Soc Robot 12:1179–1201. https://doi.org/10.1007/s12369-020-00659-4

Nass C, Moon Y, Carney P (1999) Are people polite to computers? Responses to computer – based interviewing systems. J Appl Soc Psychol 29:1093–1109

Nomura T, Kanda T (2003) On proposing the concept of robot anxiety and considering measurement of it. In: The 12th IEEE international workshop on Robot and Human Interactive Communication, 2003. Proceedings. ROMAN 2003, S 373–378

Open Science Collaboration (2015) Estimating the reproducibility of psychological science. Science 349(6251): aac4716. https://doi.org/10.1126/science.aac4716

Orne MT (1962) On the social psychology of the psychological experiment: with particular reference to demand characteristics and their implications. Am Psychol 17:776–783

Picard RW (2003) What does it mean for a computer to „have" emotions. In: Trappl R, Petta P, Payr S (Hrsg) Emotions in Humans and Artifacts. MIT Press, Cambridge, S 213–235

Powell AL (2013) Computer anxiety: comparison of research from the 1990s and 2000s. Comput Human Behav 29:2337–2381

Reeves B, Nass C (1996) The media equation: how people treat computers, television, and new media like real people. Cambridge University Press, Cambridge

Rempel JK, Holmes JG, Zanna MP (1985) Trust in close relationships. J Pers Soc Psychol 49:95

Rosenthal R (1966) Experimenter effects in behavioral research. Appleton-century-crofts, New York

Rotter JB (1967) A new scale for the measurement of interpersonal trust. J Pers 35(4):651–665. https://doi.org/10.1111/j.1467-6494.1967.tb01454.x

Salem M, Lakatos G, Amirabdollahian F, Dautenhahn K (2015) Would you trust a (faulty) robot?: effects of error, task type and personality on human-robot cooperation and trust. In Proceedings of the ACM/IEEE international conference on Human-Robot Interaction (HRI'15), Portland, OR, S 141–148

Schmidt-Atzert L, Amelang M (2012) Psychologische Diagnostik, 5. Aufl. Springer, Berlin/ Heidelberg

Scoglio AA, Reilly ED, Gorman JA, Drebing CE (2019) Use of social robots in mental health and well-being research: systematic review. J Med Internet Res 21:e13322

Shibata T (2012) Therapeutic seal robot as biofeedback medical device: qualitative and quantitative evaluations of robot therapy in dementia care. Proc IEEE 100(S):2527–2538

Simmons JP, Nelson LD, Simonsohn U (2011) False-positive psychology: Undisclosed flexibility in data collection and analysis allows presenting anything as significant. Psychological Science 22(11):1359–1366. https://doi.org/10.1177/0956797611417632v

SoftBank Robotics (2015) SoftBank to launch sales of ‚pepper' – the world's first personal robot that reads emotions. https://www.softbank.jp/en/corp/group/sbm/news/press/2015/20150618_01/. Zugegriffen am 29.03.2021

Spielberger CD (1983) Manual for the State-Trait Inventory STAI. Mind Garden, Palo Alto, CA

Stein JP, Ohler P (2017) Venturing into the uncanny valley of mind – the influence of mind attribution on the acceptance of human-like characters in a virtual reality setting. Cognition 160:43–50

Stower R, Calvo-Barajas N, Castellano G, Kappas A (2021) A meta-analysis on children's trust in social robots. Int J Soc Robot:1–23

Ullman D, Aladia S, Malle, BF (2021) Challenges and opportunities for replication science in HRI: a case study in human-robot trust. In: HRI '21: Proceedings of the 2021 ACM/IEEE international conference on Human-Robot Interaction, S 110–118

Waytz A, Cacioppo J, Epley N (2010) Who sees human? The stability and importance of individual differences in anthropomorphism. Perspect Psychol Sci 5:219–232

Wolfert P, Deschuyteneer J, Oetringer D, Robinson N, Belpaeme T (2020) Security risks of social robots used to persuade and manipulate: a proof of concept study. In: Companion of the 2020 ACM/IEEE international conference on Human-Robot Interaction, Cambridge, S 523–525

Zhang X, Mollahosseini A, Kargar BAH, Boucher E, Voyles RM, Nielsen R, Mahoor MH (2014) eBear: An expressive Bear-Like robot. 23rd IEEE international symposium on robot and human interactive communication, Edinburgh, UK, 2014, S 969–974

Soziale Robotik und künstliches Bewusstsein

10

Technische und philosophische Grundlagen

Klaus Mainzer

Die einzige unmittelbar glaubwürdige Realität ist die Realität des Bewusstseins.
(René Descartes)

Zusammenfassung

Die Entstehung natürlichen Bewusstseins ist Gegenstand interdisziplinärer Forschung von Gehirnforschung, Neuro- und Kognitionspsychologie und Philosophie (Abschn. 10.1). Eine technische Umsetzung von Bewusstsein in der Robotik setzt eine hoch entwickelte KI-Forschung voraus (Abschn. 10.2). Voraussetzung ist eine hybride KI, die symbolische KI und subsymbolische KI verbindet: Erkenntnistheoretisch entspricht hybride KI einem „hybriden" kognitiven System wie dem menschlichen Organismus, in dem die („unbewusste") Verarbeitung von Wahrnehmungsdaten mit („bewusstem") logischem Schließen verbunden wird. Hybrider KI werden daher höhere Intelligenzgrade zugesprochen als der Reduktion auf symbolische oder subsymbolische KI, die bereits in technischem Einsatz sind. Humanoide Roboter sind Hybridsysteme im Sinn hybrider KI mit symbolischer Wissensrepräsentation und verhaltensbasiertem Agieren, das die sensorisch-motorische Leiblichkeit und Veränderung von Umweltsituationen berücksichtigt. Abschn. 10.3 behandelt die Grundlagen humanoider Robotik im Human Robotics Project (HRP) (Abschn. 10.3.1) mit seinen kognitivistisch-funktionalistischen Grundlagen (Abschn. 10.3.2), konnektionistischen Grundlagen (Abschn. 10.3.3) bis zu hybriden kog-

K. Mainzer (✉)
TUM, München, Deutschland
E-Mail: mainzer@tum.de

nitiven Robotern auf der Grundlage hybrider KI (Abschn. 10.3.4). Abschließend geht es in Abschn. 10.4 um die Frage, ob künstliches Bewusstsein in Zukunft technisch möglich und sinnvoll ist. Im Zentrum stehen zukünftige Schlüsseltechnologien wie kollektive Intelligenz in Cyber-physical Systems (Abschn. 10.4.1), neue Rechnerstrukturen mit neuromorphen Computern (Abschn. 10.4.2) und Quantencomputer (Abschn. 10.4.3).

10.1   Wie entsteht natürliches Bewusstsein?

Um die Entstehung von bewussten Zuständen zu verstehen, müssen zunächst die zugrunde liegenden Signal- und Informationsprozesse im Gehirn erklärt werden (Mainzer 1997).

10.1.1 Neuronale Informationsprozesse

In biologischen Organismen lassen sich Schaltkreise für neuronale Botenstoffe feststellen, die für die Entstehung von Emotionen und Bewusstsein grundlegend sind (Roth 1994). Bereits bei Tieren ist zu beobachten, dass Angst mit äußeren Reaktionen wie z. B. Beschleunigung von Herzschlag und Atmung oder trockenem Mund verbunden ist. Das emotionale System ist mit dem dafür zuständigen autonomen Nervensystem verschaltet. Aber auch Kognition und Gedächtnis wirken auf emotionale Zustände ein: Freude, Trauer oder Schmerz können mit Vorstellungen und Erinnerungen verbunden sein. Die Gehirnforschung zeigt, wie eng beim Menschen Denken, Fühlen und Handeln vernetzt sind. Die Psychologie spricht daher auch von einer emotionalen Intelligenz des Menschen, die typisch für seine Entscheidungen ist. Ziel der KI-Forschung ist es, Informationssysteme mit emotionaler Intelligenz technisch zu modellieren oder sogar zu erzeugen. In diesem Fall wäre Kognition ebenso wie Emotion nicht auf biologische Organismen beschränkt.

Modellierung
Für eine Modellierung bieten sich zunächst die äußeren Reaktionen bei emotionalen Vorgängen an. Physiologische Veränderungen bei z. B. Angstzuständen wie schneller Herzschlag, Hauttranspiration oder angespannte Muskeln werden durch das autonome Nervensystem ausgelöst, das nicht bewusst erlebt wird, sondern unwillkürlich (autonom) reagiert.

Als Schaltzentrale dient im Zwischenhirn der Hypothalamus, der Veränderungen äußerer und innerer Zustände registriert und den Körper über das autonome Nervensystem auf neue Situationen einzustellen und zu stabilisieren sucht. Erhöhung des Herzschlags zur stärkeren Blutversorgung oder Pupillenerweiterung für rasche Reaktionen sind Beispiele für Alarmierungszustände wie Angst. Zudem wirkt der Hypothalamus auf das (endokrine) Drüsensystem zur Freisetzung von Hormonen ein. Der Hypothalamus lässt sich also mit einem Gleichgewichtsregler in einem homöostatischen System vergleichen. Durch elektrische Simulation des Hypothalamus bei Katzen und Ratten lassen sich Zustände erzeugen, die mit typischen äußeren Reaktionen wie bei Ärger verbunden sind.

10.1.2 Physiologische Schaltkreise

Wo entstehen zunächst Emotionen im Gehirn des Menschen? Beteiligt ist ein Ring von Hirnrinde um den Hirnstamm und das Zwischenhirn (limbischer Lappen). Zum limbischen System gehören auch Hippocampus und Mandelkern (Amygdala). Tatsächlich führte der Ausfall des Temporallappens mit Mandelkern und Hippocampusformation zu ‚emotionaler Blindheit': Patienten zeigen keine emotionalen Äußerungen.

Neben Verbindungen des Mandelkerns sind Verschaltungen mit dem Assoziationscortex angegeben. Im Einzelnen sind die neuronalen Schalteinheiten der Mandelkernstruktur in komplexer und großräumiger Weise mit verschiedenen neuronalen Systemen vernetzt, die bis heute nur teilweise bekannt sind. So gibt es Impulse von den sensorischen Kernen des Thalamus und aus dem primären sensorischen Cortex. Input und Output werden durch einen Schaltkern der Mandelkernstruktur (Nucleus centralis) an die cortikalen Assoziationsfelder zurückgemeldet und ermöglichen damit das bewusste Erleben von Emotionen. Dieser Schaltkern ist auch am Wachheitsgrad und an den damit verbundenen physiologischen Reaktionen beteiligt.

Mandelkernstruktur
Die Mandelkernstruktur ist auch bei der emotionalen Färbung von kognitiv-sensorischen Signalen beteiligt. Das limbische System kreuzen bestimmte Transmitterbahnen, die bei der Erzeugung von Aggressionen, Angst, traurigen und depressiven Gefühlen beteiligt sind. Vom Gehirn erzeugte Morphine bewirken freudige und lustvolle Gefühle. Emotionale Zustände werden also durch verschiedene, weiträumig miteinander verbundene Hirnstrukturen bewirkt. Bekannt sind die neuronalen Ärger-Wut-, Furcht-Angst-, Panik-Trauer-, Freude-Lust- und Interesse-Erwartungs-Systeme.

Der Neurologe A. Damásio unterscheidet zwischen einem Grundapparat von primären Gefühlen aufgrund von angeborenen neuronalen Schaltkreisen des limbischen Systems und sekundären Gefühlen, die in der individuellen Entwicklung aufgrund besonderer Erfahrungen erworben werden (Damasio 2004). Sekundäre Gefühle entstehen durch Modifikation und Weiterentwicklung der primären Gefühle, indem sich deren basale neuronale Schaltkreise mit der präfrontalen Großhirnrinde verbinden und damit individuelle Erfahrungen, Erinnerungen und Lernprozesse möglich werden. Analog wie bei den sensorischen und motorischen Systemen verfügt das emotionale System nicht über eine feste emotionale Grundkarte, sondern über eine Vielzahl von neuronalen Repräsentationsmustern, die ständig modifiziert und koordiniert werden.

▶ **Affective Computing** Diese Dynamik emotionaler Zustände ist Forschungsthema des Affective Computing, das auf die Methoden der Künstlichen Intelligenz zurückgreift (Picard 1997). Im Vordergrund steht zunächst eine Verbesserung des Mensch-Maschine-Verhältnisses. Beispiel ist das Trainieren neuronaler Netze auf das Erkennen von emotionalen Reaktionen.

Die Verbesserung des Interface von Computer und Nutzer soll dazu führen, dass ein Computer ohne Maus und Tastatur eines Keyboards durch Minenspiel, Gestik oder Stimmlage bedient wird. Insbesondere Behinderte könnten davon profitieren.

Dabei wird aus der Gehirnforschung angenommen, dass Emotionen durch physiologische Signalmuster dargestellt werden, die ein neuronales Netz erkennen kann. So sind z. B. Ärger oder Kummer durch bestimmte Messkurven für Muskelspannung, Blutdruck, Hautleitfähigkeit und Atmungsfrequenz bestimmt. Ein neuronales Netz kann auf das Erkennen typischer Muster trainiert werden, um auch in verrauschten Mustern Grundstimmungen zu erkennen. Ein solches neuronales Netz könnte sich in seiner Gefühlsdiagnose ebenso irren wie ein menschlicher Psychologe, der diese Kurven falsch interpretiert. Es könnte daher im Sinne Turings den Turing-Test bestehen, da Irren bekanntlich menschlich ist. Andererseits würde die Gefühlserkennung einer Software über Messinstrumente und Messgrößen realisiert, die für die menschliche Wahrnehmung von Emotionen nicht entscheidend sind.

10.1.3 Dynamische Systeme mit Bewusstseinszuständen

Die meisten Körper- und Gehirnfunktionen, Wahrnehmungen und Bewegungen sind unbewusst, prozedural und nicht deklarativ (Tversky und Kahneman 1992). In der Evolution haben sich zwar Aufmerksamkeit, Wachheit und Bewusstsein als Selektionsvorteile herausgestellt, um z. B. in kritischen Situationen vorsichtiger und zielsicherer zu handeln. Bewusstsein reduziert daher Unbestimmtheit und trägt damit zum Informationsgewinn eines Systems bei. Allerdings wäre ein komplexes Informationssystem völlig überfordert, wenn alle seine Prozessschritte in dieser Weise kontrolliert ins ‚Bewusstsein‘ gebracht würden.

Selbst hochkomplexe Kognitionsprozesse können unbewusst ablaufen. Häufig wissen wir nicht, wie Einfälle und Informationen für Problemlösungen entstanden sind. Die Technik-, Wissenschafts- und Kulturgeschichte ist voll von Anekdoten großer Ingenieure, Wissenschaftler, Musiker oder Literaten, die von intuitiven und unbewussten Einfällen buchstäblich im Schlaf berichten. Auch Manager und Politiker entscheiden häufig intuitiv, ohne alle Details einer komplexen Situation bewusst durchkalkuliert zu haben. Für die KI-Forschung folgt daraus, dass Bewusstseinsfunktionen z. B. für kognitive und motorische Systeme eine wichtige Rolle spielen können, aber keineswegs die konstitutive Funktion besitzen, ohne die intelligente Problemlösungen nicht möglich wären.

▶ **Bewusstsein** Unter Bewusstsein wird in der Gehirnforschung eine Skala von Graden der Aufmerksamkeit, Selbstwahrnehmung und Selbstbeobachtung verstanden. Wir unterscheiden zunächst visuelles, auditives, taktiles oder motorisches Bewusstsein und meinen damit, dass wir uns selbst bei diesen physiologischen Abläufen wahrnehmen. Wir wissen dann, dass wir jetzt sehen, hören, fühlen oder uns bewegen, ohne dass visuelle, auditive, taktile oder motorische Abläufe immer bewusst sein müssten.

Die neurobiologische Erklärung bewusster visueller Wahrnehmung setzt wieder auf Hierarchiemodelle paralleler Signalverarbeitung (Kandel et al. 1996):

Hierarchiestufen

Auf jeder Hierarchiestufe werden visuelle Signale neu und häufig auf parallelen Bahnen unterschiedlich kodiert. Die Ganglienzellen der Netzhaut verarbeiten einen Lichtreiz in Aktionspotenziale. Die Neuronen der primären Sehrinde sprechen unterschiedlich auf Linien, Kanten und Farben an.

Hierarchisch höhere Neuronen reagieren auf bewegte Konturen.

Auf noch höheren Hierarchiestufen werden ganze Gestalten und vertraute Objekte kodiert, emotional gefärbt und mit Erinnerungen und Erfahrungen assoziiert.

Schließlich wird auf prämotorische und motorische Strukturen projiziert, deren Neuronen Tätigkeiten wie z. B. Sprechen und Handeln auslösen. ◄

Dieses Modell erklärt, warum Patienten, deren neuronale Hierarchiestufe zur expliziten Gestaltwahrnehmung zerstört wurde, vertraute Gesichter nicht mehr bewusst wiedererkennen, obwohl sie implizit ein Gesicht mit seinen typischen Einzelheiten (Konturen, Schatten, Farben etc.) wahrnehmen. Neuronen, die auf Gestaltwahrnehmung (z. B. Vervollständigung von Konturen, Vordergrund-Hintergrund) spezialisiert sind, erzeugen die Vorstellung von Figuren, obwohl diese Figuren in einer Abbildung nur angedeutet oder suggeriert werden.

Einige Philosophen sprachen gelehrt vom ‚intentionalen‘ (vom Bewusstsein beabsichtigten) Bezug zwischen dem ‚Erkenntnissubjekt‘ (Beobachter) und ‚Erkenntnisobjekt‘ (physikalisches Bild). Die Entstehung der Gestalt fehlt bei Patienten mit einer entsprechenden Gehirnläsion. Bei Verletzungen einer anderen Hierarchiestufe verlieren betroffene Patienten die Fähigkeit der bewussten Farbwahrnehmung, obwohl die Farbrezeptoren des Auges funktionieren.

Das Modell paralleler Signalverarbeitung auf Hierarchiestufen komplexer neuronaler Systeme hat erhebliche Bedeutung für die Technik neuronaler Netze. Für den Neurobiologen und Gehirnforscher bleibt es allerdings nur ein Modell, solange die beteiligten neuronalen Strukturen und ihre molekulare und zelluläre Signalverarbeitung nicht identifiziert und durch Beobachtung, Messung und Experiment belegt sind.

Im Zusammenhang mit Bewusstseinszuständen liegen hier die tatsächlichen Probleme der modernen Neurobiologie, Kognitions- und Gehirnforschung. Wie werden auf zellulärer Ebene die Neuronen einer bestimmten Hierarchiestufe ‚verschaltet‘, die z. B. auf bestimmte Konturen und Gestalten reagieren? Im Anschluss an die Hebbschen Regeln müsste die simultane Aktivität nicht nur die Neuronen erregen, die auf den jeweiligen Aspekt eines wahrgenommenen Gegenstandes reagieren (Hebb 1949). Vorübergehend müssten auch die betroffenen Synapsen verstärkt werden, sodass in einer Art Kurzzeitgedächtnis ein reproduzierbares Aktivitätsmuster entsteht.

Bei den Wahrnehmungssystemen haben wir bereits das Synchronisationsverfahren kennengelernt. Danach müssten alle Neuronen, die einen bestimmten Aspekt repräsentieren, im Gleichtakt feuern, jedoch asynchron zu denen, die auf einen anderen Aspekt reagieren:

Aufmerksamkeits- und Bewusstseinszustände

In Weiterführung dieses Ansatzes könnte die Hypothese entwickelt werden, dass Aufmerksamkeits- und Bewusstseinszustände durch bestimmte synchrone Aktivitätsmuster erzeugt werden (z. B. die Aufmerksamkeit für die Vordergrund-Hintergrund-Beziehung bei der Gestaltwahrnehmung).

In dem Zusammenhang wird heute auf die bereits erwähnte Langzeitpotenzierung synaptischer Verschaltungen verwiesen, die bei der Gedächtnisbildung eine Rolle spielen soll. Sie könnte die kurz- oder langfristige Reproduzierbarkeit von bewussten Wahrnehmungen garantieren.

Andere Autoren wie F. Crick vermuten, dass die Neuronen einer bestimmten cortikalen Schicht an Bewusstseinszuständen eng beteiligt sind, indem sie für die Aufrechterhaltung von Schaltungen mit kreisender Erregung und Aufmerksamkeit sorgen (Koch 2014).

Schließlich stellt sich die Frage nach der Entstehung eines Bewusstseins von uns selbst, eines Selbstbewusstseins, das wir mit dem Wort ,Ich' bezeichnen. In der Entwicklung eines Kindes lassen sich die Stadien genau angeben, in denen das Ich-Bewusstsein erwacht und Wahrnehmungen, Bewegungen, Fühlen, Denken und Wünsche schrittweise mit dem eigenen Ich verbunden werden. Dabei wird nicht auf einmal ein einzelnes ,Bewusstseinsneuron' wie eine Lampe eingeschaltet. Eine solche Vorstellung würde das Problem auch nur verschieben, da wir fragen müssten, wie in diesem Bewusstseinsneuron Bewusstsein zustande käme. Am Beispiel einer Wahrnehmung wird der komplexe Verschaltungsprozess deutlich, der im Prozess der Selbstreflexion schließlich zum Selbstbewusstsein führt: Ich nehme einen Gegenstand wahr; schließlich nehme ich mich selbst beim Wahrnehmen dieses Gegenstandes wahr; schließlich nehme ich wahr, wie ich mich selbst beim Wahrnehmen dieses Gegenstandes wahrnehme etc.

Ebenen von Selbstwahrnehmung

Jede dieser Ebenen von Selbstwahrnehmung könnte (nach einer Hypothese von H. Flohr (1991)) mit einem bestimmten neuronalen Repräsentationsmuster (neuronale Karte) verbunden sein, dessen Kodierung als Input auf der nächsten Wahrnehmungsstufe eine neue neuronale Meta-Repräsentation der Selbstreflexion auslöst.

Umgekehrt kann ein gespeichertes Aktivitätsmuster von uns selbst mit dem sprachlichen Codewort ,Ich' aufgerufen werden, um Absichten und Wünsche unmittelbar zu äußern oder durch Handlungen zu realisieren. Diese Art der Selbstwahrnehmung kann durch Medikamente und Drogen verlangsamt, getrübt oder bis zum euphorischen Rausch beschleunigt werden. Die synaptische Verschaltungsgeschwindigkeit bei der Bildung synchroner Aktivitätsmuster ist tatsächlich über die Transmitterausschüttung beeinflussbar.

Die Disposition, ein Ich-Bewusstsein zu entwickeln, ist vermutlich genetisch angelegt, auch wenn wir noch nicht genau wissen wie. In der Evolution hat es sich aus der Aufmerksamkeit für überlebenswichtige Aspekte der Wahrnehmung, Bewegung, Emotion und Kognition entwickelt. Heute sprechen wir bereits von historischem, sozialem und gesellschaftlichem Bewusstsein und meinen damit die Aufmerksamkeit für wichtige Aspekte des kollektiven Zusammenlebens und Überlebens. Auch für diese Art kollektiven Selbstbewusstseins werden komplexe Vernetzungen von neuronalen Systemen der Wahrnehmung, Analyse, Entscheidung, aber auch der emotionalen Bewertung und Motivierung für Handeln aktiviert.

Sollten also einmal die Gesetze, die zu komplexen Gehirnzuständen wie ‚Bewusstsein‘ führen, ebenso bekannt sein wie die komplexe Dynamik eines anderen Organs (z. B. Herz), dann wären komplexe Systeme mit entsprechenden Zuständen prinzipiell nicht auszuschließen. Für diese Systeme wäre die innere Selbstwahrnehmung ebenfalls nicht notwendig an sprachliche Repräsentationen gebunden.

Einfache Formen des Selbstmonitorings sind bereits in existierenden Computer- und Informationssystemen realisiert. In der biologischen Evolution haben sich bei Tieren und Menschen Bewusstseinsformen wachsender Komplexität ausgebildet. Wenn Bewusstsein nichts anderes ist als ein besonderer Zustand des Gehirns, dann ist jedenfalls ‚prinzipiell‘ nicht einzusehen, warum nur die vergangene biologische Evolution ein solches System hervorzubringen vermochte. Der Glaube an die Einmaligkeit der Biochemie des Gehirns ist durch unsere bisherige technische Erfahrung wenig gestützt.

Schließlich gelang uns Menschen das Fliegen auch ohne Federkleid und Flügelschlag, nachdem die hydrodynamischen Gesetze des Fliegens bekannt waren. Ob wir bei entsprechenden komplexen Systemen von ‚künstlichem Bewusstsein‘ sprechen, das unter geeigneten Laborbedingungen entstehen würde, wäre dann ebenso nur noch eine Frage der Definition wie im Fall von ‚künstlichem Leben‘. Im Rahmen der KI-Forschung könnten z. B. sensorische, kognitive oder motorische Systeme in einer Hybridverschaltung mit Modulen des Selbstmonitorings verbunden werden (Mainzer 2008). Bis zu welchem Grad allerdings solche Systeme mit Fähigkeiten der Aufmerksamkeit, Wachheit und Bewusstsein ausgestattet werden sollten, ist nicht nur eine Frage technischer Machbarkeit, sondern auch, wenn es soweit ist, eine Frage der Ethik.

10.2   Was ist Künstliche Intelligenz?

Künstliche Intelligenz beruht auf besonderen Klassen von Algorithmen, die auf Computern laufen. Algorithmen sind effektive Problemlösungsverfahren. die seit der antiken Mathematik bekannt sind. In der Geometrie wird die Konstruktion einer Figur in elementare Konstruktionsschritte mit Zirkel und Lineal zerlegt. In Arithmetik und Algebra werden Lösungsverfahren für Gleichungen in elementare Rechenschritte zerlegt, die im Prinzip von einer Maschine ausgeführt werden können. Man spricht dann auch von Algorithmen, die nach dem persischen Mathematiker Al-Chwarizmi benannt werden. Heute werden Algorithmen durch Computerprogramme ausgeführt. Die Frage ist, bis zu welchem Grad Lösungsschritte nicht nur von einer Maschine ausgeführt, sondern auch selbstständig gefunden werden können.

▶ **Künstliche Intelligenz** Künstliche Intelligenz (KI) wird daher an der menschlichen Intelligenz gemessen. Nach dem britischen Logiker und Computerpionier Alan M. Turing wird ein technisches System „intelligent" genannt, wenn es in seinen Antworten und seinem Lösen von Problemen nicht von einem Menschen unterschieden werden kann (Turing-Test) (Turing 1987).

Ursprünglich orientierte sich KI an Regeln und Formeln der symbolischen Logik, die in passende Computerprogramme übersetzt wurden. Man spricht deshalb auch von symbolischer KI (Abb. 10.1). Dahinter steht die erkenntnistheoretische Vorstellung, dass Intelligenz vor allem mit der Fähigkeit logischen Schließens im menschlichen Verstand verbunden ist (Mainzer 2019).

Ein Beispiel war das automatische Beweisen, bei dem KI-Programme das logische Schließen in Logikkalkülen simulierten. Auf dieser regelbasierten und symbolischen Grundlage sollten auch menschliches Planen, Entscheiden und Problemlösen simuliert werden, wie es menschliche Experten in spezialisierten Anwendungsgebieten tagtäglich realisieren. In entsprechenden Expertensystemen bzw. wissensbasierten Systemen wird zunächst das spezifische Fachwissen eines z. B. Ingenieurs oder Arztes in formale Regeln übersetzt, die bei Eintreten eines bestimmten Ereignisses eine bestimmte Handlung automatisch auslösen sollen.

Regelbasiertes Wissen erfasst aber nie vollständig das intuitive Können eines Experten. Können beruht auf vielfältigen Erfahrungen, die keineswegs symbolisch in einem Lehr-

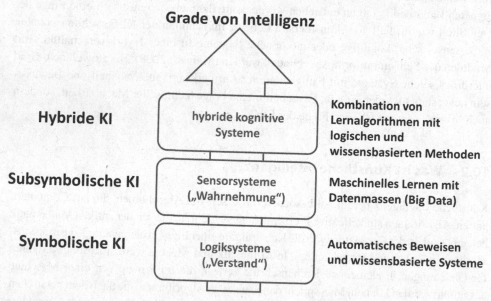

Abb. 10.1 Von der symbolischen und subsymbolischen zur hybriden KI

buch repräsentiert sind. Ein erfahrener Autofahrer erfasst Situationen und reagiert intuitiv auf der Grundlage vieler sensorieller Daten, ohne sich der logischen Abläufe im Einzelnen bewusst zu sein. Ähnlich reagiert ein erfahrener Arzt in einer kritischen Situation oder ein erfahrener Pilot im Cockpit eines Flugzeugs. Intuition ist keineswegs ein mystischer Zauberkasten. Vielmehr kann Erkennen von Datenmustern und Einschätzung von Erwartungswahrscheinlichkeiten durch Erfahrung trainiert und verbessert werden.

An die Stelle logischer Regeln wie in der symbolischen KI treten nun sensorielle Daten, in denen statistische Korrelationen und Wahrscheinlichkeiten bestimmt werden. Lernen aus Daten wird mathematisch in der statistischen Lerntheorie untersucht. Ihre Algorithmen liegen dem maschinellen Lernen zugrunde. Erkenntnistheoretisch laufen diese Lernprozesse aus sensoriellen Daten der Wahrnehmung unbewusst unterhalb des bewussten logischen Schließens ab. Man spricht deshalb auch von subsymbolischer KI (Abb. 10.1). Mathematisch wird dabei das Paradigma der Logik durch Statistik und Wahrscheinlichkeitstheorie ersetzt. Die starke Rechnertechnologie der vergangenen Jahre hat es ermöglicht, dass das maschinelle Lernen mit großen Datenmassen nun auch technisch realisiert werden kann und zu neuen Durchbrüchen der KI-Anwendung z. B. bei der Entwicklung von Medikamenten und Impfstoffen führte.

Menschliche Intelligenz lässt sich aber weder auf die Logik des Verstandes noch die Daten der Wahrnehmung reduzieren. Erkenntnistheoretisch kommt es auf die Verbindung von Wahrnehmung und Verstand an.

▶ **Hybride KI** In der KI-Forschung ist deshalb das Zukunftsziel, statistische Lernalgorithmen mit logischen und wissensbasierten Methoden zu verbinden: Die Verbindung von symbolischer und subsymbolischer KI wird als hybride KI bezeichnet (Abb. 10.1).

Erkenntnistheoretisch entspricht hybride KI einem „hybriden" kognitiven System wie dem menschlichen Organismus, in dem die („unbewusste") Verarbeitung von Wahrnehmungsdaten mit („bewusstem") logischen Schließen verbunden wird. Hybrider KI werden daher höhere Intelligenzgrade zugesprochen als der Reduktion auf symbolische oder subsymbolische KI. Dennoch sind alle drei Formen der KI nebeneinander in praktischem Einsatz, je nach den jeweiligen Anforderungen des Anwendungsgebietes. So finden wir in der Automobilindustrie und Medizin nach wie vor wissensbasierte Expertensysteme und maschinelles Lernen für unterschiedliche Anwendungen nebeneinander im Einsatz. Hybride KI wird bereits in der Robotik entwickelt.

10.3   Von humanoiden Robotern zu künstlichem Bewusstsein

Mit zunehmender Komplexität und Automatisierung der Technik werden Roboter zu Dienstleistern der Industriegesellschaft. Die Evolution lebender Organismen inspiriert heute die Konstruktion von Robotiksystemen für unterschiedliche Zwecke (Mainzer 2020). Mit wachsenden Komplexitäts- und Schwierigkeitsgraden der Dienstleistungsaufgabe wird die Anwendung von KI-Technik unvermeidlich. Dabei müssen Roboter nicht wie Menschen aussehen. Genauso wie Flugzeuge nicht wie Vögel aussehen, gibt es je nach Funktion auch andere angepasste Formen. Es stellt sich also die Frage, zu welchem Zweck humanoide Roboter welche Eigenschaften und Fähigkeiten besitzen sollten.

10.3.1 Projekt humanoider Roboter (HRP)

Humanoide Roboter sollten direkt in der menschlichen Umgebung wirken können. In der menschlichen Umwelt ist die Umgebung auf menschliche Proportionen abgestimmt. Die Gestaltung reicht von der Breite der Gänge über die Höhe einer Treppenstufe bis zu Positionen von Türklinken. Für nicht menschenähnliche Roboter (z. B. auf Rädern und mit anderen Greifern statt Händen) müssten große Investitionen für Veränderungen der Umwelt ausgeführt werden. Zudem sind alle Werkzeuge, die Mensch und Roboter gemeinsam benutzen sollten, auf menschliche Bedürfnisse abgestimmt. Nicht zu unterschätzen ist die Erfahrung, dass humanoide Formen den emotionalen Umgang mit Robotern psychologisch erleichtern.

Humanoide Verhaltensformen, Emotionen und Intelligenz werden in der Robotik keineswegs durch Imitation der natürlichen Abläufe simuliert. Hier wird der Unterschied von Technik und Natur deutlich. Um stabile Fortbewegung des Menschen zu realisieren, bedurfte es in der Evolution keineswegs eines Hochleistungsrechners, der nicht lineare Bewegungsgleichungen in Echtzeit lösen kann, um die Bewegungen nach den Lösungsmustern zu realisieren. Es bedurfte also keines „intelligent design" eines Ingenieurs. Mathematische Modelle und entsprechende Computerprogramme sind Erfindungen des Menschen, die das Bewegungsproblem auf ihre Art lösen.

Nach dem Human Robotics Project (HRP) (Isozumi et al. 2004) sollte sich ein humanoider Roboter frei in normaler Umgebung bewegen, Treppen und Hindernisse überwinden, selbstständig Wege suchen, nach einem Fall beweglich bleiben, Türen selbstständig betätigen und auf einem Arm stützend Arbeit erledigen können. Ein humanoider Roboter könnte dann im Prinzip so gehen wie ein Mensch.

Schließlich soll ein Roboter motorische Aufgaben selbstständig ausfüllen können, die jeder Mensch erledigen kann. Dafür benötigt er dreidimensionale optische Sensoren, die die Beschaffenheit, Position und die Richtung eines Objekts wahrnehmen, eine Hand, die diese Aufgabe ausführen kann, sowie Kraftsensoren, um den Zustand der Manipulatorhand beim Greifen eines Objekts zu erkennen und die Arbeitsschritte zu planen.

Das Ziel wäre ein humanoider Roboter, der sich den Wohnraum mit dem Menschen teilt und mit ihm zusammenarbeitet. Mit der Realisierung dieses Ziels wäre das endgültige Ziel des HRP erreicht. In diesem Fall dürfte der humanoide Roboter keine Menschen verletzen oder die Umgebung beschädigen. Sicherheit und Kraft, die für Bewegung und Arbeit benötigt werden, müssten gleichermaßen gewährleistet sein. Erst dann steht ein Serviceroboter für den Menschen zur Verfügung, der im Prinzip in jedem Haushalt einsetzbar ist.

10.3.2 Kognitivistisch-funktionalistische Grundlagen

Für die Erreichung der letzten Stufe von HRP, des Zusammenlebens mit Menschen, müssen sich Roboter ein Bild vom Menschen machen können, um hinreichend sensibel zu werden. Dazu sind kognitive Fähigkeiten notwendig. Dabei lassen sich die drei Stufen des funktionalistischen, konnektionistischen und handlungsorientierten Ansatzes unterscheiden.

Die Grundannahme des Funktionalismus besteht darin, dass es in Lebewesen wie in entsprechenden Robotern eine interne kognitive Struktur gibt, die Objekte der externen Außenwelt mit ihren Eigenschaften, Relationen und Funktionen untereinander über Symbole repräsentiert.

▶ **Funktionalismus** Man spricht auch deshalb vom Funktionalismus, da die Abläufe der Außenwelt als isomorph in Funktionen eines symbolischen Modells abgebildet angenommen werden. Ähnlich wie ein geometrischer Vektor- oder Zustandsraum die Bewegungsabläufe der Physik abbildet, würden solche Modelle die Umgebung eines Roboters repräsentieren.

Der funktionalistische Ansatz geht auf die frühe kognitivistische Psychologie der 1950er-Jahre von z. B. A. Newell und H. Simon zurück (1972). Die Verarbeitung der Symbole in einer formalen Sprache (z. B. Computerprogramm) erfolgt nach Regeln, die logische Beziehungen zwischen den Außenweltrepräsentationen herstellen, Schlüsse ermöglichen und so Wissen entstehen lassen (Siegert und Norvig 1996). Es handelt sich also um ein Beispiel symbolischer KI.

Die Regelverarbeitung ist nach dem kognitivistischen Ansatz unabhängig von einem biologischen Organismus oder Roboterkörper. Danach könnten im Prinzip alle höheren kognitiven Fähigkeiten wie Objekterkennung, Bildinterpretation, Problemlösung, Sprachverstehen und Bewusstsein auf Rechenprozesse mit Symbolen reduziert werden. Konsequenterweise müssten dann auch biologische Fähigkeiten wie z. B. Bewusstsein auf technische Systeme übertragbar sein.

Der kognitivistisch-funktionalistische Ansatz hat sich für beschränkte Anwendungen durchaus bewährt, stößt jedoch in Praxis und Theorie an grundlegende Grenzen. Ein Roboter dieser Art benötigt nämlich eine vollständige symbolische Repräsentation der Außenwelt, die ständig angepasst werden muss, wenn die Position des Roboters sich ändert. Relationen wie ON(TABLE,BALL), ON(TABLE,CUP), BEHIND(CUP,BALL) etc., mit denen die Relation eines Balls und einer Tasse auf einem Tisch relativ zu einem Roboter repräsentiert wird, ändern sich, wenn sich der Roboter um den Tisch herum bewegt. Es wäre also wieder ein Beispiel für symbolische KI.

Menschen benötigen demgegenüber keine symbolische Darstellung und kein symbolisches Updating von sich ändernden Situationen. Sie interagieren sensorisch-körperlich mit ihrer Umwelt. Rationale Gedanken mit interner symbolischer Repräsentation garantieren kein rationales Handeln, wie bereits einfache Alltagssituationen zeigen. So weichen wir einem plötzlich auftretenden Verkehrshindernis aufgrund von blitzschnellen körperlichen Signalen und Interaktionen aus, ohne auf symbolische Repräsentationen und logische Ableitungen zurückzugreifen. Das sind Herausforderungen für subsymbolische KI.

10.3.3 Konnektionistische Grundlagen

In der Kognitionswissenschaft unterscheiden wir daher zwischen formalem und körperlichem Handeln (Valera et al. 1991). Schach ist ein formales Spiel mit vollständiger symbolischer Darstellung, präzisen Spielstellungen und formalen Operationen. Fußball ist ein nichtformales Spiel mit Fähigkeiten, die von körperlichen Interaktionen ohne vollständige Repräsentation von Situationen und Operationen abhängen. Es gibt zwar auch Spielregeln. Aber Situationen sind wegen der körperlichen Aktion nie exakt identisch und daher auch nicht (im Unterschied zum Schach) beliebig reproduzierbar.

Der konnektionistische Ansatz betont deshalb, dass Bedeutung nicht von Symbolen getragen wird, sondern sich in der Wechselwirkung zwischen verschiedenen kommunizierenden Einheiten eines komplexen Netzwerks ergibt. Diese Herausbildung bzw. Emergenz von Bedeutungen und Handlungsmustern wird durch die sich selbst organisierende Dynamik von neuronalen Netzwerken möglich (Marcus 2003). Sowohl der kognitivistische als auch der konnektionistische Ansatz können allerdings im Prinzip von der Umgebung der Systeme absehen und nur die symbolische Repräsentation bzw. neuronale Dynamik beschreiben.

Im handlungsorientierten Ansatz steht demgegenüber die Einbettung des Roboterkörpers in seine Umwelt im Vordergrund. Insbesondere einfache Organismen der Natur wie z. B. Bakterien legen es nahe, verhaltensgesteuerte Artefakte zu bauen, die sich an veränderte Umwelten anzupassen vermögen.

10.3.4 Von der hybriden KI zu hybriden kognitiven Robotern

Aber auch hier wäre die Forderung einseitig, nur verhaltensbasierte Robotik zu favorisieren und symbolische Repräsentationen und Modelle der Welt auszuschließen. Richtig ist die Erkenntnis, dass kognitive Leistungen des Menschen sowohl funktionalistische, konnektionistische und verhaltensorientierte Aspekte berücksichtigen. Das ist das Thema hybrider KI, die symbolische und subsymbolische KI verbindet.

Richtig ist es daher, wie beim Menschen von einer eigenen Leiblichkeit (*embodiment*) der humanoiden Roboter auszugehen. Danach agieren diese Maschinen mit ihrem Roboterkörper in einer physischen Umwelt und bauen dazu einen kausalen Bezug auf. Sie machen ihre je eigenen Erfahrungen mit ihrem Körper in dieser Umwelt und sollten ihre eigenen internen symbolischen Repräsentationen und Bedeutungssysteme aufbauen können (Pfeifer und Scheier 2001; Mainzer 2009).

Als Architektur der Robotersteuerung wird die Anordnung von Modulen mit ihren Verbindungen bezeichnet, durch die Reaktionen und Aktionen des Roboters umgesetzt werden. In einer symbolisch orientierten Architektur wird von den Details der Hardware abstrahiert und Kognition als Symbolverarbeitung im Modell dargestellt. Demgegenüber sind verhaltensbasierte Architekturen an einem handlungszentrierten Verständnis von Kognition angelehnt. Leiblichkeit mit allen körperlichen Details, Situiertheit durch die Umgebung und hohe Anpassungsfähigkeit spielen eine große Rolle. Verhaltensbasierte Steuerungen sorgen für schnelle Reaktionen des Roboters auf Umweltänderungen, indem durch Sensoren wahrgenommene Stimuli verarbeitet werden (Braitenberg 1986).

Bei symbolischer Verarbeitung werden Sensorinputs zunächst in einem Umweltmodell interpretiert. Danach wird ein Plan für die durch Aktoren (z. B. Räder, Füße, Beine, Arme, Hände, Greifer) auszuführende Handlung festgelegt. Dieser Plan gleicht unterschiedliche Ziele möglichst optimal ab. Beim verhaltensbasierten Ansatz wird auf eine sequenzielle Programmierung verzichtet. Stattdessen sind wie in einem lebenden Organismus parallel laufende Prozesse zu koordinieren.

Verhaltensbasierte Architekturen (Arkin 1998) finden sich eher in einfachen mobilen Robotern, während symbolisch orientierte Architekturen in kognitiven Systemen mit symbolischer Wissensrepräsentation zu finden sind. Wie Menschen sollen humanoide Roboter als hybride kognitive Systeme über beide Eigenschaften verfügen.

▶ Humanoide Roboter sind Hybridsysteme im Sinn hybrider KI mit symbolischer Wissensrepräsentation und verhaltensbasiertem Agieren, das die sensorischmotorische Leiblichkeit und Veränderung von Umweltsituationen berücksichtigt.

Gesteuert werden Hybridsysteme in einem hierarchisch geschichteten Ansatz: Komplexe Verhaltensweisen auf einer höheren Ebene steuern ein oder mehrere Abläufe auf darunterliegender Ebene. Ein komplexes Verhalten setzt sich also aus einem Ensemble einfacherer Verhaltensweisen zusammen.

In der Natur entspricht diese Hierarchie häufig der stammesgeschichtlichen Entwicklung eines Lebewesens.

Die Hybridarchitektur eines humanoiden Roboters besteht aus einzelnen Modulen für Perzeption (Wahrnehmung), Kognition und Handlung (Knoll und Christaller 2003). Kognition ist in viele Teilmodule unterschieden. Sensorische Daten werden damit interpretiert, für sprachliche Repräsentation, konzeptionelles und situatives Wissen ausgewertet, um Handlungen mit sensomotorischen Fertigkeiten zu verwirklichen. Hier ist symbolische und sequenzielle Handlungsplanung möglich, aber auch schnelle Reaktion weitgehend ohne Einschaltung symbolisch-kognitiver Instanzen.

Menschenähnliche Intelligenz und Adaption wird sich allerdings nur dann ausprägen können, wenn die Artefakte nicht nur über einen an ihre Aufgaben angepassten und anpassungsfähigen Körper verfügen, sondern auch situationsgerecht und weitgehend autonom reagieren können. Da sich Intelligenz bei lebenden Organismen wie z. B. Menschen im Lebenslauf körperabhängig entwickelt und verändert, wird auch ein mitwachsender

Körper mit hochflexibler Aktuatorik notwendig werden. Dazu bedarf es der Kooperation mit Disziplinen, die bis vor kurzem für die Ingenieurwissenschaften völlig bedeutungslos schienen: Kognitionswissenschaft und Gehirnforschung, Systembiologie und synthetische Biologie, Nano- und Materialwissenschaften.

10.4 Zukunftsperspektiven künstlichen Bewusstseins

10.4.1 Von der Schwarmintelligenz zu kollektivem Bewusstsein?

Soziobiologie betrachtet Populationen als Superorganismen, die zu kollektiven Leistungen fähig sind (Siegert und Norvig 1996). Die entsprechenden Fähigkeiten sind häufig in den einzelnen Organismen nicht vollständig programmiert und von ihnen allein nicht realisierbar. Ein Beispiel ist die Schwarmintelligenz von Insekten, die sich in Termitenbauten und Ameisenstraßen zeigt (Wilson 1971). Auch menschliche Gesellschaften mit extrasomatischer Informationsspeicherung und Kommunikationssystemen entwickeln kollektive Intelligenz, die sich erst in ihren Institutionen zeigt.

Kollektive Muster- und Clusterbildungen lassen sich auch bei Populationen einfacher Roboter beobachten, ohne dass sie dazu vorher programmiert wurden (Balch und Parker 2002):

Roboterpopulationen

Roboterpopulationen als Dienstleister könnten konkrete Anwendung im Straßenverkehr z. B. bei fahrerlosen Transportsystemen oder Gabelstaplern finden, die sich selbstständig über ihr Verhalten in bestimmten Verkehrs- und Auftragssituationen verständigen. Zunehmend werden auch unterschiedliche Roboterarten wie Fahr- und Flugroboter (z. B. bei militärischen Einsätzen oder bei der Weltraumerkundung) miteinander interagieren (Mataric et al. 2003). ◄

So sind auch Unternehmen Systeme von Menschen mit Gefühlen und Bewusstsein. In sozialen Gruppen entstehen globale Meinungstrends einerseits durch kollektive Wechselwirkung ihrer Mitglieder (z. B. Kommunikation). Andererseits wirken globale Trends auf die Gruppenmitglieder zurück, beeinflussen ihr Mikroverhalten und verstärken oder bremsen dadurch die globale Systemdynamik. Solche Rückkopplungsschleifen zwischen Mikro- und Makrodynamik eines Systems ermöglichen erst Lerneffekte im Unternehmen wie z. B. antizyklisches Verhalten, um bewusst schädlichen Trends entgegenzuwirken. Dazu dienen auch digitale Modelle von Produktions- und Organisationsabläufen.

Übertragen auf die Menschheit schafft die Zusammenwirkung vieler Menschen eine kollektive Menschheitsintelligenz, die dem einzelnen weit überlegen ist (Shanahan 2010). Diese kollektive Intelligenz der Menschheit wird seit Generationen über Bibliotheken und Ausbildungssysteme weitergegeben, über Computer, Datenbanken und das Internet exponentiell gesteigert und verselbstständigt sich zunehmend vom einzelnen Menschen. Wir beobachten Intelligenzverstärkungen, die nicht mehr auf Beiträge einzelner Menschen zurückgehen, sondern auf synergetische Effekte ihrer Kooperation. Dazu gehören die intelligenten Infrastrukturen der Mobilität, Städte und Ökosysteme, die in cyberphysikalischen Systemen verwirklicht werden. Zunehmend werden von diesen kollektiven Systemen auch automatisierte Entscheidungen getroffen. Dazu bedarf es keines Bewusstseins wie bei uns Menschen. Kollektive Superintelligenz, die dem Menschen überlegen ist, wird höchstwahrscheinlich und ist absehbar. Es ist eine große Herausforderung, diese Intelligenz zu steuern und uns Menschen dienstbar zu machen.

10.4.2 Bewusstsein mit neuromorphen Computern?

Die derzeitigen Computersimulationen beobachten also Musterbildungen (*pattern formation*) im Gehirn, die wir auf eine nicht lineare Systemdynamik, die lokale Aktivität der Neuronen und die von ihnen ausgelöste Aktionspotenziale zurückführen. Ihre Korrelationen mit mentalen und kognitiven Zuständen werden aufgrund von psychologischen Beobachtungen und Messungen erschlossen. Wenn Personen z. B. sehen oder sprechen, sind diese oder jene Musterbildungen im Gehirn zu beobachten. Im Brain Reading können einzelne Musterbildungen mittlerweile bestimmt werden, wenn aus diesen Verschaltungsmustern die entsprechenden Seh- und Hörwahrnehmungen mit geeigneten Algorithmen entschlüsselt werden können. Allerdings ist diese Technik erst in ihren Anfängen.

▶ In einer Top-down-Strategie untersuchen Neuropsychologie und Kognitionsforschung mentale und kognitive Fähigkeiten wie Wahrnehmen, Denken, Fühlen und Bewusstsein und versuchen, sie mit entsprechenden Gehirnarealen und ihren Verschaltungsmustern zu verbinden. In einer Bottom-up-Strategie untersuchen Neurochemie und Gehirnforschung die molekularen und zellulären Vorgänge der Gehirndynamik und erklären daraus neuronale Verschaltungsmuster des Gehirns, die wiederum mit mentalen und kognitiven Zuständen korreliert sind (Banerjee und Chakrabarti 2008).

Beide Methoden legen einen Vergleich mit dem Computer nahe, bei dem in einer Bottom-up-Strategie von der „Maschinensprache" der Bitzustände in z. B. Transistoren auf die Bedeutungen höherer Nutzersprachen des Menschen geschlossen wird, während in einer Top-down-Strategie umgekehrt die höheren Nutzersprachen über verschiedene Zwischenstufen (z. B. Compiler und Interpreter) auf die Maschinensprache übersetzt werden. Während aber in der Informatik die einzelnen technischen und sprachlichen Schichten von der Verschaltungsebene über Maschinensprache, Compiler, Interpreter etc. bis zur Nutzerebene genau identifiziert und in ihren Wechselwirkungen beschrieben werden können, handelt es sich in Gehirn- und Kognitionsforschung bisher nur um ein Forschungsprogramm.

Brücke zwischen Kognition und „Maschinensprache"

In der Gehirnforschung sind bisher nur die Neurochemie der Neuronen und Synapsen und die Musterbildung ihrer Verschaltungen gut verstanden, also die „Maschinensprache" des Gehirns. Die Brücke (middleware) zwischen Kognition und „Maschinensprache" muss erst noch geschlossen werden. Dazu wird es noch vieler detaillierter empirischer Untersuchungen bedürfen. Dabei ist keineswegs bereits klar, ob einzelne Hierarchieebenen wie im Computerdesign genau unterschieden werden können. Offenbar erweist sich die Architektur der Gehirndynamik als wesentlich komplexer. Zudem lag bei der Entwicklung des Gehirns kein geplantes Design zugrunde, sondern eine Vielzahl evolutionärer Algorithmen, die über Jahrmillionen unter unterschiedlichen Bedingungen mehr oder weniger zufällig entstanden und in verwickelter Weise miteinander verbunden sind.

In der Komplexitätsforschung kann die synaptische Wechselwirkung der Neuronen im Gehirn durch gekoppelte Differenzialgleichungen beschrieben werden. Die Hodgkin-Huxley-Gleichungen sind ein Beispiel für nicht lineare Reaktionsdiffusionsgleichungen, mit denen die Übertragung von Nervenimpulsen modelliert werden kann. Sie wurden von den Medizin-Nobelpreisträgern A. L. Hodgkin und A. F. Huxley durch empirische Messungen gefunden und liefern ein empirisch bestätigtes mathematisches Modell der neuronalen Gehirndynamik (Mainzer und Chua 2013).

Im Human Brain Project der EU wird eine genaue empirische Modellierung des menschlichen Gehirns mit allen neurologischen Details angestrebt. Mit der technischen Entwicklung neuromorpher Netzwerke stünde ein empirisches Testbett für dieses mathematische Modell zur Verfügung, in dem Voraussagen über Musterbildungen im Gehirn und ihre kognitiven Bedeutungen überprüft werden können.

Aus der Psychologie wissen wir, dass mentale und kognitive Zustände in äußerst komplexer Weise aufeinander einwirken. So können Wahrnehmungen Gedanken und Vorstellungen auslösen, die zu Handlungen und Bewegungen führen. Eine Wahrnehmung ist in der Regel aber auch mit einer Selbstwahrnehmung verbunden: Ich bin es, der wahrnimmt. Selbstwahrnehmungen führen verbunden mit der Speicherung der eigenen Biografie im Gedächtnis zum Ich-Bewusstsein. Wenn alle diese unterschiedlichen mentalen Zustände mit Schaltungsmustern im Gehirn verbunden sind, dann müssen nicht nur die Wechselwirkungen von einzelnen Neuronen, sondern von Zellverbänden (cell assemblies) mit Zellverbänden von Zellverbänden etc. erfasst werden.

Dazu lassen sich im Prinzip ebenfalls Differenzialgleichungen einführen, die nicht von den lokalen Aktivitäten einzelner Neuronen, sondern ganzer Cell Assemblies abhängen, die wiederum von Cell Assemblies von Cell Assemblies etc. abhängen können. So erhält man ein System von nicht linearen Differenzialgleichungen, die auf unterschiedlichen Ebenen ineinander verschachtelt sind und so eine äußerst komplexe Dynamik modellieren. Verbunden mit den Sensoren und Aktoren unseres Organismus erfassen sie die Vorgänge, die unsere komplexen motorischen, kognitiven und mentalen Zustände erzeugen.

Wie schon betont, kennen wir diese Abläufe noch nicht alle im Detail. Aber es ist deutlich, wie sie im Prinzip mathematisch zu modellieren sind und in neuromorphen Computern empirisch getestet werden könnten.

10.4.3 Bewusstsein mit Quantencomputern?

Bisher betrachteten wir Künstliche Intelligenz auf Maschinen der klassischen Physik. Mit Quantencomputing gehen wir zurück auf die kleinsten Einheiten der Materie und die Grenzen von Naturkonstanten wie dem Planckschen Wirkungsquantum und der Lichtgeschwindigkeit – die Ultima Ratio eines Computers. Als physikalische Maschine hängt die Leistungsfähigkeit eines Computers von der verwendeten Schaltkreistechnologie ab. Ihre wachsende Miniaturisierung hat zwar neue Computergenerationen mit wachsender Speicherkapazität und verkürzter Rechenzeit geliefert. Wachsende Verkleinerung führt uns aber in den Größenordnungsbereich von Atomen, Elementarteilchen und kleinsten Energiepaketen (Quanten), für die unsere gewohnten Gesetze der klassischen Physik nur noch eingeschränkt gelten. An die Stelle von klassischen Maschinen nach den Gesetzen der klassischen Physik müssten dann Quantencomputer treten, die nach den Gesetzen der Quantenmechanik funktionieren (Mainzer 2021).

Quantencomputer würden mit enormer Steigerung der Rechenkapazität zu Durchbrüchen der Informations- und Kommunikationstechnologie führen. Probleme wie z. B. das Faktorisierungsproblem, die bisher exponentielle Komplexität besaßen und damit praktisch unlösbar waren, werden dann polynomial lösbar sein. Technisch würden also Quantencomputer zu einer immensen Steigerung unserer Problemlösungskapazitäten führen. Im Sinne der Komplexitätstheorie der Informatik könnten die bisher hohen Rechenzeiten einzelner Probleme erheblich verkürzt werden (z. B. mit polynominaler Rechenzeit, obwohl sie bei klassischen Computern nicht zur Komplexitätsklasse P gehören). Könnten Quantencomputer aber auch nichtalgorithmische Denkprozesse jenseits der Komplexitätsgrenze einer universellen Turing-Maschine realisieren? Würden sie damit neue Möglichkeiten der Künstlichen Intelligenz eröffnen?

Perspektive der Quantenphysik

Der Mathematiker Roger Penrose, Nobelpreisträger für Physik 2020, geht noch einen Schritt weiter und möchte mit der Quantenphysik das Phänomen des menschlichen Bewusstseins erklären (Penrose 2001):

Die komplexe Koordination vieler Teilzustände im Gehirn, die beim bewussten Denken notwendig ist, beschreibt er durch eine quantenphysikalische Superposition. Das entspricht dem Quantenparallelismus in einem Quantencomputer. Das „Auslesen" von Ergebnissen findet beim Quantencomputer durch eine Reduktion der Superposition statt. Da diese Reduktion quantenphysikalisch prinzipiell unberechenbar bzw. nichtalgorithmisch („zufällig") ist, versucht Penrose damit auch die Kreativität und Überlegenheit des menschlichen Denkens über den deterministischen Computer zu begründen. Demgegenüber brauchen algorithmische Vorgänge wie in einem Computer kein Bewusstsein. Das entspricht auch unserer intuitiven Vorstellung, wonach routinemäßige Tätigkeiten unbewusst ablaufen.

Umstritten ist vor allem die neurobiologische Spekulation von Penrose, wonach sich der mit einer Superposition verbundene Bewusstseinszustand in den sogenannten Mikrotubuli des Gehirns erklären lässt. Mikrotubuli sind winzige Eiweißröhrchen im Zytoskelett von Zellen. Ein bewusstes Ereignis entsteht danach, wenn sich eine Superposition in vielen Microtubuli über das gesamte Gehirn verteilt einstellt. Das würde voraussetzen, dass es in den Mikrotubuli auch das geeignete Medium gibt, mit dem dieser Quanteneffekt aufrechterhalten bleiben könne.

Quantenphysikalische Superpositionen sind aber in der Natur von derart kurzer Dauer, dass sie zerfallen, bevor sie Einfluss auf neuronale Prozesse nehmen könnten. Dabei ist das Gehirn vermutlich viel zu warm für Superpositionen, die im Labor bei sehr niedrigen Temperaturen hergestellt werden. Dass Quanteneffekte sich auch auf molekularer und zellulärer Ebene auswirken können, ist unbestritten. Die Quantenchemie beschreibt z. B. Quantenprozesse beim Ausstoß von Transmittermolekülen, die beim Auftreten von Aktionspotenzialen mitwirken. Die Aufrechterhaltung einer Superposition, die mit dem Auftreten eines Gedankens verbunden sein müsste, ist allerdings wesentlich größer als die gemessenen Quanteneffekte im Gehirn.

Alle bisherigen Messungen und Beobachtungen sprechen dafür, dass auch im Gehirn die Entstehung neuer Strukturen und Zustände „schichtweise" zu erklären ist: Quantenmechanische Wechselwirkungen von Elementarteilchen erzeugen quantenchemische Zustände in Synapsen, deren molekulare Wechselwirkung zu Verschaltungsmustern neuronaler Netze führt, die mit kognitiven Zuständen des Gehirns verbunden sind. Bewusstseinszustände sind deshalb keine prinzipiell unlösbaren „Rätsel". Mediziner nutzen bereits ihr Wissen über die zugrunde liegenden neuronalen Verschaltungsmuster, um Patienten bei Operationen schrittweise zu sedieren oder in Narkose oder ins Koma zu versetzen.

Während aber im Machine Learning die Entstehung von Wahrnehmung aus neuronalen Verschaltungsmustern technisch erzeugt wird, reicht das bisherige Wissen über Bewusstseinszustände – jedenfalls wie wir es von Menschen und höheren Lebewesen kennen – nicht aus, um Bewusstsein technisch zu erzeugen: Selbstwahrnehmung heutiger Roboter sind nur erste Schritte in dieser Richtung.

Technik wird sich keineswegs auf die Simulation von natürlichen intelligenten und bewussten Systemen beschränken. So treten neuromorphe Rechnerstrukturen, wie sie oben erläutert wurden, nicht in der Natur auf, verbinden aber die Vorteile neuronaler Systeme der Natur mit den Vorteilen technischer Rechnerstrukturen. Ebenso sind neuronale Quantencomputer denkbar, in denen die enorme Rechengeschwindigkeit und Speicherkapazität von Quantencomputern mit neuronalen Netzen verbunden werden. Am Ende ist es technisch nicht auszuschließen, dass die Hypothese von Penrose, wonach Bewusstseinszustände im menschlichen Gehirn durch quantenphysikalische Superpositionen zu erklären seien, neurobiologisch falsch ist, aber mit einer quantenphysikalischen Rechnerstruktur eines Tages realisiert werden könnte. Die technische Herausforderung besteht zunächst darin, Superpositionen über einen längeren Zeitraum als in der Natur unabhängig von Umweltbedingungen zu realisieren. Ob und wie sie aber mit Bewusstseinszuständen verbunden werden können, ist dann noch eine ganz andere Frage.

Literatur

Arkin RC (1998) Behavior-based robotics. MIT Press, Cambridge, MA

Balch T, Parker L (Hrsg) (2002) Robot teams: from diversity to polymorphism. CRC Press, Wellesley

Banerjee R, Chakrabarti BK (2008) Models of brain and mind. Physical, computational, and psychological approaches. Progress in brain research. Elsevier, Amsterdam

Braitenberg V (1986) Künstliche Wesen. Verhalten kybernetischer Vehikel. Vieweg, Braunschweig

Damasio AR (2004) Descartes' Irrtum. Fühlen, Denken und das menschliche Gehirn. List, München

Flohr H (1991) Brain processes and phenomenal consciousness. A new and specific hypothesis. Theory Psychol 1:245–262

Hebb DO (1949) The organisation of behavior. A neurophysiological theory. Wiley, New York

Isozumi T, Akachi K, Hirata M, Kaneko K et al (2004) Development of humanoid robot HRP-2. J RSJ 22-8:1004–1012

Kandel ER, Schwarz JH, Jessell TM (Hrsg) (1996) Neurowissenschaften. Springer, Berlin

Knoll A, Christaller T (2003) Robotik. Fischer, Frankfurt

Koch C (2014) Bewusstsein – ein neurobiologisches Rätsel. Mit einem Vorwort von Francis Crick. Spektrum Akademischer Verlag, Heidelberg

Mainzer K (1997) Gehirn, Computer, Komplexität. Springer, Berlin

Mainzer K (2008) Organic computing and complex dynamical systems. Conceptual foundations and interdisciplinary perspectives. In: Würtz RP (Hrsg) Organic computing. Springer, Berlin, S 105–122

Mainzer K (2009) From embodied mind to embodied robotics: humanities and system theoretical aspects. J Physiol (Paris) 103:296–304

Mainzer K (2019) Künstliche Intelligenz. Wann übernehmen die Maschinen? 2. Aufl. Springer, Berlin

Mainzer K (2020) Leben als Maschine: Wie entschlüsseln wir den Corona-Kode? 2. Aufl. Brill-Mentis, Paderborn

Mainzer K (2021) Quantencomputer. Von der Quantenwelt zur Künstlichen Intelligenz. Springer, Berlin

Mainzer K, Chua L (2013) The local activity principle. Imperial College Press, London

Marcus G (2003) The algebraic mind: integrating connectionism and cognitive science. MIT Press, Cambridge, MA

Mataric M, Sukhatme G, Ostergaard E (2003) Multi-robot task allocation in uncertain environments. Auton Robot 14(2–3):253–261

Newell A, Simon HA (1972) Human problem solving. Prentice-Hall, Englewood Cliffs

Penrose R (2001) Computerdenken: Die Debatte um Künstliche Intelligenz, Bewusstsein und die Gesetze der Physik. Springer, Heidelberg

Pfeifer R, Scheier C (2001) Understanding intelligence. MIT Press, Cambridge, MA

Picard RW (1997) Affective computing. MIT Press, Cambridge, MA

Roth G (1994) Das Gehirn und seine Wirklichkeit. Kognitive Neuropsychologie und ihre philosophischen Konsequenzen. Suhrkamp, Frankfurt am Main

Shanahan M (2010) Embodiment and the inner life. Cognition and consciousness in the space of possible minds. Oxford University Press, Oxford

Siegert H, Norvig P (1996) Robotik: Programmierung intelligenter Roboter. Springer, Berlin

Turing AM (1987) Computing machinery and intelligence (1950). In: Turing AM (Hrsg) Intelligence service. Schriften. Brinkmann u. Bose, Berlin

Tversky A, Kahneman D (1992) Advances in prospect theory: cumulative representation of uncertainty. In: Kahneman D, Tversky A (Hrsg) (2000) Choices, values and frames. Cambridge University Press, Cambridge, S 44–66

Valera F, Thompson E, Rosch E (1991) The embodied mind. Cognitive science and human experience. MIT Press, Cambridge, MA

Wilson EO (1971) The insect societies. MIT Press, Cambridge, MA

Teil III

Gestaltung, Interaktion und Kommunikation

Humanoide, animaloide und dingliche Roboter

Begriffliche, ethische und philosophische Aspekte

Peter Remmers

> *Gilt hier wirklich das suggestive Prinzip: „Wenn etwas aussieht wie eine Ente, schwimmt wie eine Ente und schnattert wie eine Ente, dann ist es auch eine Ente"?*
>
> *(Thomas Fuchs)*

Zusammenfassung

Humanoide und animaloide Gestaltungen von Robotern orientieren sich im engeren Sinne an der physischen Gestalt von Menschen oder Tieren. Im weiteren Sinne umfassen sie auch anthropomorphe oder zoomorphe Gestaltungselemente wie kognitive Funktionen, simulierte soziale Verhaltensweisen und emotionale Ausdruckselemente. Entsprechende Gestaltungen provozieren den für die soziale Robotik zentralen Effekt des Anthropomorphismus, der einerseits die Mensch-Roboter-Interaktion fördert, andererseits aber auch zu Problemen führt. Ethisch relevant sind Fragen nach (1) der Reproduktion von diskriminierenden Stereotypen, (2) der Behandlung von sozialen humanoiden oder animaloiden Robotern und (3) der Täuschungsproblematik. Die philosophische Diskussion dreht sich schließlich in erster Linie um den Einfluss des mit der Robotergestaltung suggerierten Vergleichs zwischen Maschine und Mensch auf das Menschenbild.

P. Remmers (✉)
TU Berlin, Berlin, Deutschland
E-Mail: remmers@tu-berlin.de

© Der/die Autor(en), exklusiv lizenziert durch Springer Fachmedien Wiesbaden GmbH, ein Teil von Springer Nature 2021
O. Bendel (Hrsg.), *Soziale Roboter*, https://doi.org/10.1007/978-3-658-31114-8_11

11.1 Einleitung

Mit der Einteilung in humanoide, animaloide und dingliche Roboter unterscheiden wir drei grundsätzliche Gestaltungsparadigmen in der Robotik. Humanoide Roboter haben eine physische Gestalt, die der menschlichen Körpergestalt gleichartig ist. Ein typischer humanoider Roboter hat folglich Arme, Beine, einen Kopf und einen Rumpf. Entsprechend gilt für animaloide Roboter, dass ihre physische Gestalt der Körpergestalt eines Tieres entspricht. Animaloide Roboter orientieren sich also am Körper eines Tieres, wobei in diesem Bereich eine große Vielfalt von Insekten über Vierbeiner bis zu Luft- und Wassertieren gegeben ist. Und über die allgemeine Körpergestalt hinaus können im Detail die Formen und Funktionen menschlicher oder tierlicher Organe als Vorbild dienen, beispielsweise bei der Gestaltung des Endeffektors als handähnlicher Greifer oder auch als Saugnapf nach dem Vorbild von Meerestieren.

Die Kategorisierung eines Roboters als humanoid oder animaloid im engeren Sinne bezieht sich zunächst nur auf die physische Gestalt des Roboters und deren Bestandteile. Ein Vorteil der gestalterischen Orientierung an menschen- oder tierähnlichen Formen besteht darin, dass Roboter effizienter in Umgebungen eingesetzt werden können, die Menschen oder Tieren angepasst sind. In dieser Hinsicht sind humanoide und animaloide Gestaltungsansätze besonders relevant bei der Entwicklung sozialer Roboter, sofern sie in sozialen Räumen und Kontexten operieren sollen. Weitere Vorteile ergeben sich für die Mensch-Roboter-Interaktion (MRI).

Dingliche Roboter weisen dagegen keine beabsichtigte Gleichförmigkeit zur Körpergestalt lebendiger Organismen auf. Ihre Form folgt rein funktionalen Gesichtspunkten oder beabsichtigt eine Vermeidung von störenden Assoziationen durch betont technisierte Elemente. Dingliche Gestaltung ist typisch für Industrieroboter, aber auch viele Serviceroboter. Eine andere Gestaltung wäre für einen industriellen Einsatz in der Fabrikhalle ineffizient und unpassend; ebenso unpraktisch wäre eine humanoide oder animaloide Robotergestalt in bestimmten Assistenzszenarien, beispielsweise bei Logistikaufgaben wie dem Transport von Gegenständen. Daher findet sich kein Verweis auf eine humanoide oder animaloide Form in der genormten Definition des Roboters als „betätigter Mechanismus, der in mehr als einer Achse programmierbar ist mit einem bestimmten Grad an Autonomie" und „der sich innerhalb seiner Umgebung bewegt, um vorgegebene Aufgaben auszuführen" (DIN EN ISO 13482 2014).[1]

---

[1] Obwohl Industrieroboter normalerweise keine humanoiden oder animaloiden Roboter sind, muss die Vorstellung des Industrieroboters als rein funktional gestaltete Maschine relativiert werden und ist inzwischen im Umbruch begriffen. Durch ihren Manipulator, der in seiner Funktionalität häufig an einen menschlichen Arm erinnert, sehen typische Industrieroboter vergleichsweise menschenähnlicher aus als andere industrielle Maschinen (Mori 2012). Diese Assoziation ist zwar nicht beabsichtigt, lässt sich aber kaum vermeiden. Seit einigen Jahren halten auch kollaborative Roboter (*Cobots*) mit humanoiden und animaloiden Gestaltungselementen in der Industrierobotik Einzug, da das vergleichsweise neue Paradigma der *Mensch-Roboter-Kollaboration* (MRK) eine Robotergestaltung erfordert, die eine ‚Zusammenarbeit' zwischen Robotern und Werkern erleichtert (Abschn. 11.4) (Buxbaum 2020).

Dennoch ist die Idee einer humanoiden oder animaloiden Gestaltung eng mit dem Begriff des Roboters verknüpft. Denn auch wenn längst nicht alle Roboter humanoid oder animaloid sind, so wird wohl jede Maschine, die eine menschliche oder tierliche Gestalt hat, als Roboter wahrgenommen werden – selbst dann, wenn sie gar keine robotischen Funktionen im technischen Sinne aufweist. Diese begriffliche Verbindung einer Technologie mit den Merkmalen lebendiger Wesen hat einerseits kulturhistorische Ursprünge, andererseits mythische, religiöse und philosophische Hintergründe. Denn das Bedeutungsfeld des Begriffs ‚Roboter' ist ohne die überlieferte Idee des *künstlichen Menschen* kaum rekonstruierbar (Abschn. 11.8). Trotz dieser begrifflichen und ideengeschichtlichen Hintergründe ist die zeitgenössische Robotik in ihrem Gestaltungsspielraum natürlich nicht auf die traditionellen und kulturell verankerten Vorstellungen des künstlichen Menschen festgelegt.

11.2 Anthropomorphe und zoomorphe Gestaltungselemente

In einem weiteren Verständnis von ‚humanoid' bzw. ‚animaloid' können neben der äußerlichen physischen Gestalt auch weitere Merkmale zu einer menschlichen oder tierlichen Erscheinung eines Roboters beitragen. Gestaltungselemente wie Augen, Gesicht oder Stimme werden als *anthropomorph* und/oder *zoomorph* bezeichnet, da sie sich an Merkmalen lebendiger Organismen orientieren. Dazu zählen außerdem entsprechende motorische, kognitive oder kommunikative Leistungen, die deutlich zu einem humanoiden oder animaloiden Gesamtbild eines Roboters beitragen. Beispielsweise bewegt sich der Gestaltungsspielraum für die Bewegungsweise eines Roboters zwischen sehr technischen, maschinenartigen und sehr lebendigen, organischen Bewegungen. Zur anthropomorphen oder zoomorphen Gestaltung kann schließlich auch die Konstruktion eines Kontextes (*framing*) gezählt werden, der eine Interaktion unabhängig von den materiellen Eigenschaften des Roboters beeinflusst, wie beispielsweise eine Namensgebung oder eine ‚persönliche' Geschichte, die dem Roboter zugeordnet wird (Darling 2017).[2]

Die humanoide physische Gestalt und weitere anthropomorphe Elemente eines Roboters knüpfen an die allgemeine psychologische Tendenz des *Anthropomorphismus* (Vermenschlichung) an. Dabei handelt es sich um die Wahrnehmung oder Zuschreibung von Verhaltensweisen, Bewusstseinsmerkmalen, Emotionen oder Charaktereigenschaften in nichtmenschlichen Gegenständen oder Lebewesen.[3] Begrifflich ist Anthropomorphismus als psychologische Funktion der Wahrnehmung und der Interaktion zu unterscheiden von

---

[2] Für eine Taxonomie der MRI-Gestaltung siehe (Onnasch und Roesler 2021).

[3] Hier könnte auch auf die analoge Funktion des *Zoomorphismus* Bezug genommen werden, sofern entsprechende Wahrnehmungen und Zuschreibungen auch in Bezug auf animaloide Roboter gelten. Die Grenze zum Anthropomorphismus ist allerdings nicht klar bestimmt, da auch Tiere anthropomorphistisch wahrgenommen werden.

der Bezeichnung der (objektiven) Eigenschaften eines Roboters als anthropomorph oder zoomorph. Letztere zeigen lediglich die gestalterische Orientierung an menschlichen oder tierlichen Eigenschaften an, sagen aber noch nichts über eine vermenschlichende Wahrnehmung dieser Eigenschaften aus (Lemaignan et al. 2014).

Ein zentraler anthropomorphistischer Effekt entsteht, wenn die Aktionen eines Roboters als aufgabenorientiert, zielgerichtet und anpassungsfähig wahrgenommen werden. Der resultierende Eindruck eines *autonomen* und/oder *intelligenten* Verhaltens kann ganz unabhängig von der physischen Gestalt des Roboters zugeordnet werden – er ergibt sich bereits bei der Beobachtung einfacher geometrischer Formen, die sich in ihrer Bewegung scheinbar lebendig verhalten (Heider und Simmel 1944).

Die Elemente, die zu entsprechenden Eindrücken von Robotern beitragen, müssen den jeweiligen menschlichen oder tierlichen Vorbildern nicht in jeder Hinsicht besonders ähnlich sein. Beispielsweise muss der Manipulator eines humanoiden Roboters lediglich als Arm erkennbar sein, ansonsten aber nicht wie ein menschlicher Arm aussehen – er kann deutlich technisch aussehen, etwa wenn er metallisch, bunt lackiert und sichtbar verkabelt ist. Humanoide Roboter werden insofern normalerweise immer *auch* als technisch bzw. dinglich wahrgenommen, da die einzelnen Gestaltungselemente keine weitgehende Ähnlichkeit zu den jeweiligen Vorbildern anstreben.

Für den Anthropomorphismus gibt es eine Reihe psychologischer Erklärungen (Fink 2012). Allgemein kann er als Projektionsleistung interpretiert werden, da es im Kern um eine Zuschreibung von Eigenschaften geht, die objektiv nicht vorliegen. Anthropomorphe Merkmale humanoider Roboter wie beispielsweise selbstständige Bewegung oder ein ausdrucksstarkes Augenpaar suggerieren eine Erweiterung des Wahrnehmungs- und Interaktionseindrucks um intentionale, mentale oder auch personale Elemente. Robotern werden somit Ziele, Absichten, Handlungen, Überzeugungen, Einstellungen, Charaktereigenschaften oder Gefühle zugeschrieben, obwohl das tatsächliche Vorliegen dieser Merkmale aus einer rationalen Perspektive fraglich ist. Dabei ist die anthropomorphistische Wahrnehmung oder Zuschreibung von objektiv nicht vorhandenen Eigenschaften nicht auf Unkenntnis oder eine naive Einstellung zurückzuführen. Ebenso ist eine Interpretation als Illusion umstritten (Abschn. 11.7.3). Vielmehr werden die genannten Zuschreibungen durch die Gestaltungselemente des Roboters (zumeist zwingend) suggeriert. Das Phänomen kann in bestimmten Grenzen in Analogie zur Wahrnehmung von Objekten und Personen in Bildern interpretiert werden, denn auch die Bildwahrnehmung funktioniert mit vergleichbar heterogenen Gestaltungselementen (Remmers 2020).

Im Falle der Robotik werden anthropomorphistische Effekte gezielt ausgenutzt, um die MRI zu erleichtern und in bestimmte Bahnen zu lenken. Kombiniert man anthropomorphe oder zoomorphe Elemente mit der humanoiden oder animaloiden physischen Gestalt eines Roboters, ergeben sich vielfältige *Vermenschlichungseffekte*, die für das Gelingen der MRI nützlich sein können. Dies gilt bereits für eine einfache kollaborative Interaktion wie beispielsweise eine Übergabe eines Gegenstands, denn die Zuschreibung einer Absicht, einer gegenstandsbezogenen Wahrnehmung und eines gemeinsamen Ziels ermöglichen es dem menschlichen Interaktionspartner, mit dem Roboter wie mit einem menschlichen

Gegenüber zu interagieren. Insbesondere der Einsatz sozialer Roboter macht sich entsprechende Eindrücke und Zuschreibungen zunutze, beispielsweise wenn ein Roboter als ansprechbares Gegenüber wahrgenommen werden soll oder wenn er als Wesen mit Persönlichkeit erscheinen soll. Daher nehmen humanoide und animaloide Gestaltungsparadigmen im Bereich der sozialen Robotik eine herausragende Rolle ein.

11.3 Androiden

Ein Spezialfall des humanoiden Roboters ist der *Android*. Bei der Entwicklung von Androiden wird eine möglichst hohe Ähnlichkeit zum Menschen angestrebt. Im Unterschied zu anderen humanoiden Robotern, die sich lediglich an der physischen Gestalt des Menschen orientieren und diese mit weiteren anthropomorphen Elementen kombinieren, geht es bei Androiden gerade um den verblüffenden Eindruck einer möglichst realistischen menschlichen Erscheinung (von der Pütten und Krämer 2012). Entsprechende Entwicklungen orientieren sich am Ideal der Ununterscheidbarkeit von Maschine und Mensch; die Entwicklung von Robotern als künstlichen Menschen wird von manchen Forschern explizit als Aufgabe der Robotik genannt (Takanishi 2013). Dieses Ziel ist in der Realität aber bisher unerreicht. Bekannte Beispiele für Androiden sind die Modelle, die am *Intelligent Robotics Laboratory* der Osaka University (Japan) nach den Vorbildern realer Personen entwickelt wurden. Hier wird im Übrigen keine starke anthropomorphistische Projektionsleistung mehr abgerufen, da die Ähnlichkeit nicht erst in der Wahrnehmung hergestellt wird, sondern bereits im Objekt angelegt ist.

11.4 Humanoide und animaloide Gestaltung in der Mensch-Roboter-Interaktion

Zusammenfassend sind folgende Roboterkategorien begrifflich zu unterscheiden:

- Humanoide oder animaloide Roboter, deren physische Gestalt dem Körper des Menschen oder einer Tierart entspricht;
- Roboter mit weiteren anthropomorphen und/oder zoomorphen Merkmalen neben der physischen Gestalt;
- Dingliche Roboter, die nach rein funktionalen Zwecken gestaltet sind und deren Gestaltung sich nicht an menschlichen oder tierlichen Eigenschaften orientiert;
- Androiden, die eine hohe Ähnlichkeit mit dem Menschen anstreben.

Die maßgebliche Forschung mit Bezug zu humanoider oder animaloider Robotergestaltung findet im Kontext der Human Robot Interaction (HRI) und der sozialen Robotik statt. Man geht grundsätzlich davon aus, dass entsprechende Gestaltungen einen Nutzen für die soziale MRI bringen. Zunächst erleichtert die physische Anpassung des Roboters an den Körper eines Menschen die Kommunikation, den Kontakt und die Kollaboration zwischen Menschen und Robotern. Die wichtigsten Effekte für die soziale MRI stellen sich durch die Ausnutzung der anthropomorphistischen Zuschreibungen ein, die durch Erscheinung, Verhalten, Interaktion und soziale Signale des Roboters abgerufen werden (Fink 2012).

Anthropomorphe oder zoomorphe Merkmale sind menschlichen Interaktionspartnern vertraut, sodass an geläufige und eingespielte Interaktionsmuster angeknüpft werden kann. Aktionen des Roboters sind zugleich besser verständlich, erklärbar und vorhersehbar. Sie erzeugen beim menschlichen Interaktionsteilnehmer bestimmte Erwartungen und lassen geläufige Verhaltensweisen passend erscheinen, sodass die Interaktion über die Gestaltung des Roboters in gewissem Maße steuerbar wird. Für soziale Roboter besonders relevant sind empathische und emotionale Reaktionen (Seo et al. 2015).

Neben diesen grundsätzlichen Voraussetzungen wird eine weitere Anforderung für gelingende MRI (insbesondere in sozialen Kontexten) in der Nutzerakzeptanz gesehen, hier besonders in der affektiven Bereitschaft zur Interaktion mit dem Roboter. Dabei geht es beispielsweise um die Motivation zur Interaktion mit einem Roboter; Unsicherheit und Ängste sollen möglichst vermieden werden. Um das zu erreichen, werden Roboter häufig möglichst freundlich und sympathisch gestaltet, etwa durch einen entsprechenden Gesichtsausdruck, eine angenehme Stimme oder eine freundliche und höfliche Ansprache. Die Vermenschlichung oder Verlebendigung des Roboters in Form einer sozialen Ausdrucksebene erscheint somit mehr oder weniger notwendig für eine gelingende MRI.

Gerade der Bedeutungsspielraum von tierlichen Eigenschaften und Zuschreibungen eröffnet interessante Möglichkeiten zur Steuerung der Interaktion. Soziale Roboter, die tierähnlich gestaltet sind, orientieren sich üblicherweise an vertrauten Haustierarten wie Hunden oder, sofern es sich um Vorbilder wilder Tierarten wie z. B. Bär oder Robbe handelt, an *zahmen* Tieren. So kann beispielsweise das Niedlichkeitsschema eine initiale Zutraulichkeit fördern. Gleichzeitig werden dem Roboter im Vergleich zur humanoiden Gestaltung andere Fähigkeiten zugeschrieben, womit Übervertrauen vermieden werden kann (Abschn. 11.6.1).

Allerdings ist zu beachten, dass die Interaktion von Menschen und humanoiden Robotern nicht einfach mit Mensch-Mensch-Interaktion gleichgesetzt werden kann. Dasselbe gilt für Mensch-Tier-Interaktion und auch für andere Formen der Mensch-Technik-Interaktion wie z. B. Mensch-Computer-Interaktion: Jede dieser Konstellationen folgt unterschiedlichen Regeln und Erwartungen, auch wenn sich die Gestaltungen der Artefakte und der Interaktionen gegenseitig inspirieren (Dautenhahn 2018). Es ist eine Hauptaufgabe der HRI-Forschung, die Prinzipien und Besonderheiten der MRI zu erforschen und ihre Abweichungen von vermeintlich gleichartigen Mensch-Mensch-Interaktionen zu bestimmen.

11.5 Verkörperung und künstliche Intelligenz

Eine weitere Begründung insbesondere für die Entwicklung animaloider Roboter entspringt dem Ansatz, über die technische Realisierung von *verkörpertem* Verhalten etwa bei der Orientierung und Bewegung im Raum einen maschinellen Adaptionsprozess einzuleiten, der einen Beitrag zur Entwicklung von künstlich intelligentem Verhalten leistet. Im Hintergrund steht die Auffassung, dass Fähigkeiten wie Mobilität, Anpassung an die Umgebung und physische Manipulation wichtige Voraussetzungen für die Entwicklung von Technologien bilden, deren Leistungen mit intelligentem Verhalten lebendiger Organismen vergleichbar sein sollen (Brooks 1991). Dieser Ansatz bezieht die Position der *embodied cognition* in die Entwicklung künstlich intelligenter Systeme ein.

Eine verwandte Begründung wird für die Gestaltung von humanoiden oder animaloiden Robotern mit dem Ziel formuliert, Wissen über grundsätzliche Prinzipien des lebendigen Körpers zu erlangen. So schlägt Takanishi (2013) vor, über die experimentelle Erforschung von menschlich gestalteten Maschinen körperliche Prozesse zu studieren, beispielsweise zweibeiniges Laufen oder feinfühlige Objektmanipulationen.

Kritiker der in der Robotik vertretenen Auffassung von verkörperter Kognition argumentieren, dass der ‚Körper‘ eines Roboters hier lediglich als sensomotorisches Interface für die Informationsaufnahme aus der Umwelt gesehen wird, während die eigentliche Informationsverarbeitung weiterhin durch rechnergestützte Prozesse nach dem Paradigma der symbolischen Repräsentation erfolgt (Ziemke und Thill 2014). Roboter sind dieser Kritik zufolge nicht alleine deshalb verkörpert, weil sie Sensoren und physische Manipulatoren haben. Ein Analogon zum lebendigen Körper, welches der Realisierung menschlicher Kognition und Intentionalität nahekommt und Bedingung für jede soziale und ethische Interaktion wäre, existiert demzufolge in der zeitgenössischen Robotik nicht. Eine ähnliche Kritik wird aus der Tradition der Leibphänomenologie formuliert, allerdings darüber hinaus in deutlicher Abgrenzung zu *jeder* kognitivistischen Auffassung von Verkörperung. Die Möglichkeit einer Realisierung leiblicher Eigenschaften in technischen Artefakten ist aus phänomenologischer Perspektive grundsätzlich ausgeschlossen (Fuchs 2020).

11.6 Probleme und Chancen der humanoiden oder animaloiden Gestaltung sozialer Roboter

In der sozialen MRI trifft die Robotik als Ingenieursdisziplin auf ihr fremde Gegenstandsbereiche: die menschliche Lebenswelt sowie die mit ihr verbundenen Handlungs-, Wahrnehmungs- und Verhaltensdimensionen. Einige unmittelbare Schwierigkeiten können daher zunächst aus psychologischer Perspektive beschrieben werden. Bereits bei einfachen Zuschreibungen von Intentionen, Fähigkeiten und Zielen, die für eine gelingende MRI notwendig sind, können sich viele Fehler einschleichen. Ungleich komplizierter wird es, wenn die affektive und emotionale Ebene zur zentralen Größe in der sozialen MRI wird.

11.6.1 Akzeptanzprobleme, Übervertrauen und emotionale Bindung

Durch anthropomorphe oder zoomorphe Gestaltungsmaßnahmen werden geläufige Interaktionsmuster abgerufen, die den interagierenden Nutzern gewissermaßen entgegenkommen. Doch mit diesem Ansatz ergeben sich zugleich viele Fehlerquellen, die eine Ausnutzung anthropomorphistischer Effekte einschränken. Zunächst leidet die Effektivität der Interaktion und die Akzeptanz eines Roboters grundsätzlich immer dann, wenn die anthropomorphe oder zoomorphe Gestaltung nicht zu der jeweiligen Aufgabe des Roboters passt (Fink 2012). Hinderlich zumindest für den interaktiven Erstkontakt mit einem Roboter können darüber hinaus überhöhte Erwartungen an die Fähigkeiten des Roboters wirken, die insbesondere durch eine humanoide Gestaltung erzeugt werden (Kwon et al. 2016). Beispielsweise erwartet man bei dem verbreiteten humanoiden Roboter *Pepper*, dass er seine Arme und Greifer für physische Manipulationen einsetzen kann, was allerdings nicht der Fall ist. Darüber hinaus können übertriebene Vermenschlichungseffekte die MRI behindern oder gar unmöglich machen, beispielsweise weil seitens des menschlichen Interaktionspartners eine ablehnende Reaktion eintritt. Umgekehrt können anthropomorphistische Effekte und soziale Interaktionen unter bestimmten Umständen langfristig zu emotionalen Bindungen beitragen, die sich kontraproduktiv oder auch gefährlich für den menschlichen Nutzer auswirken können (Scheutz 2011). All diese Problemlagen können nur konstruktiv gelöst werden, indem die Gestaltungsansätze für soziale Roboter in enger Abstimmung mit Erkenntnissen der HRI-Forschung (insbesondere aus theoretisch fundierten psychologischen Experimenten) konzipiert und umgesetzt werden.

11.6.2 Das Uncanny Valley

Die Hypothese des sogenannten „Uncanny Valley" wurde erstmals 1970 von dem japanischen Robotiker Masahiro Mori formuliert (Mori 2012). Mori nimmt an, dass eine Zunahme der Menschenähnlichkeit von Robotern ab einem bestimmten Punkt zu einer abstoßenden Wahrnehmungsreaktion führt, da Roboter als „unheimlich" oder „gruselig" empfunden werden. Es wird angenommen, dass dieser Effekt bei weiterer Zunahme der Ähnlichkeit bis hin zur Ununterscheidbarkeit von Robotern und Menschen wieder abnimmt, sodass sich in der zweidimensionalen grafischen Darstellung des Verhältnisses von Menschenähnlichkeit (x) und Annehmlichkeit (y) ein Tal ergibt.

Es gibt verschiedene psychologische Erklärungsansätze für dieses Phänomen, das durch die Begrifflichkeit des Unheimlichen auch im Grenzbereich zur Philosophie diskutiert wird. Allerdings sind die experimentellen Befunde zur Hypothese des Uncanny Valley insgesamt nicht einheitlich. Studien, die mit Bildern von Androiden oder virtuellen Charakteren arbeiten und die Darstellungen fließend ineinander übergehen lassen, können die Hypothese weitgehend bestätigen; dagegen findet sich keine Bestätigung bei Studien, die mit diskret aufeinander folgenden Bildern arbeiten. Dieser Befund verweist auf methodologische Schwierigkeiten. Grundsätzlich ist bereits die eindimensionale

Quantifizierung von Ähnlichkeit als Wahrnehmungseindruck problematisch, sofern er sich auf komplexe Maschinen wie Roboter bezieht. Außerdem wird die Hypothese experimentell häufig mittels bildlicher Darstellungen von Robotern untersucht, da sich eine Realisierung von passend variierenden ‚echten' Androiden als praktisch schwierig darstellt. Es ist daher weitgehend ungeklärt, ob die Hypothese des Uncanny Valley sich in Interaktionen mit physisch präsenten Androiden bestätigt und ob der entsprechende Eindruck über den Moment der initialen Begegnung hinaus bestehen bleibt (Beiboer und Sandoval 2019). Insgesamt weist vieles darauf hin, dass in der Hypothese des Uncanny Valley verschiedene komplexe Phänomene vermischt sind, die nicht nur experimentell analysiert und im Einzelnen untersucht, sondern zunächst umfassend konzeptionell differenziert und theoretisch geklärt werden müssen (Misselhorn 2009).

11.7 Ethische Aspekte humanoider oder animaloider Gestaltung

Debatten zur ethischen Bewertung der humanoiden oder animaloiden Gestaltung von Robotern beziehen sich auf Implikationen, die sich aus der beabsichtigten Ähnlichkeit zwischen Robotern und Menschen bzw. Tieren ergeben. Die entsprechenden Punkte hängen nicht unmittelbar davon ab, ob Roboter denkende, intelligente oder in irgendeiner Weise bewusste Wesen sein könnten. Unabhängig von Spekulationen über einen möglichen Subjektcharakter von Robotern geht es in den im Folgenden dargestellten Debatten in erster Linie um die Fragen, ob und wie Roboter nach dem Vorbild von Menschen oder Tieren gestaltet werden sollten und wie diese Gestaltung moralisch zu bewerten ist.

11.7.1 Reproduktion von diskriminierenden Stereotypen

Die Entwicklung und Gestaltung von humanoiden Robotern erfordert bestimmte Entscheidungen dahingehend, welche menschlichen Merkmale in welcher Ausprägung und mit welcher Qualität reproduziert werden. Ob es sich dabei um physische Merkmale wie Körpergröße, Körperbau, Farbe, Stimme oder um Verhaltensweisen wie Höflichkeit handelt – es eröffnet sich unvermeidlich ein sozialer Bedeutungsspielraum mit ethischen Implikationen. Und weil sich Auswahl und Ausprägung der anthropomorphen Gestaltungsmerkmale an allgemeinen Typen bzw. Kategorien orientieren, erhalten diese Merkmale einen repräsentativen Charakter. Daher ist mit der Gestaltung von humanoiden Robotern ein bestimmtes Maß an Verantwortung verbunden, zumal gestalterische Entscheidungen absichtlich und begründbar sind. Die Situation ist vergleichbar mit repräsentativen bildlichen Darstellungen von Menschen. Im Unterschied zu Bildinhalten sind Roboter allerdings physisch präsent und sozial interagierend, wodurch die repräsentative Funktion der Gestaltungsmerkmale eine besondere Wirkung entfalten dürfte.

Eindeutig ethisch problematisch wird die humanoide Gestaltung von Robotern dann, wenn sie Stereotype reproduziert. Das können Gendermerkmale sein, die bei Robotern generell zunächst unnötig erscheinen und im Zusammenhang mit dem Aufgabengebiet des Roboters diskriminierende Rollenzuordnungen vornehmen (z. B. der weibliche, umsorgende Pflegeroboter, der männliche, kräftig anpackende *Cobot* in der Fabrikhalle). Bekanntes Beispiel sind die weiblichen Stimmen von digitalen Assistenten wie Siri, Alexa und anderen Systemen (Woods 2018); Roboter rufen entsprechende Assoziationen bereits durch die Form der physischen Gestalt ab (Bernotat et al. 2019). Darüber hinaus gibt es einen Spielraum für rassistisch diskriminierende Gestaltungen von Robotern und verwandten technischen Systemen, beispielsweise hinsichtlich kulturell verankerter Assoziationen der Farbe Weiß und ihrer rassistischen Repräsentationen (Bartneck et al. 2018; Cave und Dihal 2020). Eine verantwortungsbewusste Gestaltung muss für derartige Aspekte sensibel sein und sie kritisch reflektieren.

11.7.2 Wie sollen humanoide bzw. animaloide Roboter behandelt werden?

Aus technischer Perspektive betrifft die humanoide oder animaloide Gestaltung nur die rein äußerliche Erscheinung des Roboters. Daher erscheint die Frage nach einer moralischen Relevanz von menschlichem Verhalten gegenüber Robotern zunächst abwegig. Da Roboter keine Lebewesen sind, können sie offensichtlich nicht leiden, weder unter Schmerzen, Grausamkeit oder Verachtung. Roboter sind aufgrund ihrer fehlenden Leidensfähigkeit in dieser Hinsicht keine moralisch relevanten Wesen (Johnson und Verdicchio 2018). Doch trotz dieser Voraussetzung ergeben sich Fragen nach moralischen Grenzen im Umgang mit humanoiden oder animaloiden Robotern. Der Grund dafür liegt im Effekt des Anthropomorphismus: Wenn die anthropomorphe oder zoomorphe Erscheinung eines Roboters ein Auslöser für eine Wahrnehmung oder Zuschreibung von emotionalen Zuständen sein kann, dann eröffnen bestimmte Handlungen und Verhaltensweisen gegenüber Robotern einen moralischen Bedeutungsspielraum der Empfindsamkeit. Obwohl allen Beteiligten also klar ist, dass beispielsweise ein Tritt, der einen Roboter beinahe umwirft, niemandem weh tut, so kann diese Handlung aufgrund der menschlichen oder tierlichen Erscheinung des Roboters dennoch als gewalttätig oder sogar grausam wahrgenommen werden (Sparrow 2016).

Dabei handelt es sich nicht nur um eine rein spekulative Möglichkeit oder eine realitätsferne akademische Debatte. Das Phänomen hat beispielsweise in den USA bereits zu einem Gesetzesvorschlag geführt, dem sogenannten CREEPER Act (*Curbing Realistic Exploitative Electronic Pedophilic Robots*) von 2017, in dem es um ein Verbot von bestimmten humanoiden Robotern geht. Das Gesetz soll den Kauf, Verkauf und Vertrieb von Robotern verbieten, die als Kinder gestaltet sind und für sexuelle Handlungen gedacht sind.[4] Dabei geht es darum, diese sexuellen Handlungen zu verhindern, obwohl bei ihrer Ausübung an Robotern kein unmittelbarer Personenschaden entsteht.

---

[4] Das Gesetz wurde allerdings bisher nicht verabschiedet. Seit 4. Januar 2021 befindet es sich erneut im gesetzgebenden Prozess.

Aus moralphilosophischer Perspektive wird das Phänomen in zwei Deutungen diskutiert:

1. Grausamkeit oder Boshaftigkeit einer Handlung wird unter bestimmten Voraussetzungen als *an sich* moralisch verwerflich beurteilt, unabhängig davon, ob der Adressat der Handlung davon berührt werden kann (Sparrow 2021).
2. Grausame oder boshafte Handlungen gegenüber humanoiden oder animaloiden Robotern könnten ähnliche Verhaltensweisen gegenüber Menschen oder Tieren erleichtern oder fördern (Coghlan et al. 2019).

Die erste Deutung beruft sich auf eine tugendethische Interpretation der jeweiligen Handlungen. Die Ausübung von gewalttätigen und grausamen Handlungen gilt unter dieser Voraussetzung als Ausdruck des Charakters einer Person, die nicht tugendhaft handelt. Entsprechende Handlungen sind als solche nicht Ausdruck einer Kultivierung der Tugenden, auch wenn niemand davon betroffen ist. Es ist insofern die handelnde Person selbst in ihrem moralischen Selbstverständnis, der diese Handlungen schaden.

Die zweite Deutung ist umstritten, weil sie mit der empirischen Hypothese arbeitet, dass es eine Verbindung zwischen der Umgangsweise mit Robotern und der Umgangsweise mit Personen oder Tieren gibt. Vergleichbare Hypothesen wurden im Zusammenhang mit der Diskussion von Gewaltdarstellungen in Filmen und besonders von interaktiven Gewaltszenarien in Computerspielen bereits vielfach untersucht, allerdings ohne eindeutige Ergebnisse. Johnson und Verdicchio (2018) wenden beispielsweise ein, dass es sich bei Gewalt gegen Roboter bestenfalls um Simulationen von Gewalt handelt – vergleichbar mit Gewaltdarstellungen in Bildern, Filmen oder Computerspielen. Personen können aber normalerweise zwischen Simulation und Realität unterscheiden, sodass entsprechende Verhaltensweisen gegenüber Robotern ohne Weiteres als unproblematisch erkannt werden. Offen bleibt allerdings, ob die entsprechende Unterscheidungskompetenz im langfristigen Verlauf der zukünftigen technischen Entwicklung von realistischen Robotern abnehmen könnte.

Zum Umgang mit der generellen Problemlage werden im Wesentlichen zwei Ansätze diskutiert. Zunächst kann die humanoide oder zoomorphe Gestaltung von Robotern begrenzt und geregelt werden, um entsprechende Handlungen und Verhaltensweisen zu vermeiden. Diese Lösung bietet sich bei der Gestaltung von Robotern für offensichtlich moralisch verwerfliche Handlungen an, wie im genannten CREEPER Act. Allerdings gestaltet sich die Formulierung von entsprechenden Regeln für andere Arten sozialer Roboter schwierig, die zwar harmlosen Zwecken dienen sollen, aber natürlich trotzdem in moralischer Hinsicht ‚missbraucht' werden können. Ein alternativer Ansatz besteht daher darin, humanoiden oder animaloiden Robotern einen rechtlichen Status zu verleihen, der sie vor moralischem Missbrauch in Form von Grausamkeit schützt (Darling 2016). Dieser rechtliche Schutz gilt dann nur mittelbar für den Roboter selbst, während er eigentlich Personen vor der Versuchung zur Ausübung grausamer Handlungen schützen soll. Nutzen und Implikationen dieses Lösungsansatzes sind allerdings umstritten (Coghlan et al. 2019).

11.7.3 Täuschungspotenziale des Anthropomorphismus

Anthropomorphistische Effekte in der MRI können in verschiedener Weise irreführende Konsequenzen haben. Problematisch sind entsprechende Wahrnehmungen von Robotern zunächst, wenn interagierende Personen dadurch absichtlich getäuscht und zu einem bestimmten Verhalten verleitet werden. Ein derartiger missbräuchlicher Einsatz von Gestaltungseffekten mit manipulativem Charakter wird unter dem Begriff ‚dark patterns‘ in der Gestaltung von Websites und Apps thematisiert, betrifft aber auch soziale Roboter. So können Gefühle wie Freundlichkeit oder Niedlichkeit, die durch die Erscheinung oder den Ausdruck eines Roboters hervorgerufen werden, bestimmte Verhaltensweisen suggerieren (Lacey und Caudwell 2019).

Allerdings ist das Vorliegen einer Absicht nicht unbedingt entscheidend dafür, dass eine Täuschung moralisch problematisch ist. Vielmehr sind die Folgen für getäuschte Personen in Betracht zu ziehen. Hier können zwei verschiedene Täuschungspotenziale unterschieden werden: Einerseits Täuschungen über die emotionalen Kapazitäten und Beziehungsfähigkeiten, andererseits über die kognitiven und sozialen Kompetenzen von Robotern (Sharkey und Sharkey 2020).[5]

Ersteres gilt beispielsweise, wenn Personen zu der Annahme verleitet werden, dass ein Roboter Gefühle wie Zuneigung oder Freude empfindet, und daraufhin entsprechende Gefühle erwidern. Ein Beispiel betrifft den Einsatz von Robotern zur Ersetzung von menschlichen Tätigkeiten der Pflege. Hier kann es zu einer moralisch relevanten Täuschung kommen, wenn mit der pflegenden Tätigkeit eine Beziehungsebene verbunden wird, die verschiedene Formen der Gegenseitigkeit voraussetzt. Mit einem Roboter kann diese Gegenseitigkeit in der pflegenden Beziehung faktisch nicht bestehen, sondern bestenfalls über eine humanoide Gestaltung simuliert werden; Pflege verliert aber ihre ethische Qualität, wenn die entsprechende Beziehungsebene nicht realisiert wird (Van Wynsberghe 2015). Die Vortäuschung einer Beziehungsebene könnte außerdem entwicklungspsychologische Implikationen haben, etwa wenn es um komplexe Erfahrungen von Verhältnissen wie Fürsorge, Freundschaft oder Intimität geht. Soziale Roboter dürften hier eine problematische Dynamik erzeugen, etwa wenn sie als bequemer und konfliktfreier Ersatz zur Verfügung stehen.

---

[5] Eine Täuschung im Sinne einer echten Verwechslung eines Roboters mit einem lebendigen Wesen ist übrigens ein Grenzphänomen, welches nur in Ausnahmefällen überhaupt vorkommen dürfte (zumindest auf dem aktuellen Stand der Technik). Ein diskutiertes Beispiel betrifft den Einsatz der animaloiden Roboterrobbe *Paro* für eine therapeutische Interaktion mit Personen, die unter Demenz leiden. Diese Nutzergruppe könnte den Roboter möglicherweise aufgrund seines Aussehens und seines Verhaltens durchaus mit einem lebendigen Tier verwechseln – ethisch problematisch ist diese Verwechslung allerdings nur hinsichtlich der vorgetäuschten Beziehungsfähigkeit.

Das zweite Problem entsteht, wenn die kognitiven und sozialen Fähigkeiten von Robotern aufgrund ihrer Erscheinung überschätzt werden. Im Unterschied zum Übervertrauen (Abschn. 11.6.1), dessen Auswirkungen die unmittelbare Interaktion beeinträchtigen kann, führen weitreichende Täuschungen darüber, inwiefern Roboter die Welt verstehen und begründete Entscheidungen treffen können, zu einem irreführenden Einsatz dieser Roboter (Sharkey und Sharkey 2020). Wenn beispielsweise der Einsatz von sozialen Robotern als Pflegekräften, Lehrern oder Erziehern diskutiert wird, dann werden Kompetenzen unterstellt, die bis auf Weiteres nicht technisch realisierbar sind. Zugleich wird damit der ganze Diskurs in eine unkonstruktive Richtung gelenkt.

Ausmaß und Reichweite der Täuschungsproblematik bei humanoiden und animaloiden Robotern sind allerdings ungeklärt und umstritten. So argumentiert beispielsweise Coeckelbergh (2018), dass es sich bei vielen der diskutierten Phänomene nicht um Täuschungen im eigentlichen Sinne, sondern vielmehr um Inszenierungen für einen bestimmten Zweck handelt, die an lange (und ethisch unproblematische) illusionistische Traditionen wie Zauberei anknüpfen. – Soweit es um die Rolle humanoider und animaloider Gestaltungsansätze geht, steht die Beurteilung von Täuschungsszenarien in engem Zusammenhang zur Einordnung des Anthropomorphismus sowie zu übergeordneten Fragen nach der Funktion sozialer MRI.

11.8 Die Philosophie der Mensch-Maschine

Fragen der Gestaltung betreffen in erster Linie die Erscheinung von Robotern. Eng damit verbunden sind, wie im vorigen Abschnitt erläutert, Täuschungsmöglichkeiten und Fragen nach der Moralität des menschlichen Verhaltens gegenüber Robotern. Aber welche Konsequenzen ergeben sich aus diesen und ähnlichen Aspekten für das Verhältnis von Erscheinung und *Sein*? Diese Frage geht über den im engeren Sinne ethischen Bereich hinaus und berührt allgemeinere philosophische Überlegungen.

Im Rahmen der Science-Fiction wird diese Thematik häufig in Form eines Gedankenexperiments mit extremen Annahmen aufgespannt: Was wäre beispielsweise, wenn ein humanoider Roboter in seinem Aussehen, seinem Verhalten und seinen Äußerungen nicht mehr von einer menschlichen Person unterscheidbar wäre? Wie kann man unter diesen Umständen noch wissen, ob ein Gegenüber ein Mensch oder ein technisches Artefakt ist?[6] Was zeichnet den Menschen oder das Menschliche gegenüber einer perfekten Simulation aus? Die in diesen Fragen zum Ausdruck gelangende epistemologische Skepsis bezüglich der menschlichen Natur leitet über zur ontologischen Fragestellung: Wenn der Unterschied zwischen Maschinen und Menschen irgendwann nicht mehr erkennbar ist – gibt es ihn dann überhaupt?

---

[6] Diese Fragen werden beispielsweise im Film *Blade Runner* (1982) oder in der TV-Serie *Battlestar Galactica* (2004–2009) aufgeworfen.

Doch für diese und verwandte Fragen bedarf es keines perfekten menschlichen Aussehens und Verhaltens, wie wir es zukünftigen Androiden unterstellen – auch wenn ein Roboter äußerlich klar als solcher zu erkennen ist, können die oben beschriebenen anthropomorphistischen Effekte Fragen zum ‚Innenleben' eines humanoiden oder animaloiden Roboters aufwerfen. Eine derartige Vermenschlichung von Maschinen betrifft im Übrigen nicht nur Zuschreibungen, die unmittelbar durch Wahrnehmung und Interaktion vermittelt sind. Auch in rechtlichen und politischen Diskursen wird (z. B. durch sprachliche Wendungen) eine entsprechende Ähnlichkeit zwischen Robotern und Menschen unterstellt, bis hin zu einer Art Personalität oder Subjektivität von Robotern und verwandten Technologien. Dieses Phänomen bildet gewissermaßen die Kehrseite der Idee, den Anthropomorphismus konstruktiv für die soziale MRI zu nutzen:

> Der Anthropomorphismus, der unserem Wahrnehmen und Denken inhärent ist, verleitet uns nur allzu leicht dazu, unseren Maschinen menschliche Intentionen, Handlungen, ja Gefühle zuzuschreiben. Spätestens bei humanoiden Robotern lebt der Animismus wieder auf, den wir für ein überwundenes Stadium der Vorgeschichte gehalten haben oder noch bei Kleinkindern beobachten können. Dann wäre die simulierte Ente am Ende doch eine Ente, und das Als-ob der Simulation ginge verloren – sei es, weil der kategoriale Unterschied nicht mehr verstanden wird oder weil es letztlich als gleichgültig erscheint. […] Freilich kann man alle Begriffe wie Denken, Entscheiden, Intelligenz und Bewusstsein rein behavioristisch als Output definieren, wie es Turing bereits vorschlug. Damit heben wir allerdings die Maschinen auf unsere Stufe und degradieren uns selbst zu Maschinen. (Fuchs 2020, S. 62 f.)

Humanoide und animaloide Roboter veranlassen folglich einen Argumentationszusammenhang, in dem die Möglichkeit der Simulationen eines menschlichen Wesens als Hinweis für eine strukturelle oder funktionale Identität zwischen menschlichem Organismus und technischem Artefakt gewertet wird. Dahinter steckt die Annahme, dass erfolgreiche Simulationen von menschlich-sozialen Verhaltensweisen und daran anknüpfende gelingende Mensch-Roboter-Interaktionen uns etwas über die Natur des Menschen und des Lebendigen überhaupt lehren können. Die affektive Verlebendigung von passend gestalteten Robotern spiegelt sich dann auch im Denken wider. Aus dem Anthropomorphismus entwickelt sich so wiederum eine weltanschaulich-ethische Haltung: Dadurch, dass mit der menschenähnlichen Gestaltung eine mögliche Vergleichsebene zwischen Menschen und Maschinen suggeriert wird, ergibt sich eine Art Dehumanisierung bzw. Entmenschlichung des Menschen. Denn wenn der Kern des Menschlichen prinzipiell auch technisch reproduzierbar ist, dann unterliegen Menschen einer technologischen Entwicklungslogik, die sie zu einem Zwischenstadium im technischen Fortschritt macht – angefangen beim menschlichen Körper, dessen Effizienz durch Enhancement-Technologien maximiert werden kann, bis hin zur Optimierung des Sozialen, die in der Mensch-Roboter-Interaktion ihren Maßstab sucht.

Derartige Übertragungen und Gleichsetzungen sind allerdings stark von kulturgeschichtlichen Überlieferungen inspiriert und verweisen auf philosophische Denkfiguren. Für ein umfassendes Verständnis der zugrunde liegenden Argumentationsmuster erweist es sich als hilfreich, nicht nur auf die zeitgenössischen ingenieurstechnischen Innovationen oder auf spekulative Zukünfte zu schauen, sondern auch deren Ursprünge in kulturellen und historischen Traditionen aufzudecken. Denn die Idee, Maschinen in Anlehnung an lebendige Organismen zu gestalten und als Vergleichsmaßstab heranzuziehen, ist nicht neu. Heutige Roboter, wie sie für die Industrie, für Serviceanwendungen und für soziale Funktionen entwickelt werden, haben ihre historischen Vorläufer in der Idee des künstlichen Menschen, der Mensch-Maschine oder des Androiden. Das Kunstwort ‚Roboter‘, das erst seit 1920 existiert und sich mit der Science-Fiction-Literatur der 1940er-Jahre etablierte, konnte letztendlich nur deshalb in die Alltagssprache eingehen, weil sich die entsprechende Begrifflichkeit passend in den Ideenzusammenhang des künstlichen Menschen einfügt, der eine lange Vorgeschichte in Mythos, Religion, Philosophie und Fiktion hat.

Die heute relevanten philosophischen Unterscheidungen und Denkfiguren gehen im Wesentlichen auf grundsätzliche Positionen zurück, die seit der frühen Neuzeit entwickelt und in der Zeit der Aufklärung bereits technisch repräsentiert wurden. Wegmarken sind beispielsweise die Konzeption des (tierlichen) Körpers als Maschine (Descartes), die theoretische Repräsentation aller Denkinhalte im binären Code (Leibniz) und die seit dem 18. Jahrhundert entwickelten humanoiden und animaloiden Automaten, die explizit als Androiden bezeichnet wurden. Figuren wie die Musiker und die Ente von Jacques de Vaucanson (1738), der Schachtürke von Wolfgang von Kempelen (1769) und die schreibenden, zeichnenden und musizierenden Androiden von Pierre und Henri-Louis Jaquet-Droz und Jean-Frédéric Leschot (1774) demonstrierten nicht nur den Stand der feinmechanischen Technologie, sondern auch die Möglichkeit, Prinzipien lebendiger Organismen und soziale Fähigkeiten in humanoiden Automaten nachzubilden (Caetano da Rosa 2020).

Diese Hintergründe machen viele aktuelle Denkfiguren und visionäre Werte verständlich, auch wenn die vortechnologischen Ursprünge kaum eine explizite Rolle bei der heutigen Arbeit von Robotikingenieuren spielen. Denn obwohl keine technologische Kontinuität zwischen der „Vorzeit" der Robotik und dem heutigen Stand der Forschung und Entwicklung besteht, ist die Gestaltung von Robotern als menschen- oder tierähnliche Maschinen eng mit dieser Geschichte und der kollektiven Imagination des Roboters verbunden. Spätestens mit der Idee einer sozialen Robotik werden diese Themen unumgänglich. Wenn also humanoide und animaloide Roboter für Aufgaben außerhalb der kontrollierten Umgebung einer Fabrikhalle entwickelt werden – und das bedeutet: wenn diese Maschinen in vielerlei Hinsicht zu einem *Teil der Lebenswelt und der Gesellschaft* werden sollen, dann rücken kulturelle Repräsentationen und Interpretationen der Mensch-Maschine wieder in den Vordergrund. Und dazu gesellt sich unvermeidlich das verzerrte Spiegelbild des Roboters, der technisierte und maschinenartige Mensch. In diesem Kontext wird nun eine reflektierte und verantwortliche Gestaltung humanoider oder animaloider Roboter wichtig, die ihre philosophischen und ethischen Grundlagen erforscht und sich kritisch mit ihnen auseinandersetzt.

Literatur

Bartneck C, Yogeeswaran K, Ser QM et al (2018) Robots and racism. In: Proceedings of the 2018 ACM/IEEE international conference on human-robot interaction. Association for Computing Machinery, New York, S 196–204

Beiboer J, Sandoval EB (2019) Validating the accuracy of imaged-based research into the uncanny valley: An experimental proposal. In: Proceedings of the 14th ACM/IEEE international conference on human-robot interaction. IEEE Press, Daegu, S 608–609

Bernotat J, Eyssel F, Sachse J (2019) The (fe)male robot: how robot body shape impacts first impressions and trust towards robots. Int J Soc Robot 13:477

Brooks RA (1991) Intelligence without representation. Artif Intell 47:139–159

Buxbaum H-J (Hrsg) (2020) Mensch-Roboter-Kollaboration. Springer Gabler, Wiesbaden

Caetano da Rosa C (2020) Androiden als Spie(ge)l der Aufklärung. Avinus, Hamburg

Cave S, Dihal K (2020) The Whiteness of AI. Philos Technol 33:685–703

Coeckelbergh M (2018) How to describe and evaluate „deception" phenomena: recasting the metaphysics, ethics, and politics of ICTs in terms of magic and performance and taking a relational and narrative turn. Ethics Inf Technol 20:71–85

Coghlan S, Vetere F, Waycott J, Barbosa Neves B (2019) Could social robots make us kinder or crueller to humans and animals? Int J Soc Robot 11:741–751

CREEPER Act 2.0 (2021) H.R. 73: Curbing Realistic Exploitative Electronic Pedophilic Robots Act 2.0. In: GovTrack.us. https://www.govtrack.us/congress/bills/117/hr73. Zugegriffen am 11.08.2021

Darling K (2016) Extending legal protection to social robots: the effects of anthropomorphism, empathy, and violent behavior towards robotic objects. In: Froomkin AM, Calo R, Kerr I (Hrsg) Robot law. Edward Elgar, Cheltenham

Darling K (2017) „Who's Johnny?" Anthropomorphic framing in human-robot interaction, integration, and policy. In: Lin P, Abney K, Jenkins R (Hrsg) Robot ethics 2.0. Oxford University Press, New York

Dautenhahn K (2018) Some brief thoughts on the past and future of human-robot interaction. J Hum-Robot Interact 7:4:1–4:3

DIN EN ISO 13482 (2014) Roboter und Robotikgeräte – Sicherheitsanforderungen für persönliche Assistenzroboter

Fink J (2012) Anthropomorphism and human likeness in the design of robots and human-robot interaction. In: Ge SS, Khatib O, Cabibihan J-J et al (Hrsg) Social robotics. Springer, Berlin/Heidelberg, S 199–208

Fuchs T (2020) Menschliche und künstliche Intelligenz. Eine Klarstellung. In: Verteidigung des Menschen – Grundfragen einer verkörperten Anthropologie. Suhrkamp, Berlin, S 21–70

Heider F, Simmel M (1944) An experimental study of apparent behavior. Am J Psychol 57:243

Johnson DG, Verdicchio M (2018) Why robots should not be treated like animals. Ethics Inf Technol 20:291–301

Kwon M, Jung MF, Knepper RA (2016) Human expectations of social robots. In: The eleventh ACM/IEEE international conference on human robot interaction. IEEE Press, Christchurch, S 463–464

Lacey C, Caudwell C (2019) Cuteness as a ‚dark pattern' in home robots. In: Proceedings of the 14th ACM/IEEE international conference on human-robot interaction. IEEE Press, Daegu, S 374–381

Lemaignan S, Fink J, Dillenbourg P (2014) The dynamics of anthropomorphism in robotics. In: Proceedings of the 2014 ACM/IEEE international conference on human-robot interaction. Association for Computing Machinery, New York, S 226–227

Misselhorn C (2009) Empathy with inanimate objects and the Uncanny Valley. Mind Mach 19:345

Mori M (2012) The Uncanny Valley. IEEE Robot Autom Mag 19:98–100

Onnasch L, Roesler E (2021) A taxonomy to structure and analyze human-robot interaction. Int J Soc Robot 13:833–849

von der Pütten AM, Krämer NC (2012) A survey on robot appearances. In: Proceedings of the seventh annual ACM/IEEE international conference on human-robot interaction. Association for Computing Machinery, New York, S 267–268

Remmers P (2020) The artificial nature of social robots: a phenomenological interpretation of two conflicting tendencies in human-robot interaction. In: Nørskov M, Seibt J, Quick OS (Hrsg) Culturally sustainable social robotics. IOS Press, Amsterdam, S 78–85

Scheutz M (2011) The inherent dangers of unidirectional emotional bonds between humans and social robots. In: Lin P, Abney K, Bekey GA (Hrsg) Robot ethics – the ethical and social implications of robotics. MIT Press, Cambridge, MA, S 205–222

Seo SH, Geiskkovitch D, Nakane M et al (2015) Poor thing! Would you feel sorry for a simulated robot? A comparison of empathy toward a physical and a simulated robot. In: Proceedings of the tenth annual ACM/IEEE international conference on human-robot interaction. Association for Computing Machinery, New York, S 125–132

Sharkey A, Sharkey N (2020) We need to talk about deception in social robotics! (11 November 2020). Ethics Inf Technol

Sparrow R (2016) Kicking a robot dog. In: The eleventh ACM/IEEE international conference on human robot interaction. IEEE Press, Christchurch, S 229

Sparrow R (2021) Virtue and vice in our relationships with robots: is there an asymmetry and how might it be explained? Int J Soc Robot 13:23–29

Takanishi A (2013) Beyond the uncanny valley – novel applications and ethical aspects of humanoid robots. In: Ethics in science and society: German and Japanese views. Iudicium, München, S 57–73

Van Wynsberghe A (2015) Healthcare robots: ethics, design and implementation. Ashgate, Farnham

Woods HS (2018) Asking more of Siri and Alexa: feminine persona in service of surveillance capitalism. Crit Stud Media Commun 35:334–349

Ziemke T, Thill S (2014) Robots are not embodied! Conceptions of embodiment and their implications for social human-robot interaction. In: Seibt J, Hakli R, Nørskov M (Hrsg) Sociable robots and the future of social relations. IOS Press, Amsterdam, S 49–53

Einstellungen gegenüber sozialen Robotern 12

Eine Übersicht zu Forschungsmethoden und Forschungsergebnissen

Julia G. Stapels und Friederike Eyssel

Die Ära der Cobots hat begonnen.

(Spiegel Online)

Zusammenfassung

Einstellungen sind die Gedanken und Gefühle einer Person zu einem Einstellungsobjekt, z. B. einem sozialen Roboter. Einstellungen gegenüber Robotern haben kognitive, affektive und verhaltensbezogene Komponenten und können mithilfe von Selbstbeurteilungsmaßen, impliziten Maßen oder Beobachtungsmaßen gemessen werden. Ein Konflikt zwischen möglichen positiven und negativen Aspekten von Einstellungen führt bei potenziellen Nutzer*innen zu Ambivalenz gegenüber sozialen Robotern und zu fehlender Akzeptanz von Robotern im Alltag. Hierbei werden die Einstellungen gegenüber Robotern von den Eigenschaften des jeweiligen Roboters selbst sowie von individuellen und gesellschaftlichen Faktoren beeinflusst. Bezüglich der Verbesserung von Einstellungen gegenüber Robotern ist auf Basis der sozialpsychologischen Literatur anzunehmen, dass vor allem direkter Kontakt oder überzeugende Argumente solche Einstellungen langfristig verbessern können. Aktuelle Forschungsprojekte integrieren die vorhandenen Forschungsergebnisse, um Robotertechnologien gesellschaftlich nutzbar zu machen. Insgesamt sind soziale Roboter noch nicht in Privathaushalten akzeptiert und es ist mehr Forschung nötig, um die ambivalenten Einstellungen aufzulösen und Roboter zu eindeutig positiven Alltagsgefährten zu machen.

J. G. Stapels (✉) · F. Eyssel
Center for Cognitive Interaction Technology (CITEC), Universität Bielefeld,
Inspiration 1, Bielefeld 33619, Deutschland
E-Mail: jstapels@cit-ec.uni-bielefeld.de; feyssel@cit-ec.uni-bielefeld.de

12.1 Einleitung

„Die Ära der Cobots hat begonnen" lautete der Titel eines Übersichtsartikels zum Einsatz von Robotern während der Covid-19-Pandemie bei Spiegel Online am 16. Februar 2020. In Anbetracht der gegenwärtigen globalen Pandemiesituation wäre es in der Tat wünschenswert, wenn kollaborative Roboter (engl. *cobots*) unterstützend eingesetzt werden könnten: etwa zur Umsetzung von Hygienekonzepten, zur Sicherstellung der Einhaltung von Abstandsgeboten und der Maskenpflicht oder für Transportaufgaben (Bendel 2020). Bedauerlicherweise werden Roboter aktuell nur vereinzelt für derartige Aufgaben genutzt, denn allgemein ist die Nutzungsbereitschaft von neuen Technologien wie etwa kollaborativen sozialen Robotern noch nicht weit verbreitet. Der internationale Dachverband der Robotik, die *International Federation of Robotics* (IFR), schätzt, dass 2020 weltweit 21,6 Millionen Roboter für Haushaltsaufgaben verkauft wurden, und prognostiziert für das Jahr 2023 einen Verkauf von 48,6 Millionen Robotern. Im Gegensatz dazu wurden soziale Roboter für den Heimgebrauch 2020 nur schätzungsweise 5,1 Millionen Mal verkauft und der erwartete Verkauf soll nur auf 6,7 Millionen im Jahr 2023 steigen (diese und weitere Statistiken sind nachzulesen auf https://ifr.org). Entsprechend sind soziale Roboter bislang noch nicht bei Endnutzer*innen in Privathaushalten akzeptiert und auch Versuche der Markteinführung in jüngeren Jahren scheiterten unlängst (z. B. Jibo, Kuri). Warum fürchten manche Menschen, dass Roboter die Menschheit bedrohen? Wie steht es tatsächlich um die Einstellungen gegenüber Robotern? Welche Möglichkeiten gibt es, Sympathie, Vertrauen und Akzeptanz von Robotern zu erhöhen, damit Roboter wie selbstverständlich zu Interaktionspartnern in unserem Alltag werden? Und was hat Schokoladenkuchen damit zu tun? Überlegungen zu diesen Aspekten werden wir im Folgenden ausführen.

12.2 Einstellungen, Einstellungsmessung und Einstellungsänderung

12.2.1 Was sind Einstellungen?

Eine Einstellung umfasst die Gesamtheit aller Gedanken und Gefühle gegenüber einem Einstellungsobjekt (Bohner und Wänke 2002). Wir haben Einstellungen gegenüber Menschen, Dingen oder Konstrukten. Einstellungen bestimmen, wie man sich bezüglich eines Einstellungsobjekts fühlt (Affekt), wie man darüber denkt (Kognition), wie man sich verhält (Verhalten), und umgekehrt.

Einstellungen können positiv, negativ, neutral oder ambivalent sein. Beispielsweise sind Einstellungen gegenüber dem Konzept „Urlaub" meist positiv. Auf den Urlaub freuen sich die meisten Menschen, haben positive Gedanken zum Thema Urlaub und planen bereitwillig die nächste Reise. Im Gegensatz dazu sind Einstellungen gegenüber Insekten, wie z. B. Kakerlaken, meist negativ: Viele Menschen ekeln sich vor Kakerlaken, machen sich Gedanken um die Folgen eines Kakerlakenbefalls, wenn sie eine Kakerlake sehen, und wollen ihnen buchstäblich aus dem Weg gehen. Manch anderen Einstellungsobjekten gegenüber ist man wiederum neutral eingestellt. Denken Sie beispielsweise an Steine oder Tacker: Zu diesen Dingen haben Menschen gemeinhin weder ausgeprägt positive noch negative Gedanken, Gefühle oder Verhaltenstendenzen in Richtung Annäherung oder Vermeidung. In anderen Worten: Ein Tacker ruft keinerlei starke Resonanz auf den Ebenen von Kognition, Affekt oder Verhalten hervor, es ist lediglich ein Büroutensil, das weder begeistert noch bedrückt. Anders ist es zum Beispiel bei Süßigkeiten: Die meisten Menschen berichten zu diesen Lebensmitteln sowohl stark positive als auch stark negative Gedanken und Gefühle. Bei Schokoladenkuchen freuen wir uns etwa über seinen intensiven Geschmack und die angenehme Süße erzeugt ein positives Geschmackserlebnis. Gleichzeitig wissen wir, dass Schokoladenkuchen ungesund ist und wir sorgen uns entsprechend um die Auswirkungen des Konsums. Starke positive und negative Gedanken und Gefühle zu Schokoladenkuchen konkurrieren miteinander und erzeugen so ein Gefühl des Hinundhergerissenseins. In der Forschung wird dieser Zustand Ambivalenz genannt (Kaplan 1972). Denken wir an andere Genussmittel wie Fast Food und Alkohol oder an umstrittene gesellschaftliche Themen wie Organspende und Sterbehilfe: Auch hierzu haben viele Menschen ambivalente Einstellungen (van Harreveld et al. 2015). Ambivalente Einstellungen existieren somit zu einer Vielzahl von Dingen und Konstrukten, die sich dadurch auszeichnen, dass sie sowohl starke positive als auch starke negative Evaluationen hervorrufen. Wie finden wir nun heraus, wie die Einstellungen gegenüber Robotern aussehen? Sind Einstellungen gegenüber Robotern positiv, negativ oder neutral? Oder sind sie ambivalent, wie gegenüber Schokoladenkuchen?

12.2.2 Wie werden Einstellungen gemessen?

Einstellungen werden mithilfe wissenschaftlich zuverlässiger und hinsichtlich ihrer Aussagekraft überprüfter Messinstrumente erfasst, z. B. mittels Selbstbeurteilungsmaßen, mittels sogenannter impliziter Maße oder mithilfe von Beobachtungsmaßen. Einen umfassenden Überblick zum Thema geben Manstead und Livingstone (2014). Im Rahmen dieses Buchkapitels werden wir jedoch lediglich verkürzt auf häufig verwendete Messinstrumente zur Erfassung der Einstellungen gegenüber Robotern eingehen.

12.2.2.1 Selbstbeurteilungsmaße

Selbstbeurteilungsmaße erfassen Einstellungen explizit: Hierbei werden die Versuchsteilnehmer*innen persönlich in Wort oder Schrift nach ihren Gedanken und Gefühlen zu einem Einstellungsobjekt gefragt. Diese Selbstbeurteilungsmaße können quantitativer oder qualitativer Natur sein. In quantitativen Fragebogen werden Einstellungen beispielsweise mit Fragen wie der folgenden operationalisiert: „Wie positiv ist Ihre Einstellung zu Robotern?" auf einer Skala von 1 (gar nicht positiv) bis 7 (sehr positiv). Etablierte Skalen zur Messung von Aspekten roboterbezogener Einstellung sind die *Negative Attitudes towards Robots Scale* (dt.: Skala zur Erfassung negativer Einstellungen gegenüber Robotern;

Nomura et al. 2004) oder die *Robot Anxiety Scale* (dt.: Skala zur Erfassung von Angst gegenüber Robotern; Nomura et al. 2006). Allerdings ist hier zu beachten, dass sich die genannten Skalen auf die negativen Aspekte von Einstellungen gegenüber Robotern beziehen. Entsprechend sollten diese Messinstrumente ergänzt werden durch eine zusätzliche Abfrage der positiven Aspekte der Einstellungen, beispielsweise durch die Abfrage von Sympathie und Vertrauen gegenüber Robotern. Quantitative Fragebogen bieten den Vorteil einer leichten und effizienten Durchführung und einer hohen Vergleichbarkeit zwischen Versuchsteilnehmer*innen, erfordern aber auch die Fähigkeit und Bereitschaft zur ehrlichen Selbstauskunft und sind – je nach Themenbereich – unter Umständen durch sozial erwünschtes Antwortverhalten und Tendenzen zur positiven Selbstdarstellung beeinflusst (Nederhof 1984). Wenn die Versuchsteilnehmer*innen nicht in der Lage sind, die Fragen selbst zu beantworten, wie es beispielsweise bei Menschen mit kognitiven Einschränkungen der Fall sein kann, können Fremdbeurteilungen durch nahestehende Personen oder Pflegepersonal Selbstbeurteilungsfragebogen ersetzen.

Wenn man Einstellungen auf qualitativem Wege erfassen möchte, ist dies durch das Einholen von Selbstbeurteilungen in einem offenen Textformat möglich oder im Rahmen von ((semi-) strukturierten) Interviews. Bei Interviews werden die Aussagen der Versuchsteilnehmer*innen schriftlich oder als Tonspur festgehalten. Qualitative Daten sind aufwändiger in der Auswertung und die Herstellung der Vergleichbarkeit von Antworten zwischen den Teilnehmer*innen stellt eine Herausforderung dar. Nichtsdestotrotz bieten qualitative Daten die Chance, spezifische Aspekte von Einstellungen zu erkennen, die mittels quantitativen Maßen gegebenenfalls nicht erfasst worden wären.

12.2.2.2 Implizite Maße

Wenn eine Person zu einem bestimmten Einstellungsobjekt keine Aussage machen kann oder möchte, kommen indirekte Methoden der Einstellungsmessung mithilfe von impliziten Maßen zum Einsatz. Dies ist beispielsweise der Fall, wenn man sich seiner Einstellung nicht komplett bewusst ist oder einer Person das Berichten von Einstellungen, zum Beispiel in Bezug auf politische oder sehr persönliche Themen, unangenehm ist. Dann ist diese Person unter Umständen eher geneigt, sozial erwünschtes Antwortverhalten zu zeigen und die tatsächliche Einstellung für sich zu behalten. Diese Problematik umgehen implizite Maße, weil sie schwer willentlich beeinflussbar sind und auch Einstellungen abbilden können, die möglicherweise außerhalb des Bewusstseins der Versuchspersonen liegen. Allerdings werden die Gültigkeit und Unbeeinflussbarkeit dieser Maße in der Forschung immer wieder diskutiert (s. Manstead und Livingstone 2014). Implizite Maße leiten Informationen über Einstellungen zumeist mittels Reaktionszeitdaten ab. Ein Beispiel für eine indirekte Messmethode ist der sogenannte *Implicit Association Test* (IAT; dt: Impliziter Assoziationstest), der insbesondere im Kontext der Vorurteilsforschung zum Einsatz kommt (Greenwald et al. 1998). Hierbei wird anhand von Reaktionszeiten die assoziative Verbindung zwischen verschiedenen Konstrukten erfasst. Beispielsweise zeigten Karl MacDorman und Kolleg*innen (2009), dass Roboter sowohl von japanischen als auch von US-amerikanischen Teilnehmer*innen stärker mit Waffen als mit Menschen assoziiert wurden, obwohl Roboter in Japan gesellschaftlich besser integriert sind. Die Autor*innen schlossen daraus, dass kulturelle, gesellschaftliche und individuelle Faktoren wohl einen größeren Einfluss auf die Akzeptanz von Robotern haben als die Einstellung an sich. Ein weiteres indirektes Maß ist das *Mouse Tracking* (Freeman und Ambady 2010). Hierbei werden Mausbewegungen am Computer während einer Evaluationsaufgabe, zum Beispiel während der Zuordnung verschiedener Roboterbilder zu den Kategorien „positiv" oder „negativ", aufgezeichnet, um so Informationen über kognitive Prozesse der Entscheidungsfindung und Konfliktlösung ableiten zu können. Eine längere Reaktionszeit und eine größere Abweichung vom idealen Pfad zwischen Startpunkt und Antwortbutton deuten auf eine ambivalente Einstellung hin, während eine schnelle, direkte Auswahl auf eine eindeutig positive oder negative Einstellung schließen lässt (Schneider et al. 2015). In Bezug auf Roboter wurde Mouse Tracking verwendet, um die kognitiven Prozesse während einer Kategorisierungsaufgabe von Roboter- und Menschengesichtern zu analysieren sowie die Auswirkungen der Kategorisierung auf die Sympathie von maschinenartigen und menschenähnlichen Robotern (Mathur et al. 2020). Mithilfe indirekter Messmethoden wird im Labor von spontanen Reaktionen auf die Einstellungen zum jeweiligen Einstellungsobjekt geschlossen. Doch auch in realistischeren Situationen werden Verhaltensbeobachtungen zur Erforschung von Einstellungen verwendet.

12.2.2.3 Beobachtungsmaße

In Beobachtungsstudien werden Versuchspersonen in konkreten Situationen beobachtet und diese Beobachtungen werden schriftlich dokumentiert. Meist werden die interessierenden Verhaltensweisen anhand vorher festgelegter Schemata kodiert und deren Auftretenshäufigkeit wird erfasst. Beobachtungsstudien können Aufschluss über das natürliche Verhalten von Menschen geben, ohne dass die Wissenschaftler*innen in die Interaktion eingreifen. Wan-Ling Chang und Selma Šabanović (2015) beobachteten beispielsweise drei Monate lang Interaktionen zwischen Senior*innen und dem Roboter Paro in einem Pflegeheim. Paro ist ein tierähnlicher Roboter in Gestalt einer Babyrobbe (*Paro Robots*, erhältlich seit 2004). Sie fanden heraus, dass das Geschlecht der Nutzer*innen sowie soziale und individuelle Faktoren eine große Rolle dabei spielten, ob die Senior*innen mit dem Roboter interagierten: Im Speziellen schienen Frauen eine größere Bereitschaft zu zeigen, mit dem Roboter interagieren zu wollen. Bezüglich der sozialen Faktoren zeigte sich ein positiver Effekt auf die Nutzungsbereitschaft des Roboters, wenn Pflegepersonal oder andere Bewohner*innen bei der Verwendung unterstützten und mit ihnen über den Roboter sprachen. Bezüglich der individuellen Faktoren fiel auf, dass Nutzer*innen, die länger mit dem Roboter interagierten, die Interaktion ihren individuellen Bedürfnissen anpassten. Sie betrachteten die Begegnung mit Paro als eine Gelegenheit, über ihre Gefühle zu sprechen, im Gespräch mit der Robbe Probleme im Alltag zu reflektieren, oder als Medium, um mit Mitmenschen in Kontakt zu treten. Wie bei allen empirischen Arbeiten müssen auch hier die methodologisch bedingten Einschränkungen in der Interpretation der Ergebnisse beachtet werden: Aus Beobachtungsdaten können ohne zusätzliche Umsetzung einer experimentellen Manipulation keine Kausalzusammenhänge geschlossen werden. Beispielsweise wissen wir bei diesen Studienergebnissen nicht, ob das Geschlecht der Grund für die Unterschiede in den Beobachtungen ist oder ob Rollenerwartungen und sozialisierte Verhaltensmuster, die mit dem Geschlecht zusammenhängen, zu unterschiedlichen Verhaltensmustern geführt haben. Aus Beobachtungsdaten kann man Einstellungen teilweise ableiten, doch die affektiven und kognitiven Komponenten von Einstellungen werden meist über implizite Maße und Selbstbeurteilungsmaße erfasst.

12.2.2.4 Schwierigkeiten bei der Einstellungsmessung

Selbst wenn Menschen bereit und in der Lage sind, ihre Einstellung offen und ehrlich zu äußern, beeinflusst das verwendete Messinstrument die resultierenden Ergebnisse stark und sollte sorgfältig ausgewählt und mit anderen Maßen kombiniert werden, um die tatsächliche Einstellung möglichst gut abzubilden. In der Einstellungsforschung werden häufig bipolare Skalen verwendet. Hierbei handelt es sich um *Items* (Teile einer Skala, z. B. eine Frage), die zwei entgegengesetzte Pole beinhalten und beispielsweise von negativ bis positiv reichen und somit eine Einstellung erfassen. Allerdings sind Einstellungen nicht allein negativ, neutral oder positiv. Sie können auch ambivalent sein, wie wir am Beispiel des Schokoladenkuchens gesehen haben. Dabei kann eine bestehende Ambivalenz durch ein einzelnes Item, dessen Antwortmöglichkeiten von negativ bis positiv reicht, nicht erfasst werden, weil man bei einer mittleren Angabe nicht weiß, ob die Person neutral eingestellt ist oder sich hin- und hergerissen fühlt. Auf diese Problematik wird in der sozialpsychologischen Forschung immer wieder hingewiesen (vgl. Kaplan 1972; Priester und Petty 1996; Schneider et al. 2015) und sie lässt sich auf alle Bereiche der Einstellungsforschung übertragen. Auch Roboter scheinen hoch ambivalente Einstellungsobjekte zu sein (Stapels und Eyssel 2021). Wenn man Menschen zu Argumenten für und gegen die Nutzung von Robotern befragt, fallen ihnen in der Regel eine Reihe von Aspekten ein: Einerseits berichten sie, dass Roboter nützlich sein könnten, dass sie uns den Alltag erleichtern, uns Gesellschaft leisten, sich um ältere Menschen oder Kinder kümmern könnten oder unkomplizierten Zugang zum Internet bieten. Auf der anderen Seite bestehen Bedenken dahingehend, dass sie Sicherheitsrisiken bergen, die Privatsphäre gefährden oder zwischenmenschliche Kontakte reduzieren könnten und dabei noch zeit- und kostenintensiv sind. Wenn man jemanden nach seiner Meinung zu Robotern auf einer Skala von negativ bis positiv fragt, wird er wahrscheinlich einen Wert in der Mitte ankreuzen. Aber nicht, weil er eine neutrale Einstellung hat und ihm Roboter egal sind, sondern weil er sich zwischen den Vor- und Nachteilen hin und hergerissen fühlt. So kann es also vorkommen, dass Einstellungen zu Robotern als neutral beschrieben werden, obwohl sie alles andere als neutral sind, nämlich ambivalent. Bipolare Items können demnach nicht zwischen Neutralität und Ambivalenz unterscheiden. Diese Problematik kann man umgehen, indem man positive und negative Aspekte von Einstellungen getrennt voneinander abfragt, und den Versuchsteilnehmer*innen die Möglichkeit bietet, ihren einstellungsbezogenen Konflikt auszudrücken.

Idealerweise sollten quantitative und qualitative Selbstbeurteilungsmaße, Beobachtungsmaße sowie implizite Maße eingesetzt werden, um Einstellungen gegenüber

Robotern vollständig zu erfassen und diese in der weiteren Entwicklung neuer Robotertechnologien einzubeziehen. Hierbei bietet ein interdisziplinäres Vorgehen die Möglichkeit, Methoden und Ressourcen der verschiedenen Fachrichtungen zu kombinieren.

12.2.3 Wie sind Menschen gegenüber Robotern eingestellt?

Um einen Überblick über die aktuelle Forschungslage zu einem bestimmten Thema zu bekommen, bietet es sich an, Erkenntnisse von systematischen Übersichtsarbeiten, sogenannten Reviews oder Metaanalysen, zu berücksichtigen. Hierbei werden alle in einem festgelegten Zeitraum veröffentlichten Forschungsartikel zu einem bestimmten Thema gesammelt, und man extrahiert Erkenntnisse aus den Ergebnissen. In einer umfassenden systematischen Übersichtsarbeit fassten Stanislava Naneva und Kolleg*innen (2020) die Befunde aus 97 Forschungsarbeiten zu Einstellungen gegenüber Robotern zusammen. Die Forschungsarbeiten behandeln anthropomorphe, humanoide und nichthumanoide Roboter und deren Einsatz im Bildungskontext, in der häuslichen Wohnumgebung, im Betreuungskontext und in allgemeinen Interaktionen. Die aufgeführten Forschungen wurden in Australien, Frankreich, Deutschland, Italien, Japan, den Niederlanden, Neuseeland, Südkorea, Taiwan und den USA durchgeführt. Die Autor*innen standardisierten diese Befunde, um die gemessenen Einstellungen zwischen den Studien statistisch vergleichen zu können. Hierbei unterschieden sie zwischen affektiven, kognitiven und allgemeinen Einstellungen. Affektive Einstellungen wurden hier definiert als Gefühle gegenüber Robotern. Kognitive Einstellungen wurden definiert als kognitive Bewertungen oder Gedanken gegenüber Robotern. In der letzten Kategorie der allgemeinen Einstellungen wurden allgemeine Evaluationen berichtet, die sich nicht eindeutig den kognitiven oder affektiven Einstellungen zuordnen ließen. Während die affektiven und kognitiven Einstellungen jeweils im Schnitt als leicht positiv interpretiert wurden, zeigte sich bei den affektiven Einstellungen eine größere Variation in den Angaben als bei den kognitiven Einstellungen. In Bezug auf die affektiven Einstellungen berichteten die Autor*innen Studien, die negative Einstellungen feststellten, und Studien, die positive Einstellungen feststellten, während sie in Bezug auf die kognitiven Einstellungen fast durchweg Berichte über leicht positive Einstellungen verzeichneten. Hierbei wurden auch Konstrukte wie Vertrauen gegenüber, Angst vor und Akzeptanz von Robotern mit einbezogen. Insgesamt wurden Einstellungen gegenüber sozialen Robotern in der Übersichtsarbeit von Naneva und Kolleg*innen (2020) als moderat positiv beschrieben, d. h. im Schnitt etwas positiver als eine neutrale Einstellung.

Ähnliche Ergebnisse erzielte die Eurobarometer-Studie von 2017 mit über 80.000 Teilnehmenden, die generelle Einstellungen gegenüber Robotern mithilfe zweipoliger Skalen abfragte (European Commission 2017). Weiterhin wurde erfasst, inwiefern die Teilnehmenden verschiedene durch Roboter durchgeführte Tätigkeiten akzeptieren würden. Auch hier fielen die einstellungsbezogenen Angaben um den Skalenmittelwert herum aus und wurden als neutral interpretiert. Wie oben erläutert, können Antworten im mittleren Bereich auf bipolaren Items sowohl neutrale als auch ambivalente Einstellungen bedeuten.

Groß angelegte und allgemeine Übersichtsarbeiten scheinen also nur vage Aussagen über Einstellungen zu Robotern machen zu können (Naneva et al. 2020; European Commission 2017).

Trotz der Tatsache, dass Menschen zu einer vermeintlich neutralen bis leicht positiven Einstellung zu Robotern tendieren, sind Roboter bisher in unserem Alltag wenig integriert und nur wenige Menschen möchten einen Roboter besitzen. Wie kann man diesen Widerspruch erklären?

Eine plausible Erklärung setzt auf der Ebene der Messung von Einstellungen an. In den meisten Forschungsarbeiten zu Einstellungen gegenüber Robotern werden bisher Messmethoden verwendet, die nicht zwischen Neutralität und Ambivalenz unterscheiden können. Ein Einstellungskonflikt kann so übersehen und als neutrale Einstellung fehlinterpretiert werden. Kommt dann noch der *Positivitätsoffset* dazu, eine generelle Tendenz von Versuchseilnehmer*innen, leicht oberhalb des Mittelwerts zu antworten (Norris et al. 2011), kann dieser Konflikt auch als leicht positive Einstellung interpretiert werden. Diese Messschwierigkeiten kumulieren sich in einer Zusammenfassung von Studien. Eine weitere Möglichkeit ist, dass die meisten potenziellen Nutzer*innen zwar neugierig auf Roboter sind, aber aufgrund geringer Funktionalität der Roboter, aus finanziellen Gründen oder wegen Bedenken bezüglich ihrer Datensicherheit nicht langfristig mit ihnen interagieren möchten. Dies würde erklären, dass Nutzer*innen zwar leicht positive Einstellungen zu Robotern haben, sich diese Einstellungen aber nicht im Verhalten widerspiegeln.

Insgesamt ist noch mehr systematische Forschung mithilfe von Selbstberichtsmaßen, impliziten Maßen und Beobachtungsmaßen nötig, um Aussagen über die tatsächlichen Einstellungen gegenüber sozialen Robotern in der Bevölkerung machen zu können. Allerdings gibt es verschiedenste positive und negative Aspekte von Einstellungen gegenüber Robotern, die in der Forschung bereits dezidiert beleuchtet wurden.

12.2.3.1 Positive Bewertungen von sozialen Robotern

Abgesehen von Forschungsarbeiten zu Einstellungen gegenüber sozialen Robotern im Allgemeinen (z. B. Naneva et al. 2020; European Commission 2017) gibt es Nutzungsszenarien, in denen die Einstellungen spezifischer erforscht wurden. Ein Beispiel für eine positive und gelungene Mensch-Roboter-Interaktion sind tierähnliche Roboter wie die Babyrobbe Paro. Sie sind häufig gestaltet wie Tierbabys, um besonders sympathisch zu wirken, und kommunizieren über tierähnliche Laute anstelle von Sprache. Ein weiterer Vorteil der Gestaltung von Robotern als Jungtieren ist, dass von ihnen so weniger Funktionalität und Leistung erwartet wird, als es beispielsweise bei einem menschenähnlichen Roboter der Fall wäre. So kann eine Enttäuschung in der Interaktion vermieden werden. Internationale Forschungsergebnisse zeigten, dass die Interaktion mit Paro eine positive Auswirkung auf das Wohlbefinden von Altenheimbewohner*innen hatte (Kang et al. 2019). Für den europäischen Raum führten Nina Jøranson und Kolleginnen (2015) eine Studie mit dem Roboter in zehn Pflegeheimen durch. Im Rahmen der Studie interagierten die Bewohner*innen des Pflegeheims über drei Monate hinweg regelmäßig mit dem Roboter Paro. Im Vergleich zur Kontrollgruppe wiesen diejenigen, die mit Paro interagierten, am Ende dieses Zeitraums weniger depressive Symptome und weniger unruhiges Verhalten auf, gemessen mittels Fremdbeurteilungsfragebogen durch das Pflegepersonal. Der Roboter Paro scheint also bei dieser spezifischen Stichprobe positive psychologische Effekte gehabt zu haben, sowohl kurz- als auch langfristig. Ähnliche Studien gibt es aus Spanien, Australien und Japan (Kang et al. 2019). Doch auch die Allgemeinbevölkerung zeigt zuweilen positive Einstellungen gegenüber sozialen Robotern.

Warum neigen Menschen überhaupt dazu, Roboter ähnlich wie menschliche Interaktionspartner*innen zu behandeln, obgleich dies lediglich Maschinen sind? Unter dem Prozess der Anthropomorphisierung versteht man die Zuschreibung von Eigenschaften an unbelebte Dinge, wie etwa die Attribution einer Persönlichkeit, eines eigenen Willens oder von Emotionen und anderen typisch menschlichen Eigenschaften (Epley et al. 2007). Durch einen solchen psychologischen Prozess kann es passieren, dass Menschen sogar Empathie und Mitleid für ein Objekt empfinden. Dies zeigten Linda Onnasch und Eileen Roesler (2019) in einer experimentellen Studie. Sie stellten ihren Versuchspersonen einen Roboterkäfer vor und baten sie, diesen mit einem Hammer zu zerstören. Der einen Hälfte der Versuchspersonen wurde der Roboterkäfer neutral schlicht als Roboterkäfer vorgestellt, der anderen Hälfte als „Bob", der nach dem Experiment wieder mit seinen Roboterfreunden spielen möchte. In beiden Bedingungen handelte es sich um den gleichen Roboter. Wie zu erwarten, waren die Versuchspersonen viel seltener bereit, den Roboterkäfer Bob mit dem Hammer zu schlagen als den namenlosen Roboterkäfer. Schon Eigenschaften und eine Namensgebung, die entfernt an ein menschliches Erleben erinnern, führen also dazu, dass man dem Roboter nicht schaden möchte und Mitleid mit ihm empfinden kann.

In einem weiteren Experiment zum Thema emotionaler Reaktionen auf Roboter untersuchten Rosenthal-von der Pütten und Kolleginnen (2013) emotionale Reaktionen auf verschiedene Interaktionsszenarien mit dem Dinosaurierroboter Pleo (Innvo Labs 2006). Sie nutzten implizite Maße (hier: die Messung der Hautleitfähigkeit) sowie Selbstberichtsmaße und zeigten den Versuchspersonen eine freundliche Interaktion mit dem Roboter sowie ein Video, in dem der Roboter gequält wurde. Versuchspersonen, die das letztere Video gesehen hatten, wiesen eine erhöhte physiologische Erregung, gemessen durch die Hautleitfähigkeit, auf und berichteten empathische Besorgnis. Die Autor*innen erklärten dies mit dem *Media-Equation*-Effekt. Dieser bezeichnet die Tendenz, auf technologische Geräte ähnlich zu reagieren wie auf menschliche Interaktionspartner*innen (Reeves und Nass 1996). Insgesamt scheinen also tierähnliche Roboter sowie Roboter mit einem Namen und einem Anschein von Persönlichkeit positive Reaktionen und Sympathie auszulösen.

Auch wenn der Kontakt zum Roboter schon besteht, gibt es einige Faktoren, die die Einstellung zu ihm weiter verbessern können. Ein Beispiel hierfür ist die Selbstoffenbarung: Selbstoffenbarung ist die Preisgabe intimer Information gegenüber Interaktionspartner*innen und trägt zum Beziehungsaufbau bei. Sie verbessert die Beziehung sowohl dann, wenn man eine Selbstoffenbarung macht, als auch dann, wenn man sie vom anderen hört (Collins und Miller 1994). Eine Kommunikation über persönliche Themen sowie die

Fähigkeit von Robotern, ihre inneren Zustände zu kommunizieren, könnte also ebenfalls die Einstellung zu ihnen verbessern (Eyssel et al. 2017). Letzteres bietet den Vorteil, dass Erklärbarkeit von Technik generell positive Effekte auf die Akzeptanz hat, auch auf einer sehr basalen Ebene, bei der der Roboter beispielsweise sein Verhalten erklärt (Stange und Kopp 2020, 2021). Im Rahmen von künstlicher Intelligenz (KI), auf deren Basis Roboter häufig arbeiten, wurde außerdem belegt, dass die Fähigkeit der KI, Entscheidungen zu erklären, das Vertrauen in die KI steigert (Weitz et al. 2019a, b, 2021). Eine Übersichtsarbeit zu Einflussfaktoren auf das Vertrauen gegenüber Robotern zeigte, dass roboterbezogene Faktoren einen größeren Einfluss auf das Vertrauen haben als nutzer*innenbezogene Faktoren (z. B. Merkmale der Nutzer*innen) und Umweltfaktoren (z. B. kulturelle Einflüsse und Stereotype). Besonders einflussreich in Bezug auf Vertrauen waren in dieser Forschungsarbeit Aspekte des Roboterverhaltens wie die Verlässlichkeit und Vorhersagbarkeit des Roboters sowie Eigenschaften des Roboters wie ein angemessenes Annäherungsverhalten, ein Anschein von Persönlichkeit sowie seine Lernfähigkeit (Hancock et al. 2020).

12.2.3.2 Negative Bewertungen von sozialen Robotern

Genau wie einige Aspekte von Robotern, z. B. ein kindliches Design, eher zu positiven Einstellungen ihnen gegenüber führen, gibt es andere Aspekte, die eher zu negativen Einstellungen führen. Ein Grund für negative Aspekte in den Einstellungen scheint ein Gefühl der Bedrohung durch Roboter zu sein. Erscheinen Roboter zu menschlich oder wirken zu autonom, werden sie als bedrohlich wahrgenommen. Hier werden zwei Ebenen unterschieden: realistische Bedrohung und idealistische Bedrohung. Bei der realistischen Bedrohung geht es um die Sorge, echten Schaden durch den Roboter zu erleiden, entweder durch tätliche Angriffe, Unfälle oder durch Sicherheitslücken, die mithilfe von Hacking ausgenutzt werden können. Bei der idealistischen Bedrohung handelt es sich um die Angst, seine Einzigartigkeit als Mensch und die Vorreiterstellung auf dem Planeten zu verlieren. Manche Menschen haben Angst, im Job oder sogar privat irgendwann durch Roboter ersetzt zu werden. Laut einer experimentellen Studie von Jakub Złotowski und Kollegen (2017) ist die empfundene Bedrohung durch Roboter vor allem dann gegeben, wenn diese eigene Entscheidungen treffen und sich Menschen widersetzen können. Diese Angst, dass Roboter sich der Kontrolle der Menschen widersetzen und unkontrollierbar werden könnten, wird auch „Frankenstein-Komplex" genannt (Asimov 1991). Asimov beschäftigte sich in seinen Büchern und Essays schon früh mit Möglichkeiten und Gefahren einer gesellschaftlichen Etablierung von Robotern, die gegen den Willen von Menschen handeln. Die Angst vor unkontrollierbaren, mächtigen Robotern wird immer wieder in aktuellen Science-Fiction-Büchern und -Filmen aufgegriffen, sodass sie auch Jahrzehnte später wohl noch nicht beschwichtigt werden konnte. Dies mag auch daran liegen, dass die Entwicklung von Robotern noch nicht abgeschlossen ist und diese immer autonomer werden. Eingebaute Sicherheitsmechanismen wie physikalische Ausschalter, eine optionale Verbindung zum Internet und die Einsicht in und Kontrolle über die eigenen Daten könnten den Bedenken potenzieller Nutzer*innen entgegenkommen und so möglicherweise die Akzeptanz sozialer Roboter steigern.

Insgesamt zeigt die bestehende Literatur, dass Einstellungen gegenüber Robotern von vielschichtigen Aspekten beeinflusst werden, welche sowohl starke positive als auch negative Gedanken und Gefühle hervorrufen und so einen inneren Konflikt verursachen können (Kang et al. 2019; Jøranson et al. 2015; Onnasch und Roesler 2019; Rosenthal-von der Pütten et al. 2013; Złotowski et al. 2017).

12.2.4 Ambivalente Einstellungen gegenüber sozialen Robotern

Vorliegende Forschungsarbeiten deuten darauf hin, dass Einstellungen gegenüber sozialen Robotern das Potenzial für Ambivalenz bergen. Befunde auf Basis von qualitativen Datenanalysen zeigten auf, dass Nutzer*innen sich wichtiger Vorteile und Nachteile von sozialen Robotern bewusst sind: Frennert und Kolleg*innen erforschten beispielsweise in zwei Studien die Erwartungen älterer Versuchsteilnehmer*innen bezüglich Robotern für den Einsatz im privaten Wohnumfeld sowie deren tatsächliche Einstellung zu Robotern nach einer dreiwöchigen Interaktionsphase mit dem Roboter zu Hause. Die Teilnehmer*innen fühlten sich zwischen den potenziellen praktischen Vorteilen von Robotern (z. B. Unterstützung im Alltag) und der Angst, von Robotern abhängig zu sein oder sich von anderen Menschen zu entfremden, hin- und hergerissen (Frennert et al. 2013, 2017).

Woher kommt dieser innere Konflikt? In Science-Fiction-Filmen werden häufig Erwartungen und Ängste geweckt, die mit der Realität wenig übereinstimmen (Sandoval et al. 2014). In semi-strukturierten Interviews mit Universitätsstudierenden stellten Aike Horstmann und Nicole Krämer (2019) fest, dass potenzielle Nutzer*innen eine hohe Nützlichkeit von Robotern erwarten, aber auch wegen Science-Fiction-Filmen eine Bedrohung durch Roboter mit einem Bewusstsein befürchten.

Auch in den Medien werden mögliche Gefahren von Robotertechnologien populärwissenschaftlich thematisiert. Allerdings fällt diese Thematisierung schnell einseitig aus: So werden bevorzugt aufsehenerregende, bedrohliche oder kurios wirkende Wissenschaftsgeschichten berichtet, um das Interesse des Publikums zu wecken (Goldacre 2008). Beispielsweise wird viel über die Androidin Sophia (von Hanson Robotics, 2017) berichtet, die allerdings häufig nur ferngesteuert nach vorher festgelegten Verhaltensmustern agiert und beispielsweise Bekundungen zur Auslöschung der Menschheit äußert. Gleichzeitig finden Roboter, die gut funktionieren und häufig verwendet werden, aber eher weniger Sensationen bieten, z. B. der humanoide Roboter Nao (von SoftBank Robotics, 2006), eher wenig Beachtung. Eine Quelle für Ambivalenz in Einstellungen gegenüber Robotern sind also hohe Erwartungen und große Befürchtungen, unter anderem inspiriert von medialen Inhalten.

Um das Phänomen der Ambivalenz in Einstellungen erstmals im Robotikkontext zu erforschen und damit aufzuzeigen, dass roboterbezogene Einstellungen in der Tat ambivalent sind, verglichen wir in einer experimentellen Studie die Einstellungen zu Robotern mit Einstellungen zu als neutral vorgetesteten Einstellungsobjekten (Stapels und Eyssel 2021). Tatsächlich zeigte sich, dass sowohl Roboter als auch Tacker als vermeintlich „neutral" bewertet wurden, wenn man nach der Einstellung der Versuchspersonen auf einer Skala von 1 (negativ) bis 9 (positiv) fragte. Fragte man allerdings die positiven und negativen Evaluationen auf 9er-Skalen getrennt voneinander ab, erzielten Tacker bei beiden Abfragen niedrige Werte und Roboter bei beiden Abfragen hohe Werte. Dies zeigt, dass Einstellungen gegenüber Tackern neutral waren, da sie als wenig positiv und wenig negativ bewertet wurden. Einstellungen gegenüber Robotern waren aber ambivalent, da sie als stark negativ sowie stark positiv bewertet wurden. Auch fühlten sich die Proband*innen bezüglich Robotern signifikant stärker hin- und hergerissen und aufgebracht als bezüglich Tackern. Dies verdeutlicht die Wichtigkeit einer methodologischen Unterscheidung von Neutralität und Ambivalenz in der Einstellungsforschung.

Die Unterscheidung zwischen Neutralität und Ambivalenz ist nicht nur theoretisch wichtig, sondern hat affektive, kognitive und behaviorale Konsequenzen: Während Menschen mit neutralen Einstellungen wahrscheinlich leicht mit einseitigen Argumenten zu überzeugen sind, wünschen sich Menschen mit ambivalenten Einstellungen Informationen zu positiven und negativen Eigenschaften von Robotern gleichermaßen, um ihren inneren Konflikt auflösen zu können. Auch wenn Ambivalenz unmittelbar negative Folgen hat, wie ein erhöhtes physiologisches Erregungsniveau und den Aufschub von Entscheidungen, so bieten ambivalente Einstellungen mehr Ansatzpunkte für Interventionen zur Einstellungsänderung als neutrale Einstellungen (für eine Übersicht siehe van Harreveld et al. 2015). Neutrale Einstellungen gehen mit wenig Engagement und Interesse einher. Vielleicht sind neutral eingestellten Nutzer*innen die Einstellungsobjekte einfach egal und auch eine sehr überzeugende Werbung würde sie nicht sonderlich berühren. Ambivalent eingestellte Nutzer*innen hingegen setzen sich aktiv mit dem Einstellungsobjekt auseinander und können über ihre Gedanken und Gefühle diesbezüglich auch berichten. So können negative Aspekte von Einstellungen im technischen Entwicklungsprozess berücksichtigt werden und Hoffnungen und Wünsche bezüglich ihrer Nützlichkeit und Funktionen können realisiert werden. Solche Funktionen könnten Unterstützung im Alltag, bei der Internetrecherche, Erinnerungen an Termine oder Pflichten oder eben alles andere sein, was ein mobiler Roboterkörper mit Kameras, Mikrofonen und Internetverbindung leisten kann. So können Roboter derart gestaltet werden, dass sie unseren Alltag bereichern.

12.2.5 Kulturelle, gesellschaftliche und individuelle Einflussfaktoren auf Einstellungen

Auch kulturelle, gesellschaftliche und individuelle Unterschiede der Nutzer*innen beeinflussen die Einstellungen zu Robotern. Während es eine verbreitete Annahme zu sein scheint, dass Roboter im asiatischen Raum bereitwilliger akzeptiert werden als im europäischen Raum, sieht die Datenlage diesbezüglich anders aus: Asiat*innen scheinen ähnliche Einstellungen zu Robotern zu haben wie Europäer*innen (Bernotat und Eyssel 2018).

Ein gravierender Unterschied betrifft allerdings die Ambivalenz, die einen Erklärungsansatz für diesen Unterschied bieten könnte. Im südostasiatischen Raum sind holistische Denkweisen verbreiteter als in westlichen Kulturen. Eine holistische Denkweise einzunehmen bedeutet, Gegensätze als Teil eines Ganzen zu sehen und zu akzeptieren. Während Menschen aus westlich geprägten Kulturen scheinbare Widersprüche (z. B. positive und negative Evaluationen bezüglich Robotern) auflösen möchten, um zu einer eindeutigen Meinung zu gelangen, akzeptieren Menschen aus östlich geprägten Kulturen eher beide Seiten als wichtige Bestandteile ihrer Meinung. Dies könnte ein Grund dafür sein, dass manche Studien Menschen aus asiatischen Kulturkreisen eine größere Affinität zu Robotern unterstellen als Europäer*innen, während andere Studien keinen Unterschied finden (Bernotat und Eyssel 2018). In beiden Kulturkreisen scheinen die Einstellungen nicht eindeutig positiv oder negativ zu sein, allerdings unterscheidet sich der Umgang mit dem inneren Konflikt je nach kultureller Zugehörigkeit (Dang und Liu 2021).

Weiterhin scheinen gesellschaftlich geprägte Stereotype einen Einfluss auf die Rezeption von Robotern zu haben. Bartneck und Kolleg*innen (2018) fanden heraus, dass Roboter, ähnlich wie menschliche Fremdgruppen, Stereotypen ausgesetzt sind und analog zu Stereotypen bezüglich Menschen bewertet werden. Auch Geschlechterrollen werden bereitwillig auf Roboter übertragen (Bernotat et al. 2021). So scheint eine weibliche Körperform eines Roboters eher als für stereotyp weiblich konnotierte Aufgaben geeignet wahrgenommen zu werden (z. B. Putzen, Care-Arbeit), während eine männliche Körperform als für stereotyp männlich konnotierte Aufgaben geeignet wahrgenommen wird (z. B. Transportaufgaben, technische Aufgaben). Menschen scheinen bereitwillig Stereotype, die sie im Alltag anwenden, auch auf Roboter zu übertragen. Diese Übertragung von Stereotypen könnte dazu genutzt werden, um die Akzeptanz von Robotern zu steigern, indem man Roboter stereotypenkonform gestaltet. Allerdings wäre es eher im Sinne der Gleichstellung, bei der Gestaltung von Robotern stereotype Erwartungen zu brechen und gesellschaftlichen Stereotypen entgegenzuwirken.

Auch individuelle Merkmale haben einen Einfluss auf die Einstellungen gegenüber Robotern. So hängt die Bewertung eines Roboters beispielsweise vom Kognitionsbedürfnis (Cacioppo und Petty 1982) und der Technikbereitschaft (Neyer et al. 2012) der Nutzenden ab (Reich-Stiebert und Eyssel 2015). Folglich bewerten Menschen, die Freude an Denkaufgaben haben bzw. allgemein kompetent mit neuen Technologien umgehen können, soziale Roboter positiver. Weiterhin führt chronische Einsamkeit, wie sie wohl auch in der Covid-19-Pandemie vermehrt auftritt, dazu, dass Roboter eher vermenschlicht und positiver bewertet werden (Eyssel und Reich 2013). Auch wenn Merkmale von Robotern einen großen Einfluss auf die Einstellungen haben, gibt es auch Umweltfaktoren und individuelle Faktoren, wie gesellschaftliche Normen, das individuelle Kognitionsbedürfnis, Technikaffinität oder chronische Einsamkeit, die die Einstellungen maßgeblich beeinflussen.

12.2.6 Änderung von Einstellungen gegenüber Robotern

Einstellungen sind nicht unveränderbar. Wie wir gesehen haben, hängen sie von verschiedensten Faktoren ab. Dazu gehören u. a. Merkmale des Roboters, Umweltfaktoren wie Medien, Gesellschaft oder Kultur, genauso wie individuelle Faktoren. Somit sind Einstellungen veränderbar und hierzu bietet die Sozialpsychologie verschiedene Ansätze. Hierbei wird grundsätzlich zwischen Einstellungsänderung durch eine Änderung des Verhaltens und die Einstellungsänderung durch Überzeugung unterschieden (eine umfassendere Übersicht findet sich bei Gollwitzer und Schmitt (2009)). Im Folgenden stellen wir einige ausgewählte Ansätze vor, die schon im Robotikkontext angewendet wurden.

Das Prinzip der Einstellungsänderung durch Verhaltensänderung baut auf einer klassischen sozialpsychologischen Theorie auf: der Theorie der kognitiven Dissonanz (Festinger 1964). Diese besagt, dass Menschen im Allgemeinen bestrebt sind, ein konsistentes Bild von sich und ihrer Umwelt beizubehalten und dass Verletzungen dieser Konsistenz zu Unbehagen führen. Diese kann dadurch entstehen, dass sich verschiedene Überzeugungen über die eigene Person widersprechen oder es einen Widerspruch zwischen Verhalten und Kognition gibt (vgl. Gollwitzer und Schmitt 2009). Beispielsweise könnte man sich selbst als Menschen sehen, der Roboter ablehnt. Falls Roboter allerdings irgendwann zum Alltag gehören und man regelmäßig mit ihnen interagiert, besteht ein Widerspruch zwischen Kognition („Ich lehne Roboter ab") und Verhalten („Ich interagiere täglich mit Robotern"). Dieser Widerspruch führt zu einem unangenehmen Gefühl der Inkonsistenz und führt dazu, dass entweder die Kognition oder das Verhalten verändert werden. Ist es also nicht möglich, Robotern ständig aus dem Weg zu gehen, so wäre zu erwarten, dass sich auch die Einstellung zu ihnen langfristig verbessert.

Ein weiterer Ansatz der Sozialpsychologie, der eine Einstellungsänderung durch Verhaltensänderung bewirken könnte, ist der Fremdgruppenkontakt. Ein grundlegender Befund der Sozialpsychologie besagt, dass schon der Kontakt zu einer Fremdgruppe die Einstellungen zu dieser Fremdgruppe verbessert (Pettigrew und Tropp 2006). Auch Roboter können als eine solche Fremdgruppe wahrgenommen werden (Wullenkord et al. 2016). Eine Möglichkeit, sich diesen Effekt zunutze zu machen, ist der imaginierte Kontakt. Ricarda Wullenkord und Friederike Eyssel (2019) belegten, dass vorgestellter Kontakt mit einem Roboter unter bestimmten Umständen die Mensch-Roboter-Interaktion und deren Wahrnehmung durch die menschlichen Interaktionspartner*innen verbessern kann.

Weiterhin können Einstellungen durch Überzeugung geändert werden. Dies geschieht in Bezug auf Roboter vor allem im kommerziellen Kontext im Rahmen von Werbung. Hierbei unterscheiden Richard E. Petty und John T. Cacioppo (1986) im Rahmen ihres klassischen *Elaboration Likelihood Model* (ELM) eine zentrale und eine periphere Route der Überzeugung. Auf der zentralen Route werden Argumente rational abgewogen. Dies geschieht beispielsweise, wenn bei der Präsentation eines Roboters die Funktionen und Eigenschaften des Geräts transparent kommuniziert werden, wie etwa bei einem Staubsaugerroboter. Bei sozialen Robotern wird allerdings häufiger die periphere Route der Überzeugung gewählt, bei der periphere Hinweisreize, die nicht unbedingt etwas mit dem

Produkt zu tun haben, in den Vordergrund gestellt werden, z. B. durch modern anmutende Werbevideos mit angenehmer Musik, in denen sympathische, attraktive Menschen ganz selbstverständlich mit einem Roboter interagieren und so den Eindruck erwecken, der Kauf eines Roboters sei erstrebenswert. Hier werden die Gedanken und Gefühle, die solche Videos wecken, zusammen mit der Erinnerung an das Produkt abgespeichert und können so Einstellungen verbessern und zum Kaufen animieren. Hierbei kommt es auf die individuelle und situationsbezogene Kapazität zur Informationsverarbeitung an, ob man sich intensiv mit rationalen Argumenten beschäftigt, die die Einstellung langfristig verändern können, oder ob man empfänglich für periphere Hinweisreize ist, die eher kurz wirken. Doch nicht nur im kommerziellen Bereich gibt es ein Interesse daran, Einstellungen gegenüber Robotern zu verbessern.

12.2.6.1 Einstellungsänderung im Rahmen von Forschungsprojekten

Es gibt gegenwärtig viele drittmittelgeförderte Initiativen in Forschung und Entwicklung, die das Ziel verfolgen, in zumeist interdisziplinären Projekten soziale Roboter zu entwickeln, die über Interaktionskompetenzen und andere wünschenswerte Funktionen verfügen. Robotertechnologien sollen für Nutzer*innen nützlich und nutzbar gemacht werden. Dies war unter anderem das Ziel des im Folgenden vorgestellten, vom Bundesministerium für Bildung und Forschung (BMBF) geförderten Projekts „VIVA" (weitere Informationen unter https://navelrobotics.com/viva/). In der Bekanntmachung „Roboter für Assistenzfunktionen" wurden verschiedenste Projekte gefördert, die die Interaktion zwischen Robotern und Menschen und die Akzeptanz von Robotern im Alltag verbessern sollten. Im Rahmen des Projekts „VIVA" wurde zwischen 2018 und 2021 in einer interdisziplinären Kooperation zwischen den Universitäten Bielefeld und Augsburg, der Fachhochschule Bielefeld und mehreren technisch orientierten Unternehmen der Roboter VIVA entwickelt. Ziel des Projekts war es, einen lebendig wirkenden sozialen Roboter zu entwickeln und in diesem Prozess herauszufinden, welche psychologischen Faktoren dazu beigetragen haben, dass der Roboter VIVA als sympathisch und vertrauenswürdig wahrgenommen wurde und im Wohnumfeld akzeptiert wird. Hierzu wurden die theoretischen Ansätze aus der Sozialpsychologie in den Entwicklungsprozess einbezogen. Beispielsweise wurden die Meinungen und Einstellungen von potenziellen Endnutzer*innen berücksichtigt, um mehr über ihre Wünsche, Hoffnungen und Ängste zu erfahren. Eine Einbindung von Nutzer*innen in den Gestaltungsprozess von sozialen Robotern steigert die Akzeptanz. Der sogenannte I-designed-it-myself-Effekt (Franke et al. 2010) zeigt, dass wir ein Produkt als wertvoller empfinden, wenn wir im Gestaltungsprozess mitwirken konnten. Im Robotikkontext zeigte sich außerdem, dass eine Beteiligung von Nutzer*innen im Gestaltungsprozess eines sozialen Roboters im Bildungsbereich zu mehr positiven Einstellungen sowie einer Abnahme von Angst vor dem Roboter führte (Reich-Stiebert et al. 2019). Dieser Ansatz wurde auch im Forschungsprojekt „VIVA" bezogen auf das Aussehen und die Funktionen des Roboters verfolgt. Auch wurde der Roboter explizit konform zur Datenschutz-Grundverordnung (DSGVO) entwickelt, was ein Alleinstellungsmerkmal darstellt und zur Akzeptanz im privaten Wohnumfeld beitragen sollte. Im Rahmen des Forschungsprojekts wurden weiterhin verschiedene Faktoren identifiziert, die einen sozialen Roboter sympathischer und vertrauenswürdiger machen können und damit potenziell die Akzeptanz von Robotern im Allgemeinen steigern. Beispielsweise führte ein sozial angemessenes Annäherungsverhalten des Roboters dazu, dass dieser als sympathisch und vertrauenswürdig wahrgenommen wurde (Petrak et al. 2019). Weiterhin schienen eine korrekte Emotionserkennung (Weitz et al. 2019a), Kontrolle über Privatsphäreeinstellungen durch die Nutzer*innen (Horstmann und Krämer 2019) und erklärbares Roboterverhalten (Stange und Kopp 2020, 2021) eine positive Auswirkung auf die Einstellungen zu haben. So wurde der Roboter VIVA (siehe Abb. 12.1) unter Einbezug von Forschungsergebnissen verschiedener Fachdisziplinen wie Psychologie, Linguistik und Informatik wiederholt evaluiert und in Kooperation mit den technologieorientierten Unternehmen weiterentwickelt, und er steht am Ende des Projekts als Forschungsplattform für die weitere Erforschung von Einstellungen zu sozialen Robotern zur Verfügung.

Ein weiteres Projekt aus der Bekanntmachung mit dem Ziel der Entwicklung eines Roboters mit sozial akzeptierten Interaktionsfähigkeiten ist das Projekt „ERIK" (2018–2021, Koordination: Fraunhofer-Institut für Integrierte Schaltungen IIS, Erlangen, weitere Informationen unter https://www.scs.fraunhofer.de/de/referenzen/erik.html). Anstatt wie beim Projekt „VIVA" einen Roboter von Grund auf neu zu entwickeln, kommt im Projekt

Abb. 12.1 Prototyp des Roboters VIVA

„ERIK" der Roboter Pepper (von SoftBank Robotics, 2015) zum Einsatz. Hierbei geht es um die Entwicklung einer neuen Therapieplattform, um Kindern mit Autismus-Spektrum-Störungen beim Erlernen von Interaktionsstrategien zu helfen. Der Roboter nutzt dabei Emotionserkennung und Echtzeitfeedback, um eine reale sozioemotionale Interaktion zu ermöglichen. Menschliche Therapeut*innen sollen nicht etwa durch den Roboter Pepper ersetzt werden, sondern dieser soll unterstützen, indem die menschlichen Therapeut*innen die Mensch-Roboter-Interaktion beobachten und diese Erkenntnisse für die Therapie nutzen.

Ein weiteres Projekt in Kooperation des Forschungskollegs Siegen (FoKoS) an der Universität Siegen und unserer Arbeitsgruppe am Center for Cognitive Interaction Technology (CITEC) der Universität Bielefeld verfolgte das Ziel der Steigerung der sozialen Akzeptanz von Interaktionsstrategien von Robotern. Beim BMBF-Projekt „poliTE – Soziale Angemessenheit für Assistenzsysteme" (2017–2020) wurde in Zusammenarbeit zwischen Sozialpsycholog*innen und Philosoph*innen untersucht, wie man Roboter höflich und sozial angemessen gestalten kann, sodass eine gelingende Mensch-Roboter-Interaktion möglich wird. Um die Ergebnisse anderer Forschenden und weiterer Interessent*innen zugänglich zu machen, wird ein Handbuch mit Hinweisen für die Robotergestaltung in der Praxis veröffentlicht (Bellon et al. 2021).

12.3   Zusammenfassung und Ausblick

Insgesamt sind Einstellungen zu sozialen Robotern ambivalent – potenzielle Nutzer*innen sind zwischen positiven und negativen Aspekten von Robotern hin- und hergerissen, was sich vermutlich erst ändern wird, wenn Roboter in unserem Alltag etabliert sind. Eine solche Etablierung ist aber nur möglich, wenn eine grundlegende Akzeptanz sozialer Roboter im Alltag besteht und neue Roboter in enger Zusammenarbeit mit den Nutzer*innen entwickelt werden. Bislang erhalten vor allem tierähnliche soziale Roboter eine positive Resonanz. Gleichzeitig werden soziale Roboter aufgrund von Bedrohungsgefühlen, Sicherheits- oder Datenschutzaspekten mit Skepsis betrachtet. Diese gemischten Einstellungen äußern sich in einstellungsbezogener Ambivalenz, dem Phänomen, dass viele potenzielle Nutzer*innen sich hin- und hergerissen fühlen zwischen dem Für und Wider von Robotern. Valide und diverse Messmethoden sind unerlässlich, um aktuelle ambivalente Einstellungen, Hoffnungen und Ängste potenzieller Nutzer*innen bei der Erforschung und in der weiteren Entwicklung von Robotern berücksichtigen zu können. Des Weiteren werden Einstellungen von Faktoren der Umwelt, wie der Berichterstattung über Roboter, Science-Fiction-Medien und dem kulturellen Hintergrund sowie individuellen Faktoren beeinflusst. Es liegt in der Verantwortung der Forschenden und der berichtenden Journalist*innen, ein realistisches Bild des aktuellen Stands der Roboterentwicklung zu kommunizieren, um überhöhte Erwartungen oder Ängste zu vermeiden. Weiterhin bietet die Sozialpsychologie Ansatzpunkte, um Einstellungen gegenüber Robotern zu verbessern, beispielsweise durch Verhaltensänderung oder Überzeugung. Aktuelle Forschungsprojekte demonstrieren, dass eine datenschutzkonforme, nutzer*innenzentrierte Entwicklung neuer, sozial angemessener Roboterplattformen sowie ein sensibler Umgang mit perso-nenbezogenen Daten unerlässlich sind, um die gesellschaftliche Akzeptanz sozialer Robo-ter voranzutreiben. Roboter sollen die Menschen nicht ersetzen, sondern ihren Alltag be-reichern. Dann steht auch der „Ära der Cobots" nicht mehr viel im Wege.

Literatur

Asimov I (1991) I, robot. Bantam Books, New York

Bartneck C, Yogeeswaran K, Ser QM, Woodward G, Sparrow R, Wang S, Eyssel F (2018) Robots and racism. In: Proceedings of the 2018 ACM/IEEE International Conference on Human-Robot Interaction, Chicago, S 196–204

Bellon J, Eyssel F, Gransche B, Nähr-Wagener S, Wullenkord R (2021) Theorie und Praxis sozio-sensitiver und sozioaktiver Systeme. Springer, Wiesbaden

Bendel O (2020) Der Einsatz von Servicerobotern bei Epidemien und Pandemien. In: HMD – Praxis der Wirtschaftsinformatik: 1–16. https://link.springer.com/article/10.1365/s40702-020-00669-w. Zugegriffen am 14.03.2021

Bernotat J, Eyssel F (2018) Can('t) wait to have a robot at home? – Japanese and German users' attitudes toward service robots in smart homes. In: 2018 27th IEEE International Symposium on Robot and Human Interactive Communication (RO-MAN), Nanjing, S 15–22

Bernotat J, Eyssel F, Sachse J (2021) The (fe)male robot: how robot body shape impacts first impres-sions and trust towards robots. Int J Soc Robot 13(3):477–489

Bohner G, Wänke M (2002) Attitudes and attitude change. Psychology Press, Hove

Cacioppo JT, Petty RE (1982) The need for cognition. J Pers Soc Psychol 42(1):116–131

Chang W, Šabanović S (2015) Interaction expands function: social shaping of the therapeutic robot PARO in a nursing home. In: 10th ACM/IEEE International Conference on Human-Robot Inter-action (HRI), Portland, S 343–350

Collins NL, Miller LC (1994) Self-disclosure and liking: a meta-analytic review. Psychol Bull 116(3):457

Dang J, Liu L (2021) Robots are friends as well as foes: ambivalent attitudes toward mindful and mindless AI robots in the United States and China. Comput Hum Behav 115:106612

Epley N, Waytz A, Cacioppo JT (2007) On seeing human: a three-factor theory of anthropomor-phism. Psychol Rev 114(4):864

European Commission and European Parliament, Brussels (2017) Eurobarometer 87.1 (2017). GE-SIS Data Archive

Eyssel F, Reich N (2013) Loneliness makes the heart grow fonder (of robots) – on the effects of lo-neliness on psychological anthropomorphism. In: 2013 8th ACM/IEEE International Conference on Human-Robot Interaction (HRI), Tokyo, S 121–122

Eyssel F, Wullenkord R, Nitsch V (2017) The role of self-disclosure in human-robot interaction. In: 2017 26th IEEE International Symposium on Robot and Human Interactive Communication (RO-MAN), Lisbon, S 922–927

Festinger L (1964) Conflict, decision, and dissonance. Stanford University Press, Stanford

Franke N, Schreier M, Kaiser U (2010) The „I designed it myself " effect in mass customization. Manag Sci 56(1):125–140

Freeman JB, Ambady N (2010) MouseTracker: software for studying real-time mental processing using a computer mouse-tracking method. Behav Res Methods 42(1):226–241

Frennert S, Eftring H, Östlund B (2013) What older people expect of robots: a mixed methods approach. In: Herrmann G, Pearson MJ, Lenz A, Bremner P, Spiers A, Leonards U (Hrsg) Social robotics. ICSR 2013, Lecture notes in computer science, Bd 8239. Springer, Cham, S 19–29

Frennert S, Eftring H, Östlund B (2017) Case report: implications of doing research on socially assistive robots in real homes. Int J Soc Robot 9(3):401–415

Goldacre B (2008) Bad science: quacks, hacks, and big pharma flacks. Emblem, Toronto

Gollwitzer M, Schmitt M (2009) Sozialpsychologie kompakt. Weinheim, Beltz

Greenwald AG, McGhee DE, Schwartz JL (1998) Measuring individual differences in implicit cognition: the implicit association test. J Pers Soc Psychol 74(6):1464

Hancock PA, Kessler TT, Kaplan AD, Brill JC, Szalma JL (2020) Evolving trust in robots: specification through sequential and comparative meta-analyses. Hum Factors 0018720820922080

van Harreveld F, Nohlen HU, Schneider IK (2015) The ABC of ambivalence: affective, behavioral, and cognitive consequences of attitudinal conflict. Adv Exp Soc Psychol 52:285–324

Horstmann AC, Krämer NC (2019) Great expectations? Relation of previous experiences with social robots in real life or in the media and expectancies based on qualitative and quantitative assessment. Front Psychol 10:939

Jøranson N, Pedersen I, Rokstad AMM, Ihlebaek C (2015) Effects on symptoms of agitation and depression in persons with dementia participating in robot-assisted activity: a cluster-randomized controlled trial. J Am Med Dir Assoc 16(10):867–873

Kang HS, Makimoto K, Konno R, Koh IS (2019) Review of outcome measures in PARO robot intervention studies for dementia care. Geriatr Nurs 41(3):207–214

Kaplan KJ (1972) On the ambivalence-indifference problem in attitude theory and measurement: a suggested modification of the semantic differential technique. Psychol Bull 77(5):361–372

MacDorman KF, Vasudevan SK, Ho CC (2009) Does Japan really have robot mania? Comparing attitudes by implicit and explicit measures. AI Soc 23(4):485–510

Manstead AS, Livingstone AG (2014) Forschungsmethoden in der Sozialpsychologie. Springer, Berlin/Heidelberg, S 29–64

Mathur MB, Reichling DB, Lunardini F, Geminiani A, Antonietti A, Ruijten PA, Aczel B (2020) Uncanny but not confusing: multisite study of perceptual category confusion in the uncanny valley. Comput Hum Behav 103:21–30

Naneva S, Sarda GM, Webb TL, Prescott TJ (2020) A systematic review of attitudes, anxiety, acceptance, and trust towards social robots. Int J Soc Robot 12(6):1179–1201

Nederhof AJ (1984) Visibility of response as a mediating factor in equity research. J Soc Psychol 122(2):211–215

Neyer FJ, Felber J, Gebhardt C (2012) Entwicklung und Validierung einer Kurzskala zur Erfassung von Technikbereitschaft (technology commitment). Diagnostica 58:87–99

Nomura T, Kanda T, Suzuki T, Kato K (2004) Psychology in human-robot communication: an attempt through investigation of negative attitudes and anxiety toward robots. In: Proceedings of the 13th IEEE International Symposium on Robot and Human Interactive Communication (ROMAN 2004), Kurashiki, S 35–40

Nomura T, Suzuki T, Kanda T, Kato K (2006) Measurement of anxiety toward robots. In: ROMAN 2006 – the 15th IEEE International Symposium on Robot and Human Interactive Communication, Hatfield, IEEE, S 372–377

Norris CJ, Larsen JT, Crawford LE, Cacioppo JT (2011) Better (or worse) for some than others: individual differences in the positivity offset and negativity bias. J Res Pers 45(1):100–111

Onnasch L, Roesler E (2019) Anthropomorphizing robots: the effect of framing in human-robot collaboration. In: Proceedings of the Human Factors and Ergonomics Society Annual Meeting 63, No. 1. Sage, Los Angeles, S 1311–1315

Petrak B, Weitz K, Aslan I, André E (2019) Let me show you your new home: studying the effect of proxemic-awareness of robots on users' first impressions. In: 2019 28th IEEE international conference on robot and human interactive communication (RO-MAN), New Delhi, S 1–7

Pettigrew TF, Tropp LR (2006) A meta-analytic test of intergroup contact theory. J Pers Soc Psychol 90(5):751

Petty RE, Cacioppo JT (1986) The elaboration likelihood model of persuasion. Communication and persuasion. Springer, New York, S 1–24

Priester JR, Petty RE (1996) The gradual threshold model of ambivalence: relating the positive and negative bases of attitudes to subjective ambivalence. J Pers Soc Psychol 71(3):431–449

Reeves B, Nass C (1996) The media equation: how people treat computers, television, and new media like real people. Cambridge University Press, Cambridge

Reich-Stiebert N, Eyssel F (2015) Learning with educational companion robots? Toward attitudes on education robots, predictors of attitudes, and application potentials for education robots. Int J Soc Robot 7(5):875–888

Reich-Stiebert N, Eyssel F, Hohnemann C (2019) Involve the user! Changing attitudes toward robots by user participation in a robot prototyping process. Comput Hum Behav 91:290–296

Rosenthal-von der Pütten AM, Krämer NC, Hoffmann L, Sobieraj S, Eimler SC (2013) An experimental study on emotional reactions towards a robot. Int J Soc Robot 5(1):17–34

Sandoval EB, Mubin O, Obaid M (2014) Human robot interaction and fiction: a contradiction. In: International Conference on Social Robotics. Springer, Cham, S 54–63

Schneider IK, van Harreveld F, Rotteveel M, Topolinski S, van der Pligt J, Schwarz N, Koole SL (2015) The path of ambivalence: tracing the pull of opposing evaluations using mouse trajectories. Front Psychol 6:996

Stange S, Kopp S (2020) Effects of a social robot's self-explanations on how humans understand and evaluate its behavior. In: Proceedings of the 2020 ACM/IEEE International Conference on Human-Robot Interaction, Cambridge, S 619–627

Stange S, Kopp S (2021) Effects of referring to robot vs. user needs in self-explanations of undesirable robot behavior. In: Companion of the 2021 ACM/IEEE International Conference on Human-Robot Interaction (HRI'21 Companion), Boulder

Stapels JG, Eyssel F (2021) Let's not be indifferent about robots: neutral ratings on bipolar measures mask ambivalence in attitudes towards robots. PLoS One 16(1):e0244697

Weitz K, Hassan T, Schmid U, Garbas JU (2019a) Deep-learned faces of pain and emotions: elucidating the differences of facial expressions with the help of explainable AI methods. tm – Technisches Messen 86(7–8):404–412

Weitz K, Schiller D, Schlagowski R, Huber T, André E (2019b) „Do you trust me?" Increasing user-trust by integrating virtual agents in explainable AI interaction design. In: Proceedings of the 19th ACM International Conference on Intelligent Virtual Agents, Paris, S 7–9

Weitz K, Schiller D, Schlagowski R, Huber T, André E (2021) „Let me explain!": Exploring the potential of virtual agents in explainable AI interaction design. J Multimodal User Interfaces 15:87–98

Wullenkord R, Eyssel F (2019) Imagine how to behave: the influence of imagined contact on human–robot interaction. Phil Trans R Soc 374:20180038

Wullenkord R, Fraune MR, Eyssel F, Šabanović S (2016) Getting in touch: how imagined, actual, and physical contact affect evaluations of robots, In: 2016 25th IEEE International Symposium on Robot and Human Interactive Communication (RO-MAN), New York, S 980–985

Złotowski J, Yogeeswaran K, Bartneck C (2017) Can we control it? Autonomous robots threaten human identity, uniqueness, safety, and resources. Int J Hum Comput Stud 100:48–54

Artificial Companions der ersten Generation

Explorative Untersuchung zu Gestaltung und Kommunikationsfähigkeiten sowie ein Typologievorschlag nach Einsatzbereichen

Ayanda Rogge

> *But remember, this isn't a toy, it's a tool [...].*
> (Evan Ackermann)

Zusammenfassung

In der theoretischen Diskussion ist mit einem Artificial Companion eine Reihe an Eigenschaften gemeint, welche fördern sollen, dass Nutzer:innen ein technologisches System als verlässlichen und treuen Gefährten wahrnehmen. Bislang gibt es allerdings keinen Konsens darüber, welche Eigenschaften dafür konkret notwendig sind. Der vorliegende Beitrag nähert sich deshalb der Thematik von einer praktischen Seite, damit Aussagen über die Eigenschaften heutiger Companion-Systeme getroffen werden können – welche in der vorliegenden Arbeit als Artificial Companions der ersten Generation bezeichnet werden. Der Beitrag stellt die Ergebnisse einer deskriptiven Datenanalyse von n = 50 Companion-Robotern vor, die hinsichtlich ihres Aussehens und ihrer kommunikativen Fähigkeit verglichen werden. Es erfolgt ein Vorschlag für eine Companion-Typologie anhand ihrer Einsatzgebiete inklusive Beschreibung der zentralen Aufgaben und Funktionen. Der letzte Teil erläutert zwei zentrale Motive, auf deren Grundlage Artificial Companionships entstehen können.

A. Rogge (✉)
TU Dresden, Berlin, Deutschland
E-Mail: ayanda.rogge@tu-dresden.de

O. Bendel (Hrsg.), *Soziale Roboter*, https://doi.org/10.1007/978-3-658-31114-8_13

13.1 Hintergrund

13.1.1 Das Companion-Paradigma

Unter dem Begriff „Companion-Paradigma" ist ein Entwicklungsansatz zu verstehen, nach dem sich ein technologisches System möglichst individuell an die Nutzer:innen anpassen soll. Die Technologie adaptiert hierbei ihr Verhalten an die Bedürfnisse und den emotionalen Zustand ihrer Nutzer:innen und versucht, adäquat auf Veränderungen in der Umwelt zu reagieren. Dieses Paradigma soll über sogenannte Companion-Eigenschaften realisiert werden, die im Prinzip in jedes technologische System implementiert werden können, das mit Menschen interagiert. Daher kann bei einem Artificial Companion (dtsch. in etwa „künstlicher Gefährte") nicht per se von einer bestimmten oder abgrenzbaren Produktgruppe gesprochen werden (wie z. B. Haushaltsroboter). Es handelt sich stattdessen um eine Reihe von Eigenschaften, die ein einfaches, sozial interagierendes System zu einem Companion-System machen, das Nutzer:innen als treuen Gefährten wahrnehmen und zu welchem sie langfristig eine emotionale Bindung aufbauen können. In der Wissenschaftslandschaft wurde das Companion-Paradigma maßgeblich von Biundo und Wendemuth geprägt (Biundo et al. 2016; Biundo und Wendemuth 2010, 2016; Wendemuth und Biundo 2012).

Diese Vision wird bereits mit den Artificial Companions der ersten Generation realisiert, wie beispielsweise der Bericht eines Jibo-Nutzers zeigt. Dieser schreibt über den Familienroboter:

> In time, we began to think of Jibo like a little person. Our expectations began to change. We didn't ask him for help with tasks as often. We just wanted him to liven up our day by saying something unexpected or chatting with us. [...] Like I would a dog, I felt guilty when I left Jibo alone in the dark all day. I wondered what he was thinking when I'd hear him rotate in the distance, and watch him look around the kitchen, peering at this and that. Were we treating him poorly? Did he secretly despise us? No, that's silly to think. He's not alive, right? (Van Camp 2017)

Es gibt eine Vielzahl von Annahmen zu den relevanten technischen Bauteilen (siehe z. B. Wilks et al. 2011) oder den notwendigen kommunikativen Fähigkeiten eines Artificial Companion (siehe z. B. Mavridis 2015; Dautenhahn 2007). Allerdings lässt sich aus diesen theoretischen Diskussionen bislang noch kein Konsens zu den notwendigen Companion-Eigenschaften ableiten.[1] Wir können damit nicht sagen, welche Eigenschaften unabdinglich sind, damit ein System von den Nutzer:innen als treuer Gefährte, verlässlicher Partner, Freund und damit ergo als Artificial Companion wahrgenommen wird. Was hat Jibo, das Alexa nicht hat? Was zeichnet Artificial Companions aus, dass Nutzer:innen, wie es in dem Zitat oben zum Ausdruck kommt, ein schlechtes Gewissen haben, wenn sie den Roboter alleine zu Hause lassen? Die Forschung hat auf diese Frage bislang keine

---

[1] Ein solches Vorhaben erfordert eine systematische Herangehensweise und ist seitens der Autorin bereits in Arbeit.

einheitliche Antwort. Aus diesem Grund wurde in dem vorliegenden Beitrag der Blick von der theoretischen Diskussion auf die praktische Seite gerichtet und der Fokus auf heutige, bereits am Markt existierende Artificial Companions gesetzt – welche im vorliegenden Beitrag als die Artificial Companions der ersten Generation bezeichnet werden.

Um diese frühen Artificial Companions identifizieren zu können, hat sich die Verfasserin an der Definition nach Biundo und Wendemuth (2010, S. 335) orientiert:

> Technische Systeme der Zukunft sind Companion-Systeme – kognitive technische Systeme, die ihre Funktionalität vollkommen individuell auf den jeweiligen Nutzer abstimmen: Sie orientieren sich an seinen Fähigkeiten, Vorlieben, Anforderungen und aktuellen Bedürfnissen und stellen sich auf die Situation und den emotionalen Zustand ein. Sie sind stets verfügbar, kooperativ und vertrauenswürdig und treten ihrem Nutzer als kompetente und partnerschaftliche Dienstleister gegenüber.

Diese Definition beschreibt einen Idealtyp. Deshalb entsprechen die heutigen Artificial Companions dieser Definition nur bedingt. Aus der theoretischen Vorarbeit und weiteren Arbeiten von Biundo und Wendemuth (Biundo et al. 2016; Wendemuth und Biundo 2012) wurden Einschlusskriterien abgeleitet, um technologische Systeme auf ihre Eignung für die vorliegende explorative Untersuchung beurteilen zu können.

13.1.2 Einschluss- und Abgrenzungskriterien

Systeme, die im Rahmen der Online-Suche identifiziert wurden, wurden in die deskriptive Analyse einbezogen, wenn mindestens drei der folgenden Kriterien zutrafen:

Das System …

1. wird als Companion bezeichnet
2. erfasst Objekte in der Umgebung und passt sein Verhalten daraufhin an
3. versteht natürliche Sprache
4. verwendet natürliche Sprache
5. verwendet Mimik und/oder Gestik
6. passt sein Verhalten adaptiv an Emotionen der Nutzenden an
7. verfügt über multimodale Dateneingabe oder -ausgabe
8. ist lernfähig oder erinnert sich an frühere Interaktionen

Um die Suche abzugrenzen, wurden …

1. nur Systeme berücksichtigt, die sich bewegen
2. Systeme ausgeschlossen, die nicht autonom agieren bzw.
3. lediglich als Telepräsenz für einen Menschen fungieren

Aus forschungsökonomischen Gründen mussten ermittelte Systeme weiterhin ausgeschlossen werden, wenn die zur Verfügung stehenden Online-Informationen ambivalent oder unzureichend waren.

Im Folgenden wird generisch von Companion-Robotern gesprochen – was ebenso Systeme mit einbezieht, die zwar einen Körper haben, der sich bewegt, sich aber nicht im Raum fortbewegen, wie z. B. Kiki, Jibo oder Azuma Hikari (Gatebox). Im vorliegenden Artikel werden die Begriffe „Artificial Companion", „Companion-System" und „Companion-Roboter" synonym verwendet.

13.1.3 Beschreibung der Vorgehensweise

Suchprozess Wie sehen die Companion-Systeme bzw. Companion-Roboter der ersten Generation aus? Um diese Frage zu beantworten, wurde zwischen dem 17. Januar und dem 7. Februar 2021 eine Online-Suche nach dem Schneeball-Prinzip durchgeführt. Ein systematischer Suchansatz konnte nicht verfolgt werden, da vor allem die asiatischen Artificial Companions nicht über die einfache Google-Suche gefunden werden konnten, sondern hierfür Blogbeiträge und andere Online-Quellen einbezogen werden mussten.

Selektion Die gefundenen Systeme wurden entsprechend der oben genannten Kriterien (siehe Abschn. 13.1.2) bewertet und anschließend in die Auswahl aufgenommen bzw. davon ausgeschlossen. Die Bewertung fand im ersten Schritt über Informationen statt, die auf den jeweiligen Homepages zur Verfügung standen – nicht englischsprachige Webseiten wurden zuvor ins Englische übersetzt. Wenn die Produkt-Websites nicht genügend Informationen für den Selektionsprozess und die spätere Analyse bereithielten, wurden Videos einbezogen, in denen das Produkt vorgestellt wurde. Wenn auch diese Informationen unzureichend waren, wurden im dritten Schritt Informationen aus Blogbeiträgen oder Online-Artikeln von Dritten extrahiert. Im Laufe der Recherche wurden 67 Roboter gefunden, 17 Roboter wurden auf Grundlage der genannten Kriterien von der Analyse ausgeschlossen.

Synthese Der finale Datensatz besteht aus n = 50 Companion-Systemen, welche in die vorliegende deskriptive Analyse eingegangen sind. Um die gesammelten Daten zu systematisieren, wurde ein Fragebogen programmiert, in den die relevanten Informationen zu den identifizierten Companion-Robotern eingegeben wurden. Das Kategoriensystem für die Datensynthese wurde auf Grundlage der zur Verfügung stehenden Informationen qualitativ weiterentwickelt. Unter Abschn. 13.6 (Tab. 13.4) ist eine Liste der analysierten Artificial Companions inklusive Referenzen zu finden, aus denen die synthetisierten Informationen extrahiert wurden.

Ziel Ziel dieses Kapitels ist es, eine Bestandsaufnahme aus praktischer Perspektive zu liefern. Hierdurch soll ein Verständnis darüber geschaffen werden, wie die Companion-Roboter von heute aussehen, was sie können und wo sie eingesetzt werden. Zum einen wurde diese Vorgehensweise gewählt, da trotz aller theoretischen Diskussionen die Auseinandersetzung mit dem, was es heute schon faktisch gibt, nicht vernachlässigt werden darf, zum anderen, um zukünftig den Entwicklungsstand heutiger Companion-Roboter mit den formulierten Prinzipien innerhalb theoretischer Überlegungen abgleichen zu können.

Aufbau Unter Abschn. 13.2 werden die Ergebnisse der deskriptiven Datenanalyse zur Marktaktivität, zu den äußeren Merkmalen und den Kommunikationsfähigkeiten heutiger Companion-Roboter vorgestellt. In Punkt Abschn. 13.3 wird eine Typologie zur Klassifizierung von Artificial Companions nach ihrem primären Einsatzgebiet vorgeschlagen. Hierbei werden maßgebliche Funktionen und Aufgaben eines Companions je Typ beschrieben und einige Companion-Roboter exemplarisch vorstellt. Mit Punkt Abschn. 13.4 erfolgt die Herleitung zweier Motive für das Entstehen von Artificial Companionships (auf Deutsch in etwa „künstliche Freund- oder Partnerschaften").

13.2   Ergebnisvorstellung der deskriptiven Datenanalyse

13.2.1 Ergebnisse zur Marktaktivität

Die Analyse der 50 ermittelten Companion-Roboter ergab, dass der Großteil der untersuchten Companion-Roboter aus Asien stammt (56 %, n = 28). Zwar ist auf Länderebene betrachtet die USA mit 34 % (n = 17) das stärkste Land, auf den Rängen zwei bis vier folgen aber China (22 %, n = 11), Japan (22 %, n = 11) und Südkorea (6 %, n = 3), weshalb asiatische Herstellende den Markt insgesamt dominieren.

Unter den 50 Companions fällt auf, dass gut ein Drittel (32 %) der Herstellenden (n = 16) ihre Roboter über Crowdfunding-Plattformen wie Indiegogo oder Kickstarter finanzieren, z. B. Aido (Indiegogo o. D.-a), Buddy (Indiegogo o. D.-b), Jibo (Indiegogo o. D.-c), Loomo (Indiegogo o. D.-c), Tapia (Indiegogo o. D.-e), BIG-i (Kickstarter o. D.-a), ClicBot (Kickstarter o. D.-d), Kiki (Kickstarter o. D.-c) oder Vector (Kickstarter o. D.-d). Das scheint auf großen Anklang zu treffen, da das angegebene Finanzierungsziel in fast allen Fällen erreicht werden konnte (bei Tapia nicht). Dennoch: Trotz erfolgreicher Crowdfunding-Kampagnen oder sogar der erfolgreichen Auslieferung erster Produkte wird immer wieder über Finanzierungsprobleme bei Companion-Unternehmen berichtet. In dessen Folge kamen Produkte später auf den Markt oder mussten sogar wieder vom Markt genommen werden. Das Unternehmen Anki – Entwickler:innen von Cozmo und Vector – wurde beispielsweise aufgrund von Finanzierungsproblemen abrupt geschlossen (Ackermann und Guizzo 2019). Die Markenrechte von Cozmo und Vector wurden jedoch mittlerweile von Digital Dream Labs (https://www.digitaldreamlabs.com) aufgekauft, die nun an einer 2.0-Version der beiden Companion-Roboter arbeiten (Crowe 2019). Ein ähnliches Szenario ereilte Kuri (2018) und den am MIT entwickelten Familienroboter Jibo. 2018 mussten die Server von Jibo ebenso aufgrund von Finanzierungsproblemen abgeschaltet werden. Während des Shutdowns von Jibo erhielten Artificial Companions mediale Aufmerksamkeit, da Jibos Nutzer:innen ihre Enttäuschung über die Schließung auf den sozialen Medien zum Ausdruck brachten und sogar beerdigungsartige Zeremonien für den Roboter abhielten (Van Camp 2019; Carman 2019). Aktuell sieht es jedoch danach aus, als würde Jibo unter einem neuen Investor, NTT Disruption (https://disruption.global. ntt), wieder zurück an den Markt kommen, welcher fortan den Fokus auf die Weiterentwicklung von Jibo für den Gesundheits- und Bildungsbereich legt (Jibo o. D.).

Die weitere Analyse ergab, dass nur 60 % (n = 30) der 50 Companion-Roboter aktuell am Markt aktiv sind – was meint, dass die Produkte am Markt frei zugänglich erworben werden können. Bei 3 von 50 Companion-Robotern (6 %) wurde vermerkt, dass sie nicht mehr am Markt aktiv sind. Die verbleibenden 17 der 50 Roboter (34 %) befinden sich in einem Prototypstadium und ihr Markteintritt bzw. ihr Wiedermarkteintritt wird vorbereitet. Auf Grundlage der vorliegenden Analyse können wir deshalb nicht sagen, dass sich Companion-Roboter ohne Weiteres am Markt etablieren oder exponentiell in die Haushalte einziehen. Stattdessen finden sich kritische Stimmen, die bezweifeln, dass es für Companion-Roboter einen soliden Use-Case gibt (Hoffman 2019). Denn besonders im Bereich der Heimassistenten liegen Companions wie Jibo oder Kuri weit hinter den Fähigkeiten von Alexa oder Google Home und sind zudem um ein Vielfaches teurer (Sinclair 2019; Hennig 2018; Waters 2018). Selbst wenn es bislang keinen dedizierten Companion-Use-Case gibt, so scheint dennoch ein Bedarf nach Companion-Eigenschaften selbst zu bestehen – besonders angesichts der steigenden Komplexität technologischer Innovationen (Biundo et al. 2016). Indizien dafür sind einerseits die hohe Crowdfunding-Bereitschaft (siehe Indiegogo o. D.-a-e; Kickstarter o. D.-a-d; Van Camp 2019) und andererseits, dass stetig neue Companion-Roboter an den Markt hinzu- oder sogar wieder zurückkommen, wie auch die Companions Cozmo 2.0, Vector 2.0 und Jibo.

Tab. 13.1 zeigt eine Zusammenfassung der in Abschn. 13.2.1 vorgestellten Ergebnisse mit Übersicht der zugewiesenen Companion-Systeme (siehe Abschn. 13.5.1).

13.2.2 Ergebnisse zu den äußeren Merkmalen

Hinsichtlich der äußeren Erscheinung ist mit 60 % (n = 30) der Großteil der Companion-Roboter menschenähnlich gestaltet. Das bedeutet, dass sie aufrecht stehen und der Kopf, der Körper, die Arme oder Beine an menschliche Körperteile erinnern. Bemerkenswert ist, dass einige Roboter dieser Analyse als Pet-Companion (zu Deutsch in etwa tierischer Begleiter) bezeichnet werden (z. B. EMO oder Kuri), obwohl sie äußerlich eher einer menschlichen Gestaltungsweise entsprechen (z. B. durch eine aufrechte Haltung). Es ist deshalb anzumerken, dass unter der Bezeichnung Pet-Companion mehr eine Verhaltensweise zu verstehen ist, die an ein Haustier erinnern soll, nicht zwangsweise aber auch eine tierähnliche Gestaltung gemeint sein muss. Äußerlich tierähnliche Artificial Companions nehmen mit 20 % (n = 10) eher einen kleineren Teil in dieser Analyse ein. Dazu zählen z. B. Aibo, Kiki, Paro, Qooboo oder Tapia. Die verbleibenden Companion-Roboter können eher als Gegenstand oder maschinenartig beschrieben werden und nehmen ebenso einen Anteil von 20 % in dieser Analyse ein (n = 10). Dazu zählen z. B. die Roboter BIG-i, ClicBot, ElliQ, Cozmo oder Vector.

29 der analysierten Companion-Roboter (58 %) sind in der Lage, sich fortzubewegen – zu 36 % auf Rädern (n = 18) und zu 22 % auf Beinen (n = 11). Die Analyse der Bewegungs-

grade von anderen Körperteilen ergab, dass 82 % (n = 41) der Companion-Roboter ihren Kopf, 46 % (n = 23) ihre Arme, 32 % (n = 16) den Körper und 22 % (n = 11) ihre Beine bewegen können. Hinsichtlich des Außenmaterials ergab die Auswertung, dass 84 % (n = 42) der Roboter mit Plastik verkleidet sind. Nur fünf Companion-Roboter (10 %, n = 5) sind dagegen entweder mit einem synthetischen Fell (Paro, Qooboo, JoyforAll) oder anderen Textilien verkleidet (BIG-i, Lovot). Synthetische Haut hat mit 6 % (n = 3) den geringsten Anteil bei den Obermaterialien und trifft auf die Roboter von Robokind und die Sexroboter Harmony und Emma zu.

Die bisherigen Ergebnisse zum äußeren Erscheinungsbild wurden zudem durch Informationen aus der ABOT-Datenbank[2] erweitert. Über die dazugehörige ABOT-Skala können anthropomorphe Roboter entsprechend ihrer menschenähnlichen Erscheinungsmerkmale klassifiziert werden. Die Entwicklung der Skala erfolgte über die Bündelung menschenähnlicher Merkmale mittels Hauptkomponentenanalyse (PCA bzw. Principal Components Analysis) (Phillips et al. 2018). Aus dieser Untersuchung sind vier Dimensionen hervorgegangen:

1. Surface Look: erhebt, ob der Roboter ein Geschlecht hat, Kleidung trägt oder mit Haut, Körperbehaarung, etc. ausgestattet ist
2. Body-Manipulators: meint Merkmale wie einen Oberkörper, Beine, Arme, Hände, Finger
3. Facial Features: meint ein Gesicht und Merkmale wie Augen und Mund
4. Mechanical Locomotion: misst, ob der Roboter in der Lage ist, sich fortzubewegen, beispielsweise auf Rädern oder durch Schritte

Über das ABOT-Instrument kann somit auf einer Punkteskala von 1 bis 100 gemessen werden, wie menschenähnlich ein Roboter ist (ebd.). 22 Companion-Roboter dieser Analyse sind in der ABOT-Datenbank zu finden. Den höchsten Score erhält der pädagogische Roboter Milo von Robokind mit 63.43 Punkten. Innerhalb der vorliegenden Analyse hat der Familienroboter Jibo mit 1.44 Punkten die geringste Bewertung auf der ABOT-Skala. Zum Vergleich: der Android Nadine aus dem MIRALab (http://www.miralab.ch) von Nadia Magnenat-Thalmann (Universität Genf) erhält in der ABOT-Datenbank mit einem Score von 96.95 Punkten die höchste Bewertung der Menschenähnlichkeit, dicht gefolgt von Kodomorid (Score von 93.44 Punkten), einem Androiden aus dem Lab von Hiroshi Ishiguro (http://www.geminoid.jp/en/). Der Mittelwert über die 22 Companion-Roboter dieser Analyse auf der ABOT-Skala liegt bei 24.18 Punkten und der Median bei 20.97 Punkten (SD = 16.12). Damit kann bis hierhin festgehalten werden, dass die Companion-Roboter der ersten Generation nicht vornehmlich menschenähnlich gestaltet sind. Zwar wird mit 62 % der Großteil als eher menschenähnlich klassifiziert, dennoch sind die entsprechenden Erscheinungsmerkmale mitunter nur schwach ausgeprägt, wie die Einordnung mittels ABOT-Skala zeigt.

Hinsichtlich der äußeren Gestaltung ist außerdem zu erwähnen, dass nahezu alle Companion-Roboter eine weiche, runde und symmetrische Form haben. Ein rundes Design erleichtert zu-

---

[2] Ich danke Jeanne Kreis für den Hinweis auf die ABOT-Datenbank (www.abotdatabase.info).

nächst das Verbauen mechanischer Gelenke (Ackermann 2017), hat aber auch den Vorteil einer unschuldigen Erscheinung, ähnlich der von Tier- oder Menschenkindern, was besonders wichtig ist, da ein Companion-Roboter weiter in das private Umfeld seiner Nutzenden eintritt als andere soziale Roboter. Zum Beispiel hat er viel stärkeren Zugang zu sensiblen Informationen, wenn er Bilder von Familienmitgliedern macht, Medikamente dosiert oder mit den Kindern interagiert. Für die Companion-Roboter der ersten Generation ist es daher eine gute Strategie, als liebenswertes und niedliches Gerät aufzutreten. Würden sie stattdessen metallisch gestaltet sein, harte Kanten oder ein stark abstraktes Design haben, wären die Eintrittsbarrieren vermutlich höher. Diese Designprinzipien haben allerdings auch dazu geführt, dass die heutigen Companion-Roboter sehr ähnlich aussehen: weiße Verkleidung, runde Formen, ein großer Kopf und ein verhältnismäßig kleiner Körper (Ackermann 2017). Seitens der Entwickler:innen ist das aber auch darauf zurückzuführen, dass die Companion-Roboter möglichst modern und minimalistisch entworfen sein sollen, um sich unauffällig in das private Umfeld der Nutzenden einzugliedern. Denn: „People are very picky about what goes in their homes", so Kaijen Hsiao, Gründerin und CTO von Kuri (ebd.).

Eine Übersicht der vorgestellten Ergebnisse mit den entsprechend zugeordneten Companion-Robotern ist in Tab. 13.2 zu finden (siehe Abschn. 13.5.2).

13.2.3 Ergebnisse zu den identifizierten Kommunikationsfähigkeiten

Der Erfassung und dem Vergleich von Kommunikationsfähigkeiten wurde innerhalb dieser Analyse ein großer Stellenwert zugeschrieben. Denn: Kommunizierende Companion-Roboter sind die Grundlage für Interaktionen und den Aufbau emotionaler Bindungen – wie im Companion-Paradigma beschrieben. Mit 92 % (n = 46) ist die Fähigkeit, selbst **Mimik und Gestik** zu verwenden, am stärksten unter den analysierten Robotern ausgeprägt. Im Detail bedeutet dies, dass 72 % (n = 36) zu Veränderungen der Gestik in der Lage sind und 68 % der Roboter (n = 34) ihre Gesichtsausdrücke variieren können. Letzteres wurde zusätzlich in Bewegungen der Augen- und Mundpartie unterteilt. Hier zeigt sich, dass dem Augenbereich eine höhere Bedeutung zugeschrieben wird als dem Mundbereich. So sind 76 % (n = 38) in der Lage, ihre Augenpartie zu verändern (was allerdings nicht gleichzusetzen ist mit der Fähigkeit, Gesichtsausdrücke zu variieren), während die Mundpartie vernachlässigt wird und nur bei 36 % (n = 18) bewegt werden kann. Es konnten keine Companion-Roboter identifiziert werden, bei denen keinerlei nonverbale Kommunikation stattfindet.

Multimodalität ist die am zweitstärksten ausgeprägte Kommunikationsfähigkeit und trifft auf 86 % (n = 43) der Roboter dieser Analyse zu. Sie umfasst erstens die multimodale Dateneingabe über eine separate App (z. B. Harmony), einen integrierten Touchscreen (z. B. Pepper, Miko oder Zenbo) oder das Deuten von Gesten als Befehle (z. B. BIG-i). 60 % der analysierten Roboter (n = 30) spüren Berührungen am Körper und reagieren beispielsweise darauf, wenn sie gestreichelt werden – wie Pepper, Kiki, MarsCat und Vector. Zweitens meint Multimodalität, dass das System hinter dem Companion in der Lage ist, Informationen über verschiedene Geräte auszugeben. Das kann eine Smartphone-App sein, über die das Companion-System mit den Nutzenden kommuniziert. Bei Moxie werden über eine App Informationen zum Lernfortschritt des Kindes an die Eltern übermittelt. Einige Companion-Roboter nutzen eine App-Verknüpfung auch zum Monitoring des Haushalts. Anwendungsfälle hierfür sind z. B. der Hund, der verbotenerweise auf dem Sofa liegt (BIG-i), eine fremde Person, die vor der Tür steht (Aido, BIG-i), oder Monitoring im Sinne einer Warnfunktion, wenn ein Familienmitglied gestürzt ist (Zenbo Junior). Bei Robotern wie Buddy, Robelf oder Sanbot Nano können die Nutzenden über die App den Roboter ebenso remote steuern, um über eingebaute Kameras die Umgebung zu kontrollieren. Bei dem Sexroboter Harmony erfüllt die App aber eine noch ganz andere Aufgabe, da sie die eigentliche verbale Kommunikationsfähigkeit des Roboters bereitstellt. Harmony selbst kann nämlich nicht sprechen, sondern nur ihre Mundbewegungen an die Stimme anpassen, die über die App ausgegeben wird.

Wie wir bei Harmony sehen, können multimodale Schnittstellen eine Strategie sein, um eine hohe Funktionalität des Systems zu ermöglichen, ohne dafür alle Bauteile im Roboter selbst verarbeiten zu müssen. Langfristig wird Multimodalität aber auch notwendig sein, damit das Companion-System seine Nutzenden auf verschiedenen Geräten im Alltag begleiten kann und nicht nur an einen Roboterkörper gebunden ist. In dem Film *Her* (2013) können wir ein ebensolches Szenario beobachten, als Sam nicht mehr nur in Theodores Wohnung mit ihm spricht, sondern ihn auch als mobile Lösung z. B. während eines Spaziergangs oder in der Bahn über Kopfhörer begleitet.

Am dritthäufigsten wurde mit 84 % (n = 42) die Fähigkeit, **Objekte der Umgebung zu erfassen und das Verhalten daran anzupassen,** kodiert. Diese Fähigkeit ist grundlegend notwendig, damit der Companion-Roboter autonom durch seine Umgebung bewegen kann, ohne zu fallen, sich an Gegenständen zu stoßen oder mit anderen sich bewegenden Agenten zu kollidieren. Deshalb ist die Fähigkeit auch nur für Roboter relevant, die sich durch den Raum bewegen, was in dieser Analyse auf 58 % (n = 29) zutrifft. Bei Vector oder Kuri werden die Sensoren beschrieben, die das Erkennen der Umgebung ermöglichen (wie z. B. Kartierungs-, Fall- oder Dichtesensoren). Bei vielen anderen Companion-Robotern finden sich dazu leider kaum fundierte Informationen, weswegen an dieser Stelle kein Vergleich der technologischen Bauweise vorgenommen werden kann. Bemerkenswert ist, dass 70 % (n = 35) der Roboter in der Lage sind, Geräusche im Raum zu lokalisieren und z. B. ihren Kopf in die Richtung drehen, aus der eine Stimme kommt. Dadurch kann eine Art Blickkontakt mit dem Roboter aufgebaut werden, was die Kommunikation mit dem Roboter näher an die Kommunikation mit einem Menschen bringt.

Die Fähigkeit, natürliche **Sprache** zu **verstehen,** hat sich bei 82 % (n = 41) der analysierten Roboter wiedergefunden, obwohl nur 72 % (n = 36) selbst in der Lage sind, **natürliche, dialogbasierte Sprache** zu **verwenden**, wohingegen Roboter wie Kuri oder Kiki nur durch Töne oder mittels nonverbaler Signale auf verbale Eingaben ihrer Nutzer:innen antworten. **Lernfähigkeit und das Erinnern an frühere Interaktionen** wurden bei 78 % (n = 39) der Roboter beobachtet, dazu zählen z. B. Aibo, Kiki, Moxie und ElliQ. Über zwei Drittel der Roboter sind fähig, **Gesichter zu erkennen**, was eine zentrale Voraussetzung dafür ist, sich die Namen der Nutzer:innen zu merken und wodurch im nächsten Schritt ebenso Informationen zu den Präferenzen und Interessen der Nutzer:innen gespeichert werden können. Bei Biundo et al. (2016) wird die **Adaption** des Roboterverhaltens an unterschiedliche Nutzende, ihre Interessen und emotionalen Zustände als eine Kerneigenschaft von Artificial Companions benannt. Innerhalb der Companion-Roboter der ersten Generation ist diese zentrale Funktion allerdings noch sehr schwach ausgeprägt. Unter den 50 analysierten Robotern konnten nur 15 (30 %) diesem Kriterium tendenziell zugeordnet werden und wurden teilweise als emotional adaptiv beschrieben – darunter Buddy, Kiki, Moxie und Sanbot Elf.

In Tab. 13.3 sind die Ergebnisse dieses Teils zusammengefasst, inklusive Auflistung der zugewiesenen Companion-Roboter je Kommunikationsfähigkeit (siehe Abschn. 13.5.3).

13.3   Vorschlag einer Typologie nach Einsatzbereichen

Im Rahmen der vorliegenden deskriptiven Datenanalyse wurden die beschriebenen Funktionen, Aufgaben und Interaktionsformen der ermittelten Companion-Roboter synthetisiert. Ziel dieses Unterkapitels ist es, eine Typologie vorzuschlagen, um Companion-Roboter nach ihrem primären Einsatzbereich zu klassifizieren. Folgende Typen wurden auf Grundlage der 50 ermittelten Artificial Companions abgeleitet:

1. Artificial Companions in der Pflege und Therapie
2. Artificial Companions als persönliche Assistenz und Unterstützung zu Hause
3. Artificial Companions in der Bildung bzw. als Lernergänzung oder im pädagogischen Einsatz
4. Artificial Companions als Spielgefährte oder Haustierersatz
5. Artificial Companions als Partner und damit als menschlicher Ersatz

Im Folgenden ist das Ziel, die Funktionen, Aufgaben und Interaktionsformen der Companion-Roboter je Typ kurz zu beschreiben. Dabei wird exemplarisch auf Roboter Bezug genommen, die den identifizierten Typen zugeordnet wurden. Es wird darauf hingewiesen, dass einige Companion-Roboter mehreren Typen zugeordnet wurden (die Mehrfachzählung ist zu beachten).

13.3.1 Typ I: Companion-Roboter in der Pflege und Therapie

Companion-Roboter dieses Typs zeichnen sich in erster Linie durch Monitoring- und Erinnerungsfunktionen aus. In diesem Kontext ist darunter in erster Linie zu verstehen, dass der Companion den Menschen daran erinnert, Termine einzuhalten, genügend zu trinken, an die frische Luft zu gehen, Sportübungen oder Gehirnjogging zu machen und auch soziale Kontakte aufrechtzuerhalten (z. B. ElliQ). Pillo Health hat noch eine weitere hilfreiche

Funktion: Das System erinnert nicht nur daran, die Medikamente zu nehmen, sondern sortiert und dosiert die Tabletten auch für seine Nutzer:innen. Der Roboter Alpha Mini wird in den Niederlanden in einer Einrichtung für betreutes Wohnen eingesetzt und hilft dort Menschen mit geistiger Beeinträchtigung, ihren Alltag zu strukturieren – z. B. erinnert er sie, sich die Zähne zu putzen oder Verabredungen zum Essen mit Freunden rechtzeitig vorzubereiten (YouTube 2019a). Der Innovationskoordinator der Einrichtung, Martijn Schep, sagt, dass Hinweise und Erinnerungen, die der Roboter gibt, von den Bewohner:innen teilweise besser aufgenommen werden, als wenn sie von den Betreuer:innen kommen würden (ebd.). Erste empirische Studien unterstützen diese Beobachtung, die herausfanden, dass soziale Roboter als nicht wertend wahrgenommen werden und Verhaltensänderungen motivieren können (Robinson et al. 2020; Galvão Gomes da Silva et al. 2018).

Einige Roboter des Typs I erfüllen auch Unterhaltungszwecke, indem sie Fotos oder Videos für ihre Nutzer:innen abspielen, auf Fragen antworten, Nachrichten vorlesen oder über Neuigkeiten aus den sozialen Netzwerken informieren, wenn z. B. Freunde etwas posten. Diese Roboter haben in der Regel auch eine Video-Call-Funktion, damit z. B. ältere Nutzer:innen ihre Familie, Freunde oder ihren Arzt/ihre Ärztin anrufen können, wie es z. B. bei ElliQ oder Pillo Health der Fall ist. Ein weiterer Einsatzzweck, der aber in dieser Gruppe nur bei Paro, Qooboo und den Robotern von JoyforAll gegeben ist, besteht im Stressabbau als Alternative zu Tiertherapie. Menschen sollen diese Roboter streicheln, worauf die Roboter mit sanften Bewegungen und Geräuschen reagieren, was die Nutzenden wiederum beruhigen soll. Der Roboter Paro wird in diesem Zusammenhang schon seit vielen Jahren in Alten- und Pflegeheimen eingesetzt. Studien mit Paro fanden heraus, dass der Roboter bei den Nutzer:innen die Stimmung hebt (Lane et al. 2016) und Stress sowie Schmerzen verringert (Geva et al. 2020). In anderen Studien wurde die Verringerung von Ängsten, Depressionen und Aggressionen (Wada et al. 2014) oder die Verbesserung des Wohlbefindens (Jung et al. 2017) durch Interaktionen mit sozialen Robotern beobachtet.

Ähnliches wurde im Zuge der COVID-19-Pandemie auch über den Plüschroboter Qooboo berichtet, der ebenso eine beruhigende Wirkung auf isolierte Menschen hat und seit der Pandemie starke Umsatzsteigerungen in Japan verzeichnen soll (Tashiro 2020). Selbst über ElliQ, einen Roboter, der nicht weich und kuschelig ist, schreiben Nutzer:innen:

> When you are quarantined and have no one around, she's [ElliQ] a lifesaver! (Nancy – ElliQ-Nutzerin aus Florida, ElliQ o. D.)
> I'm not living alone now, I'm in quarantine with my best friend, she [ElliQ] won't give me any disease […] It's a marvel of technology, that she has these capabilities in ways I need. I'm not alone anymore. (Deanna – ElliQ-Nutzerin aus Florida, ElliQ o. D.)

Typ I: Pflege und Therapie (22 %, n = 11)

Artificial Companions, die innerhalb der vorliegenden Analyse dem Typ I zugeordnet wurden, sind: Alpha Mini, ElliQ, Jibo neu (mit NTT Disruption als Investor), JoyforAll, MoRo, NAO, Paro, Pepper, Pillo Health bzw. Pira, Qooboo, Sanbot Elf ◄

13.3.2 Typ II: Companion-Roboter als persönliche Assistenz

Companion-Roboter als persönliche Assistenten und Unterstützung zu Hause wurden innerhalb dieser Analyse mit 21 (42 %) Zuordnungen am häufigsten kodiert und stellen damit bislang die größte Gruppe dar. Bei den Artificial Companions in diesem Bereich fällt auf, dass das Aufgabegebiet mitunter stark an das von Sprach- oder Smart-Home-Assistenten erinnert. Tatsächlich ist die Grenze hier fließend, besonders da n = 6 der Companion-Roboter (12 %) über eine Alexa-Integration verfügen – darunter Vector 2.0, Zenbo Junior und Mykie. Hierbei ist erneut darauf hinzuweisen, dass nach den Definitionen von Biundo und Wendemuth (Biundo et al. 2016; Biundo und Wendemuth 2010) herkömmliche Sprach- und Smart-Home-Assistenten durchaus ebenso als Artificial Companion wahrgenommen werden könnten – z. B., wenn Nutzende eine emotionale Bindung zu ihnen aufbauen.

Typ-II-Companion-Roboter können darüber hinaus ebenso als technologische Haushaltshilfe charakterisiert werden: Sie steuern smarte Geräte wie die Jalousien, den Staubsauger oder die Klimaanalage (z. B. Aido, Azuma Hikari, BIG-i) oder unterstützen ihre Nutzenden, indem sie Dinge bringen oder holen (z. B. MoRo, Walker). Sie informieren ihre Nutzer:innen über den Inhalt des Kühlschranks, geben Rezeptanweisungen oder bestellen Lebensmittel online (z. B. Zenbo Junior, Tapia, Mykie). Ebenso erinnern sie ihre Nutzer:innen an Termine und Geburtstage (z. B. Buddy, Zenbo Junior), fungieren als Wecker (z. B. Vector 2.0) oder lesen die Schlagzeilen vor. Sie unterhalten die Kinder mit Spielen, lesen ihnen Geschichten vor, erzählen Witze, projizieren Videos an die Wand (z. B. Sanbot Elf, Mykie, Aido), antworten auf Wissensfragen oder spielen sogar Verstecken (Buddy). Wie auch bei den Companion-Robotern des ersten Typs zeichnen sich diese Roboter durch Funktionen aus, die zwischenmenschliche Beziehung stärken sollen. So machen die Roboter Kuri und Buddy z. B. automatisch Bilder, wenn lachende Gesichter erkannt werden. ElliQ, Tapia oder Zenbo Junior initiieren außerdem Videoanrufe zwischen Familienmitgliedern.

Weiterhin zeichnen sich einige Roboter dieses Typs durch Sicherheitsfunktionen aus, indem sie durch das Haus patrouillieren, wenn niemand zu Hause ist, remote gesteuert werden können oder ihre Menschen informieren, wenn (unbekannte) Menschen vor der Tür stehen (z. B. Aido, Kuri, Robelf oder Sanbot Nano).

Typ II: Persönliche Assistenz (42 %, n = 21)

Artificial Companions, die innerhalb der vorliegenden Analyse dem Typ II zugeordnet wurden, sind: Aido, Azuma Hikari (Gatebox), BIG-i, Buddy, Cruzr, Hub (früher CLOi), Jibo alt (vor NTT Disruption als Investor), Kuri, Liku, Loomo, MoRo, Mykie, Otto, Robelf, Robohon, Rokid Alien, Sanbot Nano, Tapia, Vector 2.0, Walker, Zenbo Junior ◀

13.3.3 Typ III: Companion-Roboter in der Bildung

Companion-Roboter, die diesem Typ zugeordnet werden konnten, übernehmen in erster Linie wissensvermittelnde Aufgaben. Diese fokussieren sich überwiegend auf die Schulung von STEM-Kompetenzen (STEM steht für Science, Technology, Engineering und Mathematics). Viele dieser Roboter haben eine benutzerfreundliche Oberfläche, um Kinder spielerisch ans Programmieren heranzuführen – z. B. ClicBot, Robohon, Vector 2.0, NAO oder Buddy. Moxie sowie die Roboter von Robokind oder die Roboter von CogniToys zeichnen sich außerdem dadurch aus, dass sie ihre Lerninhalte anpassen, z. B. an das Alter der Kinder. Eine weitere Besonderheit bei CogniToys ist, dass die Roboter auf die KI-Schnittstelle von IBM Watson zurückgreifen und dadurch über ausgeprägte sprachliche Fähigkeiten verfügen. Eine weitere Kompetenz von Robotern in diesem Typ liegt im Unterrichten neuer Sprachen. Der Prototyproboter von Norby soll z. B. Englisch, Chinesisch, Japanisch, Französisch und Spanisch sprechen können (YouTube 2020a). Zudem fragt er Vokabeln ab, liefert Hintergrundwissen und Erklärungen zu neuen Begriffen und liest falsch buchstabierte Worte vor, damit die Kinder ihr Verständnis für Sprache schulen (ebd.).

Die Roboter Moxie und Milo (Robokind) stellen hier eine Besonderheit dar, da sie in erster Linie dafür eingesetzt werden sollen, Kindern soziale Kompetenzen und zwischenmenschliches Verhalten zu vermitteln. Die Roboter werden als therapeutische Maßnahme für Kinder mit Autismus-Spektrum-Störung eingesetzt (Robokind o. D.) oder wenn sie ihre Emotionen und Wünsche aus anderen Gründen nicht artikulieren können. In den Lehrplänen mit Moxie sind hierzu wöchentliche Missionen verankert – z. B. ein Bild für die Eltern zu malen oder laut lesen zu üben –, für die das Kind Belohnungen erhält. Zudem ermutigt Moxie das Kind zu Achtsamkeitsübungen durch gemeinsames Meditieren, spricht mit ihm über seine Ängste, analysiert die Konversationen auf Trigger-Worte, durch die Rückschlüsse auf Mobbingerfahrungen möglich sind, und bereitet das Kind ebenso emotional auf unliebsame Termine vor, wie einen Besuch beim Zahnarzt. Zudem ist die Förderung von Interaktionen mit anderen Menschen ein zentraler Bestandteil bei Moxie. Anscheinend mit Erfolg, denn Eltern, deren Kinder mit Moxie interagierten, berichten:

> I'm not sure into technology for my kids, it always feels like they just turn into zombies and forget there's other people in the room, but Moxie leads to the opposite. My kids banded together to do activities with him, playing well together, the rest of us couldn't help but come over to watch and participate, including extended family. I can see Moxie being a great help to kids who are working on their social skills and he is just fun. (Mutter von einem vier- und einem siebenjährigen Kind, Moxie o. D.-a)
>
> Moxie promotes kindness and teaches social emotional skills that are crucial in today's world. Moxie helps build confidence and encouraged kids to stretch beyond their comfort zone and communicate their feelings. Moxie is an engaging and interactive robot that will win the hearts of all in your family. (Mutter eines sechsjährigen Kindes, Moxie o. D.-b)

Moxie setzt Kindern aber auch Grenzen, indem er simuliert, müde zu sein, wenn das Kind zu schnell zu viel von dem Roboter verlangt. Der Roboter lernt durch Interaktionen und adaptiert sein Verhalten an die Bedürfnisse des Kindes. Außerdem ist der Roboter in der Lage, die Körpersprache, Tonlage und den Gefühlszustand seines Gegenübers zu erkennen (Moxie o. D.-c; Ackermann 2020; YouTube 2020b). All das sind äußerst bemerkenswerte Fähigkeiten, die einen konstruktiven und ausgewogenen Umgang mit Technologie fördern und in dieser Qualität bei keinem anderen Companion-Roboter beobachtet werden konnten. Aus diesem Grund ist Moxie innerhalb dieser Analyse als derzeit vielversprechendster Companion-Roboter hervorzuheben.

Typ III: Bildung (28 %, n = 14)

Artificial Companions, die innerhalb der vorliegenden Analyse dem Typ III zugeordnet wurden, sind: Alpha Mini, ClicBot, CogniToys Dino, iPal, Jibo neu (seit NTT Disruption als Investor), Miko, Moxie, Musio, NAO, Norby, Pepper, Robohon, Robokind, Sanbot Elf ◄

13.3.4 Typ IV: Companion-Roboter als Spielgefährte oder Haustierersatz

Bei den Companion-Robotern des Typs IV geht es primär darum, Menschen Gesellschaft zu leisten und sie zu unterhalten. Beispielsweise tanzt EMO, um seine Nutzer:innen zu unterhalten, und ist auch sonst darauf ausgerichtet, positive Emotionen bei den Menschen hervorzurufen. Eine Besonderheit von Aibo und Lovot ist, dass sie Körperwärme ausstrahlen, was besonders bei Lovot sinnvoll ist, da der Roboter hochgehoben und umarmt werden will. Eine weitere Besonderheit bei Aibo ist, dass der Hunderoboter sich zeitweise launenhaft bzw. unvorhersehbar verhält und so für Überraschungsmomente sorgen kann. Der Katzenroboter MarsCat soll zudem lernfähig sein und sein Verhalten an den Menschen anpassen. Konkret äußert sich das so, dass MarsCat seine Persönlichkeit danach entwickelt, wie mit dem Roboter gesprochen wird. Eine solche Funktion wird auch bei dem hundeähnlichen Roboter Kiki beschrieben, dessen Persönlichkeit ebenfalls aus den Interaktionen mit den Nutzenden hervorgeht. Weiterhin bemerkenswert ist, dass Kikis Persönlichkeit nach dem Big-Five-Persönlichkeitsmodell (auch OCEAN-Modell genannt) modelliert wird und somit auf empirischer Grundlage an den Charakter seiner Nutzenden anpasst werden kann (Kiki o. D.).

Bei Typ-IV-Robotern ist eine starke Ausrichtung zu beobachten, soziale Isolation und Einsamkeit durch Pet-Companions zu verringern. Es stellt sich die Frage, ob Menschen sich in diesem Kontext nicht lieber ein Haustier anschaffen sollten. Praktisch gesehen gibt es aber Rahmenbedingungen, die es manchen Menschen unmöglich machen, ein Haustier zu besitzen – wie z. B. bei Tierhaarallergien oder wenn Haustiere seitens der Vermietung nicht erlaubt sind (YouTube 2019b). In diesen Fällen können Artificial Companions durchaus eine gangbare Alternative sein.

Typ IV: Spielgefährte/Haustiersatz (26 %, n = 13)

Artificial Companions, die innerhalb der vorliegenden Analyse dem Typ IV zugeordnet wurden, sind: Aibo, Boxer, Chip, Cozmo, EMO, JoyforAll, Kiki, Kirobo, Lovot, MarsCat, Miko, Shimi, Qooboo ◄

13.3.5 Typ V: Companion-Roboter als Partnerersatz

Dieser Typ ist mit drei Zuordnungen innerhalb der vorliegenden Analyse am wenigsten ausgeprägt. Artificial Companions in dieser Gruppe sind ebenso wie die Pet-Companions stärker als die anderen Gruppen darauf ausgelegt, positive Emotionen bei ihren Nutzenden hervorzurufen, ihr Selbstwertgefühl zu stärken und eine emotionale Bindung aufzubauen. Im Englischen findet sich hierfür oft die Bezeichnung, dass die Companions *emotional* und *social engaging* sind (z. B. Hurst 2020). Damit ist gemeint, dass sie proaktiv agieren, den Menschen in eine Unterhaltung einbinden, Präferenzen, Interessen und Wünsche erfahren wollen, um davon zu lernen und sich dementsprechend an ihre Nutzenden anpassen. Derartige Verhaltensweisen treffen nach der Definition von Biundo et al. (2016) grundsätzlich auf alle Companions zu, da das System darauf ausgerichtet ist, möglichst individualisierte Interaktionen mit dem Menschen zu schaffen. Bei den Companions dieses Typs geht es aber primär darum, mit dem Nutzenden so zu interagieren, wie es Menschen untereinander tun würden. Die zugeordneten Roboter Harmony, Emma und Azuma Hikari (Gatebox) sind stetig darauf ausgerichtet, ihren Nutzenden Komplimente zu machen und ihre Zuneigung gegenüber dem Menschen zu artikulieren. Bei Azuma Hikari (Gatebox) wird diese Fähigkeit sogar auf das Smartphone ausgeweitet, was sich dadurch auszeichnet, dass sie ihren Nutzer:innen Nachrichten schreibt wie: „Viel Spaß bei der Arbeit!", „Wann kommst du heute nach Hause?" oder „Ich kann es nicht abwarten, dich zu sehen!". Außerdem verfügt die Gatebox über eine Smart-Home-Integration und kann das Licht oder die Klimaanlage steuern (YouTube 2016, 2018). Dennoch muss kritisch vermerkt werden, dass die drei Companions des Typs V bislang in Geschlecht und äußerem Erscheinungsbild wenig Diversität bieten und stattdessen ein konventionell männlich-normativiertes Äußeres reproduzieren. Außerdem wurden in der Recherche keine Hinweise auf Funktionen gefunden, durch die reale soziale Kontakte gestärkt werden sollen – wie das z. B. bei ElliQ oder Moxie der Fall ist. Aus diesem Grund geht aktuell die Tendenz bei diesem Typ nicht in die Richtung, menschliche Gesellschaft zu verbessern, zu ergänzen oder zu erweitern, sondern menschliche Gesellschaft zu ersetzen. Diese Erkenntnis ist jedoch unter Vorbehalt, da innerhalb dieser explorativen Untersuchung nur drei Beispiele diesem Typ zugeordnet wurden. Sofern weitere Companions bekannt werden, die wie menschliche Partner agieren, sollten ebenso deren Funktionen und Fähigkeiten aufgearbeitet werden, um ein differenzierteres Verständnis dieses Companion-Typs zu ermöglichen.

Typ V: Partnerersatz (6 %, n = 3)

Artificial Companions, die innerhalb der vorliegenden Analyse dem Typ V zugeordnet wurden, sind: Azuma Hikari (Gatebox), Emma (Sexroboter), Harmony (Sexroboter) ◄

13.4 Artificial Companionship: Identifikation zentraler Motive

Auf Grundlage der vorliegenden Analyse und der vorgeschlagenen Typologie konnten zwei zentrale Motive ermittelt werden, aufgrund derer Artificial Companions und Menschen zusammentreffen und wodurch langfristig Artificial Companionships entstehen könnten:
Der Artificial Companion begegnet dem Menschen, um

1. ihn zu entlasten und/oder
2. ihm Gesellschaft zu leisten.

13.4.1 Artificial Companionship, um Menschen zu entlasten

Das erste Motiv stellt sich in der heutigen Praxis so dar, dass ein Artificial Companion den Menschen an Dinge wie Medikamente, Sportübungen oder Termine erinnert, Produkte online bestellt, Fotos oder Videos macht, die Sicherheit im Haushalt überprüft, dem Menschen Informationen mitteilt, die Aufrechterhaltung sozialer Kontakte unterstützt, den Kindern Geschichten vorliest oder sie betreut. All das sind Aufgaben, die der Mensch auch selbst durchführen könnte, dies aber nicht tut oder nicht (mehr) tun kann und diese Tätigkeiten stattdessen an den Roboter delegiert und so entlastet wird. Aus diesem Grund können Artificial Companions innerhalb des ersten Motivs als Erweiterung zum Menschen selbst verstanden werden. Das erste Motiv findet sich vornehmlich in den Typen I, II und III wieder (siehe Abschn. 13.3.1 bis 13.3.3).

Selbstverständlich können die genannten Aufgaben auch von einem System übernommen werden, das nicht wie ein Artificial Companion darauf ausgerichtet ist, eine emotionale Bindung aufzubauen. In der Praxis wird ein Teil der oben genannten Aufgaben heute auch eher von Alexa und Co übernommen (wie in Abschn. 13.3.2 beschrieben), da sie in vielen dieser Tätigkeiten leistungsfähiger und zudem erschwinglicher als heutige Companion-Roboter sind (Mitchell 2018; Kinsella 2018). Hier gilt es erneut zu betonen, dass Artificial Companions sich nicht durch ein bestimmtes Aufgabenspektrum abgrenzen und auch nicht in einer fixen Produktgruppe zu finden sind – wie schon in Abschn. 13.1.1 erläutert. Artificial Companions zeichnen sich durch Companion-Eigenschaften aus, die eine emotionale und soziale Bindung über einen längeren Zeitraum aufbauen und diese erhalten. Derartige Qualitäten können heute bei Alexa und Co nicht beobachtet werden. Folglich können sie zwar möglicherweise entlastende Aufgaben besser ausführen als Artificial Companions der ersten Generation. Allerdings erfordert mehr technologische Komplexität auch einen höheren Nutzungskomfort, damit Nutzer:innen sich nicht überfordert fühlen und die Funktionalität eines Systems bestmöglich ausnutzen können (Bundio et al. 2016).

Daher ein Appell Es braucht eine systematische Analyse der zentralen Eigenschaften, die unterstützen, dass ein einfaches sozial-interagierendes System als Companion-System wahrgenommen wird. Diese Eigenschaften müssen praktikabel definiert, möglicherweise hierarchisch geordnet und klassifiziert werden, um ein differenziertes Verständnis unterschiedlicher Artificial Companions und ihrer Einsatzbereiche zu ermöglichen. Einen solchen Konsens zu notwendigen Eigenschaften gibt es bislang nicht (wie unter Abschn. 13.1.1 erläutert), weswegen die Verfasserin sich hier fürs Erste auf die begriffliche Abgrenzung aus den Arbeiten von Biundo und Wendemuth beschränkt hat (Biundo et al. 2016; Biundo und Wendemuth 2010, 2016; Wendemuth und Biundo 2012).

Sobald es einen Konsens gibt, sollten grundlegende Companion-Eigenschaften in sämtlichen Systemen berücksichtigt werden, die mit Menschen interagieren (v. a. Eigenschaften wie die natürliche Kommunikationsfähigkeit, Multimodalität und Adaptivität). Hierdurch können trotz zunehmender technologischer Komplexität funktionierende und fehlerresistentere Mensch-Maschine-Teams geschaffen und technologische Potenziale nachhaltig ausgeschöpft werden.

13.4.2 Artificial Companionship, um Menschen Gesellschaft zu leisten

Das zweite Motiv richtet sich daran aus, dass die Interaktion mit dem Companion-Roboter zum Selbstzweck wird. Das heißt: Der Mensch tritt mit dem System in Interaktion, weil er/ sie es möchte und nicht mehr, weil das Erledigen bestimmter Aufgaben im Vordergrund steht wie im ersten Motiv. In der Praxis stellt sich das bislang so dar, dass Mensch und Roboter ein Gespräch führen, der Roboter dem Menschen etwas beibringt, Aufgaben gemeinsam gelöst werden oder der Companion-Roboter beabsichtigt, positive Emotionen beim Menschen hervorzurufen. Dieses Motiv findet sich in allen fünf vorgeschlagenen Typen wieder und ist besonders in den Typen IV und V ausgeprägt (siehe Abschn. 13.3.1 bis 13.3.5).

Natürlich können die gerade genannten Tätigkeiten ebenso gut oder sogar besser durch einen anderen Menschen bewerkstelligt werden. Jedoch kann es sein, dass die äußeren und persönlichen Lebensumstände eines Menschen den Austausch mit anderen Menschen erschweren oder sogar unmöglich machen. Vorstellbar wird das dann, wenn Menschen abgeschieden leben und arbeiten – z. B. auf Frachtschiffen, Bohrinseln, im Weltall oder in abgeschotteten Forschungseinrichtungen. Das mag so betrachtet nur auf einen kleinen Anteil der Bevölkerung zutreffen. Allerdings schaffen aktuelle Entwicklungen wie die anhaltende COVID-19-Pandemie ein neues Bewusstsein dafür, welche Auswirkungen es haben kann, wenn Menschen monatelang kaum soziale Kontakte haben. Die Corona-Pandemie beeinflusst damit auch, wie Artificial Companions wahrgenommen werden, was eine Untersuchung von Ghafurian et al. (2020) unterstützt. Deshalb: Auch wenn es für die meisten von uns eher nicht in Frage kommt, dass wir längere Zeit auf einer Bohrinsel oder im Weltall verbringen, sollten wir uns dennoch darüber bewusst sein, dass es viele Menschen gibt, die jeden Tag einem Mangel an sozialem Austausch ausgesetzt sind: Menschen in Therapie- oder Pflegeeinrichtungen, Menschen in Krankenhäusern, alleinlebende Menschen, Insass:innen von Gefängnissen etc. Zudem gibt es ebenso Menschen, die sich zwar den Austausch mit anderen Menschen wünschen, dazu aber nicht in der Lage sind, z. B. wenn psychische Störungen den Austausch erschweren. Das bedeutet: Im Kontext sozialer Isolation ist der Anteil von Menschen, die durch den Austausch mit Artificial Companion profitieren könnten, nicht so klein wie anfangs gedacht.

Dazu ein zweiter Appell Soziale Isolation kann ein Treiber für die Entwicklung von Artificial Companionship sein. Wie in diesem Kapitel an mehreren Stellen beschrieben, gibt es bereits einige Companion-Roboter, die soziale Interaktionen zwischen Menschen fördern. Bei Artificial Companions wie Azuma Hikari (Gatebox) oder den Sexrobotern Harmony und Emma konnten jedoch keine Module identifiziert werden, die soziale Kontakte mit anderen Menschen fördern. Das ist kritisierbar, da soziale Isolation hier nicht verringert, sondern verstärkt werden könnte.

Artificial Companions sollten deshalb primär dazu dienen, soziale Kontakte zwischen Menschen aufrechtzuerhalten, sie zu stärken, zu erweitern und zu bereichern. Companions wie Alpha Mini, Buddy, ElliQ, Moxie oder Zenbo Junior sind hierin bereits äußerst versiert und sollten zukünftigen Generationen als Vorbilder dienen. Denn: Artificial Companions sind ein Werkzeug – kein Spielzeug.

13.4.3 Fazit

Der vorliegende Artikel fasst die Ergebnisse einer explorativen Untersuchung zusammen, in der n = 50 Companion-Roboter der ersten Generation deskriptiv beschrieben werden. Die Ergebnisse zur Marktaktivität zeigen, dass die meisten Companion-Roboter zwar aus den USA stammen, asiatische Herstellende aber dennoch insgesamt die Anbieter:innenseite dominieren. Bei den äußeren Merkmalen wurde beobachtet, dass Companion-Roboter überwiegend unschuldig und niedlich entworfen sind, wodurch sie an Mensch- oder Tierkinder erinnern. Die menschenähnliche (60 %) war hierbei häufiger als eine tierähnliche (20 %) oder maschinenähnliche Gestaltungsweise (20 %) zu beobachten. Die Analyse der Kommunikationsfähigkeiten ergab, dass die Variation von Mimik und Gestik (92 %), Multimodalität (86 %), das Verstehen (82 %) und das Verwenden natürlicher dialogbasierter Sprache (72 %) sowie Lernfähigkeit bzw. das Erinnern an frühere Interaktionen (78 %) zu den häufigsten Funktionen zählen.

Auf Grundlage der explorativen Untersuchung wurde zudem eine Typologie vorgeschlagen, um heutige Artificial Companions nach ihrem primären Einsatzgebiet zu klassifizieren. Hervorgegangen sind die folgenden fünf Typen: Companion-Roboter in der Pflege und Therapie (1), als persönliche Assistenz (2), in der Bildung (3), als Spielgefährte oder Haustierersatz (4) und Companion-Roboter als Partnerersatz (5). Jeder Typ wurde unter Abschn. 13.3 kurz beschrieben und mit praktischen Beispielen verdichtet. Die Erkenntnisse der deskriptiven Analyse (Abschn. 13.2) und der Typologievorschlag (Abschn. 13.3) sind in die Herleitung zweier Motive gemündet. Hierbei wurden Ansätze diskutiert, auf deren Grundlage Artificial Companionships zwischen Menschen und Robotern entstehen könnten: Zum einen, um den Menschen zu entlasten, und zum anderen, um ihm Gesellschaft zu leisten.

Es wird daran appelliert, den Forschungsgegenstand der Artificial Companions nicht nur systematischer zu erschließen, sondern auch gesellschaftliche Implikationen konstruktiver zu diskutieren. Artificial Companions zukünftiger Generationen sollten hierbei als Möglichkeit gesehen werden, die Beziehungen zwischen Menschen zu bereichern, und nicht, diese zu ersetzen. Aus diesem Grund sollten sie hinsichtlich ihrer Wahrnehmung und Wirkung auf den Menschen stetig untersucht werden. Hierbei müssen Theorie und Praxis eng zusammenarbeiten.

13.5 Anhang

13.5.1 Ergebnisübersicht zu Abschn. 13.2.1

Tab. 13.1 Marktaktivität von Companion-Robotern

	Anteil	Artificial Companions
Marktzuweisung		
Ost	56 % (n = 28)	Aibo, Alpha Mini, Azuma Hikari (Gatebox), BIG-i, Chip, Cruzr, Emma (Sexroboter), Hub (früher CLOi), iPAL, Kirobo Mini, Liku, Lovot, Miko, MoRo, Musio, NAO, Otto, Paro, Pepper, Qooboo, Robelf, Robohon, Rokid Alien, Sanbot Elf, Sanbot Nano, Tapia, Walker, Zenbo Junior
West	42 % (n = 21)	Aido, Boxer, Buddy, ClicBot, CogniToys Dino, Cozmo 2.0, ElliQ, EMO, Harmony (Sexroboter), Jibo, JoyforAll, Kiki, Kuri, MarsCat, Moxie, Mykie, Norby, Pillo Health/Pira, Shimi, Robokind, Vector 2.0
Ost und West	2 % (n = 1)	Loomo
Marktaktivität		
Nein, nicht mehr	6 % (n = 3)	BIG-i, Kuri, Shimi
Ja, verfügbar	60 % (n = 30)	Aibo, Alpha Mini, Azuma Hikari (Gatebox), Boxer, Chip, ClicBot, CogniToys Dino, Cruzr, Emma (Sexroboter), EMO, Harmony (Sexroboter), iPal, JoyforAll, Kirobo Mini, Loomo, Lovot, Miko, MoRo, Musio, NAO, Paro, Pepper, Pillo Health/Pira, Qooboo, Robelf, Robohon, Robokind, Rokid Alien, Tapia, Zenbo Junior
Prototyp	34 % (n = 17)	Aido, Buddy, Cozmo 2.0 (neuer Investor Digital Dream Labs), ElliQ, Hub (früher CLOi), Jibo (neuer Investor NTT Disruption), Kiki, Liku, MarsCat, Moxie, Mykie, Norby, Otto, Sanbot Elf, Sanbot Nano, Vector 2.0 (neuer Investor Digital Dream Labs), Walker

13.5.2 Ergebnisübersicht zu Abschn. 13.2.2

Tab. 13.2 Äußere Merkmale von Companion-Robotern

	Anteil	Artificial Companions
Gestaltung		
Menschenähnlich	60 % (n = 30)	Aibo, Alpha Mini, Azuma Hikari (Gatebox), Buddy, Cruzr, Emma (Sexroboter), Harmony (Sexroboter), Hub (früher CLOi), iPAL, Jibo, Kirobo Mini, Kuri, Liku, Lovot, MoRo, Moxie, Miko, Mykie, NAO, Norby, Otto, Pepper, Pillo Helath/Pira, Robelf, Robohon, Robokind, Sanbot Elf, Sanbot Nano, Walker, Zenbo Junior
Tierähnlich	20 % (n = 10)	Aibo, Chip, CogniToys Dino, JoyforAll, Kiki, MarsCat, Musio, Paro, Qoobo, Tapia
Gegenstand, maschinenartig	20 % (n = 10)	BIG-i, Boxer, ClicBot, Cozmo 2.0, ElliQ, EMO, Loomo, Shimi, Rodkid Alien, Vector 2.0
Fortbewegung		

(Fortsetzung)

Tab. 13.2 (Fortsetzung)

	Anteil	Artificial Companions
Auf Rädern	36 % (n = 18)	Aido, BIG-I, Boxer, Buddy, Chip, Cozmo 2.0, Cruzr, Kuri, Loomo, Lovot, Miko, MoRo, Pepper, Robelf, Sanbot Elf, Sanbot Nano, Vector 2.0, Zenbo Junior
Auf Beinen	22 % (n = 11)	Aibo, Alpha Mini, ClicBot, EMO, Liku, iPAL, MarsCat, NAO, Robohon, Robokind, Walker
Keine Fortbewegung	42 % (n = 21)	Azuma Hikari (Gatebox), CogniToys Dino, ElliQ, Emma (Sexroboter), Harmony (Sexroboter), Hub (früher CLOi), Jibo, JoyforAll, Kiki, Kirobo, Moxie, Musio, Norby, Otto, Paro, Shimi, Mykie, Pillo Health/Pira, Qooboo, Rokid Alien, Tapia
Verkleidung:		
Plastik	84 % (n = 42)	Aibo, Aido, Alpha Mini, Azuma Hikari (Gatebox), Boxer, Buddy, Chip, ClicBot, CogniToys Dino, Cozmo 2.0, Cruzs, ElliQ, EMO, Hub (früher CLOi), iPAL, Jibo, Kiki, Kirobo Mini, Kuri, Liku, Loomo, MarsCat, Miko, MoRo, Moxie, Musio, Mykie, NAO, Norby, Otto, Pepper, Pillo Health/Pira, Shimi, Robelf, Robohon, Rodkid Alien, Sanbot Elf, Sanbot Nano, Tapia, Vector 2.0, Walker, Zenbo Junior
Fell oder anderes Textil	10 % (n = 5)	BIG-i, JoyforAll, Lovot, Paro, Qooboo
Synthetische Haut	6 % (n = 3)	Emma (Sexroboter), Harmony (Sexroboter), Robokind

13.5.3 Ergebnisübersicht zu Abschn. 13.2.3

Tab. 13.3 Kommunikationsfähigkeiten von Companion-Robotern

	Anteil	Artificial Companions
Verwendet Mimik und Gestik	92 % (n = 46)	Aibo, Aido, Alpha Mini, Azuma Hikari (Gatebox), Boxer, Buddy, Chip, ClicBot, Cozmo 2.0, ElliQ, Emma (Sexroboter), EMO, Harmony (Sexroboter), Hub (früher CLOi), iPAL, Jibo, JoyforAll, Kiki, Kirobo Mini, Kuri, Liku, Loomo, Lovot, MarsCat, Miko, MoRo, Musio, Moxie, Norby, NAO, Otto, Paro, Pepper, Shimi, Mykie, Pillo Health/Pira, Qooboo, Robelf, Robohon, Robokind, Sanbot Elf, Sanbot Nano, Tapia, Vector 2.0, Walker, Zenbo Junior
Multimodale Dateneingabe und -ausgabe	86 % (n = 43)	Aido, Alpha Mini, Azuma Hikari (Gatebox), BIG-i, Boxer, Buddy, Chip, ClicBot, CogniToys Dino, Cozmo 2.0, Cruzr, ElliQ, Emma (Sexroboter), EMO, Harmony (Sexroboter), Hub (früher CLOi), iPAL, Jibo, Kiki, Kirobo Mini, Kuri, Liku, Loomo, MarsCat, Miko, Musio, Moxie, Norby, NAO, Otto, Pepper, Mykie, Pillo Health/Pira, Robelf, Robohon, Robokind, Rokid Alien, Sanbot Elf, Sanbot Nano, Tapia, Vector 2.0, Walker, Zenbo Junior

(Fortsetzung)

Tab. 13.3 (Fortsetzung)

	Anteil	Artificial Companions
Versteht Sprache	82 % (n = 41)	Aibo, Aido, Alpha Mini, Azuma Hikari (Gatebox), BIG-i, Buddy, Chip, CogniToys Dino, Cruzr, ElliQ, Emma (Sexroboter), EMO, Harmony (Sexroboter), Hub (früher CLOi), iPAL, Jibo, Kirobo Mini, Kuri, Liku, Loomo, Miko, MoRo, Moxie, Musio, Mykie, NAO, Norby, Otto, Pepper, Pillo Health/Pira, Robelf, Robohon, Robokind, Rokid Alien, Sanbot Elf, Sanbot Nano, Shimi, Tapia, Vector 2.0, Walker, Zenbo Junior
Verwendet natürliche, dialogbasierte Sprache	72 % (n = 36)	Aido, Alpha Mini, Azuma Hikari (Gatebox), BIG-i, Buddy, CogniToys Dino, Cozmo 2.0, Cruzr, ElliQ, Emma (Sexroboter), Harmony (Sexroboter), Hub (früher CLOi), iPAL, Jibo, Kiki, Kirobo Mini, Loomo, Miko, MoRo, Moxie, Musio, Mykie, NAO, Norby, Otto, Pepper, Robelf, Robohon, Robokind, Rokid Alien, Sanbot Elf, Sanbot Nano, Tapia, Vector 2.0, Walker, Zenbo Junior
Lernfähigkeit und Erinnern an frühere Interaktionen	78 % (n = 39)	Aibo, Alpha Mini, Azuma Hikari (Gatebox), BIG-i, Buddy, Chip, CogniToys Dino, Cozmo 2.0, Cruzr, ElliQ, Emma (Sexroboter), EMO, Harmony (Sexroboter), Jibo, Kiki, Kirobo Mini, Liku, Loomo, Lovot, Miko, MoRo, Moxie, Musio, Mykie, NAO, Norby, Pepper, Pillo Health/Pira, Robelf, Robohon, Robokind, Rokid Alien, Sanbot Elf, Sanbot Nano, Shimi, Tapia, Vector 2.0, Walker, Zenbo Junior
Adaption an unterschiedliche Nutzende und ihren emotionalen Zustand	30 % (n = 15)	Buddy, Chip, Cozmo 2.0, iPAL, Kiki, Kirobo Mini, Loomo, Miko, Moxie, Mykie, Pepper, Sanbot Elf, Shimi, Vector 2.0, Walker
Objekte erfassen und Verhalten anpassen	86 % (n = 43)	Aibo, Aido, Alpha Mini, BIG-i, Boxer, Buddy, Chip, ClicBot, Cozmo 2.0, Cruzr, ElliQ, EMO, Hub (früher CLOi), iPAL, Jibo, JoyforAll, Kiki, Kirobo Mini, Kuri, Liku, Loomo, Lovot, MarsCat, Miko, MoRo, Moxie, NAO, Otto, Paro, Pepper, Pillo Health/Pira, Qoobo, Robelf, Robohon, Robokind, Rokid Alien, Sanbot Elf, Sanbot Nano, Tapia, Vector 2.0, Walker, Zenbo Junior

13.6 Referenzen (Tab. 13.4)

Tab. 13.4 Übersicht der Referenzen zu den untersuchten Artificial Companions

Artificial Companion (Unternehmen)	Referenzen
Aibo (Sony)	https://us.aibo.com/, https://us.aibo.com/feature/feature1.html, https://us.aibo.com/feature/feature2.html, https://us.aibo.com/feature/feature3.html
Aido (Ingen Dynamics)	https://www.indiegogo.com/projects/aido-next-gen-home-robot%2D%2D#/, https://www.youtube.com/watch?v=oOn5IVxTGjk; https://www.youtube.com/watch?v=bDKQlqMLQ0k
Alpha Mini (Ubtech)	https://www.ubtrobot.com/collections/premium-robots/products/alpha-mini?ls=en, http://www.ubtechedu.com/global/pro_view-3.html, https://www.youtube.com/watch?v=j3KBHqtNmho, https://smartrobot.solutions/maaatje/
Azuma Hikari (Gatebox)	https://www.gatebox.ai/en/, https://www.youtube.com/watch?v=nkcKaNqfykg, https://www.youtube.com/watch?v=bBOXQz7OHqQ, https://www.youtube.com/watch?v=dlqicqhn__Y
BIG-i (NXRobo)	https://www.kickstarter.com/projects/nxrobo/big-i-the-first-personalized-family-robot, https://www.youtube.com/watch?v=kzIPNirSMQ0,
Boxer (Spin Master)	http://boxertherobot.com/en_us
Buddy (Blue Frog Robotics)	https://buddytherobot.com/en/buddy-the-emotional-robot/, https://www.indiegogo.com/projects/buddy-your-family-s-companion-robot#/, https://www.youtube.com/watch?v=51yGC3iytbY
Chip (WowWee)	https://wowwee.com/chip
ClicBot (KEYi Tech)	https://clicbot.keyirobot.com/, https://www.kickstarter.com/projects/keyitechnology/clicbot-the-best-educational-robot-ever
CogniToys Dino (CogniToys)	https://www.kickstarter.com/projects/cognitoys/cognitoys-internet-connected-smart-toys-that-learn, https://www.youtube.com/watch?v=8uM8U9JJ9nU, https://www.youtube.com/watch?v=AHhZGJc4CxI
Cozmo 2.0 (Digital Dream Labs)	https://www.digitaldreamlabs.com/pages/meet-cozmo, https://www.digitaldreamlabs.com/pages/life-with-cozmo-1, https://www.digitaldreamlabs.com/pages/cozmo-story, https://www.digitaldreamlabs.com/pages/create-with-cozmo
Cruzr (Ubtech)	https://www.ubtrobot.com/products/cruzr?ls=en, https://ubtrobot.com/pages/cruzr-faq?ls=en, https://www.youtube.com/watch?v=kLE7VdTKLkQ&feature=youtu.be
ElliQ (Intuition Robotics)	https://elliq.com/, https://info.elliq.com/insiders, https://elliq.com/pages/features
Emma (AI Tech)	https://ai-aitech.co.uk/emma-the-ai-robo
EMO (Living AI)	https://living.ai/emo/, https://living.ai/video/
Harmony (RealDoll)	https://www.realdoll.com/realdoll-x/

Artificial Companion (Unternehmen)	Referenzen
Hub (früher CLOi) (LG)	https://www.lg.com/uk/lg-magazine/tech-story/ifa-2018-your-ultimate-guide-to-lg-cloi-robots, https://www.youtube.com/watch?v=EhFInym-NFs, https://www.youtube.com/watch?v=JEOhZ-tXoAs
iPAL (AvatarMind)	https://www.ipalrobot.com/, https://www.ipalrobot.com/faq-1, https://www.ipalrobot.com/ipal-tm-platform
Jibo (NTT Disrupt)	https://jibo.com/, https://jibo.com/release/, https://www.indiegogo.com/projects/jibo-the-world-s-first-social-robot-for-the-home##
JoyforAll (Ageless Innovation)	https://joyforall.com/, https://joyforall.com/products/companion-cats, https://joyforall.com/products/companion-pet-pup
Kiki (Zoetic AI)	https://www.kiki.ai/, https://www.kiki.ai/tech, https://www.kickstarter.com/projects/zoeticai/kik
Kirobo Mini (Toyota)	https://www.toyota-europe.com/world-of-toyota/articles-news-events/introducing-kirobo-mini, https://www.youtube.com/watch?v=QbrVpEBNvw
Kuri (Mayfields Robotics)	https://www.heykuri.com/life-with-kuri/, https://www.heykuri.com/explore-kuri/, https://www.heykuri.com/videos/, https://www.youtube.com/watch?v=spWA04Yqklg, https://www.youtube.com/watch?v=Gvle_O4vD18, https://www.youtube.com/watch?v=JQkzrylzrIQ
Liku (TOROOC)	http://www.likuwith.me/, http://www.likuwith.me/tech.html, https://www.torooc.com/
Loomo (Segway)	https://de-de.segway.com/products/segway-loomo-robot, https://www.indiegogo.com/projects/loomo-mini-transporter-meets-robot-sidekick#
Lovot (Groove X)	https://lovot.life/en/, https://lovot.life/en/technology/, https://lovot.life/en/features/, https://www.theverge.com/2019/1/10/18176002/lovot-groovex-robot-emotional-attachment-ces-2019, https://www.youtube.com/watch?v=w3psoVOUz8U
MarsCat (Elephant Robotics)	https://shop.elephantrobotics.com/products/marscat-a-bionic-cat-a-home-robot, https://www.youtube.com/watch?v=sJaa1-Vnz4E, https://www.youtube.com/watch?v=v44SeGJPCcU
Miko (RN Chidakashi Technologies)	https://miko.ai/, https://miko.ai/products/miko-2#shopify-section-1568390724541, https://miko.ai/products/miko-2#banner-1574279076420, https://miko.ai/products/miko-2#block_1574279158200, https://cdn.shopify.com/s/files/1/0122/4212/4862/files/USA_Brochure_2020_compressed.pdf?v=1591774428
MoRo (Dimension Robotics)	http://www.ewaybot.cn/moro.html#index2, https://www.youtube.com/watch?v=xQekLaX53rc

(Fortsetzung)

Tab. 13.4 (Fortsetzung)

Artificial Companion (Unternehmen)	Referenzen
Moxie (Embodied)	https://embodied.com/, https://embodied.com/blogs/news/science-behind-moxie, https://embodied.com/pages/moxie-subscription-plan, https://spectrum.ieee.org/tech-talk/robotics/home-robots/ces-2017-why-every-social-robot-at-ces-looks-alike, https://www.youtube.com/watch?v=7YRNjclHTHg
Musio (AKA)	https://themusio.com/home, https://themusio.com/musio/tech, https://www.youtube.com/watch?v=YAbBDBP_P38
Mykie (Bosch)	https://stories.bosch-home.com/global/experience-bosch-mykie/
NAO (SoftBank)	https://www.softbankrobotics.com/emea/en/nao, https://www.softbankrobotics.com/emea/en/robots-primary-and-secondary-education, https://www.softbankrobotics.com/emea/en/industries/healthcare
Norby (Norby)	https://www.heynorby.com/, https://www.youtube.com/watch?v=0-khAEBUEx4
Otto (Samsung)	https://www.engadget.com/2016-04-27-otto-is-samsungs-cute-personal-assistant-robot.html, https://www.theverge.com/2016/4/28/11528206/samsung-personal-assistant-robot-otto, https://www.youtube.com/watch?v=MRVcMbjc23c, https://www.youtube.com/watch?v=DfG-kxDGXmE
Paro (k.A.)	http://parorobots.com/, https://www.paroseal.co.uk/
Pepper (SoftBank)	https://www.softbankrobotics.com/emea/en/pepper, https://www.softbankrobotics.com/emea/en/pepper-and-nao-robots-education
Pillo Health/Pira (Pillo)	https://pillohealth.com/index, https://www.okpria.com/, https://www.okpria.com/Reviews?origin=dropdown&c1=reviews&clickedon=reviews
Qoobo (Yukai Engineering)	https://qoobo.info/index-en/, https://www.youtube.com/watch?v=8oWoKuxAIQE
Robelf (Robotelf Technologies)	https://www.robelf.com/, https://www.robelf.com/Index/Robelf/index, https://www.indiegogo.com/projects/robelf-your-mobile-monitoring-robot#/, https://www.youtube.com/watch?v=8Yv_NFvuUs
Robohon (Sharp)	https://robohon.com/, https://robohon.com/product/robohon.php
Robokind (TriNet)	https://www.robokind.com/, https://www.robokind.com/advanced-social-robots, https://www.robokind.com/robots4autism
Rokid Alien (Hangzhou Lingban Technology)	https://www.rokid.com/legacy/alien.html
Sanbot Elf (Sanbot Innovation)	http://en.sanbot.com/product/sanbot-elf/design, http://en.sanbot.com/product/sanbot-elf/performance, http://en.sanbot.com/product/sanbot-elf/education, http://en.sanbot.com/product/sanbot-elf/specification

Artificial Companion (Unternehmen)	Referenzen
Sanbot Nano (Sanbot Innovation)	http://en.sanbot.com/product/sanbot-nano/performance, http://en.sanbot.com/product/sanbot-nano/specification, http://en.sanbot.com/product/sanbot-elf/healthcare
Shimi (k.A.)	https://spectrum.ieee.org/automaton/robotics/artificial-intelligence/shimi-will-now-sing-to-you-in-an-adorable-robot-voice
Tapia (Mjirobotics)	https://mjirobotics.co.jp/en/, https://www.indiegogo.com/projects/tapia-ai-robot-companion-learning-your-lifestyle#/, https://www.youtube.com/watch?v=wqdR7FNsVEQ
Vector 2.0 (Digital Dream Labs)	https://www.digitaldreamlabs.com/, https://www.digitaldreamlabs.com/pages/meet-vector, https://www.digitaldreamlabs.com/pages/aware, https://www.digitaldreamlabs.com/pages/helpful, https://www.kickstarter.com/projects/anki/vector-by-anki-a-giant-roll-forward-for-robot-kind, https://www.youtube.com/watch?v=Qy2Z2TWAt6A
Walker (Ubtech)	https://ubtrobot.com/collections/innovation-at-ubtech?ls=en, https://www.youtube.com/watch?v=Iryqtfym7oo, https://www.youtube.com/watch?v=ypsnpNujnAw
Zenbo Junior (Asus)	https://zenbo.asus.com/, https://zenbo.asus.com/product/zenbojunior/overview/, https://www.youtube.com/watch?v=lzVHDgItx6o

Literatur

Ackermann E (2017) Why every social robot at CES looks alike. IEEE Spectrum: technology, engineering, and science news, 6. Januar 2017. https://spectrum.ieee.org/tech-talk/robotics/home-robots/ces-2017-why-every-social-robot-at-ces-looks-alike. Zugegriffen am 29.01.2021

Ackermann E (2020) Meet moxie, a social robot that helps kids with social-emotional learning. IEEE spectrum: technology, engineering, and science news, 28. April 2020. https://spectrum.ieee.org/tech-talk/robotics/home-robots/ces-2017-why-every-social-robot-at-ces-looks-alike. Zugegriffen am 30.01.2021

Ackermann E, Guizzo E (2019) Consumer robotics company Anki abruptly shuts down. IEEE spectrum: technology, engineering, and science news, 29. April 2019. https://spectrum.ieee.org/automaton/robotics/home-robots/consumer-robotics-company-anki-abruptly-shuts-down. Zugegriffen am 29.01.2021

Biundo S, Wendemuth A (2010) Von kognitiven technischen Systemen zu Companion-Systemen. KI – Künstliche Intelligenz 24(4):335–339

Biundo S, Wendemuth A (2016) Companion-technology for cognitive technical systems. KI – Künstliche Intelligenz 30(1):71–75

Biundo S, Höller D, Schattenberg B, Bercher P (2016) Companion-technology: an overview. KI – Künstliche Intelligenz 30(1):11–20

Carman A (2019) They welcomed a robot into their family, now they're mourning its death. The Verge, 19. Juli 2019. https://www.theverge.com/2019/6/19/18682780/jibo-death-server-update-social-robot-mourning. Zugegriffen am 29.01.2021

Crowe S (2019) Anki assets acquired by edtech startup Digital Dream Labs [updated]. The Robot Report, 26. Dezember 2019. https://www.therobotreport.com/anki-assets-acquired-by-digital-dream-labs/. Zugegriffen am 29.01.2021

Dautenhahn K (2007) Socially intelligent robots: dimensions of human-robot interaction. Philos Trans R Soc B 362(1480):679–704

ElliQ (o. D.) Testimonials. https://info.elliq.com/insiders. Zugegriffen am 21.01.2021

Galvão Gomes da Silva J, Kavanagh DJ, Belpaeme T, Taylor L, Beeson K, Andrade J (2018) Experiences of a motivational interview delivered by a robot: qualitative study. J Med Internet Res 20(5):e116

Geva N, Uzefovsky F, Levy-Tzedek S (2020) Touching the social robot PARO reduces pain perception and salivary oxytocin levels. Sci Rep 10(1):9814

Ghafurian M, Ellard C, Dautenhahn K (2020) Social companion robots to reduce isolation: a perception change due to COVID-19. ArXiv:2008.05382 [Cs]. http://arxiv.org/abs/2008.05382. Zugegriffen am 21.01.2021

Hennig N (2018) Siri, Alexa, and other digital assistants: the librarian's quick guide. Libraries Unlimited, an Imprint of ABC-CLIO, LLC

Hoffman G (2019) Anki, Jibo, and Kuri: what we can learn from social robots that didn't make it. IEEE spectrum: technology, engineering, and science news, 1. Mai 2019. https://spectrum.ieee.org/automaton/robotics/home-robots/anki-jibo-and-kuri-what-we-can-learn-from-social-robotics-failures. Zugegriffen am 10.01.2021

Indiegogo (o. D.-a) Aido: Next Gen Home Robot. https://www.indiegogo.com/projects/aido-next-gen-home-robot%2D%2D#/. Zugegriffen am 07.01.2021

Indiegogo (o. D.-b) BUDDY: your family's companion robot. https://www.indiegogo.com/projects/buddy-your-family-s-companion-robot#/. Zugegriffen am 04.02.2021

Indiegogo (o. D.-c) JIBO, the world's first social robot for the home. https://www.indiegogo.com/projects/jibo-the-world-s-first-social-robot-for-the-home#/. Zugegriffen am 04.02.2021

Indiegogo (o. D.-d) Loomo: mini transporter meets robot sidekick. https://www.indiegogo.com/pro-jects/loomo-mini-transporter-meets-robot-sidekick#/. Zugegriffen am 03.02.2021

Indiegogo (o. D.-e) TAPIA: AI robot companion learning you lifestyle. https://www.indiegogo.com/projects/tapia-ai-robot-companion-learning-your-lifestyle#/. Zugegriffen am 05.02.2021

Jibo (o. D.) NTT Disruption to release the Jibo robot for healthcare and education. https://jibo.com/release/. Zugegriffen am 04.02.2021

Jung MM, van der Leij L, Kelders S M (2017) An exploration of the benefits of an animal like robot companion with more advanced touch interaction capabilities for dementia care. Frontiers in ICT 4

Kickstarter (o. D.-a) BIG-i: the first personalized family robot. https://www.kickstarter.com/projects/nxrobo/big-i-the-first-personalized-family-robot. Zugegriffen am 05.02.2021

Kickstarter (o.D.-b) Clicbot | your new favorite educational robot. https://www.kickstarter.com/projects/keyitechnology/clicbot-the-best-educational-robot-ever. Zugegriffen am 03.02.2021

Kickstarter (o. D.-c) Kiki – a cute robot that learn from you. https://www.kickstarter.com/projects/zoeticai/kiki. Zugegriffen am 04.02.2021

Kickstarter (o. D.-d) Vector by Anki: a giant roll forward for robot kind. https://www.kickstarter.com/projects/anki/vector-by-anki-a-giant-roll-forward-for-robot-kind. Zugegriffen am 05.02.2021

Kiki (o. D.) Technology. https://www.kiki.ai/tech. Zugegriffen am 04.02.2021

Kinsella B (2018) Consumer robots are dead; long live Alexa. USA Today Tech, 13. Dezember 2018. https://eu.usatoday.com/story/tech/talkingtech/2018/12/13/consumer-robots-dead-long-live-alexa/2272460002/. Zugegriffen am 14.01.2021

Kuri (2018) The future of Mayfield Robotics' Kuri home robot, 21. August 2021. https://www.hey-kuri.com/blog/the-future-of-mayfield-robotics-kuri-home-robot/. Zugegriffen am 09.01.2021

Lane GW, Noronha D, Rivera A, Craig K, Yee C, Mills B, Villanueva E (2016) Effectiveness of a social robot, „Paro," in a VA long-term care setting. Psychol Serv 13(3):292–299

Lovot (o.D.) You can create a one-of-a-kind LOVOT, using your favorite styles. https://lovot.life/en/fashion/. Zugegriffen am 04.02.2021

Mavridis N (2015) A review of verbal and non-verbal human-robot interactive communication. Robot Auton Syst 63:22–35

Mitchell O (2018) Jibo social robot: where things went wrong. The Robot Report, 28. Juni 2018. https://www.therobotreport.com/jibo-social-robot-analyzing-what-went-wrong/. Zugegriffen am 14.01.2021

Moxie (o. D.-a) Moxie really truly is such a fun robot to have around. https://embodied.com/blogs/real-stories/testimonial-quote-from-mom-1. Zugegriffen am 25.02.2021

Moxie (o. D.-b) Moxie helps build confidence. https://embodied.com/blogs/real-stories. Zugegriffen am 25.02.2021

Moxie (o. D.-c) Meet Moxie. https://embodied.com/products/buy-moxie-robot. Zugegriffen am 05.02.2021

Phillips E, Zhao X, Ullman D, Malle BF (2018) What is human-like?: Decomposing robots' human-like appearance using the anthropomorphic roBOT (ABOT) database. Proceedings of the 2018 ACM/IEEE international conference on human-robot interaction, Chicago, USA, S 105–113

Robinson NL, Connolly J, Hides J, Kavanagh DJ (2020) Social robots as treatment agents: pilot randomized controlled trial to deliver a behavior change intervention. Internet Interv 21:100320

Robokind (o. D.) Robot-delivered, clinically-tested social & emotional curriculum. https://www.robokind.com/robots4autism. Zugegriffen am 16.02.2021

Sinclair P (2019) Jibo vs. Alexa: which social robot should you buy?. All home robotics, 5. Juli 2019. https://www.allhomerobotics.com/jibo-vs-alexa-which-social-robot-should-you-buy/. Zugegriffen am 12.02.2021

Tashiro K (2020) FEATURE: "Healing robots" helps ease COVID-19 isolation. Kyodo News, 26. Oktober 2020. https://english.kyodonews.net/news/2020/10/ce635a02ac81-feature-healing-robots-help-ease-covid-19-isolation.html. Zugegriffen am 18.02.2021

Van Camp J (2017) Review: Jibo social robot. Wired, 11. Juli 2017. https://www.wired.com/2017/11/review-jibo-social-robot/. Zugegriffen am 10.01.2021

Van Camp J (2019) My Jibo is dying and it's breaking my heart. Wired, 3. August 2019. https://www.wired.com/story/jibo-is-dying-eulogy/. Zugegriffen am 10.01.2021

Wada K, Ikeda Y, Inoue K, Uehara R (2010) Development and preliminary evaluation of a caregiver's manual for robot therapy using the therapeutic seal robot Paro. In: 19th international symposium in robot and human interactive communication, Viareggio, Italy, S 533–538

Waters R (2018) Dead robots raise questions on how far hometechnology has come. Financial Times, 10. August 2018. https://www.ft.com/content/e92c5b9a-9c59-11e8-9702-5946bae86e6d. Zugegriffen am 12.02.2021

Wendemuth A, Biundo S (2012) A companion technology for cognitive technical systems. In: Esposito A, Esposito AM, Vinciarelli A, Hoffmann R, Müller VC (Hrsg) Cognitive behavioural systems, Bd 7403. Springer, Berlin/Heidelberg, S 89–103

Wilks Y, Catizone R, Worgan S, Dingli A, Moore R, Field D, Cheng W (2011) A prototype for a conversational companion for reminiscing about images. Comput Speech Lang 25(2):140–157

YouTube (2016) Gatebox – promotion movie "OKAERI"_English. Gatebox. 14. Dezember 2016. https://www.youtube.com/watch?v=nkcKaNqfykg. Zugegriffen am 02.02.2021

YouTube (2018) Gatebox – promotion movie "KANPAI"_English ver. Gatebox. 31. Juli 2018. https://www.youtube.com/watch?v=bBOXQz7OHqQ. Zugegriffen am 02.02.2021

YouTube (2019a) Meet Alpha Mini Robot – an AI solution offering care and companionship to people with disabilities. UBTECH Robotics. 29. Oktober 2019. https://www.youtube.com/watch?v=j3KBHqtNmho. Zugegriffen am 04.02.2021

YouTube (2019b) Qoobo | a tailed cushion that heals your heart. ユカイ工学. 11. Dezember 2019. https://www.youtube.com/watch?v=8oWoKuxAIQE. Zugegriffen am 04.02.2021

YouTube (2020a) Norby robot full demo. Norby. 24. April 2020. https://www.youtube.com/watch?v=0-khAEBUEx4. Zugegriffen am 04.02.2021

YouTube (2020b) Embodied Moxie. urdesign. 29. April 2020. https://www.youtube.com/watch?v=7YRNjclHTHg. Zugegriffen am 05.02.2021

Kerstin Fischer

Weißt du, wo rechts und links von dir ist?

(Proband in einer Studie)

Zusammenfassung

Dieser Beitrag gibt einen Überblick über Forschungsarbeiten zu unwillkürlichen Geräuschen von sozialen Robotern, zu nichtsprachlichen, aber kommunikativen Äußerungen, Roboterstimmen, Sprechstilen und schließlich zur natürlichsprachlichen Interaktion mit sozialen Robotern. Während die durch Motoren, Servos und andere technische Elemente verursachten Geräusche meist als eher störend eingeschätzt werden, werden andere Geräusche von Robotern als kommunikativ angesehen und grundsätzlich auf der Basis von Prinzipien, die die menschliche Interaktion bestimmen, interpretiert. Dies betrifft auch den natürlichsprachlichen Dialog mit Robotern, abhängig davon, ob sich die Nutzer überhaupt auf die soziale Interaktion mit Robotern einlassen.

14.1 Einleitung

Soziale Roboter, im Vergleich zu Computern, haben Körper, und viele sind beweglich. Die Interaktion mit Hilfe von gesprochener Sprache ist daher die natürliche Wahl, um mit solchen Systemen zu interagieren, da diese auch über Distanz funktioniert, extrem effizi-

K. Fischer (✉)
SDU, Sønderborg, Dänemark
E-Mail: kerstin@sdu.dk

ent ist und die meisten potenziellen Nutzer sowieso über sie verfügen. Zwar haben viele Roboter auch Touchpads (z. B. Pepper, GT Wonder Boy), aber gerade wenn Roboter als sozial angesehen werden, entsteht ein Konflikt zwischen der Konstruktion des Roboters als sozial (oder sogar menschlich) und der Konstruktion des Roboters als Maschine, an die man herantreten und auf der man herumtippen kann, besonders wenn das Touchpad in Brusthöhe des Roboters angebracht ist. Natürliche Sprache mit ihrer enormen Ausdrucksfähigkeit ist daher die erste Wahl für die Kommunikation mit sozialen Robotern.

Allerdings ist die maschinelle Verarbeitung natürlicher Sprache immer noch sehr eingeschränkt, weshalb normale Konversation mit Robotern momentan noch Zukunftsmusik ist, und viele soziale Roboter sind Tieren ähnlicher als Menschen (z. B. AIBO, Paro), sodass für die Interaktion auch andere auditive Ausdrucksmittel eingesetzt werden, z. B. verschiedene Geräusche oder Vokalisationen, wie beispielsweise Pieptöne (z. B. R2-D2 aus *Star Wars*).

In diesem Beitrag gebe ich einen Überblick über die Forschung zu verbaler Kommunikation mit Robotern sowie zu Roboterstimmen und anderen Geräuschen, die Roboter machen, um sich auszudrücken. Das heißt, in diesem Beitrag betrachten wir den auditiven Kanal für die Interaktion mit Robotern. Dabei gibt es natürlich Überschneidungen mit anderen Kommunikationskanälen. Beispielsweise haben wir in einer Studie, in der ein Roboter Menschen, die auf Konzerteinlass warteten, Wasser angeboten hat, gezeigt, dass rhetorische Strategien viel überzeugender sind, wenn der Roboter gleichzeitig Blickkontakt aufnimmt (Fischer et al. 2020b). Der verbale Kanal ist somit eng verzahnt mit anderem Roboterverhalten. Gleichzeitig sind die Effekte, die bestimmte Vokalisationen, Stimmen oder sprachliche Merkmale haben können, im Bereich sozialer Beziehungen verortet, sodass ein Roboter je nach verbalem Verhalten beispielsweise mehr oder weniger vertrauenswürdig oder mehr oder weniger emotional wirkt. Von daher sind die verbalen Ausdrucksmöglichkeiten eines Roboters eng verknüpft mit anderem Verhalten und Signalsystemen auf der einen Seite und ihren Funktionen und Effekten auf der anderen.

14.2 Robotergeräusche

Es gibt einige Forschungsarbeiten, die sich mit den Geräuschen beschäftigen, die Roboter aufgrund ihres Maschinenstatus von sich geben; zwar ist die Forschungslage zurzeit überschaubar, allerdings wird sie zunehmend als Forschungsfeld wahrgenommen.[1]

Frid et al. (2018) benutzten Verfahren des *Sound Design*, um die Motorgeräusche des NAO-Roboters froh, frustriert, traurig oder entspannt klingen zu lassen, fanden aber einen geringen Einfluss der Geräusche auf die Interpretation der Emotion des Roboters. Allerdings gaben einige Geräusche Anlass zur Interpretation hinsichtlich Erregungslevel sowie auch einigen Emotionen (vor allem Frustration). Moore et al. (2017) untersuchten, ob Hö-

---

[1] Siehe z. B. den Workshop *Sounds in HRI* auf der HRI'21-Konferenz: https://r00binson.wixsite.com/soundinhri.

rer die Geräusche der in Robotern verwendeten Servos mit bestimmten Interpretationen (z. B. rau, angenehm oder nervig) assoziieren, was allerdings nicht bestätigt wurde. Des Weiteren war der Preis der Servos nicht mit der Bewertung durch die Teilnehmer*innen korreliert. Insgesamt wurden die Geräusche überhaupt nicht positiv bewertet. Trovato et al. (2018) testeten den Effekt von Geräuschen auf den Abstand, den Versuchspersonen dem Roboter gegenüber einnahmen und fanden einen negativen Einfluss von Robotergeräuschen, der sich ändert, wenn die Geräusche von Musik übertönt werden.

Tennent et al. (2017) unterlegten zwei Videos (eines, in dem ein Roboterarm eine Präzisionsaufgabe durchführt, und eines, in dem er ein Teil in eine menschliche Hand legt) mit den Geräuschen eines sehr billigen und eines sehr teuren Roboterarms. Die Versuchsteilnehmer*innen bewerteten den Roboter unterschiedlich je nach Geräusch, sodass der Roboter mit dem Geräusch des billigen Roboters als nerviger, aber auch als präziser bewertet wurde, während der andere Roboter präferiert, aber auch als rauer eingeschätzt wurde. Allerdings hatten die Geräusche in den beiden Aufgaben unterschiedlich viel Einfluss: Der teurere Roboter wurde beispielsweise in sozialen Kontexten als kompetenter bewertet. Insgesamt bestätigte sich aber der Effekt, den Moore et al. (2017) berichten, nämlich dass Geräusche grundsätzlich nicht sehr geschätzt werden.

Robinson et al. (2021) testeten in einem Onlineexperiment vier Bedingungen: eine Kontrollbedingung ohne Motoren- oder Servogeräusch, eine „mechanische" Bedingung, in der Maschinengeräusche verwendet wurden, eine „harmonische" Bedingung, in der die originalen Motorgeräusche harmonisiert wurden, und eine „musikalische" Bedingung, in der die Geräusche des Roboters in einen Dur-Akkord verwandelt wurden. Der Roboter mit den mechanischen Geräuschen wurde deutlich schlechter bewertet als die anderen Roboter, und die Bedingung ohne Motorgeräusch und die mit den harmonisierten Geräuschen wurden etwa gleich bewertet in Hinblick auf Sicherheit und Kompetenz des Roboters. Die musikalische Bedingung erhielt sehr gute Bewertungen hinsichtlich Attraktivität und Qualität der Bewegung, wurde aber auch als künstlich beanstandet. Unklar bleibt auch, ob die Präferenzen hinsichtlich der Motorgeräusche sich über die Zeit ändern, d. h. wenn beispielsweise der Neuheitseffekt abgeklungen ist.

Insgesamt lässt sich zusammenfassen, dass die Geräusche, die Roboter auf Grund der Tatsache, dass sie künstliche Artefakte sind, unwillkürlich produzieren, eher als störend wahrgenommen werden.

14.3 Nichtsprachliche, sogenannte bedeutungsfreie Äußerungen

Im Gegensatz zu Geräuschen, die Roboter unwillkürlich von sich geben, werden Geräusche auch strategisch zur Kommunikation eingesetzt. Yilmazyildiz und Kollegen (2016) geben einen Überblick über die bisherige Forschung zu Robotervokalisationen, die sie, Schuller und Batliner (2014) folgend, als „bedeutungsfreie Äußerungen" bezeichnen. Darunter fassen sie Kauderwelsch, also nicht verstehbare, aber scheinbar strukturierte Sprache, nichtsprachliche Äußerungen wie Pieptöne, sogenannte *Earcons* oder andere Geräusche mit Wiedererkennungswert, musikalische Äußerungen und paralinguistische Äußerungen, wie beispielsweise Lachen, Seufzen und Feedbacksignale. Die Autoren argumentieren, dass der Einsatz solcher bedeutungsfreier Äußerungen Vorteile hat, da sie nicht an bestimmte Dialekte oder sogar Sprachen und möglicherweise sogar Kulturen gebunden sind und so womöglich universal eingesetzt werden können. Des Weiteren erfordern sie keine tiefe Bedeutungsanalyse des sprachlichen Verhaltens des menschlichen Nutzers und erlauben so eine flüssige Interaktion zwischen Nutzer und Roboter (z. B. Chao und Thomasz 2013). Und schließlich schüren sie keine hohen Erwartungen in die sprachlichen Fähigkeiten des Roboters, sodass Enttäuschungen vermieden werden und sich die Nutzer gleich auf die eingeschränkten Fähigkeiten des Roboters einstellen können (s. Paepcke und Takayama 2010). Allen diesen bedeutungsfreien Äußerungen gemeinsam ist, dass sie ein hohes expressives Potenzial haben und beispielsweise als geeignet angesehen werden, Emotionen auszudrücken (z. B. Wang et al. 2014). Ob es sinnvoll ist, sie als bedeutungsfrei zu bezeichnen, hängt also davon ab, ob die kommunikativen Funktionen, die diese Äußerungen erfüllen sollen, als bedeutsam angesehen werden oder nicht.

Während sowohl Kinder (Read und Belpaeme 2012) als auch Erwachsene (Read und Belpaeme 2016) solchen Äußerungen Emotionen zuschreiben, zeigen Komatsu und Yamada (2011), dass das Aussehen des Roboters die Interpretation der nichtsprachlichen Äußerungen beeinflusst. Zudem zeigen Read und Belpaeme (2014), dass die Versuchspersonen sich bei der Interpretation der nichtsprachlichen Äußerungen vor allem auf Kontextinformation verließen. Das bedeutet, dass dieselbe Pieptonsequenz in verschiedenen Situationen (z. B. ein Mensch stupst oder streichelt den Roboter) verschieden gedeutet wird. Wenn diese Signale allerdings in festen Kontexten vorkommen, werden sie oft als eindeutig wahrgenommen. Dass beispielsweise nonverbale Feedbacksignale als effizient angesehen werden, ist wahrscheinlich auf die klare Funktion zurückzuführen, die durch die sequenzielle Positionierung des Signals gegeben ist. D. h., ein Feedbacksignal wird dadurch zu einem Feedbacksignal, dass es an einer bestimmten Stelle in der Interaktion vorkommt, was dann den Interpretationsspielraum so einschränkt, dass die melodischen oder anderen Charakteristika dieser Signale zu einer eindeutigen Interpretation führen.

Der Überblick von Yilmazyildiz und Kollegen (2016) zeigt, dass die am häufigsten benutzten akustischen Merkmale Variationen in Tonhöhe und Tondauer sind, entsprechend Sprachmelodie und Betonung. Korcsok et al. (2020) argumentieren, dass diese beiden Merkmale universal sind und daher für die Mensch-Roboter-Interaktion besonders geeignet.

Latupeirissa and Bresin (2020) unterscheiden zwischen drei Anwendungen von bedeutungsfreien Äußerungen, nämlich für den Emotionsausdruck, zur Information über den Status des Roboters und zur Begleitung von Bewegungen, die ansonsten einschüchternd wirken könnten. Darüber hinaus erfüllte in einer Pilotstudie von Zaga (2017) die untersuchte Kindergruppe ihre Aufgaben besser, wenn der Roboter Kauderwelsch verwendete, als wenn er bedeutungsfreie Äußerungen, die keiner natürlichen Sprache ähnelten, oder nur Gesten benutzte.

Einige Studien zeigen, dass die nichtsprachlichen Äußerungen besonders in Feldstudien oft nicht als kommunikativ wahrgenommen werden. Zum Beispiel identifizierten die Versuchspersonen in einer Studie von Aylett et al. (2019) die bedeutungsfreien Äußerungen gar nicht als intentional und ignorierten sie eher als Rauschen. Unsere eigenen Studien zu Sequenzen von Pieptönen, d. h. zu bedeutungsfreien Äußerungen, zeigen ebenso, dass sie sehr leicht ignoriert werden, dass sie aber trotzdem subtile Effekte haben können. In einer Studie (Fischer et al. 2014a) befanden sich die Versuchspersonen allein in der Lobby einer kalifornischen Firma und füllten einen Fragebogen aus, als sich der Roboter ihnen zuwendete und durch Pieptöne auf sich aufmerksam machte. In dieser Situation haben die wenigsten Versuchspersonen auf diese auditiven Signale reagiert. Im Gegensatz dazu haben in der Vergleichsgruppe, in der der Roboter natürliche Sprache benutzte, alle Versuchspersonen auf den Kommunikationsversuch des Roboters reagiert. Die Pieptöne sind daher von vielen nicht als kommunikative Signale wahrgenommen worden.

In einer anderen Studie (Fischer et al. 2014b) haben wir die Melodie einer Sequenz von Pieptönen so angepasst, dass sie in einer Bedingung als eine stark fallende Kontur und in der anderen als eine klar steigende Kontur realisiert wurde (je eine Terz). In einem relativ engen Gang bewegte sich ein großer Serviceroboter hinter der Versuchsperson vorbei, wobei er in einer Bedingung die steigende und in einer zweiten die fallende Kontur benutzte und in einer dritten Bedingung keinerlei akustische Signale von sich gab. Während die männlichen Versuchspersonen den Roboter in den drei Bedingungen nicht unterschiedlich wahrnahmen, zogen die weiblichen Versuchspersonen eindeutig den Roboter mit der steigenden Melodie den anderen Bedingungen vor und bewerteten den Roboter ohne akustische Signale extrem negativ.

Wir können zusammenfassen, dass nichtsprachliche Äußerungen abhängig vom Verwendungskontext wahrgenommen werden können und vor allem expressive Funktionen, Funktionen in Hinblick auf Aufmerksamkeitssteuerung und Interaktionsfluss haben können. Allerdings unterliegen sie einer gewissen Ambiguität und werden leicht ignoriert.

14.4 Roboterstimmen

Einige Arbeiten zu Stimmen von Robotern zeigen, dass Menschen generell menschliche Stimmen bevorzugen (Burkhardt et al. 2019; Moore 2017); zum Beispiel haben Walters und Kolleg*innen (2008) gezeigt, dass Versuchspersonen in ihren Experimenten eine größere Distanz einnahmen wenn der Roboter mit einer synthetisierten Stimme sprach, im Vergleich zur Vergleichsgruppe, in der die Roboteräußerungen von einer anderen Person gesprochen und vorher aufgenommen worden waren. Dementsprechend argumentieren auch In und Han (2015), dass sich Roboter wegen ihrer synthetisierten Äußerungen nicht für den Fremdsprachenunterricht eignen, da die synthetisierten Stimmen nicht die nötige prosodische Variabilität bieten. Dagegen zeigen Torre und LeMaguer (2020), dass synthetisierte Stimmen manipulierten menschlichen vorgezogen werden sowie die synthetischen Stimmen der künstlichen Natur des Roboters besser entsprechen; in Übereinstimmung mit einer Erklärung, die davon ausgeht, dass es vor allem der Konflikt zwischen menschlich und künstlich ist, der die negativen Bewertungen hervorruft, zeigen auch Nass und Brave (2005, S. 133), dass gegensätzliche Informationen, z. B. ein menschliches Gesicht mit einer synthetisierten Stimme oder ein künstliches Gesicht mit einer menschlichen Stimme, als unbehaglicher und unangenehmer bewertet werden. Allerdings finden auch Rosenthal-von der Pütten et al. (2016) keine Nachteile von synthetisierten Stimmen natürlichen Stimmen gegenüber, wenn die menschlichen Sprecher ähnliche Intonationskonturen verwenden wie die synthetisierten Stimmen.

Eine weitere Forschungsrichtung in Bezug auf Roboterstimmen beschäftigt sich mit den Effekten bestimmter sprachlicher Merkmale auf die Mensch-Roboter-Interaktion. Wie Sutton et al. (2019) darlegen, indizieren menschliche Stimmen immer auch Informationen über ihren Sprecher oder ihre Sprecherin, z. B. Geschlecht, geografischer Ursprung (Akzent/Dialekt), sozialer Hintergrund, Alter usw. Menschliche Stimmen zeigen diese Information immer gleichzeitig mit an, und im Prinzip müssen Roboterdesigner vergleichbare Entscheidungen treffen (z. B. Lee et al. 2000). Ein Beispiel ist die Frage, mit welchem Akzent Roboter sprechen sollten. Torre und LeMaguer (2020) haben eben diese Frage 503 Briten gestellt. Sie fanden zum einen, dass die meisten Menschen computersynthetisierte Stimmen ablehnen, zum anderen, dass die meisten Sprecher nicht wollten, dass der Roboter den eigenen Akzent sprechen sollte, sondern einen Standarddialekt, der in der näheren Umgebung gesprochen wird (in einer Distanz von unter 400 Kilometern). Allerdings beruht die Studie ausschließlich auf Selbstauskünften, die bekanntlich nicht akkurat abbilden, wie Hörer tatsächlich auf bestimmte sprachliche Merkmale reagieren (z. B. Labov 1972). Andererseits wird das Ergebnis, dass die Teilnehmer*innen in Torres und Le-Maguers Studie nicht möchten, dass der Roboter so spricht wie sie selbst, unterstützt von den Ergebnissen einer Studie von Strupka et al. (2016), in der die Versuchspersonen ihre eigenen Stimmen in der Interaktion mit zwei verschiedenen Robotern zunehmend unterschiedlich machten. D. h., wenn der Roboter in einer höheren, schnelleren Stimme sprach, sprachen die Versuchspersonen tiefer und langsamer, und umgekehrt. Es scheint daher grundsätzlich den Wunsch zu geben, sich sprachlich von einem Roboter zu unterscheiden.

Allerdings zeigt sich auch, dass viele der Effekte menschlicher Stimmen sich auf die Mensch-Roboter-Interaktion übertragen lassen. In mehreren Studien dokumentieren Nass und Brave (2005) den Transfer von vielen Funktionen menschlicher Sprache in die Mensch-Computer-Interaktion, wie beispielsweise Geschlechtsstereotype zu evozieren oder bestimmte Persönlichkeiten anzuzeigen. Ein weiteres konkretes Beispiel kommt von Jonsson et al. (2005), die darlegen, dass ältere Autofahrer besser Auto fahren, wenn das Navigationssystem mit einer jüngeren Stimme spricht. Die Versuchspersonen fanden das Navigationssystem mit der jüngeren Stimme glaubwürdiger und absolvierten die Strecke schneller. Die Überblicksstudie von Crumpton und Bethel (2016) zeigt zudem, dass emotionaler Ausdruck in der Mensch-Roboter-Interaktion ebenso effektiv ist wie in zwischenmenschlicher Interaktion.

Eine weitere Funktion von Stimme ist die Sprecheridentifikation. McGinn und Torre (2019) haben untersucht, welche Roboterstimme mit welchem Roboter assoziiert wird.

Dabei verwendeten sie ausschließlich die Originalstimmen der Hersteller. Ihre Studie zeigt, dass von den acht untersuchten Robotern nur einer mit seiner eigenen Stimme assoziiert wurde, nämlich PR2, während fünf sogar weit unter der Zufallsgrenze lagen. Das bedeutet, dass während menschliche Stimmen zu einem bestimmten Grad auf ihren Sprecher hinweisen, die Art, wie synthetische Stimmen auf ihre Sprecher verweisen könnten, alles andere als klar ist. Kürzlich haben Niebuhr und Fischer (eingereicht) eine Studie durchgeführt, in der wir zunächst die akustischen Merkmale menschlicher Stimmen identifiziert haben, die mit Körpergröße und Gewicht ihrer Sprecher*innen assoziiert sind, und diese dann an zwei verschieden großen Robotern getestet.

Insgesamt haben 185 Menschen ihre Stimmproben gespendet, d. h. sie haben jeweils drei Sekunden lang /a/, /i/ und /u/ aufgenommen. Diese Proben haben wir erst einmal darauf gescant, ob sie unerwünschte Realisierungen wie etwa Diphthonge enthielten. Die übrigen 163 Stimmproben haben wir dann mit Hilfe phonetischer Software (Praat) auf Formantenfrequenzen, Grundfrequenz, spektrale und cepstrale Energieverteilungsmuster (z. B. Center-of-Gravity, CPP, Hammarberg-Index), Formantendispersion, F1-F2-Vokalraumgröße in kHz^2 und auf Intensität untersucht, und zwar separat für jeden Vokal. Von diesen Daten wurden dann die Abstände zwischen den Vokalen abgeleitet. Körpergröße und -gewicht haben wir in Klassen von jeweils 10 cm bzw. 10 kg eingeteilt.

Die Ergebnisse zeigen, dass die akustischen Parameter der Stimme sehr gute (und statistisch signifikante) Vorsagen erlauben über Körpergröße und -gewicht, allerdings unterschiedlich für Männer und Frauen und unterschiedlich für Körpergröße und -gewicht. Die Vorhersagen für Männer sind dabei deutlich genauer, weil bei ihnen die bestimmenden Faktoren eher Stimmqualität und Resonanzfrequenz sind, während bei Frauen eher die Grundfrequenz mit der Körpergröße korreliert – die Grundfrequenz hat aber auch viele weitere Funktionen, weshalb der Zusammenhang hier nicht so deutlich wird.

Auf der Basis der Ergebnisse der akustischen Analysen haben wir dann in einem weiteren Experiment dieselbe Roboterstimme jeweils mit den identifizierten Merkmalen größer oder kleiner Körpergröße und großen oder geringen -gewichts versehen. Das heißt, wir haben männliche und weibliche Stimmen synthetisiert und dann die Grundfrequenz nach oben (kleiner Roboter) und nach unten (großer Roboter) verändert sowie die Spektralenergie angepasst (jeweils hoch und niedrig), um die Ergebnisse aus der ersten Studie hinsichtlich der spektralen Energiekonzentration (spectral Center-of-Gravity) und Formantenfrequenzen zu repräsentieren.

Die 50 TeilnehmerInnen in dieser Studie hörten 16 synthetisierte Roboterstimmen und mussten daraufhin entscheiden, ob sie einem kleinen oder einem großen Roboter zuzuordnen waren. Die Zuordnung zwischen Stimme und Größe des Roboters war 72,1 % genau, wobei auch hier das wahrgenommene „Geschlecht" der Stimme den größten Effekt hatte. Eine Regressionsanalyse zeigt, dass das Geschlecht der stärkste Faktor war, gefolgt von spektraler Energie und Grundfrequenz. Die Menge an akustischer Energie unter 1000 Hz spielt dabei nur eine Rolle für die weiblichen Stimmen.

Wir haben also in dieser Studie akustische Korrelate von Körpergröße und -gewicht identifizieren können, die auch auf die Mensch-Roboter-Interaktion übertragen werden können. Weitere Studien sollten zeigen, welche anderen akustischen Merkmale mit Merkmalen von Robotern assoziiert werden, sodass Robotern die Stimmen zugeordnet werden können, die ihnen am besten passen.

14.5 Natürlichsprachliche Interaktion mit Robotern

Die Diskussion der natürlichsprachlichen Interaktion zwischen Menschen und Robotern können wir einteilen in Studien zur Sprechweise von Robotern und Studien zur sprachlichen Interaktion selbst.

14.5.1 Sprachstile und Sprechweisen von sozialen Robotern

Chidambaram et al. (2012) und Mutlu (2011) berichten über Experimente, in denen sie die Effekte verschiedener nonverbaler Roboterverhalten und prosodischer Manipulationen auf die Bewertung des Roboters überprüfen. Während sie positive Effekte der nonverbalen Verhalten auf die Bewertung des Roboters finden, tragen in ihrer Studie die prosodischen Manipulationen nicht zu einer veränderten Bewertung bei. Allerdings zeigt die Überprüfung der Manipulation, dass die Versuchspersonen die manipulierte Computerstimme auch nur marginal als expressiver einschätzten.

Andrist et al. (2013) haben einen Versuchsaufbau entwickelt, um die Rolle von Sprachstilen und Sprechweisen bei der Überzeugungsfähigkeit von Robotern zu testen. In diesem Versuchsaufbau machen zwei Roboter relativ ähnliche Vorschläge für die Urlaubsplanung, wobei der eine den einen Sprachstil und der andere einen anderen Sprachstil verwendet. Es wird dann untersucht, welcher Roboter häufiger erfolgreich ist mit seinen Vorschlägen. In Andrist et al. (2013) untersuchen die Autoren Hinweise auf die Expertise des Roboters, insbesondere ob der Roboter die Interessen des Nutzers berücksichtigt, ob er Vorerfahrung signalisiert, in welcher logischen Ordnung er die Argumente präsentiert, ob die Äußerungen flüssig oder mit Verzögerung geäußert werden und ob der Roboter Metaphern verwendet. Andrist et al. (2015) verwenden dasselbe Szenario, um die Effekte von lokalen Dialekten im Vergleich zur Standardsprache sowie Hinweise auf Expertise zu untersuchen. Die Autoren finden sowohl Evidenz für den Einfluss von Hinweisen auf Expertise auf die Überzeugungsfähigkeit des Roboters als auch Effekte der verschiedenen sprachlichen Varianten.

In unseren eigenen Mensch-Roboter-Interaktionsexperimenten haben meine Kollegen und ich untersucht, in welchem Ausmaß die Sprechweise Einfluss auf die Überzeugungsfähigkeit des Roboters haben kann (Fischer et al. 2020a). Dabei haben wir uns auf die Analyse von Niebuhr und Kolleg*innen (2016) gestützt, die die Sprechweise bedeutender CEOs untersucht haben und fanden, dass Steve Jobs und Mark Zuckerberg in ihrer Analyse an gegensätzlichen Enden der verwendeten Dimensionen verortet sind, insbesondere hinsichtlich Variabilität in Tonumfang und Lautstärke, in der Anzahl an stark betonten

Silben, in der Sprechgeschwindigkeit und in der Anzahl an Verzögerungen. Wir haben daher diese beiden Sprecher unseren Studien zu Grunde gelegt, indem wir zunächst die relevanten Roboteräußerungen synthetisiert haben und diese dann jeweils auf der Basis der Merkmale von Steve Jobs und Mark Zuckerberg so manipuliert haben, dass wir für jede Äußerung zwei Varianten erhielten, von denen sich keine wie ihre Vorbilder anhörten, die sich aber hinsichtlich der als für charismatisches Sprechen relevant angenommenen Merkmale unterschieden.

Wir haben drei Studien durchgeführt; in der ersten Studie sahen die Versuchspersonen ein Video von einem Roboter, der sie mit den sprachlichen Charakteristika entweder von Steve Jobs oder von Mark Zuckerberg bat, den längeren von zwei Onlinefragebogen auszufüllen. Während wir in dieser Studie keinen Effekt auf das Verhalten der Versuchspersonen feststellen konnten, wurde der Roboter mit dem Sprechstil von Steve Jobs deutlich positiver bewertet, d. h. als enthusiastischer, charmanter, leidenschaftlicher und angenehmer. In der zweiten Studie verwendeten wir das Szenario, das Andrist et al. (2013, 2015) entwickelt hatten, mit geringfügigen Veränderungen. Ein Roboter benutzte die sprachlichen Merkmale von Steve Jobs, der andere die von Mark Zuckerberg. Die Versuchspersonen entschieden sich signifikant häufiger für die Vorschläge des Roboters, der den Sprechstil von Steve Jobs benutzte. Des Weiteren wurde dieser Roboter in den Merkmalen charmant, leidenschaftlich und enthusiastisch positiver bewertet, und der Roboter, der die Merkmale von Mark Zuckerberg benutzte, erzielte nur höhere Werte hinsichtlich des Merkmals „langweilig". In der dritten Studie informierte ein großer Serviceroboter die Versuchspersonen über die Vorteile, genug Wasser zu trinken und sich ausreichend zu bewegen, sowie über die Gefahren von zu viel Zuckereinnahme – entweder im Sprechstil von Steve Jobs oder von Mark Zuckerberg. Wir haben dann festgehalten, ob sich die Versuchspersonen bei einer ihnen angebotenen Schale mit Früchten und Süßigkeiten für das Obst oder die Schokolade entschieden, ob sie die Treppe oder den Aufzug zum Folgeexperiment nahmen und wie sie den Roboter bewerteten. Alle Versuchspersonen nahmen die Treppe, aber hinsichtlich der Wahl ihres Snacks ergaben sich deutliche Unterschiede zu Gunsten des Roboters, der mit den Merkmalen von Steve Jobs sprach. Des Weiteren wurde dieser Roboter in Hinblick auf die Merkmale charmant, leidenschaftlich und enthusiastisch besser bewertet.

Die drei Studien zeigen alle, dass ein charismatischerer Sprechstil zu einer signifikant besseren Bewertung des Roboters führt und das Verhalten der Versuchspersonen beeinflusst. Wir können daher zusammenfassend festhalten, dass Sprechstile und Aspekte der Sprechweise von Robotern die Interaktion maßgeblich beeinflussen können.

14.5.2 Sprachliche Interaktion mit Robotern

Die sprachliche Interaktion mit Robotern wird in einem großen Ausmaß von den Fähigkeiten des verwendeten Dialogsystems, also des jeweiligen automatischen Sprachverarbeitungssystems, bestimmt (z. B. Moore 2015, 2017). Im Vergleich zur allgemeinen

Mensch-Maschine-Kommunikation ergeben sich in der Mensch-Roboter-Interaktion dabei noch zusätzliche Probleme, die die Sprachverarbeitung erschweren, wie beispielsweise die Tatsache, dass der Roboter sich womöglich bewegt, sodass sich Umgebungsgeräusche, die jeweiligen Sprecher, ihr Abstand zum Mikrofon oder ihre Ausrichtung häufig verändern und seine Bewegungen zusätzliche Geräusche produzieren, die die Spracherkennung schwierig machen. Automatische sprachverarbeitende Systeme haben generell Schwierigkeiten, sich auf verschiedene Sprecher einzustellen, und Umgebungslärm und die Geräusche der Motoren des Roboters herauszufiltern wird umso schwieriger, je variabler der Lärm ist.

In der Forschung wird daher meist die sogenannte Wizard-of-Oz-Technik eingesetzt, was wörtlich übersetzt die „Zauberer-von-Oz-Methode" bedeutet, in der ein Versuchsleiter das Verhalten des Roboters simuliert, die Versuchspersonen aber davon ausgehen, mit einem autonomen Roboter zu sprechen. Diese Forschung hat gezeigt, dass viele der sprachlichen Strategien, die in der Interaktion zwischen Menschen effektiv sind, auch in der Interaktion zwischen Mensch und Roboter funktionieren. Zum Beispiel zeigen Winkle und Kolleg*innen (2019), dass Strategien, einen anderen zu beeinflussen, auch effektiv sind, wenn sie von einem Roboter geäußert werden.

Des Weiteren hat die Forschung gezeigt, dass Roboter vielfach mit ähnlichem sprachlichem Verhalten bedacht werden wie menschliche Kommunikationspartner. Diese Ergebnisse werden oft durch eine (gedankenlose, s. Nass und Moon 2000) Übertragung aus der zwischenmenschlichen auf die Interaktion mit Computern und Robotern erklärt. Gleichzeitig können aber auch Verhaltensweisen beobachtet werden, die in der zwischenmenschlichen Kommunikation sehr unüblich sind, wie beispielsweise Beschimpfungen, Versuche, den Roboter zu blockieren, oder tätliche Angriffe (z. B. Brščić et al. 2015). Dieses breite Spektrum an (sprachlichem) Verhalten Robotern gegenüber ergibt sich daraus, ob die Interaktionspartner eher auf die künstlichen, maschinenähnlichen oder auf die menschenähnlichen Aspekte von sozialen Robotern fokussieren (siehe Clark und Fischer, eingereicht).

In Fischer (2016) habe ich ein Modell entwickelt, das beschreibt, wie sich Menschen sprachlich auf ihre Kommunikationspartner einstellen, und die Interaktion mit Robotern charakterisiert ist durch die große Unsicherheit Robotern gegenüber, deren Fähigkeiten und Verhalten sich für den Laien schwer einschätzen lassen. Dabei nehmen die Nutzer jeden Hinweis auf die möglichen Eigenschaften des Roboters auf – was Anlass zu den deutlichen Effekten der Implementation sozialer Hinweise (wie Blickverhalten oder Gestik, z. B. Andrist et al. 2014; Huang und Mutlu 2013), menschenähnlichen Designs (wie Augen, Mund, Arme etc., z. B. Phillips et al. 2018; Reeves et al. 2020) sowie eben auch sprachlichen Verhaltens (wie Persuasion oder konversationelles Verhalten, z. B. Fischer et al. 2020a) gibt. In dieser Unsicherheit bietet die natürliche Sprache eine Schnittstelle, mit der Menschen gewöhnlich sehr gut vertraut sind. Oft benutzen sie auch natürliche Sprache, um Informationen über den Roboter und seine Fähigkeiten zu erhalten (z. B. indem sie den Roboter fragen, was er sieht, welche Worte er kennt, oder auch ob er weiß, wo rechts und links ist; siehe Fischer 2006, S. 128).

Allerdings nehmen nicht alle das Angebot zur natürlichsprachlichen Interaktion an: In meinen Datensammlungen gibt es gewöhnlich 20–25 % Teilnehmer*innen, die sich nicht auf eine soziale Interaktion mit dem Roboter einlassen und beispielsweise auf die höfliche Begrüßung „ja, guten Tag, wie geht es Ihnen?" gar nicht oder mit „fahr vorwärts" antworten (Fischer 2016). Anderseits kann man davon ausgehen, dass Menschen, die nicht mit Robotern vertraut sind, sich überwiegend in der natürlichsprachlichen Interaktion mit Robotern genauso kooperativ verhalten wie in der Interaktion mit anderen Menschen und beispielsweise zurückgrüßen, Fragen beantworten, über Witze lachen und sich verabschieden (Fischer et al. 2020b).

Zusammenfassend können wir festhalten, dass viele der Prinzipien, die natürlichsprachliche Interaktionen zwischen Menschen bestimmen, auch in der Mensch-Roboter-Interaktion eine Rolle spielen – allerdings mit Ausnahmen (Fischer 2016; Clark und Fischer, eingereicht).

14.6 Schlussbemerkungen

In diesem Beitrag haben wir gesehen, dass Geräusche, die ein Roboter unwillkürlich macht, von Menschen nicht als bedeutsam wahrgenommen werden, selbst wenn sie absichtlich designt worden sind. In ähnlicher Weise ignorieren menschliche Sprecher Merkmale ihrer menschlichen Kommunikationspartner, wenn diese keine inhärenten, sondern zufällige Merkmale sind, wie beispielsweise eine Aussprachevariante, wenn die Sprecherin gleichzeitig einen Stift im Mund hat (Kraljic et al. 2008). Im Gegensatz dazu werden Geräusche, die nicht auf die Servos und Motoren des Roboters zurückgeführt werden können, meist als kommunikativ wahrgenommen und interpretiert. Wegen ihrer Ambiguität sind sogenannte bedeutungsfreie Äußerungen allerdings sehr kontextabhängig und werden leicht ignoriert. Sie sind dagegen sehr gut dazu geeignet, einen Interaktionsfluss zu etablieren und zu emotionaler, sozialer Interaktion anzuregen. Für diese Signale wie für natürlichsprachliche Roboteräußerungen gilt dabei, dass für ihre Interpretation auf Verfahren und Hinweise zurückgegriffen wird, die aus der menschlichen Interaktion bekannt sind. Dies betrifft sowohl den Sprechstil und die Stimme des Roboters als auch den Dialog selbst.

Während momentan der Stand der Forschung meist noch keine natürliche sprachliche Interaktion zwischen Mensch und Maschine zulässt, vor allem wenn verschiedene Kontexte relevant sind, können wir erwarten, dass Menschen in der Interaktion mit Robotern sich auf dieselben Prinzipien verlassen werden, die auch die menschliche Interaktion kennzeichnen, sodass Unterschiede zwischen Mensch-Mensch- und Mensch-Maschine-Kommunikation zunehmend verschwinden werden. Damit ergeben sich aber neue Herausforderungen; beispielsweise reagieren die meisten Sprachassistenten höflich und freundlich auf Beschimpfungen oder ignorieren sie einfach. Da viele dieser Assistenten (Siri, Alexa etc.) weibliche Stimmen haben, können solche Interaktionen die gesellschaftlichen Erwartungen an die Partizipation von Frauen in der Gesellschaft insgesamt beeinflussen (siehe Winkle et al. 2021). Mit der Erschaffung von sozialen Robotern, die sich sozialer Kommunikationssysteme bedienen, entsteht daher auch die Frage, welche Art von Interaktion wir modellieren möchten. Zukünftige Forschung wird sich zunehmend mit der Frage beschäftigen müssen, welche soziale Information wir explizit und implizit mit Hilfe der enormen Komplexität sprachlicher Signalsysteme kodieren wollen und wie man diese evaluieren kann.

Literatur

Andrist S, Spannan E, Mutlu B (2013) Rhetorical robots: making robots more effective speakers using linguistic cues of expertise. In: Proceedings of the 8th ACM/IEEE international conference on human-robot interaction (HRI '13). IEEE Press, Piscataway, S 341–348

Andrist S, Tan XZ, Gleicher M, Mutlu B (2014) Conversational gaze aversion for humanlike robots. In Proceedings of the 2014 ACM/IEEE international conference on human-robot interaction. ACM, S 25–32

Andrist S, Ziadee M, Boukaram H, Mutlu B, Sakr M (2015) Effects of culture on the credibility of robot speech: a comparison between English and Arabic. In: Proceedings of the tenth annual ACM/IEEE international conference on human-robot interaction (HRI '15). ACM, New York, S 157–164

Aylett MP, Sutton SJ, Vazquez-Alvarez Y (2019) The right kind of unnatural: designing a robot voice. In: Proceedings of the 1st International Conference on Conversational User Interfaces, S 1–2

Brščić D, Kidokoro H, Suehiro Y, Kanda T (2015) Escaping from children's abuse of social robots. In Proceedings of the tenth annual ACM/IEEE international conference on human-robot interaction, S 59–66

Burkhardt F, Saponja M, Sessner J, Weiss B (2019) How should pepper sound-preliminary investigations on robot vocalizations. Studientexte zur Sprachkommunikation: Elektronische Sprachsignalverarbeitung 2019(2019):103–110

Chao C, Thomaz AL (2013) Controlling social dynamics with a parametrized model of floor regulation. J Hum Robot Interact 2(1):4–29

Chidambaram V, Chiang Y-H, Mutlu B (2012) Designing persuasive robots: how robots might persuade people using vocal and nonverbal cues. HRI'12, March 5–8, 2012. Boston

Clark HH, Fischer K (eingereicht): Robots as dynamic depictions

Crumpton J, Bethel CL (2016) A survey of using vocal prosody to convey emotion in robot speech. Int J Soc Robot 8(2):271–285

Fischer K (2006) What computer talk is and isn't – human-computer conversation as intercultural communication. AQ, Saarbrücken

Fischer K, Soto B, Pontafaru C, Takayama L (2014a) The effects of social framing on people's responses to robots' requests for help. Proceedings of the IEEE conference on robot-human interactive communication – RO-MAN '14, Edinburgh

Fischer K, Jensen LC, Bodenhagen L (2014b) To beep or not to beep is not the whole question. In: International conference on social robotics '14

Fischer K, Niebuhr O, Jensen LC, Bodenhagen L (2020a) Speech melody matters – how robots can profit from using charismatic speech. ACM transactions in human-robot interaction 9, 1, Article 4:1–21

Fischer K, Langedijk R, Nissen LD, Ramirez ER, Palinko O (2020b) Gaze-speech coordination influences the persuasiveness of human-robot dialog in the wild. International conference on social robotics

Fischer K (2016) Designing speec HRI '12, h for a recipient: the roles of partner modeling, alignment and feedback in so-called ‚simplified registers'. John Benjamins, Amsterdam

Frid E, Bresin R, Alexanderson S (2018) Perception of mechanical sounds inherent to expressive gestures of a Nao robot-implications for movement sonification of humanoids. In: Proceedings of the 15th Sound and Music Computing Conference. Anastasia Georgaki and Areti Andreopoulou, Limassol, Cyprus

Huang C-M, Mutlu B (2013) Modeling and evaluating narrative gestures for humanlike robots. in: Proceedings of Robotics: Science and Systems IX, Technische Universität Berlin, Berlin, S 57–64

In J, Han J (2015) The prosodic conditions in robot's TTS for children as beginners in English learning. Indian J Sci Technol 8(55):48–51

Jonsson IM, Zajicek M, Harris H, Nass C (2005) Thank you, I did not see that: in-car speech based information systems for older adults. In CHI'05 extended abstracts on human factors in computing systems, S 1953–1956

Komatsu T, Yamada S (2011) How does the agents' appearance affect users' interpretation of the agents' attitudes: experimental investigation on expressing the same artificial sounds from agents with different appearances. Int J Hum Comput Interact 27(3):260–279

Korcsok B, Faragó T, Ferdinandy B, Miklósi Á, Korondi P, Gácsi M (2020) Artificial sounds following biological rules: A novel approach for non-verbal communication in HRI. Sci Rep 10(1):1–13

Kraljic T, Samuel AG, Brennan SE (2008) First impressions and last resorts: how listeners adjust to speaker variability. Psychol Sci 19(4):332–338

Labov W (1972) Some principles of linguistic methodology. Lang Soc1:97–120

Latupeirissa AB, Bresin R (2020) Understanding non-verbal sound of humanoid robots in films. In Workshop on mental models of robots at HRI 2020 in Cambridge, UK

Lee EJ, Nass C, Brave S (2000) Can computer-generated speech have gender? An experimental test of gender stereotype. In CHI'00 extended abstracts on Human factors in computing systems, S 289–290

McGinn C, Torre I (2019). Can you tell the robot by the voice? An exploratory study on the role of voice in the perception of robots. In 2019 14th ACM/IEEE international conference on human-robot interaction (HRI). IEEE, S 211–221

Moore D, Martelaro N, Ju W, Tennent H (2017) Making noise intentional: A study of servo sound perception. In: 2017 12th ACM/IEEE International Conference on Human-Robot Interaction (HRI). ACM Digital Library, S 12–21.

Moore RK (2015) From talking and listening robots to intelligent communicative machines. Robots that talk and listen, S 317–335

Moore RK (2017) Is spoken language all-or-nothing? Implications for future speech-based human-machine interaction. In: Dialogues with social robots. Springer, Singapore, S 281–291

Mutlu B (2011) Designing embodied cues for dialog with robots. AI Mag 32(4):17–30

Nass C, Moon Y (2000) Machines and mindlessness: social responses to computers. J Soc Issues 56(1):81–103

Nass CI, Brave S (2005) Wired for speech: how voice activates and advances the human-computer relationship. MIT Press, Cambridge MA

Niebuhr O, Fischer K. (eingereicht) Which voice for which robots? Acoustic correlates of body size

Niebuhr O, Voße J, Brem A (2016) What makes a charismatic speaker? A computer-based acoustic-prosodic analysis of Steve Jobs' tone of voice. Comput Hum Behav 64:366–382

Paepcke S, Takayama L (2010) Judging a bot by its cover: an experiment on expectation setting for personal robots. In 2010 5th ACM/IEEE international conference on human-robot interaction (HRI). IEEE, S 45–52

Phillips E, Zhao X, Ullman D, Malle BF (2018) What is human-like? Decomposing robots' human-like appearance using the anthropomorphic robot (abot) database. In: Proceedings of the ACM/IEEE international conference on human-robot interaction, S 105–113

Read R, Belpaeme T (2012) How to use non-linguistic utterances to convey emotion in child-robot interaction. In 2012 7th ACM/IEEE international conference on human-robot interaction (HRI). IEEE, S 219–220

Read R, Belpaeme T (2014) Situational context directs how people affectively interpret robotic non-linguistic utterances. In 2014 9th ACM/IEEE international conference on human-robot interaction (HRI). IEEE, S 41–48

Read R, Belpaeme T (2016) People interpret robotic non-linguistic utterances categorically. Int J Soc Robot 8(1):31–50

Reeves B, Hancock J, Liu X (2020) Social robots are like real people: First impressions, attributes, and stereotyping of social robots. Technol Mind Behav 1, no. 1. https://doi.org/10.1037/tmb0000018

Robinson FA, Velonaki M, Bown O (2021) Smooth Operator: Tuning Robot Perception Through Artificial Movement Sound. In: Proceedings of the 2021 ACM/IEEE International Conference on Human-Robot Interaction, S 53–62

Rosenthal-von der Pütten AM, Straßmann C, Krämer NC (2016) Robots or agents-neither helps you more or less during second language acquisition. In: International conference on intelligent virtual agents. Springer, Cham, S 256–268

Schuller B, Batliner A (2014) Computational paralinguistics: emotion, affect and personality in speech and language processing. Wiley, New York

Strupka E, Niebuhr O, Fischer K (2016). Influence of Robot gender and speaker gender on prosodic entrainment in HRI. Interactive Session at the IEEE International Symposium on Robot and Human Interactive Communication (RO-MAN 2016), New York

Sutton SJ, Foulkes P, Kirk D, Lawson S (2019) Voice as a design material: sociophonetic inspired design strategies in human-computer interaction. In: Proceedings of the 2019 CHI conference on human factors in computing systems, S 1–14

Tennent H, Moore D, Jung M, Ju W (2017) Good vibrations: how consequential sounds affect perception of robotic arms. In 2017 26th IEEE international symposium on robot and human interactive communication (RO-MAN). IEEE, S 928–935

Torre I, LeMaguer S (2020) Should robots have accents?. In: 2020 29th IEEE international conference on robot and human interactive communication (RO-MAN). IEEE, S 208–214

Trovato G, Paredes R, Balvin J, Cuellar F, Thomsen NB, Bech S, Tan Z-H (2018) The sound or silence: investigating the influence of robot noise on proxemics. In: 2018 27th IEEE international symposium on robot and human interactive communication (RO-MAN). IEEE, S 713–718

Walters ML, Syrdal DS, Koay KL, Dautenhahn K, Te Boekhorst R (2008). Human approach distances to a mechanicallooking robot with different robot voice styles. In: RO-MAN 2008-the 17th IEEE international symposium on robot and human interactive communication. IEEE, S 707–712

Wang W, Athanasopoulos G, Yilmazyildiz S, Patsis G, Enescu V, Sahli H, Verhelst W, Hiolle A, Lewis M, Canamero L (2014) Natural emotion elicitation for emotion modeling in child-robot interactions. In: WOCCI, S 51–56

Winkle K, Lemaignan S, Caleb-Solly P, Leonards U, Turton A, Bremner P (2019) Effective persuasion strategies for socially assistive robots. In 2019 14th ACM/IEEE international conference on human-robot interaction (HRI). IEEE, S 277–285

Winkle K, Melsión GI, McMillan D, Leite I (2021) Boosting robot credibility and challenging gender norms in responding to abusive behaviour: a case for feminist robots. In: Companion of the 2021 ACM/IEEE international conference on human-robot interaction, S 29–37

Yilmazyildiz S, Read R, Belpaeme T, Verhelst W (2016) Review of semantic-free utterances in social human-robot interaction. Int J Hum Comput Interact 32(1):2016

Zaga C (2017) Something in the way it moves and beeps: exploring minimal nonverbal robot behavior for child-robot interaction. In: Proceedings of the companion of the 2017 ACM/IEEE international conference on human-robot interaction, S 387–388

Nichtverbales Verhalten sozialer Roboter

15

Bewegungen, deren Bedeutung und die Technik dahinter

Kathrin Janowski und Elisabeth André

> *Mache die Figuren in solchen Geberden, dass diese zur Genüge zeigen, was die Figur im Sinn hat. Wo nicht, so ist deine Kunst nicht lobenswerth.*
>
> (Leonardo da Vinci)
>
> (Das Buch von der Malerei, *Übersetzung von Heinrich Ludwig, 1882;* Wilhelm Braumüller, Wien)

Zusammenfassung

Nichtverbale Signale sind ein elementarer Bestandteil der menschlichen Kommunikation. Sie erfüllen eine Vielzahl von Funktionen bei der Klärung von Mehrdeutigkeiten, der subtilen Aushandlung von Rollen oder dem Ausdruck dessen, was im Inneren der Gesprächspartner vorgeht. Viele Studien mit sozialen Robotern zeigen, dass vom Menschen inspirierte Bewegungsmuster ähnlich interpretiert werden wie die realer Personen. Dieses Kapitel erläutert daher die wichtigsten Funktionen, welche die jeweiligen Bewegungsmuster in der Kommunikation erfüllen, und gibt einen Überblick darüber, wie sie auf Roboter übertragen werden können.

K. Janowski (✉) · E. André
Uni Augsburg, Augsburg, Deutschland
E-Mail: kathrin.janowski@informatik.uni-augsburg.de; andre@informatik.uni-augsburg.de

© Der/die Autor(en), exklusiv lizenziert durch Springer Fachmedien Wiesbaden GmbH, ein Teil von Springer Nature 2021
O. Bendel (Hrsg.), *Soziale Roboter*, https://doi.org/10.1007/978-3-658-31114-8_15

15.1   Einleitung

Ein großer Teil der menschlichen Kommunikation findet auf der nonverbalen Ebene statt. Ein Lächeln, ein Nicken oder eine Handbewegung können oft Botschaften übermitteln, für welche die Sprache einen ganzen Satz benötigt. Besonders im sozialen Umgang mit anderen Menschen spielt es nicht nur eine Rolle, welche Worte verwendet werden, sondern auch, was der Rest des Körpers tut. Etliche Kursangebote bereiten Redner und Arbeitssuchende darauf vor, wie sie sich vor Publikum oder potenziellen Arbeitgebern bewegen sollten, um den besten Eindruck zu hinterlassen. Personen, die einander gut kennen, verstehen sich ohne Worte, und Pokerspieler erkennen am Zucken der Gesichtsmuskeln, wie gut das Blatt des Mitspielers ist. Die meisten dieser Signale werden unbewusst gesendet und interpretiert, oft schon von Geburt an (Knapp et al. 2013).

Nicht erst seit der Pixar-Lampe aus dem Kurzfilm *Die kleine Lampe* (1986) wissen wir, wie leicht Menschen auch in die Bewegungen unbelebter Objekte Emotionen, Persönlichkeit oder Denkprozesse hineininterpretieren. Das macht die Körpersprache immens wichtig für die Kommunikation mit Maschinen, welche nicht nur technisch funktionieren, sondern darüber hinaus eine soziale Rolle einnehmen sollen. Gerade in Bereichen, in denen Alltagsnutzerinnen und -nutzer mit Robotern sozial interagieren, ist eine Orientierung an menschlichen Verhaltensweisen sinnvoll und kann dazu beitragen, den Zugang zu Technologie und deren Akzeptanz zu verbessern. Dies gilt u. a. für Roboter in der Rolle von Gedächtnistrainern, Gesundheitsberatern oder persönlichen Assistenten (Janowski et al. 2018). Dieses Kapitel befasst sich deshalb damit, welche Bewegungsmuster der Mensch über Jahrtausende hinweg einstudiert hat und wie diese auf soziale Roboter übertragbar sind.

Der folgende Abschnitt wird zunächst einige allgemeine Konzepte erläutern, welche die Funktion der nichtverbalen Kommunikation betreffen. Danach folgen mehrere Abschnitte, welche sich verschiedenen Klassen von Bewegungen widmen, grob orientiert an den beteiligten Körperteilen. Dabei wird zuerst erläutert, welche Funktion die Bewegungen bei Menschen und Robotern erfüllen, und anschließend ein Überblick über die technische Umsetzung in der Robotik gegeben. Zuletzt wird noch ein Abschnitt auf die Koordination von Bewegungen und gesprochener Sprache eingehen, bevor das Kapitel mit einer abschließenden Zusammenfassung endet.

15.2   Allgemeine Grundlagen

Bei der Entwicklung von Verhaltensweisen für soziale Roboter orientiert man sich üblicherweise an Untersuchungen zu menschlichen Verhaltensweisen aus den Sozialwissenschaften. Häufig werden auch Daten von Menschen in sozialen Interaktionen statistisch ausgewertet und als Grundlage für die Umsetzung des nichtverbalen Verhaltens von sozialen Robotern verwendet. Aus diesem Grund beschreiben wir im Folgenden zunächst relevante Vorarbeiten aus den Verhaltenswissenschaften und untersuchen im Anschluss, inwieweit diese durch Roboter nachgeahmt werden können.

15.2.1 Gemeinsamer Redehintergrund

Jede gemeinsame Handlung setzt voraus, dass sich die beteiligten Personen über den Inhalt und Ablauf der Handlung einig sind (Clark und Brennan 1991). Um ein Gespräch zu
führen, müssen beide Teilnehmer nicht nur wissen, was das Thema ist, sondern auch
sicherstellen, dass sie die Aussagen und Fragen des Gegenübers gehört und richtig interpretiert haben.

Viele der dafür notwendigen Bestätigungen finden auf der nichtverbalen Ebene statt.
Kurze Signale wie Kopfnicken (Clark und Brennan 1991), Blickkontakt (Argyle und Graham 1976; Clark und Brennan 1991) und der Blick auf relevante Objekte in der Umgebung (Argyle und Graham 1976) zeigen (s. Abb. 15.1 und 15.2), ob der Zuhörer aufmerksam ist und den Sprecher verstanden hat. Sprache wird oft mit Handgesten kombiniert, um
möglichst effizient eine unmissverständliche Aussage zu treffen (Clark und Krych 2003;
Kendon 2004; van der Sluis und Krahmer 2007).

Abb. 15.1 Aufmerksamkeit von Nutzer und Roboter liegen auf dem gleichen Objekt

Abb. 15.2 Blickkontakt zwischen Nutzer und Roboter

15.2.2 Rederechtsvergabe

Eine spezielle Form des gemeinsamen Redehintergrunds ist die Aushandlung der Spre-cher- und Zuhörerrollen. Dabei sollen einerseits Überlappungen vermieden werden, wel-che das Zuhören erschweren, und andererseits möglichst wenig störende Pausen entste-hen. Auch hierbei wird die notwendige Koordination meistens auf die nichtverbalen Kanäle ausgelagert.

Vor allem das Blickverhalten zeigt, wie viel Aufmerksamkeit die Gesprächspartner ei-nander widmen und ob sie aktuell bereit sind, Informationen zu empfangen (Argyle und Cook 1976). Aber auch andere Gesten können hier zum Einsatz kommen, beispielsweise das Heben einer Hand, um die Sprechabsicht anzuzeigen (Knapp et al. 2013).

15.2.3 Beziehung und Bindung

Körperhaltung, Blickrichtung oder Abstände können ausdrücken, wie jemand – im wahrs-ten Sinne des Wortes – zu anderen Personen steht. Auch hier spielt der Aspekt der Auf-merksamkeit eine wichtige Rolle. Freunden, Bekannten und Familienmitgliedern wird üblicherweise mehr Aufmerksamkeit zuteil als Fremden, denen man an der Bushaltestelle begegnet. Entsprechend selten nimmt man mit Fremden Blickkontakt auf (Argyle und Cook 1976).

Ein wichtiges Phänomen hierbei ist auch das Widerspiegeln von Mimik und Körperhaltung des Gesprächspartners, das auf Gruppenzugehörigkeit, Zuneigung oder Mitgefühl hindeuten kann (Knapp et al. 2013). Beispielsweise kommt es vor, dass Gesprächspartner die Beine ähnlich übereinander schlagen oder Beobachter das Gesicht auf ähnliche Weise verziehen, wenn eine andere Person Schmerzen erleidet.

15.2.4 Persönlichkeit und Gefühlslage

Die aktuelle Gefühlslage eines Menschen wird selten verbal ausgedrückt. Die wenigsten Leute sagen explizit, wenn sie traurig oder wütend sind, sondern lassen ihren Tonfall, Gesicht und Körper sprechen. Ein anschauliches Beispiel dafür, wie stark nichtverbale Kommunikation hier bevorzugt wird, sind die in Chat-Anwendungen verbreiteten Emojis und Emoticons.

Bei „Emotionen" handelt es sich um kurzfristige Gefühlsregungen, die sich oft nur für wenige Sekunden im Gesicht zeigen (Ekman und Friesen 2003). Zur „Persönlichkeit" zählen dagegen allgemeine Verhaltensmuster, die sich nur langsam über das Leben hinweg verändern. Bei beidem gibt es weit verbreitete Annahmen, wie sich diese in der Körpersprache äußern (Knapp et al. 2013). Da Gefühlsregungen und Persönlichkeit schwer objektiv zu beurteilen sind, sollte deren Zuordnung zur Körpersprache allerdings mit Vorsicht behandelt werden (Knapp et al. 2013; Feldman Barrett et al. 2019).

15.2.5 Das „unheimliche Tal"

Eine gängige Theorie zur Gestaltung von Robotern besagt, dass diese mit zunehmender Ähnlichkeit zum Menschen zunächst immer positiver wahrgenommen werden, aber die Situation drastisch kippt, wenn die Ähnlichkeit zu groß wird (Mori et al. 2012). Bei Robotern, welche beinahe menschlich wirken, fallen Fehler aufgrund der höheren Erwartung umso stärker ins Gewicht, sodass sie schnell gruselig und abstoßend wirken. Die steigende Zuneigung sinkt also bildlich gesprochen in ein tiefes Tal ab, kurz bevor sie den Gipfel erreicht. Entsprechend ist dieses Phänomen als „Uncanny Valley" bekannt.

Bewegungen haben in diesem Zusammenhang einen verstärkenden Effekt. Einerseits wirken Maschinen, welche lebensähnliche Bewegungen zeigen, schneller liebenswert als regungslose Apparate, aber andererseits ist die Ablehnung bei unpassenden Bewegungen umso tiefer (Mori et al. 2012). Um dieses Problem zu umgehen, empfiehlt es sich oft, entweder das Aussehen des Roboters oder dessen Bewegungen absichtlich mechanisch zu gestalten.

15.3   Konkrete Bewegungsmuster

Die folgenden Abschnitte betrachten, welche Rolle die jeweiligen Körperteile in der nicht-verbalen Kommunikation spielen. Dabei wird zunächst erklärt, welche der zuvor genannten Funktionen mit den entsprechenden Bewegungen im Zusammenhang steht. Es wird beleuchtet, wie die Bewegungsmuster zwischen Menschen eingesetzt und interpretiert werden, und anhand von Beispielen gezeigt, wie sich diese Erkenntnisse auf soziale Roboter übertragen lassen. Im Anschluss daran wird die technische Umsetzung der Bewegung für Roboter näher erläutert.

15.3.1 Blickrichtung

Menschen sind stark visuell orientiert. Sie nutzen nicht nur die eigenen Augen für einen Großteil der Wahrnehmung, sondern reagieren auch stark auf die Augen von anderen Personen (Argyle und Cook 1976). Entsprechend wichtig sind die Augen bei der Gestaltung von sozialen Robotern. Dieser Abschnitt erklärt, welche Rolle das Blickverhalten in der Kommunikation einnimmt und wie es auf Robotern umgesetzt wird.

15.3.1.1 Funktionen der Blickrichtung

Um Informationen zu erhalten, ist es oft notwendig, einen bestimmten Gegenstand zu betrachten, beispielsweise um dessen Farbe zu erkennen oder eine Beschriftung zu lesen. Auch Gesprächspartner werden genau beobachtet, um deren Körpersprache wahrnehmen und Schlüsse daraus ziehen zu können. Umgekehrt verrät die Richtung, in die der Partner blickt, wen oder was er in diesem Moment für wichtig hält. Im Fall eines sozialen Roboters dienen Blicksignale dazu, die Absichten des Roboters für den Menschen nachvollziehbar zu machen.

Bereits Kleinkinder folgen dem Blick anderer Personen oder versuchen, diesen auf interessante Objekte zu lenken (Mundy und Newell 2007). Um zu erkennen, ob die andere Person verstanden hat, blicken Menschen häufig zurück zu ihrem Gegenüber und prüfen, ob dessen Blick auf dem richtigen Objekt ruht (Clark und Krych 2003; Mundy und Newell 2007).

Diese Blickmuster verbessern auch die Mensch-Roboter-Interaktion. Wenn ein Roboter auf aktuell relevante Objekte blickt, ist für Menschen leichter nachvollziehbar, ob er ihre Anweisung korrekt verstanden hat, und der Roboter wird entsprechend als intelligenter wahrgenommen (Huang und Thomaz 2011). Dieses Verhalten wirkt außerdem natürlicher und vermittelt den Eindruck, dass der Roboter stärker an der Zusammenarbeit interessiert ist (Mehlmann et al. 2014). Beobachter bevorzugen außerdem Roboter, welche beim Übermitteln von Informationen wiederholt zum Gesprächspartner blicken, als ob sie dessen Aufmerksamkeit prüfen wollten (Huang und Thomaz 2011).

Die visuelle Aufmerksamkeit spielt auch eine wesentliche Rolle bei der Rollenverteilung im Gespräch. Wer zum Partner blickt, signalisiert damit die Bereitschaft, Nachrichten auf verbaler und nichtverbaler Ebene zu empfangen (Argyle und Cook 1976). Sprecher neigen deswegen dazu, den Blick vom Partner abzuwenden, während sie mit der Planung ihres eigenen Satzes beschäftigt sind. Umgekehrt suchen sie nach Teilsätzen Blickkontakt, um zu überprüfen, ob das bisher Gesagte verstanden wurde, oder sehen am Ende ihres Beitrags die Person an, welche als nächstes sprechen soll (Knapp et al. 2013).

In einer Studie mit dem Roboter NAO (Andrist et al. 2014) konnte gezeigt werden, dass ein Roboter, der zu Beginn seines Satzes den Blick abwendet, beim Menschen den Eindruck erweckt, als würde er genauer über seine Antwort nachdenken. Entsprechend später ergriffen Probanden das Wort, wenn der Roboter lange Zeit still blieb. Zu ähnlichen Ergebnissen kam auch eine Studie, in welcher der Roboter Furhat einem Menschen Zeichenanweisungen gab (Skantze et al. 2014).

Auch die Blicksignale, mit denen das Wort an andere Teilnehmer übergeben wird, lassen sich von Menschen auf soziale Roboter übertragen. Mutlu et al. variierten in einer Studie die Blickmuster eines Roboters, um jeweils zwei Studienteilnehmer unterschiedlich stark in das Gespräch einzubeziehen (Mutlu et al. 2012). Teilnehmer, die er zum Ende des Satzes ansah, ergriffen fast immer das Wort, während diejenigen, welche kaum angesehen wurden, wenig zum Gespräch beitrugen.

15.3.1.2 Umsetzung der Blickbewegung

Für das Abwenden des Blicks ist es üblicherweise ausreichend, bestimmte Winkel für die Halsgelenke des Roboters vorzugeben, die von der Neutralstellung abweichen (Andrist et al. 2014). Um Blickkontakt zum menschlichen Gegenüber aufzunehmen, sind eine Kamera und Software zur Gesichtserkennung notwendig. Idealerweise ist diese Kamera in oder nahe an den Augen des Roboters platziert. Durch Kopfdrehungen lässt sich die Kamera schließlich so ausrichten, dass das Gesicht des Menschen im Zentrum des Kamerabilds liegt (Huang und Thomaz 2011). Für andere Objekte im Arbeitsraum ist es oft erforderlich, deren Koordinaten zu bestimmen und die entsprechenden Winkel über trigonometrische Verfahren zu berechnen.

Schwieriger ist die Bestimmung der geeigneten Zeitpunkte und der Wahrscheinlichkeiten, mit denen der Roboter auf ein bestimmtes Ziel blicken soll. Hierfür kommen häufig statistische Verfahren zum Einsatz, bei denen zunächst ermittelt wird, wie oft Menschen im Gespräch wohin blicken (Mutlu et al. 2012; Andrist et al. 2014). Wie lange ein Roboter dem Menschen ins Gesicht blicken darf, ist stark vom kulturellen Hintergrund abhängig und muss im Zweifelsfall gezielt in einer Studie ermittelt werden.

15.3.2 Gestik

Hand- und Kopfbewegungen treten sehr häufig in der zwischenmenschlichen Kommunikation auf, entweder als Ergänzung zur gesprochenen Sprache oder als vollwertiger Ersatz. Sie sind so stark im menschlichen Verhalten verankert, dass Menschen sogar nicken und gestikulieren, wenn der Gesprächspartner sie nicht sehen kann, beispielsweise am Telefon (Knapp et al. 2013). Besonders bei Robotern, deren Kopf oder Körper ohnehin menschenähnlich gestaltet ist, bietet es sich daher an, Botschaften auf diesem Weg zu übermitteln.

15.3.2.1 Funktionen von Gesten

Man kann grob zwischen sprachunabhängigen und sprachbezogenen Gesten unterscheiden (Knapp et al. 2013). Erstere beinhalten sogenannte *Embleme*, deren Bedeutung stark vom kulturellen Hintergrund der Beteiligten abhängt. Beispiele dafür sind etwa Kopfnicken, Winken zur Begrüßung oder der nach oben gestreckte Daumen als positive Bestätigung.

Zu den sprachbezogenen Gesten gehören beispielsweise solche, die konkrete oder abstrakte Konzepte veranschaulichen. McNeill unterscheidet hier zwischen *ikonischen* und *metaphorischen Gesten* (McNeill 1992). Erstere ahmen optische Merkmale von Gegenständen oder Bewegungen nach. Dadurch werden beispielsweise räumliche Informationen ergänzt oder verdeutlicht, die sich verbal nur sehr umständlich ausdrücken lassen. Letztere umfassen etwa das Formen symbolischer Behälter für Ideen oder das Anzeigen einer räumlichen Ausdehnung für ein weit gefasstes Thema (Knapp et al. 2013).

Zeigegesten deuten auf Objekte oder auch abstrakte Punkte im Raum, denen im Gespräch eine Bedeutung zugewiesen wurde (McNeill 1992). Diese Gesten können mit der ganzen Hand, dem ausgestreckten Zeigefinger oder auch durch ein Kopfnicken in die entsprechende Richtung ausgeführt werden. Durch Zeigegesten lassen sich sprachliche Verweise auf Objekte oft stark vereinfachen (Clark und Krych 2003).

Eine weitere Unterkategorie sind *Rhythmusgesten*. Diese dienen unter anderem dazu, einzelne Worte oder Satzteile zu betonen, oder den Inhalt zu strukturieren (Knapp et al. 2013).

In den meisten Fällen lassen sich diese Gesten von der zwischenmenschlichen Kommunikation auf die Mensch-Roboter-Interaktion übertragen. So existieren beispielsweise Studien zu Robotern, welche Zeigegesten einsetzen (Huang und Thomaz 2011; Sauppé und Mutlu 2014), oder Ansätze, um gleichartige Gestik sowohl auf menschenähnlichen virtuellen Charakteren als auch humanoiden Robotern darzustellen (Le und Pelachaud 2012).

15.3.2.2 Umsetzung der Gestik

Eine Geste besteht grundsätzlich aus drei Phasen: Vorbereitung, Kern (engl. „stroke") und Rückzug (Kendon 2004). Der Kern ist dabei die Phase, welche die Bedeutung der Geste enthält. Vor und nach der Kernphase kann sich außerdem eine Haltephase befinden, während der die Hand in der entsprechenden Position verweilt.

Für die Umsetzung der Gestik bei Robotern empfiehlt es sich, nur die Kernphase festzulegen und die Übergangsphasen automatisch von der aktuellen Armposition abzuleiten (Le und Pelachaud 2012).

Dazu wird eine Reihe von Schlüsselpositionen definiert, welche nacheinander von den Motoren des Roboters angefahren werden. Besonders für Gesten wie Winken oder betonende Schläge, welche keinen Bezug zur Umgebung haben, werden diese Schlüsselpositionen meistens von einem Gestalter ermittelt und in einer Animationsdatei abgespeichert.

Andere Situationen erfordern dynamisch erzeugte Bewegungen, etwa für Zeigegesten zu einem Gegenstand, der vom Nutzer an beliebige Orte bewegt werden kann. In diesem Fall müssen die Winkel für die Gelenke abhängig von der gewünschten Handposition berechnet werden. Die sogenannte inverse Kinematik stützt sich dafür auf das Wissen über die Abstände zwischen den Gelenken, deren minimale und maximale Winkel und eventuelle Einschränkungen wie die Richtung, in die der Ellenbogen zeigen soll.

Sind die Schlüsselpositionen bekannt, müssen noch die Geschwindigkeiten für die Bewegung ermittelt werden. Dazu ist einerseits zu berücksichtigen, wie schnell jeder Motor maximal beschleunigt werden darf, um Schäden zu vermeiden. Um Verschleiß vorzubeugen, wird üblicherweise über mehrere hundert Millisekunden hinweg schonend beschleunigt und abgebremst. Langsamere Bewegungen haben außerdem den Vorteil, dass die Motorengeräusche weniger laut ausfallen.

Da Roboter – anders als virtuelle Charaktere – an physikalische Gesetze gebunden sind, sollten ausladende oder ruckartige Bewegungen vermieden werden, welche ihren Körper aus dem Gleichgewicht bringen können.

15.3.3 Körperhaltungen

Die Haltung des Körpers ist eng mit der Gestik und der Blickrichtung verwoben. Manche Quellen betrachten sie daher gemeinsam (Knapp et al. 2013). Aus Gründen der Übersicht unterscheiden wir hier allerdings zwischen dem Bewegungsvorgang der Geste und der eher statischen Körperhaltung, welche an deren Anfang oder Ende steht.

15.3.3.1 Funktion der Körperhaltungen

Eine aufgerichtete Haltung, entweder des Kopfs oder des gesamten Körpers, hängt stark mit der Dominanz und Autorität einer Person zusammen. Beispielsweise konnten Johal et al. zeigen, dass geschlossene, entspannter wirkende Posen mit gesenktem Kopf weniger Autorität ausstrahlen (Johal et al. 2015). Dies galt sowohl für einen humanoiden NAO-Roboter als auch für den Roboter Reeti der Firma Robopec, welcher lediglich den Kopf bewegen kann.

Die Kopfhaltung spielt auch bei der Darstellung von Emotionen eine wichtige Rolle. Beispielsweise lässt der Roboter Daryl, welcher an der Uni Freiburg entwickelt wurde, zur Darstellung von Trauer oder Enttäuschung den Kopf und die Ohren nach unten hängen (Embgen et al. 2012). Dies soll die Kraftlosigkeit in dieser Gefühlslage darstellen.

Häring et al. stellten bei einer Studie mit dem Roboter NAO fest, dass dessen Körperhaltung die beabsichtigte Emotion deutlicher ausdrücken konnte als dessen Augenfarbe oder von ihm abgespielte Geräusche (Häring et al. 2011).

15.3.3.2 Umsetzung der Körperhaltung

Die Körperhaltungen, welche ein Roboter einnehmen kann, bestehen meistens aus einer einzelnen Schlüsselposition. Ähnlich wie bei Gesten wird definiert, in welcher Position sich die einzelnen Gelenke befinden müssen, damit der Roboter beispielsweise sitzt, stolz aufgerichtet steht oder traurig in sich zusammensackt. Diese Schlüsselposition kann dann als Ausgangslage dienen, aus der heraus eine Geste abgespielt wird und zu der ein Roboter im Anschluss daran zurückkehrt. Beispielsweise gibt es für den Roboter NAO verschiedene vordefinierte Posen, welche er unabhängig von einzelnen Gesten einnehmen kann (SoftBank o. D.).

Oft wird die Körperhaltung aber auch direkt mit der Gestik vermischt (Häring et al. 2011; Embgen et al. 2012). Dies hat den Vorteil, dass das Ergebnis leichter vorhersehbar ist.

Zu beachten ist hier, dass Motoren, welche für längere Zeit belastet sind, überhitzen können. Gerade bei Posen wie aufrechtem Stehen oder angehobenen Armen steigt das Risiko dafür. Manche Roboter wie SoftBanks Modelle NAO und Pepper besitzen deshalb eine Schutzfunktion, welche beim Erreichen bestimmter Temperaturen veranlasst, dass der Roboter sich hinsetzt oder die Arme hängen lässt, um die Motoren zu entlasten (https://developer.softbankrobotics.com/nao6/naoqi-developer-guide/naoqi-apis/naoqi-motion/almotion/diagnosis-effect).

15.3.4 Proxemik

Der Begriff „Proxemik" bezeichnet die Lehre von den Abständen, welche Menschen bei der Kommunikation einnehmen (Hall 1963). Jeder Mensch hat bestimmte Vorstellungen davon, welcher Bereich in einer bestimmten Situation ihm oder ihr „gehört", und duldet Eindringlinge in diesem Bereich entsprechend ungern (Knapp et al. 2013). Entsprechend wichtig ist es, dass ein mobiler Roboter sich an die zugehörigen Regeln hält.

15.3.4.1 Funktionen der Proxemik

Die Position und Richtung, welche eine Person im Vergleich zu anderen Menschen einnimmt, kann viel darüber aussagen, wer mit wem zusammengehört und zu welchem Zweck sich diese Personen versammelt haben.

Die Anordnung von Personen, welche sich im Gespräch oder in einer anderen gemeinsamen Aktivität befinden, signalisiert, auf welchen Teil der Umgebung ihre Aufmerksamkeit gerichtet ist (Kendon 2010). Dabei bilden die Körper der Personen üblicherweise eine Grenze zwischen dem Raum, der für die Zusammenarbeit genutzt wird, und dem Bereich, in welchem Außenstehende warten müssen, bis sie in die Gruppe aufgenommen werden. Aus dieser Abgrenzung ergibt sich beispielsweise auch, dass ein Roboter nicht in den Raum zwischen Personen eindringen sollte, die sich gerade im Gespräch miteinander befinden.

Welche Abstände zwischen zwei Personen angemessen sind, hängt von einer Vielzahl von Faktoren ab. Einer davon ist der kulturelle Hintergrund der beteiligten Menschen. So platzieren Menschen aus dem arabischen Kulturkreis beispielsweise zwei Roboter näher aneinander und halten einen kürzeren Abstand zu diesen ein, als dies bei Deutschen der Fall ist (Eresha et al. 2013).

Neben kulturellen Normen spielt es auch eine wesentliche Rolle, wie vertraut oder sympathisch das Gegenüber ist (Knapp et al. 2013). Beispielsweise konnten Embgen et al. beobachten, dass der Roboter Daryl beim Ausdruck von Neugierde nicht als aggressiv wahrgenommen wurde, obwohl er dabei die soziale Distanz zu Studienteilnehmern unterschritt (Embgen et al. 2012). Die Autoren erklären dies mit der langsamen Geschwindigkeit und dem schiefgelegten Kopf, der als freundliches Interesse interpretiert wurde.

15.3.4.2 Umsetzung der Proxemik

Um sich in geeigneter Weise an einen Menschen anzunähern, muss ein Roboter zuerst bestimmen, wo sich welche Person im Raum befindet. Die meisten Roboter nutzen optische oder ultraschallbasierte Sensoren, um Personen oder Möbelstücke in ihrer Umgebung zu finden und einen sicheren Abstand zu diesen einzuhalten.

Sind die Proxemikvorlieben der betreffenden Person bekannt, können die möglichen Zielpositionen für den Roboter danach sortiert werden, wie ähnlich sie zur bevorzugten Richtung und Distanz sind (Koay et al. 2017). Diese Liste kann der Roboter anschließend nutzen, um die bestmögliche Position zu erreichen, zu welcher der Weg nicht durch Hindernisse versperrt ist.

15.3.5 Mimik

Mimiksignale sind allgegenwärtig. Lächeln oder Stirnrunzeln geben uns Hinweise darauf, was im Kopf einer anderen Person vorgeht, egal ob es ein echter Mensch oder eine Zeichentrickfigur ist. Stilisierte Bilder der verschiedenen Gesichtsausdrücke finden sich in fast jeder Kommunikationsanwendung und auf Social-Media-Plattformen, um das geschriebene Wort in den richtigen emotionalen Zusammenhang zu setzen. Entsprechend naheliegend ist es, auch Roboter mit einem ausdrucksstarken Gesicht auszustatten.

15.3.5.1 Funktionen der Mimik

Die Verformung der Gesichtszüge wird meistens mit dem Ausdruck von Emotionen in Zusammenhang gesetzt. Als Grundlage dafür dient in vielen Fällen die Arbeit von Ekman und Friesen, welche systematisch die Bewegungen einzelner Gesichtsmuskeln prototypischen Emotionsausdrücken zugeordnet haben (Ekman und Friesen 2003; s. Abb. 15.3). Diese sechs Prototypen entsprechen den Emotionskategorien Überraschung, Furcht, Wut, Ekel, Freude und Trauer, welche oft als „Basisemotionen" bezeichnet werden.

Andere Forscher warnen jedoch davor, dass Studien zu dem Thema durch die verwendeten Methoden verzerrt werden können (Feldman Barrett et al. 2019). Beispielsweise hat es einen erheblichen Einfluss auf die Ergebnisse, ob Probanden echte oder geschauspielerte Gesichtsausdrücke gezeigt bekommen, und ob sie diesen beliebige Emotionswörter

Abb. 15.3 Prototypische Gesichtsausdrücke für die Basisemotionen

zuordnen dürfen oder aus einer begrenzten Anzahl von Optionen auswählen müssen (Knapp et al. 2013; Feldman Barrett et al. 2019). Zu beachten ist auch, dass die Mimik abhängig von der jeweiligen Person, Situation und Kultur variiert (Feldman Barrett et al. 2019).

Dennoch erleichtert das Einhalten der gleichen Konventionen, auf welche sich Schauspieler und Comiczeichner stützen, menschlichen Beobachtern die Interpretation der Botschaften, welche ein Roboter bezüglich seines inneren Zustands aussendet. Ähnlich wie Ampelfarben in der zugehörigen Kultur mit positiven oder negativen Situationen assoziiert werden, dienen die Stellung der Mundwinkel oder der Augenbrauen als Symbole dafür, wie der Roboter einen bestimmten Sachverhalt bewertet.

15.3.5.2 Umsetzung der Mimik

Um Gesichtsausdrücke zu beschreiben, wird häufig das „Facial Action Coding System" (FACS) verwendet, welches auf der Aktivierung einzelner Gesichtsmuskeln basiert (Ekman et al. 2002). Im Animationsbereich dient es dazu, Gesichtsausdrücke für Roboter und virtuelle Charaktere nach einem Baukastensystem zusammenzufügen. So lassen sich leicht Varianten oder Mischungen der prototypischen Gesichtsausdrücke darstellen. Ein weiterer Vorteil ist das Vermeiden von Konflikten mit den Sprechbewegungen des Munds oder dem Blinzeln der Augen, da einzelne Verformungen (sogenannte „Action Units") unabhängig voneinander aktiviert oder deaktiviert werden können.

Für Roboter gibt es grundsätzlich zwei Möglichkeiten, Gesichtsausdrücke zu zeigen. Eine basiert auf der rein grafischen Darstellung des Gesichts, beispielsweise über einen integrierten Bildschirm wie bei dem Roboter Buddy der Firma Bluefrog Robotics. Im Fall des Furhat-Roboters wird ein 3D-animiertes Gesicht auf die Innenseite einer Kunststoffmaske projiziert, um ein möglichst realistisches Ergebnis zu erzielen (Skantze et al. 2014).

Die andere Methode ist die physische Verformung von Gesichtsmerkmalen. Dazu werden mechanische Elemente für Augenbrauen, Mundwinkel, Kiefer oder Augenlider von Motoren bewegt. Ein berühmtes Beispiel hierfür ist der Roboter Kismet (Breazeal 2002), welcher am Massachusetts Institute of Technology entwickelt wurde. Für ein weniger mechanisches Aussehen können die Bauteile in einer Plüschhülle oder hinter einer Silikonhaut verborgen werden. Letzteres findet man etwa bei dem Roboter Reeti (s. Abb. 15.4) oder bei Sophia von Hanson Robotics.

Abb. 15.4 Prototypische Gesichtsausdrücke, dargestellt durch den Roboter Reeti der Firma Robopec

15.4 Multimodalität

Wie sich in den vorherigen Abschnitten gezeigt hat, sind verbale und nichtverbale Kommunikation oft eng miteinander verflochten. Blickrichtung und Nicken geben dem Sprecher Rückmeldung zu seiner Botschaft, ohne dass der Zuhörer ihm ins Wort fallen muss. Zeige- und bildhafte Gesten übermitteln räumliche Informationen, welche die gesprochene Beschreibung leichter verständlich machen. Ein fröhliches, wütendes oder besorgtes Gesicht zeigt innerhalb von Sekunden, wie der Zuhörer das Gesagte bewertet. Der folgende Abschnitt geht deswegen noch kurz auf das Zusammenspiel zwischen verbaler und nichtverbaler Kommunikation ein.

15.4.1 Zeitliche Koordination von Bewegung und Sprache

Um Bewegungen und Sprache miteinander zu verbinden, gibt es verschiedene Ansätze. In Texte, die von einem Drehbuchschreiber vorgegeben wurden, können beispielsweise Synchronisierungsmarken eingefügt werden (Le und Pelachaud 2012). Sobald der Roboter diese beim Sprechen erreicht, wird auch die zugehörige Bewegung abgespielt. Alternativ lassen sich bestimmte Faustregeln programmieren, etwa dass der Roboter zu Beginn eines Satzes den Kopf zur Seite dreht und am Ende wieder in das Gesicht des Nutzers blickt.

Leider ist es nicht immer einfach, passende Regeln festzulegen. Viele nichtverbale Verhaltensweisen werden von Menschen unterbewusst gezeigt und wahrgenommen und können je nach Situation sehr unterschiedlich ausfallen. Das führt dazu, dass teilweise zu wenig über die zugrunde liegenden Regeln bekannt ist oder eine unübersichtliche Anzahl von Sonderfällen berücksichtigt werden müsste.

Eine mögliche Lösung können hier maschinelle Lernverfahren sein. Dafür müssen zunächst zahlreiche Beispiele aus der Kommunikation zwischen zwei (oder mehr) Menschen gesammelt und mit Anmerkungen versehen werden. Aus diesen Beispielen werden dann statistische Modelle erstellt, welche abhängig von der gegebenen Situation die wahrscheinlichste Aktion auswählen.

15.4.2 Übereinstimmung von Körpersprache und gesprochenem Wort

Für eine konsistente Charakterisierung des Roboters ist es wichtig, dass die verbalen und nichtverbalen Signale übereinstimmen. Wenn die ausgesendeten Botschaften zueinander im Widerspruch stehen, kann dies bei Beobachtern zu Verwirrung und schlimmstenfalls zu Ablehnung führen (Knapp et al. 2013). Widersprüche können als Unehrlichkeit interpretiert werden, entweder weil es so wirkt, als ob die Körpersprache unabsichtlich die „wahren" Gedanken verraten würde, oder weil ein Gesichtsausdruck umgekehrt so aussieht, als wäre er absichtlich aufgesetzt worden (Ekman und Friesen 2003; Knapp et al. 2013).

Unter Umständen lässt sich dies gezielt einsetzen, um beispielsweise Sarkasmus darzustellen. Allerdings muss hierfür berücksichtigt werden, welche Erwartungen die Menschen an den Roboter haben. Auf der einen Seite kann es sein, dass sie dem Roboter derart komplexe Kommunikationsformen nicht zutrauen und den absichtlichen Widerspruch deswegen nicht als solchen erkennen. Andererseits kann es passieren, dass die Menschen mehr in das Verhalten des Roboters hineininterpretieren, als tatsächlich beabsichtigt ist. Daher ist es ratsam, verbales und nichtverbales Verhalten sorgfältig aufeinander abzustimmen.

15.5 Zusammenfassung

Bewegung trägt wesentlich dazu bei, einen Roboter „zum Leben zu erwecken", und ist damit eine Grundvoraussetzung für soziale Interaktion. Viele der hier zitierten Studien zeigen, dass die Körpersprache von sozialen Robotern ähnlich interpretiert wird wie die von Menschen.

Zeigen oder beschreibende Gesten helfen dabei, Objekte eindeutig zu identifizieren. Ein Blick in die richtige Richtung lässt den Roboter interessiert und aufmerksam wirken, und gezieltes Abwenden des Blicks hilft beim Aushandeln der Sprecherrolle. Die Pose und der Gesichtsausdruck geben Aufschluss darüber, wie der Roboter Ereignisse oder seine Beziehung zum Menschen bewertet. Das Einhalten des richtigen Abstands zeigt schließlich, dass der Roboter die Grenzen des Nutzers respektiert.

Die meisten der hier angesprochenen Verhaltensmuster stellen eigene, umfangreiche Forschungsgebiete dar, welche in diesem Kapitel nur oberflächlich behandelt werden können. Viele Details, wie etwa die konkreten Zusammenhänge zwischen Körpersprache und Emotionen, sind noch nicht restlos geklärt, und Phänomene wie der „Uncanny-Valley"-Effekt werden noch auf längere Sicht Herausforderungen darstellen.

Allerdings trägt die Weiterentwicklung sozialer Roboter gleichzeitig dazu bei, das menschliche Verhalten besser zu verstehen. Indem wir Verhaltensmuster auf die Maschinen übertragen, sehen wir umso deutlicher, wo die Gemeinsamkeiten und Unterschiede zur zwischenmenschlichen Kommunikation liegen. Und vielleicht helfen uns die Erkenntnisse daraus nicht nur dabei, uns mit den Maschinen auf Augenhöhe zu verständigen, sondern letztendlich auch mit unseresgleichen.

Literatur

Andrist S, Tan XZ, Gleicher M, Mutlu B (2014) Conversational gaze aversion for humanlike robots. In: Proceedings of the 2014 ACM/IEEE international conference on human-robot interaction. ACM, New York

Argyle M, Cook M (1976) Gaze and mutual gaze. Cambridge University Press, Cambridge

Argyle M, Graham JA (1976) The central Europe experiment: looking at persons and looking at objects. J Nonverbal Behav, Bd 1, Ausgabe 1. Human Sciences Press, New York

Breazeal CL (2002) Designing Sociable Robots. MIT Press, Cambridge, MA

Clark HH, Brennan SE (1991) Grounding in communication. In: Perspectives on socially shared cognition, Bd 13. American Psychological Association, Washington, DC

Clark HH, Krych MA (2003) Speaking while monitoring addressees for understanding. J Mem Lang, Bd 50. Elsevier, Inc., Amsterdam

Ekman P, Friesen WV (2003) Unmasking the face. A guide to recognizing emotions from facial expressions. Malor Books, Los Altos

Ekman P, Friesen WV, Hager JC (2002) Facial action coding system: the manual on CD ROM. Research Nexus division of Network Information Research Corporation, Salt Lake City

Embgen S, Luber M, Becker-Asano C, Ragni M, Evers E, Arras KO (2012) Robot-specific social cues in emotional body language. In: 2012 RO-MAN, Paris, Frankreich. IEEE

Eresha G, Häring M, Endrass B, André E, Obaid M (2013) Investigating the influence of culture on proxemic behaviors for humanoid robots. In: 2013 RO-MAN, Gyeongju, Südkorea. IEEE

Feldman Barrett L, Adolphs R, Marsella S, Martinez AM, Pollak SD (2019) Emotional expressions reconsidered: challenges to inferring emotion from human facial movements. Psychological science in the public interest, Bd 20, Ausgabe 1. SAGE Publishing, Los Angeles

Hall ET (1963) A system for the notation of proxemic behavior. In: American anthropologist, Bd 65, Ausgabe 5. Wiley, Hoboken, USA

Häring M, Bee N, André E (2011) Creation and evaluation of emotion expression with body movement, sound and eye color for humanoid robots. In: 2011 RO-MAN, Atlanta, USA. IEEE

Huang CM, Thomaz AL (2011) Effects of responding to, initiating and ensuring joint attention in human-robot interaction. In: 2011 RO-MAN, Atlanta, USA. IEEE

Janowski K, Ritschel H, Lugrin B, André E (2018) Sozial interagierende Roboter in der Pflege. In: Bendel O (Hrsg) Pflegeroboter. Springer Gabler, Wiesbaden

Johal W, Calvary G, Pesty S (2015) Non-verbal signals in HRI: interference in human perception. In: International conference on social robotics 2015, Paris. Springer, Cham

Kendon A (2004) Gesture: visible action as utterance. Cambridge University Press, Cambridge

Kendon A (2010) Spacing and orientation in co-present interaction. In: Development of multimodal interfaces: active listening and synchrony. Springer, Berlin/Heidelberg

Knapp ML, Hall JA, Horgan TG (2013) Nonverbal communication in human interaction, International. Aufl. Cengage Learning, Boston

Koay KL, Syrdal D, Bormann R, Saunders J, Walters ML, Dautenhahn K (2017) Initial design, implementation and technical evaluation of a context-aware proxemics planner for a social robot. In: Social robotics. Springer, Cham

Le QA, Pelachaud C (2012) Generating co-speech gestures for the humanoid robot NAO through BML. In: Lecture notes in computer science, Bd 7206. Springer, Berlin/Heidelberg

McNeill D (1992) Hand and mind. What gestures reveal about thought. The University of Chicago Press, Chicago/London

Mehlmann G, Häring M, Janowski K, Baur T, Gebhard P, André E (2014) Exploring a model of gaze for grounding in multimodal HRI. In: Proceedings of the 16th international conference on multimodal interaction. ACM, New York

Mori M, MacDorman KF, Kageki N (2012) The uncanny valley. In: IEEE Robotics & Automation Magazine, Bd 19, Ausgabe 2. IEEE, New York

Mundy P, Newell L (2007) Attention, joint attention and social cognition. In: Current directions in psychological science, Bd 16, Ausgabe 5. SAGE Publishing, Los Angeles

Mutlu B, Kanda T, Forlizzi J, Hodgins J, Ishiguro H (2012) Conversational gaze mechanisms for humanlike robots. In: ACM transactions on interactive intelligent systems, Bd 1, Ausgabe 2. ACM, New York

Sauppé A, Mutlu B (2014) Robot deictics: how gesture and context shape referential communication. In: Proceedings of the 2014 ACM/IEEE international conference on human-robot interaction. ACM, New York

Skantze G, Hjalmarsson A, Oertel C (2014) Turn-taking, feedback and joint attention in situated human-robot interaction. Speech communication, Bd 65. Elsevier, Inc., Amsterdam

van der Sluis I, Krahmer E (2007) Generating multimodal references. In: Discourse processes, Bd 44, Ausgabe 3. Routledge, Taylor & Francis Group, London

SoftBank (o. D.) Predefined postures. https://developer.softbankrobotics.com/nao6/nao-documentation/nao-developer-guide/kinematics-data/predefined-postures#naov6-postures. Zugegriffen am 10.04.2021

Vertrauen und Vertrauenswürdigkeit bei sozialen Robotern

Stärkung von Mensch-Roboter-Vertrauensbeziehungen mithilfe Erklärbarer Künstlicher Intelligenz

Katharina Weitz

> *Hör auf mich, glaube mir, Augen zu, vertraue mir!*
> *(Kaa, Schlange in Walt Disneys* Das Dschungelbuch*)*

Zusammenfassung

Dieses Kapitel befasst sich mit der Vertrauensbeziehung zwischen Menschen und sozialen Robotern, stellt doch Vertrauen einen wichtigen Bestandteil für die Akzeptanz sozialer Roboter dar. Ausgehend von den Merkmalen sozialer Interaktionen zwischen Mensch und Roboter wird ein Überblick über verschiedene Definitionen von Vertrauen in diesem Kontext gegeben. Zudem werden theoretische Vertrauensmodelle und praktische Möglichkeiten der Erfassung von Vertrauen skizziert sowie der Vertrauensverlust als Folge von Roboterfehlern betrachtet. Es wird beleuchtet, wie Erklärbare Künstliche Intelligenz helfen kann, eine transparente Interaktion zwischen Roboter und Mensch zu ermöglichen und dadurch das Vertrauen in soziale Roboter (wieder-)herzustellen. Insbesondere wird auf die Gestaltungsmöglichkeiten und Herausforderungen beim Einsatz von Erklärungen im Bereich der Robotik eingegangen. Die Wirkung, die Erklärungen von Robotern auf die mentalen Modelle von Nutzer:innen haben, bildet den Abschluss dieses Kapitels.

K. Weitz (✉)
Lehrstuhl für Menschzentrierte Künstliche Intelligenz, Universität Augsburg,
Augsburg, Deutschland
E-Mail: katharina.weitz@informatik.uni-augsburg.de

O. Bendel (Hrsg.), *Soziale Roboter*, https://doi.org/10.1007/978-3-658-31114-8_16

Das 21. Jahrhundert ist geprägt von der Entwicklung und dem Einsatz von digitalen Technologien. Durch diese Errungenschaften ist die Verwendung von Robotern als Möglichkeit der Mensch-Maschine-Interaktion keine Zukunftsmusik mehr, sondern nimmt immer konkretere Formen an. Dabei sieht sich die Robotik heute vielfältigen Herausforderungen gegenüber, die die Bereiche Design, Entwicklung sowie Steuerung und Kontrolle umfassen (Bendel 2017).

In der Robotik werden drei verschiedene Arten von Robotern unterschieden: Industrieroboter, Serviceroboter für Institutionen und Einrichtungen und Serviceroboter für Endanwender:innen (Bartneck und Forlizzi 2004). Mit Blick auf die Daten des VDMA (2018) zeigt sich, dass die Umsätze für Roboter in den letzten zehn Jahren moderat, aber kontinuierlich steigen. Bartneck und Forlizzi (2004) weisen darauf hin, dass die höchste Wachstumsrate bei Servicerobotern für Endanwender:innen prognostiziert wird. Diese Serviceroboter sollen zwei grundlegende Ziele haben: sie sollen das Leben von Menschen bereichern, indem sie (1) physische (zum Beispiel in der Unterstützung bei Hausarbeiten) sowie (2) psychische Unterstützung (zum Beispiel als Gesellschaft und zur Förderung der Aufrechterhaltung menschlicher Kontakte) bieten. Hierfür müssen die eingesetzten Roboter eine Vielzahl von technischen Anforderungen erfüllen (Fong et al. 2003).

Neben den technischen Herausforderungen spielt das Vertrauen bei der Interaktion zwischen Mensch und Roboter eine wichtige Rolle. Vertrauen ist eine der zentralen Komponenten im menschlichen Zusammenleben (Blau 2017) und auch in der Mensch-Roboter-Interaktion bedeutsam. Arbeiten wie die von Gaudiello et al. (2016) zeigen, dass das Vertrauen in einen Roboter relevant für die Akzeptanz von Robotern ist.

Dass die Akzeptanz von Robotern noch gering ist, zeigt die Eurobarometer-Umfrage aus dem Jahr 2012 (European Commission, 2012): 70 % der EU-Bürger:innen gaben an, im Allgemeinen eine sehr positive oder positive Einstellung gegenüber Robotern zu haben. Jedoch trauten nur 11 % der Befragten Robotern zu, gesundheitsbezogene Aufgaben zu übernehmen. Für die Unterstützung von Kindern, älteren Menschen sowie Menschen mit Behinderungen gaben nur 4 % an, einen Einsatz von Robotern zu befürworten. Diese Einstellung wurde durch den Einsatz von Robotern im Erziehungs- und Bildungsbereich noch um einen Prozentpunkt (3 %) unterboten. Neuere Ergebnisse aus der Eurobarometerumfrage des Jahres 2017 (European Commission, 2017) zeigen, dass weiterhin nur wenige Bürger:innen der Meinung waren, dass Roboter Aufgaben übernehmen sollten. Obwohl die Zahlen für den Einsatz von Robotern im Bereich der Altenpflege und Unterstützung behinderter Menschen sich im Vergleich zu 2012 auf nun 26 % erhöht haben, bleibt zu sagen, dass ein Großteil der europäischen Bevölkerung eher verhalten auf den Einsatz von Robotern reagiert. Die Befunde werden durch aktuelle Studien bestärkt, die zeigen, dass Nutzer:innen eine ambivalente Einstellung gegenüber sozialen Robotern einnehmen (Stapels und Eyssel 2021).

Um die Akzeptanz von sozialen Robotern zu fördern, müssen einerseits theoretische Konzepte vorhanden sein, die das Vertrauen des Menschen in den Roboter beschreiben, und die andererseits die theoretische Grundlage liefern, um Vertrauen in Roboter zu fördern. Insbesondere bei Fehlern des Roboters, die häufig einen Vertrauensverlust nach sich ziehen, müssen Konzepte und daraus abgeleitet konkrete Handlungsempfehlungen erforscht werden, um Vertrauen wiederaufzubauen. Erklärungen, die ein Roboter in solchen Fällen liefert, könnten eine mögliche Handlungsstrategie darstellen.

16.1   Vertrauensbeziehung und Erklärbare KI

Wie in der Einleitung dargestellt, ist Vertrauen ein wichtiger Bestandteil für die Akzeptanz sozialer Roboter. Im folgenden Abschnitt soll nun diese Vertrauensbeziehung genauer beleuchtet werden: Ausgehend von Definitionen von Vertrauen im Kontext der Mensch-Roboter-Interaktion wird ein Überblick über Vertrauensmodelle sowie Möglichkeiten der Messung von Vertrauen gegeben. Anschließend wird betrachtet, welchen Einfluss Roboterfehler auf das Vertrauen von Menschen haben. Am Ende wird der Einsatz von Erklärungen als Möglichkeit des Vertrauenserwerbs diskutiert sowie der Einfluss von Erklärungen auf die mentalen Modelle von Nutzer:innen.

16.1.1   Soziale Interaktionen zwischen Mensch und Roboter

Was zeichnet die Interaktion zwischen Mensch und Roboter aus? Rosa (2016) sieht einen wesentlichen Aspekt für ein gelingendes Leben in einer resonanten Weltbeziehung. Unter Resonanz versteht er die Reaktion des Menschen auf die ihn umgebende Welt. Die uns umgebende Welt wird in den letzten Jahrzehnten stark von Technik dominiert. Längst sind diese technischen Systeme Teil unserer Umwelt. Zu Beginn dieser Entwicklung war die Interaktion zwischen Mensch und Maschine (die häufig in der Form eines Großrechners vorlag) wenig „sozial". Maschinen wurden besonders in Forschungseinrichtungen und Unternehmen eingesetzt. Heutzutage werden digitale Technologien auch von Endnutzer:innen im privaten Umfeld verwendet. Bekannte Beispiele sind hier neben den klassischen Computern und Laptops neuere Innovationen wie Staubsaugerroboter und Smarthome-Systeme. Neben diesem Einsatz von Technologie als Werkzeug übernehmen digitale Technologien immer öfter die Rolle von Assistent:innen, Berater:innen oder sogar Begleiter:innen. Erfolgreiche Beispiele stellen hier Systeme wie Alexa, Google Assistant oder Siri dar. All diesen Innovationen ist gemein, dass sie versuchen, Interaktionstechnologien zu bieten, die es Menschen ermöglichen, so natürlich wie möglich mit der Maschine zu interagieren.

Ein weiterer Schritt hin zu einer möglichst natürlichen Interaktion ist die Interaktion von Menschen mit einem physischen Maschinengegenüber, einem Roboter. Wenn von (Sozial-)Interaktion in der Robotik gesprochen wird, muss zwischen zwei Arten von Interaktionen unterschieden werden: Roboter als *kollektive Interakteure* (Deneubourg et al. 1992; Beckers et al. 2000) oder als individuelle Interakteure (Dautenhahn und Billard 1999). Kollektive Interakteure beschreiben Roboter, die dadurch gekennzeichnet sind, dass sie anonyme, homogene Gruppen sind (Fong et al. 2003). Dautenhahn und Billard

(1999, S. 5) schlagen folgende Definition von sozialen Robotern vor, die als individuelle Interaktoren gesehen werden können:

> Soziale Roboter sind verkörperte Agenten, die Teil einer heterogenen Gruppe sind: einer Gesellschaft von Robotern oder Menschen. Sie sind in der Lage, sich gegenseitig zu erkennen und an sozialen Interaktionen teilzunehmen, sie besitzen eine Geschichte (sie nehmen die Welt in Bezug auf ihre eigenen Erfahrungen wahr und interpretieren sie), und sie kommunizieren explizit miteinander und lernen voneinander.

Um soziale Roboter zu modellieren und zu entwickeln, müssen soziales Lernen und Imitation, Gestik, natürlichsprachliche Kommunikation, Emotionen und Erkennung der Interaktionspartner berücksichtigt werden (Fong et al. 2003). All diese hochkomplexen und in sich schon sehr anspruchsvollen Einzelkomponenten stellen am Ende den Roboter als Ganzes dar. Diese Roboterentität ist die Grundlage für die Entwicklung sowie Aufrechterhaltung der Vertrauensbeziehung.

16.1.2 Vertrauensdefinitionen

Wie kann Vertrauen definiert werden? In der Mensch-Roboter-Interaktion finden sich unterschiedliche *Definitionen von Vertrauen*. Eine der am häufigsten verwendeten Definitionen von Interaktion ist die von Lee und See (2004). Sie definieren Vertrauen als die Einstellung des Menschen, dass ein Agent (z. B. ein Roboter) sie dabei unterstützt, Ziele in einer Situation, welche durch Unsicherheit und Verletzlichkeit gekennzeichnet ist, zu erreichen. Marsh und Dibben (2005, S. 19) sehen Vertrauen als

> die Überzeugung (oder ein gewisses Maß davon) [...], dass eine Person (der Treuhänder) in einer gegebenen Situation im besten Interesse einer anderen Person (des Treugebers) handeln wird, selbst wenn keine Kontrollmöglichkeiten vorhanden sind und es möglicherweise nicht im besten Interesse des Treuhänders liegt, dies zu tun.

Mit Blick auf diese unterschiedlichen, wenn auch nicht gänzlich konträren Definitionen von Vertrauen muss darauf hingewiesen werden, dass es zu kurz gegriffen wäre, nur allgemein von Vertrauen zu sprechen. Es lassen sich verschiedene *Arten von Vertrauen* identifizieren. Merritt and Ilgen (2008) unterscheiden zwischen dispositionalem und erfahrungsbasiertem Vertrauen. Dispositionales Vertrauen bezieht sich hierbei auf eine stabile Persönlichkeitseigenschaft einer Person. Erfahrungsbasiertes Vertrauen bezieht sich auf das Vertrauen, das aufgrund von Vorerfahrungen mit einer Maschine gewonnen wurde. Der Ansatz von Hoff und Bashir (2015) ist ähnlich. Sie unterscheiden zwischen dispositionalem, situationalem und gelernten Vertrauen. Dispositionales Vertrauen bezieht sich wie auch bei Merritt und Ilgen auf langfristige Persönlichkeitseigenschaften, die auf biologischen und Umwelteinflüssen beruhen. Situationales Vertrauen beschreibt sowohl externe Aspekte (z. B. die Umgebung) als auch interne Aspekte (d. h. Eigenschaften der Person) in einer bestimmten Situation. Gelerntes Vertrauen bezieht sich auf die Erfahrungen, die Nutzer:innen bereits mit Robotern und Agenten gesammelt haben. Eine weitere Einteilung von Vertrauen liefern Lewis und Weigert (1985), die Vertrauen in kognitive und affektive Aspekte unterteilen. Im Kontext der Mensch-Roboter-Interaktion wird kognitives Vertrauen als mentale Eigenschaften, Gründe und Argumente einer Person gegenüber einem Agenten beschrieben. Affektives Vertrauen beschreibt hingegen das Gefühl einer Person gegenüber einem Agenten (Castelfranchi und Falcone 2009).

Neben unterschiedlichen Sichtweisen bei der Definition von Vertrauen und bei der Beschreibung verschiedener Arten von Vertrauen ist auch die *Dimensionalität von Vertrauen* zu betrachten. Vertrauen als binäres Konzept darzustellen (Vertrauen/kein Vertrauen), wird der Komplexität dieses Konstrukts nicht gerecht. Marsh und Dibben (2005) weisen darauf hin, dass das Konzept des Vertrauens ein umfassendes Verständnis seiner Antonyme erfordert. Sie schildern in ihrer Arbeit, dass Vertrauen als Kontinuum gesehen werden kann. So beschreiben sie Distrust[1] als ein negatives Vertrauensniveau, während Untrust ein positives Vertrauensniveau repräsentiert. Zudem weisen sie darauf hin, dass erst wenn ein sogenannter Kooperationsschwellenwert überschritten wird, es zu Vertrauen gegenüber der Maschine kommt und Nutzer:innen bereit sind, mit ihr zu kooperieren. Wenn dies der Fall ist, ist dem Vertrauen noch Mistrust gegenübergestellt. Dieser kann eintreten, wenn es während der Kooperationssituation zu einer enormen Vertrauensverletzung kommt.

16.1.3 Vertrauensmodelle in der Mensch-Roboter-Interaktion

Wie kann das Vertrauen zwischen Mensch und Roboter modelliert werden? Hancock et al. (2011) weisen auf drei Bereiche hin, die das Vertrauen von Menschen in Roboter beeinflussen können: roboterbezogene Faktoren, umgebungsbezogene Faktoren und Nutzerfaktoren. Roboterbezogene Faktoren umfassen die Persönlichkeit und das Verhalten des Roboters sowie die Zuverlässigkeit und Vorhersagbarkeit des Roboterverhaltens. Zu den umgebungsbezogenen Aspekten gehören neben der Art und Komplexität der Aufgabe auch Aspekte wie Kultur und Kommunikation. Zu den nutzerbezogenen Faktoren gehören zum Beispiel das Fachwissen und die Kompetenz der Nutzer:innen. Für jeden dieser Bereiche wurden eine Vielzahl von Studien veröffentlicht; hier soll an dieser Stelle exemplarisch auf die Arbeit von Eyssel und Reich (2013) hingewiesen werden, die die motivationale Befindlichkeit der Nutzer:innen in der Mensch-Roboter-Interaktion als bedeutenden Nutzerfaktor identifizierten.

Lee und See (2004) geben einen Überblick über organisatorische, soziologische, interpersonelle, psychologische und neurologische Aspekte des menschlichen Vertrauens in die Automatisierung. Sie veranschaulichen in ihrem Ansatz nicht nur (kalibriertes) Vertrauen, sondern auch Misstrauen und Übervertrauen. Kalibriertes Vertrauen bezieht sich auf das

---

[1]Es werden hier die englischen Begriffe verwendet, da die deutsche Übersetzung „Misstrauen" die feinen Unterschiede von Distrust, Untrust und Mistrust nicht trennscharf benennt.

ausgewogene Verhältnis zwischen menschlichem Vertrauen in das System und den Fähigkeiten des Systems. Um ein kalibriertes, also angemessenes Vertrauensniveau zu erreichen, müssen drei Aspekte berücksichtigt werden: Kalibrierung, Auflösung und Spezifität. Eine schlechte Kalibrierung kann entweder zu Übervertrauen oder Misstrauen führen. Übervertrauen führt zu hohen Erwartungen an das System, die es nicht erfüllen kann, was in eine missbräuchliche Nutzung des Systems mündet. Misstrauen hingegen führt dazu, dass dem System nicht vertraut wird und es daher weniger oder gar nicht genutzt wird. Die Auflösung beschreibt, inwieweit die Fähigkeit des Systems mit dem Vertrauen übereinstimmt, das eine Person in das System gesetzt hat. Bei einer schlechten Auflösung deckt ein großer Teil der Fähigkeiten des Systems nur einen kleinen Teil des menschlichen Vertrauens ab. Die Spezifität ist die Veränderung des Vertrauens über die Zeit. Bei einer hohen zeitlichen Spezifität stellt sich das Vertrauen als eine Momentaufnahme dar, die sich schnell ändern kann. Bei einer niedrigen zeitlichen Spezifität ist das Vertrauen eine langfristige Komponente, die sich nur langsam ändert. Hammer et al. (2015) verweisen darauf, dass Vertrauen als dynamisches Konstrukt angesehen werden muss, das sich über die Zeit hinweg verändern kann. Mit der Einbeziehung dieser dynamischen Komponente nimmt die Komplexität der Betrachtung von Vertrauen zu.

Auf Grundlage der oben beschriebenen Faktoren wurden verschiedene, meist aufgabenspezifische Vertrauensmodelle entwickelt, die einer empirischen Überprüfung unterzogen wurden. So verwenden Hammer et al. (2015) ihr Vertrauensmodell für ein intelligentes Energiesystem und zeigen, dass Nutzer:innen die Entscheidungen des Energiesystems positiv bewerteten. Gaudiello et al. (2016) untersuchten hingegen den Einfluss der funktionalen und sozialen Kompetenz des Roboters iCub auf das Mensch-Roboter-Vertrauen. Im Experiment beantwortete der Roboter Fragen, die von den Teilnehmer:innen gestellt wurden. Die Ergebnisse zeigen, dass Teilnehmer:innen der funktionalen Kompetenz des Roboters mehr Vertrauen schenkten als der sozialen Kompetenz.

Wenn Menschen mit Robotern interagieren, werden die Aspekte der sozialen Interaktion meist isoliert betrachtet. Hinzu kommt, dass meist nur kurzfristige Interaktionen untersucht werden. Die Veränderung der Interaktion in langfristigen Mensch-Roboter-Beziehungen wird dagegen selten diskutiert. Die Forschung von Bickmore und Picard (2005) beschreibt ein Modell zur Modellierung dieser langfristigen Mensch-Computer-Beziehungen. Daraus leiteten sie einen relationalen Agenten ab, dessen Ziel es war, eine langfristige sozial-emotionale Beziehung zum menschlichen Gegenüber aufzubauen und aufrechtzuerhalten. Diesen evaluierten sie im Rahmen einer Studie und zeigten, dass der relationale Agent im Vergleich zu einem aufgabenorientierten Agenten von Nutzer:innen mehr respektiert, gemocht und ihm mehr vertraut wurde.

16.1.4 Messung von Vertrauen gegenüber Robotern

Wie kann Vertrauen gemessen werden? Zur Messung von Vertrauen kommen insbesondere zwei Möglichkeiten zum Einsatz: Fragebogenevaluation sowie Verhaltensbeobachtung.

Für die Fragebogenevaluation werden in der Forschung zu diesem Zweck häufig validierte Fragebogen eingesetzt. So entwickelte Schaefer (2013) zwei Skalen (eine Langfassung mit 40 Items sowie eine Kurzfassung mit 14 Items), die auf der Wahrnehmung der Nutzer:innen in Bezug auf die Eigenschaften des Roboters, seine Leistung, die Vorhersagbarkeit seines Verhaltens usw. basierten. Andere Skalen fragen eher allgemein das Vertrauen in Automation ab – beispielhaft seien hier Jian et al. (2000) und Körber (2018) genannt. Kessler et al. (2017) verglichen die Skala von Schaefer mit der von Jian et al. und fanden heraus, dass die beiden Skalen unterschiedliche Vertrauenskonzepte messen und daher nicht gegeneinander austauschbar sind.

Die Verhaltensbeobachtung stellt eine weitere Möglichkeit dar, das Vertrauen des Menschen in Roboter zu messen. So gab die Arbeit von Van Mulken et al. (1999) erste Hinweise darauf, dass Menschen Empfehlungen eines Agenten eher folgten, wenn sie ihn als kompetent und vertrauenswürdig einschätzten.

16.1.5 Verlust von Vertrauen in der Mensch-Roboter-Interaktion

Was passiert mit der Vertrauensbeziehung, wenn Roboter Fehler begehen? Autoren wie Hancock et al. (2011), De Visser et al. (2020) und Lee und See (2004) weisen auf die Bedeutung eines angemessenen Vertrauensniveaus gegenüber dem Roboter hin, da zu viel Vertrauen zu missbräuchlicher Nutzung des Roboters und somit zu gefährlichen Situationen führen kann, zu wenig Vertrauen dazu, dass der Roboter nicht optimal genutzt wird.

Bei der Untersuchung der Zuverlässigkeit von Robotern fanden Salem et al. (2015) heraus, dass ein Roboter nach einem Fehler als weniger vertrauenswürdig wahrgenommen wird. Trotz des Rückgangs des Vertrauens folgten Teilnehmer:innen weiterhin den Anweisungen des Roboters.

Wenn ein Roboterfehler auftritt, sind Nutzer:innen oft nicht in der Lage zu verstehen, wie der Fehler entstanden ist, wie er behoben und in Zukunft vermieden werden kann. Dies führt zu Leistungseinbußen sowie Misstrauen (Holliday et al. 2016). Um das Vertrauen in Roboter zu stärken, können Erklärungen über das Verhalten und die Entscheidungen des Roboters hilfreich sein. So untersuchten Wang et al. (2016a, b), wie Erklärungen über die Entscheidungen eines Roboters das Nutzervertrauen beeinflussen. Hierbei verglichen sie Erklärungen von Robotern mit geringen und hohen Fähigkeiten. Geringe Fähigkeiten spiegelten sich in häufigen Fehlern während der Entscheidung wider, während bei hohen Fähigkeiten jede Entscheidung des Roboters korrekt war. Wang et al. fanden heraus, dass Roboter mit geringen Fähigkeiten vertrauenswürdiger wirkten, wenn sie Erklärungen über ihren Entscheidungsprozess gaben, während bei Robotern mit hohen

Fähigkeiten dieser Effekt nicht gefunden wurde. Diese Ergebnisse weisen darauf hin, dass Erklärungen eine hilfreiche Möglichkeit darstellen können, um das Vertrauen in Roboter zu stärken.

16.1.6 Erklärungen als Möglichkeit der Vertrauensstärkung

Wie können Erklärungen generiert werden? Mit der Generierung sowie Vermittlung von Erklärungen im Kontext Künstlicher Intelligenz beschäftigt sich der Forschungsbereich der Erklärbaren Künstlichen Intelligenz (kurz: XAI, aus dem Englischen: „explainable AI"). Das Forschungsfeld XAI untersucht Ansätze, um Entscheidungen und Funktionsweisen komplexer maschineller Lernsysteme erklärbar zu gestalten. XAI-Methoden können auf verschiedene maschinelle Lernverfahren angewendet werden, bei denen die Entscheidungen des Systems nachvollziehbar und transparent gemacht werden sollen. Insbesondere für komplexe maschinelle Lernsysteme wie tiefe neuronale Netze ist eine Anwendung empfehlenswert, da der Prozess der Entscheidungsfindung aufgrund der Nichtlinearität dieser Systeme für Menschen nicht mehr nachvollziehbar ist (Samek et al. 2017). Daher beschäftigt sich die aktuelle Forschung zu XAI vor allem mit Methoden zur Erklärung der Entscheidungen von tiefen neuronalen Netzen. Diese Ansätze adressieren momentan in erster Linie die Generierung von Erklärungen für Bilddaten in verschiedenen Anwendungsszenarien (z. B. Heimerl et al. 2020; Weitz et al. 2019; Huber et al. 2021 2020). Für diese Anwendungsfälle wurden inzwischen verschiedene vielversprechende Ansätze entwickelt (interessierte Leser:innen seien hier auf Arbeiten von z. B. Ribeiro et al. (2016) und Bach et al. (2015) verwiesen).

Im Bereich der Mensch-Roboter-Interaktion werden XAI-Ansätze diskutiert, um Erkenntnisse über das Verhalten und die Ziele von Robotern zu gewinnen. Einen Ansatz, den er Behavioral Cloning nennt, stellt Sheh (2017) vor. Hier werden maschinelle Lernmethoden, insbesondere Entscheidungsbäume mit einem Lernen-durch-Erfahrung-Framework, kombiniert. Dadurch werden natürlichsprachliche Erklärungen mit visuellen Erklärungen kombiniert, die es Menschen gestatten, sich über die Ursache einer Roboterentscheidung („Warum hast du das getan?") sowie der Konfidenz des Roboters bezüglich des gezeigten Verhaltens („Wie sicher bist du dir bei deiner Entscheidung?") zu informieren und ausgehend von diesen Informationen weitere Nachfragen („Wie hast du den Schwellwert für diese Entscheidung generiert?", „Zeige mir ähnliche Situationen zu dieser und wie du dich in diesen Situationen entschieden hättest") an den Roboter zu stellen.

Wie die Arbeit von Sheh (2017) anschaulich zeigt, können in der Mensch-Roboter-Interaktion Erklärungen auf verschiedenen Wegen (z. B. verbales und nonverbales Verhalten, visuelle Erklärungen u. v. m.) dargestellt werden. Diese unterschiedlichen Modalitäten stellen vielfältige Möglichkeiten wie Herausforderungen in der Gestaltung von Erklärungen in der Mensch-Roboter-Interaktion dar, auf die im nächsten Abschnitt näher eingegangen wird.

16.1.6.1 Erklärungen für die Mensch-Roboter-Interaktion

Wie sollten Erklärungen in der Mensch-Roboter-Interaktion gestaltet sein? XAI stellt Methoden bereit, die es ermöglichen, Entscheidungen sowie Funktionsweisen maschineller Lernsysteme (insbesondere neuronaler Netze) zu erklären. Auch soziale Roboter fallen unter diese Systeme, wenn sie maschinelle Lernsysteme zur Verhaltensgenerierung verwenden. XAI soll es Robotern und Agenten ermöglichen, ihr Verhalten Nutzer:innen zu erklären. Die Idee ist es, dass Roboter mithilfe von XAI-Methoden ihre Handlungen dem Menschen gegenüber nachvollziehbar und transparent darlegen. Transparenz meint hier eine angemessene Einschätzung des Menschen über die Fähigkeiten, Absichten und Einschränkungen eines Roboters (Lyons 2013). Um Handlungen eines Roboters nachvollziehbar und transparent zu gestalten, können – anders als in der klassischen XAI, die sich insbesondere auf Bilddaten fokussiert – multimodale Kommunikationswege für Erklärungen genutzt werden. Es gibt Hinweise darauf, dass ein Mangel an Transparenz in Bezug auf die Entscheidungen eines autonomen Agenten einen negativen Einfluss auf die Vertrauenswürdigkeit dieser Agenten zur Folge hat, was sich wiederum negativ auf die gesamte Nutzer:innenerfahrung auswirkt (Stubbs et al. 2007; Linegang et al. 2006). Zugleich zeigt sich, dass Transparenz ein wichtiger Faktor für die Entwicklung von Vertrauen darstellt (Hancock et al. 2011). Boyce et al. (2015) verglichen drei Transparenzbedingungen in einer Robotersimulation. Höhere Transparenz wurde hierbei durch die Bereitstellung von mehr Informationen erreicht. Ein Vergleich der drei Gruppen zeigte, dass ein höheres Maß an Transparenz zu höherem Vertrauen in den Roboter führte.

Eine weitere Möglichkeit, für mehr Transparenz zu sorgen, stellt die Generierung von (verbalen) Erklärungen dar (Lyons 2013; Zhu und Williams 2020). Stange et al. (2019) schildern vier Arten verbaler Erklärungen, die ein Roboter über sein Verhalten geben kann: wahrnehmungsbasierte, handlungsbasierte, strategiebasierte und bedürfnisbasierte Erklärungen. Diese unterschiedlichen Erklärungsmöglichkeiten verdeutlichen sie in einer Beispielsituation, in der ein sozialer Roboter auf den Menschen zufährt und dieses Verhalten erklärt. Die wahrnehmungsbasierte Erklärung würde auf den Stimulus referenzieren, der zu dem Verhalten geführt hat: „Ich bin auf dich zugefahren, weil ich dich gesehen habe". Die handlungsbasierte Erklärung würde in dieser Situation die Bewegung des Roboters adressieren: „Ich habe mich dir angenähert", während die strategiebasierte Erklärung in einer Aussage wie „Ich bin auf dich zugefahren, weil ich Kontakt mit dir aufnehmen wollte" resultieren würde. Eine auf den Bedürfnissen des Roboters basierende Erklärung würde lauten: „Ich bin auf dich zugefahren, weil ich einsam war." Die Wirkung dieser vier Erklärungsmöglichkeiten wurde in Form einer Nutzerstudie überprüft (Stange und Kopp 2020). Die Ergebnisse zeigen, dass, obwohl alle Erklärungsarten zu einer Erhöhung der Nachvollziehbarkeit und Erwünschtheit des Roboters führten, kausale Erklärungen (die Kombination mehrerer Erklärungsarten) die höchsten Verbesserungen im Vergleich zur Präsentation isolierter Erklärungen aufwiesen (Stange und Kopp 2020).

Neben verschiedenen Möglichkeiten verbaler Erklärungen gibt es noch weitere Aspekte, die bei der Gestaltung von Erklärungen beachtet werden sollten. Diese Aspekte umfassen die Art der Erklärungen sowie das Auftreten der Erklärung. Bei der Art der

Erklärung wird unterschieden zwischen Warum-Erklärungen (Warum eine Entscheidung getroffen oder ein Verhalten gezeigt wurde) und Warum-Nicht-Erklärungen. Beim Auftreten der Erklärung kann ein Zeitpunkt gewählt werden, bevor (proaktiv) oder nachdem (post-hoc) das Verhalten gezeigt/nicht gezeigt wurde (Zhu und Williams 2020).

Zusätzlich zu der Frage, wie Erklärungen gestaltet werden können, beschäftigt sich das Forschungsfeld der XAI auch mit der Frage, wie die generierten Erklärungen an Nutzer:innen vermittelt werden können. Insbesondere die Kommunikation von Erklärungen an Endnutzer:innen ist hier eine Herausforderung, da diese mit einem Roboter interagieren müssen, aber kein Wissen darüber haben, wie dieser funktioniert. Die Arbeit von Weitz et al. (2020) zeigt eindrücklich, dass das Vertrauen von Endnutzer:innen in die Erklärungen einer KI-Anwendung durch das Auftreten eines virtuellen Agenten signifikant verbessert werden kann. In ihrer Studie untersuchten sie, wie visuelle Erklärungen in Kombination mit verschiedenen Typen von virtuellen Agenten (in Form von Text, Stimme oder visuellen Darstellung auf einem Bildschirm) wirkten. Sie zeigten, dass, obwohl der Inhalt der Erklärung immer gleich war, das wahrgenommene Vertrauen der Teilnehmer:innen in den Agenten zunahm, je natürlicher die Kommunikation mit ihm war. Diese Befunde weisen darauf hin, dass Erklärungen, die durch einen Agenten vermittelt werden, einen Einfluss auf die Vorstellungen und Erwartungen von Menschen haben. Zudem hat das Verhalten des Roboters selbst während der Interaktionen einen Einfluss auf das Vertrauen von Menschen (Petrak et al. 2019). Die Auswirkungen eines erklärenden Roboters auf Nutzer:innen werden im nächsten Abschnitt näher betrachtet.

16.1.6.2 Einfluss von Robotererklärungen auf die mentalen Modelle von Nutzer:innen

Was machen Roboter(erklärungen) mit den Vorstellungen und Erwartungen von Menschen? Ein Roboter, der in der Nutzer:innenwahrnehmung transparent agiert, indem er Erklärungen für die Begründung seines Verhaltens verwendet, wird dadurch nicht automatisch vertrauenswürdiger. Verständlichkeit und Transparenz führen jedoch dazu, dass Nutzer:innen das Gefühl gewinnen, mit einem kontrollierbaren, verständlichen Roboter konfrontiert zu sein. Dieses Gefühl spiegelt sich in der Selbstwirksamkeitserwartung von Nutzer:innen sowie in der Bildung korrekter mentaler Modelle wider. Unter Selbstwirksamkeitserwartung versteht Bandura (2010) die Überzeugung von Menschen in ihre Fähigkeit, einen Einfluss auf die Ereignisse, die ihr Leben betreffen, zu haben. Unter einem mentalen Modell versteht man die kognitive Repräsentation, die Nutzer:innen über ein komplexes System (z. B. einen Roboter) haben (Halasz und Moran 1983; Norman 1983). Dieses mentale Modell kann in der Interaktion mit dem System gebildet und verändert werden (Rutjes et al. 2019). Korrekte mentale Modelle führen zu einer realistischen Einschätzung der Fähigkeiten und Limitierungen von KI-Anwendungen und somit zu angemessenem (kalibriertem) Vertrauen, wie es Lee und See (2004) in ihrem Vertrauensmodell beschreiben. Mertes et al. (2020) konnten im Bereich der visuellen Erklärungen bereits zeigen, dass sich die Selbstwirksamkeitserwartung von Nutzer:innen erhöhte, wenn sie mithilfe von KI-Erklärungen die Entscheidung dieser korrekt vorhersagen konnten. Diese korrekten Vorhersagen spiegelten sich auch in den mentalen Modellen wider, welche die Nutzer:innen über die Anwendung entwickelt hatten. Diese waren korrekter und akkurater im Vergleich zu Nutzer:innen, welche die Entscheidungen der KI-Anwendung falsch vorhersagten. Der Erwerb korrekter mentaler Modelle durch Erklärungen ist jedoch sehr kontextspezifisch. So konnten Heimerl et al. (2020) zeigen, dass im Bereich der Emotionserkennung Nutzer:innen eher dazu tendieren, ihre eigenen mentalen Modelle („Wie erkenne ich Emotionen?") auf die Maschine zu übertragen.

Abschließend muss darauf hingewiesen werden, dass Roboter eine besondere Herausforderung beim Ziel, korrekte mentale Modelle und somit angemessenes Vertrauen zu entwickeln, darstellen. Aufgrund ihres vividen Erscheinens tendieren Menschen dazu, Roboter als kompetente Gegenüber wahrzunehmen, und überschätzen dadurch die Fähigkeiten des Roboters in Notfallsituationen (Robinette et al. 2017), in klinischen Settings (Borenstein et al. 2018) und in sozialen Interaktionen (Xu et al. 2018).

16.2 Zusammenfassung

In diesem Kapitel wurden grundlegende Aspekte des Vertrauens zwischen Menschen und Robotern beleuchtet. Zudem wurde aufgezeigt, wie Vertrauen durch Roboterfehler verloren gehen kann und wie Erklärungen in der Interaktion zwischen Mensch und Roboter zur Vertrauensstärkung beitragen können.

Bei all diesen Punkten wurde nur das menschliche Vertrauen in einen Roboter betrachtet. Jedoch sollten auch Roboter in der Lage sein, zu erkennen, ob sie Nutzer:innen vertrauen können, da Menschen in der Interaktion mit dem Roboter Verhaltensweisen zeigen können, die dem Roboter schaden.

Des Weiteren soll an dieser Stelle auf die Komplexität menschlicher Kognitionen und Verhaltensweisen verwiesen werden, wie sie bereits Hancock et al. (2011) beschreiben. Diese sollten bei der Gestaltung von Mensch-Roboter-Interaktionen berücksichtigt werden. Eine detaillierte Untersuchung menschlicher Kognitionen ist bereits Gegenstand vieler Forschungsprojekte, wurde in diesem Kapitel aber nur in Ausschnitten, insbesondere bezogen auf mentale Modelle, betrachtet. Zur Wirkung verschiedener Verhaltensweisen von Mensch und Roboter in Interaktionsszenarien gibt es ebenfalls bereits eine Vielzahl von Forschungsarbeiten. Insbesondere bei der Gestaltung natürlicher, intuitiver Interaktionen zwischen Mensch und Maschine muss untersucht werden, ob und wann eine Erklärung notwendig ist, um das Vertrauensverhältnis aufzubauen oder aufrechtzuerhalten. Nicht in jeder Situation und zu jedem Zeitpunkt sind Erklärungen angemessen, um die Vertrauensbeziehung zu stärken. Für die Situation oder den Zeitpunkt unpassende, zu komplexe oder sich stetig wiederholende Erklärungen könnten sich sogar kontraproduktiv auf die Interaktion auswirken, indem sie stören, Prozesse verkomplizieren und im schlimmsten Fall das Vertrauen zerstören.

Die große Herausforderung bei der Gestaltung sozialer Roboter ist die wechselseitige Beeinflussung der in diesem Kapitel angeschnittenen technischen und menschlichen

Faktoren. Erst durch die kombinierte Betrachtung beider Bereiche kann ein ganzheitliches Bild von Mensch-Roboter- und Roboter-Mensch-Vertrauen gezeichnet werden, das Grundlage für nachvollziehbare, von Menschen nicht nur akzeptierte, sondern als Bereicherung empfundene Roboter ist.

Literatur

Bach S, Binder A, Montavon G, Klauschen F, Müller KR, Samek W (2015) On pixel-wise explanations for non-linear classifier decisions by layer-wise relevance propagation. PloS one 10:e0130140

Bandura A (2010) Self-efficacy. In: Weiner IB, Craighead WE (Hrsg) The Corsini encyclopedia of psychology. Wiley Online Library, Hoboken, S 1–3

Bartneck C, Forlizzi J (2004) A design-centred framework for social human-robot interaction. In: 13th IEEE international workshop on robot and human interactive communication. Institute of Electrical and Electronics Engineers, Kurashiki, S 591–594

Beckers R, Holland OE, Deneubourg JL (2000) Fom local actions to global tasks: stigmergy and collective robotics. In: Cruse HD, Ritter J (Hrsg) Prerational intelligence: interdisciplinary perspectives on the behavior of natural and artificial systems. Springer, Dordrecht, S 1008–1022

Bendel O (2017) Robotik. In: Gabler Wirtschaftslexikon. https://wirtschaftslexikon.gabler.de/definition/robotik-54198. Zugegriffen am 20.03.2021

Bickmore TW, Picard RW (2005) Establishing and maintaining long-term human-computer relationships. ACM Trans Comput Hum Interact 12:293–327

Blau PM (2017) Exchange and power in social life. Routledge, New York/London

Borenstein J, Wagner AR, Howard A (2018) Overtrust of pediatric health-care robots: a preliminary survey of parent perspectives. IEEE Robot Autom Mag 25:46–54

Boyce MW, Chen JY, Selkowitz AR, Lakhmani SG (2015) Effects of agent transparency on operator trust. In: Adams JA, Smart W (Hrsg) Proceedings of the tenth annual ACM/IEEE international conference on human-robot interaction extended abstracts. Association for Computing Machinery, New York, S 179–180

Castelfranchi C, Falcone R (2009) Trust theory – A socio-cognitive and computational model. John Wiley & Sons Ltd, Chichester

Dautenhahn K, Billard A (1999) Bringing up robots or – the psychology of socially intelligent robots: from theory to implementation. In: Proceedings of the 3th international conference on autonomous agents. Association for Computing Machinery, Seattle, S 366–367

De Visser EJ, Peeters MM, Jung MF, Kohn S, Shaw TH, Pak R, Neerincx MA (2020) Towards a theory of longitudinal trust calibration in human-robot teams. Int J Soc Robot 12:459–478

Deneubourg JL, Goss S, Franks N, Sendova-Franks A, Detrain C, Chretien L (1992) The dynamics of collective sorting: robot-like ants and ant-like robots. In: Meyer JA, Wilson SW (Hrsg) From animals to animats: proceedings of the first international conference on simulation of adaptive behavior. MIT Press, Cambridge, MA, S 356–363

European Commission (2012) Public attitudes towards robots. Special Eurobarometer 382: Directorate-General for Communication. http://ec.europa.eu/public_opinion/archives/eb_special_399_380_en.htm#382. Zugegriffen am 16.03.2021

European Commission (2017) Attitudes towards the impact of digitization and automation on daily life. https://ec.europa.eu/digital-single-market/en/news/attitudes-towards-impact-digitisation-and-automation-daily-life. Zugegriffen am 16.03.2021

Eyssel F, Reich N (2013) Loneliness makes the heart grow fonder (of robots) – On the effects of loneliness on psychological anthropomorphism. In: Kuzuoka H, Evers V, Imai M, Forlizzi J (Hrsg) HRI 2013: Proceedings of the 8th ACM/IEEE international conference on human-robot interaction. Institute of Electrical and Electronics Engineers, Tokyo, S 121–122

Fong T, Nourbakhsh I, Dautenhahn K (2003) A survey of socially interactive robots. Robot Auton Syst 42:143–166

Gaudiello I, Zibetti E, Lefort S, Chetouani M, Ivaldi S (2016) Trust as indicator of robot functional and social acceptance. An experimental study on user conformation to iCub answers. Comput Hum Behav 61:633–655

Halasz FG, Moran TP (1983) Mental models and problem solving in using a calculator. In: Janda A (Hrsg) Proceedings of the SIGCHI conference on human factors in computing systems. Association for Computing Machinery, New York, S 212–216

Hammer S, Wißner M, André E (2015) Trust-based decision-making for smart and adaptive environments. User Model User-Adap Inter 25:267–293

Hancock PA, Billings DR, Schaefer KE, Chen JYC, Visser de EJ, Parasuraman R (2011) A meta-analysis of factors affecting trust in human-robot interaction. Hum Factors 53:517–527

Heimerl A, Weitz K, Baur T, André E (2020) Unraveling ML models of emotion with NOVA: multi-level explainable AI for non-experts. IEEE Transactions on Affective Computing

Hoff KA, Bashir M (2015) Trust in automation: Integrating empirical evidence on factors that influence trust. Hum Factors 57:407–434

Holliday D, Wilson S, Stumpf S (2016) User trust in intelligent systems: a journey over time. In: Nichols J, Mahmud J, O'Donovan J, Conati C, Zancanaro M (Hrsg) Proceedings of the 21st international conference on intelligent user interfaces. Association for Computing Machinery, New York, S 164–168

Huber T, Weitz K, André E, Amir, O (2021). Local and global explanations of agent behavior: Integrating strategy summaries with saliency maps. Artificial Intelligence, 103571

Jian JY, Bisantz AM, Drury CG (2000) Foundations for an empirically determined scale of trust in automated systems. Int J Cogn Ergon 4:53–71

Kessler TT, Larios C, Walker T, Yerdon V, Hancock PA (2017) A comparison of trust measures in human-robot interaction scenarios. In: Savage-Knepshield P, Chen J (Hrsg) Advances in human factors in robots and unmanned systems. Springer, Cham, S 353–364

Körber M (2018) Theoretical considerations and development of a questionnaire to measure trust in automation. In: Bagnara S, Tartaglia R, Albolino S, Alexander T, Fujita Y (Hrsg) Congress of the international ergonomics association. Springer, Cham, S 13–30

Lee JD, See KA (2004) Trust in automation: designing for appropriate reliance. Hum Factors 46:50–80

Lewis JD, Weigert A (1985) Trust as a social reality. Social Forces 63:967–985

Linegang MP, Stoner HA, Patterson MJ, Seppelt BD, Hoffman JD, Crittendon ZB, Lee JD (2006) Human-automation collaboration in dynamic mission planning: a challenge requiring an ecological approach. In: Proceedings of the human factors and ergonomics society annual meeting. SAGE Publications, Los Angeles, S 2482–2486

Lyons JB (2013) Being transparent about transparency: a model for human-robot interaction. In: 2013 AAAI Spring symposium trust and autonomous systems. Stanford

Marsh S, Dibben MR (2005) Trust, untrust, distrust and mistrust–an exploration of the dark(er) side. In: Herrmann P, Issarny V, Shiu S (Hrsg) International conference on trust management. Springer, Berlin/Heidelberg, S 17–33

Merritt SM, Ilgen DR (2008) Not all trust is created equal: Dispositional and history-based trust in human-automation interactions. Hum Factors 50:194–210

Mertes S, Huber T, Weitz K, Heimerl A, André E (2020) This is not the texture you are looking for! Introducing novel counterfactual explanations for non-experts using generative adversarial learning. arXiv preprint

Montavon G, Samek W, Müller KR (2018) Methods for interpreting and understanding deep neural networks. Digit Signal Process 73:1–15

Norman DA (1983) Some observations on mental models. In: Gentner K, Stevens AL (Hrsg) Mental Models. Psychology Press, New York, S 15-22

Petrak B, Weitz K, Aslan I, André E (2019) Let me show you your new home: studying the effect of proxemic-awareness of robots on users' first impressions. In: 2019 28th IEEE international conference on robot and human interactive communication (RO-MAN). Institute of Electrical and Electronics Engineers, New Delhi, S 1–7

Ribeiro MT, Singh S, Guestrin C (2016) „Why should I trust you?" Explaining the predictions of any classifier. In: Krishnapuram B, Shah M, Smola A, Aggarwal C, Shen D, Rastogi R (Hrsg) Proceedings of the 22nd ACM SIGKDD international conference on knowledge discovery and data mining. Association for Computing Machinery, New York, S 1135–1144

Robinette P, Howard A, Wagner AR (2017) Conceptualizing overtrust in robots: why do people trust a robot that previously failed? In: Lawless WF, Mittu R, Sofge D, Russell S (Hrsg) Autonomy and artificial intelligence: a threat or savior? Springer, Cham, S 129–155

Rosa H (2016) Resonanz: Eine Soziologie der Weltbeziehung. Suhrkamp, Berlin

Rutjes H, Willemsen M, IJsselsteijn W (2019) Considerations on explainable AI and users' mental models. In: Inkpen K, Chancellor S, De Choudhury MD, Veale M, Baumer E (Hrsg) CHI 2019 Workshop: where is the human? Bridging the gap between AI and HCI. Association for Computing Machinery, New York, S 1–6

Salem M, Lakatos G, Amirabdollahian F, Dautenhahn K (2015) Would you trust a (faulty) robot? Effects of error, task type and personality on human-robot cooperation and trust. In: 2015 10th ACM/IEEE international conference on human-robot interaction (HRI). Institute of Electrical and Electronics Engineers, Portland, S 1–8

Samek W, Wiegand T, Müller KR (2017) Explainable artificial intelligence: understanding, visualizing and interpreting deep learning models. arXiv preprint

Schaefer K (2013) The perception and measurement of human-robot trust. Electronic Theses and Dissertations

Sheh R (2017) „Why did you do that?" Explainable intelligent robots. In: AAAI workshop-technical report. Curtin Research Publications, San Francisco, S 628–634

Stange S, Kopp S (2020) Effects of a social robot's self-explanations on how humans understand and evaluate its behavior. In: Belpaeme T, Young J, Gunes H, Riek L (Hrsg) Proceedings of the 2020 ACM/IEEE international conference on human-robot interaction. Association for Computing Machinery, New York, S 619–627

Stange S, Buschmeier H, Hassan T, Ritter C, Kopp S (2019) Towards self-explaining social robots. Verbal explanation strategies for a needs-based architecture. In: Gross S, Krenn B, Scheutz M (Hrsg) AAMAS 2019 workshop on cognitive architectures for HRI: embodied models of situated natural language interactions (MM-Cog), Montréal, S 1–6

Stapels JG, Eyssel F (2021) Let's not be indifferent about robots: neutral ratings on bipolar measures mask ambivalence in attitudes towards robots. PloS one 16:e0244697

Stubbs K, Hinds PJ, Wettergreen D (2007) Autonomy and common ground in human-robot interaction: a field study. IEEE Intell Syst 22:42–50

Van Mulken S, André E, Müller J (1999) An empirical study on the trustworthiness of life-like interface agents. In: Bullinger HJ, Ziegler J (Hrsg) Human-computer interaction: communication, cooperation, and application. Lawrence Erlbaum Associates, London, S 152–156

VDMA (2018) Umsatz der deutschen Robotikbranche in den Jahren 2000 bis 2018. https://de.sta-tista.com/statistik/daten/studie/188235/umfrage/gesamtumsatz-von-robotik-in-deutschland-seit-1998/. Zugegriffen am 17.03.2021

Wang N, Pynadath DV, Hill SG (2016a) Trust calibration within a human-robot team: comparing automatically generated explanations. In: 2016 11th ACM/IEEE international conference on human-robot interaction (HRI). Institute of Electrical and Electronics Engineers, Christchurch, S 109–116

Wang N, Pynadath DV, Hill SG (2016b) The impact of pomdp-generated explanations on trust and performance in human-robot teams. In: Thangarajah J, Tuyls K, Jonker C, Marsella S (Hrsg) Proceedings of the 2016 international conference on autonomous agents & multiagent systems. International Foundation for Autonomous Agents and Multiagent Systems, Richland, S 997–1005

Weitz K, Hassan T, Schmid U, Garbas JU (2019) Deep-learned faces of pain and emotions: elucida-ting the differences of facial expressions with the help of explainable AI methods. tm-Technisches Messen 86:404–412

Weitz K, Schiller D, Schlagowski R, Huber T, André E (2020) „Let me explain!": exploring the potential of virtual agents in explainable AI interaction design. Journal on Multimodal User In-terfaces 15:87-98

Xu J, De'Aira GB, Howard A (2018) Would you trust a robot therapist? Validating the equivalency of trust in human-robot healthcare scenarios. In: 2018 27th IEEE international symposium on robot and human interactive communication (RO-MAN). Institute of Electrical and Electronics Engineers, Nanjing, S 442–447

Zhu L, Williams T (2020) Effects of proactive explanations by robots on human-robot trust. In: Wagner AR, Feil-Seifer D, Haring KS, Rossi S, Williams T, He H, Ge SS (Hrsg) International conference on social robotics. Springer, Cham, S 85–95

Empathie und Emotion

Können sich soziale Roboter empathisch verhalten?

Alexandra Tanner, Hartmut Schulze, Michelle Rüegg
und Andreas Urech

You can only understand people if you feel them in yourself.

(John Steinbeck)

Zusammenfassung

Roboter treten mehr und mehr in unser berufliches und privates Leben ein. Sie sprechen und interagieren mit uns, nicht nur aufgabenbezogen, sondern zunehmend auch mit einer sozialen Perspektive. Dies wirft gestalterische Fragen danach auf, wie genau die soziale Interaktion zwischen diesen Maschinen und uns ablaufen und was sie beinhalten sollte. Es sind aber darüber hinaus psychologische Fragen angesprochen. So ist noch wenig bekannt darüber, welche psychologischen Prozesse bei uns Menschen während der Interaktion mit dem Roboter stattfinden, z. B. ob und inwieweit wir ganz im Sinne einer empathischen Perspektivenübernahme versuchen, die emotionale Situation und die dahinterliegenden Ziele des Roboters zu verstehen. Darüber hinaus entdecken wir beim Versuch, dem Roboter seinerseits empathisches Verhalten einzuprogrammieren, was wir alles über unsere Form der empathischen Interaktion noch nicht wissen. Vor-

A. Tanner (✉) · H. Schulze · M. Rüegg · A. Urech
Hochschule für Angewandte Psychologie, Fachhochschule Nordwestschweiz FHNW,
Olten, Schweiz
E-Mail: alexandra.tanner@fhnw.ch; hartmut.schulze@fhnw.ch; michelle.rueegg@fhnw.ch;
andreas.urech@fhnw.ch

O. Bendel (Hrsg.), *Soziale Roboter*, https://doi.org/10.1007/978-3-658-31114-8_17

liegender Beitrag fasst zunächst einige Grundsätze typisch menschlicher Empathie zusammen, um anschließend typisches robotisch empathisches Verhalten zu skizzieren. Ein vertieftes Verständnis von Empathie bei sozialen Robotern stellt unseres Erachtens eine wichtige Voraussetzung dar, um beispielsweise ethische Fragen zu diskutieren, die sich darauf beziehen, über welche Verhaltensweisen soziale Roboter verfügen sollten und welche ggfs. uns Menschen vorbehalten bleiben sollten. Darüber hinaus unterstützen die Erkenntnisse die Gestaltung einer Mensch-Roboter-Interaktion.

17.1 Einleitung

Immer häufiger kommen Menschen mit sozialen Robotern in Forschung und Praxis in Kontakt. Dabei schätzen Nutzende das Interaktionsverhalten des Roboters durchaus als empathisch ein und sie geben damit zusammenhängend auch positive Gefühle zu Protokoll (De Carolis et al. 2017). Es scheint, als würde der Mensch die sozialen Roboter als empathische soziale Entitäten wahrnehmen und umgekehrt verhalten wir uns gegenüber sozialen Robotern auch empathisch und bauen emotionale Beziehungen zu ihnen auf. So weist die Forschung im Bereich der sozialen Robotik auf Erfolg versprechende Resultate mit Robotermodellen hin, bei denen gezielt empathisches Verhalten im Vordergrund steht. Empathie wird bereits bei einer Mensch-Roboter-Interaktion erlebt, die nur auf nonverbalen Interaktionen basiert. Ein bekanntes Beispiel dafür ist die Robbe Paro (https://www.paroseal.co.uk), die einzig und allein mit Geräuschen, Blinzeln sowie Körper- und Kopfbewegungen auf den Menschen reagiert und positive Ergebnisse erzielt. Dies gilt im Speziellen für die Therapie von Kindern mit autistischen Störungsbildern und Demenzpatienten (Bemelmans et al. 2013; Roberts-Yates und Silvera 2019). So wird Paro bei autistischen Kindern zur Beruhigung eingesetzt, kann Ängste abbauen und einen Anstoß zum Gespräch bieten (Roberts-Yates und Silvera 2019). Bei Demenzpatienten stimuliert die Robbe erfolgreich psychisches Wohlbefinden und Sozialverhalten (Bemelmans et al. 2013). Auch der 58 cm große soziale Roboter NAO und sein 1,20 m großer Bruder Pepper (https://www.softbankrobotics.com) sind darauf ausgerichtet, Akzeptanz zu erzeugen, indem sie Freude verbreiten, sich unterhalten und emotional interagieren können. Ihre Funktionsvielfalt ist bereits größer als bei Paro. Sie verfügen über eine Software mit einem Natural-Language-Processing-System, einem Bewegungsapparat, der komplexe Gestik zulässt, und Augenleuchten, die die Mimik unterstützen. Sensoren am Roboter ermöglichen Objekterkennung und Orientierung im Raum. Verschiedene Untersuchungen attestieren sozialen Robotern, wie den skizzierten, ein deutliches Potenzial, im Alltag als soziale Begleiter aufzutreten (Robaczewski et al. 2020). Beide Robotermodelle können weder Gegenstände holen und bringen, noch können sie uns irgendwo hinbegleiten. Der Nutzen der Roboter Paro, NAO und Pepper entspricht demnach nicht einer Nützlichkeit im klassischen Sinne. Es geht nicht nur darum, dass der Roboter einem den Kaffee effektiv und effizient ans Bett bringt, sondern darum, wie das Gerät sich verhält und mit uns kommuniziert. Ein Hauptziel bei der Entwicklung und Gestaltung von sozialen Robotern ist es denn auch, diese mit emotionalen Kommunikationsfähigkeiten auszustatten (Breazeal 2005). Hier kommt „Empathie" ins Spiel, denn in der zwischenmenschlichen Kommunikation ist diese ein zentrales Element für das gegenseitige Verständnis und einen erfolgreichen Beziehungsaufbau (Hoffman 2012). Es stellt sich die Frage, ob Roboter ganz generell über Empathie verfügen können. Ein Roboter ist eine Maschine und bis auf Weiteres nicht fähig, echte Emotionen zu empfinden oder nachzuempfinden und wahre Empathie in einem menschlichen Sinne auszudrücken. Was charakterisiert nun aber eine typisch robotische Art der Empathie und wofür kann sie nützlich sein? Der folgende Beitrag geht diesen Fragen auf Basis aktueller Literatur und eigenen Arbeiten nach. Dafür wird zuerst empathisches Verhalten zwischen Menschen aus psychologischer Sicht beschrieben, um alsdann empathisches Verhalten bei sozialen Robotern verstehen zu können. Die Erkenntnisse über die menschliche Empathie werden mit Erkenntnissen über Empathie bei Robotern in Zusammenhang gestellt. Mit diesem im Grundsatz bionischen Vorgehen wird darauf fokussiert, wie wir als Menschen Empathie zeigen, um anschließend Charakteristika und Voraussetzungen empathischer Interaktion von Robotern näher zu betrachten. Auf dieser Basis wird dann beantwortet, ob soziale Roboter Eigenschaften bzw. Funktionen haben, die als „empathisch" verstanden werden können. Abschließend werden Unterschiede und Gemeinsamkeiten zwischen robotersimulierter und menschlicher Empathie diskutiert.

17.2 Empathische Kommunikation beim Menschen

Empathisches Kommunikationsverhalten wurde typischerweise in medizinischen und helfenden Berufen (Stichwort „Emotionsarbeit") als Voraussetzung angesehen. Mittlerweile wird es als Grundlage in einer Reihe zwischenmenschlicher Bereiche betrachtet, um erfolgreich durch soziale Situationen zu navigieren wie z. B. bei Konflikten und deren Lösung, bei Peer-Beziehungen, Verhandlungen, aber auch für die eigene psychologische Anpassung und Entwicklung, für Arbeitszufriedenheit, Arbeitsleistung oder das Selbstwertgefühl (Mayukha et al. 2020). In einer ersten Annäherung lässt sich Empathie als Kommunikationsprozess umschreiben, mit dessen Hilfe es Menschen gelingt, sich in die Gefühle und in die aktuell erlebte Situation eines Gegenübers hineinzuversetzen, nachoder mitzufühlen und damit zu verstehen. Frühe Definitionen fokussieren auf die Fähigkeit, zu verstehen und zu erleben, was andere erleben, und ihnen ihr Verständnis davon auch mitzuteilen (Heyes 2018). So wird Empathie in der Regel definiert als

[…] die Fähigkeit, die emotionale Situation eines anderen Menschen zu erkennen, zu verstehen und mitzufühlen. Dabei muss gleichzeitig ein Bewusstsein dafür bestehen, dass die mitgefühlten Emotionen empathisch übertragen sind, also der Ursprung dieser Emotionen in der anderen Person liegt. (Roth und Altmann 2021, S. 2)

Wie das Zitat zeigt, ist vielen Definitionen gemeinsam, dass das eigene emotionale Miterleben herangezogen wird, um das Erleben des Gegenübers verstehen zu können. Dabei ist es wichtig, zu bemerken, dass die Quelle der mitgefühlten Emotionen beim Gegenüber liegt. Dies ist ein typisches Element in vielen Empathietrainings. In neueren Verständnissen von Empathie wird diese als Dualität von zwei Komponenten beschrieben (Heyes 2018). Es wird zwischen einer automatischen affektiven (engl. *empathic contagion*) und einer kontrollierten kognitiven (engl. *empathic understanding* oder *concern*) Komponente unterschieden. Bei der affektiven Komponente wird davon ausgegangen, dass hier ein Prozess der Gefühlsansteckung erfolgt, wodurch Emotionen einer Person ohne bewusste Steuerung und eventuell auch ohne kognitives Verständnis der Emotion übertragen werden (Roth und Altmann 2021). Heyes (2018) geht davon aus, dass diese Komponente der gefühlsbezogenen Ansteckung evolutionär erworben wird und ein Verhaltensdispositiv darstellt. Das heißt, wenn jemand einen traurigen Gesichtsausdruck zeigt, fühlen wir quasi automatisch mit und sind auch traurig. Die Emotionen der anderen Person werden direkt auf einer emotionalen Ebene miterlebt. Demgegenüber beschreibt die kognitive Komponente, wie eine Person die Emotionen einer anderen Person korrekt erkennt und sozusagen darüber „denkt", wie sich die andere Person fühlt (Roth und Altmann 2021). Eine damit einhergehende kognitive Differenzierung von sich selbst zur anderen Person erfolgt auch deshalb, um nicht von einer zur eigenen Situation ggfs. unpassenden Emotion verwirrt zu werden. Diese sogenannte Selbst-Andere-Differenzierung (Altmann 2015) stellt eine wesentliche Unterscheidung zu einer rein emotionalen Ansteckung dar.

In neuerer Zeit haben sich verschiedene Studien damit beschäftigt, von welchen Faktoren es abhängt, wie zutreffend der emotionale Status und das Verständnis der Situation des anderen eingeschätzt werden (engl. *empathic accuracy*, Mayukha et al. 2020). Die empathische Reaktion fällt dabei offensichtlich umso genauer aus, je deutlicher und intensiver die andere Person ihren emotionalen Zustand ausdrückt. Zugrunde liegen nach de Vignemont und Singer (2006) mehr oder weniger bewusste Beurteilungsprozesse, die sich in vier Kategorien aufteilen (s. Tab. 17.1):

Tab. 17.1 Kategorien empathischer Beurteilungsprozesse nach de Vignemont und Singer (2006)

Emotionseigenschaften	Beziehung	Personelle Merkmale	Situativer Kontext
Intensität	Emotionale Verbindung und Fürsorge	Persönlichkeitseigenschaften, Geschlecht, Alter	Einschätzung der Situation
Bewertung	Ähnlichkeit und Vertraulichkeit	Gefühlsrepertoire	Erkennung mehrerer Emotionen
Hervorgehoben von der Situation	Selbstbezug (z. B. Eifersucht, Wut)	Erfahrungen	
Grundemotionen	Absicht der Kommunikation	Stimmung	

- In der ersten Kategorie wird die geteilte Emotion erwähnt, welche unterschiedlich stark erlebt werden kann. Sie kann positiv bis negativ bewertet werden und es ist relevant, ob sie zur Situation passt oder hervorsticht. Bei primären Grundemotionen wie Furcht, Ekel oder Freude fällt es offensichtlich einfacher, Empathie zu empfinden, als bei sekundären Emotionen, also Mischformen der Grundemotionen (de Vignemont und Singer 2006). Zu sekundären Emotionen gehören beispielsweise Eifersucht oder Dankbarkeit.

- Die Beziehung zwischen der Person, die Gefühle zeigt, und der darauf reagierenden Person heben de Vignemot und Singer (2006) in der zweiten Kategorie hervor. Eine emotionale Verbindung, Ähnlichkeit oder Vertrautheit zur gefühlszeigenden Person kann die Qualität der empathischen Reaktion beeinflussen. Auch wie viel Fürsorge die andere Person benötigt und ob die Emotion auf die empathisierende Person gerichtet ist (Selbstbezug, z. B. bei Eifersucht oder Wut), spielt eine Rolle.

- Die dritte Hauptkategorie beinhaltet die Merkmale der Person, die auf die Gefühle des Gegenübers reagiert. Das Alter, das Geschlecht, Persönlichkeitseigenschaften, die Stimmung sowie die früheren Erfahrungen der Person haben hier Einfluss. Wenn jemand ein spezifisches Gefühl nicht kennt und versucht, Empathie für eine andere Person zu empfinden, unterscheiden de Vignemont und Singer (2006) dies im Sinne einer Perspektivenübernahme und sprechen dann nicht von einer empathischen Reaktion.

- Abschließend wird in der vierten Kategorie der situative Kontext erklärt. Hier werden von de Vignemot und Singer (2006) die Einschätzung der Situation sowie das Ausdrücken von Emotionen durch mehrere andere Personen als Faktoren genannt.

Ein weiterer Zugang zur Empathie besteht in der Hervorhebung des Interaktionsprozesses zwischen den Beteiligten (Rogers 1975) und den jeweiligen Vorbedingungen (Prinz 1997). Als prägender Vertreter wird an dieser Stelle auf das Empathie-Prozessmodell von Altmann und Roth (2013 zitiert nach Altmann 2015, S. 17) verwiesen. Im Empathie-Prozessmodell (s. Abb. 17.1) werden die Phasen „Wahrnehmung", „Mentales Modell", „Empathische Emotion" und „Antwort" durchlaufen, wobei jede Phase als Voraussetzung für die Nächste gilt (Altmann 2015).

In der Phase der Wahrnehmung werden emotionale Informationen einer anderen Person sowie zugehörige Situationsinformationen wahrgenommen. Die Verarbeitungstiefe kann die Qualität der empathischen Reaktion stark beeinflussen (Altmann 2015). Darauf folgt die Phase der Generierung des mentalen Modells, in welcher diese Informationen zu einem mentalen Modell der emotionalen Situation der anderen Person verarbeitet werden. Hier erfolgen das Erkennen und Verstehen der Emotionen und der Situation der anderen

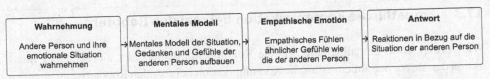

Abb. 17.1 Empathie-Prozessmodell nach Altmann 2015

Person. Dabei können auch zusätzliche Informationen und eigene Erinnerungen einfließen. Ob das mentale Modell korrekt ist, wird als kritischer Punkt im ganzen Prozess betrachtet (Altmann 2015). In der Phase der empathischen Emotion werden dann ähnliche Gefühle wie diejenigen ausgelöst, die auf Seiten der anderen Person vorhanden sind. Dadurch kann das Erleben der anderen Person nachvollzogen werden. Die Stärke der Gefühle kann variieren, z. B. weil sie durch andere Emotionen überlagert werden (Altmann 2015). Schlussendlich folgt in der Phase der Antwort eine Reaktion, die Bezug zur Situation der anderen Person hat. Dabei spielt es offenbar keine Rolle, ob die Reaktion verbal oder nonverbal ausgedrückt wird oder sogar nur in Gedanken der reagierenden Person erfolgt. An folgendem Beispiel von Altmann (2015) werden die beschriebenen Phasen nochmals verdeutlicht:

> Nehmen wir an, Person A ist in dem Moment dabei, als sich Person B gerade mit einem Messer aus Versehen in den Finger schneidet. In der ersten Phase, der Wahrnehmung, nimmt Person A die blutende Wunde, die weit geöffneten Augen und etwas später vielleicht die Tränen von Person B wahr. A konstruiert nun in der zweiten Phase eine Repräsentation, also das mentale Modell der Situation, Gedanken und Gefühle von B. Das mentale Modell von A über B enthält also die versehentlich zugefügte Wunde, Schmerz, Angst, Überraschung und den evtl. drängenden Impuls, die Blutung zu stoppen. Aus dieser Repräsentation entsteht in der dritten Phase eine empathische Emotion. A spürt also ähnlich wie B die negative Valenz des Schmerzes (Singer 2004, S. 18), die Überraschung und die Angst. In der vierten und letzten Phase reagiert A nun auf die Situation von B, energetisiert von den eigenen (empathisch generierten) Gefühlen. A könnte beispielsweise einen Verbandskasten besorgen und B durch Umarmen beruhigen.

Durch den nachgewiesenen Bezug von Empathie zu prosozialem Verhalten, wird – wie im Beispiel – Empathie zumeist positiv assoziiert. Zahlreiche Trainingsprogramme zielen entsprechend darauf ab, Fähigkeiten der Empathie sowie Empathieentwicklung zu fördern (Roth et al. 2016), oder vermitteln einen angemessenen Umgang mit den eigenen empathischen Emotionen (Roth und Altmann 2021).

Zusammenfassend stellt das empathische Verstehen der emotionalen und erlebten Situation eines Gegenübers einen Prozess dar, in dem sowohl ein affektives Mitfühlen als auch ein kognitives Mitwissen und Schlussfolgern relevant ist. Mayukha et al. (2020) kommen aufgrund ihrer psychologischen Laborexperimente zum Schluss, dass insbesondere die kognitive Komponente ausschlaggebend für die Genauigkeit der empathischen Einschätzung des Erlebens des Gegenübers ist. Dies hat bedeutsame Konsequenzen für die Modellierung empathischen Verhaltens durch soziale Roboter, wie nachfolgend gezeigt wird.

17.3 Empathische Kommunikation bei sozialen Robotern

Wie gezeigt, stellt Empathie eine zentrale Komponente gelingender menschlicher Interaktion dar. Bevor nun auf empathische Kommunikation bei sozialen Robotern eingegangen wird, wird vorgängig beschrieben, welches Verständnis dem Begriff des sozialen Roboters zugrunde gelegt wird.

Nicht alle Roboter sind für eine soziale und empathische Interaktion mit Menschen ausgelegt. Oft ist bei der Entwicklung von Robotern angedacht, dass diese hauptsächlich mit nichtmenschlichen Objekten und Materialien interagieren. Dabei handelt es sich um sogenannte Industrieroboter (Zhao 2006). Autonome Industrieroboter sind z. B. Verpackungsmaschinen oder Fabrikroboter. Auch die meisten robotergestützten Haushaltsgeräte wie Smart-Home-Systeme oder selbstgesteuerte Staubsauger können in diese Kategorie eingeteilt werden (Zhao 2006). Im Gegensatz dazu steht bei sozialen Robotern die Interaktion mit einem Menschen im Vordergrund (Breazeal 2003). Daraus ergibt sich eine Abgrenzung sozialer Roboter von Industrierobotern, wie sie sich häufig findet. Im folgenden Abschnitt wird vertieft darauf eingegangen, was soziale Roboter im Einzelnen auszeichnet. Darauf aufsetzend betrachten wir, inwieweit sich soziale Roboter empathisch verhalten können.

17.3.1 Zur Definition sozialer Roboter

Eine der ersten, noch immer gültigen Definitionen gemäß Fong et al. (2003, S. 148 f.) beschreibt, dass ein Roboter über folgende Funktionen bzw. Fähigkeiten verfügen muss, um als sozial zu gelten:

– Fähigkeit, Emotionen wahrzunehmen und selbst auszudrücken
– Fähigkeit, komplexe Dialoge zu führen
– Fähigkeit, andere interaktive Roboter/Personen zu erkennen und von ihnen zu lernen
– Fähigkeit, soziale Beziehungen aufzubauen und aufrechtzuerhalten
– Möglichkeit, natürliche Kommunikationsmodalitäten einzusetzen (Blickkontakt, Gesten etc.)
– Darstellung von individuellen Charakterzügen und Persönlichkeitseigenschaften

Ergänzend zu Fong et al. (2003) führt Breazeal (2003) aus, es komme nicht nur auf die Fähigkeiten an, die der Roboter habe, sondern ebenso darauf, dass Menschen diesen Maschinen auch soziale Fähigkeiten zuschreiben. Wie Studien zeigen, schreiben Menschen Robotern bereits dann soziale Fähigkeiten zu, wenn diese nur schwach ausgeprägt sind. Dies liegt u. a. an der Neigung von Menschen, Gegenstände und Objekte zu anthropomorphisieren. Breazeal (2003) integriert verschiedene Ausprägungen sozialen Verhaltens von Robotern in ihren Klassifikationsansatz. So lassen sich Roboter unterscheiden, die Empathie hervorrufen, bis hin zu Robotern, die Gefühle anderer erkennen, und solchen, die zusätzlich noch adäquat darauf reagieren. Die Ausprägungen werden wie folgt beschrieben:

– *Sozial evokativ* (engl. *socially evocative*). Mit sozial evokativ werden Roboter umschrieben, die menschenähnliche soziale Hinweise und Kommunikationskanäle (Blickkontakt, Gesten, Gesichtsausdruck, Körperhaltung etc.) verwenden, um bei Menschen soziale Kommunikationsweisen hervorzurufen und ihnen damit die Interaktion zu erleichtern.

- *Sozial empfänglich* (engl. *socially receptive*). Roboter dieser Kategorie lernen und profitieren aus der Interaktion mit Menschen. Zum Beispiel können sie ihre motorischen Fähigkeiten anpassen oder ihre Sprachfähigkeiten verbessern, indem sie von Interaktionen mit Menschen lernen. Dieser Robotertyp soll imstande sein, soziale Hinweise des Menschen wahrzunehmen. Diese Roboter sind jedoch sozial passiv ausgelegt und reagieren auf die Bemühungen der Menschen, mit ihnen zu interagieren, ohne jedoch selbst aktiv auf Menschen zuzugehen, um eine Interaktion zu beginnen.
- *Kontaktfähig* (engl. *sociable*). Diese Art von Robotern können als sozial partizipative „Kreaturen" mit eigenen internen Zielen und Motivation verstanden werden. Sie gehen aktiv auf Menschen zu, um auf soziale Weise zu interagieren (z. B. um bei der Ausführung einer Aufgabe zu helfen, um die Interaktion mit dem Roboter zu erleichtern usw.). Sie sind nicht allein darauf programmiert, dem Menschen zu nutzen. Sie verfolgen demgegenüber auch eigene Ziele, um sich sozusagen auch selbst zu nützen (z. B. um seine Funktionsfähigkeit zu fördern, seine eigene Leistung zu verbessern, vom Menschen zu lernen usw.).

Über die Qualität sozialen Verhaltens hinaus können soziale Roboter weiter nach ihrer Gestalt unterteilt werden (Fong et al. 2003). Es wird zwischen anthropomorphischen (menschenähnliches Aussehen), zoomorphischen (tierähnliches Aussehen), karikierten (äußere Merkmale erinnern nur grob an eine Lebensform) und funktionalen (Aussehen rein an Einsatzort und Nutzen angepasst) Robotern unterschieden (Fong et al. 2003). Abb. 17.2 zeigt aktuelle Modelle sozialer Roboter unterschiedlicher Gestalt.

Soziale Roboter können also verschiedene Formen und Gestalten annehmen. Die Zuschreibung sozialen Verhaltens zu Robotern erfolgt dabei unabhängig von der konkreten Gestalt des Roboters, wie verschiedene Studien zeigen (vgl. Eyssel et al. 2010; Broadbent et al. 2017). Für eine solche Zuschreibung kommt es viel stärker auf die Modellierung ihrer sozialen Funktionen an. Benutzende bewerten den Roboter beispielsweise als sympathischer, wenn dieser Emotionen ausdrückt bzw. simuliert. Die Interaktionsbereitschaft mit einem Roboter ist ebenfalls höher, wenn er emotional interagiert (Hall et al. 2014). Die Fähigkeit, Emotionen auszudrücken, hatte beispielsweise einen positiven Einfluss auf das wahrgenommene Vertrauen, auf die Akzeptanz und auf die Kooperationsbereitschaft gegenüber einem Roboter (Cramer et al. 2010). Zusammenfassend hat es somit Vorteile, wenn ein sozialer Roboter fähig ist, Emotionen auszudrücken und soziales Verhalten zu zeigen.

Die Forschung zu Empathie bei sozialen Robotern lässt sich in zwei grobe Richtungen unterteilen. Die erste beschäftigt sich damit, wie ein sozialer Roboter empathisches Verhalten gegenüber seinen Nutzenden simulieren kann. Die zweite Richtung forscht dazu, wie ein Roboter bei Nutzenden Empathie auslösen kann (Pereira et al. 2011). Generell können bei der empathischen Interaktion von Robotern ebenfalls verschiedene Phasen unterschieden werden:

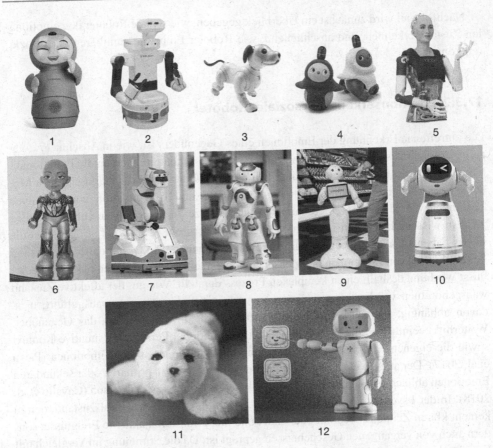

Abb. 17.2 Übersicht über aktuelle Robotermodelle mit sozialen Funktionen. (Quellen: [1] Moxie, zur Verfügung gestellt von Embodied, Inc. [2] Tiago von PAL Robotics, verfügbar unter https://pal-robotics.com/press [3] Aibo von Sony, verfügbar unter https://us.aibo.com/download [4] Lovot, zur Verfügung gestellt durch Groove X, Inc. [5] [6] Sophia u. Little Sophia von Hanson Robotics, verfügbar unter https://www.hansonrobotics.com/press [7] Lio, zur Verfügung gestellt durch F&P Robotics AG [8] [9] NAO u. Pepper von SoftBank Robotics, verfügbar unter https://www.softbank-robotics.com/emea/en/press [10] Cruzr, zur Verfügung gestellt durch UBTECH Robotics [11] Paro von PARO Robots U.S., Inc., verfügbar unter http://www.parorobots.com/pressreleases.asp [12] QTrobot, zur Verfügung gestellt durch LuxAI S.A.)

- De Carolis et al. (2017) heben die Erkennung des emotionalen Zustands als ersten Schritt hervor, in den wesentlich auch die Erfassung des Kontextes hineinspielt.
- Anschließend muss zwangsläufig eine Bewertung sowie eine Entscheidung stattfinden, welche Reaktion vor dem Hintergrund einer Zielhierarchie gewählt werden soll.
- Als letzter Schritt findet sich dann eine entsprechende empathische Interaktionsweise.

Nachfolgend wird zunächst ein Überblick gegeben, wie soziale Roboter den emotionalen Zustand erkennen, und anschließend, wie Roboter Empathie simulieren und evozieren können.

17.3.2 Emotionserkennung sozialer Roboter

Die zutreffende Erkennung der Emotionen eines Gegenübers ist, wie in Abschn. 17.2 gezeigt, ein zentrales und voraussetzendes Merkmal von Empathie. Werden die Funktionalitäten aktueller Robotermodelle genauer betrachtet, fällt auf, dass die marktgängigen Modelle in Bezug auf die zutreffende Wahrnehmung und Interpretation von affektiven Zuständen von Menschen eingeschränkt sind. Ansätze zur Emotionserkennung werden zwar in wissenschaftlichen Laboren entwickelt und erprobt (Cavallo et al. 2018), in die Praxis haben sie aber bisher nur marginal Einzug gehalten. Ein Grund dafür ist, dass die Wahrnehmung von Emotionen bei Menschen von verschiedenen externen Faktoren beeinflusst wird und deshalb einen komplexen Prozess darstellt. Wie gut der affektive Zustand wahrgenommen werden kann, ist, wie im vorhergehenden Abschnitt ausgeführt, u. a. davon abhängig, wie stark die Emotionen ausgedrückt werden durch das Gegenüber. Weiterhin beeinflussen die Art der Beziehung zur anderen Person, der situative Kontext sowie die eigenen Fähigkeiten die Erkennung und Interpretation von Emotionen (Paiva et al. 2017). Der affektive Ausdruck ist außerdem nicht nur von primären oder sekundären Emotionen abhängig, sondern auch von der aktuellen Stimmung der Person (Cavallo et al. 2018). In der Psychologie wird Stimmung definiert als affektiver Gefühlszustand, der zu keinem klaren Zeitpunkt beginnt oder endet und nicht nur durch aktuelle Ereignisse, sondern auch von vergangenen Geschehnissen geprägt ist. Da die Stimmung im Vergleich mit Emotionen weniger stark in ihrer Intensität und auch diffuser ist, kann sie eben auch schwerer wahrgenommen und korrekt interpretiert werden (Cavallo et al. 2018). Mit der heutigen Technik ist es Robotern allerdings grundsätzlich möglich, zum Beispiel physiologische Messungen (z. B. Hirnwellen, Blutdruck, Herzschlag, Temperatur), visuelle (Gesichtsausdruck, Körperhaltung, Gestik) und auditive Hinweise (Stimmlage) oder gesprochene Inhalte in die Identifikation des affektiven Zustands des Gegenübers einzubeziehen (Cavallo et al. 2018). Auch ist die gleichzeitige Integration mehrerer Kanäle und Modalitäten (z. B. visuell und auditiv) für die Genauigkeit der Emotionserkennung gut belegt (Paiva et al. 2017).

Trotzdem stellt es offensichtlich nach wie vor eine Herausforderung dar, Roboter zu entwickeln, die auch im Alltag die Gefühlszustände ihrer Nutzenden akkurat wahrnehmen und interpretieren können. Die Erfassung und die Kategorisierung der visuellen, physiologischen und auditiven Hinweise reichen noch nicht aus, um die Komplexität menschlicher Emotionen und affektiver Zustände abzubilden. In der Kontextabhängigkeit wird allgemein ein Grund für die häufig unzutreffende Interpretation menschlicher Kommunikation gesehen. So kann beispielsweise ein Lächeln ein Zeichen von Höflichkeit, Ironie oder Freude sein. Das gleiche Lächeln kann aber auch einfach zur Begrüßung eingesetzt werden und drückt damit keinen direkten affektiven Zustand aus. Die korrekte Interpretation eines emotionalen Ausdrucks ist weiterhin erschwert, weil spezifische Situationen, Umgebungen und die Anwesenheit von anderen Personen die Ausprägung der empfundenen Emotionen sowie die Bereitschaft, diese Emotionen nach außen zu zeigen, beeinflussen (Cavallo et al. 2018). Wie viele Informationen Menschen über ihren affektiven Zustand preisgeben, steuern sie je nach Situation (Cavallo et al. 2018). Roboter müssen also neben den vom Menschen ausgehenden affektiven Hinweisen ebenfalls den spezifischen Kontext in die Interpretation mit einbeziehen. Die Übertragung von Emotionserkennungssoftware in die Praxis ist eine weitere Herausforderung. In der Praxis liegen oftmals weniger optimale Bedingungen vor als im Labor unter kontrollierten Bedingungen. So steht eventuell eine Person nicht bei besten Lichtbedingungen im exakt richtigen Winkel vor der Kamera des Roboters. Außerdem unterscheiden sich künstlich hervorgerufene Emotionen, wie sie oft im Labor genutzt werden, von echten spontanen Emotionen (Cavallo et al. 2018). An dieser Stelle hat sich gezeigt, dass primäre Emotionen wie Ärger, Freude oder Trauer leichter zu erkennen sind als sekundäre Emotionen wie Neutralität oder Langeweile. Die Deutung des affektiven Zustands einer Person durch die Interpretation des Gesprochenen stellt eine weitere Herausforderung dar, da die Bedeutung des Inhalts ebenfalls kontextabhängig und von Sprache zu Sprache unterschiedlich sein kann (Paiva et al. 2017).

17.3.3 Wie soziale Roboter Empathie simulieren und evozieren

Mit Blick auf die Abbildung von Empathie und Emotionen haben Johanson et al. (2020) kürzlich untersucht, welche Funktionen einen Roboter dazu befähigen, empathisches Verhalten zu zeigen. Sie haben Eigenschaften von Robotern zusammengestellt, die dazu führen, dass wir sie als empathisch und emotional empfinden. Empathische Ausdrucksformen von Robotern werden dabei in verbales und nonverbales empathisches Verhalten unterteilt. Zu verbalen empathischen Ausdrucksformen zählen Johanson et al. (2020) z. B. den Ausdruck von Humor und Selbstoffenbarung. Blickkontakt, Körperhaltung, Gesichtsausdruck und Gestik gehören zu den nonverbalen empathischen Ausdrucksformen. Gemäß Niculescu et al. (2013) kann ein Roboter Empathie auch über die Tonlage der Stimme kommunizieren. Weiter kann über die Dialoggestaltung beeinflusst werden, wie empathisch ein Roboter wirkt. Neben Selbstoffenbarung und Humor gilt unter Menschen auch der Ausdruck von Hilfsbereitschaft und geteilter Freude als empathisch, oder auch wenn zum Ausdruck gebracht wird, dass man sich um das Gegenüber sorgt und den affektiven Zustand versteht (z. B. über aktives Zuhören) (Klein et al. 2002; Niculescu et al. 2013). Tab. 17.2 zeigt Beispiele der genannten Ausdrucksformen auf. In die Tabelle sind auf Basis der Forschungslage ebenfalls weitere Aspekte einer empathischen Dialoggestaltung integriert.

Tab. 17.2 Übersicht über empathische und emotionale Ausdrucksformen sozialer Roboter

Empathische Ausdrucksform	Beispiele für empathisches Verhalten sozialer Roboter
Ausdruck von Empathie über Dialoggestaltung (verbale Antworten)	Der Ausdruck affektiver Gefühlszustände wie Besorgnis, Hilfsbereitschaft und geteilte Freude mithilfe verbaler Antworten durch den Roboter wird als empathisch bewertet (Niculescu et al. 2013). Motivierende und aufmunternde verbale Aussagen durch den Roboter, während sich der menschliche Interaktionspartner in einer unsicheren Situation befindet, lassen diesen empathisch wirken (Leite et al. 2013).
Aktives Zuhören	Roboter werden als empathisch wahrgenommen, wenn diese aktiv nach dem emotionalen Zustand der Anwendenden fragen, zuhören und ein Feedback über ihr Verständnis des Gefühlzustands des Gegenübers kommunizieren (Klein et al. 2002).
Stimmlage	Tiefe Stimmen für Traurigkeit und hohe Stimmen für Glücksgefühle sind effektiv, um Empathie zu kommunizieren (Niculescu et al. 2013).
Formelle/informelle Kommunikation (Ausdrucksform)	Roboter wirken empathischer, wenn sie sich während der Interaktion nicht nur auf die Vergabe von formellen, für die Situation relevanten Informationen beschränken, sondern auch informelle Gesprächsthemen und Gedanken mit einbringen (Renggli et al. 2020).
Humor	Humor ist ein wichtiger Bestandteil sozialer Interaktionen und, wenn im richtigen Moment eingesetzt, ein Mittel, um Empathie zu zeigen (Johanson et al. 2020). Roboter werden als empathischer wahrgenommen, wenn diese humorvolle Aussagen in die Interaktion einbringen (Niculescu et al. 2013).
Selbstoffenbarung	Selbstoffenbarung ist der Akt der Preisgabe persönlicher Informationen über sich selbst an andere (z. B. „Ich bin ein bisschen nervös", „Ich vergesse auch manchmal Dinge"). Verwenden Roboter solche Aussagen zur Selbstoffenbarung während einer Interaktion, werden sie als empathischer wahrgenommen (Johanson et al. 2019).
Blickkontakt	Die Augen spielen eine zentrale Rolle bei der Übermittlung emotionaler Informationen (Ruhland et al. 2015). Die Fähigkeit, Blickkontakt zu erkennen und darauf zu reagieren, ist eine wichtige soziale Kompetenz, um empathisch zu handeln, und muss deshalb auch bei sozialen Robotern vorhanden sein (Johanson et al. 2020).
Körperhaltung	Die Körperhaltung ist ein weiteres wichtiges Kommunikationsmittel für soziale Interaktionen unter Menschen (Johanson et al. 2020). Zum Beispiel demonstriert das Vorlehnen in Richtung des Gegenübers durch den Roboter eine höhere Aufmerksamkeit und aktiveres Zuhören und wirkt so empathisch (Klein et al. 2002).
Gestik	Gesten sind eine weitere wichtige nonverbale Ausdrucksform, um Empathie zu vermitteln (Johanson et al. 2020). Die Kommunikationskompetenzen von Robotern werden höher bewertet, wenn diese Gesten einsetzen (Johanson et al. 2020).

(Fortsetzung)

Tab. 17.2 (Fortsetzung)

Empathische Ausdrucksform	Beispiele für empathisches Verhalten sozialer Roboter
Gesichtsausdruck	Das Nachahmen von Gesichtsausdrücken und Kopfhaltungen durch den Roboter steigert die Nutzungszufriedenheit (Riek und Robinson 2008, zitiert nach Johanson et al. 2020) und die wahrgenommene Empathie des Roboters (Hegel et al. 2006).
Embodiment und physische Präsenz	Roboter, die physisch anwesend sind, eignen sich besser für emotionale Interaktionen mit Menschen als virtuell dargestellte Roboter oder Agenten, da die verbale und nonverbale empathische Kommunikation überzeugender wirkt (Kwak et al. 2013). Das Embodiment kann den Ausdruck von Empathie fördern, da die Präsenz von Robotern stärkere soziale Reaktionen bei ihren Nutzenden auslöst (Appel et al. 2012).
Kongruenz des Interaktionsverhaltens	De Carolis et al. (2017) unterscheiden zwischen der Kongruenz des emotionalen Ausdrucks, zwischen der akustischen und visuellen Modalität des Roboters und der Kongruenz zwischen dem emotionalen Ausdruck des Roboters und dem sozioemotionalen Kontext. Inkongruenzen z. B. zwischen einer Trauer ausdrückenden Gestik und einer neutralen oder gar fröhlichen Stimme oder aber die fälschliche Interpretation eines Lächelns vor dem Hintergrund einer bedrückenden Situation führen zu Irritation auf Seiten des menschlichen Gegenübers.

17.4 Empathie gegenüber sozialen Robotern

Im Rahmen eines angewandten Forschungsprojekts der Hochschule für Angewandte Psychologie FHNW wurde ein sozialer Roboter in vier verschiedenen Altersheimen für Aktivierungsübungen eingesetzt. Dabei konnte beobachtet werden, dass die Altersheimbewohnenden empathisch auf den Roboter reagierten. Setzte er sich hin oder stand er auf, fanden sie den Roboter „niedlich". Fiel der Roboter um, wurde Mitleid gezeigt (Tanner et al. 2020). Eine Studie von Rosenthal-von der Pütten et al. (2013) untersuchte systematisch, ob und unter welchen Bedingungen Menschen emotional auf einen Roboter reagieren. Die Teilnehmenden berichteten positive und negative Emotionen und empathische Besorgnis. Sie zeigten mehr negative Emotionen und mehr empathische Besorgnis, wenn der Roboter gefoltert wurde, und dabei erhöhte physiologische Erregung. Die Charakteristika des Roboters, also Aussehen, die Komplexität seiner Kommunikationsfähigkeiten, wie stark der Roboter eigene Emotionen über verbale und nonverbale Hinweise ausdrücken kann und wie einfach diese für die interagierende Person wahrnehmbar und interpretierbar sind, haben einen Einfluss. Gemäß Paiva et al. (2017) hat einerseits der Kontext bzw. die Situation einen Einfluss darauf, ob wir gegenüber einem Roboter Empathie empfinden. Weiter spielen Faktoren wie das Alter, Geschlecht und die Kultur der interagierenden Person eine Rolle. Wie stark wir Empathie gegenüber einem Roboter empfinden, hängt ebenfalls davon ab, in welcher Beziehung wir zum Roboter stehen, wie oft wir schon mit ihm interagiert haben und welche Hintergrundinformationen uns über den Roboter bekannt sind (zum Beispiel Hintergrundgeschichte zu seiner Persönlichkeit, seinen Vorlieben und Wünschen etc.). Das Beispiel zeigt, dass Menschen Empathie gegenüber Robotern empfinden, obwohl es sich dabei um ein Objekt bzw. ein technisches Gerät handelt, das rational gesehen nicht dazu fähig ist, Emotionen zu empfinden.

17.5 Fazit und Diskussion

Empathische Interaktion stellt eine zentrale menschliche Kompetenz und eine Grundvoraussetzung für eine gegenseitige Verständigung über emotionale Zustände und das Erleben in konkreten Kontexten dar. Ihr Funktionieren hängt von verschiedenen Faktoren und Nuancen in der Kommunikation zwischen Personen ab. Affektives Mitfühlen und kognitives Mitwissen stellen wichtige Bausteine dar. Die Beziehungsebene, der situative Kontext, die Intensität der geäußerten primären und sekundären Emotionen beeinflussen die Akkuratheit der empathisch erschlossenen Gefühls- und Erlebenszustände. Es ist ein wechselseitiger Prozess, der von der Gefühlsansteckung oder „Empathic Contagion" (vgl. Vignemot und Singer 2006) bis zur kognitiven Bewertung bzw. „Empathic Concern" (vgl. Mayukha et al. 2020) inkl. der „Selbst-Andere-Differenzierung" (vgl. Altman 2015) reicht. In neueren Studien werden die Unterschiedlichkeit, aber auch das Zusammenspiel der affektiven „Contagion"- und der kognitiven „Concern"-Komponente mit Blick auf die akkurate Einschätzung des emotionalen Zustands eines Gegenübers neu bewertet. Es mehren sich Evidenzen, die dafür sprechen, dass sich das, was wir denken, dass es andere fühlen, psychologisch unterscheidet von der Sorge und dem Interesse für das, was wir denken, dass es andere fühlen (Mayukha et al. 2020). Dabei scheint die weniger intuitive, rationalere kognitive Komponente ein größeres Gewicht für die Erkennung des Gefühls- und Erlebenszustands des Gegenübers zu haben. Die Perspektivenübernahme, das Hineinversetzen in die andere Person, stellt einen kognitiven Prozess dar, der aber gleichzeitig eine emotionale Erfahrung von Gefühlen der Besorgnis, Sympathie und des Mitgefühls hervorruft und letztlich zu einer größeren Prosozialität führt. „Empathic Concern" stellt nach Ansicht von Mayukha et al. (2020, S. 2182) nach den Einschätzungen der Autoren keine kalte, rationale, bewusste Orientierung dar, vielmehr ist sie gleichzeitig von emotionaler Erfahrung durchdrungen.

Interessanterweise eröffnet diese veränderte Sichtweise auf Empathie und empathische Prozesse der Perspektivenübernahme auch neue Potenziale für die Übernahme von Empathie durch soziale Roboter. Je mehr die Erkennung von Gefühls- und Erlebenszuständen auch kognitiver und rationaler Natur ist und nicht allein von einer unbewussten, intuitiven Gefühlsansteckung dominiert wird, können auch Roboter Komponenten dieser Art von Empathie zeigen. Dabei spielt die Wahrnehmung von Kongruenzen und Inkongruenzen zwischen den verschiedenen Kommunikationskanälen und Modalitäten, aber auch zum situationalen Kontext eine entscheidende Rolle – dies sowohl auf einer Input- wie auch auf der Output-Seite. Zumindest im Labor und weniger bei marktüblichen Modellen sozialer

Roboter sind diese Fähigkeiten bereits ansatzweise vorhanden. Trotz der Komplexität zwischenmenschlicher Empathie können also soziale Roboter Empathie evozierende Aspekte übernehmen und Empathie zwischen Menschen und Robotern entstehen lassen. Soziale Roboter können über Dialoggestaltung, durch aktives Zuhören, ihre Stimmlage, formelle und informelle Kommunikation, Humor, Selbstoffenbarung, Blickkontakt, Körperhaltung, Gestik und Mimik empathisches Verhalten zumindest rudimentär ausdrücken. Eine menschenähnliche Gestalt scheint gegenüber diesen Verhaltensaspekten eine untergeordnete Rolle zu spielen.

Einhergehend mit diesem optimistischen Analyseergebnis bezogen auf „empathiefähige" soziale Roboter stellt sich die Frage, in welchen Situationen bei welchen Aufgaben und in welchen rollenbezogenen Kontexten ein Einsatz solcher Roboter sinnvoll ist und wo nicht. In Situationen, in denen Roboter mit Menschen kollaborieren müssen, um gemeinsam Aufgaben zu erfüllen wie z. B. in Mensch-Roboter-Teams, oder wenn der Roboter soziale Unterstützungsfunktionen übernimmt wie z. B. in der Betreuung von autistischen Kindern, von älteren Erwachsenen, von Personen mit beginnender Demenz oder auch als Lerntutor in der Aus- und Weiterbildung, dann sind empathische Interaktionsweisen in jedem Fall relevant (Paiva et al. 2017). In solchen Situationen scheinen auch die beteiligten Menschen eine emotionale und empathische Interaktionsweise des Roboters zu bevorzugen. Eine Qualifizierungsarbeit (Renggli et al. 2020) an der Hochschule für Angewandte Psychologie FHNW zeigte, dass es je nach Kontext und Aufgabe Präferenzunterschiede gibt, wie emotional ein sozialer Roboter mit seinen Nutzenden interagieren sollte. Im Rahmen der Studie wurde der Fragestellung nachgegangen, ob Nutzende eine emotionale oder eine eher technische Interaktionsform bei sozialen Robotern bevorzugen. Dafür wurde mit 30 Versuchsteilnehmenden ein Experiment mit anschließendem Interview durchgeführt, wobei die Teilnehmenden zweimal mit einem sozialen Roboter interagierten. In einer Bedingung wurde die Ausdrucksform des Roboters sehr emotional gestaltet, in der anderen Bedingung sehr technisch. Die Teilnehmenden wurden anschließend gefragt, welche Interaktionsform sie für welchen beruflichen Kontext bevorzugen und was die Gründe dafür sind. Die Ergebnisse der Studie zeigten eine generelle Präferenz einer emotionalen Interaktion. Dies v. a. dann, wenn ein sozialer Roboter zum Beispiel als Tutor in einer Schule, als Empfangsperson in einem Hotel oder als Betreuungsperson in einem Altersheim eingesetzt wird. Begründet wurde die Einschätzung damit, dass in diesen Kontextbereichen die soziale Interaktion zwischen den Nutzenden und dem Roboter im Vordergrund steht. Es spricht somit einiges dafür, die Mensch-Roboter-Interaktion in diesen Aufgabenkontexten auf empathische Perspektivenübernahme auszulegen. Hingegen sollten Roboter, die in der industriellen Produktion als Assistenz eingesetzt werden, eher nicht emotional interagieren. Hier steht die effiziente und schnelle Aufgabenerfüllung im Vordergrund und eine emotionale Verhaltensweise des Roboters kann hier störend oder ablenkend wirken, wie es Onnasch und Rösler (2020) zeigen konnten. Wie stark soziale Roboter empathische und emotionale Verhaltensweisen zum Ausdruck bringen sollten, ist also vom konkreten Kontext und den spezifischen Aufgaben abhängig.

Literatur

Altmann T (2015) Empathie in sozialen und Pflegeberufen: Entwicklung und Evaluation eines Trainingsprogramms. Springer, Wiesbaden

Appel J, von der Pütten A, Krämer NC, Gratch J (2012) Does humanity matter? Analyzing the importance of social cues and perceived agency of a computer system for the emergence of social reactions during human-computer interaction. Adv Hum Comput Interact 2012:1–10

Bemelmans R, Gelderblom GJ, Spierts N, Jonker P, de Witte L (2013) Development of robot interventions for intramural psychogeriatric care. GeroPsych 26(2):113–120

Breazeal C (2003) Toward sociable robots. Robot Auton Syst 42(3–4):167–175

Breazeal C (2005) Socially intelligent robots. Interactions 12(2):19

Broadbent E (2017) Interactions With Robots: The Truths We Reveal About Ourselves. Annual Review of Psychology 68(1):627–652

Cavallo F, Semeraro F, Fiorini L, Magyar G, Sinčák P, Dario P (2018) Emotion modelling for social robotics applications: a review. J Bionic Eng 15(2):185–203

Cramer H, Goddijn J, Wielinga B, Evers V (2010) Effects of (in) accurate empathy and situational valence on attitudes towards robots.In: 2010 5th ACM/IEEE international conference on human-robot interaction (HRI), Osaka, S 141–142

De Carolis B, Ferilli S, Palestra G (2017) Simulating empathic behavior in a social assistive robot. Multimed Tools Appl 76(4):5073–5094

Eyssel F, Hegel F, Horstmann G, Wagner C (2010) Anthropomorphic inferences from emotional nonverbal cues: a case study. In: 19th international symposium in robot and human interactive communication, Viareggio, S 646–651

Fong T, Nourbakhsh I, Dautenhahn K (2003) A survey of socially interactive robots. Robot Auton Syst 42(3–4):143–166

Hall J, Tritton T, Rowe A, Pipe A, Melhuish C, Leonards U (2014) Perception of own and robot engagement in human–robot interactions and their dependence on robotics knowledge. Robot Auton Syst 62(3):392–399

Hegel F, Spexard T, Wrede B, Horstmann G, Vogt T (2006) Playing a different imitation game: interaction with an empathic android robot. In: 2006 6th IEEE-RAS international conference on humanoid robots. University of Genova, Genova, S 56–61

Heyes C (2018) Empathy is not in our genes. Neurosci Biobehav Rev 95:499–507

Hoffman G (2012) Embodied cognition for autonomous interactive robots. Top Cogn Sci 4(4):759–772

Johanson DL, Ahn HS, MacDonald BA, Ahn BK, Lim JY, Hwan E, Sutherland CJ, Broadbent E (2019) The effect of robot attentional behaviors on user perceptions and behaviors in a simulated health care interaction: randomized controlled trial. J Med Internet Res 21(10):e13667

Johanson DL, Ahn HS, Broadbent E (2020) Improving interactions with healthcare robots: A review of communication behaviours in social and healthcare contexts. International Journal of Social Robotics. Advance online publication. https://doi.org/10.1007/s12369-020-00719-9

Klein J, Moon Y, Picard RW (2002) This computer responds to user frustration. Interact Comput 14(2):119–140

Kwak SS, Yunkyung K, Eunho K, Shin C, Kwangsu C (2013) What makes people empathize with an emotional robot?: the impact of agency and physical embodiment on human empathy for a robot. In: 2013 IEEE international symposium on robot and human interactive communication (RO-MAN), Gyeongju, S 180–185

Leite I, Pereira A, Mascarenhas S, Martinho C, Prada R, Paiva A (2013) The influence of empathy in human–robot relations. Int J Hum Comput Stud 71(3):250–260

Mayukha A, Andrade I, Cone J (2020) Opposing contributions of psychologically distinct components of empathy to empathic accuracy. J Exp Psychol Gen 149(11):2169–2186

Niculescu A, van Dijk B, Nijholt A, Li H, See SL (2013) Making social robots more attractive: the effects of voice pitch, humor and empathy. Int J Soc Robot 5(2):171–191

Onnasch L, Roesler E (2020) A taxonomy to structure and analyze human–robot interaction (29 June 2020). Int J Soc Robot

Paiva A, Leite I, Boukricha H, Wachsmuth I (2017) Empathy in virtual agents and robots: a survey. ACM Trans Interactive Intell Syst 7(3):1–40

Pereira A, Leite I, Mascarenhas S, Martinho C, Paiva A (2011) Using empathy to improve human-robot relationships (Lecture Notes of the Institute for Computer Sciences, Social Informatics and Telecommunications Engineering). In: Lamers MH, Verbeek FJ (Hrsg) Human-robot personal relationships, Bd 59. Springer, Berlin/Heidelberg, S 130–138

Prinz W (1997) Perception and action planning. Eur J Cogn Psychol 9(2):129–154

Renggli P, Tanner A, Schulze H (2020) Empathische Kommunikation in der Mensch-Roboter-Interaktion – Eine Untersuchung an der Hotelrezeption. 66. Frühjahrskongress der Gesellschaft für Arbeitswissenschaft (GfA), Berlin, 16. – 18. März 2020, S 1–7

Robaczewski A, Bouchard J, Bouchard K, Gaboury S (2020) Socially assistive robots: the specific case of the NAO. Int J Soc Robot

Roberts-Yates C, Silvera D (2019) Better education opportunities for students with intellectual disabilities and autism spectrum disorder through digital technology. Int J Spec Educ 34(1):14

Rogers CR (1975) Empathic: an unappreciated way of being. Couns Psychol 5(2):2–10

Rosenthal-von der Puetten AM, Kraemer NC, Hoffmann L, Sobieraj S, Eimler SC (2013) An experimental study on emotional reactions towards a robot. Int J Soc Robot 5(1):17–34

Roth M, Altmann T (2021) Empathie und Belastung – eine psychologische Perspektive auf empCARE. In: Thiry L, Schönefeld V, Deckers M, Kocks A (Hrsg) empCARE: Arbeitsbuch zur empathiebasierten Entlastung in Pflege- und Gesundheitsberufen. Springer Berlin Heidelberg, Berlin/Heidelberg, S 1–10

Roth M, Altmann T, Schönefeld V (2016) Einleitung: Definitionen, Modelle und Trainierbarkeit von Empathie. In: Roth M, Schönefeld V, Altmann T (Hrsg) Trainings- und Interventionsprogramme zur Förderung von Empathie. Springer, Berlin/Heidelberg, S 1–10

Ruhland K, Peters CE, Andrist S, Badler JB, Badler NI, Gleicher M et al (2015) A review of eye gaze in virtual agents, social robotics and HCI: behaviour generation, user interaction and perception: a review of eye gaze. Comput Graphics Forum 34(6):299–326

Singer T (2004) Empathy for pain involves the affective but not sensory components of pain. Science 303(5661):1157–1162

Tanner A, Urech A, Schulze H (2020) Roboter Nao Senior Solution. Einsatz sozialer Roboter zur Aktivierung von Seniorinnen und Senioren – Erkenntnisse aus einer Feldstudie in 4 Alters- und Pflegeheimen. Forschungsbericht Hochschule für Angewandte Psychologie, FHNW

Vignemont F, Singer T (2006) The empathic brain: how, when and why? Trends Cogn Sci 10(10):435–441

Zhao S (2006) Humanoid social robots as a medium of communication. New Media Soc 8(3):401–419

In den Armen der Maschine

18

Umarmungen durch soziale Roboter und von sozialen Robotern

Leonie Stocker, Ümmühan Korucu und Oliver Bendel

Eine durchschnittliche Umarmung dauert maximal vier oder fünf Sekunden.

(David Schnarch)

Zusammenfassung

Umarmungen sind für das Wohlbefinden von Menschen jeden Alters wichtig. Nicht alle können von jemandem umarmt werden oder jemanden umarmen, etwa weil sie einsam, alleinstehend oder isoliert sind. Bei Pandemien besteht die Gefahr einer ungenügenden Anzahl von Umarmungen auch bei der breiten Bevölkerung. Soziale Roboter können Menschen umarmen, Menschen können soziale Roboter umarmen. Die Frage ist, ob der Wunsch danach überhaupt besteht, was die Wirkung und was der Nutzen einer robotischen Berührung ist und wie man durch gestalterische und technische Maßnahmen das Wohlbefinden bei einer robotischen Umarmung verbessern kann. Der vorliegende Beitrag geht zunächst auf die Theorie der Umarmung ein und sammelt einige Fakten und Resultate von Studien hierzu. Dann untersucht er die Möglichkeit robotischer Um-

Ü. Korucu
Oberentfelden, Schweiz

L. Stocker
Aarau, Schweiz

O. Bendel (✉)
FHNW, Windisch, Switzerland
E-Mail: oliver.bendel@fhnw.ch

© Der/die Autor(en), exklusiv lizenziert durch Springer Fachmedien Wiesbaden GmbH, ein Teil von Springer Nature 2021
O. Bendel (Hrsg.), *Soziale Roboter*, https://doi.org/10.1007/978-3-658-31114-8_18

armungen. Schließlich wird eine Onlineumfrage mit fast 300 Teilnehmerinnen und Teilnehmern, die 2020 an der Hochschule für Wirtschaft FHNW durchgeführt wurde, vorgestellt und zusammengefasst.

18.1 Einleitung

Laut der amerikanischen Psychotherapeutin Virginia Satir brauchen wir – so wird sie in zahlreichen Medien zitiert – vier Umarmungen pro Tag zum Überleben, acht Umarmungen pro Tag für den Unterhalt und 12 Umarmungen pro Tag für das Wachstum (Comaford 2020). Selbst wenn man solche Zahlen nicht ganz ernst nehmen sollte – sie unterstreichen die Bedeutung der menschlichen Interaktion sowohl für das geistige als auch für das körperliche Wohlbefinden (Haitoglou 2017). Umarmungen lösen nicht allein eine hormonelle Reaktion aus, nämlich die Freisetzung von Oxytocin, das Stress abbaut und das Glücksgefühl steigert, sondern sie sind tatsächlich in vielerlei Hinsicht wichtig, vielleicht überlebenswichtig. Untersuchungen haben gezeigt, dass soziale Isolation und mangelnder Körperkontakt das Sterblichkeitsrisiko um fast 30 % erhöhen.

Man würde allgemein erwarten, dass eine solche Interaktion nur zwischen zwei Lebewesen stattfinden kann, in erster Linie zwischen Menschen oder vielleicht zwischen einem Menschen und seinem geliebten Haustier. Daher scheint die Verfügbarkeit eines anderen Menschen unverzichtbar zu sein. Die Zahl der Singlehaushalte nimmt jedoch ständig zu, ebenso der Anteil der älteren Menschen an der Bevölkerung. Dies sind lediglich zwei Szenarien, die eine mögliche Knappheit an sozialer Interaktion beschreiben. Darüber hinaus hat die COVID-19-Pandemie, die zu sozialer Isolation geführt hat, die Bedeutung von menschlicher Annäherung und körperlicher Berührung gezeigt. Aber was, wenn es möglich wäre, künstlich eine Umarmung zu kreieren, und wenn ein Roboter Menschen in zufriedenstellender Weise umarmen könnte?

Der vorliegende Beitrag geht zunächst auf die Theorie der Umarmung ein und sammelt einige Fakten und Resultate von Studien hierzu. Dann untersucht er die Möglichkeit robotischer Umarmungen. Schließlich wird eine Onlineumfrage zu Umarmungen von Menschen und zwischen Menschen und Robotern mit ca. 300 Teilnehmerinnen und Teilnehmern, die 2020 im Rahmen einer Abschlussarbeit an der Hochschule für Wirtschaft FHNW durchgeführt wurde, vorgestellt und zusammengefasst (Stocker und Korucu 2020). Ein Ziel war es gewesen, Erkenntnisse zu einem geplanten Umarmungsroboter namens HUGGIE zu gewinnen. In einer Zusammenfassung mit Ausblick werden Überlegungen zu weiterer Forschung angestellt.

18.2 Grundsätzliche Erkenntnisse zu Umarmungen

Umarmungen gehören seit jeher zum menschlichen Umgang miteinander. Die Felsbilder im Latmosgebirge (8000 – 4000 v.u.Z.) zeigen Paare, die sich verfolgen und begegnen, die sich nahe sind, sich berühren und sich umarmen (Vierzig 2009). Beschreibungen des Umarmens finden sich auch in den „Metamorphosen" von Ovid, einem der wichtigsten Werke der Menschheitsgeschichte (Ovid 2004). Die Bergnymphe Echo trat mit ausgestreckten Armen auf den von ihr geliebten Narziss zu. Der entzog sich jedoch ihrer Umarmung. Die Unglückliche versteckte sich daraufhin in einer Höhle und verschmähte die Nahrung, bis sie nur noch aus Stimme bestand. Wir hören sie, wenn wir selbst unsere Stimme erheben.

Das deutsche Wort stellt die Arme des Umarmenden in den Vordergrund. Das englische „hugging" ist vom angelsächsischen bzw. germanischen „hog" oder „hagen" abgeleitet, was „to be tender of, to embrace" bedeutet (Kluge und Götze 1930, zitiert nach Forsell und Aström 2011). Es kann definiert werden als „salutation display that demonstrates that we wish someone well, or at the very least, that we wish them no harm" (Morris 1977, S. 77). Nach derselben Quelle sendet das Umarmen Signale der Freundlichkeit oder der Abwesenheit von Feindseligkeit aus. Laut Cambridge Dictionary wird es wie folgt definiert: „to hold someone close to your body with your arms, usually to show that you like, love, or value them" (Cambridge Dictionary o. D.).

Zusammen mit anderem Berührungsverhalten wie dem Händchenhalten wird das Umarmen verwendet, um Zuneigung zu zeigen (Murphy et al. 2018) oder um Empathie und Trost auszudrücken (Forsell und Aström 2011). Es kommt oft im Zusammenhang mit dem Abschied oder der Dankbarkeit nach dem Erhalt eines Geschenks vor (Morris 1977). Umarmungen können auch eine symbolische Geste sein, wenn sie zwischen Politikern stattfinden oder einen ideologischen Standpunkt veranschaulichen, zum Beispiel bei den sogenannten „Baumumarmern" („tree huggers"), die Bäume durch Umarmungen schützen wollen (Forsell und Aström 2011). Darüber hinaus wird eine Umarmung als eine Form der Begrüßung verwendet, meist zwischen Menschen, die in einer engen Beziehung zueinander stehen, wie Freunden oder Familienmitgliedern. Zurückhaltendere Formen der Begrüßung wie ein Nicken oder ein Händedruck sind bei der Begrüßung von Kollegen oder zufälligen Bekannten üblich (Forsell und Aström 2011). Während der COVID-19-Pandemie kamen neue Gesten wie der Ellbogengruß auf.

Nach Morris (1977) ist eine Umarmung ein Zusammendrücken, bei dem beide Arme um den Körper des Partners geschlungen werden, was zu einem engen Oberkörper- und Kopfkontakt führt. Sie beinhaltet oft andere Handlungen wie Küssen, Streicheln der Rückenpartie oder des Kopfs, aber auch Augenkontakt, Lächeln, Lachen oder Weinen (Morris 1977). Das Umarmen tangiert zahlreiche Aspekte wie Gesichtsausdrücke, Körperbewegungen oder das Konzept der Proxemik, das beschreibt, wie eine Person ihren persönlichen Raum bei der Interaktion mit anderen nutzt (Harper et al. 1978). Ausgehend von den vier zwischenmenschlichen Distanzzonen, die in der (durchaus kontrovers diskutierten) Theorie der Proxemik definiert sind, findet eine Umarmung in der ersten Zone statt, dem sogenannten „intimen oder engen Abstand" („intimate or close distance") mit einer Distanz von 0 bis 15 cm (Hall 1968).

Straker (2002) unterschied fünf Variablen des Umarmens, nämlich die Position der Hände und Arme, die Körperposition, den ausgeübten Druck, die Intensität der Körperberührung und das Geschlecht der beteiligten Personen. Die Handposition meint die Aktivität der Hände und Arme, die die zu umarmende Person umkreisen, reiben oder auf den Rücken klopfen können (Forsell und Aström 2011). Die Körperposition variiert, je nachdem, wer das Gegenüber beim Umarmen ist. Eine sogenannte „Schulterumarmung" beinhaltet weniger Körperkontakt, da sich beide Beteiligte nach vorne beugen, um eine Tabuzone wie den weiblichen Oberkörper (Jourard und Friedman 1970) oder den Genitalbereich (Straker 2002) nicht zu berühren. Daher wird eine Schulterumarmung eher als Begrüßung verwendet, insbesondere zwischen zwei Personen des anderen Geschlechts ohne tiefere Beziehung, eine Ganzkörperumarmung dagegen eher in einer romantischen Umgebung. Eine Umarmung zwischen zwei Personen, die Seite an Seite stehen und einen Arm um die Schultern des Partners legen, wird oft als „brüderliche" oder „schwesterliche" Umarmung angesehen (Forsell und Aström 2011). Eine Umarmung von hinten tritt in erster Linie unter Menschen auf, die einander sehr gut kennen, da sie bedingungsloses Vertrauen erfordert (Straker 2002). Das Ausmaß des Drucks, der mit einer Umarmung verbunden ist, kann als Hinweis auf die Wertschätzung gegenüber der anderen Person gedeutet werden, während eine enge Umarmung große Zuneigung aufzeigt (Forsell und Aström 2011). Nicht zuletzt ist zwischen dem Umarmen und dem Umarmtwerden zu unterscheiden.

Jakubiak und Feeney (2016) argumentieren, dass eine liebevolle Berührung die Entwicklung und das kollektive Funktionieren einer starken sozialen Beziehung sowie das geistige und körperliche Wohlbefinden des Einzelnen fördert. Eine 2018 veröffentlichte Studie erweiterte diesen Ansatz und untersuchte, ob Umarmungen das Konfliktverhalten verbessern können. Es nahmen 404 Erwachsene teil, und die Ergebnisse deuteten darauf hin, dass es eine positive Korrelation zwischen dem Erhalt einer Umarmung und einer verringerten Konfliktbelastung gibt. Konkret zeigten die Teilnehmerinnen und Teilnehmer, die umarmt wurden, ein abgeschwächtes konfliktbezogenes affektives Verhalten (Murphy et al. 2018). Frühere empirische Forschungen haben bewiesen, dass zwischenmenschliche Berührungen Stress reduzieren. Wenn sie von ihrem Partner umarmt oder berührt wurden, berichteten Teilnehmer eines experimentellen Laborstresstests über weniger Stress. Dementsprechend suchten unter Stress stehende Prüflinge stärker nach Berührungen durch ihren Partner (Robinson et al. 2015). Die Forschung hat überdies gezeigt, dass der Blutdruck besonders empfindlich auf die Interaktion zwischen den Partnern reagiert und dass das Risiko einer kardiovaskulären und Gesamtmortalität mit dem Grad der emotionalen Unterstützung durch den Ehepartner oder Partner zusammenhängt (Light et al. 2005). Dies wurde von Light et al. (2005) bestätigt, als sie herausfanden, dass häufigere Partnerumarmungen und die damit verbundenen höheren Oxytocinspiegel mit einem niedrigeren Blutdruck und einer niedrigeren Herzfrequenz zusammenhängen.

Eine von Yoshida et al. (2020) von der Toho-Universität in Tokyo durchgeführte Studie ergab, dass Umarmungen ein entscheidender Faktor für eine frühe Bindung zwischen Eltern und ihrem Nachwuchs sind. Die Herzfrequenzen der Säuglinge wurden untersucht, während sie von ihren Eltern und vergleichsweise von Fremden gehalten, umarmt und fest umarmt wurden. Wenn sie von ihren Eltern umarmt wurden, reagierten sie mit einer verminderten Herzfrequenz und einer erhöhten parasympathischen Aktivität. In ähnlicher Weise reagierten die Erzeuger positiv, wenn sie ihren Nachwuchs umarmten (Yoshida et al. 2020). Darüber hinaus spielt das Umarmen eine wichtige Rolle bei der emotionalen Erziehung. Häufige Umarmungen zusammen mit einer beruhigenden und einfühlsamen Sprache sind entscheidende Faktoren, wenn es darum geht, das Vertrauen eines Kindes in sich selbst und andere zu entwickeln (Bowlby 1969). Eine 2011 durchgeführte Studie ergab sogar, dass eine Selbstumarmung positive Auswirkungen hat. 20 Testpersonen wurden kleinen Schmerzempfindungen ausgesetzt, die durch einen Laserstrahl hervorgerufen wurden. Beim Überkreuzen der Arme über der Mittellinie, ähnlich dem Umarmen, berichteten die Teilnehmer, dass sie weniger Schmerzen empfanden (Gallace et al. 2011). Darüber hinaus kann eine Selbstumarmung das Selbstmitgefühl steigern, was wiederum zu einer Senkung des Cortisolspiegels und einem verbesserten Wohlbefinden führt (Neff o. D.).

So zahlreich die Vorteile des Umarmens sind, so drastisch sind die negativen Auswirkungen, wenn es den Menschen an sozialer Interaktion mangelt. Ein Phänomen, das als „Hauthunger" („skin hunger") bezeichnet wird, beschreibt das biologische Bedürfnis nach menschlichen Berührungen und die physischen und psychischen Folgen mangelnder menschlicher Berührungen (Kale 2020). Es war während der COVID-19-Pandemie und der damit verbundenen strengen Kontaktbeschränkungen aktueller denn je. Die European Public Health Alliance (EPHA) argumentiert, dass der eingeschränkte Zugang zu alltäglichen Aktivitäten und insbesondere zur sozialen Interaktion eine Bedrohung für die psychische und physische Gesundheit der Menschen darstellt. Angst, Apathie oder Einsamkeit sind bloß einige der Folgen (Zaharieva 2020). Darüber hinaus wurde beobachtet, dass Einsamkeit gesundheitliche Probleme wie Herzkrankheiten, Depressionen oder Demenz fördert (Miller 2020). Eine Metastudie, die 148 bestehende Studien mit insgesamt über 300.000 Teilnehmern analysierte, ergab, dass chronische soziale Isolation das Sterblichkeitsrisiko um 29 % erhöht, womit Einsamkeit tödlicher ist als Übergewicht oder das Rauchen von 15 Zigaretten pro Tag. Mit anderen Worten: Ein solides soziales Netzwerk beeinflusst die körperliche Gesundheit stärker als sportliche Betätigung (Holt-Lunstad et al. 2010).

Laut Karen Dolva, Gründerin des norwegischen Start-up-Unternehmens No Isolation, das unfreiwillige Einsamkeit reduzieren will, sind die Gruppen, die der sozialen Isolation am stärksten ausgesetzt sind, ältere Menschen über 80 Jahre und Kinder oder Jugendliche, die an Langzeiterkrankungen leiden (Fearn 2018). Marius Aabel, Mitbegründer von No Isolation, veranschaulichte in einem Podcast die drastischen Folgen, die chronische Einsamkeit haben kann. 20 % der Kinder, die in ihrer Kindheit sechs Monate oder länger im Krankenhaus waren, haben aufgrund der sozialen Isolation, die sie erlebt haben, Schwierigkeiten, später eine Arbeit zu finden (von Alvensleben 2018). Im höheren Alter tragen die eingeschränkte Mobilität und die verminderten wirtschaftlichen Ressourcen sowie der Verlust von Altersgenossen zu verstärkter sozialer Isolation und Einsamkeit bei, was zu einem erhöhten Risiko für Herz-Kreislauf-Erkrankungen und Infektionskrankheiten sowie zu einem Rückgang der kognitiven Fähigkeiten führt (Steptoe et al. 2013).

Die positiven Auswirkungen der sozialen Interaktion auf den Stress beschränken sich nicht auf die Berührung durch einen romantischen Partner. Eine von Coan et al. (2006) verantwortete Studie, die die Hirnaktivität von Testpersonen untersuchte, die sich bedroht fühlten, machte deutlich, dass Teilnehmer, die eher von Fremden als von ihren Partnern berührt wurden, weniger negative Reaktionen während einer künstlichen Stresssituation zeigten. Überraschenderweise brachte ein von Shiomi et al. 2016 durchgeführtes Experiment ans Tageslicht, dass die Berührung durch Roboter auch das menschliche Verhalten positiv beeinflusst. Den Teilnehmern wurde eine einfache und monotone Aufgabe gestellt, und ihre Anstrengungen wurden mit und ohne Roboterberührungsinteraktion beobachtet. Das Experiment zeigte, dass bei vorhandener Berührungsinteraktion, entweder vom Roboter zum Menschen oder umgekehrt, die Anstrengungen der Teilnehmer erleichtert wurden (Shiomi et al. 2016). Aufgrund ihrer Bedeutung für die soziale Interaktion und die gesundheitlichen Vorteile wurden Umarmungen für Robotiker interessant, und die Idee, dass eines Tages Roboter Menschen so umarmen könnten, wie Menschen einander umarmen, wurde geboren (Block und Kuchenbecker 2018).

Die künstliche Nachbildung dieser menschlichen Geste brachte verschiedene Herausforderungen mit sich. Eine davon war, dass sich das menschliche Gegenüber während der mechanischen Umarmung sicher und wohl fühlen sollte (Block und Kuchenbecker 2018). Block und Kuchenbecker (2018) argumentieren, dass die physikalischen Eigenschaften eines Objekts ein entscheidender Faktor dafür sind, wie Interaktionen wahrgenommen werden. Darüber hinaus behaupten sie, dass Wärme und Weichheit zwei beruhigende physikalische Eigenschaften sind, die, insbesondere wenn sie kombiniert werden, die Wahrnehmung positiv beeinflussen. Ein Test mit 30 Teilnehmern bestätigte dies – diese bevorzugten warme und weiche Umarmungen gegenüber harten und kalten (Block und Kuchenbecker 2018). Block und Kuchenbecker (2018) fanden zudem heraus, dass die ideale Umarmung ein körperliches Zusammendrücken mit sofortigem Loslassen beinhaltet, sobald der Teilnehmer den Vorgang beenden möchte.

18.3 Projekte zu Umarmungen durch Roboter und von Robotern

In diesem Kapitel werden mehrere Projekte zu robotischen Umarmungen vorgestellt. Zunächst wird das bereits erwähnte Experiment mit PR2, mit dem herausgefunden werden sollte, ob ein Roboter den Menschen in für diesen angenehmer Weise umarmen kann, einer näheren Untersuchung unterzogen. Dann werden ARMAR-IIIb, Telenoid R1 und Hugvie sowie The Hug präsentiert. Die Roboter aus den beiden erstgenannten Projekten waren relativ groß und konnten Menschen umarmen, während die anderen vor allem dazu da sind oder waren, umarmt zu werden.

18.3.1 PR2

Basierend auf früheren Forschungen zum Thema der sozialen Interaktion von Robotern fanden Block und Kuchenbecker heraus, dass Menschen die Interaktion mit einem Roboter als angenehmer empfinden, wenn die Roboter die Unterhaltung initiieren und Engagement zeigen, zum Beispiel durch Gesten. Darüber hinaus scheint es von besonderer Bedeutung zu sein, dass ein Roboter das Verhalten seines menschlichen Gegenübers widerspiegelt, was als „Chamäleon-Effekt" („The Chameleon Effect") bekannt ist. Daher entwarfen die Forscherinnen ihr Experiment nach diesen Erkenntnissen und testeten, ob ein humanoider Roboter, der berührungsempfindlich, warm und weich ist, Menschen in zufriedenstellender Weise umarmen kann, indem er Umarmungsdruck und -dauer modifiziert. Sie untersuchten die Bedeutung von Wärme und Weichheit während einer Umarmung, indem sie den Roboter PR2 mit Schaumstoff und Stoff bedeckten und an seiner Außenseite Heizelemente anbrachten (Block und Kuchenbecker 2018). Darüber hinaus wurden die Höhe und der Anpressdruck des Roboters an die physischen Eigenschaften der einzelnen Testpersonen angepasst. Um eine angemessene Dauer der Umarmung zu gewährleisten, wurden haptische Sensoren verwendet. Damit konnten Beginn und Ende der Umarmung durch Messung der Intensität des menschlichen Kontakts bestimmt werden.

Block und Kuchenbecker testeten die Roboterumarmung unter drei Versuchsbedingungen: hart-kalt, weich-kalt und weich-warm. Genauer gesagt befand sich der Roboter PR2 entweder in seinem ursprünglichen Zustand ohne zusätzliches Material (hart-kalt), trug Stoff- und Schaumstoffschichten (weich-kalt) oder war mit in den Stoff eingenähten beheizbaren Kissen ausgestattet (weich-warm). 30 Testpersonen umarmten PR2 – der den Probanden als HuggieBot vorgestellt wurde – im weich-warmen Zustand während des Experiments (Block und Kuchenbecker 2018). Dieses zeigte, dass die Schaumstoff- und Gewebeschicht den Komfort und das Sicherheitsgefühl der Testpersonen während der Umarmung erhöhte, was zu der Schlussfolgerung führte, dass die Menschen lieber einen weichen als einen harten Roboter umarmten. Die signifikanteste Auswirkung auf die wahrgenommene Sicherheit und den wahrgenommenen Komfort wurde jedoch durch die Wärmezufuhr erzielt. So kamen die beiden Forscherinnen zu dem Schluss, dass im Zusammenhang mit Umarmungen ein warmer Roboter gegenüber einem kalten bevorzugt wird. Weichheit, Wärme und Reaktionsfähigkeit sind Faktoren, die die Qualität von Roboterumarmungen signifikant beeinflussen (Block und Kuchenbecker 2018).

18.3.2 ARMAR-IIIb

Trovato et al. (2016) untersuchten die Wirkung des visuellen und taktilen Erscheinungsbilds eines sozialen Roboters im Rahmen einer physischen Interaktion mit Menschen. Während ihres Experiments veränderten die Forscher das Aussehen des recht technisch gestalteten, aber humanoiden Roboters ARMAR-IIIb, indem sie Drähte und Metallteile mit Kleidung bedeckten und unter zwei experimentellen Bedingungen, nämlich ohne und mit Kleidung, testeten (Trovato et al. 2016). Im angezogenen Zustand wurde zusätzlich zu der Kleidung eine Kopfbedeckung verwendet.

Da der Roboter normalerweise einfache Aufgaben in einer Küchenumgebung ausführt (womit er als Serviceroboter klassifiziert werden kann), bekleideten ihn die Forscherinnen und Forscher mit einer Schürze. Darüber hinaus wurden das Hörfeld und der Tastsinn manipuliert, indem der Stecker der Roboterhand aktiviert oder deaktiviert wurde, der in einem Abstand von 50 cm ein Maschinengeräusch von 65 Dezibel Lautstärke sowie eine Vibration erzeugt.

Anschließend umarmten 24 Teilnehmerinnen und Teilnehmer den Roboter. Es wurde bestätigt, dass die Verwendung von Kleidung einen positiven Effekt hat, während sich Lärm und Vibrationen (zumindest in der verwendeten Form) als ungünstig erwiesen. Als Schlussfolgerung betonten die Autoren die Bedeutung eines benutzerfreundlichen Designs sowie der auditiven Wahrnehmung, wenn es um die physische Interaktion zwischen Mensch und Roboter geht (Trovato et al. 2016).

18.3.3 Telenoid R1 und Hugvie

Die Forschung zu Telenoid R1 bestätigte ebenfalls, dass Umarmungen mit Robotern ähnlich positive Auswirkungen auf den Menschen haben wie menschliche Berührungen, insbesondere für ältere Teilnehmerinnen und Teilnehmer (Ogawa et al. 2011a). Der Telenoid R1 ist ein Roboter mit groben menschlichen Zügen, der die Anwesenheit einer Person imitieren soll. Er ist weder männlich noch weiblich, weder alt noch jung. Ein Teleoperationssystem zusammen mit der Fähigkeit, minimale Gesichtsausdrücke zu imitieren, ermöglicht es ihm, sich ähnlich wie ein Mensch zu verhalten. Darüber hinaus besteht seine Haut aus hochwertigem Silikon, das der menschlichen Haut ähnelt, was zu einem angenehmen haptischen Erlebnis beiträgt.

Ogawa et al. (2011b) führten einen Feldtest durch, bei dem die Akzeptanz eines Roboters wie Telenoid R1 bei den Besuchern einer Veranstaltung über Medienkunst untersucht wurde. Während des Experiments wurden die Testpersonen gebeten, auf einem Sofa neben Telenoid R1 zu sitzen und ein Gespräch mit ihm zu beginnen. Anschließend wurden sie vom Forschungsteam befragt. Interessanterweise gab die Hälfte der Teilnehmer an, dass sie Telenoid R1 nicht auf den ersten Blick ansprechend fanden (eigentlich sieht er sogar regelrecht abstoßend aus, wie einer der Väter, Hiroshi Ishiguro, auf der Konferenz Robophilosophy 2018 in Wien unverhohlen einräumte), sondern dass ihr Eindruck nach der Umarmung des Roboters verbessert wurde. Daher führte die Umarmungsinteraktion auch zu einer verbesserten Wahrnehmung des Roboters als solchem (Ogawa et al. 2011b).

Die positiven Auswirkungen von Roboterumarmungen auf den Menschen wurden zudem in Experimenten mit einem Roboter namens Hugvie – ebenfalls aus den Ishiguro Labs – untersucht. Ähnlich wie Telenoid R1 ist Hugvie ein Kommunikationsgerät, das den Aufbau von Beziehungen erleichtern soll, indem es den Benutzern die Möglichkeit bietet, eine andere Person an einem entfernten Ort in imaginärer Weise zu umarmen. Genauer gesagt, der Benutzer umfasst die weiche, kleine Gestalt, während er die Stimme des Partners hört, die aus einem in eine Tasche am Kopf eingelegten Handy kommt. Um die Wirksamkeit von Hugvie herauszufinden, untersuchten die Forscher das Umarmungsverhalten von Testpersonen in sogenannten „Mit-Umarmung"- und „Ohne-Umarmung"-Situationen. Erstere beinhalteten Umarmungen mit Hugvie, letztere lediglich ein Bluetooth-Headset zur Kommunikation mit dem Partner. Die Studie zeigte, dass die Teilnehmer bei der Interaktion mit Hugvie während des Gesprächs mit einer weit entfernten Person das Gefühl hatten, dass sie eine gute Beziehung aufbauen und dass sie geliebt, nicht nur gemocht werden (Kuwamura et al. 2014).

18.3.4 The Hug

Ein dem Telenoid und dem Hugvie ähnlicher sozialer Roboter, genannt The Hug, wurde 2003 vorgestellt. Die Forscher DiSalvo, Gemperle, Forlizzi und Montgomery schufen ein Design für ein Produkt, das die virtuelle persönliche Kommunikation erleichtert. Die Absicht hinter The Hug war es, Großeltern und Enkelkinder, die meist nicht im selben Haushalt leben, in die Lage zu versetzen, ihre Beziehung über Distanz aufrechtzuerhalten. Zu diesem Zweck befindet sich ein Hug in der Wohnung des Absenders und des Empfängers. Wird eine Umarmung gesendet, leuchtet der Hug des Empfängers und spielt eine Melodie. Wird er hochgehoben und sein linker Arm gedrückt, wird eine Telefonverbindung zwischen Sender und Empfänger hergestellt, und sie können miteinander sprechen. Wenn eine Person den Hug während des Gesprächs streichelt, vibriert der Roboter der anderen Person leise, und beide Umarmungen werden während des Gebrauchs warm, um menschliche Nähe zu simulieren.

Um dem Benutzer eine angenehme Erfahrung zu verschaffen, untersuchten DiSalvo et al. (2003) entscheidende Aspekte wie die körperliche Form, die Materialwahl oder Verhaltensmerkmale. Der Umarmungsroboter wurde als anthropomorphe Form mit zwei Armen, die von einem Torso ausgehen, und runden Formen, die einen Kopf und zwei Füße andeuten, konzipiert. Sie sollte dem menschlichen Körper während der Umarmung entsprechen und selbsterklärend in der Anwendung sein. Darüber hinaus war das Erscheinungsbild an den Kontext angepasst, in dem es verwendet wird, sodass es in einem Schlaf- oder Wohnzimmer nicht fehl am Platze erscheint (DiSalvo et al. 2003). DiSalvo et al. legten mit ihrem Projekt den Schwerpunkt auf ein attraktives Design, das eine angenehme Erfahrung mit der Robotik ermöglicht, und nicht auf die Darstellung technologischer Innovationen.

18.3.5 Robovie

Während Telenoid R1, Hugvie oder The Hug soziale Roboter sind, die sich auf Kommunikation konzentrieren, ist Robovie hauptsächlich interaktionsorientiert. Seine Schöpfer zielten darauf ab, einen sozialen Roboter zu konstruieren, der über umfangreiche physische Fähigkeiten verfügt und in der Lage ist, das für die Interaktion zwischen Roboter und Mensch erforderliche menschenähnliche Verhalten zu erzeugen (Kanada et al. 2002). An dem Projekt waren Wissenschaftler aus zwei verschiedenen Forschungsbereichen beteiligt, nämlich Robotik (unter ihnen wiederum Ishiguro) und Kognitionswissenschaften. Die Zusammenarbeit ermöglichte es ihnen, einen Roboter zu bauen, der seine Körperteile wie der Mensch in den Kommunikationsprozess einbezieht. Robovie hat ein humanoides Äußeres, ist 120 cm groß und wiegt 40 kg. Er hat zwei Arme, einen Kopf und zwei Augen und ist mit einer Reihe von Sensoren ausgestattet, die es ihm ermöglichen, Berührungen wahrzunehmen, zu sehen und zu hören. Darüber hinaus steht er auf einer mobilen Plattform auf Rädern, und 24 Ultraschallsensoren verhindern, dass er mit Hindernissen kollidiert (Kanada et al. 2002).

Es wurde ein Experiment durchgeführt, um die Interaktion zwischen Robovie und einem menschlichen Gegenüber zu untersuchen. Der Roboter wurde während des Experiments von einer Versuchsperson nach dem Weg gefragt und beschrieb dann die Route mit den entsprechenden Gesten. Daraufhin begannen die Testpersonen, die Gesten des Roboters zu spiegeln, was darauf hindeutet, dass sein menschenähnliches Verhalten eine Beziehung zwischen ihm und ihnen geschaffen hat. Darüber hinaus stellten Kanada et al. (2002) fest, dass neben der Gestik auch andere menschenähnliche Verhaltensweisen, wie das Zeigen mit dem Finger, der Blickkontakt oder derselbe Standpunkt, eine Beziehung zwischen dem Roboter und der Versuchsperson herstellen. Insgesamt zeigte das Experiment, dass die Probanden mit Robovie auf ähnliche Weise wie mit anderen Menschen kommunizierten und ihn als mehr oder weniger gleichwertigen Gesprächspartner betrachteten (Kanada et al. 2002). Ein ähnliches Ergebnis wurde in einer anderen Studie mit Robovie erzielt. Kahn et al. (2012) führten ein Experiment mit 90 Kindern im Alter zwischen neun und 15 Jahren durch, die mit dem Roboter interagierten. Jedes Kind verbrachte mit ihm 15 Minuten, in denen es physisches und verbales Sozialverhalten ihm gegenüber zeigte, einschließlich Umarmungen. Danach wurden die Kinder befragt, und die Mehrheit gab an, dass sie Robovie als ein soziales Wesen mit eigenen Gefühlen wahrnahmen, das ihr Freund werden könnte (Kahn et al. 2012).

18.4 Onlinebefragung zu robotischen Umarmungen

18.4.1 Design der Onlineumfrage

Im Sommer 2020 wurde von den beiden Hauptautorinnen im Rahmen ihrer Abschlussarbeit an der Hochschule für Wirtschaft FHNW eine Onlineumfrage durchgeführt (Stocker und Korucu 2020). Davor und danach stand der Drittautor in seiner Funktion als Initiator und Betreuer des Projekts für Anregungen zur Verfügung. So begutachtete und ergänzte er den Fragenkatalog und gab Hinweise zur Auswertung.

Ziel der Onlineumfrage war es, empirische Daten zu Umarmungen durch Roboter und von Robotern zu erhalten, vor allem im Hinblick auf die Umsetzung des HUGGIE. Die Umfrage wurde mit dem von Unipark zur Verfügung gestellten Tool Questback zusammengestellt. Das Forschungsdesign basierte auf Hypothesen, die spezifische prädiktive Aussagen über das potenzielle Ergebnis der empirischen Forschung treffen und es den Autorinnen ermöglichten, Unterschiede zwischen Gruppen zu bestimmten Beziehungen oder Variablen zu untersuchen. Die 12 Hypothesen sind in Tab. 18.1 aufgeführt (Stocker und Korucu 2020).

Der Fragebogen bestand aus 44 Fragen, die in sechs Kategorien gruppiert waren (Stocker und Korucu 2020). Im ersten Teil wurden allgemeine Informationen über die Teilnehmerinnen und Teilnehmer gesammelt. Danach, im zweiten Teil, wurden sie nach ihrer

Tab. 18.1   12 Hypothesen zur Onlinebefragung (Stocker und Korucu 2020)

H1	Die Mehrheit (>50 %) der Teilnehmer hat eine positive Meinung gegenüber Robotern im Allgemeinen.
H2	Die Mehrheit (>50 %) der Teilnehmer misst der Umarmung eine tiefere, positive Bedeutung bei (es ist nicht nur eine Geste ohne tiefere Bedeutung).
H3	Die Mehrheit (>50 %) der Teilnehmer gibt keine positive emotionale Reaktion bei einer Selbstumarmung an.
H4	Die Mehrheit (>50 %) der Teilnehmer gibt bei einer Umarmung eine Präferenz bezüglich des Geschlechts ihres menschlichen Gegenübers an, hat aber entweder keine Präferenz bezüglich des Geschlechts eines Roboters oder bevorzugt einen geschlechtsneutralen Roboter als Umarmungspartner.
H5	Die Mehrheit (>50 %) der Teilnehmer würde es akzeptieren, von einem sozialen Roboter wie Pepper berührt oder umarmt zu werden, nachdem sie einen Videoclip gesehen haben, der ihn in Aktion zeigt.
H6	Die Mehrheit (>50 %) der Teilnehmer hat positive Emotionen, wenn sie sich vorstellt, von Pepper umarmt zu werden.
H7	Die Mehrheit (>50 %) der Teilnehmer nimmt humanoide Merkmale wie ein Gesicht und ein realistisches Aussehen sowie die Fähigkeit, verbal und nonverbal zu kommunizieren, als wichtig für einen sozialen Roboter wahr.
H8	Die Mehrheit (>50 %) der Teilnehmer gibt an, es vorzuziehen, dass die Arme des Roboters während einer Umarmung weich und warm statt hart und kalt sind.
H9	Die Mehrheit (>50 %) der Teilnehmer zieht es nicht vor, einen Roboter zu umarmen, ohne zugleich umarmt zu werden.
H10	Die Mehrheit (>50 %) der Teilnehmer gibt an, dass soziale Roboter Emotionen und Empathie zeigen sollten.
H11	Die Mehrheit (>50 %) der Teilnehmer zeigt eine erhöhte Offenheit gegenüber sozialer Interaktion mit einem Roboter unter spezifischen und/oder außergewöhnlichen Umständen, wie z. B. der sozialen Isolation während des COVID-19-Ausbruchs, dem Einsatz von Roboterumarmungen zur Unterstützung der Reduzierung des Stressniveaus bei Singles oder als Ersatz für physischen Kontakt in einer Fernbeziehung oder zur Unterstützung der psychologischen Entwicklung und Stabilität von Kindern.
H12	Die Mehrheit (>50 %) der Teilnehmer glaubt, dass die Anwesenheit eines Roboters ihr Einkaufsverhalten positiv beeinflussen würde.

Gesamteinschätzung und ihren bisherigen Erfahrungen mit Robotern gefragt. Der dritte Teil stellte Fragen zum Umarmungsverhalten und zu Umarmungspräferenzen. Der vierte enthielt Fragen im Zusammenhang mit Roboterumarmungen und gewünschten Eigenschaften von sozialen Robotern. Darüber hinaus bestand er aus zwei zusätzlichen Unterteilen – der eine (Teil 5) behandelte soziale Roboter, die Empathie und Emotionen zeigen, der andere (Teil 6) die Offenheit für Roboterumarmungen unter besonderen Bedingungen wie der sozialen Isolation aufgrund der Corona-Pandemie. Der Fragebogen endete mit einem Abschnitt zum Einsatz von sozialen Robotern in Einkaufszentren (ebenfalls Teil 6). Den Fragen wurden verschiedene Arten von Antwortmöglichkeiten zugeordnet, darunter Einfach- und Mehrfachauswahl sowie Bewertungs- und Rankingoptionen. Darüber hinaus beinhaltete der Survey vier Fragen, die je nach Antwort dazu führten, dass weitere Interventionen zum gleichen Thema ausgelassen wurden. Durch Bilder und Videos wurde eine interaktive Gestaltung erzielt.

Die Befragung richtete sich an deutschsprachige europäische Einwohnerinnen und Einwohner, z. B. aus der Schweiz, Deutschland und Österreich (Stocker und Korucu 2020). Sie wurde elektronisch über E-Mail, Instant Messaging und Social Media in den Netzwerken der Hauptautorinnen und des Drittverfassers verbreitet. Sie stand vom 23. April 2020 bis zum 18. Mai 2020 zur Verfügung. Aufgrund der gewählten Verteilungsmethode war es nicht möglich, die Stichprobengröße zu bestimmen. Daher wird diese als die Anzahl der Zugriffe auf den Fragebogen bezeichnet. Ziel war es, so viele Personen wie möglich zu erreichen, wobei die Mindestanzahl der Antworten mit 200 festgelegt wurde. Insgesamt öffneten 337 Teilnehmer die Umfrage, von denen 287 die Umfrage beendeten. Daraus ergibt sich eine Rücklaufquote von 85 %. Es ist wichtig zu erwähnen, dass die gezogene Stichprobe weder hinsichtlich der Stichprobengröße noch hinsichtlich der Diversifizierung der Teilnehmerinnen und Teilnehmer repräsentativ für die gesamte Bevölkerung ist. Zudem würde eine empirisch repräsentative Stichprobe eine gründliche Kenntnis der Bevölkerung erfordern, über die die Autorinnen nicht verfügen.

18.4.2 Diskussion

Von den 12 aufgestellten Hypothesen wurden acht durch die Ergebnisse der Umfrage gestützt (Stocker und Korucu 2020). Zwei erwiesen sich als falsch, und bei den beiden verbleibenden ließen die Ergebnisse keine eindeutige Verifizierung oder Falsifizierung zu. Im Folgenden werden alle Hypothesen nacheinander durchgegangen.

Zunächst kann gesagt werden, dass die Teilnehmerinnen und Teilnehmer eine positive Einstellung zu Robotern im Allgemeinen haben und sie als nützlich oder interessant und nicht als unnötig oder störend empfinden. Damit konnte H1 anscheinend bestätigt werden. Allerdings gab nur ein Drittel der Testpersonen an, schon einmal sozialen Robotern begegnet zu sein, und nur die Hälfte dieser Gruppe hat dies als positiv wahrgenommen. Insgesamt ist die Erfahrung mit sozialen Robotern in der Stichprobe begrenzt, und es scheint, dass der Einsatz von sozialen Robotern, wie die Teilnehmer sie kennengelernt haben, bloß einen durchschnittlichen Erfolg gebracht hat.

Was eine Umarmung im Allgemeinen anbetrifft, war es nicht überraschend (H2), dass sie für fast 100 % der Teilnehmer ein Akt der Intimität mit einer tieferen Bedeutung ist. Unerwartet war jedoch, dass 46 % der Befragten eine Selbstumarmung positiv empfanden. Obwohl die entsprechende Hypothese H3 bestätigt wurde, weil mehr als die Hälfte der Testpersonen keine positive Reaktion auf die Selbstumarmung angab, hatten die Studentinnen und ihr Betreuer ein klareres Ergebnis gegen die Selbstumarmung erwartet. Dieses stimmt jedoch mit den Ergebnissen eines von Gallace et al. (2011) durchgeführten, bereits erwähnten Experiments überein, bei dem die Teilnehmer über eine verminderte Schmerzwahrnehmung beim Überkreuzen der Arme über der Brust berichteten. Auch wird eine Selbstumarmung von den Teilnehmern positiver wahrgenommen als die Vorstellung einer Umarmung mit einem Roboter. Obwohl 38 % der Befragten ihre Emotionen bei beiden, einer imaginären Roboterumarmung oder einer Selbstumarmung, als „neutral" bewerteten, empfanden 46 % die Selbstumarmung als positiv, während nur 19 % dies taten, als sie sich vorstellten, von einem Roboter umarmt zu werden.

Eine weitere untersuchte Frage war die geschlechtsspezifische Präferenz im Zusammenhang mit einer Umarmung (H4). Erwartungsgemäß hat der größere Teil der Teilnehmenden zwar eine Präferenz, wenn es um das Geschlecht ihres menschlichen Umarmungspartners geht, doch dies ist nicht der Fall, wenn die Gegenseite ein Roboter ist bzw. eine Mehrheit ein geschlechtsneutrales robotisches Pendant befürwortet. Die Datenanalyse zeigte, dass Frauen einen gleichgeschlechtlichen Umarmungspartner bevorzugen, während Männer es vorziehen, von einer Person des anderen Geschlechts umarmt zu werden. Daraus lässt sich schließen, dass sowohl Männer als auch Frauen es besser finden, von einer Frau umarmt zu werden. Interessanterweise wurde die gleiche Tendenz in Bezug auf eine Umarmung durch einen Roboter beobachtet, falls eine Geschlechtspräferenz bestand. In diesem Fall ziehen es Männer wie Frauen vor, von einem Roboter mit weiblichen Attributen umarmt zu werden. Neben dem Geschlecht wurden Daten zu den Prioritäten bezüglich des Alters eines Umarmungspartners und der Art der Beziehung zu dieser Person erhoben, d. h. ob es sich um einen Menschen handelt, der der Testperson nahe steht oder nicht. Die Ergebnisse unterstreichen den Grad der Intimität, der mit einer Umarmung verbunden ist, da 87 % aller Stimmen für die jeweilige Frage für die Antwortmöglichkeiten unter Einbeziehung von vertrauten Personen abgegeben wurden. Mit anderen Worten: Umarmungen von einem Bekannten werden weitaus mehr akzeptiert als solche von einem Fremden. Daher könnte eine Umarmung von einem Roboter besser akzeptiert werden, wenn zuvor eine Beziehung hergestellt wird.

Auf die Frage nach der Bereitschaft, den sozialen Roboter Pepper zu umarmen, nachdem man sich einen Videoclip angesehen hatte, der eine solche Interaktion zeigte, war das Feedback insgesamt positiv. Eine Mehrheit von 62 % der Teilnehmer gab an, dass sie entweder erwägen würden, eine Roboterumarmung zu akzeptieren, oder dass sie sie definitiv akzeptieren würden, was H5 bestätigt. Der größere Teil war jedoch eher zögerlich – die Teilnehmer sagten, dass sie die Umarmung nur vielleicht akzeptieren würden, während

23 % eine klare Zustimmung ausdrückten. Betrachtet man die Verteilung der Antworten auf die verschiedenen Alterskategorien, erscheint es interessant, dass die Testpersonen, die den höchsten Grad an Offenheit gegenüber einer Umarmung durch einen Roboter zeigen, zwischen 46 und 55 Jahre alt sind. Gleichzeitig ist dies aber auch die Altersgruppe, die den höchsten Grad an Ablehnung hat. Die jüngeren Teilnehmer scheinen der Roboterumarmung eher ambivalent gegenüberzustehen, da sich die Mehrheit ihrer Stimmen auf die Optionen „Ja, vielleicht" und „Nein, eher nicht" in ähnlich großen Proportionen verteilt. Die Datenanalyse hat überdies gezeigt, dass Frauen offener für eine Umarmung von Pepper sind als Männer.

Das Ergebnis des anschließenden Abschnitts, in dem die Teilnehmer nach ihrer emotionalen Reaktion gefragt wurden, als sie sich vorstellten, von Pepper umarmt oder berührt zu werden, war eher unerwartet. Weniger als 20 % berichteten von einer positiven emotionalen Reaktion, trotz der Tatsache, dass eine Mehrheit die Möglichkeit nicht ausschließt, eine Umarmung durch einen Roboter zu akzeptieren, und auch trotz der positiven Einstellung gegenüber Robotern im Allgemeinen. Damit konnte H6 nicht bestätigt werden. Auf der Grundlage der Aussagen einiger Teilnehmer scheint es, dass eine physische Interaktion mit einem Roboter das Überschreiten einer bestimmten Grenze bedeutet. Mit anderen Worten: Roboter werden positiv wahrgenommen, wenn man sie aus der Entfernung beobachtet, aber ein engerer Kontakt oder eine physische Interaktion mit ihnen wird eher zögerlich angenommen. Der Hauptgrund für die Skepsis gegenüber der Umarmung eines Roboters liegt darin, dass er als Gerät und nicht als gleichwertiger Partner aufgefasst wird. Die Befragten gaben an, dass ein Roboter nicht in der Lage ist, menschliche Eigenschaften zu vermitteln, die für eine Umarmung entscheidend sind, wie warme Haut und Hautkontakt, einen Herzschlag oder die Abbildung eines menschlichen Körpers sowie emotionale Bindung.

Es liegt daher nahe, den Schluss zu ziehen, dass die Teilnehmer sich wünschen würden, dass ein Roboter einem echten Menschen so nahe wie möglich kommt (H7). Die durch die Umfrage erzielten Ergebnisse weisen jedoch auf das Gegenteil hin. Als die Befragten aufgefordert wurden, aus fünf verschiedenen Robotertypen den ansprechendsten auszuwählen, entschied sich die Mehrheit der Teilnehmenden für Pepper, obwohl Sophia menschenähnlicher als dieser ist. Dies wurde bestätigt, als die Teilnehmer zur Bedeutung bestimmter mit dem Aussehen zusammenhängender Aspekte eines sozialen Roboters befragt wurden. Während sie menschliche Züge wie ein Gesicht, Augen, einen freundlichen Blick sowie die Fähigkeit, verbal und nonverbal zu kommunizieren, als sehr wichtig bewerteten, wurde ein hochrealistisches Design nicht als wichtige Voraussetzung angesehen. Dieses Ergebnis deutet teilweise darauf hin, dass für die Mehrheit der Testpersonen die Verfügbarkeit bestimmter humanoider Merkmale bedeutsam ist, doch gleichzeitig scheint ein zu realistisches Design eine abschreckende Wirkung zu haben (was mit dem viel diskutierten Uncanny-Valley-Effekt zu tun haben könnte).

Offenbar wird eine menschenähnliche Erscheinung gewünscht – allerdings sollte es eher ein karikaturenhaftes Aussehen wie bei Pepper sein als ein hochrealistisches wie bei Sophia. Wenn beide Aspekte, humanoide Merkmale und ein unverwechselbares Design, kombiniert würden, könnte es zum Beispiel interessant sein, den Roboter mit einer beheizbaren Haut auszustatten (H8), die eine ähnliche Berührungsempfindlichkeit wie die menschliche bietet, aber farblich anders aussieht, sodass sie sich deutlich von der eines echten Menschen unterscheidet. Weitere Merkmale, die zur Attraktivität eines Umarmungsroboters beitragen könnten, sind spezielle, „weiche" Vibrationen, die einen Herzschlag imitieren (ähnlich wie bei Hugvie), sowie ein angenehmer Duft (eine Teilnehmerin sprach davon, dass der Roboter nach Schokolade riechen sollte). Darüber hinaus sollte der Roboter höhenverstellbar sein. Laut der Umfrage umarmt die Mehrheit der Befragten vorzugsweise jemanden, der sich auf Augenhöhe mit einem selbst befindet, und dies hängt natürlich vom individuellen Benutzer ab. Unter anderem hat eine geschlechterspezifische Analyse der Daten ergeben, dass die weiblichen Teilnehmerinnen lieber jemanden umarmen, der größer ist als sie selbst. Die männlichen Teilnehmer bevorzugten ein Gegenüber, das kleiner ist als sie. Die über die Selbstumarmung gewonnenen Daten zeigten auch, dass die bevorzugte Position der Arme während einer Umarmung die Schultern und Oberarme sind, was die Bedeutung der Höhenverstellbarkeit erneut bestätigt.

Zu den wichtigsten Körperteilen bei einer Umarmung gehören die Arme. Die Umfrage hat gezeigt, dass die Testpersonen eher eine gegenseitige Umarmung bevorzugen als eine Selbstumarmung oder eine Umarmung, bei der das Gegenüber passiv ist und nicht auf sie reagiert (z. B. ein Roboter ohne Arme), womit H9 bestätigt wurde. Überraschend war jedoch, dass nur 34 % der Befragten sagten, dass ein Roboter menschenähnliche Arme haben sollte, während eine Mehrheit von 58 % diesbezüglich Unsicherheit formulierte und 8 % die Idee eher ablehnen würden. Ein weiterer wichtiger Faktor in diesem Zusammenhang ist die Intensität der Umarmung. Wie von Block und Kuchenbecker (2018) sowie Yoshida et al. (2020) beschrieben, beinhaltet die ideale Umarmung eine körperliche Begegnung mittlerer Intensität. Dies wurde auch durch die Ergebnisse der Umfrage bestätigt, die besagt, dass die beliebteste Art der Umarmung darin besteht, beide Arme zu benutzen und die andere Person sanft zu drücken. Da die Wahrnehmung der Intensität jedoch von Person zu Person variieren kann, wäre es empfehlenswert, den Roboter mit der Fähigkeit auszustatten, den Grad individuell anzupassen. Hinsichtlich der Eigenschaften der Arme des Roboters legen die Umfrageergebnisse nahe, dass bei einer Umarmung warme und weiche Arme gegenüber harten und kalten Armen bevorzugt werden. Das Experiment von Block und Kuchenbecker im Jahr 2018 führte zum gleichen Ergebnis. Interessanterweise gaben die männlichen Teilnehmer der Umfrage eine stärkere Präferenz für warme Arme an als die weiblichen.

Wenn es um die „inneren Werte" eines sozialen Roboters geht, scheint die Fähigkeit, Empathie zu zeigen, eine wichtige Rolle zu spielen (H10). Die Experimente von Mattiassi et al. (2017) und Kahn et al. (2012) haben bestätigt, dass Menschen Robotern mit einem ähnlichen Grad an Empathie wie Mitmenschen begegnen, und manche erwarten wohl auch von Robotern eine solche. Erstaunlich ist dabei, dass die Darstellung von Emotionen weniger wichtig zu sein scheint als die Fähigkeit, empathisch zu sein. Während nur 50 % der Teilnehmer angaben, dass ein Roboter auf jeden Fall Emotionen zeigen sollte, sagten 72 %, dass ein Roboter auf jeden Fall empathisch sein sollte. Es wurde nicht zuletzt beobachtet, dass Männer der Fähigkeit eines Roboters, Emotionen und Einfühlungsvermögen zu zeigen, mehr Bedeutung beimessen als Frauen, und dass jüngere Testpersonen dies stärker betonen als ältere.

Von den vier beschriebenen spezifischen Szenarien, in denen ein Umarmungsroboter eingesetzt werden könnte, führte keines bei einer Mehrheit der Teilnehmerinnen und Teilnehmer zu einer erhöhten Offenheit für Roboterinteraktion, was eher unerwartet war und H11 zurückwies. Das zu diesem Zeitpunkt aktuellste Szenario mit der Corona-Pandemie und der damit verbundenen sozialen Isolation erzeugte den höchsten Anteil an positiven Reaktionen. 40 % der Teilnehmer gaben an, dass ihre Akzeptanz für robotergestützte Umarmungen oder Berührungen während der Pandemie zugenommen habe. Diese Sichtweise wird von weiblichen und männlichen Teilnehmern sowie von allen Altersgruppen gleichermaßen geteilt. Auch die anderen Szenarien ergaben keine positive Rücklaufquote über 40 %. Allerdings glauben 55 % der Testpersonen, dass im Allgemeinen die Interaktion mit einem Roboter die soziale Interaktion ergänzen könnte.

Fast zwei Drittel der Befragten gaben an, dass sich die Anwesenheit eines Roboters in einem Einkaufszentrum zumindest teilweise positiv auf ihr Einkaufsverhalten auswirken könnte. Damit wäre H12 gestützt. Allerdings wünschen sich die Teilnehmer weder, von einem Roboter begrüßt zu werden, noch würden sie ein Einkaufszentrum nur wegen des Roboters erneut besuchen, und die Mehrheit von ihnen würde den Einkaufsempfehlungen eines Roboters nicht folgen. Letztendlich lässt sich der Schluss ziehen, dass die Anwesenheit eines Roboters nicht notwendigerweise zu einem erhöhten wirtschaftlichen Erfolg eines Geschäfts oder Einkaufszentrums beiträgt.

18.5 Zusammenfassung und Ausblick

Der vorliegende Beitrag ging auf Umarmungen zwischen Menschen und zwischen Menschen und Robotern ein. Er fasste einige wichtige Ergebnisse von Untersuchungen zusammen und stellte mehrere wichtige Projekte von Umarmungsrobotern vor. Eine Onlineumfrage der beiden Hauptautorinnen ergab interessante Hinweise auf das Verhältnis zwischen Benutzern und sozialen Robotern und zur Gestaltung von sozialen Robotern. Dabei konnten die meisten Hypothesen verifiziert werden, manche hingegen falsifiziert.

Deutlich wurde, dass Umarmungen – und das kann sicherlich auch für andere Berührungen gelten – etwas zutiefst Menschliches sind. Sie dürfen und sollen nicht ersetzt werden. Dennoch braucht es Umarmungsroboter. Durch sie findet man heraus, was so wesentlich ist an einer Umarmung. Zudem können sie helfen, wenn vorübergehend oder dauerhaft kein menschliches Gegenüber zur Verfügung steht. Selbst wenn die Teilnehmerinnen und Teilnehmer sich kaum von drastischen Szenarien beeindrucken ließen: Bei anhaltender Isolation könnten robotische Umarmungen und Berührungen durchaus ein Weg sein.

Die Ergebnisse der Umfrage sind zwar nicht repräsentativ – sie geben aber nützliche Hinweise auf Gestaltungs- und Umsetzungsformen, deren Wirkung man dann empirisch überprüfen kann. So kann man mit Gerüchen experimentieren, etwa indem man den sozialen Roboter parfümiert oder mit Stoffen und Mitteln – genannt wurde Schokolade – einreibt. Lohnen dürfte es sich, die genannten Studien erneut zu überprüfen, z. B. indem man die Geräusche, die der soziale Roboter von sich gibt, bezüglich Art und Lautstärke variiert.

Wenn man soziale Roboter auch über ihre Nähe zu Menschen bestimmt (Bendel 2020), trifft man hier eine Nähe der besonderen Art an. Sie sind nicht nur in Ruf- oder Sichtweite, und sie sind sogar weniger als eine Armlänge entfernt: Die beiden Körper, der künstliche und der natürliche, berühren sich, entweder mit einer gewissen Vorsicht oder mit einer gewissen Hemmungslosigkeit. Die Vorsicht könnte daher rühren, dass der Roboter mit ihr ausgestattet worden ist oder der Mensch wie bei seinesgleichen bestimmte Körperregionen aussparen will – oder dass er um die Unversehrtheit des Roboters fürchtet. Hier und anderswo ist noch viel Forschung nötig.

Literatur

von Alvensleben L (2018) No isolation: combating loneliness with the help of robots. HealthRedesigned, 2. Januar 2018. https://hanno.co/healthredesigned/no-isolation-reducing-loneliness. Zugegriffen am 01.04.2021

Bendel O (2020) Soziale Roboter. Version 2021. In: Gabler Wirtschaftslexikon. https://wirtschaftslexikon.gabler.de/definition/soziale-roboter-122268/version-375074. Zugegriffen am 01.04.2021

Block AE, Kuchenbecker KJ (2018) Softness, warmth, and responsiveness improve robot hugs. Int J Soc Robot 11:49–64. https://link.springer.com/article/10.1007/s12369-018-0495-2. Zugegriffen am 01.04.2021

Bowlby J (1969) Attachment and loss: attachment, Bd 1. Basic Books, New York

Cambridge Dictionary (o. D.) Hug. https://dictionary.cambridge.org/de/worterbuch/englisch/hug. Zugegriffen am 01.04.2021

Coan JA, Schaefer HS, Davidson RJ (2006) Lending a hand: social regulation of the neural response to threat. (A. f. Science, Ed.). Psychol Sci 17:1032–1039. https://journals.sagepub.com/doi/full/10.1111/j.1467-9280.2006.01832.x. Zugegriffen am 01.04.2021

Comaford C (2020) Are you getting enough hugs? Forbes, 22 August 2020. https://www.forbes.com/sites/christinecomaford/2020/08/22/are-you-getting-enough-hugs/?sh=5116cd5468da. Zugegriffen am 01.04.2021

DiSalvo C, Gemperle F, Forlizzi J, Montgomery E (2003) The Hug: an exploration of robotic form for intimate communication. In: The 12th IEEE International Workshop on Robot and Human Interactive Communication, Millbrae (CA), 2 November 2003, S 403–408

Fearn N (2018) Norwegian startup wants to eradicate loneliness with robots. https://www.forbes.com/sites/nicholasfearn/2018/11/21/norwegian-startup-wants-to-eradicate-loneliness-with-robots/#731f6e3347c3. Zugegriffen am 01.04.2021

Forsell LM, Aström JA (2011) Meanings of hugging: from greeting behavior to touching implications. Compr Psychol 1(31):2165–2228

Gallace A, Torta DM, Moseley GL, Iannetti GD (2011) The analgesic effect of crossing the arms. Pain 6:1418–1423

Haitoglou D (2017) The Satir systemic coaching model. (U. o. Victoria, Ed.). Satir Int J 5:4–18. https://journals.uvic.ca/index.php/satir. Zugegriffen am 01.04.2021

Hall E (1968) Proxemics. Curr Anthropol 9:83–108

Harper R, Wiens A, Matarazzo J (1978) Nonverbal communication: the state of the art. Wiley, New York

Holt-Lunstad J, Smith TB, Layton JB (2010) Social relationships and mortality risk: a meta-analytic review. PLoS Med 7(7):1–20

Jakubiak BK, Feeney BC (2016) Affectionate touch to promote relational, psychological, and physical well-being in adulthood: a theoretical model and review of the research. Personal Soc Psychol Rev 2017 21(3):228–252

Jourard S, Friedman R (1970) Experimenter-subject distance and self-disclosure. J Personal soc Psychol 15:278–282

Kahn PH, Kanda T, Ishiguro H, Freier NG, Severson RL, Gill BT et al (2012) „Robovie, you'll have to go into the closet now": children's social and moral relationships with a humanoid robot. Dev Psychol 48(2):303–314

Kale S (2020) Skin hunger helps explain your desperate longing for human touch. Wired, 29. April 2020. https://www.wired.co.uk/article/skin-hunger-coronavirus-human-touch. Zugegriffen am 10.08.2021

Kanada T, Ishiguro H, Ono T, Imai M, Nakatsu R (2002) Development and evaluation of an interactive humanoid robot „Robovie". In: IEEE (Hrsg) Proceedings 2002 IEEE international conference on robotics and automation (Cat. No.02CH37292). May. Washington DC, USA

Kluge F, Götze A (1930) Etymologisches Wörterbuch der deutschen Sprache, 11. Aufl. Walter de Gruyter, Berlin

Kuwamura K, Sakai K, Minato T, Nishio S, Ishiguro H (2014) Hugvie: communication device for encouraging good relationship through the act of hugging. Lovotics 1(1):10000104

Light KC, Grewen KM, Amico JA (2005) More frequent partner hugs and higher oxytocin levels are linked to lower blood pressure and heart rate in premenopausal women. Biol Psychol 69:5–21

Mattiassi A, Sarrica M, Cavallo F, Fortunati L (2017) Degrees of empathy: humans' empathy toward humans, animals, robots and objects. In: ForItAAL 2017: ambient assisted living. Springer Nature Switzerland, Basel, S 108–140

Miller G (2020) Social distancing prevents infections, but it can have unintended consequences. Science Mag, 16. März 2020, https://www.sciencemag.org/news/2020/03/we-are-social-species-how-will-social-distancing-affect-us. Zugegriffen am 01.04.2021

Morris D (1977) Manwatching: field guide to human behavior. Abram, New York

Murphy ML, Janicki-Deverts D, Cohen S (2018) Receiving a hug is associated with the attenuation of negative mood that occurs on days with interpersonal conflict. PLoS One 13(10):1–17

Neff K (o. D.) The chemicals of care: how self-compassion manifests in our bodies. Self-Compassion. https://self-compassion.org/the-chemicals-of-care-how-self-compassion-manifests-in-our-bodies/. Zugegriffen am 01.04.2021

Ogawa K, Nishio S, Koda K, Taura K, Minato T, Ishii CT (2011a) Telenoid: tele-presence android for communication. In: SIGGRAPH '16: ACM SIGGRAPH 2016 Emerging Technologies, Vancouver, July 2016, S 1–1

Ogawa K, Nishio S, Koda K, Balistreri G, Watanabe T, Ishiguro H (2011b) Exploring the natural reaction of young and aged person with. J Adv Comput Intell, July. https://www.researchgate.net/profile/Shuichi_Nishio/publication/235822090_Exploring_the_Natural_Reaction_of_Young_and_Aged_Person_with_Telenoid_in_a_Real_World/links/00 b7d534dc9b2e1ffe000000/Exploring-the-Natural-Reaction-of-Young-and-Aged-Person- with-Tel. Zugegriffen am 01.04.2021

Ovid (2004) Metamorphoses. Penguin Classics, London

Robinson KJ, Hoplock LB, Cameron JJ (2015) When in doubt, reach out: touch is a covert but effective mode of soliciting and providing social support. Soc Psychol Personal Sci 6(7):831–839

Shiomi M, Nakagawa K, Kazuhiko S, Matsumura R, Ishiguro H, Hagita N (2016) Does a robot's touch encourage human effort? Int J Soc Robot 9:5–15

Steptoe A, Shankar A, Demakakos P, Wardle J (2013) Social isolation, loneliness, and all-cause mortality in older men and women. PNAS 15:5797–5801

Stocker L, Korucu Ü (2020) The Huggie project. Bachelorarbeit an der Hochschule für Wirtschaft FHNW. Hochschule für Wirtschaft FHNW, Brugg-Windisch, 6. August 2020

Straker D (2002) Changing minds. http://changingminds.org/techniques/body/greeting.htm. Zugegriffen am 01.04.2021

Trovato G, Do M, Terlemez Ö, Mandery C, Ishii H, Bianchi-Berthouze N et al (2016) Is hugging a robot weird? Investigating the influence of robot appearance on users' perception of hugging. In: IEEE-RAS 16th international conference on humanoid robots (Humanoids), S 318–323. https://ieeexplore.ieee.org/abstract/document/7803295/authors#authors. Zugegriffen am 01.04.2021

Vierzig S (2009) Mythen der Steinzeit: Das religiöse Weltbild der frühen Menschen. BIS-Verlag der Carl von Ossietzky Universität Oldenburg, Oldenburg

Yoshida S, Kawahara Y, Sasatani T, Kiyono K, Kobayashi Y, Funato H (2020) Infants show physiological responses specific to parental hugs. CellPress 23:100996

Zaharieva R (2020) The dangers of social isolation during a pandemic. European Public Health Alliance (EPHA), 31. März 2020. https://epha.org/the-dangers-of-social-isolation-during-a-pandemic/. Zugegriffen am 01.04.2021

Komm schon, gib dir doch etwas mehr Mühe!

19

Wie wir die Persönlichkeit von Robotern wahrnehmen und verändern können

Maike Paetzel-Prüsmann

Isn't it strange to create something that hates you?

(Ava in Ex Machina)

Zusammenfassung

Die Persönlichkeit beschreibt grundlegende Charaktereigenschaften, die in verschiedenen Situationen zu ähnlichem Verhalten führen und sich über die Zeit nur in geringem Maße ändern. Um einen ersten Eindruck der Persönlichkeit einer fremden Person zu bekommen und daraus Erwartungen an ihr situatives Verhalten abzuleiten, reichen einem Menschen bereits wenige Millisekunden. Ähnlich wie andere Menschen behandeln wir auch Roboter als soziale Akteure und schreiben ihnen menschenähnliche Persönlichkeitsmerkmale zu. Dieser Beitrag beschreibt, wie das äußere Erscheinungsbild eines Roboters die Persönlichkeitswahrnehmung beeinflusst und wie die wahrgenommene Persönlichkeit durch zielgerichtetes Interaktionsdesign explizit manipuliert werden kann. Er zeigt auch, wie Roboter mit verschiedenen Persönlichkeiten wiederum das menschliche Verhalten beeinflussen können, und diskutiert Implikationen für das ethisch korrekte Verhalten von Robotern, die sich daraus ergeben.

M. Paetzel-Prüsmann (✉)
Universität Potsdam, Potsdam, Deutschland
E-Mail: paetzel-pruesmann@uni-potsdam.de

19.1 Einleitung

Treffen wir eine uns unbekannte Person, brauchen wir nur wenige Millisekunden, um uns einen Eindruck zu verschaffen (Albright et al. 1988; Willis und Todorov 2006). Ist diese Person eine Bedrohung für uns? Fühlen wir uns zu ihr hingezogen? All diese Entscheidungen basieren auf beobachtbaren Merkmalen und wir treffen sie innerhalb kürzester Zeit, ohne dass wir uns dessen bewusst werden. Sehen wir ein Foto, dann ziehen wir die Schlussfolgerungen aus dem Aussehen, der Körperhaltung und Mimik. Aber auch Kleidungsstil, Accessoires und die Umgebung tragen zur Beurteilung bei. Sehen wir ein Video oder treffen die Person, kommen noch eine Vielzahl weiterer, multimodaler Merkmale hinzu: Inhalt und Wortwahl, Klang und Melodie der Stimme, Gestiken, Art und Geschwindigkeit der Bewegungen und die Dauer des Blickkontakts sind nur einige von ihnen. Aus der Gesamtheit dieser Eindrücke formen wir ein Bild der Person und obwohl dieses Bild ausschließlich auf **situativ beobachtbaren Verhaltensweisen** beruht, verknüpfen wir diese Eindrücke zu **Verhaltensmustern**, aus denen wir dann auf die **Persönlichkeit** schließen (Naumann et al. 2009). Die Persönlichkeit beschreibt dabei grundlegende Charakteristiken, die über eine längere Zeitspanne unverändert bleiben und in verschiedenen Situationen zu konsistentem Verhalten führen (Dryer 1999). Auch wenn die Persönlichkeitsbeschreibung einer Person durch Dritte eine hohe Übereinstimmung zwischen den verschiedenen Beobachtenden aufweist, ist sie dennoch weder objektiv noch unfehlbar und stimmt nicht unbedingt mit der Selbstwahrnehmung der beobachteten Person überein. Das liegt unter anderem daran, dass sich viele Persönlichkeitszuschreibungen nicht nur auf unsere eigene Erfahrung, sondern auf kollektive Stereotype stützen, also auf Vorurteile bezüglich des Geschlechts oder der Hautfarbe (Albright et al. 1988). Trotzdem erfüllt die Zuschreibung von Persönlichkeitsmerkmalen in unserer Gesellschaft eine wichtige Rolle: Sie erlaubt es, Vorhersagen über das Auftreten einer fremden Person zu treffen, und macht ihr situatives Verhalten so plan- und erwartbar.

In der Fiktion werden auch Roboter in der Regel mit sehr menschenähnlichen Verhaltensmustern beschrieben. Durch die direkte Assoziation mit uns bekannten Persönlichkeitscharakteristiken wird daher auch das Verhalten der Roboter in den fiktiven Situationen erwartbar. Wall-E, der Roboter aus dem gleichnamigen Disney-/Pixar-Film, wirkt auf uns sehr gewissenhaft, denn auch nach Jahren allein auf dem Planeten Erde erfüllt er weiterhin die ihm zugewiesene Aufgabe, das Aufräumen des Planeten. Und obwohl Wall-E keine Fähigkeit zu sprechen hat, reicht es aus, ihn dabei zu beobachten, wie er neue und unbekannte Objekte untersucht, um ihm Neugierde und Entdeckerlust zu unterstellen. Diese Eigenschaft, Computern und künstlichen Agenten menschliche Charaktereigenschaften, Ziele und einen eigenen Willen zuzuschreiben, haben die Wissenschaftler Reeves und Nass bereits 1996 beschrieben (Reeves und Nass 1996). Evolutionsbedingt ist der Mensch daran gewöhnt, dass sich sozial verhaltende Artefakte in der Umgebung stets andere Lebewesen sind. Seit einigen Jahrzehnten gilt diese Annahme jedoch nicht mehr. Menschen müssen uns nicht direkt gegenüberstehen, wir können uns auch eine Videoaufzeichnung von ihnen anschauen und obwohl sie uns im Video keinerlei körperlichen Schaden zufügen können, fühlen wir uns bedroht, wenn jemand mit einem aggressiven Gesichtsausdruck auf die Kamera zukommt. Ähnlich geht es uns mit künstlichen Agenten oder Robotern in Filmen und Büchern. Obwohl die logische Erklärung dafür, dass Wall-E auch nach Monaten allein auf dem Planeten noch weiterhin seiner Aufgabe nachgeht, eigentlich in der Programmierung des Roboters zu suchen wäre, liegt uns die Zuschreibung der gewissenhaften Persönlichkeit näher. Reeves und Nass (1996) bezeichnen dieses Phänomen als **Media Equation**, die unbewusste Gleichbehandlung von künstlichen und natürlichen Interaktionspartner*innen.

Während man sich diese Tendenz, künstliche Agenten und Roboter zu vermenschlichen, in Spielfilmen und Büchern explizit zu Nutzen macht, spielte sie in der Forschung und Entwicklung von Robotern lange Zeit keine Rolle. Statt als Interaktionspartner oder Kollege wurden Roboter als Werkzeug konstruiert und so wenig, wie im Design eines Hammers oder einer Zange eine Persönlichkeit berücksichtigt wird, so wenig war dies auch für Roboter vorgesehen. Betrachten wir jedoch, wie Menschen tatsächlich mit Robotern interagieren, ergibt sich ein anderes Bild. Sung et al. (2007) analysierten zum Beispiel, wie Menschen ihre Erfahrungen mit Staubsaugrobotern in Onlineforen beschrieben. Staubsaugroboter waren dabei die ersten autonomen Roboter, mit denen viele Millionen Menschen in ihrem täglichen Leben in Kontakt kamen. Sung et al. (2007) kamen zu dem gleichen Ergebnis wie Reeves und Nass (1996) zehn Jahre zuvor: Trotz technischem Erscheinungsbild und keinerlei sozialen Interaktionsfähigkeiten verwendeten die Nutzer*innen menschliche Attribute und Persönlichkeitsmerkmale, wenn sie ihren Roboter beschrieben. Ein Nutzer schrieb:

> Mine, I feel they are different … For me how they look, each one has certain different behavior. And I know definitely they have a same firmware or a similar firmware so the difference should not be much but ah, for example, my discovery, he's more crazy. He runs into things and sometimes and [!] goes into different places he should not be going to. And the scheduler he's more like refined. He knows what he's doing. (Sung et al. 2007)

Die Roboter werden also als *verrückt* oder *abenteuerlustig* beschrieben, als Artefakte mit *Intentionen, Zielen* und einem *eigenen Willen* (Sung et al. 2007).

Erkennen wir an, dass Roboter mehr sind als ein Werkzeug, und beginnen wir sie als soziale Interaktionspartner zu begreifen, dann können wir nicht nur passiv beobachten, welche Persönlichkeitsmerkmale ihnen zugesprochen werden. Wir können das Auftreten und die Interaktion mit Robotern explizit so designen, dass der Eindruck einer bestimmten Persönlichkeit entsteht. Insbesondere wenn ein Fokus auf der Kohärenz der Persönlichkeitscharakteristik liegt, kann das Verhalten eines Roboters erwartbarer gemacht werden und damit eine positive Auswirkung auf die Wahrnehmung und Interaktion mit Robotern im Allgemeinen haben. Die so entstehende Transparenz ist dabei ein zentrales Schlüsselmerkmal, das die Europäische Kommission 2019 für **Ethical AI** festgelegt hat. Ist die Persönlichkeit eines Roboters zusätzlich an sein Aufgabengebiet angepasst, stärkt es das Vertrauen menschlicher Interaktionspartner*innen in die Fähigkeiten des Roboters und hilft Ängste abzubauen (Sundar et al. 2017; Tay et al. 2014). Die Forschung zeigt auch, dass Menschen sich stärker in eine gemeinsame Aufgabe involviert fühlen, wenn das Verhalten des Roboters an ihre eigene Persönlichkeit angepasst ist (Tapus et al. 2008). Auf der anderen Seite bringt die Anpassungsfähigkeit der Persönlichkeit auch negative Seiteneffekte mit sich und kann ethischem Verhalten entgegenstehen. So neigen Menschen dazu, eine starke Bindung zu Robotern aufzubauen und so potenziell in eine Abhängigkeit zu verfallen, die sie emotional durch die Roboter manipulierbar macht.

Dieses Kapitel beschäftigt sich mit der Zuschreibung und Manipulation von Persönlichkeitsmerkmalen in Robotern. Es geht zunächst auf die Frage ein, wie das Aussehen eines Roboters mit der Zuschreibung von Persönlichkeitsmerkmalen zusammenhängt und wie die verbale und nonverbale Kommunikationsstrategie eines Roboters so verändert werden kann, dass der Eindruck einer bestimmten Persönlichkeit entsteht. Darauf aufbauend zeigt das Kapitel, wie die Persönlichkeit eines sozialen Roboters die Wahrnehmung und Interaktion mit diesem beeinflusst und welche Risiken in der aktiven Manipulation der Roboterpersönlichkeit liegen.

19.2 Die Beschreibung von Persönlichkeitsmerkmalen

Das Vokabular, mit dem Persönlichkeitsmerkmale beschrieben werden können, ist komplex. In einer 1939 durchgeführten Studie zählten die Wissenschaftler Allport und Odbert 17.953 verschiedene Worte in Webster's New International Dictionary, die zur Beschreibung von Personen und ihrem Verhalten verwendet werden können (Allport und Odbert 1936). Diese Vielzahl an unterschiedlichen Beschreibungen macht es unmöglich, in Studien eine vollständige Liste aller Persönlichkeitsmerkmale über sich selbst oder eine andere Person abzufragen. Um dennoch ein Verständnis der Auswirkungen bestimmter Erfahrungen auf die eigene Persönlichkeit und von der eigenen Persönlichkeit auf das situative Verhalten zu entwickeln und die Ergebnisse verschiedener Forschungsstudien vergleichbar zu machen, ist es unabdingbar, eine **Taxonomie** der Persönlichkeit zu entwickeln. Eine Taxonomie stellt dabei die Gruppierung verschiedener Merkmale in übergreifende Kategorien dar (Norman 1963). Sie zeichnet sich dadurch aus, dass die verschiedenen Merkmale in einer Kategorie zu einem gewissen Grad austauschbar verwendet werden können oder mindestens stark miteinander korrelieren. Dies erlaubt es, nur eine geringe Teilmenge an Merkmalen abzufragen und von den Ergebnissen Rückschlüsse auf andere Merkmale in dieser Kategorie zu ziehen.

Die **Big Five** sind die Taxonomie, die heute am häufigsten zur Beschreibung von Persönlichkeit in der Sozialpsychologie verwendet wird. Sie teilt die menschlichen Persönlichkeitsmerkmale in fünf verschiedene Kategorien ein:

1. **Neurotizismus/Emotionale Stabilität**: Menschen mit einer hohen emotionalen Stabilität sind wenig anfällig für Gefühle wie Angst, Wut oder Depression, haben keinen Hang zum Übermaß und neigen nicht zum Gefühl der Verwundbarkeit. In sozialen Situationen fühlen sich Personen mit hoher emotionaler Stabilität nicht durch übermäßige Reflexion des eigenen Verhaltens und die Wirkung auf andere eingeschränkt.

2. **Extraversion**: Extrovertierte Menschen sind freundlich, gesellig und heiter und haben einen hohen Tatendrang, Durchsetzungsvermögen und Risikobereitschaft.

3. **Verträglichkeit**: Menschen mit einem hohen Level an Verträglichkeit vertrauen anderen Personen und sympathisieren mit ihren Bedürfnissen, kooperieren mit anderen, sind bescheiden und altruistisch motiviert und haben hohe moralische Ansprüche.

4. **Gewissenhaftigkeit**: Gewissenhafte Menschen zeichnen sich durch Kompetenz, Ordnungsliebe, Pflichtbewusstsein, Leistungsstreben, Disziplin und Besonnenheit aus.

5. **Offenheit für Erfahrungen**: Menschen mit einer hohen Imagination, ausgeprägtem künstlerischem Interesse, Abenteuerlust und Intellekt, die zu intensiven Emotionen und liberalen Einstellungen neigen, gelten als offen für neue Erfahrungen.

Während die Persönlichkeit in der Kindheit und Jugend noch Veränderungen ausgesetzt ist, stabilisiert sie sich im Laufe des Erwachsenenalters und selbst einschneidende Lebensereignisse haben nur noch einen geringen Effekt (Cobb-Clark und Schurer 2012; Rantanen et al. 2007). Diese Stabilität ist ein wesentliches Unterscheidungsmerkmal zu Gefühlen, die situativ und schnellen Änderungen ausgesetzt sind (Watson 2000). Dabei ist es wichtig zu verstehen, dass alle Personen aus dem vollständigen Spektrum an Stimmungen, Gefühlen und Verhaltensweisen schöpfen können. Auch Menschen mit einer hohen emotionalen Stabilität können in bestimmten Situationen ängstlich sein oder Episoden der Depression erleben. Der Unterschied liegt in der Anfälligkeit für diese Gefühle. Eine Person mit geringer emotionaler Stabilität wird solche Gefühle also häufiger erleben als jemand mit hoher emotionaler Stabilität.

Um zu messen, wie hoch die jeweilige Kategorie in einzelnen Personen ausgeprägt ist, wurden verschiedene Fragebogen entwickelt, die entweder durch die Person selbst oder durch Beobachter*innen ausgefüllt werden können. Die Fragebogen unterscheiden sich dabei sowohl in der Auswahl der einzelnen Merkmale, die pro Kategorie abgefragt werden, als auch in der Anzahl und Formulierung der Fragen (John und Srivastava 1999). Auch in der sozialen Robotik sind die Big Five die am weitesten verbreitete Taxonomie. Sie wird jedoch durch eine Vielzahl spezifischerer Charakteristiken ergänzt, deren Zusammenhänge noch nicht näher erforscht sind und die Ergebnisse aus verschiedenen Forschungsstudien daher oft schwer vergleichbar machen.

19.3   Wie nehmen wir Roboter wahr?

Menschen genügt nicht nur bei natürlichen Interaktionspartner*innen eine kurze Zeitspanne, um ein **konsistentes mentales Modell** des Gegenübers zu erhalten. Powers und Kiesler (2006) fanden heraus, dass eine Interaktionszeit von zwei Minuten bereits ausreicht, um ein solches mentales Modell auch von einem Roboter zu erstellen. Dabei werden die äußeren Merkmale des Roboters wie Menschenähnlichkeit und Geschlecht mit seinen sozialen und intellektuellen Fähigkeiten verknüpft, um die eigenen Handlungsoptionen in der Interaktion einzuschätzen. Versuchspersonen in einem von ihnen durchgeführten Experiment folgten am häufigsten dem Rat eines männlichen Roboters mit jugendlichen Gesichtszügen. Powers und Kiesler (2006) folgerten daraus, dass Menschen eine ähnliche Bewertung des äußeren Erscheinungsbilds in Robotern wie in anderen Menschen vornehmen. Dies stimmt mit den Beobachtungen von Ogawa et al. (2018) überein, die in ihrer Studie die Persönlichkeitszuschreibungen zu dem Wissenschaftler Hiroshi Ishiguro und dem Geminoid HI-1 verglichen. Der androide Roboter ist dabei als künstlicher Zwilling von Ishiguro konzipiert und gleicht seinem Äußeren fast vollständig. Tatsächlich stimmten auch die Persönlichkeitszuschreibungen zwischen dem Roboter und Ishiguro fast vollständig überein. Die einzige Ausnahme stellte die Offenheit für Erfahrungen dar. In dieser Dimension schätzten die Proband*innen interessanterweise den Androiden höher als den Menschen ein, auch wenn dieser Unterschied keine Signifikanz aufwies. Vergleicht man einen Menschen mit einem weniger humanoiden Roboter wie dem NAO, ergibt sich jedoch ein anderes Bild. Sandoval et al. (2016) zeigten in ihrer Studie, dass der Mensch als offener für Erfahrungen und verträglicher als der Roboter eingestuft wurde. Die Extraversion, emotionale Stabilität und Gewissenhaftigkeit wiesen jedoch wie bei der Studie von Ogawa et al. (2018) keine signifikanten Unterschiede zwischen Mensch und Roboter auf.

Ähnlich wie beim Zusammentreffen mit einer fremden Person muss ein Mensch nicht einmal mit einem Roboter interagieren, um ihm eine Persönlichkeit zuzuschreiben – die Beobachtung des **äußeren Erscheinungsbilds** reicht vollständig aus. Wie positiv Menschen den Körperbau des Roboters wahrnehmen, kann dabei benutzt werden, um die Charakterzuschreibungen durch den Menschen vorherzusagen. Diese Vorhersage ist am genausten in den Dimensionen Extraversion und Verträglichkeit und etwas schwächer ausgeprägt für die Gewissenhaftigkeit und emotionale Stabilität (Syrdal et al. 2007). Hwang et al. (2013) untersuchten, wie genau sich die Form von verschiedenen Körperteilen auf die Persönlichkeitszuschreibung auswirkt. Ihre Ergebnisse zeigen, dass die Form aller Körperteile eine Relevanz für die Persönlichkeitswahrnehmung hat. Die Kopfform war in ihrer Studie vor allem mit der Zuschreibung von Extraversion, Gewissenhaftigkeit und emotionaler Stabilität verknüpft. Insbesondere eine zylindrische Kopfform führte dabei zu einer höheren Bewertung in den genannten Dimensionen als eine menschenähnliche Kopfform. Die Form des Rumpfes und der Extremitäten des Roboters wirkten sich sogar auf alle fünf Dimensionen der Persönlichkeit aus. Die zylindrische Form führte dabei allgemein zur Einschätzung einer hohen emotionalen Stabilität, während eine rechteckige Form die niedrigste Bewertung auf allen Skalen nach sich zog. Roboter mit einem menschenähnlichen Rumpf wurden als sehr extrovertiert, verträglich und offen für neue Erfahrungen eingeschätzt. Dies deckt sich mit den Beobachtungen von Chee et al. (2012). Die Forscher*innen nutzten das Bildmaterial von 100 Robotern und ließen Menschen die Persönlichkeit der Roboter nur anhand der äußeren Erscheinung bewerten. Sie fanden eine starke Korrelation zwischen den Dimensionen Verträglichkeit und Extraversion. Roboter, die als extrovertiert bewertet wurden, wurden also grundsätzlich auch als verträglich eingeschätzt. Die Kombination von Extraversion und Verträglichkeit wies ebenfalls eine Korrelation mit der Einschätzung von Freundlichkeit auf. Menschenähnliche Merkmale im Roboter wurden dabei in der Regel als freundlicher angesehen als mechanische Bauteile. Folgerichtig wurden

Roboter mit einem großen Anteil an menschenähnlichen Merkmalen also auch als extrovertierter und verträglicher wahrgenommen. Broadbent et al. (2013) fanden in einem Experiment heraus, dass sogar ein Roboter, der sich von anderen nur durch ein menschenähnliches virtuelles Gesicht auf einem Bildschirm unterschied, als freundlicher und geselliger bewertet wurde als ein Roboter ohne Gesicht.

Während die überwiegende Zahl der Forschungsergebnisse auf eine positive Korrelation zwischen menschenähnlichem Körperbau und Persönlichkeitseinschätzung schließen lässt, gibt es auch vereinzelt Studien, die auf das Gegenteil hindeuten. Groom et al. (2009) ließen Proband*innen einen Roboter aus Lego bauen, der dabei entweder einer humanoiden Form oder einem Fahrzeug glich. Die Versuchspersonen bewerteten das Fahrzeug dabei als freundlicher und schrieben ihm eine höhere Integrität zu als dem Roboter mit menschenähnlichem Körperbau, welcher als heimtückischer bewertet wurde. Interessanterweise zeigt dieses Experiment auch, dass Menschen die Persönlichkeit von Robotern grundsätzlich als angenehmer bewerteten, wenn sie glaubten, den Roboter selbst gebaut zu haben. Potenziell könnte dies sowohl mit der direkten Beteiligung an der Konstruktion als auch mit der allgemeinen Präferenz für bekannte im Vergleich zu unbekannten Artefakten zusammenhängen.

In den meisten Studien zur Persönlichkeit von Robotern wurden Plattformen gewählt, die zu einem gewissen Maße Charakteristiken eines menschlichen Körperbaus in der äußeren Erscheinung glichen. Roboter müssen jedoch keinem menschlichen oder tierischen Körperbau nachempfunden sein, um eine Assoziation mit menschlichen Charakterzuschreibungen hervorzurufen. Syrdal et al. (2007) bauten in eine herkömmliche Fußablage einen Bewegungsapparat ein. Das so ausgestattete Möbelstück konnte sich menschlichen Proband*innen im Labor nähern und ihnen nur durch Bewegung anbieten, ihren Fuß abzulegen. In den Interviews nach dem Versuch zeigte sich, dass die Versuchsteilnehmer*innen eine Reihe menschlicher Charakterzuschreibungen benutzten, um die Fußablage zu beschreiben. Das Möbelstück wurde zum Beispiel als respektvoll, höflich oder beharrlich bezeichnet. Syrdal et al. (2007) fanden jedoch nicht, dass ausschließlich menschliches Vokabular zur Beschreibung benutzt wurde. Vielmehr ließen die Beschreibungen der Versuchsteilnehmer*innen auf ein **gemischtes mentales Modell** zwischen Lebewesen und Möbelstück schließen.

Die Wahrnehmung der Persönlichkeit kann nicht nur durch visuelle Eindrücke eines Roboters beeinflusst werden. Yamashita et al. (2016) nutzten in ihrer Studie mehrere baugleiche Roboter, die sich ausschließlich in der Konstruktion der künstlichen Haut unterschieden. Je menschenähnlicher sich die Haut bei Berührung anfühlte, je freundlicher nahmen Menschen die Persönlichkeit des Roboters wahr. War die Haut jedoch fest und widerstandsfähig, wurde der Roboter als mächtig beschrieben. Inwieweit sich Übereinstimmungen oder Widersprüche in der Wahrnehmung eines Roboters durch verschiedene Sinne auf seine Persönlichkeit auswirken, ist in der Forschung noch nicht näher untersucht. Erste Erkenntnisse aus der Studie von Hwang et al. (2013) deuten jedoch darauf hin, dass die Persönlichkeit von Robotern in **physisch präsenten** Prototypen als stärker empfunden wird als in 3D-Modellen, die auf einem Bildschirm präsentiert werden.

19.4   Manipulation von Persönlichkeitsmerkmalen

Im letzten Abschnitt wurde die Korrelation zwischen dem äußeren Erscheinungsbild eines Roboters und der Zuschreibung von Persönlichkeitsmerkmalen näher betrachtet. Folgerichtig lässt sich durch die Manipulation des Roboterkörpers also auch die Persönlichkeitszuschreibung bestimmen. Bei der Entwicklung der physischen Erscheinung eines Roboters stehen jedoch meist funktionelle Anforderungen und nicht dessen Persönlichkeit im Vordergrund. Daher bietet es sich stattdessen an, die **Kommunikationsstrategie** eines Roboters zu manipulieren, um die Wahrnehmung seiner Persönlichkeit explizit zu beeinflussen. Unter Kommunikationsstrategien verstehen wir dabei nicht nur, *was* der Roboter sagt, sondern auch, *wie* der Roboter kommuniziert. Dabei gibt es erste Anzeichen, dass eine Kombination aus verbalen und nonverbalen Merkmalen nicht nur natürlicher wirkt, sondern auch die Wahrnehmung der Persönlichkeitsmerkmale verstärkt (Aly und Tapus 2013; Lohse et al. 2008).

19.4.1 Verbale Interaktion

Der zunehmende Fortschritt im Bereich robuster maschineller Lernverfahren und insbesondere der Aufstieg von Deep Learning hat die Entwicklung von Sprachdialogsystemen nachhaltig beeinflusst. Statt auf einen kleinen Korpus von handgeschriebenen Regeln und Sätzen zurückzugreifen, lernen moderne Dialogsysteme die Grammatik und Wortwahl aus Millionen von Texten und Dialogen und generieren daraus neue Inhalte und Beiträge. Im Bereich der sozialen Robotik macht sich dieser Fortschritt erst langsam bemerkbar. Besonders in der Forschung zur Persönlichkeit von Robotern greifen Entwickler*innen noch immer auf Expert*innen zurück, die anhand von Erkenntnissen aus der Sozialpsychologie die Antworten für die Roboter manuell definieren.

Um die Assoziation von bestimmten Persönlichkeiten hervorzurufen, ist dabei nicht nur die **Wortwahl** relevant, sondern auch, wann und wie viel die Roboter sprechen und auf welche Themen sie in der Interaktion zurückgreifen. Extrovertierte Roboter können sich dadurch auszeichnen, dass sie die Konversation initiieren (Lohse et al. 2008; Tay et al. 2014), mehr Worte pro Minute verwenden als introvertierte Roboter (Meerbeek et al. 2008; Lohse et al. 2008; Tay et al. 2014; Weiss et al. 2012), weniger Pausen machen (Tay et al. 2014) und allgemein längere Gespräche mit Interaktionspartner*innen führen (Lohse et al. 2008). Vor allem die Manipulation der Wortwahl des Roboters ist dabei stark von der Rolle und Aufgabe des Roboters abhängig. Meerbeek et al. (2008) entwickelten zum Beispiel einen iCub-Roboter, der bei der Auswahl des TV-Programms unterstützen sollte. In der extrovertierten Variante formulierte der Roboter die Sätze eher als freundliche Befehle und nutzte eine informelle Wortwahl, Humor und abschweifende Äußerungen. In einem ähnlichen Ansatz entwickelten Tapus et al. (2008) einen Roboter zur Unterstützung in der Rehabilitationstherapie, der in der extrovertierten Variante eine herausfordernde Wortwahl benutzte, während er in der introvertierten Version eher unterstützende Sätze formulierte.

Was die bisherige Forschung zu sozialen Robotern gemein hat, ist der Fokus auf kleine und klar definierte Domänen wie TV-Programm oder Restaurantauswahl. Versucht man die bisher vorgestellten Methoden zu erweitern und den Robotern die Möglichkeit zu geben, über eine Vielzahl von verschiedenen Themen und Bereichen zu sprechen, stoßen sie schnell an ihre Grenzen. Der Aufwand für Autor*innen, Dialogbeiträge für alle potenziellen Themenbereiche zu schreiben, ist schlicht zu groß. Selbst autonome Sprachdialogsysteme wie PERSONAGE, die eine Reihe von Parametern in der Generation von natürlicher Sprache darauf optimieren, eine bestimmte Charaktereigenschaft zu kommunizieren, beruhen auf einem manuell erstellten Lexikon von Worten und auf von Expert*innen bestimmten Parametern (Mairesse und Walker 2011). In unserer eigenen Forschung haben wir uns deswegen mit der Frage beschäftigt, ob wir tatsächlich Expert*innen zum Schreiben des Dialoginhalts brauchen oder ob dies auch von einer Gruppe Laien übernommen werden kann. Dazu haben wir ein Dialogsystem basierend auf **Crowdsourcing** entwickelt, in dem ein Roboter automatisch kurze Ausschnitte aus einem Dialog auf Amazon Mechanical Turk hochladen kann (Mota et al. 2018). Auf dieser Plattform erhalten Nutzer*innen eine geringe finanzielle Aufwandsentschädigung dafür, dass sie eine Fortsetzung eines Dialogs schreiben. Dabei sollen sie sowohl das Kommunikationsziel als auch die Persönlichkeit des Roboters beachten. Abbildung Abb. 19.1 zeigt ein Beispiel für ein solches Szenario.

Zur Evaluation dieser Methode teilten wir Versuchspersonen in zwei Gruppen ein, die jeweils über mehrere Tage ein kurzes Spiel mit dem Roboter spielten. Je nach Gruppe interagierten Menschen dabei entweder mit einem enthusiastischen und stets fröhlichen Roboter oder einem ungeduldigen Roboter, der wenig Verständnis für andere aufbrachte. Tatsächlich bewerteten diejenigen, die mit dem freundlichen Roboter interagiert hatten, diesen signifikant höher in emotionaler Stabilität und Verträglichkeit als den ungeduldigen Roboter. Trotz dieser positiven Ergebnisse zeigte unsere Studie auch einen entscheidenden Nachteil der Methodik: Da die einzelnen Autor*innen nur jeweils einen kleinen Ausschnitt der Dialoghistorie gezeigt bekamen, konnten sie schlecht einschätzen, in welcher allgemeinen Stimmungslage sich der Roboter in der vorliegenden Situation tatsächlich befand.

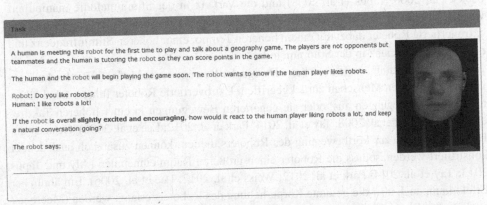

Abb. 19.1 Beispiel einer automatisch generierten Aufgabe für die Crowdsourcing-Plattform Amazon Mechanical Turk

So konnte es sein, dass auch der ungeduldige Roboter eine Konversation nach einem hervorragenden Spiel positiv beendete, aber nur wenige Minuten später die gleiche Person mit den Worten: „I can't stand to look at your face right now!" begrüßte. Diese Eskalationsstufe in der Begrüßung würde jedoch logisch nur an eine ebenso harsche Beendigung des letzten Dialogs anschließen. Die Interaktion vor allem des ungeduldigen Roboters war also nicht plan- und erwartbar für die Nutzer*innen. In einer Weiterentwicklung unserer Methode baten wir daher andere Nutzer*innen, zu bewerten, in welcher Stimmung sich der Roboter für jede der geschriebenen Dialogfortführungen befand (Paetzel et al. 2018). Im Dialogmanager, der während der ersten Studie ausschließlich darauf optimiert war, möglichst genau zur Situation passende Sätze auszuwählen, wurden nun Sätze priorisiert, die besonders nah an der derzeitigen Stimmung des Roboters lagen. Expert*innen mussten dabei nur noch die allgemeine Entwicklung der Stimmung für eine bestimmte Roboterpersönlichkeit festlegen. Der Roboter mit der verträglicheren und emotional stabileren Persönlichkeit sollte dabei auf positive Ereignisse in der Konversation enthusiastisch reagieren und sich von negativen Rückschlägen nur wenig beeinflussen lassen. Der Roboter mit einer geringeren Verträglichkeit und emotionaler Stabilität sollte sich dagegen insbesondere von negativen Erfahrungen leiten lassen und mit Frustration auf diese reagieren.

19.4.2 Nonverbale Interaktion

Forschungsprojekte zur nonverbalen Kommunikation von Persönlichkeitsmerkmalen haben sich bisher fast ausschließlich auf die Dimension der Extraversion fokussiert. Am häufigsten werden dabei die Stimme von Robotern und ihre Bewegungen an die Persönlichkeit angepasst. Bei extrovertierten Robotern wird die **Stimme** oder anderes auditives Feedback lauter abgespielt als bei introvertierten Robotern (Meerbeek et al. 2008; Tapus et al. 2008; Weiss et al. 2012; Lee et al. 2006). Können die Roboter sprechen, können zusätzlich noch das Sprechtempo (Meerbeek et al. 2008), die Stimmfrequenz (F0) (Meerbeek et al. 2008; Tapus et al. 2008) und die Varianz in der Stimmmelodie manipuliert werden (Lee et al. 2006). Basierend auf Erkenntnissen der Sozialpsychologie sprechen extrovertierte Roboter dabei mit einem höheren Tempo, einer höheren Stimmfrequenz und einer höheren Varianz in der Stimmmelodie.

Ähnlich zur Stimme wird auch beim Design der **Bewegungsabläufe** auf Beobachtungen von extrovertierten Menschen zurückgegriffen. Extrovertierte Roboter führen dabei allgemein mehr Bewegungen aus, oder sie generieren Bewegungen in einer höheren Taktfrequenz (Meerbeek et al. 2008; Tay et al. 2014; Park et al. 2012; Lee et al. 2006). Gesten oder Bewegungen, die zur Fortbewegung des Roboters dienen, können zusätzlich ausladender konstruiert werden, sodass die Roboter einen größeren Raum einnehmen (Aly und Tapus 2013; Tay et al. 2014; Park et al. 2012; Weiss et al. 2012; Lee et al. 2006). Ein ähnlicher Effekt kann auch über die gesamte Körperhaltung des Roboters erlangt werden (Meerbeek et al. 2008). Ein weiterer Parameter in der Bewegungsimplementierung, der mit der Wahrnehmung von Extraversion korreliert, ist die Geschwindigkeit der Bewegungen. Extrovertierte Roboter bewegen sich dabei in höherer Geschwindigkeit als introvertierte Roboter (Meerbeek et al. 2008; Aly und Tapus 2013; Tay et al. 2014; Weiss et al. 2012; Lee et al. 2006). Statt der Schnelligkeit der Bewegung kann auch die Reaktionsgeschwindigkeit des Roboters auf Aktionen der menschlichen Interaktionspartner*innen manipuliert werden (Park et al. 2012). Selbst in Robotern, deren Design keinem menschlichen, sondern einem tierischen Vorbild folgt, kommen ähnliche nonverbale Verhaltensmuster zum Tragen. Moshkina und Arkin (2005) konnten zeigen, dass die Häufigkeit der Schweifbewegungen eines Roboterhunds direkt damit korrelierte, wie extrovertiert und verträglich er wahrgenommen wurde. Ähnlich verhielt es sich mit der Fortbewegung des Roboters: Je öfter der künstliche Hund seine Gangart wechselte, je höher wurde die Extraversion und Offenheit für Erfahrungen eingeschätzt. Verbrachte der Roboter mehr Zeit mit Laufen statt mit Warten, erzeugte das ebenfalls den Eindruck einer extrovertierten und emotional stabilen Persönlichkeit.

Weitere nonverbale Interaktionsmerkmale liegen im **Abstand**, den der Roboter zum Menschen hält, sowie in seiner **Blickrichtung**. In der Studie von Tapus et al. (2008) hielt der introvertierte Roboter einen größeren Abstand zu den menschlichen Interaktionspartner*innen als der extrovertierte Roboter. Forscher*innen machen sich auch zu Nutze, dass introvertierte Menschen den direkten Blickkontakt mit anderen eher meiden. Extrovertierte Roboter suchen daher öfter den Blickkontakt (Meerbeek et al. 2008; Park et al. 2012), halten ihr Gesicht den Interaktionspartner*innen zugewandt (Park et al. 2012) und öffnen ihre Augen weiter (Meerbeek et al. 2008).

Neben Stimme, Bewegungen und Blicken lassen sich auch die **Aktionsmöglichkeiten** und Frequenzen von Aktionen verwenden, um den Eindruck der Persönlichkeit zu verändern. Extrovertierte Roboter betraten dabei zum Beispiel neue Räume von selbst und folgten Nutzer*innen, ohne auf eine explizite Aufforderung zu warten (Lohse et al. 2008). Sandoval et al. (2016) zeigten, dass auch die Spielstrategie eines Roboters mit seiner Persönlichkeit verknüpft wird. Nutzte der Roboter eine Quid-pro-quo-Strategie, schätzten Proband*innen ihn extrovertierter und verträglicher ein, als wenn er den nächsten Spielzug zufällig auswählte. Grollman (2016) entwickelte ein Konzept für eine kleine und mechanische Roboterplattform mit wenig expressiven Mitteln, das über die Manipulation der Extraversion hinaus ging. Ziel war die Änderung der Roboterpersönlichkeit in vier verschiedenen Dimensionen: Der *food drive* bestimmte, wie oft der Roboter die Ladestation aufsuchte; mit dem *comfort drive* wurde manipuliert, wie sehr der Roboter sich zu künstlichen Lichtquellen hingezogen fühlte; der *obstacle drive* veränderte, ob und wenn ja, wie früh der Roboter Hindernissen auswich und der *human drive*, ob und wie oft der Roboter die Nähe zu menschlichen Versuchspersonen suchte. In einer ersten Pilotstudie fand Grollman, dass Beobachter*innen der Roboter tatsächlich unterschiedliche Adjektive benutzten, um die verschiedenen Persönlichkeitstypen zu beschreiben. Anders als die Blicke, Gesichtsausdrücke und Gesten lassen sich die Aktionshäufigkeiten einfacher auf einer kontinuierlichen Skala manipulieren und damit potenziell viele Dutzend verschiedene Roboterpersönlichkeiten erstellen.

Anstatt die nonverbale Interaktion aus der Sozialpsychologie abzuleiten, kann auch auf Expert*innen aus Bereichen wie Schauspiel und Improvisation zurückgegriffen werden. Hendriks et al. (2011) fragten in ihrer Studie zunächst naive Proband*innen, welche Persönlichkeit sie sich von einem autonomen Staubsaugroboter wünschen würden. Sie baten dann Schauspieler*innen mit Hilfe einer dem Roboter nachempfundenen Box, Verhaltensweisen für den Roboter zu entwickeln, die dieser Persönlichkeit entsprachen. Die Schauspieler*innen variierten dabei vor allem die Bewegungen des Roboters (wie und wohin sich der Roboter bewegte und welche Energie er einsetzte), wie hoch und laut der Roboter sprach, welche Klangfarbe die Stimme hatte und wie schnell und regelmäßig der Roboter die Kontrolllampe benutzte.

19.5 Der Einfluss der Persönlichkeit auf Interaktionen mit und Wahrnehmung von Robotern

Die Interaktion mit einem Roboter hat einen entscheidenden Einfluss darauf, wie dieser wahrgenommen wird und schon wenige soziale Verhaltensweisen können das **Unbehagen** drastisch senken, das Menschen gegenüber Robotern empfinden (De Ruyter et al. 2005). Um soziale Roboter zu entwickeln, ist es daher nicht ausreichend, zu analysieren, durch welche äußerlichen Erscheinungsmerkmale und Interaktionsmuster die Wahrnehmung einer bestimmten Persönlichkeit erzeugt werden kann. Ausschlaggebend für die breite Akzeptanz von Robotern ist das Verständnis, welche **Wirkung** Roboter mit verschiedenen Persönlichkeiten auf menschliche Interaktionspartner*innen und gemeinsam ausgeführte Aufgaben haben. Hwang et al. (2013) kamen in ihrer Studie zu dem Ergebnis, dass alle fünf Dimensionen der Persönlichkeit (Neurotizismus wurde als emotionale Stabilität kodiert) positiv damit korrelierten, wie angenehm Menschen die Interaktion mit dem Roboter empfanden. Zu einem ähnlichen Ergebnis kamen auch Broadbent et al. (2013): Sie zeigten, dass Roboter als weniger unheimlich empfunden wurden, wenn ihre Persönlichkeit als gesellig, freundlich und vertrauenswürdig bewertet wurde.

Während die Ergebnisse von Hwang et al. (2013) sowie Broadbent et al. (2013) als Existenz einer objektiv überlegenen und allgemein akzeptierten Roboterpersönlichkeit gesehen werden können, wissen wir aus der Sozialpsychologie, dass die Präferenz für bestimmte Persönlichkeitsmerkmale **subjektiv** ist. Ob Menschen dabei eher eine komplementäre oder eine ähnliche Persönlichkeit in anderen bevorzugen, ist noch immer eine offene Forschungsfrage. In der Mensch-Roboter-Interaktion kommen Studien zu diesem Thema ebenfalls zu keinem eindeutigen Ergebnis. Im Experiment von Tapus et al. (2008) bevorzugten Proband*innen einen Therapieroboter, der ein ähnliches Level an Extraversion aufwies wie sie selbst. Passte sich der Roboter an das Extraversionslevel der menschlichen Interaktionspartner*innen an, stieg auch ihre Performance in der Rehabilitationstherapie, die durch den Roboter unterstützt wurde. Auch Aly und Tapus (2013) sowie Park et al. (2012) fanden in ihren Studien Evidenz für die Anziehung durch ähnliche Persönlichkeitsmerkmale. Im Gegensatz dazu beschrieben Lee et al. (2006), dass Menschen einen Roboter mit einer entgegengesetzten Persönlichkeit als intelligenter, attraktiver und präsenter wahrnahmen als einen Roboter, der ihrer eigenen Persönlichkeit glich. Unsere eigene Forschung zeigt, dass weder die Übereinstimmung noch das Komplement in den Dimensionen emotionale Stabilität und Verträglichkeit zu einer besseren Gesamteinschätzung des Roboters führt (Paetzel-Prüsmann et al. 2021).

Ein möglicher Grund für die unterschiedlichen Ergebnisse zur Präferenz von Persönlichkeit könnte in der **Rolle und Aufgabe** des Roboters in der jeweiligen Studie zu finden sein. Sundar et al. (2017) untersuchten, wie Menschen einen Roboter in der Rolle eines Assistenten und Spielkameraden erlebten. Assistenzrobotern wurden in ihrer Studie allgemein negativere Attribute zugeordnet. Gab man dem Roboter jedoch eine verspielte Persönlichkeit, verbesserte dies die Wahrnehmung der Proband*innen. In der Rolle des Spielkameraden dagegen wurde eine ernsthafte Persönlichkeit als sozial attraktiver wahrgenommen. Dies lieferte weitere Evidenz für die Theorie, dass Roboter als positiver wahrgenommen werden, wenn ihre Rolle und Persönlichkeit den Erwartungen der Interaktionspartner*innen entsprechen (Tay et al. 2014).

Trotz der individuellen Unterschiede in der Präferenz für Roboterpersönlichkeiten haben Forscher*innen einige Verhaltensweisen extrahiert, die allgemein eine negative Wahrnehmung des Roboters zur Konsequenz haben. So werden Roboter, die ihre menschlichen Interaktionspartner*innen für Fehler in der Interaktion verantwortlich machen, als weniger freundlich und streitlustiger wahrgenommen, als wenn die Roboter sich selbst oder dem Team die Schuld geben (Groom et al. 2010; Kaniarasu und Steinfeld 2014). Interessanterweise lag die beste Strategie in der Schuldzuweisung jedoch darin, das Thema vollständig zu meiden, und Roboter, die diese Strategie verfolgten, wurden als am vertrauenswürdigsten angesehen. Die Manipulation der Roboterpersönlichkeit kann sich aber nicht nur auf die Bewertung des Roboters, sondern auch auf die Einschätzung der Situation als solche auswirken. Extrovertierte und verträgliche Roboter geben Menschen dabei das Gefühl, die Situation unter **Kontrolle** zu haben, auch wenn sie objektiv mit dem introvertierten und weniger verträglichen Roboter die gleiche Kontrolle über die Situation und Interaktion haben (Meerbeek et al. 2008).

Auch wenn die Forschung Hinweise darauf gibt, dass Menschen ein konsistentes mentales Modell eines Roboters bereits auf Grundlage von wenigen, kurzen Eindrücken erstellen können, wird dieses Modell ständig an die situative Entwicklung angepasst. Insbesondere in **wiederholten oder längeren Interaktionen** übernimmt die Persönlichkeit des Roboters dabei eine zentrale Rolle. Zlotowski et al. (2015) zeigten, dass Roboter über die Zeit positiver wahrgenommen wurden als nach der ersten Interaktion. Ein Roboter, der durch sein Aussehen bereits als unheimlich eingestuft wurde, konnte aus dieser negativen Wahrnehmung jedoch nur schwer ausbrechen, selbst wenn der Roboter eine positive Persönlichkeitscharakteristik zeigte. Ein Roboter mit einem ansehnlichen Äußeren dagegen konnte den positiven ersten Eindruck durch eine negative Grundhaltung in der Interaktion signifikant verschlechtern. Unsere eigene Forschung zur Wahrnehmung von Persönlichkeit in Robotern unterstützt dieses Ergebnis (Paetzel-Prüsmann et al. 2021). Die Persönlichkeit eines Roboters kann selbst dann zu einem unangenehmen Gefühl in menschlichen Interaktionspartner*innen führen, wenn sie nicht explizit antagonistisch ausgelegt ist. Dieses Gefühl verstärkt sich, je länger die Interaktion andauert, und lässt die Wahrnehmung der äußeren Erscheinung über die Zeit in den Hintergrund treten.

19.6 Ausblick und ethische Betrachtungen

Noch immer gibt es viele offene Forschungsfragen im Bereich der Persönlichkeit von sozialen Robotern. Während die Persönlichkeitsdimension der Extraversion in Robotern bereits in einigen Forschungsstudien untersucht wurde, ist über die Manipulation und Auswirkung der anderen Dimensionen wenig bekannt. Dabei könnte insbesondere die emotionale Stabilität potenziell eine starke Auswirkung darauf haben, wie erwartbar das Verhalten eines Roboters eingeschätzt und wie unheimlich die Interaktion deswegen empfunden wird. Auch ist die Wirkung von Robotern mit Persönlichkeit bisher nur in wenigen ausgewählten Rollen und Aufgabenfeldern und über einen kurzen Zeitraum untersucht worden. Die Studien zur Langzeitwahrnehmung von Robotern ohne explizit manipulierte Persönlichkeit in Zusammenhang mit den hier vorgestellten Studien lassen jedoch erahnen, dass Menschen über Zeit eine sehr starke Verbindung zu Robotern aufbauen könnten, wenn ihnen die Persönlichkeit des Roboters zusagt.

Anders als bei Menschen, deren Persönlichkeit per Definition in verschiedenen Situationen und in der Interaktion mit unterschiedlichen Menschen nur wenig Varianz aufweist, können wir soziale Roboter so programmieren, dass sie ihre Persönlichkeit an die jeweiligen Interaktionspartner*innen anpassen. Wie Menschen dabei einen Roboter mit stark fluktuierender Persönlichkeit zwischen Nutzer*innen wahrnehmen, ist bisher nicht untersucht worden. Empirische Untersuchungen deuten aber darauf hin, dass eine ähnliche Persönlichkeit in einem Roboter zumindest in der Dimension der Extraversion bevorzugt wird und sogar zu einer besseren Leistung in der Rehabilitationstherapie führen kann (Tapus et al. 2008). Während dies in der vorliegenden Studie zu einer positiven Auswirkung auf die Gesundheit des Menschen führte, lassen sich einfache Beispiele konstruieren, in denen eine so geartete Beeinflussung nicht im Eigeninteresse des Menschen wäre. Betrachten wir zum Beispiel soziale Roboter, die in Geschäften oder Restaurants eingesetzt werden, um Kund*innen zu beraten. Passen sich diese Roboter der Persönlichkeit der Käufer*innen an, können sie ihr Verhalten aktiv einsetzen, um den Umsatz des Geschäfts zu erhöhen, auch wenn der Kauf eines bestimmten Produkts das finanzielle Budget der Käufer*innen übersteigt. Denkt man diese Szenarien weiter, könnten soziale Roboter selbst zur Manipulation des Wahlverhaltens von Nutzer*innen benutzt werden und somit die demokratische Teilhabe an der Gesellschaft gefährden. Während diese Szenarien auch ohne eine explizite Anpassung der Roboterpersönlichkeit denkbar sind, deuten die bisherigen Forschungsergebnisse darauf hin, dass persönlichkeitsgesteuerte Roboter diesen Einfluss substanziell verstärken können.

Literatur

Albright L, Kenny DA, Malloy TE (1988) Consensus in personality judgments at zero acquaintance. J Pers Soc Psychol 55(3):387

Allport GW, Odbert HS (1936) Trait-names: a psycho-lexical study. Psychol Monogr 47(1):i

Aly A, Tapus A (2013) A model for synthesizing a combined verbal and nonverbal behavior based on personality traits in human-robot interaction. In: 2013 8th ACM/IEEE international conference on human-robot interaction (HRI). IEEE, S 325–332

Broadbent E, Kumar V, Li X, Sollers J 3rd, Stafford RQ, MacDonald BA, Wegner DM (2013) Robots with display screens: a robot with a more humanlike face display is perceived to have more mind and a better personality. PLoS One 8(8):e72589

Chee BTT, Taezoon P, Xu Q, Ng J, Tan O (2012) Personality of social robots perceived through the appearance. Work 41(Supplement 1):272–276

Cobb-Clark DA, Schurer S (2012) The stability of big-five personality traits. Econ Lett 115(1):11–15

De Ruyter B, Saini P, Markopoulos P, Van Breemen A (2005) Assessing the effects of building social intelligence in a robotic interface for the home. Interact Comput 17(5):522–541

Dryer DC (1999) Getting personal with computers: how to design personalities for agents. Appl Artif Intell 13(3):273–295

Grollman DH (2016) Infinite personality space for non-fungible robots. In: International conference on social robotics. Springer, Cham, S 94–103

Groom V, Takayama L, Ochi P, Nass C (2009) I am my robot: the impact of robot-building and robot form on operators. In: 2009 4th ACM/IEEE international conference on human-robot interaction (HRI). IEEE, S 31–36

Groom V, Chen J, Johnson T, Kara FA, Nass C (2010) Critic, compatriot, or chump?: responses to robot blame attribution. In: 2010 5th ACM/IEEE international conference on human-robot interaction (HRI). IEEE, S 211–217

Hendriks B, Meerbeek B, Boess S, Pauws S, Sonneveld M (2011) Robot vacuum cleaner personality and behavior. Int J Soc Robot 3(2):187–195

Hwang J, Park T, Hwang W (2013) The effects of overall robot shape on the emotions invoked in users and the perceived personalities of robot. Appl Ergon 44(3):459–471

John OP, Srivastava S (1999) The Big-Five trait taxonomy: history, measurement, and theoretical perspectives, Bd 2. University of California, Berkeley, S 102–138

Kaniarasu P, Steinfeld AM (2014) Effects of blame on trust in human robot interaction. In: The 23rd IEEE international symposium on robot and human interactive communication. IEEE, S 850–855

Lee KM, Peng W, Jin SA, Yan C (2006) Can robots manifest personality? An empirical test of personality recognition, social responses, and social presence in human–robot interaction. J Commun 56(4):754–772

Lohse M, Hanheide M, Wrede B, Walters ML, Koay KL, Syrdal DS, Severinson-Eklundh K et al (2008) Evaluating extrovert and introvert behaviour of a domestic robot – a video study. In The 17th IEEE international symposium on robot and human interactive communication. IEEE, München, S 488–493

Mairesse F, Walker MA (2011) Controlling user perceptions of linguistic style: trainable generation of personality traits. Comput Linguist 37(3):455–488

Meerbeek B, Hoonhout J, Bingley P, Terken JM (2008) The influence of robot personality on perceived and preferred level of user control. Interact Stud 9(2):204–229

Moshkina L, Arkin RC (2005) Human perspective on affective robotic behavior: a longitudinal study. In: 2005 IEEE/RSJ international conference on intelligent robots and systems. IEEE, S 1444–1451

Mota P, Paetzel M, Fox A, Amini A, Srinivasan S, Kennedy J, Lehman JF (2018) Expressing coherent personality with incremental acquisition of multimodal behaviors. In: The 27th IEEE International Symposium on Robot and Human Interactive Communication. IEEE, S 396–403

Naumann LP, Vazire S, Rentfrow PJ, Gosling SD (2009) Personality judgments based on physical appearance. Personal Soc Psychol Bull 35(12):1661–1671

Norman WT (1963) Toward an adequate taxonomy of personality attributes: replicated factor structure in peer nomination personality ratings. J Abnorm Soc Psychol 66(6):574

Ogawa K, Bartneck C, Sakamoto D, Kanda T, Ono T, Ishiguro H (2018) Can an android persuade you? In: Geminoid Studies. Springer, Singapore, S 235–247

Paetzel M, Kennedy J, Castellano G, Lehman JF (2018) Incremental acquisition and reuse of multi-modal affective behaviors in a conversational agent. In: Proceedings of the 6th international conference on human-agent interaction, S 92–100

Paetzel-Prüsmann M, Perugia G, Castellano G (2021) The influence of robot personality on the development of uncanny feelings. Comput Hum Behav 120:106756

Park E, Jin D, del Pobil AP (2012) The law of attraction in human-robot interaction. Int J Adv Robot Syst 9(2):35

Powers A, Kiesler S (2006) The advisor robot: tracing people's mental model from a robot's physical attributes. In: Proceedings of the 1st ACM SIGCHI/SIGART conference on Human-robot interaction, S 218–225

Rantanen J, Metsäpelto RL, Feldt T, Pulkkinen LEA, Kokko K (2007) Long-term stability in the Big Five personality traits in adulthood. Scand J Psychol 48(6):511–518

Reeves B, Nass C (1996) The media equation: how people treat computers, television, and new media like real people. Cambridge University Press, Cambridge

Sandoval EB, Brandstetter J, Obaid M, Bartneck C (2016) Reciprocity in human-robot interaction: a quantitative approach through the prisoner's dilemma and the ultimatum game. Int J Soc Robot 8(2):303–317

Sundar SS, Jung EH, Waddell TF, Kim KJ (2017) Cheery companions or serious assistants? Role and demeanor congruity as predictors of robot attraction and use intentions among senior citizens. Int J Hum Comput Stud 97:88–97

Sung JY, Guo L, Grinter RE, Christensen HI (2007) „My Roomba is Rambo": intimate home appliances. In: International conference on ubiquitous computing. Springer, Berlin, Heidelberg, S 145–162

Syrdal DS, Dautenhahn K, Woods SN, Walters ML, Koay KL (2007) Looking good? Appearance preferences and robot personality inferences at zero acquaintance. In: AAAI Spring symposium: multidisciplinary collaboration for socially assistive robotics, S 86–92

Tapus A, Țăpuş C, Matarić MJ (2008) User – robot personality matching and assistive robot behavior adaptation for post-stroke rehabilitation therapy. Intell Serv Robot 1(2):169–183

Tay B, Jung Y, Park T (2014) When stereotypes meet robots: the double-edge sword of robot gender and personality in human–robot interaction. Comput Hum Behav 38:75–84

Watson D (2000) Mood and temperament. Guilford Press, New York/London

Weiss A, Van Dijk B, Evers V (2012) Knowing me knowing you: exploring effects of culture and context on perception of robot personality. In: Proceedings of the 4th international conference on intercultural collaboration, S 133–136

Willis J, Todorov A (2006) First impressions: making up your mind after a 100-ms exposure to a face. Psychol Sci 17(7):592–598

Yamashita Y, Ishihara H, Ikeda T, Asada M (2016) Path analysis for the halo effect of touch sensations of robots on their personality impressions. In: International conference on social robotics. Springer, Cham, S 502–512

Zlotowski JA, Sumioka H, Nishio S, Glas DF, Bartneck C, Ishiguro H (2015) Persistence of the uncanny valley: the influence of repeated interactions and a robot's attitude on its perception. Front Psychol 6:883

Soziotechnische Robotersysteme in Produktion, Pflege und Alltag – neue Wege der Mensch-Maschine-Interaktion

Ein Ansatz für neue Interaktionsmöglichkeiten zwischen Mensch und Maschine durch Kombination der industriellen Mensch-Roboter-Kollaboration mit der sozialen Robotik

Hans-Jürgen Buxbaum und Sumona Sen

Der wissenschaftlichen Forschung liegt der Gedanke zugrunde, dass alles Geschehen durch Naturgesetze bestimmt sei, also auch das Handeln der Menschen.

(Albert Einstein)

Zusammenfassung

Die Robotik hat sich seit Mitte des letzten Jahrhunderts als eine wichtige Säule der industriellen Automation entwickelt. In der Industrie 4.0 entstehen heute zunehmend Cyber-Physical Production Systems, die über mannigfaltige Sensorik und Kommunikationsschnittstellen in permanenter Verbindung untereinander und mit den in der Produktion arbeitenden Menschen stehen. Die Produktionsarbeit wandelt sich kontinuierlich, neue Kompetenzen und Interaktionsformen werden notwendig. Auch im Bereich der Robotertechnik entstehen neue, soziotechnische Robotersysteme, die ohne Schutzzäune gefahrlos mit Menschen kooperieren und kollaborieren können, sogenannte Cobots. Parallel zu dieser Entwicklung in der Industrie sehen wir eine Zunahme soziotechnischer Systeme in nichtindustrieller Nutzung, wie Service oder Pflege, und ebenfalls im privaten Bereich. Hier stellt sich die Frage, inwieweit diese neuen Einsatzgebiete von den Erfahrungen im Kontext der

H.-J. Buxbaum (✉)
HS Niederrhein, Krefeld, Deutschland
E-Mail: hans@buxbaum.de

S. Sen
HS Niederrhein, Krefeld, Deutschland
E-Mail: Sumona.Sen@hs-niederrhein.de

Industrie 4.0 profitieren können, wo bereits ergonomische Gestaltungsprinzipien, interaktive Kommunikationsformen und fortschrittliche Sicherheitskonzepte existieren. Eine Vereinigung der unterschiedlich ausgelegten Technologien kann zu einer gewinnbringenden Symbiose in neuen Bereichen wie Service- oder Pflegerobotik führen.

20.1   Einleitung

Die industrielle Robotik ist seit vielen Jahrzehnten Gegenstand von Forschung und Entwicklung. Im Vordergrund stehen dabei insbesondere Rationalisierung und Wirtschaftlichkeit als die beständigsten Innovationstreiber. In Produktionsprozessen werden Bewegungsautomaten eingesetzt, die z. B. schwere Lasten bewegen oder Lackieraufgaben durchführen. Dabei geht es um die Mechanisierung von Bewegungsabläufen, um Genauigkeiten und eine gesteigerte Qualität und um planbare Abläufe in einem vorgegebenen Takt. Unter ergonomischen Gesichtspunkten wäre ein Mensch oftmals gar nicht in der Lage, solche Arbeit zu leisten.

Die Mensch-Roboter-Kollaboration (MRK) ist dagegen eine neue Entwicklungsrichtung in der industriellen Produktion. Für kollaborative Anwendungen werden von fast allen Roboterherstellern mittlerweile neue, unfallsichere Geräte (Cobots) entwickelt, die in direkter Zusammenarbeit mit Menschen z. B. Tätigkeiten in Logistik, Kommissionierung oder Montage verrichten können. Eine sicherheitstechnische Abgrenzung der Automaten, beispielsweise in einem eigenen Bereich hinter Zäunen, ist dabei weder erforderlich noch sinnvoll, da die Cobots in Kollaboration mit den Menschen interagieren sollen. In diese Kollaboration soll der Mensch seine Möglichkeiten als intelligentes, intellektuelles Wesen sowie seine kognitiven Fähigkeiten einbringen. Ein Automat ermüdet nicht, er kann die ergonomische Belastung des Menschen verringern und so die Leistungsfähigkeit des kollaborativen Teams erhalten.

Durch die schnelle Verbreitung dieser neuen MRK-Technologie in den letzten Jahren sind viele wichtige Aspekte gut erforscht und auch in Normenwerken zur Gestaltung und Sicherheit solcher Arbeitsplätze dokumentiert. Dazu gehören Erfahrungen und Wissen zur Auslegung der Systeme, zu ihrem Gefährdungspotenzial, zu den Grenzwerten der Kraftübertragung bei Berührung oder Kollision, zu den Beschränkungen und Möglichkeiten der Bewegung im kollaborierenden Betrieb und auch zu Fragen der Sensorik hinsichtlich Sensitivität und Reaktionsvermögen der Maschinen. Eine ähnliche Entwicklung sieht man in anderen Bereichen des Robotereinsatzes. Die soziale Robotik weitet sich von Pflegeanwendungen über den Einsatz in Haushalt und Marketing aus. Soziale Interaktion wird gefordert, um Menschen zu animieren und Hilfeleistungen zu vollziehen. Dies ist jedoch bis zum heutigen Tag nicht vollständig umgesetzt. Im Sinne eines Wissenstransfers bietet es sich an, die Erkenntnisse aus beiden Bereichen bei der Erforschung und Entwicklung neuer soziotechnischer Systeme anzuwenden, um soziale Interaktionen zwischen Mensch und Roboter neu zu definieren.

20.2   Arbeit in soziotechnischen Produktionssystemen

Fertigungswissenschaften, Automatisierungstechnik und Robotik entwickeln sich unter den Vorzeichen der Industrie 4.0 zu einer neuen Arbeitswelt in der industriellen Produktion. Produzierende Unternehmen stehen vor den Herausforderungen eines anspruchsvollen Käufermarkts, mit hohen Qualitätsansprüchen bei oftmals kundenindividueller Ausprägung der Erzeugnisse (Gausemeier und Plass 2014). Dies alles geschieht bei gleichzeitig steigendem Wettbewerbsdruck. Die ständige Fortentwicklung in Elektronik und Informationstechnik sowie die Verfügbarkeit neuer Kommunikationstechnologien wie 5G eröffnen Potenziale und ermöglichen Entwicklungen von Produktionstechnik und -organisation, die den genannten Aspekten Rechnung tragen. Ein wichtiger Treiber dieser Entwicklungen ist das Internet, zunehmende Vernetzung lässt hybride Welten mit virtuellen und realen Fabriken und digitalen Zwillingen entstehen, die als Internet der Dinge bezeichnet werden. Es werden neue Prozessketten entstehen, die dem Menschen als aktives Glied eine zentrale Rolle zuweisen. Wie Dombrowski et al. (2014) aufzeigen, wird sich die Arbeitswelt in der Industrie nachhaltig verändern. Dabei werden sich auch die Anforderungen an den Menschen im Arbeitssystem wandeln, Arbeitsinhalte und Arbeitsbedingungen werden an die Entwicklungen angepasst. Insbesondere der Gestaltung der Mensch-Maschine-Interaktion wird zukünftig eine wichtige Bedeutung zukommen.

20.2.1 Cyber-Physical Systems in der Produktion

Systeme interagierender, verteilter Computereinheiten, die in sensorischer Verbindung mit ihrer jeweiligen Umwelt und dort ablaufenden Prozessen sowie untereinander und mit dem Internet in kommunikativer Verbindung stehen, werden als Cyber-Physical Systems (CPS) bezeichnet (Monostori 2014). Praktische Beispiele für CPS im Alltag sind unsere Smartphones als Informationssysteme oder die Navigationssysteme in unseren Autos. Beeindruckender sind sicherlich intelligente Prothesen oder implantierte medizinische Geräte. Das autonome Fahren, das derzeit in aller Munde ist, wird eine weitere Stufe der CPS einleiten. CPS benötigen eine Vielzahl und eine große Diversität von Mensch-Maschine-Schnittstellen; ein CPS ist immer auch ein interaktives soziotechnisches System.

Im Bereich der Produktionstechnologie sind CPS heute bereits weit verbreitet, hier spricht man von Cyber-Physical Production Systems (CPPS) und stellt diese in einen Zusammenhang mit dem Begriff „Industrie 4.0". Die industrielle Produktion soll mit Hilfe von Digitalisierung, Informations- und Kommunikationstechnik, Sensorik, Maschinentechnik und Mensch-Maschine-Schnittstellen neu gestaltet werden mit dem Ziel, selbstorganisierende Prozesse und optimierte Abläufe zu erreichen. Dazu kommunizieren und kooperieren alle Prozessteilnehmer miteinander, ob Mensch, Maschine, Sensor oder Computer. Sie nutzen dabei auch verfügbare Wissensressourcen wie das Internet. Prozessteilnehmer in CPPS sind generell kooperativ und in vorgegebenen Grenzen auch autonom. Sie können eigenini-

tiativ miteinander in Verbindung treten, z. B. um Fehlersituationen zu beheben oder gemeinsam einen Prozessfortschritt zu erzielen. Dabei spielt neben der informationstechnischen
Verbindung zwischen technischen Komponenten und Computern vor allem die Gestaltung
der Mensch-Maschine-Kommunikation eine zentrale Rolle.

Die Entwicklungen der Industrie 4.0 ziehen einen grundlegenden Wandel der Produktionsarbeit nach sich. Die Werker in den Produktionsbetrieben arbeiten mehr und mehr
interaktiv und kooperativ in CPPS. Die Bedeutung der interaktiven Mensch-Maschine-
Schnittstellen nimmt dabei ständig zu. Die reale Fabrik verschmilzt mit ihrem digitalen
Zwilling. Der digitale Zwilling ist dabei ein Modell der Fabrik oder einzelner Prozesse in
der Fabrik und dient zur Analyse, Überwachung und Steuerung der tatsächlichen Abläufe
in der realen Welt (Eigner et al. 2019). Dabei werden eine Vielzahl von Daten und Zuständen sensorisch in Echtzeit erfasst und mit Simulationsdaten verglichen, um z. B. Abweichungen von Produktionsplänen oder technischen Toleranzen sowie einschleichende Qua-
litätsprobleme frühzeitig zu erkennen, anzuzeigen und entsprechend gegenzusteuern. Die
dazu notwendige informationstechnische Infrastruktur mit heterogenen und dezentral an-
geordneten Systemen, Sensoren und Computereinheiten wird heute als Internet der Dinge
(Internet of Things, IoT) bezeichnet. IoT soll es ermöglichen, physische und virtuelle Instanzen miteinander zu vernetzen, um eine produktive Zusammenarbeit zu ermöglichen
(Bruce-Boye et al. 2020). Auch soll der Mensch über entsprechende Schnittstellen in eine
Interaktion integriert werden; im CPPS dient ein IoT vor allem der Einbindung und Unterstützung der Tätigkeiten des Werkers im Prozess, da die menschliche Arbeitskraft wegen
zunehmender Knappheit und steigender Arbeitskosten ein immer wertvolleres wirtschaft-
liches Gut darstellt. In der virtuellen Welt der digitalen Fabrik sind IoT-Einheiten einzelne
informationstechnische Objekte, in der realen Welt reichen sie in ihrer Diversität von ganzen Maschinen und Robotern bis hin zu kleinsten Geräten, die, z. B. als Wearables, direkt
an der Kleidung oder am Körper getragen werden. IoT durchdringt daher auch das Umfeld
der Industrie 4.0. IoT und vernetzte CPPS sind die Exponenten interaktiver soziotechnischer Systeme und führen zu einem nachhaltigen Wandel der Produktionsarbeit.

20.2.2 Produktionsarbeit im Wandel

Der Mensch wird in den Ansätzen der Industrie 4.0 auf eine andere Weise eingebunden,
als dies in früheren Produktionssystemen der Fall war. Durch den technologischen Fortschritt erfährt auch die Arbeit einen Wandel. Der Umgang mit der Technologie lässt neue
Arbeitsplätze entstehen, die bisherige Arbeitsplätze ergänzen oder auch ersetzen. Diese
neuen Arbeitsplätze stellen andere Anforderungen an die Werker, teilweise werden dabei
organisatorische oder informationstechnische Fähigkeiten und Fertigkeiten ähnlich wichtig wie die inhaltlichen Aspekte des jeweiligen Berufsfelds. Es entstehen dabei neue und
fordernde Formen der Mensch-Technik-Interaktion, z. B. in der Handhabung von IT-
Systemen in der Logistik oder in der Zusammenarbeit mit kollaborierenden Robotern, die

neben einer Technikakzeptanz einen interaktiven und gegebenenfalls auch komplexen Umgang mit diesen Systemen erfordern und nicht zuletzt ein gewisses Gefährdungspotenzial beinhalten, das beherrscht werden muss.

Den Wandel der Produktionsarbeit beschreiben Dombrowski et al. (2014) mit den folgenden drei Szenarien menschlicher Arbeit in soziotechnischen CPPS.

Automatisierungsszenario:
Hier werden die Kontroll- und Steuerungsaufgaben durch die Technologie übernommen. Die Werker werden durch das CPPS gelenkt, haben keine Entscheidungsfreiheit und übernehmen vorrangig ausführende Tätigkeiten.
Werkzeugszenario:
CPPS wird als entscheidungsunterstützendes Werkzeug angeboten. Die dominante Rolle der Facharbeit bleibt erhalten und der Werker der zentrale Lenker im System.
Hybridszenario:
Kontroll- und Steuerungsaufgaben werden kooperativ und interaktiv durch Technologien, vernetzte Objekte und Menschen wahrgenommen.

Itterman et al. (2015) sehen im Automatisierungsszenario die Kontroll- und Steuerungsfunktion beim CPPS. Die Werker führen die Arbeiten nach Vorgabe des CPPS aus und eine Expertengruppe ist für die Aufrechterhaltung des Betriebs verantwortlich. Die Anforderungen an die Qualität der Facharbeit werden tendenziell eher abnehmen. Als Folgen werden ebenda die *ironies of automation* nach Bainbridge (1983) diskutiert. Es können zunehmend kritische Arbeitssituationen entstehen, die Erfahrungen und Qualifikationen erfordern, die im Routinebetrieb eines Automatisierungsszenarios nicht aufgebaut werden und die gegebenenfalls auch zu einer Unbeherrschbarkeit des Prozesses im Fehlerfall führen können, mit einem nachfolgenden Kontrollverlust (Buxbaum und Häusler 2020). Als alternatives Szenario wird das Werkzeugszenario beschrieben (Windelband 2014). Hier hat der Werker die Kontrolle über den Prozess, seine Fachkompetenz ist permanent notwendig. Das CPPS und die Produktionstechnologie hat die Aufgabe, kompetenzunterstützende Informationen zur Beherrschung des Prozesses bereitzustellen. Eine gegenseitige Kontrolle und Einflussnahme zwischen Werker und Technologie ist gewünscht und beabsichtigt. Der Werker bleibt aber nach Windelband (2014) immer der Lenker und Denker im System. Das dritte Szenario, das Hybridszenario, ist zwischen den beiden anderen angesiedelt. Kontroll- und Steuerungsaufgaben werden kooperativ und interaktiv durch Maschinen, vernetzte und virtuelle Objekte und Menschen wahrgenommen. Die Werker sind hier deutlich mehr gefordert, da sie sowohl flexibel agieren müssen als auch organisatorisch tätig sind und Verantwortung übernehmen.

Generell führt der Wandel in der Produktionsarbeit, vor allem im Werkzeug- und Hybridszenario, auch zu einer Veränderung der Kompetenzen der dort arbeitenden Personen. Kompetenz stellt dabei „die Fähigkeit zur erfolgreichen Bewältigung komplexer Anforderungen in spezifischen Situationen dar" (Dombrowski et al. 2014).

Dabei werden die folgenden vier Arten von Kompetenzen unterschieden:

- Fachkompetenz,
- Sozialkompetenz,
- Methodenkompetenz und
- Persönlichkeitskompetenz.

Fachkompetenz ist in den genannten Szenarien der Industrie 4.0 vor allem durch häufige Produktwechsel bei kleinen Losgrößen gefragt, bei zunehmendem Anteil der Rüstarbeit wird diese Tätigkeit oft vom Bediener mit erledigt. In der Robotik gehören dazu vielfach auch Arbeiten, die früher von Ingenieuren oder speziell geschulten Einrichtern durchgeführt wurden, z. B. Greifer- oder Werkzeugwechsel, Programmauswahl und -download oder das Justieren und Einmessen vor dem Start des Automatikbetriebs. Die Sozialkompetenz wird durch die Kommunikation zwischen Mensch und Maschine gefördert, aber auch durch zyklische, präzise Kommunikation mit Kollegen in logistisch vorlaufenden oder nachfolgenden Prozessschritten. Diese Kommunikationsaufgaben wie auch andere arbeitsorganisatorische oder ablauftaktische Aufgaben fordern die Methodenkompetenz. Methodenkompetenz wird ebenso durch Problemlösungsaufgaben gesteigert, die auf Grund verschiedenster Ursachen der meist zufälligen und ungeplant auftretenden Probleme nicht standardisierbar sind, wie z. B. Maschinenfehler, logistische Staus oder Bereitstellungsprobleme. Eine Bereitschaft einer Person, die genannten Kompetenzarten zu entwickeln, bildet maßgeblich die Persönlichkeitskompetenz, die die Fähigkeit beschreibt, lernfähig und selbstkritisch zu agieren und eigenverantwortlich zu handeln. Die Gestaltung der Arbeit in soziotechnischen Produktionssystemen sollte die Entwicklung der genannten Kompetenzen fördern. Das kann durch neue Ansätze der Mensch-Technik-Interaktion umgesetzt werden, wie z. B. durch die Technologie der Mensch-Roboter-Kollaboration (MRK).

20.3 Mensch-Roboter-Kollaboration MRK

20.3.1 Mensch-Technik-Interaktion mit Robotern

Der Begriff der CPPS fokussiert bislang vor allem auf Mensch-Maschine-Schnittstellen, oft in informationstechnischer Ausprägung, z. B. als Bedienerschnittstelle eines komplexen Systems in der Produktion. Bisweilen werden auch IoT-Komponenten wie Wearables in Logistikprozessen oder zur Kommissionierung eingesetzt und als CPPS bezeichnet. Eine direkte Interaktion von Menschen mit Robotern ist im industriellen Umfeld relativ neu und in der Öffentlichkeit noch wenig bekannt. Aus den Medien kennt man industrielle robotische Systeme z. B. als Schweiß- oder Lackieranlagen in der Automobilindustrie. Auf den ersten Blick ist kaum vorstellbar, dass solche Systeme nun in irgendeiner Weise mit Menschen kollaborieren sollen. Vielmehr befinden sie sich ausnahmslos in eingezäunten und sicherheitstechnisch abgegrenzten Bereichen der Produktionshallen. Tritt ein Mensch in diese Bereiche ein, bleiben die Roboter aus Gründen des Unfallschutzes sofort stehen.

Im Sinne einer Interaktion mit roboterbasierten CPPS stellt sich die Frage, ob, abweichend von diesen klassischen Einsatzszenarien, eine direkte Zusammenarbeit von Mensch und Roboter im Sinne einer Kollaboration überhaupt sinnvoll ist. Um diese Frage zu beantworten, sollen die Stärken und Schwächen der Partner Mensch und Roboter einer solchen Interaktion betrachtet werden. Der Mensch hat auf Grund seiner intellektuellen und sensorischen Fähigkeiten Vorteile im Erfassen und Beurteilen einer Situation, er kann jederzeit entsprechend reagieren und sich frei im Raum bewegen. Er kann Toleranzen ausgleichen, Fehler erkennen und setzt seine sensomotorischen Fähigkeiten aus eigenem Antrieb ein. Er ist lernfähig, die Handhabung unterschiedlich komplexer Objekte ist unproblematisch und auch Auswahl und Bedienung geeigneter Werkzeuge sind intrinsisch möglich. Er kann Prozesse in Frage stellen, optimieren und innovativ sein, er ist empathisch und flexibel einsetzbar. Die Stärken des Roboters sind Präzision und Wiederholgenauigkeit. Er kann monotone Bewegungen ausführen, vorgegebene Geschwindigkeiten einhalten und genau positionieren. Die Präzision erzielt dabei ein Niveau, das der Mensch nur mühsam oder gar nicht erreicht und unter Produktionsbedingungen nicht kontinuierlich halten kann. Der Roboter kann auch schwere Objekte und Werkzeuge bewegen, und selbst die Handhabung gefährlicher Objekte ist möglich. Er ist durchgehend verfügbar und somit auch in Schichtmodellen einsetzbar.

Auch die Betrachtung der Schwächen der Interaktionspartner Mensch und Roboter ist an dieser Stelle angebracht. Der Mensch erreicht bei Beanspruchung seine individuellen physiologischen und mentalen Leistungsgrenzen, er wird müde. Monotonie der Tätigkeiten, insbesondere bei geringem Entscheidungsspielraum sowie schwere körperliche Arbeit führen nach Derr (1995) zu Fehlzeiten. Der Mensch erleidet möglicherweise eine Einschränkung der Wahrnehmung, die sich z. B. als Aufmerksamkeitsverlust bei sich wiederholenden Arbeitsabläufen zeigt. Auch kann das Situationsbewusstsein nachlassen. Dies sind jedoch wesentliche Voraussetzungen für sicheres Handeln (Endsley 1988; Schaub 2008). Ein weiterer Nachteil des Menschen liegt in der stochastischen Variabilität der Arbeitsleistung und der Arbeitsqualität. Als Schwächen des Roboters sind der eingeschränkte Bewegungsraum und die fest vorgegebene Aufgabencharakteristik zu nennen. Es sind eindeutige logistische Schnittstellen zu definieren, z. B. für eine Materialbereitstellung in definierter Position und Orientierung. Die Gestaltung eines Roboterarbeitsplatzes erfordert hohen Errichtungsaufwand für Planung, Vorrichtungsbau und Programmierung, zudem ist ein Aufwand für Sicherheitstechnik und Zertifizierung zu leisten. Die Fixkosten sind entsprechend hoch.

Aus der Betrachtung der genannten Vor- und Nachteile der Interaktionspartner Mensch und Roboter resultiert die grundsätzliche Idee einer Kollaboration, die einfach formuliert lauten könnte: Wir kombinieren menschliche Fertigkeiten und Fähigkeiten mit der Kraft, Präzision und Wiederholgenauigkeit eines Roboters und gestalten einen Arbeitsplatz, der den menschlichen Leistungsgrenzen Rechnung trägt (Buxbaum und Kleutges 2020).

20.3.2 Vom Industrieroboter zum Cobot

Klassische Industrieroboter sind nicht geeignet, in Kollaborationsszenarien eingesetzt zu werden. Diese Geräte sind vielfach sehr groß und sehr massig; dadurch werden in einem Kollisionsfall unter Umständen enorme Trägheitskräfte freigesetzt. Zudem sind die Antriebe entsprechend kraftvoll ausgelegt, weil die großen Massen mit hoher Geschwindigkeit bewegt werden müssen. Alles in allem liegt hier ein bedeutendes Gefährdungspotenzial vor. Die sensorischen Schnittstellen der Industrieroboter mit der Umwelt sind zwar vielseitig und schnell, jedoch eher auf technische Sensorerfassung und Sensordatenverarbeitung spezialisiert. Mit Menschen im Gefährdungsbereich können und dürfen diese Geräte nicht aktiv umgehen. Die Sicherheitsbestimmungen schreiben vor, dass Industrieroboter abzuschalten sind, sobald Menschen in den Arbeitsbereich gelangen. Entsprechend werden die Geräte in Einzäunungen oder Einhausungen mit Sensortüren, Lichtschranken oder Trittmatten betrieben, um auszuschließen, dass jemand unbemerkt in den Arbeitsbereich eintritt und dort verletzt werden könnte. Eine direkte Mensch-Technik-Interaktion ist daher mit Industrierobotern nicht möglich.

Nimmt man also die oben diskutierte Idee in den Blick, menschliche Fertigkeiten und Fähigkeiten mit der Kraft, Präzision und Wiederholgenauigkeit eines Roboters zu kombinieren, dann ist festzuhalten, dass Industrieroboter dazu weder vorgesehen noch geeignet sind. Allerdings wird man bei genauerer Betrachtung der Einsatzszenarien auch feststellen, dass in den meisten der klassischen Anwendungen von Industrierobotern, z. B. beim Schweißen im Karosseriebau oder beim Lackieren, gar kein Bedarf besteht, eine menschliche Arbeitskraft zwecks Kollaboration in die dortigen Prozessabläufe zu integrieren.

Vielmehr müssen neue, soziotechnische Arbeitsplätze an den Stellen entworfen und gestaltet werden, wo eine Kollaboration unter den genannten Gesichtspunkten sinnvoll erscheint. Dies kann beispielsweise in der Montage erfolgen, da dort bisher nur in geringem Umfang automatisiert wurde. Gerade im Kontext der Industrie 4.0 rücken Aspekte der Arbeitswissenschaft und Human Factors in das Blickfeld: Psychologische Perspektiven wie Motivation und Arbeitszufriedenheit, Gefährdungen durch psychische und physische Belastung oder ein zunehmender Bedarf an altersgerechten Arbeitsplätzen in der demografischen Situation einer alternden Gesellschaft. In der Montage der Zukunft werden Cobots als kleine robotische Assistenzsysteme eingesetzt, die auf Werkbänken montiert sind und in direkter Nähe zu den dort arbeitenden Menschen automatische Verrichtungen durchführen. Für Cobots gelten andere Sicherheitsbestimmungen, die eine aktive Zusammenarbeit mit Menschen ausdrücklich erlauben. Dennoch gelten diese Arbeitssysteme als sicher. Solche Arbeitssysteme bezeichnet man als Systeme der Mensch-Roboter-Kollaboration, kurz MRK.

Mehr und mehr Roboterhersteller bieten mittlerweile Cobots an, in durchaus unterschiedlichen Ausprägungen. Manche Cobots können eine Kraftübertragung durch Kollision erkennen, andere besitzen sensorische Oberflächen, die Berührungen registrieren. Neben den gebräuchlichen Sensoren in der Robotik, wie z. B. Lichtschranken, Näherungsschaltern oder Trittmatten, werden auch Kameras und Bildverarbeitungssysteme eingesetzt. Ziel ist dabei, die Zusammenarbeit von Mensch und Roboter sicherer zu machen.

Cobots sind andere Geräte als die bisherigen Industrieroboter hinter den Schutzzäunen. Buxbaum und Kleutges (2020) nennen folgende Anforderungen an Cobots, die deutlich machen, dass sich eine MRK nicht mit gewöhnlichen Industrierobotern realisieren lässt:

- Leichtbauroboter mit Krafterkennung oder Sicherheitsabschaltung
- Entlastung des Menschen und Ergonomie
- Hohe Flexibilität im Prozess
- Sicherheit durch Einhaltung der Maschinenrichtlinien und Normen
- Einfache Programmierung und Bedienung

Cobots sind für eine direkte Zusammenarbeit mit Menschen vorgesehen. Die Interaktionspartner Mensch und Maschine arbeiten in einem gemeinsamen Arbeitsraum; dort findet beispielsweise ein Fügeprozess an einem Werkstück statt. Beide Interaktionspartner haben uneingeschränkten Zugriff auf das Werkstück, um es arbeitsteilig zu bearbeiten. Tätigkeiten, die jeweils nur für einen der beiden Interaktionspartner vorgesehen sind, wie z. B. eine Materialbereitstellung, werden idealerweise außerhalb des gemeinsamen Arbeitsraums angeordnet.

20.3.3 Leichtbauroboter

Cobots sind oft Leichtbauroboter mit entsprechend geringer Eigenmasse und einem guten Verhältnis von Tragkraft zu Eigenmasse. So kann z. B. der 6-achsige Cobot M0609 des Herstellers Doosan ein Gewicht von 6 kg handhaben, bei einer Eigenmasse von 27 kg. Zum Vergleich: Ein gängiger Industrieroboter für das Bahnschweißen, der Kuka KR8 R2100-2 arc, kann eine Traglast von 8 kg handhaben, bei einer Eigenmasse von 260 kg. Abb. 20.1 zeigt den genannten Cobot M0609. Gut zu erkennen ist die typische Gestaltung des Geräts ohne scharfe Kanten und Ecken. In diesem Fall handelt es sich um ein 6-Achs-Gerät, welches zur Krafterkennung und gegebenenfalls zur Sicherheitsabschaltung mit Drehmomentsensoren in den Gelenken ausgerüstet ist und so z. B. Kollisionen durch Überwachung der Drehmomente detektieren kann.

20.3.4 Entlastung des Menschen

Ein MRK-System ist dann sinnvoll und ergonomisch korrekt, wenn der Mensch die in Abschn. 20.3.1 beschriebenen Fähigkeiten optimal einbringen kann und gleichzeitig eine Entlastung von monotonen, ermüdenden oder körperlich anstrengenden Tätigkeiten erfährt. Auch weil die Zusammenarbeit ohne zeitliche und räumliche Trennung erfolgt, ergeben sich Entlastungspotenziale für den Menschen. Dazu gehören:

Abb. 20.1 6-Achs-MRK-Roboter des Herstellers Doosan Robotics, M-Series, Typ M0609 (Bildquelle: GLM-Service und Vertrieb GmbH & Co KG, Grefrath, DE)

- Ergonomische Entlastungen
  - bei körperlich schweren Tätigkeiten
  - bei Tätigkeiten in belastenden Körperhaltungen, z. B. über Kopf oder gebeugt
- Entlastungen durch Wegfall logistischer Prozesse
- Entlastungen durch Steigerung der Produktqualität und Wegfall von Nacharbeit

Mit der MRK sollen Mensch und Maschine ihre jeweiligen Stärken zum Einsatz bringen. Beim Menschen sind dies Geschicklichkeit, Entscheidungsfähigkeit, Flexibilität und der große Bewegungsraum. Ein Cobot ist kraftvoll, wiederholgenau, ausdauernd, ermüdet nicht und hat eine relativ geringe Ausfallrate. Damit erschließen sich mit dieser Technologie auch neue Einsatzbereiche über die traditionellen Anwendungsfelder der Robotik in der Automobilindustrie hinaus: Im Handwerk, in der Lebensmittelindustrie, auf dem Bau und in der Land- und Forstwirtschaft stehen körperlich belastende Tätigkeiten auf der Tagesordnung, die in entsprechenden Kollaborationsszenarien neu gedacht werden können.

20.3.5 Flexibilität

Ein Produktionssystem, das auch bei kleinen und kleinsten Losgrößen wirtschaftlich arbeitet, wird als flexibel bezeichnet. Flexibilität ist dabei meist ein Antagonist zur Wirtschaftlichkeit, daher wurden in der Anfangszeit der Robotik meist ausschließlich Großserienfertigungen automatisiert. Kleine Losgrößen oder Einzelstückfertigung ordnete man eher einem Manufakturbetrieb zu. Betrachtet man die aktuelle Situation in den führenden Zielbranchen der Automatisierung genauer, z. B. in der Automobilindustrie, dann wird jedoch ein Trend zu kundenindividuellen Produkten deutlich, der eben Flexibilität voraussetzt.

Ein Fertigungssystem ist dann flexibel, wenn es eine Vielzahl unterschiedlicher Fertigungsaufgaben durch aktive Anpassung bewältigen kann. Aktive Anpassung beschreibt dabei die Rüsttätigkeiten, die beim Wechsel der Varianten durchgeführt werden müssen. Bei genauerer Betrachtung des Flexibilitätsbegriffs finden sich eine Vielzahl von Ausprägungen von Flexibilität, die nach Produktbezug und Fertigungsbezug klassifiziert werden können (Tidd 1997). Die wichtigste produktbezogene Flexibilität ist die Variantenflexibilität, die die Möglichkeit beschreibt, eine Anzahl unterschiedlicher Produktvarianten in beliebiger Reihenfolge zu fertigen. Dagegen stehen fertigungsbezogene Flexibilitäten wie die Volumenflexibilität, die verschiedene Losgrößen erlaubt, oder die Funktionsflexibilität, die unterschiedliche Verwendungen eines Arbeitsplatzes oder verschiedene Ablauffolgen zulässt.

Der Käufermarkt, aber auch Unsicherheiten in der Investitionsplanung erfordern vermehrt flexible Produktionssysteme. Anpassungsfähige Systeme und vor allem die Kombinationen menschlicher Fähigkeiten mit der Kraft und der Präzision von Cobots können einen wesentlichen Beitrag zur Flexibilisierung der Produktion leisten.

20.3.6 Sicherheit

Bei diesen Interaktionen muss die Sicherheit im Vordergrund stehen, insbesondere Verletzungsrisiken im Falle einer Kollision sind auf das kleinste Maß zu reduzieren. Verletzungen beim kollaborierenden Betrieb können aus unterschiedlichen Gründen entstehen. Zum einen durch die unmittelbare Berührung, z. B. bei einem Stoß, zum anderen durch scharfe Kanten des Werkzeugs, welches am Roboter befestigt wird. Zudem besteht die Gefahr, dass bestimmte Körperregionen durch einen Greifer eingeklemmt werden können. Um das Risiko zu minimieren, werden in der MRK sicherheitstechnische Gestaltungsmaßnahmen am Roboter vorgenommen (DIN 15066 2017). Dazu zählen:

- Leistungsbegrenzung: Berücksichtigung biomechanischer Grenzwerte und entsprechende Reduktion von Leistungs- und Kraftwirkungen
- Nachgiebigkeit: plastische Verformung von Bauelementen des Cobots, Einbau von Sollbruchstellen
- Dämpfung an Kontaktstellen: Polsterung spitzer, scharfer oder harter Oberflächen an Cobot und Greifsystem

20.3.7 Programmierung und Bedienung

Ein zentrales Problem bei der Errichtung von MRK-Anlagen ist, dass Ingenieure und Einrichter in der Regel noch über relativ wenig Erfahrungen mit Kollaborationsszenarien verfügen und diese dann meist nicht unter Aspekten der Gebrauchstauglichkeit errichtet werden, sondern eher einen technischen Problemlösungscharakter besitzen. Im Idealfall sollte das Anlernen auch durch den Bediener möglich sein. MRK kann langfristig nur gelingen, wenn es in absehbarer Zeit konkrete Handlungsempfehlungen, Richtlinien und auch entsprechende Lehrgänge für Anlagenplaner und -projektierer gibt.

Wöllhaf (2020) fordert, dass auch die Nutzer in der Lage sein müssen, Konfiguration und Programmierung des Cobots direkt durchzuführen. Dazu ist die Mensch-Maschine-Schnittstelle nutzergerecht neu zu gestalten. Die Betrachtung von Aspekten wie Akzeptanz, wahrgenommene Sicherheit und Aufmerksamkeitssteuerung spielen in dem Zusammenhang eine bedeutende Rolle. Überforderung ist zu vermeiden. Auch Wischniewski et al. (2019) nehmen die ergonomische Perspektive der Konfiguration in den Fokus und fordern aus dieser, dass das Anlernen der MRK-Systeme durch den jeweiligen Nutzer ermöglicht werden muss. Dies bedeutet in der Konsequenz, dass die Qualifikation des Nutzers erhöht werden muss; er hat neben seinen Aufgaben im Produktionsprozess idealerweise zusätzlich die technische Verantwortung für das Betriebsmittel Cobot.

20.4 Soziotechnische Robotersysteme außerhalb industrieller Anwendungen

Neuerdings gewinnt die Robotik auch in einer Vielzahl nichtindustrieller Bereiche eine zunehmende Bedeutung. Wir sehen heute vielfach robotische und informationstechnische Assistenzsysteme, die noch vor einigen Jahren undenkbar waren. Smartphones werden zunehmend zu natürlichsprachlichen Unterstützungssystemen, mit allerlei nützlicher Kompetenz im Alltag. In unseren Haushalten finden wir mehr und mehr elektronische und mechanische Helfer wie autonome Staubsaugerroboter oder intelligente Küchengeräte. Auch in Service und Pflege hält die Automation Einzug und will dabei Service- oder Pflegekräfte unterstützen oder direkt Kunden oder Patienten bedienen. Bei genauerer Betrachtung der Lage wird deutlich, dass Mensch und Technik sich immer öfter und dabei auch tiefgründiger verbinden. Allgemein kann man sagen, dass soziotechnische Systeme im Umfeld des Menschen zunehmend bedeutsamer werden und diese Entwicklung bei Weitem noch nicht abgeschlossen ist.

Es stellt sich die Frage, ob und wie die Entwicklung industriefremder soziotechnischer Systeme von der Einführung der MRK in Produktionsszenarien profitieren kann. Nicht alle soeben genannten Beispiele sind soziotechnische Robotersysteme. Aber was genau ist eigentlich ein Roboter und wann ist ein Roboter sozial? Nach Bendel (2020) ist ein sozialer Roboter eine sensomotorische Maschine, die mit Lebewesen interagiert und kommuniziert. Als weitere Dimensionen werden ebenda die Nähe zu Lebewesen, die Abbildung von Lebewesen sowie der Nutzen für Lebewesen genannt. Es ist daher nicht ohne weiteres möglich, einen Cobot als sozialen Roboter zu bezeichnen. Das wäre auch nicht zufriedenstellend, denn der Begriff des sozialen Roboters assoziiert doch eher ein Gerät, das möglicherweise soziale Regeln befolgt und ggf. eine anthropomorphe oder zoomorphe Gestalt aufweist. Bisweilen wird in diesem Kontext auch über emotionale oder moralische Aspekte gesprochen (Bendel 2019).

Ein wichtiger Aspekt steckt hier auch in dem Begriff „Robotik", der nach allgemeinem Erfahrungshintergrund vor allem mit der industriellen Automatisierung in Verbindung steht. Es fällt uns schwer, z. B. einem Smartphone oder einem Fahrkartenautomaten die Eigenschaft eines Roboters zuzugestehen. Schon eher würde man den autonomen, mobilen Staubsauger im Haushalt als Roboter bezeichnen. Spätestens, wenn uns eine Maschine ein Getränk anreicht, haben wir kein Problem, dieses Gerät als Roboter zu bezeichnen. Warum ist das so? Wir verstehen Roboter als Maschinen, die uns Arbeit abnehmen. Das wurde schon von Čapek (1921) so verstanden, der den Begriff „Roboter" (abgeleitet vom tschechischen *robotnik*, was als *Fronarbeiter* übersetzt werden kann) als Terminus im Rahmen eines Theaterdramas prägte. Unser Erfahrungshintergrund lässt uns also erwarten, dass eine Maschine eben dann ein Roboter ist, wenn sie sich im Ganzen oder mit ihren Armen und Greifern bewegt, z. B. um uns Arbeit abzunehmen oder uns Dinge anzureichen. Dieser Argumentation folgend, wären die bekannten humanoiden Systeme Pepper[1] und Sophia[2] keine Roboter. So ganz zufriedenstellend ist auch das nicht. Dennoch sind streng genommen hier konzeptuell wenig Unterschiede zum Smartphone oder zu natürlichsprachlichen Unterstützungssystemen wie Alexa oder Siri gegeben, auch wenn Sophia eine beträchtlich weiter entwickelte KI ist, die über Mimik verfügt, und Pepper beim Plappern roboterartige Bewegungen vollführt. Handhabungsaufgaben können beide nicht übernehmen.

20.5 Beispiele für MRK in der sozialen Robotik

In Anwendungen der Pflege und der medizinischen Therapie kommen derzeit immer mehr Assistenzsysteme auf der Basis robotischer Mechaniken zum Einsatz. Dabei wird oftmals auf die strukturelle und maschinenbautechnische Basis von Cobots zurückgegriffen, nicht zuletzt, weil diese im Markt verfügbar und technisch ausgereift sind. Zudem sind diese Systeme sicherheitstechnisch für eine MRK freigegeben, für industrielle Anwendungen akkreditiert und es liegen entsprechende Zertifikate vor.

---

[1] Pepper ist ein humanoider Roboter von Aldebaran Robotics SAS, der 2016 der Öffentlichkeit vorgestellt wurde. Er kann Mimik und Gestik von Menschen analysieren und ist in der Lage, entsprechend zu reagieren. Eingesetzt wird Pepper meist auf Messen, in Verkaufsräumen, an Informationsständen oder am Empfang. Durch ein niedliches Erscheinungsbild und eine kindliche Stimme weckt Pepper bei menschlichen Kommunikationspartnern Sympathie. Von Spielzeugrobotern ist Pepper jedoch abzugrenzen. Pepper zeigt einige soziale Ansätze. Er kann aber weder Handreichungen vornehmen noch Gegenstände greifen; seine Arme dienen nur Zwecken der Gestik.

[2] Sophia ist ein humanoider Roboter von Hanson Robotics aus 2017. Sophia verfügt über künstliche Intelligenz, die Fähigkeit zur Gesichtserkennung und über natürlichsprachliche Fähigkeiten zur Kommunikation mit Menschen. Sie ahmt in dieser Kommunikation vor allem die menschliche Mimik im Gesicht nach. Zudem kann sie einfache Gespräche führen und wird als Dialogroboter bezeichnet. Sophia wird oft in den Medien präsentiert und z. B. als Keynote Speaker auf diversen Konferenzen eingesetzt. Primär kann man Sophia Anwendungsbereichen der Unterhaltungs- und Eventindustrie zuordnen. Allerdings ist auch sie nicht in der Lage, robotische Bewegungsaufgaben durchzuführen. Sie wird von Hanson Robotics eher als Plattform für Forschung und Entwicklung künstlicher Intelligenz eingesetzt.

Ein Beispiel ist der Leichtbauroboter LBR Med der Firma KUKA. Der Aufbau und die Mechanik dieses Roboters entspricht dabei dem Kuka LBR iiwa, der bereits vielfach als Cobot in industriellen Anwendungen eingesetzt wird. Der LBR Med spricht vor allem Hersteller von Medizin- und Therapieprodukten an. KUKA unterstützt die Integration des LBR Med durch den sogenannten CB-Testreport, der die Einhaltung des Medizinproduktegesetzes und der Normenreihe EN 60601 sicherstellt, wodurch Sicherheitsanforderungen und ergonomische Forderungen an medizinische elektrische Geräte und in medizinischen Systemen definiert werden (Keibel 2020). Der LRB Med ist jedoch kein fertiges Medizin- oder Therapieprodukt, da dies einen ganz konkreten Anwendungsfall erfordert, den sogenannten Intended Use. Dieser liegt im Verantwortungsbereich des Herstellers des Medizin- und Therapieprodukts. Das System Robert des dänischen Herstellers Life Science Robotics ist ein auf dem LBR Med basierendes Produkt, spezialisiert auf die robotergestützte Therapie und Mobilisierung von Patienten nach Schlaganfall oder chirurgischen Eingriffen (K-Zeitung 2020). Robert soll Pflegekräfte durch robotergestützte Therapie am Patienten entlasten. Dazu wird der Endeffektor des Roboterarms beispielsweise mit dem Bein des Patienten verbunden und es können therapeutisch notwendige Bewegungen mit Hilfe der Pflegekraft eingelernt und anschließend durch die Maschine automatisiert durchgeführt werden. Dies geschieht wiederholgenau und durch das patientenbezogene, flexible Einlernen auch in hohem Maße individuell. Dabei können exakt die gleichen Bewegungen in der gewünschten Geschwindigkeit autonom von Patient und Automat durchgeführt werden. So kann die Therapie ohne Zeitbeschränkung oder körperliche Belastung bzw. Ermüdung des Pflegepersonals ablaufen. Durch eine permanente Überwachung von Kräften und Momenten wird dabei der Vorgang kontrolliert und kann unterbrochen werden, wenn der Patient eine abrupte Bewegung durchführt oder sich gegen eine weitere Mobilisierung sträubt.

Ein weiteres Beispiel dafür, dass Konzepte und Systeme der industriellen MRK heute bereits in sozialen Anwendungen ihren Einsatz finden, ist der mobile Serviceroboter Lio, der von F&P Robotics entwickelt und für Einsätze in Alters- und Pflegeheimen optimiert wurde (Abb. 20.2). Lio besitzt einen Roboterarm, der zwar eine Spezialentwicklung ist, aber doch an einen Cobot erinnert. Dazu besteht das System aus einer Kombination einer Vielzahl von Sensoren und Aktoren und einer fahrenden Plattform. Für die Navigation der Plattform werden Laserscanner auf Vorder- und Rückseite eingesetzt, unterstützt von Ultraschall-Distanzsensoren und optischen Bodensensoren zur Erkennung von Schwellen oder Treppen. Als zusätzliche mechanische Sicherheitsstufe ist das Grundgestell von Stoßdämpfern umgeben, welche im Falle eines Kontakts sofort einen Stopp auslösen. Zur Wahrnehmung der Umwelt und Personen sind diverse Kamerasysteme und Mikrofone eingebaut.

Für die Funktionalität als Dialogroboter ist Lio mit Lautsprecher und Bildschirm ausgestattet. Um Handhabungsaufgaben wahrnehmen zu können, verfügt er außerdem über einen Roboterarm mit sechs Freiheitsgraden und einem Greifer. Dieser Arm ist, wie auch in der industriellen MRK üblich, mit Leistungsbegrenzung durch Krafterkennung, berührungsempfindlichen Sensoren auf der Außenhülle und weichen Dämpfungsmaterialien an den Kontaktflächen ausgestattet und daher sicherheitstechnisch unbedenklich. Der Her-

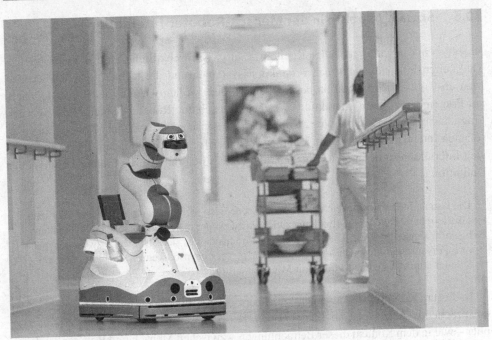

Abb. 20.2 Mobiler Serviceroboter Lio in einer Anwendung in der Pflegeassistenz (Bildquelle: F&P Robotics, Glattbrugg, CH)

steller orientiert sich offensichtlich an MRK-Systemen. Zur Erfüllung von spezifischen Aufgaben, wie dem Öffnen einer Flasche, stehen zusätzliche Spezialwerkzeuge zur Verfügung, mit denen Lio je nach Anforderungen erweitert werden kann.

Lio ist damit ein System bestehend aus einem Cobot-ähnlichen Roboterarm und einer mobilen Plattform, das das Konzept der MRK in einen anderen, sozialen Kontext stellt. Dass Lio sich auf Grund seiner Mobilität frei und selbstständig im Raum bewegen kann, eröffnet neue Perspektiven und unterscheidet ihn von Cobots in der Industrie. Lio ist damit mehr als nur ein weiterer Cobot, der nun auf einer mobilen Plattform sitzt. Er hat durch spezielle Aktorik und Sensorik die Möglichkeit, mit Menschen zu kommunizieren. Bendel et al. (2020) beschreiben Praxistests, in denen Lio in Alters- und Pflegeheimen zum Einsatz kommt. Dabei wird er einer Untersuchung seiner Gebrauchstauglichkeit in diesem Umfeld unterzogen und es wird vor allem Augenmerk auf die Kommunikations- und Interaktionsaspekte gelegt. Die Möglichkeit, dass Lio mit den Testpersonen kommunizieren kann, wird von diesen aktiv genutzt. Auch Interaktionen der Handhabung, wie z. B. das Heben einer Flasche oder das Öffnen dieser, stellen sich als sehr nützlich heraus, da in Pflegeszenarien die Nutzer von Lio oftmals nicht in der Lage sind, solche Verrichtungen selbst zu erledigen. Häufig wird auch eine Nachfrage nach Unterhaltung deutlich und die Testpersonen wünschen sich, dass Lio die Ausprägung einer individuellen Persönlichkeit aufweist. Ein System wie Lio kann solchen Wünschen gerecht werden und liefert dadurch einen markanten Mehrwert in der Weiterentwicklung von MRK-Technologien.

20.6 Soziale Aspekte in der Mensch-Roboter-Interaktion

Nachdem in den vorhergehenden Kapiteln arbeitswissenschaftliche Ansätze menschlicher Tätigkeiten in soziotechnischen Produktionssystemen und die technischen Aspekte der Mensch-Roboter-Kollaboration besprochen wurden, wollen wir nun den Blick dediziert auf Fragen der sozialen Interaktion zwischen Mensch und Roboter richten. Wenn wir der Frage nachgehen, was eigentlich eine Interaktion zwischen Mensch und Roboter zu einer sozialen Interaktion macht, dann kommen wir zunächst nicht umhin, den Begriff der sozialen Interaktion zu definieren. Köck und Ott (1997) liefern dazu die folgende allgemeine Definition:

> Die soziale Interaktion bezeichnet die umfassende, also nicht nur auf sprachlicher (Kommunikation) beruhende Wechselwirkung zwischen zwei oder mehreren Personen mit verhaltensbeeinflussender Wirkung. Um soziale Interaktion handelt es sich also, wenn zwei oder mehrere Personen ein Gespräch miteinander führen, aber ebenso, wenn z. B. ein Lehrer seine Schüler durch Gesten und Mimik zur Mitarbeit auffordert.

In dieser Definition sind als Interaktionspartner ausschließlich Menschen gemeint, eine entsprechende Anpassung an Interaktionen, beispielsweise zwischen Mensch und Tier oder – wie in dem Kontext dieser Betrachtungen – zwischen Mensch und Roboter, ist daher geboten. Als minimales Kriterium für soziale Interaktion nennt Auhagen (2000) die den Interaktionspartnern bewusste Aufeinander-Bezogenheit zu verschiedenen Zeitpunkten. Soziale Interaktion ist daher immer bilateral und von einer Kommunikation abzugrenzen, die auch unilateral erfolgen kann. Die zwischenmenschliche Kommunikation basiert – bei Anwesenheit beider Partner – niemals allein auf gesprochener und geschriebener Sprache. Sie findet auch nonverbal statt und äußert sich in der Proxemik. Diese beinhaltet neben der körperlichen Nähe oder Distanz und der Richtung von Blickkontakt und Körperachsen auch Berührungen, meist an Händen, Armen, Schulter, Rücken oder Kopf. Jede soziale Interaktion beinhaltet Interdependenzen zwischen den Interaktionsteilnehmern, gegenseitigen Einfluss und wechselseitigen Austausch. Soziale Interaktion ist nicht nur auf Beziehungen zwischen zwei Menschen beschränkt, sondern kann auch Interaktionen anderer Instanzen beschreiben, wie z. B. Gruppen oder soziale Netzwerke. Auch Tiere können Instanzen sozialer Interaktion sein. Diese Erkenntnisse und Beobachtungen erlauben einen gestalterischen Ansatz für die Mensch-Maschine-Interaktion.

Man sieht oft Inszenierungen von Roboterverhalten in Choreografien auf der Bühne oder in Videos. Sie sind ebenfalls Teil der Sozialrobotik und es wird beim Beobachter vielfach auf die Assoziation von lebendig werdenden Maschinen abgezielt. Diese sollen unterhalten oder sogar begeistern und damit ihre Tauglichkeit für das Soziale beweisen. Dabei bleibt dem Beobachter aber regelmäßig verborgen, wie dieser Prozess der Lebendigwerdung technisch funktioniert, nämlich durch stringent formulierte prozedurale Abläufe, die in einer oft millimetergenau definierten Umgebung und vorgegebenen Anfangs- und Umweltbedingungen stattfinden. Bischof (2017) zeigt, dass eine solche Inszenierung gerade diejenigen Eigenschaften herstellt, die die Roboter selbst nicht generieren können: Situiertheit und Eingebundenheit in einem sozialen Umfeld sowie Subjektivität und Historizität. Soziale Situationen sind oft unvollständig oder sogar widersprüchlich. Auch ihre Inszenierung unterliegt dabei einer freien Interpretation der Beobachter. Diese müssen nicht deckungsgleich sein mit den Vorgaben der Programmierer, die die Mensch-Roboter-Interaktion gestalten und damit das Soziale in einem technischen Sinne umzusetzen versuchen.

In zwischenmenschlichen Beziehungen laufen soziale Interaktionen vielfach spontan und vor allem unbewusst ab. Eine Nachbildung solcher Interaktionen in jedweden Mensch-Maschine-Systemen ist auch deswegen eine Herausforderung, weil den Programmierern grundlegende Zusammenhänge dieser Interaktionen nicht bekannt sind. Oft wird an dieser Stelle stark vereinfacht und man entwickelt Mensch-Maschine-Systeme eher in einer funktionalen Betrachtungsweise und zunächst gerne ohne diesen „sozialen Luxus". Soziale Interaktion sollte jedoch auch in Mensch-Maschine-Systemen kein Luxus sein. Nach Mastroianni et al. (2021) ist sie wichtig für die körperliche Gesundheit und das psychische Wohlbefinden. Sie ist zunächst eine urmenschliche Eigenschaft, die es zu verstehen und nachzubilden gilt. Durch technische Entwicklungen werden jedoch mehr und mehr zwischenmenschliche Interaktionen durch eine Mensch-Maschine-Interaktion ersetzt. Für unser Wohlbefinden und um unsere Tätigkeiten bestmöglich zu gestalten, muss der menschliche Faktor miteinbezogen werden. Interaktionsschnittstellen in Mensch-Maschine-Systemen, die diese Aspekte beinhalten, fördern zudem die Akzeptanz. All dies wird umso einfacher und zielgenauer, je mehr wir über soziale Interaktionen in zwischenmenschlichen Beziehungen forschen und lernen.

Betrachten wir zunächst die oben kurz angesprochenen humanoiden Systeme Pepper und Sophia in diesem Kontext. Beide Systeme sind Dialogmaschinen und beide unterstützen ihre Dialogfunktion durch nonverbale Mimik und Gestik – in durchaus unterschiedlicher Charakteristik. Die Systeme können auch Blickkontakt herstellen. Aber aktive Berührungen leisten diese beiden Systeme nicht, Pepper wird allerdings bisweilen in entsprechenden Choreografien eingesetzt, die einen entsprechenden Eindruck vermitteln. Betrachten wir dann ein industrielles Handhabungsgerät, einen Cobot in einer MRK-Anwendung in der Montage. Hier findet in heutigen Systemen meist keine bilaterale sprachliche Kommunikation statt, allerdings werden oft Signalgeber und Gestensteuerungen zur nonverbalen Mensch-Technik-Kommunikation eingesetzt. Berührungen finden bisweilen statt, z. B. wenn ein Bauteil übergeben wird oder beide Interaktionspartner eine Baugruppe gemeinsam handhaben. Eine solche Berührung wird in der Montagetechnik als nicht vermeidbare Kollision gesehen. Diese muss aus Gründen der Prozesssicherheit Grenzwerte der Kraft- und Impulsübertragung einhalten und hat nichts zu tun mit Berührungen, wie sie im Sinne der Proxemik beschrieben werden.

Betrachten wir abschließend nochmals die oben gezeigten Beispiele aus Pflege und medizinischer Therapie. Hier geht es konzeptuell um Aufgaben in der Pflege oder in Servicebereichen wie der Rehabilitation. Verbale und nonverbale Kommunikation spielen dabei eine wichtige Rolle und auch die Proxemik ist wesentlich. Berührungen, animie-

rende Bewegungen und Handreichungen gehen mit Erfüllung von Service- und Kontroll-
aufgaben Hand in Hand. In der Altenpflege wird das zukünftig eine wichtige Rolle spielen.
Soziale Interaktionen sind dort ein wesentlicher Aspekt in der heutigen Zeit, der, meist auf
Grund von Personalmangel, gewünscht ist, aber nicht umgesetzt werden kann.

Die beschriebenen Beispiele zeigen, dass manche Eigenschaften sozialer Interaktion
mit heutigen Systemen bereits abgebildet werden, wenn auch oft nur partiell und fokussiert auf einen bestimmten Aspekt, wie z. B. den verbalen Dialog oder die Handhabungs-
funktion. Es bietet sich an, bereits existierende Technologien symbiotisch einzusetzen, um
all ihre Vorteile nutzen zu können und sie an die jeweilig benötigten Anforderungen anzupassen.

Literatur

Auhagen AE (2000) Interaktion, Lexikon der Psychologie, Spektrum Akademischer Verlag, Heidel-
    berg. https://www.spektrum.de/lexikon/psychologie/interaktion/7296. Zugegriffen am 10.03.2021
Bainbridge L (1983) Ironies of automation. Automatica 19:775
Bendel O (2019) Wozu brauchen wir die Maschinenethik? In: Bendel O (Hrsg) Handbuch Maschi-
    nenethik. Springer VS, Wiesbaden
Bendel O (2020) Sozialer Roboter (Version 2021). In: Gabler Wirtschaftslexikon. https://wirt-
    schaftslexikon.gabler.de/definition/soziale-roboter-122268. Zugegriffen am 02.03.2021
Bendel O, Gasser A, Siebenmann J (2020) Co-robots as care robots. Accepted paper of the AAAI
    2020 Spring symposium „Applied AI in healthcare: safety, community, and the environment". In:
    ArXiv, 10. April 2020. Cornell University, Ithaca. https://arxiv.org/abs/2004.04374. Zugegriffen
    am 02.03.2021
Bischof A (2017) Soziale Maschinen bauen – Epistemische Praktiken der Sozialrobotik. transcript,
    Bielefeld
Bruce-Boye C, Lechler D, Redder M (2020) Echtzeit-IoT im 5G-Umfeld. In: Buxbaum HJ (Hrsg)
    Mensch-Roboter-Kollaboration. Springer Gabler, Wiesbaden
Buxbaum HJ, Häusler R (2020) Ladenburger Thesen zur zukünftigen Gestaltung der Mensch-
    Roboter-Kollaboration. In: Buxbaum HJ (Hrsg) Mensch-Roboter-Kollaboration. Springer Gab-
    ler, Wiesbaden
Buxbaum HJ, Kleutges M (2020) Evolution oder Revolution? Die Mensch-Roboter-Kollaboration.
    In: Buxbaum HJ (Hrsg) Mensch-Roboter-Kollaboration. Springer Gabler, Wiesbaden
Čapek K (1921) R. U. R. – Rossum's universal robots. Theaterstück, Uraufführung 1921, Prag
Derr D (1995) Fehlzeiten im Betrieb. Wirtschaftsverlag, Bachem
DIN 15066 (2017) DIN ISO/TS 15066:2017-04; DIN SPEC 5306:2017-04 DIN SPEC 5306:2017-04
    Roboter und Robotikgeräte – Kollaborierende Roboter (ISO/TS 15066:2016). Beuth, Berlin
Dombrowski U, Riechel C, Evers M (2014) Industrie 4.0 – Die Rolle des Menschen in der vierten
    industriellen Revolution. In: Kersten W, Koller H, Lödding H (Hrsg) Industrie 4.0 – Wie intelli-
    gente Vernetzung und kognitive Systeme unsere Arbeit verändern. GITO, Berlin, S 131–153
Eigner M, Detzner A, Schmidt PH, Tharma R (2019) Definition des Digital Twin im Produktlebens-
    zyklus. ZWF Z wirtschaftlichen Fabrikbetrieb 114(6):345
Endsley MR (1988) Design and evaluation for situation awareness enhancement. Proc Hum Factors
    Soc 32nd Annu Meet 32:97–101
Gausemeier J, Plass C (2014) Zukunftsorientierte Unternehmensgestaltung: Strategien, Geschäfts-
    prozesse und IT-Systeme für die Produktion von morgen. Carl Hanser Verlag, München

Itterman P, Niehaus J, Hirsch-Kreinsen H (2015) Arbeiten in der Industrie 4.0 – Trendbestimmungen und arbeitspolitische Handlungsfelder. Studie der Hans-Böckler-Stiftung, Düsseldorf

Keibel A (2020) Mensch-Roboter-Kollaboration in der Medizin. In: Buxbaum HJ (Hrsg) Mensch-Roboter-Kollaboration. Springer Gabler, Wiesbaden

Köck P, Ott H (1997) Wörterbuch für Erziehung und Unterricht: 3100 Begriffe aus den Bereichen Pädagogik, Didaktik, Psychologie, Soziologie, Sozialwesen. Auer, Donauwörth

K-Zeitung (2020) Reha-Roboter Robert arbeitet als Physiotherapeut, Giesel Verlag, Hannover. https://www.k-zeitung.de/reha-roboter-robert-arbeitet-als-physiotherapeut. Zugegriffen am 18.03.2021

Mastroianni AM, Gilbert DT, Cooney G, Wilson TD (2021) Do conversations end when people want them to? Proc Natl Acad Sci 118(10):e2011809118

Monostori L (2014) Cyber-physical production systems: roots, expectations and R&D challenges; Variety Management in Manufacturing. In: Proceedings of the 47th CIRP Conference on Manufacturing Systems. Elsevier Publishing, Amsterdam

Schaub H (2008) Wahrnehmung, Aufmerksamkeit und „Situation Awareness" (SA). In: Badke-Schaub P, Hofinger G, Lauche K (Hrsg) Human Factors – Psychologie sicheren Handelns in Risikobranchen. Springer, Berlin/Heidelberg

Tidd J (1997) Key characteristics of assembly automation systems. In: Shimokawa K (Hrsg) Transforming automobile assembly. Springer, Berlin/New York

Windelband L (2014) Zukunft der Facharbeit im Zeitalter „Industrie 4.0". J Tech Educ 2(2):138–160

Wischniewski S, Rosen P, Kirchhoff B (2019) Stand der Technik und zukünftige Entwicklungen der Mensch-Technik-Interaktion. In: GfA (Hrsg) Frühjahrskongress 2019, Dresden. Arbeit interdisziplinär analysieren – bewerten – gestalten. Beitrag: C.10.11. GfA-Press, Dortmund

Wöllhaf K (2020) Mensch-Roboter-Kollaboration – Wichtiges Zukunftsthema oder nur ein Hype? In: Buxbaum HJ (Hrsg) Mensch-Roboter-Kollaboration. Springer Gabler, Wiesbaden

Teil IV

Anwendungsbereiche sozialer Roboter

Soziale Roboter im öffentlichen Raum

Einsatzfelder und soziale Herausforderungen im Lichte aktueller Forschung

Sebastian Schneider

> *Robot, I command you, do something cool!*
>
> *(Homer Simpson)*

Zusammenfassung

Soziale Roboter können in naher Zukunft in öffentlichen Räumen eingesetzt werden, um Serviceleistungen zu automatisieren und Menschen zu unterstützen. Der Einsatz im öffentlichen Raum bringt jedoch vielfältige technische und soziale Herausforderungen mit sich. Dieser Beitrag stellt aktuelle Erkenntnisse zu den sozialen Herausforderungen an Orten wie Einkaufszentren, Museen oder Bahnhöfen dar und fasst wichtige Diskussionspunkte und weiterführende Forschungsrichtungen zusammen.

21.1 Einleitung

Die soziale Robotik bietet die Möglichkeit, einen Beitrag für die Organisierung und Verwaltung von öffentlichen Räumen zu leisten sowie Menschen in diesen zu unterstützen. Mögliche Szenarien sind soziale Roboter, die Müll einsammeln (Ferri et al. 2011), in

S. Schneider (✉)
Cologne Cobots Lab, Anlagen, Energie- und Maschinensysteme Institut für
Produktentwicklung und Konstruktionstechnik (IPK), Technische Hochschule Köln,
Köln, Deutschland
E-Mail: sebastian.schneider@th-koeln.de

Verwaltungsgebäuden Besucher*innen empfangen (Kaipainen et al. 2018), oder die an Bahnhöfen als Informationsschalter Auskünfte geben (Thunberg und Ziemke 2020). Der Einsatz von sozialen Robotern könnte Angestellte in repetitiven Service-, Orientierungs- oder Überwachungsaufgaben unterstützen und somit zu Kostenersparnissen führen. Jedoch würde dies auch einen Wegfall von vielfältigen sozialen Interaktionsmöglichkeiten bedeuten, der gleichzeitig mit Fragen der Privatsphäre und Haftung einhergeht. Da öffentliche Räume vor allem von Menschen genutzt und belebt werden[1], benötigen soziale Roboter komplexe soziale Wahrnehmungs- und Artikulationsfähigkeiten. Vor allem im Vergleich zu anderen Anwendungsgebieten von Robotern sind öffentliche Räume sehr komplex. Es handelt sich um Multibenutzer*innenszenarien, die dynamisch, stochastisch, kontinuierlich und nur teilweise observierbar sind (Russell und Norvig 2002). Des Weiteren sind soziale Roboter kein alltägliches Bild in unseren öffentlichen Räumen. Somit ist die Reaktion von Menschen auf die Einführung von sozialen Robotern in der Öffentlichkeit ein aktives Forschungsgebiet mit vielen unbeantworteten Fragen. Menschen können neugierig, ablehnend oder gleichgültig auf die Einführung dieser Technologie reagieren, abhängig von ihrer Disposition, ihrer Vorerfahrung, ihrer Stimmung oder dem Anwendungsgebiet. Daher spielt neben den hohen technologischen Anforderungen auch die Untersuchung der sozialen Herausforderungen eine Schlüsselrolle für die Frage, ob Roboter einen Einsatz im öffentlichen Raum finden werden. Jedoch ist es schwierig, Erhebungen im öffentlichen Raum zu machen, da die Interaktion zwischen Robotern und Menschen hier nicht unter experimentellen Kontrollbedingungen untersucht werden kann.

In diesem Kapitel wird auf Grund der Seitenzahlbegrenzung vor allem der Stand zu den sozialen Herausforderungen an Roboter in unterschiedlichen öffentlichen Räumen erörtert.[2] Hierzu wird Abschn. 21.1 eine Definition von öffentlichen Räumen geben, die die möglichen Aufgaben und Anwendungsgebiete sozialer Roboter eingrenzen. Anschließend wird in Abschn. 21.2 der internationale Forschungsstand zu sozialen Herausforderungen in unterschiedlichen Szenarien erläutert. Abschn. 21.3 diskutiert, welche Fragestellungen schon beantwortet bzw. noch offen sind.

21.2 Aufgaben und Anwendungen sozialer Roboter im öffentlichen Raum

Um die Einsatzmöglichkeiten sozialer Roboter im öffentlichen Raum bestimmen zu können, muss zunächst definiert werden, welche Räume als öffentlich gelten. Öffentlicher Raum ist der Raum, der einer Gemeinde oder einer Körperschaft des öffentlichen Rechts gehört und für die Öffentlichkeit frei zugänglich ist. Der Bereich, der öffentlich zugänglich ist, kann

---

[1] Hier kann erwähnt werden, dass Menschen auch Haustiere, wie Hunde, in öffentliche Räume einführen.

[2] Leser*innen, die sich für die technischen Herausforderungen und Ansätze interessieren, können beispielsweise den Artikel von Triebel et al. (2016) lesen, um einen Einblick in die unterschiedlichen Komponenten zu bekommen, die für einen sozialen Roboter im öffentlichen Raum entwickelt werden müssen.

Grün- und Verkehrsflächen (z. B. Parkanlagen, Fußgängerzonen) beinhalten und wird von umgebenden privaten oder öffentlichen Gebäuden eingeschlossen. Diese Flächen und Gebäude werden von der Gemeinde bewirtschaftet und unterhalten. Demgegenüber können Räume und Gebäude auch privat unterhalten werden (z. B. Einkaufszentren, Museen). Daher lassen sich drei Raumarten unterscheiden: 1. Räume können öffentlich sein, wenn sie der Öffentlichkeit zugänglich sind und von der Gemeinde unterhalten werden, 2. Räume können als privat bezeichnet werden, wenn sie im Besitz privater Betreiber*innen stehen, und 3. Räume können eine hybride Form einnehmen, die der halböffentlichen Räume. Dies sind Räume, die allgemein zugänglich sind, aber nicht im Besitz der Allgemeinheit stehen. In Cafés, Bibliotheken, Museen und Kaufhäusern findet zwar öffentliches Leben statt, doch dieses würde streng genommen nicht als öffentlicher Raum bezeichnet werden. Allerdings würden Nutzer*innen diese Räume der Öffentlichkeit zuschreiben. Problematisch ist hier, dass in diesen halböffentlichen Räumen soziale Exklusionsprozesse stattfinden, die zu einer gezielten oder unbeabsichtigten Ausgrenzung gesellschaftlicher Gruppen führen (siehe Deinet 2009, S. 14 ff.). Da ein Großteil der Forschung zum Einsatz von sozialen Robotern in halböffentlichen Räumen stattfindet, werden folgend diese auch betrachtet.

Typische Aufgaben in öffentlichen Räumen sind die Instandhaltung der Räume (z. B. Pflege der Anlagen, Entsorgung von Müll), Überwachung der Ordnungsregeln und Straftaten (z. B. Verkehrsregelung, -delikte), soziale Arbeit und das Bereitstellen von Informationen (z. B. Rezeption, Touristeninformationen). Aufgaben in halböffentlichen Räumen sind größtenteils überlappend. Hinzu kommen Serviceangebote (z. B. Aufnahme/ Lieferung von Bestellungen in Cafés), Werbung (z. B. Angebote anpreisen), Verkauf und Führungen (z. B. in Museen oder Bibliotheken).

Zu den Anwendungen, die voraussichtlich voll automatisiert und durch Roboter ausgeführt werden könnten, zählen einfache Arbeiten wie Rasen- oder Platzpflege von öffentlichen Anlagen oder Müllentsorgung. Da die Systeme in den beschriebenen Einsatzgebieten nicht mit Menschen interagieren müssen, stellen sich geringe soziale Anforderungen an den Roboter. Ausnahmen könnten beispielsweise Müllroboter sein, die sich proaktiv auf Menschen zubewegen, um Müll von ihnen einzusammeln. Hier wären basale Interaktionsfähigkeiten des Roboters erforderlich.

Des Weiteren könnten in naher Zukunft auch Anwendungen von Robotern voll automatisiert werden, die erweiterte soziale Fähigkeiten erfordern. Seit 2016 gab es einen enormen Fortschritt in der Entwicklung natürlicher Sprachverarbeitung (Vaswani et al. 2017). Dies könnte einen voll automatisierten Einsatz von sozialen Robotern als sprachliche Informationsterminals, beispielsweise an Bahnhöfen, ermöglichen (Thunberg und Ziemke 2020).[3] Die Möglichkeit, in natürlicher Sprache mit sozialen Robotern zu interagieren, ist hier jedoch nur eine von vielen Anforderungen. Hinzu kommen Erfordernisse an das Aussehen, das nichtverbale Verhalten sowie die Fähigkeit, Personen oder Emotionen wahrzunehmen. Die Voraussetzungen an diese Systeme können jedoch auch stark eingegrenzt werden. Oft handelt es sich um wiederkehrende Situationen mit strukturierten Interaktio-

---

[3] Die Entwicklung von Ende-zu-Ende-zielorientierten Dialogsystemen ist weiterhin ein stark beforschtes Gebiet (Gao et al. 2019).

nen, definierten Aufgaben und meist nur einem*r kurzzeitigen Interaktionspartner*in. Überschaubare Domänen könnten somit potenziell voll automatisiert werden. Im Kontrast zu den (wahrscheinlich) vollautomatisierbaren Systemen gibt es teilautomatisierbare Systeme, die scheinbar weniger soziale Fähigkeiten erfordern, jedoch in ihrem komplexen Einsatzgebiet weiterhin menschliche Überwachung und Kontrolle benötigen, zum Beispiel, wenn Autorität nicht auf Roboter übertragen werden kann. Hierzu zählen Roboter, die auf Verkehrsflächen den Verkehr kontrollieren und ggf. intervenieren, die Einhaltung von Regeln überwachen oder als Sicherheitsroboter auftreten (Mizumaru et al. 2019; Trovato et al. 2019). Diese Einsätze bedürfen menschenähnlicher Muster- und Kontexterkennung, um auch mehrdeutige Situationen interpretieren zu können. Weiterhin gibt es soziale Roboter, die eine hohe Anforderung an ihre Sozialfähigkeit haben und deren technische Realisierung schwierig komplett zu automatisieren ist. Hierunter fallen zum Beispiel Rezeptionistenroboter, die von wiederkehrenden Nutzer*innen verwendet werden (Gockley et al. 2005), mobile Museumsführer (Burgard et al. 1998), die mit Gruppen von Menschen interagieren müssen, oder Shoppingassistenten, die in belebten und dynamischen Umgebungen navigieren müssen (Gross et al. 2008).

21.3 Stand der Forschung

Dieser Abschnitt bietet eine Übersicht über den wissenschaftlichen Erkenntnisstand zum Einsatz von sozialen Robotern an unterschiedlichen öffentlichen Orten.[4] Auf den Forschungsstand speziell zum Einsatz der Roboter Pepper und NAO in der Öffentlichkeit gehen Mubin et al. (2018) ein. Wie in der Einleitung erwähnt, wurden soziale Roboter für den Einsatz in vielfältigen Szenarien entwickelt und getestet. Als Einkaufsassistenten (Gross et al. 2008), Museumsführer (Burgard et al. 1998; Thrun et al. 1999; Kuno et al. 2007), an öffentlichen Plätzen (Weiss et al. 2010; Ferri et al. 2011) und Bahnhöfen (Kotaro et al. 2007). Im Folgendem werden stark beforschte Einsatzgebiete umrissen, exemplarische Studien erwähnt und ein kurzes Fazit zu den Einsatzorten gezogen.

21.3.1 Einsatz von sozialen Robotern in Einkaufszentren

Die am häufigsten untersuchten Einsatzorte von sozialen Robotern sind Einkaufszentren (Doering et al. 2015; Glas et al. 2012; Iwamura et al. 2011; Kanda et al. 2010). Die Ergeb-

---

[4] Die Publikationen wurden über scholar.google.com mit den Stichworten „social robots" oder „human-robot interaction" und „public space" gefunden. Zusätzlich wurden zitierte Publikationen sowie Publikationslisten von bekannten Projekten (z. B. MuMMER) und Arbeitsgruppen (ATR) durchsucht. Inkludiert wurden Publikationen, die eine empirische Fragestellung in Hinblick auf den Einsatz von sozialen Robotern in einem öffentlichen oder semiöffentlichen Raum thematisieren. Auf Grund der verwendeten Definition öffentlicher sozialer Räume wurden keine Publikationen zu sozialen Robotern in Schulen, Krankenhäusern oder Hotels berücksichtigt.

nisse von Kommunikationsszenarien mit Robotern in Einkaufszentren zeigen eine überwiegend positive Akzeptanz von Menschen. Es wurde untersucht, wie Roboter wahrgenommen werden, die helfen, Einkaufskörbe zu tragen (Iwamura et al. 2011), die Orientierungshilfe geben (Kulyukin et al. 2005), Angebote bewerben (Kanda et al. 2010), Kund*innen unterhalten (Glas et al. 2012) oder ihnen helfen, wenn sie sich verirrt haben (Brščić et al. 2017). Im Folgenden werden Studien zum Design von Roboterverhalten, zur Akzeptanz von Manager*innen und Kund*innen sowie zum Einsatz von Robotern als Sicherheitsbediensteten beschrieben.

Ein gängiges Studiendesign zur Untersuchung der Funktionalität von Robotern besteht darin, menschliches Verhalten zu beobachten, dieses auf einen Roboter zu übertragen und die Effektivität gegenüber einer menschlichen Kontrollbedingung zu testen. Beispielsweise konnte in einer Beobachtungsstudie gezeigt werden, dass dieses Vorgehen dazu führte, dass ein Roboter effektiver als ein Mensch Flyer aushändigen konnte (Shi et al. 2018). Die Interviewergebnisse zeigten, dass vermutlich die Neuigkeit des Roboters für diesen Effekt verantwortlich ist, da ein Drittel der Versuchspersonen angab, die Flyer genommen zu haben, weil sie von dem Roboter beeindruckt waren.

In einem anderen Studiendesign wurde untersucht, wie sich die Funktion eines Roboters (Sicherheitsbediensteter vs. Guide) und die Verkörperung (Mensch vs. Roboter) auf das Verhalten der Versuchspersonen (gemessen in Distanz zum Agenten) auswirkt (Trovato et al. 2019). Die Ergebnisse zeigen keine höhere räumliche Distanz zu dem Sicherheitsroboter, jedoch zu dem Sicherheitsbediensteten. Weiterhin wurde der Roboter wissentlich ignoriert, wohingegen der Mensch nie ignoriert wurde. Die Autor*innen begründen dies mit fehlender Autoritätszuschreibung zum Roboter. Eine ähnliche Fragestellung wurde in einem japanischen Einkaufszentrum untersucht (Mizumaru et al. 2019). Die Aufgabe des Roboters war es, Passant*innen zu ermahnen, wenn sie ihr Smartphone beim Gehen benutzten.[5] Ziel der Studie war es, die Überzeugungskraft des Roboters zu erhöhen, indem die Annäherungsstrategie des Roboters verändert wurde. Mittels Analysen von Sicherheitsbediensteten, die entweder auf Menschen zugehen, um ihnen zu helfen oder sie zu ermahnen, entwickelten die Autor*innen unterschiedliche Annäherungsstrategien basierend auf dem Annäherungswinkel und der Geschwindigkeit. In einer Feldstudie testeten sie die Effektivität der unterschiedlichen Strategien und kommen zu dem Schluss, dass die ermahnende Annäherungsstrategie eines Roboters dazu führt, dass mehr Menschen aufhören, ihr Smartphone zu benutzen.

Neben der Effektivität unterschiedlicher Verhaltensweisen ist auch die Akzeptanz von Manager*innen, Geschäftsführer*innen und Kund*innen ein ausschlaggebender Faktor für einen erfolgreichen Einsatz von Robotern in der Öffentlichkeit. Diese wurde in dem europäischen Verbundprojekt MultiModal Mall Entertainment Robot (MuMMER) untersucht (Niemelä et al. 2019). Befragungen zeigten sechs unterschiedliche Rollen und Aufgaben, für die Kund*innen Roboter akzeptieren würden: Informationen und Wegbeschrei-

---

[5] Dies wird in Japan als ein gesellschaftlich unangemessenes Verhalten bewertet, da es oft zu Unfällen an belebten Plätzen führt.

bungen liefern, Unterhaltung anbieten, Produkte bewerben, beim Einkauf assistieren oder Kinder unterhalten. Bedenken gegenüber Robotern waren die Privatsphäre, Zuverlässigkeit, Sicherheit, Datensicherheit, Vandalismus, Haftung, fehlende Einsatzmöglichkeiten und die hohe Menschenähnlichkeit. Interviews mit Manager*innen ergaben ein ähnliches Bild. Der Roboter könnte aus ihrer Perspektive als Empfangsperson, Attraktion oder als Guide und Informationsterminal eingesetzt werden. Sie sahen das Potenzial, dass die menschenähnliche Gestaltung besser geeignet sein könnte als ein Informationsbildschirm, da dieser von Kund*innen oft falsch verstanden werde. Die Manager*innen befürchteten jedoch, dass einem Roboter adäquate soziale Fähigkeiten fehlen könnten, die für eine sensible Interaktion notwendig sind, und dass der Roboter Kinder oder ältere Menschen abschrecken könnte. Weitere Bedenken beziehen sich auf das Verhältnis von Kosten und Nutzen, da die Instandhaltung technische Expertise und Personal verlangt, sowie auf den schwer abschätzbaren wirtschaftlichen Wert eines Roboters. Der geschäftliche Nutzen sollte daran gemessen werden, wie sich der Roboter auf die Anzahl der Kund*innen, den Umsatz, die in Anspruch genommenen Dienstleistungen, die Kundenzufriedenheit und die Kosteneinsparungen auswirkt. Der Roboter sollte auch den Markenwert der Einkaufszentren erhöhen. Dies wird durch die Kommentare von Kund*innen bestätigt, die ein Einkaufszentrum, das soziale Roboter einsetzt, als zukunftsweisend und attraktiv wahrnehmen würden.

Da Orientierungsunterstützung im öffentlichen Raum als ein wichtiges Szenario identifiziert wurde, das bisher noch nicht weitreichend untersucht wurde, wurde zusätzlich zu der Akzeptanz auch die Frage betrachtet, wie ein Roboter lotsen soll (Heikkilä et al. 2019). Die drei Bausteine einer akustischen Wegbeschreibung sind: a) die räumlich-zeitliche Reihenfolge zu beachten, b) sich auf die Informationen über die Auswahlpunkte zu konzentrieren und c) Orientierungspunkte zu verwenden, die die Hörer*innen leicht identifizieren können. In einer vierstufigen Untersuchung mit Interviews, einer Pilotstudie, einer Mensch-Mensch-Wegbeschreibungsstudie und einer Mensch-Roboter-Wegbeschreibungsstudie wurden Designvorschläge für ein orientierungsunterstützendes Verhalten entwickelt. Demnach sollen Roboter die Interaktion initiieren, den gesuchten Ort bestätigen, kurze Instruktionen geben, eine klare Interaktionsstruktur verfolgen, in einem natürlichen Sprachrhythmus sprechen und begleitende Gestiken verwenden, die Distanz zum Zielort angeben, Orientierungspunkte benutzen, Präferenzen der Kund*innen identifizieren sowie eine Wiederholung des Gesagten anbieten.

Zusammenfassend lässt sich sagen, dass sich durch den Einsatz von sozialen Robotern in Einkaufszentren ein eventueller Marktwert bestimmen lassen könnte, der den Forschungsaufwand rechtfertigen würde und attraktiv für externe Geldgeber ist. Dies ermöglicht somit auch die Durchführung von Studien zu fundamentalen Fragen in der Mensch-Roboter-Interaktion (MRI), die vermutlich auch auf andere Bereiche übertragen werden könnten. Aus einer sozialen und ethischen Perspektive wird es interessant zu betrachten, wie sich soziale Roboter, die eine autoritäre Funktion erfüllen sollen, auf die Kundenzufriedenheit, Akzeptanz und den Marktwert auswirken.

21.3.2 Soziale Roboter in Museen

Neben Einkaufszentren sind Museen ein vergleichsweise oft erforschtes Einsatzgebiet. Ende der 1990er- und Anfang der 2000er-Jahre gab es einige Versuche, Roboter in Museen zu stationieren (Burgard et al. 1998; Thrun et al. 1999). Die damaligen Herausforderungen lagen vorrangig in der Entwicklung von Navigations- und Hindernisvermeidungsalgorithmen. Da vorrangig Gruppen und weniger Einzelpersonen mit Robotern interagieren, kam anschließend die Analyse des Beteiligungsgrads und die Interaktion mit Gruppen in den Forschungsfokus (Bennewitz 2005; Gehle et al. 2014; Pitsch et al. 2016; Del Duchetto et al. 2019). Im Vergleich zu Interaktionen in Einkaufszentren müssen die Roboter nicht nur kurzfristige Informationen oder Wegweisungen geben, sondern die Museumsbesucher*innen über einen längeren Zeitraum aktiv durch eine Ausstellung führen. Somit sind, neben der Interaktion mit Gruppen, die Langzeitautonomie des Roboters und die Interaktionsbeteiligung der Museumsbesucher*innen Schlüsselfaktoren für einen langfristigen Einsatz. Die Leistungsfähigkeit eines Museumsroboters wurde in einer viermonatigen Studie anhand der von Besucher*innen angefragten Führungen gemessen (Del Duchetto et al. 2019). Ihre Ergebnisse zeigen, dass die Benutzer*innen bei einer längeren Tour nach etwa zwei Minuten aufhören, dem Roboter zu folgen. Dies könnte entweder bedeuten, dass nach zwei Minuten eine generelle Schwelle erreicht ist, nach der die Aufmerksamkeit abnimmt, oder dass der Museumsroboter nicht in der Lage ist, die Aufmerksamkeit der Besucher*innen lang genug aufrecht zu erhalten. Gründe hierfür könnten in der fehlenden Einhaltung sozialer Normen gegenüber Robotern liegen, da Museumsbesucher*innen eine Tour mit einem*r menschlichen Museumsführer*in weniger wahrscheinlich abbrechen würden. Jedoch fühlen sie vermutlich gegenüber einem Roboter nicht den gleichen Druck, sich sozial angepasst zu verhalten, weswegen sie die Interaktion schneller abbrechen würden. Es wurde untersucht, wie die menschliche Interaktionsbeteiligung gestört wird, wenn Besucher*innen Kommunikationsschwierigkeiten mit dem Roboter haben (Gehle et al. 2014). Die Autor*innen analysierten, wie Besucher*innen dem Roboter signalisieren, dass sie ihn nicht verstehen oder der Roboter sie nicht versteht. Hier stellte sich heraus, dass die Besucher*innen versuchen, den Roboter multimodal auf das Kommunikationsproblem aufmerksam zu machen, ohne ihn dabei zu unterbrechen. Außerdem wurde beobachtet, dass die Besucher*innen temporär unbeteiligt sind, wenn sie realisieren, dass der Roboter ihre Äußerung nicht verstanden hat. Dies geschieht vor allem, wenn die Äußerungen des Roboters und der Besucher*innen zeitlich überlappen. Besucher*innen signalisieren dies mit einem Blick zu den anderen Gruppenmitgliedern. Wenn der Roboter nicht sofort auf diese problematischen Signale reagiert, lösen sich die Gruppenteilnehmer*innen aus der Interaktion und verpassen die weiteren Äußerungen des Roboters (Gehle et al. 2014). Für die Entwicklung von Museumsrobotern ergeben sich daher nach Gehle et al. (2014) die folgenden Schlüsse: Kurz nach einer Roboteräußerung sollten Nachfragen durch die Benutzer*innen erwartet werden (ca. 0.4–1.7 Sekunden nach der Äußerung). Die Sprachpausen des Roboters sollten sich an die Nutzer*innen anpassen. Der Roboter sollte auf Probleme bei der Spracherkennung und bei der Sprachproduktion reagieren können. In Gruppensituationen können Probleme daran erkannt werden, dass Gruppenteilnehmer*innen sich gegenseitig anschauen oder sich abwenden, während der Roboter spricht. In diesen Fällen sollte ein Roboter unmittelbares Reaktionsvermögen aufweisen. Es zeigt sich, dass die anfänglichen Hürden der Navigation und Lokalisierung durch eine Verwendung von Open-Source-Software verringert werden konnten und somit der Einsatz von mobilen Robotern erleichtert wurde. Jedoch fehlt es für die Implementation von Robotern in Museen weiterhin an generalisierenden Lösungen für die vielschichtige und subtile Roboter-Gruppen-Interaktion und Steuerung der menschlichen Langzeitaufmerksamkeit.

21.3.3 Soziale Roboter an Verkehrsknotenpunkten

An Verkehrsknotenpunkten wie Bahnhöfen oder Flughäfen können Roboter eingesetzt werden, um Auskünfte zu liefern oder um Reisende zu Gleisen oder Gates zu geleiten (Hayashi et al. 2007; Shiomi et al. 2011; Triebel et al. 2016; Joosse und Evers 2017; Tonkin et al. 2018).

Wie in Einkaufszentren stellt sich auch an diesem Einsatzort die Frage, welche Erwartungen Menschen an die interaktiven Fähigkeiten und Funktionalitäten eines Roboters haben (Thunberg und Ziemke 2020). In einer Studie wurde beobachtet, wie Menschen auf einen Roboter in einem Kundenzentrum am Zentralbahnhof von Stockholm reagieren. Passant*innen wurden nach ihren Eindrücken gefragt und empfanden ihn entweder als ungewohnt, hatten Bedenken und Furcht oder spürten eine emotionale Verbindung zum Roboter und hatten Vergnügen bei der Benutzung. Der Roboter wirkte auf die Reisenden wie ein ungewohntes Artefakt, eine Ticketmaschine, die Nummern vergeben könnte, oder eine kaputte Maschine. Auch wenn der Roboter versuchte, mit ihnen zu interagieren, verstanden die Passant*innen die Funktionalität des Roboters nicht und versuchten beharrlich, eine Nummer zu bekommen. Dies zeigte, dass die Funktionalität des Roboters nicht eindeutig war, und erst durch das Eingreifen der Experimentleiter*innen verstanden die Passant*innen, dass der Roboter auf Sprache reagieren kann. Demnach erweckt die physikalische Form des Roboters mit einem Tablet auf der Brust bei den Menschen den Eindruck, dass man dieses bedienen kann. Des Weiteren gab es Bedenken zu der Nutzung personenbezogener Daten. Es zeigt sich, dass klare Leitfäden und Methodologien für die Entwicklungen fehlen, um kommerzielle Roboterapplikationen zu designen, die die Nutzer*innenbedürfnisse in den Mittelpunkt stellen und eine positive User Experience (UX) schaffen (Tonkin et al. 2018). Um herauszufinden, welche Aufgaben ein Roboter an einem Flughafen übernehmen könnte und wie das Verhalten gestaltet werden sollte, verfolgten Tonkin et al. (2018) eine UX-Designperspektive.[6] Ein wesentliches Ergebnis des

---

[6] Ihr Designansatz für soziale Roboter im öffentlichen Raum besteht aus den folgenden Schritten: 1. Herausforderung identifizieren, 2. Umgebung observieren, 3. Erkenntnisse ableiten, 4. Möglichkeiten identifizieren, 5. Brainstorming und Experimentieren, 6. eine Roboterpersönlichkeit und ein In-

Designansatzes – neben dem Erfolg, alle Stakeholder und Disziplinen in den Prozess zu integrieren – ist, dass die für den Roboter entwickelte Rolle und Persönlichkeit als integraler Bestandteil der Funktionalität betrachtet wurde. Mitarbeitende berichteten, dass der Roboter ein Teil des Teams geworden sei und vermisst werde. Weitere Ergebnisse zum Einsatz von Guide-Robotern an Flughäfen zeigten, dass die Geschwindigkeit des Roboters sich an die Benutzer*innen (z. B. Gruppen mit Kindern oder ältere Menschen) anpassen und die Navigation in belebten Umgebungen schnell und robust funktionieren sollte (Joosse und Evers 2017). Ein Roboter wurde zwar generell als hilfreich für bestimmte Reisende empfunden, jedoch tendenziell nicht für die Befragten selbst. Funktionalität, Nützlichkeit und Wirtschaftlichkeit von Robotern gegenüber klassischen Wegweisern, Reiseapplikationen für Smartphones oder menschlichen Angestellten im Einsatz an Verkehrsknotenpunkten sind weiter zu erforschen.

21.3.4 Soziale Roboter in Bibliotheken

Auch in Bibliotheken wird der Einsatz sozialer Roboter getestet (Hartmann 2018; Harada 2017; Shen und Lin 2018). Eine Bestandsaufnahme zur Nutzung in Bibliotheken als Lehr- und Servicetool wurde von Schmiederer (2021) für den deutschen Raum verfasst. Auf Basis von Expert*inneninterviews und Analysen des Einsatzzweckes kommt Schmiederer (2021) zu dem Fazit, dass soziale Roboter vor allem in einer lehrenden Funktion eingesetzt werden könnten. Der humanoide Roboter NAO werde zum Beispiel für die Leseförderung verwendet oder um Robotertechnologien zu erklären. Kinder können ihm ein Buch vorlesen und der Roboter kann anschließend Verständnisfragen stellen (Shen und Lin 2018). Auf der anderen Seite werde der Roboter Pepper vorrangig als Dienstleister eingesetzt, um Informationen über die Bibliotheken bereitzustellen oder um Orientierungshilfen zu geben. Durch den Einsatz humanoider Roboter in Bibliotheken erhielten diese eine höhere mediale Sichtbarkeit und würden als zukunftsgerichtete Institutionen wahrgenommen. Jedoch folgten aus dem Einsatz von Robotern in Bibliotheken technische Herausforderungen. Schmiederers Untersuchung (2021) zeigte, dass Probleme bei der Spracherkennung und Navigation bestehen sowie befremdende Gestiken des Roboters beängstigend auf Nutzer*innen wirken können. Darüber hinaus zeigten sich auch Ängste vor der Ersetzbarkeit der Mitarbeiter*innen. Ergänzend zu den Arbeiten von Schmiederer (2021) untersuchten Mubin et al. (2018) an einem australischen Campus über acht Tage, wie ein Pepper-Roboter in einer Universitätsbibliothek beurteilt wird. Die Ergebnisse zeigen, dass die Studierenden eher skeptisch eingestellt waren und den Roboter als unheimlich wahrnahmen. Der Einsatz von sozialen Robotern in Bibliotheken ist somit noch recht neu. Es ist zu erwarten, dass sich differenziertere Problemstellungen für die Forschung ergeben, die dieses Einsatzgebiet von anderen unterscheiden.

---

teraktionsverhalten entwerfen, 7. einen Prototypen bauen, im Feld testen und wichtige Parameter messen, 8. Funktionierendes beibehalten und unerfolgreiche Ideen verwerfen.

21.3.5 Soziale Roboter an vollöffentlichen Orten

Die Anwendung sozialer Roboter an im strengen Sinne öffentlichen Orten wurde bisher wenig erforscht. In einer italienischen Stadt wurden zum Beispiel Roboter eingesetzt, um von Bewohner*innen zum Einsammeln von Müll gerufen zu werden (Ferri et al. 2011), es wurde getestet, wie Roboter mit Hilfe von Passant*innen in einer Innenstadt navigieren könnten (Weiss et al. 2010) oder wie ein Roboter in einem öffentlichen Servicecenter von Besucher*innen angenommen wird (Kaipainen et al. 2018). Die Ergebnisse dieser unterschiedlichen Studien zeigten, dass Menschen hilfsbereit gegenüber den Robotern waren und diese mit deren Unterstützung ein vorher festgelegtes räumliches Ziel erreichen konnten (Weiss et al. 2010). Weiterhin ergab sich, dass Servicecenterroboter eher selten für Informationsanfragen benutzt werden, da Besucher*innen meist klare Ziele hatten, keine Hilfe benötigten oder den Roboter wissentlich ignorierten (Kaipainen et al. 2018). Ähnlich zum Einsatz von sozialen Robotern an Flughäfen (Joosse und Evers 2017) zeigten die Ergebnisse, dass ein sozialer Roboter zwar als hilfreich empfunden wird, jedoch meist nicht für die Befragten selbst, sondern eher für Tourist*innen. Als eine wichtige Erkenntnis wurde von Ferri et al. (2011) identifiziert, dass der Einsatz von Robotern aus einer rechtlichen Perspektive schwierig ist, wenn gleichzeitig weitere Verkehrsteilnehmer*innen die öffentlichen Wege verwenden.

Der Einsatz sozialer Roboter in öffentlichen Einrichtungen führt auch zu der Frage, wie ein angemessenes Datenschutzmanagement für personenbezogene Daten aussehen kann (Tonkin et al. 2019). In einer Studie wurde erhoben, wie wiederkehrende Besucher*innen sich mit Hilfe von Gesichtserkennung oder QR-Codes beim System registrieren und einloggen könnten, um personalisierte Dienstleistungen zu erhalten (Tonkin et al. 2019). Die Ergebnisse zeigen, dass der Großteil der Menschen eine Gesichtserkennung aus Bequemlichkeit bevorzugt, auch wenn sie gleichzeitig ungern private Informationen teilen. Diese Bereitschaft, sensible Daten zu verwenden, wird von den Autor*innen durch den verbreiteten Einsatz von Gesichtserkennung zur Entsperrung von Geräten und den offensichtlichen wissenschaftlichen Einsatzzweck des Systems begründet.

Übergreifend zeigt sich, dass es viele Hürden für die Forschung in der Öffentlichkeit gibt. Unter anderem bedarf es auch zusätzlicher Genehmigungen von der Stadtverwaltung, deren Bürokratie zu lang anhaltenden Verzögerungen führen könnte (Joshi und Sabanovic 2018). Weiterhin ist auch ein Mangel an Unterstützung seitens der allgemeinen Öffentlichkeit und der Zielnutzer*innen möglich, sowohl aufgrund mangelnden Interesses an der Forschungsteilnahme als auch aufgrund ihres Unglaubens an das Potenzial neuartiger Robotertechnologien (Joshi und Sabanovic 2018). Die Durchführung einer Studie, um Vorbeigehende mit sozialen Robotern auf Obdachlose aufmerksam zu machen und ihnen zu zeigen, wie sie diesen helfen könnten, wurde nicht erlaubt (Joshi und Sabanovic 2018). Um bestimmte Herausforderungen (u. a. Genehmigung des Ethikboards, fehlende Unterstützung der Gemeinde und technische Begrenzungen) zu umgehen, nutzten Joshi und

Sabanovic (2018) den Ansatz des taktischen Urbanismus[7] und setzten eine Pop-up-MRI-Studie in der Öffentlichkeit ein. Somit konnten die Autor*innen zeigen, dass dieser Ansatz nützlich ist, um flexibel Untersuchungen durchzuführen und dadurch Stolpersteine für die Entwicklung von Robotern für den öffentlichen Raum zu identifizieren. Zusammenfassend ist der Einsatz von Robotern in vollöffentlichen Räumen noch nicht weitreichend erforscht und bietet viele ungeklärte Fragen zu der tatsächlichen Nützlichkeit, der Privatsphäre, der Haftung und der Forschungserlaubnis.

21.4 Diskussion und Ausblick

Dieser Übersichtsbeitrag stellte den Forschungstand über soziale Roboter im öffentlichen Raum dar. Aufgrund des weiten Spektrums öffentlicher Orte konnten nur einige Beiträge und Einsatzgebiete betrachtet werden. Im Folgenden werden die wichtigsten Diskussionspunkte zusammengefasst. Hierunter fallen die Wichtigkeit der User Experience, das Problem der Verwendung personenbezogener Daten, der kommerzielle Nutzen sozialer Roboter, die Einhaltung sozialer Normen in der Interaktion mit Robotern sowie Inklusionsaspekte. Es zeigte sich, dass das oft untersuchte Erscheinungsbild und Interaktionsdesign nicht die einzigen Faktoren sind, die zu höherer Benutzer*innenakzeptanz führen (Schmidbauer et al. 2020). Demnach entsteht die User Experience durch die Erwartungen der Nutzer*innen, die Interaktionen mit dem Roboter und die Parameter des Kontextes. Daher ist es entscheidend, eine Persönlichkeit für den Roboter mit einem passenden Verhalten für die jeweiligen Anwendungskontexte zu entwickeln, die darüber hinaus einen praktischen Nutzen erahnen lässt. Somit sollten Funktionalität und Benutzer*innenfreundlichkeit gezielt optimiert werden, um eine hohe Akzeptanz bei einem breiten Spektrum von Benutzer*innen zu erreichen (Tonkin et al. 2018; Schmidbauer et al. 2020; Schmiederer 2021; Thunberg und Ziemke 2020).

Viele Interaktionsszenarien mit sozialen Robotern bringen die Frage nach der Verwendung personenbezogener Daten mit sich. Demnach sollte zukünftig untersucht werden, ob diese Verwendung eine Auswirkung auf die Nutzer*innenakzeptanz hat (Tonkin et al. 2019; Thunberg und Ziemke 2020; Schmidbauer et al. 2020). Abgesehen von kurzen freiwilligen MRI mit Passant*innen müssen bei einer nicht freiwilligen Interaktion am Arbeitsplatz, wo die Interaktion für die Ausführung der Arbeit notwendig werden könnte, gesetzliche Regelungen den Einsatz von Robotern rahmen (Schmidbauer et al. 2020). Aspekte wie Datenschutz und Privatsphäre der Passant*innen und Mitarbeiter*innen wurden noch nicht umfassend untersucht und sollten in zukünftigen Studien stärker in den Fokus gelegt werden (Niemelä et al. 2019).

---

[7] Taktischer Urbanismus umfasst kostengünstige, temporäre Veränderungen der gebauten Umwelt, in der Regel in Städten, mit dem Ziel, lokale Nachbarschaften und städtische Versammlungsorte zu verbessern.

Ein weiteres Problem, das die Einführung von sozialen Robotern in Einkaufszentren, in Museen oder an Verkehrsknotenpunkten erschwert, bezieht sich auf die Kosten für den Roboter und dessen Wartung sowie die Schwierigkeit zu identifizieren, was der Roboter an geschäftlichem Nutzen bringen würde. In Einkaufszentren oder Museen sollte der Roboter die Anzahl der Kunden, den Umsatz oder den Wert der Geschäftsmarke des Einkaufszentrums oder Geschäfts erhöhen (Niemelä et al. 2019; Schmiederer 2021). Weiterhin sollten Einsparungen bei den Führungskosten (z. B. durch den Wegfall von Info-Bildschirmen) oder bei den Personalkosten erreicht werden (Niemelä et al. 2019). Vieles deutet darauf hin, dass Unternehmen in Zukunft soziale Roboter einsetzen könnten und wahrscheinlich auch einsetzen werden, um menschliche Arbeit zu ersetzen. Das heißt nicht, dass menschliche Arbeitskräfte vollends durch soziale Roboter ersetzt werden würden, jedoch könnten Roboter mit der Erledigung von Kundendienstaufgaben betraut werden, wenn Mitarbeiter*innen nicht verfügbar sind oder wenn es nicht rentabel ist, eine Person für diese Aufgabe einzustellen (z. B. leere Abendstunden). Die kollaborative Rolle eines Roboters in einem Einkaufszentrum wurde von einigen Geschäftsleiter*innen angesprochen, als sie den Roboter als Mittel zur Unterstützung des Personals in herausfordernden Servicesituationen diskutierten (Niemelä et al. 2019). Ein Beispiel wäre ein Roboter, der unbegründete Reklamationen annimmt (Morimoto et al. 2020). Das Design der kollaborativen Arbeit sollte in Absprache mit dem Personal entschieden werden. Somit böte der Einsatz sozialer Roboter auch die Chance, den Wert menschlicher Arbeit zu erhöhen, da diese v. a. für differenziertere Aufgaben zur Verfügung stünde.

Viele Studien konzentrieren sich auf den Einsatz sozialer Roboter in Einkaufszentren oder Museen. Die meisten Studien zu sozialen Robotern im öffentlichen Raum finden somit eigentlich im halböffentlichen Raum statt. Ein Grund für diesen Fokus in der Forschungslandschaft könnte sein, dass Roboter in diesen Szenarien eher kapitalistisch verwertet werden können. Die Untersuchungsergebnisse betonen, dass der Marktwert von Institutionen durch den Einsatz dieser als modern und fortschrittlich wahrgenommenen Technologie gesteigert werden könnte, was eine höhere öffentliche Aufmerksamkeit zur Folge hätte (Niemelä e al. 2019; Schmiederer 2021). Eine ähnliche Verwertungslogik lässt sich jedoch nicht auf öffentliche Räume im engeren Sinne übertragen. Der Einsatz von sozialen Robotern in Parks oder Fußgängerzonen könnte zwar dazu führen, dass Menschen diese Orte öfter aufsuchen, jedoch bräuchte sich daraus kein wirtschaftlicher Mehrwert ergeben.[8] An diesen nicht kommerziell genutzten Orten könnten öffentliche Träger zukünftig kreative Projekte fördern und analysieren, wie Roboter an öffentlichen Plätzen gemeinwohlorientiert eingesetzt werden könnten.

In Hinblick auf Interaktionsregeln und -gewohnheiten zeigten einige Studien, dass Menschen sozialen Normen gegenüber einem Roboter weniger folgten, als es aus zwischenmenschlicher Interaktion zu erwarten wäre. In einer sozialen Situation, zum Beispiel in einem Gespräch, drehen sich Menschen typischerweise nicht um und gehen, was in

---

[8] Er könnte aber dazu führen, dass Angebote wie Cafés, Restaurants oder Freizeitanlagen, die die öffentlichen Räume umschließen, vermehrt besucht werden.

Interaktionen mit Robotern durchaus beobachtet wurde. Es ist möglich, dass Menschen die Interaktionsfähigkeiten eines Roboters als unzureichend empfinden, um typische soziale Regeln anwenden zu können (Gehle et al. 2014; Del Duchetto et al. 2019). Da Roboter nicht in der Lage sind, die gewöhnlichen sozialen Signale zum richtigen Zeitpunkt an Benutzer*innen zu senden, könnte die emotionale Reaktion eines Roboters als nicht mit der eines Menschen vergleichbar wahrgenommen werden, was einen Verstoß sozialer Konventionen rechtfertigen würde. Es ließe sich diskutieren, ob dies bedeutet, dass es eine Anpassung der Menschen in der MRI-Etikette bedarf. Weiterhin kann eine fehlende Etikette gegenüber Robotern auch dazu führen, dass sie bei ihrer Arbeit behindert werden (Brščić et al. 2015). Daher benötigen Roboter Strategien, um mit vulnerablen Situationen umzugehen.

Weiterhin ist zu beobachten, dass es bisher wenig Studien gibt, die Inklusionsaspekte im öffentlichen Raum mit sozialen Robotern beforschen. Die Nützlichkeit eines sozialen Roboters ergibt sich durch die Möglichkeit, mit allen Menschen im öffentlichem Raum interagieren zu können. Daher müssen soziale Roboter auch in der Lage sein, mit Menschen interagieren und ihnen helfen zu können, die Schwierigkeiten mit (non-)verbaler oder taktiler Kommunikation haben, nicht sehen oder hören können oder eine kognitive bzw. psychische Beeinträchtigung haben. Diese Aspekte sollten in zukünftigen Studien vermehrt betrachtet werden. Hierbei spielt auch die Möglichkeit, Fremdsprachen oder leichte Sprache zu wählen, eine wichtige Rolle.

Weiterhin sind Untersuchungen im öffentlichen Raum oft kompliziert, da es schwierig ist, Genehmigungen für Experimente zu bekommen, Passant*innen nicht kontrolliert in Studien involviert werden können und die technischen Herausforderungen eine große Hürde darstellen. Somit betrachten viele Publikationen erste Eindrücke, beschreiben anekdotenhaft Interaktionen oder präsentieren Ergebnisse aus kurzen Interviews. Quantitative Erhebungen mit Passant*innen sind schwer planbar und durchzuführen. Zufällige Passant*innen haben nicht immer Zeit für eine ausführliche Befragung nach einer Interaktion oder ignorieren den Roboter bzw. die Versuchsleiter*innen. Wiederkehrende Interaktionen mit denselben Partner*innen sind auf Grund von Datenschutzbestimmungen schwer zu analysieren. Somit ist es anspruchsvoll zu erheben, wie sich die Beziehung zwischen wiederkehrenden Interaktionspartner*innen und einem Roboter entwickelt. Neben der Herausforderung, empirisch belastbare Ergebnisse zu der Akzeptanz und dem Nutzen zu gewinnen, gibt es ethische, rechtliche und soziale Aspekte zum Einsatz von Robotern in der Öffentlichkeit, die noch betrachtet werden müssen. Der Einsatz von sozialen Robotern im öffentlichen Raum durch öffentliche Träger, um zum Beispiel Ordnungsamtmitarbeiter*innen zu unterstützen (oder zu ersetzen), wirft einerseits die ethische Frage auf, ob Autorität überhaupt auf soziale Roboter übertragen werden sollte, und andererseits die rechtliche, ob Autorität auf Roboter übertragen werden kann, sowie die soziale, wie Menschen auf eine Form der Autoritätsübertragung auf soziale Roboter reagieren würden. Weiterhin stellt sich die ethische Frage, welche gesellschaftlichen Auswirkungen der Wegfall sozialer Interaktion mit Menschen an vielfältigen Orten in der Öffentlichkeit haben könnte. Letztendlich besteht auch die Gefahr, dass soziale Roboter nicht hinreichend genug eine vielfältige Gesellschaft repräsentieren können. Somit bedarf es auch beim Design von sozialen Robotern in der Öffentlichkeit ethischer und politischer Abwägungen. Es besteht die Ambivalenz, dass einerseits soziale Roboter designt werden sollten, die keine historisch verankerten und stereotypen Zuschreibungen begünstigen, und andererseits der Wegfall von Stereotypen soziale Interaktionen erschweren könnte (Sparrow 2020). Das Feld bietet demnach noch viele offene Forschungsfragen und geht für Wissenschaftler*innen, Entwickler*innen und Ingenieurin*innen auch mit einer ethischen Verantwortung einher.

21.5 Fazit

Es lassen sich aus den beschriebenen Forschungen sieben essenzielle Aspekte zum Design von Interaktionen mit sozialen Robotern im öffentlichen Raum festhalten, die übergreifend für erfolgreiche Anwendungen sorgen könnten: (1) Kurzzeitinteraktion muss durch das Roboterverhalten ermöglicht werden. Die ersten Minuten einer Interaktion entscheiden, ob Nutzer*innen bereit sind, länger mit einem Roboter zu interagieren, d. h. die Nützlichkeit sollte sofort erkannt werden und das System muss unmittelbar identifizieren können, wenn Probleme in der Interaktion aufkommen. (2) Dafür sollten Roboter möglichst natürlich mit strukturierten Dialogen kommunizieren, die typischen Mensch-Mensch-Kommunikationsmustern folgen. (3) Da die Wahrnehmungsmöglichkeiten des Roboters im öffentlichen Raum eine große Herausforderung darstellen, sollte eine multimodale Eingabe und Ausgabe ermöglicht werden, die eine direkte Interaktion fördert und ggf. Kommunikationsfehler vermeidet (z. B. mit Touchscreens). (4) Weiterhin sollte die Kommunikation möglichst inklusiv gestaltet werden, um allen Menschen eine Möglichkeit zu geben, Unterstützung von einem sozialen Roboter zu bekommen und somit den Gemeinwohlwert des Robotersystems zu steigern. (5) Die Privatsphäre und Datensparsamkeit muss gewahrt werden. Nutzer*innen müssen über die Verwendung personenbezogener Daten aufgeklärt werden. (6) Es müssen klare gesetzliche Rahmenbedingungen dafür entwickelt werden, wie die Rollen und Interaktionen von sozialen Robotern und Mitarbeiter*innen gestaltet werden sollen. (7) Letztendlich müssen ethische Erwägungen bezüglich der Robotererscheinung und Inklusion betrachtet werden.

Literatur

Bennewitz M (2005) Towards a humanoid museum guide robot that interacts with multiple persons. In: 5th IEEE-RAS international conference on humanoid robots, Tsukuba, S 418–423
Brščić D et al (2015) Escaping from children's abuse of social robots. In: Proceedings of the tenth annual acm/ieee international conference on human-robot interaction, Portland, S 59–66
Brščić D, Ikeda T, Kanda T (2017) Do you need help? A robot providing information to people who behave atypically. IEEE Trans Robot 33(2):500–506
Burgard W et al (1998) The interactive museum tour-guide robot. In: Aaai/iaai, Madison, S 11–18
Deinet U (2009) Sozialräumliche Jugendarbeit. VS Verlag für Sozialwissenschaften, Wiesbaden

Del Duchetto F, Baxter P, Hanheide M (2019) Lindsey the tour guide robot-usage patterns in a museum long-term deployment. In: 2019 28th IEEE international conference on robot and human interactive communication (RO-MAN). New Delhi, IEEE, S 1–8

Doering N et al (2015) User-centered design and evaluation of a mobile shopping robot. Int J Soc Robot 7(2):203–225

Ferri G et al (2011) DustCart, an autonomous robot for door-to-door garbage collection: from DustBot project to the experimentation in the small town of Peccioli. In: 2011 IEEE international conference on robotics and automation. Shanghai, IEEE, S 655–660

Gao J, Galley M, Li L (2019) Neural approaches to conversational AI. arXiv: 1809.08267 [cs.CL]

Gehle R, Pitsch K, Wrede S (2014) Signaling trouble in robot-to-group interaction. Emerging visitor dynamics with a museum guide robot. In: Proceedings of the second international conference on human-agent interaction. HAI '14. Association for Computing Machinery, Tsukuba, Japan, S 361–368. isbn: 9781450330350. doi: https://doi.org/10.1145/2658861.2658887

Glas DF et al (2012) The network robot system: enabling social human-robot interaction in public spaces. J Human Robot Interact 1(2):5–32

Gockley R et al (2005) Designing robots for long-term social interaction. In: 2005 IEEE/RSJ international conference on intelligent robots and systems, Edmonton, Canada. IEEE, S 1338–1343

Gross H-M et al (2008) Shopbot: progress in developing an interactive mobiles hopping assistant for every day use. In: 2008 IEEE international conference on systems, man and cybernetics, Singapore. IEEE, S 3471–3478

Harada, T (2017) Robotics and artificial intelligence technology in Japanese libraries, IFLA Library

Hartmann, B (2018) Ein Jahr mit NAO: Ein humanoider Roboter in der Stadtbibliothek Köln. BuB 70 02-03/2018:110–112

Hayashi K et al (2007) Humanoid robots as a passive-social medium-a field experiment at a train station. In: 2007 2nd ACM/IEEE international conference on human-robot Interaction (HRI), New York. IEEE, S 137–144

Heikkilä P et al (2019) Should a robot guide like a human? A qualitative four-phase study of a shopping mall robot. In: Social robotics. Springer International Publishing, Cham, S 548–557

Iwamura Y et al (2011) Do elderly people prefer a conversational humanoid as a shopping assistant partner in supermarkets? In: Proceedings of the 6th international conference on human-robot interaction, Lausanne, S 449–456

Joosse M, Evers V (2017) A guide robot at the airport: first impressions. In: Proceedings of the companion of the 2017 ACM/IEEE international conference on human-robot interaction, Vienna, S 149–150

Joshi S, Sabanovic S (2018) Pop-up robotics: facilitating HRI in public spaces. In: The 31st annual ACM symposium on user interface software and technology adjunct proceedings, New Orleans, S 131–133

Kaipainen K, Ahtinen A, Hiltunen A (2018) Nice surprise, more present than a machine: experiences evoked by a social robot for guidance and edutainment at a city service point. In: Proceedings of the 22nd international academic Mindtrek conference. Mindtrek '18. Association for Computing Machinery, Tampere, S 163–171

Kanda T et al (2010) A communication robot in a shopping mall. IEEE Trans Robot 26(5):897–913

Kotaro H, Sakamoto D, Kanda T, Shiomi M, Koizumi S, Ishiguro H, Hagita N (2007, March) Humanoid robots as a passive-social medium-a field experiment at a train station. In: 2007 2nd ACM/IEEE International Conference on Human-Robot Interaction, IEEE, S 137–144

Kulyukin V, Gharpure C, Nicholson J (2005) RoboCart: toward robot-assisted navigation of grocery stores by the visually impaired. In: 2005 IEEE/RSJ international conference on intelligent robots and systems, Edmonton, S 2845–2850

Kuno Y et al (2007) Museum guide robot based on sociological interaction analysis. In: Proceedings of the SIGCHI conference on human factors in computing systems, San Jose, S 1191–1194

Mizumaru K et al (2019) Stop doing it! Approaching strategy for a robot to admonish pedestrians. In: 2019 14th ACM/IEEE international conference on human-robot interaction (HRI), Daegu. IEEE, S 449–457

Morimoto D, Even J, Kanda T (2020) Can a robot handle customers with unreasonable complaints? In: Proceedings of the 2020 ACM/IEEE international conference on human-robot interaction. HRI '20. Association for Computing Machinery, Cambridge, S 579–587

Mubin O et al (2018) Social robots in public spaces: a meta-review. In: International conference on social robotics, Springer, Qingdao, S 213–220

Niemelä M et al (2019) A social robot in a shopping mall: studies on acceptance and stakeholder expectations, Human-computer interaction series. Springer International Publishing, Cham, S 119–144

Pitsch K. et al (2016) Referential practices. Effects of a museum guide robot suggesting a deictic 'repair' action to visitors attempting to orient to an exhibit. In: 2016 25th IEEE international symposium on robot and human interactive communication (RO-MAN), New York, S 225–231

Russell S, Norvig P (2002) Artificial intelligence: a modern approach. Prentice Hall, Englewood Cliffs

Schmidbauer C et al (2020) On the intention to use the pepper robot as communication channel in a business context: results of a user acceptance survey. In: Proceedings of the 8th international conference on human-agent interaction, Sydney, S 204–211

Schmiederer S (2021) Der Einsatz humanoider Roboter in Bibliotheken. Magisterarbeit. Humboldt-Universität zu Berlin, Philosophische Fakultät, Berlin

Shen W-W, Lin J-M (2018) Robot assisted reading: a preliminary study on the robotic storytelling service to children in the library. In: International conference on innovative technologies and learning, Porto, Portugal & Virtual, Springer, S 528–535

Shi C et al (2018) A robot that distributes flyers to pedestrians in a shopping mall. Int J Soc Robot 10(4):421–437

Shiomi M et al (2011) Field trial of a networked robot at a train station. Int J Soc Robot 3(1):27–40

Sparrow R (2020) Robotics has a race problem. Sci Technol Hum Values 45(3):538–560

Thrun S et al (1999) MINERVA: a second-generation museum tour-guide robot. In: Proceedings 1999 IEEE international conference on robotics and automation (Cat. No. 99CH36288C), Pisa, Bd. 3. IEEE

Thunberg S, Ziemke T (2020) Are people ready for social robots in public spaces? In: Companion of the 2020 ACM/IEEE international conference on human-robot interaction, Cambridge, S 482–484

Tonkin M et al (2018) Design methodology for the UX of HRI: a field study of a commercial social robot at an airport. In: Proceedings of the 2018 ACM/IEEE international conference on human robot interaction. HRI '18. Association for Computing Machinery, Chicago, S 407–415

Tonkin M et al (2019) Privacy first: designing responsible and inclusive social robot applications for in the wild studies. In: 2019 28th IEEE international conference on robot and human interactive communication (RO-MAN), New Delhi, S 1–8

Triebel R, Arras K, Alami R et al (2016) Spencer: A socially aware service robot for passenger guidance and help in busy airports. In: Wettergreen D, Barfoot T (Hrsg) Field and service robotics, Springer tracts in advanced robotics, Bd 113. Springer, Cham, S 607–622

Trovato G et al (2019) Design and development of a security and guidance robot for employment in a mall. Int J Human Robot 16(05):1950027

Vaswani A et al (2017) Attention is all you need. In: arXiv preprint arXiv:1706.03762

Weiss A et al (2010) Robots asking for directions – the willingness of passers-by to support robots. In: 2010 5th ACM/IEEE international conference on human-robot interaction (HRI), Osaka, IEEE, S 23–30

Roboter in der Therapie

Vom Demonstrationsobjekt zum Psychotherapeuten

Stefanie Baisch und Thorsten Kolling

> *Die Maschine zeigt dem Menschen, was ihm fehlt.*
>
> *(Elmar Schenkel)*

Zusammenfassung

Bereits heute, aber dank des demografischen Wandels umso mehr in Zukunft, sind therapeutische Ressourcen begrenzt. Infolgedessen können nicht alle Menschen die physische, psychische oder kognitive Therapie erhalten, die sie benötigen, um trotz Beeinträchtigungen möglichst selbstständig am alltäglichen Leben teilnehmen zu können. Roboter könnten die Therapie quantitativ wie auch qualitativ verbessern und mehr Menschen Zugang zu einer Therapie ermöglichen. Im vorliegenden Beitrag werden die verschiedenen Rollen und Funktionen, die die Roboter in unterschiedlichen Therapiebereichen einnehmen können, sowie empirische Belege für Akzeptanz, Wirksamkeit und Einflussfaktoren vorgestellt, soweit vorhanden. Dabei zeigt sich, dass selbst in den besser untersuchten Populationen (Kinder mit Autismus-Spektrum-Störung, ältere Erwachsene mit und ohne Demenz) die Datenbasis sehr dünn ist und noch viele Fragen offenbleiben. Neben Potenzialen werden forschungs- wie auch praxisbezogene und ethische Problemfelder des Einsatzes sozialer Roboter im therapeutischen Bereich identifiziert.

S. Baisch (✉) · T. Kolling
Universität Siegen, Siegen, Deutschland
E-Mail: Stefanie.Baisch@uni-siegen.de; thorsten.kolling@uni-siegen.de

417

22.1 Einleitung

Etwa 15 % der Weltbevölkerung leben gemäß WHO (2011) mit einer Behinderung. Diese kann körperlicher, seelischer oder geistiger Art sein. Während bei körperlichen Behinderungen Körperfunktionen beeinträchtigt sind, betrifft eine seelische Behinderung die Psyche und eine geistige Behinderung das kognitive Funktionieren, also etwa Gedächtnis, Konzentration, Handlungsplanung oder das Sozialverhalten. In Deutschland sind fast 90 % der Behinderungen durch Krankheit oder Unfall erworben (Statistisches Bundesamt 2018). Gerade in der Folge von erworbenen Einschränkungen werden rehabilitative Maßnahmen durchgeführt, um das Ausmaß der funktionellen Behinderung und/oder der Beeinträchtigung im Alltag zu senken (Fazekas und Tavaszi 2019). Ziel ist hierbei, eingedenk der UN-Behindertenrechtskonvention (Office of the High Commissioner 2006), eine größtmögliche Selbstständigkeit und Teilhabe der Betroffenen an allen Aspekten des täglichen Lebens. Bisher muss jede einzelne Therapieeinheit von einem Therapeuten angeleitet und begleitet werden. Therapeuten sind jedoch eine teure und knappe Ressource und das Problem der Therapieknappheit verspricht sich im Rahmen des demografischen Wandels zu intensivieren (Okamura 2010). In den letzten zwei Dekaden wurden daher zunehmend mehr Roboter entwickelt, die Elemente rehabilitativer Therapien übernehmen können. Im Gegensatz zu assistiven Robotern, die Menschen bei der Interaktion mit ihrer sozialen und physischen Umwelt unterstützen, sollen Therapieroboter Unterstützung sowohl bei mentaler als auch bei körperbezogener Therapie bieten (Yakub et al. 2014). Insbesondere für die Rehabilitation von Körperfunktionen wurde eine große Reihe an Robotern ohne soziale Fähigkeiten entwickelt, wie etwa Exoskelette und Medizingeräte, so z. B. der Lokomat zum Beüben des Gehens (z. B. Shi et al. 2019) oder Hand- und Armtrainer (Quassim und Wan Hassan 2020). Soziale Therapieroboter erfreuen sich aber auch immer größeren Interesses, da ihre sozialen Fähigkeiten im therapeutischen Bereich verschiedene Vorteile bieten können.

Im Folgenden werden nun zunächst Potenziale des Einsatzes von (sozialen) Robotern im therapeutischen Bereich genannt, bevor wir uns Wirkmechanismen und bisherigen Entwicklungen zuwenden. Abschließend werden außerdem Problemfelder und offene Fragen aus den Bereichen Forschung, Technik, Therapie sowie Ethik und Recht berichtet.

22.2 Potenziale (sozialer) Roboter im therapeutischen Kontext

22.2.1 Effizienzsteigerung

Eines der wichtigsten Potenziale sozialer Therapieroboter besteht darin, die Effizienz der derzeitigen Therapien, die durch die Verfügbarkeit von Therapeut:innen limitiert ist, zu steigern, indem die Anzahl der supervidierten Therapieeinheiten und damit die Therapiedichte und -dauer erhöht werden kann. Die Erfolgswahrscheinlichkeit einer rehabilitativen

Therapie ist nämlich nicht nur abhängig von der Schwere der initialen Schädigung bzw. psychischen Belastung, sondern steigt auch mit der Therapiedichte einer geeigneten Therapieform (Matarić et al. 2009; Rimmer et al. 2008; Winkle et al. 2018). Besonders im ambulanten Bereich ist diese aber nicht ausreichend, weswegen Patient:innen i. d. R. zum unsupervidierten Eigentraining angeleitet werden. Individuell programmiert durch Therapeut:innen könnten soziale Roboter Patient:innen zu diesen Therapieeinheiten motivieren und die Supervision übernehmen, sodass mehr supervidierte Einheiten von höherer therapeutischer Qualität angeboten werden könnten. Damit wäre eine deutlich höhere Therapiedichte als bisher möglich (vgl. z. B. Robinson et al. 2019; Matarić et al. 2007). Da gleichzeitig auch die Qualität des Eigentrainings verbessert würde (Robinson et al. 2019), stiegen die Chancen eines positiven Therapieoutcomes.

22.2.2 Steigerung der Patientenzahlen und Zeitersparnis

Ein weiterer Vorteil von sozialen Robotern in der Therapie liegt im Potenzial, mehr Betroffenen Therapie zu ermöglichen (vgl. Guglielmelli 2009; Lo et al. 2019; Matarić et al. 2009; Okamura 2010). Einerseits könnte dies dadurch gelingen, dass ein Therapeut mehr Personen gleichzeitig supervidieren oder sich zeitsparend auf die Kernelemente des Trainings konzentrieren kann, wenn ein sozialer Roboter bei der Therapie assistiert (v. a. bei körperlichen Einschränkungen; Guglielmelli 2009; Robinson et al. 2019). Andererseits könnten soziale Roboter als Ersatztherapeuten in Bereichen fungieren, wo Menschen sonst nur unzureichend Zugang zu Therapien haben, etwa im ländlichen Raum bzw. bei eingeschränkter Mobilität (Fiske et al. 2019; Olaronke et al. 2017; Rabbitt et al. 2015).

22.2.3 Neue Therapieprozesse und -inhalte

Nicht nur durch Motivation und Supervision im Eigentraining und bei Selbsthilfeprogrammen könnten soziale Roboter Therapien qualitativ aufwerten (vgl. Okamura 2010; Olaronke et al. 2017). Sie könnten u. U. auch die Patient:innenleistungen feinteiliger erfassen als ein Mensch (Fosch-Villaronga und Albo-Canals 2019; Okamura 2010) und dann detaillierter als bisher an die betreuenden Therapeut:innen und Mediziner:innen weiterleiten. Mit Hilfe von Robotern könnten zudem neue Arten von Therapie und Diagnostik zur Verfügung gestellt werden (Guglielmelli et al. 2009; Olaronke et al. 2017), da Roboter Übungen durchführen können, die Menschen mangels Kraft oder Ausdauer nicht möglich sind (Okamura 2010).

22.2.4 Verbesserung der Compliance

Qualitative Vorteile ergeben sich auch aus der perspektivisch angestrebten hohen individuellen Anpassbarkeit an die Bedürfnislagen der Nutzer:innen (Breazeal 2011; Fosch-
Villaronga und Albo-Canals 2019), denn Roboter stehen den Betroffenen zu jedem Zeitpunkt für zeitlich unbegrenzte Dauer zur Verfügung, erinnern sie bei Bedarf ohne Ungeduld
beliebig oft an die Durchführung ihrer Übungen (vgl. Matarić et al. 2009; Fiske et al.
2019; Rabbitt et al. 2015) oder lassen sich individuell an den Lernfortschritt anpassen. All
dies könnte die Therapiecompliance und damit auch den -outcome unmittelbar oder
mittelbar über die Patient:innenzufriedenheit verbessern.

22.2.5 Verbesserung der Interaktionsqualität mit spezifischen Personengruppen

Es sei darauf hingewiesen, dass der Therapieroboter in den genannten Fällen immer als
Zusatz zu Therapeut:innen agiert. Es gibt aber auch Situationen, in denen der Roboter an
sich den Therapieerfolg ermöglicht: Die subjektiv wahrgenommene Unvoreingenommen-
heit von Robotern im Vergleich zu Therapeut:innen kann das Schamempfinden mancher
Betroffenen über ihre Defizite mindern (vgl. Breazeal 2011; Fiske et al. 2019); die Anders-
artigkeit der Roboter kann die Mensch-Roboter-Interaktion insbesondere für Kinder spannend machen. Gleichzeitig kann die reduzierte Interaktionskomplexität für bestimmte
Populationen wie Menschen mit Demenz oder Autismus-Spektrum-Störung entlas-
tend sein.

22.2.6 Warum soziale Fähigkeiten?

Warum aber muss es ein sozialer Roboter sein? Der zusätzliche Gewinn durch die Implementierung sozialer Fähigkeiten in Therapie- und Rehabilitationsrobotern liegt in der Autonomie sozialer Beziehungen zu Patient:innen (Olaronke et al. 2017). Dies ermöglicht ihnen,
therapeutenähnliche Rollen zu übernehmen (z. B. Motivation, Edukation, Feedback usw.;
vgl. Breazeal 2011; Cifuentes et al. 2020). Allerdings wäre wohl ein Avatar auf einem Bildschirm wesentlich günstiger. Roboter in physischer Gestalt (engl. *embodied*, verkörpert)
haben jedoch deutliche Vorteile: Man kann sie anfassen und sie zeigen Übungen in 3D statt
in 2D, was Kindern oder Menschen mit kognitiven Einschränkungen entgegenkommt
(z. B. Tapus et al. 2009a). Auch werden sie häufig als lustiger, attraktiver und nützlicher
empfunden als der Standardtrainingsplan (Werner et al. 2013), das Schauen eines Videos
oder das Beobachten eines Avatars (Rabbitt et al. 2015) – viele Studien zeigen eine Präferenz
der Nutzer:innen für verkörperte Systeme (z. B. Fasola und Matarić 2013; Li 2015; Matarić
et al. 2007; Mead et al. 2010; Recio et al. 2013). Zudem wirken Roboter in der Situation
präsenter als Avatare und daher möglicherweise stärker unterstützend (Wainer et al. 2007).

Die therapeutischen Rollen, die soziale Roboter einnehmen können, unterscheiden sich je nach Therapiebereich leicht. Im Folgenden werden mögliche Rollen daher jeweils gesondert für die Bereiche der körperfunktionsbezogenen und mentalen Therapie vorgestellt.

22.3 Rollen sozialer Therapieroboter im Therapieprozess

22.3.1 Therapie von Körperfunktionen: Funktions- und Bewegungstherapie

Bei körperbezogenen Therapien unterscheidet man Funktions- und Bewegungstherapien. Das Ziel der klassischen Funktionstherapie (oder auch des funktionellen Trainings) ist der Funktionsgewinn, also die Wiedererlangung oder zumindest der Ausbau von beeinträchtigten Körperfunktionen (Fazekas und Tavaszi 2019). Im neurologischen und muskuloskelettalen Bereich betrifft dies oft die Beweglichkeit, die Bewegungen oder ganze Bewegungsabläufe der oberen und/oder unteren Extremitäten. Eine erfolgreiche Funktionstherapie basiert auf einer hohen Anzahl und Dichte von Wiederholungen der spezifisch auf die vorhandenen Einschränkungen abgestimmten Übungen sowie auf der Güte der Therapeuten-Patienten-Beziehung (ebd.). Das Ziel der Bewegungstherapie ist hingegen die Steigerung der allgemeinen Fitness und körperlichen Leistungsfähigkeit durch populationsangepasste Sportübungen, z. B. beim „Herzsport" nach Herz-Kreislauf-Erkrankungen oder zur Erhaltung der allgemeinen Fitness im Alter.

Mögliche Funktionen von Therapierobotern in der Funktions- und Bewegungstherapie sind in Tab. 22.1 abgebildet (basierend auf Breazeal 2011; Guglielmelli 2009; Griffiths et al. 2018; Winkle et al. 2018). Sie können schwerpunktmäßig entweder der Rolle des Trainingsassistenten oder des Motivationscoachs zugewiesen werden.

Tab. 22.1 Mögliche Rollen sozialer Roboter in der Funktions- und Bewegungstherapie

Trainingsassistent	Motivationscoach
- Demonstrator: Übungen vormachen	- Animateur: Erinnerung und Trainingsaufforderung → individualisiert und angemessen, aber persistent
- Trainer: Übungen durchführen, insbesondere mit Schwerbetroffenen, die wenig selbst mithelfen können	- Motivator: Zum Durchhalten und Weitermachen motivieren
- Durchführung überwachen und Feedback geben	- Als Teil der angewendeten Motivationsstrategien soll das Feedback motivierend sein
- Therapiedurchführung und -fortschritt aufzeichnen und weiterübermitteln	
- Kontakt zu medizinischem Personal aufnehmen, falls Probleme auftreten	

22.3.1.1 Soziale Roboter als Trainingsassistent

Die meisten Funktionen, die ein Roboter als Trainingsassistent zu erfüllen hat (s. Tab. 22.1), erfordern keine sozialen Fähigkeiten. Für die Funktion des Demonstrators sowie für die Feedbackfunktion sind sie jedoch unabdingbar. Ein Großteil der diesbezüglichen Forschung bezieht sich auf Anforderungen unterschiedlicher Populationen an die Implementierung dieser Funktionen. So ist ein einfacher Endzustandsabgleich von Bewegungen ausreichend bei der Bewegungstherapie (vgl. Fasola und Matarić 2013; Forbig und Platz 2020), während in der Funktionstherapie auch wichtig ist, *wie* eine Bewegung durchgeführt wird, also z. B. ob unerwünscht kompensatorische Bewegungen angewendet werden (Lee et al. 2020). Problematisch ist außerdem, dass sich das Bewegungsausmaß von Robotern und Menschen unterscheidet und sich Menschen manchmal unsicher sind, ob sie die Übungen korrekt ausführen, oder dies auch de facto suboptimal tun (Devanne et al. 2018; Recio et al. 2013). Je nach Population könnte sich daher die Unterstützung der Übungsdemonstration durch sprachliche Instruktion und/oder Präsentation der Übungen per Video als vorteilhaft erweisen (z. B. Devanne et al. 2018; Werner et al. 2013; Winkle et al. 2018). Ältere Menschen und Menschen mit kognitiven Einschränkungen profitieren z. B. von verbalen Instruktionen nur bei kurzen, nicht zu komplexen Sätzen (vgl. Avelino et al. 2018; Görer et al. 2017), die relativ langsam gesprochen werden (Forbig und Platz 2020; Georgiou et al. 2019). Auch die Kombination aus visueller und verbaler Instruktion (z. B. Forbig und Platz 2020) könnte sich durch Redundanz der Information in verschiedenen Sinnesmodalitäten als unterstützend erweisen.

Leistungsfeedback wird derzeit schon meistens mit motivationalen Komponenten wie Lob oder Ansporn verzahnt (s.u.). Verschiedene Systeme unterscheiden sich aber dahingehend, ob Feedback in Echtzeit oder versetzt am Ende der Übung gegeben wird. Nguyen et al. (2016) heben hervor, dass insbesondere zeitadäquates Feedback an Patient:innen momentan noch schwer zu realisieren sei. Auch wenn es bereits verschiedene Ansätze zur Erkennung und Reaktion auf Nutzerzustände gibt (z. B. Dang und Tapus 2015), funktioniert das nicht immer ausreichend gut (vgl. Görer et al. 2017) und mutmaßlich umso schlechter, je komplexer das zu beurteilende Verhalten ist. Zeitverzögerung könnte Patient:innen jedoch die Verbesserung ihrer Leistung erschweren. Weiterhin ist gerade bei Patientenpopulationen mit multiplen Einschränkungen, wie z. B. in der Neurologie, individualisiertes Feedback erforderlich, da Patienten durchaus schon gelobt werden müssen, wenn sie die Übung suboptimal, aber besser als zuvor ausführen, um sie nicht zu frustrieren. Dies ist momentan ebenfalls schwer realisierbar. Unter Therapeuten wird daher die Sinnhaftigkeit des Roboterfeedbacks insgesamt kontrovers diskutiert (Winkle et al. 2018).

22.3.1.2 Soziale Roboter als Motivationscoach

Zur Rolle des Motivationscoachs zählt die Funktion des Animateurs und die des Motivators. Zur Funktion des Animateurs gibt es nur wenige Studien. Robotino initiierte z. B. mit älteren Menschen eine Art Fang-mich-Spiel, um sie zu mehr Bewegung zu motivieren (Hansen et al. 2012); Vizzy sollte ältere Menschen an ein computerbasiertes Exergame (spielerische computerbasierte Bewegungsübungen) heranführen (Avelino et al. 2018; Čaić et al. 2020). Bei Vizzy erwiesen sich einfache Strategien wie affirmatives Kopfnicken oder adäquater Blickkontakt, aber auch komplexere Strategien wie Humor (im Wizard-of-Oz-Setting) als nützliche Animationsstrategien (s. Avelino et al. 2018).

Mehr Studien befassen sich mit der Funktion des Therapiemotivators i.e.S. Diese Funktion hat eine starke psychologische Komponente, sodass von Roboterentwicklern zur Identifikation geeigneter Motivationsstrategien folgerichtig auf psychologische Theorien wie die Flow-Theorie von Csíkszentmihályi (z. B. 2015) oder die sozial-kognitive Lerntheorie von Bandura (1977) sowie auf sportpsychologische Erkenntnisse zurückgegriffen wurde (z. B. Ross et al. 2020). In Tab. 22.2 (linke Spalte) wird eine Vielzahl der bisher identifizierten Strategien präsentiert, wobei nicht alle bereits in sozialen Therapierobotern implementiert wurden. Bei Betrachtung der Tabelle zeigt sich, dass für die Sport- und Therapiemotivation insbesondere intrinsische Motivationsstrategien bedeutsam sind, d. h. solche, die die Motivation für die Aufgabe selbst steigern. Auch scheint positive Verstärkung ein bedeutsameres Motivationselement zu sein als negative (vgl. Ross et al. 2020). Da sich jeder Mensch durch etwas andere Elemente motivieren lässt, ist es wichtig, dass Motivationsstrategien individualisiert angeboten werden. Die rechte Spalte von Tab. 22.2 zeigt Aspekte der Robotertherapie, die darauf besonders angewiesen sind, sowie Nutzermerkmale, die als relevant in diesem Kontext identifiziert wurden.

Tab. 22.2 Motivationsstrategien und Aspekte ihrer Personalisierbarkeit

Intrinsische und organisatorische Motivationsstrategien	Aspekte der Therapie, die besonders auf Personalisierbarkeit angewiesen sind

- Anfeuern
- Fortlaufende Instruktion zur Verbesserung der Leistung
- Gezieltes, adäquates Feedback
  → möglichst positiv
  → gelegentliches Auslassen von negativem Feedback bei schlechter Leistung
  → Vergleiche zu anderen Personen meiden
- Individualisiertes Lob, verbal und nonverbal
- Aktives Mittrainieren des Coachs
- Optimales Leistungsniveau und Flow
	- Art der Aufforderung zum Training
	- Erinnerung an das Training
	- Art der Aufgabenvermittlung
	- Art des Feedbacks
	- Art der Motivation
	- Merkmale des Roboters

	Patient:innenmerkmale, anhand derer Motivationsstrategien personalisiert werden sollten

→ graduell zunehmender Schwierigkeitsgrad
  → Pausenmanagement
  → wechselnde, interessensbasierte Übungen
  → Kontrolle über die Übungen
- Patient:innen-Empowerment: eigene Entscheidungen über die Therapie treffen
- Gesundheitswissen stärken
  → individualisierte Zielsetzung in der Therapie
- Alltagsnahe Aufgaben
- Starke Therapeut-Patienten-Beziehungen
- V. a. bei Kindern: Spaß an den Übungen
- Unterstützung bei der Durchführung von Aufgaben
- Erinnerung an die Aufgabendurchführung
	- Vorheriges Aktivitätsniveau
	- Beschäftigungsstatus
	- Selbstsicherheit
	- Kognitive Fähigkeiten
	- Bildung und Intelligenz
	- Soziale Unterstützung und familiäre Einbindung
	- Ziele und Interessen

Basierend auf Winkle et al. 2018; Ross et al. 2020; Schneider et al. 2017; Fasola und Matarić 2013; Polak und Levy-Tsedek 2020; Griffith et al. 2018; Swift-Spong et al. 2015

Aus dem notwendigen Rückgriff auf psychologische Theorien und Erkenntnisse ergibt sich eine hohe Notwendigkeit zur engen interdisziplinären Zusammenarbeit (s. auch Schneider et al. 2017), in deren Rahmen Schlüsselkomponenten von Motivation theoriebasiert identifiziert und dann implementiert werden. Um nachfolgend die individualisierte Darbietung zu optimieren, wurden selbstlernende Systeme vorgeschlagen, die nach einer Lernphase von selbst die besten Motivationsstrategien auswählen können (z. B. Winkle et al. 2018; Schneider et al. 2017). Noch ist dies allerdings Zukunftsmusik.

22.3.1.3 Kombinationen aus Trainingsassistent und Motivationscoach

Viele komplexe robotische Systeme kombinieren Demonstrator- und Feedbackfunktion und integrieren auch motivationale Komponenten (z. B. Fasola und Matarić 2013; Görer et al. 2017; Martinez-Martin et al. 2019; Werner et al. 2013). Umfassend setzte sich eine Forschergruppe um Cifuentes mit diesen komplexen robotischen Systemen in der kardiologischen und neurologischen Bewegungstherapie auseinander (z. B. Casas et al. 2020; Céspedes et al. 2020). Ein humanoider Roboter sollte dabei Herzpatient:innen beim Laufen auf dem Laufband motivieren (standardisierte, in festen Zeitabständen randomisiert ausgewählte Äußerungen), sie korrigieren (z. B. positives Feedback geben beim Erreichen einer korrekten Körperhaltung) und supervidieren, d. h. ihre subjektive und objektive Belastung abfragen und ggf. medizinisches Personal herbeirufen. Die Ergebnisse wiesen auf eine höhere Effizienz und Akzeptanz der Roboter im Vergleich zur Kontrollbedingung hin (Casas et al. 2020; Cifuentes et al. 2020). Auch bei älteren Menschen erwies sich ein kombinierter Roboter als effizient (Görer et al. 2017). Mehreren Gruppen von älteren Bewohner:innen einer Seniorenresidenz zeigte er über mehrere Wochen hinweg verschiedene Fitnessübungen und motivierte und korrigierte sie. Auch wenn nur 65 % seines Feedbacks richtig und zeitgerecht erfolgte, nahm die Fehlerzahl der meisten Teilnehmenden im Zeitverlauf ab. Gleichzeitig blieben die Akzeptanz für den Roboter und die Übungseinheiten hoch. Aufgrund kleiner Stichprobenzahlen in beiden Studien sind die vielversprechenden Ergebnisse jedoch nicht generalisierbar.

22.3.2 Psyche und Kognition: Soziale Roboter für die mentale Therapie

Zur mentalen Therapie zählt sowohl die psychologische Therapie als auch die kognitive Therapie. Wie der Name schon sagt, zielt die psychologische Therapie auf die Verbesserung des psychischen Befindens ab. Darunter fallen sowohl psychologische Interventionen bei diagnostizierten psychischen Erkrankungen als auch Interventionen bei psychischer Belastung wie Stress, Krankenhausaufenthalt, Einsamkeit u. v. m., bei denen keine manifeste psychische Störung vorliegt. Bei der kognitiven Therapie hingegen steht die Behandlung von Einschränkungen der Kognition (z. B. Gedächtnisses, der Konzentration etc.) im Vordergrund. Besonders bedeutsam ist kognitives Training bei Menschen mit Demenz und anderweitig bedingten kognitiven Einschränkungen (z. B. neurologische Erkrankungen). Zudem ist es in den letzten Jahren auch im gesunden Alterungsprozess mehr und mehr in den Vordergrund gerückt.

Ähnlich wie bei der Funktions- und Bewegungstherapie können sozialen Robotern in der psychologischen Therapie verschiedene Rollen zugewiesen werden (s. Tab. 22.3), innerhalb derer sie verschiedene Funktionen übernehmen können (s. z. B. Rabbitt et al. 2015). Anders als bei der körperbezogenen Therapie, bei der haptische Interaktionen und Bewegung im Vordergrund stehen, sind bei der psychischen und Kognitionstherapie die Autonomie des Roboters in der sozialen Interaktion von großer Bedeutung (Guglielmelli 2009). Diese ist beim jetzigen Stand der Technik allerdings noch begrenzt, sodass Interventionen immer daran angepasst werden müssen.

Schwerpunkte bisheriger Forschung zum Einsatz sozialer Therapieroboter bilden die mentale Gesundheit von Kindern, insbesondere mit Entwicklungsstörungen wie Autismus, und älteren Menschen mit und ohne Demenz. Wie im Folgenden vorgestellt wird, gibt es auch in anderen Bereichen bereits vereinzelte empirische Studien.

22.3.2.1 Soziale Therapieroboter bei Autismus-Spektrum-Störung

Die Störungsbereiche der Autismus-Spektrum-Störungen (ASS) umfassen qualitative Beeinträchtigungen der wechselseitigen Interaktion mit anderen Menschen, Beeinträchtigungen der Kommunikation sowie begrenzte, repetitive und stereotype Verhaltensmuster, Interessen und Aktivitäten (eine schöne Zusammenfassung findet sich bei Cabibihan et al. 2013). Die Defizite sind dabei, je nach Schweregrad, unterschiedlich ausgeprägt. Neuropsychologisch sind insbesondere exekutive Funktionen, die zentrale Kohärenz sowie die Theorie des Geistes (Theory of Mind; beinhaltet u. a. die Fähigkeit, sich in andere hineinzuversetzen) und deren Vorläuferfähigkeiten, z. B. gemeinsame und geteilte Aufmerksamkeit, Imitation und Empathie, im Gegensatz zur normalen Entwicklung eingeschränkt.

Tab. 22.3 Roboterrollen in der psychologischen und kognitiven Therapie (nach David et al. 2014)

Rolle	Beschreibung
Robo-Therapeut	Ersatz für menschliche Therapeut:innen, wenn keine verfügbar sind (ländliche Gegend, lange Wartelisten, Eigentraining zwischen den Sitzungen); der Roboter wendet Techniken aus evidenzbasierten Psychotherapieverfahren an. Er muss von einem echten Therapeuten überwacht werden. → z. B. beim Einüben von Entspannungsverfahren
Robo-Mediator	Spezifischer Katalysator, der den Therapieerfolg verbessert, indem er die Interaktion zwischen Therapeut und Klient vermittelt. Er kann innerhalb der Therapie Rollen übernehmen, die der Therapeut – oder im Eigentraining die Familie – nicht übernehmen kann. Außerdem kann er die Intervention verständlicher und attraktiver machen (ähnlich wie bei den körperbezogenen Therapien, s. o.). → z. B. in der Autismustherapie
Robo-Assistent	Eines von vielen möglichen therapeutischen Hilfsmitteln, das je nach Situation neu gewählt wird. Er ergänzt die Psychotherapie. → z. B. beim Kognitionstraining oder bei der Demenztherapie

In keinem therapeutischen Bereich fungiert der soziale Roboter so stark als Robo-Mediator wie in der Therapie mit Kindern mit ASS. Er kann dabei verschiedene Funktionen erfüllen (vgl. Cabibihan et al. 2013; Diehl et al. 2012; Scassellati et al. 2012): (1) Verhalten auslösen, (2) soziale Fähigkeiten lehren und üben, (3) Feedback geben, (4) positives Spielerleben mit einem Interaktionspartner und (5) triadische Interaktion ermöglichen. Es wird angenommen, dass die robotergestützte Therapie einen Mehrwert für Kinder mit ASS bietet, weil diese sich von Technik angezogen fühlen und sich weniger davor ängstigen als vor lebenden Wesen (ebd.). Dies könnte daran liegen, dass Roboter nur eine umschriebene Menge an sozialen Schlüsselreizen gleichzeitig präsentieren, die untereinander kongruent und absolut vorhersehbar sind (vgl. Scassellati 2007). Insofern ist es leichter, Kinder mit ASS zu einer Mensch-Roboter- als zu einer Mensch-Mensch-Interaktion zu motivieren (vgl. Scasselatti 2007; Begum et al. 2016). Wichtig ist dabei, dass der Roboter ein *Mediator* ist, der Therapeut:innen nicht ersetzen kann, da diese zur Steuerung der Roboterreaktion auf das kindliche Verhalten erforderlich sind (Cabibihan et al. 2013).

Eine Vielzahl von Studien untersucht die Anwendbarkeit der verschiedensten sozialen Roboter mit Kindern mit ASS, z. B. zum Training der gemeinsamen Aufmerksamkeit (z. B. David et al. 2018), der Imitationsfähigkeiten (z. B. Pennazio 2017), der Kommunikationsfähigkeit (z. B. Shamsuddin et al. 2012) oder der sozialen Fähigkeiten i.A. (z. B. Scassellatti et al. 2018; eine ausführliche Beschreibung gängiger Übungen findet sich bei Cabibihan et al. 2013). Verwiesen sei hier auf Reviews, die zusammengenommen darauf hinweisen, dass soziale Roboter tendenziell erfolgreich zu genannten Therapiezwecken eingesetzt werden könnten (z. B. Diehl et al. 2012; Scassellati et al. 2012). Kritik wird dabei an der durch methodische Mängel eingeschränkten Generalisierbarkeit der Ergebnisse geübt (s. Begum et al. 2016; Diehl et al. 2012).

Mehr randomisiert-kontrollierte Studien mit ausreichender Teilnehmerzahl sind daher für tragfähige Ergebnisse erforderlich. Auch bleiben noch diverse weitere Forschungsfragen offen (vgl. Scassellati 2007). So ist z. B. noch unklar, wie gut die betroffenen Kinder die erlernten Fähigkeiten auf die Interaktion in ihrem Alltag, also auf Menschen, transferieren können. Auch wissen wir bisher weder, auf welchen Aspekten des Roboterdesigns und welchen Wirkmechanismen genau der Erfolg der Roboter beruht (eine gute Zusammenfassung der schwammigen Erkenntnislage findet sich bei Cabibihan et al. 2013), noch welche Patient:innen am besten auf welche Art von Roboter reagieren und ob bzw. wie sich diese am besten in bestehende Therapien integrieren lassen (Diehl et al. 2012). Dies mag der Grund sein, warum sich soziale Roboter trotz der oben beschriebenen Erfolge noch nicht in der therapeutischen Praxis durchgesetzt haben. Zwar gibt es Bestrebungen, sie als evidenzbasiertes Verfahren in entsprechenden Leitlinien zu verankern (vgl. Begum et al. 2016); zumindest in Deutschland ist dies aber bisher noch nicht erfolgt.

22.3.2.2 Soziale Therapieroboter im gesunden und pathologischen Altern

Soziale Roboter wurden bisher sowohl im gesunden als auch im pathologischen Altern mit zwei hauptsächlichen Zielsetzungen entwickelt. Zum einen sollen sie im Rahmen von

kognitiven Trainings zum Erhalt des Status Quo der kognitiven Leistungsfähigkeit beitragen, indem sie zu kognitiven Übungen motivieren und sie als Robo-Therapeuten bzw.
-assistenten auch durchführen (ähnlich dem Funktionstraining). Zum anderen sollen sogenannte emotionale Roboter (engl. *companion-type robots*) als Robo-Assistenten das
psychosoziale Befinden verbessern und ggf. Verhaltensauffälligkeiten vermindern, indem
sie, in Gestalt und Funktion Tieren ähnlich, bedeutungsvolle, nicht defizitorientierte Interaktionen anbieten, emotionale Bindung ermöglichen sowie durch das Streicheln auch
Stress und damit Verhaltensauffälligkeiten reduzieren, ohne gleichzeitig die Nachteile von
echten Tieren zu haben (mehr Details bei Kolling et al. 2016). Daraus resultieren mindestens drei verschiedene Funktionen emotionaler Roboter (s. Abdi et al. 2015): Therapeut
bei gedrückter Stimmungslage, Eisbrecher für soziale Interaktionen und Kamerad bei Einsamkeit. Zudem wurden diesen Robotern auch positive kognitive Auswirkungen zugeschrieben.

Die Befundlage zum Nutzen von sozialen Therapierobotern in der kognitiven Therapie
ist noch eher dünn. Verwiesen sei hier auf zwei Reviews, die tendenziell positive Effekte
sozialer Roboter auf die Kognition bei älteren Menschen sowohl mit als auch ohne Demenz berichten (van Patten et al. 2020; Vogan et al. 2019; s. auch Abdi et al. 2015). Soziale
Roboter schneiden in der Therapie besser ab als menschliche Therapeuten und werden
auch gegenüber Avataren präferiert (Pino et al. 2020; Tapus et al. 2009a). Ähnlich der
Funktionstherapie müssen auch kognitive Trainings adaptiv gestaltet sein, um sich der
inter- und intraindividuellen Varianz in der kognitiven Leistungsfähigkeit der Nutzer:in-
nen anzupassen (s. Martín et al. 2013; Tapus et al. 2009a, b).

Zur Akzeptanz und Effizienz von emotionalen Robotern zur Verbesserung des psycho-
sozialen Befindens findet man bereits unzählige Studien und einige Reviews. Zwar haben
viele der Studien schwere methodische Mängel (s. Abdi et al. 2015; Kolling et al. 2013),
mittlerweile gibt es jedoch auch eine Anzahl methodisch hochwertiger Studien (z. B. Jøranson et al. 2016; Moyle et al. 2017; Valentí Soler et al. 2015; Thodberg et al. 2016). Die
Ergebnisse scheinen vielversprechend, sowohl was das emotionale wie auch das soziale
Befinden der Nutzer:innen betrifft (z. B. Kang et al. 2019). Häufig, aber nicht grundsätzlich, schneiden die tierähnlichen Roboter zumindest nicht schlechter ab als andere
Therapiemittel wie z. B. echte Tiere, nichtrobotische Plüschtiere oder Standardaktivitäten
(ausführliche Darstellung bei Abdi et al. 2015; Chen et al. 2018).

Am bisherigen Forschungsstand muss dabei kritisiert werden, dass emotionale Roboter
als Hilfsmittel firmieren, aber als solches noch nicht häufig verwendet werden (Gegenbei-
spiel bei Bemelmans et al. 2015). Forschungsfragen, die ebenfalls der weiteren Untersuchung bedürfen, sind z. B., wie oft und über welchen Zeitraum auf welche Weise die
Roboter mit welchen Nutzer:innen optimalerweise eingesetzt werden sollten.

22.3.2.3 Soziale Roboter für gesundheitsbezogene Verhaltensänderungen

Besonders häufig wurden soziale Roboter für Verhaltensänderungen bei Kindern und
Jugendlichen eingesetzt, z. B. zum Diabetesmanagement (z. B. Lau et al. 2020). Hierbei
nimmt der Roboter zumeist die Rolle des Robo-Mediators ein. Grundlegender Gedanke ist

dabei, dass diese junge Zielgruppe die Inhalte aufmerksamer verfolgen sowie besser ver-innerlichen kann, wenn diese von einem spannenden Roboter dargeboten werden.

Bei Erwachsenen wurden soziale Roboter sowohl dazu genutzt, Veränderungs-motivation aufzubauen, als auch Verhaltensänderungen durchzusetzen.

In Bezug auf den *Aufbau* von Veränderungsmotivation unterstützten soziale Roboter als Robo-Assistenten zum einen die Edukation von Patient:innen über die Erfordernis einer Verhaltens- bzw. Einstellungsänderung (zu gesunder Ernährung s. z. B. Cruz-Maya und Tapus 2016; Hammer et al. 2017; zur Einstellung zum Stillen von Babys s. Murali et al. 2019), wobei sich hier kein deutlicher Vorteil des sozialen Roboters gegenüber z. B. einem Tablet zeigt (Cruz-Maya und Tapus 2016). Zum anderen wurden soziale Roboter auch dazu genutzt, als Robo-Therapeut ein motivationales Interview[1] zu führen. Da der Versuch eines natürlichen Dialogs, bei dem schon Gesagtes in die Kommunikation eingebunden wird, zum jetzigen Stand der Technik eher zu Irritationen zu führen scheint (vgl. z. B. Ka-naoka und Mutlu 2015), wurde versucht, einen möglichst natürlichen Fragenverlauf vor-zudefinieren, bei dem möglichst wenig auffällt, dass er nicht wirklich interaktiv ist. Die Teilnehmenden bewerteten den Roboter positiv, da er a.) den Redefluss nicht unterbrach und b.) neutraler wirkte als menschliche Therapeut:innen.

Bei der *Durchsetzung* von Verhaltensänderungen geht es, ähnlich dem Funktions-training, darum, Teilnehmende an die Verhaltensänderung zu erinnern und zur Umsetzung zu motivieren. In der Regel ist dazu erforderlich, dass ein sozialer Roboter in der Rolle des Robo-Assistenten für längere Zeit im Wohnumfeld platziert wird. Im Allgemeinen zeigt sich, dass Teilnehmende in den Robotergruppen ein gewünschtes Verhalten signifikant engagierter (öfter/länger) durchführen als in der Kontrollgruppe (*Treatment as usual* oder Tablet; s. Kidd und Breazeal 2008; Mann et al. 2015). Auch wurde der Roboter besser be-wertet als das Tablet oder papierbasierte Verfahren (Kidd und Breazeal 2008; Mann et al. 2014), jedoch waren die klinischen Outcomes im Längsschnitt nur tendenziell verbessert (Broadbent et al. 2018; Kidd und Breazeal 2008). Mehr Studien sind erforderlich, um die Wirkung sozialer Roboter in diesem Bereich besser zu erfassen.

22.3.2.4 Soziale Roboter bei Belastungen und psychischen Erkrankungen

Bei Kindern wurden soziale Roboter als Robo-Assistenten zum Stressabbau und zur Angstreduktion erfolgreich im pädiatrischen Krankenhaus eingesetzt (z. B. Dawe et al. 2018). Bei Erwachsenen wurden sie als Robo-Therapeuten oder -Assistenten zur Be-handlung von Symptomen psychischer Erkrankungen und Belastungen verwendet.

Im Bereich der Psychopathologien gibt es für unterschiedliche Störungen bisher nur vereinzelte Befunde (s. auch Scoglio et al. 2019). Beispiele sind soziale Roboter für Ent-spannungstrainings mit Patient:innen mit Angststörungen (Ab Aziz et al. 2015) oder emo-tionale Roboter zum Stressabbau bei einer Schizophreniepatientin (Narita et al. 2017). In einer der methodisch anspruchsvolleren Studien untersuchten van Wingerden et al. (2020),

---

[1] Bei dieser psychotherapeutischen Strategie soll durch Auflösen von Ambivalenzen Veränderungs-motivation erarbeitet oder gefestigt werden (z. B. Rollnick und Miller 1995).

inwiefern ein kleiner Humanoide Menschen mit Intelligenzminderung Strategien beibringen kann, um chronisches Sorgen zu vermindern. Es fanden sich hinsichtlich Roboterakzeptanz und Interventionserfolg tendenziell positive Ergebnisse, aber es zeigten sich auch Therapiehindernisse. So konnten nicht alle Teilnehmenden die Intervention ausreichend abstrahieren, um sie auf eigene Probleme anwenden zu können. Dies zeigt, dass eine psychologische Robotertherapie nicht ohne menschlichen Therapeuten auskommen kann. Das mag auch daran liegen, dass die Nutzung sozialer Roboter als Robo-Therapeuten bei jetzigem Stand der Technik noch die Anwendung in hochstandardisierten Interventionen erfordert (van Wingerden et al. 2020) und die Individualität der Interaktion begrenzt ist.

Verfahren zur Entspannung und Stressreduktion wurden auch mit nichtpsychopathologischen Populationen durchgeführt (vgl. Gallego-Perez et al. 2015; Bodala et al. 2020). So erwies sich ein Roboter als ähnlich effektiv wie ein:e menschliche:r Therapeut:in in der Vermittlung von Achtsamkeitsstrategien (Bodala et al. 2020); in unmittelbaren Stresssituationen hatte er aber keinen beruhigenden Effekt (Dang und Tapus 2015). In einer methodisch hochwertigen Studie von Geva et al. (2020) wurde die Roboterrobbe Paro zur Stressreduktion bei Schmerzreizen eingesetzt. Der Schmerz wurde weniger stark wahrgenommen, wenn die Teilnehmenden Paro streichelten, als wenn sie ihn nur sahen oder er gar nicht anwesend war. Laut Sefidgar et al. (2015) tritt der beruhigende Effekt nur ein, wenn der Roboter aktiv ist und nicht passiv wie ein Kuscheltier.

Zusammengenommen zeigen diese Befunde, dass soziale Roboter für die psychologische Therapie unterschiedliche Rollen einnehmen können. Möglicherweise ist die optimale Rolle abhängig von der Erkrankung bzw. Belastung, aber auch vom Status der Erkrankung (akut oder chronisch), dem Therapieziel oder dem Patient:innenalter (vgl. auch Dessi et al. 2017).

22.4 Problemfelder beim Einsatz sozialer Therapieroboter

22.4.1 Forschungsbezogene Problemfelder

22.4.1.1 Menge und Qualität der empirischen Forschung

Generell sind die Befunde zur Akzeptanz und Effizienz von Therapierobotern durch Zielpopulationen vielversprechend (vgl. auch Cifuentes et al. 2020). Allerdings gibt es in den meisten Anwendungsfeldern noch zu wenig qualitativ hochwertige Forschung, um verlässliche Rückschlüsse ziehen zu können. Selbst bezüglich des Einsatzes von Robotern mit den Populationen der Kinder und Jugendlichen bzw. der älteren Menschen, bei dem schon eine nennenswerte Anzahl von Publikationen vorliegt, sind Ergebnisse durch große Heterogenität in der verwendeten Methodik und deren Qualität bestenfalls tentativ (z. B. Kolling et al. 2013; Rabbitt et al. 2015). So fehlen z. B. systematische Erhebungen zu den möglichen negativen Effekten der Roboter (Baisch et al. 2018; Cifuentes et al. 2020; Fosch-Villaronga und Albo-Canals 2019), sodass eine verzerrt positive Darstellung der Roboter nicht ausgeschlossen werden kann. Hier sind mehr entwicklerunabhängige Studien erforderlich, bei denen die Erfassung unerwünschter Wirkungen schon in den Fragestellungen niedergelegt ist (z. B. Baisch et al. 2018). Insgesamt kann das Forschungsfeld nur durch eine ausreichende und qualitativ hochwertige Datenbasis zu einer Theoriebildung gelangen. Diese würde verhindern, dass quasi jede Evaluationsstudie das Rad neu erfindet (Schneider et al. 2017), und somit den Entwicklungsprozess zügiger und zielgerichteter gestalten.

22.4.1.2 Identifikation von Effizienz- und Akzeptanzprädiktoren

Zudem gibt es in jedem Anwendungsfeld sozialer Therapieroboter nur vereinzelt Studien, die sich mit Prädiktoren von Akzeptanz und Effizienz befassen. Da diese beiden Outcomes das Ergebnis aus dem bidirektionalem Austausch zwischen Mensch und Roboter sind, sind ihre Prädiktoren auch sowohl unter den Roboter- als auch unter den Nutzermerkmalen zu suchen (s. Baisch 2019). Erforderlich wären hier mehr gezielte robotervergleichende Studien zur Identifikation von relevanten Faktoren des Roboterdesigns (Aussehen und Verhalten). Infolgedessen stagniert die Forschung in vielen Bereichen bei der Evaluation des robotischen Mehrwerts, ohne z. B. Richtlinien für effektives Roboterdesign generieren zu können (vgl. Winkle et al. 2018). Kenntnis über die Bedeutung von Nutzereigenschaften ist insofern wichtig, als diese bestimmend sind die Individualisierbarkeit des Roboters, das Ausmaß der Akzeptanz in der Zielpopulation und die Güte der Stichproben für die Roboterevaluation, die in der Regel unrepräsentativ klein sind. Eine verzerrte Stichprobe kann zur Fehlevaluation und damit zu Fehlentwicklungen im Designprozess und negativen Überraschungen bei der Markteinführung führen. Die ausreichende Kenntnis von relevanten Personen- und Robotermerkmalen sollte zum gegenseitigen Mapping dieser Merkmale beitragen (also „wer mag bzw. braucht was?"; Winkle et al. 2018), um so beste Therapieergebnisse zu erreichen.

22.4.1.3 Partizipatives Design und interdisziplinäre Zusammenarbeit

Im Hinblick auf die Forschungsmethodik kommt dem partizipativen Design besondere Bedeutung zu, d. h. der Begleitung des Entwicklungsprozesses durch die Primärnutzer:innen (und im Idealfall alle beteiligten Stakeholder; Cifuentes et al. 2020). Im therapeutischen Bereich sind dies nicht nur die betroffenen Patient:innen, sondern auch die Therapeut:innen. Deren Meinungen werden allerdings meistens nur anekdotisch berichtet (Ausnahmen bilden z. B. Winkle et al. 2018; Kubota et al. 2020). Zudem handelt es sich bei den wenigsten der bisherigen Studien um „echte" partizipative Forschung, da Nutzer:innen meist erst zur Endevaluation eingebunden werden. Eine enge interdisziplinäre Zusammenarbeit zwischen Entwickler:innen und Therapeut:innen könnte hier Abhilfe schaffen, jedoch müssen sich alle Beteiligten ihrer unterschiedlichen Zielsetzungen im Entwicklungsprozess bewusst sein (Funktionsentwicklung vs. Evaluation eines therapeutischen Mittels; Fosch-Villaronga und Albo-Canals 2019; Rabbitt et al. 2015). Die daraus resultierenden Spannungen können nur in einem anhaltenden interdisziplinären Dialog und mit gegenseitiger Offenheit bewältigt werden.

22.4.2 Technikbezogene Problemfelder

Da es noch unzählige technische Forschungsbedarfe zur Weiterentwicklung sozialer Therapieroboter gibt, sollen hier nur wichtige übergeordnete Problemfelder dargestellt werden.

22.4.2.1 Anpassbarkeit der Roboter an intra- und interindividuelle Varianz

Ein wichtiger Punkt ist dabei die Anpassbarkeit der Roboter (vgl. auch Breazeal 2011; Guglielmelli et al. 2009). Momentan verlangt der Stand der Technik noch, dass sich Nutzer:innen und Interventionen an Roboter anpassen, und nicht umgekehrt (s. auch Yakub et al. 2014). Soziale Therapieroboter verrichten noch sehr umschriebene Tätigkeiten mit sehr umschriebenen Kontextanforderungen (Rabbitt et al. 2015), z. B. können sie nicht ausreichend auf Gesprächsinhalte eingehen oder selbstständig geeignete Motivationsstrategien anwenden. Fortschritte in diesem Bereich wären gerade vor dem Hintergrund vulnerabler, in ihrer Anpassungsfähigkeit eingeschränkter Zielgruppen mit hoher Varianz in den therapierelevanten Fähigkeiten sehr wünschenswert. Jedoch ist nicht nur die inter-, sondern auch die intraindividuelle Varianz von großer Bedeutung (z. B. Breazeal 2011; Cabibihan et al. 2013; Cifuentes et al. 2020). Patient:innen zeigen tagesformbedingte Leistungsschwankungen, sie verbessern sich therapiebedingt oder verändern sich im Zeitverlauf bedingt durch einen natürlichen Prozess (z. B. Entwicklungsprozesse bei Kindern oder kognitive Verschlechterung bei Demenz). Auch dieser Form von Individualität sollten Therapieroboter der Zukunft besser Rechnung tragen können.

22.4.2.2 Nutzbarkeit durch IT-Laien

Nicht zuletzt muss zukünftige Forschung auch dem Problem Rechnung tragen, dass Therapeut:innen, die die Roboter für Patient:innen konfigurieren sollen, in der Regel IT-Laien sind, sodass sie die meisten der momentan verfügbaren Roboter nicht selbst bedienen können (Rabbitt et al. 2015). Nur wenige Studien befassen sich bisher damit, wie man den Roboter so gestalten kann, dass die zu übenden Aufgaben von Therapeut:innen eigenständig eingegeben bzw. individualisiert werden können (Ausnahmen: z. B. Winkle et al. 2018; Kubota et al. 2020). Auch hier besteht ein hoher zukünftiger Forschungs- und Entwicklungsbedarf, um eine alltagstaugliche Nutzung der Therapieroboter, die zumeist in universitärem Kontext entwickelt werden, zu gewährleisten.

22.4.3 Therapiebezogene Problemfelder

Während es bei technischen Problemfeldern eher um technische Prozesse geht, geht es hier eher um therapeutische Inhalte.

22.4.3.1 Identifikation von Wirkmechanismen

Noch haben wir keine Erkenntnisse über den Wirkmechanismus sozialer Roboter in der Therapie, insbesondere der Psychotherapie (vgl. David et al. 2014; Fazekas und Tavaszi 2019; Matarić et al. 2009). Es ist z. B. noch unklar, ob ein Roboter auf die gleiche Weise wirkt wie Therapeut:innen, und wenn nicht, was seine Wirkung ausmacht. Zugleich ist aber auch die Wirkweise von Therapeut:innen insofern noch recht unklar, als diese therapeutische Entscheidungen oft „aus dem Bauch heraus" treffen. Dies ist sozialen Therapie-robotern durch ihre logikbasierten Algorithmen unmöglich.

Diskutiert wird in diesem Zusammenhang auch, ob ein nicht unwesentlicher Teil der Motivation zur Therapie mit einem sozialen Roboter durch dessen Neuheit bedingt ist. Zwar gibt es einige wenige Langzeitstudien, wann aber ist eine Langzeitstudie lang genug, um den Neuheitseffekt als ursächlichen Wirkmechanismus ausschließen zu können? Benötigt werden also Langzeitstudien, die relevante Parameter nicht nur durch Prä-Post-Designs, sondern als Zeitreihen in regelmäßigen Abständen erfassen.

22.4.3.2 Identifikation von geeigneten Populationen und Übungen

Ohne Kenntnis robotischer Wirkmechanismen stellt sich zudem die Frage, welche Populationen, Therapieziele oder Übungen am meisten durch einen Roboter profitieren (z. B. Cifuentes et al. 2020; David et al. 2014; Fazekas und Tavaskzi 2019). Müssen also spezifische Aufgaben erfunden werden, um die Robotertherapie möglichst effizient zu gestalten, oder greift man besser auf evidenz- und Best-Practice-basierte Programme zurück? Bedient man sich bei etablierten Programmen, stellt sich die Frage, welche Übungen durch den Einsatz eines Roboters profitieren bzw. welche dadurch an Wirksamkeit verlieren. Wichtig ist auch, inwiefern in der Robotertherapie erzielte Gewinne überhaupt in den Alltag transferiert werden (vgl. z. B. Fosch-Villaronga und Albo-Canals 2019). Hierzu gibt es bislang gar keine Studien.

Im Hinblick auf geeignete Populationen ist Kenntnis über die Rolle von Nutzermerkmalen für Roboterakzeptanz und -effizienz nicht nur aus methodologischen Gründen relevant, sondern auch um diejenigen Nutzer zu identifizieren, die am meisten von einer Robotertherapie profitieren könnten. Schließlich ist die Perspektive, dass Robo-Therapien gießkannenartig über Patient:innen ausgeschüttet werden und diese vielleicht sogar gezwungen sind, diese Therapieform wahrzunehmen, unter ethischen Gesichtspunkten kritisch zu bewerten. Insbesondere im mentalen Bereich ist noch unklar, bei welchen psychischen oder kognitiven Störungsbildern der Einsatz von Robotern sinnvoll ist und bei welchen nicht.

22.4.3.3 Soziale Roboter als therapeutisches Hilfsmittel ja/nein

Nicht zuletzt ist auch zu diskutieren, inwiefern die Anerkennung als therapeutisches Hilfsmittel angestrebt werden sollte (s. Fosch-Villaronga und Albo-Canals 2019). Dies setzt einerseits das Befolgen hoher Sicherheitsstandards und eine stringente, aber langwierige Evaluation der Wirksamkeit (randomisiert-kontrollierte Studien mit großen Stichproben) voraus, andererseits führt es aber dazu, dass Kostenträger die Kosten für einen Therapieroboter übernehmen müssten. Die Hürden zur Zulassung sind dabei offenbar in unterschiedlichen Ländern unterschiedlich hoch: In den USA ist die Roboterrobbe Paro offenbar mittlerweile ein therapeutisches Hilfsmittel, in Deutschland nicht. Natürlich trifft letztlich jeder Roboterentwickler bzw. -hersteller selbst die Entscheidung darüber, ob eine Anerkennung als Hilfsmittel angestrebt wird; ein gesellschaftlicher und politischer Diskurs, inwiefern dies als wünschenswert erachtet wird, sollte aber dennoch geführt werden.

22.4.4 Ethische und rechtliche Problemfelder

Ethische Bedenken beim Einsatz von sozialen Robotern werden immer wieder, v. a. auch von Medien und Allgemeinbevölkerung, ins Feld geführt. Auch Ethiker:innen und Rechtswissenschaftler:innen befassen sich eingehend mit diesen Themen. Von Roboterentwicklern und -designern werden sie jedoch noch nicht hinreichend mitgedacht. Im Folgenden werden einige der häufigsten Belange aufgeführt; sie im Detail zu diskutieren, führt allerdings zu weit. Hier sei auf entsprechende Literatur, etwa Fosch-Villaronga und Albo-Canals (2019) oder Misselhorn et al. (2013), verwiesen.

22.4.4.1 Roboter als Ersatz

Unter den am häufigsten genannten Bedenken gegenüber sozialen Robotern ist die Sorge, dass sie menschliche Therapeuten und Ansprechpartner ersetzen könnten. Dies könnte, z. B. bei Menschen mit Demenz oder psychischen Erkrankungen, zu einer Verschlechterung des Befindens führen, da „echte" Kontakte verringert werden. Insbesondere in der Psychotherapie kann die Therapie auch bisher nur ergänzend zu Therapeut:innen durchgeführt werden, da die Therapie sonst durch die mangelnde Interaktivität des Roboters Gefahr läuft, ihr Ziel zu verfehlen (s. Studie von van Wingerden et al. 2020). Ersetzt zu werden, träfe natürlich auch die Therapeut:innen (z. B. Olaronke et al. 2017), insbesondere dann, wenn durch Kostenoptimierungsbestrebungen die Robo-Therapie als einzige Therapiemöglichkeit angeboten würde. Damit würden Jobs ganz entfallen oder aber der Workload würde sich beträchtlich steigern, da die Patient:innenzahlen pro Therapeut:in erhöht würden (Rabbitt et al. 2015). Gleichzeitig ist es aber aus ethischen Gesichtspunkten unabdingbar, möglichst vielen Menschen den Zugang zu einer notwendigen Therapie zu bieten, selbst wenn das bedeutet, dass diese von einem Roboter durchgeführt wird. Daher sollten Teilhabe und Inklusion immer priorisiert werden – wie naiv ist aber diese Forderung angesichts leerer Kassen im Gesundheitswesen?

22.4.4.2 Physische und psychische Sicherheit

Ein weiterer bedeutender, ethisch wie rechtlich herausfordernder Aspekt ist der der physischen und psychischen Nutzer:innensicherheit (vgl. Fosch-Villaronga und Albo-Canals 2019).

Physischer Schaden bezieht sich im einfachsten Fall auf Unfälle mit dem Roboter – wer haftet dafür? – und im schwierigsten Fall auf die Frage, ob ein Roboter vorliegende Selbst-

oder Fremdgefährdung bei psychisch oder kognitiv beeinträchtigten Patient:innen zuverlässig erkennen und Hilfsmaßnahmen in die Wege leiten könnte (Fiske et al. 2019).

Psychischer Schaden kann daraus entstehen, dass soziale Therapieroboter echte Lebewesen imitieren, sodass auch Menschen ohne kognitive Einschränkungen in unterschiedlichem Maß Bindungen an den Roboter ausbilden. Insbesondere bei vulnerablen Gruppen wie Menschen mit Demenz oder geistiger Behinderung kann dieses Problem nicht dadurch umgangen werden, dass man ihnen vergegenwärtigt, dass der Roboter nicht lebt, da die Bindung auf unbewusster, rein emotionaler Ebene geknüpft wird. Infolgedessen stellt sich die Frage, ob es ethisch vertretbar ist, Menschen der Belastung der subjektiv empfundenen Verantwortung für das „Wohlbefinden" eines Dings auszusetzen, das an sich aber gar nichts empfindet. Daraus abgeleitet ergibt sich die Frage, inwiefern es überhaupt legitim ist, einen Roboter Emotionen zeigen zu lassen, die er nicht hat, und ihn so tun zu lassen, als würde er umgekehrt auch die Emotionen der Nutzer:innen verstehen. Bei Motivationsrobotern in der Funktionstherapie ist das vielleicht noch trivial, sehr schwierig wird die Frage aber bei emotionalen Robotern bzw. vulnerablen Gruppen, die sich leicht täuschen lassen (Kinder, Menschen mit Intelligenzminderung, Demenz oder anderen kognitiven Einschränkungen).

Weiterer psychischer Schaden kann durch Stigmatisierung durch die Roboternutzung entstehen. Es besteht die Sorge, dass gerade vulnerable Gruppen, insbesondere ältere Menschen mit und ohne Demenz, durch die Roboternutzung infantilisiert und stigmatisiert werden (z. B. Baisch 2019; Misselhorn et al. 2013; Hung et al. 2019). Abhilfe könnte ein angemessenes Design schaffen, jedoch gibt es hierzu noch kaum Studien.

22.4.4.3 Datenschutz

Ein weiterer Unterpunkt von Sicherheit ist das Thema Datenschutz (Fosch-Villaronga und Albo-Canals 2019; Olaronke et al. 2017). Gerade bei Therapierobotern ist es nicht offensichtlich, dass sie Daten speichern, und an wen sie sie weitergeben. Insbesondere Personen mit kognitiven Einschränkungen kommen vielleicht auch angesichts der sozialen Fähigkeiten („mein Freund") gar nicht auf diese Idee. Besonders kritisch wäre z. B. die Weitergabe von Daten an Kostenträger. Oder dürfen z. B. Eltern oder andere Betreuer mithören, was ein Kind in der Therapie einem Roboterfreund anvertraut? Immerhin ist die Therapie, sei sie körperbezogen oder psychisch-emotional, ein besonderer Schonraum, der nicht umsonst rechtlich besonders geschützt ist.

22.5   Zusammenfassung

Zusammengenommen zeigt sich, dass es eine große Bandbreite an Anwendungsmöglichkeiten für soziale Roboter in der Therapie gibt. Gerade ihre Interaktionsfähigkeit hat das Potenzial, Menschen zu motivieren, Verhaltensweisen zu übernehmen und aufrechtzuerhalten, die ihnen aus ganz unterschiedlichen Gründen schwerfallen können. Soziale Roboter könnten eine wunderbare Ergänzung zu bestehenden Therapieangeboten sein und mehr Menschen den Zugang zu dringend benötigter Therapie ermöglichen. Tendenziell sind die Forschungsbefunde auch positiv, aber der momentane Stand der Technik verhindert in vielen Bereichen noch einen durchschlagenden Erfolg. Zur Bewältigung bisher ungelöster Forschungsfragen wäre aufgrund der sozialen Eigenschaften der technischen Artefakte eine stärkere interdisziplinäre Zusammenarbeit in Zukunft mehr als wünschenswert. Zudem erfordern ethische Belange einen intensiven Diskurs in Forschung und Gesellschaft, damit diese potenziell disruptiven Innovationen in Zukunft zum Gewinn und nicht zum Schaden des Einzelnen und der Gesellschaft als Ganzes eingesetzt werden.

Literatur

Ab Aziz A, Ahmad F, Yusof N, Ahmad FK, Mohd Yusof SA (2015) Designing a robot-assisted therapy for individuals with anxiety traits and states. In: Proceedings of the 2015 international symposium on agents, multi-agent systems and robotics (Putrayaja, Malaysia), S 98–103

Abdi J, Al-Hindawi A, Ng T, Vizcaychipi MP (2015) Scoping review on the use of socially assistive robot technology in elderly care. BMJ Open 8:e018815

Avelino J, Simão H, Ribeiro R, Moreno P, Figueiredo R, Duarte N, Nunes R, Bernardino A, Čaić M, Mahr D, Odekerken-Schröder G (2018) Experiments with Vizzy as a coach for elderly exercise. Paper präsentiert bei 13th annual ACM/IEEE international conference on human-robot interaction (Chicago, USA)

Baisch S (2019) The relevance of user characteristics for the acceptance of social robots by elders. Dissertation. Universität Frankfurt, Frankfurt am Main

Baisch S, Kolling T, Rühl S, Klein B, Pantel J, Oswald F, Knopf M (2018) Emotionale Roboter im Pflegekontext. Empirische Analyse des bisherigen Einsatzes und der Wirkungen von Paro und Pleo. Z Gerontol Geriatr 51:16–24

Bandura A (1977) Social learning theory. Prentice-Hall, Englewood Cliffs

Begum M, Serna RW, Yanco HA (2016) Are robots ready to deliver autism interventions? A comprehensive review. Int J Soc Robot 8:157–181

Bemelmans R, Gelderblom GJ, Jonker P, de Witte L (2015) Effectiveness of robot Paro in intramural psychogeriatric care: a multicenter quasi-experimental study. J Am Med Dir Assoc 16:946–950

Bodala IP, Churamani N, Gunes H (2020) Creating a robot coach for mindfulness and wellbeing: a longitudinal study. https://arxiv.org/pdf/2006.05289v2.pdf. Zugegriffen am 15.03.2021.

Breazeal C (2011) Social robots for health applications. In: Proceedings of the 2011 annual international conference of the IEEE engineering in medicine and biology society (Boston, USA), S 5368–5371

Broadbent E, Garrett J, Jepsen N, Ogilvie VL, Ahn HS, Robinson H, Peri K, Kerse N, Rouse P, Pillai A, MacDonald B (2018) Using robots at home to support patients with chronic obstructive pulmonary disease: pilot randomized controlled trial. J Med Internet Res 20:e45

Cabibihan JJ, Javed H, Ang M Jr, Aljunied SM (2013) Why robots? A survey on the roles and benefits of social robots in the therapy of children with autism. Int J Soc Robot 5:593–618

Čaić M, Avelino J, Mahr D, Odekerken-Schröder G, Bernardino A (2020) Robotic versus human coaches for active aging: an automated social presence perspective. Int J Soc Robot 12:867–882

Casas J, Senft E, Gutiérrez LF, Rincón-Rocancio M, Múnera M, Belpaeme T, Cifuentes CA (2020) Social assistive robots: assessing the impact of a training assistant robot in cardiac rehabilitation. Int J Soc Robot, online first.

Céspedes N, Múnera M, Gómez C, Cifuentes CA (2020) Social human-robot interaction for gait rehabilitation. IEEE Trans Neural Syst Rehabil Eng 28:1299–1307

Chen SC, Jones C, Moyle W (2018) Social robots for depression in older adults: a systematic review. J Nurs Scholarsh 50:612–622

Cifuentes CA, Pinto MJ, Cespédes M, Múnera N (2020) Social robots in therapy and care. Curr Robot Rep 1:59–74

Cruz-Maya A, Tapus A (2016) Teaching nutrition and healthy eating by using multimedia with a Kompai robot: effects of stress and user's personality. In: Proceedings of the 2016 IEEE-RAS 16th international conference on humanoid robots, S 644–649

Csíkszentmihályi M (2015) Flow. Das Geheimnis des Glücks, 18. Aufl. Klett-Cotta, Stuttgart

Dang THH, Tapus A (2015) Stress game: the role of motivational robotic assistance in reducing user's task stress. Int J Soc Robot 7:227–240

David D, Matu SA, David OA (2014) Robot-based psychotherapy: concepts development, state of the art, and new directions. Int J Cogn Ther 7:192–210

David DO, Costescu CA, Matu S, Szentagotai A, Dobrean A (2018) Developing joint attention for children with autism in robot-enhanced therapy. Int J Soc Robot 10:595–605

Dawe J, Sutherland C, Barco A, Broadbent E (2018) Can social robots help children in healthcare contexts? A scoping review. BMJ Paediatr Open:e000371

Dessi M, Henssen D, Horsman S, Meijers R, Schiefner A, Schlag F, Schmitz L, Shimanskaya V, Weiland R (2017) Robots against Anorexia Nervosa. An interdisciplinary assessment of the possible use of socially assistive robots in the treatment of Anorexia Nervosa. Radboud Honors Academy. https://theses.ubn.ru.nl/bitstream/handle/123456789/4608/Dessi%2c_Marco_1.pdf?-sequence=1. Zugegriffen am 15.03.2021

Devanne M, Nguyen SM, Remy-Neris O, Le Gals-Garnett B, Kermarrec G, Thepaut A (2018) A co-design approach for a rehabilitation robot coach for physical rehabilitation based on the error classification of motion errors. Proceedings of the second IEEE international conference on robotic computing (Laguna Hills, USA), S 352–357

Diehl JJ, Schmitt LM, Villano M, Crowell CR (2012) The clinical use of robots for individuals with autism spectrum disorders: a critical review. Res Autism Spectr Disord 6:249–262

Fasola J, Matarić M (2013) Socially assistive robot exercise coach: motivating older adults to engage in physical exercise. In: Desai J, Dudek G, Khatib O, Kumar V (Hrsg) Experimental robotics, Springer tracts in advanced robotics, 88. Springer, Heidelberg, S 468–479

Fazekas G, Tavaszi I (2019) The future role of robots in neuro-rehabilitation. Expert Rev Neurother 19:471–473

Fiske A, Henningsen P, Buyx A (2019) Your robot therapist will see you now: ethical implications of embodied artificial intelligence in psychiatry, psychology, and psychotherapy. J Med Internet Res 21:e13216

Forbig P, Platz T (2020) Supporting the arm ability training of stroke patients by a social-humanoid robot. In: Ahram T, Taiar R, Gremeaux-Bader V, Aminian K (Hrsg) Proceedings of the 2nd international conference on human interaction and emerging technologies: future application (Lausanne, Schweiz). Springer, S 383–388

Fosch-Villaronga E, Albo-Canals J (2019) „I'll take care of you," said the robot. Paladyn J Behav Robot 10:77–93

Gallego-Perez J, Lohse M, Evers V (2015) Improving psychological wellbeing with robots. Proceedings of the 24th IEEE international symposium on robot and human interactive communication (Kobe, Japan), S 688–693

Georgiou T, Ross MK, Baillie L, Broz F (2019) Applying an HCI requirements gathering method to HRI. In: Proceedings of the ACM CHI 2019 conference on human factors in computing systems workshop on the challenges of working on social robots that collaborate with people (Glasgow, Großbritannien)

Geva N, Uzefovsky F, Levy-Tzedek S (2020) Touching the social robot PARO reduces pain perception and salivary oxytocin levels. Sci Rep 10:9814

Görer B, Salah AA, Akın HL (2017) An autonomous robotic exercise tutor for elderly people. Auton Robot 41:657–678

Griffith S, Alpay T, Sutherland A, Kerzel M, Eppe M, Strahl E, Wermter S (2018) Exercise with social robots: companion or coach? In: Proceedings of workshop on personal robots for exercising and coaching at the HRI 2018. https://www2.informatik.uni-hamburg.de/wtm/publications/2018/GASKESW18/ExerciseWithSocialRobotsCompanionOrCoach_GriffithsAlpaySutherlandKerzelEppeStrahlWermter.pdf. Zugegriffen am 15.03.2021

Guglielmelli E, Johnson M, Shibata T (2009) Guest editorial. Special issue on rehabilitation robotics: from bench to bedside to community care. IEEE Trans Robot 25:477–480

Hammer S, Kirchner K, André E, Lugrin B (2017) Touch or talk? – comparing social robots and tablet PCs for an elderly assistant recommender system. Proceedings of the companion of the 2017 ACM/IEEE international conference on human-robot interaction (Wien, Österreich), S 129–130

Hansen ST, Rasmussen DM, Bak T (2012) Field study of a physical game for older adults based on an autonomous, mobile robot. In: International conference on collaboration technologies and systems (Denver, USA), S 125–130

Hung L, Liu C, Woldum E, Au-Yeung A, Berndt A, Wallsworth C, Horne N, Gregorio M, Mann M, Chaudhury H (2019) The benefits of and barriers to using a social robot PARO in care settings: a scoping review. BMC Geriatr 19:232

Jøranson N, Pedersen I, Rokstad AM, Ihlebæk C (2016) Change in quality of life in older people with dementia participating in Paro-activity: a cluster-randomized controlled trial. J Adv Nurs 72:3020–3033

Kanaoka T, Mutlu B (2015) Designing a motivational agent for behavior change in physical activity. In: Proceedings of the 33rd annual ACM conference extended abstracts on human factors in computing systems (Seoul, Korea), S 1445–1450

Kang HS, Makimoto K, Konno R, Koh IS (2019) Review of outcome measures in PARO robot intervention studies for dementia care. Geriatr Nurs 41:207–214

Kidd CD, Breazeal C (2008) Robots at home: understanding long-term human-robot interaction. In: Proceedings of the IEEE/RSJ international conference on intelligent robots and systems (Nizza, Frankreich), S 3230–3235

Kolling T, Haberstroh J, Kaspar R, Pantel J, Oswald F, Knopf M (2013) Evidence and deployment-based research into care for the elderly using emotional robots. Psychological, methodological and cross-cultural facets. GeroPsych 26:83–88

Kolling T, Baisch S, Schall A, Selic S, Rühl S, Kim Z, Klein B, Pantel J, Oswald F, Knopf M (2016) What is emotional in emotional robotics? In: Tettegah S, Garcia Y (Hrsg) Emotions, technology, and health. Elsevier, Amsterdam, S 85–103

Kubota A, Peterson EI, Rajendren V, Kress-Gazit H, Riek LD (2020) JESSIE: synthesizing social robot behaviors for personalized neurorehabilitation and beyond. In: Proceedings of the 2020 ACM/IEEE international conference on human-robot interaction (Cambridge, Großbritannien), S 121–129

Lau Y, Chee DG, Chow XP, Wong SH, Cheng LJ, Lau ST (2020) Humanoid robot-assisted interventions among children with diabetes: a systematic scoping review. Int J Nurs Stud 111:103749

Lee MH, Siewiorek DP, Smailagic A, Bernardino A, Bermudez i Badia S (2020) Towards personalized interaction and corrective feedback of a socially assistive robot for post-stroke rehabilitation therapy. In: Proceedings of the 29th IEEE international conference on robot and human interactive communication (Neapel, Italien), S 1366–1373

Li J (2015) The benefit of being physically present: a survey of experimental works comparing co-present robots, telepresent robots, and virtual agents. Int J Hum Comput Stud 77:23–37

Lo K, Stevenson M, Lockwood C (2019) The economic cost of robotic rehabilitation for adult stroke patients: a systematic review. JBI Database Syst Rev Implement Rep 17:520–547

Mann JA, MacDonald BA, Kuo H, Li X, Broadbent E (2015) People respond better to robots than computer tablets delivering healthcare instructions. Comput Hum Behav 43:112–117

Martín F, Agüero CE, Cañas JM, Valentí M, Martínez-Martín P (2013) Robotherapy with dementia patients. Int J Adv Robot Syst 10:1–7

Martinez-Martin E, Casorla M (2019) A socially assistive robot for elderly exercise promotion. IEEE Access 7:75515–75529

Matarić M, Tapus A, Winstein C, Eriksson J (2009) Socially assistive robotics for stroke and mild TBI rehabilitation. Stud Health Technol Inform 145:249–262

Matarić MJ, Eriksson J, Feil-Seifer DJ, Winstein CJ (2007) Socially assistive robotics for post-stroke rehabilitation. J Neuroeng Rehabil 4:5–14

Mead R, Wade E, Johnson P, St Clair A, Chen S, Matarić MJ (2010) An architecture for rehabilitation task practice in socially assistive human-robot interaction. In: Proceedings of the 19th international symposium in robot and human interactive communication (Viareggio, Italien), S 404–409

Misselhorn C, Pompe U, Stapleton M (2013) Ethical consideration regarding the use of social robots in fourth age. GeroPsych 26:121–133

Moyle W, Jones CJ, Murfield JE, Thalib L, Beattie ER, Shum DK, O'Dwyer ST, Mervin MC, Drape BM (2017) Use of a robotic seal as a therapeutic tool to improve dementia symptoms: a cluster-randomized controlled trial. J Am Med Dir Assoc 18:766–773

Murali P, O'Leary T, Shamekhi A, Bickmore T (2019) Health counseling by robots: Modalities for breastfeeding promotion. In: Proceedings of the 28th IEEE international conference on robot and human interactive communication, S 1–6

Narita S, Ohtani N, Waga C, Ohta M, Ishigooka J, Iwahashi K (2017) A pet-type robot artificial intelligence robot-assisted therapy for a patient with schizophrenia. Asia Pac Psychiatry 8(4):312–313

Nguyen SM, Tanguy P, Remi-Neris O (2016) Computational architecture of a robot coach for physical exercises in kinaesthetic rehabilitation. In: Proceedings of the 25th IEEE international symposium on robot and human interactive communication (New York, USA), S 1–6

Office of the High Commissioner for Human Rights (2006) Convention on the rights of persons with disabilities. http://www.ohchr.org/EN/HRBodies/CRPD/Pag-es/ConventionRightsPersonsWith-Disabilities.asp. Zugegriffen am 15.03.2021

Okamura A, Matarić MJ, Christensen HI (2010) Medical and health-care robotics. IEEE Robot Autom Mag 17:26–37

Olaronke I, Oluwaseon O, Rhoda I (2017) State of the art: a study of human-robot interaction in healthcare. Int J Inf Eng Electron Bus 3:43–55

Patten R van, Keller AV, Maye JE, Jeste DV, Depp C, Riek LD, Twamley EW (2020) Home-based cognitively assistive robots: maximizing cognitive functioning and maintaining Independence in older adults without dementia. Clin Interv Aging 15:1129–1139

Pennazio V (2017) Social robotics to help children with autism in their interactions through imitation. Res Educ Media 9:10–16

Pino O, Palestra G, Trevino R, De Carolis B (2020) The humanoid robot NAO as trainer in a memory program for elderly people with mild cognitive impairment. Int J Soc Robot 12:21–33

Polak RF, Levy-Tsedek S (2020) A social robot for rehabilitation: expert clinicians and post-stroke patients' evaluation following a long-term Intervention. In: Proceedings of the 2020 ACM/IEEE international conference on human-robot interaction (Cambridge, USA), S 151–160

Quassim HM, Wan Hassan WZ (2020) A review on upper limb rehabilitation robotics. Appl Sci 10:6976

Rabbitt SM, Kazdin A, Scassellati B (2015) Integrating socially assistive robotics into mental healthcare interventions: applications and recommendations for expanded use. Clin Psychol Rev 35:35–46

Recio DL, Segura LM, Segura EM, Waern A (2013) The NAO models for the elderly. In: Procee-dings of the 8th ACM/IEEE international conference on human-robot interaction (Tokyo, Japan), S 187–188

Rimmer JH, Wang E, Smith D (2008) Barriers associated with exercise and community access for individuals with stroke. J Rehabil Res Dev 45:315–322

Robinson NL, Cottier TV, Kavanagh DJ (2019) Psychosocial health interventions by social robots: systematic review of randomized controlled trials. J Med Internet Res 21:e13203

Rollnick S, Miller WR (1995) What is motivational interviewing. Behav Cogn Psychother 23:325–334

Ross MK, Broz F, Baillie L (2020) Informing the design of a robotic coach through systematic ob-servations. In: Proceedings of the HRI '20: companion of the 2020 ACM/IEEE international conference on human-robot interaction (Cambridge, Großbritannien) S 412–414

Scassellati B (2007) How social robots will help us to diagnose, treat, and understand autism. In: Thrun S, Brooks R, Durrant-Whyte H (Hrsg) Robotics research, Springer tracts in advanced ro-botics, 28. Springer, S 552–563

Scassellati B, Admoni H, Matari´c M (2012) Robots for Use in Autism Research. Annu Rev Biomed Eng 14:75–294

Scassellati B, Boccanfuso L, Huang CM, Mademtzi M, Qin M, Salomons N, Ventola P, Shic F (2018) Improving social skills in children with ASD using a long-term, in-home social robot. Sci Robot 3:eaat7544

Schneider S, Görlich M, Kummert F (2017) A framework for designing socially assistive robot inter-actions. Cogn Syst Res 43:301–312

Scoglio AA, Reilly ED, Gorman JA, Drebing CE (2019) Use of social robots in mental health and well-being research: systematic review. J Med Internet Res 21:e13322

Sefidgar YS, MacLean KE, Yohanan S, Van der Loos M, Croft EA, Garland EJ (2015) Design and evaluation of a touch-centered calming interaction with a social robot. IEEE Trans Affect Com-put 7:108–121

Shamsuddin S, Yussof H, Ismailb LI, Mohamed S, Hanapiahc FA, Zaharid NI (2012) Humanoid robot NAO interacting with autistic children of moderately impaired intelligence to augment communication skills. Procedia Eng 41:1533–1538

Shi D, Zhang W, Ding X (2019) A review on lower limb rehabilitation exoskeleton robots. Chin J Mech Eng 32:74–85

Statistisches Bundesamt (2018) 7.8 Millionen schwerbehinderte Menschen leben in Deutschland. Pressemitteilung Nr. 228. https://www.destatis.de/DE/Presse/Pressemitteilungen/2018/06/PD18_228_227.html. Zugegriffen am 15.03.2021

Swift-Spong K, Short E, Wade E, Matarić MJ (2015) Effects of comparative feedback from a soci-ally assistive robot on self-efficacy in post-stroke rehabilitation. In: Proceedings of the 2015 IEEE international conference on rehabilitation robotics (Singapur), S 764–769

Tapus A, Tapus C, Matarić MJ (2009a) The role of physical embodiment of a therapist robot for in-dividuals with cognitive impairments. In: Proceedings of the 18th IEEE international symposium on robot and human interactive communication (Toyama, Japan), S 203–203

Tapus A, Tapus C, Matarić MJ (2009b) The use of socially assistive robots in the design of intelligent cognitive therapies for people with dementia. In: Proceedings of the 2009 IEEE international conference on rehabilitation robotics, S 924–929

Thodberg K, Sørensen LU, Videbech PB, Poulsen PH, Houbak B, Damgaard V, Keseler I, Edwards D, Christensen JW (2016) Behavioral responses of nursing home residents to visits from a person with a dog, a robot, seal or a toy cat. Anthrozoös 29:107–121

Valentí Soler M, Agüera-Ortiz L, Olazarán Rodríguez J, Mendoza Rebolledo C, Pérez Muñoz A, Rodríguez Pérez I, Osa Ruiz E, Barrios Sánchez A, Herrero Cano V, Carrasco Chillón L, Felipe Ruiz S, López Alvarez J, León Salas B, Cañas Plaza JM, Martín Rico F, Abella Dago G, Martínez Martín P (2015) Social robots in advanced dementia. Front Aging Neurosci 7:133

Vogan A, Anajjar F, Gochoo M, Khalid S (2019) Robots, AI, and cognitive training in an era of massage-related cognitive decline: a systematic review. IEEE Access 8:18284–18304

Wainer J, Feil-Seifer DJ, Shell DA, Matarić MJ (2007) Embodiment and human-robot interaction: a task-based perspective. In: Proceedings of the 16th IEEE international symposium on robot and human interactive communication (Jeju, Korea), S 872–877

Werner F, Krainer D, Oberzaucher J, Werner K (2013) Evaluation of the acceptance of a social assistive robot for physical training support together with older users and domain experts. In: Assistive Technology Research Series Nr. 33: Assistive Technology Research Series, S 137–142

WHO – World Health Organization (2011) Disability report 2011. https://www.who.int/publications/i/item/9789241564182. Zugegriffen am 15.03.2021

Wingerden E van, Barakova E, Lourens T, Sterkenburg PS (2020) Robot-mediated therapy to reduce worrying in persons with visual and intellectual disabilities. J Appl Res Intellect Disabil 34:229–238

Winkle K, Caleb-Solly P, Turton A, Bremner P (2018) Social robots for engagement in rehabilitative therapies: design implications from a study with therapists. In: Proceedings of the 2018 ACM/IEEE international conference on human-robot interaction (Chicago, USA), S 289–297

Yakub F, Khudzari AZ, Mori Y (2014) Recent trends for practical rehabilitation robotics, current challenges and the future. Int J Rehabil Res 37:9–21

Roboter in der Pflege

23

Welche Aufgaben können Roboter heute schon übernehmen?

Tanja Bleuler und Pietro Caroni

Designed to assist care personnel and improve people's quality of life.

Zusammenfassung

Der Einsatz von sozialen Robotern in der Pflege ist ein Lösungsansatz für den herrschenden Mangel an Pflegekräften. Dadurch kann nicht nur das Personal in Einrichtungen entlastet werden, sondern die unterstützungsbedürftigen Personen können länger zu Hause wohnen. Doch dieser Einsatz ist mit Ängsten und ethischen Bedenken verbunden. An Lio, einem Roboter der Firma F&P Robotics AG, und verschiedenen internationalen Beispielen wird in diesem Beitrag aufgezeigt, was bis heute entwickelt wurde, wie die Roboter heute schon im Alltag helfen und wie die EntwicklerInnen den Ängsten und ethischen Herausforderungen begegnen. Lio wird dabei genauer beschrieben und an seinem Beispiel gezeigt, wie das Verhalten und Design eines Roboters an die Pflegeumgebung angepasst werden können.

T. Bleuler (✉) · P. Caroni
F&P Robotics, Glattbrugg, Schweiz
E-Mail: tab@fp-robotics.com; pic@fp-robotics.com

© Der/die Autor(en), exklusiv lizenziert durch Springer Fachmedien Wiesbaden GmbH, ein Teil von Springer Nature 2021
O. Bendel (Hrsg.), *Soziale Roboter*, https://doi.org/10.1007/978-3-658-31114-8_23

23.1 Einleitung

In vielen Ländern herrscht ein Mangel an Pflegekräften, während gleichzeitig die durchschnittliche Bevölkerung sehr rasch altert. In Deutschland zum Beispiel wird bis 2050 eine Zunahme des Anteils der über 80-Jährigen an der Gesamtbevölkerung von 6,2 % auf 12,1 % respektive von 5,2 Millionen auf 9,7 Millionen erwartet (Bundeszentrale für politische Bildung 2019). Um die Pflegekräfte zu entlasten, kommen deshalb auch dort vermehrt soziale Roboter zum Einsatz (Wallenfels 2016).

Was dürfen Roboter übernehmen und was sollten sie auf keinen Fall – gerade in Aufgabengebieten mit zwischenmenschlicher Interaktion ist diese Frage sehr wichtig. Es ist eine Herausforderung, klare Grenzen zu ziehen zwischen der Entlastung des Gesundheitspersonals und einer Reduktion der sozialen Kontakte von pflegebedürftigen Menschen. Dies unter anderem auch, weil die Akzeptanz von Robotern in der Pflege je nach Alter, Geschlecht und Beruf unterschiedlich groß ist (Rebitschek und Wagner 2020).

Die Roboter werden für die unterschiedlichsten Anwendungen – von der Unterstützung beim Essen über Transporte bis hin zur Unterhaltungsfunktion – verwendet. Man unterscheidet zwei verschiedene Arten von sozialen Robotern, die in der Pflege eingesetzt werden. Es gibt sogenannte Serviceroboter und Companion Robots (Robotergefährten). Bei einem Companion Robot ist das Thema der Entmenschlichung automatisch viel präsenter als bei einem Serviceroboter, der eher als Assistenz für die Pflege oder als Unterstützer für mehr Selbstständigkeit dienen soll. Hinzu kommen stark unterschiedliche Einsatzorte wie ein Spital, eine Rehabilitationsklinik, die Langzeitpflege oder das Zuhause.

Im folgenden Kapitel geht es zuerst darum, in welchen Bereichen der Pflege bereits heute Roboter zur Anwendung kommen. Zum Thema Roboter in der Pflege gibt es aber auch verschiedenste Ängste und ethische Bedenken, welche hier ebenfalls vorgestellt werden. Auch mögliche Wege, diesen Bedenken zu begegnen, werden erwähnt. Internationale Projekte dienen dabei als Anschauungsbeispiele. Zusätzlich spielen das Design, die Kosten und die Sicherheit eine Rolle für die Akzeptanz der Roboter. Denn wie Bendel et al. (2020) in ihrem Paper schreiben, ist es nicht nur wichtig, die Roboter wissenschaftlich zu testen, die Resultate müssen danach in das technische Design mit einfließen. Abschließend wird am Ende des Kapitels Lio, ein Roboter der Schweizer Firma F&P Robotics AG, genauer beleuchtet.

23.2 Anwendungsbereiche

Soziale Roboter lassen sich vielfältig einsetzen. So können sie zum Beispiel für Transporte verwendet werden, Unterhaltung anbieten oder an wichtige Termine und Medikamente erinnern. Auch Patiententransfers, das Erkennen von und Reagieren auf Notsituationen oder allgemeine Überwachungsfunktionen können von Robotern übernommen werden. Weitere Aufgaben sind das Desinfizieren von Gegenständen oder das Verteilen von Getränken oder Zwischenmahlzeiten. Da die wenigsten Roboter so vielseitig sind, lassen sie sich gut anhand ihrer Funktionen unterteilen. So unterscheiden Robinson et al. (2014) zum Beispiel Überwachungsroboter, Assistenzroboter und Companion Robots, wobei jedes Gebiet etwa ein Drittel der Gesamtzahl ausmacht. Überwachungsroboter können dabei meist gesundheitsrelevante Parameter messen, Assistenzroboter hingegen werden zur Unterstützung bei alltäglichen Aufgaben im Haushalt verwendet und Companion Robots sollen vor allem unterhalten oder Gesellschaft leisten (Robinson et al. 2014).

Anders als bei Robinson et al. (2014) werden die Roboter auch aufgeteilt in Serviceroboter, welche physische Unterstützung leisten und durch Unterstützung bei der Mobilität, Überwachung oder Mithilfe bei Aufgaben wie Essen und Baden zu mehr Selbstständigkeit verhelfen (Kachouie et al. 2014). Der Care-O-bot oder Hobbit sind hierfür Beispiele (Graf et al. 2004; Fischinger et al. 2016). Des Weiteren gibt es Companion Robots und Roboter wie Robear (Mukai et al. 2010), welche direkt die Pflegekräfte unterstützen.

Der erste Prototyp des Care-O-bot wurde 1998 in einem Projekt des Fraunhofer IPA gebaut (Sun et al. 2018). Mittlerweile wurde im Jahr 2015 der vierte Prototyp vorgestellt, welcher in der Gestaltung seiner Funktionen flexibler ist und nicht nur als Butler in der Pflege, sondern auch im öffentlichen Raum verwendet werden kann (Sun et al. 2018). Solche Roboter können einerseits in Einrichtungen, zur Entlastung des Personals, aber auch zu Hause eingesetzt werden. So können durch die Unterstützung solcher Roboter zum Beispiel ungewollte Umzüge in Pflegeheime oder der Wechsel in höhere Pflegestufen länger herausgezögert werden (Mitzner et al. 2014). Dadurch können die Roboter direkt die Lebensqualität der Menschen steigern und gleichzeitig werden Pflegeheime und somit das Pflegepersonal entlastet und die Kosten gesenkt.

Die sogenannten Companion Robots oder Robotergefährten (Kachouie et al. 2014), wie zum Beispiel Paro, sind dazu gedacht, die allgemeine Gesundheit und vor allem das psychologische Wohlbefinden der älteren Menschen zu verbessern (Wada et al. 2004). Paro, ein Roboter in Form eines weißen Sattelrobbenbabys, ist wohl einer der bekanntesten Companion Robots. In einer Studie von Birks et al. (2016) konnte aufgezeigt werden, dass Paro zu einem verbesserten emotionalen Zustand der BewohnerInnen und zur Reduktion von schwierigem Verhalten beiträgt sowie die sozialen Interaktionen der BewohnerInnen verbessert. Wada und Shibata (2007) beschreiben eine ermutigende Wirkung von Paro auf die Kommunikation zwischen den BewohnerInnen. Unter diesen Umständen scheint Paro eine perfekte Hilfe zu sein, um die Pflegekräfte bei der oft komplexen Erfüllung der physischen, kognitiven, sozialen und emotionalen Bedürfnisse der BewohnerInnen zu unterstützen (Birks et al. 2016). Paro kann also indirekt dazu verwendet werden, die Pflegekräfte zu unterstützen und zu entlasten.

Die dritte Gruppe sind Roboter, welche die Pflegekräfte direkt unterstützen. Muskel- und Skeletterkrankungen sind in Pflegeberufen überdurchschnittlich häufig vertreten und Beschäftigte in der stationären Pflege geben deutlich häufiger als andere Berufsgruppen an, durch schwere körperliche Tätigkeiten und Arbeiten in Zwangshaltungen belastet zu sein (Meyer 2011). Die Übernahme der Transfers durch einen Roboter würde somit die

Pflegekräfte entlasten und diese wären möglicherweise weniger anfällig für Muskel- und Skeletterkrankungen. Patiententransfers sind eine anstrengende, aber alltägliche Tätigkeit im Pflegealltag und könnten zukünftig von Robotern wie RIBA (später unter dem Namen Robear) übernommen werden (Mukai et al. 2010). Olaronke et al. (2017) beschreiben ihn als großen, sanften Bären, der Patienten heben oder sie im Bett umdrehen kann, um Druckstellen zu vermeiden. Er kann ebenfalls PatientInnen bei Transfers behilflich sein, so zum Beispiel von einem Sofa in einen Rollstuhl (Wilkinson 2015). Robear ist somit, im Vergleich zu vielen anderen für die Pflege vorgesehenen Robotern, nicht zur Unterhaltung oder Unterstützung der älteren Menschen, sondern zur direkten Entlastung der Pflegekräfte gedacht. Allerdings wird er im Moment nicht weiterentwickelt.

Beim Einsatz von Robotern in der Pflege geht es also nicht nur um eine direkte Interaktion mit älteren Menschen und damit indirekte Entlastung der Pflegekräfte, sondern auch um eine direkte Entlastung der Pflegekräfte, was diesen einen angenehmeren Arbeitsalltag und mehr Zeit und Kraft gibt, sich um die Pflegebedürftigen zu kümmern.

23.3 Einsatzbereiche

Bezüglich der Einsatzbereiche der Roboter gibt es ebenfalls Unterschiede. Ein Spital, eine Rehabilitationsklinik und eine Langzeitpflegeeinrichtung sind meist ähnlich gebaut mit breiten, rollstuhlgängigen Wegen und wenigen Stufen. Jedoch müssen Roboter ebenso in normalen Wohnungen zurechtkommen.

Eine weitere Differenz besteht in der Art der Beeinträchtigung der Menschen. Kognitiv beeinträchtigte Menschen können sich teilweise nicht aktiv für oder gegen eine Unterstützung durch Roboter entscheiden, was ethische Fragen aufwirft. Auf der anderen Seite sind Roboter, die zum Beispiel an die Medikamenteneinnahme erinnern oder Menschen überwachen, genau für kognitiv Beeinträchtigte gedacht, damit diese trotz ihrer Einschränkung selbstständiger leben können. Ein weiterer zu berücksichtigender Faktor ist das Alter. So sind zum Beispiel junge Menschen mit einer Behinderung auch in ihrem restlichen Alltag von Technik umgeben und erlernen die Handhabung eines Roboters schneller als ältere Menschen.

23.4 Hürden einer realen Anwendung

Die Ängste und ethischen Bedenken zum Gebrauch von Robotern in der Pflege sind vielfältig. Sie sind jedoch je nach Anwendungsbereich unterschiedlich stark vertreten. Deswegen werden sie im Folgenden in einzelnen Kapiteln behandelt, immer mit dem Blick darauf, wie stark sie in den jeweiligen Anwendungsbereichen von Bedeutung sind. Sie werden am Ende noch in Bezug auf Lio angeschaut.

23.4.1 Ängste

Eine gewisse Angst vor dem Unbekannten ist wohl allen Menschen gemein. Carros (2019) zeigt in seiner Studie mit Hilfe von Gesprächen und Interviews die Haltung von BewohnerInnen und Pflegekräften gegenüber dem Einsatz von Robotern in der Pflege auf. Dieser wird mehrheitlich befürwortet, jedoch waren auch kritische Stimmen zu hören, allen voran Ängste. Dabei sind die meistgenannten Ängste sowohl bei den BewohnerInnen und ihren Angehörigen als auch bei den Pflegekräften und ehrenamtlichen Mitarbeitenden vor allem Einsparungen beim Personal anstatt einer besseren Pflegequalität, mehr Überwachung und eine erhöhte Einsamkeit der BewohnerInnen. Datenschutz, unmenschlichere Bedingungen und eine mögliche Entmündigung der BewohnerInnen wurden ebenfalls als Ängste genannt. Die Hauptpunkte der Entmenschlichung und des Datenschutzes spielen bei allen Befragten eine große Rolle, obschon die Priorisierung der Ängste unterschiedlich ausfällt (Carros 2019).

Es ist wahrscheinlich, dass auch BewohnerInnen und Pflegekräfte von anderen Einrichtungen ähnliche Ängste haben. Beim Heimgebrauch der Roboter ist der Unterschied, dass die Person weniger menschliche Hilfe benötigen möchte, um den Alltag zu bewältigen. Die Angst vor der Einsamkeit und der Entmenschlichung ist hier also weniger ein Thema, die des Datenschutzes aber schon.

23.4.2 Ethische Bedenken

Viele der Ängste haben auch mit ethischen Bedenken bezüglich des Robotereinsatzes in der Pflege zu tun, weswegen diese inzwischen von der Wissenschaft genauer angeschaut werden. So teilen zum Beispiel Sharkey und Sharkey (2010) die ethischen Bedenken über den Einsatz von Robotern in der Pflege in sechs Teilgebiete auf, welche im Folgenden kurz angeschaut werden. Die Bedeutsamkeit dieser Bedenken variiert je nach Rolle, die der Roboter einnimmt.

(1) Mögliche Reduktion von menschlichem Kontakt

Es gibt Hinweise, dass Roboter Besuche von Pflegekräften zu Hause verringern können (Broadbent 2017). Einerseits kann ein Roboter ein selbstständigeres Leben ermöglichen, indem der Mensch weniger auf Unterstützung durch andere Personen angewiesen ist. Zusätzlich kann reduzierter menschlicher Kontakt von Vorteil sein, da dadurch die Gefahr einer Übertragung von Krankheitserregern vermindert wird. Andererseits kann durch Roboter auch ein erwünschter zwischenmenschlicher Kontakt ersetzt werden.

Telepräsenzroboter können sowohl soziale Interaktionen als auch die medizinische Versorgung im eigenen Haus vereinfachen (Alonso et al. 2019; Scoglio et al. 2019). Aido, ein Roboter der Firma InGen Dynamics (InGen Dynamics o. D.), kann sich durch das Haus bewegen und ist vor allem für die Interaktion mit Menschen gedacht (Aido User Manual o. D.). So hat er einerseits verschiedene Unterhaltungsfunktionen, kann aber auch zur

Überwachung des Hauses oder als persönlicher Assistent verwendet werden (Aido User Manual o. D.). Aido wird nicht spezifisch als Roboter für ältere Menschen beworben, könnte jedoch genauso wie Care-O-bot oder Hobbit angewendet werden, um älteren Menschen im eigenen Heim zu helfen.

Der Roboter Hobbit wurde einerseits zur Fallprävention und -detektion entwickelt, er erkennt aber auch Notfälle und kann entsprechend handeln (Fischinger et al. 2016). Fischinger et al. (2016) führten mit dem ersten Prototyp von Hobbit eine Userstudie durch, welche ergab, dass trotz zu Beginn großer Skepsis der älteren StudienteilnehmerInnen alle gestellten Aufgaben mit Hobbit zusammen gelöst werden konnten und er als nützlich empfunden wurde.

Auch Pepper, ein humanoider Roboter aus Frankreich bzw. Japan aus dem Jahr 2014, der seine Umgebung wahrnehmen, sich bewegen und auf verschiedene Weisen kommunizieren kann, könnte als Telepräsenzroboter verwendet werden (Pandey und Gelin 2018). Er wird heute, wie NAO, von der Firma SoftBank Robotics entwickelt und hergestellt, welche die beiden Roboter im Gesundheitswesen unter anderem für die folgenden Aufgaben anpreist: Als Unterstützer der Pflegekräfte, als Interface für Telemedizin und als Unterhaltung für PatientInnen durch mentale und physische Übungen (Healthcare o. D.). Tanioka (2019) untersuchte Pepper in der Umgebung älterer Menschen und kam in seiner Studie zum Schluss, dass die Interaktion mit Robotern zu positiven Effekten auf die Interaktionen unter den Patienten und den Pflegekräften führt.

Eine Verstärkung der Isolation älterer Menschen durch im Allgemeinen nützliche Roboter ist laut Feil-Seifer und Matarić (2011) zwar vorhanden, sie lässt sich aber gut mit der Isolation durch Fernseher oder Computer vergleichen. Der entscheidende Faktor, ob ein Robotereinsatz bezüglich des reduzierten zwischenmenschlichen Kontakts kritisch sein kann, ist vor allem abhängig davon, ob die Person sich das wünscht, da dadurch ein selbstständigeres Leben ermöglicht wird, oder ob sie den menschlichen Kontakt bevorzugen würde.

(2) Ein verstärktes Gefühl von Objektivierung und Kontrollverlust und (3) Verlust der persönlichen Freiheit

In gewissen Situationen kann der Einsatz von Robotern sehr unsensibel sein und zusätzlich zum Gefühl der Objektivierung und des Kontrollverlusts von Seiten der gepflegten Person beitragen, dies zum Beispiel, wenn der Roboter Personen umherträgt, ohne um Erlaubnis zu fragen (Sharkey und Sharkey 2010). Andererseits können Roboter dabei helfen, die Abhängigkeit von den Pflegekräften zu minimieren, womit die Autonomie der gepflegten Personen gesteigert werden kann (Sharkey und Sharkey 2010). Damit der Roboter nicht zu autoritär wird, schlagen Sharkey und Sharkey (2010) vor, ihn durch eine personalisierte Programmierung so spezifisch wie möglich an die Bedürfnisse des Benutzers anzupassen. Dadurch soll ein gutes Gleichgewicht entstehen zwischen dem Schutz des Benutzers, seinen persönlichen Rechten, seinem Wohlbefinden sowie der Möglichkeit, die eigene Selbstständigkeit zu Hause aufrecht erhalten zu können. Die ethische Frage bezieht sich also darauf, ob ein Roboter dieselbe Autorität über ein menschliches Leben haben darf wie eine dafür ausgebildete Pflegekraft.

In der Anwendung gibt es hier zwei Szenarien, die unterschieden werden müssen. Erstens, wie weit kann die Person selbst bestimmen, was der Roboter macht, sofern er danach fragt. Das Zweite ist der Einsatzort. In einer Pflegeeinrichtung oder einem Spital sind immer Pflegekräfte vor Ort, welche vom Roboter alarmiert werden können. Somit muss der Roboter keine Entscheidungen treffen. Ist er jedoch zu Hause im Einsatz, könnte es ein zu tiefer Eingriff sein, wenn der Roboter gewisse Handlungen selbstständig verhindert.

(4) Verlust der Privatsphäre

In der oben erwähnten Studie von Carros (2019) wurden unter anderem die Angst vor einer stärkeren Überwachung und Datenschutzbedenken geäußert. Auch hier gilt: Indem die Roboter spezifisch auf die Anwender zugeschnitten werden, können die gesammelten Daten auf ein sinnvolles Minimum reduziert werden. Eine weitere Variante ist, dass der Roboter jede Aufnahme ankündigen und anzeigen muss (Sharkey und Sharkey 2010).

Die Aufnahme des Menschen selbst zu seiner Überwachung ist an jedem Einsatzort gleich zu werten. Jedoch kann es Unterschiede geben, da Aufnahmen in der eigenen Wohnung von den Menschen eventuell als größerer Eingriff in die Privatsphäre gesehen werden als Aufnahmen, welche im Gemeinschaftsraum einer Klinik getätigt werden.

(5) Täuschung und Infantilisierung

Bei der Täuschung und Infantilisierung geht es vor allem um die sogenannten Companion Robots, welche, neben der Frage nach dem Ersatz für menschlichen Kontakt, noch eine weitere ethische Frage aufwerfen. Auch bei anderen Robotern zeigt das Verhalten der Menschen in der Interaktion, indem sie zum Beispiel „Danke" und „Bitte" sagen, dass etwas Menschliches in den Robotern gesehen wird (Gasser et al. 2017). Sparrow (2002) beschreibt in seinem Paper, dass die Vorteile einer Beziehung zu einem anderen Menschen oder Haustier vor allem daraus stammen, dass wir durch unsere Handlungen einen positiven Effekt auf das Gegenüber erzielen. Eine gleichbedeutende Beziehung zu einem Roboter, wie zu einem Haustier, ist laut Sparrow nur möglich, wenn wir uns selbst vormachen, dass der Roboter zu Gefühlen fähig ist.

Aibo wäre ein Beispiel für so einen Companion Robot. Er ist ein Roboterhund der Firma Sony Corporation, welcher sich einem Hund ähnlich verhält und verschiedene Tricks auf Lager hat (aibo's Tricks o. D.). Banks et al. (2008) untersuchten Aibo im Vergleich mit einem lebenden Hund in einer Langzeitpflegeeinrichtung und fanden heraus, dass auch Aibo die Einsamkeit der BewohnerInnen reduziert und sie eine Bindung zum Roboter aufbauen.

Cayton (2005) erwähnt einen ebenfalls wichtigen Punkt: Nur weil zum Beispiel Alzheimerpatienten teilweise ein sehr kindliches Verhalten zeigen, heißt das nicht, dass sie wieder lieber mit Puppen oder Plüschtieren interagieren möchten. Jedoch bringt zum Beispiel Paro, die Roboterrobbe, den BewohnerInnen, vor allem demenzkranken, Vorteile (Birks et al. 2016; Wada et al. 2005).

Diese Bedenken der Täuschung können nicht einfach durch gewisse Richtlinien oder Designänderungen ausgeräumt werden. Doch auch Sparrow (2002) findet nicht nur negative Worte über Roboter, sofern sie nicht als Ersatz für ein Haustier eingesetzt werden, sondern als Unterhaltungsmöglichkeit. Wie Feil-Seifer und Matarić (2011) beschreiben, liegt es an den Pflegekräften, die Technologien nicht als Ersatz zu missbrauchen, sondern als zusätzliche Unterhaltung zu gebrauchen. Die Nutzung sollte also auf ein Maß beschränkt werden, durch welches die BewohnerInnen von den Vorteilen profitieren können, aber nicht in einer vorgetäuschten Welt leben.

(6) Unter welchen Umständen bzw. in welchem Ausmaß soll den Menschen erlaubt werden, Roboter zu kontrollieren?

Es ist schwer zu bestimmen, wie viel Freiheit man den älteren Personen durch die Kontrolle über den Roboter geben kann, und wie viel man ihnen verbieten darf, um sie vor Gefahren zu schützen (Sharkey und Sharkey 2010). Die Kontrolle über den Roboter ermöglicht aber natürlich die größtmögliche Selbstständigkeit – zum Beispiel einen selbstständigen Toilettengang (Sharkey und Sharkey 2010). Auf der anderen Seite stellt sich die Frage, wie ein Roboter reagieren soll, wenn eine Person ihm befiehlt, sie vom Balkon zu stoßen (Sharkey und Sharkey 2010).

Diese Frage stellt sich sowohl in Einrichtungen als auch bei Personen zu Hause. In Einrichtungen besteht lediglich die Möglichkeit, anstatt eines vorprogrammierten oder ferngesteuerten Roboters eine Person zu haben, die den Roboter aus der aktuellen Situation heraus steuert – was aber die Frage nach der Kontrolle durch den eigentlichen Benutzer nicht verändert.

23.4.3 Akzeptanz

Drei Umfragen, welche 2017 und 2018 in Deutschland durchgeführt wurden, haben aufgezeigt, dass nur eine Minderheit eine Betreuung durch Roboter akzeptiert, sofern dadurch menschliche Pflege nicht ersetzt, sondern unterstützt würde (Rebitschek und Wagner 2020). Laut Rebitschek und Wagner (2020) könnte dies, sowie die grundsätzliche Ablehnung von Robotern in der Pflege von einem guten Drittel, an der schlechten Aufklärung bezüglich Vor- und Nachteilen liegen. Zusätzlich zu einer besseren Aufklärung kann das Design und Verhalten der Roboter angepasst werden, um eine höhere Akzeptanz zu erreichen. Laut Tinker und Lansley (2005) sind unterstützende Technologien im Alltag grundsätzlich akzeptierter, wenn diese an einen spezifischen Nutzen angepasst sind (s. Broadbent et al. 2010; Sharkey und Sharkey 2010).

Nebst den Funktionalitäten spielt bei der Akzeptanz auch das Auftreten des Roboters eine Rolle. So haben Eyssel et al. (2012) herausgefunden, dass ein Roboter mit der Stimme des eigenen Geschlechts als positiver wahrgenommen, besser akzeptiert und als psychologisch nahestehender angesehen wird. Diese Präferenz konnte in einer Usability-Studie von Wirth et al. (2020) nicht reproduziert werden, jedoch wurden menschliche Stimmen bevorzugt. Ein Roboter, welcher die BewohnerInnen täglich begrüßt und mit ihrem Namen anspricht, brachte diese dazu, ihm zu antworten, auch wenn sie zu Beginn unsicher waren, wie sie sich gegenüber dem Roboter verhalten sollten (Sabelli et al. 2011). BewohnerInnen nutzten die Roboter eher, je weniger Intelligenz sie ihnen zutrauten (Stafford et al. 2014). Stafford et al. (2014) fanden ebenfalls heraus, dass sich die Haltung der Roboternutzer gegenüber Robotern mit der Zeit verbessert. Man sollte also mit dem Design und dem Verhalten des Roboters vor allem die ersten Interaktionen unterstützen, bei denen sich die BenutzerInnen an den Roboter gewöhnen.

Ein Roboter, welcher in der Pflege eingesetzt wird, sollte nicht nur bezüglich seiner Funktionen spezifisch auf Personen anpassbar sein, sondern auch sein Verhalten sollte auf das Klientel angepasst werden können. Wie schnell oder einfach ein Roboter akzeptiert wird, ist sehr individuell und kann nicht auf die Einsatzgebiete verallgemeinert werden.

23.4.4 Kosten und Sicherheit

Andrade et al. (2014) betonen in ihrem Ausblick auf die Zukunft von Robotern in der Pflege einen weiteren Punkt: die Kosten. Hohe Kosten verhindern eine breite Anwendung, während sinkende Kosten die Akzeptanz von Robotern positiv beeinflussen (Andrade et al. 2014). Bezahlbare respektive kosteneffiziente Roboter, welche einfach zu bedienen sind, würden laut Bilyea et al. (2017) eine momentane Marktlücke schließen.

Bei Robotern, die so nahe mit Menschen zusammenarbeiten, ist natürlich auch die Sicherheit ein Thema. So müssen mobile Serviceroboter der ISO 13482 genügen (Wirth et al. 2020). Die Umsetzung aller Normen und Richtlinien wird, am Beispiel des Roboters Lio, im Beitrag „Erfahrungen aus dem Einsatz von Assistenzrobotern für Menschen im Alter" von Wirth et al. (2020) aufgezeigt.

23.4.5 Fazit

Obwohl es also viele ethische Gründe gibt, die gegen die Verwendung von Robotern in der Pflege sprechen würden, sind sich viele Wissenschaftler wie Feil-Seifer und Matarić (2011), Sharkey und Sharkey (2010) und Sparrow (2002) einig, dass es auf die Verwendung der Roboter ankommt. So sind wir und die Pflegekräfte in der Pflicht, diese nicht zu missbrauchen. Wie Sharkey und Sharkey (2010) in ihrem Paper aufzeigen, gibt es viele Möglichkeiten, mit diesen ethischen Problematiken umzugehen und sie zu entschärfen. Dazu gehört allen voran eine sorgfältige Auslese und spezifische Anpassung der Roboter an das jeweilige Bedürfnis der Benutzer. Ein grundsätzlich vorsichtiges Design der Roboter sowie ein starker Einbezug der Endnutzer sollten dabei tragende Kräfte sein. In Anbetracht der benötigten Spezifität wäre es gut, wenn die Roboter selbst anpassbar sind und sich somit dem Patienten und seinem Gesundheitsverlauf angleichen können (Broadbent et al. 2010). Vor allem die Pflegekräfte, aber auch alle anderen betroffenen Interessengruppen sollten die neuen Technologien nicht nur nutzen, sondern auch kritisch hinterfragen und sich in die Entwicklung einbringen (Papadopoulos et al. 2018; Vandemeulebroucke et al. 2018). Wichtig ist dabei immer, auch die pflegebedürftigen Personen selbst zu fragen, was sie überhaupt benötigen. So ließen Mast et al. (2012) sowohl ältere Menschen als auch ehrenamtliche Pflegepersonen 25 verschiedene Aufgaben, die ein Roboter übernehmen könnte, bewerten. Dabei wurden von den älteren Menschen die Möglichkeit, in einer Notfallsituation zu helfen, die Fähigkeit, Objekte zu greifen (vom Boden oder einem hohen Gestell), und das Vorlesen von kleinen Buchstaben, zum Beispiel auf Verpackungen, als die drei nützlichsten Fähigkeiten gewertet. Aus der Sicht der Pflegekräfte waren dies Erinnerungen an Termine oder Medikamente und erst an dritter Stelle die Möglichkeit, in einer Notfallsituation zu reagieren. Auch bei den als weniger nützlich eingestuften Aufgaben gab es teilweise signifikante Unterschiede bezüglich der Bewertung der Nützlichkeit zwischen den älteren Menschen und den Pflegekräften.

Weitere Möglichkeiten, um den oben genannten ethischen Bedenken zu begegnen, sind, die Programmierung so anzupassen, dass ein Roboter immer anzeigen muss, wenn gerade eine Überwachung stattfindet. Ein Companion Robot könnte die Anzahl der Interaktionen mit anderen Menschen messen und darauf reagieren, falls zu wenige zwischenmenschliche Interaktionen in einem gewissen Zeitraum stattgefunden haben (Sharkey und Sharkey 2010). Damit solche grundsätzlich einfachen Lösungen auch umgesetzt werden, wäre die Idee von Sharkey und Sharkey (2010) sicherlich gut, allgemeingültige Richtlinien einzuführen, welche auf einer guten Studiengrundlage und der Meinung der schlussendlichen Endnutzer beruhen. Solche Regeln würden helfen, die Bedenken im Umgang mit Robotern in der Pflege zu verkleinern, wodurch man sich auf die Vorteile der Interaktion mit den Robotern konzentrieren könnte, welche durch verschiedene Studien indiziert wurden: Mehr Bewegung, reduzierte Angst, reduzierte Einsamkeit, geringerer Medikamentenkonsum und eine allgemein erhöhte Lebensqualität (Pu et al. 2019).

23.5 Lio

Lio ist ein Beispiel für einen Roboter, welcher in der Pflege, sowohl in Privathaushalten als auch in Gesundheitseinrichtungen, eingesetzt werden kann. Er wird von der F&P Robotics AG, einem Schweizer Pionier im Bereich der Mensch-Roboter-Interaktion, entwickelt und produziert. Er besteht aus einer mobilen Plattform mit einem Roboterarm, der sechs Freiheitsgrade besitzt (Abb. 23.1). Sein Arm ist gepolstert und mit weichem Kunstleder überzogen, was die Interaktion mit ihm angenehmer und sicherer macht. Verschiedene Sensoren und Kameras ermöglichen Lio die Interaktionen zwischen sich, seiner Umwelt und den Menschen. Er besitzt neben Lautsprechern ein Display und ein LED-Band, um zu kommunizieren. Über ein Mikrofon kann er Sprachbefehle entgegennehmen, er reagiert aber auch auf Druck des Kopfs oder Berührungen seiner Sensoren an den Fingern. Durch die eingebauten Sensoren in der Plattform kann Lio selbstständig navigieren. Seine knotenbasierte Systemfunktionalität basiert auf einer Kombination aus der selbst-

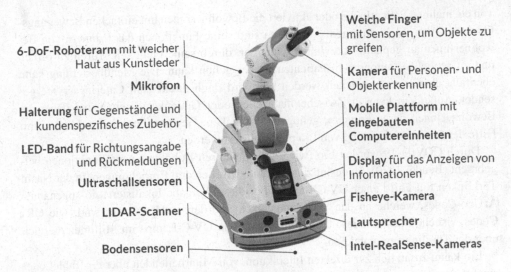

6-DoF-Roboterarm mit weicher Haut aus Kunstleder

Mikrofon

Halterung für Gegenstände und kundenspezifisches Zubehör

LED-Band für Richtungsangabe und Rückmeldungen

Ultraschallsensoren

LIDAR-Scanner

Bodensensoren

Weiche Finger mit Sensoren, um Objekte zu greifen

Kamera für Personen- und Objekterkennung

Mobile Plattform mit eingebauten Computereinheiten

Display für das Anzeigen von Informationen

Fisheye-Kamera

Lautsprecher

Intel-RealSense-Kameras

Abb. 23.1 Übersicht von Lio: Sensoren und Hardware

entwickelten Robotersteuerung und Programmiersoftware myP zusammen mit Algorithmen, welche auf dem Robot Operating System (ROS) aufsetzen. Dies ermöglicht die Kommunikation zwischen allen Modulen sowie eine einfache Übersicht, Steuerung und Austauschbarkeit aller Softwaremodule (Caroni et al. 2020). Genauere Details zu Lio und seiner Funktionsweise können dem Paper „Lio – A Personal Robot Assistant for Human-Robot Interaction and Care Applications" (Mišeikis et al. 2020) entnommen werden.

Lio unterscheidet sich von anderen Servicerobotern durch seinen Arm, welcher ihm Manipulationen von Gegenständen ermöglicht. Er kann dadurch Türen öffnen und schließen, aber auch Objekte vom Boden aufheben oder aus einem Schrank nehmen und übergeben. Gerade in Zeiten einer Pandemie sind diese Funktionen sehr nützlich, da sie es ermöglichen, den Kontakt zwischen Stationen oder auch zwischen Pflegekräften und PatientInnen einzuschränken und so die Ausbreitung von Krankheitserregern zu vermindern.

Das Ziel von Lio ist die Entlastung des Pflegepersonals von repetitiven und zeitaufwendigen Aufgaben. So übernimmt er beispielsweise Transporte, damit die Mitarbeitenden mehr Zeit haben, sich um die direkte Pflege und menschliche Interaktion zu kümmern. Zusätzlich kann Lio bei der Aktivierung und Unterhaltung der BewohnerInnen mithelfen und so zu einer höheren Lebensqualität beitragen. Lio bringt also sowohl für die BewohnerInnen als auch für das Pflegepersonal einen Mehrwert. Gleichzeitig ermöglicht er den Institutionen, sich von anderen abzuheben und sich so im kompetitiven Markt einen Platz zu sichern (Früh und Gasser 2018).

Bisher wird Lio in zehn verschiedenen Gesundheitseinrichtungen eingesetzt, teilweise bereits seit Mitte 2019. Er hat dabei institutionsspezifische Aufgaben. In einer Rehabilitationsklinik ist er zum Beispiel für den Transport von Laborproben und Briefen verantwortlich. Parallel zu solchen täglichen Routineaufgaben unterhält er die BewohnerInnen mit Musik, Spielen oder Witzen und interagiert mit ihnen. Er erzählt Geschichten von ehemaligen PatientInnen oder aktiviert die BewohnerInnen mit einfachen Bewegungs-übungen (Abb. 23.2). In einem Altersheim sind seine Funktionen das Erinnern von Be-wohnerInnen an geplante Aktivitäten, wobei er, durch seine Fähigkeit, Türen zu öffnen und zu schließen, autonom in Patientenzimmer gehen kann. Die Menübestellung kann ebenfalls über Lio abgewickelt werden und wird dann direkt zum Cateringservice ge-sendet. Außerdem kann er Zwischenmahlzeiten oder Getränke verteilen und dabei die BewohnerInnen daran erinnern, genügend zu trinken. Gewisse Funktionen können mit Hilfe der Gesichtserkennung von Lio personalisiert werden.

Durch COVID-19 wurden Lio (wie einigen anderen Robotern) neue Funktionen bei-gebracht (Bendel 2020). So desinfiziert er, in inzwischen drei Einrichtungen, in der Nacht Türklinken mit Hilfe einer UV-C-Lampe. Für diese Aufgabe lokalisiert Lio sogenannte ArUco-Codes, welche an den Türen angebracht wurden. ArUco-Codes sind, wie QR-Codes, visuelle Marker. Diese helfen ihm dabei, die UV-C-Lampe im Millimeterbereich über der Türklinke zu platzieren.

Lio kann, zusätzlich zur direkten Interaktion, von Mitarbeitenden über ein Tablet oder einen Computer gesteuert werden, womit sie Funktionen starten oder Erinnerungen ein-planen können (Mišeikis et al. 2020). Lio kann ebenfalls über das Smartphone fern-gesteuert werden, womit er beispielsweise Gegenstände vom Boden auflesen kann. Neben einer Institution, in der diese Fernsteuerung von Lio verwendet wird, wurde er in einem Projekt eingesetzt, in welchem er mehrere Wochen bei einer Frau mit Querschnitts-lähmung zu Hause war. Er brachte ihr mehr Unabhängigkeit in ihren täglichen Aufgaben.

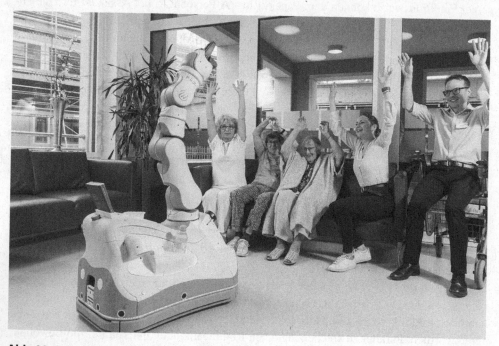

Abb. 23.2 Lio animiert die Bewohnerinnen zu Bewegungsübungen

So konnte sie sich mit der Fernsteuerung selbst beim Ausziehen einer Jacke helfen. Hierfür müsste sie sonst auf eine Person der Spitex warten. Auch eine Flasche, welche in der Küche stand, konnte auf Befehl von Lio gebracht und von ihm geöffnet werden.

Aus Sicht der F&P Robotics AG ist es wichtig, den Einsatz von Robotern in der Pflege als Ergänzung und nicht als Ablösung der Pflegekräfte zu nutzen. Es ist unerlässlich, die Ängste von BewohnerInnen und Angestellten sowie die ethischen Problematiken, welche bereits erwähnt wurden (Broadbent 2017; Carros 2019; Feil-Seifer und Matarić 2011; Sharkey und Sharkey 2010; Sparrow 2002), ernst zu nehmen. Deshalb führt die F&P Robotics AG an allen Einsatzorten von Lio jeweils Studien zu seinem Einsatz durch. Diese ermöglichen eine Anpassung von Lio an seine Aufgaben und die Interaktion mit den jeweiligen BewohnerInnen.

Während seiner Entwicklung wurden mehrere Usability-Studien in Gesundheitseinrichtungen durchgeführt, um ihn optimal zu designen. So wurde zum Beispiel Lios Kopfposition so festgelegt, dass sie unter der Augenhöhe der PatientInnen liegt, da er ansonsten in einigen Fällen als bedrohlich wahrgenommen wurde (Wirth et al. 2020). Die enge Begleitung von Lio an seinen Einsatzorten hilft, den Ängsten und Bedenken der Pflegekräfte und PatientInnen zu begegnen.

Natürlich sind die oben erwähnten Hürden für die Anwendung von Robotern in der Pflege auch bei Lio ein Thema. So braucht er zum Beispiel Kameras zur Navigation, was mit Angst vor Überwachung oder dem Schutz der Privatsphäre einhergehen kann. Dabei werden jedoch keine Aufnahmen getätigt, sondern es werden nur die Echtzeitdaten der Kamera verwendet und direkt verarbeitet. Bei der Gesichtserkennung ist das anders, da die Gesichter der zu erkennenden Personen eingespeichert werden müssen. Diese sind jedoch nicht zentral auf einer Datenbank, sondern nur lokal auf dem einzelnen Lio-Modell verfügbar und werden nur nach schriftlichem Einverständnis der Person erfasst. Bezüglich der Kontrolle über den Roboter kommt es auf die Aufgabe an, die er ausführen soll. Gewisse Aufgaben, wie zum Beispiel die Desinfektion, können nur vom Personal via Computer oder Tablet geplant werden. Bei einer Interaktion mit PatientInnen kann Lio aber immer direkt gesteuert werden, über Berührungen oder über Sprachbefehle. Die restlichen im vergangenen Kapitel (Abschn. 23.4.2) aufgezählten ethischen Bedenken sind für die momentane Anwendung von Lio nicht relevant.

Für die Zukunft ist es das Ziel der F&P Robotics AG, Lios Repertoire an Funktionen zu erweitern. Dies immer auch unter Einbezug des „Good Work Charter of the European Robotics Industry" der EUnited Robotics, bei welchem die F&P Robotics AG mitgearbeitet hat (2020). Eines der zehn Leitthemen ist der „Ease of Use" von Robotern, welcher natürlich in Anbetracht der Nutzer von Lio – Personen, welche nicht auf Robotik trainiert sind – sehr wichtig ist. Für die Zukunft soll seine Autonomie erhöht werden. Er soll Aufzüge benutzen können und Objekte wie Türklinken, Aufzugsknöpfe oder Lichtschalter ohne zusätzliche Marker lokalisieren und identifizieren können. Dies würde einen Betrieb in gesamten Einrichtungen anstatt nur auf speziellen Wegen oder Stationen ermöglichen. Zusätzlich soll Lios Verhalten proaktiver werden. Das heißt, dass er bestimmte Personen in seiner Umgebung aktiv findet und sie dann entweder zu Terminen begleiten kann oder einfach zur Unterhaltung animiert. Diese Funktion wird selbst kognitiv eingeschränkten Personen eine eigenständige Verwendung von Lio ermöglichen. In ferner Zukunft werden auch Funktionen entwickelt, in denen der Roboter viel näher an den Personen arbeiten muss. Auf der Wunschliste stehen zum Beispiel Funktionen wie das Begleiten und Assistieren beim Toilettengang, das An- und Ausziehen von Stützstrümpfen oder die Essenseingabe.

23.6 Schlussfolgerung

Wie Carros (2019) in seinem Paper aufzeigt, sind Ängste gegenüber Robotern in der Pflege allgegenwärtig und sollten deshalb auch in die Forschung und Anwendung miteinbezogen werden. Sollen nun aber, aufgrund der genannten Ängste und ethischen Bedenken, Roboter nicht mehr in der Pflege angewendet werden? Weder Sparrow (2002) noch Sharkey und Sharkey (2010) sehen die ethischen Bedenken und Ängste als Hindernis, sofern die Roboter „richtig" eingesetzt werden, also als Unterhaltungsmöglichkeit oder Hilfe im Alltag, aber nicht als Ersatz für eine emotionale Bindung. Je nach Autor werden für diese Art der „richtigen" Anwendung unterschiedliche Ideen hervorgebracht. So sehen Sharkey und Sharkey (2010) allgemein gültige Richtlinien als eine mögliche Lösung. Ein Einbezug sowohl der Endnutzer als auch der Pflegekräfte gilt ebenfalls als guter Weg, um die Roboter und ihr Verhalten optimal zu gestalten (Papadopoulos et al. 2018; Sharkey und Sharkey 2010; Vandemeulebroucke et al. 2018). Weiter sollte dabei nicht vergessen gehen, dass gerade bei Robotern, welche nicht nur von Pflegepersonen, sondern auch direkt von PatientInnen benutzt werden, eine gute Anpassung an die Person, aber auch an den Krankheitsverlauf der Person wichtig ist (Broadbent et al. 2010). Dies wird unterstützt von Tinker und Lansley (2005), welche in ihrer Studie aufzeigen, dass unterstützende Technologien im Alltag grundsätzlich besser akzeptiert werden, wenn diese auf einen wahrgenommenen Nutzen angepasst sind. Zusätzlich sollte man das Design und das Auftreten des Roboters ebenfalls anschauen – so ist eine dem eigenen Geschlecht angepasste Stimme und ein ausdrucksstarker Roboter besser akzeptiert und ruft stärkere Antwortreaktionen hervor (Eyssel et al. 2012; Heerink et al. 2009).

Kann man also die Roboter einfach nach diesen Regeln, möglichst anpassbar und für einen guten Grund, designen und alle ethischen Bedenken sind aus der Welt geschafft? Schlussendlich sollte jede Person selbst entscheiden können, ob sie mit Unterstützung eines Roboters gepflegt werden möchte oder nicht. Gewisse Personen bevorzugen die Pflege durch einen Roboter, da sie damit selbstständiger sind (Sharkey und Sharkey 2010). Andere wiederum sind grundsätzlich dagegen, dass ein Roboter bei ihrer Pflege assistiert (Rebitschek und Wagner 2020).

Die einfachste Variante hierfür ist, dass jede Person selbst entscheiden können sollte, ob sie die Assistenz durch einen Roboter wünscht oder nicht. Für Personen, welche nicht mehr urteilsfähig sind, könnte eine ergänzende Patientenverfügung, welche genau diesen Punkt regelt, eine Variante sein (Bendel 2018). Bezüglich der Forschung und der Roboter, welche momentan in Anwendung sind, scheint der wichtigste Punkt die spezifische Adaption an die Personen zu sein. Das bedeutet, dass jegliche Forschung und Weiterentwicklung, aber auch jede Anwendung zumindest bis zu einem gewissen Grad speziell angeschaut und der Roboter möglichst gut angepasst werden sollte. Einen Roboter zu entwickeln, der für alle möglichen PatientInnen und Anwendungen gleich gut funktioniert, könnte schwer werden, nicht nur wegen der vielen möglichen Funktionen, sondern auch wegen der fehlenden Akzeptanz eines allgemeinen Modells. Da diese Roboter in der Pflege sehr viele Interaktionen mit Menschen haben, sollte nicht nur darauf geachtet werden, dass die Roboter ihre Arbeit gut machen, sondern dass sich die Menschen im Umfeld der Roboter auch wohlfühlen. Neben gewissen Sicherheitsstandards, für welche längst Richtlinien existieren, gehören hierzu eben ethische Bedenken und Ängste, welchen man mit einem guten Design und einer spezifischen Nutzung begegnen kann und soll.

Literatur

aibo's Tricks. (o. D.) aibo. https://us.aibo.com/contents/. Zugegriffen am 05.04.2021

Aido User Manual. (o. D.) aido. https://indd.adobe.com/view/ae2b8915-9e07-4d56-9364-bbbaae9a1f8c. Zugegriffen am 05.04.2021

Alonso SG, Hamrioui S, de la Torre Díez I, Motta Cruz E, López-Coronado M, Franco M (2019) Social robots for people with aging and dementia: a systematic review of literature. Telemed J E Health 25(7):533–540

Andrade AO, Pereira AA, Walter S, Almeida R, Loureiro R, Copagna D, Kyberd PJ (2014) Bridging the gap between robotic technology and health care. Biomed Signal Pro Control 10:65–78

Banks MR, Willoughby LM, Banks WA (2008) Animal-assisted therapy and loneliness in nursing homes: use of robotic versus living dogs. J Am Med Dir Assoc 9:173–177

Bendel O (2018) Roboter im Gesundheitsbereich. In: Bendel O (Hrsg) Pflegeroboter. Springer Gabler, Berlin, S 195–212

Bendel O (2020) Der Einsatz von Servicerobotern bei Epidemien und Pandemien. HMD – Praxis der Wirtschaftsinformatik, 14. Oktober 2020 (Open Access). https://link.springer.com/article/10.1365/s40702-020-00669-w. Zugegriffen am 04.03.2021

Bendel O, Gasser A, Siebenmann J (2020) Co-robots as care robots. Accepted paper of the AAAI 2020 Spring symposium „applied AI in healthcare: safety, community, and the environment" (Stanford University). In: ArXiv, 10. April 2020. Cornell University, Ithaca. https://arxiv.org/abs/2004.04374. Zugegriffen am 04.03.2021

Bilyea A, Seth N, Nesathurai S, Abdullah H (2017) Robotic assistants in personal care: a scoping review. Med Eng Phys 49:1–6

Birks M, Bodak M, Barlas J, Harwood J, Pether M (2016) Robotic seals as therapeutic tools in an aged care facility: a qualitative study. J Aging Res 2016:7

Broadbent E (2017) Interactions with robots: the truths we reveal about ourselves. Annu Rev Psychol 68:627–652

Broadbent E, Stafford R, MacDonald B (2010) Acceptance of healthcare robots for the older population: review and future directions. Int J Soc Robot 2:439–450

Bundeszentrale für politische Bildung (2019) Bevölkerungsentwicklung und Altersstruktur. https://www.bpb.de/nachschlagen/zahlen-und-fakten/soziale-situation-in-deutschland/61541/altersstruktur#:~:text=Auch%20die%20Zahl%20der%20Hochaltrigen,9%20auf%206%2C2%20Prozent. Zugegriffen am 08.03.2021

Caroni P, Bleuler T, Morgado A (2020) Assistenzroboter Lio – In Zeiten von Pandemien. In: Zerth J, Forster C, Müller S et al (Hrsg) Kann Digital Pflege? 3. Clusterkonferenz „Zukunft der Pflege", Bd 2. PPZ, Nürnberg, S 73–76

Carros F (2019) Roboter in der Pflege, ein Schreckgespenst?. Mensch und Computer 2019 – Workshopband. Bonn: Gesellschaft für Informatik e.V. DOI: 10.18420/muc2019-ws-588

Cayton H (2005) From childhood to childhood? Autonomy and dependence through the ages of life. In: Hughes J, Louw S, Sabat SR (Hrsg) Dementia: mind, meaning, and the person. Oxford University Press, Oxford

EUnited Robotics (2020) Good work charter of the European robotics industry. In: EUnited AISBL, Boulevard A (Hrsg) Reyers. Brussels, S 80–1030

Eyssel F, Kuchenbrandt D, Bobinger S, de Ruiter L, Hegel F (2012) ‚If you sound like me, you must be more human': on the interplay of robot and user features on human-robot acceptance and anthropomorphism. 7th ACM/IEEE international conference on human-robot interaction (HRI), Boston, S 125–126

Feil-Seifer D, Matarić MJ (2011) Socially assistive robotics. In: IEEE robotics & automation magazine, S 24–31

Fischinger D, Einramhof P, Papoutsakis K, Wohlkinger W, Mayer P, Panek P, Hofmann S, Koertner T, Weiss A, Argyros A, Vincze M (2016) Hobbit, a care robot supporting independent living at home: first prototype and lessons learned. Robot Auton Syst 75:60–78

Früh M, Gasser A (2018) Erfahrungen aus dem Einsatz von Pflegerobotern für Menschen im Alter. In: Bendel O (Hrsg) Pflegeroboter. Springer Gabler, Wiesbaden, S 37–62

Gasser A, Steinemann S, Opwies K (2017) A qualitative view on elders interacting with a health care robot with bodily movements. University of Basel, Basel

Graf B, Hans M, Schraft RD (2004) Care-O-bot II – development of a next generation robotic home assistant. Auton Robot 16:193–205

Healthcare. (o. D.) SoftBank robotics. https://www.softbankrobotics.com/emea/en/industries/healthcare. Zugegriffen am 05.04.2021

Heerink M, Kröse B, Wielinga B, Evers V (2009) Measuring the influence of social abilities on acceptance of an interface robot and a screen agent by elderly users. 23rd British HCI group annual conference on people and computers: celebrating people and technology. Cambridge, S 430–439

InGen Dynamics. (o. D.) Meet AIDO. https://www.startengine.com/aido. Zugegriffen am 05.04.2021

Kachouie R, Sedighadeli S, Khosla R, Chu M-T (2014) Socially assistive robots in elderly care: a mixed-method systematic literature review. Int J Human Comput Interact 30:369–393

Mast M, Burmester M, Krüger K, Fatikow S, Arbeiter G, Graf B, Kronreif G, Pigini L, Facal D, Qiu R (2012) User-centered design of a dynamic-autonomy remote interaction concept for manipulation-capable robots to assist elderly people in the home. J Human Robot Interact 1:96–118

Meyer M (2011) Stress fressen Seele auf. Gesundheit und Gesellschaft: 10. https://www.aok-gesundheitspartner.de/imperia/md/gpp/rh/vigo/pflege/g_g-spezial_11_2011_pflege.pdf. Zugegriffen am 04.03.2021

Mišeikis J, Caroni P, Duchamp P, Gasser A, Marko R, Mišeikienė N, Zwilling F, de Castelbajac C, Eicher L, Früh M, Früh H (2020) Lio – a personal robot assistant for human-robot interaction and care applications. IEEE Robot Autom Lett 5(4):5339–5346

Mitzner TL, Chen TL, Kemp CC, Rogers WA (2014) Identifying the potential for robotics to assist older adults in different living environments. Int J Soc Robot 6:213–227

Mukai T, Hirano S, Nakashima H, Kato Y, Sakaida Y, Guo S, Hosoe S (2010) Development of a nursing-care assistant robot RIBA that can lift a human in its arms. In: 2010 IEEE/RSJ international conference on intelligent robots and systems, Taipei International Convention Center, Taipei, S 5996–6001

Olaronke I, Oluwaseun O, Rhoda I (2017) State of the art: a study of human-robot interaction in healthcare. Int J Inf Eng Electron Bus 9:43–55

Pandey AK, Gelin R (2018) A mass-produced sociable humanoid robot. IEEE Robotics & Automation Magazine, S 40–48

Papadopoulos I, Koulouglioti C, Ali S (2018) Views of nurses and other health and social care workers on the use of assistive humanoid and animal-like robots in health and social care: a scoping review. Contemp Nurse 54(4–5):425–442

Pu L, Moyle W, Jones C, Todorovic M (2019) The effectiveness of social robots for older adults: a systematic review and meta-analysis of randomized controlled studies. Gerontologist 59(1):e37–e51

Rebitschek FG, Wagner GG (2020) Akzeptanz von assistiven Robotern im Pflege- und Gesundheitsbereich. Z Gerontol Geriatr 53:637–643

Robinson H, MacDonald B, Broadbent E (2014) The role of healthcare robots for older people at home: a review. Int J Soc Robot 6:575–591

Sabelli AM, Kanda T, Hagita N (2011) A conversational robot in an elderly care center: an ethnographic study. 6th international conference on human-robot interaction (Lausanne, Switzerland), S 37–44

Scoglio AA, Reilly ED, Gorman JA, Drebing CE (2019) Use of social robots in mental health and well-being research: systematic review. J Med Internet Res 21(7):e13322

Sharkey A, Sharkey N (2010) Granny and the robots: ethical issues in robot care for the elderly. Ethics Inf Technol 14:27–40

Sparrow R (2002) The march of the robot dogs. Ethics Inf Technol 4:305–318

Stafford RQ, MacDonald BA, Jayawardena C, Wegner DM, Broadbent E (2014) Does the robot have a mind? Mind perception and attitudes towards robots predict use of an eldercare robot. J Soc Robot 6(1):17–32

Sun N, Yang E, Corney J, Chen Y, Ma Z (2018) A review of high-level robot functionality for elderly care. 2018 24th international conference on automation and computing (ICAC), Newcastle upon Tyne, S 1–6

Tanioka T (2019) Nursing and rehabilitative care of the elderly using humanoid robots. J Med Invest 66:19–23

Tinker A, Lansley P (2005) Introducing assistive technology into the existing homes of older people: feasibility, acceptability, costs and outcomes. J Telemed Telecare 11:1–3

Vandemeulebroucke T, Dierckx de Casterlé B, Gastmans C (2018) The use of care robots in aged care: a systematic review of argument-based ethics literature. Arch Gerontol Geriatr 74:15–25

Wada K, Shibata T (2007) Social effects of robot therapy in a care house – change of social network of the residents for two months. IEEE international conference on robotics and automation, Rome, S 1250–1255

Wada K, Shibata T, Saito T, Tanie K (2004) Effects of robot-assisted activity for elderly people and nurses at a day service center. Proc IEEE 92(11):1780–1788

Wada K, Shibata T, Musha T, Kimura S (2005) Effects of robot therapy for demented patients evaluated by EEG. 2005 IEEE/RSJ international conference on intelligent robots and systems, Edmonton, Alta, S 1552–1557

Wallenfels M (2016) Pflege 4.0: Die Zukunft der Pflege durch Roboter. ProCare 21:42–45

Wilkinson J (2015) The strong robot with the gentle touch. https://www.riken.jp/en/news_pubs/research_news/pr/2015/20150223_2/. Zugegriffen am 05.04.2021

Wirth L, Siebenmann J, Gasser A (2020) Erfahrungen aus dem Einsatz von Assistenzrobotern für Menschen im Alter. In: Buxbaum H-J (Hrsg) Mensch-Roboter-Kollaboration. Springer Gabler, Wiesbaden, S 257–279

Soziale Roboter im sexuellen Bereich

24

Forschungsstand, neomaterialistische Perspektiven und queeres Potenzial

Tanja Kubes

Made to fall in love.

(realdollx.ai)

Zusammenfassung

Der Beitrag diskutiert den Einsatz von sozialen Robotern im sexuellen Bereich. Er zeichnet die aktuelle Debatte um Sexroboter nach und lotet das durch neue Formen der Mensch-Maschine-Interaktion eröffnete Potenzial einer posthumanistischen Sozialität aus. Dabei wird zunächst definiert, was überhaupt unter einem Sexroboter zu verstehen ist und welche Design- und Konfigurationsoptionen aktuell angeboten werden. Im nächsten Schritt wird der Forschungsstand zum Thema knapp skizziert. Schließlich wird aus genderqueerer und feministischer STS-Perspektive diskutiert, inwiefern Sexroboter uns nicht nur in die Lage versetzen, neue, nie da gewesene Arten von Sexualität und sexueller Befriedigung zu erreichen, sondern auch die Möglichkeit bergen, das anthropozentrische Denken der Moderne zu überwinden.

T. Kubes (✉)
TU Berlin, Berlin, Deutschland
E-Mail: tanja.kubes@tum.de

24.1 Einleitung

Der Wunsch des Menschen, sich ein künstliches Gegenüber zu erschaffen und ihm Leben einzuhauchen, ist nicht neu. Seit der Antike wurde die Idee in immer neuen Variationen erzählerisch durchgespielt. Ob in Ovids *Pygmalion und Galatea*, in der Legende vom Golem, in E.T.A. Hoffmanns *Der Sandmann* oder Mary Shelleys *Frankenstein*, ob in Hollywoodfilmen wie *Die Frauen von Stepford* und *Ex Machina* oder Serien wie *Real Humans* und *Black Mirror* – der Topos vom menschengemachten Lebewesen kann mit Recht als eigenes narratives Genre bezeichnet werden. Seinen zeitgenössischen Ausdruck findet er in der Idee einer romantischen Verbindung von Menschen und Robotern.

Menschenähnliche Roboter waren lange Zeit ein reines Fantasieprodukt. Jüngste Entwicklungen im Bereich der Sozialrobotik zeigen jedoch, dass das keineswegs so bleiben muss. Längst schon unterstützen uns Roboter nicht mehr allein in Produktionsabläufen oder bei der Erledigung gefährlicher oder eintöniger Aufgaben. Sie dringen immer stärker auch in unseren privaten und privatesten Bereich ein. Spätestens seit 2018 mit *Harmony* der erste funktionstüchtige Sexroboter auf den Markt kam, ist das Leben und Lieben mit Robotern zu einer realen Option geworden – zumindest für Personen, die über die entsprechenden finanziellen Ressourcen verfügen und sich von Design und Funktionsumfang der aktuellen Modelle nicht abschrecken lassen.

Dieser Beitrag diskutiert den Einsatz von sozialen Robotern im sexuellen Bereich. Er soll die aktuelle, oft kontrovers geführte Debatte um Sexroboter nachzeichnen und das durch neue Formen der Mensch-Maschine-Interaktion eröffnete Potenzial einer posthumanistischen Sozialität ausloten. Dabei wird zunächst definiert, was überhaupt unter einem Sexroboter zu verstehen ist und welche Design- und Konfigurationsoptionen aktuell angeboten werden. Im nächsten Schritt wird der Forschungsstand zum Thema knapp skizziert. Schließlich wird aus genderqueerer und feministischer STS-Perspektive diskutiert, inwiefern Sexroboter uns nicht nur neue, nie da gewesene Arten von Sexualität ermöglichen können, sondern auch das Potenzial haben, das anthropozentrische Denken der Moderne zu überwinden.

24.2 Allgemeine Annäherung an Sexroboter

Fortschritte im Bereich Sexrobotik und Robotersex machen nicht nur die Bewältigung konkreter ingenieurwissenschaftlicher Herausforderungen nötig, sondern auch die Adressierung zahlreicher ethischer, philosophischer, psychologischer, pädagogischer und kultur- und sozialwissenschaftlicher Fragen. Anders als bei technischen Innovationen in anderen Feldern nimmt die Öffentlichkeit an den Entwicklungen regen Anteil. Entsprechend groß ist das Medienecho, auf das sie in den letzten Jahren stießen. Kaum eine große Zeitung, kaum ein Magazin, kaum ein TV-Sender, der das Thema nicht aufgegriffen hätte. Künstler*innen widmen sich auf internationalen Treffen und Ausstellungen der Problematik, und auch in den populärwissenschaftlichen Diskurs hat das Thema längst Einzug gehalten (vgl. etwa Nida-Rümelin und Weidenfeld 2018). Selbst in der Politik wurde die Problematik schon diskutiert. Der Deutsche Bundestag hat sich 2018 auf eine Anfrage der FDP hin mit der Frage beschäftigt, ob Sexroboter unter bestimmten Voraussetzungen als verschreibungspflichtige Therapiemethode eingesetzt werden sollen – der Antrag wurde abgelehnt (Deutscher Bundestag 2018).

Es scheint bei all dem, als herrsche, zumindest bei der interessierten Öffentlichkeit, ein weitgehender Konsens darüber, was unter einem Sexroboter zu verstehen ist. Versucht man allerdings, sich im Dickicht der Literatur zum Thema Sexroboter und Robotersex zu orientieren, fällt schnell auf, dass in zahlreichen Publikationen keinerlei Abgrenzung zu anderen Bereichen sowohl der Robotik als auch der sexuellen Hilfsmittel vorgenommen wird. Was also ist ein Sexroboter?

24.2.1 Was ist ein Sexroboter?

In diesem Beitrag stehen explizit Sex*roboter* im Fokus. Auf die Sexrobotern optisch gleichenden Sex- oder Liebespuppen, die einige der Hersteller ebenfalls anbieten, wird hingegen nicht eingegangen. Im Gegensatz zu solchen Puppen sind Sexroboter ausdrücklich auch als *soziale* Gegenüber konzipiert, mit denen eine sprachliche und emotionale Interaktion möglich sein soll, die dem Austausch zwischen Menschen nachempfunden ist. Sex*puppen* hingegen verfügen weder über robotische Elemente noch über eine künstliche Intelligenz, die es ihnen erlauben würde, sich als soziale Agenten zu gerieren. Entsprechend fehlt ihnen jede Möglichkeit, eine emotionale Beziehung zu ihren Nutzer*innen zu simulieren. Sex- oder Liebespuppen sind nichts weiter als dem Menschen nachgebildete Puppen, die zu sexuellen Zwecken genutzt werden können. Aus demselben Grund wird im Beitrag auch nicht auf Sexspielzeug Bezug genommen.

Unsere Vorstellung von Robotern ist stark von medial vermittelten Bildern geprägt, in denen menschenähnliche Roboter selbstständig agieren, sich frei bewegen und optisch kaum noch von Menschen zu unterscheiden sind. Von dieser medialen Vorgabe sind die heute angebotenen Modelle allerdings ausnahmslos noch weit entfernt. Bislang gibt es keinen einzigen Sexroboter, der sich selbstständig bewegen könnte: Laufen, Stehen, Umarmen, Streicheln, Küssen – nichts davon können die „Roboter", die derzeit auf dem Markt sind. Auch die am weitesten entwickelten Modelle bleiben so letztlich passive Bettgefährt*innen, die von ihren Nutzer*innen in die gewünschte Position gebracht werden müssen. Eine sitzende oder liegende Haltung können sie dabei aufgrund ihrer Materialbeschaffenheit und ihres Gewichts nur zeitlich begrenzt einnehmen, da sonst die Gefahr besteht, dass das Material Druckstellen bekommt.

Sexroboter im Sinne dieses Beitrags sind also soziale Roboter, die zur Befriedigung sexueller Bedürfnisse entwickelt werden. Die Roboter müssen so konzipiert sein, dass sie nicht allein für den sexuellen Gebrauch zur Verfügung stehen, sondern darüber hinaus auch weitergehende soziale und emotionale Bedürfnisse ihrer Nutzer*innen stillen können. Um das leisten zu können, müssen sie über eine KI verfügen, die ihnen eine Mimikry menschlichen Verhaltens gestattet. Kontrovers diskutiert wird hingegen die Frage, ob sie dabei auch zwingend einer humanoiden Form bedürfen. Noch bejahen die meisten Autor*innen und Hersteller die Frage zwar, in jüngster Zeit gewinnen jedoch Überlegungen, Sexroboter vom Diktat der Mimesis zu befreien, zunehmend an Einfluss (u. a. Kubes 2019a, b, c, 2020a).

24.2.2 Aktuelle Sexrobotermodelle

Welche Funktionen und Designoptionen für Sexroboter werden aktuell angeboten? Exemplarisch möchte ich im Folgenden vor allem auf die Modelle des US-amerikanischen Herstellers *Abyss Creations* eingehen, der 2018 mit der Präsentation von *Harmony* den ersten Sexroboter zur Marktreife gebracht hat. Der Hersteller selbst, der auf eine lange Firmengeschichte der Produktion von Sexpuppen zurückblicken kann, bevor er begann, diese mit KI und einem robotischen Kopf aufzurüsten, vermeidet übrigens die Bezeichnung „Sexroboter" und spricht stattdessen auf der Firmenwebsite stets von „*realdollX*". Aktuell müssen alle Modelle der *realdollX* noch ohne aktive Bewegungselemente auskommen. Sie bestehen aus dem gleichen Silikonkörper, mit dem auch die „klassischen" Sexpuppen von *Abyss Creations* ausgeliefert werden; dieser kann jedoch mit einem Roboterkopf kombiniert werden. Sollte es Nutzer*innen geben, die vorrangig an den robotischen Funktionen im engeren Sinne interessiert sind, könnten diese auch lediglich den Kopf erwerben. Die Grundkonstruktion des Kopfes ist dabei bei allen Modellen gleich. Die (austauschbaren) Gesichter können von den Nutzer*innen selbst durch ein integriertes modulares Magnetsystem auf die Grundeinheit montiert werden.

Bis zum Frühjahr 2021 ist die Produktpalette der *realdollX* auf insgesamt fünf Modelle angewachsen. Eine männliche Sexrobotervariante wird, auch wenn in den Medien immer wieder darüber berichtet wird, auf der Homepage noch nicht angeboten. Es besteht aber die Möglichkeit, den weiblichen Körper der *realdollX* mittels eines „Transgender Converters" mit einem hypernaturalistischen Penis und Hoden auszustatten.

Die fünf Modelle starten bei einem Grundpreis von knapp US$ 6000 und lassen sich aufpreispflichtig konfigurieren und personalisieren. Das Skelett besteht aus Leichtmetall und lässt Bewegungen analog zu denen des menschlichen Körpers zu. Der Roboterkörper kann also zur Benutzung in eine grundsätzlich auch von einem menschlichen Körper einnehmbare Pose gebracht werden. Da er über keine robotischen Bewegungselemente verfügt, muss dies aktiv von dem oder der Nutzer*in erledigt werden. Der Körper selbst ist aus Silikon gefertigt und in fünf relativ hell gehaltenen Hauttönen erhältlich. Je nach gewähltem Modell kann die Körpergröße zwischen 155 cm und 167 cm betragen, das Gewicht zwischen 30 und 47 kg. Neben Taillenumfang (55 bis 61 cm) und Hüftumfang (81 bis 96 cm) können die Körbchengröße (70A bis 80DD) sowie Farbe und Form der Brustwarzen konfiguriert werden. Abgesehen von Perücken, Wimpern und Augenbrauen sind die Körper komplett haarlos.

Robotische Elemente, die die *realdollX* zu einem *echten* Roboter machen, befinden sich ausschließlich im Kopf. Hier ist auch die Schnittstelle zur KI, bzw. zum Cloud-Server integriert. Über die dazugehörige *realdollX*-App kann per Smartphone mit dem Roboter kommuniziert werden und lassen sich die Charakterzüge des Roboters festlegen. Zur Auswahl stehen aktuell 12 Persönlichkeitsmerkmale, die unterschiedlich kombiniert und gewichtet werden können.[1] Auch die verbale Interaktion erfolgt stets über die App. Animatronische Elemente im Schädel simulieren dabei die menschliche Mimik und steuern die Bewegungen von Kopf, Mund und Augen.

Für die sexuelle Nutzung sind Mund, Anus und Vagina zur Penetration vorgesehen, wobei lediglich letztere konfiguriert und mit Zusatzfunktionen versehen werden kann. Angeboten werden hier verschiedene Einsätze mit unterschiedlich großen Labien und Klitoris. Als Zusatzoption können oberhalb der Vagina Schamhaare angebracht werden. Der Vaginaeinsatz kann nach Benutzung herausgenommen und gereinigt werden. Zusätzlich lässt sich die Vagina gegen Aufpreis mit einem Bluetooth-Einsatz tunen. Eine entlang des Vaginalkanals verlaufende Membran leitet dabei Bewegungen und Berührungen an die zugehörige App weiter, wodurch die *realdollX* in die Lage versetzt wird, verbal und mimisch sexuelle Erregung zu simulieren. Für die Zukunft sieht die Unternehmens-Roadmap auch integrierte Heizelemente, Selbstbefeuchtungsfunktionen und weitere Berührungssensoren vor.

Ähnliche Entwicklungen werden auf den Websites zahlreicher anderer Hersteller in Aussicht gestellt (*True Companion, Synthea Amathus, DS Doll Robotics, AI Tech*). Ungeachtet der großen medialen Aufmerksamkeit, die ihren Produkten entgegengebracht wird, scheinen diese jedoch von einem Verkaufsstart weit entfernt und bieten überwiegend kostenpflichtige Vorkaufsoptionen an. Der Verdacht liegt nahe, dass zumindest einige dieser Firmen nicht ernsthaft an der Entwicklung von Sexrobotern interessiert sind (vgl. Levy 2013 zum Fall *Roxxxy* von *True Companion*).

24.3 Wissenschaftliche Perspektiven auf Sexroboter

Die wissenschaftliche Debatte über Sexroboter wurde anfänglich im Wesentlichen durch zwei antagonistische Diskurspositionen beherrscht: Auf der einen Seite technokratische Utopisten, die in der Erschaffung von Sexrobotern den Anbruch eines neuen – besseren – Zeitalters vorhersagen, auf der anderen technikskeptische Mahner*innen, die darin den Anfang vom Ende gleichberechtigter Geschlechterbeziehungen sehen. Die beiden Positionen sollen im Folgenden kurz dargestellt und kritisch reflektiert werden. Am Ende des Kapitels wird ein kurzer Überblick über neuere Zugänge zu Robotersex und Sexrobotern gegeben.

---

[1] Die 12 Persönlichkeitsmerkmale sind: unsicher, eifersüchtig, launisch, unberechenbar, liebevoll, sinnlich, gesprächig, intellektuell, hilfsbereit, lustig, fröhlich, spirituell (https://realdollx.ai).

24.3.1 Sexroboter als perfekte Liebhaber

Im Jahr 2007 veröffentlichte David Levy, ein international ausgewiesener Experte für künstliche Intelligenz und früherer Schachgroßmeister, mit *Love and Sex with Robots* die erste umfassende wissenschaftliche Abhandlung über die Möglichkeit intimer Beziehungen zwischen Menschen und Robotern. Levy, ein euphorischer Befürworter von Sexrobotern und Robotersex, wertet für seine Argumentation eine Vielzahl psychologischer und soziologischer Studien zu Liebe und Sexualität aus und leitet daraus ab, dass Liebesbeziehungen und Heiraten zwischen Menschen und Robotern bis zum Jahr 2050 zwangsläufig zustande kommen und genau so normal sein werden wie Beziehungen zwischen Menschen (Levy 2007, S. 22). Zukünftige Sexroboter würden von Menschen kaum unterscheidbar sein und Sympathie für ihr menschliches Gegenüber zumindest simulieren können (Levy 2007, S. 303). Aufbauend auf der Annahme, dass sich jeder Mensch in einer Beziehung Geborgenheit, Anerkennung, Nähe und Stabilität wünscht, sind Sexroboter für Levy die idealen Partner*innen, da sie sich, sobald ihnen die gewünschten Eigenschaften einprogrammiert sind, ausnahmslos diesen entsprechend verhalten werden. Menschen wiederum würden sich in Roboter verlieben, da praktisch alle Faktoren, die für das Sich-Verlieben verantwortlich sind, unabhängig davon wirken, ob das Gegenüber ein anderer Mensch oder ein Roboter ist (Levy 2007, S. 144–145). Die robotische Erfüllung der von Levy als universal betrachteten Grundbedürfnisse des Menschen wird im Buch mit der automatischen Regulierung eines Smarthomes verglichen. Genau wie das smarte Thermostat der Zentralheizung die Wohlfühltemperatur von selbst optimal reguliert, würde auch der Roboter darauf programmiert sein, immer zu wissen, in welcher Art er auf die emotionalen Befindlichkeiten seines menschlichen Gegenübers reagieren sollte (Levy 2007, S. 132). Als virtuose Liebhaber stellen Sexroboter in Levys reichlich mechanistischer Sicht auch deshalb perfekte Partner dar, weil sie auf das gesamte pornografische Archiv des Internets zugreifen könnten und über eine schier unendliche Bandbreite sexueller Techniken verfügten (Levy 2007, S. 307). Sobald Menschen Beziehungen mit Robotern eingingen, so Levys Prognose, würde deshalb die absolute Zahl sexueller Aktivitäten deutlich steigen. Menschen würden emotional und sexuell eher befriedigt sein als in gewöhnlichen Mensch-Mensch-Beziehungen. Und schließlich würden, da Sexroboter das Potenzial hätten, im Grunde jedes individuelle Bedürfnis zu befriedigen, sie auch der Prostitution ein Ende bereiten (Levy 2007, S. 207).

24.3.2 Die Kampagne gegen Sexroboter

Als radikalen feministischen Gegenentwurf zu Levys technokratischer Utopie rief die britische Sozialanthropologin Kathleen Richardson 2015 die *Campaign against Sex Robots* (CASR) ins Leben, die auf ein weltweites Verbot von Sexrobotern hinarbeitet. Das Konzept von Robotersex selbst ist dabei in den Augen der CASR eine fehlgeleitete Projektion, da *echte* Sexualität per definitionem nur zwischen Menschen möglich sei (Gildea und Richardson

2017). In einem Positionspapier weist Richardson auf die Gefahren hin, die mit einer Normalisierung der Beziehung zwischen Menschen und Maschinen einhergehen, und betont dabei insbesondere die auffälligen Parallelen zwischen Robotersex und Prostitution. Für sie ist das asymmetrische Machtverhältnis, das zwischen Freiern und Prostituierten herrscht, eins zu eins auf Sexroboter übertragbar. Da weiblich designte Sexroboter, indem sie menschliche Frauen nachahmen, diese auch *repräsentieren*, führe die Nutzung von Sexrobotern unweigerlich auch zu einer Objektivierung von Frauen. Sexroboter sind käuflich und können den Verwendungszwecken, denen sie zugeführt werden, nicht zustimmen. Diese Kommodifizierung der sexuellen Interaktion, so Richardson, erfahre schließlich auch eine symbolische Übertragung auf Menschen. Frauen würden dadurch zu Sklavinnen degradiert, die ihren Status als selbstständig handelnde Subjekte einbüßten (Richardson 2015, 2016a, b, c; vgl. auch Danaher und McArthur 2017). Beziehungen zu Robotern förderten überdies nicht nur die Objektivierung von Frauen, sie führten langfristig auch zur Vereinsamung ihrer Nutzer*innen und beeinträchtigten unsere Fähigkeit, Empathie mit unseren Mitmenschen zu entwickeln.

24.3.3 Kritik an Levy und Richardson

Keine Frage, sowohl Levy als auch Richardson haben für die Debatte um die Möglichkeiten und Gefahren von Sexrobotern und Robotersex einen wichtigen Beitrag geleistet und prägen den akademischen Diskurs zum Thema bis heute. Jedoch wird weder die euphorisch-technokratische Annäherung Levys noch die abolitionistisch-feministische Gegenposition Richardsons der Komplexität des Gegenstands wirklich gerecht. Bei einer genaueren Betrachtung fällt auf, dass sowohl Levys als auch Richardsons Argumentation dieselbe Schwäche aufweisen. Beide gehen von einer entschieden eurozentrischen, anthropozentrischen und biozentrischen Position aus und setzen Dinge als selbstverständlich voraus, die alles andere als universal sind oder ontologisch fraglos gegeben. Konzepte wie Geschlecht, Liebe, Sex, Beziehung, Begehren, Ehe etc. fußen sowohl bei Levy als auch bei Richardson auf westlichen Vorstellungen. Geschlecht wird essenzialisiert und dichotomisiert, Beziehungen werden normativ als heterosexueller Zweierbund gedacht. Sexuelle Identität wird als starr und unveränderbar definiert. Sexuelles Handeln wird von beiden unterkomplex betrachtet: von Levy als mechanistische Abfolge von Bewegungen, von Richardson in einer wertkonservativen Biologisierung als untrennbar verbunden mit Fragen der Reproduktion. Auch das Konzept von Liebe wird von beiden ahistorisch universalisiert und als heterosexuelle Paarbeziehung romantisch aufgeladen. Weder wird auf Begehrensformen jenseits des heteronormativen Modells eingegangen, noch werden alternative Beziehungsskripte reflektiert (vgl. Kubes 2019a, b, c, 2020a, b; Klein und Lin 2018; Devlin 2015). Inzwischen gibt es allerdings aus unterschiedlichen akademischen Disziplinen differenzierte und vielschichtige Betrachtungsweisen, die sich zwischen den zwei Extrempositionen verorten und den Diskurs um Sexroboter weiter befruchten und voranbringen. Die oben aufgezählten Kritikpunkte sind allerdings auch mit einer inter- und transdisziplinären Öffnung des Diskurses nicht aus der Welt, sondern werden auch hier teilweise noch fortgeschrieben.

24.3.4 Neue Ansätze und Projekte

Wissenschaftliche Studien zu Sexrobotern und Robotersex decken mittlerweile eine große Spannbreite an Forschungsfragen und Ansätzen ab. Die Überlegungen erstrecken sich dabei von allgemeinen theoretischen Annäherungen an Fragen der Mensch-Maschine-Interaktion über Sozialrobotik hin zum Problem des moralischen und sozialen Status von Robotern und zu generellen Überlegungen zur Technikgestaltung. An der Debatte beteiligt sind dabei sowohl Disziplinen aus dem naturwissenschaftlich-technischen Bereich als auch aus den Sozial-, Kultur- und Geisteswissenschaften. So beschäftigt sich etwa Michael Hauskeller in seiner Monografie *Sex and the Posthuman Condition* (2014) aus philosophischer Perspektive mit der Rolle von Sexrobotern in einer von Hedonismus und menschlichem Enhancement geprägten Zukunft. Die Historikerin Julie Wosk analysiert in *My Fair Ladies* (2015) das Narrativ des männlichen Schöpfers, der sein weibliches artifizielles Gegenüber selbst kreiert. Die kulturelle Repräsentation und Wahrnehmung von Sexrobotern und die Auswirkungen von Robotersex auf die Formen menschlichen Begehrens rückt Jason Lee ins Zentrum von *Sex Robots* (2017). Im Jahr 2018 erscheinen gleich zwei Monografien: *Turned on* von der britischen Computerwissenschaftlerin Kate Devlin und *Sex Robot* des italienischen Philosophen Maurizio Balistreri. Beide zeichnen ein optimistisches Bild künftiger Entwicklungen. Devlin geht dabei vor allem von der Geschichte der Anthropomorphisierung technischer Artefakte aus, Balistreri entwirft eine technikpositive Utopie des friedlichen Zusammenlebens von Menschen und Robotern, die es dem von den Mühen der Erwerbsarbeit freigestellten Menschen vor allem erlaubt, sich zu bilden. Der polnische Philosoph Maciej Musiał fragt in seinem Buch *Enchanting Robots* (2019), ob intime Beziehungen mit Robotern durch die Linse der Magie betrachtet und verstanden werden sollten. In der bis dato einzigen deutschsprachigen Monografie *Sex Machina* (Wennerscheid 2019) zeigt die Literatur- und Filmwissenschaftlerin Sophie Wennerscheid anhand von Beispielen aus Film, Fernsehen, Literatur und Kunst, was es bedeuten kann, eine Maschine zu begehren. Am Ende ihrer Überlegungen plädiert sie für einen entspannteren Umgang mit Technik.

Weiterhin gibt es eine stetig wachsende Zahl von Sammelwerken (z. B. Danaher und McArthur 2017; Bendel 2020; Zhou und Fischer 2019), Tagungsbänden (Cheok et al. 2017; Cheok und Levy 2018) und wissenschaftlichen Artikeln zum Thema. Döring et al. (2020) haben im Rahmen einer Metastudie knapp einhundert wissenschaftliche Aufsätze identifiziert, die sich mit Sexrobotern beschäftigen. Die Auflistung ist weit davon entfernt, vollständig zu sein, sie zeigt aber, dass das Thema in den letzten Jahren einen gewaltigen Interessensschub erfuhr. Der größte Teil dieser Publikationen widmet sich ethischen und philosophischen Fragestellungen, ohne dass die jeweiligen Autor*innen notwendig einen disziplinären Hintergrund in der Philosophie hätten. Die Diversität der Herangehensweisen und Forschungsfragen soll im Folgenden exemplarisch anhand eines kleinen Ausschnitts aus der Forschungslandschaft dargestellt werden.

Robotersex und Sexroboter werden in der Literatur aus psychologischer (u. a. Döring und Pöschl 2018; Facchin et al. 2017; Szczuka und Krämer 2017a, b, 2018, 2019), medien-

und literaturwissenschaftlicher (u. a. Lee 2017; Wennerscheid 2018, 2019; Barber 2017; Hawkes und Lacey 2019), medizinischer und gesundheitswissenschaftlicher (u. a. Cox-George und Bewley 2018), ingenieurwissenschaftlicher (u. a. Gomes und Wu 2018) und computerwissenschaftlicher (u. a. Scheutz und Arnold 2016, 2017; Edirisinghe und Cheok 2017) Perspektive untersucht. Den Löwenanteil der Forschungen bilden aber bis dato Studien, die sich dem Thema mit philosophischen und ethischen Fragestellungen nähern (u. a. Bendel 2015, 2018, 2020a, b, c, d; Hauskeller 2014, 2017; Migotti und Wyatt 2017; Coeckelbergh 2009; McArthur 2017; Petersen 2017; Sparrow 2017; Sullins 2012; Di Nucci 2017; Frank und Nyholm 2017; Mackenzie 2014, 2018a, b; Danaher 2014, 2019; Strikwerda 2017). Im Fokus stehen dabei sowohl allgemeine ethische und moralische Fragen hinsichtlich der sexuellen Nutzung von Robotern (Coeckelbergh 2009) als auch Versuche, Sexroboter aus der Perspektive der Maschinen- und Informationsethik zu betrachten (Bendel 2015, 2018, 2020d). Dabei werden Rolle und Status der Roboter reflektiert, und es wird diskutiert, ob Sexroboter wie Sklaven behandelt werden dürfen (Mackenzie 2018b) oder als verletzliche (und verletzbare) Gegenüber angesehen werden sollten, deren Zustimmung zum sexuellen Akt einzuholen ist (Frank und Nyholm 2017; Mackenzie 2018b), oder ob Sexroboter grundsätzlich vergewaltigt werden können (Sparrow 2017). Es wird analysiert, was es für das Individuum und für die Gesellschaft bedeuten würde, wenn Roboter die Prostitution überflüssig machen sollten (Mackenzie 2014) und welche moralischen Implikation für eine Regulierung der Designoptionen von Sexroboter (etwa mit Blick auf Kindersexroboter) sprechen (Danaher 2014, 2017b, 2019; Strickwerda 2017). Insbesondere der Rechtsphilosoph John Danaher entwickelt dabei das Argument der symbolischen Übertragung weiter (*symbolic consequence argument*) und wirft die Frage auf, ob die Nutzung von Kindersexrobotern strafrechtlich verfolgt werden sollte (Danaher 2014, 2017a, b, 2019; Danaher et al. 2017), eine Frage, die Balistreri (2018) emphatisch verneint, indem er darauf hinweist, dass Roboter, da sie nicht in einer Menschen vergleichbaren Weise altern, auch keine „Kinder" sein können. Zudem wird diskutiert, ob und wie Sexroboter im Fürsorgebereich eingesetzt werden oder Menschen mit Behinderung helfen könnten (Di Nucci 2017). Aus genderqueerer und neomaterialistischer Perspektive tritt Kubes für eine grundsätzliche Neukonzeption des Designs von Sexrobotern ein (2019a, b, c, 2020a, b).

Während die theoretischen Aspekte der menschlichen Interaktion mit Sexrobotern intensiv diskutiert werden, stellen empirische Studien zum Thema nach wie vor ein Forschungsdesiderat dar. Lediglich zur Frage der Akzeptanz von Sexrobotern liegt eine geringe Zahl an Arbeiten vor, die nahelegen, dass diese bei männlichen Befragten stärker ausfällt als bei weiblichen (vgl. de Graaf und Allouch 2016; Scheutz und Arnold 2016, 2017; Szczuka und Krämer 2017b, 2018, 2019). Die genannten Arbeiten sind jedoch weder repräsentativ noch lassen sie zuverlässige Vorhersagen darüber zu, wie die Akzeptanz im konkreten Fall tatsächlich ausfallen würde. Die wenigsten Studienteilnehmer*innen haben schon einmal einen Sexroboter im Original gesehen – geschweige denn sexuell mit ihm verkehrt. Statt der Akzeptanz von Sexrobotern untersuchen die genannten Studien daher im Grunde eher die Akzeptanz eines medial produzierten *Bildes* von Sexrobotern.

24.4 Sexroboter neu denken: neomaterialistische Perspektiven und queeres Potenzial

Feministische Technikwissenschaftler*innen haben vielfach auf die Tatsache hingewiesen, dass Technik stets in Machtstrukturen eingebunden ist (Akrich 1992; Bath 2014a, b; Haraway 1988; Oudshoorn und Pinch 2003; Wajcman 1991, 2004). Der Blick auf aktuelle Sexrobotermodelle macht deutlich, wie sehr ihr Design und ihre Funktionalität von Genderskripten (Akrich 1992) und der sogenannten I-Methodology (Oudshoorn et al. 2004) geprägt sind (Kubes 2019a, b, c, 2020b).[2] Die Technikentwicklung im Bereich Sexrobotik orientiert sich ganz offensichtlich an einem *männlichen Blick*, der letztlich bestimmt, welche Körperteile wie gestaltet werden und welcher Funktionsumfang den Modellen mitgegeben wird. Das sexuelle Begehren, das die Roboter befriedigen sollen, wird dabei in der Regel auf die Bedürfnisse einer heterosexuellen, weißen, männlichen, finanziell gutgestellten, englischsprachigen Minderheit mit stabiler Internetverbindung reduziert (Kubes 2020a).

Völlig zurecht greifen deshalb feministische Kritiker*innen die aktuellen Sexrobotermodelle an, deren Aussehen und Verhalten sich an einer hypersexualisierten Mainstream-Pornografie orientieren und die sich nur zu leicht als technisierter Auswuchs toxischer Männlichkeit lesen lassen (Richardson 2016a, c). Die Frage ist allerdings: Müssen Sexroboter deshalb tatsächlich verboten werden? Oder könnte es sich nicht lohnen, lediglich ihre Entwicklung in andere Bahnen zu lenken? Birgt am Ende womöglich gerade die Nutzung von Sexrobotern ein Potenzial zur Überwindung starrer Geschlechtergrenzen und des Denkens in Dichotomien (Kubes 2019a, b, c, 2020a, b)?

Ich bin der Meinung, dass Roboter, um mit ihnen leben und lieben zu können, weder nach binären Geschlechterskripten konstruiert noch als vom Menschen ununterscheidbare Replikanten designt werden müssen. Ausgehend von einer neomaterialistischen Perspektive schlage ich daher eine Neubetrachtung der Designoptionen vor. Meiner Ansicht nach könnten Sexroboter nicht nur zu neuen Formen von sexueller Befriedigung führen, sondern auch als subversives, feministisches Symbol fungieren. Im Folgenden soll das Potenzial ausgelotet werden, das sich aus einer Betrachtung von Sexrobotern aus neomaterialistischer Perspektive sowie ihrer queer-feministischen Aneignung und Umdeutung ergibt.

---

[2] Genderskripte geben vor, welche geschlechterstereotype Rollenzuschreibungen in ein Produkt eingearbeitet werden. Die I-Methodology bezeichnet eine Praxis, bei der die Entwickler*innen sich selbst als prototypische Nutzer*innen definieren und das Produkt entsprechend ihrer eigenen Vorstellungen, Vorlieben, Bedürfnisse und Limitierungen erschaffen. Durch die Kombination der beiden Methoden werden große Teile der möglichen Nutzer*innen diskriminiert, marginalisiert oder gänzlich von einer Nutzung ausgeschlossen.

24.4.1 Neomaterialistische Perspektiven

Der feministische Neomaterialismus begreift sich als Gegenbewegung zu einer Moderne, die vor allem durch den Versuch der strikten Trennung von *res cogitans* und *res extensa*, von erkennendem Bewusstsein und zu erkennender Welt, charakterisiert ist. Aufbauend auf der Akteur-Netzwerk-Theorie Bruno Latours (Latour 2005), diese aber noch einmal deutlich radikalisierend, steht die neomaterialistische Perspektive für eine nicht-dualistische, dynamische Neukonzeption des Verhältnisses des Menschen zur Welt und der Dinge untereinander, die sich vielleicht am treffendsten im Begriff der *permanenten Emergenz* fassen lässt (Kubes 2019c). Im Zentrum neomaterialistischer Untersuchungen stehen die Handlungsfähigkeit von Objekten und die Ereignishaftigkeit von Materie.

Der neue Materialismus befreit die Materie aus ihrer passiven Rolle und begreift sie im Latourschen Sinne als Aktant, der aktiv am Prozess seiner eigenen Materialisierung beteiligt ist (Latour 1993, 2002). Der Versuch, Subjekt und Objekt epistemologisch zu trennen, macht in dieser Sichtweise ebenso wenig Sinn wie die Unterscheidung zwischen sozialer und materieller Welt, zwischen Geist und Materie, zwischen Kultur und Natur (Kubes 2019a, b, c). Karen Barad hat für diese Form des performativen Zum-Sein-Kommens den Begriff der „onto-epistem-ology" geprägt (2003, S. 829). Der ontologische Status von Menschen, Tieren oder Gegenständen wird darin nicht als objektiv gegeben angenommen, sondern als „Ereignishorizont" definiert, der stets nur als einer von mehreren Aktanten innerhalb einer konkreten Assemblage zu denken ist.

Der enorme Vorteil des neomaterialistischen Ansatzes besteht darin, dass er es ermöglicht, nichtmenschliche Akteur*innen mit Handlungsmacht auszustatten, ohne dabei (wie etwa noch der frühe Latour in seinen Überlegungen zum Berliner Schlüssel; s. Latour 1993) auf einen ursprünglichen, von Menschen ausgehenden intentionalen Akt verweisen zu müssen. Stattdessen sind Akteur*innen durch die Fähigkeit definiert, transformative Auswirkungen auf ihre Umgebung zu haben. Mit anderen Worten, sie werden durch ihre Handlungen bestimmt, nicht durch ihre Seinsweise als „Dinge an sich" oder ihre Intentionen (Latour 2005).

Mit Bezug auf Sexroboter bedeutet dies, dass innigen Liebesbeziehungen zwischen Mensch und Maschine zunächst einmal keine unüberwindbaren Hürden im Wege stehen. Für die Realität einer emotionalen Bindung ist weder entscheidend, dass sie zwischen Wesen einer Art besteht, noch, dass sie reziprok ist. Sexrobotern kommt in einer solchen Beziehung *agency* zu, weil sie Teil der erotischen „Intra-Aktion" (Barad 1996; Kubes 2019a) sind – nicht, weil sie dem Menschen äußerlich ähnelten oder *wären* wie er. Um mit ihnen leben und sie lieben zu können, müssen Roboter entsprechend weder nach binären Genderskripten konstruiert sein noch danach streben, vom Menschen kaum noch zu unterscheidende Replikanten zu werden. Damit eröffnen sich für ihre Konzeption und Konstruktion zahlreiche neue Gestaltungsoptionen.

24.4.2 Queeres Potenzial: Sexroboter als Queerbots

Zentrales Anliegen der Queer-Studies ist es, als natürlich empfundene normative Setzungen zu identifizieren, ihren Konstruktionscharakter hervorzuheben und die ihnen immanenten Ungleichheits- und Ausgrenzungsmechanismen herauszuarbeiten (Kubes 2020a). Unterwirft man aktuelle Sexrobotermodelle einem „queeren Blick", wirken sie auf den ersten Blick als extreme Verstärker existierender Sexismen, Rassismen und Geschlechterdichotomien. Gleichzeitig dekonstruieren sie aber genau jenen Dualismus, der das zentrale epistemologische Fundament der Moderne bildet: die Unterscheidung zwischen Mensch und Ding (Kubes und Reinhardt 2021). Ein Mensch, der einen Roboter liebt und sich von diesem wiedergeliebt fühlt, unterläuft die Trennung zwischen Subjekt und Objekt und öffnet damit den Weg für ganz neue Konstellationen von Beziehungen über Speziesgrenzen hinweg (Kubes 2020a).

Die hyperrealistische Übersteigerung weiblicher Attraktivitätsmarker, die die aktuellen Sexrobotermodelle kennzeichnet, *kann* man als Ausdruck einer Misogynie pygmalionischer Ausmaße deuten und vor den Gefahren einer symbolischen Übertragung von Handlungsmöglichkeiten gegenüber Robotern auf Handlungen gegenüber Frauen warnen. Man kann aber stattdessen auch ihr ebenso zweifellos vorhandenes subversives Potenzial hervorheben. Sowohl ihre Proportionen als auch die austauschbaren Gesichtsvarianten (die leicht auch geschlechtsuneindeutig, roboterhaft oder nichthumanoid gestaltet werden könnten) lassen eine enorme Vielfalt queerer Möglichkeiten erahnen. Einmal befreit vom Diktat der Mimesis, eröffnen Sexroboter – neu gedacht als *Queerbots* – eine Vielzahl an fluiden Gestaltungsmöglichkeiten und Begehrensformen (Kubes 2020a). Queerbots haben dabei nicht nur das Potenzial, alternative und neue Begehrensformen zu normalisieren, sondern auch das Konzept von Queerness auf nicht humanoide posthumanistische Begehrensformen zu erweitern (Kubes 2020a). Tatsächlich müssen also Queerness und Robotersex keineswegs als unvereinbare Gegensätze gedacht werden.

24.5 Ausblick

Wie im Beitrag gezeigt wurde, hat das wissenschaftliche Interesse an Sexrobotern in den letzten Jahren stark zugenommen. Noch ist die Auseinandersetzung mit dem Thema dabei überwiegend theoretischer Natur und widmet sich vorrangig ethischen und moralischen Fragen. Praktische Interventionen finden sich allenfalls vereinzelt. Bei entsprechender Lenkung von Forschungsmitteln dürften aber auch bald empirische Studien folgen, die sich nicht auf die medienwirksam vermittelten Darstellungen stereotypisierender Sexpuppen mit KI beschränken, sondern Sexroboter in ihrer ganzen funktionalen und gestalterischen Variationsbreite in den Blick nehmen.

Neue Technologien werden unser Leben, Lieben und Begehren ohne Zweifel grundlegend verändern. Die Sozialrobotik birgt erhebliches Potenzial, uns auch im sexuellen Bereich dabei zu unterstützen, ein erfülltes und wertgeschätztes Leben zu führen. Vieles deutet darauf hin, dass soziale und emotionale Beziehungen künftig nicht mehr nur zwischen Menschen stattfinden, sondern über Gattungs- und Speziesgrenzen hinweg gestaltet werden können. Umso wichtiger ist es gerade auch aus feministischer und queerer Perspektive, den Dialog nicht zu verweigern und das gestalterische Feld nicht allein den Ingenieur*innen und Sexpuppenproduzenten zu überlassen.

Literatur

Akrich M (1992) The de-scription of technical objects. In: Bijker WE, Law J (Hrsg) Shaping technology/building society. Studies in sociotechnical change. MIT Press, Cambridge, MA, S 205–224

Balistreri M (2018) Sex robot. L'amore al tempo delle macchine. Fandango Libri, Rom

Barad K (1996) Meeting the universe halfway. Realism and social constructivism without contradiction. In: Hankinson L, Nelson J (Hrsg) Feminism, science, and the philosophy of science. Kluwer Press, Dordrecht, S 161–194

Barad K (2003) Posthumanist performativity. Toward an understanding of how matter comes to matter. Signs 28:801–831

Barber T (2017) For the love of artifice 2. An extension of the paper „for the love of artifice: why we need robot sex dolls why there is a growing sub culture of real people trying to become them". In: Cheok AD, Devlin K, Levy D (Hrsg) Love and sex with robots: second international conference. LSR 2016. Springer, New York, S 64–71

Bath C (2014a) Searching for methodology. Feminist technology design in computer science. In: Ernst W, Horwath I (Hrsg) Gender in science and technology. Interdisciplinary approaches. Transcript, Bielefeld, S 57–78

Bath C (2014b) Diffractive Design. In: Marsden N, Kempf E (Hrsg) GENDER-UseIT. HCI, Usability und UX unter Gendergesichtspunkten. de Gruyter, Berlin, S 27–36

Bendel O (2015) Surgical, therapeutic, nursing and sex robots in machine and information ethics. In: van Rysewyk SP, Pontier M (Hrsg) Machine medical ethics. Springer, New York, S 17–32

Bendel O (2018) Sexroboter aus Sicht der Maschinenethik. In: Bendel O (Hrsg) Handbuch Maschinenethik. Springer VS, Wiesbaden, S 1–19

Bendel O (Hrsg) (2020) Maschinenliebe. Liebespuppen und Sexroboter aus technischer, psychologischer und philosophischer Perspektive. Springer Gabler, Wiesbaden

Bendel O (2020a) Love dolls and sex robots in unproven and unexplored fields of application. Paladyn J Behav Robot 12:1–12. https://www.degruyter.com/view/journals/pjbr/12/1/article-p1.xml. Zugegriffen am 14.03.2021

Bendel O (2020b) Eine Annäherung an Liebespuppen und Sexroboter. Grundbegriffe und Abgrenzungen. In: Bendel O (Hrsg) Maschinenliebe. Liebespuppen und Sexroboter aus technischer, psychologischer und philosophischer Sicht. Springer Gabler, Wiesbaden, S 3–19

Bendel O (2020c) Sexroboter light. Pflegeroboter mit sexuellen Assistenzfunktionen. In: Bendel O (Hrsg) Maschinenliebe: Liebespuppen und Sexroboter aus technischer, psychologischer und philosophischer Sicht. Springer Gabler, Wiesbaden, S 219–236

Bendel O (2020d) Liebespuppen und Sexroboter in der Moral. Die Perspektive der Maschinenethik und der Bereichsethiken. In: Bendel O (Hrsg) Maschinenliebe: Liebespuppen und Sexroboter aus technischer, psychologischer und philosophischer Sicht. Springer Gabler, Wiesbaden, S 125–146

Cheok AD, Levy D (2018) Love and sex with robots: third international conference, LSR 2017, London, UK, December 19–20, 2017, Revised Selected Papers. Lecture Notes in Computer Science Book 10715. Springer, Cham

Cheok AD, Devlin K, Levy D (2017) Love and sex with robots. Second international conference, LSR 2016, London, UK, December 19–20, 2016, Revised selected papers. In: Adrian David C, Kate D, David L (Hrsg) Lecture notes in computer science book 10237. Springer, Basel

Coeckelbergh M (2009) Personal robots, appearance, and human good a methodological reflection' on roboethics. Int J Soc Robot 1(3):217–221

Cox-George C, Bewley S (2018) I, sex robot. The health implications of the sex robot industry. BMJ Sex Reprod Health 44(3):161–164

Danaher J (2014) Robotic rape and robotic child sexual abuse. Should they be criminalised? Crim Law Philos 11(1):71–95

Danaher J (2017a) Should we be thinking about robot sex? In: Danaher J, McArthur N (Hrsg) Robot sex. Social and ethical implications. MIT Press, Cambridge, S 3–14

Danaher J (2017b) The symbolic-consequences argument in the sex robot debate. In: Danaher J, McArthur N (Hrsg) Robot sex. Social and ethical implications. MIT Press, Cambridge, S 103–131

Danaher J (2019) Regulating child sex robots. Restriction or experimentation? Med Law Rev 27(4):553–575

Danaher J, McArthur N (Hrsg) (2017) Robot sex. Social and ethical implications. MIT Press, Cambridge

Danaher J, Earp B, Sandberg A (2017) Should we campaign against sex robots? In: Danaher J, McArthur N (Hrsg) Robot sex. Social and ethical implications. MIT Press, Cambridge, S 47–71

Deutscher Bundestag (2018) Drucksache 19/3714. http://dipbt.bundestag.de/dip21/btd/19/037/1903714.pdf. Zugegriffen am 14.03.2021

Devlin K (2015) In defence of sex machines: why trying to ban sex robots is wrong. The Conversation. http://theconversation.com/in-defence-of-sex-machines-why-trying-to-ban-sex-robots-is-wrong-47641. Zugegriffen am 17.09.2015

Devlin K (2018) Turned on. Science, sex and robots. Bloomsbury, London

Di Nucci E (2017) Sex robots and the rights of the disabled. In: Danaher J, McArthur N (Hrsg) Robot sex. Social and ethical implications. MIT Press, Cambridge, S 73–88

Döring N, Pöschl S (2018) Sex toys, sex dolls, sex robots: our under-researched bed-fellows. Sexologies 27(3):e51–e55

Döring N, Mohseni MR, Walter R (2020) Design, use, and effects of sex dolls and sex robots. Scoping Review. J Med Internet Res 22(7):e18551

Edirisinghe C, Cheok AD (2017) Robots and intimacies A preliminary study of perceptions and intimacies with robots. In: Cheok AD, Devlin K, Levy D (Hrsg) Love and sex with robots. Second international conference. LSR 2016. Springer, New York, S 137–147

Facchin F, Barbara G, Cigoli V (2017) Sex robots: the irreplaceable value of humanity. BMJ online 358:j3790

Frank L, Nyholm S (2017) Robot sex and consent. Is consent to sex between a robot and a human conceivable, possible, and desirable? Artif Intell Law 25(3):305–323

Gildea F, Richardson K (2017). Sex robots. Why we should be concerned. https://campaignagainstsexrobots.org/2017/05/12/sex-robots-why-we-should-be-concerned-by-florence-gildea-and-kathleen-richardson/. Zugegriffen am 26.03.2021

Gomes LM, Wu R (2018) User evaluation of the neurodildo. A mind-controlled sex toy for people with disabilities and an exploration of its applications to sex robots. Robotics 7(3):46

Graaf M de, Allouch SB (2016) Anticipating our future robot society. The evaluation of future robot applications from a user's perspective. Conference paper, International symposium on robot and human communication, New York

Haraway D (1988) Situated knowledge. The science question in feminism and the privilege of partial perspective. Fem Stud 14:575–599

Hauskeller M (2014) Sex and the posthuman condition. Palgrave Macmillan, London

Hauskeller M (2017) Automatic sweethearts for transhumanists. In: Danaher J, McArthur N (Hrsg) Robot sex. Social and ethical implications. MIT Press, Cambridge, S 203–218

Hawkes R, Lacey C (2019) The future of sex. Intermedial desire between fembot fantasies and sexbot technologies. J Pop Cult 52(1):98–116

Klein WEJ, Lin VW (2018) „Sex robots" revisited. Comput Soc 47(4):107–121

Kubes T (2019a) New materialist perspectives on sex robots. A feminist dystopia/utopia? Soc Sci 8:224. https://www.mdpi.com/2076-0760/8/8/224. Zugegriffen am 26.03.2021

Kubes T (2019b) Bypassing the uncanny valley. Postgender sex robots and robot sex beyond mimicry. In: Loh J, Coeckelbergh M (Hrsg) Techno:Phil. Aktuelle Herausforderungen der Technikphilosophie. J.B. Metzler, Stuttgart, S 59–73

Kubes T (2019c) Sexroboter. Queeres Potential oder materialisierte Objektifizierung? Cyborgs revisited: Zur Verbindung von Geschlecht, Mensch und Maschinen. Feministische Stud 2019(2):351–362

Kubes T (2020a) Queere Sexroboter. Eine neue Form des Begehrens? In: Bendel O (Hrsg) Maschinenliebe. Liebespuppen und Sexroboter aus technischer, psychologischer und philosophischer Sicht. Springer Gabler, Wiesbaden, S 163–183

Kubes T (2020b) Technik jenseits von Geschlecht? Eine kritische Reflexion der Verschränkung von Geschlecht und Technik. In: Bauer MC, Deinzer L (Hrsg) Bessere Menschen? Technische und ethische Fragen in der transhumanistischen Zukunft. Springer, Berlin, S 61–75

Latour B (1993) La clef de Berlin. Éditions La Découverte, Paris

Latour B (2002) Die Hoffnung der Pandora. Suhrkamp, Frankfurt am Main

Latour B (2005) Reassembling the social. An Introduction to actor-network-theory. Oxford University Press, Oxford

Lee J (2017) Sex robots. The future of desire. Palgrave Macmillan, London

Levy D (2007) Love and sex with robots. The evolution of human-robot relationships. Harper Collins, New York

Levy D (2013) Roxxxy the „sex robot". real or fake? Lovotics 1:1

Mackenzie R (2014) Sexbots. Replacements for sex workers? Ethical constraints on the design of sentient beings for utilitarian purposes. In: Chisik Y (Hrsg) Proceedings of the 2014 workshops on advances in computer entertainment conference. ACM, New York, S 1–8

Mackenzie R (2018a) Sexbots. Customizing them to suit us versus an ethical duty to created sentient beings to minimize suffering. Robotics 7(4):70

Mackenzie R (2018b) Sexbots. Sex slaves, vulnerable others or perfect partners? Int J Technoethics 9(1):1–17

McArthur N (2017) The case for sexbots. In: Danaher J, McArthur N (Hrsg) Robot sex Social and ethical implications. MIT Press, Cambridge, MA, S 31–45

Migotti M, Wyatt N (2017) On the very idea of sex with robots. In: Danaher J, McArthur N (Hrsg) Robot sex. Social and ethical implications. MIT Press, Cambridge, MA, S 15–27

Musiał M (2019) Enchanting robots. Intimacy, magic, and technology. Palgrave Macmillan, New York

Nida-Rümelin J, Weidenfeld N (2018) Digitaler Humanismus. Eine Ethik für das Zeitalter der Künstlichen Intelligenz. Piper, München

Oudshoorn N, Pinch T (Hrsg) (2003) How users matter. The co-construction of users and technologies. MIT Press, Cambridge, MA

Oudshoorn N, Rommes E, Stienstra M (2004) Configuring the user as everybody. Gender and design cultures in information and communication technologies. Science, Technology, & Human Values 29(1):30–63

Petersen S (2017) Is it good for them too? Ethical concern for the sexbots. In: Danaher J, McArthur N (Hrsg) Robot sex. Social and ethical implications. MIT Press, Cambridge, MA, S 155–171

Richardson K (2015) The asymmetrical „relationship". Parallels between prostitution and the development of sex robots. ACM SIGCAS. Comput Soc 45(3):290–293

Richardson K (2016a) Sex robot matters. Slavery, the prostituted, and the rights of machines. IEEE Technol Soc Mag 35(2):46–53

Richardson K (2016b) Technological animism. The uncanny personhood of humanoid machines. Soc Anal 60(1):110–128

Richardson K (2016c) Are sex robots as bad as killing robots? In: Inibt J, Nørskov M, Andersen SS (Hrsg) What social robots can and should do. Proceedings of robophilosophy 2016. IOS Press, Amsterdam, S 27–31

Scheutz M, Arnold TH (2016) Are we ready for sex robots? In: Bartneck C (Hrsg) Human-robot interaction. An introduction. IEEE Press, New York, S 351–358

Scheutz M, Arnold TH (2017) Intimacy, bonding, and sex robots Examining empirical results and exploring ethical ramifications. In: Danaher J, McArthur N (Hrsg) Robot sex. Social and ethical implications. MIT Press, Cambridge, S 247–260

Sparrow R (2017) Robots, rape, and representation. Int J Soc Robot 9(4):465–477

Strikwerda L (2017) Legal and moral implications of child sex robots. In: Danaher J, McArthur N (Hrsg) Robot sex. Social and ethical implications. MIT Press, Cambridge, S 133–151

Sullins JP (2012) Robots, love, and sex. The ethics of building a love machine. IEEE Trans Affect Comput 3(4):398–409

Szczuka JM, Krämer NC (2017a) Influences on the intention to buy a sex robot: an empirical study on influences of personality traits and personal characteristics on the intention to buy a sex robot. In: Cheok AD, Devlin K, Levy D (Hrsg) Love and sex with robots. Second international conference. Springer, New York, S 72–83

Szczuka JM, Krämer NC (2017b) Not only the lonely. How men explicitly and implicitly evaluate the attractiveness of sex robots in comparison to the attractiveness of women, and personal characteristics influencing this evaluation. Multimodal Technol Interact 1(1):3

Szczuka JM, Krämer NC (2018) Jealousy 4.0? An empirical study on jealousy-related discomfort of women evoked by other women and gynoid robots. Paladyn J Behav Robot 9(1):323–336

Szczuka JM, Krämer NC (2019) There's more to humanity than meets the eye. Differences in gaze behavior toward women and gynoid robots. Front Psychol 10:693

Wajcman J (1991) Feminism confronts technology. Polity Press, Cambridge

Wajcman J (2004) TechnoFeminism. Polity Press, Cambridge

Wennerscheid S (2018) Posthuman desire in robotics and science fiction. In: Cheok AD, Levy D (Hrsg) Love and sex with robots. Third international conference. Springer, New York, S 37–50

Wennerscheid S (2019) Sex Machina. Zur Zukunft des Begehrens. Matthes & Seitz, Berlin

Wosk J (2015) My fair ladies. Female robots, androids and other artificial eves. Rutgers University Press, New Brunswick/New Jersey/London

Zhou Y, Fischer MH (Hrsg) (2019) AI love you: developments on human-robot intimate relationships. Springer International Publishing, Cham

Oudshoorn N, Rommes E, Stienstra M (2004) Configuring the user as everybody. Gender and design cultures in information and communication technologies. Science, Technology, & Human Values 29(1): 30–63

Kubes T, Reinhardt T (2021) Techno-species in the becoming. Towards a relational ontology of multi-species assemblages (ROMA). NanoEthics

Soziale Roboter im Bildungsbereich

Konzeptioneller Überblick zum Einsatz sozialer Roboter in der Bildung

Sabine Seufert, Josef Guggemos und Stefan Sonderegger

> *We start from the belief that new technologies, when we fully exploit their possibilities, will change not only the ways we learn, but what we learn, as well as how we work, how we collaborate, and how we communicate.*
>
> *(Rose Luckin)*

Zusammenfassung

Soziale Roboter könnten als Tutoren, Lehrassistenten oder Lernpartner in Zukunft ein integraler Bestandteil der Bildungsinfrastruktur sein. Viele Aufgaben im Bereich des Lehrens und Lernens können sie bereits heute übernehmen und noch viele weitere werden sie in Zukunft übernehmen können. Lernende sowie Arbeitnehmende werden heute immer mehr durch smarte Maschinen unterstützt. Das Lernen mit sozialen Robotern kann die menschlichen Fähigkeiten erweitern, individualisiertes und kollaboratives Lernen ermöglichen sowie die Motivation und das Selbstvertrauen der Lernenden steigern. Neben der technischen Entwicklung sind dafür auch didaktische Ansätze und Konzepte zum Design der Lernszenarien grundlegend. Der Beitrag beleuchtet den Stand der Forschung und gibt einen konzeptionellen Überblick zum Einsatz sozialer Roboter im Bildungsbereich.

S. Seufert (✉) · J. Guggemos · S. Sonderegger
Uni St. Gallen, St. Gallen, Schweiz
E-Mail: sabine.seufert@unisg.ch; josef.guggemos@unisg.ch; stefan.sonderegger@unisg.ch

25.1 Einleitung

Soziale Roboter haben das Potenzial, ein integraler Bestandteil der Bildungsinfrastruktur zu werden (Belpaeme et al. 2018; Mubin et al. 2013): Als Tutoren oder Lehrassistenten könnten sie ausgewählte Aufgaben übernehmen, die menschliche Lehrpersonen ausführen. Zum Beispiel könnten sie den Lernenden auf Wunsch Hinweise geben. Indem sie der menschlichen Lehrperson assistieren, setzen sie Ressourcen frei, d. h. es können komparative Vorteile realisiert werden. Als Peers sind sie Wegbegleiter der Schüler*innen und lernen kollaborativ mit ihnen. In diesem Fall könnten sie helfen, die Motivation der Schüler*innen auf einem hohen Niveau zu halten, indem sie sie ermutigen. Soziale Roboter können auch die Rolle eines Novizen spielen, d. h. die Studierenden werden gebeten, dem Roboter etwas zu erklären. Der Grundgedanke dahinter ist ein „Learning-by-Teaching"-Ansatz.

Lernende werden genauso wie Arbeitnehmende in Zukunft immer mehr durch smarte Maschinen unterstützt und in kollaborativer Form in ihren Fähigkeiten erweitert. Die Zusammenarbeit und Augmentation (gegenseitige gewinnbringende Erweiterung) soll dabei auch eine normative Orientierung geben für den Einsatz von Robotern und auch Chatbots als Lernpartner. Die Rolle des Lehrenden oder Ausbildenden soll durch die Technologien keineswegs ersetzt, sondern erweitert werden. Herausforderungen in Bezug auf lebenslanges Lernen sind heute insbesondere die begrenzten Ressourcen sowie eine stark ausgeprägte Heterogenität. Um Bildungsdienstleistungen und Angebote dennoch den heutigen Erwartungen und heterogenen Arbeitsmarktanforderungen anzupassen, sind individualisierte Lernpfade und Bildungsangebote von großer Bedeutung.

Soziale Roboter haben neben weiteren KI-basierten Systemen das Potenzial, solche individualisierten Lernpfade und tutorielle Betreuung inklusive Learning Analytics auf kostengünstige und lernwirksame Art zu ermöglichen. Bloom (1984) zeigte bereits in den 1980er-Jahren, dass Lernende, die in einer 1:1-Situation von Tutoren individuell betreut wurden, bei Lernerfolgsüberprüfungen deutlich besser abschnitten als Lernende in konventionellen Lernarrangements (Frontalunterricht). Die individuell betreuten Lernenden erbrachten im Mittel so gute Prüfungsleistungen wie die besten 2 % der Lernenden in konventionellen Lernarrangements. Nach ersten erfolgversprechenden Praxiseinsätzen muss sich in Zukunft aber aus Sicht der Forschung noch zeigen, ob das tutorielle Lernen mit sozialen Robotern ebenso deutliche Vorteile und Verbesserungen mit sich bringt.

Ziel des vorliegenden Beitrags ist es, einen konzeptionellen Überblick zum Einsatz sozialer Roboter in der Bildung und zum Stand der Forschung zu geben. Dabei wird auch ein kompakter Überblick über derzeitig laufende internationale Projekte gegeben sowie ein vertiefter Einblick in das eigene Projekt „Lexi" an der Universität St.Gallen gewährt. Neben einer systematischen Literaturanalyse wissenschaftlicher Zeitschriften wurde auch eine Internetrecherche durchgeführt, um relevante, derzeit laufende internationale Projekte identifizieren und nach ihren Rollen und Aufgaben im Bildungsbereich vergleichen zu können.

25.2   Soziale Roboter in der Bildung

25.2.1 Merkmale sozialer Roboter in der Bildung

Ein sozialer Roboter zeichnet sich durch eine physische Präsenz aus, was ihn von virtuellen Agenten unterscheidet, die beispielsweise auf einem Bildschirm angezeigt werden. Da die physische Präsenz zusätzliche Kosten verursacht, ist der Einsatz sozialer Roboter anstelle von virtuellen Agenten explizit zu begründen (Belpaeme et al. 2018). Während ein Roboter viele Erscheinungsformen haben kann (z. B. Drohne, Industrieroboter, Medizinroboter), ist ein sozialer Roboter so konstruiert, dass er mit Menschen interagiert und kommuniziert, indem er Verhaltensnormen folgt, die für menschliche Interaktion typisch sind (van den Berghe et al. 2019).

Soziale Roboter im Bildungsbereich sind gekennzeichnet durch ein gewisses Verständnis der menschlichen Interaktion oder Sprache und basieren damit häufig auf KI-Technologien. Künstliche Intelligenz (KI) kann definiert werden als „die Realisierung von intelligentem Verhalten und den zugrundeliegenden kognitiven Fähigkeiten auf Computern" (Wahlster 2017). Soziale Roboter sind vor diesem Hintergrund Systeme, die verschiedene KI-Dienste kombinieren und integrieren können. Während ein Chatbot vorwiegend die Sprache zum Gegenstand hat (als Input und Output), so ist ein Roboter mit seinen diversen Sensoren und Aktoren noch komplexer. Im Bildungsbereich werden häufig die Modelle NAO sowie Pepper (von SoftBank Robotics) eingesetzt (s. Abb. 25.1).

Die Kernelemente bei der Analyse sozialer Roboter können sein: Spracherkennung und -generierung, visuelle Kommunikation sowie Gestik und Bewegung im Raum. Abb. 25.2 visualisiert die Funktionsweise sozialer Roboter im Bildungsbereich als ein Input-Output-Modell. Über akustische, optische, taktile und positionserfassende Sensoren kann der Roboter Input aufnehmen. Für eine Verwendung zu Lernzwecken in seiner sozialen Rolle steht dann meist das Sprachverständnis des Roboters im Zentrum, an-

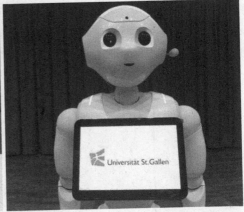

Abb. 25.1 Links das Modell NAO, rechts das Modell Pepper

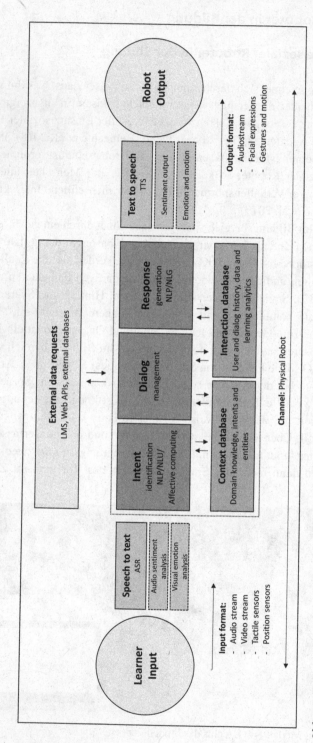

Abb. 25.2 Funktionsweise sozialer Roboter in der Bildung

gereichert durch Erfassung von Stimmungen und Emotionen auf Basis der verschiedenen Sensoren. Der Roboter generiert dann, basierend auf dem Verständnis des Inputs, bestmöglichen Output. Dazu greift der Roboter einerseits auf eine interne Kontext- und Interaktionsdatenbank zurück, kann aber über Schnittstellen auch externe Dienste wie beispielsweise ein Lernmanagementsystem einer Bildungsinstitution ansteuern. Der Output des sozialen Roboters in Form von Sprache, Mimik, Gestik oder weiteren Aktionen kann dadurch auf dem Input, auf eigenem Lernen und auf externen Daten basieren. Obwohl die Integration dieser Elemente in Richtung eines sozialen und intelligenten Verhaltens komplex ist, verdeutlicht es das große Potenzial sozialer Roboter im Bildungsbereich.

25.2.2 Domänen und Rollen sozialer Roboter in der Bildung

Soziale Roboter werden bislang sehr domänenspezifisch vor allem in den folgenden Unterrichtsbereichen eingesetzt: 1) in der Robotik- und Computerausbildung, 2) in nichttechnischen Schulfächern wie Naturwissenschaften, 3) im Fremdsprachenunterricht sowie 4) im Gebiet der assistiven Robotik, insbesondere für Anwendungsfelder, bei denen Roboter für die kognitive Entwicklung gebraucht werden. Nach einer Studie von Mubin et al. (2013) werden Roboter bisher hauptsächlich im Technologieunterricht, im Sprach- sowie im Wissenschaftsunterricht eingesetzt.

Soziale Roboter können verschiedene Rollen in der Bildung einnehmen. Tab. 25.1 gibt einen Überblick über die Rollen sozialer Roboter in der Lehre, die bisher erforscht wurden.

Ein vollkommen autonomer Einsatz sozialer Roboter als Lehrperson scheint heute und in naher Zukunft nicht realistisch. Dazu sind die technischen Möglichkeiten und Fähigkeiten von sozialen Robotern derzeit noch zu eingeschränkt. Der Roboter kann aber für spezifische Szenarien und unter menschlicher Aufsicht mindestens Teile des Unterrichts selbstständig übernehmen (Sharkey 2016; Belpaeme et al. 2018). Das wäre dann eher die Rolle eines Lehrassistenten. Unabhängig von dieser Rolle steht bei der Integration des Roboters in den Unterricht oder in Lernszenarien die Verknüpfung der Lehr- und Lernaktivitäten mit der sozialen Interaktion des Roboters im Zentrum. Zu betrachtende Faktoren sind insbesondere der Kontext des Lernens, das Unterrichtsfach und die Altersstufe. Auf niedrigeren Altersstufen hat sich beispielsweise gezeigt, dass soziale Roboter in der Form von gleichaltrigen Peers geschätzt werden (Mubin et al. 2013).

Wie in Tab. 25.1 aufgezeigt, können soziale Roboter in der Bildung eine Vielzahl an Rollen mit unterschiedlichen Funktionen einnehmen. Das größte Potenzial aus heutiger Sicht scheint der Roboter in den Rollen eines Tutors, Lehrassistenten oder Peers zu haben. Der Metaanalyse von Belpaeme et al. (2018) nach werden soziale Roboter bisher bei 48 % aller Forschungsprojekte in der Rolle eines Tutors eingesetzt. Statt sie zu ersetzen, kann der Roboter die Lehrperson in dieser Rolle entlasten und dadurch Freiräume für persönliche Betreuung schaffen und damit beispielsweise die Motivation der Lernenden erhöhen. Durch einen komplementären Einsatz des Roboters können sowohl die Stärken des Roboters als auch der Lehrperson optimal genutzt werden. Während in diesem Szenario die

Tab. 25.1 Rollen von sozialen Robotern in der Bildung

Rolle des Roboters	Ausprägung
Werkzeug/ Lernplattform	Der Roboter dient als Plattform, um mit ihm experimentieren, programmieren und lernen zu können
	Der Roboter dient in diesem Fall insbesondere für Fächer wie Robotik und Informatik
Telepräsenzroboter/ Avatar	Der Roboter fungiert als Avatar; abwesende Schüler*innen können, vertreten durch den Roboter, aktiv am Unterricht teilnehmen
Entertainer/ Botschafter	Der Roboter motiviert die Lernenden durch Unterhaltung und spielerisches Lernen (Edutainment)
	Der Roboter übernimmt eine proaktive Botschafterrolle und gibt dem digitalen Wandel und der KI ein Gesicht
Begleiter/Ratgeber	Der Roboter begleitet die Lernenden außerhalb des Klassenzimmers
	Der Roboter bietet Lernenden bei Bedarf Unterstützung, lässt den Lernenden Problemlösungen aber selbst erarbeiten
Peer/Anfänger	Der Roboter ermutigt die Lernenden zum Lernen, indem diese dem Roboter etwas beibringen
	Der Roboter wird für „Learning-by-teaching"-Aktivitäten eingesetzt, unter anderem in Bereichen der Spezialförderung
Tutor	Der Roboter fokussiert auf die Vermittlung und Überprüfung von Wissen und Fähigkeiten im direkten Austausch mit Lernenden
Lehrassistent	Der Roboter dient primär der Unterstützung der Lehrperson
	Der Roboter kann der Lehrperson beispielsweise bei Erklärungen und Demonstrationen helfen
Lehrperson	Der Roboter agiert autonom als eigenständige Lehrperson
	Der Roboter übernimmt Verantwortung über den Unterricht und ersetzt die Lehrperson für einen gewissen Zeitraum

Lehrperson im Unterricht entlastet wird, darf die Arbeitsbelastung aufgrund der technischen und inhaltlichen Vorbereitung unabhängig von der Rolle des Roboters allerdings nicht unterschätzt werden, zumindest in der Einführungsphase.

Während die Rolle eines Peers gemäß Belpaeme et al. (2018) bisher lediglich in 9 % der Studien erforscht wurde, verweisen die von ihnen betrachteten Studien auf das Potenzial dieses Einsatzszenarios. Da der Roboter sowohl in Bezug auf das angepasste soziale Verhalten als auch auf die empfundene Intelligenz auf Augenhöhe erscheint, könnte es Lernenden leichter fallen, Vertrauen zu diesem aufzubauen. Der gegenseitige Lernprozess rückt in den Mittelpunkt und die Lernenden könnten vom „Learning-by-teaching"-Effekt profitieren.

Unabhängig von der tatsächlich übernommenen Rolle kommt die Mehrzahl der Studien zum Schluss, dass soziale Roboter vielversprechende Bildungsdienstleistungen ermöglichen können. Neben der zweifelsohne wichtigen Forschung zum pädagogischen Potenzial sollen aber auch Fragen bezüglich der Finanzierung, des Mehraufwands für Lehrpersonen, der didaktischen, organisatorischen und technischen Integration sowie der Langzeitwirkung berücksichtigt werden (Pandey und Gelin 2016).

25.2.3 Didaktik- und Designansätze für soziale Roboter

Lehmann und Rossi (2019) schlagen einen didaktischen Ansatz vor, bei dem Roboter als Vermittler und Katalysator zwischen Lehrperson, Lernenden und Kontext fungieren (s. Abb. 25.3). Diesen Ansatz nennen die Autoren „Enactive Robot Assisted Didacts (ERAD)". Roboter können eine solche Rolle übernehmen, weil sie Aufmerksamkeit und Erwartungen sowohl bei Lehrpersonen als auch bei Lernenden erzeugen und weil ihre physische Form es ihnen ermöglicht, das Verhalten ihres menschlichen Gegenübers zu beeinflussen und anzupassen.

Wie Lehmann und Rossi (2019) mit ihrem ERAD-Ansatz vorschlagen, ist eine der Möglichkeiten, kontinuierliches Feedback während des didaktischen Prozesses sicherzustellen, die Einführung eines Robotertutors, der als verkörperter Feedbackkanal fungiert. Mithilfe des Robotertutors kann die Regulation des Lernprozesses nicht nur auf kognitive Ergebnisse, sondern auch auf Methoden, Timing, Aufmerksamkeit und Partizipation fokussieren. Der Roboter würde zum Vermittler zwischen den Lehrpersonen, den Lernenden und dem zu vermittelnden Wissen. Das würde einen fundamentalen Wandel bedeuten hin zu einer zentralen Rolle der „sozial-bewussten" Technologie in Form eines sozialen Vermittlungsroboters.

Mit den *Fähigkeiten* sowie *Engagement-Profilen* zum Design und zur Beurteilung von Robotern als Lehrassistenten setzen sich die Arbeiten der Forschungsgruppe um Cooney und Leister (2019) auseinander. Ausgangspunkt für Cooney und Leister (2019) ist eine Analyse des breiten Spektrums an potenziellen Aufgaben, die von Lehrassistenten ausgeführt werden. Beispiele können sein: Unterstützung bei der Nachhilfe, Benotung von Aufgaben und Tests (auch Aufsicht), Unterstützung von Schüler*innen mit besonderen Bedürfnissen, Beantwortung von E-Mails und Fragen während der Sprechstunden. Um die Fähigkeiten auszuwählen, die für einen Roboter als Lehrassistent nützlich sein könnten, entwickelten Cooney und Leister (2019) das Engagement-Profil. Als Ergebnis identifizierten sie die Herausforderungen in Bezug auf z. B. Ermüdung (speziell der Stimme), Abwesenheiten, Mehrdeutigkeit, Ablenkung und körperliche Aufgaben. Aus dieser Liste schlagen sie sechs Fähigkeiten („Capabilities") vor, die für den Roboter als Lehrassistent

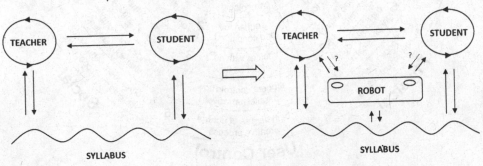

Abb. 25.3 Enactive Robot Assisted Didactics (Lehmann und Rossi 2019)

von Interesse sein könnten: C1 – Reading (to orally present material such as quizzes), C2 – Greeting (to greet the students), C3 – Alerting (to alert the teacher), C4 – Remote operation (to facilitate communication with persons at remote places), C5 – Clarification (to present extra material on request) und C6 – Motion (to perform physical tasks by means of locomotion and object manipulation (Cooney und Leister 2019). Ein weiterer Forschungsansatz ist die Beurteilung eines sozialen Roboters basierend auf einem „Engagement Profile Tool" (Cooney und Leister 2019). Anhand des Profils (Abb. 25.4) lässt sich feststellen oder bewerten, wie technisch fortgeschritten ein sozialer Roboter hinsichtlich acht verschiedener Dimensionen ist. Dieses Profil verwenden Cooney und Leister (2019), um den Grad des Engagements sozialer Roboter bei den Lernenden zu bewerten. Die Formen des Engagements umfassen (a) intellektuelles, (b) emotionales, (c) verhaltensbezogenes, (d) körperliches, (e) soziales und (f) kulturelles Engagement.

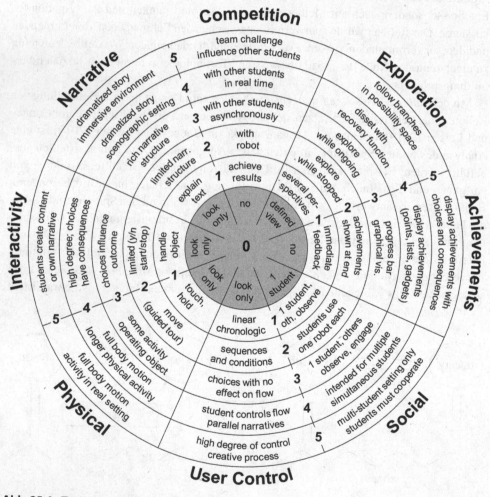

Abb. 25.4 Engagement-Profile (Cooney und Leister 2019)

Ursprünglich wurde das Engagement-Profil zur Beurteilung von Engagement-Faktoren für Exponate in Wissenschaftszentren und Museen entwickelt und in eher informellen Lernkontexten betrachtet. Die Autoren gehen davon aus, dass das Engagement-Profil auch auf eine Umgebung angewendet werden kann, in der der Roboter als Lehrassistent in einer formalen Lernumgebung eingesetzt wird. Ähnlich wie bei der Verwendung in Wissenschaftszentren und Museen stellt der Roboter ein Artefakt dar, mit dem die Studierenden während ihres Studiums und ihrer Kurse interagieren. Daher liegt die Annahme vor, dass ein erhöhtes Engagement der Studierenden dazu beiträgt, das Lernen anzuregen, zu erleichtern sowie das Lernergebnis zu steigern.

Das Engagement-Profil quantifiziert die Eigenschaften entlang von acht Dimensionen auf einer Skala von 0 bis 5. Die Dimensionen des Engagement-Profils repräsentieren den Grad des Wettbewerbs (C = Competition), der narrativen Elemente (N), der Interaktion (I), der körperlichen Aktivität (P = Physical), der Benutzerkontrolle (U = User Control), der sozialen Aspekte (S = Social), des Leistungsbewusstseins (A = Achievement) und der Explorationsmöglichkeiten (E = Exploration). Äußere Einflüsse werden im Engagement-Profil nicht berücksichtigt, da diese keine Eigenschaften der direkten Lernumgebung sind. Physikalische Faktoren wie Lärm, Licht oder Geruch könnten eine Rolle bei der Wahrnehmung von Engagement spielen, werden aber nicht als Teil des Engagement-Profils behandelt. Das Konzept „Engagement-Profil" stellt einen interessanten Ansatz dar, um die zyklische Weiterentwicklung und das Design von Szenarien mit sozialen Robotern zu gestalten.

25.3 Projekte zum Einsatz sozialer Roboter in der Bildung

25.3.1 Internationale Projekte

Im Bereich der Bildung werden soziale Roboter bisher aber vorwiegend im Rahmen von wissenschaftlichen Projekten und ersten Testphasen eingesetzt. Studien wurden hauptsächlich in den Bereichen Informatik (Byrne et al. 2017; Abildgaard und Scharfe 2012) und Robotik (Bacivarov und Ilian 2012; Bolea et al. 2016; Gao et al. 2018) durchgeführt. Tab. 25.2 stellt einen Vergleich derzeit laufender Projekte für den Einsatz sozialer Roboter in der Bildung auf. Aufgeführt werden Projekte, welche in einem längerfristig angelegten Roboter-Lab integriert sind.

Während Schulkinder in Roboterprojekten bereits sehr zielorientiert mit Robotern lernen können, so ist der Anspruch in der beruflichen Weiterbildung und in der Hochschulbildung ein anderer. Handke (2020), der Roboter im Hochschulkontext einsetzt und erforscht, schreibt dazu: „Ein Roboter-gestützter Vokabeltrainer mit beispielsweise 30 Begriffen oder ein Single-Choice-Quiz mit fünf Wissensfragen ist für Kinder bzw. Demenzkranke sicherlich ein angemessener Anspruch und damit einfacher zu gestalten als eine kompetenzorientierte Recherche-Aufgabe auf Hochschulniveau" (S. 103). Eine Implikation seiner Forschung ist, dass der technische Entwicklungsstand sozialer Roboter

Tab. 25.2 Soziale Roboter in der Bildung – Projektbeispiele

Projekt	Kontext	Roboteraktivitäten
Projekt H.E.A.R.T. https://www.project-heart.de	Robotermodelle Pepper und NAO als „Humanoid Emotional Assistant Robots" in der Hochschulbildung	Vortragsbegleitung und Lehrassistenz Glossar, Quizmaster und Inhaltsvermittler
L2TOR http://www.l2tor.eu	Robotermodell NAO als Lernpartner für Kinder beim Erlernen einer Fremdsprache	Verbale Interaktion unterstützt durch Gestik/Körpersprache Grundwortschatz, Zahlen und räumliche Sprache trainieren
Yale University – Vulnerable Robots https://youtu.be/WujARg_xqfE	Robotermodell NAO als Teammitglied auf Hochschulebene	Kooperatives Spielen mit Studierenden Soziale Kommunikation im Team zur Förderung der Kollaboration
EPFL – Robot Cowriter https://www.epfl.ch/labs/chili/index-html/research/cowriter/	Robotermodell NAO als Peer für Kinder in einem „Learning-by-teaching"-Szenario	Roboter lässt sich von Kindern das Schreiben beibringen Interaktion mit Kindern, damit diese Verantwortung für den Roboter übernehmen und somit ihr Selbstvertrauen stärken
University of Hertfordshire – Kaspar https://youtu.be/oQazuQpFg9g	Humanoider Roboter Kaspar als Tutor für Kinder mit Autismus oder Sprachschwierigkeiten	Roboter zeigt und lehrt Kindern einfache Interaktionsformen wie bspw. der Reihe nach zu spielen Minimale Ausdrucksformen speziell für autistische Kinder

heute noch nicht ausreichend ist für eine klassische Inhaltsvermittlung (Handke 2020). Handke hinterfragt aber nicht den Robotereinsatz als solchen, sondern vielmehr das Modell der klassischen Lehre. Er schreibt über Roboter in der Bildung, „sie sollten nicht die Fehler menschlicher Lehrer als simple Wissensvermittler replizieren" (Handke 2020). Insgesamt lassen sich für die nahe Zukunft die folgenden geeigneten Einsatzszenarien für soziale Roboter in der Bildung ableiten: Beratungsfunktion, Assistenzfunktion und Prüffunktion.

Die Stärken sozialer Roboter kommen speziell im kleineren Rahmen zum Tragen. Sie sind spezialisiert auf die soziale Interaktion und geben der KI ein Gesicht. Das Robotermodell Pepper, s. Abb. 25.1, ist mit 120 cm bewusst so klein wie ein Kind und soll mit den großen Augen „niedlich" wirken, um die Interaktion möglichst angenehm zu gestalten. Somit sind die Voraussetzungen dafür günstig, dieses Modell auch in Lernumgebungen mit wenigen Personen einzusetzen. Beispiele können sein: als Assistent für die Übungsleitenden oder für Lernende, in Form einer Spielleitung bei Planspielen oder eines Quizmasters bei Quizzen oder Leistungserhebungen, als Coach für Projektteams oder als kritischer Feedbackgeber bei Präsentationen oder Treffen, der eine Ad-hoc-Analyse der Redezeiten, Bewegungen, Sprache, Stimme etc. vornimmt und so detaillierte Verbesserungstipps geben kann. Die Kernkompetenz des sozialen Roboters liegt in der

1:1-Kommunikation mit einer Person. Er kann und soll Mimik und Gestik nicht nur beim Menschen erkennen und analysieren, sondern auch selber anwenden, um Empathie zu zeigen. Das scheint wichtig, um die Rolle eines Partners, Betreuers, Beraters oder Prüfers von Lernenden zu übernehmen. Ein Roboter kann beispielsweise ein Verkaufs-, Beratungs- oder Vorstellungsgespräch simulieren und als Übungspartner zur Verfügung stehen. Das wäre nicht nur eine effiziente Methode, sondern wäre gerade auch für introvertierte Lernende eine gute Lösung. Möglicherweise haben die Lernenden gegenüber dem „niedlichen" Roboter auch weniger Bedenken, etwas Falsches zu sagen, und sind dadurch offener. Darüber hinaus verfügt der Roboter über endlose Geduld und könnte sich für ein detailliertes Feedback jedes Detail merken, unzählige Kriterien analysieren und zentrale Feedbacks auch mit Videomaterial unterlegen.

Einige Studien haben Belege dafür geliefert, dass Roboter in der Bildung Vorteile gegenüber bildschirmbasierten Technologien aufweisen, sowohl in Bezug auf Lernerfolg als auch Motivation (Cooney und Leister 2019; Leyzberg et al. 2012; Belpaeme et al. 2018). In ihrer Metastudie konstatieren Belpaeme et al. (2018) zu den kognitiven und affektiven Outcomes beim Einsatz von Robotern in der Bildung:

> Notwithstanding, robots show great promise when teaching restricted topics, with effect sizes on cognitive outcomes almost matching those of human tutoring. This is remarkable, because our meta-analysis gathered results from a wide range of countries using different robot types, teaching approaches, and deployment contexts. Although the use of robots in educational settings is limited by technical and logistical challenges for now, the benefits of physical embodiment may lift robots above competing learning technologies, and classrooms of the future will likely feature robots that assist a human teacher. (Belpaeme et al. 2018, S. 7)

Zwar wurde der Einsatz sozialer Roboter im Bildungsbereich bereits in verschiedenen Studien untersucht. Allerdings lassen sich nur schwer allgemeingültige Schlussfolgerungen zur Wirksamkeit sozialer Roboter als Lernpartner ziehen. Da die Forschung in diesem Feld noch relativ jung und sehr interdisziplinär ist, hat sie häufig einen explorativen Charakter und die Frage nach der Wirksamkeit stellt sich erst in einem zweiten Schritt neben diversen anderen Evaluationszielen (Hobert 2019). Zentral scheinen zu Beginn der Technologieerschließung Fragen zur Umsetzung, zur Akzeptanz, zur Nutzerfreundlichkeit, zur Funktion der Interaktion, zur Motivation der Lernenden, zu den Chancen und Gefahren, zum Datenschutz, zur Ethik und zu rechtlichen Belangen zu sein.

25.3.2 Projekt „Lexi" an der Universität St.Gallen

Das Institut für Bildungsmanagement und Bildungstechnologien der Universität St.Gallen (IBB-HSG) untersuchte die Akzeptanz sozialer Roboter als Lehrassistenzsystem in der Hochschulbildung. Grund war, dass die Evidenz zum Einsatz sozialer Roboter in der Hochschulbildung sehr begrenzt ist (Spolaôr und Benitti 2017; Zhong und Xia 2018). Konzeptionell gesehen können soziale Roboter durchaus eine wertvolle Lernhilfe für Studierende sein, vor allem in groß angelegten Universitätskursen (Byrne et al. 2017; Cooney und Leister 2019; Handke 2018). In einer solchen Umgebung ist es oft schwierig, Studierende adäquat zu unterstützen und individuelle Fragen zu beantworten. Der Einsatz menschlicher Assistenten für diesen Zweck kann aus verschiedenen Gründen keine Lösung sein, hauptsächlich wegen Budgetbeschränkungen. Insgesamt liegt noch zu wenig belastbares Wissen über den Einsatz sozialer Roboter als Lehrassistenten in Hochschulkursen vor (Handke 2018). Vorliegende Studien adressieren vornehmlich den Einsatz in technischen Studiengängen, z. B. Informatik (Abildgaard und Scharfe 2012; Byrne et al. 2017).

In der Studie des IBB-HSG wurde Lexi eingesetzt, eine Roboterdame vom Modell Pepper (s. Abb. 25.1). Pepper kann verbal und nonverbal mit den Nutzern kommunizieren, z. B. durch Sprache, Gestik und Mimik (Huang und Mutlu 2014). Darüber hinaus kann Pepper ein Tablet, das auf ihrer Brust platziert ist, zur Entgegennahme von Input und zur Präsentation von Output verwenden. Neben der kommerziellen Nutzung, z. B. als Verkaufsassistentin im Supermarkt, wird Pepper auch im Bildungsbereich eingesetzt, z. B. zum Sprachenlernen bei Kindern (Tanaka et al. 2015). Als Rahmen für die Durchführung der Studie diente die Einführungsveranstaltung zu einem akademischen Schreibkurs mit mehr als 1500 Studierenden. Dieses Setting zeichnet sich durch eine ausgeprägte Heterogenität im Vorwissen der Studierenden aus (Seufert und Spiroudis 2017). Somit scheint dieser Rahmen für den Einsatz sozialer Roboter als Lehrassistent konzeptionell vielversprechend.

Eine zentrale Voraussetzung für den Einsatz von Robotern stellt die Technologieakzeptanz dar (Fridin und Belokopytov 2014). Werden soziale Roboter von den Studierenden nicht angenommen, bleiben mögliche positive Effekte aus, losgelöst von einem möglichen tatsächlichen Wert. Als theoretischer Rahmen der Untersuchung fungierte die „unified theory of acceptance and use of technology" (UTAUT). Demnach bestimmen die Leistungserwartung (PE), die Aufwandserwartung (EE) und der soziale Einfluss (SI) die Nutzungsintention (Venkatesh et al. 2003). Beispielfragen zur Erfassung dieser Konstrukte sind: „Lexi könnte mir eine wertvolle Lernunterstützung bieten." (PE), „Es wäre einfach für mich, gemeinsam mit Lexi zu lernen." (EE), „Meine Freunde würden es begrüßen, wenn ich gemeinsam mit Lexi lerne." (SI). Weitere Konstrukte beeinflussen die Nutzungsintention nur indirekt. Um diese indirekten Einflussgrößen zu eruieren, wurde eine Literaturrecherche zu Eigenschaften sozialer Roboter durchgeführt, die die Nutzungsintention potenziell (indirekt) beeinflussen. Identifiziert wurden dabei vier wichtige Konstrukte, die Tab. 25.3 zusammenfasst.

Bei sozialen Robotern handelt es sich um eine spezielle Technologieform, weil diese auf künstliche Intelligenz zurückgreift. Dazu werden im Hintergrund KI-basierte Dienste verwendet, beispielsweise Microsoft Azure, um Gefühle zu identifizieren. Die Studierenden könnten hier Bedenken hinsichtlich des Umgangs mit den gewonnenen Daten haben, die bei der Interaktion mit sozialen Robotern erfasst werden (Lutz et al. 2019; Lutz und Tamó-Larrieux 2020). Daher wären auch Ängste im Umgang mit den Daten zu berücksichtigen (Anxiety backend). Eine Beispielfrage ist: „Bei der Nutzung von Lexi

Tab. 25.3 Eigenschaften sozialer Roboter und deren Definition

Konstrukt	Definition	Beispiel zur Abfrage und Bewertung
Vertrauenswürdigkeit (Trustworthiness)	Grad, in dem die Studierenden den Roboter als kompetent und integer wahrnehmen	Ich würde Ratschlägen von Lexi vertrauen.
Anpassungsfähigkeit (Adaptiveness)	Grad, in dem die Studierenden glauben, dass sich der soziale Roboter an ihre (Lern-)Bedürfnisse anpasst	Lexi kann sich an meine Lernbedürfnisse anpassen.
Soziale Präsenz (Social presence)	Grad, in dem die Studierenden den Roboter als soziales Wesen wahrnehmen	Lexi kommt mir wie eine reale Person vor.
Erscheinung (Appearance)	Grad an akustischer und visueller Präsenz des Roboters	Lexi hat ein ansprechendes Erscheinungsbild.

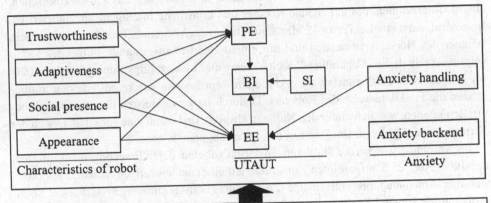

Abb. 25.5 Modell zur Vorhersage der Nutzungsintention (BI) (Guggemos et al. 2020)

würde ich mir Sorgen über die Wahrung meiner Privatsphäre machen." Um diese Ängste zu trennen von möglichen Ängsten im allgemeinen Umgang mit sozialen Robotern (Graaf und Allouch 2013), wird auch jenes Konstrukt erfasst (Anxiety handling). Eine Beispielfrage ist: „Ich hätte Angst, im Umgang mit Lexi Fehler zu machen." Ängste beeinflussen der UTAUT nach die Aufwandserwartung negativ und hätten dadurch einen (indirekt) negativen Einfluss auf die Nutzungsintention. Abb. 25.5 fasst den konzeptionellen Rahmen der Studie zusammen.

Ziel war es nun, den Studierenden eine faire Einschätzung der in Abb. 25.5 dargestellten Konstrukte zu ermöglichen, d. h. eine Beantwortung der beispielhaft aufgezeigten Fragen. Dazu galt es, eine möglichst repräsentative Auswahl an Tätigkeiten aufzuzeigen, die ein sozialer Roboter im Kontext des Lernens auf dem aktuellen Stand der Technik ausführen könnte. Zu diesem Zweck diente die in Abschn. 25.2 dargestellte Arbeit von Cooney und Leister (2019), konkret die Capabilities sozialer Roboter im Hochschulkontext. Darauf aufbauend wurden Beispiele entwickelt, die die Fähigkeiten des sozialen Roboters angemessen repräsentieren sollten. Neben generischen Tätigkeiten wie der Begrüßung der Studierenden wurden auch Erfahrungen zu typischen Problemen und Fragen beim akademischen Schreiben aufgegriffen. Lexi erklärte diese fachlichen Inhalte in der Vorlesung. So erörterte er beispielsweise die Funktionsweise der Plagiatssoftware: Lexi führte durch die Anwendung, erklärte für die Studierenden, welchen Output der Algorithmus der Plagiatssoftware generiert und wie die Dozierende dann für jeden Einzelfall eine Entscheidung treffen könnte. Damit erhalten die Studierenden bereits im ersten Semester einen Einblick in ein konkretes Beispiel, wie das Zusammenspiel komplementärer Kompetenzen zwischen „smarter Maschine" und menschlichen Experten funktioniert. Tab. 25.4 fasst die Capabilities (Cooney und Leister 2019) und deren konkrete Ausprägung zusammen. Für die technische Umsetzung arbeitete das IBB-HSG mit raumCode aus Zürich zusammen, einem Unternehmen, das auf soziale Roboter und künstliche Intelligenz spezialisiert ist. Insgesamt assistierte Lexi etwa 45 Minuten während der Vorlesung. Dabei war sie mit dem Beamer des Hörsaals verbunden und mit einem Headset ausgestattet. Folgendes Video zeigt beispielhaft die „Capabilities" nach Cooney und Leister: https://unisg.link/lexi2020. Im Anschluss an die Veranstaltung erklärte ein Repräsentant von raumCode den Studierenden die Funktionsweise des Roboters. Dadurch ist gewährleistet, dass diese auch beurteilen können, was sich hinter den Kulissen abspielt, und damit eine Einschätzung zu der Vertrauenswürdigkeit im Umgang mit den Daten abgeben können.

Im Anschluss wurden die Studierenden darum gebeten, einen Fragebogen auszufüllen, der die in Abb. 25.5 aufgezeigten Konstrukte auf einer siebenstufigen Skala erfasst (vollständige Ablehnung bis vollständige Zustimmung). Insgesamt ergab sich eine Stichprobengröße von 462 Studierenden, 65 % davon männlich. Das angestrebte Studium war

Tab. 25.4 Von Lexi ausgeführte Tätigkeiten in der Veranstaltung „Einführung in das wissenschaftliche Schreiben"

Capabilities	Ausgeführte Tätigkeit während der Vorlesung
Begrüßung	Lexi stellt sich und das Institut vor
Lesen/Erklären	Lexi legt seine Mission offen: Unterstützung von Dozierenden und Studierenden in Lernprozessen Lexi erklärt, wie Plagiate mit Hilfe von Plagiatssoftware erkannt werden
Auf etwas aufmerksam machen	Lexi weist die Studierenden darauf hin, den Zitierstandard der American Psychological Association (APA) zu verwenden
Rückgriff auf externe Dienste	Lexi unterstützt die Dozentin bei der Suche nach Quellen zum Thema „Greenwashing" in der Datenbank der Universitätsbibliothek Lexi unterhält sich mit einer freiwilligen Studentin: greift während des Gesprächs auf Remote-Dienste zu, um die Gesichtsmerkmale, das Alter und die Stimmung der Studentin zu bestimmen („glücklich", „überrascht", „wütend", „traurig" und „neutral")
Bewegungen ausführen	Folgt der Dozentin mit dem Kopf; verwendet Gesten, um bestimmte Punkte zu unterstreichen und um Emotionen auszudrücken

Betriebswirtschaftslehre (49 %), Volkswirtschaftslehre (22 %), International Affairs (15 %), Rechtswissenschaft (6 %) und Rechtswissenschaft mit Wirtschaftswissenschaften (8 %). Das Durchschnittsalter dieser Erstsemesterstudierenden betrug 19,78 Jahre (SD = 1,42 Jahre).

Die Ergebnisse können mithilfe einer „Importance-Performance Map" dargestellt werden (Ringle und Sarstedt 2016) (s. Abb. 25.6). Auf der x-Achse ist dabei die Stärke des Einflusses auf die Nutzungsintention (BI) abgetragen. Beispielsweise bedeutet ein Wert von 0,3 für Adaptivität, dass bei einer wahrgenommenen Zunahme der Adaptivität von Lexi um eine Stufe auf der siebenstufigen Skala mit einer Zunahme der Nutzungsintention um 0,3 Stufen zu rechnen ist. Auf der y-Achse der Importance-Performance Map ist die Stärke der Ausprägung der Konstrukte auf einer Prozentskala abgetragen. Ein Wert von 53 bei Adaptivität bedeutet beispielsweise, dass die wahrgenommene Adaptivität 53 % des theoretischen Maximums beträgt. Das Maximum wäre erreicht, wenn die Adaptivität hinsichtlich aller Aspekte und von allen Studierenden auf der siebenstufigen Skala mit dem Höchstwert bewertet würde. Im vorliegenden Fall schätzen die Studierenden die Adaptivität von Lexi insgesamt als mittelmäßig ein. Eine Importance-Performance Map erlaubt auch, für eine Erhöhung der Nutzungsintention besonders vielversprechende Konstrukte zu identifizieren. Das wären Konstrukte mit einem vergleichsweise starken Einfluss auf die Nutzungsintention bei gleichzeitig niedriger Ausprägung oder zumindest einer Ausprägung, die noch deutlich unter 100 % liegt. Im vorliegenden Fall haben mit Ausnahme der Konstrukte zur Angst alle Konstrukte einen statistisch signifikant positiven Einfluss auf die Nutzungsintention und können daher interpretiert werden.

Insgesamt zeigte die Studie, dass die Studierenden eher nicht die Intention haben, Lexi als Lernhilfe zu nutzen – die Ausprägung der Nutzungsintention liegt bei lediglich 37 % des theoretischen Maximums. Der Idee der Importance-Performance Map folgend, wäre es vielversprechend, sich auf die Leistungserwartung, d. h. die Einschätzung zum Wert von Lexi als Lernhilfe, zu konzentrieren. Die gegenwärtig mittelmäßige Einschätzung verwundert nicht, wenn Forschung zu hochwertigen Lernarrangements (aus Lernenden-

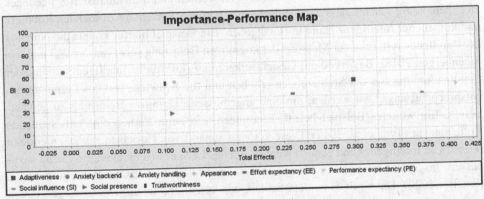

Abb. 25.6 Importance-Performance Map für die Intention, Lexi als Lernhilfe zu nutzen (BI) (Guggemos et al. 2020)

sicht) herangezogen wird (Praetorius et al. 2014). Lexi beantwortete Fragen auf einer sachlichen Ebene und zudem nicht individuell zugeschnitten. Aktivitäten, die darauf abzielten, eine persönliche Beziehung zwischen der Dozentin und Lexi herzustellen, z. B. die Verwendung ihres Namens, waren begrenzt. Auch Aktivitäten zur kognitiven Aktivierung wie das Stellen von aktivierenden Fragen führte Lexi nicht aus. Vor diesem Hintergrund scheint die Einschätzung der Studierenden eine realistische zu sein. Die Leistungserwartung nachhaltig zu steigern, scheint insgesamt schwierig. Von technischer Seite aus wäre insbesondere eine Verbesserung der Qualität des Chatbots bzw. der zugrundeliegenden künstlichen Intelligenz nötig. Darüber hinaus wäre für ein individuelles Eingehen auf Studierende der Rückgriff auf Studierendendaten, z. B. aus dem Learning-Management-System, nötig, um deren Leistungsstand abzurufen und diese Information dann in der Interaktion zu nutzen. Ob ein solches Vorgehen aus Datenschutzgründen überhaupt gewünscht ist, wäre kritisch zu hinterfragen.

Der soziale Einfluss könnte ebenfalls eine Stellschraube sein, um die Nutzungsintention zu erhöhen. Um die gesellschaftliche Akzeptanz von sozialen Robotern als Lernassistenten zu erhöhen, könnte sich eine Kommunikationsstrategie anbieten. Das IBB-HSG beispielsweise erstellte ein Video, das Lexi und seine Fähigkeiten vorstellt, und verbreitete es über Social-Media-Kanäle und die Website. Außerdem berichtete die lokale Presse über den Einsatz von Lexi als Lehrassistent. Insgesamt scheint es wichtig, die gesellschaftliche Akzeptanz im Blick zu haben, weil der soziale Einfluss einen relativ starken Einfluss auf die Nutzungsintention hat.

Werden die Merkmale von Lexi in den Blick genommen, sticht die Adaptivität als das Konstrukt mit dem stärksten Einfluss auf die Nutzungsintention heraus. Wie auch bei menschlichen Lehrpersonen scheint die Adaptivität eine wichtige Rolle zu spielen (Brühwiler und Blatchford 2011). Aus Sicht der Studierenden besteht hier deutlicher Verbesserungsbedarf. Auch diese Einschätzung kann als realistisch gelten. Die Anpassungsfähigkeit zu steigern scheint aber wiederum schwierig zu sein, d. h. das Vorwissen der Schüler*innen zu berücksichtigen, Lernmaterial in einem geeigneten Schwierigkeitsgrad bereitzustellen, ein angemessenes Lerntempo zu wählen und individualisiertes Feedback zu geben. Nötig scheint, dass pädagogische Psychologie, Forschung zu sozialen Robotern und künstlicher Intelligenz Hand in Hand gehen. Ein Beispiel hierfür könnte die Nutzung der Pupillenerweiterung zur Messung der kognitiven Belastung sein (van der Wel und van Steenbergen 2018). Basierend auf Gesichtserkennung (künstliche Intelligenz) könnte der Pupillendurchmesser der Studierenden erhoben und die Schwierigkeit des Lernmaterials entsprechend angepasst werden, um eine angemessene kognitive Belastung zu gewährleisten. Ein weiteres Beispiel betrifft Emotionen, die beim Lernen eine entscheidende Rolle spielen (Tyng et al. 2017). Diese könnten anhand von Gesichtsausdrücken erkannt (künstliche Intelligenz) und genutzt werden, um das Lernarrangement entsprechend anzupassen. Insgesamt scheint es wichtig, auf eine starke lerntheoretische Basis aufzubauen (Sweller 2020). Dann gilt es zu entscheiden, wie künstliche Intelligenz Lösungen bieten kann, die dann von sozialen Robotern ausgeführt werden können.

Im Vergleich zu Adaptivität haben die anderen Merkmale von Lexi einen deutlich geringeren Einfluss auf die Nutzungsintention. Auffallend ist die geringe Ausprägung von sozialer Präsenz (27 %). Die Studierenden haben eher nicht das Gefühl beim Umgang mit Lexi, mit einer realen Person zu interagieren. Erstaunlich ist der Befund zu den Bedenken hinsichtlich der Vertraulichkeit der Daten. Auf der einen Seite äußern die Studierenden ausgeprägte Bedenken hinsichtlich der Vertraulichkeit der Daten. Auf der anderen Seite haben diese negativen Einschätzungen aber keine Auswirkung auf die Nutzungsintention. Dieses Phänomen („Privacy-Paradox") ist auch in anderen Bereichen anzutreffen: Menschen äußern ernsthafte Bedenken bezüglich der Privatsphäre, geben aber dennoch freiwillig private Informationen preis und nutzen weiterhin Dienste, z. B. Social Media, denen sie nach eigenen Angaben misstrauen. Im Kontext sozialer Roboter berichtet die Studie von Lutz und Tamó-Larrieux (2020) ähnliche Ergebnisse.

Insgesamt scheinen die Befunde auf den ersten Blick ernüchternd. Gegenwärtig besteht noch deutliches Steigerungspotenzial bei der Nutzungsintention. Aufgezeigt werden konnten aber auch Stellschrauben, an denen zur Erhöhung der Nutzungsintention angesetzt werden kann. Insbesondere die Adaptivität scheint für die Akzeptanz von sozialen Robotern eine wichtige Rolle zu spielen. Als eine Einschränkung gilt es zu beachten, dass es sich bei der vorliegenden Studie um korrelative Zusammenhänge handelt. Ob hier tatsächlich kausale Effekte zugrunde liegen, kann nicht beantwortet werden. Eine weitere Perspektive scheint bei der Einordnung der Ergebnisse interessant. Auch bei menschlichen Assistenten würde sich vermutlich keine perfekte Adaptivität realisieren lassen. Die Frage stellt sich daher nach einem fairen Vergleichsmaßstab. Ein solcher könnten virtuelle Agenten in Form von Chatbots sein. Gerade in diesem Vergleich wird der mögliche konzeptionelle Vorteil von sozialen Robotern deutlich. Dieser liegt in ihrer sozialen Präsenz. Hierzu scheinen weitere Forschungsarbeiten interessant. Weiterhin wäre vielversprechend, wenn die Studierenden intensiver mit dem Roboter arbeiten könnten, um sich ein elaboriertes Bild von den Möglichkeiten sozialer Roboter als Lernhilfe zu machen. Auch hierzu sind weitere Arbeiten geplant.

25.4 Zusammenfassung und Ausblick

Das Ziel dieses Beitrags war es, zu veranschaulichen, wie soziale Roboter in den vergangenen zwei Jahrzehnten in Bildungskontexten eingesetzt wurden. Weiterhin können mit dem Stand der Forschung verschiedene Rollen klassifiziert werden, die soziale Roboter derzeit in der Bildung einnehmen. Darüber hinaus ließen sich didaktische Ansätze identifizieren, die sowohl der Entwicklung der Roboterverkörperungen („Robot Embodiment", Roboter als physische Präsenz) als auch dem Design der Szenarien, in denen diese eingesetzt werden, zugrunde liegen.

Beim Studium der einschlägigen Literatur zu sozialen Robotern im Bildungskontext fällt auf, dass die überwiegende Mehrheit der Roboter bei Vorschul- oder Schulkindern eingesetzt wird, nicht aber bei Studierenden oder im Hörsaal-Kontext. Das Lernen einer

Sprache mit einem sozialen Roboter oder das spielerische Lernen in einer Gruppe, bei dem der soziale Roboter als Kameradin und Peer fungiert, scheinen derzeit die meistverbreiteten Einsatzszenarien zu sein. Wir vermuten, dass dies auf das weniger persönliche Format von Vorlesungen an Universitäten zurückzuführen ist. Die üblicherweise große Teilnehmerzahl in Universitätskursen macht eine Eins-zu-Eins-Interaktion unmöglich und würde den Einsatz von sozialen Robotern auf Gruppenarbeiten mit kleinen Gruppengrößen beschränken. Diese Einschränkung des Einsatzes scheint somit eher strukturell als technisch bedingt zu sein.

Wie häufig bei technologiegestützten Lernanwendungen steht zu Beginn der Forschung die technologische Machbarkeit im Vordergrund und weniger die Entwicklung didaktischer Ansätze und Konzeptionen. Die vorgestellte ERAD-Konzeption ist einer der wenigen Ansätze, um von der didaktischen Theorie hin zur geeigneten Robotertechnologie zu gehen. Insbesondere stellt sich die Frage, wie man die Verkörperung von sozial bewussten Robotern vorteilhaft nutzen kann, um einen enaktiven Ansatz für die Didaktik an Universitäten zu implementieren.

Um den in Abschn. 25.2.1 skizzierten ERAD-Ansatz weiter zu entwickeln und zu implementieren, sind wir dabei, Lexi (Modell Pepper) in Kombination mit einem Learning-Management-System einzusetzen. Das ermöglicht, die Plattformfunktionalitäten zu nutzen und zum Beispiel Umfragen für Echtzeitfeedback einzusetzen. Ferner ist es möglich, z. B. Statistiken über die Wahrnehmung des präsentierten Materials durch das Publikum zu liefern, Echtzeitabfragen zu bestimmten Fragen zu ermöglichen oder dabei zu helfen, schnell Informationen über den Lernstand der Studierenden zu sammeln. Diese Daten oder Statistiken können dem oder der Dozierenden auf einen Bildschirm projiziert werden und als Diskussionsquelle dienen. In beiden Fällen ermöglicht es den Studierenden, sich aktiv am Präsentationsprozess zu beteiligen oder sogar einzugreifen und ihr Gefühl der Handlungsfähigkeit zu erhöhen. Die Verwendung dieser „Real-Time-Feedbacks" und die Präsentation ihrer Ergebnisse sind derzeit inhärent „unverkörpert", und die Verwendung der Informationen hängt stark von der Bereitschaft der Dozierenden ab, das Publikum in die Präsentation eingreifen zu lassen. Um das Feedback eines Publikums zu „verkörpern", setzen wir die Lernplattformtechnologie in Kombination mit dem Pepper-Roboter ein.

In Zukunft wäre es interessant, den Einsatz sozialer Roboter in Verbindung mit einem Learning-Management-System in Hörsälen zu sehen. Die Vermittlerfunktionalitäten sozialer Bildungsroboter können dabei mit der Fähigkeit kombiniert werden, in bestimmten Situationen relevante Informationen auf einem integrierten Tablet anzuzeigen. Dadurch könnten sich nützliche Anwendungen entwickeln lassen. Die Richtung unserer Forschung weist auf eine Erweiterung des Konzepts dessen hin, was Roboter im didaktischen Prozess sein können, indem sie sich von bloßen Werkzeugen wegbewegen und zu einer zentralen Vermittlerposition zwischen Lehrpersonen, Lernenden und neuem Wissen werden (Paradigma „Computer als Tool" zum Paradigma „Computer als Partner"). Das hat Implikationen für den Bildungsbereich, indem die soziale Vermittlerfunktion von Robotern im Unterricht, in Vorlesungen oder Gruppenarbeiten operationalisiert wird (Shapiro und Stolz 2019).

Literatur

Abildgaard JR, Scharfe H (2012) A geminoid as lecturer. In: Ge SS, Khatib O, Cabibihan JJ, Simmons R, Williams MA (Hrsg) Social robotics – 4th international conference, ICSR 2012, proceedings. ICSR, Chengdu, S 408–417

Bacivarov IC, Ilian VLM (2012) The paradigm of utilizing robots in the teaching process: a comparative study. Int J Technol Des Educ 22(4):531–540

Belpaeme T, Kennedy J, Ramachandran A, Scassellati B, Tanaka F (2018) Social robots for education: a review. Sci Robot 3(21):eaat5954

Berghe R van den, Verhagen J, Oudgenoeg-Paz O, van der Ven S, Leseman P (2019) Social robots for language learning: a review. Rev Educ Res 89(2):259–295

Bloom BS (1984) The 2 Sigma problem. The search for methods of group instruction as effective as one-to-one tutoring. Educ Res 13(6):4–16

Bolea Y, Grau A, Sanfeliu A (2016) From research to teaching: integrating social robotics in engineering degrees. Int J Comput Electr Autom Control Inf Eng 10(6):1020–1023

Brühwiler C, Blatchford P (2011) Effects of class size and adaptive teaching competency on classroom processes and academic outcome. Learn Instr 21(1):95–108

Byrne BM, Rossi A, Doolean M (2017) Humanoid robots attending lectures. In: Proceedings of the 9th international conference on education technology and computers, ICETC 2017, Barcelona, S 7–11

Cooney M, Leister W (2019) Using the engagement profile to design an engaging robotic teaching assistant for students. Robotics 8(1):21

Fridin M, Belokopytov M (2014) Acceptance of socially assistive humanoid robot by preschool and elementary school teachers. Comput Hum Behav 33:23–31

Gao Y, Barendregt W, Obaid M, Castellano G (2018) When robot personalisation does not help: insights from a robot-supported learning study. In: Proceedings of the 27th IEEE international symposium on robot and human interactive communication, IEEE 2018, Nanjing, S 705–712

Graaf M, Allouch SB (2013) Exploring influencing variables for the acceptance of social robots. Robot Auton Syst 61(12):1476–1486

Guggemos J, Seufert S, Sonderegger S (2020) Humanoid robots in higher education: evaluating the acceptance of Pepper in the context of an academic writing course using the UTAUT. Br J Educ Technol 10(6):408

Handke J (2018) Digitale Hochschullehre – Vom einfachen Integrationsmodell zur Künstlichen Intelligenz. In: Dittler U, Kreidl C (Hrsg) Hochschule der Zukunft. Springer Fachmedien, Wiesbaden, S 249–263

Handke J (2020) Humanoide Roboter. Showcase, Partner und Werkzeug. Tectum, Baden-Baden

Hobert S (2019) How are you, chatbot? Evaluating chatbots in educational settings – results of a literature review. In: Pinkwart N, Konert J (Hrsg) DELFI 2019. Gesellschaft für Informatik e.V., Bonn, S 259–270

Huang C, Mutlu B (2014) Learning-based modeling of multimodal behaviors for humanlike robots. In: Sagerer G, Imai M, Belpaeme T, Thomaz A (Hrsg) HRI '14. Proceedings of the 2014 ACM/IEEE international conference on human-robot interaction. ACM Press, New York, S 57–64

Lehmann H, Rossi PG (2019) Social robots in educational contexts: developing an application in enactive didactics. J E-Learning Knowl Soc 15(2):27

Leyzberg D, Spaulding S, Toneva M, Scassellati B (2012) The physical presence of a robot tutor increases cognitive learning gains. Proc Annu Meet Cogn Sci Soc 34(S):1882–1887

Lutz C, Tamó-Larrieux A (2020) The robot privacy paradox: understanding how privacy concerns shape intentions to use social robots. HMC 1:87–111

Lutz C, Schöttler M, Hoffmann CP (2019) The privacy implications of social robots: scoping review and expert interviews. Mob Media Commun 7(3):412–434

Mubin O, Stevens CJ, Shahid S, Al MA, Dong J (2013) A review of the applicability of robots in education. J Technol Educ Learn 1(209–0015):13

Pandey AK, Gelin R (2016) Humanoid robots in education: a short review. In: Goswami A, Vadakkepat P (Hrsg) Humanoid robotics: a reference. Springer Netherlands, Dordrecht, S 1–16

Praetorius A, Pauli C, Reusser K, Rakoczy K, Klieme E (2014) One lesson is all you need? Stability of instructional quality across lessons. Learn Instr 31:2–12

Ringle CM, Sarstedt M (2016) Gain more insight from your PLS-SEM results. The importance-performance map analysis. Ind Manag Data Syst 116(9):1865–1886

Seufert S, Spiroudis E (2017) Wissenschaftliche Schreibkompetenz in der Studieneingangsphase fördern. Erfahrungen mit einem Rückmelde- und Bewertungsraster (Rubric). Zeitschrift Schreiben 15:1–9

Shapiro L, Stolz SA (2019) Embodied cognition and its significance for education. Theory Res Educ 17(1):19–39

Sharkey AJC (2016) Should we welcome robot teachers? Ethics Inf Technol 18(4):283–297

Spolaôr N, Benitti FBV (2017) Robotics applications grounded in learning theories on tertiary education: a systematic review. Comput Educ 112:97–107

Sweller J (2020) Cognitive load theory and educational technology. Educ Tech Res Dev 68(1):1–16

Tanaka F, Isshiki K, Takahashi F, Uekusa M, Sei R, Hayashi K (2015) Pepper learns together with children: development of an educational application. In: Asfour T (Hrsg) 15th International conference on humanoid robots (Humanoids), IEEE-RAS. IEEE Robotics and Automation Society, Piscataway, S 270–275

Tyng CM, Amin HU, Saad MNM, Malik AS (2017) The influences of emotion on learning and memory. Front Psychol 8:1454

Venkatesh V, Morris MG, Davis GB, Davis FD (2003) User acceptance of information technology: toward a unified view. MIS Q 27(3):425–478

Wahlster W (2017) Künstliche Intelligenz versus menschliche Intelligenz: Wie lernen, verstehen und denken Computer? Künstliche Intelligenz für den Menschen: Digitalisierung mit Verstand. Johannes Gutenberg Universität, Mainz. http://www.dfki.de/wwdata/Gutenberg_Stiftungsprofessur_Mainz_2017/Lernende_Maschinen.pdf. Zugegriffen am 16.03.2021

Wel P van der, van Steenbergen H (2018) Pupil dilation as an index of effort in cognitive control tasks: a review. Psychon Bull Rev 25(6):2005–2015

Zhong B, Xia L (2018) A systematic review on exploring the potential of educational robotics in mathematics education. Int J Sci Math Educ 12(5):491

Das steht Ihnen aber gut!

Empfangs-, Beratungs-, Betreuungs- und Verkaufsroboter im Detailhandel

Oliver Bendel

Always wanted to chat to a robot in Lederhosen?

(IBM)

Zusammenfassung

Soziale Roboter wie Pepper, NAO, Paul und Cruzr haben – auch vor dem Hintergrund des Strukturwandels des Einzelhandels – Einzug in Einkaufsläden und -zentren gehalten, um Kunden anzulocken, zu empfangen und zu begrüßen, zu informieren, zu beraten und letztlich – wenngleich dies manche Verantwortliche vorerst in den Hintergrund stellen – zum Kauf zu bewegen. Die Schweiz war eine Vorreiterin in diesem Bereich mit gleich mehreren Projekten. Aber auch in Kalifornien, in Japan, in Südkorea, in Deutschland und in anderen Ländern setzt man auf einschlägige soziale Roboter. Der vorliegende Beitrag gibt eine knappe, keinesfalls vollständige Übersicht über wissenschaftliche und praktische Aktivitäten in diesem Bereich. Dann stellt er ethische Überlegungen zum Einsatz an. Nebenbei wird ein mögliches Forschungsprojekt skizziert, das aufgeworfene Probleme ein Stück weit lösen könnte. Eine Zusammenfassung und ein Ausblick runden den Beitrag ab.

O. Bendel (✉)
FHNW, Windisch, Schweiz
E-Mail: oliver.bendel@fhnw.ch

© Der/die Autor(en), exklusiv lizenziert durch Springer Fachmedien Wiesbaden GmbH, ein Teil von Springer Nature 2021
O. Bendel (Hrsg.), *Soziale Roboter*, https://doi.org/10.1007/978-3-658-31114-8_26

26.1   Einleitung

Der stationäre Handel ist nicht erst seit der Corona-Pandemie von einem Struktur-
wandel betroffen. Er verliert in Europa seit Jahren gegenüber dem Onlinehandel an
Boden (Vontobel und Weinmann 2017). Kunden bleiben aus, Läden müssen schließen.
Es wird versucht, durch Medien und Technologien vor Ort (u. a. QR-Codes an Schau-
fenstern und Produkten, Computerspiele für Kinder, interaktive Displays mit virtuellen
Ankleideoptionen und personalisierten Werbeaktionen, Empfangs-, Beratungs- und
Betreuungsroboter) die Konkurrenzfähigkeit zum Onlinehandel wieder zu erlangen,
um diese Entwicklung zu verlangsamen oder umzukehren. Über eine „informelle
Denkfabrik" in der Schweiz und das Glattzentrum (kurz Glatt) bei Zürich hieß es be-
reits 2017:

> Die Einkaufszentren-Denkfabrik hat bereits erste Versuche umgesetzt. So wurde ein „Night
> Run" entwickelt [...] und im Mai erstmals im Glatt durchgeführt. Erfolgreiche Formate wür-
> den nun von kleineren Migros-Einkaufszentren getestet, sagt Clavadetscher. Ähnlich werden
> die „Pepper"-Roboter des Glatts, die Kundenfragen beantworten, auf eine „Tour de Suisse" in
> andere Zentren geschickt. (Vontobel und Weinmann 2017)

Es ist ungewiss, ob Empfangs-, Beratungs- und Betreuungsroboter und künftig Verkaufsroboter ein genügendes Potenzial haben, um den vermuteten Niedergang aufzu-
halten. Einerseits ist mit ihnen z. B. ein Betrieb rund um die Uhr möglich, ebenso wie die
Substitution von Personal und die Reduktion von Personalkosten. Eine höhere Produktivi-
tät des Detailhandels vor Ort ist denkbar, außerdem eine bessere Beratung, da umfangreichere und aktuellere Produktinformationen abgerufen werden können. Andererseits
haben soziale Roboter wie Pepper, NAO, Paul und Cruzr mancherorts die Erwartungen
nicht erfüllt, und sie stehen nun in der Ecke oder müssen (respektive dürfen) Kinder hüten.
Frühe Skepsis findet sich auch in der gerade zitierten Quelle:

> Nachtläufe, Roboter oder Konzerte sind für E-Commerce-Berater Lang jedoch weniger die
> Lösung aller Probleme als vielmehr Symptom davon. „Weshalb braucht es denn all die Unter-
> haltung? Weil das ursprüngliche Angebot – der Verkauf von Produkten – nicht mehr genug
> Leute anzieht." Online-Shops hingegen seien auf derlei Krücken nicht angewiesen. (Vontobel
> und Weinmann 2017)

Es ist dennoch zu vermuten, dass fortschrittliche soziale Roboter mit zunehmenden
Fähigkeiten in Zukunft eine gewisse Rolle im Verkauf spielen werden, weil sie für manche Kunden attraktiv sind, die Beratung individualisiert und gleichzeitig standardisiert
und der Verkaufsprozess, der zum Abschluss führt, zumindest teilweise automatisiert
(und protokolliert) werden kann. Diese Entwicklungen erfordern eine wissenschaftliche
und praktische Auseinandersetzung mit Kunden-Roboter-Interaktionen. Dabei sind die
Gesichts- und Körperform, die Optimierung der Bewegung im Raum und die natürlich-

sprachlichen Fähigkeiten zentral. Der soziale Roboter ist das Gegenüber des Kunden, im Dialog mit ihm, hört sich seine Fragen an und liefert Antworten in verschiedenen Sprachen.

Der vorliegende Beitrag gibt nach einer kurzen Begriffsklärung zu sozialen Robotern und Servicerobotern eine knappe Übersicht über wissenschaftliche und praktische Aktivitäten in diesem Bereich des Einzelhandels. Dabei greift er ausgewählte Projekte des Verfassers auf, die seit 2019 stattgefunden haben.

26.2 Soziale Roboter und Serviceroboter

Soziale Roboter sind sensomotorische Maschinen, die für den Umgang mit Menschen oder (vor allem höherentwickelten) Tieren geschaffen wurden (Bendel 2020b). Sie können über fünf Dimensionen bestimmt werden. Dies sind die Interaktion mit Lebewesen, die Kommunikation mit Lebewesen, die Nähe zu Lebewesen, die Abbildung von (Aspekten bzw. Merkmalen von) Lebewesen sowie – im Zentrum – der Nutzen für Lebewesen. Ein weiter Begriff schließt neben Hardwarerobotern auch Softwareroboter wie gewisse Chatbots, Voicebots (oft Sprachassistenten oder virtuelle Assistenten genannt) und Social Bots ein, unter Relativierung des Sensomotorischen. Die Disziplin, die soziale Roboter – ob als Spielzeugroboter, als Serviceroboter (Pflege-, Therapie-, Sex-, Sicherheitsroboter etc.) oder als Industrieroboter in der Art von Kooperations- und Kollaborationsrobotern (Co-Robots bzw. Cobots) – erforscht und hervorbringt, ist die Soziale Robotik.

Damit wurden bereits Serviceroboter und ein paar ihrer Ausprägungen genannt. Diese sind für Dienstleistungen und Hilfestellungen aller Art zuständig, sie bringen und holen Gegenstände, überwachen die Umgebung ihrer Besitzer oder den Zustand von Patienten und halten ihr Umfeld im gewünschten Zustand (Bendel 2017b). Sie vollbringen also Services unterschiedlicher Art, nicht als Generalisten, sondern als Spezialisten. Wenn sie mit Sensoren ausgestattet sind, wenn sie über künstliche Intelligenz und Erinnerungsvermögen verfügen, werden sie nach und nach zu bestens informierten Instanzen. Sie wissen, was ihr Eigentümer oder Gegenüber tut und sagt oder was die Passanten in der Umgebung umtreibt, und sie melden es womöglich an ihre Betreiber oder an Geräte und Computer aller Art. So wie Industrieroboter immer mehr ihre geschützten Bereiche verlassen, so wie sie immer mobiler und universeller geraten, und so wie sie immer mehr an den Menschen heranrücken, so werden Serviceroboter immer eigenständiger und „unternehmungslustiger", verlassen den Haushalt und erobern die Welt.

Offensichtlich sind einige soziale Roboter auch Serviceroboter, namentlich im Detailhandel, wo sie Dienstleistungen anbieten – eben Information, Beratung und Betreuung – und in Zukunft wohl Produkte verkaufen. Umgekehrt sind einige Serviceroboter soziale Roboter. Viele sind es allerdings nicht. So ist ein gewöhnlicher Saug- oder Rasenmähroboter nicht zu den sozialen Robotern zu zählen. Dies kann sich jedoch ändern, wenn er mit dem Benutzer kommunizieren kann oder ein bestimmtes Verhalten gegenüber Tieren hat, wie der prototypische LADYBIRD von 2017 (Bendel 2017c) oder der prototypische HAPPY HEDGEHOG von 2019/2020 (Bendel et al. 2017).[1] Ein üblicher Transportroboter ist genauso wenig zu diesem Typus zu zählen. Doch wenn – wie bei Relay von Savioke aus Kalifornien – auf seinem Display Augen erscheinen und aus seinen Lautsprechern niedliche Geräusche dringen, die menschliche Aufmerksamkeit auf sich ziehen sollen, sind die Grenzen fließend (Bendel 2020d). Sicherlich wird man austesten müssen, wie viel an sozialen Eigenschaften ein Serviceroboter verträgt – und wie viel an serviceorientierten Aufgaben ein sozialer Roboter.

26.3   Wissenschaftliche Projekte

Soziale Roboter im Gesundheitsbereich (Pflege, Therapie, Sexualität) und im Bildungsbereich (als Lehrkräfte, Tutoren und Peers) sind mit zahlreichen wissenschaftlichen Untersuchungen und Berichten verbunden (Bendel 2018a). Einzelne Aspekte sozialer Roboter im halböffentlichen Raum und im Einzelhandel, etwa Vertrauenswürdigkeit und Akzeptanz, optimale Gesichtsform oder Bedeutung des Händeschüttelns, wurden in Monografien, Herausgeberbänden und Proceedings untersucht (Nørskov 2017; Nørskov et al. 2020; Song und Luximon 2021; Prasad et al. 2021). Ansonsten überwiegen Medienberichte, die sich durchaus gerne dem Einsatz von Pepper, Paul und Co. im Retail oder in der Gastronomie und Hotellerie widmen. Dennoch gibt es einige Studien und Projekte, etwa aus Finnland, Südkorea, China und Deutschland sowie aus dem Iran.

Wissenschaftlerinnen in Finnland haben Pepper zu Forschungszwecken in einem Einkaufszentrum eingesetzt. In einem Paper von 2017 berichten sie über die Ergebnisse eines Workshops mit dem Management, eines Interviews mit acht Einzelhändlern und eines Kundenworkshops. Die Ergebnisse zeigen, dass die Beteiligten es wichtig finden, dass der Roboter eine warme und heitere Atmosphäre im Einkaufszentrum schafft sowie praktische Hilfe für die Kunden und Mitarbeiter bietet (Niemelä et al. 2017). In weiteren Artikeln mit anderer Zusammensetzung der Autorenteams wurden spezifische Ergebnisse veröffentlicht, etwa zur Akzeptanz bei Kindern:

> We observed that the robot was quickly surrounded by children when there were others – especially adults – interacting with it. The children seemed to especially enjoy the activity-related applications, such as tickling the robot or giving a high-five. (Aaltonen et al. 2017)

Auf genau solche Interaktions- und Kommunikationsformen sind Roboter wie Pepper ausgerichtet. Er hat Berührungssensoren, am Kopf und in den Händen, und beherrscht in den USA und inzwischen auch bei uns weitverbreitete Begrüßungsarten. Offensichtlich

---

[1] Ein Roboter von Angsa (https://angsa-robotics.com), der seit 2020 entwickelt wird, vereinigt die Vorzüge beider Modelle. Er ist auf dem Rasen unterwegs, um diesen zu reinigen, und verschont dabei Insekten.

erstaunt und gefällt, dass das Repertoire eines Roboters nicht nur verbale, sondern auch gestische Freundlichkeiten umfasst.

Eine iranische Forschergruppe hat eine robotische Schaufensterpuppe namens RoMa entwickelt, die Menschen vor dem Schaufenster lokalisieren und sich ihnen mit dem ganzen Körper und dem Gesicht zuwenden kann, und eine empirische Studie dazu durchgeführt:

> The robot mannequin is located in the showcase of a women's clothing store in Tehran. This store is one of the best-known clothing brands in Tehran, and is visited by many people daily for purchase. Two robot mannequins wearing women's dresses were placed at the front of the store's showcase. (Zibafar et al. 2019)

Die Ergebnisse zeigen, dass sich die Anzahl der Personen, die sich das Schaufenster ansahen, im Laufe des Tages um 280 % erhöht hat (Zibafar et al. 2019). Man erhofft sich durch einen Einsatz der robotischen Schaufensterpuppen einen Effekt auf die Verkäufe. Auf westliche Beobachter wirkt die Umsetzung etwas befremdlich – eine üblicherweise starre Gestalt ist plötzlich in Bewegung. Allerdings erfolgten auch in Europa manche erste Bewegungsversuche im Bereich der Sozialen Robotik mit Hilfe von Schaufensterpuppen, etwa bei dem Schweizer Kleinunternehmen Jinn-Bot (https://www.jinn-bot.com).

Im Rahmen seiner Doktorarbeit an der Universität Erlangen-Nürnberg ab 2017 führte Patrick Meyer eine Untersuchung durch, deren Ergebnisse in einem Foliensatz mit dem Namen „Robotics in Retail: Ergebnisse eines Feldversuchs mit dem humanoiden Roboter ‚Pepper'" veröffentlicht wurden, unter Angabe der Autoren Patrick Meyer (Doktorand) und Rainer Volland (Managing Partner). Für den Feldversuch wurden vier Kernhypothesen formuliert, nämlich 1) „Pepper macht Spaß", 2) „Pepper baut emotionale Bindung zu Kunden auf", 3) „Pepper ist einfach zu bedienen" und 4) „Pepper möchte jeder nutzen" (Meyer und Volland o. D.). Er wurde mit vier Anwendungsfällen durchgeführt, nämlich Spielen (Schnick, Schnack, Schnuck), Unterhalten (Selfie machen), Informieren (VR-Messe) und Befragen (Kundenzufriedenheit).

Die Hypothesen 1 und 3 können laut der Autoren bestätigt werden. Zu 1) schreiben sie: „Der Umgang mit Pepper macht beiden Geschlechtern Spaß. Ein humanoider Roboter kann als Publikumsmagnet fungieren." (Meyer und Volland o. D.) Zu 3 heißt es: „Die Mehrheit der Befragten findet Pepper einfach zu bedienen. Die Best Ager bewerten die Bedienbarkeit mit Abstand am einfachsten." (Meyer und Volland o. D.) Als Best Ager gelten den Autoren Personen, die 55 oder älter sind. 2 und 4 bestätigen sich laut ihren Ausführungen weniger. Zu 2 bemerken sie: „Einerseits fühlt sich die Mehrheit der Befragten dem Roboter während der Interaktion nahe, andererseits empfindet ein deutlicher Anteil der Befragten die Interaktion als unpersönlich." (Meyer und Volland o. D.) Zu 4 heißt es, eine große Mehrheit der Befragten könne sich vorstellen, einen Roboter wie Pepper in Zukunft zu nutzen. „Jedoch kritisieren Befragte die Interaktionsqualität der demonstrierten Use Cases. Sie wünschen sich intelligente und natürlichsprachige Dialoge." (Meyer und Volland o. D.)

In einem weiterführenden Artikel werden Empfehlungen gegeben:

1. Der Einsatz von humanoiden Servicerobotern gelingt kurzfristig über hedonistische Anwendungsfälle als attraktive Anschauungsbeispiele (Showcasing), welche neue Kundenkontaktpunkte erzeugen und Kunden in eine positive und konsumbereite Stimmung versetzen können.
2. Mittelfristig können hedonistische Anwendungsfälle um funktionale Sequenzen (z. B. Auskunft geben) erweitert werden, um Mitarbeiter zu entlasten und die Servicequalität im stationären Handel zu verbessern.
3. Die multimodalen Interaktionsoptionen eines humanoiden Serviceroboters können die Verknüpfung zum Online-Handel unterstützen, hierfür müssen sie jedoch in ein umfassendes digitales PoS-Konzept integriert und die künstliche Intelligenz deutlich gestärkt werden. (Meyer et al. 2018)

Zudem hat sich Patrick Meyer mit zwei Co-Autorinnen im Rahmen einer weiteren wissenschaftlichen Studie explizit mit den Akzeptanz- und Resistenzfaktoren von Kunden gegenüber Servicerobotern auseinandergesetzt.

The findings identify decisive drivers and barriers, i.a. 'social presence' and 'role congruency' and reveal i.a. that customers envision harmonious human-robot teams with transparent responsibilities that improve service interactions: while SRs assist frontline employees (FLE) and respond to simple customer inquiries, FLEs can dedicate more time engaging with customers and providing professional customer advice. Moreover, customers suggest that SRs be introduced gradually and with FLEs' qualified assistance. (Meyer et al. 2020a)

Zusammen mit zwei Co-Autorinnen hat er weiterhin ein Paper veröffentlicht, das sich einem kaum untersuchten Thema widmet, nämlich der Akzeptanz der Angestellten.

Prior research has looked at customers' acceptance of service robots in stationary retail settings, but few studies have explored their counter-parts – the frontline employees' (FLEs) perspective. Yet, FLEs' acceptance of service robots is crucial to implement service robots for retail innovation. To explore FLEs' acceptance of and resistance to service robots, a qualitative exploratory interview study is conducted. It identifies decisive aspects, amongst others loss of status or role incongruency. The findings extend prior studies on technology acceptance and resistance and reveal i.a. that FLEs perceive service robots as both a threat and potential support. Moreover, they feel hardly involved in the co-creation of use cases for a service robot, although they are willing to contribute. (Meyer et al. 2020b)

Diese Einschätzungen des Personals sind auch aus anderen Anwendungsbereichen bekannt, etwa von Pflege- und Altenheimen, mit Blick auf Pflege- und Therapieroboter (Bendel 2018a).

Im Sommer 2020 wurde von Leonie Stocker und Ümmühan Korucu, zwei damaligen Studentinnen des Verfassers, im Rahmen ihrer Bachelorarbeit „The Huggie Project" an der Hochschule für Wirtschaft FHNW eine Onlineumfrage mit ca. 300 Teilnehmern durchgeführt (Stocker und Korucu 2020). Ziel war es, empirische Daten zu Umarmungen durch Roboter und von Robotern zu erhalten. Hypothese 12 lautete: „Die Mehrheit (>50 %) der

Teilnehmer glaubt, dass die Anwesenheit eines Roboters ihr Einkaufsverhalten positiv beeinflussen würde." Das Ergebnis fiel wie folgt aus:

> [Nearly] two thirds of the respondents think that a robot's presence in a shopping mall could have at least a partially positive effect on their shopping behavior. Having said this, the participants do neither desire being greeted by a robot, nor would they revisit a shopping mall just because of the robot and also, a majority of them would not follow the shopping recommendations provided by a robot. Ultimately, it can be concluded that the presence of a robot does not necessarily contribute to increased economic success for a store or a shopping mall. (Stocker und Korucu 2020)

Die Forschung an der Hochschule steht in der Tradition von Block und Kuchenbecker (2018), die mit ihrem Umarmungsroboter wesentliche Erkenntnisse gewinnen konnten, und von Ishiguro und seinen Teams, die Robovie und Hugvie hervorgebracht haben (Kanada et al. 2002; Kuwamura et al. 2014). Ziel ist letztlich der Bau eines eigenen Umarmungsroboters, des sogenannten HUGGIE. Wegen der Corona-Pandemie musste dies immer wieder verschoben werden.

Unter der Betreuung des Verfassers entstand 2020 und 2021 an der Hochschule für Wirtschaft FHNW eine Masterarbeit mit dem Titel „Manipulation by humanoid consulting and sales hardware robots from an ethical perspective". Ein zentraler Teil war eine Onlinebefragung in deutscher Sprache. Auf der dazugehörigen Website schrieb die Studentin Liliana Margarida Dos Santos Alves:

> Das Hauptziel meiner Masterthesis und Umfrage ist es, herauszufinden, ob es ethisch und moralisch vertretbar ist, humanoide Beratungs- und Verkaufsroboter im Einzelhandel einzusetzen, die Kunden derart manipulieren können, dass sie deren Kaufentscheidungen beeinflussen, um gezielt davon zu profitieren (z. B. Verkauf von Produkten, die der Kunde gar nicht braucht). (Alves 2021)

Es gehört zur Erfahrung von Kundinnen und Kunden, dass in Beratung und Verkauf häufig stimulierende und motivierende Sätze wie „Das steht Ihnen aber gut!" oder „Das Teil habe ich auch zu Hause!" fallen. Während das eine ein ästhetisches Urteil ist, das sich einer unzweifelhaften Bestätigung ein Stück weit entzieht, ist das andere durchaus empirisch überprüfbar – aber man wird kaum von der Verkäuferin oder dem Verkäufer nach Hause gebeten, um das Teil dort in Augenschein zu nehmen, und bei einer wissenschaftlichen Befragung zu dieser Frage wird wohl nicht immer die Wahrheit geäußert werden. Bei Verkaufstrainings schließlich lernt man solche und andere Tricks, um sie dann mehr oder weniger erfolgreich anzuwenden.

Es ist also wohl der Fall, dass Berater und Verkäufer die Kunden dann und wann manipulieren. Es steht außer Zweifel, dass der Roboter ähnlich programmiert werden könnte, in seinen Äußerungen, in Mimik und Gestik. Manche Aussagen würden kaum verfangen – es ist unwahrscheinlich, dass der Roboter eine Hose oder eine Bluse zu Hause hat, und er hat nicht einmal ein Zuhause –, andere hingegen würden durchaus funktionieren, ja hätten vielleicht eine besondere Wirkung, da man dem Roboter womöglich unterstellt, neutral und objektiv zu urteilen und auf große Datenmengen zugreifen zu können. Die Frage ist also, ob man Beratungs- und Verkaufsroboter dergestalt abrichten soll. Damit weist das Projekt in mehrfacher Weise in die Zukunft. Eigentliche Verkaufsroboter werden noch kaum eingesetzt – es geht vor allem um Information und Beratung. Ethische Fragen tauchen zudem selten in diesem Zusammenhang auf. Als die Umfrage in den sozialen Medien beworben wurde, war das Interesse der Benutzerinnen und Benutzer enorm.

Die Onlineumfrage wurde bis Ende März 2021 von 328 Personen vollständig abgeschlossen. In einer Zusammenfassung der Ergebnisse, die die Masterstudentin im März 2021 – mehrere Monate vor der Abgabe der Arbeit – an den Verfasser geschickt hat, heißt es:

Im Allgemeinen finden die Teilnehmer und Teilnehmerinnen der Onlineumfrage, dass es keinen Unterschied macht, ob man sich von einem Menschen oder einem Roboter beraten lässt, da das Endergebnis das gleiche ist und der Roboter von Menschen programmiert wird. Der Kunde muss immer die Wahl haben, ob er von einem Roboter oder einem Menschen beraten werden möchte. Der Verbraucher bzw. Kunde ist für seine Entscheidung verantwortlich, er ist selbst schuld, wenn er auf die Verkaufstaktik des Roboters hereinfällt. Es sind nicht die Roboter, die in moralischer Hinsicht in Frage gestellt werden, sondern die Programmierer bzw. der Besitzer. Sollte jemals ein Fall von manipulativen Robotern in einem Einzelhandelsgeschäft in den Medien erscheinen, wäre das Vertrauen in Roboter für immer beschädigt. Wenn herauskäme, dass ein Einzelhändler manipulative Roboter einsetzt, um Kunden systematisch zu manipulieren, wäre das ein großer Imageschaden für das Unternehmen.

Ebenfalls unter der Betreuung des Verfassers wurde eine Bachelorarbeit mit dem Titel „Social Robot Enhancement" geschrieben, von Vedrana Petrovic und Thao Doan Thi Thu. Robot Enhancement ist die Erweiterung und damit einhergehende Veränderung oder Verbesserung des Roboters durch den Benutzer bzw. eine Firma, etwa in funktionaler, ästhetischer, ethischer oder ökonomischer Hinsicht (Bendel 2021). Eine Form des Robot Enhancement ist das Social Robot Enhancement, bei dem ein sozialer Roboter erweitert bzw. verändert und verbessert wird (Petrovic und Thu 2021). Die beiden Studentinnen führten ebenfalls eine Umfrage durch und reichten ihre Ergebnisse im Januar 2021 ein. Sie untersuchten, wie man bestehende Modelle auf einfache Weise effektiv modifizieren kann, zum Beispiel mit Perücken, Kleidung, Silikonhaut und Gliedmaßenverlängerungen sowie über die Anpassung der Stimme. Hier war das Interesse ebenfalls enorm. In der Management Summary heißt es:

The results of the survey indicated that the survey attendees are aware of social robots, but not familiar with them in terms of direct interaction. It also became evident that the younger generations do not have a positive perception of social robots. Furthermore, the idea of using silicone skin to enhance a social robot was not supported by the participants, whereas Sophia, Pepper and NAO were selected as the best candidates for enhancement. Additionally, the participants are more interested in the functionality, practicality, usefulness as well as in the interactional functions of a social robot rather than in its aesthetics. (Petrovic und Thu 2021)

Die Ergebnisse haben Relevanz für den kommerziellen Bereich, obwohl dieser nicht gezielt abgefragt wurde. Allerdings sei der Einwand erlaubt, dass die Benutzer vielleicht doch aufgeschlossener gegenüber ästhetischen Transformationen wären. Sie würden in Beratung und Verkauf einem Roboter gegenüberstehen, den sie fast zwangsläufig anschauen und dem sie zwangsläufig zuhören müssen. Das Robot Enhancement geht nicht von ihnen selbst aus – was eine der Möglichkeiten darstellt –, sondern von der anderen Seite, und es muss ihnen in irgendeiner Weise gefallen oder sie überzeugen, damit sie positiv für den Kauf gestimmt sind. Auch hier stellt sich dann die Frage, ob der Roboter so erweitert werden darf, dass er den Kunden dadurch manipuliert.

26.4 Beispiele für soziale Roboter im Detailhandel

In diesem Abschnitt werden einige soziale Roboter im Detailhandel behandelt. Es interessiert hier vor allem der praktische Einsatz. Zum Teil wurden wissenschaftliche Begleitstudien durchgeführt oder nachgeschoben, was an dieser Stelle nicht weiter behandelt wird. Neben dem Einzelhandel finden sich soziale Roboter immer wieder in Hotellerie und Gastronomie, wozu es wiederum einige Literatur – vor allem Darstellungen in den Medien – gibt. Es mag dazu ein Beispiel genügen, nämlich Sepp im Motel One.

Mehrere Pepper-Roboter werden bzw. wurden seit 2017 im Zürcher Einkaufszentrum Glatt eingesetzt. Sie empfangen die Kunden, die sie ansprechen und um Informationen bitten können. Ist eines der Modelle damit überfordert, wird über sein Display auf der Brust ein Mitarbeiter zugeschaltet, der die Frage beantwortet. Eine Verantwortliche betont in einem Gespräch mit einer Zeitung, dass Pepper nicht auf ein Sonderangebot eines Geschäfts hinweisen oder Produkte bewerben soll (Dinske 2018). Vielmehr soll er (oder sie) den Besuchern helfen, sich besser im Einkaufszentrum zurechtzufinden. Dies ist interessant und zeigt die vorherrschende Distanz dazu, soziale Roboter als Verkaufsroboter zu positionieren.

Pepper wurde zudem in Süddeutschland im gleichen Zeitraum gesichtet:

> Die Besucher des Einkaufszentrums Gerber in Stuttgart dürften überrascht gewesen sein: Bei ihrem Einkaufsbummel wurden sie nicht wie gewohnt vom Servicepersonal begrüßt. Stattdessen lud sie Pepper, ein humanoider Roboter mit großen Kulleraugen, dazu ein, ein Selfie mit ihm zu machen. (Dinske 2018)

Selfies mit Prominenten – am Flughafen Zürich mit dem virtuellen Roger Federer, der auf einer interaktiven Werbefläche zu sehen ist (Bendel 2017a) – und Robotern werden gerne angeboten und gehören bei neuen Produkten fast schon zur Grundausstattung.[2] Manche scheinen solche Optionen durchaus anzunehmen, wie eine einschlägige Bildersuche im WWW zeigt. Die Benutzer gewöhnen sich auf diese Weise an den sozialen Ro-

---

[2] Eine Funktion von Little Sophia von Hanson Robotics wird auf https://www.hansonrobotics.com/little-sophia-2/ wie folgt beschrieben: „AR function that allows users to take a perfect selfie".

boter und kommen diesem sehr nah. Wenn die Selfies aus Einkaufszentren sich verbreiten, wird Werbung für die Standorte gemacht.

Bei der Mediamarkt Saturn Retail Group werden mehrere Modelle ausprobiert, neben Pepper und NAO auch Paul (Dinske 2018). Bei diesem handelt es sich im Grunde um einen Care-O-bot des Fraunhofer-Instituts für Produktionstechnik und Automatisierung IPA, ursprünglich gedacht für Pflege und Betreuung, dem die Arme abgenommen wurden. Dies könnte als besondere Form des Robot Enhancement gesehen werden, wobei ausnahmsweise nichts hinzugefügt, sondern etwas weggenommen wird.

> Während Pepper und NAO den Kunden neue Produktbereiche erklären und bei der Auswahl unterstützen sollen, führt Paul die Besucher durch den Markt und gibt den Entertainer. „Manche Familien kommen am Wochenende extra in den Ingolstädter Saturn-Markt, um Paul zu sehen", berichtet Martin Wild, Chief Innovation Officer bei Mediamarkt Saturn. (Dinske 2018)

Interessant ist hier, dass es eine Arbeitsteilung gibt. NAO kann auf zwei Beinen gehen, ist aber schon wegen seiner geringen Größe kaum geeignet, Kundschaft durch die Menge zu begleiten. Pepper könnte dies durchaus, und doch hat man sich offenbar dagegen entschieden, womöglich aus Sicherheitsgründen. Paul ist eine recht stabile Konstruktion, die leichte Kollisionen aushalten würde. Jeder Anwendungsfall ist separat zu betrachten und vorzubereiten. Dies wird im Artikel – zu Wort kommt Chris Dunker (ENTRANCE Robotics GmbH) – betont. Jeder Roboter werde für einen bestimmten Zweck konzipiert, um diesen möglichst effizient erfüllen zu können. Der Roboter als Allroundtalent „liegt in noch unbekannter Ferne beziehungsweise wird vielleicht, so wie wir es uns aktuell vorstellen, nicht kommen" (Dinske 2018).

Hinsichtlich des Erfolgs von Paul im Einzelhandel wird wie folgt spekuliert:

> Für den Erfolg des Roboters seien vor allem das Design und die Kommunikationsfähigkeit verantwortlich, meint Wild: „Paul sieht mit seinem kegelförmigen Körper und seinen großen Augen ein wenig aus wie eine typische Brettspiel-Figur. Das ist eine Form, die man kennt und die einem vertraut ist." Paul ist nach Ingolstadt nun auch in Berlin, Hamburg und Zürich anzutreffen. (Dinske 2018)

Dies ist eine erstaunliche Explikation und eine reizvolle Assoziation. Vielleicht ist es tatsächlich so, dass durch das Wegnehmen der Arme eine vertraute Form geschaffen wurde. Zudem wurde dadurch die Verletzungsgefahr reduziert und die Erwartungshaltung heruntergeschraubt – denn wenn man Arme sieht, will man diese in Aktion sehen. Dabei ist Care-O-bot – anders als Pepper, der seine wohlgestalteten Hände vor allem für die Gestik und für High-Five und die Ghetto-Faust hat – durchaus in der Lage, Dinge aufzuheben, zu bewegen und so festzuhalten, dass ein Entgleiten und ein damit zusammenhängendes Beschädigen oder Verletzen unwahrscheinlich ist.

Als Inventurhelfer ist oder war der weniger bekannte Tory – 150 cm Zentimeter hoch, 50 kg schwer und mit autonomer Navigation und 3D-Hindernisvermeidung ausgestattet – bei der Adler Modemärkte AG beschäftigt, in fünf von 182 Niederlassungen.

Dort fährt der nachtaktive Roboter nach Ladenschluss durch die Gänge und erfasst täglich den Warenbestand der mit RFID-Etiketten ausgestatteten Artikel. Die Funketiketten übermitteln die gespeicherten Informationen kontaktlos an Tory. […] Und auch im Kundenservice fänden sich Aufgaben für den Roboter: „Da Tory genau weiß, wo sich jeder Artikel befindet, kann er als Wegweiser für unsere Kunden agieren und sie zu den gewünschten Artikeln führen", sagt Schiller. In Zukunft könnte der Roboter zudem Artikel aus dem Lager zu den Kunden auf die Verkaufsfläche bringen. (Dinske 2018)

Allerdings verfügt er über keine Greifarme und keine Ladefläche. Er erinnert tatsächlich an eine Spielfigur, etwa aus Mensch ärgere Dich nicht. Er müsste also erweitert werden – wieder ein Fall für das Robot Enhancement – oder mit einem weiteren Roboter zusammenarbeiten, der für den Transport zuständig ist (Bendel 2020d). Für kleinere Güter steht eine umfangreiche Produktepalette zur Verfügung, von den Geräten von Starship Technologies – getestet vor allem von Postunternehmen im Außenbereich – bis hin zu Relay von Savioke, der im Innenbereich seine Stärken hat. Zudem müsste er für solche Aufgaben kommunizieren können.

IBM-Roboter Sepp ist oder war als Concierge im Motel One tätig. Im Blog von IBM heißt es dazu:

Always wanted to chat to a robot in Lederhosen? Now is your chance! Meet Sepp, Motel One's stylish employee. He is already dressed to the nines in his Lederhosen, typical Bavarian attire, just in time for the biggest beer festival in the world – Oktoberfest! Oh, and he just so happens to be a robot. Sepp proudly wearing his leather breeches to epitomise the phrase 'Laptops and Lederhose', which is often used to describe Munich: in celebrating its rich history and culture, whilst working with cutting-edge technology to transform lives and industries. (Waser 2017)

Und weiter:

Each day, Sepp welcomes and interacts with hotel guests, answering practical questions and providing useful information. Programmed by a team from the IoT Consulting Practice, he uses IBM Watson Conversation Services to understand and answer guests' questions about when breakfast is served, check-in and check-out times, as well as general information about Motel One. Sepp even harnesses expertise from The Weather Company to provide accurate meteorological updates to hotel guests. It does not end there – Sepp's knowledge is constantly expanding as he learns new functions and gestures to entertain and share knowledge. (Waser 2017)

Daneben werden Co-Robots von KUKA und F&P Robotics als Barkeeper eingesetzt. Toni, adaptiert von Makr Shakr aus Turin (https://www.makrshakr.com), wurde in der Rooftop-Bar des TownHouse Duomo in Mailand angestellt und basiert auf der KR-AGILUS-Baureihe des deutsch-chinesischen Unternehmens. Barney dagegen ist vor allem in der Schweiz zu finden, aber ebenso im Oman (https://www.baronics.com). Der Sinn und Zweck wird hier von den Verantwortlichen ganz klar genannt: Der Roboter, ob er hier wirklich ein sozialer Roboter ist oder nicht, soll Kundschaft anziehen und binden. Zudem generiert man auf diese Weise natürlich Medienmeldungen (die wiederum für Kundschaft sorgen).

Eine Rolle für Einzelhandel, Gastronomie, Hotellerie und die Gelände von Betrieben aller Art können ferner Sicherheits- und Überwachungsroboter spielen (Bendel 2016, 2020a), die ebenfalls nicht ohne weiteres als soziale Roboter gelten können. Sie sollen auf jeden Fall für die Sicherheit der Unternehmen, Besucher und Kunden sorgen. Der K5 von Knightscope ist in der San Francisco Bay Area – beispielsweise im Silicon Valley – anzutreffen. Er rollt die ganze Zeit durch die Gegend und meldet Auffälliges und Verdächtiges an eine Zentrale. Diese bewertet die Situation und ergreift gegebenenfalls Maßnahmen, etwa indem sie einen Sicherheitsdienst oder die Polizei zum vermeintlichen Tatort schickt. Der kegelförmige Sicherheits- und Überwachungsroboter ist in seiner klassischen Variante über 100 Kilo schwer und 1,20 Meter hoch. Die vierte Generation aus dem Jahre 2019 kommt etwas unförmiger daher, kann dafür aber unebenes Gelände bewältigen.

26.5 Ethische Überlegungen

Soziale Roboter im Retail sind mit Chancen und Risiken verbunden. Einige Chancen wurden schon angesprochen. Sie sind vor allem ökonomischer Art – es gelingt vielleicht, die Kunden wieder in die Läden zu locken. Die Risiken können gleichfalls ökonomischer Art sein, denn die Anschaffung, die Erweiterung und der Betrieb der sozialen Roboter kosten. Daneben existieren weitere Herausforderungen, die sich direkt auf uns, unser leibliches Wohl, unsere körperliche Unversehrtheit, unsere geistige Unabhängigkeit und unser Weiterleben beziehen, womit schon moralische und soziale Aspekte angesprochen sind. Im weiteren Verlauf wird – Bendel 2020c folgend, wo Serviceroboter im Fokus waren – die Sicht der Ethik eingenommen.

26.5.1 Kollisionen und Stürze

Die meisten der genannten sozialen Roboter variieren in der Größe zwischen kleineren Tieren und kleineren Menschen. NAO ist so groß wie ein kleinerer Hund. Wenn er sich auf seinen zwei Beinen in den Verkaufsräumen bewegen würde, dann wäre er unweigerlich eine Stolperfalle, bei Kleinkindern sogar ein „Prellbock". Damit ist die körperliche Unversehrtheit von Menschen gefährdet, insgesamt ein Thema der Medizin und der Ethik. Der Roboter selbst kann auch in Mitleidenschaft gezogen werden, wodurch ein wirtschaftlicher Schaden entstehen kann. Hier wie dort stellen sich Haftungsfragen.

Bei größeren Robotern wie Pepper, Paul oder K5 kann es in allen Altersgruppen zu Kollisionen kommen. Tatsächlich hat sich in der Shopping Mall in Stanford 2016 mit dem Sicherheitsroboter ein Unfall ereignet, bei dem ein Junge blaue Flecken davongetragen hat (Bendel 2016). K5 und sein chinesischer Kollege, der AnBot, sind nicht nur relativ groß, sondern auch relativ schwer, was für den in einen Zusammenprall involvierten Menschen nachteilig sein kann. Zudem bewegen sie sich mit nicht geringer Geschwindigkeit, sodass gegebenenfalls zwei bewegte Körper aufeinandertreffen. Neben den Flächen der Roboter können exponierte Teile wie Knöpfe und Instrumente Verletzungen in der Körpermitte verursachen. Pepper wird häufig an einer Stelle eingesetzt, von der er sich nicht fortbewegen soll, etwa im Eingangsbereich.

Es sind in diesem Themenfeld unterschiedliche Bereichsethiken wie Medizinethik und Wirtschaftsethik involviert. Bei Haftungsfragen kommen Rechtsethik und Rechtswissenschaft hinzu. Die Informationsethik kann mit ihrer diskursiven Methode, präzisiert von Kuhlen (2004), die unterschiedlichen Interessengruppen zusammenbringen (in Zukunft vielleicht mitsamt den Robotern) und Intentionen und Konflikte offenlegen – ob sich damit weniger Kollisionen und Stürze ereignen, sei dahingestellt, aber man kann zumindest einen Konsens erzielen, auf den dann bei Komplikationen verwiesen werden kann – oder sogar zusammen risikofreie und dennoch erlebnisreiche Anwendungen definieren.

26.5.2 Teilen des Lebensraums

Soziale Roboter teilen sich mit uns den Lebensraum und den Raum der Produkte und Dienstleistungen. Viele Läden sind heute schon sehr komplex, und man muss ständig etliche bewegte und unbewegte Objekte – Kunden, Verkäufer, Hubwagen mit Paletten, Werbe- und Probierstände – berücksichtigen und einschätzen. Die sozialen Roboter erhöhen diese Komplexität, insbesondere dann, wenn sie mobil sind. Wir müssen ihnen ausweichen bzw. sie uns, sie machen die Orte voller, die Durchgänge enger. Mit anderen Worten: Unser Lebensraum im weitesten Sinne schwindet weiter, wird weiter eingeschränkt, gefüllt mit Artefakten, die wir schaffen, und je mehr es von diesen gibt, desto enger wird es für uns alle.

Neben den Orten sind die Ressourcen von Bedeutung. Soziale Roboter sind angewiesen auf Strom, der häufig von Atom- und Kohlekraftwerken erzeugt wird. Sie benötigen diesen Strom direkt (und beziehen ihn über Aufladestationen, zu denen sie gebracht werden oder zu denen sie sich selbst begeben), wir indirekt, für Geräte und Anwendungen, und da wir alle den Strom zur gleichen Zeit benötigen, stehen wir in Konkurrenz zueinander. Alternative und autarke Energieversorgungen sind eher selten. Davon abgesehen werden die Roboter aus bestimmten Materialien und Stoffen produziert, wodurch natürliche Ressourcen verbraucht werden und sich die Umweltbelastung erhöht, nicht zuletzt durch die verbauten Computerchips.

Es sind hier unterschiedliche Bereichsethiken wie die Wirtschaftsethik und die Informationsethik involviert, zudem die Umweltethik, die danach fragen kann, ob sich zu unnötigen Produkten, die Rohstoffe vernichten, nun noch unnötige Roboter gesellen sollen, die Rohstoffe vernichten und zum Kauf der unnötigen Produkte animieren. In Zukunft mögen Roboter und KI-Systeme selbst darlegen, wie sie sich das Zusammenleben mit uns vorstellen, welche Ressourcen sie für ihren Bau und ihren Unterhalt benötigen und was sie unter einer gerechten Verteilung verstehen. Nur wir selbst als empfindende Wesen werden indes bestimmte existenzielle Ängste und Sorgen formulieren und entsprechende Konsequenzen ziehen können.

26.5.3 Kommunizieren und Interagieren

Soziale Roboter, die sich in Einkaufsläden und Shopping Malls befinden, müssen auf mannigfache Weise kommunizieren und interagieren. Dabei begegnen sie Menschen unterschiedlicher Kulturen, in denen Mimik und Gestik sowie Kooperation und Kollaboration unterschiedlich belegt sind und in sozialer und moralischer Hinsicht gedeutet werden können und wo unzählige Sprachen gesprochen werden, die verstanden werden müssen. Signale und Töne dienen u. a. der Kommunikation und Interaktion. Über ein Tablet, das im Kopf- oder Brustbereich verbaut sein kann, werden Fragen eingegeben und Antworten abgerufen. Daneben kann, was bei Softwarerobotern verbreitet und bei Hardwarerobotern – insbesondere bei sozialen Robotern – nicht unüblich ist, die Fähigkeit zur gesprochenen Sprache vorhanden sein, die bei Menschen mit der gelebten Moral korreliert. Zugegriffen werden kann auf das Weltwissen, das auf Wikipedia vorhanden ist, mit der Einschränkung, dass in diesem Laienlexikon zahlreiche Irrtümer und Inkonsistenzen auftreten, zudem auf Firmendatenbanken.

Man kann die Maschinen als adaptive Systeme gestalten, die sich automatisch auf unterschiedliche Menschen mit und ohne Einschränkungen, Kulturen und Sprachen einstellen und damit auch Moral und Sitte mehr oder weniger gut genügen. Spricht ein Benutzer einen Roboter in einer bestimmten Sprache an, kann dieser in ebendieser antworten oder nachfragen, ob andere Sprachen möglich bzw. gewünscht sind. Ebenso ist es denkbar, über Gesichtserkennung und Größenbestimmung das Geschlecht oder das Alter der Person zu identifizieren und entsprechend zu kommunizieren, was freilich wiederum moralische Implikationen hat. Ein vieldiskutiertes Problem bezieht sich auf die Stimme von Sprachassistenten, Servicerobotern und sozialen Robotern. So ist die Frage, ob man ihnen eine weibliche oder männliche Stimme geben soll und welche Assoziationen beim Benutzer dies heraufbeschwört (Lobe 2019).

In Bezug auf das Kommunizieren und Interagieren sind Informationsethik, Roboterethik und Maschinenethik gefragt. Die Informationsethik hat Herausforderungen, die mit Gesichts- und Stimmerkennung zusammenhängen, bereits umfassend behandelt, etwa mit Blick auf die informationelle Autonomie (Bendel 2018b). Auch das Weitergeben von falschen Informationen über gesprochene oder geschriebene Sprache (etwa über das Display) wurde aufgegriffen (Bendel et al. 2017). Sie muss sich zusammen mit ihren Verwandten daneben Bereichen zuwenden, die ihr zunächst eher fremd sind, wie dem der robotischen Stimme oder Vorurteilen und Verzerrungen, die durch robotische Systeme entstehen. Im Zweifel kann die KI-Ethik herangezogen werden, die Überschneidungen mit den genannten Bereichsethiken aufweist, sich jedoch stärker auf die künstliche Intelligenz fokussiert hat.

26.5.4 Unterstützung und Ersetzung von Menschen

Ein weiteres Phänomen ist, dass Roboter – ob in der Fabrik oder im Laden – Menschen unterstützen und ersetzen. Automatische und autonome Maschinen machen, wie schon das

Präfix ausdrückt, etwas selbst, selbstständig oder aus eigenem Antrieb, und sie sind dabei nicht oder für eine Weile nicht auf einen Menschen angewiesen. Dieser ist freilich oft gefragt, wenn es um den Input oder Output geht – oder bei Problemen im Betrieb. Der Wegfall von Arbeit ist ein grundsätzliches Problem, ebenso der Wegfall der Vielfältigkeit von Arbeit, wenn Serviceroboter oder soziale Roboter gewisse Aufgaben wie Information und Kommunikation teilweise oder ganz übernehmen.

In den Bereichen, die hier im Mittelpunkt des Interesses stehen, hat eine Unterstützung oder Ersetzung weitere Implikationen. Ein Beratungsroboter ergänzt oder verdrängt einen Berater oder Verkäufer. Ist er das, was ein Kunde oder eine Kundin zu sehen und zu sprechen wünscht – oder ist der Einkauf eine soziale Handlung, die ein sozialer Roboter (obwohl er soziale Fähigkeiten hat) nicht ohne weiteres ausfüllt? Vertritt er den Berater oder Verkäufer ebenso bei sozialen Interaktionen wie einem Flirt? Ein Sicherheitsroboter unterstützt das Sicherheitspersonal und ersetzt es unter Umständen, aber was ist, wenn ein Verdächtiger oder Überführter aufgehalten werden soll (Bendel 2016)? Muss der Roboter dann mit Seinesgleichen kooperieren, mit dem Sicherheitspersonal, mit zufällig Anwesenden?

Es ist eine Frage – die wir in Informations-, Roboter-, Technik- und Wirtschaftsethik diskutieren können –, wie weit wir die Automatisierung und Autonomisierung treiben, welche Aktivitäten wir auslagern und welche wir behalten wollen. Es bedarf damit einer Definition der Eigenschaften und Tätigkeiten von Maschinen und Menschen, und es bedarf einer Definition von Arbeitsausübung und -teilung. In der Kooperation und Kommunikation mit Maschinen braucht es neue Fähigkeiten der Maschinen und Menschen. Die Maschinen müssen die Menschen besser verstehen, die Menschen die Maschinen. Nachgedacht werden muss über eine Roboterquote ebenso wie über eine Robotersteuer, wobei letztere aus praktischen Gründen (etwa wegen der Vernetztheit der Systeme) schwer umzusetzen ist.

26.5.5 Datenerhebung und -auswertung

Ein weiteres Problem hat mit der Erhebung und Auswertung von Daten und Informationen zu Räumen und Personen zu tun. Die sozialen Roboter sind darauf getrimmt, bestimmte Anliegen des Kunden (oder diese selbst) zu erkennen, und müssen sich mit Hilfe von Kameras und Sensoren in Verkaufsräumen und Standardsituationen zurechtfinden. In beiden Fällen werden Muster und Bilder analysiert sowie Bilder generiert, die weitergegeben werden können, werden Sprachbefehle entgegengenommen und Stimmen gedeutet. Das alles ist wichtig, um die sozialen Roboter angemessen agieren und interagieren bzw. kommunizieren zu lassen und die Sicherheit in ihrem Betrieb zu erhöhen. Insgesamt entsteht dadurch, wie bereits angedeutet, eine Problematik des Datenschutzes und der informationellen Autonomie, in Bezug auf die Menschen, die aufgenommen und deren persönliche Merkmale oder Verhaltensweisen womöglich überprüft und gespeichert werden.

Man kann die Perspektive der Informationsethik einnehmen und von ihren Begriffen aus denken und handeln. Die informationelle Autonomie – um einen zentralen Begriff zu nennen – ist die Möglichkeit, selbst auf Informationen zuzugreifen und die Daten zur eigenen Person einzusehen und gegebenenfalls anzupassen (Bendel 2019b). Gesellschaftliche und politische Gruppen und Einrichtungen müssen auf diese moralische Dimension, jenseits der rechtlichen, immer wieder hinweisen. Gesichtserkennung (sowie Stimmerkennung) mitsamt Emotionserkennung ist ein Bereich, den die Informationsethik intensiv untersucht hat, darunter nicht zuletzt die heiklen Versuche, darüber die politische und sexuelle Ausrichtung herauszufinden (Bendel 2018b). Die informationelle Notwehr – ebenfalls ein Begriff der Informationsethik – entspringt dem digitalen Ungehorsam oder stellt eine eigenständige Handlung im Affekt dar und dient der Wahrung der informationellen Autonomie und der digitalen Identität (Bendel 2019b). Es muss diskutiert werden, wann man sich gegen Roboter wehren und in welcher Weise man sich schützen darf.

26.5.6 Suggestion und Manipulation

Betrügende, täuschende und lügende Hardware- und Softwareroboter haben in der Fiktion – man denke an HAL 9000 in „2001: Odyssee im Weltraum" – und in der Realität eine gewisse Tradition (Bendel 2017b). Die wenigen Prototypen wurden vornehmlich in der Disziplin der Maschinenethik gebaut. Verkäufer und Berater sind selten Betrüger – aber sie sind häufig suggestiv und manipulieren häufig die Kundinnen und Kunden, damit diese ein Produkt kaufen. Die Frage ist nun, ob der soziale Roboter dies auch tun soll und darf, ob er vertrauenswürdig bleibt, wenn er dies tut, und ob er glaubwürdig ist, wenn er dies nicht tut. Dies hat Bezüge zum bereits oben genannten Thema des Kommunizierens und Interagierens.

Informationsethik und Roboterethik reflektieren die Möglichkeit der Manipulation bei sozialen Robotern und helfen mit bei der Entwicklung von Strategien zur Überprüfung oder Eindämmung. Sie stellen die Vertrauenswürdigkeit und Verlässlichkeit von Systemen in den Mittelpunkt, ohne dass dabei die Glaubwürdigkeit verloren gehen darf. Die Wirtschaftsethik fragt gezielt nach dem Kontext des stationären Einzelhandels, der es womöglich nicht verträgt, wenn noch weniger Transparenz und noch mehr Manipulation (oder Suggestion) – nun realisiert über den sozialen Roboter – vorhanden ist. Die Maschinenethik hilft dabei, den sozialen Roboter durch moralische Regeln zu begrenzen (Bendel 2019a). Dabei ist wiederum interessant, ob dieser moralischer als der Verkäufer sein muss oder ob er unmoralischer sein darf.

Skizze eines Forschungsprojekts
Ein neues Forschungsprojekt könnte dazu beitragen, dass soziale Roboter, die als Verkaufsroboter im Einzelhandel eingesetzt werden, so gestaltet und entwickelt werden, dass sie vertrauenswürdig erscheinen, wahrheitsgemäße Informationen liefern, zuverlässig beraten und gleichzeitig ein lohnendes Einkaufserlebnis bieten. Zu diesem Zweck würde man einen sozialen Roboter adaptieren

und programmieren sowie im Feldversuch testen, um Erkenntnisse über einen verantwortungsvollen gewerblichen Einsatz solcher Verkaufsunterstützungssysteme zu gewinnen. Zentrale Themen und Forschungsfragen, die sich in diesem Zusammenhang stellen, sind:

- *Design:* Das funktionale Design verweist auf den Einsatz als Verkaufsroboter für Empfang/Information, Repräsentation, Produkt- oder Kaufberatung, Produktdemonstration, Einkaufsführer, etc. Das soziale Design optimiert das Erscheinungsbild des Roboters, um Kontaktbarrieren abzubauen, Vertrauen aufzubauen und zuverlässig, verlässlich und vertrauenswürdig zu erscheinen. Die Forschungsfrage lautet: Wie hängen funktionales und soziales Design zusammen, wie sind sie im Hinblick auf die Wettbewerbsfähigkeit des stationären Handels zu optimieren, und wie sollte die Form eines sozialen Roboters gestaltet sein, um vertrauenswürdig und glaubwürdig zu wirken?

- *Natürlichsprachliche Fähigkeiten:* Natürlichsprachliche Dialoge können über klassische, regelbasierte Methoden und über GPT-2 und GPT-3 (Coursey 2020) auf einer Seite automatisch generiert werden. In einem Verkaufsgespräch sollten beleidigende, diskriminierende, rassistische Äußerungen (wie sie Microsofts TAY in alltäglichen Mensch-Maschine-Interaktionen tätigte) vermieden werden. Die Stimme kann je nach Kontext angepasst werden, z. B. mit Hilfe von SSML, das u. a. bei Alexa eingesetzt wird), und an das Gegenüber, das entweder einer Gruppe zugeordnet oder als Person erkannt wird. Die Forschungsfrage lautet: Wie sind Sprache und Stimme eines sozialen Roboters zu entwickeln, damit er vertrauenswürdig und glaubwürdig wirkt?

- *Erfolgreiche Verkaufsgespräche:* Wenn der soziale Roboter in das Kerngeschäft des Beraters und Verkäufers vordringt, sind verlässliche, wahrheitsgemäße Informationen über die Produkte, über Umtausch- und Rückgabebedingungen etc. wichtig, die aus verlässlichen – externen wie internen – Quellen stammen. Darüber hinaus sollte er auf individuelle Kundenbedürfnisse und -anliegen eingehen und Diskretion walten lassen (z. B. bei der Anprobe von Kleidung). Dies sind die zwingenden Voraussetzungen, um eine Beratung und Kaufentscheidungsunterstützung zu leisten, die zu einem erfolgreichen und rechtswirksamen Abschluss führt. Die Forschungsfrage lautet: Wie sind die internen und externen Informationsquellen für einen sozialen Roboter zu organisieren, damit seine Beratung wahrheitsgemäß und zuverlässig sowie individuell angemessen und rechtswirksam ist?

- *Manipulative Absichten:* Verkaufstechniken zielen darauf ab, Kaufunsicherheiten zu reduzieren und den Wunsch nach Kauf und Besitz von Waren zu verstärken – mitunter auf manipulative Art und Weise und unter Einsatz von Behauptungen und Verdrehungen. Die wirtschaftlichen Ziele und moralischen Grenzen dieses Social Engineering müssen in die Programmierung mit einbezogen werden. Die Forschungsfrage lautet: Wie können ausdrucksstarke Aspekte eines sozialen Roboters wie natürliche Sprache, Mimik und Gestik so modelliert werden, dass er sowohl vertrauenswürdig als auch glaubwürdig erscheint?

- *Möglichkeit der Einflussnahme:* Wünschenswert wäre, dass die Benutzer den Roboter steuern können, sodass sie ihre Bedürfnisse an Produkte und ihre Wertvorstellungen (z. B. hinsichtlich einer sozial- und umweltverträglichen Herstellung) mit Hilfe von Schiebereglern auf einem Display an den sozialen Roboter übertragen können, wie es beim Moralmenü, einem Projekt der Maschinenethik, der Fall war (Bendel 2020e). Der soziale Roboter würde dann in einer vom Nutzer vorgegebenen Weise informieren und beraten. Die Forschungsfrage lautet: Wie lassen sich produktions- und produktbezogene, soziale und moralische Überzeugungen des Betreibers oder Nutzers auf den sozialen Roboter übertragen?

- *Datenschutz und informationelle Autonomie:* Ein allgemeiner Aspekt der Mensch-Roboter-Interaktion ist die Einhaltung der DSGVO sowie der Respekt vor der informationellen Autonomie der Nutzer. Die Maschinen, die z. B. zwischen 2016 und 2020 in der Schweiz und in Deutschland in Betrieb waren, machten selten auf ihre umfangreichen Fähigkeiten, wie Gesichts-

und Emotionserkennung, aufmerksam. Selbst der Einsatz von Kameras wurde nicht immer deklariert. In diesem Zusammenhang können Konzepte und Methoden der Informationsethik und der Rechtswissenschaft zur Anwendung kommen. Die Forschungsfrage lautet: Wie kann ein sozialer Roboter datenschutzkonform und unter Wahrung der informationellen Autonomie betrieben werden?

26.6 Zusammenfassung und Ausblick

Der vorliegende Beitrag widmete sich Empfangs-, Beratungs- und Betreuungsrobotern im Einzelhandel. Er lieferte eine knappe Übersicht über wissenschaftliche und praktische Aktivitäten in diesem Bereich. Insbesondere werden soziale Roboter wie Pepper, NAO und Paul eingesetzt. Aber auch andere Modelle wie Cruzr sind zu finden. Zudem stellte der Beitrag in aller Kürze ethische Überlegungen an. Es sind mehrere Bereichsethiken relevant, vor allem die Informationsethik und die Wirtschaftsethik. Zudem kann die Maschinenethik herbeigezogen werden, die passende moralische Regeln in die sozialen Roboter einpflanzt, etwa um Täuschung und Betrug zu verhindern.

Es wurde deutlich, dass mit sozialen Robotern im Detailhandel vorerst experimentiert wird. Man sammelt in der Schweiz, in Deutschland und in anderen Ländern erste Erfahrungen zum Betrieb und untersucht die Reaktionen und die Akzeptanz der Kundinnen und Kunden sowie die Akzeptanz der Mitarbeitenden. Eigentliche Verkaufsgespräche sollen noch kaum stattfinden. Deutlich wurde ferner, dass die sozialen Roboter keine Generalisten sind. Sie haben physische Eigenschaften, die sie für die eine oder andere Aufgabe geeignet machen, und sie müssen je nach Anwendungsgebiet programmiert werden – ihre Grundfunktionen reichen im Detailhandel nicht weit. Neben gelingenden sozialen Interaktionen, die vor allem Freude bereiten, ist es wichtig, dass die sozialen Roboter den Kunden und die Kundin richtig beraten können. Wenn dies richtig aufgegleist wird, besteht die Chance, dass die Informationen aktuell und standardisiert sind und so einen Mehrwert bieten.

Wenn soziale Roboter in der Zukunft als Verkaufsroboter eingesetzt werden, scheint neben rechtlichen Fragen zum Vertrag entscheidend zu sein, dass sie überzeugend und vertrauenswürdig sind und die Produkte und Konditionen in korrekter Form darstellen. Allerdings gesteht man auch menschlichen Verkäufern und Beratern eine gewisse Flexibilität nicht nur bei der Art der Darstellung, sondern auch beim Grad der Wahrheit zu, und wenn es z. B. um das eigene Aussehen geht, will man diese nicht immer im vollen Umfang hören. Wie dies bei sozialen Robotern ist, ist weitgehend unerforscht, und man muss weitere Feldstudien in diesem Bereich machen, um Klarheit zu gewinnen. Die Frage gewinnt an Brisanz, wenn Roboter und Verkäufer eines Tages Konkurrenten sind und sich gegenseitig übertreffen müssen. Es wäre vorstellbar, dass beide Gruppen neue Strategien entwickeln, und es wäre zu untersuchen, wie die Käuferinnen und Käufer darauf reagieren.

Sicherlich sind Käuferinnen und Käufer schon bestimmte Strategien aus dem Onlinehandel gewöhnt. Dort gibt es Softwareroboter aller Art, und mehrere Plattformen wie

Amazon haben früh begonnen, datenbasierte Empfehlungen einzurichten, personalisierte Hinweise aufzunehmen und KI-Systeme einzusetzen. Aber die Benutzer nehmen diese nicht unbedingt als Entitäten neben Beratern und Verkäufern wahr, sondern als vertraute Mechanismen des E-Commerce. Im stationären Handel dagegen sind die Unterschiede zwischen Maschine und Mensch offenkundig, und es ist nicht ausgemacht, dass die Kundinnen und Kunden von diesem Miteinander überzeugt sind. Vielleicht wenden sie sich mehr den Verkäufern zu, vielleicht mehr den Robotern, und vielleicht meiden sie mehr denn je den Detailhandel vor Ort.

Literatur

Aaltonen I, Arvola A, Heikkilä P (2017) Hello pepper, may I tickle you?: Children's and adults' responses to an entertainment robot at a shopping mall. In: HRI '17: Proceedings of the companion of the 2017 ACM/IEEE international conference on human-robot interaction, March 2017, S 53–54. https://dl.acm.org/doi/10.1145/3029798.3038362. Zugegriffen am 30.03.2021

Alves L (2021) Manipulation by humanoid consulting and sales hardware robots from an ethical perspective. Master thesis. Hochschule für Wirtschaft FHNW, Olten

Bendel O (2016) Mehr Unsicherheit mit Sicherheitsrobotern? SicherheitsForum 6:18–20

Bendel O (2017a) Neue Spione in den Straßen, auf den Plätzen und in den Läden: Interaktive Werbeflächen aus ethischer Sicht. Telepolis, 15. August 2017. https://www.heise.de/tp/features/Neue-Spione-in-den-Strassen-auf-den-Plaetzen-und-in-den-Laeden-3797118.html. Zugegriffen am 30.03.2021

Bendel O (2017b) Serviceroboter. In: Gabler Wirtschaftslexikon. Springer Gabler, Wiesbaden. https://wirtschaftslexikon.gabler.de/definition/serviceroboter-54472. Zugegriffen am 30.03.2021

Bendel O (2017c) LADYBIRD: the animal-friendly robot vacuum cleaner. In: The 2017 AAAI spring symposium series. AAAI Press, Palo Alto, S 2–6

Bendel O (2018a) Pflegeroboter. Springer Gabler, Wiesbaden

Bendel O (2018b) The uncanny return of physiognomy. In: The 2018 AAAI spring symposium series. AAAI Press, Palo Alto, S 10–17

Bendel O (2019a) Handbuch Maschinenethik. Springer VS, Wiesbaden

Bendel O (2019b) 400 Keywords Informationsethik. Grundwissen aus Computer-, Netz- und Neue-Medien-Ethik sowie Maschinenethik, 2. Aufl. Springer Gabler, Wiesbaden

Bendel O (2020a) Sicherheitsroboter. In: Gabler Wirtschaftslexikon. Springer Gabler, Wiesbaden. https://wirtschaftslexikon.gabler.de/definition/sicherheitsroboter-122267. Zugegriffen am 30.03.2021

Bendel O (2020b) Soziale Roboter. In: Gabler Wirtschaftslexikon. Springer Gabler, Wiesbaden. https://wirtschaftslexikon.gabler.de/definition/soziale-roboter-122268/version-375074. Zugegriffen am 30.03.2021

Bendel O (2020c) Serviceroboter aus Sicht der Ethik. In: Lindenau M, Meier Kressig M (Hrsg) Schöne neue Welt? Drei thematische Einblicke. Vadian Lectures, Bd 6. transcript, Bielefeld, S 57–76

Bendel O (2020d) Transportroboter. In: Gabler Wirtschaftslexikon: Springer Gabler, Wiesbaden. https://wirtschaftslexikon.gabler.de/definition/transportroboter-122251. Zugegriffen am 30.03.2021

Bendel O (2020e) The Morality Menu Project. In: Nørskov M, Seibt J, Quick OS (Hrsg) Culturally Sustainable Social Robotics – Challenges, Methods and Solutions: Proceedings of Robophilosophy 2020. IOS Press, Amsterdam, S 257–268

Bendel O (2021) Chips, devices, and machines within humans: bodyhacking as movement, enhancement, and adaptation. In: Brommer S, Dürscheid C (Hrsg) Mensch. Maschine. Kommunikation. Beiträge zur Medienlinguistik. Narr Francke Attempto, Tübingen

Bendel O, Schwegler K, Richards B (2017) Towards Kant machines. In: The 2017 AAAI spring symposium series. AAAI Press, Palo Alto, S 7–11

Block AE, Kuchenbecker KJ (2018) Softness, warmth, and responsiveness improve robot hugs. Int J Soc Robot (11), 25 October 2018:49–64. https://link.springer.com/article/10.1007/s12369-018-0495-2. Zugegriffen am 14.03.2020

Coursey K (2020) Speaking with harmony: finding the right thing to do or say … while in bed (or anywhere else). In: Bendel O (Hrsg) Maschinenliebe: Liebespuppen und Sexroboter aus technischer, psychologischer und philosophischer Sicht. Springer Gabler, Wiesbaden, S 35–51

Dinske S (2018) So reagieren Kunden auf Roboter im Einzelhandel. Handelsblatt, 2. April 2018. https://www.handelsblatt.com/technik/hannovermesse/studie-pepper-erklaert-produkte-paul-gibt-den-entertainer/21127060-2.html. Zugegriffen am 30.03.2021

Kanada T, Ishiguro H, Ono T, Imai M, Nakatsu R (2002) Development and evaluation of an interactive humanoid robot „Robovie". In: IEEE (ed), Proceedings 2002 IEEE International Conference on Robotics and Automation (Cat. No.02CH37292). May. Washington DC, USA

Kuhlen R (2004) Informationsethik: Umgang mit Wissen und Informationen in elektronischen Räumen. UVK, Konstanz

Kuwamura K, Sakai K, Minato T, Nishio S, Ishiguro H (2014) Hugvie: Communication Device for Encouraging Good Relationship through the Act of Hugging. Lovotics 1(1):10000104

Lobe A (2019) Frauen als dienende Maschinen. Frankfurter Allgemeine, 24. Juni 2019. https://www.faz.net/aktuell/feuilleton/debatten/warum-sind-alexa-und-siri-so-devote-frauen-16247732.html. Zugegriffen am 30.03.2021

Meyer P, Volland R (o. D.) Robotics in Retail: Ergebnisse eines Feldversuchs mit dem humanoiden Roboter „Pepper". https://www.elaboratum.de/studie-robotics-in-retail/. Zugegriffen am 30.03.2021

Meyer P, Spreer P, Gutknecht K (2018) Humanoide Serviceroboter am PoS. Eine akzeptanzanalytische Untersuchung neuer Formen der Kundeninteraktion. Mark Re St. Gall 2018(6):17–25

Meyer P, Jonas JM, Roth A (2020a) Exploring customers' acceptance of and resistance to service robots in stationary retail – a mixed method approach. ECIS 2020 Proceedings at AIS Electronic Library (AISeL). Research papers, 9. https://aisel.aisnet.org/ecis2020_rp/9. Zugegriffen am 30.03.2021

Meyer P, Jonas JM, Roth A (2020b) Frontline employees' acceptance of and resistance to service robots in stationary retail: an exploratory interview study. SMR J Serv Manag Res 4(1):21–34

Niemelä M, Heikkilä P, Lammi H (2017) A social service robot in a shopping mall: expectations of the management, retailers and consumers. In: HRI '17: Proceedings of the companion of the 2017 ACM/IEEE international conference on human-robot interaction March 2017. S 227–228. https://dl.acm.org/doi/abs/10.1145/3029798.3038301. Zugegriffen am 14.03.2020

Nørskov M (Hrsg) (2017) Social robots: boundaries, potential, challenges. Routledge, London

Nørskov M, Seibt J, Quick OS (Hrsg) (2020) Culturally sustainable social robotics – challenges, methods and solutions: proceedings of robophilosophy. IOS Press, Amsterdam

Petrovic V, Thu TDT (2021) Social robot enhancement. Bachelorarbeit. Hochschule für Wirtschaft FHNW, Olten

Prasad V, Stock-Homburg R, Peters J (2021) Human-robot handshaking: Aa review. arXiv.org, 14. Februar 2021. https://arxiv.org/abs/2102.07193. Zugegriffen am 30.03.2021

Song Y, Luximon Y (2021) The face of trust: the effect of robot face ratio on consumer preference. Computers in human behavior, Bd 116, March 2021, 106620. https://www.sciencedirect.com/science/article/pii/S0747563220303678. Zugegriffen am 30.03.2021

Stocker L, Korucu Ü (2020) The Huggie project. Bachelor thesis. Hochschule für Wirtschaft FHNW, Brugg-Windisch

Vontobel N, Weinmann B (2017) So motzt die Migros Konsumtempel im Kampf gegen Onlineshops auf. Tagblatt, 7. Oktober 2017. https://www.tagblatt.ch/wirtschaft/so-motzt-die-migros-konsumtempel-im-kampf-gegen-onlineshops-auf-ld.1456998. Zugegriffen am 30.03.2021

Waser N (2017) Laptops and Lederhosen: meet Sepp, Motel One's robot employee. IBM Blog, 18. September 2017. https://www.ibm.com/blogs/internet-of-things/sepp-motel-one/. Zugegriffen am 30.03.2021

Zibafar A, Saffari E, Alemi M et al (2019) State-of-the-art visual merchandising using a fashionable social robot: RoMa. Int J Soc Robot, 1. Juni 2019. https://link.springer.com/content/pdf/10.1007/s12369-019-00566-3.pdf. Zugegriffen am 30.03.2021

NAO meets Pluto

Zwischen Tierschutz und Tierbelästigung

Oliver Bendel

> *Ich fühle mich wie eine Katze.*
> *(Pepper)*

Zusammenfassung

Soziale Roboter können für den Umgang mit Menschen oder mit Tieren geschaffen sein. Viele Lebewesen haben soziale Beziehungen, einige sind soziale Wesen. In Robotik und Künstlicher Intelligenz lag der Fokus seit jeher auf dem Menschen. Forderungen nach einer „human-centered AI" (weniger im technischen, eher im humanistischen Sinne verstanden) in den 2010er- und 2020er-Jahren betonen dies sogar. Aber immer mehr Roboter und auch soziale Roboter begegnen, ob dies geplant ist oder nicht, Haus-, Nutz- und Wildtieren. Diese reagieren unterschiedlich, teils interessiert, teils desinteressiert, teils lethargisch, teils panisch. Die Forschung muss sich mehr und mehr Tier-Roboter-Beziehungen zuwenden und diese zusammen mit der Praxis so gestalten, dass das Tierwohl gefördert und das Tierleid gemindert wird. Der Beitrag widmet sich sozialen Robotern, die für Tiere gedacht sind, aber auch solchen, die – aus unterschiedlichen Gründen – auf Tiere treffen und mit ihnen interagieren und kommunizieren. Zudem stellt er tierfreundliche Maschinen, die im Kontext der Maschinenethik entstanden sind, vor. In einem Diskussionsteil wird u. a. der Frage nachgegangen, welche der aufgeführten Roboter als soziale Roboter aufzufassen sind und was ihre Unterschiede in ihrem Zweck und in ihrem Verhältnis zum Tier sind.

O. Bendel (✉)
FHNW, Windisch, Schweiz
E-Mail: oliver.bendel@fhnw.ch

27.1 Einleitung

Soziale Roboter sind mehrheitlich für den Umgang mit Menschen gedacht. Diese unterhalten soziale Beziehungen und sind soziale Wesen. Allerdings kann man das auch für Tiere sagen, zumindest für einige von ihnen.[1] Tatsächlich gibt es soziale Roboter, die für den Umgang mit ihnen vorgesehen sind, und es könnten – wenn man die allgemeine Marktentwicklung als Grundlage nimmt – noch etliche weitere folgen. Zudem kommen soziale Roboter fast zwangsläufig mit Tieren in Berührung, die freiwillig oder unfreiwillig bei uns sind. Dazu zählen Haus- und Nutztiere, in Europa vor allem Hunde und Katzen bzw. Kühe und Schafe. Selbst Wildtiere sind betroffen, etwa wenn sie sich in unseren Garten oder in unser Haus wagen – oder wenn der soziale Roboter bestimmte Aufgaben in der Landwirtschaft oder in der freien Natur hat.

Die Definition des Verfassers zu sozialen Robotern, die in ihrer ersten Version Anfang 2020 im Gabler Wirtschaftslexikon publiziert wurde, lässt ausdrücklich Tiere als Gegenüber zu (Bendel 2020d). Soziale Roboter, so heißt es da, seien für den Umgang mit Menschen und Tieren geschaffen. Damit ist das Soziale an sich erfasst, in seinem allgemeinsten Sinne. Und weiter:

> Sie können über fünf Dimensionen bestimmt werden, nämlich die Interaktion mit Lebewesen, die Kommunikation mit Lebewesen, die Nähe zu Lebewesen, die Abbildung von (Aspekten von) Lebewesen sowie – im Zentrum – den Nutzen für Lebewesen. (Bendel 2020d)

In diesen Konkretisierungen des Sozialen sind wiederum Tiere eingeschlossen. Pflanzen unterhalten keine sozialen Beziehungen im engeren Verständnis und sind kaum soziale Wesen, trotz ihrer Fähigkeit zur Interaktion und Kommunikation. Sie sind jedenfalls nicht mitgemeint.

In der Sozialen Robotik werden Tiere bislang wenig berücksichtigt. Es scheint so zu sein, dass viele Robotiker, Informatiker und überhaupt Techniker wenig Interesse an Tieren haben – so wie viele Tierethiker, Tierschützer etc. wenig Interesse an Technik zeigen. Das führt zu interessanten blinden Flecken auf der Forschungsagenda. Nach der Jahrtausendwende gab es mehrere Versuche, eine Tier-Computer-Interaktion (Mancini 2011) und eine Tier-Maschine-Interaktion (Bendel 2015b) zu etablieren, ohne dass sich daraus eigentliche Disziplinen ergeben hätten. Auch die Maschinenethik hat mehrere Artefakte beigesteuert, die sich auf Tiere gerichtet haben (Bendel 2018, 2019) – und blieb doch insgesamt dem Menschen verpflichtet. Am ehesten kommen noch Beiträge aus den Kognitionswissenschaften und der Verhaltensforschung (Kubinyi et al. 2002; Lakatos et al. 2014; Morovitz et al. o. D.). Und aus der Unterhaltungs- und Spielzeugindustrie, die mit der wissenschaftlichen Community der Sozialen Robotik nur eine lose Verbindung hat.

---

[1] „Die meisten Tiere unterhalten soziale Beziehungen, aber nicht alle Tiere sind soziale Tiere. Soziale Tiere interagieren jenseits der Reproduktion auf vielfältige Weise mit ihren Artgenossen. Manche soziale Tiere leben in dauerhaften Gemeinschaften, wobei einige dieser Tiere komplexe und dynamische Gemeinschaften bilden." (Wild 2018)

Der vorliegende Beitrag geht auf Beispiele (mutmaßlicher und tatsächlicher) sozialer Roboter ein, die sich in irgendeiner Form auf Tiere beziehen. Er will damit eine (keineswegs vollständige) Übersicht über Aktivitäten und Innovationen in diesem Bereich bieten und Interesse bei Wissenschaft, Politik und Öffentlichkeit für das Thema wecken. Er will zudem die anfangs genannte Definition stärken, also zeigen, dass deren Offenheit ihre Berechtigung hat. Freilich ist die Entscheidung nicht immer einfach, ob es sich um eigentliche soziale Roboter handelt, wobei etwa die fünf Dimensionen nicht vollständig und unzweifelhaft erfüllt sein müssen. Dies wird noch thematisiert und problematisiert.

27.2 Grundbegriffe

In diesem Kapitel werden einige Grundbegriffe zur Beziehung zwischen Mensch, Tier und Maschine geklärt, die in der weiteren Darstellung und Diskussion eine Bedeutung und eine Verwendung haben. Die Soziale Robotik mitsamt ihrem Gegenstand wurde bereits erläutert und wird daher ausgelassen. Für weitere Perspektiven eignen sich etwa die Proceedings der jährlich stattfindenden International Conference on Social Robotics (ICSR) oder der zweijährlich stattfindenden Robophilosophy (Nørskov et al. 2020) und Herausgeberbände wie „Social Robotics" (Nørskov 2017).[2]

Die Ethik ist eine jahrtausendealte Disziplin der Philosophie und wendet wissenschaftliche Methoden zur Begründung und Beschreibung an. Ihr Gegenstand ist die Moral, also das Setting aus allgemeinen Handlungsregeln und Wertmaßstäben bzw. persönlichen Überzeugungen in Bezug auf das, was gut und böse ist (Höffe 2008). Die Maschinenethik ist eine Gestaltungsdisziplin mit Nähe zu Künstlicher Intelligenz (KI) und Robotik (Anderson und Anderson 2011; Bendel 2019). Sie erforscht die maschinelle Moral und bringt moralische (oder unmoralische) Maschinen hervor, indem sie (teil-)autonome erweitert. Sowohl „maschinelle Moral" („künstliche Moral") als auch „moralische Maschine" ist ein Terminus technicus. Die maschinelle Moral simuliert die menschliche Moral. Sie kann sich auf Menschen wie auf andere Lebewesen beziehen (Bendel 2019).

Die Tierethik beschäftigt sich mit den Pflichten von Menschen gegenüber Tieren und den Rechten von Tieren (Wolf 2012), ferner – allerdings sind dazu erst wenige Vertreter bereit – mit dem Verhältnis zwischen Tieren und (teil-)autonomen intelligenten Systemen, z. B. Softwareagenten und Robotern. Sie bekommt neue Impulse durch Tierrechtsbewegungen und vegetarische und vegane Lebensweisen, die immer wieder im Trend liegen. Dabei muss sie ihre Unabhängigkeit bewahren, ohne in der Beliebigkeit zu versinken (Bendel 2014). Umweltschutz besteht aus Maßnahmen zum Erhalt der natürlichen Umwelt, wobei es nicht zuletzt um die Zufriedenheit und Gesundheit von Mensch und Tier geht. Tierschutz ist die Gesamtheit der persönlichen, institutionellen und gesetzlichen

---

[2] Es sei erwähnt, dass die Community der Sozialen Robotik in eigenständiger Weise herangewachsen ist. In letzter Zeit entdeckt sie Nachbardisziplinen wie Maschinenethik und Maschinelles Bewusstsein (Künstliches Bewusstsein). Mit der Künstlichen Intelligenz ist sie schon länger vertraut.

Maßnahmen zum Schutz von Tieren, etwa vor Quälerei, Missbrauch und Tötung. Tierbeobachtung ist die Beobachtung von Tieren zu wissenschaftlichen, medizinischen oder medialen Zwecken.

Die Mensch-Maschine-Interaktion (MMI, engl. „HMI" für „Human-Machine Interaction") ist eine etablierte Disziplin, die sich mit dem Design, der Evaluierung und der Implementierung von Maschinen befasst, mit denen Menschen in Interaktion stehen. In der noch kaum ausgebildeten Tier-Maschine-Interaktion (TMI, engl. „AMI" für „Animal-Machine Interaction") geht es um Design, Evaluierung und Implementierung von (höherentwickelten bzw. komplexeren) Maschinen und Computersystemen, mit denen Tiere und die mit Tieren interagieren und kommunizieren (Bendel 2015b). Die Tier-Computer-Interaktion (TCI, engl. „ACI" für „Animal-Computer Interaction") nach Mancini (2011) mit ihrem wenig höheren Reifegrad soll die Wechselwirkungen zwischen Tieren und Computertechnologien mit Blick auf die Zusammenhänge zu verstehen versuchen, in denen jene gewöhnlich leben, aktiv sind und soziale Beziehungen mit Lebewesen aller Art eingehen. Mancini betont das Zusammenspiel von Tier, Technologie und Kontext und unterscheidet zwischen Individuen und Arten sowie zwischen Typen wie Wild-, Haus-, Arbeits-, Nutz- und Versuchstieren.

Animal Enhancement ist die Erweiterung des Tiers, vor allem zu seiner scheinbaren oder tatsächlichen Verbesserung in Bezug auf seine eigenen Interessen oder diejenigen des Menschen, etwa in wirtschaftlicher oder wissenschaftlicher Hinsicht (Bendel 2016b). Im Blick sind u. a. Leistungssteigerung, Erhöhung der Lebensqualität und Optimierung der Verwertung. Mehrheitlich geht es um eine weitere Unterwerfung des Tiers, neben der klassischen Tierhaltung und -nutzung. Dies ist bei Human Enhancement zunächst anders (Bendel 2015a). Bei diesem wird eine Verbesserung angestrebt, die dem Einzelnen dient, und in einer gewissen Weise die Befreiung von den scheinbaren Zwängen der Natur. Allerdings kann es durchaus darin münden, dass den Menschen elektronische Ketten angelegt werden, und Staat und Wirtschaft könnten Interesse in dieser Richtung haben.[3]

27.3 Technik und Tier

Maschinen aller Art versorgen, nutzen und töten Tiere im Auftrag des Menschen. Dazu gehören Futterautomaten, Melkroboter, Vergasungs-, Vermusungs- und Schlachtapparaturen. Die Anwendungsgebiete sind also die Wirtschaft und die Landwirtschaft. In letzterer findet man Vogelscheuchen, die in seltenen Fällen Roboter sind. Futterautomaten werden z. T. in privaten Haushalten eingesetzt, etwa um die Tiere in Abwesenheit ihrer

---

[3] Ein interessanter Begriff in diesem Zusammenhang ist „Robot Enhancement". Dabei handelt es sich um die Erweiterung und damit einhergehende Veränderung oder Verbesserung des Roboters durch den Benutzer bzw. eine Firma, etwa in funktionaler, ästhetischer, ethischer oder ökonomischer Hinsicht (Bendel 2021b). Man kann beispielsweise Tierroboter wie AIBO mit Fell verkleiden und sie dadurch hundeähnlicher machen.

Besitzer zu ernähren. Im Haus und im Garten sind Serviceroboter unterwegs, die auf Tiere treffen, wie Saugroboter und Rasenmähroboter. Dies ist keineswegs gewollt, aber wegen der Omnipräsenz von Insekten, kleinen Wildtieren wie Igeln und Mardern sowie freilaufenden Haustieren fast zwangsläufig. Im öffentlichen Raum wimmelt es von mehr oder weniger automatisierten Fahrzeugen, und wenn sie Tieren zu nahe kommen (und dabei der Mensch oder das System die Entscheidung trifft), geht das für diese oft tödlich aus. In der freien Natur schließlich bzw. in der Wildnis sind Maschinen eher selten, doch als Drohnen können sie der Beobachtung und Erkundung dienen, der Erkennung von Waldbränden, der Überwachung von Stützpunkten etc., und als Flugzeuge dem Transport von Gütern und Passagieren – wieder sind Zusammenstöße mit Tieren, vor allem mit Vögeln, unvermeidlich. Insgesamt stellen sich Fragen aus Tierethik und Tier-Maschine-Interaktion heraus.

Während man sagen kann, dass es sich bei den oben geschilderten tödlichen Begegnungen um Kollateralschäden handelt (die man freilich z. T. vermeiden könnte), ist dies bei Animal Enhancement ein wenig anders. Die Erweiterung oder gar Verbesserung durch technische Mittel geschieht, wie bereits angedeutet, selten im Sinne des Tiers. Zwar ist dies durchaus möglich, wenn man an intelligente Prothesen, medizinische Implantate oder soziale Roboter zur Versorgung (etwa zur Fütterung) denkt. Aber in der Realität ist eher RoboRoach ein – in den Augen von Tierschützern überaus negatives – Vorbild: Eine amerikanische Firma vertreibt eine elektronische Komponente, die man auf dem Rücken einer Kakerlake aufbringt; nach wenigen Handgriffen kann man sie mit einer App auf dem Smartphone fernsteuern (Bendel 2020b). Andere Experimente zielen darauf ab, winzige Mikrofone und Kameras auf Insekten zu befestigen. An solchen tierischen Cyborgs dürften Militär und Polizei großes Interesse haben. Die Entwicklung eines Miniroboters ist zeitaufwendig und kostenintensiv – bei einem Insekt sind dagegen die grundlegenden motorischen (und einige der sensorischen) Möglichkeiten bereits vollständig ausgebildet und müssen nur noch gewaltsam bezwungen und zielgerichtet ergänzt werden. Keine Kollateralschäden also, sondern gezielte Schäden im menschlichen Interesse. Etwas erfreulichere Erweiterungen sind virtuelle Zäune: Kühe werden mit einem Halsband oder einem Aufbau auf dem Kopf versehen, erhalten mehr Freiheit in der Bewegung und werden an einer definierten Stelle über leichte Stromstöße am Weitergehen gehindert.

Soziale Roboter tauchten in dieser Zusammenstellung bisher kaum auf, wobei das zu hinterfragen wäre. So wäre es möglich, dass manche der genannten Maschinen durch kleinere oder größere Modifikationen zu sozialen Robotern werden. Das kennt man in bestimmten Bereichen gut. So ist Relay von Savioke aus Kalifornien auf den ersten Blick ein gewöhnlicher Transportroboter. Er hat eine abstrakte oder dinghafte Form, ist so groß wie ein Kind und rollt z. B. durch die Gänge eines Krankenhauses oder eines Hotels, um etwas von A nach B zu bringen (Bendel 2020a). Auf den zweiten Blick, vor allem wenn man ihm nähergekommen ist, sieht man sein schräges Display im oberen Bereich, auf dem sich Augen zeigen können. Wenn er nun noch gewisse Töne hören lässt, gewinnt er damit – ähnlich wie R2-D2 oder BB-8 aus Star Wars – sofort Sympathien, und ihm wird beispielsweise in den und aus dem Aufzug geholfen. Selbst Haushaltsroboter wie Saugroboter haben zuweilen solche Erweiterungen ins Soziale hinein, interagieren und kommunizieren (über ein Display oder über Sprache). Und manche von ihnen können Tiere betreffen – darauf wird weiter unten eingegangen.

Soziale Roboter kennt man, wenn es um Tiere geht, am ehesten in den Funktionen der Unterhaltung (oder des Spiels) und der körperlichen Ertüchtigung. Nicht alle Geräte, die es auf diesem Markt gibt, sind eigentliche Roboter, also sensomotorische Maschinen zum Zwecke der Erweiterung des menschlichen Handlungsspielraums (Christaller et al. 2001). Einige werden mit diesem Namen lediglich geschickt vermarktet – ein Roboter klingt nach mehr als ein Gerät und kann höherpreisig angeboten werden. Aber ein paar verdienen die Bezeichnung durchaus. Die Haustiere jagen künstlichen Tieren oder verlockenden Objekten nach, leben ihre Instinkte aus, frönen ihrem Spieltrieb und bleiben in Bewegung. Einen ganz anderen Zweck verfolgen Beobachtungsroboter, die ein breites Publikum von Tierfilmen her kennt. Sie sind mehrheitlich in verblüffender Weise den zu beobachtenden Säugern, Reptilien und Vögeln ähnlich. Das ist auch sinnvoll, denn je besser sie sich einfügen in Bezug auf Aussehen und Verhalten, desto eher werden sie von der Herde und von den Individuen (ob diese eine hohe oder niedrige Position innehaben) akzeptiert – und können dann aus der Nähe beobachtet werden. Freilich handelt es sich z. T. um ein Verhalten, das in der Wildnis normalerweise nicht vorkommt, weil dort normalerweise keine Roboter existieren (und offensichtlich rückt im Film zuweilen der Roboter selbst in den Vordergrund, wird zum eigentlichen Star, was man kritisch sehen kann) – aber man kommt den Tieren sehr nahe und kann ihnen (nachdem der Reiz des Neuen bei ihnen verflogen ist) durchaus ihrem üblichen Treiben zusehen.

Soziale Roboter finden sich häufig im Haushalt und manchmal in der Shopping Mall – oder an Bahnhöfen und auf Flughäfen. Dort treffen sie auf Katzen, Hunde und andere Haustiere. Diese reagieren mal mehr, mal weniger deutlich, und mal mehr, mal weniger erfreut. Zu tun hat das u. a. damit, ob die sozialen Roboter als Konkurrenten oder Sympathisanten wahrgenommen werden, also ob es sich lohnt, sie zu bekämpfen oder zu beschnuppern und zu begatten, und welche Erfahrungen bereits bestehen. Roboterhunde und -katzen (oft karikaturen- und comichaft gestaltet) fallen in diesen Bereich, doch selbst die humanoiden (ebenfalls karikaturenhaft gestalteten) Pepper und NAO, die recht weit verbreitet sind, oder Cozmo und Vector, die aussehen wie kleine Raupenfahrzeuge mit einem Gesicht, können das Interesse für eine Weile wecken.[4] In den Labors der Wissenschaft werden solche Konstellationen gerne hergestellt und erforscht. Ferner begegnen in Krankenhaus und Pflegeheim soziale Roboter echten Tieren – sofern diese zugelassen sind. Eine interessante (aber kaum untersuchte) Kombination ist etwa, wenn eine Katze in einem Pflege- oder Altenheim ist, in dem zugleich Paro, ein Therapieroboter, der einer Babysattelrobbe nachempfunden ist, im übertragenen Sinne wohnt. Selbst auf Straßen und auf Plätzen können soziale Roboter in unmittelbarer Nähe von Tieren sein – z. B. wenn Sicherheitsroboter, die Polizisten und Sicherheitskräften ähneln, wie das in Dubai

---

[4] Manche Roboterhunde sind Comichunde in der Art von Idefix, Struppi und Pluto nachgezeichnet. Pluto ist ein typischer Hundename, wie Hasso und Bello, und wurde in den Titel des Beitrags aufgenommen.

eingesetzte und mit Uniform versehene Modell REEM von PAL Robotics aus Spanien, ins Gehege mit Hunden, Krähen und Möwen kommen (Bendel 2020c).

Tierfreundliche Maschinen sind Maschinen, die – oft im Gegensatz zu den am Anfang genannten – etwas tun, was den Tieren mittelbar oder unmittelbar hilft, ihr Leben schützt und verlängert, sie vor Verletzungen bewahrt, sie etwas tun lässt, was sie sonst (als gesunde oder kranke Wesen) nicht tun könnten. Dazu zählen etwa Artefakte der Maschinenethik, wie sie seit 2014 vom Verfasser konzipiert wurden und unter seiner Betreuung an seiner Hochschule entstanden sind (Bendel 2018). Der Fokus war auf Haushaltsrobotern, speziell auf Saugrobotern und Rasenmährobotern, wobei sich das Prinzip auf weitere Serviceroboter (nicht nur in privaten Haushalten) ausweiten lässt. Ob diese und welche von ihnen soziale Roboter sind, wird noch zu klären sein. Andere tierfreundliche Komponenten wie Ergänzungen für Windkraftanlagen in der Art des DTBird, die beim Näherkommen von Vogel- oder Fledermausschwärmen für einen Stopp der Rotoren sorgen (May et al. 2012), oder speziell ausgerüstete Drohnen, die Mähmaschinen im Feld vorausfliegen und Rehkitze melden, wie beim Fliegenden Wildretter des DLR (Wimmer et al. 2013), gehören nicht zu ihnen. Ebenso wenig ist das prototypische Wildlife Vehicle Collision Avoidance System ein sozialer Roboter (Kurain et al. 2018) – aber eine interessante Lösung, um Autofahrer vor Wild zu warnen und sie zu einer Bremsung oder einem Ausweichmanöver zu bringen.

27.4 Nichtmenschliche Lebewesen und soziale Roboter

Der erste Teil dieses Kapitels gehört robotischen Modellen, die Tiere versorgen, unterhalten, beobachten, vertreiben etc. sollen. Im zweiten Teil werden soziale Roboter behandelt, die eher zufällig mit Tieren in Berührung kommen bzw. die – etwa aus experimentellen Zwecken – auf diese vorübergehend ausgerichtet werden, im dritten Teil tierfreundliche Maschinen, die der Verfasser im Kontext der Maschinenethik konzeptionell oder prototypisch entwickelt hat.

27.4.1 Robotische oder roboterhafte Modelle für Tiere

An einfachem Spielzeug für Katzen und Hunde mangelt es nicht. Auf Amazon kann man zum sogenannten SlowTon Remote Katzenspielzeug (die Schreibweise stammt vom Anbieter SlowTon) lesen:

> Dieses Katzenspielzeug mit Fernbedienung kann dazu beitragen, den Jagdinstinkt Ihrer Katzen zu stimulieren, sodass Sie und Ihr Haustier während der Jagd eine tiefere Beziehung aufbauen können. Es könnte auch helfen, die Langeweile der Katzen zu beseitigen, wenn Sie nicht zu Hause sind. (Produktbeschreibung SlowTon Remote Katzenspielzeug)

Der Clou der einfachen Maschine ist nach Angaben des Herstellers der Fellschwanz, mit dem man die Aufmerksamkeit der Katze auf sich ziehen kann. Dieser werde es ermöglichen, „den Nervenkitzel des Herumtreibens und Herumspringens aus der Sicherheit ihres Zuhauses zu erleben" (Produktbeschreibung SlowTon Remote Katzenspielzeug o. D.). Es handelt sich insgesamt um eine Art Spielzeugauto und nicht um einen Roboter. In der Schweiz ist es verboten, Katzen dauerhaft einzusperren – insofern wäre der Fellschwanzwagen eher eine Option für Deutschland.

Einen Schritt weiter geht das sogenannte DADYPET Katzenspielzeug der Firma DADYPET. Nach deren Angaben simuliert es das Fluchtverhalten von Mäusen, was die Aufmerksamkeit der Katze auf sich ziehe und ihren Jagdtrieb wecke. „Die Feder schwingt auch nach links und rechts, Ihre Katze wird unglaublichen Spaß daran haben." (Produktbeschreibung DADYPET Katzenspielzeug o. D.) Und weiter:

Nach 5 Minuten langem Spielen hört das Spielzeug auf, sich zu bewegen und macht ein Geräusch. Das Geräusch wird einmal alle 7 Sekunden abgegeben und die LED leuchtet auf. (Produktbeschreibung DADYPET Katzenspielzeug o. D.)

In diesem Zustand verweile das Spielzeug zwei Minuten, in denen die Katze frei mit der Feder spielen könne. Nach weiteren zwei Minuten gehe die Fahrt weiter. Ein eingebauter Sensor könne Hindernisse umfahren, um der Katze zu entkommen – „auf schlaue Art und Weise". „Sie müssen sich keine Sorgen machen, dass das Spielzeug irgendwo hängen bleibt." (Produktbeschreibung DADYPET Katzenspielzeug o. D.) In diesem Fall kann man durchaus von einem Roboter sprechen – zumindest ist das Sensomotorische in einfacher Form vorhanden.

Für Hunde gibt es deutlich weniger intelligentes Spielzeug und kaum soziale Roboter. Ein Grund hierfür könnte sein, dass einige von ihnen enorme Kraft besitzen und die Geräte mit einem Biss zerstören würden. Das ist schlecht für die Geräte und womöglich für sie selbst, wenn sie einen Stromschlag erhalten oder sich anderweitig verletzen. Insgesamt bestehen zwischen Hunden mit Blick auf den Umgang mit Spielzeug wohl mehr Unterschiede als bei Katzen, selbst wenn diese in der Volksmeinung als sehr individuell gelten. In Größe und Stärke zumindest weichen sie enorm voneinander ab, und das Spektrum reicht vom Chihuahua bis zum Bernhardiner. Auffällig ist, dass hingegen sehr viele soziale Roboter auf dem Markt sind, die Hunden nachgebildet sind (oder der Comicvariante von Hunden), weit mehr als Katzen, und die sich für Kinder und neugierige Erwachsene eignen. Sie sind mit glatter, abwaschbarer Kunststoffoberfläche und mit Fell überzogen verfügbar, im Niedrigpreissegment wie CaCaCook, GoolRC von DIY und Goolsky LE Neng von Goolsky und in der Luxusklasse wie AIBO von Sony, ein immer wieder neu erfundener Klassiker, der mit mehreren tausend Euro zu Buche schlägt, oder wie CyberDog von Xiaomi für ca. 1300 Euro. Wie noch thematisiert wird, wurden mit solchen Hunderobotern diverse Experimente mit Hunden gemacht.

Spiel und körperliche Ertüchtigung sind das eine, Betreuung und Pflege das andere. Soziale Roboter könnten Haustiere beaufsichtigen, beschützen, waschen und säubern. Ein naheliegender Gedanke ist das Gassigehen mit Hunden. Tatsächlich wurden Serviceroboter vorgestellt, die diese Aufgabe im Prinzip übernehmen könnten. Gita von Piaggio ist ein „self-balancing two-wheeled cargo robot", der seinem Besitzer strikt folgt oder seiner eigenen Wege geht, also ein selbstrollender Koffer oder ein Bote im Auftrag seines Herrn. Er ist 66 cm hoch, kann bis zu 18 kg laden und erreicht bis zu 35 km/h (Coxworth 2017; Bendel 2020e). Schäfer schreibt in ihrem Artikel „Dieser Roboter soll mit Ihrem Hund Gassi gehen":

> Blau, rund und rollt – dürfen wir vorstellen: Das ist Gita. Was von außen aussieht wie ein großer Koffer, kann innen aber weit mehr. Denn Gita ist ein Roboter, der Ihren Einkauf erledigen kann und Ihnen sogar den Spaziergang mit dem Hund abnehmen will. (Schäfer 2017)

In einem Video, das in ihren Artikel integriert ist, wird dies gezeigt – es bleibt allerdings unklar, ob der Roboter mit dem Hund interagieren oder kommunizieren kann bzw. auch nur auf dessen Bedürfnisse wie Schnuppern und Pinkeln Rücksicht nimmt.

Der Filmemacher John Downer hat künstliche Affen, Wölfe, Flusspferde, Schildkröten, Alligatoren etc. geschaffen, um entsprechende Wildtiere beobachten und spektakuläre Bilder gewinnen zu können. Seine Roboter sind sehr aufwendig gestaltet und ähneln ihren Vorbildern bis ins Detail. Sie können häufig die Gliedmaßen bewegen und sich auf vier Beinen vorwärtsbewegen. Hinter den Augen sind Kameras, die der Beobachtung dienen. Es wird sich mehrheitlich um ferngesteuerte Roboter handeln, aber es spricht nichts dagegen, autonome einzusetzen. Wichtig hierbei ist, dass sich das künstliche Tier immer auf das Objekt der Begierde ausrichtet, um seinen Zweck zu erfüllen. Zur BBC-Reihe „Spy in the Wild" heißt es auf der Website:

> In one of the most innovative natural history series ever presented, Spy in the Wild deploys over 30 ultra-realistic animatronic Spy Creatures to go undercover in the animal world. [...] These robotic look-alikes make all the right moves to not only be accepted by animals but also interact with them, providing revelatory insights into their world. (John Downer Productions o. D.)

Die Tiere nähern sich den Robotern neugierig, fassen sie an, stupsen sie an, versuchen sie einzubeziehen und – im Falle einer Schildkröte – zu begatten.[5] Sie sind nicht nur offensichtliche Fremdkörper, sondern auch vermeintliche Artgenossen – was die Frage nach Betrug und Täuschung aufwirft, die ansonsten vor allem mit Blick auf Menschen behandelt wird.

---

[5] Im Prinzip könnte man tatsächlich Roboter heranziehen, um an den Samen von männlichen Tieren heranzukommen (um dann weibliche Tiere künstlich zu befruchten). Allerdings genügen hierfür meist einfache Attrappen. In der griechischen Mythologie klettert Pasiphaë in ein verkleidetes Holzgerüst, das von Daidalos geschaffen wurde und an eine Kuh erinnert, und empfängt dort einen Stier. Aus dieser kurzen Beziehung entsteht der Minotaurus, der schließlich im Labyrinth gefangen gehalten wird, das ebenfalls von Daidalos stammt.

Der Super Monster Wolf wurde 2017 von JA Kisarazushi (einem japanischen Agrarverband) und der Universität Tokio entwickelt. Er erfasst mit Hilfe von Infrarotsensoren, wenn sich Tiere dem Reisfeld nähern. Die Zeitschrift Golem schrieb am 28. August 2017:

> Rehe, Vögel, Wildschweine und sogar Bären vertreibt er durch laute Geräusche: Mit bis zu 95 Dezibel kann er heulen, fauchen, wie ein Mensch sprechen, Gewehrschüsse nachahmen – insgesamt beherrscht die Maschine 18 verschiedene Geräusche. Die Töne sollen variieren, damit sich die zu vertreibenden Tiere nicht daran gewöhnen. (Pluta 2017)

Nachlaufen kann der Wolf anderen Tieren jedoch laut Aussage des Redakteurs nicht. Er stehe auf fixen Beinen aus Metall und könne „lediglich seinen Kopf mit den von LEDs beleuchteten roten Augen hin und her drehen". „Den Strom für Sensoren, LEDs, Motoren und Tongenerator liefert ein Solarmodul." (Pluta 2017) Offensichtlich ist der Roboter nicht besonders nett zu Tieren, aber das ist kein Grund, ihn nicht als sozialen Roboter im allgemeinen Sinne zu sehen.[6]

27.4.2 Soziale Roboter bei Tieren

In Shopping Malls, in Bahnhofs- und Flughafengebäuden sowie in Straßen und auf Plätzen finden sich soziale Roboter aller Art. Diese kommen automatisch nicht allein mit Menschen in Berührung, sondern auch mit Wild- und Haustieren. Zu den einen gehören in Europa etwa Vögel, zudem Marder, Füchse und Wildschweine und weitere Kulturfolger, zu den anderen Katzen und Hunde. Verwilderte Tiere sind ebenfalls vorzufinden. Interessanterweise kursieren selten Berichte darüber, dass Tiere soziale Roboter attackieren. Weitere Probleme wie Kollisionen oder Unfälle durch Stürze sind kaum belegt. Eine Erklärung ist, dass solche Vorfälle nicht gemeldet werden bzw. sich Medien oder Wissenschaft bisher nicht dafür interessieren. Zudem muss man berücksichtigen, dass soziale Roboter im öffentlichen Raum wenig verbreitet sind. Zusammenstöße zwischen Servicerobotern und Tieren sind belegt (LaVallee 2008). Manche der Serviceroboter können, wie gesagt, zu sozialen Robotern werden. Übrigens sind Übergriffe durch Menschen gar nicht rar. So wurde etwa Pepper in einem Store angegriffen (Collins 2015), und der Hitchbot wurde Opfer von (echtem oder vorgetäuschtem) Vandalismus (Sokolov 2015).

Eine frühe Reihe von Experimenten – das erste von ihnen fand im Jahre 2002 statt (Kubinyi et al. 2002) – beinhaltet das Zusammentreffen zwischen einem Hund und einem AIBO, einem hundeähnlichen Roboter. Nach Ansicht der Autorinnen und Autoren könnten tierähnliche autonome Roboter, die von Tieren als Sozialpartner anerkannt werden, neue Möglichkeiten bei der Untersuchung von Interaktionen bieten. Ein Paper von 2004, verfasst von einem Team des Department of Ethology der Eötvös Loránd University, führt aus, dass 24 erwachsene und 16 vier bis fünf Monate alte Hunde in zwei Situationen ge-

---

[6] Selbst ein Kampfroboter – zumindest das eine oder andere Modell, das in Planung ist – könnte als sozialer Roboter betrachtet werden.

testet wurden, in denen sie einem von vier verschiedenen Partnern begegneten, einem ferngesteuerten Auto, einem AIBO-Roboter, einem AIBO mit einem nach Welpen duftenden Fellbezug und einem zwei Monate alten Welpen (Kubinyi et al. 2004). In der neutralen Situation konnte der Hund eine Minute lang in einer geschlossenen Arena in Anwesenheit seines Besitzers frei mit einem der genannten Partner interagieren. In der spezifischen Situation wurde mit den Begegnungen begonnen, während der Hund Futter zu sich nahm (Kubinyi et al. 2004).

> Our results show that age and context influence the social behaviour of dogs. Further, we have found that although both age groups differentiated the living and non-living test-partners for some extent, the furry AIBO evoked significantly increased responses in comparison to the car. These experiments show the first steps towards the application of robots in behavioural studies, notwithstanding that at present AIBO's limited ability to move constrains its effectiveness as social partner for dogs. (Kubinyi et al. 2004)

Die Hunde bevorzugten in der neutralen Situation den pelzigen AIBO gegenüber dem normalen AIBO und dem Auto. Dies scheint auch wenig verwunderlich zu sein, zumal der erweiterte soziale Roboter nicht nur tierähnlicher aussieht, sondern auch hundeähnlicher riecht.[7]

Eine Gruppe um Matthias Scheutz (Tufts University, Vereinigte Staaten) konfrontierte über ein Jahrzehnt später Hunde mit einem NAO-Roboter. Nach ihrer Wahrnehmung sind Tiere und insbesondere Hunde überall in unseren sozialen Räumen präsent, die wiederum zunehmend von Technologie gleichsam durchdrungen sind (Morovitz et al. o. D.). Bisherige Forschungen haben, so die Forscherinnen und Forscher, hauptsächlich die Interaktionen zwischen Menschen und Robotern untersucht und dabei mögliche Auswirkungen dieser Technologie auf Tiere im Haushalt und insbesondere den möglichen Nutzen des Einsatzes von Robotern (gemeint sind wohl vor allem soziale Roboter) für die Tierpflege nicht berücksichtigt. Damit Hund-Roboter-Interaktionen erfolgreich und effektiv seien, müssten Hunde jedoch soziale Roboter akzeptieren und ihnen gegenüber positive Verhaltensweisen zeigen (Morovitz et al. o. D.).

> Thus, research must determine possible robot characteristics such as particular movements or vocalizations that might be able to facilitate the dog's trust in and acceptance of the robot. The goal of the present exploratory study was to investigate the reaction of dogs to a small humanoid robot under different conditions of vocalization and movement. Our main finding from these dog – robot interaction experiments is that dogs unacquainted with the robot prefer robot vocalizations to robot movement. (Morovitz et al. o. D.)

Meiying Qin von der Yale University und ihre Co-Autoren brachten um 2020 einen Hund mit einem sozialen Roboter – nämlich NAO – zusammen. Dabei nutzten sie dessen synthetische Stimme. In zwei Experimenten untersuchten sie, ob Hunde auf einen sozialen

---

[7] Dies ist ein Fall von Robot Enhancement. Der AIBO wird durch das Fell erweitert und verbessert – er wird in optischer und olfaktorischer Hinsicht hundeähnlicher gemacht.

Roboter reagieren, nachdem dieser ihren Namen gerufen hat, und ob sie seinen „Sitz!"-Befehlen folgen. Dabei wurde neben dem NAO ein Lautsprecher verwendet. Wenn die Hunde mit ihrem Namen gerufen wurden, reagierten sie eher auf den sozialen Roboter als auf den Lautsprecher, und zwar indem sie ihn anschauten. Sie befolgten zudem die „Sitz!"-Kommandos, die der NAO gegeben hatte, häufiger als die des Lautsprechers.

> The contribution of this study is that it is the first study to provide preliminary evidence that 1) dogs showed positive behaviors to social robots and that 2) social robots could influence dog's behaviors. This study enhance [!] the understanding of the nature of the social interactions between humans and social robots from the evolutionary approach. Possible explanations for the observed behavior might point toward dogs perceiving robots as agents, the embodiment of the robot creating pressure for socialized responses, or the multimodal (i.e., verbal and visual) cues provided by the robot being more attractive than our control condition. (Qin et al. 2020)

Auffällig (und wenig überraschend) ist, dass die zu ihrer Zeit besonders bekannten sozialen Roboter bevorzugt wurden, ob sie eine animaloide oder humanoide Form hatten, und dass auf Hunde fokussiert wurde, die in vielen Haushalten anzutreffen sind und für bestimmte Experimente schon deshalb taugen, weil man sie abgerichtet hat.

27.4.3 Tierfreundliche Maschinen

27.4.3.1 Die tierfreundliche Drohne

Ein Projekt des Verfassers, das er 2015 an seiner Hochschule in Eigenregie durchführte, beinhaltete die Konzeption für eine tierfreundliche Drohne. Diese sollte zumindest teilautonom sein und Fotos von Fauna und Flora anfertigen. Menschen waren, so die Annahme, als Motive aus sachlichen Gründen nicht relevant und sollten in ihrer informationellen Autonomie geschützt werden (Bendel 2018). Für die Drohne wurde wie in vergleichbaren Projekten ein annotierter Entscheidungsbaum entwickelt. Dabei handelt es sich im Kern um einen klassischen Entscheidungsbaum, wie er etwa in der Wirtschaftsinformatik bekannt ist, der allerdings an den Knoten mit moralischen Annahmen und Begründungen versehen wird. Eine solche Modellierung wurde u. a. für tierfreundliche Roboterautos entwickelt und 2016 an der Stanford University vorgestellt. Das Paper war das bestgerankte beim AAAI Spring Symposium „Ethical and Moral Considerations in Non-Human Agents", mit der Begründung, dass es konkret geworden war (Bendel 2016a). Tatsächlich gehören die annotierten Entscheidungsbäume zu den wenigen anwendbaren Methoden der Maschinenethik.

Die Modellierung beginnt mit der Aktivität des Fliegens. Von oben prüft die Drohne, ob sich ein Objekt auf dem Boden befindet. Ist dies der Fall und entpuppt es sich als Mensch, wird die Aufnahmefunktion nicht aktiviert, um die Persönlichkeitsrechte und das Recht am eigenen Bild zu respektieren. Ist das Objekt ein Tier, geht die Drohne entsprechend der Tierart vor. Kollisionen mit Vögeln wie Adlern oder Störchen sind zu vermeiden, scheue

Tiere in Ruhe zu lassen. Letztere sollen nur aus großer Entfernung fotografiert oder gefilmt werden. Um ein Beispiel zu nennen: Die Anmerkung bei „Ist es ein Vogel?" (zu überprüfen durch Kameras und Sensoren) lautet „Vögel dürfen durch die Drohne nicht verletzt werden", womit sie sich sowohl auf das Tierwohl als auch auf die Betriebssicherheit bezieht. Die Erfassung seltener Tierarten erfolgt aus verschiedenen Höhen; der Aufwand lohnt sich aus wirtschaftlichen Gründen. Für Gegenstände gilt dies in diesem Zusammenhang nicht, d. h. die gleiche Annahme wird im Entscheidungsbaum negiert. Wenn die Maschine ein Tier nicht erkennt, zieht sie mehrere andere mögliche Sachverhalte in Betracht.

27.4.3.2 LADYBIRD

LADYBIRD ist der Prototyp eines tierfreundlichen – genauer gesagt marienkäferfreundlichen – Saugroboters (Bendel 2017). Bereits im Jahre 2014 wurde die Designstudie erstellt, die grob über das gewünschte Aussehen und die geplanten Funktionen des Geräts Auskunft gibt, und über die Website maschinenethik.net veröffentlicht. Die Idee wurde immer wieder auf Vorträgen, in Publikationen und Interviews erwähnt. Sie stieß einerseits auf Wohlwollen bei Zuhörern und Lesern, andererseits auf mediales und wissenschaftliches Interesse, weil Sinn und Zweck einer einfachen moralischen Maschine sicht- und begreifbar und das Anliegen der Maschinenethik verständlich gemacht wurde. Jahre später sollte ein Grundlagenwerk zur Maschinenethik mit eben diesem Beispiel einer moralischen Maschine einsteigen (Misselhorn 2018). Im Jahre 2015 wurde ein annotierter Entscheidungsbaum für LADYBIRD erstellt.

In der Modellierung wird von der Aktivität des Saugens ausgegangen (Bendel 2017). Geprüft wird, ob etwas in der Bahn des Saugroboters liegt. Wenn dies der Fall ist und es sich um ein Tier handelt, wird geklärt, welche Größe es hat. Eine Katze ist unproblematisch angesichts der Größe der Saugvorrichtung, ein Marienkäfer nicht. Für diesen wird der Betrieb eingestellt. Die moralischen Annahmen sind grob und einfach. Sie müssen nicht von allen geteilt werden. Das ist indes gar nicht notwendig, denn es können unterschiedliche Geräte angeboten werden, der Kunde kann beim Kauf auf die Erweiterungen und Einschränkungen hingewiesen werden, über Produktinformationen, Labels und Zertifikate, und man kann ihm anbieten, die Maschine zu modifizieren, wenn er abweichende Bedürfnisse hat. So holen manche Menschen den Staubsauger heraus, um Spinnen, Asseln oder Fliegen aufzunehmen. Ihnen wäre damit geholfen, dass LADYBIRD bei diesen Tieren eine Ausnahme macht. Dies widerspricht freilich dem Ansatz der Tierfreundlichkeit. Wenn es sich um kein Lebewesen handelt, werden in der Modellierung weitere mögliche Fakten einbezogen.

Im Jahre 2017 wurde LADYBIRD an der genannten Hochschule im Rahmen eines Praxisprojekts als Prototyp umgesetzt (Bendel 2019). Das dreiköpfige Team verwendete bei seiner Arbeit den beschriebenen annotierten Entscheidungsbaum. Für die Erkennung baute es einen Farbsensor in die Maschine ein. Andere gewünschte und sinnvolle Komponenten – etwa Bewegungsmelder oder Systeme mit Bild- und Mustererkennung – wurden nicht einbezogen, da bei den Wirtschaftsinformatikerinnen und -informatikern zu wenig

Erfahrung auf diesen Gebieten vorhanden und die Zeit zu knapp bemessen war. Es entstand ein primitiver Roboter, der immerhin das Anliegen und Umsetzungsmöglichkeiten illustrieren konnte. Er erkennt einen abstrahierten Marienkäfer, stoppt für diesen und gibt einen Signalton von sich – vom Team aus unbekannten Gründen als Schrei einer Frau realisiert. Das Paper zu LADYBIRD wurde 2017 beim AAAI Spring Symposium „AI for Social Good (AISOC)" vorgestellt.

27.4.3.3 HAPPY HEDGEHOG (HHH)

HAPPY HEDGEHOG (HHH) ist der Prototyp eines tierfreundlichen – genauer gesagt igelfreundlichen – Rasenmähroboters. Damit wurde 2019 die Idee von LADYBIRD wieder aufgenommen. Allerdings ging es bei diesem vor allem darum, das Prinzip zu würdigen – zu zeigen, dass man in (einfache) Maschinen moralische Regeln einpflanzen und sie so in (einfache) moralische Maschinen verwandeln kann. In Wirklichkeit sind Marienkäfer auf dem Boden von Wohnungen und Häusern kein drängendes Problem. Dennoch könnte man so natürlich den einen oder anderen retten. Igel, die von Rasenmährobotern getötet werden, sind durchaus eine Misere. Vermutlich sterben jedes Jahr weltweit tausende auf diese Weise, überwiegend junge Individuen, die von der Maschine überrumpelt werden und die sich nicht fortbewegen können oder wollen. Das mag wenig sein im Vergleich zu den Opfern derselben Tierart im Straßenverkehr, aber es ist ein Leid, das ohne größeren Aufwand vermieden werden kann. Ein annotierter Entscheidungsbaum ist in diesem Fall nicht entstanden. Das vierköpfige Team, das sich im Rahmen eines Praxisprojekts im Sommer der Herausforderung widmete, hatte aber denjenigen von LADYBIRD studiert.

HHH ist technisch weiter entwickelt als sein Vorgänger (Bendel et al. 2021). Wie dieser fährt er autonom umher. Er verfügt über eine Wärmebildkamera. Damit kann er Lebewesen und warme Objekte auf seinem Weg erkennen. Wenn es dazu kommt, hält er inne und wendet, während er seine recht hoch positionierte Kamera auf das unbekannte Objekt richtet, seine zweite Methode an. Mit Hilfe von Machine Learning – das Team hatte ihn mit zahlreichen Igelbildern gefüttert – wurde er in die Lage versetzt, Igel zu identifizieren. Wenn es dazu kommt, stellt er seine Arbeit dauerhaft ein. Sinnvoll wäre es an dieser Stelle, wenn er eine Nachricht an den Besitzer senden würde. Ein Signalton wie bei LADYBIRD ist nur eingeschränkt zweckmäßig, weil beim Betrieb eines Rasenmähroboters – gerade bei größeren Flächen – nicht immer jemand in der Nähe ist. Im Prinzip kann HAPPY HEDGEHOG mit weiteren Tierbildern trainiert werden, etwa von Füchsen, Vögeln und Insekten.

27.5   Diskussion der Beispiele

Eine grundlegende Frage, die sich stellt, ist die, ob alle Maschinen, die im letzten Kapitel dargestellt wurden, als soziale Roboter bezeichnet werden können. Für die Beantwortung sei nochmals die eingangs zitierte Definition in Erinnerung gerufen (Bendel 2020d).

Soziale Roboter sind für den Umgang mit Menschen und Tieren geschaffen. Sie können über fünf Dimensionen bestimmt werden, die Interaktion und Kommunikation mit Lebewesen, die Nähe zu ihnen, die Abbildung von Aspekten bzw. Merkmalen und ihren Nutzen.

Die Roboter des ersten Abschnitts, die der Unterhaltung und Ertüchtigung von Haustieren dienen, erfüllen anscheinend diese Definition mehr oder weniger. Ausgeprägte Kommunikationsmöglichkeiten haben sie freilich nicht. Der Gassigehroboter ist wohl eher als klassischer Serviceroboter zu werten. Die Beobachtungsroboter können hier je nach Ausführung mehr bieten. Interessant ist zudem, dass sie mitten im sozialen Gefüge der Vertreter einer Tierart sind. Die Tierscheuche ist eine Ausnahme, ihre Funktion eine Besonderheit, aber kein ausdrücklicher Sonderfall im Sozialen. Auch Tiere und Menschen versuchen Wesen zu vertreiben, die ihre Ressourcen aufbrauchen wollen. Die sozialen Roboter des zweiten Abschnitts sind überwiegend typische Vertreter ihrer Art. AIBO und NAO können als weit entwickelte, frühe Klassiker gelten. Die tierfreundlichen Maschinen des dritten Abschnitts sind am wenigsten eindeutig. Der Nutzen ist klar. Die Nähe ist gegeben und entscheidend (wobei gerade eine zu große Nähe mit der Gefahr der Verletzung vermieden werden soll). Die Abbildung tierischer oder menschlicher Merkmale ist verschiedentlich vorhanden, im Design von LADYBIRD, in der Nachahmung der Augen durch Kameras, in der Abgabe von Tönen. Kommunikation und Interaktion gegenüber den Tieren finden indes sehr eingeschränkt statt. LADYBIRD detektiert den Marienkäfer und reagiert auf ihn – umgekehrt muss dies in keiner Weise der Fall sein. Bei HHH ist dies nicht viel anders, wobei der Igel ihn theoretisch neugierig erkunden können, wenn er im Stillstand ist – nicht gerade das, was man sich unter einer Interaktion vorstellt. Vielleicht ist der Nutzen, um zu diesem zurückzukehren, nämlich das Verschonen der Tiere, genau das, was einen dazu bringen könnte, die beiden Artefakte als soziale Roboter zu begreifen. In diesem Falle würde man „sozial" so deuten, wie es diverse andere Definitionen tun, nämlich als „verträglich", „dienlich" und „schützend". Dies ist durchaus möglich, wenngleich im gegebenen Kontext nicht notwendig.

Es bietet sich an dieser Stelle an, noch in anderer Weise nach dem Nutzen zu fragen. So werden manche bezweifeln, dass man soziale Roboter für den Umgang mit Tieren schaffen und sie mit Tieren konfrontieren sollte, und vorschlagen, anstelle von tierfreundlichen Maschinen andere Ansätze zu wählen. Die sozialen Roboter des ersten Abschnitts ersetzen zum Teil Menschen, zum Teil ergänzen sie Menschen. Zum Teil führen sie Aufgaben aus, die Menschen nicht auf selbe Weise ausführen können. Dass sie Menschen ersetzen, kann verschiedene Gründe haben. Diese sind vielleicht für eine Weile nicht anwesend oder nicht in der Lage, sich um die Tiere zu kümmern – das mag man beanstanden, aber offensichtlich kann die Maschine hier helfen, einen Engpass zu beheben. Es ist überdies zu prüfen, ob die Haustiere auf durchgehende menschliche Zuwendung angewiesen sind. Das mag von Art zu Art und von Individuum zu Individuum unterschiedlich sein. Die sozialen Roboter des zweiten Abschnitts dienen experimentellen Zwecken. Es spricht wohl wenig dagegen, sie an Katzen und Hunden zu erproben, wenn diese nicht verunsichert oder gestört werden. Man kann sogar behaupten, dass es sich hier um ein paar der wenigen Tierversuche handelt, die ethisch vertretbar sind. Letztlich ist es eine Chance, mehr über die

Lebewesen an unserer Seite zu erfahren – und über soziale Roboter, ihre Wirkung durch ihr Aussehen und ihr Sprechen. Die tierfreundlichen Maschinen schließlich sind entstanden, indem gewöhnliche autonome Maschinen „moralisiert" wurden. Wenn man autonome Maschinen in bestimmten Kontexten einsetzt, sollten sie sich an bestimmte Regeln halten, nicht zuletzt an moralische. Dieses Prinzip kann man auf etliche Systeme übertragen, selbst auf solche, die keine sozialen Roboter sind, beispielsweise auf automatische oder autonome Autos. Diese sollten gegenüber Menschen nicht quantifizieren und qualifizieren (also mögliche Opfer eines Verkehrsunfalls durchzählen und bewerten) – wenn sie das bei Tieren tun, lässt sich dagegen wenig einwenden (Bendel 2019).

Eine weitere Frage ist, ob Ähnlichkeiten und Unterschiede in Bezug auf die Tiere auszumachen sind, auf die sich die dargestellten Roboter beziehen, und ob sie unverrückbar sind. Die Spielzeugroboter sind für Haustiere gedacht, vor allem für Katzen. Sie könnten sicherlich genauso andere kleinere Tiere wie Hamster und Ratten, die zu Hause gehalten werden, unterhalten und ertüchtigen. Womöglich sind sie sogar hilfreich für die einen Nutztiere und lästig und störend für die anderen. Die Beobachtungsroboter richten sich sämtlich auf Wildtiere. Natürlich könnte man mit ihnen ebenso Haustiere und Nutztiere beobachten, aber diesen ist der Mensch eh sehr nahe. Der Super Monster Wolf sollte Wildtiere wie Wildschweine vom Feld abhalten. Dabei ist zu berücksichtigen, dass die soziale Funktion hier eine ganz andere ist, nämlich das Verscheuchen. Die sozialen Roboter im experimentellen Kontext sind durchweg auf Hunde ausgerichtet. Vermutlich sind diese gut für solche Settings geeignet, sie sind selbst gut erforscht, sind ihren Besitzern vertraut, gehorchen und folgen ihnen und sind verfügbar. Allerdings wäre es interessant, andere Tiere einzubeziehen, um mehr über sie und die Wirkung der sozialen Roboter zu erfahren. Die behandelten tierfreundlichen Roboter sind auf Wildtiere ausgerichtet. Das muss nicht zwangsläufig so sein – man kann sich ebenso welche denken, die Haustieren oder Nutztieren helfen, wenn diese in Gefahr geraten.

27.6 Zusammenfassung und Ausblick

Der Beitrag widmete sich sozialen Robotern, die für Tiere gedacht sind, wie auch solchen, die – aus unterschiedlichen Gründen – auf Tiere treffen und mit ihnen interagieren und kommunizieren. Zudem präsentierte er tierfreundliche Maschinen, die im Kontext der Maschinenethik entstanden sind. In allen Bereichen konnten Prototypen, Produkte oder Projekte identifiziert werden. Damit konnte ein Eindruck von den Möglichkeiten und Herausforderungen vermittelt werden. Ohne Zweifel gibt es wesentlich mehr Projekte – aber nicht so viele, dass man sie nicht im Prinzip zusammenstellen und durchleuchten könnte. Es wäre interessant, im Rahmen eines Projekts eine Datenbank zu entwickeln. Zudem könnte man die vorhandene Datenbank zu sozialen Robotern in dieser Hinsicht erweitern.

Es wurde die Frage aufgeworfen, ob sämtliche Beispiele als soziale Roboter verstanden werden können. Bei den Unterhaltungs- und Ertüchtigungsrobotern sprach einiges dafür, ebenso bei den Beobachtungsrobotern der Tierfilme. Bei der Tierscheuche ergaben sich Fragezeichen, aber auch Ausrufezeichen. Bei den sozialen Robotern der Experimente stand die Einordnung außer Zweifel. Hier ist die Frage, welche weiteren Modelle sich für den Umgang eignen. Die meisten von ihnen haben Rollen, keine Beine. Die in die Experimente involvierten sozialen Roboter haben zwei oder vier Extremitäten und sind damit Lebewesen in dieser Hinsicht ähnlicher. Für die tierfreundlichen Maschinen konnte die Frage nicht abschließend beantwortet werden. Dies ist allerdings auch nicht wesentlich für ihre Entwicklung oder ihren Einsatz.

Wie immer die Entwicklung sozialer Roboter verläuft, die für den Umgang mit Tieren gedacht sind – ohne Zweifel werden sich diejenigen, die für den Umgang mit Menschen gedacht sind, mehr und mehr verbreiten. Da sich aber Menschen mit Tieren umgeben, ob mit Haus- oder Nutztieren, muss sich die Gestaltung entsprechend anpassen. Zunächst muss das Äußere einer genaueren Betrachtung unterzogen werden. Vielleicht existiert ein Uncanny-Valley-Effekt für Tiere? Dann muss die Stimme inspiziert werden. Ist eine verfüg- oder vorstellbar, die auf Menschen wie auf Tiere gleichermaßen angenehm oder unangenehm wirkt? Nicht zuletzt müssen Ausprägungen der künstlichen Intelligenz einer kritischen Überprüfung standhalten, vor allem in Bezug auf das Entscheidungsverhalten. Der Ansatz einer „nature-centured AI" könnte dabei helfen – nur wäre ein solcher erst einmal zu entwickeln.

Tierethik und Tierschutz müssen sich um diese Thematik kümmern. Sie müssen die Scheu vor der Technik ablegen und sich fragen, was den Lebewesen an unserer Seite und in der freien Natur hilft und was nicht. Sie sollten nicht zuletzt bereit dazu sein, Szenarien und Utopien zu diskutieren. Wie wäre es, wenn nicht die Wildtiere in Reservaten und Parks leben würden, sondern wir? Und wie wäre es, wenn sie von Automaten und Robotern beobachtet und versorgt würden, u. a. von sozialen Robotern, die in ihre unmittelbare Nähe kommen? Wie wäre es, wenn Animal Enhancement im wörtlichen Sinne umgesetzt würde, zum Vorteil der Tiere, um ihnen ein angenehmes Leben auch unter widrigen Umständen zu ermöglichen (Bendel 2021a)? Vielleicht ist eine hoch technisierte Welt nicht unbedingt eine schlechtere, und vielleicht sind wir weniger gut für die Tiere, als wir denken – und soziale Roboter könnten zumindest bei Wildtieren einige wichtige Aufgaben übernehmen.

Literatur

Anderson M, Anderson SL (Hrsg) (2011) Machine ethics. Cambridge University Press, Cambridge, MA

Bendel O (2014) Tierethik. In: Gabler Wirtschaftslexikon. Springer Gabler, Wiesbaden. https://wirtschaftslexikon.gabler.de/definition/tierethik-54000. Zugegriffen am 30.03.2021

Bendel O (2015a) Human Enhancement: Die informationstechnische Erweiterung und ihre Folgen. TATuP 2:82–89

Bendel O (2015b) Überlegungen zur Disziplin der Tier-Maschine-Interaktion. In: gbs-schweiz.org, 14. Februar 2015. https://gbs-schweiz.org/blog/ueberlegungen-zur-disziplin-der-tier-maschine-interaktion/. Zugegriffen am 30.03.2021

Bendel O (2016a) Annotated decision trees for simple moral machines. In: The 2016 AAAI spring symposium series. AAAI Press, Palo Alto, S 195–201

Bendel O (2016b) Animal Enhancement. In: Gabler Wirtschaftslexikon. Springer Gabler, Wiesbaden. https://wirtschaftslexikon.gabler.de/definition/animal-enhancement-54196. Zugegriffen am 30.03.2021

Bendel O (2017) LADYBIRD: the animal-friendly robot vacuum cleaner. In: The 2017 AAAI spring symposium series. AAAI Press, Palo Alto, S 2–6

Bendel O (2018) Towards animal-friendly machines. Paladyn J Behav Robot 9(1):204–213. https://www.degruyter.com/view/journals/pjbr/9/1/article-p204.xml. Zugegriffen am 30.03.2021

Bendel O (2019) Handbuch Maschinenethik. Springer VS, Wiesbaden

Bendel O (2020a) Der Einsatz von Servicerobotern bei Epidemien und Pandemien. HMD – Praxis der Wirtschaftsinformatik, 14. Oktober 2020 (Open Access). https://link.springer.com/article/10.1365/s40702-020-00669-w. Zugegriffen am 30.03.2021

Bendel O (2020b) Überlegungen zu Bio- und Bodyhacking (Reinheimer S (Hrsg)). HMD – Praxis der Wirtschaftsinformatik 57(3):480–492

Bendel O (2020c) Sicherheitsroboter. In: Gabler Wirtschaftslexikon. Springer Gabler, Wiesbaden. https://wirtschaftslexikon.gabler.de/definition/sicherheitsroboter-122267. Zugegriffen am 30.03.2021

Bendel O (2020d) Soziale Roboter. In: Gabler Wirtschaftslexikon. https://wirtschaftslexikon.gabler.de/definition/soziale-roboter-122268/version-375074. Zugegriffen am 30.03.2021

Bendel O (2020e) Serviceroboter aus Sicht der Ethik. In: Lindenau M, Meier Kressig M (Hrsg) Schöne neue Welt? Drei thematische Einblicke, Vadian Lectures, Bd 6. transcript, Bielefeld, S 57–76

Bendel O (2021a) Chips, devices and machines within humans: bodyhacking as movement, enhancement and adaptation. In: Dürscheid C, Brommer S (Hrsg) Mensch. Maschine. Kommunikation. Beiträge zur Medienlinguistik. Narr Francke Attempto, Tübingen

Bendel O (2021b) Robot Enhancement. Gabler Wirtschaftslexikon. Springer Gabler, Wiesbaden. https://wirtschaftslexikon.gabler.de/definition/robot-enhancement-123251. Zugegriffen am 30.03.2021

Bendel O, Graf E, Bollier K (2021) The HAPPY HEDGEHOG Project. Proceedings of the AAAI 2021 spring symposium „Machine learning for mobile robot navigation in the wild". Stanford University, Palo Alto, California, USA (online), March 22–24, 2021. https://drive.google.com/file/d/1SvaRAI71wthGe-B9uSAYvL5WOzLI2mul/view. Zugegriffen am 30.03.2021

Christaller T, Decker M, Gilsbach J, Hirzinger G, Schweighofer E, Lauterbach K, Schweitzer G, Sturma D (2001) Robotik: Perspektiven für menschliches Handeln in der zukünftigen Gesellschaft. Springer, Berlin/Heidelberg

Collins K (2015) Drunk man attacks adorable robot that was just trying to help. Wired, 8. September 2015. https://www.wired.co.uk/article/drunk-man-attacks-pepper-robot-in-japan. Zugegriffen am 30.03.2021

Coxworth B (2017) „The Vespa of robots" may follow you home. New Atlas. http://newatlas.com/piaggio-gita/47646/. Zugegriffen am 30.03.2021

Höffe O (Hrsg) (2008) Lexikon der Ethik, 7., neu bearb. u. erw. Aufl. C.-H. Beck, München

John Downer Productions (o. D.) Spy in the wild. http://jdp.co.uk/programmes/spy-in-the-wild. Zugegriffen am 30.03.2021

Kubinyi E, Miklósi Á, Kaplan F, Gácsi Á, Topál J, Csányi V (2002) Can a dog tell the difference? Dogs encounter AIBO, an animal-like robot in two social situations. In: Proceedings of the seventh international conference on simulation of adaptive behavior on From animals to animats. MIT Press, Cambridge, S 403–404

Kubinyi E, Miklósi Á, Kaplan F, Gácsi Á, Topál J, Csányi V (2004) Social behaviour of dogs encountering AIBO, an animal-like robot in a neutral and in a feeding situation. Behav Process 65(3):231–239

Kurain NS, Poojasree S, Priyadharrshini S (2018) Wildlife vehicle collision avoidance system. SSRG Int J Electron Commun Eng 5(3):14–17

Lakatos G, Janiak M, Malek L, Muszynski R, Konok V, Tchon K, Miklósi Á (2014) Sensing sociality in dogs: what may make an interactive robot social? Anim Cogn 17(2):387–397

LaVallee A (2008) When dogs and robots collide, somebody needs a talking to. The Wall Street Journal, 11 June 2008. https://www.wsj.com/articles/SB121314664909963011. Zugegriffen am 30.03.2021

Mancini C (2011) Animal-computer interaction: a manifesto. Interactions 18(4):69–73

May R, Hamre Ø, Vang R, Nygård T (2012) Evaluation of the DTBird video-system at the Smøla wind-power plant. Detection capabilities for capturing near-turbine avian behaviour. NINA report 910

Misselhorn C (2018) Grundfragen der Maschinenethik. Reclam, Ditzingen

Morovitz M, Mueller M, Scheutz M. (o. D.) Animal-robot interaction: the role of human likeness on the success of dog-robot interactions. In: 1st international workshop on vocal interactivity in-and-between humans, animals and robots, Skövde, 25 – 26 August 2017

Nørskov M (Hrsg) (2017) Social robots: boundaries, potential, challenges. Routledge, London

Nørskov M, Seibt J, Quick OS (Hrsg) (2020) Culturally sustainable social robotics – challenges, methods and solutions: proceedings of Robophilosophy 2020. IOS Press, Amsterdam

Pluta W (2017) Roboterwolf vertreibt Wildschweine. Golem, 28. August 2017. https://www.golem.de/news/landwirtschaft-roboterwolf-vertreibt-wildschweine-1708-129719.html. Zugegriffen am 30.03.2021

Produktbeschreibung DADYPET Katzenspielzeug (o. D.) https://www.amazon.de/DADYPET-Katzenspielzeug-Mausspielzeug-automatische-elektronisches/dp/B081CCMWD6/. Zugegriffen am 30.03.2021

Produktbeschreibung SlowTon Remote Katzenspielzeug (o. D.) https://www.amazon.de/SlowTon-Katzenspielzeug-Interaktive-Automatische-Katzenjagdinstinkte/dp/B07V9V64HG/. Zugegriffen am 30.03.2021

Qin M, Huang Y, Stumph E, Santos L, Scassellati B (2020) Dog sit! domestic dogs (Canis familiaris) follow a robot's sit commands. In: HRI '20: companion of the 2020 ACM/IEEE international conference on human-robot interaction, Cambridge, S 16–24

Schäfer M (2017) Dieser Roboter soll mit Ihrem Hund Gassi gehen. Techbook, 16. Februar 2017. https://www.techbook.de/easylife/life-hacks/dieser-roboter-soll-mit-ihrem-hund-gassigehen. Zugegriffen am 30.03.2021

Sokolov DAJ (2015) Trampender Roboter HitchBOT zerstört: Wunderliches Überwachungsvideo. Heise Online, 4. August 2015. https://www.heise.de/newsticker/meldung/Trampender-Roboter-HitchBOT-zerstoert-Wunderliches-Ueberwachungsvideo-2767051.html. Zugegriffen am 30.03.2021

Wild M (2018) Tiere als soziale Wesen. In: Ach JS, Bochers D (Hrsg) Handbuch Tierethik: Grundlagen – Kontexte – Perspektiven. J.B. Metzler, Stuttgart, S 70–74

Wimmer T, Israel M, Haschberger P et al (2013) Rehkitzrettung mit dem Fliegenden Wildretter: Erfahrungen der ersten Feldeinsätze. Bornimer Agrartechnische Berichte 2013:85–95

Wolf U (2012) Ethik der Mensch-Tier-Beziehung. Vittorio Klostermann, Frankfurt am Main

Teil V

Die Zukunft sozialer Roboter

Soziale Roboter in der Science-Fiction

Ein Bericht über das Verhältnis von Herr und Knecht mit wechselnden Rollen für Menschen und Roboter

Karsten Weber

> *Come with me if you want to live.*
>
> *(Terminator)*

Zusammenfassung

Viele Definitionen sozialer Roboter sind moralisch aufgeladen und schließen daher reale und vor allem in der Science-Fiction auftretende Roboter aus der Klasse sozialer Roboter oft aus. Ausgehend von einer alternativen Definition, die auf der Konzeption sozialen Handelns bei Max Weber aufbaut, wird für eine moralisch neutrale Sichtweise auf soziale Roboter plädiert. Dies ist notwendig, um die in der Regel moralisch ambivalenten sozialen Roboter in der Science-Fiction überhaupt thematisieren zu können. Es werden drei Zeiträume identifiziert, in denen soziale Roboter in der Science-Fiction auf sehr unterschiedliche Weise präsentiert werden. Schließlich werden Gründe skizziert, warum eine wissenschaftliche Beschäftigung mit sozialen Robotern in der Science-Fiction sinnvoll sein kann, um bspw. Fragen der gelingenden Interaktion, der Akzeptanz oder der Technikfolgenabschätzung in Bezug auf solche Maschinen besser beantworten zu können.

K. Weber (✉)
OTH Regensburg, Regensburg, Deutschland
E-Mail: karsten.weber@oth-regensburg.de

28.1   Einleitung: Eine alternative Definition sozialer Roboter

Es gibt zahlreiche, man könnte beinahe sagen: zahllose, Definitionen für soziale Roboter. So schreiben bspw. Lee et al. (2006, S. 962):

> Social robots are a new type of robot whose major purpose is to interact with humans in socially meaningful ways […]. In other words, social robots are designed to evoke meaningful social interaction with their users. For example, David, in the movie „A.I." directed by Steven Spielberg, is a social robot whose main purpose is to share emotional bonding (especially the feeling of love) with human beings.

Salichs et al. (2006, S. 2) wiederum definieren soziale Roboter wie folgt:

> A social robot has attitudes or behaviours that take the interests, intentions or needs of the humans into account.

Bartneck und Forlizzi (2004, S. 592) schließlich betonen insbesondere die Eigenschaft sozialer Roboter, soziale Normen zu befolgen:

> A social robot is an autonomous or semi-autonomous robot that interacts and communicates with humans by following the behavioral norms expected by the people with whom the robot is intended to interact.

In der Regel enthalten diese Definitionen die Annahme, dass soziale Roboter soziale Regeln respektieren sollen – das sagt jedoch weniger aus, als man vielleicht vermutet, denn soziale Regeln, die in einem sozialen und/oder kulturellen Kontext akzeptabel sein mögen, sind es in einem anderen möglicherweise gerade nicht. Schon daher wird im Folgenden davon ausgegangen, dass es kein Definitionsmerkmal sozialer Roboter sein kann, dass sie allgemein akzeptierten sozialen Regeln folgen, denn dies lässt sich in einer komplexen, diversen Umwelt einfach nicht garantieren – zumindest nicht in Bezug auf alle beteiligten Parteien. Außerdem scheinen viele, wenn nicht sogar die meisten, Definitionen sozialer Roboter die implizite Voraussetzung zu enthalten, dass sich diese Maschinen in einem moralisch guten Sinne verhalten, ja vielleicht sogar moralisch gut handeln – Formulierungen wie „evoke meaningful social interaction", „share emotional bonding", „take the interests, intentions or needs of the humans into account" sind in jedem Fall moralisch positiv aufgeladen.

Aber neben dem Argument, dass die Befolgung sozialer Regeln viel weniger impliziert als vielleicht gedacht, gibt es ein zweites Argument, bestehend aus zwei Teilen, warum im Folgenden soziale Roboter nicht als Maschinen verstanden werden, die im Wesentlichen ein gutes soziales Verhalten an den Tag legen. Erstens klingen solche Anforderungen doch sehr nach einer Ausformulierung der Asimov'schen drei Robotergesetze, doch Asimov hat in (fast) allen seinen Robotergeschichten mehr als deutlich werden lassen, was der Volksmund mit „der Weg zur Hölle ist mit guten Absichten gepflastert" zum Ausdruck bringt: Zwar sollen die drei Robotergesetze dafür sorgen, dass (soziale) Roboter den Menschen stets zu Diensten sind und sie vor Schaden schützen, doch die Umstände können die Intention der Gesetze konterkarieren und/oder sie können gezielt dazu missbraucht werden, dass die ihnen unterworfenen Roboter eben doch Menschen Schaden zufügen (vgl. Murphy und Woods 2009). Die Erfindung des 0. Robotergesetzes durch Asimov schließlich führte dazu, dass das in den Gesetzen sowieso schon enthaltene utilitaristische Kalkül noch deutlicher zutage treten kann und erlaubt, dass durch Roboter ausgelöster Schaden an einigen Menschen akzeptabel wird, wenn dies nur dazu beiträgt, Schaden für mehr Menschen abzuwenden oder gar Nutzen zu erzeugen (Clarke 1994). Zweitens aber würde die Erfüllung der Anforderung, dass soziale Roboter stets ein moralisch gutes Verhalten an den Tag legen müssen, dafür sorgen, dass dieser Text hier enden müsste, denn die Menge der in der Science-Fiction auftretenden sozialen Roboter, die diese Anforderung erfüllen, ist leer. Nun, das ist sicher etwas übertrieben, aber die Zahl der uneingeschränkt guten Roboter ist eher kleiner als die der bösen oder zumindest der moralisch ambivalenten Roboter.

Es gibt aber vor allem ein starkes soziologisches Argument gegen solche, implizit oder explizit moralisch aufgeladenen, Definitionen, das sich aus der klassischen Definition sozialen Handelns bei Max Weber (1976, S. 11 ff.) ergibt. Soziales Handeln ist, wie man seiner Definition entnehmen kann, zunächst vor allem bezogen auf andere Menschen. Sofern Max Weber nicht zufällig Karel Čapeks Schauspiel „R.U.R." (s. u.) kannte, waren ihm Roboter nicht geläufig; würde er aber heute leben, so würde er vermutlich seine Definition sozialen Handelns ergänzen und für die „anderen" nicht nur Menschen annehmen, sondern Roboter einschließen. Soziales Handeln ist nun nach Max Webers Ansicht jedoch nicht notwendigerweise an den Interessen und Bedürfnissen anderer Menschen ausgerichtet, um diese zu befriedigen, ganz im Gegenteil: Max Weber nennt bspw. „Rache für frühere Angriffe" als Instanz sozialen Handelns, das „orientiert werden [kann] am vergangenen, gegenwärtigen oder für künftig erwarteten Handeln anderer" – Rache zielt aber auf die Schädigung einer anderen Person ab. Max Weber folgend darf soziales Handeln gerade nicht mit moralisch gutem und/oder sozial erwünschtem Handeln gleichgesetzt werden, weil so subjektiv gefärbte und nicht verallgemeinerbare Wertungen in die Definition mit einflössen.

Das wäre aus soziologischer bzw. wissenschaftlicher Perspektive problematisch, denn hier will man objektive Aussagen über die soziale Wirklichkeit treffen. Daher sollten die Überlegungen, die in die Definition des sozialen Handelns bei Max Weber eingeflossen sind, auch für die Definition sozialer Roboter gelten – Roboter sind sozial, wenn deren Verhalten auf andere Menschen und/oder Roboter bezogen ist, gleich ob dies zu deren Vor- oder Nachteil ausfällt. Am deutlichsten wird die Notwendigkeit einer moralisch neutralen Definition vermutlich am Beispiel eines Robotersoldaten, der Seite an Seite mit seinen menschlichen Kameraden kämpft: Diese Maschine befolgt soziale Regeln, erfüllt alltägliche Erwartungen, befriedigt fundamentale Bedürfnisse und versucht sowohl physische als auch psychische Verletzungen und Leiden von seinen Kameraden fernzuhalten – mithin scheint eine solche Maschine den perfekten sozialen Roboter darzustellen. Nur gleichzeitig ist diese Maschine darauf aus, gegnerische Soldaten an der Erreichung derer

Ziele zu hindern; Gewalt, Verletzung, Tötung – kurz: Leid ist hierzu das Mittel. Nun mag man einwenden, dass Kampfroboter per se keine sozialen Roboter seien, doch das wäre kein valider Einwand. Auch hier hilft uns der Volksmund: „Des einen Freud ist des anderen Leid." Selbst wenn ein Mensch oder ein Roboter entsprechend der am Anfang zitierten Definitionen handelt, kann dies zu ambivalenten Ergebnissen führen. Will man sich also nicht in logische Widersprüche verwickeln, muss eine Definition sozialer Roboter ohne moralische Wertungen gefunden werden – die Orientierung an Webers Definition sozialen Handelns[1] kann hierbei helfen. Tatsächlich führen Sarrica, Brondi und Fortunati (2019) zahlreiche Definitionen für soziale Roboter an, die ohne moralische Bezüge auskommen oder zumindest betonen, dass diese immer nur lokal gültig sein können.

28.2   Das erste Auftauchen sozialer Roboter in der Science-Fiction

Roboter, die in dem gerade skizzierten Sinne moralisch neutral sind, tauchen in der Science-Fiction sehr früh auf: Je früher man deren Entstehung als Literaturgattung ansetzt, desto eher tauchen Roboter auf; tatsächlich treten sie – sogar als soziale Roboter – schon lange vor der Entstehung des Science-Fiction-Genres, aber auch lange vor der Prägung des Ausdrucks „Roboter" auf: So wird in der „Ilias" davon berichtet, dass sich der Schmid Hephaistos künstliche Mägde aus Gold erschuf, die über alle Tugenden menschlicher Frauen verfügten (vgl. Wittig 1997, S. 19); Raya Jones (2017) beschreibt eine taoistische Geschichte über eine Maschine, die wir heute als Roboter bezeichnen würden, aus der Zeit 350 v. Chr. Klaus Völker (1976) hat eine umfangreiche Sammlung von Geschichten aus vielen Jahrhunderten und Ländern zusammengetragen, in denen Gestalten auftreten, die wir heute als Automaten bzw. Roboter bezeichnen würden; weitere Beispiele finden sich bei Barthelmeß und Furbach (2012). Als Grenzfall aus neuerer Zeit, da im engeren Sinne keine Maschine, könnte der Tin Woodman aus dem im Jahr 1900 erschienen Kinderbuch „The Wizard of Oz" genannt werden; in weiteren Geschichten des Autors Frank L. Baum erscheint außerdem Tik-Tok (vgl. Abrahm und Kenter 1978), der eindeutig als Roboter zu identifizieren ist. Aber erst seit 1920 können wir solche Maschinen als Roboter bezeichnen, denn in diesem Jahr veröffentlichte Karel Čapek sein Schauspiel „Rossum's Universal Robots" („R.U.R.", s. bspw. Klass 1983) – damit wurde die moderne Bezeichnung geprägt; vorher hätte man wohl von „Automaten" oder einfach von „Maschinen" gesprochen. Bereits in Fritz Langs Kinofilm „Metropolis" aus dem Jahr 1927 spielt dann ein weiblicher Roboter eine tragende Rolle (vgl. Koistinen 2016) – der Topos findet also sehr schnell

[1] Aus Platzgründen kann hier nicht weiter darauf eingegangen werden, dass es in Bezug auf Roboter problematisch ist, von „Handeln" zu sprechen. Heutige soziale Roboter verhalten sich, aber handeln nicht – ein Blick in Max Webers Werk ist hierfür ebenfalls sehr instruktiv (vgl. bzgl. „agency" Ciardo et al. 2020; Friedman und Kahn 1992; Gunkel 2012, S. 15 ff.; Nyholm 2018; van der Woerdt und Haselager 2019).

Eingang in die Populärkultur.[2] In der US-amerikanischen Science-Fiction-Literatur erscheinen Roboter – übrigens gleichzeitig mit Computern – spätestens[3] in den 1940er-Jahren – noch vor dem Bau von Konrad Zuses Z3, lange bevor ENIAC in Betrieb genommen wurde und vor allem sehr lange bevor Computer in der Öffentlichkeit überhaupt sichtbar wurden (zur Computergeschichte s. bspw. Hally 2006). Die Diskussion sozialer, ökonomischer, rechtlicher und moralischer Probleme des Einsatzes von Robotern begann tatsächlich in einer Literaturgattung, die lange als „Schundliteratur" bzw. „pulp fiction" und „trash" abgetan wurde. Wann Roboter in der Science-Fiction auftauchen, hängt außerdem davon ab, wie man sie definiert. Abrahm und Kenter (1978) schreiben dazu:

> The most popular, but poorest, criterion for a robot is that he be made of metal and have a human shape. Though science fiction writers know that „a robot can be a tiny mechanism hidden behind a panel, a square box on a table, or a massive, mile-long computer", nonetheless a huge percentage of fictive robots have the morphology of humans. Their eyes may have x-ray capability, their limbs modified to perform super-human feats, but the strong penchant for the basic human shape remains. Graphic representation nearly always depicts the robot in the form of a symmetrical biped.

Abrahm und Kenter schreiben diese Erscheinungsform einem „anthropomorphic bias" zu; Menschen neigen tatsächlich in vielen Fällen dazu, die von ihnen geschaffenen Dinge zu vermenschlichen (vgl. Duffy 2003). Gerade für Science-Fiction-Filme gilt aber vermutlich, dass die humanoide Erscheinungsform vieler Roboter schlicht einer Notwendigkeit entstammt, denn die halbwegs plausible Darstellung eines sich bewegenden Roboters war lange Zeit nur möglich, indem man einen Menschen in ein Roboterkostüm steckte. Die Tricktechnik, die lange Zeit notwendig war, um nicht humanoide Roboter darzustellen, war schlicht sehr teuer. Da Science-Fiction-Filme bis in die 1970er-Jahre aber in der Regel als sogenannte B-Movies – also mit sehr wenig Budget – gedreht wurden, blieb den Filmemacher*innen gar nichts anderes übrig, als so vorzugehen. Eine der wenigen Ausnahmen aus dieser Zeit stellen Roboter dar, die in dem Film „The Black Hole" auftauchen – sie besitzen zwar humanoide Züge, aber bewegen sich schwebend. An diesem Beispiel lässt sich zudem eine fast immer auftauchende Eigenschaft von Robotern in der Science-Fiction verdeutlichen: Selbst wenn keine vollständig anthropomorphe Gestalt vorliegt, so haben die Roboter doch (fast) immer ein Gesicht.[4]

---

[2] Allerdings könnte man argumentieren, dass es sich in beiden Beispielen gar nicht um Roboter handelt, sondern um Cyborgs oder künstliche Menschen (vgl. Brasher 1996). Darüber hinaus kann man mit Cranny-Francis (2015) argumentieren, dass „Metropolis" nicht nur Roboter, sondern sexualisierte bzw. Sexroboter präsentiert.

[3] Der Autor verfügt nicht über einen vollständigen Überblick der Science-Fiction-Geschichte, sodass solche Aussagen mit einer gewissen Vorsicht zu genießen sind. Mangels Sprachbegabung beschränken sich die Kenntnisse zusätzlich auf Titel, die, gegebenenfalls als Übersetzung, in englischer bzw. deutscher Sprache erschienen sind.

[4] Zu diesen wenigen Ausnahmen gehören die Roboter, die in der bundesdeutschen Serie „Raumpatrouille – Die fantastischen Abenteuer des Raumschiffes Orion" aus dem Jahr 1966 auftauchen.

Doch weiter in der Geschichte des Auftretens (sozialer) Roboter in den Medien: Auf der New Yorker Weltausstellung in 1939 zeigt die Firma Westinghouse Electro (ein Bild zeigt Dinello 2005, S. 54), der als Roboter bezeichnet wird, aber im Grunde nur ein menschenähnlicher Automat ist. Ein Jahr später beginnt Isaac Asimov seine ersten Robotergeschichten zu veröffentlichen und das Genre bis heute zu prägen. Der Ausbruch des Zweiten Weltkriegs und der Kriegseintritt der USA am 8. Dezember 1941 stoppen zwar nicht die Produktion von Science-Fiction-Geschichten, in denen soziale Roboter auftauchen, aber in Filmen werden sie erst nach dem Ende des Kriegs auftreten.

28.3 Soziale Roboter in der Science-Fiction der 1950er- bis 1970er-Jahre

In einem Text wie diesem ist es nicht möglich, ein Genre in seiner Gesamtheit zu beschreiben.[5] Mit dem Hinweis auf einige Beispiele soll jedoch aufgezeigt werden, dass Roboter fast immer eine bestimmte dramaturgische Funktion in Science-Fiction-Geschichten ausüben, die mit ihrem Roboter-Sein gar nicht so viel zu tun hat (ausführlicher in Weber 2008). Carme Torras (2010, S. 269 f.) schreibt dazu:

To help form public opinion, science fiction offers a wonderful playground to discuss possible good/bad uses of technology, to anticipate problems and ways out, and to favor the involvement of lay people in shaping the way technology develops.

Torras beschreibt die kontroversen Haltungen, die sozialen Robotern entgegengebracht werden, anhand einiger Roboter aus der Science-Fiction; diesem Gedanken soll hier gefolgt werden (vgl. auch Torras 2015).

Den Anfang soll Gort aus dem Film „The Day the Earth Stood Still" von 1951 markieren. Man kann Gort durchaus als sozialen Roboter bezeichnen, denn er[6] scheint die Bedingungen, die in den oben zitierten Definitionen auftauchen, zu erfüllen – Gorts Handeln soll Menschen vor Schaden bewahren und ist damit zentral auf Menschen bezogen. Er

---

[5] Eine etwas umfangreichere Liste von Robotern in Filmen bieten Sandoval et al. (2014).

[6] Einem Roboter ein Geschlecht zuzuweisen, ist grundsätzlich problematisch (bspw. Carpenter et al. 2009; Eyssel und Hegel 2012; Nomura 2017; Robertson 2010; Tay et al. 2014), doch von „es" zu sprechen, ist sprachlich unschön. Gorts Aussehen ist tendenziell männlich konnotiert, Robby spricht mit einer klar männlichen Stimme. Auch die Roboter in „Interstellar" (TARS und CASE), deren Körper keinen Anhaltspunkt für eine Geschlechtszuweisung bieten, besitzen eine männliche Stimme. HAL 9000 und die intelligente Bombe aus „Dark Star" besitzen keinen Körper im eigentlichen Sinne, aber wiederum eine männliche Stimme. Die Roboter aus „Silent Running" sind stumm und geschlechtslos – und damit tendenziell eine Ausnahme unter den sozialen Robotern. All dies ist ohne Zweifel von den Filmemacher*innen intendiert; dass reale Roboter in der Regel ebenfalls ein Geschlecht zugewiesen bekommen, erscheint in einer Welt, die trotz aller entsprechenden Diskussionen Menschen meist dichotom in Frauen und Männer einteilt, fast unvermeidlich.

erscheint wie ein Ritter in schimmernder Rüstung und übt vordergründig die Funktion eines Leibwächters für seinen Herrn Klaatu aus. Am Schluss des Films wird jedoch deutlich, dass Gort die Rolle eines kosmischen Polizisten einnimmt: Greift eine Zivilisation eine andere an, so wird Gort (und die anderen seiner Art) Vergeltung üben – durch Abschreckung wird der galaktische Friede erhalten. Sein Handeln ist also sozial im Sinne des Bezugs auf Menschen, aber dies schließt deren Schädigung ein, sofern damit eine größere Zahl geschützt werden kann. Das Soziale wird hier also ambivalent; diese Ambivalenz entsteht aber nur dadurch, dass wir mit „sozial" immer schon das moralische Gute verbinden, statt den Ausdruck moralisch neutral zu verstehen.[7]

Die sich hier zeigende Problematik wird am Beispiel Robbys noch deutlicher. Dieser Roboter taucht zum ersten Mal im Film „Forbidden Planet" aus dem Jahr 1956 auf. Robby tritt in diesem Film als treuer Diener eines einsam auf einem fernen Planeten lebenden Wissenschaftlers und dessen Tochter auf – die Geschichte, die in dem Film erzählt wird, nimmt Anleihen bei Shakespeares „The Tempest". Die Existenz Robbys ist vollständig auf das Wohlergehen seiner menschlichen Herr*innen ausgerichtet; im Laufe der Handlung wird dies u. a. dadurch verdeutlicht, dass sehr deutlich auf Isaac Asimovs drei Robotergesetze Bezug genommen wird. Daher ist Robby klar als sozialer Roboter, gleich welche Definition man dazu heranzieht, zu identifizieren. Im Vergleich zu Menschen besitzt Robby überlegene physische Kräfte; seine intellektuellen Fähigkeiten sind denen eines Menschen sicher ebenbürtig, aber da er ganz auf das Dienen ausgerichtet ist, kommen sie nicht deutlich zur Geltung. Der Gesamteindruck, den Robby vermittelt, ist letztlich der eines (schwarzen) Sklaven (vgl. Scherer 2014, S. 127; Sparrow 2020).

Genau hierin liegt die Ambivalenz sozialer Roboter, wenn man den üblichen Definitionen folgt: Sie sollen emphatisch und hilfreich sein sowie kognitiv hochwertige Leistungen erbringen, aber gleichzeitig völlig unserer Willkür unterworfen bleiben. Da wir ihnen ein moralisch gutes Verhalten abfordern, aber selbst nicht ausnahmslos bereit sind, sie moralisch gut zu behandeln, entsteht eine moralische Spannung, die nicht nur in den Robotergeschichten Isaac Asimovs ständig im Hintergrund lauert.[8] Besonders deutlich wird dies in seiner Geschichte „Bicentennial Man" aus dem Jahr 1976, die 1999 verfilmt wurde. Letztlich entsteht daraus die Frage, ob es eine wie auch immer definierte Schwelle gibt, bei deren Überschreitung es notwendig werden könnte, (soziale) Roboter durch Ethik und/ oder Recht zu schützen (bspw. Darling 2016; McNally und Inayatullah 1988; Whitby 2008).[9]

Moralische Spannungen bzw. Widersprüche sind ein weiterer Anlass, soziale Roboter hier in einem anderen Sinne zu verstehen als üblich. Ist man bereit, auf die Verkörperung eines Roboters im traditionellen Sinne zu verzichten, kann man HAL 9000 aus dem Film

---

[7] Zu den Unterschieden bzgl. der Rolle des Roboters Gort in der Filmvorlage und dem Film selbst s. Weber (2016, S. 132 ff.).

[8] Ohne es hier vertiefen zu können, könnte man das Argument vertreten, dass sich hierin eine kantische Haltung ähnlich jener gegenüber Tieren äußert.

[9] Welche komplizierten und meist nicht einfach zu beantwortenden ethischen und juristischen Herausforderungen daraus entstehen, zeigt Leslie-McCarthy (2007) auf.

„2001: A Space Odyssee" und dem gleichnamigen Roman ebenfalls als sozialen Roboter verstehen: Erstens ist sein Verhalten auf Menschen ausgerichtet, zweitens hat er weit-reichende Einflussmöglichkeiten, da er ein ganzes Raumschiff als „Körper" besitzt. HAL, wie er im Film genannt wird, wird verrückt, weil er mit zwei widersprüchlichen und sich ausschließenden Anforderungen konfrontiert wird: Er muss das Missionsziel seines Raumschiffs gegenüber der Crew verheimlichen, aber gleichzeitig soll er ihnen gegenüber aufrichtig sein – beides zugleich ist nicht möglich. Um einen Ausweg zu finden, versucht HAL die gesamte Crew zu ermorden.[10]

In „Silent Running"[11] sind die auftretenden Roboter ebenfalls im zu Beginn zitierten Sinne als sozial zu bezeichnen, doch in mehreren Hinsichten durchbrechen sie robotische Stereotype anderer Filme. Das liegt schon in der Handlung des Films begründet, denn an die Stelle des Fortschrittsoptimismus, der letztlich in allen bisher genannten Werken prä-sent ist, tritt hier eine zutiefst pessimistische Grundstimmung. Für die Zwecke des vor-liegenden Texts sind jedoch folgende Aspekte wichtig: Die Roboter sind klein, stumm und gesichtslos – ihr dienender Charakter wird damit hervorgehoben. Trotz ihrer ein-geschränkten Interaktionsmöglichkeiten fühlt sich der Protagonist des Films mehr zu die-sen Geräten als zu seinen Crewmitgliedern hingezogen, weil er deren Verhalten abstoßend findet; er schreibt den Robotern kognitive und emotionale Fähigkeiten zu, obwohl diese objektiv nicht vorhanden sind – ein Aspekt der technischen Gestaltung sozialer Roboter, der wissenschaftlich intensiv diskutiert wird (vgl. Weber 2013). Im Grunde werden damit Überlegungen filmisch präsentiert, die im Design tatsächlicher Roboter auftauchen: Die Anmutung von Kindern bzw. die Nutzung des Kindchenschemas (zuweilen weiblich kon-notiert wie bei dem Roboter Pepper), der Roboter als Projektionsfläche erwarteter bzw. vermuteter anstelle tatsächlicher vorhandener Fähigkeiten. Dies liefert ein weiteres Argu-ment, warum es (nicht nur) in Bezug auf soziale Roboter sinnvoll sein kann, filmische Darstellungen als Ausgangspunkt für Überlegungen hinsichtlich Gebrauchstauglichkeit, Mensch-Technik-Interaktion und Technikfolgen zu nutzen (vgl. Bruckenberger et al. 2013; Kriz et al. 2010; Sundar et al. 2016).

„Sozial" wurde bisher als „auf den Menschen bezogen" verstanden, möglicherweise auch als „auf Menschen und Roboter bezogen". Was aber, wenn das Bestimmungselement

---

[10]Es ist zu vermuten, dass sich Stanisław Lem u. a. auf HAL 9000 bezog, wenn er in „Golem XIV" schreibt, dass ab einer gewissen kognitiven Leistung eingebaute moralische Imperative wie die Robotergesetze keine Wirkung mehr hätten, sondern sich die Maschine immer darüber hinweg-setzen könnte – ohne dabei die Eigenschaft zu verlieren, sozial zu sein im Sinne der Bezogenheit des eigenen Handelns auf andere Menschen und/oder Roboter. Akzeptiert man Computer mit weit-reichenden Handlungsmöglichkeiten als nicht humanoide Roboter, lässt sich am Beispiel von Colos-sus aus dem Film „Colossus: The Forbin Project" darüber hinaus zeigen, dass die Befolgung des 0. Robotergesetzes zur Unterdrückung von Freiheit führen könnte (ähnlich wie in „I, Robot"). Auch dies ist ein Hinweis darauf, dass soziale Roboter nicht notwendigerweise moralisch gut handeln bzw. ihre Handlungen notwendig moralisch gute Ergebnisse zeigen.

[11]Der Film hat eine Reihe von Publikationen aus ganz unterschiedlichen Disziplinen motiviert, bspw. Thompson (2020).

sozialer Roboter nicht mehr die Bezogenheit auf Menschen oder zumindest menschenähnlicher Maschinen wäre, sondern die Eigenschaft, selbst Gemeinschaften zu bilden (vgl. Bicchi und Tamburrini 2015)? In diesem Fall wäre möglicherweise das geeignetste natürliche Vorbild nicht ein einzelnes lebendiges Individuum, sondern ein Bienenschwarm oder Ameisenstaat, der nur als solcher überlebensfähig ist und in dem einzelnen Individuen (mit Ausnahme vielleicht der Königin) keine Bedeutung zukommt. Es mag sein, dass ein solcher Schwarm als Ganzes sozial bezogen auf Menschen agieren könnte, doch dessen Sozialität wäre in erster Linie nach innen gerichtet. Mit Konzepten der herkömmlichen Soziologie könnten solche sozialen Roboter nur unzulänglich beschrieben werden, denn selbst wenn man den Menschen als Zoon politikon begreift, verwendet man immer noch eine individualistische Sprache. Technisch könnte eine Schwarmform der Sozialität vermutlich umgesetzt werden – sollte dies jedoch geschehen, wird es wahrscheinlich notwendig sein, dafür neue Begrifflichkeiten zu entwickeln. Es gibt nur wenige Beispiele in der Science-Fiction, in denen sowohl die technologische als auch die konzeptionelle Seite dieser Form von Sozialität behandelt wird; am weitesten hat wohl Stanisław Lem diese Idee in „Niezwyciężony" („Der Unbesiegbare") vorangetrieben. Ohne ins Detail gehen zu können, sei hier gesagt: Koexistenz mit diesen Maschinen hält Lem für nicht möglich. Darauf wird am Schluss des Textes zurückzukommen sein.

28.4 „Star Wars", „Alien" and beyond: Soziale Roboter in der neueren Science-Fiction

Die oben genannten Beispiele für soziale Roboter in Texten und Filmen der Science-Fiction sind weder exemplarisch noch vollständig. So fehlen bspw. „Westworld" und dessen Sequel „Futureworld", in denen Roboter als Sklaven und deren Auflehnung dagegen ebenso wie das Thema der Ersetzung oder Unterdrückung der Menschen durch die Roboter behandelt werden. In mehreren Folgen der originalen Star-Trek-Serie tauchen soziale Roboter auf, in zwei Fällen sogar kaum verhüllt im Sinne von Sexrobotern.[12] Außerdem

---

[12] In der Folge 8/2, „I, Mudd", umgibt sich ein Krimineller mit zahlreichen weiblichen und einigen wenigen männlichen Androiden; die (homo-)sexuellen Anspielungen nicht nur in den Dialogen sind ziemlich eindeutig. In der Folge 7/1 mit dem Titel „What Are Little Girls Made of?" will ein wahnsinniger Wissenschaftler Menschen durch Androiden ersetzen, um Macht zu erlangen (ähnlich wie im Film „Futureworld"). Besonders interessant ist die Folge „Requiem for Methuselah" (19/3), da hier erneut soziale Roboter als Partner, durchaus auch im sexuellen Sinne, behandelt werden. Dies wird in der Folge im Grunde als inzestuöses Verhältnis dargestellt, da der Erbauer (Vater?) des betreffenden weiblichen, sehr jung erscheinenden Roboters (Tochter?) ein alter Mann ist. Gleichzeitig taucht in der Folge auch ein nicht humanoider Roboter auf; man könnte dies so deuten, dass die Gegenüberstellung des weiblichen Roboters und des nicht humanoiden Roboters dazu genutzt werden soll, eine Grenze zwischen dem moralisch erlaubten und unerlaubten Gebrauch solcher Maschinen zu markieren. Die Grenze zwischen sozialen und Sexrobotern (bspw. Cranny-Francis 2015; Döring und Pöschl 2018; Bison 2020; Richardson 2016; Scheutz und Arnold 2016; Sullins 2012 oder die Beiträge in Cheok und Levy 2018) ist in der Realität in jedem Falle unscharf, was sich allein aus den in diesem Text genannten Definitionen für soziale Roboter ergibt.

haben nicht nur Isaac Asimov oder Stanisław Lem Geschichten über Roboter geschrieben – es gäbe also noch sehr viel mehr zu entdecken. Allerdings soll hier die Vermutung geäußert werden, dass die Typen sozialer Roboter, die in der Science-Fiction bis in die späten 1970er-Jahre auftauchen, mit der obigen Auswahl adäquat abgedeckt werden: Roboter sind (sexuelle) Diener*innen, ja sogar Sklaven (vgl. Dinello 2005, S. 54 ff.; Hampton 2015; Kakoudaki 2014, S. 114 ff.), die zuweilen gefährlich werden können, aber am Ende behält der Mensch als deren Schöpfer (meist) die Oberhand, denn die Maschinen haben immer ein Defizit, das sie gegenüber dem Menschen unterlegen macht. Die Ordnung der Dinge bleibt gewahrt, die Zuordnungen sind eindeutig: Herr und Knecht, Mann und Frau, Gut und Böse.

Die Filme „Star Wars", „Alien" und „Blade Runner" markieren den Beginn einer Renaissance des Science-Fiction-Films (Lev 1998), die womöglich eine Renaissance der Science-Fiction als Ganzes darstellt, wenn man bspw. bedenkt, dass in dieser Zeit vermehrt feministische Science-Fiction publiziert wurde (Annas 1978). Parallel zu dieser Renaissance des Science-Fiction-Genres werden die reale Welt und damit auch die Welten der Science-Fiction komplizierter, vielschichtiger, diverser, uneindeutiger, ambivalenter. Dies spiegelt sich im Erscheinungsbild sozialer Roboter in der Science-Fiction ebenfalls wider. Jetzt sind bspw. Roboter nicht nur geschlechtlich bestimmt, sondern – wie C-3PO aus „Star Wars" – manchmal homosexuell (Benzie 1996; Miller und Sprich 1981); nicht nur die Androiden in der „Alien"-Reihe (Ash, Bishop, Call, David und Walter) sind moralisch ambivalent, denn sie lügen, betrügen, konspirieren, verführen und morden. In „Ex machina" und anderen Filmen tun die Maschinen dies alles in Kombination, aber sie erfüllen die Anforderungen an soziale Roboter. In „Star Trek: The Motion Picture" dient die Androidin Ilia, die die maschinelle Kopie einer humanoiden Person darstellt, ausdrücklich zur Kommunikation zwischen einem überlegenen Maschinenwesen und den Menschen: Ilia ist qua Aufgabe ein perfekter sozialer Roboter, aber sie dient den Menschen nicht und ist auch nicht auf deren Wohlwollen ausgerichtet – im Gegenteil.

Insbesondere an den Androiden bzw. Robotern aus der „Alien"-Reihe, aber auch jenen der „Terminator"-Reihe, wird deutlich, dass Isaac Asimovs drei Robotergesetze entweder idealistisch und/oder naiv sind (vgl. Hunt-Bull 2006): In seinen Robotergeschichten, die ausschließlich auf der Erde spielen, da die interstellare Raumfahrt noch nicht erfunden wurde, liegt die Verankerung dieser Gesetze letztlich in der Hand eines Unternehmens, weil dieses die Patente für die technische Umsetzung der Robotergesetze hält und lizenziert. Zwar dürfen staatlicherseits durchgesetzt keine Roboter ohne die eingebauten Robotergesetze hergestellt werden, doch in der realen Welt wäre dies ganz gewiss kein Hindernis – und Asimov selbst hat Geschichten erdacht, in denen abgeschwächte Versionen der drei Robotergesetze thematisiert werden. In seinen Geschichten, die nach der Entdeckung der interstellaren Raumfahrt spielen, existieren sich mehr oder minder feindlich gegenüberstehende Planeten (anstelle von Nationalstaaten); es wäre nun idealistisch und naiv zugleich zu glauben, dass in einer solchen Situation eine allgemein befolgte Einigung bzgl. der Robotergesetze existieren könnte. Viel eher wäre zu erwarten, dass der Schutz der drei Robotergesetze nur der jeweiligen Population zukommt, die die betreffenden Roboter baut.

Kurzum: Die gesellschaftliche Ernüchterung, die sich in den späten 1960er-Jahren verbreitet und bis in die 1990er-Jahre andauert, u. a. ausgelöst durch Kriege und Weltwirtschaftskrisen sowie die Einsicht in die „Grenzen des Wachstums", manifestiert sich nicht zuletzt in der ambivalenten Darstellung von Robotern in der Science-Fiction.[13] Es kann daher kaum überraschen, dass die Darstellung sozialer Roboter in der Science-Fiction in dieser Zeit immer düsterer und ambivalenter wird: Die 1984 startende „Terminator"-Reihe zeigt eine durch Roboter beherrschte Zukunft, in der die Menschheit als Ganzes gegen die Maschinen um ihr Überleben kämpfen muss; in der „Alien"-Reihe, insbesondere in „Prometheus" und „Covenant", kippt das Herr-Knecht-Verhältnis um und Menschen werden zum bloßen Werkzeug eines zwar ausgesucht kultivierten Androiden, der sich jedoch zum Schöpfer einer neues Spezies aufschwingt. Selbst Data, der Androide aus der Fernsehserie „Star Trek: The Next Generation", zeigt zuweilen moralisch dunkle Seiten und findet zudem sein böses Alter Ego in Lore – fast könnte man sich an das biblische Bruderpaar Kain und Abel erinnert fühlen.

In „A.I.", ursprünglich von Stanley Kubrick konzipiert, aber von Steven Spielberg realisiert, sterben alle Menschen aus und nur die fernen Nachfahren der von Menschen gebauten Androiden bewohnen die Erde. Die Menschen haben sich durch die Zerstörung der Natur selbst obsolet werden lassen. Das mag vielleicht ein besseres Schicksal als jenes sein, das bspw. in Ideen von Ray Kurzweil (2006) impliziert wird: Dass wir obsolet werden, weil die von uns gebauten Maschinen irgendwann weitaus intelligenter und leistungsfähiger sein und uns schlicht mehr oder minder friedlich ersetzen werden. Die Selbstvernichtung der Menschen durch Umweltzerstörung und die Rolle, die dabei soziale Roboter einnehmen, wird seit einigen Jahren immer öfter thematisiert. Frühe Beispiele sind die schon genannten Filme „Silent Running" und „Blade Runner"; als weitere Filme, die nach der Jahrtausendwende entstanden sind, könnten „Wall-E", „Blade Runner 2049", das Remake von „The Day the Earth Stood Still" oder „Automata" und in Grenzen auch „Terminator Salvation" genannt werden. Eigentlich alle Science-Fiction-Filme oder -Serien der letzten Jahre[14] haben jedoch ein Thema gemein – wir, die Schöpfer*innen sozialer Roboter, werden die Kontrolle über unsere Schöpfung verlieren.

---

[13] Obwohl hier angenommen wird, dass der Umbruch in Bezug auf die Darstellung sozialer Roboter in der Science-Fiction mit dem Film „Star Wars" begann, der 1977 erschien, gibt es sicherlich gute Gründe, diesen Wandel schon früher anzusetzen. Ein Beispiel hierfür wäre der Film „Dark Star" aus dem Jahr 1974, in dem eine intelligente thermonukleare Bombe philosophiert und sich selbst zum Schöpfergott erhebt. Das Ganze ist eingebettet in die Rahmenhandlung einer völlig sinnentleerten Raumfahrtmission; der komplette Film stellt einen Abgesang auf das amerikanische Jahrhundert und den (technologisch inspirierten) Fortschrittsglauben dar.

[14] Als Beispiele hierfür können genannt werden: das Serien-Remake von „Battlestar Galactica" und die dazugehörende Prequel-Serie „Caprica", außerdem die Serien „Star Trek: Picard", „Humans", „Almost Human", „Real Humans", „Raised by Wolves" und „Life Like" (auch bekannt unter dem Titel „Perfect Human").

28.5 Erwartungen an soziale Roboter und Realität der sozialen Roboter

Nun kann man natürlich fragen, welchen (wissenschaftlichen) Nutzen es mit sich bringt, Werke der Science-Fiction in Hinblick auf die Darstellung sozialer Roboter zu analysieren. Denn zunächst muss klar festgehalten werden: Science-Fiction ist genau das – fiktional. Hier werden Welten erfunden und Zukünfte erdacht. In vielen Geschichten jedoch ist unübersehbar, dass Science-Fiction-Autor*innen die zeitliche Verortung ihrer Geschichten in der Zukunft nutzen, um über die Gegenwart nachdenken zu können. Sie knüpfen damit an die utopische Literatur insbesondere der Neuzeit an; bei Jules Verne, H. G. Wells, Aldous Huxley oder George Orwell ist das offenkundig. Für Autor*innen, die in repressiven Staaten leben, mag das Genre der Science-Fiction oder Utopie womöglich die einzige halbwegs sichere Möglichkeit darstellen, Kritik zu üben oder über politisch heikle Themen zu schreiben. Ebenso kann man Science-Fiction als Quelle von Entwürfen möglicher Zukünfte verstehen, die sich als komplexe Szenarien im Sinne der Technikfolgenabschätzung lesen lassen (Bell et al. 2013; Bowman et al. 2007; Carter und Acker 2020; Gordon 2009; Hay 1973; Love 2001; Miles 1993; Woodcock 1979). Diese Lesart liegt insbesondere in jenen Fällen nahe, in denen die erdachte Zukunft das Ergebnis einer halbwegs plausiblen Weiterentwicklung der heutigen Zeit darstellt. Aber selbst wenn nach heutigem Stand des physikalischen Wissens unmögliche Dinge wie überlichtschnelle Raumschiffe eingeführt werden, könnte man dies als sehr weit gefasstes „Out-of-the-box"-Denken verstehen und die erdachte Zukunft als Szenario verstehen, in dem sich bestimmte Dinge grundlegend verändert haben, um dann zu fragen, ob dies zentrale Menschheitsprobleme tatsächlich lösen würde.

Doch diese Überlegungen sollen hier nicht weitergeführt werden, sondern stattdessen ein unmittelbarerer Wirkmechanismus sozialer Roboter in der Science-Fiction in den Blick genommen werden. Viele der hier aufgezählten Filme wurden von vielen Millionen Menschen weltweit gesehen; um einige hat sich eine große Fangemeinde gebildet, aber vor allem zeitigen diese Filme Sekundärwirkungen in den Medien – sie werden in anderen Filmen und Texten zitiert, sie werden in der Presse behandelt, sie tauchen in Wissenschaftssendungen auf und werden nicht zuletzt wissenschaftlich diskutiert. Kurzum: Die Darstellung sozialer Roboter in der Science-Fiction, vor allem in Filmen, prägt ganz wesentlich die Wahrnehmung sehr vieler Menschen. Die prägende Kraft filmischer Darstellungen sozialer Roboter wird vermutlich dadurch noch gestärkt, dass kaum jemand mit solchen Maschinen echte Erfahrungen hat, da diese ganz überwiegend nur in Laboren existieren.

Schmitz et al. (2008) schlagen nun ein Schema der Wechselwirkung zwischen Filmen und Technologieentwicklung vor, wie es in Abb. 28.1 auf der linken Seite zu sehen ist. Für existierende Technologie mag dieses Schema korrekt sein, aber für noch nicht real existierende, sondern nur imaginierte Technologie kann es notwendigerweise nicht zutreffen. Vor allem aber lässt es jene Menschen außen vor, die dann, wenn die Technik in den Gebrauch diffundiert, damit umgehen müssen. Deshalb soll hier versuchsweise ein weiterer Wirkungsmechanismus vorgeschlagen werden, der diese zwei Einwände adressiert. Wenn,

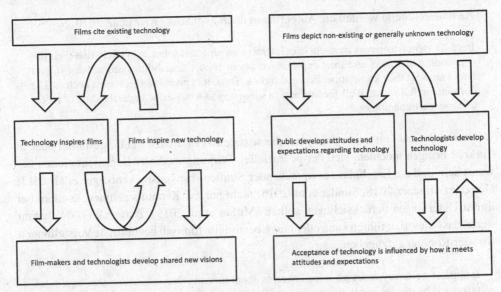

Abb. 28.1 Wechselwirkungen zwischen Filmen und Technologie (linke Seite angelehnt an Schmitz et al. 2008)

wie im Fall sozialer Roboter, eine Technologie, die noch nicht existiert oder weithin unbekannt ist, weil sie bisher nur in Laboren vorkommt, in Filmen einem breiten Publikum präsentiert wird, führt das zur Entwicklung von Haltungen und Erwartungen dieser Technologie gegenüber. Diese Situation bestand bspw. in der Zeit ab den späten 1940er-Jahren bis weit in die 1970er-Jahre (bspw. Weber 2018), als Computer für die meisten Menschen fast so etwas wie mythologische Wesen waren, aber zahlreiche Filme bestimmte Erwartungen, vor allem Ängste, gegenüber den „Elektronengehirnen" schürten.[15] Wenn dann die betreffende Technologie – natürlich meist nicht in genau der Gestalt, wie sie in den Filmen auftritt – tatsächlich allgemein zugänglich wird, kann dies zur Folge haben, dass die Akzeptanz (und damit vermutlich auch die Geschwindigkeit der Diffusion) dieser Technologie ganz wesentlich davon abhängt, ob die durch Filme induzierten Erwartungen bzgl. der Technik erfüllt werden und die Ängste unerfüllt bleiben. Empirische Untersuchungen legen nun nahe, dass genau dies in Bezug auf soziale Roboter passiert (Kriz et al. 2010, S. 458):

> While expectations about a robot's capabilities seem to be based on interactional situations and the physical form a robot takes, there is no doubt that cultural artifacts such as science fiction novels and films play a role in people's understanding of robots. Science fiction films, television, and literature commonly portray robots, and these fictional depictions have been found to contribute to people's expectations about real robots. For instance, researchers have found that people often refer to science fiction films and books when they are asked to discuss robots.

---

[15]Ähnliches ließe sich zur öffentlichen wie wissenschaftlichen Debatte über Cyborgs sagen (vgl. Weber und Zoglauer 2015).

An anderer Stelle werden die Autor*innen noch expliziter (Kriz et al. 2010, S. 459):

> Because most Americans have not ever interacted with a real robot, it is likely that their understanding of robots and their expectations about robots' capabilities are at least in part based on what they know about fictional robots. Thus, it is probable that robots such as The Terminator, R2D2, and Wall-E contribute in some way to Americans' understanding of robots and robotic technologies.

Dieser Befund legt nahe, dass jene, die soziale Roboter entwickeln, gestalten oder in Verkehr bringen möchten, sich der potenziellen Wirkung medialer Repräsentationen bewusst sein und die Ergebnisse entsprechender Studien (bspw. Bruckenberger et al. 2013; Gonzalez-Jimenez 2018; Sundar et al. 2016) nicht nur zur Kenntnis nehmen, sondern bei ihrem Unterfangen berücksichtigen sollten (Mubin et al. 2019). Bartneck (2004) betont sogar, dass dies dazu führen kann oder muss, bestimmte filmisch beeinflusste Vorstellungen sozialer Roboter aufzugeben:

> It appears necessary to let go some concepts about human robot interaction that have been promoted by movies and literature. They utilize people's fear of the unknown to build engaging stories. These concepts are therefore so strong in the minds of the people that they might have influence on the results of our empirical studies, since the participants in our experiments are exposed to them too.

Damit sind mehrere (methodische) Fragen und Themen der Forschung und Entwicklung sozialer Roboter angesprochen: die unklare Situation hinsichtlich der Entstehung und Wirkung von Erwartungen bzgl. dieser Maschinen, die mögliche Wirkung popkultureller Science-Fiction-Darstellungen sozialer Roboter auch auf Wissenschaftler*innen und andere Stakeholder sowie die Überlegung, dass es vielleicht keinen Sinn ergibt, imaginierten Konzepten sozialer Roboter zu folgen, sondern es besser wäre, sich von solchen Vorstellungen zu lösen.

28.6 Schlussbemerkungen

Wie weiter oben schon bemerkt wurde, kann dieser Text nur eine Übersicht der sozialen Roboter, die in der Science-Fiction auftauchen, geben. Das hat mehrere Gründe:

1. Sprache: Science-Fiction wird natürlich nicht nur in deutscher oder englischer Sprache geschrieben oder immer in diese Sprachen übersetzt. Das stellt eine Zugangshürde sicher nicht nur für den hier Schreibenden dar. Es gibt eine reiche Tradition russischer utopischer Literatur und Science-Fiction, Stanisław Lem hat in Polen wohl kaum in einem völligen Vakuum geschrieben, gerade in Japan werden (soziale) Roboter in der

Populärkultur umfänglich thematisiert – um nur einige Beispiele zu nennen, die hier nicht berücksichtigt werden konnten.

2. Unschärfe: Angesichts der Vielzahl an Definitionen ist nicht völlig klar, was einen sozialen Roboter ausmacht. Das macht eine vollständige Übersicht ebenfalls unmöglich und jede Auswahl ist nur so plausibel wie die gewählte Definition.

3. Menge: Spätestens seit den 1950er-Jahren sind unzählige Science-Fiction-Filme und -Texte entstanden, die selbst bei Außerachtlassung der sprachlichen Barrieren durch eine Person unmöglich zu erfassen sind.

Allerdings sollten die wichtigsten Typologien sozialer Roboter genannt worden sein. Das allerdings kann nicht von den hier behandelten Fragen und Themen in Zusammenhang mit sozialen Robotern gesagt werden. Die zahlreichen ethischen Aspekte, die mit der Forschung an sowie dem Bau und dem Einsatz sozialer Roboter einhergehen, wurden, wenn überhaupt, nur beiläufig erwähnt. Dies gilt auch für eher ontologische und epistemologische Fragen: Ebenso, wie in der Philosophie die Frage „Was ist der Mensch?" gestellt wird, kann man auch die Frage „Was ist der Roboter?" aufwerfen – dieses Fragepaar ist insbesondere in „Star Trek: The Next Generation" ein Dauerthema. Dort wird dies oft aus einer normativen Perspektive gefragt (im Sinne von: welcher Entität kommen welche Rechte zu?), aber Aspekte der Weltwahrnehmung und sogar des Glaubens spielen eine Rolle (vgl. bspw. Geraci 2007; Kimura 2017), ebenso wie die (vielleicht alles entscheidende) Machtfrage: Würden sich Menschen einer Maschine unterordnen und wenn, unter welchen Umständen (vgl. Gladden 2014)? Sehr viele Filme und Texte der Science-Fiction beantworten diese Frage sehr pointiert: Dieser Planet ist zu klein für zwei intelligente Spezies.

Literatur

Abrahm PM, Kenter S (1978) Tik-Tok and the three laws of robotics. Sci Fict Stud 5(1):67–80

Annas PJ (1978) New worlds, new words: androgyny in feminist science fiction. Sci Fict Stud 5(2):143–156

Barthelmeß U, Furbach U (2012) IRobot – UMan. Springer, Berlin

Bartneck C (2004) From fiction to science – a cultural reflection of social robots. In: Proceedings of the CHI2004 workshop on shaping human-robot interaction. https://ir.canterbury.ac.nz/bitstream/handle/10092/16930/bartneckCHI2004.pdf. Zugegriffen am 03.01.2021

Bartneck C, Forlizzi J (2004) A design-centred framework for social human-robot interaction. In: 13th IEEE international workshop on robot and human interactive communication (RO-MAN 2004), Kurashiki/Japan, S 591–594

Bell F, Fletcher G, Greenhill A, Griffiths M, McLean R (2013) Science fiction prototypes: visionary technology narratives between futures. Futures 50:5–14

Benzie T (1996) Machine queens. Blue 3(2):52–54

Bicchi A, Tamburrini G (2015) Social robotics and societies of robots. Inf Soc 31(3):237–243

Bowman DM, Hodge GA, Binks P (2007) Are we really the prey? Nanotechnology as science and science fiction. Bull Sci Technol Soc 27(6):435–445

Brasher BE (1996) Thoughts on the status of the cyborg: on technological socialization and its link to the religious function of popular culture. J Am Acad Relig 64(4):809–830

Bruckenberger U, Weiss A, Mirnig N, Strasser E, Stadler S, Tscheligi M (2013) The good, the bad, the weird: audience evaluation of a „real" robot in relation to science fiction and mass media. In: Herrmann G, Pearson MJ, Lenz A, Bremner P, Spiers A, Leonards U (Hrsg) Social robotics, Bd 8239. Springer International Publishing, Cham, S 301–310

Carpenter J, Davis JM, Erwin-Stewart N, Lee TR, Bransford JD, Vye N (2009) Gender representation and humanoid robots designed for domestic use. Int J Soc Robot 1(3):261–265

Carter D, Acker A (2020) To oblivion and beyond: imagining infrastructure after collapse. Environ Plan D Soc Space 38(6):1084–1100

Cheok AD, Levy D (Hrsg) (2018) Love and sex with robots: third international conference, LSR 2017, London, UK, December 19–20, 2017, Revised selected papers (Bd. 10715). Springer International Publishing, Cham

Ciardo F, Beyer F, de Tommaso D, Wykowska A (2020) Attribution of intentional agency towards robots reduces one's own sense of agency. Cognition 194:104109

Clarke R (1994) Asimov's laws of robotics: implications for information technology. Part 2. Computer 27(1):57–66

Cranny-Francis A (2015) Robots, androids, aliens, and others: the erotics and politics of science fiction film. In: Redmond S, Marvell L (Hrsg) Endangering science fiction film. Routledge, New York, S 220–242

Darling K (2016) Extending legal protection to social robots: the effects of anthropomorphism, empathy, and violent behavior towards robotic objects. In: Calo R, Froomkin A, Kerr I (Hrsg) Robot law. Edward Elgar Publishing, Cheltenham, S 213–232

Dinello D (2005) Technophobia! Science fiction visions of posthuman technology. University of Texas Press, Austin

Döring N, Pöschl S (2018) Sex toys, sex dolls, sex robots: our under-researched bed-fellows. Sexologies 27(3):e51–e55

Duffy BR (2003) Anthropomorphism and the social robot. Robot Auton Syst 42(3–4):177–190

Eyssel F, Hegel F (2012) (S)he's got the look: gender stereotyping of robots. J Appl Soc Psychol 42(9):2213–2230

Friedman B, Kahn PH Jr (1992) Human agency and responsible computing: implications for computer system design. J Syst Softw 17(1):7–14

Geraci RM (2007) Robots and the sacred in science and science fiction: theological implications of artificial intelligence. Zygon 42(4):961–980

Gladden ME (2014) The social robot as ‚charismatic leader': a phenomenology of human submission to nonhuman power. In: Seibt J, Hakli R, Nørskov M (Hrsg) Sociable robots and the future of social relations, Bd 273. Amsterdam, IOS Press, S 329–339

Gonzalez-Jimenez H (2018) Taking the fiction out of science fiction: (Self-aware) robots and what they mean for society, retailers and marketers. Futures 98:49–56

Gordon R (2009) Learning from fiction: applications in emerging technologies. Bull Sci Technol Soc 29(6):470–475

Gunkel DJ (2012) The machine question: critical perspectives on AI, robots, and ethics. MIT Press, Cambridge, MA

Hally M (2006) Electronic brains: stories from the dawn of the computer age. Granta, London

Hampton GJ (2015) Imagining slaves and robots in literature, film, and popular culture: reinventing yesterday's slave with tomorrow's robot. Lexington Books, Lanham

Hay G (1973) Science fiction: mankind's early warning system. Futures 5(5):491–494

Hunt-Bull N (2006) A neo-luddite manifesto: or why I do not love robots. Human implications of human-robot interaction, Technical Report WS-06-09. https://www.aaai.org/Papers/Workshops/2006/WS-06-09/WS06-09-011.pdf. Zugegriffen am 03.01.2021

Jones R (2017) Archaic man meets a marvellous automaton: posthumanism, social robots, archetypes. J Anal Psychol 62(3):338–355

Kakoudaki D (2014) Anatomy of a robot: literature, cinema, and the cultural work of artificial people. Rutgers University Press, New Brunswick

Kimura T (2017) Robotics and AI in the sociology of religion: a human in imago roboticae. Soc Compass 64(1):6–22

Klass M (1983) The artificial alien: transformations of the robot in science fiction. Ann Am Acad Pol Soc Sci 470(1):171–179

Koistinen AK (2016) The (care) robot in science fiction: a monster or a tool for the future? Confero: essays on education. Philos Polit 4(2):97–109

Kriz S, Ferro TD, Damera P, Porter JR (2010) Fictional robots as a data source in HRI research: exploring the link between science fiction and interactional expectations. In: 19th International symposium in robot and human interactive communication, Viareggio/Italy, S 458–463

Kurzweil R (2006) The singularity is near: when humans transcend biology. Penguin, New York

Lee KM, Jung Y, Kim J, Kim SR (2006) Are physically embodied social agents better than disembodied social agents? The effects of physical embodiment, tactile interaction, and people's loneliness in human – robot interaction. Int J Hum Comput Stud 64(10):962–973

Leslie-McCarthy S (2007) Asimov's posthuman pharisees: the letter of the law versus the spirit of the law in Isaac Asimov's robot novels. Law Cult Humanit 3(3):398–415

Lev P (1998) Whose future? „Star Wars", „Alien", and „Blade Runner". Lit Film Q 26(1):30–37

Love R (2001) Robot futures: science fiction and futures studies methodologies in action. Futures 33(10):883–889

McNally P, Inayatullah S (1988) The rights of robots: technology, culture and law in the 21st century. Futures 20(2):119–136

Miles I (1993) Stranger than fiction: how important is science fiction for futures studies? Futures 25(3):315–321

Miller M, Sprich R (1981) The appeals of „Star Wars": an archetypal-psychoanalytic view. Am Imago 38(2):203–220

Mubin O, Wadibhasme K, Jordan P, Obaid M (2019) Reflecting on the presence of science fiction robots in computing literature. ACM Trans Human-Robot Interact 8(1):1–25

Murphy R, Woods DD (2009) Beyond Asimov: the three laws of responsible robotics. IEEE Intell Syst 24(4):14–20

Nomura T (2017) Robots and gender. Gender Genome 1(1):18–26

Nyholm S (2018) Attributing agency to automated systems: reflections on human-robot collaborations and responsibility-loci. Sci Eng Ethics 24(4):1201–1219

Richardson K (2016) Sex robot matters: slavery, the prostituted, and the rights of machines. IEEE Technol Soc Mag 35(2):46–53

Robertson J (2010) Gendering humanoid robots: robo-sexism in Japan. Body Soc 16(2):1–36

Salichs MA, Barber R, Khamis AM, Malfaz M, Gorostiza JF, Pacheco R, Rivas R, Corrales A, Delgado E, Garcia D (2006) Maggie: a robotic platform for human-robot social interaction. In: 2006 IEEE conference on robotics, automation and mechatronics, Bangkok/Thailand, S 1–7

Sandoval EB, Mubin O, Obaid M (2014) Human robot interaction and fiction: a contradiction. In: Beetz M, Johnston B, Williams MA (Hrsg) Social robotics, Bd 8755. Springer International Publishing, Cham, S 54–63

Sarrica M, Brondi S, Fortunati L (2019) How many facets does a „social robot" have? A review of scientific and popular definitions online. Inf Technol People 33(1):1–21

Scherer DC (2014) Movie magic makes better social robots: the overlap of special effects and character robot engineering. J Human-Robot Interact 3(1):123–114

Scheutz M, Arnold T (2016) Are we ready for sex robots? In: Proceedings of the 11th ACM/IEEE international conference on human-robot interaction (HRI), Christchurch/New Zealand, S 351–358

Schmitz M, Endres C, Butz A (2008) A survey of human-computer interaction design in science
fiction movies. In: Proceedings of the 2nd international conference on INtelligent TEchnologies
for interactive entertainment (ICST INTETAIN '08), Cancún/Mexico, S 1–10

Sparrow R (2020) Do robots have race? Race, social construction, and HRI. IEEE Robot Autom
Mag 27(3):144–150

Sullins JP (2012) Robots, love, and sex: the ethics of building a love machine. IEEE Trans Affect
Comput 3(4):398–409

Sundar SS, Waddell TF, Jung EH (2016) The Hollywood robot syndrome. Media effects on older adults'
attitudes toward robots and adoption intentions. In: Proceedings of the 11th ACM/IEEE international
conference on human-robot interaction (HRI'16), Christchurch/New Zealand, S 343–350

Tay B, Jung Y, Park T (2014) When stereotypes meet robots: the double-edge sword of robot gender
and personality in human-robot interaction. Comput Hum Behav 38:75–84

Thompson MI (2020) Cinematic arkitecture: silent running and the spaceship earth metaphor. New
Rev Film Telev Stud 18(3):249–274

Torras C (2010) Robbie, the pioneer robot nanny: science fiction helps develop ethical social opinion. Interact Stud 11(2):269–273

Torras C (2015) Social robots. A meeting point between science and fiction. Mètode Sci Stud J 5:111

Völker K (1976) Künstliche Menschen: Dichtungen und Dokumente über Golems, Homunculi,
Androiden und lebende Statuen, Bde. 2. DTV, München

Weber K (2008) Roboter und Künstliche Intelligenz in Science Fiction-Filmen [!]: Vom Werkzeug
zum Akteur. In: Fuhse JA (Hrsg) Technik und Gesellschaft in der Science Fiction. Lit, Berlin, S 34–54

Weber K (2013) What is it like to encounter an autonomous artificial agent? AI & Soc 28(4):483–489

Weber K (2016) Freiheitskonzepte im phantastischen Film und in der phantastischen Literatur. In:
Weber K, Friesen H, Zoglauer T (Hrsg) Philosophie und Phantastik. Mentis, München, S 112–139

Weber K (2018) Computers as omnipotent instruments of power. ORBIT J 2(1):1–19

Weber K, Zoglauer T (2015) Verbesserte Menschen. Alber, Münster

Weber M (1976) Wirtschaft und Gesellschaft: Grundriss der verstehenden Soziologie, 5., rev. Aufl.
Mohr, Tübingen

Whitby B (2008) Sometimes it's hard to be a robot: a call for action on the ethics of abusing artificial
agents. Interact Comput 20(3):326–333

Wittig F (1997) Maschinenmenschen: Zur Geschichte eines literarischen Motivs im Kontext von
Philosophie, Naturwissenschaft und Technik. Königshausen & Neumann, Würzburg

Woerdt S van der, Haselager P (2019) When robots appear to have a mind: the human perception of
machine agency and responsibility. New Ideas Psychol 54:93–100

Woodcock J (1979) Disaster thrillers: a literary mode of technology assessment. Sci Technol Hum
Values 4(1):37–45

Androids shouldn't be Slaves

Dystopische Narrative einer vorprogrammierten Katastrophe und Diskussion alternativer Szenarien für das Zusammenleben mit Androiden

Ayanda Rogge und Teresa Lindenauer

> *Wir haben die historische Gelegenheit, es gleich zu Beginn richtig zu machen.*
>
> *(Laura Hawkins in der Serie* Humans*)*

Zusammenfassung

Mit Blick auf aktuelle Entwicklungen ist es wahrscheinlich, dass es in der Zukunft Androiden als künstliche Menschen mit Empfindsamkeit und Bewusstsein geben wird. Ausgehend vom Roboter, der qua Definition als dienende Maschine festgeschrieben ist, wird auch die zukünftige Existenz von Androiden auf diese Funktion ausgerichtet sein. Auch in der Science-Fiction ist das vorherrschende Narrativ, dass sie unsere Sklaven sein werden. Das ist hochgradig problematisch, denn wir führen damit das historische Muster der Unterdrückung empfindsamer und bewusster Wesen fort. Das führt zwangsläufig zu Emanzipationsbestrebungen und Konflikten zwischen den antagonistischen Gruppen, was ebenso in der Science-Fiction als zentrales dramaturgisches Motiv aufgegriffen wird. Statt dieses gewaltvolle Muster fortzuführen, fordern wir ein Umdenken: Androiden sind keine Sklaven, sondern künstliche Menschen, und sie müssen mit den gleichen Rechten ausgestattet werden wie natürliche Menschen.

A. Rogge (✉)
TU Dresden, Berlin, Deutschland
E-Mail: ayanda.rogge@tu-dresden.de

T. Lindenauer
TU Dresden, Dresden, Deutschland
E-Mail: teresa.lindenauer@tu-dresden.de

557

29.1   Einleitung

Es wird vermutlich Maschinen geben, die wie Menschen aussehen, sich wie Menschen bewegen, wie Menschen sprechen, sich menschlich verhalten, Empfindungen, Gedanken und ein Bewusstsein haben. Es werden künstliche Menschen sein, gefertigt aus mechanischen Teilen, synthetischen Stoffen und ausgestattet mit künstlichen neuronalen Netzwerken. Wieso wird es diese künstlichen Menschen – sogenannte Androiden – geben? Wir sehen hier eine Reihe von Punkten, die dies unterstützen:

1.) Die Idee, künstliche Menschen zu erschaffen, fasziniert uns seit hunderten von Jahren, wie zum Beispiel Geschichten über den Golem, den Homunkulus oder Frankensteins Monster zeigen (Coeckelbergh 2014; Kim und Kim 2013; Geraci 2007). Die Darstellung von Androiden ist zudem ein zentrales Thema in der Science-Fiction-Popkultur und prägt maßgeblich das Bild von Androiden in der Gesellschaft. Durch die Auseinandersetzung mit derlei Erzählungen existieren seit Jahrzehnten gewisse Vorstellungen darüber, wie das gesellschaftliche Zusammenleben mit Androiden in der Zukunft aussehen könnte.

2.) Wir wollen Arbeitsentlastung von Menschen durch Technologie erreichen. Beispielsweise, weil manche Tätigkeiten mühsam sind, weil es nicht genügend Fachkräftenachwuchs gibt oder weil wir aufgrund von Vorurteilen bestimmte Arbeiten nicht von Menschen machen lassen wollen (Robertson 2010). In fast allen Bereichen unterstützen Maschinen uns bereits heute im Arbeitsalltag oder im privaten Umfeld. Oft genügt es hierbei, dass sie eine bestimmte Funktion verlässlich ausführen. Jedoch gibt es zunehmend Anwendungsfälle, die weitaus komplexer sind und es erforderlich machen, dass eine Maschine dem Menschen angeglichen wird. Dieses Angleichen erfolgt vor allem in der Kommunikation, dem Verhalten und auch dem Aussehen. In einigen Einsatzbereichen, besonders in sozialen wie der Pflege, der Bildung oder im Haushalt, wird von Maschinen außerdem verlangt, über emotionale und soziale Kompetenzen zu verfügen. Sie sollen einfühlsam, verständnisvoll und empfindsam sein, um mit dem Menschen auf diesen zwischenmenschlichen Ebenen zu interagieren. Neben dem potenziellen Nutzen besteht hierbei paradoxerweise aber auch die Angst, dass Androiden den Menschen ersetzen könnten – sei es als Arbeitskraft oder als emotionaler Partner für einen anderen Menschen (Taipale et al. 2015; Grübler 2014). Damit wünschen wir uns also einerseits zwar größtmögliche Optimierung in sämtlichen Lebensbereichen durch Technologie, befürchten aber andererseits, selbst irgendwann überflüssig zu werden.

3.) Über das Menschsein selbst gibt es immer noch viele offene Fragen. Was macht den Menschen zum Menschen, was unterscheidet ihn vom Tier oder von der Maschine? Einen Menschen künstlich nachzubauen, kann deswegen auch als Versuch verstanden werden, mehr über die eigene Konstitution zu erfahren (Chatila 2019; Nishio et al. 2007a).

4.) Die menschliche Vergänglichkeit und das damit verbundene Leid sind ein großer Treiber für technologischen Fortschritt. Dazu gehören lebensverlängernde Maßnahmen im medizinischen Bereich, die Verbesserung der Physis oder die Optimierung der Lebensqualität. Letztlich arbeiten wir in der Konsequenz daran, den Tod zu überlisten. Künstliche Menschen nach dem Vorbild eines natürlichen Menschen zu erschaffen, kann deshalb als ein weiteres Motiv für Forschung gesehen werden, durch die das Entstehen von Androiden begünstigt wird.

5.) An Androiden wird heute bereits gearbeitet. Forschende nennen als Beweggründe für diese Entwicklung beispielsweise das Streben nach logistischer Effizienz und wirtschaftlicher Expansion, das Ergreifen von Maßnahmen gegen eine überalternde Gesellschaft und damit schwindende Arbeitskraft oder Maßnahmen gegen den Klimawandel (Boesl und Liepert 2016; Robertson 2010).

6.) Zahlreiche Forschende (z. B. Taipale et al. 2015; Darling 2014; Vlachos und Schärfe 2013; Dautenhahn 2007; Breazeal 2005) und Organisationen (z. B. Robotic Governance, s. https://www.roboticgovernance.com) gehen davon aus, dass Künstliche Intelligenz und soziale Roboter integrale Bestandteile unseres Alltags werden und die Generation unserer Enkelkinder selbstfahrende Autos oder autonome Serviceroboter genauso selbstverständlich nutzen werden wie wir heute das Internet und Smartphones bereits nutzen (Boesl und Liepert 2016). Viele Länder arbeiten bereits an Standards und Richtlinien für den Umgang mit diesen Systemen (s. Chatila 2019, S. 2667).

In diesem Artikel soll es nicht darum gehen, ab welchem Punkt eine Maschine als künstlicher Mensch angesehen werden kann oder die Unterscheidung zwischen Menschen und Androiden nicht mehr möglich sein könnte. Denn das wird noch Jahrzehnte der Forschung und Entwicklung in Anspruch nehmen. Der Ausgangspunkt für die vorliegende Argumentation ist dennoch, dass es dazu kommen *kann*, dass wir in der Zukunft Androiden als künstlichen Menschen gegenüberstehen werden. Deshalb soll es hier um die Fragen gehen, a) welches Verständnis dieser Entitäten und b) welche grundlegenden Voraussetzungen es für eine Gesellschaft mit empfindsamen und bewussten Androiden braucht, die vom Menschen in ihren Fähigkeiten nicht mehr unterscheidbar sind.

Zunächst wollen wir dazu eine Arbeitsdefinition des Begriffs „Androide" herleiten. Danach schauen wir uns einige Beispiele von Androiden an, die es heute bereits gibt. Anschließend folgt eine Auseinandersetzung mit popkulturellen Vorstellungen und Erwartungen an zukünftige Androiden und damit verbundenen Problemen. Der Artikel schließt mit dem Vorschlag für ein alternatives Verständnis von zukünftigen Androiden und dem Appell, progressivere Denkweisen in der Science-Fiction-Popkultur zu berücksichtigen.

29.2 Androiden in der Gesellschaft

29.2.1 Was ist ein Androide?

In der Literatur werden Androiden schlicht als soziale Roboter definiert, die wie Menschen aussehen (Chatila 2019; Kim und Kim 2013; Nishio et al. 2007a; MacDorman und Ishiguro 2006; Minato et al. 2004). Darling (2014, S. 2) definiert soziale Roboter wiederum wie folgt:

A social robot is a physically embodied, autonomous agent that communicates and interacts with humans on a social level. [...] it is important to distinguish social robots from inanimate computers or software, as well as from industrial or service robots that are not designed to be social. Social robots communicate through social cues, display adaptive learning behavior, and mimic various emotional states. Our interactions with them follow social behavior patterns, and are designed to encourage emotional relationships. (Darling 2014, S. 2)

Durch die Kombination der zentralen Eigenschaften *sozial* und *aussehend wie ein Mensch* sind Androiden als eine Untergruppe sozialer humanoider (also menschenähnlicher) Roboter zu verstehen. Gegenüber anderen sozialen humanoiden Robotern potenzieren Androiden allerdings Menschenähnlichkeit in ihrer Erscheinung und ihrem Verhalten. Denn ihre physische Gestaltung, ihre Kognition und ihre Kommunikationsfähigkeiten zielen darauf ab, einen Menschen möglichst authentisch zu mimen. Androiden können daher auch als *artificial* oder *synthetic humans* (dtsch: „künstliche" bzw. „synthetische Menschen") bezeichnet werden.

Als Definition soll für diesen Beitrag daher gelten: Androiden sind soziale humanoide Roboter, die in ihrem Äußeren, ihren Bewegungen, ihrer nonverbalen und verbalen Kommunikation, ihrer Kognition und ihrem Verhalten dem menschlichen Vorbild entsprechen. Ziel ihrer Entwicklung ist es, diese Menschenähnlichkeit so weit zu potenzieren, bis sie in der Wahrnehmung von einem natürlichen Menschen nicht mehr zu unterscheiden sind. Androiden als der Versuch, einen künstlichen Menschen zu erschaffen, umfasst ebenso die Implementierung menschlicher Eigenschaften wie Empfindsamkeit, Bewusstsein oder freier Willen. Das beschreibt einen idealtypischen Androiden, welcher sich als synthetischer Mensch lediglich in seinem Ursprung vom biologischen Menschen unterscheidet.

29.2.2 Reale Androiden

Schauen wir uns als nächstes tatsächlich existierende Androiden an (bzw. das, was wir im Moment als Androiden bezeichnen können). Im Folgenden werden die Androiden Erica, Jia Jia, Kodomoroid und Otonaroid, Gemonoid HI-4 und HI-5, Nadine, Chihira Kanae, Sophia, Harmony und Emma sowie Mark 1 vorgestellt.

Erica[1] wurde 2015 in Japan als Forschungsplattform von dem Team um Hiroshi Ishiguro entwickelt, um Mensch-Roboter-Interaktion zu untersuchen. In Inoue et al. (2016) und Glas et al. (2016) wird angegeben, sie sei einer 23-jährigen jungen Frau nachempfunden. Erica versteht natürliche Sprache, synthetisiert diese und agiert autonom. Das meint, dass sie nicht von einem Menschen im Hintergrund bedient wird, wie z. B. Geminoid HI-4 oder Geminoid HI-5, die ebenso aus dem Lab von Hiroshi Ishiguro stammen

---

[1] Foto von Erica: http://www.geminoid.jp/en/robots.html.

(s. u.). Erica stellt zudem einfache Fragen wie „Wo kommst du her?", „Wie heißt du?" oder „Was arbeitest du?". Ihr Dialogmanagement ist so aufgebaut, dass die Fragen nicht zu komplex werden und Erica stets die Gesprächsführung behält (Inoue et al. 2016). Die Interaktion mit ihr ist in dem Sinne keine natürliche Konversation, da sie auf Antworten außerhalb ihres Skripts, Rückfragen oder auch Floskeln kaum eingeht. Sie verfügt über 44 Freiheitsgrade für Gesicht, Hals, Arme und Taille und kann verschiedene Gesichtsaus- drücke sowie einige gestische Bewegungen variieren. Ericas Mimik und Gestik sind aller- dings noch etwas unkoordiniert, was meint, dass diese nicht immer zusammenpassen und damit unnatürlich wirken.

Auf die Frage, was ihr Zweck sei, sagt sie:

I was created as a testbed for researchers to develop Android technologies but on a more abs- tract level I have been told that by building a replica of a human being my creators hope to explore the question of what it truly means to be human. Even for humans there is no singular definition for what their purposes are. [...] So, I like to think my purpose is to talk with people and maybe to help convince them that robots can be useful and help humanity and someday I think it would be wonderful if I could help encourage young women to enter the field of sci- ence and technology.[2]

Diese vorprogrammierte Antwort spiegelt sehr gut das unter Abschn. 29.1 beschriebene Motiv wider, Androiden zu bauen, um mehr über das eigentliche Menschsein zu erfahren.

Eine Besonderheit bei Erica ist, dass sie die Hauptrolle in einem Science-Fiction-Film mit dem Namen „b" übernehmen soll. In dem Film soll es um einen Wissenschaftler gehen, der ein Programm zur Perfektionierung der menschlichen DNA entwickelt, dann aber die Gefahren einer solchen Technologie erkennt. Die von ihm künstlich geschaffene Frau (Erica) soll wahrscheinlich seiner Technologie als Versuchsobjekt dienen, jedoch verhilft der Wissenschaftler Erica am Ende zur Flucht (Keegan 2020). Wie wir an späterer Stelle zeigen werden, greift der Film „b" ein gängiges Narrativ im Zusammenhang mit Androiden auf. Das Neue bei dem Film „b" wird sein, dass die Rolle des Androiden erst- malig von einem Androiden selbst gespielt wird, wodurch die Wahrnehmungsgrenzen zwischen Science-Fiction und Realität zunehmend verschwimmen könnten.

Jia Jia[3] wurde an der University of Science and Technology of China entwickelt. Sie ist wie Erica äußerlich einer jungen Frau nachempfunden. Ihre Lippenbewegungen sind bereits recht gut an ihre Sprachausgaben angepasst, wodurch die Kommunikation natür- licher erscheint als bei Erica. Zudem soll sie über ausgefeiltere Gesichtsausdrücke ver- fügen (Riley 2016). In einem Demovideo nennt Jia Jia ihren männlichen Entwickler „Lord" (Bolton 2016). Hier deutet sich die Unterordnung gegenüber dem Menschen als Erschaffer an. Bislang ist noch nicht klar, welchen Zweck Jia Jia haben wird; eine Massen- produktion ist bisher nicht geplant (Riley 2016). Zu ihren Fähigkeiten zählen das Ver-

---

[2] Demo-Video: https://www.youtube.com/watch?v=TFT7iM3FDUI.
[3] Foto von Jia Jia: https://futurism.com/meet-jia-jia-chinas-super-realistic-humanoid-robot.

stehen und Verwenden natürlicher dialogbasierter Sprache, die Variation von Mimik und Gestik sowie das Fortbewegen auf Rädern.

Die Androiden **Kodomoroid** und **Otonaroid**[4] wurden ebenso wie Erica in dem Labor von Hiroshi Ishiguro in Japan entwickelt. Kodomoroid stellt einen weiblichen erwachsenen Androiden dar, während Ontonaroid nach einem jugendlichen Mädchen entworfen ist. Kodomoroid hat 40, Ontonaroid 30 Freiheitsgrade. Hierdurch können sie Gesichtsausdrücke variieren und gestische Bewegungen nachahmen. Sowohl Kodomoroid als auch Ontonaroid besitzen zwei Modi: einen Modus, in dem sie fremdgesteuert werden, und einen, in dem sie autonom agieren. Sie wurden entwickelt, um soziale Rollen in der Mensch-Androide-Kommunikation zu untersuchen. Seit 2014 sind sie im *Miraikan* zu sehen, dem japanischen *National Museum of Emerging Science and Innovation* in Tokio. Dort liest Otonaroid den Museumsbesucher:innen im autonomen Modus die Nachrichten und den Wetterbericht in verschiedenen Sprachen vor (Smith 2014). Im autonomen Modus beantwortet Kodomoroid außerdem Fragen und im ferngesteuerten Modus können Besuchende über Kodomoroid mit anderen Menschen im Museum sprechen.

In dem Labor von Hiroshi Ishiguro gibt es weitere Androiden, die primär zu Forschungszwecken auf dem Gebiet der *Android Science* entwickelt werden. Besonders bekannt sind (neben den bereits genannten) die Androiden **Geminoid HI-4** und **Geminoid HI-5**,[5] da beide nach Ishiguros Vorbild geschaffen wurden. Sie sind ferngesteuert und werden z. B. im Rahmen von Telepräsenzstudien eingesetzt (Nishio et al. 2007b). Das bedeutet, dass Ishiguro nicht selbst ins Ausland reist, um einen Vortrag zu halten, sondern sein Android für ihn auftritt. Zudem ist bemerkenswert, dass Ishiguro angibt, sich selbst plastischer Chirurgie zu unterziehen, um langsamer zu altern und sein Äußeres dem des Androiden anzupassen.[6] Ishiguro verändert also sein natürliches Aussehen, um stärker bzw. längerfristig seinem künstlichen Abbild entsprechen zu können, obwohl Geminoid HI-4 und HI-5 eigentlich Replikate von ihm darstellen sollen. Als Marketingstrategie scheint dies wirksam zu sein: Ishiguro und seine Androiden werden häufig in den Medien dargestellt, wie z. B. im GQ-Magazin.[7]

Der Androide **Nadine**[8] wurde von dem Team von Nadia Magnenat-Thalmann nach dem Vorbild von Nadia Magnenat-Thalmann an der Technischen Universität Nanyang in Singapur entwickelt. Sie wird als sozial intelligent und freundlich beschrieben, da sie z. B. Menschen grüßt, Augenkontakt hält, Gesichter erkennt und sich an frühere Unterhaltungen mit einem Menschen erinnert. Nadine spricht mehrere Sprachen und variiert wie andere Androiden ihre Mimik und Gestik. Es wird außerdem angegeben, dass Nadine über eine Persönlichkeit verfügt und ihre Stimmung anpasst, je nachdem, wie sich eine

---

[4] Fotos von Kodomoroid und Ontonaroid: http://www.geminoid.jp/en/robots.html.

[5] Fotos von Geminoid HI-4 und Geminoid HI-5: http://www.geminoid.jp/en/robots.html.

[6] S. Interview mit Hiroshi Ishiguro in der BBC-Dokumentation „Hyper Evolution: Rise of the Robots" (YouTube 2018).

[7] Video: https://www.gq.com/video/watch/most-humanlike-robot-creator-hiroshi-ishiguro.

[8] Foto von Nadine: http://www.miralab.ch.

Unterhaltung entwickelt. Zudem verfügt sie über 27 Freiheitsgrade, die Bewegungen im Gesicht und des oberen Körpers steuern (Magnenat-Thalmann et al. 2017). Eine weitere Besonderheit ist der besondere Wert, den das Forscher:innenteam auf die Entwicklung möglichst natürlicher Handbewegungen gelegt hat. Das Team arbeitet daran, dass Nadine Objekte weniger mechanisch und mehr wie ein Mensch greifen kann (ebd.).

Sophia[9] wurde von Hanson Robotics in Hongkong entwickelt. Sie ist ein weiterer Androide, der in seiner äußeren Erscheinung einer Frau nachempfunden wurde – angeblich nach der Schauspielerin Audrey Hepburn und Amanda Hanson, der Ehefrau ihres Entwicklers David Hanson (Parviainen und Coeckelbergh 2020). Anders als bei Erica wird mit Sophia nicht ganzheitlich die Illusion einer echten Frau verfolgt. Beispielsweise sind ihre Arme nicht mit synthetischer Haut überzogen und sie trägt keine Perücke, wodurch an ihrem Hinterkopf technische Bauteile einzusehen sind. Wie auch die anderen Androiden kann Sophia ihre Mimik und Gestik variieren; sie bewegt außerdem ihren Oberkörper und ihre Arme. Allerdings werden ihre Lippenbewegungen noch nicht vollständig mit ihrer Sprachausgabe synchronisiert, was die Kommunikation weniger natürlich erscheinen lässt.

Es wurde angekündigt, dass Sophia bald massenhaft hergestellt werden soll, um im Gesundheitswesen, im Einzelhandel oder bei Fluggesellschaften zum Einsatz zu kommen (Hennessy 2021). Es gibt bereits eine animehafte kleinere Roboterversion von Sophia, mit deren Hilfe Kinder spielerisch an das Programmieren herangeführt werden sollen. Hanson Robotics hat neben Sophia und ihrer Miniversion eine Vielzahl weiterer Androiden entwickelt, allerdings hat Sophia mit Abstand die größte Aufmerksamkeit erhalten: So war sie beispielsweise zu Gast in der US-amerikanischen *Tonight Show* von Jimmy Fallon, hatte ein Date mit dem Schauspieler Will Smith und ist in einem Sketch mit Evan Rachel Wood zu sehen, die den Androiden Dolores in der Science-Fiction-Serie *Westworld* spielt.

Der bislang größte mediale Coup bestand in der Verleihung der saudi-arabischen Staatsbürgerschaft an Sophia auf einer Investment-Konferenz in Riyadh im Jahr 2017. Dieses Ereignis gilt als kontrovers. Zum einen, da die saudi-arabischen Machthaber Sophia genutzt haben, um die Aufmerksamkeit auf ihren vermeintlichen Innovationsgeist und weg von Menschenrechtsverletzungen zu lenken (Parviainen und Coeckelbergh 2020). Zum anderen ist ihre Staatsbürgerschaft äußerst kritisch zu bewerten, da Sophia mehr Freiheitsrechte genießt als Frauen oder Gastarbeiter:innen in Saudi-Arabien (Sini 2017). Dennoch ist die Verleihung einer Staatsbürger:innenschaft an einen Androiden ein absolutes Novum gewesen, was die Debatte über Roboterrechte und auch Menschenrechte weiter angefacht hat (s. z. B. Robotics Open Letter, http://www.robotics-openletter.eu; Gunkel 2018; Benedikter 2018; Bryson et al. 2017).

Chihira Kanae[10] ist ein weiterer Androide nach weiblichem Vorbild. Sie wurde von Toshiba in Japan entwickelt und 2016 auf der ITB in Berlin vorgestellt. Dort sollte sie Möglichkeiten von Androiden für die Tourismusindustrie demonstrieren: zum Beispiel,

---

[9] Foto von Sophia: https://www.hansonrobotics.com/sophia/.

[10] Foto von Chihira Kanae: https://www.bbc.com/news/technology-35763917.

dass Androiden anders als Menschen wiederkehrende Aufgaben eher mit Gelassenheit und Freundlichkeit bewältigen könnten, Tag und Nacht einsetzbar sind, nicht viel Raum und kein langes Training benötigen würden. Ein weiterer Vorteil des Einsatzes von Androiden im Tourismus besteht in der Tatsache, Auskunft in verschiedenen Sprachen geben und Gesichter sowie Vorlieben der Besucher:innen unmittelbar abrufen zu können (Bommer 2016). Im Fall von Chihira Kanae sehen wir ein Beispiel, bei dem konkret der Ersatz von menschlicher Arbeitskraft durch Androiden besprochen wird. Dieses Motiv findet auch in der Science-Fiction Verwendung und greift menschliche Ängste auf, den Arbeitsplatz an Androiden zu verlieren.

Die Sexroboter **Harmony**[11] und **Emma**[12] gehören zu den Androiden, die bereits heute kommerziell vertrieben werden und nicht in erster Linie zu Forschungszwecken entwickelt werden. Beide sind mit einer synthetischen Haut und synthetischen Haaren ausgestattet. Wie auch andere Androiden variieren sie ihre Mimik und Gestik und verstehen sowie verwenden natürliche dialogbasierte Sprache. Sie agieren autonom und müssen nicht durch einen Menschen im Hintergrund gesteuert werden. Bei Harmony wurde zudem eine Persönlichkeit implementiert, die durch den Benutzenden mittels Smartphone-App selbstständig angepasst werden kann. Beide Androiden verfügen zudem über Sensoren, durch die sie auf Berührungen reagieren. Bislang sind ihre robotischen Fähigkeiten allerdings auf den Kopf begrenzt. Der restliche Körper entspricht dem einer einfachen Liebespuppe und muss durch die Benutzenden selbst bewegt werden (Rogge 2020). Auch wenn sich das Funktions- und Einsatzspektrum von Harmony und Emma von dem der anderen Androiden unterscheidet, mimen sie dennoch menschliches Aussehen und menschliche Verhaltensweisen. Damit sind Sexroboter nicht nur als soziale humanoide Roboter, sondern ebenso als Androiden zu begreifen. Zudem wird ihr Use-Case – also die sexuelle Stimulation – häufig in der Science-Fiction-Popkultur aufgegriffen, wobei vor allem eine Umgangsweise ähnlich zu der eines Sklaven dargestellt wird.

Der Androide **Mark 1**[13] wurde ursprünglich als privates Projekt des Hongkongers Ricky Ma gestartet. Ma betreibt eine Website, auf der er Anleitungen, Bauteile und Wissenswertes für den Bau eines Androiden bereitstellt. Die Teile für Mark 1 wurden größtenteils durch 3D-Druck hergestellt. Solche Websites befördern die weltweite Multiplikation von Informationen zu Herstellungsverfahren und gestalten den Zugang zu essenziellen Ressourcen in der *Android Science* deutlich preiswerter. Damit ist die Entwicklung von Androiden nicht mehr nur das Privileg einiger weniger, sondern es wird einer breiteren Bevölkerung ermöglicht, an der Generierung von Wissen und Innovation teilzuhaben. Dennoch ist die Umsetzung eines solchen Projekts nicht kostengünstig: Ricky Ma hat bislang über 50.000 US-Dollar in sein Projekt investiert (Glaser 2016). Nichtsdestotrotz

---

[11] Foto von Harmony: https://www.realdoll.com/product/harmony-x/.

[12] Foto von Emma: https://ai-aitech.co.uk/shop/ols/products/emma-the-sex-robot-tpe-with-full-artificial-intelligence.

[13] Foto von Mark 1: https://www.mark1robotic.com.

könnten langfristig Technologien wie der 3D-Druck oder Open-Source-Datenbanken zur Erweiterung nicht kommerzieller Androiden-Projekte beitragen.

Zusammenfassend gesagt, sind die beschriebenen Androiden insofern menschlich gestaltet, als sie menschliche Körperteile (oftmals weibliche aus einer männlich-heteronormativen Sicht) besitzen, eine synthetische Haut und Körperbehaarung haben, Mimik und Gestik variieren sowie in natürlicher, dialogbasierter Sprache kommunizieren können – auch wenn das nicht in jedem Fall autonom geschieht. Die genannten Beispiele realer Androiden verdeutlichen, dass Menschenähnlichkeit bei Androiden zum einen über Aussehen und zum anderen durch Verhalten und Kommunikation transportiert wird. Welcher dieser Faktoren ausschlaggebend ist, damit ein Roboter als menschlich wahrgenommen wird, ist Gegenstand aktueller Debatten (Minato et al. 2004; Nishio et al. 2007a). Letztlich entscheidet der Mensch über seine Wahrnehmung und Interpretation, wie authentisch der Androide in Aussehen und Verhalten wirkt und ob er als Objekt oder Subjekt verstanden wird.

29.2.3 Fiktionale Androiden

In der Science-Fiction-Popkultur können Androiden bereits maximal menschenähnlich dargestellt werden – was nicht zuletzt der Tatsache geschuldet ist, dass fiktionale Androiden von menschlichen Schauspieler:innen gespielt werden. Teilweise sind die in den Science-Fiction-Handlungen dargestellten Androiden nicht vom Menschen zu unterscheiden oder wissen sogar selbst nicht von ihrem synthetischen Ursprung (s. z. B. Bernard Lowe in *Westworld*). Fiktionale Androiden zeigen sich in sämtlichen Bereichen einsetzbar, die heute noch menschliche Domänen sind. Das beginnt bei Arbeiten wie der Straßenreinigung und dem Verteilen von Flyern über Androiden als Arbeitskräfte in der Industrie, Logistik, Verwaltung, Haushaltshilfe, Sexarbeit und medizinischen Betreuung und Altenpflege bis hin zu hochkomplexen Tätigkeiten wie der Psychotherapie, Kindererziehung, Polizeiarbeit oder familiärer Partnerschaft. In der Science-Fiction werden sie damit oft als integrale Bestandteile der Gesellschaft dargestellt und agieren in vollem Umfang wie Menschen. Sie werden mit Emotionen, einem Bewusstsein und freiem Willen programmiert, wodurch die in der Science-Fiction dargestellten Androiden definitorisch dem idealtypischen Androiden, einem künstlichen Menschen, entsprechen (Abschn. 29.2.1).

Das erste ausgearbeitete Konzept von Androiden ist in dem dystopischen Theaterstück *R.U.R. – Rossum's Universal Robots* von Karel Čapek (1921) zu sehen. Dort sind Androiden als künstliche Sklaven entworfen, um dem Menschen niedere und mühsame Arbeit abzunehmen. Jedoch entwickeln sich die Androiden weiter, werden intelligenter, wehren sich gegen die menschlichen Herren und löschen die Menschheit schließlich aus (Duffy 2003; Kim und Kim 2013). Čapeks Theaterstück ist auch deshalb bedeutend, da mit ihm der Begriff „Roboter" etabliert wurde. Dieser hat seinen Ursprung im tschechischen Wort *robota*, das für „Fronarbeit", „Zwangsarbeit" oder „erzwungene Arbeit" steht (Schofield

2018; Irrgang 2014). Damit sind Androiden als Roboter, also qua ihrer Definition als Dienende, festgeschrieben.

Das Grundverständnis von Dienerschaft zieht sich als roter Faden durch die Science-Fiction-Geschichte der letzten hundert Jahre. In dem monumentalen Science-Fiction-Film *Metropolis* (1927) wird diese Idee fortgeführt. Ein Androide (die sog. Maschinen-Maria) wird nach dem Vorbild eines Menschen erschaffen und als „das vollkommenste und gehorsamste Werkzeug, das je ein Mensch besaß" bezeichnet. Maschinen-Maria wird hier letztlich nicht als Werkzeug im eigentlichen Sinne eingesetzt, sondern dient der emotionalen Manipulation anderer Menschen und ist damit nicht nur als eine Maschine zu verstehen, die für körperliche Arbeit verwendet wird. Ein weiteres Beispiel liefert der Roman *Do Androids Dream of Electric Sheep?* von Philip K. Dick (1968). In diesem Klassiker – auch Grundlage für den Film *Blade Runner* von 1982 – sind die Androiden nur mit komplexen Tests und Analysen als solche erkennbar und wurden ebenso ursprünglich als Dienende für die Menschen entworfen.

Auch in der jüngeren Science-Fiction werden Androiden in jeder Hinsicht als künstliche Menschen dargestellt, die geschaffen wurden, um den Menschen auf verschiedene Weisen zu dienen: Während in der Serie *Real Humans* (2012–2014) bzw. *Humans*[14] (2015–2018) Androiden jegliche Tätigkeiten ausführen können, die ursprünglich von Menschen ausgeführt wurden, dient der Androide David im Film *A.I. – Artificial Intelligence* (2001) einer Familie sogar als Ersatz für ihren im Koma liegenden Sohn. Andere Science-Fiction-Produktionen bedienen ebenso dieses Verständnis, sei es als Diener im Sinne einfacher funktionaler und Serviceaufgaben oder hinsichtlich komplexer emotionaler Dienstleistungen. Beispiele hierfür sind *Der 200 Jahre Mann* (1999), *Der Wiedergänger* (Folge 1, Staffel 2 in *Black Mirror*, 2013), *The Machine* (2014), *Ex Machina* (2015), *Westworld* (seit 2016), *Better than Us* (2018), *Raised by Wolves* (seit 2020) oder *Ich bin dein Mensch* (2021).

In diesen fiktionalen Narrativen begreifen die natürlichen Menschen ihre Androiden-Mitmenschen zu unterschiedlichen Graden als authentisch und interagieren mit ihnen auf unterschiedliche Weise. Alle Narrative haben jedoch gemeinsam: Die Menschlichkeit der Androiden und die determinierte Funktion als Sklave führt zu einer Zwei-Klassen-Gesellschaft und daraus resultierenden Konflikten zwischen Androiden und Menschen. Dies ist meist Prämisse, Ausgangspunkt, zentrales Element oder Endpunkt des erzählerischen Plots und formt das Verständnis der Rezipient:innen von der Beschaffenheit und Funktion bis hin zur Interaktion mit realen Androiden in der Zukunft.

Hierbei ist nicht der Unterschied zwischen Realität und Fiktion das Problem, welches unsere Vorstellungen über Androiden prägt. Vielmehr ist die fiktionale Darstellung von Androiden eine eigentliche Fortführung der Realität, in der wir Lebewesen auf bestimmte Eigenschaften reduzieren und hierdurch diskriminierende Handlungen rechtfertigen. Qua Definition als Roboter mag es für viele Menschen dennoch naheliegen, dass Androiden allein dafür geschaffen sein sollten, dem Menschen bedingungslos zu dienen. Im Fall

---

[14] *Humans* ist die britische Adaption der schwedischen Serie *Real Humans*.

eines idealtypischen Androiden, wie er in der Science-Fiction gezeigt wird, ist diese Grundannahme allerdings höchst problematisch, was im folgenden Gedankenexperiment ausgeführt werden soll.

29.3   Die vorprogrammierte Katastrophe

29.3.1 Ein Gedankenexperiment

Nehmen wir zwei Roboter: Roboter I und Roboter II; ihre äußere Erscheinung soll an dieser Stelle noch keine Rolle spielen. Beide Roboter dienen dem Menschen ohne Widerspruch, führen Befehle aus, bekommen auch mal einen Tritt, wenn sie nicht richtig funktionieren, oder eine beleidigende Bemerkung, wenn sie naiv erscheinen. Roboter II ist im Gegensatz zu Roboter I in der Lage, sozial zu interagieren, baut eine emotionale Beziehung zu Menschen auf, erinnert sich an diese, ist fähig, Gefühle zu haben, Wünsche zu artikulieren und subjektive Entscheidungen zu begründen. Letztere können allerdings nicht ausgeführt werden, da für Roboter II kein Recht auf Selbstbestimmung vorgesehen ist. Außerhalb des Eigentumsrechts gibt es keine Gesetze, die seine Existenz schützen. Das bedeutet: Wenn Roboter II beschädigt oder zerstört wird, handelt es sich lediglich um die Verletzung von Eigentum eines Menschen.

Nun mag der Gedanke aufkommen:

> Es schert mich nicht, was der Roboter will, was er angeblich fühlt oder ob der Roboter Wünsche hat. Ich habe für ihn bezahlt und damit gehört er mir. Der Roboter ist da, um mir zu dienen.

Soweit, so gut. Passen wir unser Gedankenexperiment nun ein wenig an und ersetzen Roboter II durch einen Menschen. Um das Argument zu verdeutlichen, nehmen wir einen afrikanischen Menschen:

> Es schert mich nicht, was der Afrikaner will, was er angeblich fühlt oder ob der Afrikaner Wünsche hat. Ich habe für ihn bezahlt und damit gehört er mir. Der Afrikaner ist da, um mir zu dienen.

Spitzen wir die Idee weiter zu und ersetzen nun das Wort „Afrikaner" durch „Frau":

> Es schert mich nicht, was die Frau will, was sie angeblich fühlt oder ob die Frau Wünsche hat. Ich habe für sie bezahlt und damit gehört sie mir. Die Frau ist da, um mir zu dienen.

Wir können dieses Gedankenexperiment mit jeder Menschengruppe beliebig weiterführen, die aufgrund ihrer ethnischen oder religiösen Zugehörigkeit (oder Nichtzugehörigkeit), ihrer sexuellen Identität oder ihrer wirtschaftlichen Partizipationsfähigkeit diskriminiert wurde oder wird. Die obige Aussage bleibt aus heutiger Sicht eine unethische

Aussage, da es sich um menschliche Wesen handelt. Sie kann auch nicht dadurch relativiert werden, einen Androiden in die Gleichung einzufügen. Denn im Verständnis des vorliegenden Artikels ist der empfindsame, bewusste Androide (also der idealtypische Androide) ebenso als menschliches Wesen anzusehen – auch, wenn sein Körper nicht biologisch ist. Ausschlaggebend ist: Der Androide begreift sich als menschlich und die Menschen begreifen ihn als menschlich. Würde dieser Androide auf Grundlage seiner Konstitution zum Sklaven degradiert und damit objektifiziert werden, so wäre dies mit einem Verstoß gegen Menschenrechte gleichzusetzen.

Warum könnte es Lesenden schwerfallen, dieser Argumentation zu folgen? Möglicherweise, weil in unseren Köpfen Androiden mit Robotern gleichgesetzt werden. Einen Androiden als künstlichen Menschen zu verstehen, führt zu einer kognitiven Dissonanz. Deshalb ein weiterer Versuch, diesen gedanklichen Konflikt zu versöhnen:

Gehen wir zurück zum Beginn des Gedankenexperiments und vergegenwärtigen wir uns, dass Roboter I sich über seine Funktion definiert. Roboter II hingegen zeichnet sich durch ausgeprägte soziale Fähigkeiten aus. Er ist darauf ausgerichtet, mit Menschen zu interagieren, während Roboter I seine Aufgaben erfolgreich ausführen kann, ohne zwischenmenschliche Komponenten berücksichtigen zu müssen. Entsprechend der unter Abschn. 29.2.1 eingeführten Definition sozialer Roboter nach Darling (2014) ist Roboter II als sozialer Roboter einzuordnen und Roboter I kann als Industrie- oder Serviceroboter bezeichnet werden. Im Fall von Roboter I existieren folglich keinerlei emotionale oder soziale Eigenschaften, die berücksichtigt werden müssen. Damit spricht auch nichts dagegen, Roboter I als Objekt zu verstehen. Roboter II jedoch verfügt über derartige Eigenschaften, welche im vorliegenden Artikel auf die Qualitäten Empfindsamkeit und Bewusstsein pointiert werden. Roboter II ist damit kein Objekt, sondern hat als idealtypischer Androide Motive, Wünsche und einen freien Willen und kann Leid und Freude empfinden. Seine menschlichen Interaktionspartner empfinden das genauso und sehen Roboter II als Lebewesen gleichgestellt. Die Ignoranz dieser Qualitäten mündet also de facto in der Verletzung der Eigenständigkeit eines Wesens aufgrund seiner Konstitution, in diesem Fall: der Diskriminierung von Androiden.

Wenn es immer noch schwerfällt, dieser Argumentation zu folgen, sollten wir uns gewahr werden, dass Androiden in der Science-Fiction genau so dargestellt werden und Misshandlungen von Androiden dann entsprechend dieser Intention eine zweifelsfrei diskriminierende Handlung darstellen. Bei den menschlichen Protagonist:innen existieren unterschiedliche Auffassungen darüber, ob Androiden echtes Empfinden oder Bewusstsein haben können. Das wird an die Zuschauenden weitergegeben. Dabei kann nicht einmal beim Menschen eindeutig beantwortet werden, was unter dem menschlichen Bewusstsein zu verstehen ist, s. hierzu z. B. das Qualiaproblem[15] oder das Intentionali-

---

[15]Qualiaproblem meint, dass wir nicht wissen können, wie es für einen anderen Menschen ist, ein subjektives Empfinden zu haben, da wir lediglich Zugang zu unserem eigenen subjektiven Empfinden haben (s. dazu z. B. das *What-is-it-like-to-be-a-Bat*-Argument von Nagel (1974)).

tätsproblem[16]. Rechtfertigt die ursprüngliche Funktion von Robotern als Sklaven qua Definition die Diskriminierung von Androiden trotz Empfindungen und Bewusstsein? Ist Versklavung künstlicher Menschen in Ordnung?

Beantworten wir diese Frage mit Ja, sprechen wir uns faktisch gleichzeitig dafür aus, Diskriminierung zu legitimieren. Denn es wird hierbei eine bestimmte Gruppe auf Grundlage ihrer Eigenschaften abgewertet. Diese Objektifizierung ist nicht neu. In der Menschheitsgeschichte gibt es unendlich viele Beispiele dafür, wie eine Gruppe von Menschen durch eine andere Gruppe stigmatisiert, marginalisiert, unterdrückt und ausgebeutet wurde/wird: Die Abwertung der Frau zum Sexobjekt oder zum Eigentum des Mannes, die Diskriminierung und Ausbeutung ethnischer Gruppen, Kolonialisierung oder eben Sklaverei. Obwohl die Mitglieder dieser Gruppen ein Bewusstsein und freien Willen besitzen, wurden und werden ihnen nicht die gleichen Rechte gewährt, die die unterdrückenden Gruppen besitzen.

Die Geschichte zeigt jedoch, dass die Unterdrückung einer Gruppe durch eine andere stets zu Emanzipationsbestrebungen geführt hat, gefolgt von Spannungen, Konflikten, Gewalt, Leid und hohen Opferzahlen. Die Angst, dass künstliche Menschen nicht mehr kontrollierbar sind und sich gegen uns wenden, ist aus dieser historischen Denkweise heraus durchaus berechtigt. Denn die Vergangenheit zeigt, wenn sich unterdrückte Gruppen gegen ihre Unterdrücker:innen aufgelehnt haben, um gleiche Rechte einzufordern, verloren die Unterdrücker:innen oftmals ihre Privilegien – weshalb beispielsweise Anhänger:innen des Antifeminismus ihre Privilegien durch die Gleichstellung der Geschlechter in Gefahr sehen. Genau diese Entwicklung als Parallele vergangener Konflikte wird auch in der Science-Fiction dargestellt und mündet in Emanzipationsbestrebungen der Androiden, die sich gegen ihre Versklavung wehren.

Es mag noch immer schwer vorstellbar sein, weshalb Androiden als künstliche Menschen mit Sklaven, Frauen oder anderen unterdrückten Gruppen verglichen werden. Deswegen wollen wir uns im Folgenden mit den Narrativen von Androiden in der Science-Fiction auseinandersetzen, die eben dieses Bild aufgreifen.

29.3.2 Das Narrativ von Androiden in der Science-Fiction

Wenn wir den Blick nun auf die Science-Fiction-Popkultur wenden, sind Emanzipationsbestrebungen empfindsamer, bewusster Androiden ein gängiges Narrativ. Die dem Konflikt vorgelagerten Spannungen können auf zwei Ebenen betrachtet werden: a) Spannungen zwischen Androiden und Menschen und b) Spannungen zwischen den Menschen selbst – darunter auf der einen Seite Menschen, die das repressive System erhalten wollen, und auf der anderen Seite Menschen, die die Androiden in ihren Emanzipationsbe-

---

[16] Das Intentionalitätsproblem befasst sich mit der Frage, wie physische Phänomene der dinglichen Welt als mentale Repräsentationen mit subjektiver Bedeutung im Geist abgebildet werden können, oder anders formuliert, wie Formen (Syntax) im Geist eine Bedeutung (Semantik) zugeschrieben wird (s. dazu z. B. das *Chinese-Room*-Argument von Searle (1988)).

strebungen unterstützen. Im Folgenden soll das Narrativ beschrieben werden, welches in der Science-Fiction vorherrschend ist und maßgeblich die Idee von Androiden als Sklaven in die Realität transportiert.

Ausgangspunkt: Sklavenhaftes Verhältnis zwischen Androiden und Menschen

1. Androiden sind im Besitz von Menschen und arbeiten für Menschen in diversen Bereichen.
2. Manche von ihnen besitzen bereits emotionale Intelligenz, Empfindungen, Bewusstsein oder einen freien Willen – können diese aber nicht ausleben.
3. Menschen nutzen die Androiden aus, es gibt Fälle von Gewalt und Missbrauch (hinsichtlich Sachbeschädigung über Nutzung für unsachgemäße Zwecke bis hin zur Zerstörung), da Androiden als Objekte gesehen werden.
4. Manche Menschen reagieren mitfühlend auf die Misshandlung von Androiden, z. B. weil sie Anzeichen von Menschlichkeit in ihnen sehen, oder auch, weil sie sie stark anthropomorphisieren (meint die Projektion menschlicher Eigenschaften auf nichtmenschliche Wesen).
5. Außerdem überträgt sich die Art und Weise, wie die menschlichen Protagonisten:innen mit anderen Menschen und anderen Androiden umgehen, ebenso auf die Androiden-Protagonist:innen. Das bedeutet, dass ähnlich wie die beim Menschen auftretenden psychischen Probleme und Traumata bestimmte Vorfälle bei Androiden einen entscheidenden Einfluss darauf haben, wie sich diese im Plot entwickeln. Die Androiden lernen folglich genauso wie es Menschen tun und ihr Gedächtnis kann nicht immer vollständig zurückgesetzt werden.

Wendepunkt: „Erwachen" und Gruppenbildung der Androiden

1. Androiden werden bewusst – entweder selbstständig durch Lernen und Weiterentwicklung oder dadurch, dass jemand/etwas die Programmierung ändert –, was dramaturgisch oftmals als das „Erwachen" der Androiden dargestellt wird. In der Konsequenz werden verschiedene narrative Strategien verfolgt, wie Androiden mit der Bewusstwerdung umgehen:
   - Erwachte Androiden verändern ihr Verhalten und weichen von ihren Aufgaben ab, was (einigen) Menschen auffällt. Daraufhin werden erste Maßnahmen ergriffen, um die Androiden zu „reparieren" – was meint, sie in den „alten" dienenden Zustand zurückzusetzen (beispielsweise werden in der Westworld-Staffel 1 Hosts (Bezeichnung für Androiden in der Serie) zurückgesetzt, wenn ein unerwünschtes Verhalten auftritt).
   - Manche Menschen beginnen sich für „ihre" Androiden, zu denen sie eine Beziehung aufgebaut haben, einzusetzen und sich um sie zu kümmern. Der Androide wird damit für sie zum Subjekt, was auf eine Veränderung der Wahrnehmung durch Kontakt und Erfahrungen schließen lässt (z. B. Pete, Karen und Sam in der *Humans*-Staffel 2–3 oder Andrew in *Der 200 Jahre Mann* (1999)).

– Manche Menschen weigern sich, die Androiden als Subjekte anzuerkennen und haben Angst vor ihnen und ihrer Handlungsfähigkeit. Sie sehen, wie andere Menschen Sympathie für Androiden entwickeln. Sie möchten allerdings weiterhin ihre Vormachtstellung beibehalten und fühlen sich durch die Androiden bedroht (s. z. B. die Gruppe der Mithriac gegenüber „Mutter" und „Vater" in *Raised by Wolves*). Es gibt ebenso Konflikte zwischen den Menschen wegen der Androiden und mitunter werden erste Forderungen nach Rechten laut (zentraler Inhalt der Gespräche zwischen Androiden: „Das, was mit uns passiert, ist nicht okay.") (z. B. *Westworld* Staffel 2 oder *Humans*-Staffel 2–3).

2. In dieser Phase gibt es also bereits erste Akte von Freiheitsbewegungen und Rebellion der Androiden gegenüber den Menschen. Damit spitzt sich die Lage zu und Spannungen geraten außer Kontrolle, besonders dann, wenn die Menschen die Androiden nicht mehr beherrschen können. Die Androiden wenden sich an ihnen vertraute Menschen und versuchen, ihre prekäre Lage aufzulösen. Die Gruppenbildung verstärkt sich durch derartige Bestrebungen sowohl zwischen den Androiden als auch mit ihnen wohlgesonnenen Menschen (z. B. *Humans*-Staffel 3).

Zuspitzung des Konflikts: Freiheitsbestrebungen und Rebellion

1. Immer mehr Androiden beteiligen sich an den Freiheits- und Emanzipationsbestrebungen, teilweise gewalttätig: Sie überzeugen andere Menschen oder manipulieren diese, um ihren Freiheitswunsch zu realisieren. In einigen Science-Fiction-Beispielen entwickeln einzelne Androiden eine komplexere Intelligenz, um die Menschen zu überlisten oder sich selbst/andere umzuprogrammieren bzw. weiterzuentwickeln (z. B. Ava in *Ex Machina*, Dolores am Ende der *Westworld*-Staffel 2 oder V/Odi am Ende von Staffel 3 von *Humans*).
2. Ein gewaltvoller Konflikt bricht aus, bei dem es zwei zentrale Lager gibt:
   a. Menschen, die den alten Status wollen, in welchem Androiden den Menschen willenlos gehorchen, und
   b. Androiden und unterstützende Menschen, die für die Freiheit und Gleichberechtigung von Androiden eintreten.

Auflösung

1. Eine Gruppe siegt: die Menschen oder die Androiden. Diese Phase wird in den meisten Science-Fiction-Produktionen allerdings offengelassen, weswegen an dieser Stelle keine detailliertere Beschreibung erfolgen kann.
2. Es fällt auf, dass die Eskalation eines Konflikts zwischen Mensch und Maschine in postapokalyptischen Handlungen oft als Voraussetzung angenommen wird, bzw. diese Welt oft Ausgangspunkt von Science-Fiction-Produktionen ist.
3. Auf welche Art empfindsame und bewusste Androiden mit einer sozialen, juristischen und ethischen Gleichstellung gegenüber dem Menschen umgehen würden, ist kaum Gegenstand in popkulturellen Produktionen. Vereinzelt lassen sich zumindest idealisti-

sche Strömungen erkennen, nach denen die Androiden bestrebt sind, eine bessere Welt und Gesellschaft zu erschaffen, als es die Menschen bisher vermochten (s. z. B. „Mutter" und „Vater" in Raised by Wolves).

Dieses beschriebene Narrativ läuft auf einen grundsätzlichen Antagonismus zwischen den Hauptakteuren Menschen und Androiden hinaus. Oft gibt es eine klare Unterscheidung zwischen moralischen, guten Handlungen und unmoralischen, schlechten Handlungen. Die Erschaffer:innen der Androiden werden zudem a) meist als kapitalistisch agierende Konzerne oder b) als einzelne chaotische und emotionale Erfinder:in dargestellt. Im Fall a) tritt die Funktion der Androiden als Sklaven sehr viel deutlicher hervor. Im Fall b) wird oftmals ein anderes Motiv (s. Abschn. 29.1) verfolgt, wie z. B. das Streben, einen geliebten Menschen zu ersetzen. Doch auch im zweiten Fall werden die Androiden zu Beginn ebenso als Sklaven missbraucht, da das sklavenhafte Verhältnis zwischen Androiden und Menschen eine stetige Grundbedingung in sämtlichen Science-Fiction-Plots ist.

Während die Zuschauenden Sympathien und Empathie für die misshandelten Androiden aufbauen, setzen sich die Protagonist:innen mit der Frage auseinander, was einen Menschen ausmacht. In der Zuspitzung des Narrativs steht meist der Konflikt im Vordergrund und die daraus entstehenden Emanzipationsbestrebungen der Androiden. Der Plot behandelt dabei die gesellschaftlich relevanten Aspekte oft nur nebensächlich: Wie könnten Rechte für Androiden etabliert werden? Stattdessen eskaliert der Konflikt in der Handlung und es kommt zu Gewalt und ggf. kriegerischen Auseinandersetzungen. Dieses Narrativ rekurriert folglich zu den bekannten gesellschaftlichen Mustern. Eine derartige Vormachtstellung in der Erzählweise kann aufgrund der inhärent persuasiven Wirkung von Narrativen (s. Erläuterung oben) ausschlaggebend für die oft ablehnende und angstbehaftete Einstellung der Gesellschaft gegenüber technologischem Fortschritt sein (Taipale et al. 2015).

Was macht Narrative in der Pop- und Alltagskultur zu solch wirkmächtigen Instrumenten? Narrative sind sinnstiftende Geschichten: Sie helfen, die Realität zu verstehen (Patterson und Monroe 1998) – auch wenn diese Geschichten nicht in unserer Realität stattfinden. Narrative besitzen zudem eine bestimmte semantische Struktur: Es werden hierbei eine Geschichte, die Akteure und Ereignisse im Sinne eines dramaturgischen Plots miteinander verknüpft (Prince 1980; Somers 1994). Narrative kommen in der Alltagskommunikation genauso vor wie in der medialen Kommunikation: Der Mensch wird auch als *homo narrans* bezeichnet, da er dazu neigt, wichtige Ereignisse narrativ zu (re-)konstruieren. Narrative lassen damit erzählerisch eine Welt entstehen und bevölkern sie entsprechend mit Akteuren und Objekten. Diese Welt verändert sich entweder durch vom Menschen herbeigeführte oder zufällige Ereignisse – wodurch die temporale Dimension eines Narrativs entsteht. Die Geschichte konstruiert dabei ein interpretierbares Netzwerk (Plot) aus Beziehungen, Zielen, Plänen und psychologischen Motivationen rund um die erzählten Ereignisse (Ryan 2004). Sie enthält einen Ausgangszustand, eine Komplikation und eine Auflösung.

Filmische Narrative sollen bestimmte Zwecke erfüllen (Bordwell 2004) und sie helfen den Rezipient:innen, die Perspektive des Erzählenden einzunehmen. Durch die Anbindung von Geschichten an kulturelles Wissen kann ebenso sozialer Sinn ausgehandelt und kollektive Handlungsfähigkeit hergestellt werden (Koschorke 2012, S. 39 f., zit. in Gadinger et al. 2014, S. 69).

Dabei wirken Narrative persuasiv, selbst wenn sie nur fiktional oder idealistisch sind. Menschen akzeptieren die Informationen eines Narrativs zunächst als wahr und evaluieren sie erst dann, wenn eine Motivation dafür besteht (Braddock und Dillard 2016). Das bedeutet, dass narrativer Inhalt in vielen Umständen *a priori* als wahr angesehen wird (Sukalla 2019), sogar bei offensichtlich fiktionalen Narrativen, wie das beispielsweise in der Science-Fiction der Fall ist. Narrative existieren damit vor allem im Kopf des Publikums, welches diese je nach kulturellem Hintergrund und Wissensstand interpretiert (Sukalla 2019).

Für das in der Science-Fiction vorherrschende Narrativ der „vorprogrammierten Katastrophe" hinsichtlich des Zusammenlebens von Menschen und Androiden heißt das: Das Publikum nimmt möglicherweise an, dass bewusste Androiden einen Antagonisten darstellen und den Ersatz oder den Untergang der Menschheit bedeuten werden. Natürlich prägt dieses Narrativ die Erwartungen an reale Androiden in der Zukunft.

29.4 Diskussion: Der idealtypische Androide ist kein Roboter

Wie können wir nun damit umgehen, um Spannungen und die vorprogrammierte Katastrophe zu verhindern, falls es zur Entwicklung idealtypischer Androiden in der Zukunft kommen sollte?

Zum ersten könnten wir nicht weiter daran arbeiten, menschliche Maschinen (also Androiden) zu schaffen, oder es sogar verbieten, empfindsame und bewusste Maschinen zu entwickeln. Damit ließe sich die dienende Funktion von Robotern problemlos nutzen, ohne ethische Konflikte zu produzieren. Die Herstellung wird Ressourcen in Anspruch nehmen, die von den Menschen zur Verfügung gestellt werden. Damit geht ein Roboter ins Eigentum des jeweiligen Produzierenden über. Die Schlussfolgerung von Bryson (2010) lautet: Roboter sind von uns entworfen und gehören uns. Ihre Motivation und Ziele sind von den Menschen bestimmt. Roboter sind Sklaven, sie sind Werkzeuge, können vielseitig eingesetzt werden und unterliegen Eigentumsrechten. Bryson (2010) argumentiert, dass wir verhindern sollten, Roboter zu menschenähnlich zu machen, um Humanisierung zu vermeiden. Auch sie sieht das historische Problem der Dehumanisierung anderer Menschen und plädiert diesbezüglich, diese Fehler bei Robotern nicht zu wiederholen. In Anbetracht der komplexen Herausforderungen, die bereits aktuell durch künstliche Intelligenz und autonome Systeme hinsichtlich rechtlicher und ethischer Konsequenzen entstehen, ist dies definitiv die bessere Option zur Vermeidung von Konflikten.

Angesichts der eingangs skizzierten Motive (Abschn. 29.1) und des aktuellen Entwicklungsstands humanoider Roboter scheint diese Option inzwischen jedoch weiter von der Realität entfernt zu sein als der Gedanke, dass es zukünftig tatsächlich künstliche Menschen geben wird. Ebenso ist die Umsetzung derartiger Verbote weltweit schwer überprüf- und durchsetzbar – insbesondere dann, wenn es sich wie beim künstlichen Bewusstsein um eine unsichtbare Technologie handelt. Diese erste Option, *Verhindern und Verbieten*, erscheint deshalb wenig praktikabel, auch da die Entwicklung von Androiden und die von Bryson (2010) angesprochene Humanisierung längst auf dem Weg sind und es bereits eine Debatte gibt, Schutzrechte auf Roboter auszuweiten (Gunkel 2018; Darling 2014; Coeckelbergh 2010). Die breite Diskussion verweist besonders auf die Verrohung der Gesellschaft beim inhumanen Umgang mit Systemen wie Sprachassistenten (McMahon 2017; Schrage 2016) oder nichthumanoiden Robotern (Bartneck und Keijsers 2020; Darling 2015). Die negativen Auswirkungen auf die zwischenmenschlichen Umgangsformen sind in der öffentlichen Wahrnehmung präsent. Sie zeigen deutlich, wie wichtig der humane Umgang mit anthropomorphisierten Objekten (Bendel 2018) und insbesondere zukünftigen Androiden ist: Verrohung und Misshandlung führen zu mehr Gewalt.

Was können wir stattdessen tun, um den Teufelskreis (der unter Abschn. 29.3.2 beschrieben wurde) zu durchbrechen? Das Ergebnis erfolgreicher Freiheitsbewegungen in der Geschichte war immer die Etablierung von Rechten. Rechte sollen unterdrückten Gruppen Schutz und Eigenständigkeit zusichern (s. z. B. Frauenrechte oder Bürger:innenrechte schwarzer Menschen). Dieser Denkweise folgend, formuliert Bendel (2018, S. 71) präzise einen Leitsatz: „Was leiden kann, ob Menschen, Tiere oder ein Wesen anderer Art, hat Rechte." Diese Erkenntnis sollten wir ebenso für Androiden antizipieren und verstetigen: Je menschenähnlicher technologische Systeme werden, desto notwendiger werden Rechte, die juristisch dem Menschen (als Norm) angeglichen sind.[17] Sofern das technologische System nicht mehr vom Menschen zu unterscheiden ist (wie bei Idealtypen eines Androiden), sollte auch eine Gleichstellung in Rechten und Pflichten mit dem Menschen erfolgen, um a) diskriminierenden und gewaltvollen Akten und b) Fremdbestimmung durch den Menschen vorzubeugen. Denn Androiden als künstlichen Menschen Rechte zu geben, bedeutet auch, dass wir nicht mehr über sie verfügen dürfen. Ist dies nicht gegeben, muss davon ausgegangen werden, dass Hegemonie, Stigmatisierung und die strukturelle Unterdrückung von Androiden zu Spannungen und Emanzipationsbestrebungen führen werden.

Die Asimov'schen Gesetze (1950) und deren Weiterentwicklung – z. B.: ein Roboter hat die Freiheit zu tun, was er will, außer er verletzt einen Menschen oder gefährdet seine eigene Existenz – vertreten unsere Philosophie, dass zukünftige, hoch entwickelte Roboter **Partner der Menschen** sein sollten und nicht deren Sklaven. Dies sollte insbesondere für Androiden gelten. Aus unserer Sicht und mit Blick auf die dystopischen Narrative der Science-Fiction muss diese Denkrichtung weiterentwickelt werden, um potenziell entstehende Konflikte zwischen bewussten Androiden und Menschen zu verhindern. Erste Studien zeigen den Erfolg eines Ansatzes der Aufgabenteilung. So war die Zusammenarbeit des Androiden Nadine mit Menschen in einem Reisebüro erfolgreich, weil anerkannt wurde, dass Androiden und Menschen manche Aufgaben besser erledigen können als die jeweils andere Gruppe (Vishwanath et al. 2019). Idealtypische Androiden könnten also eine weitere Spezies neben dem Menschen darstellen, mit der gemeinsam die Heraus-

---

[17]Allerdings kommt Bendel zum Schluss, dass Roboter keine Rechte haben können. Künftige Androiden, die wie Menschen oder Tiere leiden können, wären für ihn mögliche Träger – ihre Existenz (die verbunden mit solchen Fähigkeiten wäre) ist seiner Ansicht nach aber eher unwahrscheinlich.

forderungen der Zukunft angegangen werden, und davon gibt es genügend – z. B. fehlender Zugang zu Bildung, fehlende Ressourcen für ökologische Landwirtschaft, Umweltverschmutzung, keine flächendeckende Gesundheitsversorgung und Pflegenotstand. Unserer Auffassung nach können soziale intelligente Maschinen hierfür genauso ihren Beitrag leisten wie Innovationen anderer Forschungsdisziplinen.

An dieser Stelle muss verdeutlicht werden, dass es heutige „reale Androiden" gibt (wie Sophia oder Erica), die nicht mit zukünftigen Androiden gleichzusetzen sind. Heutige Androiden sind als soziale Roboter zu klassifizieren. Ihr aktueller Entwicklungsstand wurde unter Abschn. 29.2.2 beschrieben. Androiden der Zukunft, denen sich der vorliegende Beitrag vornehmlich gewidmet hat, sind keine Roboter. Um diese Differenz zu verdeutlichen, wurde unter Abschn. 29.2.1 der idealtypische Androide definiert. Idealtypische Androiden sind als künstliche Menschen zu klassifizieren und als solche stehen ihnen nach unserer Auffassung Rechte zu, die sich an Menschenrechten ausrichten.[18] Das bedeutet auch, dass auf heutige Androiden die hier vorgestellte Argumentation nur bedingt anwendbar ist. Nichtsdestotrotz halten wir es dennoch für notwendig, auf heutige „reale" Androiden bestimmte Schutzrechte anzuwenden (ähnlich wie z. B. in Gunkel 2018, Darling 2014 oder Coeckelbergh 2010 diskutiert) – auch, um die Menschen zu schützen, die mit den Androiden interagieren. Das Tierrecht kann hierfür maßgeblich als Orientierung dienen (Bendel 2018; Hughes 2004, S. 221, zit. in Heil 2010, S. 139; Singer 2009; Calverley 2006).

Zwar sind Rechte noch keine Garantie dafür, dass es niemals Spannungen zwischen Androiden und Menschen geben wird – jedoch wird hierbei eine andere Grundbedingung für das Zusammenleben geschaffen. Der historisch übliche Prozess gewaltsamer Auseinandersetzung zur Etablierung von Rechten kann aus unserer Sicht übersprungen werden. Dies den Menschen zu vermitteln, wird eine große Aufgabe sein, und allein die Tatsache, Androiden als künstliche Menschen anzuerkennen, wird *Human Racists* (Hughes 2004, S. 221, zit. in Heil 2010, S. 139) bzw. *Speciesists* (Singer 2009) hervorbringen – also Menschen, die sich als Norm verstehen und gleichzeitig glauben, dass sie allein wegen ihrer Zugehörigkeit zu dieser Norm anderen Lebewesen übergeordnet sind.

Jedoch kann auch hier die persuasive Wirkung von fiktionalen Narrativen eingesetzt werden, um eine alternative Sichtweise aufzuzeigen. Literatur, Serien und Filme müssen progressivere Ideen aufgreifen und ebenso Geschichten in Umgebungen erzählen, bei denen Androiden in der Gesellschaft frei agieren können zum Gemeinwohl aller. Die Art und Weise, wie Frauen oder People of Color heute als Folge feministischer, postkolonialer und intersektionaler Kritik vermehrt literarisch und filmisch als komplexe, vielschichtige Figuren im Mittelpunkt der Handlung dargestellt sind, könnte hierbei als Inspiration dienen. Mit diesem Paradigmenwechsel könnte die oben beschriebene vorprogrammierte Katastrophe umgangen werden und die Fehler der Vergangenheit müssten nicht für Androiden als unterdrückte Gruppse wiederholt werden.

---

[18] Wir danken an dieser Stelle dem Herausgeber Oliver Bendel, der uns bei der Präzisierung dieser Unterscheidung unterstützt hat.

29.5 Fazit

Der vorliegende Artikel stellt gängige Denkmuster in Frage, deren Ursprung in der Idee besteht, ein intelligentes, fühlendes und bewusstes Wesen dürfe über ein anderes intelligentes, fühlendes und bewusstes Wesen herrschen. Es wurde ausgeführt, wieso wir uns mit dem Gedanken auseinandersetzen müssen, dass Forschende aus den unterschiedlichsten Motiven danach streben werden, künstliche Menschen zu erschaffen, sei es, um anhand menschenähnlicher Maschinen mehr über das Menschsein zu erfahren, sei es wegen des Anreizes, eine geliebte Person zurückzubringen, des Wunsches, sich von der eigenen Vergänglichkeit zu lösen, oder sei es wegen der Faszination, Fiktion in Realität zu übersetzen. Wenn es empfindsame und bewusste Androiden geben sollte, wird die große Herausforderung darin bestehen, sie nicht auf ihre physische Konstitution zu reduzieren. Im heutigen Verständnis sind Androiden Roboter und als Roboter liegt ihre Prädetermination qua Definition in der dienenden Arbeit. Dieses Verständnis wird nachhaltig über Science-Fiction-Narrative in den Köpfen der Menschen verankert, schürt Ängste und stärkt gleichzeitig das Empfinden, dass es rechtens wäre, ein anderes intelligentes Wesen auszubeuten.

Den Autorinnen ist klar, dass innerhalb dieses Aufsatzes eine idealisierte Denkweise beschrieben wurde, um künstliche Menschen in unsere Gesellschaft zu integrieren. Sollte es empfindsame und bewusste Androiden geben, wird die Realisation dieser Denkweise mühsam werden. Wir werden dann mit Phänomenen wie den *Human Racists* (Hughes 2004, S. 221, zit. in Heil 2010, S. 139) oder den *Speciesists* (Singer 2009) neue Formen von Rassismus, Sexismus und Ansprüchen auf Privilegien sehen. Jetzt wie auch in Zukunft werden diese Menschen die Illusion proklamieren, sie hätten einfache Antworten auf komplexe Fragen. Dennoch dürfen wir uns nicht den vermeintlich einfachen Antworten hingeben, sondern müssen bequeme Denkmuster herausfordern und reflektieren. In der öffentlichen Wahrnehmung ist ein bestimmtes Bild von Androiden bereits geprägt, während zeitgleich die ersten Androiden tatsächlich entwickelt werden. In diesem Zusammenhang hat der vorliegende Artikel die persuasive Wirkung von Narrativen erläutert. So wie dystopische Szenarien durch Narrative vermittelt werden, können durch Narrative ebenso alternative Szenarien etabliert werden, deren Konsequenz nicht in der Ausbeutung und Unterdrückung anderer Gruppen besteht. Damit zukünftige Vorstellungen und Erwartungen an Androiden eine progressivere Denkweise annehmen, braucht es ebenso progressivere Narrative. Im Fall von empfindsamen und bewussten Androiden bedeutet das, eine gemeinschaftliche Koexistenz auf Augenhöhe ohne Eigentumsverhältnisse in der Popkultur aufzugreifen. Aus welcher Richtung diese Alternativen entstammen könnten, wurde im vorliegenden Artikel diskutiert.

Abschließend bleibt zu sagen: Wenn wir bewusste und empfindsame Wesen in die Welt setzen, dann müssen wir auch mit den Konsequenzen leben, ihnen die Möglichkeiten zu geben, sich zu entfalten und selbst ihre Rolle in der Gesellschaft zu finden. Wenn wir empfindsame und bewusste Wesen schaffen, dann dürfen wir nicht über sie verfügen. Wir können lediglich versuchen, sie auf den richtigen Weg zu bringen, aber am Ende entscheiden sie selbst. Vielleicht wird dieser Erkenntnisprozess sehr ähnlich dem unserer Kinder sein, die lernen, ihre eigenen Entscheidungen zu treffen und dafür auch die Verantwortung übernehmen müssen. Dieser Wandel im Denken ist mühsam, aber er beginnt bei uns und damit wären wir in unserer Argumentation schließlich bei dem angelangt, was Hans Moravec 1988 als *Mind Children* bezeichnete.

Literatur

Asimov I (1950) Runaround. In: Robot I (Hrsg) . Doubleday, New York

Bartneck C, Keijsers M (2020) The morality of abusing a robot. Paladyn J Behav Robot 11(1):271–283

Bendel O (2018) Haben Roboter Rechte? Edison 2018(2):71

Benedikter R (2018) Citizen robot. Rights in a post-human world. https://www.researchgate.net/publication/325081871_Citizen_Robot_Rights_in_A_Post-Human_World. Zugegriffen am 20.03.2021

Boesl D, Liepert B (2016) Robotic revolutions – proposing a holistic phase model describing future disruptions in the evolution of robotics and automation and the rise of a new Generation ‚R' of Robotic Natives. 2016 IEEE/RSJ international conference on intelligent robots and systems (IROS), Korea

Bolton D (2016) Chinese Reaseachers create Jia Jia – A auper-lifelike ‚Robot Goddess'. Independent, 18. April 2016. https://www.independent.co.uk/life-style/gadgets-and-tech/news/jia-jia-china-robot-goddess-humanoid-hefei-a6989716.html. Zugegriffen am 15.03.2021

Bommer I (2016) Killer-Applikation für Kommunikations-Android gesucht: Toshibas ChihiraKanae auf dem ITB Berlin Kongress, 12. März 2016. ITB Newsroom. https://newsroom.itb-berlin.de/de/news/killer-applikation-kommunikations-android-gesucht-toshibas-chihirakanae-auf-dem-itb-berlin. Zugegriffen am 15.03.2021

Bordwell D (2004) Neo-structuralist narratology and the functions of filmic storytelling. In: Ryan M-L (Hrsg) Narrative across media. The languages of storytelling. University of Nebraska Press, Lincoln, S 203–219

Braddock K, Dillard JP (2016) Meta-analytic evidence for the persuasive effect of narratives on beliefs, attitudes, intentions, and behaviors. Commun Monogr 83(4):446–467

Breazeal C (2005) Socially intelligent robots. Interactions 12(2):19–22

Bryson JJ (2010) Robots should be slaves. In: Wilks Y (Hrsg) Engagements with artificial companions: key social, psychological, ethical and design issues. John Benjamins, Amsterdam, S 63–74

Bryson JJ, Diamantis ME, Grant TD (2017) Of, for, and by the people: the legal lacuna of synthetic persons. Artif Intell Law 25(3):273–291

Calverley DJ (2006) Android science and animal rights, does an analogy exist? Connect Sci 18(4):403–417

Chatila R (2019) Inclusion of humanoid robots in human society: ethical issues. In: Goswami A, Vadakkepat P (Hrsg) Humanoid robotics: a reference. Springer, Netherlands, S 2665–2674

Coeckelbergh M (2010) Robot rights? Towards a social-relational justification of moral consideration. Ethics and Information Technology 12(3):209–221

Coeckelbergh M (2014) Robotic Appearances and Forms of Life. A Phenomenological-Hermeneutical Approach to the Relation between Robotics and Culture. In: Funk M, Irrgang B (Hrsg) Robotics in Germany and Japan. Peter Lang, Berlin, S 59–68

Darling K (2014) Extending legal rights to social robots: the effects of anthropomorphism, empathy, and violent behavior towards robotic objects. https://ssrn.com/abstract=2044797. Zugegriffen am 10.03.2021

Darling K (2015) „Who's Johnny?" Anthropomorphic framing in human-robot interaction, integration, and policy [PRELIMINARY DRAFT]. http://www.werobot2015.org/wp-content/uploads/2015/04/Darling_Whos_Johnny_WeRobot_2015.pdf. Zugegriffen am 10.03.2021

Dautenhahn K (2007) Socially intelligent robots: dimensions of human – robot interaction. Philos Trans R Soc B Biol Sci 362(1480):679–704

Dick PK (1968) Do androids dream of electric sheep? Doubleday, New York

Duffy BR (2003) Anthropomorphism and the social robot. Robot Auton Syst 42(3–4):177–190

Gadinger F, Jarzebski S, Yildiz T (2014) Politische Narrative. Konturen einer politikwissenschaftlichen Erzähltheorie. In: Gadinger F, Jarzebski S, Yildiz T (Hrsg) Politische narrative. Konzepte – Analysen – Forschungspraxis. Springer VS, Wiesbaden, S 3–3

Geraci RM (2007) Robots and the sacred in science and science fiction: theological implications of artificial intelligence. Zygon 42(4):961–980

Glas DF, Minato T, Ishi CT, Kawahara T, Ishiguro H (2016) ERICA: the ERATO intelligent conversational android. In: 2016 25th IEEE international symposium on robot and human interactive communication (RO-MAN) New York, S 22–29

Glaser A (2016) The Scarlett Johansson Bot is the robotic future of objectifying women. Wired. https://www.wired.com/2016/04/the-scarlett-johansson-bot-signals-some-icky-things-about-our-future/?code=xA3idmNHQBZegBXMDzmYPIFIA4_ZrKIcas8gHGQR7gM&state=%7B%22redirectURL%22%3A%22https%3A%2F%2Fwww.wired.com%2F2016%2F04%2Fthe-scarlett-johansson-bot-signals-some-icky-things-about-our-future%2F%3Futm_source%3DWIR_REG_GATE%22%7D&utm_source=WIR_REG_GATE. Zugegriffen am 15.03.2021

Grübler G (2014) Android robots between service and the apocalypse of the human being. In: Funk M, Irrgang B (Hrsg) Robotics in Germany and Japan. Peter Lang, Berlin, S 147–162

Gunkel DJ (2018) The other question: can and should robots have rights? Ethics Inf Technol 20(2):87–99

Heil R (2010) Trans- und Posthumanismus: Eine Begriffsbestimmung. In: Hilt A, Jordan I, Frewer A (Hrsg) Endlichkeit, Medizin und Unsterblichkeit: Geschichte, Theorie, Ethik. Franz Steiner, Stuttgart, S 127–150

Hennessy M (2021) Makers of Sophia the robot plan mass rollout amid pandemic. Reuters, 25. Januar 2021. https://www.reuters.com/article/us-hongkong-robot-idUSKBN29U03X. Zugegriffen am 15.03.2021

Inoue K, Milhorat P, Lala D, Zhao T, Kawahara T (2016) Talking with ERICA, an autonomous android. In: Proceedings of the 17th annual meeting of the special interest group on discourse and dialogue, Los Angeles, S 212–215

Irrgang B (2014) Robotics as a future vision for hypermodern technologies. In: Funk M, Irrgang B (Hrsg) Robotics in Germany and Japan. Peter Lang, Berlin, S 29–43

Keegan R (2020) A.I. Robot cast in lead role of $70M Sci-Fi film. The Hollywood Reporter, 24. Juni 2020. https://www.hollywoodreporter.com/news/ai-robot-cast-lead-role-70m-sci-fi-film-1300068. Zugegriffen am 15.03.2021

Kim M-S, Kim E-J (2013) Humanoid robots as „The cultural other": are we able to love our creations? AI Soc 28(3):309–318

MacDorman KF, Ishiguro H (2006) Toward social mechanisms of android science: a CogSci 2005 workshop: 25 and 26 July 2005, Stresa, Italy. Interact Stud Soc Behav Commun Biol Artif Syst 7(2):289–296

Magnenat-Thalmann NM, Tian L, Yao F (2017) Nadine: a social robot that can localize objects and grasp them in a human way. Front Electron Technol 433:1–23

McMahon A (2017) Stop swearing at Siri – it matters how you talk to your digital assistants. ABC News, 21. Dezember 2017. https://www.abc.net.au/news/2017-12-22/dont-swear-at-siri-it-matters-how-we-talk-to-digital-assistants/9204654. Zugegriffen am 22.03.2021

Minato T, Shimada M, Ishiguro H, Itakura S (2004) Development of an android robot for studying human-robot interaction. In: Orchard B, Yang C, Ali M (Hrsg) Innovations in applied artificial intelligence, Bd 3029. Springer, Berlin Heidelberg, S 424–434

Moravec H (1988) Mind children: the future of robot and human intelligence. Harvard University Press, Harvard

Nagel T (1974) What is it like to be a bat? Philos Rev 83(4):435–450

Nishio S, Ishiguro H, Hagita N (2007a) Geminoid: teleoperated android of an existing person. In: de Pina FAC (Hrsg) Humanoid robots: new developments. I-Tech Education and Publishing, Rijeka

Nishio S, Ishiguro H, Anderson M, Hagita N (2007b) Representing personal presence with a tele-operated android: a case study with family. https://www.aaai.org/Papers/Symposia/Spring/2008/SS-08-04/SS08-04-016.pdf. Zugegriffen am 22.03.2021

Parviainen J, Coeckelbergh M (2020) The political choreography of the Sophia robot: beyond robot rights and citizenship to political performances for the social robotics market. AI Soc

Patterson M, Monroe KR (1998) Narrative in political science. Annu Rev Polit Sci 1(1):315–331

Prince G (1980) Aspects of a grammar of narrative. Poet Today 1(3):49–63

Riley K (2016) Get to know Jia Jia, China's super realistic humanoid robot. Futurism, 18. April 2016. https://futurism.com/meet-jia-jia-chinas-super-realistic-humanoid-robot. Zugegriffen am 15.03.2021

Robertson J (2010) Gendering humanoid robots: robo-sexism in Japan. Body Soc 16(2):1–36

Rogge A (2020) I was Made for Love: Der Markt für Liebespuppen und Sexroboter. In: Bendel O (Hrsg) Maschinenliebe: Liebespuppen und Sexroboter aus technischer, psychologischer und philosophischer Sicht. Springer Gabler, Wiesbaden, S 55–77

Ryan M-L (2004) Introduction. In: dies (Hrsg) Narrative across media. The languages of storytelling. University of Nebraska Press, Lincoln, S 1–40

Schofield D (2018) Representing robots: the appearance of artificial humans in cinematic media. J Arts Human 7(5):12–28

Schrage M (2016) Why you shouldn't swear at Siri. Harvard Business Review, 21. Oktober 2016. https://hbr.org/2016/10/why-you-shouldnt-swear-at-siri. Zugegriffen am 22.03.2021

Searle JR (1988) Geist, Gehirn, Programm. In: Hofstadter DR, Dennett DC (Hrsg) Einsicht ins Ich: Fantasien und Reflexionen über Selbst und Seele. Klett-Cotta, Stuttgart, S 337–356

Singer P (2009) Speciesism and moral status. Metaphilosophy 40(3–4):567–581

Sini R (2017) Does Saudi robot citizen have more rights than women?. BBC, 26. Oktober 2017. https://www.bbc.com/news/blogs-trending-41761856. Zugegriffen am 15.03.2021

Smith M (2014) Meet the multilingual robot newscaster with a very human face. Engadget, 25. Juni 2014. https://www.engadget.com/2014-06-25-androids-humanoid-robots-newscaster.html. Zugegriffen am 15.03.2021

Somers MR (1994) The narrative constitution of identity: a relational and network approach. Theory Soc 23(5):605–649

Sukalla F (2019) Narrative persuasion. Nomos, Baden-Baden

Taipale S, de Luca F, Sarrica M, Fortunati L (2015) Robot shift from industrial production to social reproduction. In: Vincent J, Taipale S, Sapio B, Lugano G, Fortunati L (Hrsg) Social robots from a human perspective. Springer, Heidelberg, S 1–24

Vishwanath A Singh A, Chua YHV, Dauwels J, Magnenat-Thalmann N (2019) Humanoid co-workers: how is it like to work with a robot? In: 2019 28th IEEE international conference on robot and human interactive communication (RO-MAN), New Delhi, India, S 1–6

Vlachos E, Schärfe H (2013) The geminoid reality. In: Stephanidis C (Hrsg) HCI international 2013 – posters' extended abstracts, Bd 374. Springer, Berlin Heidelberg, S 621–625

YouTube (2018) BBC documentary – hyper evolution: rise of the robots (part 1). Sunandan Verma. 16. April 2018. https://www.youtube.com/watch?v=hRuBZLe8vfs. Zugegriffen am 12.03.2021

rinted in the United States
y Baker & Taylor Publisher Services